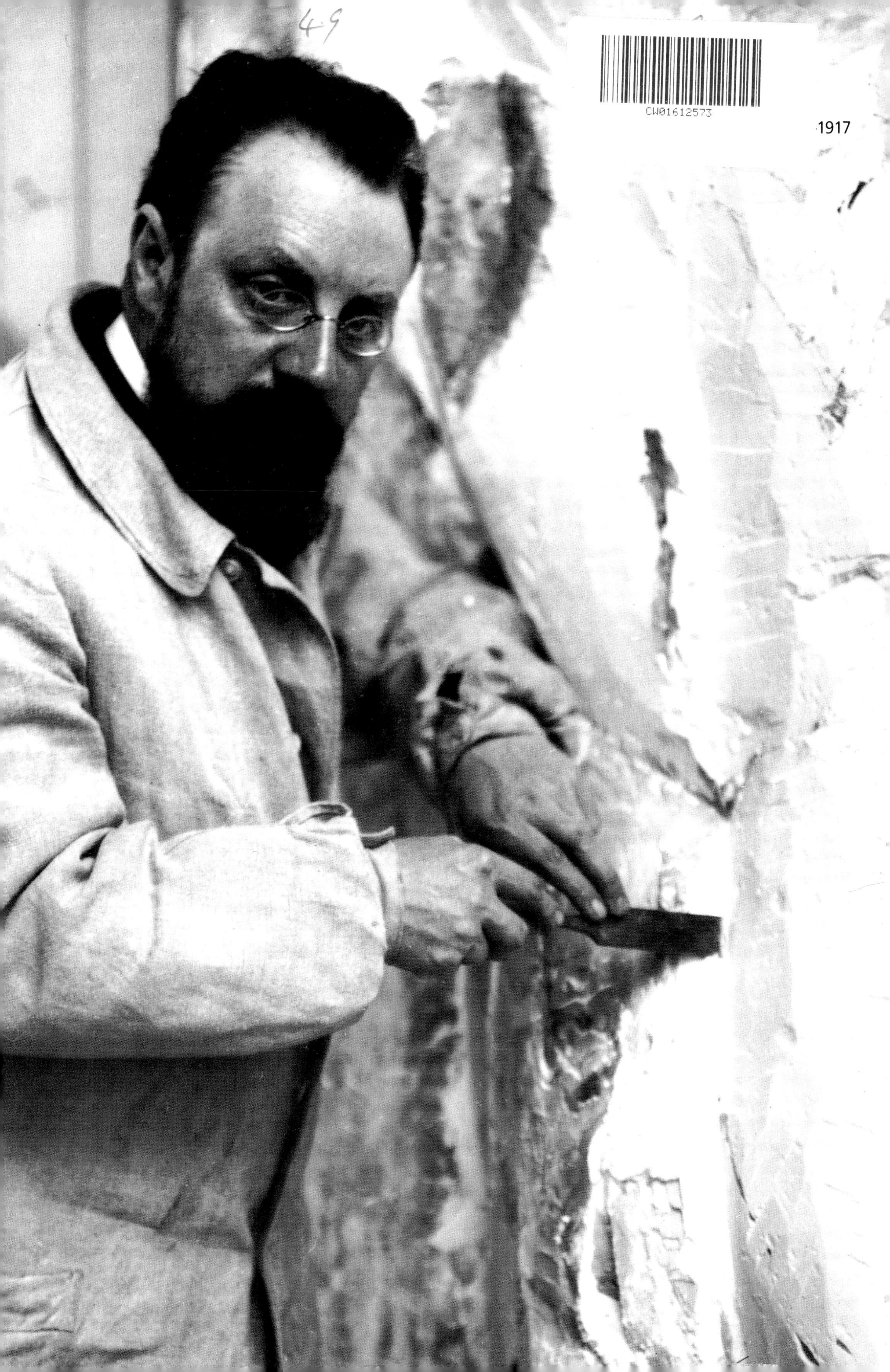

1917

Dépôt légal : février 1993

Édition reliée :
ISBN : 2-85850-705-8
N° d'éditeur : 859

Jaquette :
Capucines à «La danse» II, 1912
(cat. n° 104)
Musée des Beaux-Arts Pouchkine,
Moscou

Édition brochée :
ISBN : 2-85850-722-8
N° d'éditeur : 858

Couverture :
Autoportrait, 1906 (cat. n° 38)
Statens Museum for Kunst, Copenhague

Page précédente :
Matisse travaillant *Dos II*
dans son atelier d'Issy-les-Moulineaux,
mai 1913
Photo Alvin Langdon Coburn

Henri Matisse 1904-1917

5e étage, Grande Galerie
25 février-21 juin 1993

Centre Georges Pompidou

Les expositions organisées par les musées sont depuis plusieurs années déjà l'aboutissement de recherches approfondies menées par les historiens d'art auxquels les institutions culturelles ménagent les moyens nécessaires à la documentation et à l'analyse, dans la durée et la sécurité. Ce catalogue dit l'importance du travail mené par les commissaires et leurs collaborateurs, et fixe pour de nombreuses années à venir la connaissance que nous avons de la part considérable prise par Matisse dans l'art moderne.

Ce travail scientifique, cette haute activité de réflexion honorent notre temps et constituent la meilleure raison pour la Fondation Elf de s'associer aujourd'hui au Centre national d'art et de culture Georges Pompidou. Le temps des vastes rétrospectives est peut-être passé pour ces artistes qui, tels Matisse ou Picasso, ont vécu à travers mouvements et époques des périodes plus ou moins décisives. Nul doute qu'en ce qui concerne notre peintre, les années qui courent de 1904 à 1917 soient capitales et qu'à l'intérieur même de ce moment de la carrière d'Henri Matisse, ses tableaux collectionnés par Stschoukine et Morosoff ne soient indispensables à toute approche de l'artiste.

Nous sommes heureux d'avoir pu donner au Centre Georges Pompidou et à son Président les moyens d'organiser avec nos amis russes l'envoi et le séjour prolongé de ces peintures, indispensables à l'exposition. En accompagnant ensuite une présentation de ces mêmes tableaux assortis de ceux des collections françaises à Moscou et à Saint-Pétersbourg, nous prolongeons notre action auprès du public russe dans deux des plus prestigieux musées du monde, le Musée Pouchkine et l'Ermitage. Nous osons ainsi espérer qu'un véritable partenariat s'est établi entre la Fondation et le Centre pour offrir aux visiteurs et aux lecteurs de cet ouvrage le meilleur dossier possible sur le sujet. A tous ceux qui l'ont constitué avec patience et passion, Dominique Fourcade et Isabelle Monod-Fontaine en particulier, à Dominique Bozo dont cette exposition est le couronnement d'un travail méticuleux et acharné pour conserver au Centre son tout premier rang dans le monde, nous adressons nos félicitations et nos remerciements.

Loïk Le Floch-Prigent
Président de la Société Nationale Elf Aquitaine
Président d'honneur de la Fondation Elf

Exceptionnelle, cette manifestation l'est à plus d'un titre. Tout d'abord parce qu'elle regroupe le meilleur – pour la période 1904-1917, du fauvisme à l'installation à Nice – de l'œuvre d'un des très grands peintres du XXe siècle. Le plus grand ? Faut-il encore et toujours opposer Matisse à Picasso, son éternel rival et ami ? En tout cas, après cette dernière décennie, qui a vu se multiplier les expositions consacrées à tel ou tel aspect de l'œuvre de Picasso, et notamment à la réévaluation du cubisme, de ses enjeux, de son héritage, il est grand temps de revoir Matisse, et de méditer sur les peintures de ces années précisément qui ont, elles aussi (elles surtout ?) fondé la modernité. Si les peintres ont toujours regardé Matisse (Barnett Newman, Ellsworth Kelly, Robert Motherwell, Sam Francis, Simon Hantaï... pour ne citer qu'eux), il paraît en effet essentiel à l'activité d'un musée d'art moderne de déployer à nouveau dans sa magnificence l'œuvre d'un peintre qui embrasse la quasi-totalité des données auxquelles tout peintre, aujourd'hui plus que jamais, ne peut manquer de vouloir se confronter.

Manifestation exceptionnelle encore, parce qu'il apparaît de plus en plus difficile de regrouper significativement une œuvre si tôt et si largement dispersée.

Je voudrais très simplement remercier ici les grandes institutions amies, les nombreux prêteurs privés et tout particulièrement la famille Matisse, qui ont permis par des prêts extraordinairement généreux de réunir à Paris, pour quelques mois, 150 œuvres majeures dans une exposition qui, sans nul doute, marquera décisivement une nouvelle génération.

Enfin, sans un effort exceptionnel du Centre Georges Pompidou et du ministère de la Culture, cette exposition n'aurait pu se faire. Je tiens à associer à ces remerciements, parce que précisément ils ont compris l'importance de ce projet, le Président de la Société Nationale Elf Aquitaine, Loïk Le Floch-Prigent, et les responsables de la Fondation Elf, le Professeur Henri Mathieu, Eric de Belleval et Pierre Provoyeur qui se sont engagés dans cette exposition en nous apportant les moyens considérables qui nous manquaient encore pour réussir.

Dominique Bozo
Président du Centre national d'art et de culture
Georges Pompidou

FONDATION
elf

Cette exposition est réalisée avec le soutien
de la Fondation Elf

Remerciements

Cette exposition n'aurait pas été possible sans de nombreux concours, au premier rang desquels nous avons puisé avec confiance dans le très actif et chaleureux soutien de la famille Matisse. Pour l'extrême générosité de leurs prêts, mais aussi pour l'aide prodiguée à tous les stades de la préparation de l'exposition et du catalogue qui l'accompagne, nous exprimons tous nos remerciements et notre profonde reconnaissance à Claude et Barbara Duthuit, Marie Matisse, Maria-Gaetana Matisse, Gérard Matisse, Jacqueline Matisse-Monnier, Paul et Linda Matisse, Pierre-Noël et Jacqueline Matisse.

Rien de ce projet ne pouvait être envisagé sans la collaboration des plus grandes collections du monde entier, et notamment celles du Museum of Modern Art à New York, du Musée de l'Ermitage à Saint-Pétersbourg et du Musée Pouchkine à Moscou. Nous avons eu la chance unique de bénéficier dès le départ d'un accord passé entre ces trois institutions et la nôtre.

A nos amis du Museum of Modern Art qui ont pris l'initiative de préparer la plus ambitieuse rétrospective Matisse jamais rassemblée, et qui nous ont proposé d'emblée cette excitante association de travail autour de Matisse, nous voulons dire notre gratitude la plus vive. Si Richard Oldenburg et Kirk Varnedoe ont accepté de prêter le meilleur de la collection des peintures de Matisse de leur musée (pas moins de dix-sept œuvres), si James Snyder a notamment suivi les dossiers administratifs avec une ténacité exemplaire, c'est évidemment avec John Elderfield et son assistante Beatrice Kernan que nos relations ont été les plus intenses. John Elderfield est responsable de l'assez inoubliable exposition qui vient de se tenir à New York. Lui-même et Beatrice Kernan nous ont apporté pendant de longs mois un appui sans réserve, répondant à nos requêtes sans jamais se lasser, partageant avec nous leur connaissance de Matisse en général et leur expérience de la scène américaine en particulier. Ils nous ont aidés à vaincre des difficultés innombrables, et notre exposition leur doit certainement beaucoup.

Le Musée de l'Ermitage à Saint-Pétersbourg et le Musée Pouchkine à Moscou sont dépositaires des grandes collections Stschoukine et Morosoff, dont l'apport constitue le cœur même de notre projet ainsi que ne manqueront pas d'en être éblouis les visiteurs de l'exposition. C'est pour nous un plaisir de dire toute notre reconnaissance et nos remerciements à nos amis russes, très particulièrement à Mikhail Piotrovski et Albert Kostenevitch pour l'Ermitage (qui prête vingt œuvres à Paris), et à Irina Antonova et Alla Butrova pour le Musée Pouchkine ; les uns et les autres, dans des conditions souvent difficiles, ont fait preuve à notre égard d'une générosité qui fera date.

Le Statens Museum for Kunst de Copenhague conserve la collection Rump, dont aucune œuvre n'avait jamais pu figurer à une exposition Matisse (hors les murs du musée danois) avant celles de New York et de Paris. Nous devons ces prêts exceptionnels à la compréhension et à l'esprit de coopération jamais démentis de Villads Villadsen et de son équipe et nous lui disons, nous leur disons ici que nous mesurons à sa juste valeur leur très libérale ouverture.

Une mention particulière, enfin, à Serge Lemoine, conservateur en chef du Musée de Grenoble, qui, non content de nous prêter les œuvres de la collection Agutte-Sembat, a consenti avec imagination et courage à ce que soit exposé à Paris *Intérieur aux aubergines*. C'est la première fois au monde que cette peinture absolument majeure apparaît dans une exposition Matisse et réintègre un tissu auquel elle a tant manqué jusqu'à présent.

A chacun des prêteurs, privé ou institutionnel, c'est un privilège de dire notre immense reconnaissance. Encore une fois sans eux rien n'aurait été possible. Certains, comme le San Francisco Museum of Modern Art et son directeur John Lane, la Tate Gallery que dirige Nicholas Serota, Madame John Hay Whitney et Madame Natasha Gelman, ont prêté un nombre particulièrement important de peintures de leurs collections. Tous ont accepté de se séparer pendant une longue durée d'œuvres extraordinairement précieuses. Nous sommes conscients du sacrifice que cela représente et nous adressons à tous, à ceux dont les noms figurent page 9 comme à ceux qui ont souhaité gardé l'anonymat, nos remerciements émus.

Nous souhaitons également remercier ici tous ceux qui nous ont aidés par leurs suggestions, par leurs interventions et tout simplement par leur amitié, à rassembler les œuvres, très particulièrement William Acquavella, Joseph et Emily Pulitzer, William Rubin et Angelica Rudenstine – ainsi que Benoît d'Aboville, Laure Adler, Uffe Andreasen, Caroline Annsley, Ida Balboul, Marina Bessonova, Ernst Beyeler, Irène Bizot, Jean-Paul Bouzigues, J. Carter Brown, Camilla Cazalet, Jack Cowart, Jacques Dauchez, France Dijoud, Barbara Divver, Tenny Duchamp, Elizabeth Easton, Philippe Etienne, Chris Fischer, M. et Mme Richard Goldman, M. et Mme Walter A. Haas Jr., M. et Mme Peter E. Haas, M. Klinger, Bernard Latarget, Marit Lange, Steingrim Laursen, Mme Lebedeva, John Leighton, Robert R. Littman, Guy Loudmer, Jean-Hubert Martin, Pierre et Olga Morel, Kenneth Moser, David Nash, Inna Orn, Laughlin Phillips, Ruth Rattenbury, Georges Renand, John Rewald, Barbara Rose, Beatrice Rosenberg, Eric de Rothschild, Margit Rowell, Gabrielle Salomon, Mme Jean Salomon, Florene May Schoenborn, M. Sidorov, Richard A. Smooke, Vitaly Souslov, Roubina Stein, Michel Strauss, Alice Tériade, Rolf Weinberg.

De même que la réalisation de l'exposition, la rédaction du catalogue a bénéficié de nombreuses collaborations. Nous voudrions saluer ici tout particulièrement Wanda de Guébriant qui, avec la très aimable autorisation de Claude Duthuit, a effectué pour nous de multiples recherches dans les Archives Matisse, répondant à nos innombrables questions, découvrant à point nommé des précisions et des documents inédits, et ne ménageant en notre faveur ni son temps ni sa compétence. Claude Duthuit nous a également permis de publier de très beaux textes inédits de Georges Duthuit.

Nous saluons aussi Jack Flam, qui a partagé avec une extrême générosité sa connaissance du sujet, et nous a aidés tout au long en nous communiquant des textes d'accès malaisé. Le temps pressait, les difficultés s'accumulaient, et Jack Flam nous a tirés d'affaire maintes fois. Nous voulons encore remercier spécialement, au Museum of Modern Art, Rona Roob et Rachel Wild, ainsi que Judith Cousins, qui nous ont indiqué des pistes de recherche et ouvert des archives passionnantes. Et au Musée national d'art moderne, Catherine Schmitt, Agnès de Bretagne, Nathalie Schoeller, qui nous ont accompagnés avec leur habituelle efficacité. Nous remercions enfin Yve-Alain Bois pour son essai en préface au catalogue.

Notre reconnaissance va encore à tous ceux dont les noms suivent ; leur aide nous a été infiniment précieuse, et nous les remercions très vivement :
William Agee, Ronald Alley, Jean-François Barrielle et les éditions Flammarion, Laurence Berthon, Karin Blanc, Catherine Bock, Kimberly Bockhaus, Christine Boël, Jeanne Bouniort, Françoise Cachin, Tom Cashin, John Cauman, Philippe de Chaisemartin, Jacqueline Christophe, Samuel C. Crocker, Guy-Patrice Dauberville, Sharon Dec, Lydia Delectorskaya, Bernd Dütting, Hanne Finsen, Jeremy Fong, Anne-Birgitte Fonsmark, Judi Freeman, Leslie Furth, Jean-Claude Garreta, Vincent Gille, Maxime Girieud, Karin Grund, Silke Haas, Margrit Hahnloser-Ingold, Shannon Halwes, Melanie F. Harwood, Lis Haugaard, Patrick Heron, John Kasmin, Margaret Kline, Susanne Kudielka, Remi Labrusse, Carolyn Lahr-Maxwell, Colette Laplace, Quentin Laurens, George Lawson, Brigitte Léal, Claire Lyons, Jean-Pierre Manguin, Douglas Matthews, Lisa M. Messinger, Florence Mollien, Jean Monneret, Jacqueline Munck, Marie-Claire Pasquier, Bernard Piens, Inge-Vibeke Raaschou-Nielsen, Kathryn A. Ritchie, Fiona Robertson, Angela Rosengart, Jacques Roubaud, Pauline Rumbold, John Russell, Gabrielle Salomon, Christel Schrøder, Anne Sefrioui, Hilary Spurling, Geneviève Taillade et Javotte Taillade, Isabelle Varloteaux, Hélène Vincent, Ornella Volta, Daniel Wildenstein, Maria Wilson.

Dominique Fourcade
Isabelle Monod-Fontaine

Liste des prêteurs

Öffentliche Kunstsammlung,
Kunstmuseum Basel, Bâle
Dr Katharina Schmidt

The Baltimore Museum of Art, Baltimore
Arnold L. Lehman
Brenda Richardson

The Brooklyn Museum, Brooklyn
Robert T. Buck
Sarah Faunce

The Art Institute of Chicago, Chicago
James N. Wood
Charles F. Stuckey

Statens Museum for Kunst, Copenhague
Villads Villadsen
Lennart Gottlieb

The Detroit Institute of Arts, Detroit
Samuel Sachs II

Kunstsammlung Nordrhein-Westfalen,
Düsseldorf
Prof. Dr Armin Zweite
Dr Volkmar Essers

Museum Folkwang, Essen
Dr Georg Költzsch
Dr Mario-Andreas von Lüttichau

Städtische Galerie im Städelschen
Kunstinstitut, Francfort
Prof. Dr Klaus Gallwitz
Dr Béatrice von Bismarck

Musée de Grenoble, Grenoble
Serge Lemoine
Hélène Vincent

Museum of Fine Arts, Houston
Peter C. Marzio
Alison de Lima Greene

Musée Matisse, Le Cateau-Cambrésis
Dominique Szymusiak

National Gallery, Londres
Neil MacGregor
Christopher Brown

Tate Gallery, Londres
Nicholas Serota

Los Angeles County Museum of Art,
Los Angeles
Michael Shapiro

Musée des Beaux-Arts Pouchkine,
Moscou
Irina Antonova
Alla A. Butrova

The Metropolitan Museum of Art,
New York
Philippe de Montebello
William S. Lieberman

The Museum of Modern Art, New York
Richard Oldenburg
Kirk Varnedoe

Musée d'art moderne de la Ville
de Paris, Paris
Suzanne Pagé

Musée d'Orsay, Paris
Françoise Cachin

Musée Picasso, Paris
Gérard Régnier
Hélène Seckel

Philadelphia Museum of Art,
Philadelphie
Anne d'Harnoncourt
Ann Temkin

Nasjonalgalleriet, Oslo
Knut Berg
Tone Skedsmo

The Saint Louis Art Museum,
Saint Louis
James D. Burke
Cara McCarty

Musée de l'Ermitage,
Saint-Pétersbourg
Prof. Mikhail B. Piotrovski
Tatiana Kustodiewa

Musée de l'Annonciade, Saint-Tropez
Jean-Paul Monery

San Francisco Museum of Modern Art,
San Francisco
John R. Lane
ainsi que The Trustees of the Walter and
Elise Haas Foundation :
M. et Mme Walter A. Haas Jr.
M. et Mme Richard Goldman
M. et Mme Peter E. Haas

Moderna Museet, Stockholm
Björn Springfeldt
Nina Ohman

Tikanojan Taidekoti, Vaasa
Ann-Maj Salin

National Gallery of Art, Washington
Earl Powell III
Jeremy Strick

The Phillips Collection, Washington
Charles Moffet
Eliza Rathbone

Fondation Fridart, Amsterdam
Fondation de la famille
Rudolf Staechelin, Bâle
The Phillips Family Foundation, Bedford
Werner et Gabrielle Merzbacher, Küsnacht
Thomas Gibson Fine Art Ltd, Londres
The Nathan and Marion Smooke Collection,
Los Angeles
Mme Louise Bertram Smith, New York
The Jacques and Natasha Gelman Collection,
New York
M. Stephen Hahn, New York
Mme John Hay Whitney, New York

Exposition

Commissaires de l'exposition :
Dominique Fourcade
Isabelle Monod-Fontaine
assistés de Marthe Ridart

Secrétaires :
Geneviève Poisson
Christiane Rojouan
Sophie Grégori
Réjane Laplanche

Administrateur général du Mnam et du CCI :
Marion Julien

Chef du service des expositions :
Martine Silie

Directeur de la Communication :
Jean-Pierre Biron

Régisseur principal des œuvres :
Annie Boucher
Régisseurs de l'exposition :
Florence Turner
Malika Djermane

Installation des œuvres :
Gérard Herbaux et les ateliers du Mnam

Signalétique :
Bernard Lévêque

Photographes :
Jacques Faujour
Adam Rzepka

Architecte de l'exposition :
Lorenzo Piqueras

Catalogue

Conception et rédaction :
Dominique Fourcade
Isabelle Monod-Fontaine
avec la collaboration de
Claude Laugier et Éric de Chassey

Secrétariat de rédaction :
Nicole Ouvrard

Traductions :
de l'anglais : Jeanne Bouniort, Éric de Chassey, Dominique Fourcade
de l'allemand : Silke Haas, Colette Laplace
du danois : Lis Haugaard

Fabrication :
Jacky Pouplard

Conception graphique :
Hans-Jürg Hunziker

Les commissaires de l'exposition tiennent à remercier chaleureusement toutes celles et ceux qui figurent sur cette liste pour leur compétence, leur patience et la qualité du travail mené en commun.

Sommaire

Yve-Alain Bois

L'aveuglement

A la mémoire de Louis Marin

I

«C'est un peu comme de regarder une pierre tomber dans l'eau ; vos yeux suivent l'expansion concentrique des rides et ce n'est que par un effort délibéré de volonté, presque pervers, que vous parvenez à fixer votre regard sur le premier point d'impact – peut-être parce que cela en vaut si peu la peine»[1]. Ces quelques lignes de Leo Steinberg sont les plus justes jamais écrites sur la peinture de Matisse.

Certes, il est ici question de *Bonheur de vivre* et de la manière particulière dont les figures y sont liquéfiées comme sous l'effet d'une intense chaleur, mais ce tableau est programmatique et résume à bien des égards toute l'entreprise de Matisse. C'est en tant que manifeste qu'il le peint, y travaillant de longs mois alors que le scandale «fauve» du Salon d'Automne de 1905 fait rage aux portes de son atelier ; c'est jouant son va-tout qu'il envoie ce seul tableau, le plus grand qu'il a réalisé jusque-là, au Salon des Indépendants (mars 1906)[2]. Malgré les «défauts» que Matisse lui trouvera, c'est à *Bonheur de vivre,* plus qu'à aucune autre de ses toiles, qu'il viendra demander réconfort, y puisant comme à un répertoire de formes au moins jusqu'à *La danse* de 1910 (et même beaucoup plus tard dans sa sculpture) ; c'est cette œuvre qu'il désigne, à la fin de sa vie, comme le diapason de son travail : «De *La joie de vivre* – j'avais trente cinq ans – à ce découpage – j'en ai quatre-vingt deux – je suis resté le même [...] parce que, tout ce temps, j'ai cherché les mêmes choses, que j'ai peut-être réalisées avec des moyens différents»[3]. Tout confirme, en bref, le caractère inaugural du tableau. Matisse y enfonce le clou de son invention, et c'est pour «nous forcer à reconnaître un système différent», dit encore Steinberg, qu'il fait disparaître ses habitants sous l'effet de leur radiance. Leurs contours rouges épais «comme le pouce» (au grand dam de Signac) ne tiennent aucun compte de la structure anatomique, ne donnent corps à aucun volume mais participent au contraire d'un système circulatoire, «tel celui d'une ville ou du sang, où tout arrêt implique une condition pathologique – embolie ou embouteillage».

Expansion, circulation ; on pourrait ajouter à ces termes celui de *tension* et joindre aux deux métaphores de Steinberg une troisième, pneumatique (Matisse dira un jour que son dessin lui semblait «comme la respiration de la mer»[4]). Les œuvres-clefs de Matisse, du moins dans la période qui nous occupe ici, sont gonflées à bloc, sans la moindre fissure par où le regard puisse s'immiscer. Hans Purrmann raconte que le peintre avait en sainte horreur les «trous» dans les tableaux et qu'il allait au Louvre avec Marquet pour y dépister de telles fautes dans les toiles des maîtres (ils auraient abandonné ce petit jeu devant la menace de voir toute l'histoire de la peinture occidentale se dégonfler sous leurs yeux comme une baudruche)[5]. Pour Matisse l'achèvement du tableau suppose

De nombreuses références sont ici faites aux indispensables *Écrits et propos sur l'art de Henri Matisse,* recueillis et présentés par Dominique Fourcade (Paris, Éditions Hermann, 1972). Toute référence à ce livre sera abrégé en EPA, suivi de la pagination et de la date de première parution s'il s'agit d'un écrit de Matisse, ou de la date du propos agrémenté du nom du destinataire s'il s'agit d'un propos rapporté ou d'une lettre. Si la date du propos n'est pas connue, ou bien entendu si elle coïncide avec la date de sa publication, c'est cette dernière qui sera notée. Exemple : EPA, p. 246 (Maria Luz 1952).

1. Leo Steinberg, «Contemporary Art and the Plight of its Public» (1966), repris dans *Other Criteria* (Londres, Oxford) New York, Oxford University Press, 1972), p. 8. Je dois à «Describing Matisse», l'importante introduction de John Elderfield au catalogue de l'exposition «Henri Matisse : A Retrospective», qu'il vient d'organiser au Museum of Modern Art, d'avoir relu l'essai de Steinberg. De nombreuses références seront faites à cet essai, ce qui ne devrait pas étonner : c'est de loin l'étude la plus ambitieuse écrite sur Matisse depuis de nombreuses années. Je suis en complet désaccord avec Elderfield sur de nombreux points, mais ce désaccord même m'a considérablement aidé à mettre de l'ordre dans mes idées sur plusieurs questions – notamment celle de «l'aveuglement», qu'il n'aborde qu'en passant.

2. Une importante exposition personnelle de Matisse, il est vrai, sa deuxième, ouvre un jour avant le Salon, galerie Druet. Elle est pratiquement ignorée par la critique, qui n'a d'yeux que pour le Salon et en particulier pour *Bonheur de vivre* (seul Léon Rosenthal publie un compte rendu venimeux de l'exposition où Matisse présente une cinquantaine d'œuvres, dont certaines toiles de Corse – c'est-à-dire de 1898 – qu'il n'avait pas osé montrer chez Vollard deux ans plus tôt, des dessins, des lithographies, les bois gravés qui furent si importants pour la formation de son style personnel, et des sculptures). Sur cette exposition, voir Roger Benjamin, *Matisse's «Notes of a Painter»* (Ann Arbor, UMI Research Press, 1987), pp. 109 et 286-287.

3. EPA, p. 246 (Maria Luz 1952). *La joie de vivre* est le titre qu'Albert Barnes donna au tableau de Matisse, et que le peintre reprend parfois.

4. EPA, p. 284, note 3 (Père Couturier 1949).

5. Hans Purrmann, «Aus des Werkstatt Henri Matisses», *Kunst und Künstler,* vol. XX, n° 5, février 1922, p. 174. Purrmann rapporte qu'un des reproches les plus fréquents que Matisse faisait aux «étudiants» de son académie était «Là il y a un trou, ce ton n'est pas plein». Matisse expliqua à Pierre Courthion (qui rapporta ce fait à Jack Flam) la raison pour laquelle Marquet et lui durent s'arrêter de chercher les trous dans les tableaux du Louvre (*cf.* Jack Flam, *Matisse : The Man and His Art, 1869-1918* [Ithaca et Londres, Cornell University Press, 1987], p .73). Voir aussi ce propos de Matisse : «Un bon dessin doit être comme une corbeille (ou un panier) d'osier [...] dont on ne peut enlever un brin sans faire un trou» (EPA, p. 201, note 63 [André Rouveyre, sans date]).

tout relâchement corrigé, toute béance colmatée : «A chaque étape, j'ai un équilibre, une conclusion. A la séance suivante, si je trouve qu'il y a une faiblesse dans mon ensemble, je me réintroduis dans mon tableau par cette faiblesse – je rentre par la brèche – et je reconçois le tout [...] A la dernière étape le peintre se trouve libéré et son émotion existe entière dans son œuvre. Lui-même, en tous cas, en est déchargé»[6].

La métaphore pneumatique devient sexuelle - le «vieil étalon qui a reniflé la jument» ne bande plus : le tableau fini le fait à sa place - mais il ne faut pas se tromper sur l'objet du désir de Matisse : ce n'est pas le modèle (tout au plus un «excitant» dont le peintre affirme à de très nombreuses reprises qu'il aimerait bien pouvoir se passer[7]), c'est la peinture elle-même. La «jument» en question, dans la phrase que je viens de citer, c'est la première version achevée de la *Danse* de 1933, celle qui appartient aujourd'hui au Musée d'art moderne de la Ville de Paris, et que Matisse rentrant éreinté d'Amérique, où il vient d'installer la version finale à la Barnes Foundation, ne peut s'empêcher de reprendre de fond en comble lors d'un passage éclair à son atelier avant d'aller faire une cure de repos en Italie[8]. Le vocable de *décharge* est constant sous la plume et dans les propos de Matisse : le peintre se tend, se charge, se gonfle d'émotions, jusqu'au «stade où se produit une explosion», après quoi il se détache de l'œuvre qui a pris le relais de cette tension et qui enfle, et il lui reste à recharger ses batteries[9]. L'orgasme pictural du peintre est très spécial, il ne s'agit pas d'une consommation pure et simple, mais d'un transfert. L'allégorie sexuelle ne tient pas complètement, ce pourquoi je préfère m'en tenir au pneumatique.

Les trois métaphores (pierre dans l'eau, appareil circulatoire, gonflement) ont non seulement en commun de désigner la peinture de Matisse comme un art de surfaces, mais encore de le faire d'un point de vue dynamique (ce qui permet de comprendre en tant qu'«équilibre de forces» ces notions d'accord et d'harmonie auxquelles le peintre a si souvent recours dans ses écrits et propos). Surtout, les trois termes auxquels ces métaphores renvoient (expansion, circulation et tension) font système : c'est parce que la surface de ses toiles est tendue au maximum, comme une raquette de tennis[10], que le regard ne peut y pénétrer et qu'il ne peut s'y arrêter nulle part ; réciproquement, c'est le «circulez, circulez je vous prie !» auquel est soumis le regard qui organise la tension pneumatique (l'arabesque est «l'élan passionnel qui gonfle ces dessins» dira le peintre à propos de la peinture rupestre, et on verra que la ronde des couleurs ne joue pas là un moindre rôle)[11] ; enfin, c'est de l'action conjointe du rebond et du tourbillon que naît la force centrifuge qui caractérise la peinture de Matisse.

6. EPA, p. 129 (Tériade 1936).

7. *Cf.* notamment EPA, p. 162, note 9 (Aragon 1971). Ou ceci : «J'avais coutume de dire à mes élèves, quand j'avais une Académie : l'idéal serait d'avoir un atelier à trois étages. On ferait une première étude d'après le modèle, au premier étage. Du second on descendrait plus rarement. Au troisième, on aurait appris à se passer du modèle» (p. 85 [Jacques Guenne 1925]). La distinction peinture/modèle est ici capitale, notamment parce qu'elle rend pour le moins problématiques les accusations de sexisme dont l'art de Matisse fait aujourd'hui de plus en plus souvent l'objet.

8. EPA, p. 143, note 7 (Simon Bussy, 1933).

9. «L'artiste travaille et arrive à un stade où se produit une explosion» (EPA, p. 259, note 1, 1949). Sur la décharge, *cf.* notamment sa lettre à Bonnard du 13 janvier 1940 (EPA, p. 183), mais surtout ce dialogue avec Courthion concernant le choix du motif (il s'agit du *Bois de Boulogne* de 1902, au Musée Pouchkine, qui eut une très grande importance pour Matisse) : «L'endroit choisi, c'était l'exutoire ? – C'est le choc libérateur ; c'est, pardonnez moi l'image désagréable, le canif qui crève l'abcès. Vous avez emmagasiné des sensations, vous êtes chargé... – Vous êtes réceptif ? – Oui. Il faut, le matin, pour bien commencer ma journée, que j'aie envie de tuer quelqu'un, que j'aie des choses à donner, de l'énergie à dépenser. Quand vous êtes comme ça, vous partez, vous arrivez tout-à-coup devant l'objet qui provoque la décharge : il faut le rendre. L'objet existe toujours». (Ce dialogue fait partie d'une série d'entretiens de Pierre Courthion avec Matisse, datés de 1941, qui devaient paraître aux éditions Albert Skira sous le titre de *Bavardages*. Au tout dernier moment, André Rouveyre dissuada Matisse de les publier. Le manuscrit de Courthion se trouve aujourd'hui au Getty Center for the Humanities and the History of Art que je remercie vivement pour m'en avoir donné libre accès). Une fois l'œuvre achevée, elle se détache de Matisse, ce qui est une sensation commune chez beaucoup d'artistes. Ce qui l'est moins, c'est que ce faisant l'œuvre devient «rigide» (*cf.* EPA, p. 143 [Dorothy Dudley 1934]). Je ne pense pas, contrairement à John Elderfield et quoi qu'en dise Matisse, qu'il s'agisse là simplement d'un mécanisme de sublimation (*cf.* «Introducting Matisse», *op. cit.*, p. 26).

10. René Huygue, «Matisse», *Le Point*, vol. 4, n° 21 (numéro spécial sur Matisse), juillet 1939, p. 103.

11. EPA, p. 160, note 5 (Verdet 1952).

Tension de la surface sans circulation : vous avez Signac et même certaines toiles fauves (mais déjà *La fenêtre ouverte* et *Intérieur à Collioure, la sieste* [cat. n°s 19 et 20] montrent la voie de l'expansion) ; circulation sans tension : vous avez Vuillard, dont les tableaux implosent. Pierre Reverdy notait «l'extraordinaire ampleur» que chacune des toiles de Matisse acquiert, «quelles que soient d'ailleurs ses dimensions réelles», quand «elle passe à la reproduction»[12], et Frank Stella, que l'on se souvient toujours des tableaux de Matisse comme plus grands qu'ils ne sont en réalité[13]. Aucun tableau de Signac ou de Vuillard ne saurait engendrer une telle illusion (et je ne suis pas loin de penser la même chose de toute œuvre picturale antérieure ou postérieure à Matisse – à l'exception, peut-être, de celle de Barnett Newman).

Matisse avait parfaitement conscience de la nature expansive de son travail. C'est une caractéristique absolument délibérée de son art. Il en parle dès ses célèbres «Notes d'un peintre» de 1908 : «le dessin doit avoir une force d'expansion qui vivifie les choses qui l'entourent», et cette force d'expansion est fonction avant tout des rapports d'échelle internes au tableau, qui sont aussi nécessairement, nous le verrons, des rapports de couleur[14]. D'une part, il est impossible de simplement transférer une composition sur un format plus grand (les dimensions de l'œuvre, en changeant, altéreraient ces rapports d'échelle) ; il faut obligatoirement reconcevoir le tout (c'est ce qui s'était passé pour la *Danse* de 1933 : Matisse dut reprendre entièrement sa composition quand il s'aperçut d'une erreur dans les dimensions sur lesquelles il s'était fondé). D'autre part, moins il y a d'éléments qui entrent en compétition, plus les rapports d'échelle seront efficaces :

> «Si je marque d'un point noir une feuille blanche, aussi loin que j'écarte la feuille, le point restera visible : c'est une écriture claire. Mais à côté de ce point, j'en ajoute un autre, puis un troisième, et déjà, il y a confusion. Pour qu'il garde sa valeur, il faut que je le grossisse au fur et à mesure que j'ajoute un autre signe sur le papier»[15].

On peut déjà entrevoir là ce qui clocha pour Matisse dans la théorie (et la pratique) divisionniste de Signac – mais n'anticipons pas. D'où Matisse a-t-il tiré cette volonté expansive ? De l'Orient, dit-il («la révélation m'est venue de l'Orient»[16]). Ou plus exactement de l'Islam : «Par ces accessoires, cet art suggère un espace plus grand, un véritable espace plastique. Cela m'aida à sortir de la peinture d'intimité»,[17] cette peinture d'intimité à laquelle Matisse dit être revenu graduellement à partir de 1914[18] (peintre «intimiste», notons-le au passage, était le label attitré de Vuillard). Il ne faut toutefois pas s'exagérer l'importance de cette

12. Pierre Reverdy, «Matisse dans la lumière et le bonheur» (1958), repris dans EPA, p. 32.

13. Jean-Claude Lebensztejn, «Eight Statements», *Art in America*, juillet-août 1975, p. 75. Les huit artistes américains interviewés par Lebensztejn (Lichtenstein, Sharits, Andre, Judd, Marden, Stella, Wesselmann et Warhol) parlent presque tous, à des titres divers, de l'échelle de Matisse.

14. EPA, p. 43, 1908. Je mentionnerai à l'occasion mon désaccord avec John Elderfield qui, par deux fois, dans «Introducing Matisse» parle de l'agoraphobie de la peinture de Matisse sous des faux airs de claustrophobie (*op. cit.*, pp. 24 et 55). Je ne suis prêt à admettre cette agoraphobie que pour la période de Nice, du moins jusqu'en 1925. Quant à l'individu Matisse : pendant sa douloureuse convalescence, en 1941, il se demande : «préférerais-tu être mort que de souffir ainsi ? Et instantanément je vis un intérieur de caveau très sombre et sans porte (il n'y avait pas de cerceuil, c'était les murs de ma chambre qui étaient rapprochés) : non, non, je préfère encore vivre» (EPA, p. 285 [André Rouveyre 1941]). Matisse fera part de cette même «vision» à plusieurs correspondants.

15. EPA, p. 46, 1908.

16. EPA, p. 204 (Gaston Diehl, 1947).

17. *Ibid.*, p. 203.

18. EPA, p. 78, 1930. Matisse aurait mieux fait de dire «aux environs de 1916-17», mais il est intéressant de noter qu'il situe le germe de son époque de Nice dès 1914.

épiphanie orientale. Matisse ajoute d'ailleurs, après sa phrase sur «la révélation» : «C'est plus tard que cet art m'a touché», et, avant de parler de l'art islamique et «en particulier de l'extraordinaire exposition» qu'il a vue à Munich, en 1910 : «J'ai trouvé là une nouvelle confirmation».

S'il est tout à fait fondé de comparer la peinture de Matisse, *La famille du peintre* (cat. n° 85) ou *Intérieur aux aubergines* (cat. n° 90) de 1911 par exemple, aux miniatures persanes qu'il avait admirées à Munich, il est assez vain de vouloir y dépister un orientalisme à tous crins avant cette date, de parler du tapis persan figurant dans son «deuxième tableau» (1890), de s'échiner à déterminer si Matisse a visité les expositions d'art musulman à Paris en 1893, 1894 et 1903, et à identifier ce qu'il a pu y voir (on sait qu'il goûta les danses du ventre à la «Grande Exposition» de 1900)[19]. Mais même dans *Intérieur aux aubergines*, la plus «islamique» de ses toiles, on ne trouve aucun effet que Matisse n'ait déjà cherché à obtenir dans son art par d'autres moyens que le pattern décoratif : l'absence de centre, l'univers en expansion continue (beaucoup plus marqué d'ailleurs dans l'état actuel du tableau que si Matisse avait conservé le large cadre peint orné de fleurs, proprement «persan», dont il l'avait affublé au départ), le labyrinthe des échelles diverses (du motif de la pièce de tissu rapportée sur le paravent aux fleurs géantes éparpillées sur le tableau), la circulation latérale effrénée[20]. Tous ces traits stylistiques sont certainement caractéristiques de l'art islamique, mais on les retrouve tels quels dans *Bonheur de vivre*, sans qu'on puisse y discerner la moindre trace orientalisante.

Quant à l'impression d'explosion, de big bang suivi d'un silence hypnotiseur alors que les particules de couleur s'éloignent du point d'impact, elle ne doit rien à l'art musulman. Elle appartient à Matisse et à lui seul, et on l'observe même dans ses toiles les moins décoratives (dans la formidable *Vue de Notre-Dame* de 1914 (cat. n° 119), au Museum of Modern Art de New York, notre œil est d'abord attiré par la conflagration de l'arbre vert, puis le contraste du noir et du blanc le sollicite de part et d'autre de cette tache, puis le rapide dédoublement en volume de la carcasse architecturale achève de propulser la surface du tableau à notre rencontre). La peinture de Matisse est à la fois très rapide et très lente : elle éclate sous nos yeux comme un pétard, après quoi nous avons tout le temps devant nous pour nous perdre dans son éparpillement. Gaston Diehl lui posait deux questions : «Préférez-vous former une image que l'on puisse voir d'un coup à une image que l'on découvre par degré ?» Et : «Pensez-vous qu'il faille que l'image occupe longtemps l'esprit de celui qui l'a vue ?» Matisse ne fait qu'une réponse : «Je cherche à ce qu'elle entre entière dans l'esprit du spectateur, après quoi elle agit selon sa profondeur d'expression et celle de l'esprit du spectateur»[21].

19. Les meilleures études de la relation qu'entretient Matisse avec l'art islamique sont dues à Pierre Schneider, dans son monumental *Matisse* (Paris, Flammarion, 1984), chapitre 7, pp. 155-185, et dans «The Moroccan Hinge», catalogue de l'exposition *Matisse in Morocco* (Washington, National Gallery of Art, 1990), pp. 17-56. Fereshteh Daftari, dans *The Influence of Persian Art on Gauguin, Matisse, and Kandinsky* essaie de déterminer ce que Matisse a pu voir dans les diverses expositions d'art islamique à Paris et ailleurs, sans être bien convaincant (New York et Londres, Garland Publishing, 1991), pp. 156-252. C'est plus au niveau des parallèles généraux qu'il trace entre les principes de l'art musulman et l'art de Matisse que l'étude de Daftari est intéressante, quoiqu'elle souffre d'accorder une trop grande place aux miniatures persanes alors que, comme le montre très bien Schneider, ce sont les *accessoires* de l'art islamique (céramique, étoffes, moucharabiehs, tapis, etc.) qui séduisirent le plus le peintre. Un des effets visés par la profusion de ces accessoires dans l'architecture est de produire un labyrinthe de motifs décoratifs dont les échelles sont différentes mais néanmoins imbriquées, labyrinthe qui a pour fonction de perdre le regard, d'engendrer un léger vertige, et d'induire à la contemplation. Sur ce point, voir l'important ouvrage à paraître de Gülru Necipoglu, *Geometry and Decoration in Islamic Architecture (10th-16th Centuries) : The Evidence of a Late Timurid Design Scroll* (Santa Monica, Getty Center for the Humanities and the History of Art).

20. Je renvoie à l'excellente étude de Dominique Fourcade sur ce tableau, «Rêver à trois aubergines», *Critique*, n° 324, mai 1974, pp. 467-489.

21. EPA, p. 244 (Gaston Diehl 1949).

L'art musulman fut une «confirmation», ce qui est énorme, mais sans plus. Matisse ne commence à en parler qu'à partir de 1909[22]. Dans une note autobiographique que Matisse rédige en 1930, l'Orient n'apparaît qu'en dernier dans la liste des quatre évangiles qui l'ont aidé à «éclaircir sa palette» après son étude de «la gamme sombre des maîtres au Louvre» : «Influence des Impressionnistes, des Néo-impressionnistes, de Cézanne et des Orientaux»[23].

II

Peut-être faudrait-il donc commencer par parler des rapports contradictoires qu'entretint Matisse avec l'impressionnisme, cet impressionnisme qu'il «avait dans le sang» au dire de Kandinsky, mais dont Apollinaire pensait au contraire qu'il était «un des rares artistes à s'en être complètement dégagés»[24]. Les critiques que le peintre formule à son endroit, d'abord dans les fameuses «Notes d'un peintre» de 1908, puis dans bon nombre de déclarations toute sa vie durant, ne sont pas très originales. Répétées sur tous les tons depuis les années 1890 par et à propos de Gauguin, Van Gogh, Seurat et Cézanne, elles sont déjà, au moment du fauvisme, un poncif des conversations d'atelier[25] : les toiles des impressionnistes «se ressemblent toutes» parce qu'ils ne cherchent qu'à y rendre des «impressions fugitives»[26]. Ils ont l'air de ne jamais faire le même tableau, mais ils peignent toujours la même chose («un moment de la nature»[27]). Ils sont esclaves de l'imitation, croient à l'exactitude possible de la représentation et se laissent piéger par les détails au lieu de voir l'ensemble. Résultat : leur art fourmille «de sensations contradictoires. C'en est une trépidation»[28]. En bref, ils ne savent pas «organiser leurs sensations» (comme dirait Cézanne, selon un mot souvent repris par Matisse) ; ils n'ont aucune suite dans les idées. «Je le sais, moi, qui suis parti de là»[29].

Les propos les plus clairs et les plus complets de Matisse sur le sujet se trouvent dans une lettre à André Rouveyre, datant de 1942 :

> «Je suis d'une génération dans laquelle tout devait sortir de la sensation, constatée sur nature et rendue immédiatement, donc sans la mémoire. Tout ce qui était ajouté, après la séance, était dit : de chic, donc mauvais [...] Dans ma jeunesse, donc, lorsqu'on quittait son chevalet, on emportait un sentiment de bonheur ou de mécontement selon que ça *avait plus ou moins bien marché,* mais on perdait tout contact avec son tableau en train. Du reste les peintres changeaient de tableaux presque d'heure en heure, selon les modifications de lumière apportées aux objets par le mouvement du soleil (Manet, Marquet). On ne regardait pas le Louvre pour ne pas se foutre dedans, c'est-à-dire perdre sa route [...] En somme on

22. La première mention que Matisse fait de l'art mulsuman se trouve dans un entretien de 1909 avec Estienne où il cite l'art persan (en même temps que l'art du Moyen Age et l'art hindou [EPA, p. 63]). Dans l'article-entretien que lui consacre Apollinaire en 1907, l'art musulman n'est pas mentionné, alors que le sont l'art égyptien, grec, cambodgien, péruvien, africain et les «primitifs» italiens (EPA, p. 56).

23. EPA, p. 77, 1930.

24. Kandinsky, *Du spirituel dans l'art* (1912), trad. française de Pierre Volboudt (Paris, Denoël/Gonthier, 1969), p. 70. Apollinaire, «Prenez garde à la peinture ! Le Salon des Artistes Indépendants – 6 000 toiles sont exposées» (1910), repris dans *Chroniques d'art,* textes réunis et présentés par L.C. Breunig (Paris, Gallimard, 1960), p. 74.

25. En témoigne l'enquête lancée par Charles Morice dans le *Mercure de France*, en 1905, sur ce thème général, «L'impressionnisme est-il fini ?». *Cf.* Roger Benjamin, *op. cit.*, pp. 117, 174-184, et Ellen C. Oppler, *Fauvism Reexamined* (New York et Londres, Garland Publishing, 1976), pp. 35. et sq. Matisse ne répondit malheureusement pas au questionnaire de Morice, mais Camoin le fit (notamment sur Cézanne).

26. EPA, p. 45, 1908.

27. EPA, p. 44, note 7 (Alfred Barr 1950).

28. EPA, p. 60 (Estienne 1909).

29. *Ibid.* Le reproche se fait parfois très dur, notamment quand Matisse reconnaît au cubisme «une fonction essentielle dans le combat contre la déliquescence de l'impressionnisme» (EPA, p. 120 [Tériade, 1952]), déliquescence qui n'en avait pas moins constitué un solide obstacle pour le jeune peintre : «Comme aujourd'hui, la route de la peinture paraissait tout à fait barrée aux nouvelles générations, les Impressionnistes prenaient toute l'attention. Van Gogh et Gauguin étaient ignorés. Il a fallu culbuter un mur pour passer». (EPA, p. 198, 1945).

> se développait en rétrécissant son cerveau au lieu de faire le contraire»[30].

Ceci n'est pas un autoportrait rétrospectif très exact, car on voit mal à quel moment Matisse aurait évité d'aller au Louvre (qui est d'ailleurs pour lui, très tôt, un antidote aux sirènes du «plein-airisme»[31]), mais l'inanité de l'opposition entre peinture «sur nature» et peinture «de chic» est un thème qui figure dès les «Notes d'un peintre»[32]. Il en va de même pour l'invocation de la temporalité («Une traduction rapide du paysage ne donne de lui qu'un moment de sa durée», écrivait-il dans le texte de 1908). Cependant Matisse l'agrémente ici d'une notion nouvelle (le «contact» qu'on peut perdre)[33], et surtout il rapporte l'instabilité même de la peinture impressionniste à son référent essentiel, «les modifications de lumière apportées aux objets par le mouvement du soleil». Lorsque fin 1917 il reprendra très ostensiblement un dialogue avec l'impressionnisme interrompu dès 1904 (retour à Manet[34], amitié avec Renoir, excursion à Étretat sur les traces de Monet), c'est en prenant garde de ne pas se rendre esclave des conditions atmosphériques: «Pourquoi Nice?», lui demande-t-on? «Parce que, pour peindre mes tableaux, j'ai besoin de demeurer sous les mêmes impressions plusieurs jours de suite et je ne puis le faire que dans l'atmosphère de la Côte d'Azur»[35].

Peu après son arrivée à Nice, Matisse va visiter Renoir, qu'il n'avait jamais rencontré et qui connaissait à peine sa peinture. Le vieux maître l'invite à lui montrer quelque chose de son travail lors d'une prochaine visite. Lorsque Matisse lui apporta quelques toiles récentes, dont certains petits paysages dans la veine de ceux qu'il avait exécutés quelques mois plus tôt à Clamart, Chenonceaux ou Villacoublay – plus proches de l'impressionnisme que quoi que ce soit de Matisse depuis plus de vingt ans – Renoir ne fut pas très chaud. Pourtant, il ne put s'empêcher d'admirer la manière dont dans une vue de sa chambre à l'Hôtel Beau Rivage, Promenade des Anglais, à Nice, «la valeur la plus forte» du tableau était «le ton le plus foncé de l'ensemble,» à savoir le support en acajou, presque noir, de la tringle à rideau au-dessus de la fenêtre ouverte sur «la mer retroussée, gris argenté».

> «Il fut surpris de voir que ce ton foncé ne venait pas au premier plan, mais restait bien à la distance indiquée par sa position dans la pièce. Il me fit mettre la toile assez loin de lui, et me dit: "Mais comment faites-vous donc? Si je mettais un noir comme ça dans mon tableau, ce noir viendrait en avant".
> Je n'ai pas su trouver tout de suite une explication, et cette explication est pourtant très simple: c'est par une combinaison des forces constituant la toile, qui est l'apport de ma génération. Et

30. EPA, p. 169 (André Rouveyre 1942).

31. EPA, p. 90, note 35 (Gaston Diehl 1954). Par ailleurs, Matisse insista souvent sur le fait qu'il fréquenta longtemps le Louvre avant de connaître l'impressionnisme.

32. *Cf.* EPA, p. 51, 1908. Voir aussi la rubrique *Chic* dans l'index de ce recueil.

33. Cette notion est reprise différemment dans un propos rapporté par Francis Carco, à propos de ses dessins au trait, et associé au grand thème matisséen de l'inconscient: «Je m'en remets à mon inconscient et la preuve en est si flagrante que, si l'on me dérange pendant l'opération, il ne m'est plus possible de retrouver le fil» (EPA, p. 165, note 13, 1953).

34. Sur ce point, je renvoie à l'étude de Dominique Fourcade, «Matisse et Manet?», dans le catalogue de l'exposition *Bonjour Monsieur Manet* (Paris, Musée national d'art moderne, 1983), pp. 25-32.

35. EPA, p. 104, note 59, 1942. Voir aussi ce qu'il dit à Francis Carco sur le besoin «de retrouver [s]on idée de la veille et donc de garder plusieurs jours ou même semaines de suite le même modèle» (EPA, p. 78, note 4, 1953). Ou encore ceci, à Georges Salles: «Quand j'ai compris que chaque matin je reverrais cette lumière, je ne pouvais croire à mon bonheur» (EPA, p. 123, note 82, 1950).

c'est, je crois, aussi la sensation d'espace que j'ai toujours devant les modèles que j'observe et qui me fait même me placer dans cet espace. Cet espace est construit avec un ensemble de forces qui n'a rien à voir avec la copie directe de la nature»[36].

L'essentiel, bien sûr, c'est «l'apport de ma génération», cette combinaison de forces qui suture la surface de la toile en une totalité que rien ne saurait percer, et les pages qui suivent y seront pour leur plus grande part consacrées. Mais j'aimerais auparavant insister sur la deuxième «explication» fournie ici par Matisse. «Sensation d'espace» est une expression qui apparaît souvent sous sa plume et dans ses propos (c'est ce qu'il veut «toujours donner» au spectateur[37]). Il l'invoque la plupart du temps en termes d'effet pictural (notamment en ce qui concerne les rapports d'échelle), c'est-à-dire comme résultant de la «combinaison de forces» et comme faisant partie de «l'apport de sa génération». Ici, au contraire, Matisse isole cette sensation en tant que telle, il en parle en tant que fait de perception, et il est à mon sens très révélateur que ce soit précisément en rapportant sa rencontre avec un vieux maître impressionniste qu'il fasse cette confidence.

De quoi parle Matisse lorsqu'il dit se placer lui-même dans l'espace dont il a toujours la sensation devant «les modèles»? Écartons tout d'abord les autoportraits et les quelques toiles montrant l'artiste et son modèle: si on est soi-même le modèle, ou un des modèles, il n'y a rien d'incongru à se placer dans l'espace qu'on observe[38]. Ce à quoi Matisse fait référence, me semble-t-il, c'est à un groupe d'œuvres tout à fait exceptionnel, dans lequel effectivement il se met, ou du moins met le support sur lequel il est en train de peindre ou de dessiner, dans l'espace qu'il représente – une véritable mise en abîme digne des poupées russes ou de la vache-qui-rit.

Ce groupe se divise en trois sous-ensembles. Le plus connu est constitué des seules œuvres qui correspondent strictement à l'indication fournie à (ou en souvenir de) Renoir, puisqu'il y a à chaque fois un modèle, à savoir la série de dessins de nu féminin, datant de 1935, dont le coin inférieur droit est occupé par la représentation de la main ou de la plume de Matisse en train de tracer sur une feuille de papier ce dessin même que nous avons sous les yeux[39]. C'est en 1941 que Matisse rapporte à Pierre Courthion sa conversation avec Renoir, soit près d'un quart de siècle après qu'elle a effectivement eu lieu, et on est en droit de se demander pourquoi cette série de dessins, elle aussi de longtemps postérieure à la fameuse rencontre (et de surcroît de six ans antérieure à l'entretien avec Courthion), lui viendrait à l'esprit à son propos.

La réponse est fournie par le deuxième sous-ensemble, dont Matisse vient tout juste de réaliser la première pièce lorsqu'il rend visite à

36. Entretien avec Pierre Courthion, «Autres propos de Matisse», présentés par Dominique Fourcade, *Macula*, n° 1, 1976, p. 102. Pour une autre version de cet «examen de passage», comme dit Fourcade, voir EPA, p. 202, note 64 (Gilot 1965). Sur cette visite, voir aussi Jack Flam, *op. cit.*, pp. 468-473; sur Matisse/Renoir en général, voir la mise au point de Dominique Fourcade dans «Autres propos de Matisse», pp. 103-106.

37. EPA, p. 154, note 14 (André Verdet 1952).

38. En fait, lorsqu'il se représente (à l'aide d'un miroir), c'est plutôt la distance qui frappe. «Comme lorsque je regarde dans une glace, je reste en dehors du sujet» (note d'un carnet de 1951, cité par Schneider dans *Matisse*, *op. cit.*, p. 417, note 72). Voir aussi la note de John Elderfield consacrée à ce thème, *op. cit.*, p. 74, note 153.

39. Sur cette suite de dessins, voir la notice de Anne Baldassari dans *Matisse*, catalogue des œuvres du peintre dans les collections du Musée national d'art moderne (Paris, 1989), pp. 230-232. Baldassari rapproche avec raison ces dessins du *Nu rose crevette*, le tableau le plus spéculaire de Matisse, auquel il travailla en 1935 et qu'il finit par détruire.

Renoir, une vision panoramique de ce qu'il voit de l'intérieur de son automobile en regardant droit devant lui. Cette *Route de Villacoublay* de l'été ou de l'automne 1917 marque une rupture radicale avec le travail accompli par Matisse depuis 1904 et introduit par bien des égards à ce que l'on nomme la période de Nice. A l'inverse de toutes les fenêtres peintes par Matisse durant l'époque qui nous intéresse ici, il s'agit là d'une *vedute,* d'une «fenêtre ouverte sur le monde», au sens albertien du terme, la transparence illusoire du plan du tableau étant assurée par une adhérence rigoureuse (plus même, emphatiquement soulignée) aux règles de la perspective linéaire – secours dont Matisse avait toujours dit jusque-là vouloir se dispenser[40]. En face de vous, vous avez la route en perspective frontale vue à travers la vitre avant de la voiture ; le point de fuite est droit devant vous. Mais à l'intérieur de la voiture, coincée entre le volant sur laquelle elle repose et la limite inférieure du tableau, vous avez la partie supérieure de la toile que vous êtes en train de regarder (il faut le savoir, dira-t-on, le monochromatisme du rectangle posé sur le volant ne correspondant guère à ce qu'il est censé dénoter ; huit ans plus tard, dans une seconde version du même tableau, peinte à Antibes cette fois, Matisse mettra les points sur les i : impossible de s'y tromper, il n'est jusqu'au rétroviseur circulaire, où se dessine peut-être la tête du peintre, qui ne soit schématisé sur le double miniaturisé du tableau)[41].

Ce n'est pas ici le lieu de s'inquiéter de la fonction, dans l'économie picturale de Matisse, des dessins de 1935. De même, je ne m'intéresse à *Route de Villacoublay* que parce que cette toile marque une borne (elle clôt un chapitre ou en commence un autre). Ce qui m'en assure, c'est l'existence d'un troisième sous-ensemble d'œuvres de ce type (chronologiquement le premier), dont la seule pièce conservée date de l'été 1904, à savoir du moment où Matisse retrousse ses manches de chemise et décide une fois pour toute de régler son compte à cet impressionnisme qu'il a dans le sang, quitte à devoir se soumettre au

40. A Courthion, il dit que l'apport de sa génération (une expression que décidément il affectionne) est «la sensation de la profondeur sans le secours de la perspective» (EPA, p. 98, note 49, 1942). Ailleurs il parlera de «perspective de sentiment» (EPA, p. 161, 1939). Matisse n'a jamais oublié son dégoût devant Bouguereau copiant pour la énième fois son *Guêpier* et pérorant : «Il vous faudra apprendre la perspective» (*cf.* EPA, p. 79 [Jaques Guenne 1925] et p. 114 [Tériade 1951]).

41. *Antibes, paysage vu de l'intérieur d'une automobile* (1925, 37 × 61 cm), est reproduit dans le catalogue de l'exposition *Henri Matisse : The Early Years in Nice 1916-1930* (Washington, National Gallery of Art, 1986-1987), pl. 68, p. 118.

Nu couché dans l'atelier, Nice, 1935
Encre de Chine sur papier
45,1 × 56,8 cm
M. et Mme Nathan L. Halpern, New York

Route de Villacoublay, 1917
Huile sur toile
38 × 55,9 cm
The Cleveland Museum of Art
Legs de Lucia McCurdy McBride

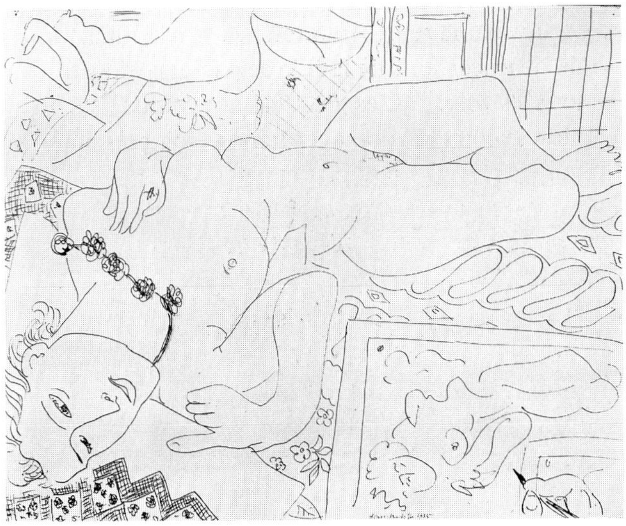

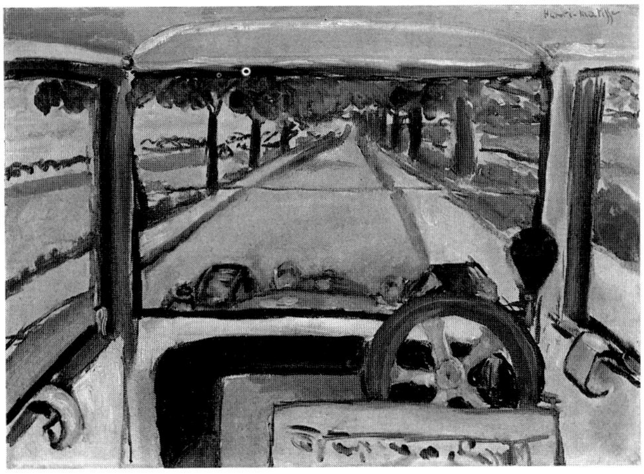

positivisme bien propret de Signac et consort. Jean Puy, dans ses précieux souvenirs sur le peintre, date de fin 1902 ce moment où Matisse fut «le plus soumis à la réalité» : «Il peignait dans des gris parfois assez sombres et ses tentatives pour atteindre "la réalité réelle" étaient un peu déconcertantes. C'est ainsi que certains dessins de paysages commençaient par un premier plan représentant ses pieds qu'il voyait se profiler devant l'horizon alors qu'il était assis par terre»[42]. Puy fournit cependant le moyen de mettre en doute sa datation puisqu'il enchaîne immédiatement sur l'importance qu'eut Signac pour Matisse en tant que «point de départ de son affranchissement de cette servitude», importance qui ne se fera jour qu'à la fin de l'été 1904, que rien ne laissait prévoir auparavant, et qui déroutera tous les (rares) amateurs qui l'avait défendu jusque-là[43].

Que fait Matisse, dans l'extraordinaire *Paysage de Saint-Tropez* du Musée Matisse de Nice (dont on apprend grâce à Puy que ce ne fut pas la seule feuille du genre), sinon vérifier s'il est vraiment possible d'être impressionniste, «de n'être qu'un œil – mais quel œil !» comme disait Cézanne de Monet, de peindre exactement ce que l'on voit[44]. A sa manière, Matisse refait la petite expérience tentée par Ernst Mach en 1886 et censée démontrer de manière ironique, entre autres choses, l'indissociabilité du domaine physique et du domaine psychique, l'interdépendance du moi, du monde et du corps propre, et la

42. Jean Puy, «Souvenirs», *Le Point, op. cit.*, p. 122.

43. Puy (immédiatement après la phrase finissant par «assis par terre») : «Mais vers 1903, l'exposition de Signac chez Druet, rue du Faubourg-Saint Honoré, fut le point de départ de son affranchissement de cette servitude, qui n'était certainement pas dans son caractère. Très emballé par cette exposition lumineuse de Signac, Matisse fut pendant un an un pointilliste fervent.» Puy fait erreur quant à la date de l'exposition Signac, qui eut lieu en décembre 1904, donc quatre mois après la conversion de Matisse au divisionnisme à Saint-Tropez.

44. Propos de Cézanne cité par Ambroise Vollard, *Paul Cézanne* (1914), édition de 1919 (Paris, Georges Crès), p. 118. John Elderfield dit très bien que Matisse «n'avait pas confiance dans ses sensations visuelles» (*op. cit.*, p. 17).

Autoportrait du moi publié dans la seconde édition d'*Analyse des sensations et la relation du physique au psychique* d'Ernst Mach (1900)

Paysage, Saint-Tropez, 1904
Pinceau sur papier
31 × 20 cm
Musée Matisse, Nice

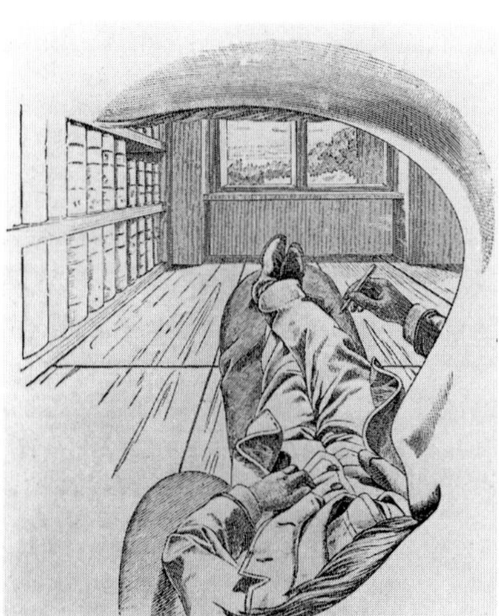

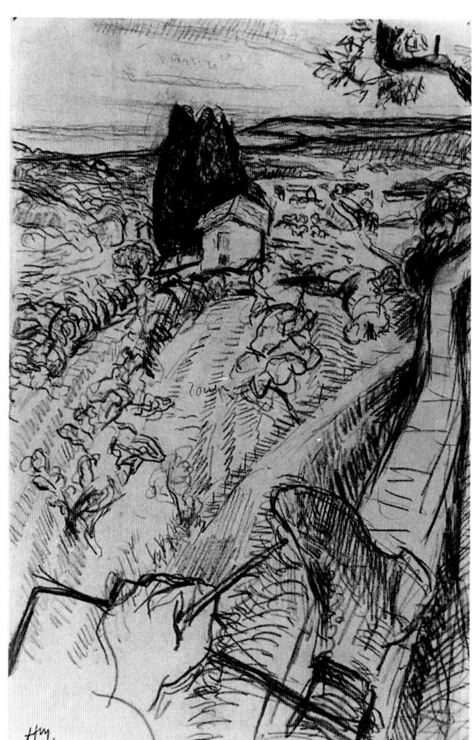

perméabilité des sens entre eux. Le moi est «insaisissable» en tant qu'entité stable, dit Mach, et il en va de même pour «la réalité». Imaginons-les un moment comme tels, et considérons dans cette optique (faussée) le champ visuel : «Si par exemple je suis allongé sur un canapé et que je ferme l'œil droit, mon œil gauche percevra l'image représentée par l'illustration ci-contre. Dans le cadre formé par le sourcil, le nez et la moustache, apparaît la partie visible de mon corps, et de son environnement» (sur la gravure illustrant ce passage, la main droite du «moi» étendu tient un crayon – elle vient de dessiner la jambe ou le canapé)[45]. Or, indépendamment de la question de la binocularité de la vision (que Mach aborde en note), cette image si clairement définie, cadrée, n'est *jamais* ce que je perçois en dehors des conditions expérimentales extrêmement draconiennes imaginées ici afin de prouver par l'absurde que ni le physique ni le sensible, ni le visuel purs n'existent en soi : «Si j'observe un élément A dans le champ de vision, et que je cherche à le mettre en relation avec un élément B, situé dans le même champ, je sors du domaine de la physique pour entrer dans celui de la physiologie ou de la psychologie, à moins que B, pour renvoyer à l'expression percutante d'un de mes amis au vu de cette gravure, me passe à travers le corps».

Renvoyant aux dessins de Matisse (et ce ne peut être qu'à la série de 1935, fort connue depuis qu'elle avait fait l'objet l'année suivante d'une publication en volume par *Cahiers d'Art*), Merleau-Ponty notait que «les peintres ont souvent aimé à se figurer eux-mêmes en train de peindre, ajoutant à ce qu'ils voyaient alors ce que les choses voyaient d'eux, comme pour attester qu'il y a une vision totale, ou absolue, hors de laquelle rien ne demeure, et qui se referme sur eux-mêmes»[46]. Je dirai plutôt : si Matisse a cherché à affirmer cette conception quasiment solipsiste d'une «vision totale» dans son dessin de 1904, il n'en a pas moins convenu, avec Mach, qu'il s'agissait là d'une chimère. Notons d'ailleurs que toute l'entreprise de Merleau-Ponty s'accorde avec celle de Mach pour démontrer et l'incapacité de «savoir exactement ce que l'on voit», et l'inséparabilité de la vision et des autres sens (le passage que je viens de citer est démenti par tout ce que le philosophe a écrit sur la perception, comme si ces œuvres-limites de Matisse, peut-être l'un des peintres dont les vues s'accordent le mieux avec les siennes, l'avaient obligé à faire mine de croire à un mythe de visibilité pure qu'il avait sans cesse récusé).

Dessiner exactement ce que l'on voit, contrôler totalement le champ visuel, cela donne : ma main dans le paysage, crayonnant mon pied «de ma manière quelque peu comique», comme le note John Elderfield[47], et ma feuille de papier au bas de ma feuille de papier. Où la

45. Ernst Mach, *Die Analyse der Empfindungen und das Verhältnis des Physischen zum Pscychischen* (1886) [L'Analyse des sensations et la relation du physique au psychique], traduction française d'Yves Kobry dans les *Cahiers du Musée national d'art moderne*, Paris, n° 14, décembre 1984, p. 109.

46. Maurice Merleau-Ponty, *L'œil et l'esprit* (Paris, Gallimard, 1964), édition de 1967, p. 34.

47. Elderfield, *op. cit.*, p. 34.

dessiner, cette main qui dessine dans l'emboîtement des supports dédoublés? Où, comment représenter le crayon?[48] Une telle aporie aurait peut-être excité un René Magritte, ou un Saul Steinberg, en tant que jeu d'esprit, mais elle embarrasse visiblement Matisse au plus haut point dans son croqueton de Saint-Tropez. Je dirai même qu'elle va le rebuter, que tout son travail de 1904 à 1917 est entre autres choses un refus d'avoir à considérer ce genre de question. Pourquoi?

Tout d'abord, parce que la vision solipsiste est une structure d'exclusion, comme la perspective (elle dit: «ôte-toi de là que je m'y mette»). Elle met le spectateur à la place de l'œil du peintre, comme la perspective, mais à l'inverse de cette dernière elle referme le monde sur lui. Ni le dessin de 1904 ni *Route de Villacoublay* ne donne cette impression d'expansion propre à Matisse. La découpe abrupte du cadre – un procédé cher à Degas auquel Matisse eut très peu recours pendant la période qui nous intéresse ici – n'y engendre aucun effet de prolongement virtuel[49]. Mais il y a plus que cela: ce rêve entretenu un instant d'une «vision totale» était voué à l'échec, car il repose sur une ablation. Matisse y insistera très souvent (et avec lui Merleau-Ponty): on ne voit pas qu'avec les yeux, on ne voit pas que droit devant soi. Si je veux que mon tableau ait quelque rapport avec mon expérience du monde, il ne saurait être simplement fenêtre ouverte sur ce monde.

D'où sans doute l'intérêt quasiment obsessionnel de Matisse pour le motif de la fenêtre (se battre avec l'image de la fenêtre contre l'idée séculaire du tableau comme fenêtre); d'où aussi ce qui distingue les vues qu'il donne, encore tout albertiennes, du Pont Saint-Michel ou de Notre-Dame à partir de son atelier parisien en 1900-1902, et les fenêtres qu'il représente dans sa peinture à partir de la très justement célèbre *Fenêtre ouverte* fauve de l'été 1905. Matisse parla très peu de ce motif, mais ce qu'il en dit évoque immanquablement sa conversation avec Courthion. Pourquoi les fenêtres, lui demande Tériade en 1929, à savoir au moment où le détour «impressionniste» de la période de Nice, déjà fortement ébranlé depuis 1925, est en train de définitivement s'achever? Réponse: «Mon but est de rendre mon émotion. Cet état d'âme est créé par les objets qui m'entourent et qui réagissent en moi: depuis l'horizon jusqu'à moi-même, y compris moi-même. Car très souvent je me mets dans le tableau et j'ai conscience de ce qui existe derrière moi. J'exprime aussi naturellement l'espace et les objets qui y sont situés que si j'avais devant moi la mer et le ciel seulement, c'est-à-dire ce qu'il y a de plus simple au monde»[50].

Matisse, on vient de le voir, ne se met pas «très souvent» dans ses tableaux à la manière du dessin de 1904 ou de *Route de Villacoublay*. Il se met «dans le tableau» bien sûr, mais en règle générale ne s'y montre pas.

48. «Je viens de travailler en pensant à toi», écrit Matisse à Rouveyre en novembre 1942. «Mais sans avoir tout à fait compris pourquoi et comment dans le frontispice de Ronsard, tu désires que le dessinateur, le peintre soit représenté. Aussi j'ai fait en même temps que [le] frontispice lyre et palette – (*car comment veux-tu représenter un crayon?*) [une autre version] du frontispice avec lyre et palme» (EPA, p. 225; je souligne). Le frontispice sera un portrait de Ronsard.

49. Le procédé ne jouera un rôle important dans la peinture de Matisse qu'à partir de 1925 (*Figure décorative sur fond ornemental*) et ce jusqu'à la fin des années vingt (son emploi culmine dans la *Danse*, son seul travail pictural de 1930 à 1933). Après quoi il disparaîtra de nouveau presque totalement de la syntaxe matisséenne. Comme la période en question marque l'éloignment progressif, dans la peinture de Matisse (d'abord lentement puis de manière accélérée) de l'esthétique de ses premières années niçoises, il faudrait étudier la fonction stratégique de ce procédé dans cette transition difficile mais ponctuée d'œuvres remarquables (à noter, par exemple, *Harmonie en jaune* de 1927-1928). (Voir ce que dit Matisse sur cet aspect de la *Danse* de 1933, dans ses diverses versions: EPA, p. 141 [Dorothy Dudley 1934]; p. 152 [Gaston Diehl 1954] et 153 [Georges Charbonnier 1960]). Pour *Figure décorative sur fond ornemental, cf.* Meyer Schapiro, «Matisse and Impressionism», *Androcles*, vol. I, n° 1, février 1932.

50. EPA, pp. 99-100 (Tériade 1929). On remarquera que cet entretien parle très peu des choses récentes, mais de ses débuts, du divisionnisme et du fauvisme (une toute petite remarque, pas très convaincante, sur les Odalisques qui ne seraient pas «factices» parce que Matisse sait que «ça existe» («J'ai été au Maroc. J'en aie vues»). Une page est en train de se tourner. Sur la fenêtre, voir aussi ce qu'il dit au même interlocuteur vingt-deux ans plus tard: «Les fenêtres m'ont toujours intéressé car elles sont un passage entre l'extérieur et l'intérieur» (EPA, p. 123).

Ce qu'il y a de plus personnel dans sa peinture implique qu'il n'y soit pas localisé. Ce à quoi Matisse fait allusion ici, ce n'est donc pas, malgré les apparences, à la vision solipsiste dont s'est moqué Mach – c'est à la vision périphérique entendue au sens large, vision qu'il associera ailleurs, en parlant de l'extension de son «espace pictural», à l'espace cosmique dans lequel on ne sent «pas plus les murs que les poissons dans [et non plus devant] la mer»[51].

D'où viennent ces fenêtres, lui demande-t-on encore en 1942?; «Probablement de ce que pour mon sentiment l'espace ne fait qu'un depuis l'horizon jusqu'à l'intérieur de ma chambre-atelier et que le bateau qui passe vit dans le même espace que les objets familiers autour de moi, et le mur de la fenêtre ne crée pas deux mondes différents»[52]. Le proche et le lointain, le devant soi et le derrière soi, mais aussi tout le reste du sensible, les odeurs et les sons, tout ce qu'on ne voit pas. D'ailleurs Matisse aime à fermer les yeux pour dessiner ou pour peindre, pas seulement lorsqu'il s'agit de dessiner une sculpture qu'il palpe, ce qui serait presque banal[53], mais pour vérifier qu'il s'est bien imbibé de ce qu'il veut rendre: «J'ai fait ce dessin les yeux bandés. Après avoir travaillé avec un modèle toute la matinée je voulais savoir si je le possédais vraiment»[54].

On ne voit vraiment que lorsqu'on ne regarde pas («si je ferme les yeux, je revois les objets mieux que les yeux ouverts»[55]); on ne possède vraiment que par imprégnation passive. D'où l'impossibilité qu'a Matisse de peindre en voyage (Maroc excepté), hormis quelques pochades impressionnistes, justement, pour lesquelles il n'a pas grand respect.[56] Il faut du temps pour se pénétrer de l'atmosphère d'un lieu, du temps pour pouvoir condenser toutes les impressions reçues du dehors qui sont loin, encore une fois, d'être seulement visuelles[57]. La prodigieuse mémoire de Matisse a souvent frappé les observateurs, or elle n'est pas que visuelle, elle est synesthésique: «Lorsqu'on me parle d'un de mes tableaux, même ancien, en me remettant en mémoire quelques-uns de ses éléments, sans pouvoir retrouver l'année de sa confection, je vois d'une façon très précise l'instant sentimental où je l'ai fait»[58]. Ce qu'il voit, la «réalité» de sa vision, ce qu'il a voulu rendre dans sa peinture, n'est pas de l'ordre du visible mais du sentimental, de l'émotion, à savoir ce qu'il «poursuit par dessus tout». La conception que Matisse se fait de la mémoire et de l'inconscient est proustienne (non freudienne): «l'enrichissement inconscient de l'artiste est fait de tout ce qu'il voit et qu'il traduit picturalement sans y penser. Un acacia de Vésubie, son mouvement, sa grâce svelte, m'a peut-être amené à concevoir le corps d'une femme qui danse»[59].

51. EPA, p. 104, note 59, 1946.

52. EPA, p. 100, note 54, 1942. *Cf.* aussi dans la même note le propos rapporté par Duthuit.

53. Matisse se couvre les yeux d'un bandeau pour dessiner au Louvre, en le touchant, le *Jaguar dévorant un tigre* de Barye. *Cf.* Flam, *op. cit.*, p. 77.

54. EPA, p. 263 (Rosamond Bernier 1949). Le dessin en question est sur une porte, comme celui que Matisse, les yeux bandés, avait tracé pour Brassaï dix ans plus tôt. *Cf. Brassaï, Conversations avec Picasso* (1964), édition de poche de 1969 (Paris, Gallimard, coll. Idées), p. 309. Matisse dit aussi avoir fait certaines de ses gravures les yeux bandés «après des centaines de dessins, après l'essai, la connaissance, la définition de la forme» (EPA, p. 263, note 6 [Florent Fels 1929]).

55. EPA, p. 109, note 64 (Aragon 1971). Voir aussi les conseils de Matisse à ses étudiants (EPA, pp. 65 et 71 [Sarah Stein 1908]).

56. «Je suis trop anti-pittoresque pour que les voyages m'aient apporté beaucoup», déclare-t-il à Tériade (EPA, pp. 124-125, 1951). Parlant de ses paysages peints en Suisse, Matisse déclare à Courthion: «Comme je n'y suis resté que dix jours, j'ai peint tous les jours un panneau au point de vue tout-à-fait documentaire, simplement comme j'aurais fait une carte postale. J'ai regardé le motif, simplement, sans me laisser aller à une exaltation, à une contemplation qui m'aurait demandé davantage de temps» (*Bavardages*, *op. cit.*, p. 114). L'unique peinture ramenée par Matisse de son séjour en Algérie, *Rue de Biskra*, de 1906, est sans doute à mettre au compte de ce «point de vue tout à fait documentaire».

57. Parlant du portraitiste, Matisse écrit: «Tout doit venir à son esprit comme dans un paysage lui parviendraient toutes les odeurs de ces paysages: celles de la terre, des fleurs associées aux jeux des nuages, aux mouvements des arbres et aux différents bruits de la campagne» (EPA, p. 179, 1954). Et il confie tout ému à Marcel Sembat, à propos du *Nu assis* du Musée de Grenoble: «Je n'ai pas voulu faire une femme, j'ai voulu rendre mon impression totale du Midi». *Cf.* Marcel Sembat, «Henri Matisse», *Les Cahiers d'aujourd'hui*, n° 4, avril 1913, p. 191.

58. EPA, p. 48, note 13, 1942. C'est pourquoi Matisse condamne le dessin d'imitation de l'École, qui «ne crée aucun lien réel entre les objets, il les rapproche seulement, sans leur donner aucun lien sentimental» (EPA, pp. 168-169 [André Rouveyre 1942]).

59. EPA, p. 126 (Tériade 1933).

On n'en finirait pas d'évoquer les propos attestant de la polysensorialité de Matisse, de marquer l'effet de cette polysensorialité dans son travail[60]. On pourrait mettre les propos en question au compte d'une esthétique baudelairienne et parler de la fonction de la métaphore dans sa peinture, mais ce serait, me semble-t-il, faire fausse route[61]. Si Matisse a quelque rapport avec le symbolisme, c'est plutôt du côté de Mallarmé qu'il faudrait chercher – comme le poète il veut «peindre non la chose, mais l'effet qu'elle produit»[62]. Puisque «la chose» ne se possède vraiment que quand on ne la regarde pas et qu'il s'agit de condenser tout le sensible dans le tableau (les odeurs, l'atmosphère, etc.), Matisse propose une équivalence visuelle de cette diffraction sensorielle. Plutôt que de refermer sur soi et sur le spectateur l'univers du visible, comme il avait tenté de le faire avec le dessin-limite de 1904, plutôt que de concentrer sa vision, de donner une analyse méticuleuse de «ce qu'il voit exactement» et de nous obliger, en tant que spectateur, à une identification spéculaire qui tiendrait de l'acte de foi (à moins d'en revenir aux vieilles ficelles de la perspective monoculaire, ce à quoi il ne tient guère, nonobstant *Route de Villacoublay*), Matisse va faire l'inverse, il va rendre la diffusion de son regard, il va mettre la périphérie au centre de son tableau et surtout, surtout, il va interdire à notre regard de se poser, de se fixer, il va nous apprendre à ne pas regarder, c'est-à-dire à voir vraiment, il va nous aveugler, il va anagrammatiser le visuel[63], travailler en dessous du seuil de notre perception, faire dans le subliminal. Cette force d'aveuglement dans sa peinture, que remarquait John Elderfield à propos de *La famille du peintre* de 1911, sera parfois inouïe (cet auteur ne note d'ailleurs pas plus que ses prédécesseurs le véritable tour de passe-passe avec lequel Matisse met sans qu'on s'en aperçoive, au beau milieu d'un très large aplat noir sans aucune modulation, un rectangle de pur cadmium)[64].

III

La fameuse phrase sur le bon fauteuil, à propos de laquelle Matisse aura dû si souvent souffrir des quolibets, notamment de la part de la bande à Picasso, et qu'on a le plus souvent interprété comme la preuve par neuf de la nature «bourgeoise» de son art, prend un sens tout nouveau dès lors qu'on la lit en pensant à cette notion de subliminalité. Dominique Fourcade a fort bien fait, dans son édition des écrits et propos de Matisse, d'agrémenter cette phrase des «Notes» d'un chapelet de citations qui toutes pointent vers l'intérêt de Matisse pour une certaine inattention perceptive :

> «Un tableau doit être tranquille au mur. Il ne faut pas qu'il introduise chez le spectateur un élément de trouble et

60. Matisse peint *La danse* de Stschoukine en sifflotant l'air de la farandole entendue au Moulin de la Galette (EPA, p. 63, note 35 [Georges Charbonnier 1960]). Même chose pour la *Danse* de la Barnes Foundation (EPA, p. 151, note 11 [Francis Carco 1953]). Dès les «Notes» de 1908, il parle en termes polysensoriels du paysage d'automne qu'il veut rendre (EPA, p. 48). Il s'agit de donner «l'esprit du paysage», dira-t-il à ses étudiants (EPA, p. 72 [Sarah Stein 1908]). A Tahiti, par exemple, cet esprit que Matisse ne saura rendre, se trouvera aussi bien dans «le bruit soyeux» des feuilles de cocotiers que dans la couleur dorée de la lumière (EPA, p. 103, note 58 [Verdet 1952]).

61. John Elderfield tenta d'analyser la peinture de Matisse selon l'opposition classique, depuis Jakobson, entre métaphore et métonymie : le moins que je puisse dire, c'est qu'il n'y parvint pas («Introducing Matisse», *op. cit.*, pp. 29 sq.). Les propos les plus «métaphoriques» de Matisse se trouvent dans les notes de Sarah Stein (pied = pont ; jambe = arc-boutant d'une cathédrale ; mains = anse de panier ; arbre = corps humain ; «Nègre» = homard, etc. EPA, pp. 64-66, 1908). Raccourci pédagogique ?

62. La question Matisse/Mallarmé est trop complexe pour qu'elle soit abordée ici, comportant nombre de chausse-trappes. Il est possible en fin de compte, malgré les nombreux points communs et l'intérêt de Matisse pour les poèmes de Mallarmé (son premier livre illustré) que le peintre et le poète aient été de faux-amis.

63. La conception que Matisse se fait du signe n'est pas saussurienne. Par contre, on pourrait tracer un parallèle entre la subliminalité visuelle dans ses toiles et la subliminalité que le Saussure anti-structuraliste, celui des anagrammes, examine dans la poésie latine. Notons en passant que la première signature de Matisse était un anagramme (Essitam).

64. Elderfield : «Notre regard cherche en vain un endroit où accommoder. Car s'il fait ainsi la navette sur la surface, il peut se reposer n'importe où mais se poser nulle part. Ce qui veut dire : la vision est convoquée partout, et donc elle est partout déniée». («Introducting Matisse», *op. cit.*, p. 39). Elderfield associe l'effet d'aveuglement, dans ce tableau, aux patterns décoratifs dont Matisse peuple souvent ses toiles : le motif décoratif est un attribut de surface (tenture murale, tapis, papier peint, etc) ; en envahissant le champ du tableau il nous détourne des figures, produit un constant bruitage optique qui diffuse notre regard. Mais ce n'est pas là la seule corde que Matisse a à son arc, ni même la plus importante, comme Elderfield s'en avise d'ailleurs lorsqu'il parle de *L'atelier rose* de 1911 ou du *Coin d'atelier* de 1912. Je dirai même que le «pattern décoratif» est plutôt un attribut de la période de Nice, et qu'il y fonctionne différemment. Pour finir, notons en passant que Matisse n'était pas entièrement satisfait de ses deux toiles les plus follement décoratives des années dix, *Nature morte, Séville I* et *Nature morte, Séville II* (cat. nos 81 et 82), car elles étaient le fait d'un «homme nerveux» (Courthion, *Bavardages*, *op. cit.*, p. 107).

d'inquiétude, mais le conduise doucement dans un état physique tel qu'il n'éprouve pas le besoin de se dédoubler, de sortir de soi-même»[65].

«Il ne s'agit que de canaliser l'esprit du spectateur de manière à ce qu'il s'appuie sur le tableau mais puisse penser à tout autre chose qu'à l'objet particulier que nous avons voulu peindre : le retenir sans le tenir, le conduire à éprouver la qualité du sentiment éprouvé. Il y a danger à agir par surprise. Il ne faut pas que le spectateur analyse – ce qui est arrêter son esprit et non pas le dégager – et nous risquons de faire jouer l'analyse avec une transposition trop poussée [...] L'idéal est que le spectateur se laisse prendre, sans en être conscient, par la mécanique du tableau»[66].

Chacune des expressions employées ici par Matisse appellerait un long commentaire. Je voudrais plutôt marquer une opposition que j'y lis en filigrane entre ce qu'on pourrait appeler l'absorption, au sens que Michael Fried donne à ce terme, et la distraction[67]. Matisse ne veut pas que le spectateur ait l'œil ou l'esprit absorbé par le tableau, il ne veut pas que celui qui regarde ait à séparer consciemment sa vision de ses autres sens (et donc qu'il se dédouble), il ne veut pas qu'il ait besoin d'arrêter son esprit, d'analyser – il veut le prendre par la bande, le retenir sans le tenir, sans qu'il s'en aperçoive, distraitement.

Cette opposition, Matisse ne l'exprimera jamais plus clairement que lorsqu'il parlera de la *Danse* de 1933, à savoir de l'œuvre qui l'amena à revenir définitivement «à la peinture de surface», comme il dit, c'est-à-dire à rompre avec l'esthétique de l'époque de Nice et (pour le dire trop vite) à reprendre la question picturale où il l'avait laissée en 1917[68]. Dans les extraordinaires lettres que Matisse écrit à Alexander Romm à propos de sa «grande décoration» de la Barnes Foundation, il établit une dichotomie : il y a d'une part le tableau de chevalet («c'est-à-dire un ouvrage pouvant aller n'importe où») et d'autre part la peinture architecturale («un fragment d'architecture [...] vraiment indéplaçable»).

Les deux types d'œuvres ne participent pas des mêmes exigences, dit Matisse, et l'extraordinaire analyse qu'il donne du difficile contexte architectural auquel il avait affaire à Merion et de la manière dont il a résolu le problème qui se posait à lui est la première exposition magistrale du concept de «site-specificity» qui aura tant d'importance dans l'art des années 1970. A Romm qui s'inquiète de la diminution de l'«élément humain» dans sa *Danse* (cette tarte à la crème de la critique d'art dans l'entre-deux guerres), Matisse répond qu'il avait dû «tempérer, sinon exclure» cet élément car il le «sortait de son problème architectural chaque fois qu'il apparaissait sur sa toile». Il ajoute : «De plus, l'esprit du spectateur ne peut être arrêté par ce caractère humain avec lequel il

65. EPA, p. 50, note 16 (Florent Fels 1929). Pour mémoire, voici la fameuse phrase qui a déclenché tant de polémiques : «Ce que je rêve, c'est un art d'équilibre, de pureté, de tranquillité, sans sujet inquiétant ou préoccupant, qui soit, pour tout travailleur cérébral, pour l'homme d'affaires aussi bien que pour l'artiste des lettres, par exemple, un lénifiant, un calmant cérébral, quelque chose d'analogue à un bon fauteuil qui le délasse de ses fatigues physiques». (*ibid*)

66. *Ibid.* (Georges Duthuit 1949).

67. La thèse de Michael Fried est très complexe et ne saurait être résumée en peu de mots. Disons que cet auteur situe l'invention moderniste du tableau comme totalité fermée au XVIIIe siècle, notamment dans la critique d'art de Diderot, comme la conséquence d'une «suprême fiction», à savoir la négation du spectateur (les figures étant absorbées à leur affaire et ne se préoccupant guère de son existence). A partir d'un très grand nombre de textes critiques et de l'examen de l'œuvre de Chardin, Greuze et David, parmi bien d'autres, il organise un paradigme oppositionnel absorption/théâtralité. C'est en observant la manière dont les artistes des XIXe et XXe siècles se situent différemment par rapport à ce paradigme (de Courbet et Manet jusqu'au Minimalisme des années 1960) que Fried lira la production artistique des Lumières à nos jours. *Cf.* entre autres *La place du spectateur*, Paris, Gallimard, 1980 et *Courbet's Realism* (Chicago, Chicago University Press, 1991, trad. française, Paris, Gallimard, à paraître en 1993).

68. «Je crois que l'on en revient maintenant à la peinture de surface» (EPA, p. 154, note 14 [Florent Fels 1929]).

s'identifierait et qui le séparerait en l'immobilisant de la grande association harmonieuse, vivante et mouvementée, de l'architecture et de la peinture» – le défaut même, selon Matisse, des fresques de Raphaël et de Michel-Ange. «Ce sentiment humain est possible dans un tableau – un tableau est comme un livre – son intérêt n'envahit pas le spectateur qui doit aller au-devant, et sa destination n'est pas fixée à l'avance». La métaphore du tableau comme livre intrigue Romm qui demande des précisions. Matisse :

> «C'est une image. Comme le livre sur le rayon d'une bibliothèque ne montrant qu'une courte inscription qui le désigne, a besoin, pour livrer ses richesses, de l'action du lecteur qui doit le prendre, l'ouvrir et s'isoler avec lui – pareillement le tableau encerclé dans son cadre et formant avec d'autres tableaux un ensemble sur le mur d'un appartement ou d'un musée, ne peut être pénétré sans que l'attention du spectateur se concentre spécialement sur lui. Dans les deux cas pour être apprécié l'objet doit être isolé de son milieu (contrairement à la peinture architecturale). C'est ce qui m'a fait écrire que le spectateur doit aller au-devant, c'est à la recherche que j'aurais dû écrire pour être plus précis»[69].

On le voit, les termes du débat sont ici entièrement gouvernés par l'antinomie entre peinture architecturale, faite pour un lieu précis, et tableau de chevalet. Mais Matisse se trompe, à mon sens, s'il croit décrire les conditions de visibilité de ses tableaux (par opposition à sa peinture architecturale) en faisant référence à l'identification du spectateur, à son esprit «arrêté» par l'élément humain, à l'«attention» que celui-ci doit «concentrer spécialement» sur la toile afin de la «pénétrer» (il notera d'ailleurs plus tard, à propos de l'élément «humain», que «ces préoccupations sont étrangères à la peinture», qu'elle soit de chevalet ou pas)[70]. Matisse a tort de croire que parce qu'elle «procède encore des exigences du tableau» (elle «peut aller n'importe où»), *La danse II* de 1909-1910 (cat. n° 80) était, au sens où il l'emploie dans sa lettre à Romm, un tableau de chevalet.

Bien entendu nous nous «concentrons spécialement», bien entendu notre esprit est «arrêté» (il est plus médusé qu'autre chose), bien entendu nous nous «isolons» avec le tableau, mais nous ne le «pénétrons» pas. Ou si nous le faisons, c'est par analyse, c'est, comme le disait Steinberg, «par un effort délibéré, presque pervers, de notre volonté», c'est en nous forçant à revenir au point d'impact où la pierre est tombée dans l'eau et en ignorant péniblement les rides, c'est en refusant de nous laisser prendre inconsciemment – comme Matisse lui-même s'était libéré, au tout dernier moment, de l'emprise de l'hypnotiseur[71]. C'est en désobéissant à l'injonction de toute sa peinture (excepté celle du

69. Toutes les citations qui précédent sont tirées des lettres adressées à Romm en 1934 (EPA, pp. 144-150).

70. EPA, p. 308 (Léon Degand 1945).

71. Enfant, Matisse se prêta aux jeux d'un hypnotiseur de passage à Bohain. Sur le point de «ramasser des fleurs» dans la salle de réunion, il s'écria : «Non, je peux voir le tapis !». *Cf.* Jane Simone Bussy, «A Great Man», *Burlington Magazine*, vol. 128, février 1986.

début de la période de Nice). Les tableaux de Matisse, du moins ceux produits par le système circulation-tension-expansion, c'est-à-dire la majorité de 1906 à 1917, nous absorbent sans nous absorber – ils nous obligent à un regard distrait, à un regard périphérique, à un regard dépossédé de sa force de concentration, à un regard qui se perd, qui ne peut accommoder («il s'agit de se perdre», dira-t-il[72]). En raison de leur échelle interne (et non de leur taille, qui peut être modeste), ils ne sont plus vraiment des tableaux de chevalet.

Voilà ce que Matisse appelait le décoratif. Voilà pourquoi «expression et décoration ne sont qu'une seule et même chose, le second terme étant condensé dans le premier»[73], voilà pourquoi il écrit dans les «Notes» de 1908:

> «L'expresssion, pour moi, ne réside pas dans la passion qui éclatera sur un visage ou qui s'affirmera par un mouvement violent. Elle est dans toute la disposition de mon tableau: la place qu'occupent les corps, les vides qui sont autour d'eux, les proportions, tout cela y a sa part. La composition est l'art d'arranger de manière décorative les divers éléments dont le peintre dispose pour exprimer ses sentiments. Dans un tableau, chaque partie sera visible et viendra jouer le rôle qui lui revient, principal ou secondaire»[74].

Ou encore beaucoup plus tard, parlant de ses modèles: «l'intérêt émotif qu'elles m'inspirent ne se voit pas spécialement sur la représentation de leur corps, mais souvent par des lignes ou des valeurs spéciales qui sont *répandues sur toute la toile* [...] C'est peut-être de la volupté sublimée»[75]. A sensation diffuse, expression afocale: «le sujet d'un tableau et le fond de ce tableau ont la même valeur, ou, pour le dire plus clairement, aucun point n'est plus important qu'un autre»[76].

IV

Aucun point n'est plus important qu'un autre: n'est-ce pas là le démocratisme absolu du pointillisme, qui révolutionna la peinture, comme le remarque Meyer Schapiro à propos de Seurat, en inventant une matière picturale homogène pour toutes les parties du tableau[77]? Ceci nous amène à Signac, au désir étrange qu'eut Matisse, à l'été 1904, alors qu'il venait d'avoir sa première exposition personnelle chez Vollard (pas un triomphe, il est vrai), de se remettre à l'école d'un maître à l'enseignement duquel il avait déjà fait appel six ans plus tôt sans trouver la solution qu'il y cherchait.

Un mot sur la première rencontre toute théorique de Matisse avec le néo-impressionnisme. Nous sommes à l'été 1894. Après avoir fait un voyage (de noces) à Londres pour y voir les Turner (sur les conseils de Pissarro), Matisse est confronté pour la première fois à la lumière du Sud

72. EPA, p. 131, note 98 (Aragon 1971).

73. EPA, p. 308, note 31 (à Georges Duthuit, rapporté par Raymond Escholier 1956).

74. EPA, pp. 42-43, 1908.

75. EPA, pp. 162-163, 1939.

76. Le passage se poursuit ainsi: «seule compte la composition, le patron général. Le tableau est fait de la combinaison de surfaces différemment colorées, combinaison qui a pour résultat de créer une expression» (EPA, p. 131, 1935).

77. Meyer Schapiro, intervention au colloque sur la couleur organisé par le Centre de recherches de psychologie comparative en mai 1954 (*Problèmes de la couleur* [Paris, SEVPEN, 1957], p. 251).

lorsqu'il se rend en Corse. Ce voyage est traumatique, et c'est sans aucun doute à son propos que Matisse déclarera plus tard «la quête de la couleur ne m'est pas venue de l'étude d'autres peintures, mais de l'extérieur – c'est-à-dire de la révélation de la lumière dans la nature»[78]. Il est effrayé par «l'éclat insoutenable» du plein midi[79]. Comme le note très bien Pierre Schneider, les œuvres de cette époque ont un aspect «panique». Matisse, qui s'est jusque-là contenté d'un impressionnisme tonal assez sombre, n'a aucune arme picturale contre ce soleil fulgurant[80]. C'est alors qu'intervient la lecture de *De Delacroix au néo-impressionnisme*, qu'il épluche attentivement et dont il essaie tant bien que mal, tout seul dans son coin (il a quitté Ajaccio pour Toulouse), sans aucun contact avec quelque œuvre divisionniste que ce soit, d'appliquer les préceptes. La panique s'apaise (le traité de Signac lui permet de «mettre de l'ordre dans ses sensations»), mais en suivant à la lettre les règles indiquées Matisse débouche bientôt sur un conflit dans sa peinture entre représentation de la profondeur et ordre chromatique, conflit qui s'avère alors encore plus terrifiant, pour le novice en art moderne qu'il était à l'époque, que l'éclat du soleil. Il abandonne rapidement le divisionnisme et se met pour plusieurs années à l'étude du volume, du modelé et des valeurs.

A l'été 1904, quand Matisse accepte l'invitation que Signac lui fait de venir peindre à ses côtés, il n'est plus un novice. Il a bien regardé Van Gogh, Rodin, Redon, Gauguin, les émules de Seurat, beaucoup Cézanne et les Nabis. Il s'est familiarisé avec toutes les versions de ce qu'on nomme assez piètrement le «post-impressionnisme», y compris le divisionnisme, mais celui-ci lui est demeuré tabou depuis l'échec de 1898-1899. Rien n'indique que Matisse ait eu l'intention d'y tâter à nouveau lorsqu'il descend à Saint-Tropez. On a peut-être trop accordé foi aux souvenirs de Marguerite Duthuit concernant une querelle qui aurait éclaté, entre Signac et Matisse, quand ce dernier montre à son hôte *La terrasse, Saint-Tropez* (parfois aussi nommé *La terrasse de Signac à Saint-Tropez).* Selon la légende, Signac aurait été furieux que Matisse ne «divise pas», une altercation s'en serait suivie à propos de ce tableau, Madame Matisse aurait emmené son mari faire un tour pour le calmer et c'est pendant cette promenade au bord de la mer que Matisse aurait peint *Le goûter* (aussi nommé *Le golfe de Saint-Tropez,* cat. n° 2), la dernière œuvre faite lors de ce séjour et le germe de ce qui allait devenir la pièce maîtresse de sa seconde période divisionniste, *Luxe, calme et volupté* (cat. n° 6), qu'il réalise à Paris fin 1904, début 1905[81]. Cependant, Signac, pour avocat du divisionnisme qu'il ait été, n'avait rien d'un doctrinaire incapable d'apprécier un autre type de peinture (en témoignent sa collection, son journal), et il n'y a aucun lieu de supposer qu'il attendait stricte obédience de la part de Matisse ; de plus *Le goûter* n'est pas du tout

78. EPA, p. 115 (Tériade 1951). A noter que Matisse vient de faire référence à ses voyages en Bretagne avec le peintre Wéry en 1895 et 1896, pourtant bien loin d'avoir libéré sa palette, comme il l'affirme. Il scotomise, en quelque sorte, sa première expérience divisionniste de 1898-1899.

79. «Le plein midi est superbe mais effrayant. Je trouve que Cézanne l'a bien rendu dans ses rapports, heureusement pas dans son éclat qui est insoutenable» (EPA, p. 109, note 63 [Camoin 1918]).

80. Pierre Schneider, «Une saison décisive», *Cahiers Henri Matisse*, n° 4, 1986-1987 (*Matisse : Ajaccio-Toulouse 1898-1899*), p. 16.

81. Sur la légende, pour la première fois rapportée par Pierre Schneider dans le catalogue de l'exposition Henri Matisse qu'il organisa au Grand Palais en 1970, *cf.* Catherine Bock, *Henri Matisse and Neo-Impressionism* (Ann Arbor, UMI, 1981), pp. 139-140, note 9.

une pochade brossée en un tour de main[82]. C'est vraisemblablement à propos de ce tableau que Matisse écrit à Manguin, début septembre, qu'il n'y a qu'une seule toile «faite au coucher du soleil qui me satisfasse un peu et encore je ne me figure pas que c'est moi qui l'ai faite quoique je l'ai menée en une dizaine de séances, il me semble que c'est par hasard que j'ai eu le résultat»[83]. Même lors d'un second round, et avec des tuteurs tout près (puisque Henri Edmond Cross a alors rejoint Signac), l'apprentissage du divisionnisme ne s'avère pas facile (c'est d'ailleurs la seule toile s'apparentant à ce style que Matisse ramènera de son été).

Les mythes, comme les rêves, ont toujours leur pesant de vérité et il est hors de doute que «Matisse l'anxieux, le follement anxieux!», comme le décrit alors Cross, dut passablement agacer Signac[84]. Mais je gagerai que le «souvenir» de Marguerite quant à *La terrasse* ne fait que refléter le malaise que Matisse ressentit devant son tableau, le premier dans lequel il tente cette dispersion du regard que j'ai mentionné plus haut. J'imagine Signac lui dire : *c'est du Vuillard.*

Du point de vue du chef de file des néo-impressionnistes, c'était loin d'être un crime – il appréciait le peintre et posséda même un de ses tableaux (ce qui ne veut pas dire qu'il aimait *tout* de l'art nabi : on sait que ce qui le rebuta le plus dans *Bonheur de vivre,* un an et demi plus tard, ce sont les aplats colorés qui «rappellent le pire Ranson de la période nabi»[85]). Mais revenons sur la situation de Matisse au moment de la «dispute». Il a découvert, peut-être tout au début de son séjour, qu'on ne pouvait décidément pas être impressionniste (le dessin avec son pied) – et toutes les diatribes de Signac contre l'idéal naturaliste des impressionnistes n'ont pu que confirmer son avis. Son premier mouvement a été d'opérer un repli vers un terrain qu'il avait déjà labouré, à savoir Cézanne. Mais s'il connaît bien cette œuvre, il ne la comprend pas encore, il n'a pas encore saisi la nature dynamique de «l'équilibre de forces» qui entre en jeu dans les toiles du maître d'Aix (cela viendra plus tard, alors même que la peinture de Matisse, tout en aplats colorés, sera stylistiquement la plus éloignée possible de celle Cézanne). Résultat : il n'est capable que d'une imitation assez pâle (les premières toiles qu'il peint en arrivant à Saint-Tropez sont empreintes d'un cézannisme très scolaire qu'on ne rencontrera plus jamais chez Matisse). C'est alors qu'il change de cap et peint *La terrasse.*

Si l'on excepte les quelques remarques de Catherine Bock à ce sujet, l'histoire de l'art a toujours choisi d'ignorer l'importance de Vuillard dans la formation de Matisse, mais la critique de l'époque ne s'y trompait pas : dans sa préface à l'exposition chez Vollard, Roger Marx invoquait l'artiste nabi à propos du «sens de l'intimité» dont Matisse faisait preuve dans ses

82. Il est possible cependant que Matisse ait peint d'abord ce paysage en touches plus divisées que dans la version finale, car on discerne sur le tableau une sous-couche de couleurs vives délavées à l'essence, apparemment faites de touches très séparées.

83. Lettre citée par Judi Freedman, dans la chronologie du catalogue de l'exposition *The Fauve Landscape* qu'elle organisa au Los Angeles County Museum of Art en 1990 (p. 116).

84. Lettre de Henri Edmond Cross à Théo van Rysselberghe, datée du 7 septembre 1904, citée par Alfred Barr, *Matisse : His Art and His Public* (New York, Museum of Modern Art, 1951), p. 53.

85. Lettre de Signac à Angrand (14 janvier 1906), citée par Barr, *op. cit.* p. 82.

toiles[86]. Matisse est quasiment muet sur la question (à une exception près, qu'on verra plus loin). Tout ce qu'on sait, c'est qu'il n'est pas particulièrement heureux de l'insuccès de sa première exposition personnelle, et on peut supposer qu'il commence à s'interroger sur l'efficacité de la stratégie timorée qu'il y avait adoptée, se retenant d'envoyer ses œuvres les plus audacieuses[87]. Se surprendre soi-même à faire du Vuillard, c'est-à-dire donner raison à Marx et accepter de se voir ranger aux côtés d'un peintre qui, bien que d'un an seulement l'aîné de Matisse, a le meilleur de son œuvre derrière lui – ce n'est pas nécessairement là une perspective très réjouissante.

Il était logique, cependant, que Matisse se rapproche de Vuillard précisément à ce moment-là (puisque Cézanne ne lui était alors d'aucun secours), s'agissant de décentrer la vision et de travailler en dessous de notre seuil de perception. Tout fait penser à Vuillard dans *La terrasse:* la «polychromie sourde, dans laquelle jaillit toujours un éclat coloré qui règle l'harmonie de l'œuvre», que Signac remarquait dans les toiles du nabi; les «gris très voisins *autour d'une dissonance*» qu'y notait Maurice Denis, à savoir l'usage du ton sur ton comme tampon apaisant (danse des tons roses autour des fleurs rouges afin d'en diminuer la force contrastante); l'action de la sous-couche (rose sous le bleu de la mer); la distribution forcée du clair et de l'osbcur qui annihile la construction de la profondeur (ici un rigoureux raccourci perspectif); le caractère «informe» de la figure – il n'est jusqu'au kimono de Madame Matisse en train de coudre qui ne rappelle les tableaux que le peintre nabi réalisa dans les années 1890[88]. Mais il y a plus que cela, il y a la manière dont la toile convoque notre vision: comme Vuillard, Matisse nous oblige ici à une certaine lenteur perceptive. Il ne s'agit pas encore des tableaux noirs de Ad Reinhardt, mais il est impératif que nous décélerions notre regard pour que nous puissions apercevoir la figure mal définie, peu contrastante, de Madame Matisse dans l'ombre.

Pendant les années 1890, Vuillard utilisa de nombreux moyens formels et techniques pour parvenir à une telle lenteur. La polychromie sourde et le manque de définition linéaire de ses figures sont les plus évidents (les deux sont liés car plus le contour d'un champ coloré est net, plus la couleur aura l'air saturée), mais on peut aussi ranger au nombre de sa panoplie de peintre l'usage de la peinture à la colle, résolument plate, mate, et du motif décoratif envahissant, du pattern qui noie les figures et les recouvre même le plus souvent.

Matisse usa très peu du pigment à la colle (et de manière radicalement différente de celle de Vuillard)[89], mais chacun sait le rôle important que le pattern décoratif jouera dans ses tableaux (tapis, tenture, papier peint, vêtement). Or ce n'est que dans la première partie

86. Sur le refoulement de la question Vuillard/Matisse, *cf.* Bock, *op. cit.*, p. 127, note 19. Sur la préface de Marx, *cf.* Benjamin, *op. cit.*, passim. Outre Marx, Bock rapporte qu'un certain Maurice Nanteuil fit la comparaison Matisse/Vuillard dans son compte rendu du Salon des Indépendants de 1904 (*op. cit.*, p. 139, note 1). Notons que la présence de Vuillard se fait sentir encore en 1912 chez Matisse: comparer, par exemple, *La conversation* et *Les couturières* de la collection Jane Forbes Clark à New York (1892). Une composition très similaire (dans le tableau de Vuillard deux personnages se font face de chaque côté d'une fenêtre, l'un en robe noire, l'autre en tablier rayé), et pourtant, aucune juxtaposition ne pourrait mieux éclairer ce qu'il en est de l'expansion matisséenne, totalement absente chez Vuillard (reproduit en couleur dans Elizabeth Wynne Easton, *The Intimate Interiors of Edouard Vuillard* (Houston, Museum of Fine Arts, 1990), pl. 64, p. 91. Je remercie Nancy Forgione de m'avoir suggéré cette comparaison.

87. Fin juin 1904, «Manguin écrit à Matisse qu'il a appris par Marquet que Matisse n'était pas très content avec son exposition chez Vollard» (Freedman, *op. cit.*, p. 62). Pour une liste des œuvres incluses dans l'exposition, *cf.* Benjamin, *op. cit.*, p. 273.

88. Pour la «polychromie sourde» et le caractère informe des figures de Vuillard, *cf.* «Extraits du Journal inédit de Paul Signac», 2ᵉ partie (présentés par John Rewald), *Gazette des Beaux-Arts*, avril 1952, p. 277. La citation de Denis est extraite de son *Journal* (Paris, La Colombe, 1957) vol. II, p. 21. C'est lui qui souligne.

89. C'est en réalisant de très nombreux décors de théâtre que Vuillard s'était familiarisé avec la peinture à la colle (c'est un médium qui sèche très vite et qui a l'avantage d'accentuer la planéité, donc de permettre à la silhouette des éléments du décor de se détacher plus facilement sur une scène). Sur ce point, voir l'excellente thèse de Nancy Forgione, *Edouard Vuilard in the 1890s: Intimism, Theater and Decoration* (Baltimore, The Johns Hopkins University, 1992), passim. Sur Matisse et le pigment à la colle, *cf.* Dominique Fourcade, «Rêver à trois aubergines», *op. cit.*, pp. 470-471. La matière absolument mate, non modulée, d'une surface peinte à la colle induit Matisse à faire une vérification expérimentale de l'équation quantité/qualité avec la deuxième version de *Luxe*, de format identique à la première version à l'huile et à la touche «cézanienne». *Luxe II* est peut-être la seule toile de Matisse où l'on trouve, stricto sensu, des «aplats colorés». Notons que la rapidité de séchage du pigment est la cause de sa fragilité, d'où l'absence dans cette exposition du *Café marocain* (qui n'en ajoute que plus de poids à la générosité du prêt, par le Musée de Grenoble, de *Intérieur aux aubergines*).

de la période de Nice – et encore pas toujours, mais par exemple lorsqu'il peint *Le paravent mauresque* du Philadelphia Museum of Art, en 1921 – que Matisse prend résolument exemple sur Vuillard et fait du pattern un ralentisseur, un amortisseur, la pédale assourdissante du piano. Il y a pattern et pattern, ou plutôt deux manières d'en user et si le Matisse de Nice lorgne à ce propos du côté de Vuillard, comme l'avait bien vu, dans sa méchanceté mondaine, un Jean Cocteau, il est à mon sens erroné de mettre sur le même pied *La famille du peintre* de 1911 et la toile que je viens de mentionner (cat. n° 85)[90].

L'art de Vuillard suppose une entropie du regard : je ralentis, je ralentis, je circule de plus en plus précautionneusement dans les lacis décoratifs, la figure émerge peu à peu de son milieu touffu, et pour finir je m'enfonce avec elle dans la profondeur molle du tapis. Ou encore, comme le remarquait André Gide (dans un compte rendu du Salon d'Automne de 1905 où il critiquait sévèrement Matisse), Vuillard «parle à voix presque basse, comme il sied pour la confidence, et [...] on se penche pour l'écouter»[91]. La peinture de Vuillard vous oblige à vous concentrer, elle vous absorbe et vous le fait savoir et une fois la figure trouvée dans le tapis, plus moyen de l'ignorer.

Matisse nous soumet à un semblable tamisage des contrastes dans *La terrasse,* même si notre regard est tenté d'ignorer la figure après l'avoir découverte et de se déporter à gauche du tableau vers la zone ensoleillée, vers la mer. J'imagine assez Signac moquant la timidité de Matisse, sa relative héliophobie, je l'imagine disant à son cadet : «Votre désir vous porte vers le soleil, comme le montre cette moitié gauche du tableau et le léger déséquilibre qu'elle engendre – pourquoi ne pas laisser le kimono à sa place, dans une scène d'intérieur, et pourquoi ne pas exalter, sans avoir recours à ces ficelles d'atelier, la lumière de la nature ? Quel besoin de venir à Saint-Tropez pour peindre cette scène intimiste. Je sais bien, Delacroix le disait déjà, qu'on ne peut pas peindre le soleil, mais je dispose d'une méthode dont le but essentiel est de transcrire l'éclat de sa lumière, d'un code qui permet non de la copier, puisque c'est impossible, mais de l'engendrer. Vous devriez l'essayer, mais vous devrez renoncer à la constance du ton local à laquelle vous vous fiez encore, et à ces contrastes voilés que vous affectionnez».

Fiction ? – Cela vaut bien le mythe de La Dispute ! Quoi qu'il en soit, Matisse s'essaie au néo-impressionnisme : même s'il garde l'excuse du coucher de soleil pour jaunir la mer et rosir le ciel de *Golfe de Saint-Tropez,* il abandonne totalement le ton local dans la berge rouge sur laquelle sont assis Madame Matisse et son fils, et il commence à diviser selon les règles prescrites par Signac (le ton local est subdivisé en deux couleurs, selon que l'objet est dans la lumière ou dans l'ombre, à quoi se

90. Je suis donc sur ce point en désaccord complet avec John Elderfield («Introducing Matisse», *op. cit.*, pp. 37-38). *Cf.* Jean Cocteau, «Déformation professionnelle», compte rendu de l'exposition de Matisse chez Berheim-Jeune, en 1919 : «Voici le fauve ensoleillé devenu un petit chat de Bonnard. L'atmosphère de Bonnard, de Vuillard et de Marquet règne dans la salle. La fenêtre d'une chambre de Vuillard est ouverte sur une mer de Marquet», etc. (Repris dans *Le rappel à l'ordre*, Paris, Stock, 1926, p. 98).

91. Cité par Nancy Forgione, *op. cit.*, p. 253. Sur les techniques de lenteur chez Vuillard, *cf. ibid.*, pp. 121 et sq.

La terrasse, Saint-Tropez, été 1904
Huile sur toile
72 × 58 cm
Isabella Stewart Gardner Museum, Boston

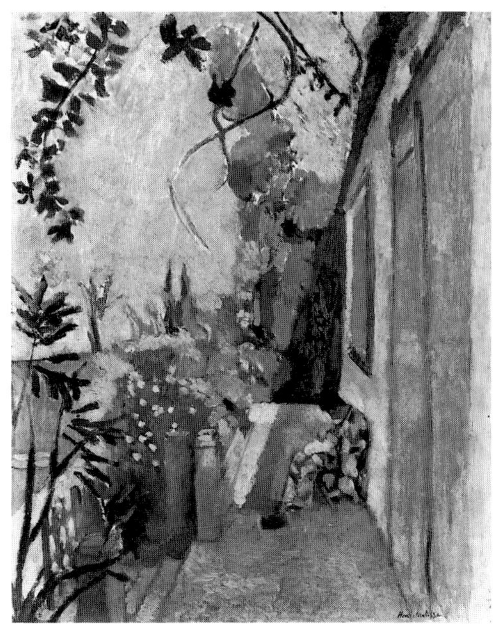

joignent les réactions simultanées à chacune de ces couleurs, et les couleurs réfléchies par la couleur locale, elle-même divisée, des objets voisins : le tronc d'arbre est bleu-violet à l'ombre, se détachant sur une portion jaune du ciel, il est rougeâtre en bas, s'opposant aux feuilles vertes d'un buisson)[92]. Dans l'esquisse pour *Luxe, calme et volupté* (cat. n° 5), où Matisse introduit les cinq nus cohabitant de manière si étrange avec les deux personnages de *Golfe de Saint-Tropez* (on est proche du *Déjeuner sur l'herbe* de Manet), sa dette à l'égard de Signac s'est encore accrue. Non seulement en ce qui concerne la division des couleurs, mais aussi la composition : section d'or, assertion de la verticale et de l'horizontale, obliques parallèles et perpendiculaires.

Dans le tableau final (cat. n° 6), comme le remarque Bock, Matisse sera plus royaliste que le roi. En tentant de traduire dans le code néo-impressionniste le modelé traditionnel et sa subtile gradation de valeurs, il se sera pris les pieds dans la division effrénée à laquelle oblige ce système. Regardez le nu vu de dos, par exemple (le deuxième personnage en partant de la droite) : «Matisse essaie de rendre le dos vu dans l'ombre par différentes teintes de vert, mais clairsemées de jaune – la lumière réfléchie par le sable jaune-rouge. Cette couleur verte doit rapidement virer à la lavande lorsqu'elle rencontre la zone de l'épaule en plein soleil (donc jaune). Même chose pour la cuisse : le bord est jaune (soleil) mais doit rapidement passer à la lavande (ombre) puis presque immédiatement au rose afin d'être prêt à rencontrer l'ombre verte sous la figure»[93]. Et ainsi de suite. En un mot : é-pui-sant ! Il n'est pas étonnant que Matisse se soit rebiffé contre de telles contraintes et qu'il ait vite quitté ce «ménage trop bien fait de tantes de provinces»[94].

J'ai décortiqué très longuement, ailleurs, l'importance qu'eut pour Matisse sa deuxième tentative avortée pour devenir un peintre néo-impressionniste[95]. C'est grâce à cet échec qu'il fait ce qui allait être sa découverte majeure dans le domaine de la couleur, à savoir qu'«un centimètre carré de bleu n'est pas aussi bleu qu'un mètre carré du même bleu»[96], c'est-à-dire que la qualité d'une couleur (sa saturation et sa valeur) dépend de la quantité de surface qu'elle recouvre – découverte qui annule l'opposition entre couleur et dessin, et qu'il fait d'ailleurs en travaillant à des gravures sur bois en noir et blanc, fin 1905 ou début 1906, peu avant de l'appliquer pour la première fois en peinture dans les fameux «aplats» de *Bonheur de vivre*.

Ce n'est pas ici le lieu de reprendre ma démonstration (le lecteur patient peut s'y reporter), mais j'aimerais revenir sur une question qui concerne de près tout ce que j'ai dit plus haut sur le subliminal et la dissémination du regard. L'équation quantité/qualité est ce qui amène

92. Sur ce tableau, *cf.* Catherine Bock, *op. cit.*, p. 68.

93. *Ibid.*, p. 77.

94. EPA, p. 94 (Tériade 1929).

95. «Matisse and Arche-drawing», dans *Painting as Model* (Cambridge, MIT Press, 1990).

96. EPA, p. 129, note 95 (Aragon 1971).

Matisse à concevoir son tableau comme cette surface donnée là, entière, ce qui veut dire qu'il doit dès le départ avoir sa surface, toute la surface de son support sous les yeux (ou dans la tête) – les rapports d'échelle devenant déterminants. Non seulement il ne pourra pas réaliser la même composition sur deux formats différents, mais encore, comme il le dit lui-même, chaque point aura autant d'importance qu'un autre dans son tableau. C'est déjà ce désir de démocratisation picturale qui l'avait poussé à accepter les conseils de Signac (juste après, je le rappelle, une excursion dans le jardin de Vuillard) : on ne peut pas être un impressionniste, on ne peut pas peindre exactement ce que l'on voit puisque la perception visuelle n'est pas que visuelle, on ne peut pas non plus s'en tenir à une «polychromie sourde» qui finit toujours par engloutir votre regard comme si le tableau était du papier buvard – mais peut-être alors peut-on *exactement* diffracter le regard comme le prisme diffracte la lumière, et peut-être est-ce à quoi visent les principes «scientifiques» du divisionnisme ?

Or Matisse s'aperçoit très tôt – il n'y a somme toute qu'une poignée de toiles datant de la seconde saison divisionniste[97] – que le démocratisme divisionniste n'était pas la démocratie picturale à laquelle il aspirait. Il s'aperçoit que pour qu'aucun point n'ait plus d'importance qu'un autre il faut que chaque «point» ait un rôle différent à jouer dans l'orchestration de la toile (autrement, par exemple, une touche fondée aura toujours un rôle secondaire par rapport à une touche claire) ; il s'aperçoit que s'il veut exprimer son émotion de manière subliminale, mais cette émotion-là et pas une autre, il lui faudra en fait organiser sa toile en machine de guerre parfaitement *hiérarchisée*, comme il le dit si bien à propos de l'équilibre de forces cézannien, chaque élément devant compter différemment dans la production de cette expression[98].

Le système de Signac ne pouvait convenir à Matisse (Cross lui disait : «vous ne resterez pas longtemps avec nous»[99]) – ou plutôt, je le répète, c'est en réfléchissant aux difficultés qu'il avait à appliquer ce système que Matisse déboucha sur l'équation quantité/qualité, à savoir sur son propre système coloré. Tout d'abord, le peintre divisionniste, lorsqu'il travaille, ne considère jamais la surface du tableau dans son ensemble (voilà comment Signac le décrit face à son chevalet : «Partant du contraste de deux teintes, sans s'occuper de la surface à couvrir, il opposera, dégradera et proportionnera ses divers éléments, de chaque côté de la ligne de démarcation, jusqu'à ce qu'il rencontre un autre contraste, motif d'une nouvelle dégradation. Et, de contraste en contraste, la toile se couvrira»[100]). Ensuite, la mécanique divisionniste, *a priori* démocratique ou plutôt démocratiste, prévient tout «expressionnisme». L'extraordinaire propos de Matisse, rapporté par

97. Remarquons que le tiraillement Signac/Vuillard n'est pas résolu immédiatement dans une synthèse irréversible. Matisse termine *Le port d'Abaill*, qu'il avait commencé avant le Salon d'Automne fauve, *après Bonheur de vivre*. Par contre, il participe avec Vuillard à la «Première exposition de peintres intimistes» à la galerie Henry Graves en février 1905, soit un mois avant le Salon des Indépendants où il a montré *Luxe, calme et volupté*.

98. Matisse parle d'un «petit tableau de *Baigneuses*» de Cézanne «où tout était si bien hiérarchisé, où les arbres, les mains, comptaient autant que le ciel». EPA, p. 134 (Diehl 1954).

99. EPA, p. 131, 1935.

100. Paul Signac, *De Delacroix au néo-impressionnisme*, présenté par Françoise Cachin (Paris, Éditions Hermann, 1964), p. 108.

Sembat à propos du *Café marocain* de 1912-1913, l'une des rares toiles réalisées à la colle, marque bien ce qui le sépare de Signac : «J'ai mon bol de poissons rouges et ma fleur rose. C'est ce qui m'avait frappé ! ces grands diables qui restent des heures, contemplatifs, devant une fleur et des poissons rouges. Eh bien ! si je les fais rouges, ce vermillon va rendre ma fleur violette ! Alors ? Je la veux rose, ma fleur ! autrement elle n'est plus ! Au lieu que mes poissons, ils pourraient être jaunes, cela ne me fait rien ; ils seront jaunes !» [101].

«Je la veux rose, ma fleur !» La réponse de Signac aurait été : impossible, elle sera rose, mais aussi l'opposé de rose, etc. Comme le dit Matisse à propos du divisionnisme : «tout est traité de la même façon» [102]. L'impersonnalité de ce système ne concerne pas seulement la touche mais le motif lui-même. Malgré ses dires (il se plaint d'ailleurs en privé, dans son journal, de ne pas savoir s'éloigner suffisamment de la nature), c'est Signac qui aura eu l'impressionnisme dans le sang : comme Sisley, mais pour des raisons toutes différentes, il aura toujours fait le même tableau.

V

N'est-il pas extraordinaire que, de la même manière que Signac avait aidé Matisse à franchir le rubicon de la couleur pure et à sortir du travail à l'étouffée auquel il le voyait condamné s'il restait dans les traces de Vuillard, ce soit l'exemple de Vuillard auquel Matisse ait recours pour s'affranchir du système divisionniste ? Matisse ne parle de Vuillard qu'une seule fois, ai-je dit plus haut. Il décrit le fameux été «fauve» de 1905 :

> «J'ai commencé pendant une saison à Collioure, avec l'idée d'une théorie ou d'une manie que j'avais entendu exprimer par Vuillard qui employait ce mot : "la touche définitive" [...] Ceci m'a beaucoup servi parce que j'avais la sensation de la coloration d'un objet : je posais ma couleur, c'était la première couleur de ma toile. J'y joignais une deuxième couleur, et alors, au lieu de reprendre, quand cette deuxième couleur ne paraissait pas s'accorder avec la première, j'en mettais une troisième, qui devait les accorder. Alors il fallait continuer ainsi jusqu'à ce que j'eusse la sensation que j'avais créé une harmonie complète dans ma toile, et que je me trouvais déchargé de l'émotion qui me l'avait fait entreprendre.» [103]

A première vue, cela ne semble pas si éloigné que ça de la méthode de Signac (encore que Matisse ne fasse pas le moins du monde référence à la théorie des contrastes, aux complémentaires, «à toutes les règles et les interdictions» qu'il dit ailleurs – un peu trop catégoriquement – avoir jetées par dessus bord à ce même moment[104]) : il y a apparemment, comme chez Signac, une procédure additive, accrémentielle. Mais d'une

101. EPA, pp. 46-47 (Marcel Sembat 1913).

102. EPA, p. 93 (Tériade 1929).

103. EPA, pp. 71-72 (Courthion 1941).

104. «Quelques mois après [le passage par le divisionnisme], travaillant devant un paysage exaltant [Collioure], je ne songeais plus qu'à faire chanter mes couleurs, sans tenir compte de toutes les règles et interdictions. Je composais dès lors avec mon dessin de façon à entrer directement dans l'arabesque avec la couleur» (EPA, p. 93, note 40 [Gaston Diehl 1954]). Dans sa lettre à Vlaminck datée du 28 juillet 1905, Derain, qui était alors auprès de Matisse à Collioure, écrit que ce dernier continue à diviser («mais moi j'en suis complètement revenu»). André Derain, *Lettres à Vlaminck* (Paris, Flammarion, 1955), p. 155.

part Matisse ne parle pas de couleurs forcément juxtaposées, d'autre part il ne s'agit plus de touches, mais de plans colorés. Comme il le déclare à Tériade: «Je ne suis pas resté dans cette voie [le néo-impressionnisme] et je peignis par aplats en cherchant la qualité du tableau par un accord de toutes les couleurs plates.» Et un peu plus loin dans le même entretien, Matisse parle du fauvisme comme une «réaction contre la diffusion du ton local dans la lumière. La lumière n'est pas supprimée mais elle se trouve exprimée par un accord des surfaces colorées intensément»[105]. L'accord concerne toute la surface du tableau, c'est ce qui résulte de la somme des surfaces colorées qui s'y opposent – une fois cette harmonie trouvée, la peinture s'arque (c'est «le coup de clairon») et l'étalon, déchargé de son émotion, peut aller se reposer jusqu'à la prochaine[106].

La circulation propre à l'art Vuillard, cette obligation que nous fait sa peinture d'errer sur la surface de toute la toile, a déjoué «la stabilité un peu inerte» de la composition néo-impressionniste, fondée sur la juxtaposition[107]. Mais la tension colorée que l'on trouve chez Signac (bien plus grande d'ailleurs que chez Seurat depuis qu'il a renoncé à la chimère du «mélange optique») a revigoré l'entropie de Vuillard, les demi-teintes qui «donnent des expressions vagues et molles»[108].

Bien entendu, la rupture avec Signac n'est pas totale, et les contrastes colorés de Matisse seront avant tout des contrastes de voisinages, résultant de l'entrechoquement des surfaces de couleurs pures les unes avec les autres – mais ils ne seront pas que cela, car les différents chocs renverront les uns aux autres sur toute la surface de la toile et organiseront la circulation de notre regard. En outre, Matisse usera abondamment du ton sur ton, notamment du faible écart rose/rouge, à la limite du kitsch, qu'il est un des rares peintres à oser (j'y verrai même une de ses idiosyncrasies les plus affirmées toute sa vie durant, et ce dès le fauvisme)[109].

Tout se passe comme si, en jouant Signac et Vuillard l'un contre l'autre, Matisse avait enfin compris l'équilibre dynamique (et respiratoire) de Cézanne, dont il n'avait pu jusque là mesurer toute la portée. Cézanne n'interrompait sa séance de travail que lorsque le tableau en cours avait atteint un équilibre provisoire, un équilibre de forces où les parties non peintes jouaient un rôle de structuration aussi important que les autres. La toile était inachevée (Cézanne souhaitait parvenir à trouver «le ton juste» et à remplir les blancs), mais telle quelle elle constituait déjà un tout, un accord, qu'il allait modifier en le complétant plus tard. Cette méthode, qui impliquait la prise en compte, à tout moment, de la surface totale de la toile, est exactement celle que Matisse adopte à Collioure, comme on peut en juger par l'une des rares toiles inachevées du moment,

105. EPA, pp. 94-96 (Tériade 1929).

106. La métaphore du coup de clairon est associée par Matisse au thème de la troisième couleur, de la «touche définitive»: «Souvent, on pose deux couleurs l'une à côté de l'autre. Elles ne s'accordent pas comme on le voudrait. C'est en mettant une troisième qu'on arrive au bel effet, au "coup de clairon", comme disait Van Gogh à Émile Bernard» (EPA, p. 71, note 48 [Dauberville 1958]).

107. Il est vrai que Matisse parle ici de Seurat et de la «juxtaposition d'objets» (EPA, p. 94, note 41 [Camoin 1914]).

108. EPA, p. 207, texte non daté et publié pour la première fois en 1962. Je serais enclin à dater ce texte assez tôt, vers 1906, Matisse y faisant référence à Signac et aux «voisinages des contraires» mais aussi à «la divine proportion».

109. Le tableau le plus extraordinaire quant à cette paire (qu'on retrouvera aussi, par exemple, dans le célèbre *Nu rose* de 1935) est le *Nu à l'écharpe blanche* de 1909. Peu de peintres avant Matisse se sont aventurés sur ce terrain, et peu après lui (Malévitch, Ellsworth Kelly, Ad Reinhardt, Andy Warhol, je n'en vois guère d'autres).

le *Portrait de Mme Matisse* du Musée Matisse de Nice, tableau qui donne des indications sur la manière dont *La raie verte* fut construit. On y voit, certes, des accords de tons par «troisième couleur» juxtaposée, mais on peut aussi observer comment ces accords se disséminent sur la surface du tableau. Plus encore, on y voit comment Matisse combine la méthode Vuillard à la méthode Signac. Prenons par exemple la triade orange/vert-ocre/rouge-rose de la moitié gauche du visage (qui n'est pas loin du ton sur ton de Vuillard). D'une part l'élément rouge-rose se retrouve dans des zones éloignées du tableau, séparées par des plages réservées (l'arcade sourcilière à droite et la lèvre inférieure) ; d'autre part, cette triade en engendre une autre pour les trois zones différentes (et séparées) du fond entourant le visage, triade elle aussi faite de couleurs rapprochées (deux verts, un bleu-vert). Cette deuxième triade est fournie par une application non rigoureuse, mais tout de même, de la loi des contrastes chère à Signac, et elle organise (comme dans *La raie verte*) le jeu contrapuntique des valeurs (à droite, le fond sera plus sombre pour mieux s'opposer à la partie contiguë du visage, éclairée). Les deux accords colorés se rencontrent, formant alors d'autres triades qui produisent le «coup de clairon» inattendu (par exemple vert-bleu du fond/rouge-rose de l'oreille/vert ocre du front). Or ce coup de clairon ne nous prendra pas par surprise – il est la conséquence logique de l'organisation colorée de tout le tableau. Le plus souvent, bien au contraire, nous ne le «percevrons pas».

Cette toile inachevée est d'autant plus précieuse qu'elle obéit beaucoup mieux que le *Portrait de Derain* (cat. n° 21) ou *La femme au*

Portrait de Madame Matisse (esquisse),
Collioure, 1905
Huile sur toile
46 × 38 cm
Musée Matisse, Nice

La femme au chapeau, Paris, automne 1905
Huile sur toile
80,6 × 59,7 cm
San Francisco Museum of Modern Art
Legs de Elise S. Haas

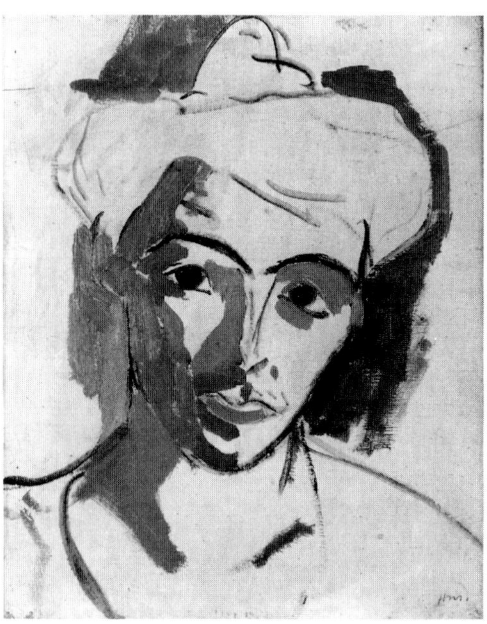

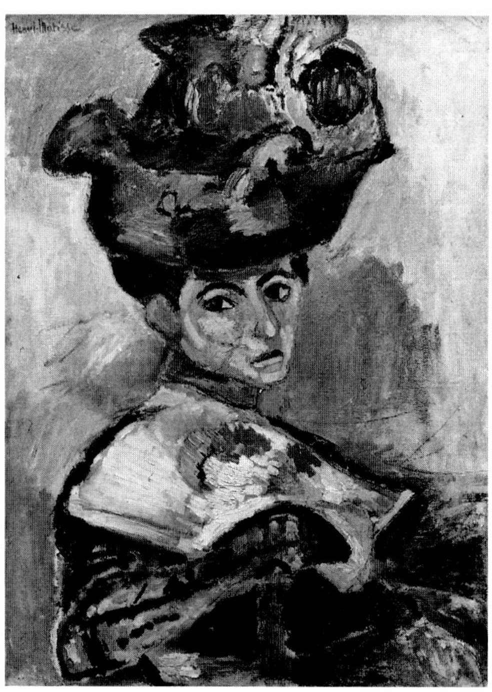

chapeau à l'injonction de Vuillard, que Matisse avait alors interprétée (bizarrement, si l'on tient compte de l'importance des dessous chez ce peintre) comme celle de ne pas revenir sur une couleur, de ne pas retoucher, de ne pas superposer les tons[110]. Mais le mariage Vuillard/Signac n'était pas si simple. Dans *La Japonaise au bord de l'eau* (cat. nº 17), par exemple, la montée divisionniste des tons n'empêche pas l'effet entropique de la dissolution de la figure dans le tapis-buvard; dans l'extraordinaire *Intérieur à la fillette* (cat. nº 26), au contraire (aussi nommée *La lecture*), l'oriflamme des couleurs sur le mur ensoleillé fait rebondir le regard vers la figure et la zone moins perturbée de la table. Circulation et tension, au lieu de s'épauler l'une l'autre, annulent leurs effets respectifs et ne produisent pas l'expansion dont je m'attache ici à retrouver l'origine.

Les deux premiers tableaux où Matisse parvient à cet effet d'expansion sont, à mon sens, *La fenêtre ouverte* (cat. nº 19) et *Intérieur à Collioure, la sieste* (cat. nº 20). *La fenêtre ouverte,* aujourd'hui considéré comme un des chefs-d'œuvre de Matisse, en son temps presque aussi malmené que *La femme au chapeau,* a donné lieu à de très nombreux commentaires. Plusieurs auteurs ont noté que la vue de l'extérieur s'y projette vers nous, vient en avant comme dans une miniature persane[111]; d'autres ont insisté, après Gowing qui y voit la caractéristique colorée essentielle du fauvisme, sur l'opposition des complémentaires rouge/vert[112]. John Elderfield remarque très justement que «les larges zones de complémentaires sont séparées [pulled apart] par le motif central» de la fenêtre ouverte, et Jean-Claude Lebensztejn que le tableau fonctionne sur une série de couples bleu-rouge qui «s'éclaircissent progressivement, mais restent dans un rapport constant»[113]. La difficulté qu'il y a à désigner les complémentaires en question ne tient pas aux fluctuations de la théorie des couleurs, mais, encore une fois, à la combinaison du modèle chromatique circulatoire de Vuillard au modèle en tension de Signac, d'où l'infinie modulation des gammes bleu-vert et orange-rouge-rose sur toute la surface du tableau, d'où aussi le chiasme auquel est soumis notre regard (car les larges zones complémentaires ne sont pas simplement séparées par la fenêtre, nous sautons de la moitié «vert-bleu» à la moitié «rose-orange» pour y retrouver son écho sur les carreaux de la fenêtre, et vice versa).

Même chose, et de manière encore plus habile, dans *Intérieur à Collioure, la sieste,* qui demeure un tableau largement sous-estimé (en partie parce qu'il n'a pas été autant reproduit ni exposé). L'accord y est à quatre voix : rouge, rose, vert, bleu. Si on lit le tableau selon le code Vuillard, on remarque une rotation des valeurs qui n'est d'ailleurs pas à sens unique (en allant du plus foncé au plus clair, et en simplifiant

110. «J'ai essayé de m'expliquer ce que ça pouvait être [la touche définitive], et j'ai compris que ces peintres [Vuillard et Bonnard] étaient obligés de se décider sur la couleur qu'il fallait poser pour exprimer un objet, et qu'ils s'interdisaient de revenir sur cette couleur, de reprendre cette couleur, qu'ils devaient mettre une deuxième couleur, puis une troisième, une quatrième, et tout ça sans aucun repentir» (Courthion, *Bavardages, op. cit.*, p. 129).

111. *Cf.* notamment Fereshteh Daftari, *op. cit.*, pp. 183 et sq.

112. *Cf.* Lawrence Gowing, *Matisse* (Londres, Thames and Hudson, 1979), pp. 50-51.

113. John Elderfield, *The «Wild Beasts» Fauvism and Its Affinities* (New York, Museum of Modern Art, 1976), p. 52. Jean-Claude Lebenzstejn, «Les textes du peintres», repris dans *ZigZag* (Paris, Flammarion, 1981), p. 187, note 43 où l'on trouvera une très utile comparaison avec la notion d'intervalle coloré chez Albers.

beaucoup, cela donne : pour le rouge, départ sur la fillette au balcon, sol sous le lit, sol sous la chaise à gauche, coussin de cette même chaise ; pour le rose, départ au coin supérieur gauche du tableau, sol sous la chaise du milieu, zone supérieure droite du tableau et enfin drap ou édredon sur le lit et montants gauche et horizontal inférieur de la fenêtre ; pour le vert, sol sous la chaise de droite, montant droit de la fenêtre, robe de la femme sur le lit, mur au-dessus du lit ; pour le bleu le parcours est presque identique). Si on lit le tableau selon le code Signac, cela donne tous les clashes de voisinage que cette distribution circulatoire engendre, mais en plus un élément hors-jeu, si l'on peut dire, et qu'on ne voit que par « un effort délibéré de notre volonté », à savoir le premier « qui a peur du bleu, du jaune et du rouge ? » de l'art moderne, la triade bleu outremer/jaune/orange-rouge du montant du lit (à quoi, s'oppose dans le contour qui délimite cette zone, la suite vert émeraude/vert éclairci par son passage dans le jaune/bleu outremer : les contrastes colorés créés par ces juxtapositions ne sont plus tributaires de la théorie de Signac, mais le fait même de la division l'est).

Mais il y a plus encore – et de cela Matisse ne s'est avisé qu'après coup, une fois faite et vérifiée sur *Bonheur de vivre* la découverte de l'équation quantité/qualité : point n'est besoin de dégrader autant les couleurs pour engendrer une ronde circulatoire. On peut obtenir le même effet sans risquer de perdre dans la subtilité des différences de valeur et de saturation la tension recherchée, puisque la même couleur, couvrant deux surfaces de quantité différentes, produira deux effets différents. Le rouge sous le lit est plus saturé (et plus clair, en tout cas vers le centre du tableau) que celui de la robe de la fillette au balcon, or c'est « le même » et cela est « *invisible* », dit Matisse qui associe cette similarité imperceptible (ce qu'on perçoit est une différence) à la manière dont Rembrandt n'avait « pas besoin de toucher à son papier pour lui donner une qualité » puisqu'il modulait ses blancs par les « quantités de papier qu'il enserrait, qu'il délimitait »[114]. Comme dans *La fenêtre ouverte,* vortex circulatoire et tension maximale débouchent sur un expansionnisme encore timide, certes, mais qui de n'être plus cette fois perturbé par une différenciation de facture, indique clairement la direction que va prendre Matisse, celle de l'aplat, des seuls rapports de proportions des surfaces colorées.

114. Cité par Louis Aragon dans *Henri Matisse. Roman* (Paris, Gallimard, 1971), vol. I, p. 138.

115. EPA, p. 93, note 40 (Gaston Diehl 1954).

VI

Ce serait maintenant l'endroit idéal pour proposer une lecture du système coloré de *Bonheur de vivre,* le premier tableau où Matisse, comme il dit, compose « avec son dessin de façon à entrer directement dans l'arabesque avec la couleur »[115]. Ce sera pour une autre fois (dix, vingt pages n'y

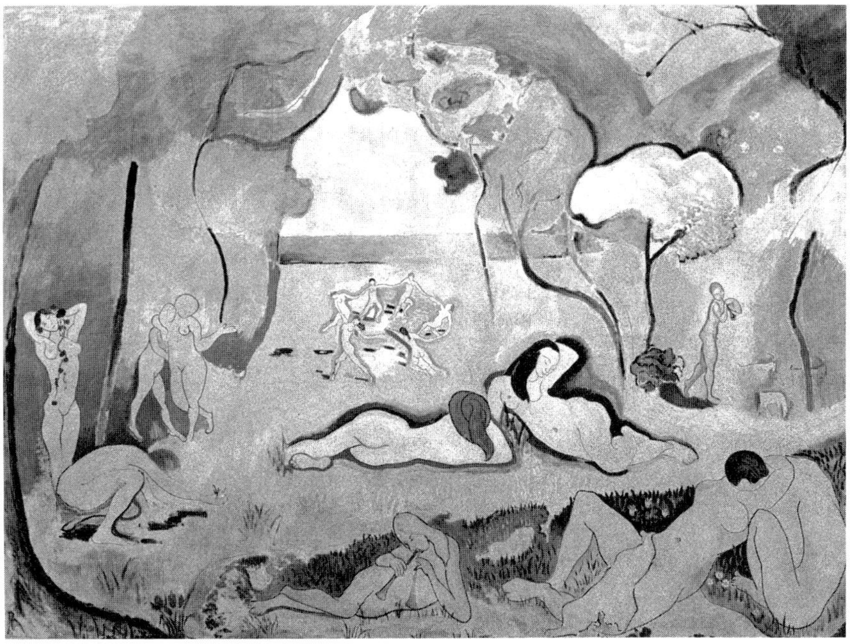

Le bonheur de vivre, Paris, automne-hiver 1905-1906
Huile sur toile
174 × 238,1 cm
The Barnes Foundation, Merion

suffiraient pas, tant est complexe la «simplification» que Matisse, pour reprendre l'expression prophétique de Gustave Moreau dix ans plus tôt, y fait des moyens de la peinture)[116]. Pour le dire vite: la surenchère que j'ai tenté de décrire à propos de *Intérieur à Collioure, la sieste* s'y retrouve au centuple, multipliée par l'emploi des «aplats» colorés qui allaient horrifier Signac (et qui n'en sont d'ailleurs pas vraiment, des aplats, comme presque toujours chez Matisse). On y retrouve même le «qui a peur du bleu, jaune et rouge?», à quoi il faut ajouter le vert, puisqu'il est un endroit du tableau, là où la mer rencontre le sable et les arbres, à gauche, où ces quatre couleurs se cognent directement. Mais *Bonheur de vivre* introduit autre chose dans l'art de Matisse, une composante que je dirai presque apotropaïque et qui nous reconduit, d'une autre manière, à la figure de l'aveuglement.

J'ai noté plus haut que la conception que Matisse se fait de l'inconscient est proustienne, non freudienne; cela ne veut pas dire que la psychanalyse ne saurait avoir de prise sur son travail. Non que j'attende beaucoup d'une psychanalyse de l'individu-Matisse (à l'inverse de Marcelin Pleynet, par exemple, je ne pense pas que la clef de *La dame au chapeau* nous soit fournie quand nous apprenons que Matisse avait un complexe d'Œdipe gros comme une maison et que «la révélation de la vie dans l'étude du portrait» lui est «venue en pensant à sa mère», lorsqu'il reconnut son visage dans le gribouillage qu'il traça un jour sur une «formule télégraphique qui traînait sur la table» dans un bureau de poste, un jour qu'il «attendait une communication téléphonique»[117]). Mais je crois d'une part que les grands nœuds de la vie psychique énoncés par la psychanalyse comme constitutifs de l'homme en tant qu'espèce sont effectivement mis en jeu dans sa peinture (ce pourquoi peut-être elle

116. Moreau avait dit à Matisse: «Vous allez simplifier la peinture» (EPA, p. 81, [Jacques Guenne 1925]).

117. EPA, p. 177, 1954. Sur cette anecdote, voir Marcelin Pleynet, «Le système de Matisse», dans *L'enseignement de la peinture* (Paris, Éditions du Seuil, 1971), passim. Pleynet voit dans le bariolage de *La femme au chapeau* une attaque sadique transformant la mère/l'épouse (toutes deux modistes) en prostituée.

nous affecte à ce point), d'autre part que la manière dont Matisse met en branle ces grands pans de la vie psychique, présentés comme anhistoriques par la psychanalyse, est déterminée historiquement.

Dans ce qui demeure à ce jour la meilleure étude consacrée à *Bonheur de vivre*[118], Margaret Werth commence par se moquer de la fièvre avec laquelle les historiens d'art se sont abandonnés sans aucune réserve à leur péché mignon – la recherche des sources – à propos de ce tableau : d'Ingres à Goya, de Titien à Cézanne, de Poussin à Seurat, de Cranach à Cross, de Agostino Carracci à Rodin, de Pollaiuolo à Maurice Denis, de Watteau à Puvis de Chavannes, de Giorgione à Gauguin... la liste s'allongeant sans cesse, on se demande qui, du Panthéon de la peinture occidentale (de l'art pictural tout court même, puisque on a invoqué jusqu'aux peintures pariétales de la préhistoire) évitera d'être happé par la machine généalogique. Mais après ce début ironique, Werth ne revient pas sur cette frénésie dans l'identification des sources, inégalée pour un tableau de ce siècle (sauf peut-être, et nous verrons que ce n'est pas pur hasard, pour *Les Demoiselles d'Avignon*). Plutôt, elle réexamine avec soin l'une des sources littéraires attitrées, la tradition pastorale, une tradition qui est en fait double (rustique, bacchanale ; mythique, arcadienne), pour y repérer la connection qui s'y établit entre la beauté physique, le plaisir visuel, et l'origine du désir. La question de la différence sexuelle s'y pose d'emblée, et c'est cette question, dit Werth, que Matisse va aborder de front dans son tableau. Werth note d'abord que le berger flûtiste, la seule figure masculine du tableau, avait d'abord été conçu comme un nu féminin ; puis que les attributs sexuels de l'autre flûtiste, le grand nu du premier plan, lui aussi clairement féminin dans une étude, ont été supprimés ; elle remarque ensuite que toutes les figures sont soit dédoublées, soit accouplées, et que toutes – hormis le berger et le nu «ingresque» debout à gauche, qui regardent le spectateur – sont désanatomisées par un dessin dont l'agressivité sadique n'a pas d'équivalent, jusque-là, dans l'art pictural occidental[119] – le comble de cet assaut contre le corps propre des figures étant donné par le couple qui s'embrasse au premier plan, deux corps fondus pour une seule tête, l'un d'eux au sexe indéfini.

Jack Flam l'a clairement établi[120] : le décor du paysage avait été élaboré «sur nature» à Collioure, en trois temps (d'abord une esquisse très nerveuse, à la touche divisée, mais plus proche de Van Gogh que de Signac, et réalisée pour elle-même, sans intention de composer le grand tableau ; puis une pochade sur bois où les grandes masses sont distribuées et où le vide central, élargi, apparaît comme proscenium ; puis un paysage fauve (cat. n° 18) qui fixe une fois pour toute l'harmonie colorée du tableau et son cadre naturel). Matisse introduit ensuite les figures (une

118. Margaret Werth, «Engendering Imaginary Modernism : Henri Matisse's *Bonheur de vivre*», *Genders*, n° 9, automne 1990, pp. 50-74.

119. Seule exception : les gravures sur bois de Gauguin, que Matisse a vu pendant l'été 1905 chez Daniel de Monfreid, et auxquelles il emprunte d'ailleurs plusieurs poses. Sur cette visite, *cf.* Oppler, *op. cit.*, p. 130 et sq. De Monfreid, par ailleurs, fut l'un des rares à aimer *Bonheur de vivre* (rapporté par Georges Duthuit dans *Les Fauves* [Genève, Édition des Trois Collines, 1949], p. 172).

120. Flam, *op. cit.*, pp. 151 sq.

première étude d'ensemble, à la plume, très théâtrale, révèle que l'idée d'une ronde centrale est venue en dernier et montre les difficultés de Matisse avec son premier plan, avant qu'il n'aboutisse à la solution du couple fusionné). Les changements entre cette étude et la deuxième étude d'ensemble, à l'huile, puis entre celle-ci et le tableau final, sont révélateurs. Matisse avait assez péniblement construit une scène unitaire (péniblement car il avait suivi la méthode académique : travail sur le décor, puis sur la composition d'ensemble, puis sur les figures une à une). Dans le dessin à la plume, on ne sait pas très bien ce que font les personnages, mais ils le font ensemble ou du moins sans absolument s'ignorer les uns les autres) ; dans l'étude à l'huile, ils sont déjà des nœuds isolés (deux figures seules, quatre couples, la ronde de danseurs) ; dans le tableau, cette isolation est magnifiée par l'invraisemblable diversité d'échelle : le berger est lilliputien par rapport au couple situé sur le même plan en profondeur de l'autre côté du tableau ; les nymphes centrales, sortes d'apparitions fantomatiques avec leurs doubles contours auréolés en arc-en-ciel, sont au moins aussi larges que le flûtiste du premier plan,

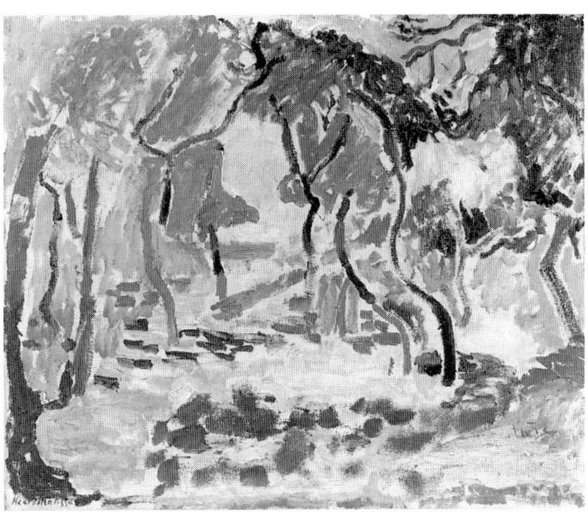

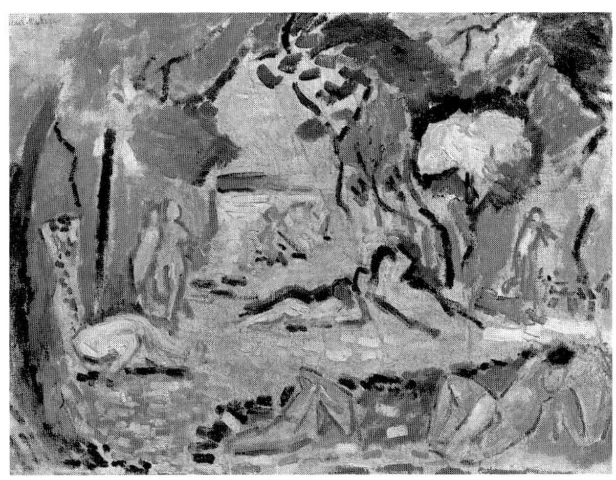

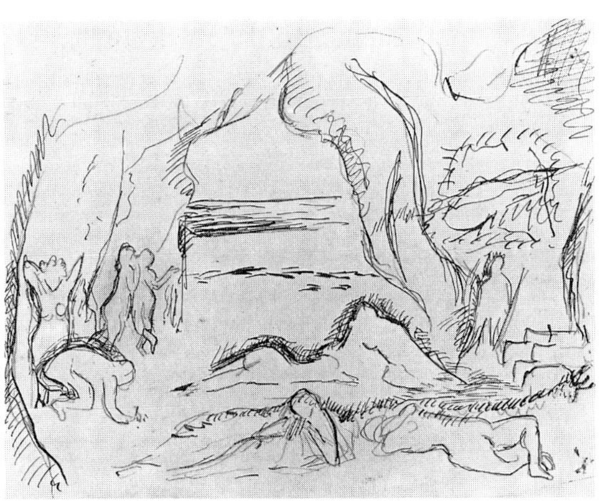

Paysage de Collioure,
Collioure, été 1905
(Étude pour «Le bonheur de vivre»)
Huile sur toile
46 × 55 cm
Statens Museum for Kunst,
Collection J. Rump, Copenhague

Étude pour «Le bonheur de vivre», 1905
Pinceau et encre sur papier
17,5 × 22,5 cm
Collection particulière

Esquisse pour «Le bonheur de vivre»,
Paris, automne-hiver 1905-1906
Huile sur toile
40,6 × 54,6 cm
San Francisco Museum of Modern Art
Legs de Elise S. Haas

etc. «Les figures cohabitent dans cet espace, mais au moyen de transitions disjonctives caractéristiques des images de rêve ou de l'hallucination»[121].

A partir de cette disjonction (qui perturba beaucoup les critiques lors de la présentation initiale du tableau au Salon des Indépendants de 1906), et grâce à une analyse attentive des figures ou groupes de figures prises séparément, Werth construit une interprétation psychanalytique du tableau comme écran fantasmatique, comme image polysémique conjurant une série de fantasmes originaires (retour à l'espace intra-utérin, séduction, union œdipienne) et de pulsions sexuelles contradictoires correspondant à la polymorphie sexuelle infantile mise au jour par Freud (narcissisme, auto-érotisme, sadisme, exhibitionisme). Ce catalogue tourne autour de l'angoisse de la castration, thématisée dès le départ, selon Werth, par tout ce qui a trait dans le tableau et dans ses esquisses préparatoires à la question de la différence des sexes.

Peut-être est-ce le point de vue féministe de Werth qui la prévint de quitter l'ordre figuratif pour revenir à la question historique qu'elle avait abordé – d'une manière gentiment moqueuse – au début de son remarquable essai. Dommage, car alors le tableau, lui aurait peut-être semblé autre chose qu'une simple «apologie sans gêne des satisfactions infantiles et des joies Dyonisiaques», peut-être ne se serait-elle pas demandé si la représentation qu'y donne Matisse du corps féminin était fondée sur «l'innocence, l'ironie ou la stupidité»[122].

«Le fauvisme fut de toutes les révolutions artistiques du siècle la mieux préparée», écrit Lawrence Gowing[123]. J'ajouterai : c'est toute cette préparation, cette précaution que balaie d'un grand coup *Bonheur de vivre*. A l'époque, nul ne s'en est aperçu – sauf Picasso, et sa réponse fut *Les Demoiselles d'Avignon,* dont divers témoignages rapportent que Matisse en fut irrité[124]. Depuis le monument d'Alfred Barr à la gloire de Matisse, les deux tableaux ont très souvent été comparés (même si Picasso avait manqué le *Bonheur de vivre* au Salon, il eut tout le loisir de l'étudier chez les Stein : nul doute que cela en ait émoustillé sa rivalité). Mais alors que la comparaison de Barr et de nombreux historiens à sa suite demeurait en son fond stylistique (on notera, par exemple, la similarité de la pose du nu debout dans la toile de Matisse avec celle de la demoiselle centrale dans celui de Picasso), la longue étude de Werth permet d'autres rapprochements.

La lecture inaugurale que Leo Steinberg a donné des *Demoiselles d'Avignon* montrait en effet, et ce de façon incontournable, que l'enjeu thématique de ce «bordel philosophique», comme l'avait un moment appelé le peintre sur les conseils d'André Salmon, était, là aussi, la

121. Werth, *op. cit.*, p. 58.

122. *Ibid.*, p. 69. Pour être honnête, Werth déborde son analyse figurative quand elle note que le rythme joue un rôle primordial dans l'érotisation matisséenne du plan pictural (p. 73, note 43). Comme Werth, je ne puis ici que mentionner la nécessité d'une analyse psychanalytique du rythme. C'est à quoi s'emploie Rosalind Krauss, en partant de la notion de «matrice» élaborée par Jean-François Lyotard à propos du célèbre texte de Freud, «Un enfant est battu/On bat un enfant», dans un livre à paraître aux éditions MIT (*The Optical Unconscious*, printemps 1993). Certains essais de Krauss se rapportant à cet ouvrage sont déjà parus («Le clin d'œil de l'instant», *Cahiers du Musée national d'art moderne*, n° 27, printemps 1989, pp. 5-9 ; «Une note sur l'inconscient optique», *ibid*, n° 37, automne 1991, pp. 61-77 ; «The Im/pulse to See», *Vision and Visuality*, actes d'un colloque organisé par Hal Foster [Seattle, The Bay Press/Dia Foundation, 1988] ; «Where's Poppa», *The Definitively Unfinished Marcel Duchamp*, actes d'un colloque organisé par Thierry de Duve [Cambridge, MIT Press, 1991], pp. 433-462).

123. Lawrence Gowing, *op. cit.*, p. 51.

124. *Cf.* la mise au point de Hélène Seckel, dans le catalogue de l'exposition *Les Demoiselles d'Avignon* qu'elle organisa au Musée Picasso en 1988 (volume II, pp. 671-672). Fernande Olivier dit que Matisse était furieux ; Hélène Parmelin que Picasso lui a dit que Matisse rigolait ; Roland Penrose qu'il était furieux *et* qu'il rigolait.

différence sexuelle[125]. Les effets de cette question, dans la gestation du tableau comme dans son aspect final, sont comparables à ceux qu'ils produisent dans *Bonheur de vivre*: même ambiguïté ou transmutation sexuelle de certaines figures (dans les esquisses le marin, qui disparaîtra plus tard, est efféminé et la demoiselle assise est masculinisée; dans le tableau, l'étudiant a changé de sexe pour devenir une prostituée); même passage d'une scène unitaire à un conglomérat de figures indépendantes; mêmes disparités stylistiques des figures (l'écart entre le modelé traditionnel du berger flûtiste et le dessin «infantile» du couple debout à gauche, dans le *Bonheur*, n'est pas moins grand que ce qui sépare dans le tableau de Picasso les demoiselles «africaines» de droite et celles, dites «ibériques», de gauche). J'ajouterai, et on va voir pourquoi: mêmes références innombrables à la tradition picturale, même aplatissement de l'histoire.

La différence essentielle entre les deux toiles est leur mode d'adresse au spectateur. Dans les deux cas les figures ou groupes de figures cohabitent dans un même espace, mais ne communiquent pas entre elles. Dans *Les Demoiselles d'Avignon*, cependant, comme le note Steinberg, elles se rapportent toutes «directement et séparément au spectateur», elles le fixent. Alors que le thème initial était l'arrivée inopinée d'un étudiant en médecine (il portait soit un crâne, soit un livre, soit encore les deux à la fois) venant jeter le trouble dans un bordel (les demoiselles le regardaient, le marin baissait les yeux d'un air gêné), «l'événement, l'épiphanie, l'entrée soudaine, constitue toujours le thème – mais celui-ci a pivoté à 90° en direction d'un spectateur conçu comme le pôle opposé du tableau». Suppression de l'élément allégorique, diversité stylistique et interpellation violente du spectateur – d'une brutalité sans précédent depuis *Les Ménines*, comme le dit si bien Steinberg – vont de pair (soit dit en passant, Matisse n'aimait pas Velazquez): c'est pour que l'unité de son tableau «réside avant tout dans la conscience sidérée d'un spectateur qui se voit vu» que Picasso a cherché par tous les moyens à nous empêcher de le voir comme une scène[126].

La sidération dont parle Steinberg est une vieille histoire pour la psychanalyse qui en fait le symptôme cardinal de l'angoisse de castration – qu'il s'agisse de ce rêve où le patient le plus célèbre de Freud se retrouve pétrifié devant le spectacle, à sa fenêtre, de loups *immobiles* qui le regardent (le rêve est un effet d'après-coup du choc constitué par la scène primitive) ou encore du mythe de la tête de Méduse[127]. Sidérer le spectateur, c'est aussi refuser qu'il s'absorbe dans les méandres d'un récit – c'est passer du «il était une fois» de la peinture historique et mythologique à «regarde moi, je te regarde» – ce pourquoi le Caravage, lui qui ne savait pas «composer une vraie histoire», aux dires de Baglione,

125. Leo Steinberg, «Le bordel philosophique» (1972), traduction française dans le catalogue *Les Demoiselles d'Avignon*, *op. cit.*, vol. II, pp. 319-364. (Ce paragraphe et les suivants sont entièrement tributaires de l'essai de Steinberg).

126. *Ibid.*, p. 324.

127. Le texte de Freud sur la tête de Méduse, «Das Medusenhaupt», écrit en 1922, fut publié à titre posthume en 1940. (Pour mémoire: la tête de méduse est à la fois 1) l'organe sexuel féminin – dont la vue engendre chez le petit garçon l'angoisse de la castration; 2) l'image de la castration elle-même (décapitation), et 3) son déni – d'une part par la multiplication du pénis (ses cheveux sont des serpents), d'autre part par la transformation du spectateur en pierre, à savoir en phallus érigé). Par ailleurs, on trouvera le récit de la psychanalyse de l'Homme aux Loups dans Freud, *Cinq psychanalyses* (Paris, PUF, 1954), pp. 325-420.

s'intéressa à Méduse ; ce pourquoi aussi Poussin l'accusa de vouloir détruire la peinture[128].

Werth est parfaitement justifiée à voir dans *Bonheur de vivre* une enquête sur l'origine du désir, mais quitte à psychanalyser, elle a tort d'oublier que la jument que renifle l'étalon Matisse est la peinture en tant que telle, non simplement les corps représentés. «Travailler, c'est enlever quelques scories de la tradition» dira Matisse[129]. Les enlever ou les cannibaliser ? L'angoisse de la castration est liée au fantasme du meurtre du père et à la menace imaginaire qui en résulte ; elle est aussi ce qui, dit la psychanalyse, structure notre personnalité, nous donne accès à la loi – fonde la tradition. Le cannibalisme éclectique de Matisse dans *Bonheur de vivre* est à mettre au compte de ce meurtre imaginaire du père, des pères. Il débouche sur une image peut-être heureuse, en tous cas «régressive», de la sexualité avant la loi, et sur une peinture elle-même en chaleur. C'est là qu'intervient Picasso dont *Les Demoiselles d'Avignon* sont un reproche adressé à Matisse : «si nous avons le courage de tuer symboliquement le père, voilà ce que nous obtenons qui est proprement terrifiant – plus aucune excuse allégorique, la castration pure et simple, des viragos qui médusent le spectateur, et pétrifient son regard».

Matisse n'avait pas attendu Picasso pour être désarçonné par son propre tableau. Il commence par en reprendre le grand thème pictural (traditionnel) des figures nues dans le paysage, mais sans grande conviction (*Pastorale* [cat. n° 31], *La branche de fleurs, Nu dans la forêt* [cat. n° 30]), s'avise ensuite de la solution de compromis, à laquelle il aura recours toute sa vie, de la figure sculptée dans une nature morte. Mais ce n'est qu'après un retour à la problématique fauve de l'opposition dialectique Vuillard/Signac, dans *Marguerite lisant* (cat. n° 35) mais surtout dans l'admirable *Tapis rouges* (cat. n° 37), où Matisse exalte pour la première fois le contraste maximal du noir et du jaune et teste sans vergogne l'effet subliminal de la vision périphérique, qu'il pourra revenir explicitement à un thème sexuel avec le *Nu bleu : souvenir de Biskra* (cat. n° 42) (à la question de la différence sexuelle même, puisque la cuisse du nu en question se déforme en un gigantesque phallus, ce qui n'a pas dû échapper à Picasso)[130].

Il y aurait beaucoup à dire sur ces années troublées, de 1906 à 1908, où Matisse semble parfois renoncer à sa grande découverte de l'aplat coloré et vouloir revenir au modelé, comme s'il fallait à tout prix reconstruire une corporalité qu'il avait délibérément écartée dans *Bonheur de vivre,* et où parfois au contraire il essaie de se démontrer pour lui-même la validité de l'équation quantité-qualité – comme dans les deux versions du *Jeune marin* (cat. n°s 45 et 45 bis) et beaucoup plus dogmatiquement

128. Sur les oppositions Caravage/Poussin, Méduse/histoire ; énonciation/énoncé, voir le livre remarquable de Louis Marin, *Détruire la peinture* (Paris, Éditions Galilée, 1977). Je renvoie aussi à mon long compte rendu de l'exposition mentionnée plus haut concernant *Les Demoiselles d'Avignon,* qui développe les points abordés ici («Le trauma des Demoiselles», *Critique,* n° 497, octobre 1988, pp. 834-857). Hal Foster m'a signalé tout récemment (je l'en remercie) que Richard Wolheim avait déjà fait le rapprochement entre le tableau de Picasso et le rêve de l'Homme au Loups, mais comme Wolheim étend ce rapprochement à toute l'œuvre de Picasso, il ne sert plus à rien (Wolheim, *Painting as Art* [Princeton, Princeton University Press, 1987], pp. 286 et sq.).

129. EPA, p. 120, note 78 (Florent Fels 1929).

130. L'importance du *Nu bleu* pour Picasso, et notamment pour l'élaboration des *Demoiselles d'Avignon* est un lieu commun de la critique matisséenne.

encore, dans les deux versions du *Luxe* (réalisés en un même format et même, exceptionnellement, à l'aide d'un carton mis au carreau)[131]. Ce n'est qu'avec *Desserte rouge* (cat. n° 60) que le système Matisse se met définitivement en place : *circulation* (l'arabesque reliant le motif décoratif, la figure, et le paysage ; la répétition en miniature, dans les fleurs du jardin et les branches de mimosa, de la guirlande horizontale des fruits sur la table – mais Vuillard est définitivement enterré : la blouse noire de la figure ne s'enlise pas dans le tapis) ; *tension* (la saturation du rouge, l'aplatissement spatial, la fulgurance des contrastes – mais Signac est absolument congédié : aplat souverain et ignorance nonchalante de la loi des complémentaires) ; *expansion respiratoire* (facilitée par le rythme, par l'*interruption* pulsative de l'arabesque – on pouvait le voir dès *Bonheur de vivre* mais cela devient ici évident, d'autant que Matisse accentue cette interruption entre le premier état du tableau et son état final). Notons en passant l'importance de ce point chez Matisse : ses arabesques sont toujours suspendues, du moins avant et après l'époque de Nice (son art n'a rien à voir avec la mélasse du Modern Style)[132]. L'effet d'expansion dépend chez lui d'une pulsation stroboscopique, non d'une continuité étale, tant au niveau de la facture, d'ailleurs, qu'à celui du dessin ou de la couleur.

C'est aussi avec *Desserte rouge* que Matisse identifie pour la première fois avec clarté l'un des points cardinaux de son esthétique des couleurs, à savoir la transposition (il en parle longuement dans les «Notes», encore sous le coup de la conversion *in extremis* de cette toile, juste avant de l'envoyer au Salon d'Automne, d'une harmonie en bleu à une harmonie en rouge) : puisque l'important n'est pas la chose mais l'effet qu'elle produit sur moi, et que cet effet, je veux le tendre au maximum afin de me décharger de mon émotion, je suis obligé de transposer si je veux produire un effet semblable chez le spectateur. La seule relation qu'il peut y avoir entre le modèle et le tableau est un rapport de rapports, une équivalence des rapports colorés[133].

Matisse a définitivement trouvé sa voie, celle de la vision périphérique (impossible de considérer un motif central autrement que comme la poussière d'étoiles qui reste après une explosion galaxique : comme dans les trois légumes éponymes de *Intérieur aux aubergines* de trois ans postérieur, le bouquet de *Desserte rouge* n'a aucun rôle privilégié – c'est le point d'impact de la pierre tombée dans l'eau, on n'y revient qu'en se forçant).

Pourtant, l'affaire des *Demoiselles* le turlupine, d'autant que Picasso est en passe de lui ravir le titre de roi de l'avant-garde. On peut d'ailleurs lire des toiles comme *Nu, noir et or* (cat. n° 54) ou *Sculpture et vase persan* (cat. n° 55), qui abandonnent les aplats spectaculaires de *Desserte rouge* et

131. Sur la question de la mise au carreau chez Matisse, exclue de son art après *Bonheur de vivre* (sauf dans le cas «expérimental» des deux versions du *Luxe*), je me permets de renvoyer à mon essai, «Matisse and Arche-drawing», *op. cit.*, passim.

132. Je prends ici le contrepied de Frank Anderson Trapp, «Art Nouveau Aspects of Early Matisse», *Art Journal*, vol. XXVI, n° 1, automne 1966, pp. 1-8.

133. La meilleure étude de cet aspect de la couleur de Matisse se trouve dans le texte mentionné plus haut de Jean-Claude Lebensztejn, notamment pp. 172-176 et 181-184.

tendent même à la subordination traditionnelle de la couleur à la valeur, comme testant la validité de la décomposition cubiste des volumes en facettes claires-obscures (à l'époque, Picasso sort tout juste de sa période «africaine» et sa peinture opère un dialogue avec la sculpture – il examine l'effet volumétrique de la lumière sur la surface des corps).

On ne sait pas exactement quand Matisse a vu *Les Demoiselles*, sans doute achevé au début de l'été 1907. Dès 1907 et avant la première version du *Luxe* (cat. n° 53) ? Ce n'est pas le primitivisme du dessin dans cette œuvre qui devrait nous guider ici (une femme devient girafe, l'autre crapeau sans menton) puisque Matisse avait déjà montré qu'il était capable de telles déformations dans son *Bonheur de vivre :* si la question se pose, c'est à cause de l'échelle des figures, ces géantes absurdes dans un chiffre de paysage. Quoi qu'il en soit, c'est avec la prochaine toile représentant des nus dans un paysage (encore plus abstrait) que Matisse répond directement au tableau de Picasso, à savoir *Les baigneuses à la tortue* (cat. n° 56) du début 1908.

Tout renvoit aux *Demoiselles d'Avignon :* le format (c'est la plus grande toile de Matisse depuis *Bonheur de vivre,* et, comme celle de Picasso, elle est presque carrée) ; le renoncement à l'allégorie (on pouvait encore se consoler de la bizarrerie du *Luxe* en le lisant comme une naissance de Vénus ; ici, comme le remarque Elderfield, il est impossible de comprendre pourquoi de telles ogresses s'affairent à donner une feuille de salade à une tortue[134]) ; le masque africanisant du nu central ; le contraste entre le manque de coordonnées spatiales et la sculpturalité des figures ; les disproportions ; le placement illogique des ombres ; les contours plus angulaires que de coutume.

Il y a une différence capitale, cependant : ces demoiselles-là ne sont pas Méduse ; dans leur gigantisme brontozauaire (on a beaucoup parlé d'une atmosphère de commencement du monde à propos de ce tableau) elles sont émues de la petitesse fragile d'une bestiole : absorbées, tout à leur contemplation comme plus tard les Marocains du *Café marocain,* elles ignorent délibérément le spectateur. Matisse à Picasso : «pas besoin de terroriser le regardant». On dira néanmoins que Matisse n'évacue pas entièrement la question de la différence des sexes puisqu'il reprend le tableau au mode masculin, d'ailleurs bien moins énigmatique, avec *Joueurs de boule* (cat. n° 57), avant d'aborder, toujours dans un paysage chiffré, une scène de viol (*La nymphe et le satyre,* cat. n° 63) où le corps masculin et le corps féminin seront clairement mais subtilement distingués par la couleur (leur chair est modulée par le contour : magenta pour la nymphe endormie, vermillon pour le satyre bestial). Elle reviendra en force, cette question, avec la paire dichotomique de 1910, *La danse* ([cat. n° 80] nus féminins) et *La musique* (nus masculins).

134. John Elderfield, «Introducing Matisse», *op. cit.*, pp. 58-59. La comparaison que fait Elderfield entre cette toile et *Luxe* est particulièrement pertinente.

La danse est l'une des compositions les plus célébrées de Matisse ; lui-même lui a plusieurs fois rendu hommage dans d'autres tableaux (la première version en est la «toile de fond» de *Nature morte à «La danse»* de fin 1909 [cat. n° 73] et des deux *Capucines à «La danse»* de 1912 ; cat. n°s 103 et 104). Je ne retiendrai ici qu'une anecdote : on sait que Stschoukine, sans doute quelque peu impressionné de la fureur occasionnée, au Salon d'Automne de 1910, par *La danse* et *La musique*, tableaux pour lesquels il avait passé commande, voudra un moment renoncer à en prendre livraison. Il se ravise vite, on le sait, envoie un télégramme à Matisse lors de son retour en train vers Moscou, puis une longue lettre à son arrivée, dans laquelle il se flagelle d'avoir cédé aux pressions extérieures. Vu son audace de collectionneur jusque-là, on doutera que ces seules pressions aient pu guider sa conduite. Quant à l'excuse qu'il avait fournie à Matisse (ne pas pouvoir exposer à ces nudités les trois fillettes qu'il vient d'adopter), elle ne tient guère, car il avait fait sa commande après avoir vu la première version de *La danse*, et l'avait maintenue quand Matisse lui avait envoyé une photographie d'étape de *La musique*. Ce qui l'a abasourdi au Salon d'Automne, c'est d'une part la version finale de *La musique* (qu'il ne parvint d'ailleurs

Croquis que L'Homme aux loups a fait de son rêve pour Sigmund Freud (reproduit dans *Cinq psychanalyses*, Paris, PUF, 1954)

La musique, Issy-les-Moulineaux, fin 1909-été 1910
Huile sur toile
260 × 189 cm
Musée de l'Ermitage, Léningrad

La musique (en cours), hiver 1909-1910
Bibliothèque Nationale, Paris

La musique (en cours), hiver 1909-printemps 1910
Bibliothèque Nationale, Paris

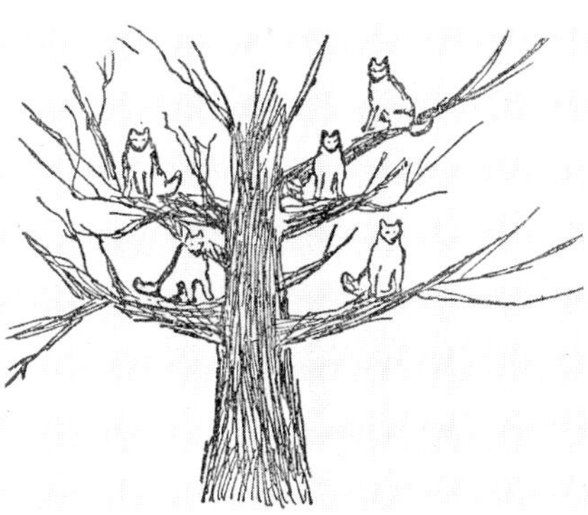

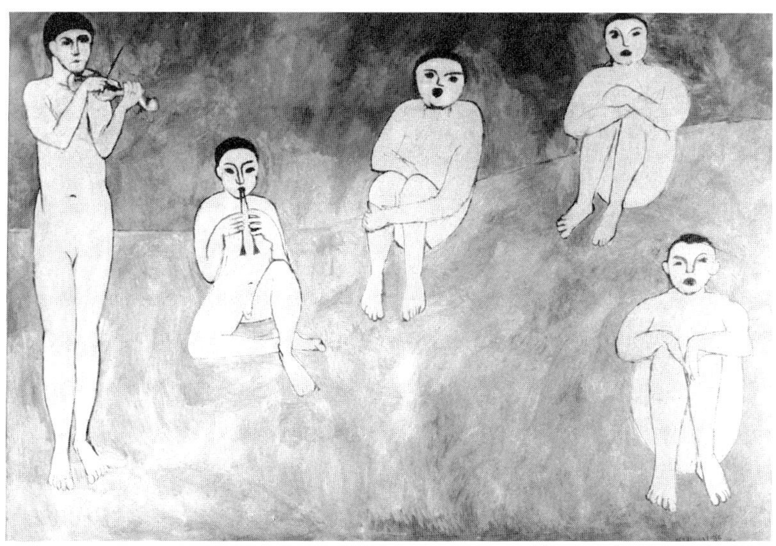

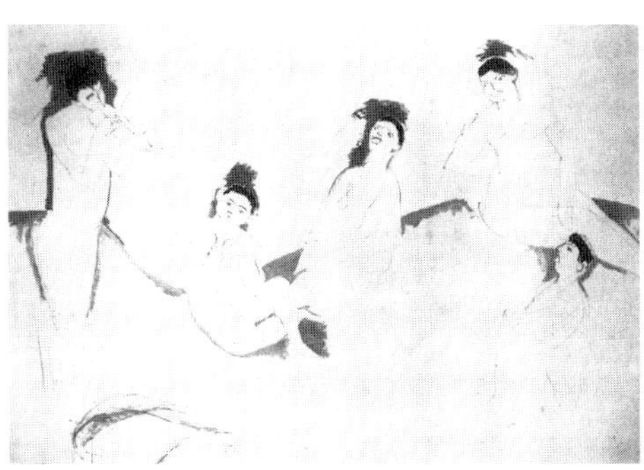

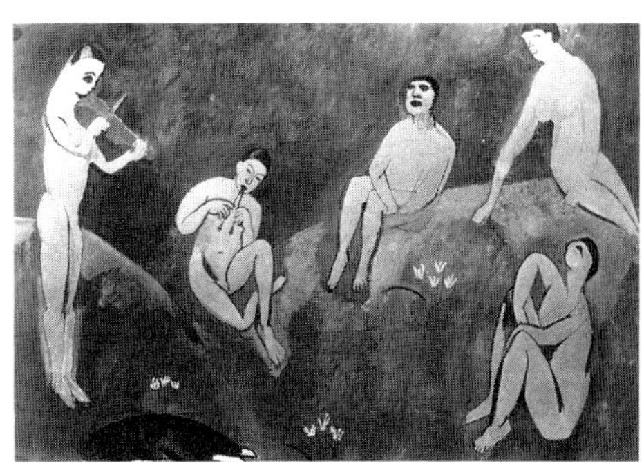

jamais à aimer, comme ses lettres à Matisse en témoignent[135]), d'autre part la nouvelle gamme colorée de *La danse,* qui en est tributaire.

On me permettra de passer sur *La danse* (il me serait facile de démontrer comment la circulation endiablée et la tension, avec la saturation maximale des couleurs, y organisent l'expansion) et de revenir sur le cas de *La musique.* C'est une toile effrayante, dont Matisse lui-même, nous rapporte Hans Purrmann, fut proprement paniqué[136], une toile presque morbide (le trou noir de la bouche ouverte des chanteurs – unique en peinture, à ma connaissance – est une représentation véridique de la mort)[137]. Matisse parle de «silence» à propos de ce tableau, et on remarquera l'archet en suspens du violoniste, bien différent du mouvement frénétique que l'on voit dans *La musique: esquisse* de 1907 (cat. n° 52)[138]. Yakov Tugendhold, l'un des critiques russes les plus doués de l'époque, parle dans son compte rendu du Salon de «gamins loup-garous hypnotisés par les premiers sons des premiers instruments»[139]. *La musique,* c'est, beaucoup plus exactement que *Les Demoiselles d'Avignon,* le rêve de l'Homme aux Loups, au point qu'on peut se demander si ce dernier, un jeune homme russe très fortuné qui faisait de la peinture, n'avait pas entendu parlé ou même vu une reproduction du tableau avant de conter à Freud son fameux rêve[140].

Le tableau, plusieurs l'ont remarqué, avait commencé comme une scène agitée. Les musiciens (quatre hommes et une femme) se regardaient les uns les autres, étaient solidaires dans un rythme sautillant, une grande arabesque sans doute moins mouvementée que celle de *La danse,* mais rassemblant les figures dans un contrepoint. Ensuite, dans un second temps, il y eut un double mouvement contradictoire. D'une part la scène devient nettement bucolique – colchiques dans les prés, chien calmé par la musique aux pieds du violoniste – d'autre part Matisse lorgne à nouveau du côté des *Demoiselles:* une crevasse déchire la courbe d'abord continue de l'horizon, les figures commencent à disjoindre leur bel accord, la posture en profil du violiniste se rapproche de celle de la demoiselle occupant une place similaire dans le tableau de Picasso (c'est sans doute de cette version inachevée que Matisse envoie la photographie à Stschoukine)[141]. Dans le tableau final, les figures ont opéré la rotation à 90° dont parlait Steinberg à propos des *Demoiselles d'Avignon.* Par contre, elles sont désormais toutes masculines (si l'on en croit leur chevelure et l'absence de seins; quand au sexe, il est soit dissimulé dans la pose en coquetier des trois chanteurs, soit riquiqui pour le flûtiste, soit carrément effacé pour le violoniste)[142]. «Pas la peine d'exhiber des viragos pour méduser», dit Matisse à Picasso, «pas besoin non plus d'un grand écart stylistique entre les figures pour prévenir la constitution d'une scène»[143].

135. *Cf.* Kostenevitch, *op. cit.*, entre autres p. 169 («Pour la musique, ça viendra» écrit-il en janvier 1911, mais ce n'est pas venu).

136. A Alfred Barr qui le questionnait sur ce tableau, Purrmann dit d'une part que Matisse fut paniqué en voyant soudain *La danse* et *La musique* sur le sol de son atelier, prêts à être emballés pour leur expédition à Moscou, d'autre part que cette panique concernait la réception de ces œuvres par les Russes (et s'ils allaient ne pas aimer ça ?) Questionnaire Barr du 3 mars 1951, cité par Jack Flam (*op. cit.*, p. 292). Ce n'est pas du tout cette version de l'affaire que donne Purrmann en 1922, à une époque où ses souvenirs devaient être plus frais : la panique ne concerne alors que *La musique*, et c'est son caractère «primitif» qui aurait «effrayé Matisse lui-même» (*op. cit.*, p. 172).

137. La représentation picturale de chanteurs bouche ouverte n'est pas si commune. De plus, la tradition des anges musiciens aura toujours évité, à ma connaissance, de montrer la bouche comme une cavité d'ombre. Le seul précédent que je vois à Matisse sur ce point (mais la question demande plus ample investigation) est une série (trois pastels, dont le plus connu est au Fogg Art Museum de Cambridge, et une huile sur lin, à l'Art Institute de Chicago) réalisée par Degas en 1878. Cependant, la composition de Degas est très dramatique (sa chanteuse est montrée de près, main gantée levée, tête presque renversée en arrière), ce qui annule l'effet de morbidité. A propos de ce dernier point, je renverrai à cette remarque de Freud sur les crampes tétaniques des hystériques dans une lettre à Wilhelm Fliess datée du 8 février 1897 : «C'est une imitation de la mort, de la rigidité cadavérique, donc une identification avec une personne morte. Quand les malades ont déjà eu l'occasion de voir un cadavre, ils ont alors les yeux vitreux, la bouche ouverte. Sinon, ils gisent le visage calme, les traits paisibles» (Sigmund Freud, *La naissance de la psychanalyse*, trad. Anne Berman [Paris, PUF, 1956], p. 170).

138. «Au deuxième étage on est à l'intérieur de la maison ; dans son esprit et son silence je vois une scène de musique avec des personnages attentifs» (EPA, p. 63 [Estienne 1909]). On peut choisir de lire ça, pour faire référence au titre d'un tableau de 1947, comme le «silence habité de la maison».

139. Les «gamins loups-garous» disparaissent de la traduction française de ce texte dans l'ouvrage récent de Kostenevitch (*op. cit.*, p. 117). Or ils sont bien présents dans le texte original (Yakov Tugenhold, «Le Salon d'Automne», *Apollon,* 1910, n° 12, p. 31), comme le donne d'ailleurs exactement la traduction anglaise de ce texte dans un article antérieur de Kostenevitch («*La danse* et *La musique* by Henri Matisse : A New interpretation», *Apollo,* décembre 1974, p. 512). Le terme russe est explicite : *mal'chiki-oborotni* = garçons loups-garous.

140. Serge Pankejeff, l'Homme aux Loups, est supposé avoir raconté son rêve à Freud au début de l'analyse, qui commença en février 1910. Les dates ne concordent donc pas. Mais Freud avait intérêt à arguer d'une date assez précoce, pour couper court aux accusations de Otto Rank selon lesquelles ce rêve était une fabrication du patient pour faire plaisir à son analyste. Pour une excellente discussion critique de la vaste littérature consacrant ce cas célèbre, *cf.* Whitney Davis, «Sigmund Freud's Drawing of the Dream of the Wolves», *The Oxford Art Journal,* vol. 15, n° 2, 1992, pp. 70-87.

Sauf dans ses portraits et tableaux de figure isolée (mais c'est là une convention du genre), Matisse ne reviendra jamais sur ce mode d'adresse dans la période qui nous intéresse ici, hormis peut-être, et de manière à la fois plus tendre et plus ambiguë, dans le *Café marocain* (comme les visages ont été vidés de leurs traits – on sait par Sembat que tout y était au départ[144] – on peut supposer que les Marocains nous regardent tout autant qu'ils contemplent la fleur rose et les poissons soi-disant jaunes), ou de manière très déplacée, puisqu'il s'agit d'une nature morte, dans *La fenêtre bleue,* hallucinatoire, de 1912 (cat. n° 113). Mais il invente dans *La musique* le moyen de faire circuler notre regard sans déclarer cette afocalité par l'arabesque et l'éparpillement des accents colorés ou lumineux. Ce moyen, qui est propre à l'échelle expansive et à la saturation colorée de Matisse, et que réutilisera tel quel Barnett Newman, est l'exploitation d'une contradiction, chez le spectateur, entre le désir de fixer (les figures) et le désir de percevoir tout le tableau. On ne peut fixer les musiciens un à un, c'est-à-dire les isoler du reste du champ visuel – la respiration de la couleur nous appelle alentour – mais on ne peut reposer son regard dans une contemplation globale, les coups de clairon des corps vermillon sur le fond vert et bleu se faisant compétition pour le retenir – ou plutôt l'appréhension globale du tableau, qui est essentielle à la poétique de Matisse, ne peut se faire que de manière, encore une fois, périphérique[145]. On ne voit tout le tableau qu'à accepter de ne pas le contrôler visuellement, mais on est bien obligé d'admettre, cette fois, que

Café marocain,
Tanger, hiver 1912-1913
Détrempe sur toile
176 × 210 cm
Musée de l'Ermitage, Saint-Pétersbourg

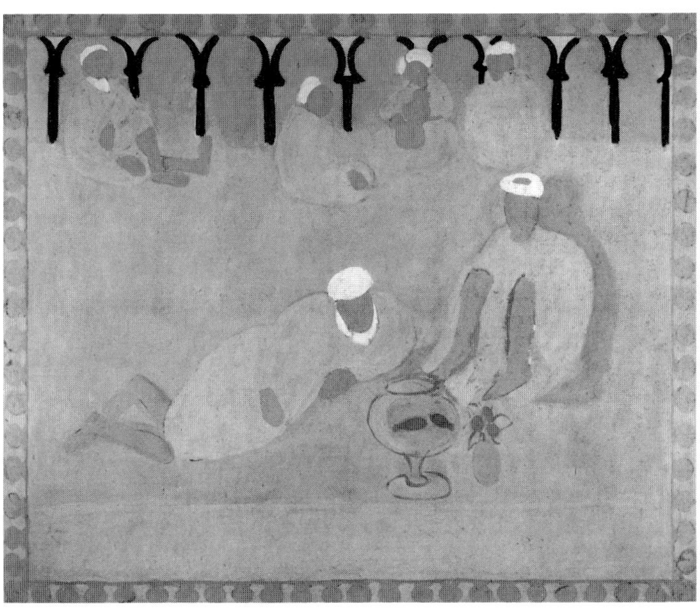

141. *Cf.* Kostenevitch, *op. cit.*, p. 108.

142. Matisse y tenait, à son sexe riquiqui. Il était là, disait-il, «pour finir le torse». Stschoukine l'avait fait recouvrir d'une feuille de vigne (un passage de vermillon) et Matisse écrit à Romm pour demander qu'on le dénude, ce qui ne fut fait que ces toutes dernières années (EPA, p. 150, 1934). A noter que déjà dans *Musique : esquisse* de 1907, le violiniste debout était asexué.

143. C'est sur ce point en apparence mineur que je suis le plus en désaccord avec John Elderfield, qui insiste sur le «manque d'unité» des toiles de Matisse («Introducing Matisse», *op. cit.*, pp. 31-32, 63), et fait de *caesura* une des figures rhétoriques essentielles du peintre (pp. 65-66). Cette volonté de dépister dans la peinture de Matisse une tendance marquante à la disjonction stylistique me semble provenir d'un désir de transformer Matisse en Picasso. On peut certainement voir, comme le fait Elderfield, la «technique mixte» de *La lecture* de 1905 comme un acte délibérement avant-gardiste de la part de Matisse, comme une attaque en règle contre la cohérence traditionnelle du tableau telle qu'elle avait été adaptée au goût moderne par l'impressionnisme (*Matisse in the Collection of the Museum of Modern Art* [New York, Museum of Modern Art, 1978], p. 44), mais l'argument ne tient plus, me semble-t-il, après *Bonheur de vivre* (il y a, bien sûr des exceptions, comme *Harmonie en jaune* de 1927-1928, mais elles sont rarissimes). L'enjeu est le suivant : contre les historiens et critiques qui insistent, comme je le fais, sur une discontinuité dans la pratique picturale de Matisse (rupture en 1917, graduel retour à une «peinture de surface» à partir de 1925, retour définitif avec la *Danse* de 1933), Elderfield veut «voir Matisse entier» [see him whole]. Comme il est impossible de nier l'écart, disons, entre *La famille du peintre* de 1911 et l'*Odalisque au pantalon rouge* de 1921 (au Musée national d'art moderne), Elderfield reporte sur Matisse un argument fort juste concernant Picasso. On a longtemps eu l'habitude d'expliquer les multiples et abrupts changements stylistiques de Picasso par sa biographie (changement de femme, de maison, de chien, etc.). Prenant appui sur les remarques de Leo Steinberg concernant la fonction thématique de la diversité stylistique dans *Les Demoiselles d'Avignon,* Rosalind Krauss a montré comment le cannibalisme stylistique de Picasso, toute sa vie durant, est à mettre au compte de l'esthétique cubiste du collage. En bref, plus Picasso est divers, plus il est cubiste, c'est-à-dire : plus il est le même (Rosalind Krauss, «Au nom de Picasso», dans *Originalité de l'avant-garde* [Paris, Éditions Macula, 1993]). Même si Elderfield a tout à fait raison de souhaiter qu'on réexamine l'opposition Matisse/Picasso, même s'il a raison de dire qu'un réexamen de cette question «concerne le modernisme en son entier, et non seulement Matisse et Picasso» (p. 21), il fait à mon avis fausse route en rabattant le modèle Picasso sur Matisse (ce qui est d'autant plus surprenant qu'il dénonce lui-même ce travers «avant-gardiste» dans la critique matisséenne).

144. *Cf.* Marcel Sembat, «Henri Matisse», *op. cit.*, p. 191.

145. Sur cette stratégie chez Barnett Newman, je me permets de envoyer à mon essai «Perceiving Newman» (1988), repris dans *Painting as Model, op. cit.*, pp. 187-213.

notre perte de maîtrise n'a pas pour cause une profusion décorative. Il y a rythme, mais il est intériorisé, c'est le rythme d'un pendule au sein de notre vision – non plus celui de la danse endiablée des figures et des couleurs. En fait, c'est dans l'oscillation insoluble de notre perception (fixation/regard) que réside l'hypnose, pas dans le regard fixe des musiciens loups-garous. Comme dans le vieux mythe grec de sidération aveuglante, il y a eu inversion des pôles, conversion. Le tabou concernant le sexe maternel donnait une multiplication des serpents sur la tête de Méduse; l'interdit de focalisation (connotée masculine) donne une tension de toute la toile dans un battement sans fin (connotée féminine[146]). L'avantage de tout cela? «Je pourrai à la fois sidérer le spectateur sans lui faire violence et lui interdire de focaliser sans qu'il s'en aperçoive», dit Matisse à Picasso.

Matisse aura rarement recours avec autant de force à ce type d'oscillation, en partie parce qu'il n'est peut-être vraiment efficace que sur grand format – mais il y aura désormais recours à chaque fois que son tableau, par sa simple taille, sera en position de pouvoir excéder notre champ visuel (à une exception près, la *Nature morte d'après «La desserte» de David de Heem* de 1915 (cat. n° 125), dans lequel il s'est mis à l'école de Juan Gris – à mon avis un échec complet, ce qui n'est pas pour surprendre, le cubisme n'ayant rien à voir avec le subliminal). On retrouve la même impossibilité d'à la fois fixer (les figures) et de regarder posément tout le tableau: dans *La conversation* (cat. n° 95), de même format que *Desserte rouge* mais à l'échelle beaucoup plus large car il est moins peuplé (l'effet est dédoublé par la saturation du bleu, plus éclatante encore que dans *La danse* et *La musique,* plus stridente que dans tout tableau jamais peint jusque-là, et par la pulsation du pyjama: c'est par la vibration clignotante de ses rayures blanches, beaucoup plus clignotante que si elles avaient été peintes au cordeau, étales, que celui-ci tente de dégager notre regard de l'hypnose de la plage bleue sans jamais pouvoir, dialectique oblige, y parvenir tout à fait); dans *La leçon de piano* (cat. n° 134), avec son concert de triangles; dans *Les Marocains* (cat. n° 135), au noir de lumière et aux abruptes confusions d'échelle; dans *Femmes à la rivière,* de même format que les deux grands tableaux de Stschoukine (achevé en 1916, ce tableau avait d'abord été conçu comme leur pendant), et dont la composition ouverte, en frise centrifuge, aura très tôt fonctionné comme un modèle, à New York, pour les peintres de l'expressionnisme abstrait[147].

Cela dit, des tableaux plus petits empruntent de cette dialectique entre fixation et perception globale, entre concentration et regard périphérique (ou plutôt de leur annulation réciproque), mais de manière plus subtile, d'autant qu'ils sont parfois «vides», sans figure, comme la

146. Je ne peux pas poursuive ici cette métaphore sexuelle dans tous ces développements psychanalytiques, d'autant que la «féminisation» de la peinture fait partie d'une longue tradition symbolique et que Matisse y déroge à certains égards (il écrit à Pallady, par exemple, «le dessin est tout de même la femelle et la peinture le mâle», EPA, p. 201, note 62, [Théodore Pallady 1941]).
L'extraordinaire *Nu à l'écharpe blanche* de 1909, que Matisse jugeait assez important pour le représenter dans *L'atelier rose* et *L'atelier rouge,* devrait être examiné dans ce contexte comme étant bien plus que *Luxe* la version matisséenne de la naissance de Vénus: entre deux cuisses monumentales, l'une rouge, l'autre rose émerge une femme phallique.

147. *Cf.* Clement Greeenberg, «La fin des années 1930 à New York», repris dans *Art et culture* (1961), trad. française par Ann Hindry (Paris, Éditions Macula, 1988), p. 253. Dans «Influences of Matisse», préface au catalogue de l'exposition *Henri Matisse* à la galerie Acquavella (New York, 1973), Greenberg revient sur ce point et rapporte qu'il eut beaucoup de mal, au début, à apprécier ce tableau. Sur *Femmes à la rivière,* que Matisse considérait en 1953 comme l'une de ses cinq plus importantes toiles, *cf.* l'essai de Catherine Bock, «Henri Matisse's *Bathers by a River*» (*The Art Institute of Chicago Museum Studies,* vol. 16, n° 1, pp. 45-55), où l'auteur fait un excellent rapprochement avec *Les Demoiselles d'Avignon* (Matisse a revu le tableau de Picasso en 1916 quant il fut exposé par Salmon au Salon d'Antin). Le type d'oscillation dont je parle ici est sans doute aussi mis en œuvre dans le *Café marocain,* mais il ne m'est pas possible de me prononcer, n'ayant jamais vu le tableau.

fameuse *Porte-fenêtre à Collioure* de 1914 ([cat. n° 121], qui ne fut pas montrée publiquement avant 1966 ! ou *Le rideau jaune* de 1915 (cat. n° 124). Mais cette dernière œuvre indique que la respiration, le gonflement pneumatique de la peinture de Matisse est parfois essentiellement – alors que ce n'était qu'accessoire dans *La danse* et *La musique* – tributaire de sa touche. Ce n'est qu'après coup, lorsqu'il revit ses deux grandes toiles chez Stschoukine, à Moscou, que Matisse s'avisa de l'importance qu'y revêtait la facture :

> «Lorsque j'ai entrepris *La danse* et *La musique* de Moscou – j'étais décidé à mettre des couleurs en surface et sans nuances [...] Ce qui me paraissait essentiel était la quantité en surface des couleurs. Il me semblait que ces couleurs appliquées par n'importe quel procédé tels que fresque, gouache, aquarelle, étoffe de couleur donneraient l'esprit de ma composition. J'ai été très étonné, lorsque je vis les décorations à Moscou, que j'avais en appliquant mes couleurs fait un petit jeu de pinceau en variant l'épaisseur de la couleur de sorte que le blanc de la toile jouait plus ou moins en transparence et jetait un moiré assez précieux»[148].

«Longtemps, j'ai travaillé en me disant : la matière picturale n'a pas la moindre importance. C'est la quantité de bleu, de vert, de rouge, qui forme l'accord expressif de mon tableau» dira plus tard Matisse[149]. Ce n'est pas vrai, bien sûr, et une bonne partie des toiles antérieures à sa surprise moscovite, même après l'époque fauve où il dépendait encore de Signac sur ce point précis, laissent le blanc du support vibrer sous la couleur. Mais justement, Matisse souhaitait s'affranchir de Signac. Parlant de l'importance des zones réservées dans ses toiles fauves, et de la manière dont elles s'emplissent des contrastes simultanés dus aux couleurs avoisinantes, il déclare :

> «Ceci était très intéressant, mais ne pouvait pas continuer ainsi, car le principe d'un tableau c'est d'être une toile couverte de couleurs. Et puis, je partais toujours du blanc. Alors j'ai désiré partir d'un autre fond que le blanc, mais je n'ai jamais pu réussir, et je crois que ça tient à mon contact avec les néo-impressionnistes qui regardaient le blanc comme le support de la pureté et le départ de toute création»[150].

Là encore, ce n'est pas vrai, puisqu'un assez grand nombre de toiles de 1906-1907 partent d'un support bistre (notamment *Nature morte au géranium*, *Les tapis rouges* (cat. n° 37), et le très extraordinaire tableau de *Fleurs* de la collection du Duc de Roxburghe, ainsi que la *Nature morte à la statuette* de Yale où il figure en arrière-plan). De même, Matisse usait souvent de sous-couches (ce qu'aurait désapprouvé Signac), qu'il s'agisse ou non de repentirs (il s'agit d'ailleurs tout autant de cela, dans *La musique*

148. EPA, p. 149 (Romm 1934).

149. A Courthion, *Bavardages*, *op. cit.*, p. 18.

150. *Ibid.*, p. 129.

Fleurs, Collioure, été 1906
Huile sur toile
58 × 71,5 cm
Collection The Duke of Roxburghe

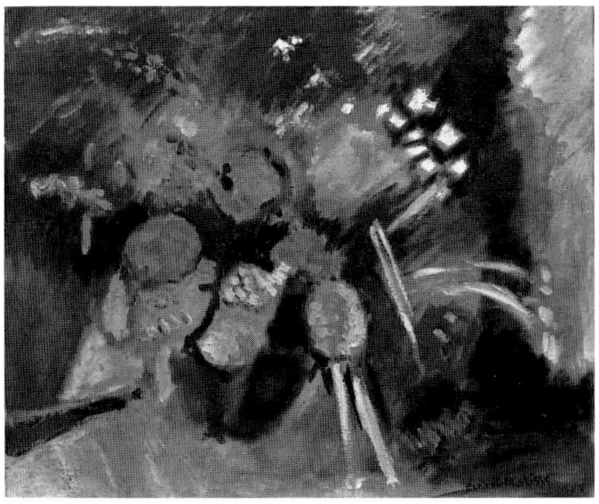

que du blanc du support) : c'est ainsi qu'il obtient, par exemple, la soie lumineuse du rectangle noir des *Tapis rouges,* sans parler de la couleur pulsatile de *Desserte rouge* (le même moyen sera repris plus tard dans *L'atelier rouge ;* cat. n° 94).

Ce que Matisse semble avoir craint avant tout, cela dit, c'est que ces effets de transparences ne détruisent la tension pneumatique, n'organisent des trous. Dans une note sur la couleur, non datée, mais peut-être datable de début 1911 puisque Stschoukine, dans une lettre, avait comparé sa *Nature morte au pot d'étain* (cat. n° 79) aux vitraux de Chartres, Matisse faisait référence à ces fameux vitraux dont il admirait la beauté (rare, dit-il). Après avoir dénié que les matières qui composent ces vitraux «soient particulières» et réaffirmé l'équation quantité/qualité («c'est la proportion de la couleur qui leur donne leur qualité»), il protestait : «Mais qu'on ne confonde pas vitrail et surface peinte. Le vitrail est éclairé par transparence et la toile peinte directement. Une surface peinte peut donner la sensation d'être éclairée *en dedans* ce qui est très mauvais, car elle doit offrir à l'œil la résistance d'une surface, sans quoi elle est insupportable»[151]. De même, en 1934, il s'insurgeait contre Romm qui souhaitait assimiler l'effet des panneaux de Merion à celui des «vitraux dans la pénombre d'une nef» : «Ma surface peinte est bien opaque et ne donne pas l'illusion de la transparence du vitrail, elle réfléchit bien la lumière»[152]. Ne renoncer, pour rien au monde, à la tension de la raquette de tennis. Mais Matisse avait tort de s'inquiéter outre mesure, même s'il est vrai que les «harmonies» produites par ces dessous blancs «sont extrêmement fragiles» et que les «petits changements de couleurs» qu'ils occasionnent «peuvent très bien modifier le tableau d'une façon trop grande», comme c'est peut-être le cas des toiles marocaines[153]. Pas plus dilaté, gonflé, pas plus ample que *Poissons rouges et sculpture,* de 1912 (cat. n° 101), tout en limpidité du frotté. Le battement du blanc, sous la couleur, y est ce qui bande la peinture.

151. EPA, pp. 206-207. Pour la lettre de Stschoukine, *cf.* Kostenevitch, *op. cit.*, p. 169.

152. EPA, p. 147 (Romm 1934).

153. Courthion, *Bavardages, op. cit.*, p. 130. C'est en réponse à une question concernant ses toiles du Maroc que Matisse parle de cette fragilité.

154. *De Delacroix au néo-impressionnisme, op. cit.*, p. 76. Même si Signac fait mine de croire, ailleurs (p. 51), que Delacroix peignait sur toile blanche.

VII

L'une des très rares choses que Signac reprochait à Delacroix est de n'avoir pu renoncer «aux préparations juteuses, aux sauces brunes, aux dessous bitumeux» dont usèrent les maîtres anciens, d'être parti d'un fond sombre pour pouvoir, par contraste, monter ses couleurs[154]. La critique aurait été plus juste appliquée à Courbet dont Matisse dira qu'il «faisait de la peinture noire» : «Vous vous étonnez que ma toile soit noire», déclare Courbet au sculpteur Max Claudet en 1864. «Cependant, la nature, sans le soleil, est noire et obscure ; je fais comme la lumière ; j'éclaire les points saillants, et le tableau est fait»[155]. C'est-à-dire, je m'identifie au soleil perçant les ténèbres.

C'est exactement ce que fait Matisse dans le tableau de fleurs sur fond bistre de 1906, à la composition et à la palette si proche de Redon, si peu sienne. Un flash éclatant, annulant toute durée, un éclair : qu'est-ce qui a pris Matisse de peindre cette toile qui semble contredire à toute son esthétique ?

Matisse abandonnera assez vite la pratique du fond bistre. Dès 1908, en tout cas, il conseille à ses étudiants de peindre sur la toile blanche, et se tiendra lui-même à ce précepte toute sa vie[156]. Mais il sera tenté par deux fois encore de peindre un éclair. *La palme* de 1912 (cat. n° 98), une de ses toiles les plus exubérantes du Maroc, sera même un éclair peint en un éclair de temps, «comme une flamme, en un élan» dit Matisse à Barr[157]. *Le coup de soleil dans l'allée de Trivaux* (cat. n° 149), de 1917, qui inverse le rapport clair-obscur du tableau de fleurs de 1906 (c'est le noir qui vient par dessus le plan blanc et qui rend la lumière), est beaucoup moins «spontané» (les repentirs du tableau laissent d'ailleurs deviner un début plus naturaliste[158]). Ces trois tableaux de flash frôlent tous l'abstraction : peindre la lumière, telle que, sans les meules de foin et les façades de cathédrales, c'est déboucher sur ce qui, pour Matisse, était un art dépourvu de «souffle»[159]. Chacune de ces toiles a été peinte à un moment de crise.

La première date de l'été qui suit *Bonheur de vivre ;* Matisse est en train de digérer son grand morceau, se demande peut-être après tout, puisqu'on l'accuse tant de se laisser trop guider par ses théories, de peindre des «noumènes de tableaux» (Maurice Denis), s'il n'y avait pas moyen de ressusciter d'une manière ou d'une autre la vieille idéologie naturaliste de l'impressionnisme («peindre exactement ce que l'on voit»), plus sereine en tous cas que la voie angoissante dans laquelle il s'est engagé (son bref retour à un modelé plus tonal, au même moment, serait à prendre en compte dans la même optique).

La seconde toile, peinte lors du premier séjour de Matisse à Tanger, date de mars 1912. De ces séjours, Matisse dit qu'ils l'aidèrent «à reprendre contact avec la nature»[160]. Le cubisme fait rage à Paris (c'est même en partie pour éviter d'avoir à se coltiner avec sa «victoire» sur le front avant-gardiste que le peintre s'est éloigné de la capitale), et, de nouveau, Matisse est tenté par un retour aux principes luministes de l'impressionnisme, non à son style (quoique les dessins de paysage urbain faits au Maroc, d'une faiblesse proprement inouïe chez lui, soient des petits croquis pleinairistes et que Matisse s'y autoportraiture «sur le motif»).

155. Cité par Michael Fried, dans *Courbet's Realism*, *op. cit.*, p. 315, note 41.

156. «Peignez sur la toile blanche», EPA, p. 71 (Dubreuil, cité par Diehl 1954).

157. Alfred Barr, *op. cit.*, p. 540, note 1.

158. *Cf.* Jack Flam, *op. cit.*, p. 505, note 21.

159. «Les peintres dits *abstraits* d'aujourd'hui, il me semble que beaucoup trop d'entre eux partent d'un vide. Ils sont gratuits, ils n'ont plus de souffle» (EPA, p. 253 [Verdet 1952]).

160. EPA, p. 117 (Tériade 1951).

A chaque fois, en 1906 comme en 1912, les doutes se sont bien vite dissipés, le nuage «impressionniste» est rapidement passé et le danger de l'abstraction fut écarté. Il n'en va pas de même avec *Coup de soleil*. Le tableau provoque même une rétractation en bonne et due forme. Matisse est terriblement inquiet, il a essayé de se faire cubiste et tout ce qu'il a récolté des «méthodes de la construction moderne», c'est une profusion polysémique, une confusion des niveaux de réalité, une illisibilité croissante (la barre horizontale de la *Vue de Notre-Dame* de 1914, est-elle un pont ou un montant de fenêtre? L'ovale bleu du *Rideau jaune* un bassin ou un baldaquin? La femme assise de *La leçon de piano* est-elle Madame Matisse surveillant Pierre ou *La femme au tabouret* (cat. n° 117) suspendu au mur? Les rotondités vertes et jaunes disposées sur une grille, dans *Les Marocains*, sont-elles des Arabes en prière ou des melons en train de mûrir?). Je ne pense pas que Matisse ait été à l'aise dans cet idiome trop directement métaphorique, d'autant qu'il rendait de plus en plus difficile l'inscription de la figure (la transformation du visage du peintre, à droite de *Poissons rouges et palette*, en une sorte de vitre brisée, n'est pas sans connotations d'angoisse). Le retour au paysage, que Matisse avait quasiment abandonné depuis le Maroc (et encore, il n'en avait peint qu'une poignée à l'époque: le gros de son œuvre paysager date de l'époque fauve ou d'avant), est assez remarquable en 1917, juste avant de partir pour Nice. *Coup de soleil* est un coup de grâce: non, on ne peut pas revenir aux principes de l'impressionnisme sans revenir du même coup à son style, on ne peut à la fois peindre la lumière et faire son Picasso. Plutôt que de s'enferrer dans une voie de compromis qui mène tout droit à l'abstraction, il va falloir se replonger dans la tradition luministe, remonter même jusqu'à Corot, comme en témoigne *Arbre près de l'étang de Trivaux* (cat. n° 148), strict pendant du flash rayonniste (cette toile est du même format que *Coup de soleil*).

VIII

Se faire soleil, regarder le soleil en face, vouloir mettre tel quel le soleil dans ces tableaux, c'est du pareil au même, cela tient de l'*hubris*. Matisse le savait très bien, il l'avait appris de Cézanne, mais aussi de Gauguin et de Signac (c'était sa panique en face du soleil éclatant, en Corse, qui l'avait une première fois jeté dans les bras de Signac). On ne peut «pas lutter avec la nature pour faire de la lumière: il faut chercher un équivalent, travailler sur des voies parallèles, puisque nous employons des choses mortes. Autrement, il faudrait en venir à mettre le soleil derrière la toile. Le tableau doit posséder un pouvoir de génération lumineuse»[161]. «Sortir de l'imitation» de la nature, «même celle de la lumière» car c'est une

161. EPA, p. 105, note 60 (Duthuit 1949). Sur le thème du soleil «qu'on ne peut pas reproduire, mais qu'on peut représenter» (Cézanne), voir l'article de Maurice Denis, «Le soleil» (1906), repris dans *Théories*, édition abrégée de 1964 (Paris, Hermann), présentée par Olivier Revault d'Allonnes, pp. 172-178. Denis y reproche à Matisse et à ses épigones de vouloir nous aveugler («Ce qu'ils nous restituent du soleil, c'est le trouble rétinien, le frisson optique, la pénible sensation d'éblouissement, le vertige que donne en plein midi d'été un mur blanc ou une esplanade. Leur esthétique permet qu'ils tentent de nous aveugler»). Denis a à la fois tort et raison: Matisse nous aveugle mais pas de la manière qu'il croit.

tâche impossible, et produire cette lumière *sui generis* par les seuls rapports de couleur, par «l'invention d'aplats» – telle aura été l'option de Matisse depuis *Bonheur de vivre,* (dans l'une des deux versions de ce même propos à Gaston Diehl, il dit n'y être parvenu que vers 1908 : avec *Desserte rouge*?)[162]. Cela aussi tient de l'*hubris* – et lorsque Matisse s'écrie devant une de ses toiles d'avant le fauvisme, s'il faut en croire Simon Bussy : «Regardez comme elle illumine la pièce», on sent déjà toute l'ambition du peintre[163]. Est-ce à dire que Matisse voudra nous aveugler comme le ferait la contemplation prolongée de l'éclat du soleil ? Non, contrairement à ce que s'imagine Maurice Denis, il veut soit dissoudre notre regard par la distraction, soit le mettre en état d'hypnose par la saturation de vastes champs colorés. Il ne veut pas nous prendre par surprise, il ne veut pas troubler l'abandon du spectateur dans un bon fauteuil.

Pourtant, Matisse fut fasciné par la légende de Turner, le peintre qu'il avait dans la tête lors de son voyage en Corse. S'il ne dit rien de la prétention du peintre anglais à pouvoir regarder le soleil, il répète cette histoire que lui a enseignée Courthion : «Turner vivait dans une cave. Tous les huit jours, il faisait ouvrir brusquement ses volets, et alors quelles incandescences ! Quels éblouissements ! Quelle joaillerie !»[164]. Matisse adopte d'ailleurs un peu une technique semblable à Nice pendant l'hiver : il peint le matin, déjeune, fait sa sieste, et comme il n'a pas le temps de peindre ensuite «entre deux heures et demie et trois heures et demie (après il fait trop sombre)», il dessine en laissant ses persiennes fermées jusqu'au lendemain matin[165].

Matisse-Turner ouvrant tout frais sa fenêtre, ébloui par le soleil : c'est une autre version du rêve de l'Homme aux Loups. Elle coïncide avec ce moment, dans sa production, que j'ai caractérisé comme un certain retour à l'impressionnisme. Bien entendu, Matisse a renoncé à peindre le flash, il ne renie pas ce qu'il a écrit dans ses «Notes» de 1908 contre «la première impression» dont Pissarro disait qu'elle était la meilleure et qu'il regarde, lui, «presque comme mensongère»[166]. Il a besoin de la durée dans la contemplation, et c'est ce que le soleil interdit. Matisse connaît le châtiment, il a trop peur d'être aveugle, au point même d'apprendre le violon afin de pouvoir subvenir aux besoins de sa famille, on ne sait jamais (inutile d'épiloguer longuement sur les rapports entre crainte de la cécité et angoisse de castration)[167]. Il se fait faire des lunettes teintées lorsque travaillant à *Jazz* il a «fleurté [sic] trop constamment avec des couleurs enchantées»[168].

Il renonce un moment, il est vrai, à l'éclatante polychromie mise en œuvre entre 1904 et 1917, à la circulation tendue, à l'expansion, au coup de clairon anagrammatisé, préférant lorgner à nouveau du côté de Vuillard et même de Manet. Mais il reviendra graduellement à ses

162. EPA, p. 55, note 23 (Gaston Diehl 1954) et p. 204 (Gaston Diehl 1947).

163. EPA, p. 103, note 59 (Simon Busy cité dans Gowing 1966).

164. EPA, p. 290 (Louis Gillet 1943). Lorsque Pierre Courthion lui rapporte cette histoire, en 1941, Matisse ne la connaissait pas.

165. Courthion, *Bavardages, op. cit.*, p. 120.

166. EPA, p. 45, 1908. Sur les conseils de Pissarro au jeune peintre Le Bail, dont on peut supposer avec Flam qu'il les a réitérés à Matisse, *cf.* Jack Flam, *op. cit.*, p. 52.

167. Marcelin Pleynet ironise, à tort, quant aux propos rapportés par Madame Matisse à Raymond Escholier sur les raisons données par Matisse à son apprentissage du violon (*op. cit.*, p. 97, note 123). La littérature psychanalytique sur la question cécité/castration est immense. Les deux essais inauguraux sont, de Freud, «Le trouble psychogène de la vision dans la conception psychanalytique» (1910), repris dans *Névrose, psychose et perversion* (Paris, PUF, 1973), pp. 167-173, et, de Karl Abraham, «Limitations et modifications du voyeurisme chez les névrosés. Remarques concernant des manifestations similaires dans la psychologie collective» (1913), repris dans *Œuvres Complètes 2 : Développement de la libido* (Paris, Payot, 1973), pp. 9-57.

168. Lettre du 16 décembre 1943 à Rouveyre, citée dans Schneider, *Matisse, op. cit.*, p. 279. *Cf.* aussi EPA, p. 240, note 5 (Tériade 1944).

premiers amours dès le milieu des années vingt (John Elderfield a bien raison de noter l'effet stroboscopique de l'*Odalisque à la culotte grise* de fin 1926-1927, et l'on pourrait en dire autant de l'invraisemblable manière de collage que constitue *Harmonie jaune,* un an plus tard – une nature morte de Manet au milieu d'un fragment de *Portrait de famille* de 1911 !). Après la *Danse* de Merion, ce que je nomme le «système Matisse» est de nouveau en place, modifié bien sûr par l'expérience acquise, mais sans vergogne, sans compromis. *L'intérieur au chien* (1934) du Baltimore Museum of Art explose, et en plein milieu du tableau il y a un livre rouge, pur rectangle de vermillon, qu'on ne voit que par un effort délibéré, presque pervers, de notre volonté – tout comme le bouquin jaune cadmium que Marguerite tenait à la main dans le grand intérieur de 1911.

IX

Matisse n'avait pas l'impressionnisme dans le sang, voilà tout. Une anecdote pour conclure : Matisse n'était pas satisfait des *Acanthes* (cat. n° 96), l'une de ses toiles les plus volupteuses, aux dessous très Bonnard tardif, qu'il avait peinte à Tanger lorsqu'enfin la pluie s'était arrêtée de tomber (ses lettres de l'époque sont celles d'un vrai rapin impressionniste, jamais il ne se sera autant plaint du climat, ce qui aurait fait s'esclaffer Signac)[169]. De retour à Paris, il disait à qui voulait l'entendre : «Ce n'est pas comme ça. C'est mieux que ça. Vous verrez l'année prochaine, quand j'y aurais retravaillé !». De fait, quelques mois plus tard, il embarque pour Tanger avec sa toile et se «présente devant le paysage avec l'idée de la retoucher». Mais, surprise : «Tout me paraissait bien plus petit que je ne l'avais vu la première fois, et je me suis dit «Mais ce que je croyais ne pas être dans ma toile y est bel et bien, et n'est pas dans le paysage !» Alors je suis revenu sans avoir retouché la toile»[170]. Pas étonnant que les tableaux de Matisse nous apparaissent toujours plus grands de mémoire qu'ils ne le sont en réalité. Il est proprement incapable de peindre ce qu'il voit, cela enfle toujours. Comme il le dit si bien, «l'espace a l'étendue de [s]on imagination».[171]

169. Pour les lettres geignardes de Matisse, *cf.* Schneider, «The Moroccan Hinge», *op. cit.*, passim. Dans une lettre à Matisse datant de l'été 1905, Signac s'était moqué de Marquet, Manguin et van Rysselberghe se plaignant de la pluie (s'il devait y avoir un rapport direct entre l'art et le baromètre, il n'y aurait pas de peintres dans un pays où il pleut et vente tout le temps, remarquait-il).

170. Courthion, *Bavardages, op. cit.*, p. 103.

171. EPA, p. 244, 1949. C'est toute la réponse de Matisse à cette question de Diehl : «L'espace vous apparaît-il limité ou illimité ?»

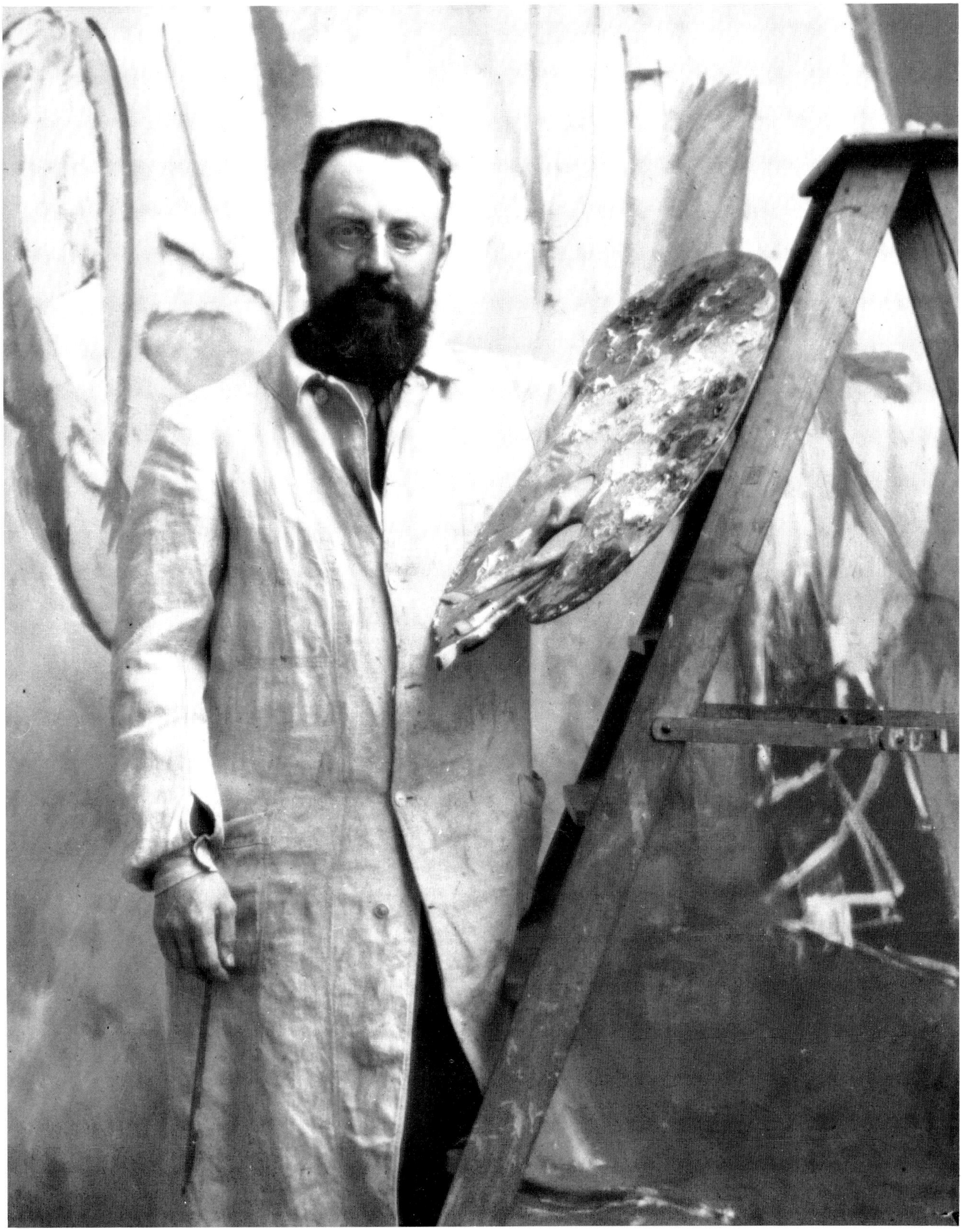

Matisse dans l'atelier
d'Issy-les-Moulineaux, mai 1913
Photo Alvin Langdon Coburn

Exposer Matisse

Nous voudrions dire ici quelques mots sur l'économie de l'exposition *Henri Matisse 1904-1917* ainsi que sur son catalogue. Nous avons choisi d'exposer ces années 1904-1917 parce qu'elles sont les années les plus importantes de l'œuvre de Matisse, celles lors desquelles il a changé les fondements mêmes de la peinture, modifiant l'être de la couleur sur la toile jusqu'à en faire la substance même de la forme, puis la substance même de l'espace, et inventant pour la ligne une poétique au moins aussi neuve, la détachant de tout contour, ouvrant à une créativité inédite pour elle à travers l'espace chromatique. Cette vision nouvelle se développe sur quatorze dramatiques années.

Concevant cette exposition, nous avons été amenés à sauter les étapes, pourtant passionnantes, du chemin qui a mené Matisse à l'expression par la couleur ; il avait effleuré, abordé même celle-ci à plusieurs reprises dans les années antérieures, sans pouvoir jamais s'y établir, ou sans en entrevoir encore pleinement les possibilités et la nécessité. Certainement le long moment décisif commence en 1904. Nous avons donc précipité les choses, plaçant le visiteur abruptement devant *Luxe, calme et volupté,* au cœur du problème – pour ensuite, une fois embarqués, tenter d'exposer l'aventure en profondeur et très extensivement. Au terme, nous avons souhaité, incluant *Le thé* de 1919 dans l'exposition, donner à voir un exemple (magnifique) de la peinture encore toute autre dans laquelle Matisse s'engage après 1917, période que nous serions les derniers à négliger.

Si nous avons pu faire ce choix d'une exposition des années 1904-1917, c'est que tous les éléments étaient réunis pour donner à cette manifestation une ampleur unique (en même temps qu'à jamais imparfaite). Exceptionnelle en effet était la possibilité de disposer des collections du Museum of Modern Art, de l'Ermitage et du Musée Pouchkine, jointes à celle du Musée national d'art moderne. L'ensemble des œuvres ainsi réunies pour la période concernée n'était pas près de se retrouver, et rendait à la fois possible et particulièrement tentant d'approfondir les choses comme on n'avait jamais pu le faire auparavant. Il s'agissait dès lors d'agréger à ce noyau formidable toutes les œuvres majeures de ces mêmes années, du moins celles qui, à travers le monde, pouvaient être empruntées. Et en effet, tout ce qui pouvait l'être l'a été, tableau après tableau. Il faut savoir que nombre de peintures de cette période ne peuvent quitter les musées qui les conservent, soit parce qu'elles sont trop fragiles pour voyager, soit parce que les conditions de certains legs font opposition absolue à tout prêt, soit encore, et c'est heureusement le cas le plus rare, parce que certaines institutions ont une politique très restrictive. En sorte que l'exposition parfaite de Matisse n'est pas réalisable.

On ne mesurera que mieux la grandeur de Matisse si l'on veut bien ajouter en pensée, à ce que l'exposition contient, ce qui manque – alors que ce qu'elle contient est immense, sans équivalent et sans précédent. Nous nous sommes plu à imaginer le voyage qu'un visiteur pourrait désirer faire à la sortie de l'exposition *1904-1917,* si la passion de ces années devait ne plus le quitter... Nous sommes convaincus que la chose se produira ; il lui faudra alors, à ce visiteur, se rendre tout d'abord au San Francisco Museum of Modern Art, voir *La femme au chapeau* (1905), puis à Copenhague, au Statens Museum for Kunst, pour *Madame Matisse à la raie verte* (1905), et de là à la Barnes Foundation, à Merion, dans la banlieue de Philadelphie, pour voir, dans un escalier, *Le bonheur de vivre* (1905-1906). Il faut ensuite aller en Floride, voir *La rose* (1906-1907, Norton Gallery, Art Museum of the Palm Beaches), puis revenir à la Barnes, pour *Madame Matisse au madras rouge* et *Nature morte bleue* de 1907 ; et faire un saut à Zurich, au Kunsthaus, où se trouve *Margot* (1907 également). De là se rendre à Munich, Staatsgalerie, pour *Nature morte au géranium* (1910) – puis une pause, une longue pause à Saint-Pétersbourg, à l'Ermitage, devant *La musique,* l'œuvre majeure de notre temps. Moscou ensuite, Musée Pouchkine, où se trouve *L'atelier rose* (1911), et impérativement retourner à Philadelphie pour *Intérieur aux poissons rouges* et *Le Rifain assis* (1912, Barnes Foundation). D'où l'on repasse à Saint-Pétersbourg pour *Le café marocain* (1912-1913) – et encore à la Barnes Foundation où est *La leçon de musique* (1916). De là Chicago, où attend *Femmes à la rivière* (1916, The Art Institute), et une dernière fois à la Barnes pour le triptyque *Les trois sœurs* (1917). Ainsi seulement serait composée la vraie figure de Matisse, la figure jamais vue du plus grand peintre du siècle.

Le catalogue est un ouvrage que ceux qui font une exposition aimeraient n'entreprendre qu'une fois celle-ci terminée. Une exposition est une réunion d'œuvres dont la somme est un tout inédit, absolument distinct de la simple addition des parties – il faudrait un temps de recul pour juger des choses, découvrir et comprendre la nouveauté, la vérité, qui n'apparaît précisément qu'aux murs de l'exposition. Hélas, on ne dispose jamais de cette distance, le catalogue, paraît-il, ne peut attendre. Tel quel, celui-ci commence – après l'essai d'Yve-Alain Bois qui jette sa lumière sur l'œuvre – notre catalogue, donc, commence par une chronologie de la vie de Matisse de 1904 à 1918, aussi détaillée que possible. Cette chronologie tente d'établir avec précision la succession des lieux où il a peint, ses déplacements d'atelier, ses voyages, l'étonnante quantité d'expositions auxquelles il a participé, la nature de son entourage à chaque étape (famille, amis, collectionneurs, marchands), la fortune critique que connaît extraordinairement tôt son œuvre, et le développement remarquable de sa renommée lors de cette période. Cette chronologie demeure cependant sommaire, et fait ressortir l'urgence d'une biographie de Matisse ; elle manque, et il est maintenant grand temps qu'elle soit entreprise.

Le catalogue se poursuit par les notices des œuvres exposées ; elles donnent les noms de leurs propriétaires successifs jusqu'à aujourd'hui ; elles recensent, pour chaque œuvre, les expositions et la bibliographie, arrêtées à 1920. La liste des collectionneurs est instructive à plus d'un titre. Dans chaque cas, les noms des tout premiers acheteurs témoignent d'autant d'engagements clairvoyants, de désirs assumés, et d'une liberté intellectuelle dont il est surprenant qu'elle ait été, si tôt, répandue parmi tant de personnalités si diverses. Un nom émerge, celui de Stschoukine ; ce nom s'élève au-dessus des autres par son courage, par l'admiration et la confiance dont il a fait preuve à l'égard de Matisse, par le nombre, l'importance extrême et l'audace des œuvres acquises. Les autres grandes collections formées à l'époque sont celles de Morosoff, également à Moscou, celles de Michael et Sarah Stein, de Gertrude Stein et de Leo Stein, à Paris, celle de Karl Ernst Osthaus et la collection d'Oskar et Margarete Moll en Allemagne ; et encore, réunie tout à fait à la fin de la période qui nous retient, celle du Danois Tetzen-Lund, collection qui viendrait en second par son importance après celle de Stschoukine et dont la partie conservée aujourd'hui au musée de Copenhague, pour superbe qu'elle soit, ne donne qu'une faible idée.

Il faut ici faire justice d'une légende selon laquelle les Français n'auraient pas acheté d'œuvres de Matisse à cette époque. Ceci est une erreur, qui a fini par devenir un mensonge conventionnel et paresseux. S'il est clair qu'aucun Français n'a constitué d'ensemble comparable à ceux que nous venons de citer, la lecture des notices du catalogue montre à l'évidence que des collectionneurs français ont acheté, nombreux, très tôt, des œuvres importantes. De Marcel Sembat (dont la collection est aujourd'hui au musée de Grenoble) à Gustave Fayet, de Paul Signac (*Luxe, calme et volupté*, cat. n° 6) à Félix Fénéon (*Intérieur à la fillette*, cat. n° 26), de Robert Ellisen (*L'idole*, cat. n° 25) à Delfant (*Intérieur à Collioure, la sieste*, cat. n° 20) et à van de Velde (*La fenêtre ouverte*, cat. n° 19), presque toute la fine fleur des tableaux fauves a appartenu à des Français. Sans oublier, à peine plus tard, les noms de Georges Benard (*La baigneuse*, cat. n° 71) ou de Jacques Doucet (*Poissons rouges et palette*, cat. n° 123), ni ce très grand collectionneur qu'était Alphonse Kann, ou les étonnantes figures de Léonce Rosenberg et de Paul Guillaume dont on ne savait jamais s'ils achetaient pour revendre ou pour garder – les noms abondent, les achats sont précoces, les œuvres majeures.

Ce fait ne rend que plus cruelle l'inattention quasi-totale des musées français à l'égard de Matisse. Grenoble et son directeur Andry-Farcy sont une exception. Pour le reste, les musées ici n'ont pas pris le relais quand ils le pouvaient facilement et le devaient. Il a fallu attendre l'action de Jean Cassou à la tête du Musée national d'art moderne après la deuxième guerre mondiale, c'est-à-dire très tard, pour que commence de se constituer une collection digne de ce nom ; cette ambition a été relayée et amplifiée par Dominique Bozo dans les années quatre-vingt, en sorte que Matisse est maintenant présent à Paris. Ce qui a été acquis n'est pas peu, mais est venu infiniment tard. Et entre temps, tout le temps où Matisse (et plus généralement l'art moderne) n'était pas visible, la peinture a cru mourir en France. On est loin, en tout cas, de l'initiative des musées allemands, ces pionniers du début du siècle, ou du musée danois un peu plus tard, ou de la formation des collections publiques américaines. Et l'on est pris de vertige quand on songe que des œuvres aussi importantes que *La leçon de piano* (cat. n° 134) était encore dans une collection française en 1940, et *Femmes à la rivière*, le chef-d'œuvre du musée de Chicago, encore en 1951 ! *Les Marocains* (n° 135) est resté la propriété de Matisse jusqu'en 1952, et *La table de marbre rose* (n° 136) n'a quitté la France qu'en 1956.

Le suivi des collections et des expositions autorise une autre constatation : la peinture de Matisse était parfaitement accessible tout au long de ces années 1904-1917. Non seulement les expositions furent multiples, en France, en Europe, et très vite aux États-Unis ; mais les grandes collections privées de l'époque étaient visibles à qui voulait les visiter. Les Stein à Paris tenaient pratiquement maison ouverte, Stschoukine et Morosoff à Moscou de même (et le public pouvait visiter leurs palais certains jours de la semaine) ; pareillement pour la résidence de Tetzen-Lund à Copenhague ; la collection Osthaus et le Folkwang Museum à Hagen ne faisaient qu'un. C'est un peu plus tard que les choses se sont gâtées, avec la première guerre mondiale, la dispersion des collections Stein, la nationalisation des collections russes par le gouvernement soviétique et les avatars qui en ont découlé, puis les ventes Tetzen-Lund, plus tard la haine des nazis contre tout ce que l'Allemagne contenait d'art vivant, sans parler de la constitution de la collection d'Albert Barnes, devenue la Barnes Foundation, longtemps totalement fermée au public – autant de facteurs d'occultation, une part considérable de l'œuvre de Matisse est entrée dans la nuit.

La dernière section de notre catalogue, pour en terminer avec lui, est une anthologie des textes écrits sur les œuvres que nous exposons. Nous sommes partis des débuts, nous avons repris quand nous l'avons pu les textes écrits lors même de la première exposition des œuvres, puis nous avons suivi la chronologie de l'itinéraire critique, en nous efforçant de retracer comment ces œuvres avaient été reçues, comment on a réagi à leur propos, en leur faveur ou contre elles, avec quel degré d'attention ou de distraction (et comment il n'était pas rare que les critiques hostiles ou réticents fussent moins paresseux, et moins distants, que les critiques d'emblée favorables!). Comment écrivait-on sur l'art à l'époque, et dans les années trente, et vers 1950 ? Nous serions heureux si l'on pouvait voir dans cette anthologie les préliminaires à une histoire du regard.

Un mot, enfin, pour dire que sur Matisse on ne travaille pas seul. Pour avoir publié sur lui et exposé divers domaines de son œuvre depuis maintenant vingt ans, il nous revient de dire ce que nous devons aux expositions, aux recherches et aux publications des autres. Pour nous, le point de départ, c'était l'exposition du centenaire au Grand Palais en 1970, faite par Pierre Schneider – une révélation, et un bonheur sans nom. Depuis, il ne s'est pas passé d'année sans que progresse la connaissance de Matisse ; véritablement nous nous appuyons les uns sur les recherches des autres. Ainsi nous nous sommes aidés des plus récents travaux majeurs, la monographie de Jack Flam, l'exposition *Matisse in Morocco* et son catalogue faits par Jack Cowart et Pierre Schneider, les recherches d'Albert Kostenevitch et de Natalia Semionova, enfin l'exposition *Henri Matisse : a Retrospective* faite par John Elderfield et dont les braises ne sont pas près de s'éteindre. A sa manière, notre exposition se veut aussi un hommage aux recherches de tous nos collègues dans cet univers lumineux et prodigue, qui rend au centuple l'attention qu'on lui porte, et qui a nom Henri Matisse.

A propos, à quel public la destinons-nous, cette exposition ? A celui du monde entier, bien sûr – non sans une pensée particulière pour les Européens, qui se cherchent avec tant d'angoisse ces temps-ci et qu'elle aidera, peut-être, à se comprendre.

Dominique Fourcade
Isabelle Monod-Fontaine

1993 sera, à Paris, une très extraordinaire année Matisse, puisqu'on y verra également, à l'automne, au Musée d'Orsay, une sélection de la Barnes Foundation dont les chefs-d'œuvre de Matisse, et, au Musée d'art moderne de la Ville de Paris, les trois versions de *La danse* peintes de 1931 à 1933.

Éléments de chronologie 1904-1918

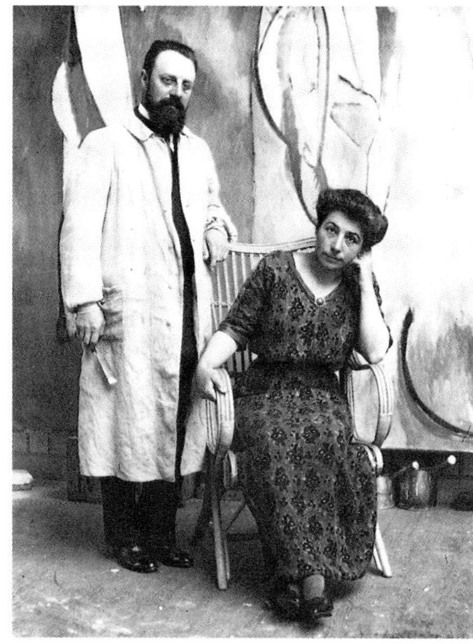

Matisse et Mme Matisse dans l'atelier d'Issy-les-Moulineaux, mai 1913.
Au mur, *Femmes à la rivière* en cours
Photo Alvin Langdon Coburn

1904

Henri Matisse est né le 31 décembre 1869 au Cateau-Cambrésis. Depuis 1895, Matisse et sa famille habitent 19 quai Saint-Michel à Paris. Les anciens de l'atelier Gustave Moreau, dont Matisse, se retrouvent régulièrement à l'atelier de Manguin, rue Boursault, partageant les frais de modèles. Jean Biette, ancien élève de Carrière, accueillait parfois, lui aussi, Matisse dans son atelier rue Dutot.

21 février
Paris, Salon des Indépendants. Signac en est le vice-président. Sociétaire depuis 1901, Matisse, élu secrétaire adjoint le 6 décembre de cette année, expose 6 peintures : *Une allée au bois de Boulogne, Moine en méditation, Fleurs, Le chêne brûlé* (Bohain), *Intérieur, Paysage* (Bohain).
«*M. Henri Matisse nous avait dès longtemps conquis, et il n'eût tenu qu'à lui d'arriver rapidement au succès après ses premières expositions du Champ de Mars, qui lui valurent d'être aussitôt élu associé ; mais jaloux de se découvrir lui-même et de sonder sa propre personnalité, il s'est obligé à un labeur dont les résultats apparaissent, aujourd'hui singulièrement significatifs et probants.*» (Roger Marx, *La Chronique des arts et de la curiosité*, 27 février)
Selon le catalogue annoté par le commissaire envoyé par la direction des Beaux-Arts, Matisse aurait vendu deux toiles (n° 1623, *Fleurs*, n° 1625, *Intérieur*). *L'allée du bois de Boulogne*, comme le *Moine en méditation* étaient proposés 450 francs, les *Fleurs* 300 francs.

24 février
Signature du contrat de création de l'association La Peau de l'Ours comprenant 11 membres dont André Level serait le directeur. Chaque membre verse une contribution annuelle de 250 francs. Le choix des acquisitions appartient au directeur de l'association, puis doit être approuvé par la majorité des membres. Ceux-ci ont la possibilité de les accrocher à leur domicile. Toute la «collection» devait être vendue dix ans plus tard.
(Dans une lettre à Simon Bussy en juillet 1903, Matisse avait proposé aussi l'idée d'un syndicat d'acheteurs, 12 membres auxquels il donnerait 2 œuvres par mois moyennant un versement de 200 francs, dans le but de se constituer un revenu sûr et régulier).
André Level fut introduit auprès de Matisse par leur ami commun René Piot (ancien élève de l'atelier Gustave Moreau). «*Très bon camarade il* [Piot] *me fit connaître Henri Matisse dont il admirait fort le talent, qu'il savait chargé de famille et désireux de vendre.*» (André Level, *Souvenirs d'un collectionneur*, Paris, A. C. Mazo, 1959)

19 mars
Level achète plusieurs toiles de Matisse pour la somme de 550 francs dont *Nature morte aux œufs* (1896), *Scène de neige* (1899), *Intérieur.*

2–30 avril
Matisse présente 6 paysages dans une exposition de peintures, pastels et dessins chez Berthe Weill, avec Camoin, Raoul de Mathan, Manguin, Marquet – anciens élèves de Gustave Moreau – et Jean Puy, introduit par le critique Roger Marx. «*Des souvenirs du Midi et de Belle Isle dont la saveur rappelle certaines notes de Renoir*» dit Roger Marx dans *La Chronique des arts et de la curiosité* du 9 avril. Vauxcelles visite l'exposition : «*Une préface de catalogue signée Roger Marx me conseille à* [sic] *monter... à la petite galerie Weill...*» Plus tard, dans *Gil Blas*, il avoue : «*j'estime le flamboiement de la palette de M. Matisse...*»
Vente d'une *Nature morte* (180 francs) de Matisse qui ne figurait pas à l'exposition.

9 avril
Participe au banquet annuel des Indépendants (dîner du Rouge et du Bleu).

13 avril
Commence à copier le portrait de Balthazar Castiglione de Raphaël au Musée du Louvre.
Matisse dira plus tard qu'il «*lui révéla ce que devrait être l'art du portrait*». «*Nous faisions des copies au Louvre tant pour étudier les maîtres et vivre avec eux que parce que le Gouvernement achetait des copies. Cependant celles-ci devaient être exécutées avec une exactitude minutieuse*». Ses amis Albert Marquet et Henri Manguin vendaient eux aussi régulièrement des copies à l'État.

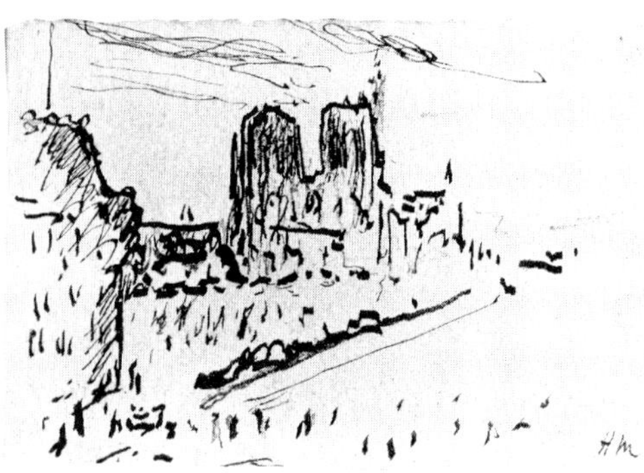

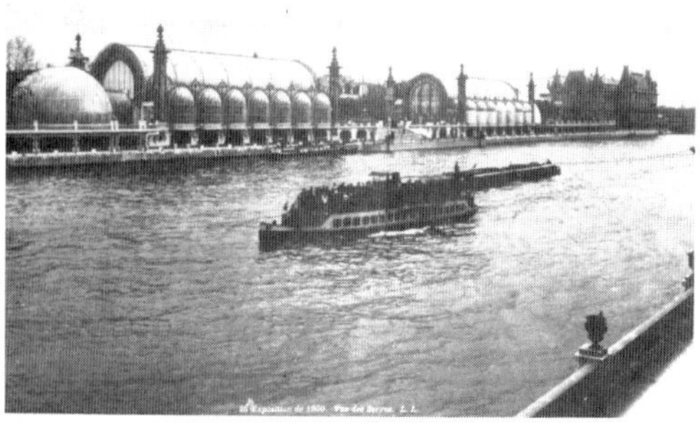

Vue de Notre-Dame, 1902-1904
Plume et encre sur papier
Collection particulière

Les Grandes Serres de la ville de Paris accueillant le Salon des Indépendants jusqu'à leur démolition en 1909

Visite sans doute l'exposition de peintres primitifs français (1350-1589) au Pavillon de Marsan et à la Bibliothèque Nationale (avril-juillet).

1er–18 juin
Paris, galerie Ambroise Vollard (6, rue Laffitte) : première exposition personnelle de Matisse. Catalogue préfacé par Roger Marx qui insiste sur l'influence de l'atelier Gustave Moreau, des impressionnistes et enfin de Cézanne. (Matisse avait acheté à Vollard, en 1899, des *Baigneuses* de Cézanne et une sculpture de Rodin, puis échangé une de ses peintures contre un portrait de Gauguin). A cette exposition : 45 peintures et 1 dessin de la période 1897 à 1903. Accueil réservé de la presse et même de Vollard qui lui avait pourtant acheté et vendu des toiles l'année précédente. Après la fermeture de l'exposition, Vollard fera l'acquisition de *La desserte*.
Dans *La Chronique des arts et de la curiosité* du 18 juin, Roger Marx écrit : *«Henri Matisse ne s'est pas lassé de viser au développement des dons de coloriste qui lui sont foncièrement dévolus... le progrès du talent n'a pas cessé d'être garanti par l'afflux d'aspirations toujours renouvelées et par le stimulant des plus fières exigences envers soi-même»*.
Charles Morice avoue : *«J'ai révisé ma position envers cet artiste que je n'avais pas compris ou tout au moins pas accepté. Aujourd'hui en visitant sa dernière exposition, d'une telle importance, je n'hésite plus à déclarer mon affinité grandissante envers lui». (Mercure de France,* août)
Dans *La Revue universelle*, Charles Saunier dit : *«M. Henri Matisse se distingue par un métier solide et une sûreté d'œil qui fait que ses plus audacieux échantillonnages de tonalités se présentent toujours en valeur»*.

12 juillet
Les Matisse quittent Paris pour Saint-Tropez, Signac ayant retenu pour eux La Ramade, près de sa villa La Hune, maison louée autrefois par Ker-Xavier Roussel. Au dernier moment, Marquet renonça à les accompagner.
Dans le voisinage de Signac (et aussi de Cross qui travaille au Lavandou depuis début août), Matisse s'efforce de peindre *«en établissant des zones d'influence qui créaient des réactions et procédant par dégradations successives»*. Mais ainsi qu'il le rapportera lui-même à Gaston Diehl, les premiers résultats en sont décevants : *«Une fois placée ma dominante, je ne pouvais m'empêcher de mettre sa réaction aussi violente. J'étais en train de faire un petit paysage par taches, et je ne parvenais pas à réaliser mon accord lumineux selon les règles prescrites, j'étais sans cesse obligé de reprendre le tout. Comme je partais de la lumière blanche, ça m'assombrissait, et je ne pouvais faire autrement que de meurtrir toutes mes couleurs.* [...] *Surtout, je n'arrivais plus à contenir mon dessin et j'étais tenté de trop en mettre. Cross qui assistait à mes vains efforts, voyant que dans mes toiles je finissais par avoir des contrastes aussi puissants que les dominantes, me dit que je ne pourrais rester longtemps dans le Néo-Impressionnisme. Effectivement, quelques mois après, travaillant devant un paysage exaltant, je ne songeais plus qu'à faire chanter mes couleurs, sans tenir compte de toutes les règles et les interdictions. Je composais dès lors avec mon dessin de façon à entrer directement dans l'arabesque avec la couleur»*.
(Gaston Diehl, *Henri Matisse*, Paris, 1954)
Matisse possédait une toile importante de Cross *La Ferme, matin* de 1893, tandis que Signac, à Saint-Tropez, avait son pendant *Ferme, soir*.

17 juillet
Dans une lettre à Manguin, Marquet écrit : *«J'ai le plaisir de t'annoncer que ton tableau est pris par la commission.* [...] *Tout le monde est acheté sauf Matisse qui avait pourtant fait tout son possible mais qui, dans la précipitation de son départ, a oublié d'écrire à l'administration.»* (Archives J.-P. Manguin)

mi–août
Sans véritable amateur et marchand, Matisse en était alors réduit, comme nombre de ses amis, à compter sur une aide éventuelle de l'État qui achetait des copies. De Saint-Tropez, il écrit à Manguin : *«Sais-tu que pour ma copie je n'ai pas eu de chance, que j'ai dû faire ma demande trop tard et que je n'étais pas porté sur la liste des candidats et que par conséquent ma copie n'était pas présentée. Malgré cela je ne dois peut-être pas désespérer car Marquet a été trouver Roger Marx qui*

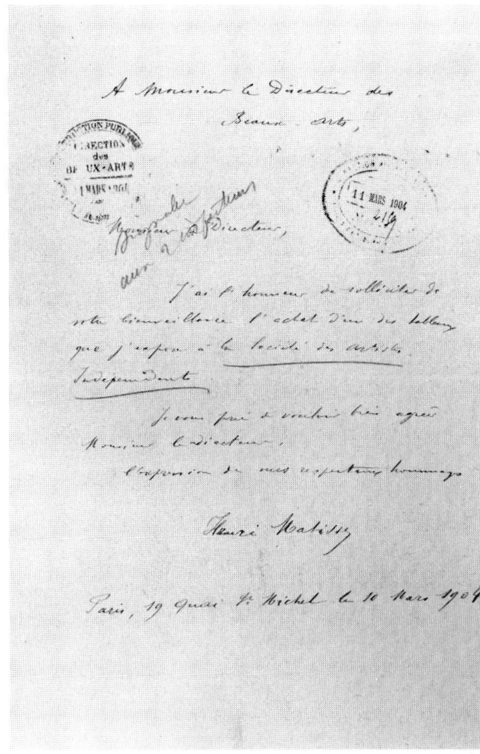

A Monsieur le Directeur des Beaux-Arts,

Monsieur le Directeur,

J'ai l'honneur de solliciter de votre bienveillance l'achat d'une des toiles que j'expose à la Société des Artistes Indépendants.

Je vous prie de vouloir bien agréer Monsieur le directeur, l'expression de mes respectueux hommages.

Henri Matisse

Paris, 19 quai St Michel le 10 mars 1904

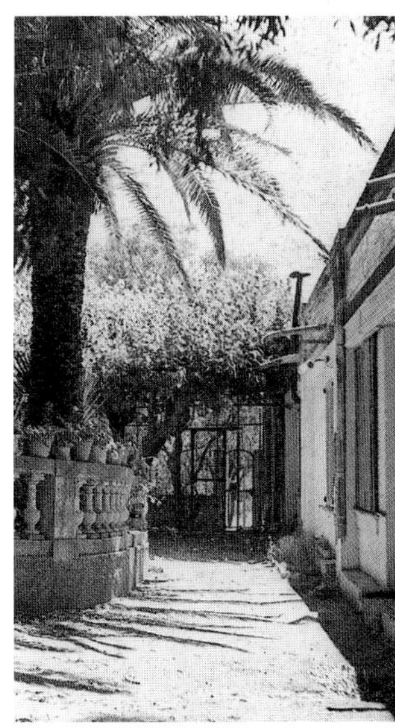

Lettre d'Henri Matisse au Directeur des Beaux-Arts, 10 mars 1904
Archives nationales, Paris

La terrasse de la villa de Paul Signac à Saint-Tropez

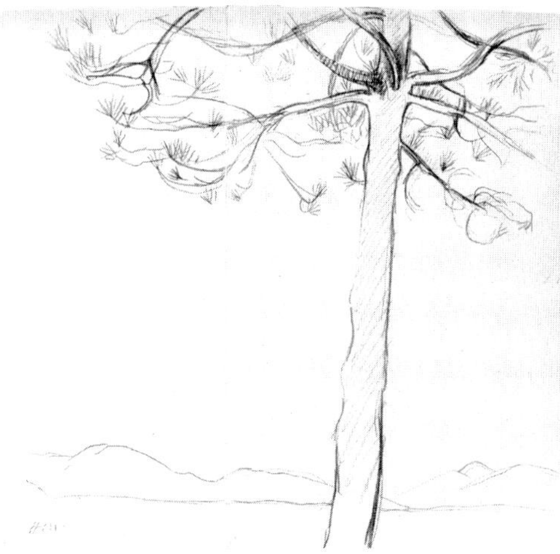

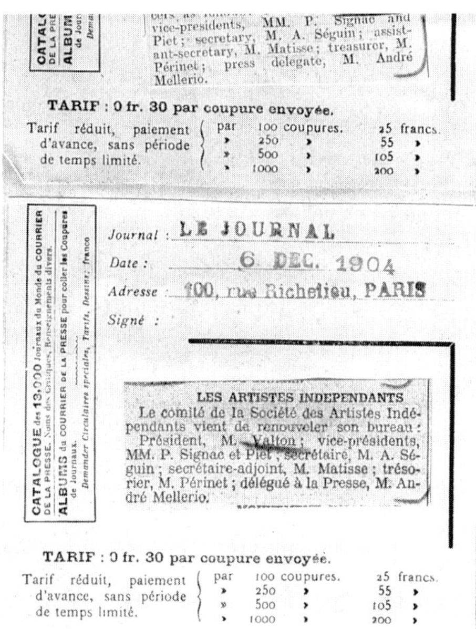

vice-presidents, MM. P. Signac and Piet; secretary, M. A. Séguin; assistant-secretary, M. Matisse; treasurer, M. Périnet; press delegate, M. André Mellerio.

TARIF : 0 fr. 30 par coupure envoyée.

Tarif réduit, paiement d'avance, sans période de temps limité.

par	100 coupures.	25 francs.
»	250	»	55 »
»	500	»	105 »
»	1000	»	200 »

CATALOGUE des 13.000 Journaux du Monde du COURRIER DE LA PRESSE. Noms des Critiques, Renseignements divers.
ALBUMS du COURRIER DE LA PRESSE pour coller les Coupures de Journaux.
Demander Circulaires spéciales, Tarifs, Dessins; franco

Journal : LE JOURNAL
Date : 6 DEC. 1904
Adresse : 100, rue Richelieu, PARIS
Signé :

LES ARTISTES INDEPENDANTS

Le comité de la Société des Artistes Indépendants vient de renouveler son bureau : Président, M. Valton ; vice-présidents, MM. P. Signac et Piet ; secrétaire, M. A. Séguin ; secrétaire-adjoint, M. Matisse ; trésorier, M. Périnet ; délégué à la Presse, M. André Mellerio.

TARIF : 0 fr. 30 par coupure envoyée.

Tarif réduit, paiement d'avance, sans période de temps limité.

par	100 coupures.	25 francs.
»	250	»	55 »
»	500	»	105 »
»	1000	»	200 »

Étude de pin, été 1904
Crayon sur papier
Musée Matisse, Nice

Le Journal, 6 décembre 1904
Annonce du renouvellement du Bureau de la Société des Artistes Indépendants

lui a donné bon espoir. Je suppose qu'on mettra mon nom à la queue et que s'il reste de l'argent, j'en aurais un peu» (Archives J.-P. Manguin).
Matisse lit et discute avec ses amis l'article d'Émile Bernard «Paul Cézanne» paru dans *L'Occident* du mois de juillet.

début septembre
Matisse fait la connaissance de Félix Fénéon. Celui-ci lui offre un billet de train non utilisé qui lui permet de découvrir Cannes, Nice, Monaco, Menton avec sa femme.
Cross écrit à Van Rysselberghe le 7 septembre : *«Nous sommes allés à Saint-Tropez. Matisse l'anxieux, le follement anxieux ! Vous comprendrez aisément que j'étais aussi content de bavarder avec lui que j'étais ravi, mais pour des raisons opposées, de constater la confiance en soi de notre ami Signac.»* (Alfred Barr, *Matisse. His Art and his Public*, New York, 1951)
Discussions difficiles avec Signac, Matisse écrit à Manguin des *«lettres désolées» !* se plaignant à la fois de la chaleur et des difficultés qu'il a à travailler : «*... En somme depuis que je suis ici, je n'ai qu'une toile de 15 faite au coucher du soleil qui me satisfasse un peu et encore je ne me figure pas que c'est moi qui l'ai faite quoique je l'ai menée en une dizaine de séances*». (Archives J.-P. Manguin). Il s'agit probablement du *Goûter*.

fin septembre
Matisse reçoit une lettre de Roger Marx lui annonçant que l'État français souhaite acheter sa copie d'après son *Balthazar Castiglione*. Matisse accepte l'offre de 300 francs.

début octobre
Retour de Matisse à Paris.

15 octobre–15 novembre
Paris, Salon d'Automne, créé l'année précédente, Matisse expose 14 peintures, *Fruits, Intérieurs* (4 toiles), *Nature morte* (3 toiles), *Guitariste* (2 toiles), *Fleurs* (2 toiles), *Vieux chêne, Vue du bois de Boulogne* et 2 sculptures exécutées avant l'été : *Le serf et Madeleine*. Dans *Gil Blas*, Louis Vauxcelles écrit *«le plus fort des quatre (Camoin, Manguin, Marquet, Matisse) sans doute est Matisse. Aujourd'hui il est très proche de Cézanne»*. Dans le numéro de décembre du *Mercure de France*, J.-E. Blanche rend hommage à la solidité et à la robustesse des toiles de Matisse.
A ce même Salon, salles consacrées à Cézanne, Puvis de Chavannes, Odilon Redon (Matisse avait acheté 2 de ses pastels en 1900).
Leo Stein, installé à Paris depuis 1902, remarque les peintures de Matisse au Salon. *«Le Salon d'automne était nouveau et je commençai par là* [mon apprentissage de l'art moderne]. *J'y retournai encore et encore, jusqu'à ce que les choses prennent forme. Je regardai encore et encore chaque tableau, tout comme un botaniste avec la flore d'un pays inconnu.* [...] *Matisse me fit peut-être la plus forte impression, mais pas la plus agréable. Il s'essayait alors au pointillisme, la technique la plus laide jamais inventée – à mon avis. Son pointillisme était fait de giclures désordonnées, et quoique son dessin et sa couleur aient tous deux eu une véritable énergie, les tableaux n'étaient pas satisfaisants. J'appris beaucoup à ce Salon d'Automne, mais je n'achetai rien.»* (Leo Stein, *Appreciation : Painting, Poetry and Prose*, New York, Crown, 1947, pp. 157-158)
En réalité, Leo Stein semble mélanger les souvenirs de ses visites aux Salon des Indépendants et d'Automne de 1904 et de 1905.

automne
Travaille à partir du *Goûter à Luxe, calme et volupté*.
Première reproduction d'une œuvre de Matisse en Russie dans la revue *Mir Iskoustva :* il s'agit de *La desserte* (photographiée par Igor Grabar, à la demande de Serge de Diaghilev, soucieux de montrer les nouveautés de la peinture française).

fin novembre
L'État achète 400 francs une *Nature morte* (60 × 85 cm) de Matisse, datée 1896, qui sera affectée à Montpellier.
«Un des plus charmants Matisse du début de l'artiste, une nature morte argentée comme un Chardin fut acquis par l'État et envoyé en pénitence au Musée ; la commission la repoussa avec indignation et la précipita dans les oubliettes de la mairie où il ornait le bureau du préposé à l'hygiène. J'ai eu le plaisir de l'y découvrir et de l'accrocher au musée.» (A. Joubin, *Memorandum*, Montpellier, 1929)

En fait, il ne s'agit pas de la toile choisie à l'origine par la commission (*Coin d'atelier,* 1903, n° 616 du catalogue du Salon d'Automne), celle-ci ayant déjà été acquise par le marchand Eugène Blot, mais d'un autre tableau proposé par Matisse.
A noter : l'État achète une trentaine d'œuvres à ce Salon d'Automne, c'est probablement le fait de la nomination d'un nouveau commissaire à la direction des Beaux-Arts, le critique Roger Marx, tout acquis à l'art moderne.

17–31 décembre
Matisse visite l'exposition Signac à la galerie Druet.

1905

janvier
André Derain invite Matisse à venir le voir ainsi que Vlaminck à Chatou. Impressionné, Matisse les encourage à exposer tous deux aux Indépendants.

février
Matisse présente Vollard à Derain qui lui achète sa production et lui signe un contrat.

10–25 février
Paris, galerie Henry Graves (rue Caumartin) : exposition des Intimistes avec des œuvres de Bonnard, Laprade, Matisse, Vuillard.

mars
Premier numéro de la revue *Vers et Prose* fondée par Paul Fort : Matisse est l'un des souscripteurs.

24 mars–30 avril
Salon des Indépendants : Matisse secrétaire adjoint, président de la commission de placement d'accrochage présente 8 toiles : *Luxe, calme et volupté, La terrasse (Saint-Tropez), Nature morte au camaïeu, Nature morte à la pastèque, 2 Natures mortes, L'intérieur à l'enfant, Saint-Tropez (Paysage).*
«Ce jeune peintre [Henri Matisse] *encore un dissident de l'atelier Moreau qui est monté librement jusqu'aux cimes de Cézanne – prend qu'il le veuille ou non posture de chef d'école. H. Matisse expose d'abord des natures mortes, fruits*

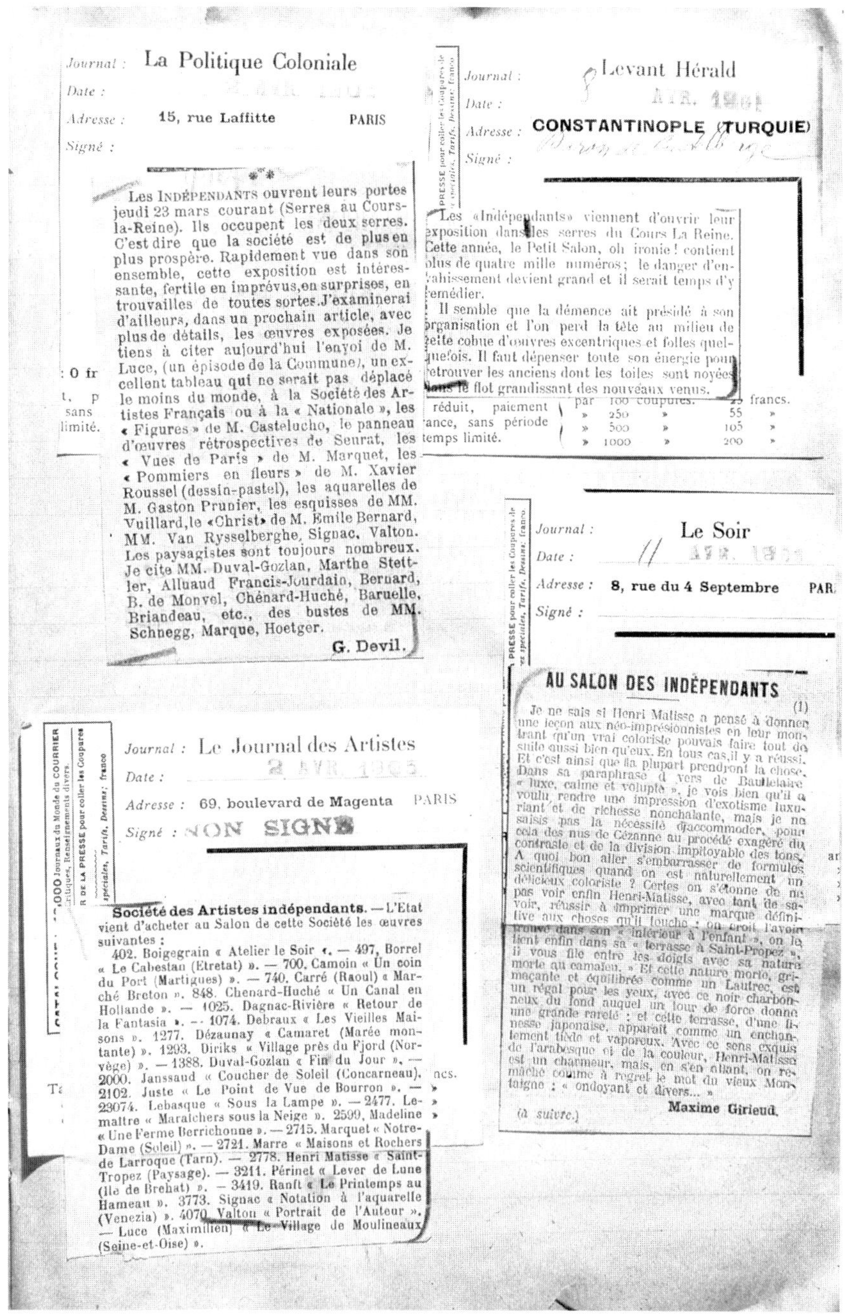
Journal : La Politique Coloniale
Date :
Adresse : 15, rue Laffitte PARIS
Signé :

Les INDÉPENDANTS ouvrent leurs portes jeudi 23 mars courant (Serres au Cours-la-Reine). Ils occupent les deux serres. C'est dire que la société est de plus en plus prospère. Rapidement vue dans son ensemble, cette exposition est intéressante, fertile en imprévus, en surprises, en trouvailles de toutes sortes. J'examinerai d'ailleurs, dans un prochain article, avec plus de détails, les œuvres exposées. Je tiens à citer aujourd'hui l'envoi de M. Luce, (un épisode de la Commune), un excellent tableau qui ne serait pas déplacé le moins du monde, à la Société des Artistes Français ou à la « Nationale », les « Figures » de M. Castelucho, le panneau d'œuvres rétrospectives de Seurat, les « Vues de Paris » de M. Marquet, les « Pommiers en fleurs » de M. Xavier Roussel (dessin-pastel), les aquarelles de M. Gaston Prunier, les esquisses de MM. Vuillard, le « Christ » de M. Emile Bernard, MM. Van Rysselberghe, Signac, Valton. Les paysagistes sont toujours nombreux. Je cite MM. Duval-Gozlan, Marthe Stettler, Alluaud Francis-Jourdain, Bernard, B. de Monvel, Chénard-Huché, Baruelle, Briandeau, etc., des bustes de MM. Schnegg, Marque, Hoetger.

G. Devil.

Journal : Levant Hérald
Date :
Adresse : CONSTANTINOPLE (TURQUIE)
Signé :

Les «Indépendants» viennent d'ouvrir leur exposition dans les serres du Cours La Reine. Cette année, le Petit Salon, oh ironie ! contient plus de quatre mille numéros ; le danger d'envahissement devient grand et il serait temps d'y remédier.

Il semble que la démence ait présidé à son organisation et l'on perd la tête au milieu de cette cohue d'œuvres excentriques et folles quelquefois. Il faut dépenser toute son énergie pour retrouver les anciens dont les toiles sont noyées dans le flot grandissant des nouveaux venus.

Journal : Le Soir
Date : 11
Adresse : 8, rue du 4 Septembre PAR
Signé :

AU SALON DES INDÉPENDANTS

(1)

Je ne sais si Henri Matisse a pensé à donner une leçon aux néo-impressionnistes en leur montrant qu'un vrai coloriste pouvait faire tout de suite aussi bien qu'eux. En tous cas, il y a réussi. Et c'est ainsi que la plupart prendront la chose. Dans sa paraphrase d vers de Baudelaire « luxe, calme et volupté », je vois bien qu'il a voulu rendre une impression d'exotisme luxuriant et de richesse nonchalante, mais je ne saisis pas la nécessité d'accommoder, pour cela des nus de Cézanne au procédé exagéré du contraste et de la division impitoyable des tons. A quoi bon aller s'embarrasser de formules scientifiques quand on est naturellement un délicieux coloriste ? Certes on s'étonne de ne pas voir enfin Henri-Matisse, avec tant de savoir, réussir à imprimer une marque définitive aux choses qu'il touche ; on croit l'avoir trouvé dans son « intérieur à l'enfant », on le tient enfin dans sa « terrasse à Saint-Propez », il vous file entre les doigts avec sa nature morte au camaïeu. » Et cette nature morte, grimaçante et équilibrée comme un Lautrec, est un régal pour les yeux, avec ce noir charbonneux du fond auquel un tour de force donne une grande rareté : et cette terrasse, d'une finesse japonaise, apparait comme un enchantement tiède et vaporeux. Avec ce sens exquis de l'arabesque et de la couleur, Henri-Matisse est un charmeur, mais, en s'en allant, on remâche comme à regret le mot du vieux Montaigne : « ondoyant et divers... »

Maxime Girieud.

(à suivre.)

Journal : Le Journal des Artistes
Date :
Adresse : 69, boulevard de Magenta PARIS
Signé : NON SIGNÉ

Société des Artistes indépendants. — L'Etat vient d'acheter au Salon de cette Société les œuvres suivantes :
402. Boigegrain « Atelier le Soir ». — 497, Borrel « Le Cabestan (Etretat) ». — 700. Camoin « Un coin du Port (Martigues) ». — 740. Carré (Raoul) « Marché Breton ». 848. Chenard-Huché « Un Canal en Hollande ». — 1025. Dagnac-Rivière « Retour de la Fantasia ». — 1074. Debraux « Les Vieilles Maisons ». 1277. Dézaunay « Camaret (Marée montante) ». 1293. Diriks « Village près du Fjord (Norvège) ». — 1388. Duval-Gozlan « Fin du Jour ». — 2000. Janssaud « Coucher de Soleil (Concarneau). 2102. Juste « Le Point de Vue de Bourron ». — 23074. Lebasque « Sous la Lampe ». — 2477. Lemaître « Maraîchers sous la Neige ». 2599, Madeline « Une Ferme Berrichonne ». — 2715. Marquet « Notre-Dame (Soleil) ». — 2721. Marre « Maisons et Rochers de Larroque (Tarn). — 2778. Henri Matisse « Saint-Tropez (Paysage). — 3211. Périnet « Lever de Lune (Ile de Brehat) ». — 3419. Ranft « Le Printemps au Hameau ». 3773. Signac « Notation à l'aquarelle (Venezia) ». 4070. Valton « Portrait de l'Auteur ». — Luce (Maximilien) « Le Village de Moulineaux (Seine-et-Oise) ».

Articles de presse sur le Salon des Indépendants de 1905
Archives Salon des Indépendants

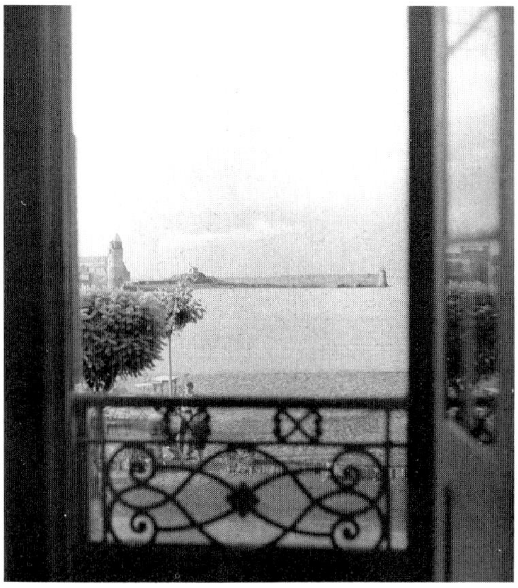

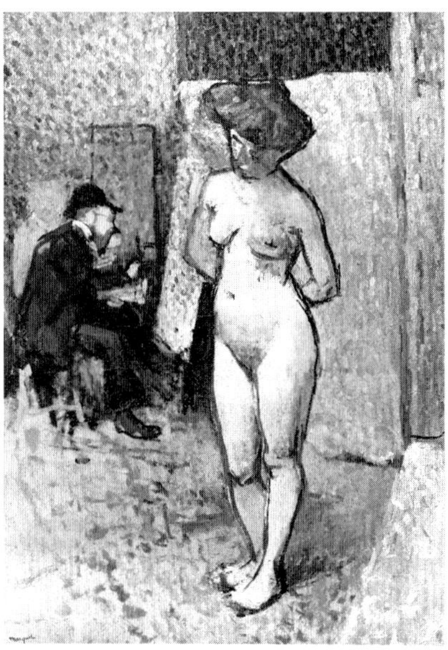

Vue de Collioure
Photo Hélène Adant, Droits réservés.
Documentation du
Musée national d'art moderne, Paris

Albert Marquet, *Matisse peignant dans l'atelier de Manguin*, vers 1905
Huile sur toile
Musée national d'art moderne, Paris

et cristalleries qui valent sa Desserte *du Salon d'Automne ; un petit paysage méridional de la construction la plus synthétique ;* La terrasse de Paul Signac à St-Tropez *(une des plus fortes toiles des Indépendants) puis il se dédouble et se révèle brusquement néo-impressionniste en sa grande toile intitulée* Ordre, luxe et volupté». (Louis Vauxcelles, *Gil Blas,* 23 mars)
Charles Morice : *«le groupe des pointillistes et des confettistes ne se réduit pas, bien au contraire il lui vient de nouvelles adhésions, certaines qui comptent, celle par exemple de M. Henri Matisse* [...] *M. Matisse a été mal inspiré d'apporter au groupe – qui déjà en abondait – son talent». (Mercure de France,* 15 avril)
Matisse est aussi attaqué par Maurice Denis dans *L'Ermitage* du 15 mai : son œuvre est *«le schéma d'une théorie».* Il note dans son *Journal,* le 28 mai : *«A propos de Matisse, Sérusier rapporte ce mot "Lorsqu'un gamin écrit merde sur un mur, il traduit un état d'âme, cependant ce n'est pas une œuvre d'art".»* (Maurice Denis, *Journal,* Paris, La Colombe, 1957, t. II, p. 23)
A ce même Salon, rétrospectives Seurat et Van Gogh (Matisse prête trois dessins). Les commissaires Dayot et Benedite de la direction des Beaux-Arts choisissent 23 œuvres dont *Vue de Saint-Tropez* (1904) de Matisse, acquise pour 300 francs, déposée au musée de Bagnols sur Cèze en 1909.

6 avril
Avec Camoin et Marquet, Matisse organise un dîner en l'honneur de Rodin à la Closerie des Lilas.

6–29 avril
6 œuvres de Matisse sont exposées à la galerie Berthe Weill avec des œuvres de Camoin, Manguin, Marquet.

15 mai
En route pour Collioure, Matisse, sa femme et sa fille sont d'abord hébergés chez la sœur de Mme Matisse à Perpignan puis s'installent dans une pension de famille proche de la gare de Collioure où le peintre loue une pièce qui lui sert d'atelier. Matisse attend un règlement de 150 francs pour une vente de toiles par Berthe Weill, Manguin lui prêtera 100 francs.

20 mai
De l'Hôtel de la Gare à Collioure, Matisse écrit à Manguin : *«Nous avons trouvé un hôtel bon marché... et j'ai loué sur le quai qu'on appelle le faubourg une chambre qui a vue sur la mer où je travaille à mon aise. J'ai comme fréquentation celle d'un peintre des Indépendants, ami de Luce, qui s'appelle Terrus et qui est très agréable comme camarade, je crois que tu feras bien avant de quitter le midi de venir me voir, tu y verras des choses charmantes et tu pourras en prendre une idée pour y venir un de ces printemps. J'ai reçu aujourd'hui la lettre de l'État me disant que le service de comptabilité était saisi d'une proposition de paiement à mon nom... je suppose que le paiement ne saurait tarder et te prie de me dire si tu pourras attendre».* (Archives J.-P. Manguin)
Matisse travaille beaucoup, exécute de nombreux croquis de la plage, du port d'Abaill (ou Avall). Terrus le présente au sculpteur Maillol.

début juin
Matisse fait la connaissance d'un voisin viticulteur, Paul Soulier, passionné de photographie.

6 juin
Dans une lettre à Albert Marquet, Matisse raconte sa première visite chez Maillol, qu'il l'a aidé pour une grande sculpture. Il dit aussi avoir déjà peint deux petites huiles, quelques aquarelles et quelques croquis et lui recommande ce pays.
Plus l'été avance, plus les couleurs s'intensifient et plus le dessin se libère.

14 juin
Dans *Gil Blas,* Louis Vauxcelles livre ses impressions au sujet d'œuvres de Matisse présentées dans une exposition d'«artistes impressionnistes» chez Prath et Maynier. *«Je n'aurais pas cru, je l'avoue, que Monsieur Matisse de qui j'ai cru devoir critiquer avec une amicale vivacité la récente incursion chez les néo-impressionnistes, put grâce à l'excessif procédé du point, obtenir d'aussi beaux effets de lumière, de volume et de vibration. Ses tulipes d'or et de pourpre sont éclatantes.»*
Quelques jours plus tard, le 27 juin, Vauxcelles adresse à Matisse le numéro de *Gil Blas : «Je vous envoie par ce même cour-*

rier le numéro de Gil Blas *où j'ai dit quelques mots de votre bouquet de fleurs. Je suis tout heureux de faire publiquement mon* mea culpa. *C'est d'une luminosité, d'une vibration éblouissante. Mais obtiendrez-vous les mêmes effets avec des figures ? je l'espère.»* (Archives Matisse, Paris)

18 juin
A propos de *Luxe, calme et volupté*, Signac écrit à Matisse : *«Je pense souvent à votre tableau et je l'aime de plus en plus».* (Archives Matisse, Paris)

25 juin
Sur une carte postale de Collioure, Matisse écrit à son ami Derain : *«Je ne saurais trop insister pour vous persuader qu'un séjour ici vous est absolument nécessaire pour votre travail vous y seriez dans les conditions les plus avantageuses et vous tirerez des bénéfices pécuniaires sur le travail que vous y ferez... C'est pourquoi je vous répète encore, venez...»* (Catalogue vente *L'amour, la mémoire*, Paris, Hôtel Drouot, 16 octobre 1992, n° 90)

28 juin
«Nous avons été heureux de tes bonnes nouvelles, de savoir que tu es à peu près satisfait de ton travail. [...] *Tu me rendras ce que tu me dois quand tu pourras, cela ne pressera pas si je reçois ce que j'attends de la mère Weill qui ne m'a encore rien envoyé. Elle prétend qu'un de nos amateurs est mort sans l'avoir payée...»* écrit Charles Camoin, de Saint-Tropez, à Matisse. (Archives Camoin. Cité par Giraudy, 1971, p. 10)
André Derain rejoint Matisse à Collioure et s'installe dans le même hôtel. Il est aussitôt enthousiasmé par la *«lumière blonde, dorée qui supprime les ombres».*

début juillet
Matisse travaille dans une maison située sur le Boramar, près de l'église, appartenant à Paul Soulier. De la terrasse de cette maison, Matisse et Derain réalisent plusieurs de leurs tableaux de l'été.

mi–juillet
Matisse écrit à Signac à propos de *Luxe, calme et volupté* :
«Vous devez travailler comme un cheval, vous, car vous avez trouvé l'équilibre parfait, ou tout au moins suffisant, entre votre dessin et votre couleur.

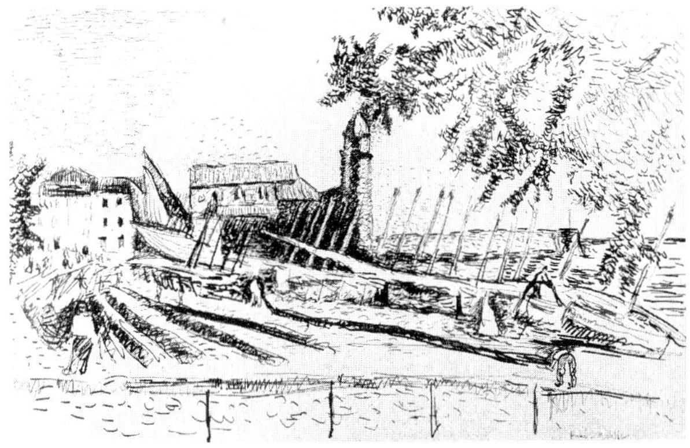

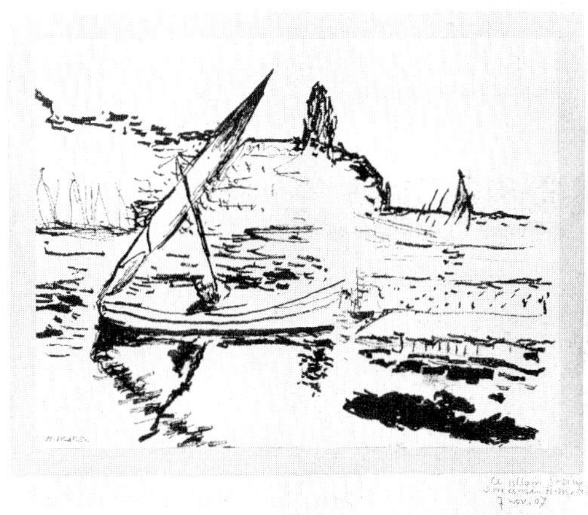

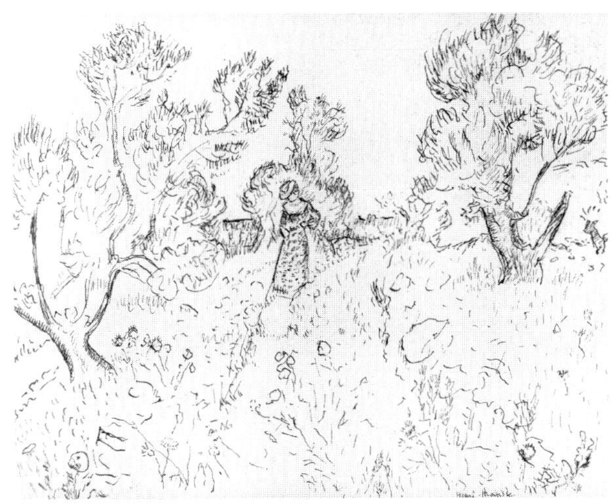

Port méditerranéen, Collioure, l'église, 1905
Plume et encre sur papier
Collection particulière

Barque dans le port de Collioure, 1905
Pinceau et encre sur papier
Collection particulière

Madame Matisse dans les oliviers, 1905
Plume et encre sur papier
Collection particulière

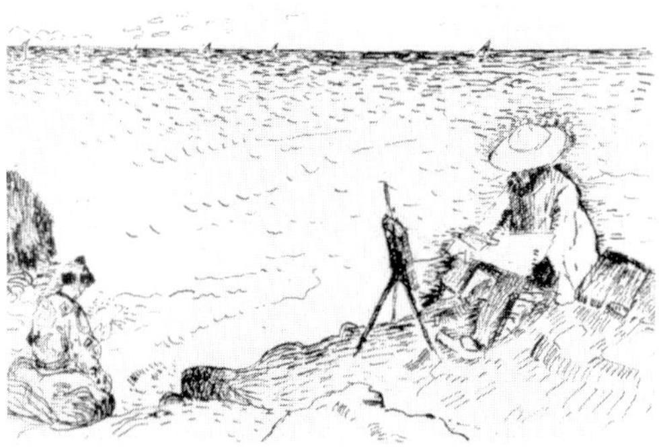

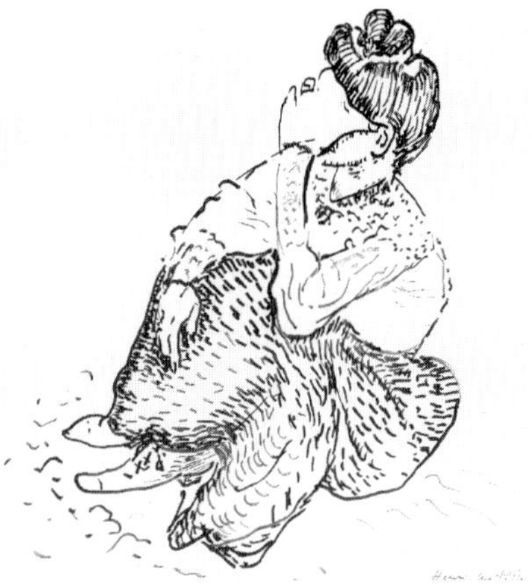

André Derain, *Matisse peignant Madame Matisse en Japonaise au bord de l'eau*
Encre de Chine
Collection particulière

Madame Matisse assise, 1905
Roseau et encre sur papier
Musée national d'art moderne, Paris

Moi, ici, il me semble que je ne fais pas grand chose, car mon travail se compose de croquis et d'aquarelles qui pourront me servir à Paris [...] *Vous seriez tout à fait gentil en me copiant dans* L'Occident *les deux paragraphes de Cézanne dans lesquels il est parlé des deux plastiques.»* (Archives Signac. Cité par Schneider, Paris, 1984, pp. 263-264)

15 juillet
Dans une lettre à Jeanne Manguin, Amélie Matisse écrit *«mon mari et Derain travaillent ferme, en dépit de la forte chaleur»*.

28 juillet
A Vlaminck, Derain écrit :
«Collioure le 28 juillet 1905
Mon vieux Maurice,
Je profite de la pluie pour t'écrire, car habituellement, il fait un soleil radieux qui me désespère par sa manière d'augmenter mes difficultés synthétiques et de compliquer aussi mes exercices d'acrobatie au sujet de la lumière quant à ce qui regarde les déductions.
J'ai donc deux grands points sur lesquels mon voyage m'aura beaucoup servi :
1°) Une nouvelle conception de la lumière, qui consiste en ceci : négation de l'ombre. Ici les lumières sont très fortes, les ombres très claires. L'ombre est tout un monde de clarté et de luminosité qui s'oppose à la lumière du soleil : ce qu'on appelle des reflets.
Nous avions jusqu'à présent négligé cela tous les deux et, dans l'avenir, pour la composition, c'est un regain d'expression.
2°) Savoir dans le voisinage de Matisse, extirper tout ce que la division du ton avait dans la peau. Il continue, mais moi j'en suis complètement revenu et je ne l'emploie presque plus.
C'est logique dans un panneau lumineux et harmonieux. Mais cela nuit à ces choses qui tirent leur expression des harmonies intentionnelles.
C'est en somme, un monde qui se détruit de lui-même quand on le pousse à l'absolu.
Il me hâte de revenir à mon travail des Indépendants qui est, somme toute, le plus logique à mon point de vue et qui concorde parfaitement avec mon moyen d'expression.
Je voudrais aussi reprendre mon travail sur l'Huile parce que les événements de chaque jour ne font que solidifier mes idées premières. [...] *Somme toute je commence à nous croire vraiment étrangers, tous les deux, aux autres hommes.* [...] *A part cela, très chic, la mer devant la montagne. Derrière, un coloris qui ne te plairait peut-être pas, mais très monté en couleur. Cette couleur m'a foutu dedans. Je me suis laissé aller à la couleur pour la couleur. J'ai perdu mes anciennes qualités»* (André Derain, *Lettres à Vlaminck*, Paris, Flammarion, 1955, pp. 154-157)

fin juillet
Maillol introduit Matisse et Derain auprès de Georges Daniel de Monfreid, ami et correspondant de Gauguin qui leur montre les tableaux rapportés d'Océanie.

14 août
Carte postale de Signac adressée à Matisse en réponse à sa demande d'un extrait précis de l'article d'Émile Bernard sur Cézanne, paru dans *L'Occident* de juillet 1904 : *«Après moult recherches. A bientôt une lettre : amitiés»*. Suit la citation en question : *«Le dessin et la couleur ne sont point distincts. Au fur et à mesure que l'on peint on dessine : plus la couleur s'harmonise, plus le dessin se précise. Quand la couleur est à sa richesse, la forme est à sa plénitude. Les contrastes et les rapports de ton : voilà le secret du dessin et du modelé»*. (Archives Matisse, Paris)

fin août
Signac propose de lui acheter *Luxe, calme et volupté* ou de lui échanger contre l'un de ses tableaux (Voir *infra* Anthologie)

début septembre
Retour des Matisse à Paris. Matisse écrit à Signac : *«Les amis Marquet et Camoin sont revenus de la Côte d'Azur... leur travail me plaît, quoiqu'il soit à vrai dire, un peu à l'opposite du mien»*. (Archives Signac. Cité par Schneider, Paris, 1984, p. 132)
Marquet voit les peintures de Matisse et Derain faites à Collioure et dit à Manguin *«qu'ils ont fait des choses épatantes»*.
Reprenant de nombreux croquis réalisés du café d'Olo à Collioure, Matisse compose *Le Port d'Abaill* (ou Avall).
Paul Signac achète donc *Luxe, calme et volupté* qu'il accrochera au mur de sa

salle à manger à Saint-Tropez près de *L'air du soir* de Cross.

14 septembre
Matisse écrit à Signac : «*Laissez-moi vous dire combien je suis flatté que mon travail ait pu vous plaire au point que vous désiriez en avoir une aussi grande surface sous vos yeux et combien je suis heureux que vous ayez choisi cette toile.* [...] *J'ai eu hier la visite de Félix Fénéon devant qui j'ai défilé mon travail de Collioure, c'est-à-dire quarante aquarelles, une centaine de dessins et quinze toiles*». (Archives Signac. Cité par Schneider, Paris, 1984)

18 septembre
A Manguin, Matisse écrit : «*Je voulais t'annoncer une nouvelle, mais je ne veux pas empêcher d'autres de te faire une surprise s'ils le désirent... En tout cas pour ne pas trop t'intriguer, je dois te dire que cela me concerne entièrement*» (Archives J.-P. Manguin)
Manguin répond trois jours plus tard : «*Sais-tu que tu m'intrigues fortement ; J'espère que c'est une autre bonne nouvelle que celle de l'achat de ton grand tableau, car cette dernière m'était connue avant toi. Je te dirai à ce propos que Signac a demandé une ancienne toile à Cross que je trouve d'un beau style. Nous devons aller chercher cette toile demain et avant mon départ mettre ces deux tableaux en place dans sa nouvelle salle à manger...*». (Archives J.-P. Manguin)

19 septembre
Matisse écrit à Simon Bussy qu'il peint une grande toile (150 × 40 cm) *Le Port d'Abaill* qu'il a l'intention de présenter au Salon d'Automne (en réalité elle ne sera montrée qu'en 1906 chez Druet).
«*Mon cher ami,*
[...] *Tu peux compter être défendu énergiquement par nos amis Marx, Piot, Rouault ainsi que par moi si je suis du jury.* [...] *Je ne sais si le jury sera aussi féroce réaliste que tu le prévois, je crois qu'il sera peut-être et toujours d'ailleurs difficile de lui faire admettre autre chose que ce qu'il sera dit, à l'avance, devoir être convenable* [...]
Je suis en ce moment attelé à un tableau de 1,50 m sur 40 cm représentant le port de Collioure (Pyrénées Orientales) où je viens de séjourner 4 mois.» (Bibliothèque des Musées nationaux, Paris)

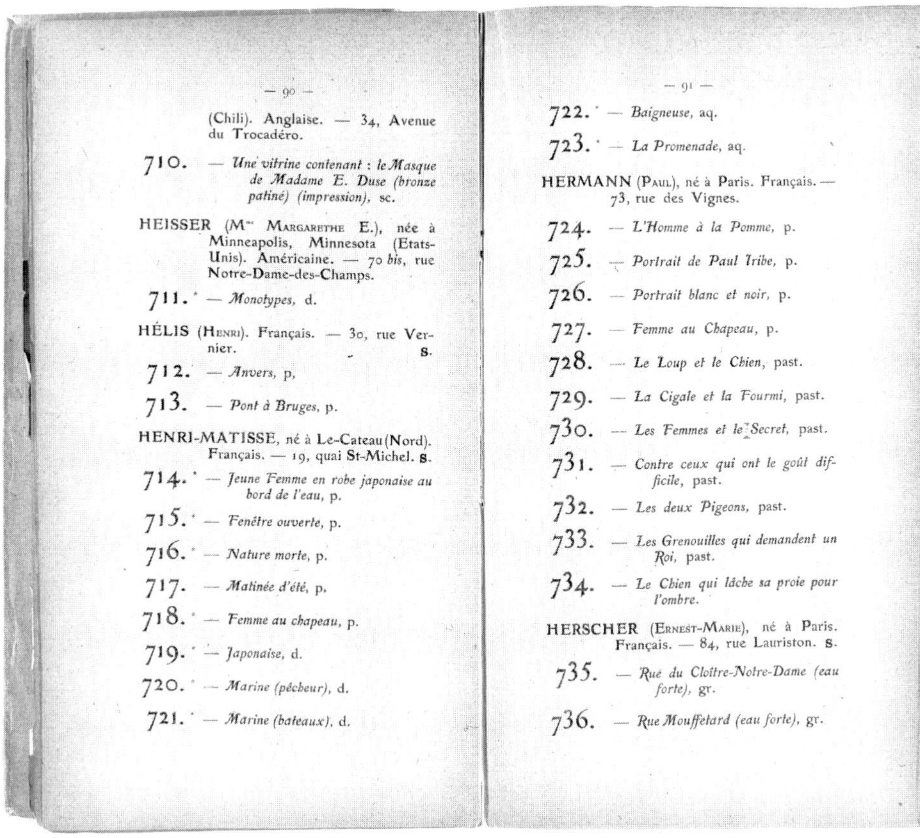

— 90 —

(Chili). Anglaise. — 34, Avenue du Trocadéro.

710. — *Une vitrine contenant : le Masque de Madame E. Duse (bronze patiné) (impression)*, sc.

HEISSER (Mme Margarethe E.), née à Minneapolis, Minnesota (Etats-Unis). Américaine. — 70 *bis*, rue Notre-Dame-des-Champs.

711.* — *Monotypes*, d.

HÉLIS (Henri). Français. — 30, rue Vernier. s.

712. — *Anvers*, p,

713. — *Pont à Bruges*, p.

HENRI-MATISSE, né à Le-Cateau (Nord). Français. — 19, quai St-Michel. s.

714.* — *Jeune Femme en robe japonaise au bord de l'eau*, p.

715.* — *Fenêtre ouverte*, p.

716.* — *Nature morte*, p.

717. — *Matinée d'été*, p.

718.* — *Femme au chapeau*, p.

719.* — *Japonaise*, d.

720.* — *Marine (pêcheur)*, d.

721.* — *Marine (bateaux)*, d.

— 91 —

722.* — *Baigneuse*, aq.

723.* — *La Promenade*, aq.

HERMANN (Paul), né à Paris. Français. — 73, rue des Vignes.

724. — *L'Homme à la Pomme*, p.

725. — *Portrait de Paul Iribe*, p.

726. — *Portrait blanc et noir*, p.

727. — *Femme au Chapeau*, p.

728. — *Le Loup et le Chien*, past.

729. — *La Cigale et la Fourmi*, past.

730. — *Les Femmes et le Secret*, past.

731. — *Contre ceux qui ont le goût difficile*, past.

732. — *Les deux Pigeons*, past.

733. — *Les Grenouilles qui demandent un Roi*, past.

734. — *Le Chien qui lâche sa proie pour l'ombre.*

HERSCHER (Ernest-Marie), né à Paris. Français. — 84, rue Lauriston. s.

735. — *Rue du Cloître-Notre-Dame (eau forte)*, gr.

736. — *Rue Mouffetard (eau forte)*, gr.

Œuvres d'Henri Matisse présentées au Salon d'Automne, 1905

vers le 20 septembre
Signac écrit à Matisse à propos de *Luxe, calme et volupté* : «*La toile est arrivée en bon état : seules quelques longues craquelures dans le blanc de zinc par suite du roulement. Mais la voici maintenant tranquille pour longtemps.*
Elle fait très bien dans l'atelier. Mardi je la présenterai dans la salle à manger avec celles de Cross et de Valtat. Et je vous dirai l'effet produit». (Archives Matisse, Paris)

28 septembre
Matisse répond à Signac : «*Je suis très content que mon tableau continue à vous plaire, et je voudrais le savoir en place pour être certain qu'il ne se démentira point*». (Archives Signac. Cité par Schneider, Paris, 1984, p. 278)
Matisse vient de soumettre ses toiles de Collioure aux membres du comité du Salon d'Automne : Mauclair se déchaîne et Frantz Jourdain s'efforce d'empêcher la présence de *La femme au chapeau*. «*Si je n'avais pas été du Comité*», écrit Matisse à Signac, «*et très soutenu par des*

amis, elles [mes œuvres] *n'auraient pas été acceptées».* (Archives Signac. Cité par Schneider, Paris, 1984, p. 188)

octobre

Matisse loue un atelier de deux pièces, pour 200 francs par an, au Couvent des Oiseaux, 56 rue de Sèvres, au coin du boulevard Montparnasse, espace qui lui permet de travailler à la grande toile *Bonheur de vivre*, il le gardera jusqu'au printemps 1908.

Est-ce l'atelier dont se souvient Daniel-Henry Kahnweiler en 1920 ?

«On passe par des couloirs blancs. Beaucoup de portes sur l'une d'elles un nom. Un petit vestibule, isolé par des rideaux. Pénombre ! Puis l'atelier : une grande salle, la lumière entre par des portes en verre.

Dehors une terrasse : architecture style rococo, dégradée, rongée par la mousse ; le jardin, une contrée sauvage, verte et enchantée.

Dans l'atelier : des tableaux encadrés, accrochés aux murs, deux ou trois en cours sur des chevalets. Des sculptures nègres sur de grandes tables, arrangées dans un ordre sobre ; des plâtres sur des armoires, une tête de Michel Ange, une panthère de Barye à côté des bronzes de Matisse. Un piano mécanique.

Matisse, barbe blonde, lunettes dorées, se promène de long en large en enseignant, en causant, il parle bien.

Tout est clair et de bon goût». (Description publiée sous le titre «L'ancien monastère de la Sainte Croix, 1905», dans Kahnweiler, «Werkstätten», *Die Freude*, vol. I, 1920)

18 octobre–25 novembre

3e Salon d'Automne. Matisse expose 5 peintures : *La femme au chapeau, La fenêtre ouverte, Jeune femme en robe japonaise au bord de l'eau, Nature morte, Matinée d'été*, 3 dessins et 2 aquarelles dans la même salle 7 que Derain, Manguin, Camoin, Marquet, Vlaminck.

Louis Vauxcelles utilise pour la première fois le terme «fauve» dans le supplément de *Gil Blas* du 17 octobre :

«Salle VII. Salle archi-claire, des oseurs, des outranciers, de qui il faut déchiffrer les intentions, en laissant aux malins et aux sots le droit de rire, critique trop aisée. Et c'est tout un lot d'indépendants, Marquet et compagnie, groupe qui se tient aussi fraternellement serré que, dans la précédente génération, Vuillard et ses amis.

Abordons sans tarder, M. Matisse. Il a du courage, car son envoi – il le sait du reste – aura le sort d'une vierge chrétienne livrée aux fauves du cirque. [...] *M. Matisse est l'un des plus robustement doués des peintres d'aujourd'hui. Il aurait pu obtenir de faciles bravos, il préfère s'enfoncer, errer dans des recherches passionnées, demander au pointillisme plus de vibrations, de luminosité. Mais le souci de la forme souffre.* [...]

Au centre de la salle, un torse d'enfant, et un petit buste en marbre d'Albert Marque, qu'il modèle avec une science délicate. La couleur de ces bustes surprend au milieu de l'orgie des tons purs : Donatello chez les fauves...»

«M. Matisse si bien doué s'est égaré comme d'autres en excentricités colorées dont il reviendra de lui-même sans aucun doute» (Gustave Geffroy, *Le Journal*).

«Nous arrivons ainsi à la salle la plus stupéfiante de ce Salon, fertile cependant en étonnements. Ici toute description, tout compte rendu comme toute critique, deviennent également impossibles, ce qui nous est présenté, n'ayant – à part les matériaux employés – aucun rapport avec la peinture ; des bariolages informes ; du bleu, du rouge, du jaune, du vert : des taches de colorations crues juxtaposées au petit bonheur ; les jeux barbares et naïfs d'un enfant qui s'exerce avec la "boite à couleurs" dont on lui fit don pour ses étrennes ou pour sa "foire". Contentons-nous de citer les noms de ces exécutants dont l'art – du moins pour le vulgaire, dont nous sommes – semble ne pouvoir procéder que de la démence ou de la plaisanterie : MM. CAMOIN, DERAIN, A. MARQUET, MANGUIN, Henri MATISSE.» (Nicolle, *Journal de Rouen*, 20 novembre)

Le scandale vise surtout *La femme au chapeau*. Camille Mauclair parle *«d'un pot de couleurs jeté à la figure du public».*

Gide dans son article de la *Gazette des Beaux-Arts* du 1er décembre écrit : *«Les toiles qu'il présente aujourd'hui ont l'aspect d'exposés de théorèmes* [...] *C'est un produit de théories. Tout s'y peut déduire, expliquer, l'intuition n'y a que faire. Sans doute quand M. Matisse peint le front de cette femme couleur pomme et ce tronc d'arbre rouge franc, il peut nous dire "c'est parce que". Oui raisonnable cette peinture est raisonneuse même».*

Gertrude Stein et son frère Leo achètent *La femme au chapeau* pour 500 francs (leur premier achat Matisse). Leo Stein introduit son frère Michael et Sarah (la femme de Michael) dans l'atelier de Matisse : début d'une grande amitié. Sarah choisit un dessin *Nu allongé* appuyé sur le bras gauche qu'elle emportera aux États-Unis l'année suivante.

Dans *Autobiographie d'Alice B. Toklas*, Gertrude raconte longuement et à sa manière : *«Le tableau plut à Gertrude Stein. C'était un portrait de femme au visage allongé, avec un éventail. Il était très surprenant par sa couleur et son anatomie. Gertrude Stein dit qu'elle voulait l'acheter. Son frère avait trouvé entretemps une femme vêtue de blanc sur une pelouse verte, et il voulait l'acheter. Ils ont donc décidé d'acheter deux choses, comme d'habitude, ils sont allés au bureau du secrétaire du Salon pour se renseigner sur les prix. Ils n'étaient jamais allés encore dans la petite pièce du secrétaire d'un Salon et c'était passionnant. Le secrétaire chercha les prix dans son catalogue. Gertrude Stein a oublié combien ça coûtait, et même de qui c'était, la robe blanche et le chien sur la pelouse verte, mais le Matisse était à cinq cents francs. Le secrétaire expliqua que, bien entendu, on ne payait jamais le prix demandé par l'artiste, on faisait une offre. Ils ont demandé combien ils devaient proposer. Il leur a demandé combien ils étaient prêts à débourser. Ils ont dit qu'ils ne savaient pas. Il leur a conseillé de proposer quatre cents, et il les tiendrait au courant. Ils ont accepté et sont partis.*

Le lendemain, ils ont appris par le secrétaire que M. Matisse avait refusé l'offre. Que voulaient-ils faire ? Ils ont décidé de revenir au Salon pour regarder à nouveau le tableau. Ils l'ont fait. Les gens se tordaient de rire devant le tableau et essayaient de le griffer. Gertrude Stein ne comprenait pas pourquoi. Le tableau lui semblait parfaitement normal [...] *et elle ne comprenait pas pourquoi il énervait tout le monde. Son frère était moins séduit mais il était tout de même d'accord et ils ont acheté le tableau. Ensuite, elle est retournée le voir et ça l'a rendue malade de voir tout le monde se moquer.* [...]

Peu après l'acquisition du tableau ils ont tous demandé à se rencontrer. Gertrude Stein ne se rappelle pas si c'est Matisse qui a écrit pour demander ou si c'est eux. En tout cas, ils n'ont pas tardé à se connaître et à se connaître très bien. [...] Matisse avait à peu près trente cinq ans à l'époque, il était déprimé. Ayant assisté au vernissage du Salon et entendu ce qu'on disait de son tableau et vu ce qu'on essayait de lui faire, il n'est plus revenu. Sa femme y est allée toute seule. Il restait chez lui, et il était malheureux. C'est comme ça que Mme Matisse présentait les choses. Et puis est arrivé un petit mot du secrétaire du Salon, disant que quelqu'un avait fait une offre pour le tableau, une offre de quatre cents francs. Matisse peignait Mme Matisse en gitane tenant une guitare. Matisse était ravi. Bien sûr que j'accepte, a dit Matisse. Ah non, a dit Mme Matisse, si ces gens s'y intéressent assez pour faire une offre, ils s'y intéressent assez pour payer le prix que tu as demandé et, a-t-elle ajouté, avec la différence on achètera des vêtements d'hiver à Margot. Matisse a hésité mais il s'est laissé convaincre finalement, et ils ont envoyé un mot pour dire qu'il voulait le prix demandé. Il ne s'est rien passé. Matisse était dans tous ses états et très fâché. Et puis au bout d'un jour ou deux, pendant que Mme Matisse posait encore avec la guitare et que Matisse peignait, Margot leur a apporté un petit bleu. Matisse l'a ouvert et a fait une grimace. Mme Matisse s'est affolée, elle a imaginé le pire. La guitare est tombée. Qu'est-ce qu'il y a, a-t-elle demandé. Ils l'ont acheté, a-t-il répondu. Pourquoi est-ce que tu prends cet air catastrophé, tu me fais peur et tu casses peut-être la guitare, a-t-elle dit. Je te faisais des signes pour t'annoncer la nouvelle, parce que j'étais trop ému pour parler.
Ainsi donc, concluait Mme Matisse triomphalement, vous voyez que c'est grâce à moi, que j'ai eu raison de m'en tenir au prix demandé, et Mlle Gertrude, qui tenait à l'acheter, s'est occupée de tout. L'amitié avec les Matisse s'est nouée très vite. Matisse travaillait à l'époque à sa première grande décoration, Le bonheur de vivre. Il faisait de petites études préparatoires, des plus grandes et des très grandes. C'est dans ce tableau que Matisse a pour la première fois nettement réalisé son intention de déformer le dessin du corps humain afin d'harmoniser et d'accentuer les tons de toutes les couleurs pures mélangées seulement avec du blanc. Il utilisait ce dessin déformé comme on le fait d'une dissonance en musique, du vinaigre ou du citron en cuisine, ou des coquilles d'œuf dans le café pour le clarifier. Mes comparaisons viennent fatalement du domaine de la cuisine parce que j'aime manger et préparer des plats et je m'y connais un peu. En tout cas, c'était l'idée. Cézanne était arrivé à l'inachèvement et à la déformation par nécessité, Matisse l'a fait volontairement.» (Paris, Gallimard, 1934)

Inez Haynes Irwin rapporte, dans son *Journal* en date du 20 avril 1908, que Sarah Stein regrettait d'avoir laissé Leo acheter *La femme au chapeau* qu'elle ne se consolait pas de ne pas avoir acquis elle-même.
Ce fait est confirmé par Henri Matisse, vers 1950, dans une réponse à un questionnaire à Alfred Barr.
Rétrospectives Manet et Ingres au Salon. Présences de Jawlensky (6 œuvres) et de Kandinsky (12 œuvres) parmi les exposants grâce à la médiation de Serge de Diaghilev. Jawlensky rencontre Matisse au cours de son séjour à Paris.
Hans Purrmann, futur élève et collectionneur de Matisse, vient à Paris voir la rétrospective Manet au Salon et remarque les œuvres de Matisse.
Dans ses «Souvenirs» publiés en 1946, Purrmann raconte : *«Une exposition Manet au Salon d'Automne de 1905 me fit venir à Paris où je rejoignis mes amis* [...] *Les œuvres d'un groupe de jeunes peintres, dans une salle où ils exposaient pour la première fois, et d'où parvenaient, à l'occasion, des éclats de rire et des cris de rage, c'était un groupe de peintres que Vauxcelles baptise immédiatement "les Fauves", surnom qui leur resta. Les amis qui me firent visiter le salon, s'attendaient à ce que ces tableaux firent sur moi le même effet d'amusement irrité, et ils se montrèrent surpris de voir que ceux-ci, par leur nature nouvelle et sauvage, pouvaient me captiver. Ce fut le cas avant tout de deux toiles : une petite qui représentait une fenêtre à balcon ouverte sur la mer à Collioure, et une autre, plus grande représentant une femme avec un chapeau, tenant sur sa poitrine un éventail ouvert* [...] *C'étaient là les premières toiles d'Henri Matisse que je vis.* [...]

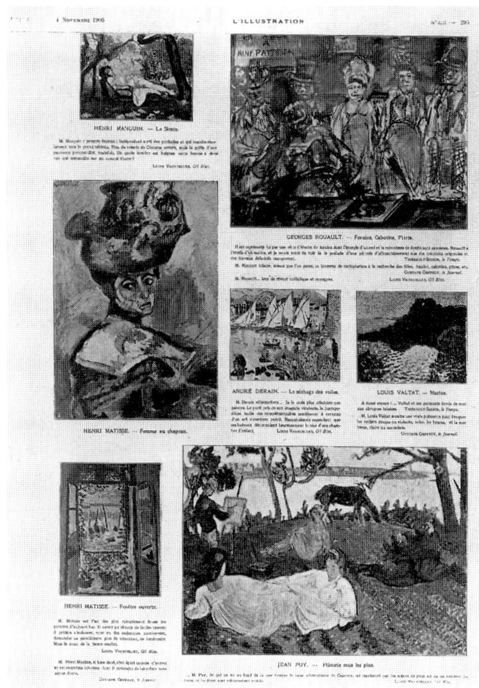
4 Novembre 1905 — L'ILLUSTRATION

HENRI MANGUIN. — La Sieste.

GEORGES ROUAULT. — Forains, Cabotins, Pitres.

HENRI MATISSE. — Femme au chapeau.

ANDRÉ DERAIN. — Le séchage des voiles.

LOUIS VALTAT. — Marine.

HENRI MATISSE. — Fenêtre ouverte.

JEAN PUY. — Flânerie sous les pins.

L'Illustration, 4 novembre 1905

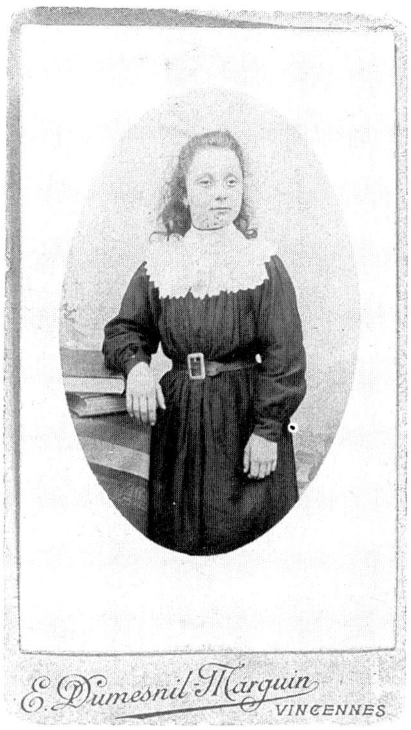

Marguerite Matisse, vers 1906
Archives Matisse, Paris

Après des débats passionnés sur l'art, le peintre et le sculpteur américain Maurice Stern, aujourd'hui très connu, me fit miroiter de m'introduire chez Leo Stein, dont les tableaux, les plus modernes qui fussent, qu'il avait rassemblés dans son atelier-rez-de-chaussée de la rue de Fleurus, pourraient m'offrir un complément au Salon d'Automne. [...] *Les murs étaient de bas en haut tapissés de tableaux !»* (Hans Purrmann, *Werk*, juin 1946)

21 octobre–20 novembre
Matisse expose 6 peintures chez Berthe Weill à côté de Camoin, Derain, Manguin, Marquet, Vlaminck et Dufy que Vauxcelles, dans *Gil Blas* du 26 octobre, évoquera : *« "les jeunes triomphateurs du Salon d'automne", des "imagiers terribles" qui s'égarent parfois en recherches d'une outrance difficile à pénétrer».*

1er–31 décembre
Dans une petite galerie-librairie de la rive gauche, rue de Lille, Prath et Maynier, Matisse expose avec Camoin, Guérin, Friesz, Manguin, Marquet, Vlaminck. La couverture du catalogue reproduit un de ses dessins de Collioure.

2 décembre
De Martigues, Camoin écrit à Matisse : *«... Et vous et toi ? Que fais-tu à Paris ? J'ai appris avec bien grand plaisir, par Marquet, que lui et toi avez été envahis par les amateurs et marchands – Veinards... J'espère bien aller vous voir au mois de mars pour les Indépendants, mais ne manque pas de me donner de tes nouvelles».* (Archives Camoin. Cité par Giraudy, 1971, p. 10).

1906

3 janvier
Marquet répond favorablement à Élie Faure qui lui propose d'exposer ses œuvres et ajoute *«le plaisir avec lequel j'accepte serait encore plus grand si vous pouviez inviter mon ami Matisse avec qui j'ai toujours exposé et qui ferait certainement honneur à votre exposition».* (Archives Marquet, Paris. Catalogue d'exposition *The Fauve Landscape*, Los Angeles, 1990)

14 janvier
Avec Henri Manguin et Leo Stein, Matisse visite une importante collection privée de Cézanne (peut-être celle d'Auguste Pellerin ?).
Dans une lettre adressée à Angrand, Signac désapprouve la nouvelle toile sur laquelle travaille Matisse, *Bonheur de vivre : «sur une toile de 2,50 m il a entouré d'étranges silhouettes par un trait aussi épais que votre pouce. Puis il a couvert la chose entière de couleurs plates, lisses, qui, bien que pures, vous donnent la nausée... cela évoque le pire Ranson, le plus détestable cloisonnisme...»* (Archives Angrand. Cité par Catherine C. Bock, *Henri Matisse and Neo-Impressionism*, Ann Arbor, 1987)

15 janvier
Sarah Stein accompagne Etta Cone chez Matisse ; celle-ci lui achète deux dessins (elle en donnera un à Sarah Stein), et un mois plus tard une aquarelle, *Port de Collioure* (100 francs) ainsi qu'un dessin *Nu* (50 francs). Peu de temps après, elle fera l'acquisition de sa première peinture de Matisse : *Pot jaune de Provence* (première des 43 peintures de Matisse de la future collection des deux sœurs de Baltimore, Etta et Claribel Cone). Etta n'achètera plus d'autre œuvre de Matisse avant 1922.
Matisse exécute ses premières lithographies et gravures sur bois.

22 février–25 mars
13e exposition de La Libre esthétique à Bruxelles, organisée par Octave Maus qui invite pour la première fois Matisse (7 œuvres) avec Maillol, Manguin, Marquet, Jean Puy... Dans sa préface, Maus évoque *«le tempérament d'un grand peintre* [chez Matisse] *et le voulu de sa méthode».*

8 mars
De Londres, Derain écrit à Matisse *«les femmes sont très curieuses par leur hypocrisie et la plupart admirables de beauté. J'ai vu dans les rues des jeunes filles très blondes de cheveux entortillés comme en désordre avec des nattes serrées autour d'une tête à ton mat d'ivoire légèrement teinté de rose aux lèvres et aux joues ce qui rendait la peau verte avec des yeux évidemment bleus et des formes frêles qui m'ont fait penser que tout est dans son milieu. Ces visages là sont faits pour*

apparaître dans la brume des rues ou dans la froide tranquillité des intérieurs anglais et évoquent leur esprit qui désire, qui n'ose pas vivre et qui tourne sournoisement autour des choses.
Contrairement à la femme du midi au visage formidable de noblesse et de volupté comme nous le voyions l'année dernière, faite pour se mouvoir dans la pleine lumière, [qui] *affirme une ligne ample précise qui a infiniment plus de grandeur que ces formes indécises qui émergent du brouillard. Je ne pense pas qu'il faille préférer puisque cela complète ceci...»*
Derain donne son appréciation sur la peinture de Turner, Velasquez, Uccello vue dans les musées anglais, puis *«Il y a des statues de la Nouvelle Zélande en quantités. Je renonce à vous décrire. Je pense en rapporter des croquis qui vous intéresseront davantage...»* (Archives Matisse, Paris)

19 mars–7 avril
Exposition des œuvres de Matisse à la galerie Druet (ancien photographe, célèbre par ses reproductions "procédé Druet", Druet photographia une grande partie de l'œuvre de Matisse entre 1894 et 1916) : 55 peintures, 3 sculptures, aquarelles, lithographies et gravures sur bois de 1897 à 1906. L'exposition connaît un certain succès, mais Druet voudra baisser les prix. Ce sera là l'unique exposition personnelle de Matisse dans cette galerie. Michael et Sarah Stein achètent une étude à l'huile pour *Bonheur de vivre.*
Un ami de Matisse, Pierre Girieud, raconte dans son journal une visite à cette exposition : *«Je regardais ses toiles avec un amateur auprès de qui je les défendais, lorsque Matisse vint se mêler à notre entretien et devant une plage rouge il dit "Vous vous étonnez sans doute de voir une plage de cette couleur, en réalité elle était de sable jaune", je me rendis compte que je l'avais peinte avec du rouge, le lendemain j'essayais avec du jaune. Ça n'allait plus du tout, c'est pourquoi j'ai remis du rouge.»* (Archives Girieud)
Derain exprime son admiration à Vlaminck : «[Matisse] *est très doué. C'est indéniable».*

20 mars–30 avril
Paris, Salon des Indépendants, Matisse, membre de la commission de placement, présente une seule œuvre, *Bonheur de vivre,* qui suscite de nombreuses critiques dans la presse :
«Un artiste puissant et singulier comme M. Henri Matisse occupe, parmi les jeunes, une place trop haute pour qu'on s'abstienne de lui dire ce qu'on croit la vérité.
M. Matisse, de l'avis unanime, est un des plus fortement doués de la génération montante. Nous avons vu de lui des œuvres d'un chatoiement somptueux, d'un éclat de lainage oriental. Puis, saisi d'une noble inquiétude, il souhaita conquérir de plus riches effets de luminosité en empruntant la palette pointilliste. Son tableau des "Indépendants" de 1905, ses envois du récent "Salon d'Automne", marquèrent une étape dans cette voie. Mais la forme souffrait, sacrifiée. Aujourd'hui ce n'est plus à la suggestion de M. Paul Signac qu'il paraît obéir, mais à la périlleuse contrainte de M. Derain. Il a abandonné le point pour aboutir à une coloration par teintes plates.
Sa toile, qui ne sera pas comprise, s'intitule Le bonheur de vivre. *En des attitudes alanguies, des créatures aux belles hanches dorment, rêvent : l'une, debout, s'étire, les mains croisées derrière la tête ; d'autres jouent de la flûte de Pan ; à droite, une fille svelte jette ses bras en arrière, enlaçant de ce frais collier la tête de son amant... au centre de la composition, une ronde échevelée. Il y a là de grandes qualités : les masses s'équilibrent rythmiquement, le vert des arbres, le bleu de la mer, le rose des corps, immédiatement enveloppés du halo complémentaire violet, s'harmonisent et se marient, il émane de cette toile une sensation de joie rafraîchissante.*
Mais je me dois de signaler à M. Matisse ce que je crois son erreur. Qu'il ait voulu atteindre à la plus haute synthèse, je le sais. Mais une synthèse doit être précédée de longues et laborieuses analyses ; il ne faut pas confondre simplification et insuffisance, schématisme et vide. Il faut, en art, se méfier comme peste des théories, du système et de l'abstrait. Il ne faut pas, d'autre part, quand on exécute, rien abandonner au hasard, le grandissement au carreau d'une jolie esquisse est une erreur». (Louis Vauxcelles, *Gil Blas,* 20 mars)

Dans *Le Matin d'Anvers* du 23 mars : *«De l'avis des "esthètes" la toile de cette*

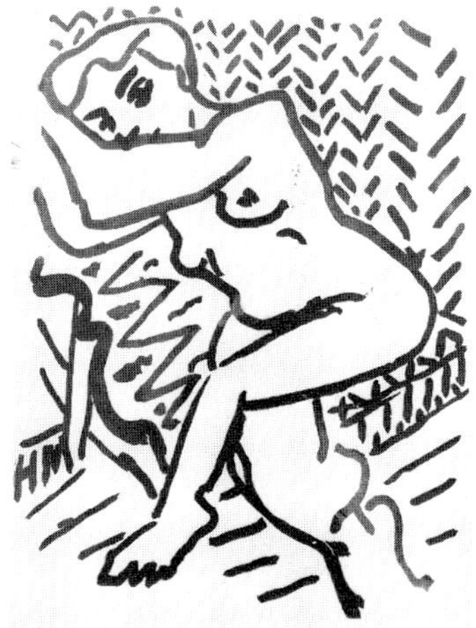

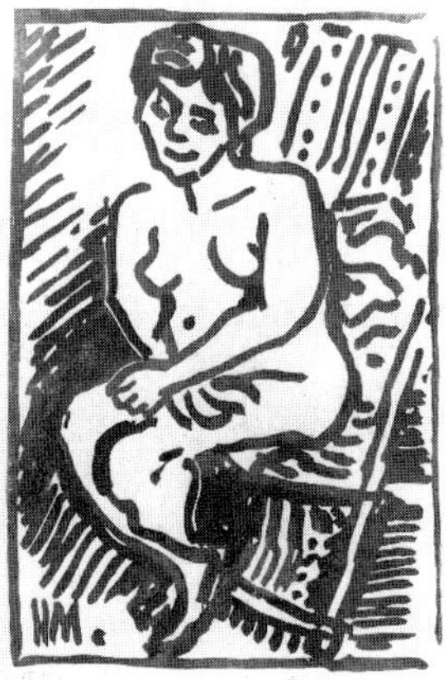

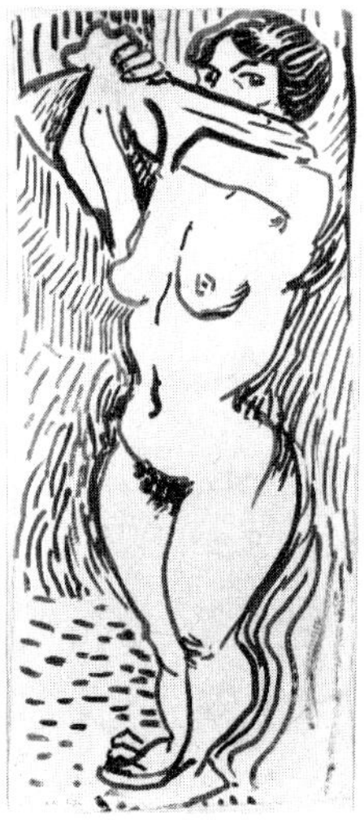

Nu penché
Gravure sur bois
Musée national d'art moderne, Paris

Nu assis
Gravure sur bois
Musée national d'art moderne, Paris

Nu debout
Gravure sur bois
Collection particulière

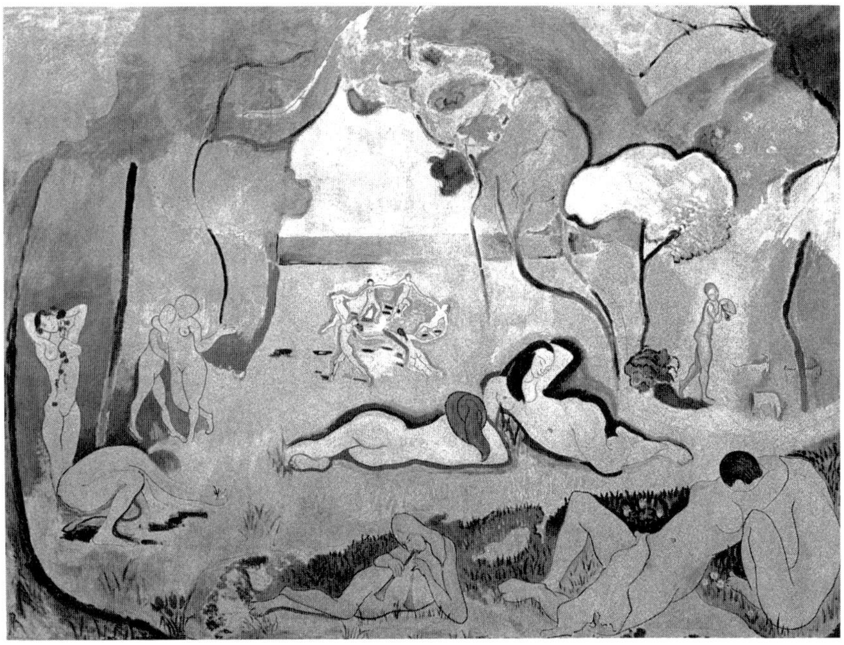

année est indéfendable. Et le pis est que M. Matisse fait école, qu'une foule d'autres gens le suivent dans ses divagations transcendantales. Il semble que ce soit la répercussion en peinture de cette crise que traversa la littérature durant cette funeste période symboliste où l'influence de Mallarmé et de Stanislas de Guaita stérilisèrent tant de talents».

«Autre "clou" vraiment sensationnel et qui fixe toutes les curiosités : Le bonheur de vivre *par M. Henri Matisse. Tout de même les plus hardis font des réserves et se demandent si c'est sérieusement que le peintre a pensé nous donner le goût de la vie en nous la peignant sous d'aussi invraisemblables couleurs. Nous ne sommes pas encore mûrs, je crois, pour cette forme d'art. Mais patience ! Un jour viendra sous doute où cette forme sera classique...»* (A. Boisard, *Le Monde illustré,* 31 mars)

«Henri Matisse, soudainement épris de synthèse à outrance simplifie, schématise, et nous donne, sous prétexte d'art pictural, de pures "figures théoriques". Le tableau de M. Henri Matisse dénonce l'abus de l'abstraction systématique, la toile paraît vide...» (Charles Morice, *Mercure de France,* 15 avril)

«Un artiste, et non des moindres, nous disait hier : "Le véritable Salon de Paris, c'est l'exposition des Indépendants". Les Indépendants, dans leurs baraquements provisoires qui sentent la barricade, affirment des tendances personnelles, des visions inédites et diverses. Si l'art hermétique de M. Henri Matisse nous demeure fermé Le bonheur de vivre *paraît échapper au domaine pictural et plonger dans des réalisations scientifiques dont la clé nous manque, il n'en constitue pas moins une tentative dont l'intérêt est indiscutable. L'artiste a prouvé par trop d'œuvres antérieures la qualité supérieure de son esthétique pour que nous rejetions d'emblée, bien qu'il semble erroné, son dernier effort.*
Cette conception singulière, aussi éloignée de la vérité que des formes expressives habituelles, procède d'une pensée plus musicale (ou littéraire) que plastique. Mais n'a-t-on pas fait le même reproche à une foule d'œuvres d'aujourd'hui consacrées ? Et le Dimanche à la Grande-Jatte *de Georges Seurat n'a-t-il pas excité naguère autant (ou à peu près) d'éclats de rires, d'injures et de vitupérations que n'en soulève aujourd'hui* Le bonheur de vivre ? *Henri Matisse est, à la vérité, plus dédaigneux encore des canons usités, plus intransigeant et plus "agressif", dans un certain sens, que Georges Seurat. Mais c'est un artiste, indubitablement, et dès lors il ne faut pas juger à la légère ses plus déconcertantes recherches.»* (Octave Maus, *L'Art moderne,* 29 avril)

Leo Stein, surpris et quelque peu déçu de sa première visite au Salon avec Maurice Sterne, revient l'étudier à plusieurs reprises, puis considérant qu'il s'agit là de l'œuvre *«la plus importante de notre temps»* se décide à l'acheter.
Le collectionneur moscovite Serguei Stschoukine visite le Salon avec son fils Ivan, fortement impressionné par la toile de Matisse.

printemps
Gertrude Stein, au cours d'une des soirées du samedi, rue de Fleurus, fait se rencontrer Matisse et Picasso.
Fernande Olivier, la compagne de Picasso à l'époque, décrit ainsi Matisse : *«Le type du grand maître : visage aux traits réguliers, à la forte barbe dorée, Matisse était sympathique. Il semblait cependant se dérober derrière ses grosses lunettes, réservant l'expression de son regard mais parlant longuement dès qu'on l'entreprenait sur la peinture.*

Le bonheur de vivre, 1906
Huile sur toile
The Barnes Foundation, Merion

Il discutait, affirmait, voulait convaincre. Il avait déjà près de 45 ans, très maître de lui à l'encontre de Picasso, timide, toujours un peu maussade et gêné dans ces sortes de réunions. Matisse brillait et s'imposait. Ils étaient les deux artistes de qui on attendait le plus.» (Fernande Olivier, *Picasso et ses amis*, Paris, Stock, 1933)

Matisse achète son premier masque africain, d'origine congolaise, il est l'un des tout premiers à s'intéresser à cet art. Gelett Burgess témoignera à ce sujet deux ans plus tard : *«Depuis que Matisse a attiré l'attention sur ses "volumes" tous les Fauves ont mis à sac les magasins de curiosités à la recherche d'art nègre».* Max Jacob évoque cette rencontre en 1932, dans *Les Nouvelles Littéraires : «J'ai écouté ses belles conversations avec Picasso : il exposait souvent des théories sur la couleur, les rapports entre la surface peinte et l'éclat de la coloration* [...] *Ses lunettes d'or lui donnent l'air d'un savant, ses propos prouvent qu'il en est un et des plus intelligents* [...] *Nous dînâmes un jeudi soir quai Saint-Michel, Salmon, Apollinaire, Picasso et moi* [...] *Or, Matisse prit sur un meuble une statuette de bois noir et la montra à Picasso. C'était le premier bois nègre. Picasso le tint à la main toute la soirée. Le lendemain matin quand j'arrivais à l'atelier, le plancher était jonché de feuilles de papier Ingres. Sur chaque feuille un grand dessin, presque le même : une face de femme avec un seul œil, un nez trop long confondu avec la bouche, une mèche de cheveux sur l'épaule. Le cubisme était né».*
Dans son *Autobiographie d'Alice Toklas*, Gertrude Stein précise que c'est *«lui* [Matisse] *qui avait fait connaître à Picasso la sculpture nègre* [...] *ce fut Matisse dont la peinture et la sculpture dénotèrent d'abord l'influence de l'art nègre* [...] *qui attira l'attention de Picasso sur l'art nègre juste à l'époque où il venait de terminer le portrait de Gertrude Stein».*
Enfin Matisse déclarera à Courthion en 1941 : *«Je passais très souvent rue de Rennes devant une boutique de marchand de curiosités exotiques chez le Père Sauvage... il y avait tout un coin de petites statues en bois d'origine nègre. J'étais étonné de voir comment c'était conçu au point de vue du langage sculptural... Je regardais ça assez souvent, m'arrêtais chaque fois que je passais là,*

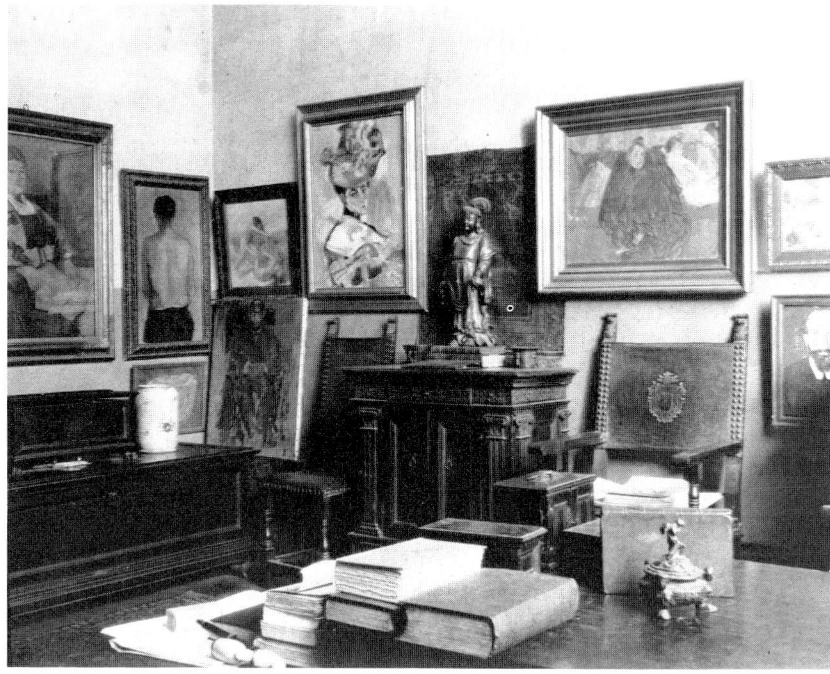

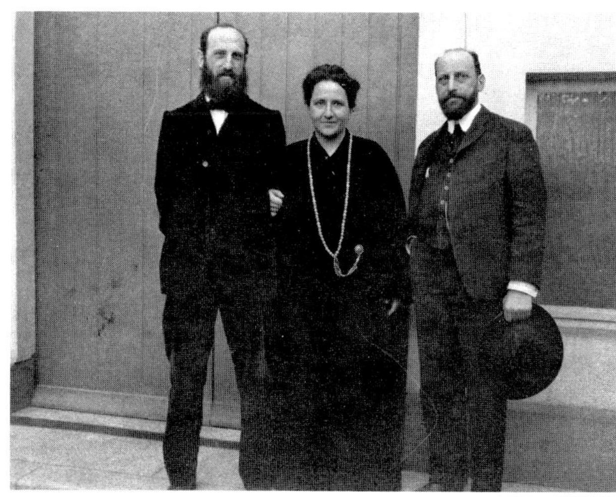

Dans l'appartement de Gertrude Stein et de Leo Stein, début 1906, 27, rue de Fleurus, Paris

Leo, Gertrude et Michael Stein dans la cour du 27, rue de Fleurus, vers 1906,

Photos Cone Archives, Baltimore

n'avais pas du tout l'intention d'en acheter et puis, un beau jour, je suis entré, j'en ai acheté une cinquante francs. J'allais chez Gertrude Stein, rue de Fleurus, je lui ai montré la statue – Picasso est arrivé... C'est là que Picasso a remarqué la sculpture nègre».

mai

Départ pour Perpignan, puis voyage en Algérie du 10 au 26 mai : Alger, Constantine, Batna, Biskra. Dans les cartes postales envoyées d'Algérie à Manguin, Matisse exprime sa fascination devant les paysages nord-africains et la population : *«On a bien conscience qu'il faudrait passer plusieurs années dans ces pays pour en tirer quelque chose de neuf et qu'on ne peut prendre sa palette et son système et l'appliquer»* écrit Matisse à Manguin. (Archives J.-P. Manguin)
«Ne me méprise pas trop je te promets de t'écrire aussitôt rentré à Perpignan – c'est-à-dire demain... Je quitte l'Algérie y étant resté trop peu de temps pour travailler car c'est un gros morceau, le pittoresque y abonde, mais pour voir plus loin il faudrait y vivre quelques mois. J'y suis depuis quinze jours et j'ai 8 jours au moins passés en chemin de fer et en bateau.» (Carte postale envoyée d'Alger, le 23 mai, à Henri Manguin. Archives J.-P. Manguin)
De Constantine, Matisse envoie une carte postale à Derain : *«Beau pays! mais quelle chaleur! je vais foutre le camp sans avoir rien fait.»*
Matisse rapporte des poteries et des tissus qu'il inclura aussitôt dans ses peintures.

22 mai

Arrivée de Kandinsky à Paris qui visite salons et galeries : il voit des œuvres de Matisse chez Vollard, Druet. Il émet des réserves sur l'œuvre dont il n'apprécie guère l'aspect décoratif. A-t-il rencontré les Stein par l'intermédiaire de Hans Purrmann ?

26 mai

Au Cercle de l'art moderne fondé au Havre par Charles Braque (père de Georges Braque), le «comité de peinture» composé de Friesz, Dufy, G. Braque, présente des œuvres de Braque, Derain, Dufy, Friesz, Manguin, Marquet, Matisse... 2 toiles de Matisse y seront vendues pour 550 francs dont *La plage rouge*.

fin mai

Dans une lettre à Manguin, Matisse l'encourage à aller voir son *«grand tableau», Bonheur de vivre,* déjà accroché au mur de l'appartement de Gertrude Stein.
Première visite du collectionneur russe Serguei Stschoukine à l'atelier Matisse dont il eut l'adresse par le marchand de tableaux Ambroise Vollard. Stschoukine possédait déjà plusieurs œuvres anciennes de l'artiste. Il lui achète une nature morte, *Vaisselle à table* (1900), un dessin et 2 lithographies.
Matisse évoquera cette visite à Tériade : *«il* [Stschoukine] *vint un jour quai Saint Michel voir mes tableaux. Il remarqua une nature morte accrochée au mur et dit "Je l'achète, mais il me faut d'abord l'avoir chez moi plusieurs jours et si je peux la supporter, et qu'elle m'intéresse toujours, je la garderai". J'eus la chance qu'il pût supporter cette première épreuve sans mal et que ma nature morte ne le fatiguât pas trop. C'est ainsi qu'il revint et me commanda une série de grands tableaux destinés à la décoration de sa maison de Moscou, l'ancien palais des princes Troubetskoy».* («Matisse Speaks», *Art News Annual*, 1952, traduit par Dominique Fourcade, *Henri Matisse. Écrits et propos sur l'art*, Paris, 1972, pp. 118-119)

début juin

Matisse écrit à Manguin qu'il a vendu *La femme au chapeau* aux Stein (sans doute le règlement de la toile retenue dès la fin du Salon d'Automne de l'année précédente) et à Stschoukine une *Grande nature morte* et deux lithographies.

fin juin

Matisse écrit à Manguin *«qu'il vient de faire 1° affaires avec Vollard, ca 2 200* [francs] *(tableaux anciens); 2° affaires avec Druet, ca 2 000 (tableaux nouveaux) 3° mon grand tableau est placé chez Stein rue de Fleurus.*
L'encourage à venir le rejoindre à Collioure où il lui a trouvé *«une maison avec vue panoramique sur la mer, les bateaux, les montagnes.»* (Archives J.-P. Manguin)
Retour de Matisse à Collioure où il restera jusqu'au début du mois d'octobre.
Matisse à Manguin : *«Pour le nu, je vais tous les matins à 6 heures dans les bois de la montagne avec ma femme qui pose tranquillement. Nous y sommes allés une dizaine de fois, nous n'avons jamais été dérangés. Mais il y a une heure de marche et il faut revenir à 10 ou 11 heures du matin par la forte chaleur c'est assez dur... La maison est bien mais sans jardin. A bientôt je l'espère».* (Archives Matisse, Paris)
Passage à Collioure de collectionneurs de Gauguin : Gustave Fayet et Maurice Fabre.

12 juillet

«Quand viens-tu Manguin ? Nous sommes en juillet je suppose que le travail t'a repris tout entier et que Cavalière s'est enfin révélé riche de motifs. Tu fais des choses épatantes m'écrit Cross – Veinard! Amitiés à vous deux et aux Cross – Henri Matisse.» (Archives J.-P. Manguin).
Manguin arrive à Collioure ce même jour et repartira le 14 août.

2 août

De l'Estaque, Derain écrit à Matisse : *«Votre lettre m'a comblé de joie car je dois avouer que j'étais un peu inquiet, je craignais fort que vous n'ayez contre moi quelque chose et que vous craigniez de me le dire.* [...] *J'ai bien des choses à vous raconter. Vlaminck a vendu à Vollard* [...] *Je suis à l'Estaque après bien des péripéties* [...] *Ici les paysages sont très jolis, la lumière est plutôt plus claire qu'à Collioure mais aussi douce. Seul le paysage n'est pas aussi pittoresque, pas aussi italien que celui de Collioure. Cependant derrière il y a de hautes montagnes de craie couvertes de bois de sapins qui sont superbes de sauvagerie et de luminosité...»* (Lettre citée par Kellermann, *Catalogue raisonné de l'œuvre d'André Derain,* Paris, galerie Schmit, 1992, t. I)

début août

Matisse écrit à Jean Biette de Collioure : *«... Depuis que je suis à Collioure, j'ai bûché sur nature en oubliant toute méthode ou plutôt sans me rendre l'esclave d'aucune. Je crois qu'adopter une méthode trop tôt ne vaut rien, car nous ne mettons dans notre travail que ce que nous avons de meilleur* [...] *Je suis resté sans écrire à Derain depuis deux mois pour éviter de remuer mes idées. Derain avec qui j'ai beaucoup discuté depuis un an me croyait fâché. Je viens d'avoir de ses nouvelles. Il est dans les mêmes dispo-*

sitions d'esprit que moi. (Il est à l'Estaque). Il dit même que son travail ne va pas fort !» (Archives Matisse, Paris)

septembre

Dans une lettre à Gertrude, Sarah Stein écrit de San Francisco où elle est retournée quelques semaines : *«Mickey* [Michael] *a accroché les Matisse et depuis que la nouvelle s'est répandue dans la ville, je suis devenue une "lady" très populaire»*. Un de leurs amis, le peintre George F. Of, leur demande ainsi de lui acheter une œuvre de Matisse. Quelques mois plus tard, ils feront l'acquisition pour lui de *Nu dans la forêt*.
De Collioure, Matisse s'inquiète auprès de Marquet de sa sélection pour le Salon d'Automne.
Une exposition à la Société artistique de l'Aube à Troyes, organisée par le peintre Gublin, présente deux toiles de Matisse : une nature morte et une vue de Notre-Dame.

10 septembre

Retour de Mme Matisse et des enfants à Paris tandis que le peintre reste à Collioure où il rencontre Terrus fréquemment.

20 septembre

Il est important pour Matisse de faire partie du jury de réception des Salons, comme le démontre la lettre envoyée à Manguin : *«Sacré Manguin, si tu avais l'intention d'aller au jury en cas d'élection pourquoi foutre le camp pendant 3 jours pendant lesquels on pouvait te faire savoir ta nomination. C'est bien mal réfléchir. Surtout que tu avais les plus grandes chances d'être élu. Marquet m'avait écrit il y a une dizaine de jours : "Manguin en sera presque certainement". Et étant donné que tous nos amis en avaient été déjà, il était sûr qu'ils n'en seraient plus cette année. C'est ennuyeux de lâcher une occasion de combat comme celle-là quand on désirait l'accepter à un moment de lutte comme le nôtre. Enfin tant pis, nous ramasserons les morceaux après la bataille.»* (Lettre citée par Schneider, Paris, 1984)

fin septembre–début octobre

Matisse revient à Paris, une partie de sa production de l'été déjà vendue à Vollard et Druet, et espère vendre le reste à Fénéon.

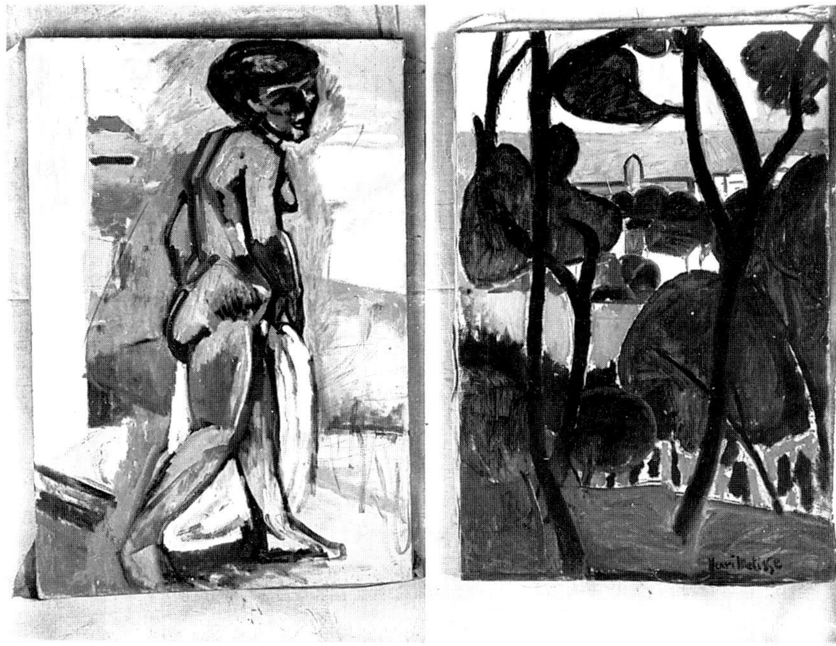

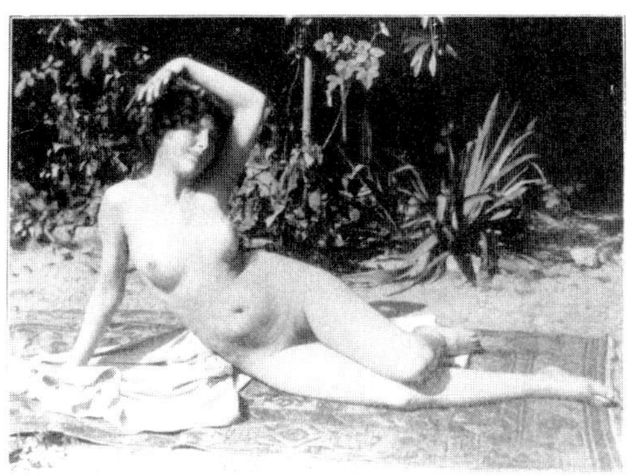

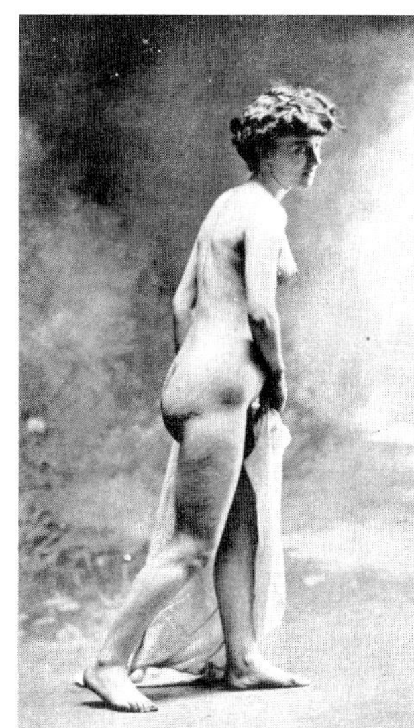

Nu debout (en cours)
Photo Fonds Marc Vaux, Documentation du Musée national d'art moderne, Paris

Florentine
L'Humanité féminine, 22 décembre 1906
Collection particulière

Sujet évoquant l'idée de surprise ou de pudeur
Mes Modèles, août-octobre 1906
Collection particulière

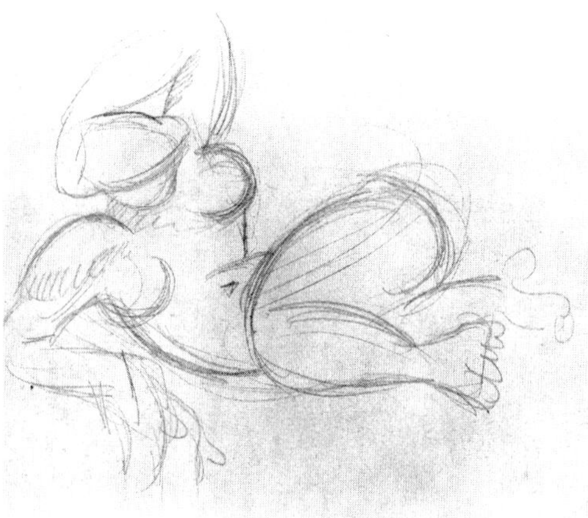

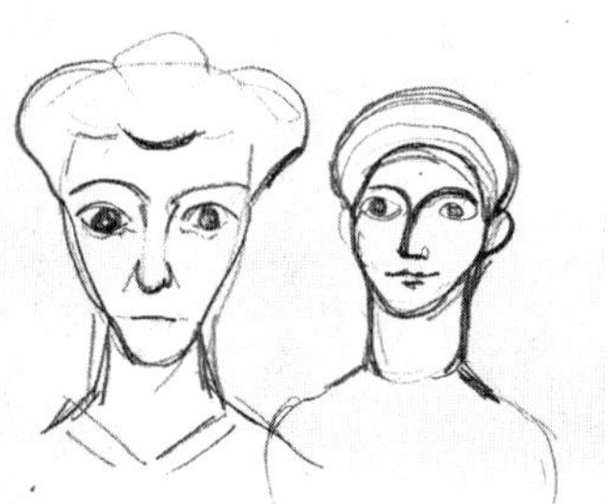

Nu couché
Crayon sur papier
Collection particulière

Étude de deux visages
Crayon sur papier
Musée national d'art moderne, Paris

4 octobre
La veille de l'ouverture officielle du Salon d'Automne, le marchand Druet achète toutes les toiles que Matisse expose et les revend aussitôt à Gustave Fayet.

6 octobre–15 novembre
Paris, Salon d'Automne, 5 toiles de Matisse : *Liseuse, Nature morte : tapis rouge, Nature morte à la statuette, Fleurs, Paysage.*
«Matisse s'est ressaisi et son voyage au pays des Ilotes ne lui aura pas nui. Il revient au profond et laineux chatoiement de ses toiles d'il y a quatre ans. Plus d'abstraction, plus de peintures "en soi" dans l'absolu des "tableaux noumènes". La salle III, la salle des fauves, inquiète les visiteurs, mais les railleurs sont déçus par l'aspect assagi des tableaux de Matisse. Deux tableaux seront achetés par Marcel Sembat, le député socialiste de Montmartre.» (Louis Vauxcelles, *Gil Blas,* 5 octobre)
A ce Salon, rétrospectives Courbet et Gauguin.

22 octobre
Mort de Cézanne à Aix-en-Provence.

novembre
Matisse est de retour à Collioure où le rejoindront sa femme et Marguerite. Visites régulières chez Maillol qui habite près de Banyuls. Travaille à des tableaux d'après les poses des revues *Mes modèles* et *L'Humanité féminine.*

14 décembre
Matisse donne à Manguin son opinion sur son travail récent : *«Je trouve que tes couleurs sont posées d'une façon catégorique et très pure, c'est une grande qualité. Tes éléments sont bien nets, on ne peut discuter leur qualité intrinsèque mais je ne vois pas ce qu'ils expriment une fois réunis. Prenons un bleu ou un rouge, exprime-t-il soit un ton local, soit un ton harmonique. La réunion de tous les tons d'un de tes tableaux ne constitue pas une expression».* (Archives J.-P. Manguin)

30 décembre
Manguin annonce à Matisse que Fénéon est désormais associé à la galerie Bernheim-Jeune pour le domaine contemporain.

1907

1er janvier
De Paris, Derain écrit à Matisse : *«... Paris n'a pas été passionnant cet hiver. Rien de bien marquant* [...] *Signac triomphe chez Bernheim* [...] *Pour moi j'ai peu travaillé, très peu cet hiver. Je n'ai rien fait mais j'ai réfléchi beaucoup. J'ai causé beaucoup, j'ai écouté encore davantage. Ce que j'ai cru ressentir de ces conversations c'est surtout que ce n'est pas encore à notre génération qu'échouera le bonheur de se mouvoir dans ce monde extrêmement pur qui semble découler a priori des idées de la transposition et ses conclusions. Nous sommes encore nous-mêmes les ouvriers de la première heure et nous travaillons encore dans un champ inculte qui ne produira que dans de très lointaines échéances. Pour le moment nous devons savoir attendre sans nous affaiblir cependant.»* (Cité par Kellermann, *Catalogue raisonné de l'œuvre de Derain,* Paris, galerie Schmit, 1992, t. I)

mi–janvier
Matisse travaille depuis quelques semaines sur *Nu couché,* la plus importante de ses sculptures à ce jour. La chute accidentelle du modèle original en terre le met au désespoir et l'incite à commencer la peinture *Nu bleu : souvenir de Biskra.*

février
Matisse et sa femme visitent la région des Pyrénées orientales : Prades, Vernet les Bains avec Terrus.
De Narbonne, Matisse écrit à Manguin au sujet d'un cadre style Louis XVI pour une toile de format particulier (90 × 138 cm). S'agit-il du *Nu bleu : souvenir de Biskra* qu'il souhaite présenter au Salon des Indépendants ?
Vente d'une toile de Matisse par Berthe Weill *(Paysage avec roches rouges).*

23 février
Fénéon écrit à Matisse : *«La famille Bernheim m'a confié la direction de la galerie de la rue Richepanse, je serais donc heureux de mettre en circulation de votre peinture»* (Archives Matisse, Paris). C'est le début d'une longue et importante relation avec la galerie Bernheim-Jeune.

1er mars
Fénéon achète pour la première fois pour la galerie Bernheim des toiles de Matisse :

Les tapis rouges, Le géranium et une marine de Collioure.

début mars
Retour de Matisse à Paris.

11 mars
Fénéon précise par lettre à Matisse : «*Je vous confirme notre récente convention verbale, vous accordez la première vue sur tous les tableaux. Après entente sur le prix, le droit de les acheter tous et l'obligation d'en acheter la majeure part*». (Archives Matisse, Paris)

mars–avril
5 dessins de Matisse à l'exposition «Paul Gauguin et les autres» à la galerie Miethke à Vienne, regroupant autour de Gauguin, Signac, Puy, Matisse et Marquet.
S'initie à la céramique chez André Metthey à Asnières : il décore des plats et un grand triptyque pour la maison de Karl-Ernst Osthaus à Hagen sur le thème du satyre et de la nymphe. Sa toute première réalisation sera offerte à Sarah Stein.

20 mars–30 avril
Paris, Salon des Indépendants. Derain y expose *Baigneuses,* Matisse *Tableau n° III* (en fait *Nu bleu : souvenir de Biskra*) qui sera acheté par Leo Stein et sa sœur, ainsi que deux dessins (l'un d'entre eux sera acquis par Kahnweiler) et trois gravures sur bois.
«*Une chapelle s'est constituée où officient 2 prêtres impérieux MM. Derain et Matisse. Le dogme consiste en un schématisme vacillant proscrivant au nom de je ne sais quelle abstraction picturale modelé et volumes. Cette religion nouvelle ne me séduit guère. J'admets ne pas comprendre*» (Louis Vauxcelles, *Gil Blas,* 20 mars)
Forte impression de *Nu bleu* sur Picasso qui travaille alors *Les Demoiselles d'Avignon.*
Georges Duthuit découvre la peinture de Matisse à ce Salon.

30 mars–15 avril
Exposition chez Berthe Weill de dessins, croquis, pastels et aquarelles de Camoin, Derain, Dufy, Friesz, Manguin, Marquet, Matisse (4 nus), Puy. «*Les artistes qui par cette intéressante exposition, nous font la confidence de leurs méthodes de travail appartiennent à un petit groupe où l'on célèbre le culte de Cézanne : M. Henri Matisse, théoricien volontaire et coloriste-né, y joue un rôle prépondérant.*» (Roger Marx, *La Chronique des arts et de la curiosité,* 30 mars)

22 avril
De retour à Collioure, Henri Matisse écrit à Kahnweiler : «*L'administration du Salon des Indépendants m'informe que vous avez acheté le dessin que j'ai exposé sous le n° 1242 pour la somme de 200 francs que j'ai demandée. J'accepte avec grand plaisir votre proposition dont je suis flatté. Ne me trouvant pas à Paris, je vous prie Monsieur de prendre le dessin au Salon des Indépendants à la clôture*». (Archives galerie Louise Leiris, Paris)
Kahnweiler conclut des accords un peu plus tard avec Picasso, Braque, Derain, mais «*Matisse était déjà trop grand pour moi*», déclarera-t-il.

mai
Deux dessins de Matisse au Salon Nemzeti à Budapest.
Stschoukine désirant montrer sa collection de peintures au public fait réaménager son hôtel à Moscou.

début juin
2e exposition au Cercle d'art moderne du Havre avec un catalogue préfacé par Fernand Fleuret, Matisse y est représenté par 2 œuvres.
De Collioure, à Jean Aubry, secrétaire de la Société des Beaux-Arts du Havre et du Cercle d'art moderne, Matisse précise : «*Malgré le grand plaisir que j'aurais de vendre le* Paysage algérien, *dont je suis très satisfait, à M. Van de Velde, il m'est absolument impossible de le diminuer pour la raison que j'en ai fait le prix au plus juste*». (Archives Matisse, Paris)

13 juillet
Dans une lettre adressée à Félix Fenéon, Matisse dit envoyer quatre toiles dont les aplats rouges ne sont pas tout à fait secs. Il recevra 1 800 francs pour les 4 peintures. Le mois suivant, il lui enverra plusieurs autres tableaux dont les *Aloès,* une *Baigneuse, La musique* (400 francs chaque), *La toilette* (900 francs), *Tête d'expression* (800 francs).

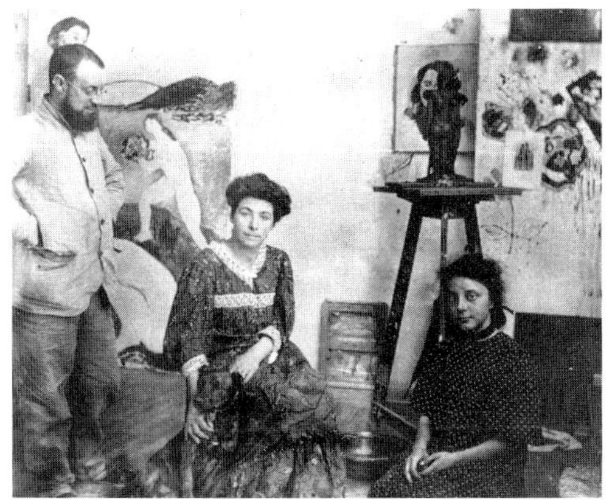

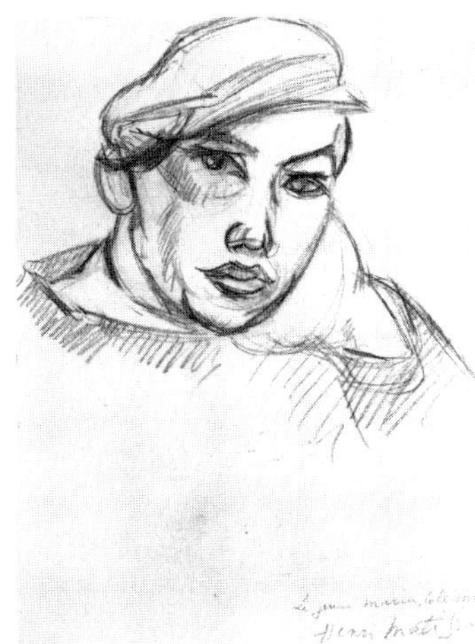

Henri Matisse, Amélie Matisse, Marguerite
Collioure, été 1907
Archives Matisse, Paris

Le jeune marin
Crayon sur papier
Art Gallery of Ontario, Toronto

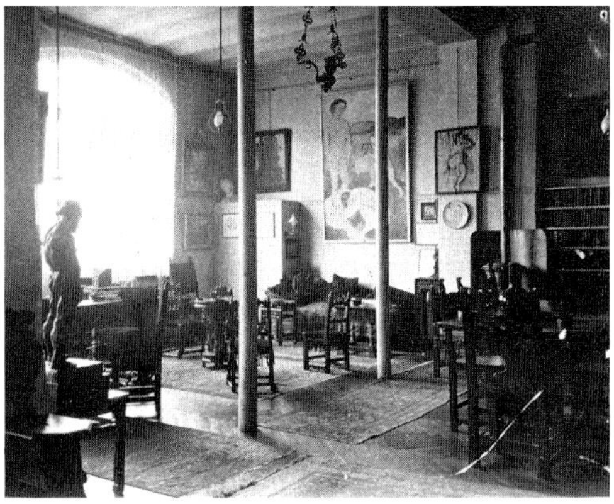

Dans l'appartement de Michael et Sarah Stein, 58, rue Madame, Paris

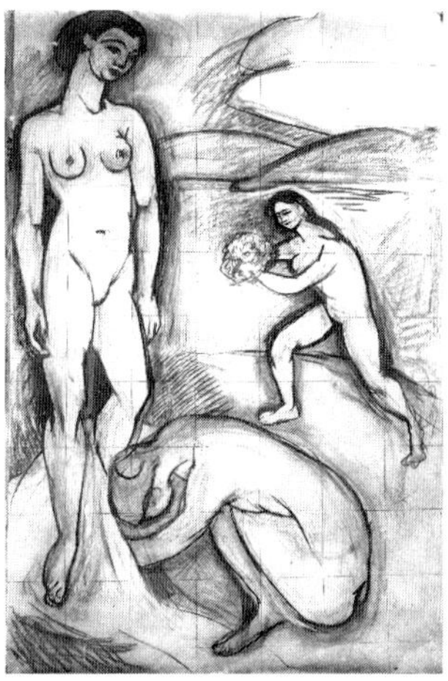

Étude pour Luxe I,
Fusain sur papier
Photo Fonds Marc Vaux, Documentation du Musée national d'art moderne, Paris

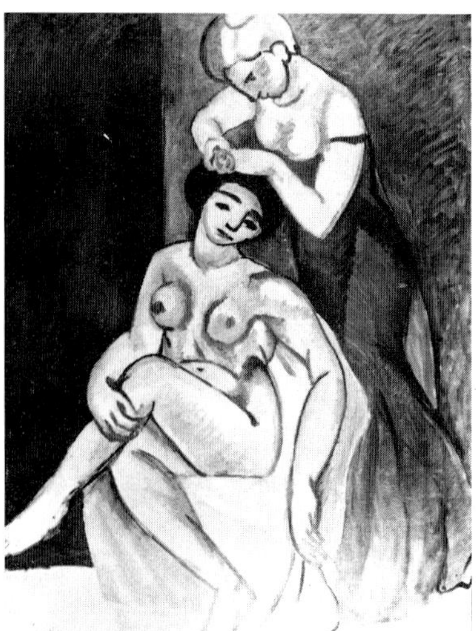

La coiffure
Huile sur toile
Staatsgalerie, Stuttgart

14 juillet
Félix Fénéon écrit à Leo Stein pour lui signaler la présence à Paris de Thomas Whittemore, qui souhaiterait avoir son avis au sujet d'un tableau de Matisse qu'il veut acheter chez Bernheim.

14 juillet–14 août
Suivant les conseils de Leo Stein qui séjourne chaque été à Fiesole, Henri Matisse et sa femme quittent Collioure pour aller visiter l'Italie. Ils s'arrêtent à Cassis où ils rencontrent Pierre Girieud et Derain ; ce dernier en rendra compte à Vlaminck : *«j'ai vu Matisse une seconde fois. Il est passé avec sa femme, ici, se rendant en Italie, il m'a montré les photos de ses toiles ; c'est tout à fait épatant. Je crois qu'il franchit la porte du septième jardin, celui du bonheur. Braque et Friesz sont dans un pays à côté d'ici. Ils sont davantage préoccupés de parvenir à un accomplissement différent de leur personnalité, à la perfection neutre.»* (André Derain, *Lettres à Vlaminck*, Paris, Flammarion, 1955).
Il voit Braque et Friesz à la Ciotat, Cross à Saint Clair, Manguin à Saint-Tropez.
Vers le 26 juillet, les Matisse séjournent à Fiesole à l'Hôtel Italia, rencontrent Walter Pach chez Leo et Gertrude Stein à la villa Bardi. Puis Florence, Sienne, Arezzo, Padoue, Ravenne et Venise. Ils se montrent très impressionnés par les peintures de Duccio, Giotto, Uccello, Piero della Francesca.
Matisse écrira à Bonnard en mai 1946 : *«Je trouve trois reproductions de Giotto de Padoue que je vous envoie. Giotto est pour moi le sommet de mes désirs, mais la route qui mène vers un équivalent, à notre époque est trop importante pour une seule vie. Cependant les étapes en sont intéressantes».* (Correspondance Matisse-Bonnard, *La Nouvelle Revue Française*, 1er août 1970)
Au terme de son voyage, Matisse rentre directement à Collioure.

fin juillet
Michael et Sarah Stein installant une grande pièce de leur appartement, rue Madame à Paris, souhaitèrent acheter à Matisse sa «grande toile» *(Le luxe I).* Comme en témoigne une photographie, le tableau a figuré quelque temps chez eux, mais Matisse le leur avait seulement prêté.

21 août
Matisse écrit à Fénéon : *«enchanté de mon voyage, la tête farcie par la multitude de belles choses que j'ai vues en Italie».* (Archives Bernheim-Jeune. Paris)

28 août
A Vlaminck : *«J'espère que vous avez travaillé cet été et que vous allez figurer brillamment au Salon d'automne. Quant à moi j'ai travaillé ici, mais je suis absolument incapable de me juger étant trop le nez sur mes tableaux...»* (Lettre citée par Vlaminck, *Portraits avant décès*, Paris, Flammarion, 1943)

29 août
Dans une correspondance adressée à Kahnweiler, Derain ajoute en note : *«L'adresse de mon encadreur est perdue. Je sais que c'est boulevard de Clichy, une boutique verte, assez grande, un peu plus loin que les cabarets de l'Enfer et du Ciel allant vers le boulevard de la Chapelle. C'est d'ailleurs l'encadreur de Matisse, de Manguin. Le nom est Gouret et Kaiser et est écrit sur la boutique...»* (Archives galerie Louise Leiris, Paris)

début septembre
Retour des Matisse à Paris.

15 septembre
Matisse écrit à Manguin que Fénéon lui a acheté deux peintures très récentes, qu'il a vendu aux Stein *La musique : esquisse*, une nature morte et un paysage ; il ajoute : *«Je ne vois personne, je vais tous les jours faire de la céramique chez Methey».* (Archives J.-P. Manguin)

1er–22 octobre
Paris, 5e Salon d'Automne au Grand Palais. Matisse présente 5 peintures : *Le luxe I, Étude pour «La musique», Portrait au madras rouge* sous le titre *Tête d'expression,* 2 toiles intitulées *Paysage* et 2 dessins.
Les céramiques réalisées à l'atelier Methey sont présentées dans une vitrine.
Grande rétrospective Cézanne.
Dans *Je dis tout* du 12 octobre, Apollinaire évoque Matisse comme *« "le fauve des fauves". On n'avait pas osé refuser ses toiles, le jury s'était prononcé, les tableaux étaient acceptés... lorsque M. Frantz Jourdain se souvint de la mission à lui confiée par M. Jansen, entre-*

preneur du Salon d'automne et tapissier connu.
M. Jansen n'aime ni Cézanne, ni Matisse, ni toute la peinture dépassant en hardiesse celle de M. Abel Truchet...
Les tableaux de M. Henri Matisse étaient donc acceptés. M. Frantz Jourdain se lève et fait revenir La coiffeuse, *la plus grande des toiles envoyées par Matisse.*
"Messieurs, dit Frantz Jourdain, je demande dans les intérêts du Salon d'Automne et dans ceux de Matisse lui-même qu'on refuse cette toile." En dépit des protestations de Desvallières, Rouault et d'autres on revint sur le vote acquis et on refusa La coiffeuse *de Matisse.»*

21 octobre
Karl-Ernst Osthaus achète *Nature morte aux asphodèles* par l'intermédiaire de la galerie Bernheim-Jeune. Elle figure aussitôt dans les collections du Folkwang Museum de Hagen, premier musée où l'on peut voir une toile de Matisse.

automne
Le collectionneur russe Ivan Morosoff achète une peinture *Pot de fleurs* (1 000 francs) chez Bernheim-Jeune.
Oskar et Margarete Moll achètent le portrait d'Allan Stein avec filet de papillons, *Trois baigneuses* (1907) et deux sculptures.
Matisse échange avec Picasso un *Portrait de Marguerite* contre *Vase, bol et citron,* également de 1907.

novembre
Exposition de natures mortes au Folkwang Museum de Hagen : 7 œuvres de Matisse y sont présentées.

14–30 novembre
Première participation de Matisse avec deux toiles de 1907 *Les pivoines* et *Assiettes et melon* à une exposition à la galerie Bernheim-Jeune, «Fleurs et natures mortes».

15 novembre
Dans la revue *La Phalange,* Michel Puy donne une première étude sur le mouvement des Fauves dont Matisse est reconnu le maître.

décembre
Serguei Stschoukine se rend chez Gertrude Stein, rue de Fleurus, où il admire les œuvres de Matisse.

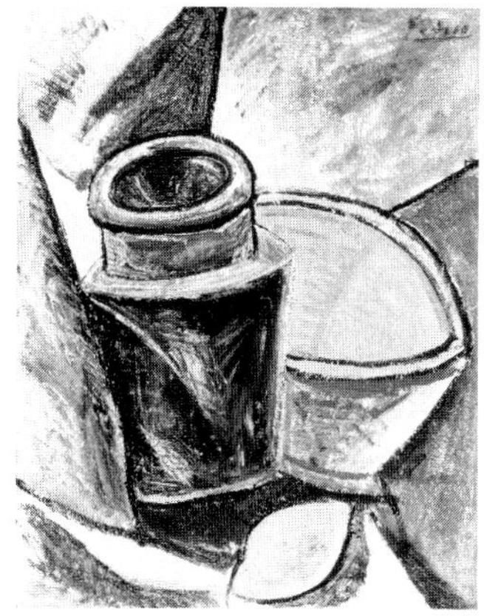

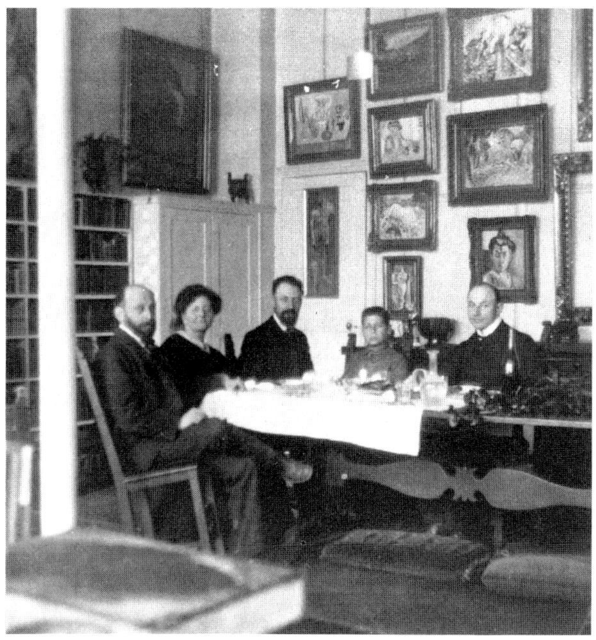

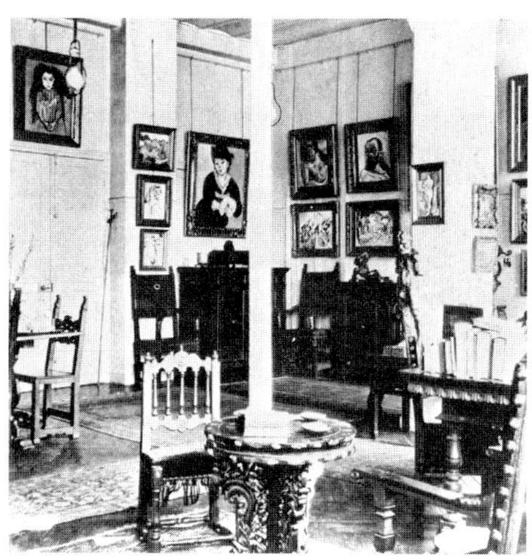

Dans l'appartement de Michael et Sarah Stein avec Henri Matisse, Allan Stein, Hans Purrmann, 58, rue Madame, Paris

Dans l'appartement de Michael et Sarah Stein, 58, rue Madame, Paris

Photos Cone Archives, Baltimore

Pablo Picasso *Vase, bol et citron,* été 1907
Huile sur panneau de bois
Galerie Beyeler, Bâle

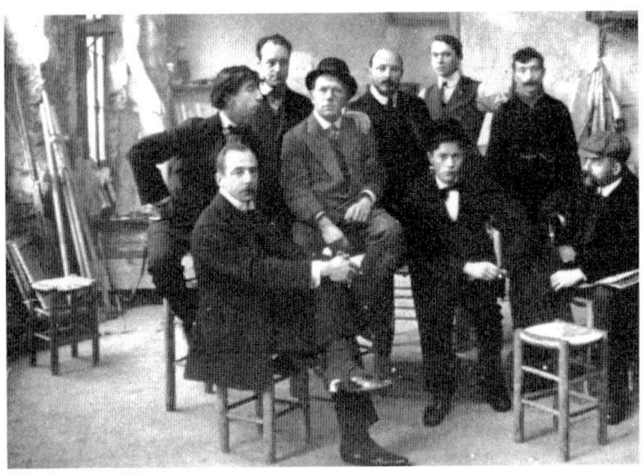

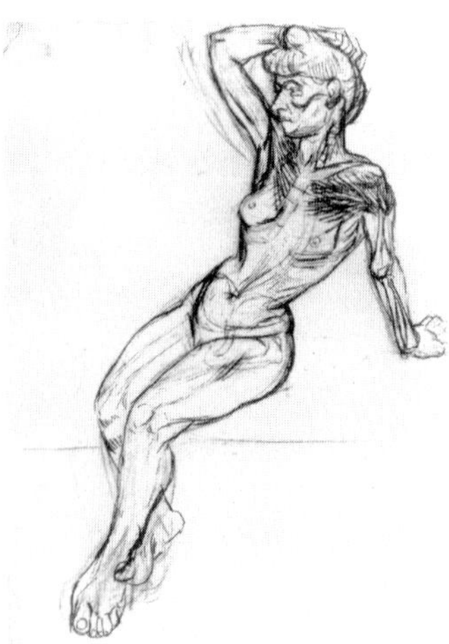

15 décembre
Dans le n° 18 de *La Phalange*, Guillaume Apollinaire publie une interview de Matisse, illustrée par l'*Autoportrait* (1906), *Le luxe I*, *La coiffure* et *Portrait au madras rouge*.
«Je n'ai jamais évité l'influence des autres... j'aurais considéré cela comme une lâcheté et un manque de sincérité vis-à-vis de moi-même. Je crois que la personnalité de l'artiste se développe, s'affirme par les luttes qu'elle a à subir... Si le combat lui est fatal c'est que tel devait être son sort» dit Matisse.
«C'est en confrontant sans cesse son art avec les autres conceptions artistiques, en ne fermant pas non plus son esprit aux arts voisins des arts plastiques, que Henri Matisse dont la personnalité déjà si riche pouvait se développer isolément, a pris cette grandeur, cette fierté assurée qui le distinguent» poursuit Apollinaire qui conclut ainsi : *«Le propre de l'art de Matisse est d'être raisonnable. Que cette raison soit tour à tour passionnée ou tendre, elle s'exprime assez purement pour qu'on l'entende... Il doit sa nouveauté plastique à son instinct ou connaissance de soi-même.»*

14e Sécession de Berlin, 8 dessins de Matisse ; 2 peintures à une exposition collective à la galerie Eugène Blot et un autoportrait à une exposition de portraits chez Bernheim.
Réfléchit à la création d'un atelier. *«Hans Purrmann et Bruce m'ayant fait demander par Mme Michel Stein de les conseiller, je les engageai à travailler de compagnie, de façon à ne m'occasionner qu'un déplacement. D'autres, tels que les norvégiens Revold, Sorensen, Grünwald, Derdel s'étant joint à eux, ils doivent louer un local dans l'ancien couvent des Oiseaux rue de Sèvres. C'est ainsi que naquit mon Académie...»* (Escholier, *Matisse ce vivant*, Paris, Fayard, 1956)

1908

janvier
Ouverture de l'Académie Matisse au Couvent des Oiseaux, 56 rue de Sèvres.
«Hormis mon mari et moi, raconte Margarete Moll, il y avait Purrmann, Leo Stein et Madame Sarah Stein, deux peintres américains Max Weber et Patrick Bruce. A cette époque déjà, Oskar Moll faisait partie de la Berliner Sezession. [...] *Purrmann était plus jeune, il avait pendant plusieurs années travaillé avec Stuck à Munich.* [...] *Après plusieurs mois seulement, nous attaquions la peinture et la sculpture, il fallait d'abord réunir notre argent pour acheter une figure en plâtre plus grande que nature. Nous étions ensuite assis devant ce guerrier ancien pendant toute une semaine, le papier à dessin devant nous – sept jours face au même dessin, trois à quatre heures par jour. Une fois par semaine Matisse venait voir ce que nous avions fait, et il nous parlait de l'art de la manière la plus surprenante, la plus belle et instructive ; l'ambiance ressemblait toujours au plus exigeant collège d'université.*
Le samedi nous allions visiter les musées pour approfondir notre connaissance des maîtres anciens, parce que cela aussi faisait partie de l'enseignement artistique de Matisse.» (S et D. Salzmann. *Oskar Moll : Leben und Werk*, Munich, Bruckmann, 1975)

Première participation de Matisse à une exposition collective à Londres à la New Gallery qui présente l'International Society of Painters, Sculptors and Engravers.
«L'Impressionnisme atteint une seconde jeunesse... avec les motifs et le traitement infantiles de M. Matisse» affirme le commentateur du *Burlington Magazine*.
Selon Gertrude Stein, début d'une tension croissante entre Picasso et Matisse.
«Derain et Braque se sont ralliés à Picasso [...] *Les sentiments entre les picassoistes et les matissistes ont tourné à l'aigre... Matisse s'irritait de l'amitié grandissante entre Picasso et Gertrude Stein»* (Gertrude Stein, *Autobiographie d'Alice Toklas*, Paris, 1934)
Présentation d'Ivan Morosoff à Matisse par l'intermédiaire de Serguei Stschoukine. Morosoff possédait alors une ou deux natures mortes anciennes de Matisse.

février
Le photographe Edward Steichen écrit à son ami Alfred Stieglitz, directeur des Little Galleries of the Photo Secession à New York : *«J'ai une autre chouette exposition pour vous aussi belle dans son genre que Rodin. Des dessins d'Henri Matisse – le plus moderne des modernes – ses dessins et ses peintures sont la même*

Élèves de l'atelier Matisse : Rosam, Grünewald, Palme, Levy, Purrmann, Noelken, Scholin, Straube

Étude [*pour Figure décorative ?*]
Plume et encre
Collection particulière

chose pour lui que les sculptures pour Rodin. Demandez au jeune Of».
Le 4 février, Steichen envoie un télégramme : *«Arrive fin février apportant dessins de Henri Matisse pour l'exposition».*

6 février
A la galerie Bernheim-Jeune, Marcel Sembat achète deux toiles de Matisse, *Marguerite lisant* et dix jours plus tard *Les tapis rouges* que sa femme léguera au Musée de Grenoble en 1923.

15 février
La galerie Bernheim-Jeune vend à Stschoukine *Les toits de Collioure* (1905) et *Nu noir et or* (1908), 1 000 francs chaque tableau.

29 février
Au cours de la séance du comité du Salon des Indépendants, Matisse est désigné pour faire visiter le Salon aux personnalités politiques et invités d'honneur.

4 mars
Marcel Sembat remercie Matisse de la photographie de *La coiffeuse «qui nous plaît beaucoup».*

printemps
Le Couvent des Oiseaux vendu, la famille Matisse ainsi que l'atelier s'installent dans un pavillon situé dans le jardin de l'ancien Couvent du Sacré Cœur, 33 boulevard des Invalides, au coin du boulevard des Invalides et de la rue de Babylone. Non loin de Matisse, dans les ailes de l'Hôtel Biron : Isadora Duncan, Cocteau, Rilke puis Rodin qui s'y installe en octobre. L'Académie Matisse y restera jusqu'à l'été 1911 et les Matisse jusqu'à l'automne 1909. Francis Jourdain décrira ainsi l'atmosphère de l'ancien couvent : *«Rodin – qui habite Meudon – vient chaque jour travailler dans cet ancien couvent du Sacré Cœur dont le sort est incertain. Les locataires de l'hôtel Biron forment une équipe hétéroclite et cocasse. Jeanne Bloch, vieillie, la plus vulgaire des chanteuses de café-concert, y est la voisine d'un fauve déjà notoire : Henri Matisse enseigne là des américains du Nord et du Sud, des moldaves, des ruthènes et quelques français. Le comédien roumain de Max, dont les mœurs sont répréhensibles, a fait de l'ancienne chapelle une salle de bains d'un goût contestable. Mais c'est surtout Rodin qui est accusé de sacrilège. La rumeur publique prête un caractère d'obscénité aux prodigieux dessins épinglés sur les murs sanctifiés et l'on ne parle de rien moins que de flanquer à la porte tous ces fâcheux».* (Francis Jourdain, *Sans remords ni rancune,* Paris, Corréa, 1953)
Un autre locataire, Jean Cocteau, dépeint le jardin dans ses *Portraits-souvenirs* (Paris, Grasset, 1935) : *«Une masse fabuleuse de décombres et de rosiers sauvages embaumait, s'enchevêtrait au centre d'une espèce de cirque de sable et de mauvaises herbes. C'était la seule place que les ronces et les branches n'eussent point envahie. Le reste formait une petite forêt vierge, un désordre végétal inextricable».*
Marquet s'installe dans l'ancien appartement de Matisse, 19 quai Saint-Michel.
Baigneuses à la tortue est acquis par Karl Ernst Osthaus pour le Folkwang Museum.
Greta Moll pose pour son portrait.
Aucun envoi de Matisse au Salon des Indépendants.

6–25 avril
1re exposition d'œuvres de Matisse en Amérique aux Little Galleries of the Photo Secession, à New York, 291 Fifth Avenue : dessins, aquarelles, lithographies et gravures. La galerie est dirigée par Alfred Stieglitz et l'exposition organisée par Edward Steichen.
Sur la carte d'invitation, Matisse est présenté comme le meneur d'un groupe d'artistes français surnommé les Fauves, le centre des discussions du monde de l'art à Paris. La critique est surprise mais intéressée : *«Ce peintre français est diaboliquement savant. Séduit par les néo-impressionnistes, par les Gauguin des mers du Sud, il les a tous dépassés par ses extravagances».*
«En France, on qualifie Matisse de "roi des fauves". [...] *Puisqu'il en est ainsi, M. Stieglitz ne manque pas d'accueillir ses œuvres à la galerie de la Photo-Secession. Elles nous présentent Matisse, dont l'opinion est que, dans la peinture, on doit s'éloigner autant que possible de la nature. S'il faut rester fidèle à la nature, eh bien, que l'appareil photo s'en charge ! L'artiste ne doit peindre que des abstractions, des symboles gigantesques, des idées dans leurs grandes lignes, des éclaboussures de couleur évoquant les pensées qui se sont évadées du langage et tout ça.* [...] *Mais les tableaux de Matisse, s'ils peuvent recéler une révélation pour quelqu'un, risquent fort de passer au-dessus de l'observateur moyen... ou au-dessous. Quelques esquisses d'une simplicité sommaire sont étrangement belles, je veux bien. Elles sont à la portée de n'importe quel artiste un peu expérimenté.»* (J. Edgar Chamberlin, *New York Evening Mail,* 1908. Repris dans *Camera Work,* juillet 1908)
Un autre commentaire dans *Camera Work* d'octobre, parle de Matisse en ces termes : *«un moderne, un révolutionnaire, sans aucun doute le plus doué d'un groupe de peintres modernes qui, avec lui, s'adonnent à d'audacieuses tentatives de style et à une nouvelle expression de lumière. Il a peint – poussant à l'extrême certaines découvertes de Gauguin, Cézanne et Van Gogh – de curieuses natures mortes et autres sujets, des œuvres d'un très brillant coloriste».*

18 avril–24 mai
Matisse expose (avec Braque, Derain, Manguin, Marquet, Puy), cinq peintures au premier Salon de la Toison d'or à Moscou, dont *La coiffure, La terrasse, Saint-Tropez,* une *Vue de Collioure, Le géranium.*

20 avril
Inez Haynes Irwin accompagne Gelett Burgess à l'atelier de Matisse et raconte dans son Journal : *«Entrons directement dans l'atelier, une très belle pièce toute en longueur donnant sur un jardin absolument magnifique, aussi vert et frais qu'une peinture – les pruniers et les abricotiers couverts de fleurs blanches et tous pris par intervalles dans un tourbillon de flocons de neige qui semblent être des pétales ou des flocons, car on ne peut déterminer ce que c'est en raison du ciel gris, au-dessus du sommet des arbres. Un atelier ravissant, empli (pour le plus grand plaisir de Frank) de sortes de gargouilles hideuses, primitives et modernes ; une chose égyptienne noire avec une tête munie d'un bec d'oiseau et des seins comme des pyramides l'enchante au plus haut point. Quelques objets en bois sculptés, provenant de la jungle africaine aussi, des bâtons avec un visage simiesque sculpté à une extrémité, qui ne ressemblent à rien que j'ai déjà vu.* [...] *Matisse a des yeux gris-vert, une barbe brun-roux, un physique pas très remarquable,*

une personnalité discrète. Parle beaucoup avec Frank...».
Elle mentionne les *Baigneuses à la tortue* : *«Ils nous conduisent dans l'atelier de sculpture où nous voyons deux choses stupéfiantes en argile. L'une, un bas-relief, est un immense personnage vu de dos, une main levée contre le mur, l'autre une énorme femme recroquevillée dans une position de repos. Pour la première fois, je ressens sa puissance.»* (*Journal d'Inez Haynes Irwin,* The Schlesinger Library, Radcliffe College, Cambridge, Mass)

Gelett Burgess rencontre les artistes «fauves» à Paris. Le compte rendu qu'il donne de sa visite à Matisse, s'ouvre sur la fameuse déclaration :
«C'est Matisse qui s'est engagé le premier sur les terres inexplorées du laid. Matisse, grave, plaintif, expérimentateur consciencieux, dont les œuvres ne sont que recherches sur l'expression et qui ne se préoccupe à présent que d'élaborer la théorie de la simplicité, décline pour sa part toute responsabilité quant aux excès de ses disciples indésirables. Ce pauvre Matisse, si patient, qui se fraye un chemin dans la jungle de l'art, voit ses épigones se lancer à grands cris sur des sentiers de traverse, à sa gauche et sa droite. Il entend ses réflexions personnelles dénaturées, transformées en incitations à d'innombrables foucades. Il dit par exemple : "A mon avis, le triangle équilatéral est un symbole et une manifestation de l'absolu. Si l'on parvient à introduire cet absolu dans une peinture, on a une œuvre d'art." Sur quoi, ce petit hurluberlu de Picasso, vif comme un fouet, fougueux comme un diable et fou comme un chapelier, se précipite dans son atelier pour fabriquer un énorme nu féminin entièrement composé de triangles, qu'il présente triomphalement. Après ça, étonnez-vous que Matisse secoue la tête et ne sourit point! Il cause pensivement de "l'harmonie du volume" et des "valeurs architecturales", et Braque déchaîné grimpe dans son grenier pour construire un monstre architectural qu'il baptise Femme, doté d'un équilibre des masses et détails, d'ouvertures, de jambes en colonne et de corniches. Matisse vante la façon dont les images en bois africaines s'adressent directement à l'instinct, et même le sage Derain, un confrère en expérimentation, perd la tête, façonne un homme néolithique en forme de cube compact, crée une femme tout en sphères, étire un chat pour en faire un cylindre qu'il peint en rouge et jaune.
Maître Matisse, si je l'ai bien compris – ce qui n'est pas sûr du tout étant donné mes capacités limitées en français et mes connaissances plus minces encore en art – s'attache surtout à l'existence concrète des choses. Il peint le poids, le volume, la rondeur, la couleur et toutes les propriétés physiques inhérentes à la chose même, puis imprègne le tout de sentiment. Ça oui, ses peintures sont douées de vie! On ne peut pas le nier. Ce ne sont pas de simples modèles peints devant un fond, comme des milliers de toiles dans les Salons, ce sont des êtres humains qui ont une âme. On s'éloigne de ses tableaux, qui nous ont si effrontément défiés, et on exige des autres artistes au moins autant de vitalité et d'originalité... et on ne les trouve pas! Il peint avec une émotion qu'il finit par vous insuffler. Mais, hélas, quand il peint sa femme en lui mettant une large bande de vert sur le nez, même si cela lui ressemble de manière saisissante, il se retrouve puni de l'avoir présentée ainsi à jamais. Il vous apprend à la voir sous un aspect étrangement redoutable. Il vous a appris son corps. Mais, aussi épouvantable soit-il, ce corps est vivant, affreusement vivant!
A peindre ainsi, sous le coup de l'émotion, il épuise généralement son enthousiasme avant d'avoir atteint le beau. Vous lui faites remarquer que sa femme peinte n'a que trois doigts. "Oh, c'est vrai, dit-il. Mais je ne pouvais pas ajouter les deux autres sans mettre tout le dessin par terre. Ça détruirait la composition et l'harmonie de mon idée. Peut-être qu'un jour j'arriverai à obtenir tout le sentiment, toute la charge affective, que je veux et, en même temps, à dessiner les cinq doigts. Mais c'est l'effet subjectif que je recherche maintenant, le reste peut attendre".
Cela dit, il ne faudrait pas classer Matisse parmi les Fauves de cette ménagerie parisienne. Mais il m'a appris quelque chose sur la situation de ce mouvement, qui est une révolte contre les subtilités de l'impressionnisme. C'est une révolte contre le charme pur et simple, contre les aspects fortuits de l'éclairage, un retour à la simplicité, à la spontanéité, à la couleur pure

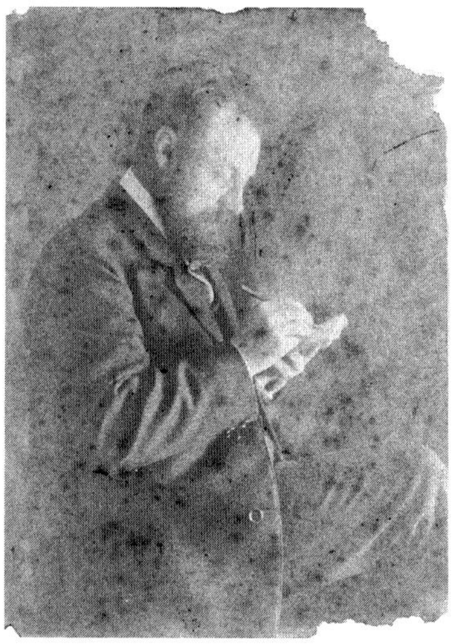

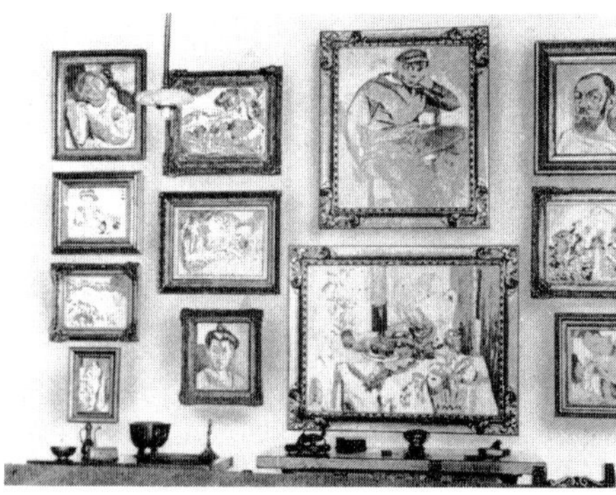

Henri Matisse
Archives Matisse, Paris

Dans l'appartement de Michael et Sarah Stein, 58, rue Madame, Paris
Photo Cone Archives, Baltimore

et au décoratif...» (*The Architectural Record*, mai 1910)

28 avril
Vollard vend à Oskar Moll une peinture de Matisse : *Vue du pont* pour 800 francs et à Stschoukine une nature morte et un paysage, 800 francs chacun.

23 mai
Stschoukine écrit de Moscou à Matisse : *«Je regrette que la nature morte avec des poteries* [Vaisselle et fruits, 1901] *a passé dans d'autres mains. Maintenant je vous prie, ayez la bonté de demander à Melle Weill, marchande de tableaux, à quel prix elle consentira à me vendre ce tableau. Je suis sûr que vos baigneurs* [Joueurs de boule] *seront réussis et j'attends avec impatience de les voir à Moscou...»* (Archives Matisse, Paris. Cité par Kostenevitch, Semionova, Paris, 1993)

fin mai
Le triptyque en céramique de Matisse, destiné à la décoration de la maison de Karl Ernst Osthaus, est arrivé à Hagen ; l'architecte belge Henry van de Velde étudie son installation.

juin
Guillaume Apollinaire préface le catalogue de la 3e exposition du Cercle d'art moderne à l'hôtel de ville du Havre où Matisse est représenté.

2 juin
Stschoukine achète *Vaisselle et fruits* pour la somme de 900 francs, prix fixé par Berthe Weill et écrit à Matisse : *«Quant aux Baigneurs* [Joueurs de boule] *je suis très heureux d'apprendre que vous pensez de les recommencer. Je pense toujours à votre admirable "Mer"* [Baigneuses à la tortue] *je vois toujours devant moi ce tableau.»* (Archives Matisse, Paris. Cité par Kostenevitch, Semionova, Paris, 1993)

mi–juin
Voyage en Allemagne avec Hans Purrmann : visite Spire, Munich, Nuremberg, Heidelberg.
«Matisse est enchanté de Munich et surtout de Nuremberg mais l'Allemagne le laisse perplexe» dira Purrmann dans ses «Souvenirs» (*Werk*, 1946).
«Je viens d'aller passer quelques jours à Munich, Nuremberg, Heidelberg – huit jours en tout», écrit Matisse à Henri Manguin. *«Je me suis fort diverti et bien fatigué. Ca n'a pas été la tournée des grands-ducs mais ça a été bien rigolo tout de même. J'étais avec Purrmann – le mieux que nous avons fait a été de boire ferme et frais. Bière de Munich et vins du Rhin. J'ai pensé souvent à Marquet dans les brasseries de Munich, non à cause des cinq litres par jour en moyenne que je m'enfilais (je ne suis pas aussi méchant) mais à cause de l'ironie que leur spectacle (les Bavarois) aurait suscité en lui»*. (Archives J.-P. Manguin. Cité par Schneider, Paris, 1984)

30 juin
Stschoukine télégraphie à Matisse pour lui dire qu'il a reçu la photographie de *Joueurs de boule*, qu'il trouve le tableau *«très intéressant»* et lui demande de l'envoyer à Moscou *«grande vitesse, assurez 1500»*.

août
Matisse fréquente régulièrement le bal Tabarin à Paris, voit souvent Marquet.

Dans la revue *Rousskaïa mysl* [La Pensée russe], le critique Pavel Mouratov signale que la galerie Stschoukine est celle qui depuis quelque temps *«exerce l'influence la plus décisive sur les destinées de la peinture russe»* et est devenue *«le plus puissant promoteur des courants artistiques occidentaux en Russie»*.
«Les conférences chez Stschoukine et les exégèses admiratives des nouvelles tendances de la peinture parisienne, écrivit le Prince Sergueï Chtcherbatov, contribuèrent à ébranler les assises académiques de l'École de peinture... suscitant d'ardentes polémiques, elles révolutionnaient les jeunes artistes et engendraient immédiatement une imitation fanatique [...]
Avec l'apparition des toiles de Matisse, puis de Picasso et Derain, la "peste" de la galerie Stschoukine se répandit rapidement à travers Moscou» dit le peintre Kouzma Petrov-Vodkine auquel on reprochera souvent une imitation aveugle de Matisse. (Kostenevith, Semionova, Paris, 1993)
Stschoukine cesse d'être un amateur de Matisse parmi d'autres, pour devenir son principal collectionneur. Il lui retient alors une grande toile destinée à la grande salle à manger de son palais de

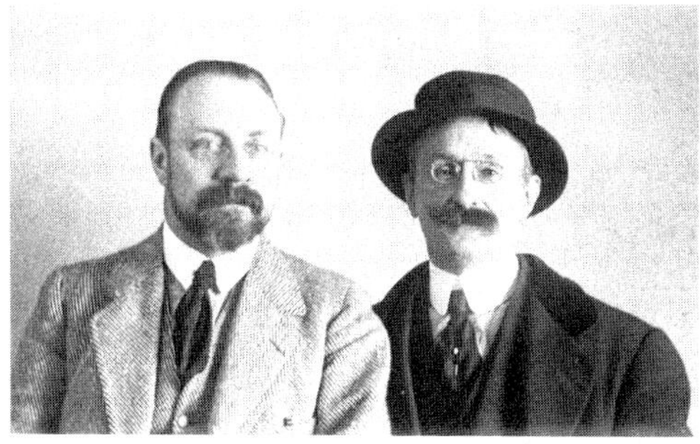

Henri Matisse et Hans Purrmann à Munich
Archives Matisse, Paris

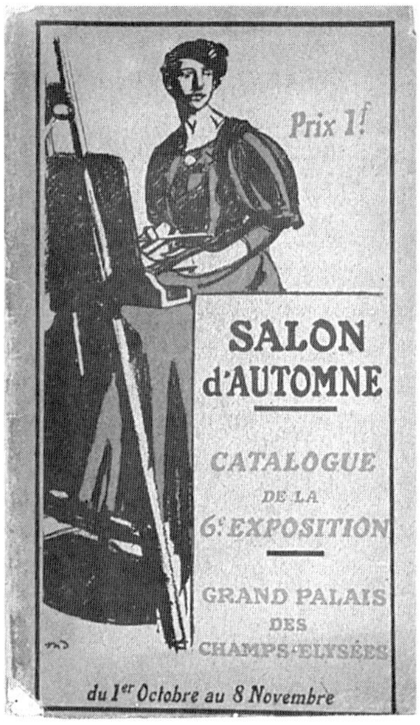

— 126 —

HENRI-MATISSE, né au Cateau-Cambrésis. Français. — 33, boulevard des Invalides. S

893. — *Etude femme assise*, p.
894. — *Paysage aux oliviers*, p. (Appartient à M. M. L. S.)
895. — *Nature morte, au camaïeu bleu*, p. (Appartient à M. M. S...)
896. — *Nature morte, bronze à l'œillet*, p. (Appartient à M. Bernheim.)
897. — *Nature morte tapis d'Orient*, p. (Appartient à M. Sch.)
898. — *Panneau décoratif pour salle à manger*, p. (Appartient à M. Sch.)
899. — *Portrait de Mme M...*, p.
900. — *Etude (jeune italienne)*, p.
901. — *Nature morte, moulage plâtre et citrons*, p. (Appartient à M. Bernheim.)
902. — *Jeune marin*, p.
903. — *Nature morte, aux oignons*, p. (Appartient à M. M. S...)
904. — *Dessin (étude)*.
905. — *Dessin* —
906. — *Dessin* —
907. — *Dessin* —

— 127 —

908. — *Dessin (étude)*.
909. — *Dessin* —
910. — *Le serf* (bronze).
911. — *Jeune fille debout* —
912. — *Femme couchée se soulevant sur bras* (bronze)
913. — *Tête d'enfant* —
914. — *Tête de fillette* —
915. — *Femme s'appuyant sur les mains (bronze)*.
916. — *Femme accroupie*. (bronze)
917. — *Petite tête de femme* —
918. — *Torse de fillette* —
919. — *Femme assise* —
920. — *Étude pour la précédente*. —
921. — *Tête de fillette (terre cuite, exemplaire unique)*.
922. — *Groupe de deux jeunes filles*. (Tirages limités à 10 exemplaires numérotés.)

Couverture du catalogue du Salon d'Automne, 1908

Œuvres d'Henri Matisse présentées au Salon d'Automne, 1908

Moscou. Il s'agit d'*Harmonie bleue*, désignée par l'artiste G.N.M «Grande nature morte» ou «Panneau décoratif pour salle à manger» qui deviendra *Desserte rouge*. Il acquiert également *Nature morte en rouge de Venise* et les *Joueurs de boule*. Dans sa résidence à Moscou, l'ancien palais Troubetskoy, le public peut désormais voir la collection, le dimanche de 11 à 14 heures et cela jusqu'en 1918.

6 août
Matisse écrit à Stschoukine qu'il a repris et transformé *Harmonie bleue*.

10 août
Matisse achète une toile de Renoir chez Druet.

19 août
Stschoukine envoie 6 000 francs à Matisse en règlement du *Panneau décoratif pour la salle à manger* (la future *Desserte rouge*) que l'artiste lui dit avoir terminé et de la *Nature morte en rouge de Venise* pas encore finie.

21 août
De Paris, Matisse écrit à Jean-Aubry, secrétaire du Cercle d'art moderne du Havre : *«Je suis sans nouvelles de votre exposition et de mes œuvres. Je vous prie de vouloir bien me dire où je pourrais les retirer et de me faire parvenir un catalogue».* (Catalogue Saffroy, octobre 1970)

28 août
Matisse assiste au 12e comité du Salon des Indépendants où l'on discute du futur emplacement du Salon, les Serres ayant été détruites. Le principe d'une seule œuvre par artiste est adopté, le maximum de longueur sera 1,80 m.

septembre
Matisse conduit Stschoukine dans l'atelier de Picasso au Bateau Lavoir où le collectionneur lui achète deux toiles récentes, *Femme tenant un éventail* et *Femme nue assise*.

vers fin septembre
Voyage à Biarritz et peut-être vers l'Espagne avec Marquet.

octobre
La revue *Camera Work* donne la réponse de Matisse à une question posée par George Besson sur la photographie : Croyez-vous que la photographie puisse produire des œuvres d'art ? *«La photographie peut fournir les documents les plus précieux qui soient et personne ne peut contester son intérêt de ce point de vue. Faite par un homme de goût, une photographie aura une apparence d'art. Mais je crois que le style des photographies est sans importance ; elles seront toujours frappantes, parce qu'elles nous montrent la nature, et tous les artistes y trouveront un monde de sensations. Le photographe doit en conséquence intervenir aussi peu que possible, en sorte de ne pas faire perdre à la photographie le charme objectif qu'elle possède naturellement, en dépit de ses imperfections. En essayant d'y ajouter, le photographe peut tout juste donner au résultat l'apparence d'un écho d'un procédé différent. La photographie devrait enregistrer et nous fournir des documents».*

1er octobre–8 novembre
6e Salon d'automne. Le «jury effectif» pour la section peinture, dont Matisse fait partie, avec Marquet et Rouault, refuse les peintures de l'Estaque de Braque. A ce sujet, Louis Vauxcelles raconte que Matisse lui a dit *«Braque vient d'envoyer un tableau fait de petits cubes. Et pour mieux se faire comprendre il* [Matisse] *prend un bout de papier et dessine en trois secondes deux lignes ascendantes et convergentes entre lesquelles se trouvaient les petits cubes précités figurant une Estaque de Georges Braque».* (Préface de Louis Vauxcelles, catalogue de l'exposition «Les Fauves, l'atelier Gustave Moreau», Paris, *Gazette des Beaux-Arts,* Paris, 1934)

A ce Salon, 11 peintures : *Étude de femme assise, Paysage aux oliviers* (à Leo Stein), *Nature morte au camaïeu bleu* (à M. Stein), *Nature morte, bronze à l'œillet* (à M. Bernheim), *Nature morte au tapis d'Orient* (à M. Stschoukine), *Panneau décoratif pour salle à manger* (à M. Stschoukine), *Portrait de Mme M.* [Moll], *Étude* (jeune italienne), *Nature morte, moulage plâtre et citrons* (à M. Bernheim), *Jeune marin, Nature morte aux oignons* (à M. Stein), six dessins et treize sculptures, représentent Matisse. Vauxcelles parle d'une *Desserte avec des «harmonies bleu-noir combinées aux accents rougeoyants et safrans des*

pommes et des citrons... l'égal d'un beau Cézanne» [en réalité *Nature morte bleue*, Barnes Foundation] et d'*«une grande décoration centrale que je n'apprécie guère».* (*Gil Blas*, 30 septembre)
Commentaire de Charles Morice :
«M. Henri Matisse, de qui l'exposition est, de toutes les manières, très importante, continue à inquiéter ses adversaires sans rassurer ses amis. On ne s'explique pas l'espèce d'exaspération tranquille d'où semblent procéder ses déformations, sinon par un besoin d'échapper aux fausses règles, et d'éviter le succès en un temps où l'art est en marge de la vie; mais il est peut-être d'autres issues [...] *J'ai – comme lui-même, pourrais-je dire, dans le choix de ses directions – beaucoup hésité dans mes appréciations de cet artiste aux audaces sûrement raisonnées et voulues, mais déconcertantes. La science et le calcul sont plus sensibles que l'instinct, chez M. Matisse. On ne peut pourtant nier qu'il n'ait, peintre, des dons de rare coloriste, et sculpteur, le sens du modelé. Avec sympathie, je cherche la signification des exagérations des formes, des brusques ruptures de lignes au prix de quoi il nous fait payer la joie de son coloris puissant et fastueux et le charme de certains morceaux de sculpture.* [...] *Mais qu'un ami, tandis que j'étudie le* Panneau décoratif pour salle à manger, *en me touchant l'épaule m'oblige à me retourner : au-delà de l'ami, je vois soudain la considérable toile de M. Vallotton,* Europe, *et aussitôt je reviens à M. Matisse, irrésistiblement. Avec quelle éloquence dialoguent ces deux esthétiques !* [...] *La possibilité de M. Vallotton implique la nécessité de M. Matisse.* [...] *Je ne voudrais pas m'exagérer la personnalité de M. Matisse. La méthode de cet esprit, pourtant systématique, manque de netteté. Le dessinateur et le coloriste, séparés, sont très intéressants ; dans leur union l'un des deux succombe, et c'est le dessinateur, le constructeur : ou comment expliquer que l'alphabet des tons, chez ce peintre, soit si harmonieusement explicite, et que son alphabet des lignes soit si obscur ? Je crois voir en M. Henri Matisse, de qui la loyauté artistique n'est pas contestable, l'expression, aiguë jusqu'au tragique, du tourment moderne. Comme tous ses émules il a senti la nécessité de réagir contre les traditions, anciennes ou d'hier, en retournant aux principes. Mais, esprit raisonneur et critique, il a cherché les principes moins dans la nature qu'en lui-même et dans la mathématique de son art. Il s'interdit toute spontanéité et tient strictement en bride sa fantaisie. De là peut-être la sécheresse et la violence qui nous attristent dans ses meilleurs morceaux. On sent chez lui une perpétuelle tension, une exacerbation nerveuse, qui ne lui est, toutefois, pas naturelle, croirais-je, mais qui signale l'état maladif d'un esprit surmené de recherche et d'ambition. Rien de plus noble et, sans doute, rien de plus douloureux.»*
(*Mercure de France*, 1er novembre)
Rétrospectives Monticelli, Le Greco au Salon.

26 octobre
Vollard rend visite à Matisse auquel il vendra 6 aquarelles de Cézanne.

3 novembre
Bernard Berenson, qui avait rencontré Matisse, par l'intermédiaire de Leo Stein, répond à un compte rendu insultant pour le peintre, publié dans *The Nation* du 29 octobre : *«Henri Matisse me paraît penser à tout sauf à la nécessité de "faire différemment des autres artistes". Au contraire, j'ai la conviction qu'il a, après 20 ans de recherches sérieuses, enfin trouvé la voie la plus élevée atteinte par les plus vieux maîtres des arts visuels depuis les seize derniers siècles au moins. C'est un superbe dessinateur. De sa couleur, je ne parlerai pas. Non qu'elle me déplaise – loin de là. Mais je peux mieux comprendre qu'elle échoue à charmer au permier abord parce que la couleur est quelque chose dont nous autres Européens sommes encore singulièrement peu sûrs».* (*The Nation*, 12 novembre)

23 novembre
Acquisition de *La Fille aux yeux verts* par Michael Stein pour Harriet Lane Levy. Celle-ci raconte dans ses souvenirs que Michael Stein lui recommanda d'acheter une toile de Matisse en devançant Serguei Stschoukine. Ils coururent aussitôt chez Bernheim-Jeune qui leur montra cette toile. A son retour, Stschoukine tenta de l'acheter à Harriet Lane Levy.

26 novembre
Lettre de Matisse à Fénéon au sujet d'une toile *Nymphe et faune* : prix proposé

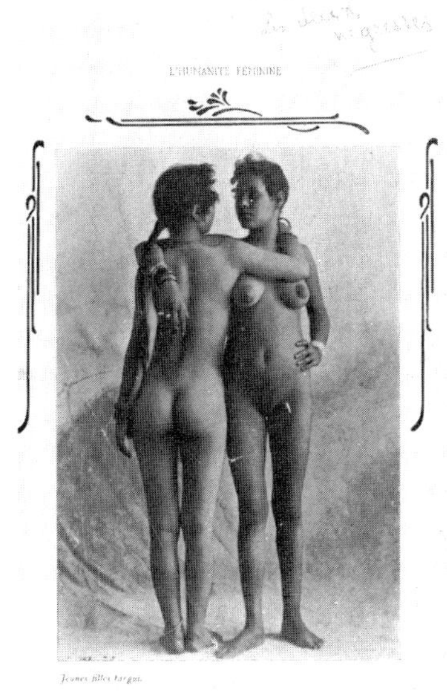

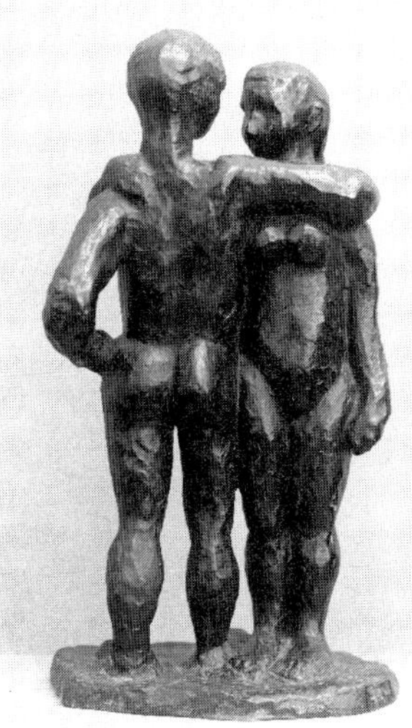

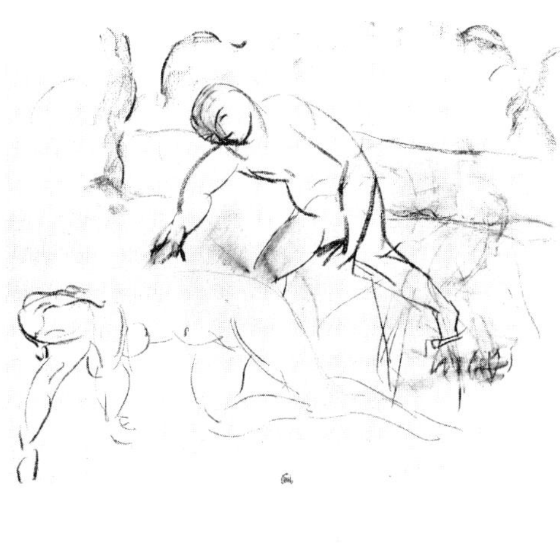

L'Humanité féminine
Collection particulière

Les deux négresses
Bronze
Musée national d'art moderne, Paris

Nymphe et satyre (en cours)
Photo Bibliothèque Nationale, Paris

2 500 francs, il attend la réponse avant de lui donner d'autres prix. Le tableau avait été commandé par Stschoukine qui avait probablement vu le triptyque de la maison d'Osthaus à Hagen.

décembre
Matisse est présent dans une exposition d'aquarelles, dessins et croquis (avec Lebasque, Lehmann, Manguin, Marquet, de Mathan et Puy) chez Berthe Weill (11-31 décembre).
Voyage à Berlin, à la fin du mois, avec Hans Purrmann pour veiller à l'installation de ses œuvres à une exposition collective à la galerie Paul Cassirer. Purrmann évoque ce voyage dans ses «Souvenirs» :
«Lorsque les tableaux, choisis par moi, arrivèrent à Berlin, les nouvelles qui nous en parvinrent, furent si décevantes que nous décidâmes, Matisse et moi, de nous rendre à Berlin et d'y arranger les choses ; projet malencontreux s'il en fut ! Je n'aurais pas pu être accueilli et démoralisé par des reproches pires que celui d'avoir amené à Berlin ce "Français en réclame" ! Nous errions dans Berlin, désespérés ; nous logions dans un petit hôtel près de la gare de Anhalt, avec fort peu d'argent en poche. Sentant partout la moquerie, exposés aux rencontres inamicales, on nous faisait attendre longtemps avant de nous recevoir, et je me trouvais placé devant la pénible tâche de faire patienter Matisse. [...] *Nous obtînmes de Cassirer de pouvoir accrocher les tableaux aux cimaises de sa galerie, dans la toute première salle, qui était aussi la plus mauvaise. Nous étions à peine au travail que déjà Plietsch, le critique, se mit à faire un tapage épouvantable.* [...] *Il était pour lui hors de question de passer devant ces horreurs, pour se rendre dans la salle d'honneur, où étaient exposées des œuvres du Comte Kalckreuth, dont il avait l'intention de faire un compte rendu.* [...] *Max Liebermannn, sur notre invitation se présenta à la galerie alors que nous étions en train d'accrocher les tableaux, émit des craintes quant à la corruption de la jeune "Peinture de pain d'épice", "papier peint", tels étaient les mots choc de l'époque.»*
Ernst Ludwig Kirchner et Lovis Corinth verront ces peintures.
Matisse rencontre Henry van de Velde, architecte de la maison d' Osthaus à Hagen où il s'arrêtera. Osthaus lui fait visiter le crématoire construit par Peter Behrens.
Matisse passe Noël chez Oskar et Greta Moll. A son retour à Paris, il reçoit une couronne de laurier de la part du byzantiniste Thomas Whittemore, avec cette carte *«A Henri Matisse, vainqueur au champ de bataille de Berlin».*
Arrivée à Paris de Matthew Stewart Prichard, spécialiste d'archéologie grecque à Boston. Vient étudier Bergson et fait la connaissance de Matisse.
Thomas Whittemore achète *La terrasse, Saint-Tropez* (1904) qu'il donne à Isabella Stewart Gardner, pour son musée à Boston (premier tableau de Matisse entré dans un musée américain).

14 décembre
Vernissage d'une exposition de 107 œuvres de Georges Seurat à la galerie Bernheim-Jeune.

25 décembre
Publication de «Notes d'un peintre» d'Henri Matisse, dans *La Grande Revue* accompagnées de plusieurs reproductions : *Nu debout* (1907), *Les joueurs de boule* (1908), *Nu assis* (1908), *Portrait de Greta Moll* (1908), *Nu noir et or* (1908).
Présentation par Georges Desvallières :
«L'œuvre de H. Matisse excite trop de mépris, de colère ou d'admiration pour que La Grande Revue *s'en tienne à l'appréciation forcément rapide qu'ont dû en donner jusqu'à présent les critiques chargés ici de rendre compte des diverses expositions où l'on pouvait l'étudier. L'on a pensé que le meilleur avocat de ces œuvres serait l'auteur lui-même...»*
Matisse exprime sa théorie sur l'art, ses méthodes : *«Je tenterai d'exposer simplement mes sentiments et mes désirs de peintre.* [...] *Ce que je poursuis par dessus tout c'est l'expression.* [...] *Elle est dans toute la disposition de mon tableau : la place qu'occupent les corps, les vides.* [...] *La tendance dominante de la couleur doit être de servir le mieux possible l'expression. Je pose mes tons sans parti pris. Si au premier abord, et peut être sans que j'en ai conscience un ton m'a séduit ou arrêté, je m'apercevrai le plus souvent, une fois mon tableau fini, que j'ai respecté le ton, alors que j'ai progressivement modifié et transformé tous les autres. Le côté expressif des couleurs s'impose à moi de façon purement instinctive. La composition est l'art d'arranger de manière décorative les divers éléments dont le peintre dispose pour exprimer ses sentiments... Le choix de mes couleurs ne repose sur aucune théorie scientifique, il est basé sur l'observation, sur le sentiment, sur l'expérience de ma sensibilité.* [...] *Ce qui m'intéresse le plus, ce n'est ni la nature morte, ni le paysage, c'est la figure...»*
Maragarete Moll traduira ces «Notes d'un peintre» qui paraîtront l'année suivante dans la revue *Kunst und Künstler.*

1909

janvier
Dans *Camera Work* (n° 25) Charles H. Caffin publie un article intitulé «Henri Matisse et Isadora Duncan». Il y raconte une visite (effectuée au printemps précédent ?) à Matisse, rapporte quelques-uns de ses propos et décrit l'atelier :
«Quand je suis entré dans la grande bâtisse – un couvent désaffecté – où il travaille, la première chose que mon regard a croisée était un symbole de conformisme domestique, un landau, et la deuxième le père en personne, un homme simple et trapu, aux apparences de bourgeois raisonnable et bien portant. Nul indice de l'esthète décadent, encore moins du poseur ou du charlatan. Il me montre une série de dessins d'après le modèle nu. Dans le premier, explique-t-il, il a représenté "ce qui existe" ; et le dessin révèle le savoir et l'habileté caractéristiques de l'art académique français. Puis d'autres suivent, où il a visé à une "simplification" de plus en plus grande, jusqu'à ce qu'enfin la figure soit "organisée", pour reprendre ses propres termes. [...]
Il me voit regarder quelques statuettes en bois sculptées par des indigènes africains. Ces objets et quelques fragments de sculptures égyptiennes sont quasiment les seuls, hormis les tableaux, dans tout l'atelier. Il passe la main sur les statuettes en prononçant un mot "Simplification" [...]
Ensuite, tout en me parlant de l'importance de la forme, et plus particulièrement de la nécessité de préserver ses volumes et de s'appuyer sur eux, il me conduit dans une autre pièce, où, dans un vaste environnement vide, il modèle une

figure en argile. C'est une femme assise, jambes croisées [s'agit-il de *Figure décorative*?], *qui possède la fierté altière et poignante d'une sculpture hiératique chinoise, et aussi un peu de la stabilité plastique, du calme un peu tendu, d'une statue égyptienne».*

24 janvier–28 février
Matisse expose 9 dessins et 4 peintures (*Nature morte, Nature morte, Toulouse, Clair matin d'été*) à Moscou au second Salon de la Toison d'or.

7 février
Matisse est à Cassis, à l'Hôtel Cendrillon.

21 février
Stschoukine accuse réception à Matisse de deux tableaux (*Nature morte, camaïeu bleu* et *Nature morte, vaisselle à table*?). Il ajoute : *«vous m'avez promis de me faire part de chaque tableau que vous êtes en train de faire. Je pense beaucoup au grand tableau. Peut-être vous pouvez envoyer un croquis en couleurs. Il me semble qu'il sera très beau ! et que je dois le prendre. En tout cas, j'ai confiance en vous et je suis sûr que le grand tableau sera une belle décoration pour mon escalier».* (Archives Matisse, Paris. Cité par Kostenevich, Semionova, 1993, p. 163)
Cette lettre semble être la première allusion au projet de décoration pour l'escalier qui aboutira à *La danse* et *La musique* (la mort récente de la princesse N.B. Troubetskoya libère la partie du palais qu'elle occupait encore, et autorise peut-être Stschoukine à envisager cette extension de sa collection).

début mars
Rentré à Paris, Matisse peint en un ou deux jours la première *Danse* (le grand tableau dont parle Stschoukine) dans un état «d'exaltation» selon Purrmann. Il la montre très rapidement à Stschoukine, de passage à Paris. S'ensuit un intense échange épistolaire, de Matisse à Stschoukine (les 11 et 12 mars – lettre accompagnée de deux esquisses à l'encre de Chine, teintée à l'aquarelle, du premier panneau *La danse,* et d'une seconde proposition, première idée de *Femmes à la rivière*), de Stschoukine à Matisse (les 16, 27, 28 et surtout 31 mars) ; il y confirme sa commande d'un premier panneau (*La danse*) et d'un deuxième panneau (*La musique*) dans les termes suivants :
«J'étais très content d'avoir votre réponse : accepte commande ferme panneau la danse quinze milles et panneau la musique douze milles prix confidential. Je vous remerci beaucoup et j'espère d'avoir bientôt une esquisse du deuxième panneau. [...] *Je vous prie de me donner des nouvelles de vos travaux. Toutes mes réserves dans les deux lettres précédentes sont annulées par mon télégramme le dernier dimanche. Maintenant vous avez ma commande définitive pour les deux panneaux».* (Archives Matisse, Paris. Cité par Kostenevich, Semionova, 1993, p. 164)
(Stschoukine venait de recueillir chez lui trois jeunes orphelines paysannes, d'où ses réserves sur «Le nu»).

8 mars
Première lettre conservée de Matisse à Thannhauser : des rapports commerciaux s'établissent.

25 mars–2 mai
Salon des Indépendants. Matisse y expose *La femme aux yeux verts* et *L'Espagnole* (n° 1099 et 1100) ainsi que deux études (cette année-là, le Salon des Indépendants a déménagé dans des «baraques» en bois, et par manque de place, les envois étaient strictement limités à deux tableaux). A signaler, des comptes rendus de Louis Vauxcelles (*Gil Blas,* 25 mars : *«La sensibilité d'un Matisse émeut, nul n'est plus peintre que celui-là. Ses erreurs, même ses écarts ne laissent jamais indifférents. A son paysage, moins robustement construit, je préfère sa figure, d'un*

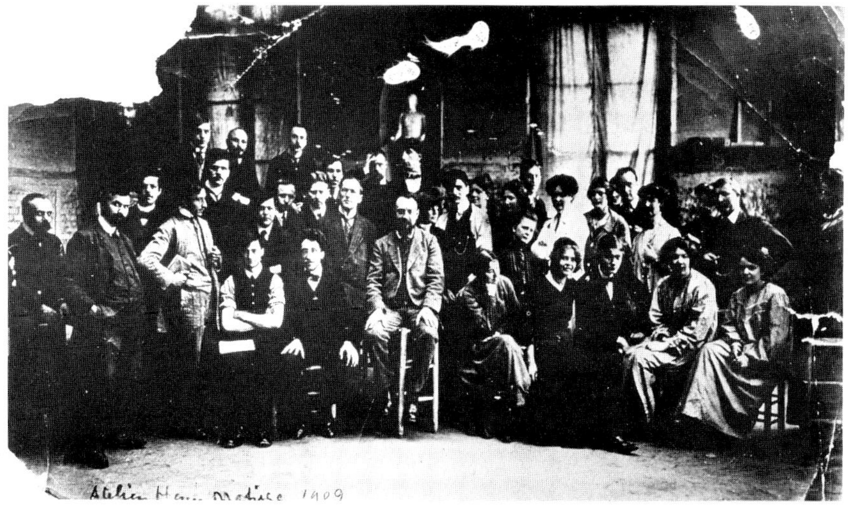

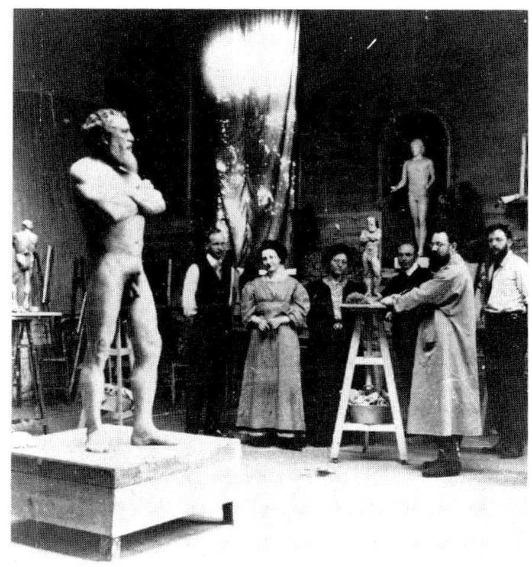

Matisse et ses élèves 1909 ou 1910

La classe de Matisse
On reconnaît de gauche à droite :
Heiberg, Sarah Stein, Purrmann, Matisse, Bruce

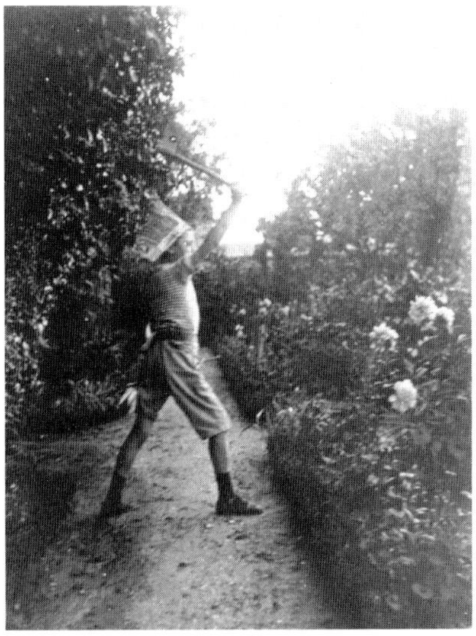

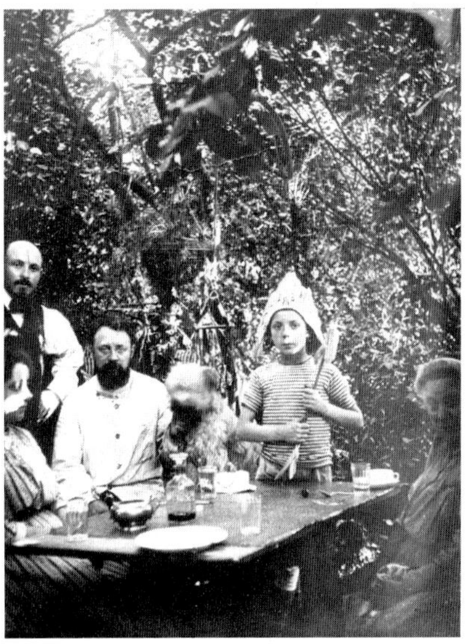

éclat somptueux», André Salmon (*L'Intransigeant, 26-27 mars) et* Charles Morice (*Mercure de France,* 16 avril).

fin mars
Sa fille Marguerite subit une trachéotomie.

1er avril
Matisse écrit à Guy de Cholet : *«Mes tableaux exposés aux Indépendants ne m'appartiennent plus».* Il mentionne la grave opération subie par Marguerite. Guy de Cholet achètera *L'Algérienne* quelques semaines plus tard.

vers le 5 avril
Matisse sait que la vente du Couvent du Sacré Cœur est imminente. Il a déjà en vue *«quelque chose de très bien à Clamart, ou plutôt à Issy-les-Moulineaux (à 10 minutes de la gare de Clamart)».*

12 avril
Charles Estienne publie «Des tendances de la peinture moderne» dans *Les Nouvelles,* texte qui contient un long et important entretien avec Matisse (reprenant en partie «Notes d'un peintre»), faisant aussi allusion à son travail en cours (commande de Stschoukine) :
«L'objet de la peinture n'est plus de décrire l'histoire, puisqu'elle est dans les livres. Nous en avons une conception plus haute. Par elle, l'artiste exprime ses visions intérieures.
Je prends dans la nature ce qui m'est nécessaire, une expression suffisamment éloquente pour suggérer ce que j'ai pensé. J'en combine minutieusement tous les effets, je les équilibre en description et en couleur, et cette condensation à quoi tout concourt, même les dimensions de la toile, je ne l'atteins pas du premier jet. C'est un long travail de réflexion, d'amalgamation [...]
Ici Matisse parle comme Puvis de Chavannes ; pour lui, la peinture est appel au recueillement, à la sérénité, elle doit être reposante. Cette impression doit être obtenue par le plus petit nombre de moyens possible ; trois couleurs pour un vaste panneau de danse : l'azur du ciel, le rose des corps, le vert de la colline sur laquelle dansent les muses.
[...] *J'obtiendrai cela par les moyens les plus simples et les moins nombreux, ceux qui permettent pertinemment au peintre d'exprimer toute sa vision intérieure».*

18 avril
Matisse signe le compte rendu de la séance du comité du Salon des Indépendants.

19 avril
Matisse écrit à Stschoukine : il travaille sur la *Composition II* (c'est-à-dire *La musique*).

mai–octobre.
Expose à Vienne (Secession internationale) *La jardinière, Étude de nu.*

15 mai
Matisse et sa famille séjournent (jusqu'au mois de septembre) à Cavalière.

26 juin
Le Couvent du Sacré Cœur est mis en vente.

juin
Parution du numéro 6 de la *Toison d'or* (Zolotoie Runo) consacré à Matisse. 13 peintures (dont 7 appartiennent à Stschoukine), 3 dessins y sont reproduits, ainsi qu'une étude de Mercereau, et les «Notes d'un peintre». Parmi les œuvres reproduites figurent *La danse I, La desserte rouge, Portrait de Greta Moll, Marguerite lisant...*

1er juillet
Matisse a loué la maison située 42 route de Clamart, à Issy-les-Moulineaux. Pendant l'été, il s'y fait construire un grand atelier, une structure préfabriquée, démontable (préconisée par Steichen).

juillet–août
De Cavalière il rend visite aux Stein (Le Trayas) et à Cross (Le Lavandou). Il peint des esquisses en rapport avec la commande Stschoukine (notamment *La baigneuse* et *Nu rose*). Il travaille en plein air d'après le modèle nu (Loulou Brouty).

fin août (?)
Matisse écrit à Stschoukine : *«Après deux mois, presque trois, de séjour au bord de la mer, je rentre à Paris content de la santé de toute ma famille et du travail que j'ai fait ici. J'avais terminé un modèle, et je vais prendre des documents qui vont m'être très utiles pour vos déco-*

Après le séjour à Cavalière
Pierre Matisse dans le jardin d'Issy-les-Moulineaux
Archives Matisse, Paris

rations». (Brouillon de lettre conservé par les Archives Matisse, Paris. Cité par Kostenevich, Semionova, 1993, p. 108)

4 août–16 septembre
Hagen, Museum Folkwang, «Sonderausstellung», 7 dessins et 2 lithographies de Matisse.

septembre
Matisse et sa famille s'installent à Issy. Un nouveau rythme s'instaure : le mardi, le mercredi et le jeudi, il travaille à Issy, le vendredi, il rend visite à ses élèves boulevard des Invalides (atelier de sculpture) ainsi que le samedi (atelier de peinture). Le dimanche, repos. Le lundi est consacré à la correspondance, aux affaires, aux visites.
Il acquiert de Vollard plusieurs aquarelles de Cézanne.

18 septembre
Signe son premier contrat avec Bernheim-Jeune, qui, comme tous ceux qui suivront, est rédigé avec méticulosité. Il lui garantit le débouché de toute sa production (en-deçà du format 50 Fig.), lui laisse la possibilité de conserver des «esquisses» et de négocier directement certaines commandes (portraits ou décorations) dans des limites strictement définies. Les prix vont de 450 francs (format 6 Fig.) à 1 875 francs (format 50 Fig.). L'article IX stipule que «ne seront considérées comme décorations que les peintures de formats irréguliers et dont les dimensions seraient rigoureusement déterminées par l'architecture du local où elles doivent être placées».

automne
Parallèlement à *La danse* et *La musique,* reprend le bas-relief *Nu de dos I* et travaille la *Serpentine* (il est photographié par Steichen).

octobre
Le grand directeur de musée allemand, Hugo von Tschudi, réserve dans l'atelier *Nature morte au géranium* (en cours de travail).

1er octobre–8 novembre
Au Salon d'Automne, il expose *Bouquet de fleurs* et *Fleurs et fruits.*
Dans le même Salon, rétrospective des *Figures* de Corot.

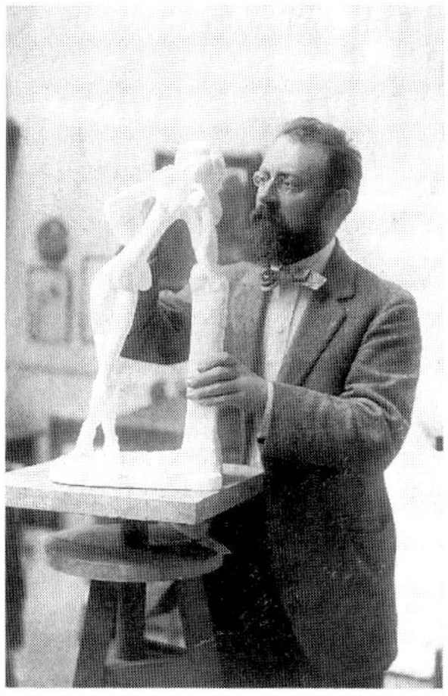

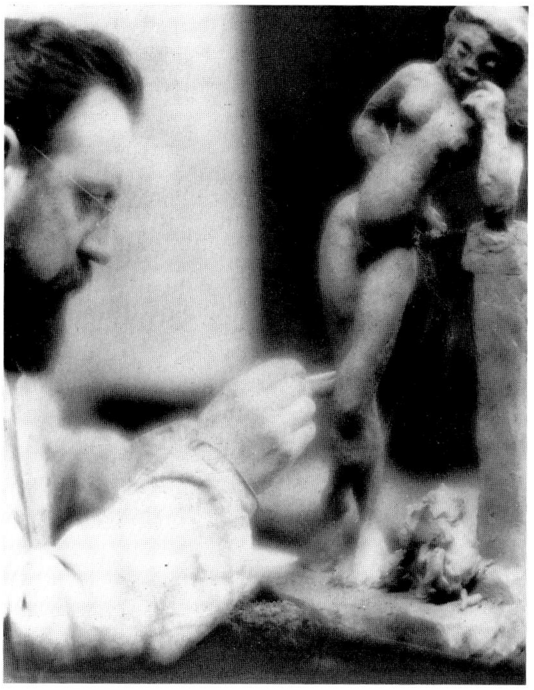

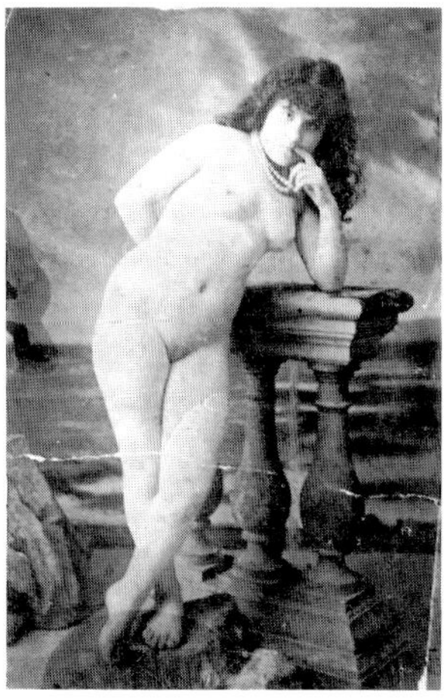

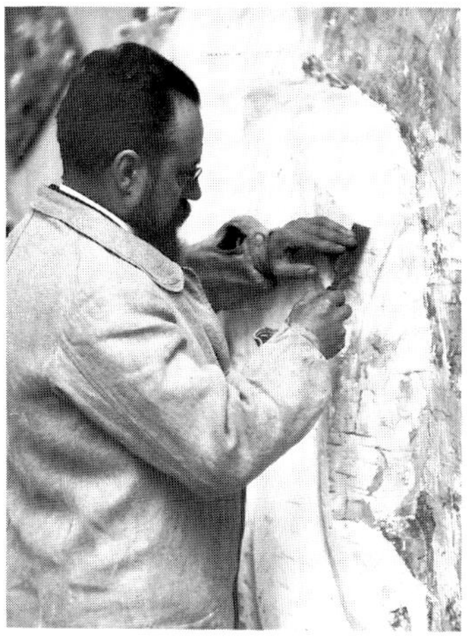

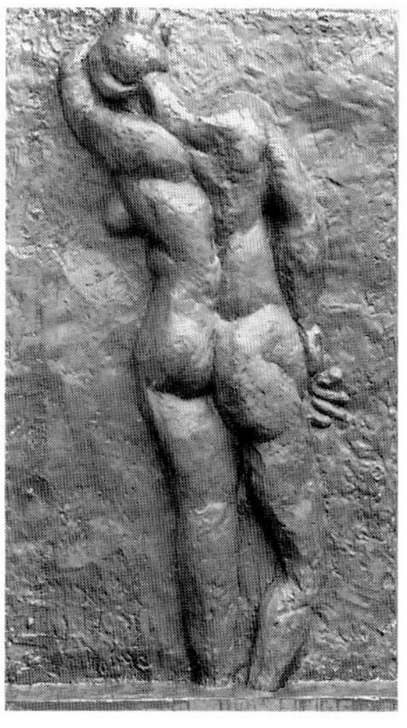

Matisse travaillant à *La Serpentine*
Archives Matisse, Paris

Motif de *La Serpentine*
Archives Matisse, Paris

Matisse travaillant *Nu de dos, deuxième état,* dans son atelier d'Issy-les-Moulineaux, mai 1913
Photo Alvin Langdon Coburn

Matisse travaillant à *La Serpentine*
automne 1909
Photographie Edward Steichen
Archives Matisse, Paris

Nu de dos I, 1909. Bronze
Musée national d'art moderne, Paris

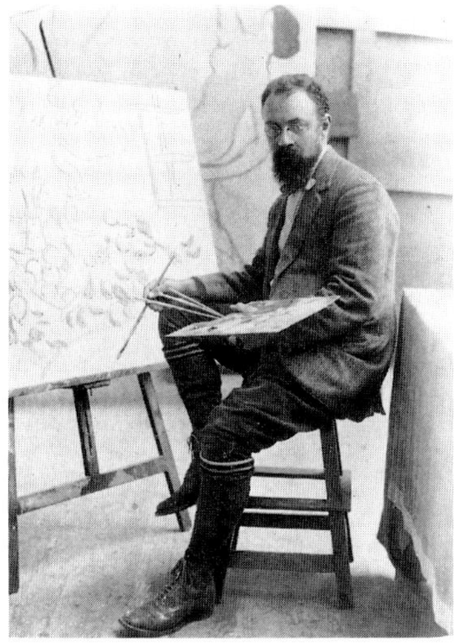

1er novembre
Marcel Sembat et sa femme visitent l'atelier : *«Samedi chez Matisse à Clamart : il a travaillé admirablement cet été ; nous lui avons pris un petit tableau merveilleux (la femme assise sur le sable ensoleillé à Cavalière)»* note Sembat dans son *Journal.*

10 novembre
D'Égypte, Stschoukine écrit à Ilya Ostroukhov, curateur de la galerie Tretiakov, que son enthousiasme pour Matisse est partagé par Hugo von Tschudi et par Bernard Berenson.

13 novembre
Paris, galerie Eugène Blot, expose *Intérieur* (appartenant à M. B.) et *Nature morte.*

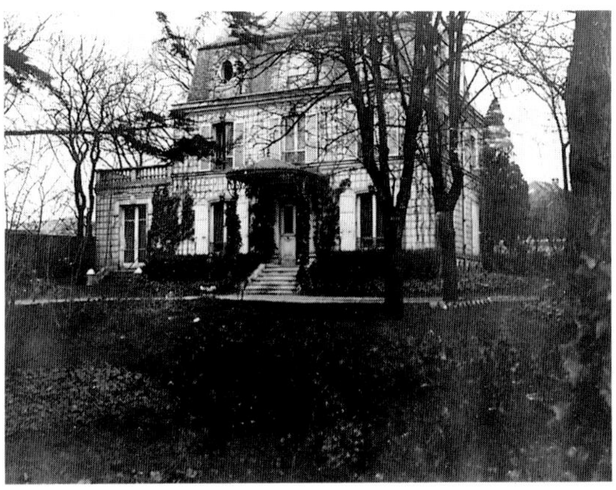

6 décembre
Matisse écrit à Stschoukine qu'il espère pouvoir lui montrer les panneaux terminés au printemps suivant.

17 décembre–6 février
Odessa, Salon Izdebsky. «Première Exposition internationale de tableaux, sculptures et dessins». Matisse y expose Marin [II ?] et *Nature morte* (l'exposition circulera jusqu'au 7 juillet 1910 à Kiev, Saint-Pétersbourg et Riga).

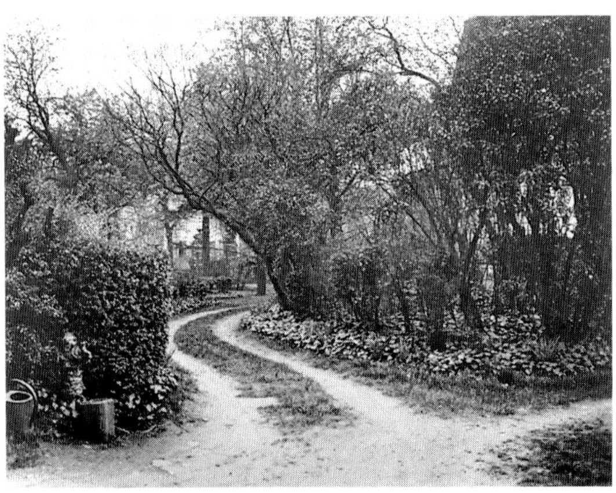

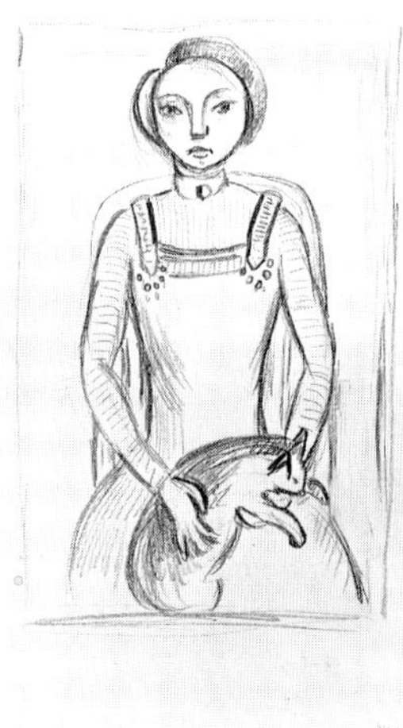

1910

10–22 janvier
Exposition Cézanne à la galerie Bernheim-Jeune. Matisse y prête son tableau *Trois baigneuses.*

9 février–mars
Prague, Société des artistes Manès, «les Indépendants». 6 dessins de Matisse : *Étude de nu, croquis, Femme assise, Femme appuyée sur les mains, Tête, Femme assise.*

février–mars
Saint-Pétersbourg, «Exposition de dessins, lithographies et aquarelles des artistes français contemporains» à la revue *Apollon.* Matisse y est représenté.

14 février–5 mars
Paris, galerie Bernheim-Jeune. Impor-

La maison d'Issy-les-Moulineaux, vers 1910
Archives Matisse, Paris

Le jardin d'Issy-les-Moulineaux, vers 1910
Archives Matisse, Paris

Matisse devant *La danse I* (au fond) et *Nature morte à La danse,* dans son atelier d'Issy, vers l'automne 1909

Étude pour *Marguerite au chat noir,* 1910
Crayon sur papier
The Art Institute of Chicago

tante exposition «rétrospective» de l'œuvre de Matisse. 65 peintures et 25 dessins de 1893 à 1910 (seulement 10 tableaux à vendre, les autres appartenant à des collections privées). Les critiques sont défavorables (Charles Morice) et même *«d'une rare violence»* selon Apollinaire, à l'exception du compte rendu de Jacques Rivière dans *La Nouvelle Revue Française* (n° 16, avril 1910, pp. 531-534) : *«La gratuité de cette peinture se décèle à son caractère* abstrait. *Matisse peint* à part *des choses ; non pas sans les regarder, mais en se retirant d'elles à quelques pas. Il recueille la sensation qu'elles lui donnent, l'emporte et, s'étant éloigné, la déplie soigneusement.*
[...]
La couleur de Matisse brille d'une splendeur intellectuelle. Elle a l'éclat muet de ces éblouissements qui naissent soudain dans l'esprit. [...] *Les* Natures mortes *sont les meilleurs de ces tableaux ; en effet le sujet déjà en est abstrait : les objets sont choisis et groupés selon leur importance picturale et, par cette adaptation préalable du modèle à sa future image, l'arbitraire est atténué.* [...] *Une toile est pour lui non pas une image de la réalité mais une spéculation plastique, aussi faut-il la rendre aussi solitaire que possible, sans précédent et sans analogie».*

27 février–20 mars
New York, galerie 291, exposition de dessins de Matisse (dessins, gravures, aquarelles, lithographies et une peinture). Stieglitz y montrait aussi des photographies de tableaux (en noir et blanc). Trois de ces dessins furent offerts la même année au Metropolitan Museum of Art. L'accueil fut plutôt favorable, au moins d'après la revue de presse rassemblée par Stieglitz dans *Camera Work* (n° 30, 30 avril 1910)

James Hunecker, dans le *New York Sun* : *«Et quelle maîtrise dans les espacements ! Son art plonge ses racines profondes dans Manet et Cézanne ; la concision de l'un et les effets structurels de profondeur et de pesanteur de l'autre, joints à une bonne part de son sens de l'harmonie, sont évoqués aussi bien dans les portraits que dans les bouquets de fleurs ; et cependant on perçoit d'un bout à l'autre l'attraction subtile de l'Orient».*

Elizabeth Luther Cary, dans le *New York Times* :
«[...] *Comme Degas, Matisse aime à affronter les problèmes les plus difficiles qui soient. C'est pourquoi il place ses personnages dans toutes sortes de positions contorsionnées, afin d'examiner la traction musculaire, les plis de la chair, la géométrie des plans, etc. On présume que c'est la raison qui a présidé au choix de bon nombre de ses poses. En tout cas, le résultat est là.*
Certains dessins ne sont pas de simples études. Il y a une femme penchée en avant, appuyée de tout son poids sur ses bras, qui a quelque chose d'égyptien dans l'expression du volume et de la cohérence.
[...] *En attendant, Matisse est l'un des maîtres de la forme et, dans ses essais les moins expérimentaux, un amoureux de cette géométrie même sur laquelle l'art classique est fondé.»*

12 mars–17 avril
Bruxelles, La Libre esthétique, «L'évolution du paysage». 2 toiles de Matisse : *Paysage de Collioure* (à M. Leo Stein) et *La cour du moulin*.

mars
Lettre à Jean Biette, parlant de son travail sur *La musique* : *«J'ai travaillé à ma décoration* La musique *et je l'ai très avancé, presque terminé. J'ai fait là un gros effort qui m'a épuisé.* [...] *Vous savez que j'ai eu une exposition cet hiver qui a eu un gros succès d'étrangers».* Il ajoute en post-scriptum une précision importante : *«J'oubliais de vous dire que je lâche l'atelier tout à fait, que ma dernière correction est Samedi».* (Archives Matisse, Paris)

18 mars–1er mai
Paris, Salon des Indépendants. Matisse y montre *Jeune fille aux tulipes* (à MM. Bernheim-Jeune). Comptes rendus mitigés, sauf celui d'Apollinaire. Le modèle du tableau, Jeanne Vaderin, a posé également pour les deux premiers états de *Buste de jeune fille* (*Jeannette I* et *Jeannette II*).

25 mars
Carte postale à Leo Stein, de Toulouse. Matisse, qui était encore à Paris le 20 mars, est passé à Collioure et à Toulouse.

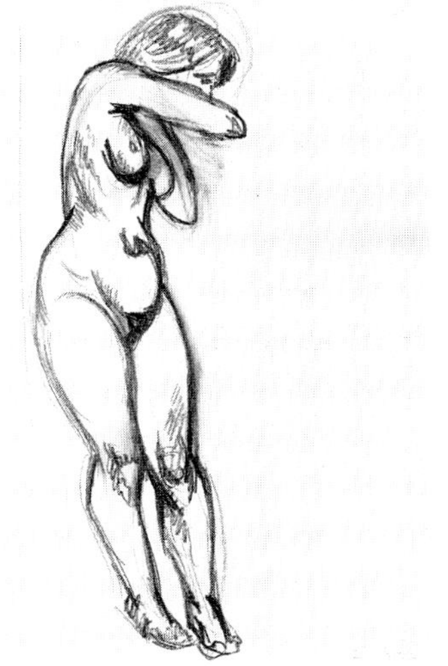

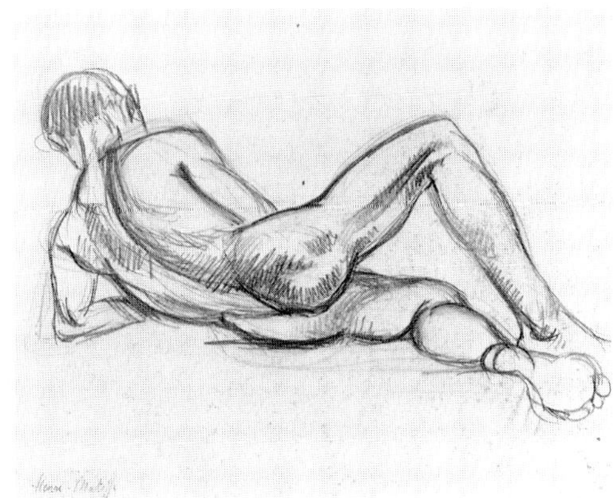

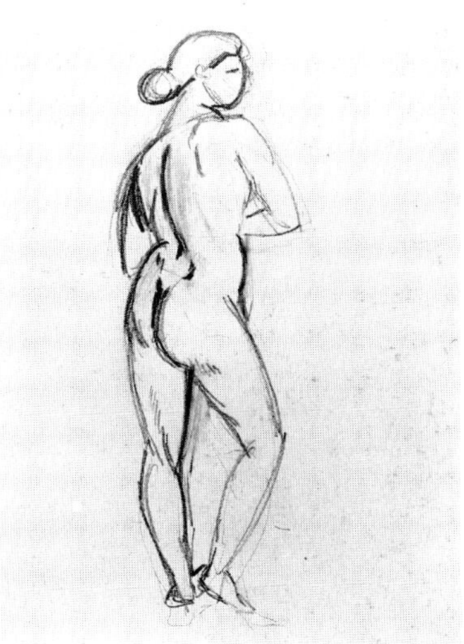

Femme nue debout, 1910
Crayon sur papier
The Art Institute of Chicago

Homme nu couché, 1909-1910
Crayon sur papier
The Metropolitan Museum of Art, New York

Femme nue debout, 1909-1910
Crayon sur papier
The Metropolitan Museum of Art, New York

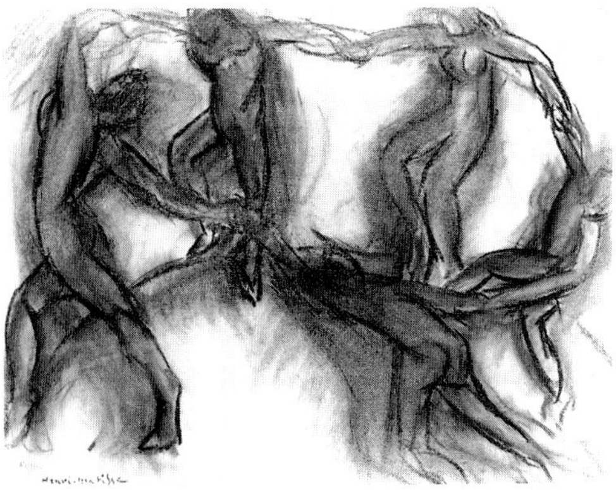

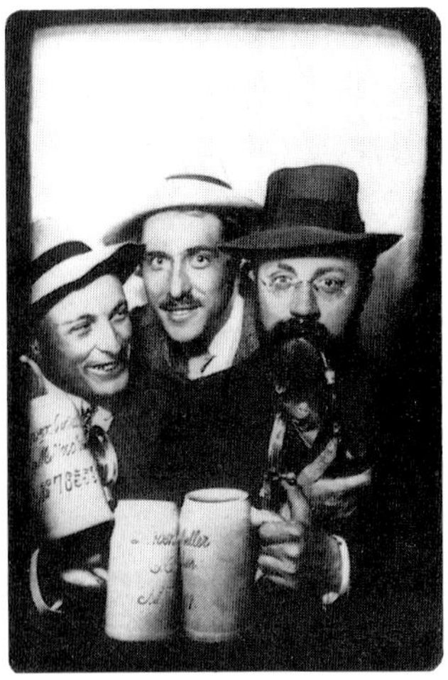

printemps
Berlin, «Secession». Matisse y est représenté pour la première fois par deux portraits (dont un portrait de Marguerite). Le 2 mai, il reçoit de Max Liebermann l'avis suivant : *«vos deux portraits, arrivés huit jours après, sont déjà placés l'un à côté de l'autre, et tuent tout leur entourage»*. (Archives Matisse, Paris)

18–30 avril
Paris, galerie Bernheim-Jeune, «D'après les maîtres». Matisse y montre un dessin d'après Delacroix.

avril–mai
Budapest, Novaszhaz, «Exposition impressionniste». 2 toiles de Matisse : *Guitariste* (à Jenö Domokos) et *Fleurs* (au Dr. Adolf Kohner).

20 avril–15 mai
Florence, Club Lyceum, «Prima Mostra Italiana dell' Impressionismo», une toile de Matisse : *Paysage* (à B. Berenson).

mai
Parution de l'article de Gelett Burgess (rédigé deux ans plut tôt), «The Wild Men of Paris» (*The Architectural Record,* vol. XXVII, n° 5, pp. 402-404) citant des propos de Matisse (en 1908) et reproduisant *Madeleine I* (1903).

17–28 mai
Paris, galerie Bernheim-Jeune, «Nus». Matisse y expose 4 dessins (?) : *Nu aux fleurs, De face, Rose Arpino, Les bras levés.*

6 juin
Henry Mac Bride, Bryson Burroughs et Roger Fry visitent l'atelier à Issy. Ils y voient *La danse II*, en cours.

8–18 juin
Séjour à Londres (via Dieppe ?, d'où il envoie le 18 juin une carte postale à Jean Matisse). Ce voyage est en relation avec une exposition organisée par Robert Dell (secrétaire de Fry), «Modern French Artists», comportant deux natures mortes de Matisse. (Archives Matisse, Paris)

27 juin
13e comité des Indépendants. Matisse est absent, une fois de plus. Le comité décide de le mettre en demeure de se justifier ou de démissionner (ce qu'il fera en août par une lettre lue le 21 août devant le 14e comité).
Hugo von Tschudi reçoit *Nature morte au géranium*. Il en accuse réception par ces mots : *«Le tableau me plaît beaucoup par son coloris fort et hardi»*. (Archives Matisse, Paris)

été (?)
Matisse communique à Stschoukine une photographie de *La musique* (en cours), il réattaque *La danse : «comme ce travail m'a beaucoup pris cet hiver, et me prendra presque tout l'été, je ne puis faire que peu de choses en dehors* [...] *je me suis donc permis de vous demander un acompte pour le versement de la construction de l'atelier»*. (Archives Matisse, Paris. Cité par Kostenevich, Semionova, 1993, p. 108)
Matisse passe le reste de l'été à Issy, à l'exception d'un court voyage à Chartres et Rouen (en août).

16 juillet–9 octobre
Düsseldorf, Kunstpalast, «Sonderbund Austellung». Matisse expose un *Nu* prêté par Guy de Cholet.

1er octobre–8 novembre
Paris, Salon d'Automne. Matisse y présente sous les numéros 536 et 537 *La danse (panneau décoratif)* et *La musique (panneau décoratif).* L'un et l'autre font sensation mais provoquent de nombreuses attaques. Stschoukine, qui voit au Salon les deux panneaux terminés, est ébranlé et commence par décider de les refuser, puis change d'avis (les 10 et 11 novembre, sur le chemin du retour vers la Russie). Seul Apollinaire défend Matisse :
«Henri Matisse, qui déconcerte tant de regards mal éduqués, est un peintre extrêmement séduisant. La couleur très rare et très belle, voilà ce qu'il trouve plus souvent qu'aucun autre peintre, et la puissance décorative de ses ouvrages ne peut être niée à moins d'une insigne mauvaise foi. Les deux panneaux qu'il exposait cette année sont ce que, pour ma part, je préfère dans l'œuvre de cet artiste, que je suis le seul – je ne dis pas cela sans quelque coquetterie – à avoir toujours défendu».
Cet enthousiasme est cependant tempéré par la phrase suivante : *«L'œuvre la plus considérable de ce salon, ce sont les peintures décoratives inspirées à M. Maurice Denis par le* Décaméron». (Apollinaire, *Poésie*, numéro d'automne de 1910)
Quant à la tonalité des autres critiques, un exemple (russe) suffira :
«Entrons au Salon d'automne et arrêtons-nous devant les panneaux de Matisse (propriété du marchand moscovite Stschoukine). Devant ces toiles, les explosions d'indignation et de fureur, les railleries sont incessantes. En effet, le coloris venimeux donne l'impression d'une cacophonie démoniaque, le dessin simplifié au point de disparaître presque et les formes étonnamment hideuses expriment l'idée du peintre de façon téméraire et impérative. Le monde créé par Matisse dans ces panneaux d'une naïveté cannibalesque est, je l'avoue, franchement désagréable. Matisse cherche à rendre non pas une impression mais plutôt une suite d'impressions changeantes, néanmoins le sentiment désagréable persiste jusqu'au bout. Ces panneaux, selon moi incontestablement ratés, témoignent une fois de plus de

Étude pour *La danse*, 1909-1910
Fusain sur papier
Musée de Grenoble

Purrmann, Weisgerber et Matisse à Munich, octobre 1910
Archives Matisse, Paris

l'inégalité du travail de Matisse, un des dessinateurs les plus remarquables de notre temps». (P. Skrotski, «Iz Parija», *Odesskii listok*, n° 267, 20 novembre 1910. (Cet article est traduit et cité dans Kostenevich, Semionova, 1993, p. 19 ; voir aussi *infra.* Anthologie)

octobre
Avec Marquet, visite une importante exposition d'art islamique à Munich (ils y sont avant le 9 octobre). Ils sont rejoints par Purrmann. Matisse y étudie tapis, bronzes et miniatures. Il visite la collection de Hugo von Tschudi *«qui lui montra en particulier ses tableaux de Van Gogh, partout admirés ; à leur égard Matisse exprima des réserves critiques à propos de la composition. Ce qui lui manquait chez Van Gogh, il le voyait exceller et s'accomplir dans un Grünewald, récemment découvert et qui était exposé à côté ! A mon étonnement, Matisse donnait la préférence à Gauguin et même à Odilon Redon, devant Van Gogh»*, raconte Hans Purrmann («Souvenirs sur Henri Matisse», *Werk*, juin 1946).
Matisse est de retour le 14 octobre.

15 octobre
Mort de son père, à Bohain. Il en fait part ainsi à un ami, quelques jours plus tard : «[...] *mon père est mort samedi dernier. Il souffrait d'artériosesclérose depuis quelques années, et c'est une crise de cette petite maladie qui l'a emporté. Il fut enterré mercredi dernier, et depuis je suis tout à fait anéanti. Ma mère qui est avec nous en ce moment est à consoler vous pensez qu'il me faut du courage...».* (Catalogue de la vente d'autographes du 5 juin 1992, Hôtel Drouot, Paris)

octobre–novembre
Leipzig, Kunstverein, «Exposition d'art français XVIIIe, XIXe et XXe siècle». Matisse y expose deux toiles : *L'allée du parc* et *Jardin près d'Ajaccio.*

26 octobre
Lettre à Jean Biette : *«Mes deux panneaux sont au Salon, j'en suis content. Mais les copains sont furieux, et les journaux que de rage ils montrent. Heureusement je n'ai lu les coupures qu'avant-hier parce que je devais les montrer à Stschoukine, comme çà m'a paru loin ! J'espère que cette indifférence est réelle* [...] *Je n'ai eu qu'un défenseur, mais comme il m'inspire du dégoût j'aurais mieux aimé un ennemi. C'est Apollinaire...».* (Archives Matisse, Paris)

6 novembre
Matisse part se reposer en Espagne (il y séjournera jusqu'au 6 janvier). Il trouve à son arrivée à Madrid (Hôtel Ingles) des pluies diluviennes et part ensuite pour Cordoue, Séville, Grenade.

8 novembre–15 janvier
Londres, Grafton Galleries, «Manet and the Post-Impressionists». Très importante exposition organisée par Roger Fry. Elle suscite de nombreuses réactions dans la presse et constitue un choc pour le public britannique. Matisse y est représenté par 3 peintures (*Paysage* prêté par Leo Stein, *Paysage* prêté par Bernard Berenson et *La femme aux yeux verts* prêté par Harriet Levy), 12 dessins, 8 sculptures (dont le *Serf, Femme couchée, Buste de jeune fille*) et un vase. A la fin de l'exposition, Roger Fry prononce une conférence.

10–11 novembre
Stschoukine confirme à Matisse par télégramme, puis lettre, qu'il prend bien les deux panneaux *La danse* et *La musique : «Pendant la route (deux jours et deux nuits), j'ai réfléchi beaucoup et j'ai honte de ma faiblesse et de mon manque de courage. Il ne faut pas abandonner le champ de bataille sans essayer la lutte. Pour cette raison, je suis résolu d'exposer vos panneaux. On criera, on rira, mais comme d'après ma conviction votre chemin est juste, peut-être le temps sera mon allié et à la fin j'aurai la victoire».* (Archives Matisse, Paris. Cité par Kostenevich, Semionova, 1993, pp. 166-167)
Alexandre Benois souligne, dans un article paru quelques semaines plus tard, l'audace de la décision de Stschoukine, et son engagement capital, aux côtés de Matisse :
«Chacun de ses achats était pour lui un exploit s'accompagnant d'hésitations douloureuses... C'était avec une sorte de méthode ascétique qu'il [...] *s'instruisait grâce à ses acquis, puisant en lui-même la force de briser les obstacles qui se dressaient entre lui et la vision du monde propre aux maîtres l'ayant intéressé. Peut-être lui arriva-t-il de se tromper, mais aujourd'hui il est vainqueur sur toute la ligne. Il s'est entouré d'objets qui, par une action lente et constante, lui ont éclairé l'essence de l'art moderne, lui ont appris à se réjouir de ce que notre époque a créé d'authentiquement réjouissant.*
Son dernier exploit a été l'acquisition de deux panneaux décoratifs de Matisse qui, l'automne dernier, avaient scandalisé tout Paris... Cet exploit a été source de nombreuses souffrances pour Stschoukine. Il était sur le point de renoncer à son achat mais, rentré à Moscou, il fut pris d'une telle "nostalgie" pour ces tableaux qu'il se hâta de les faire expédier. A présent, il ne regrette plus sa décision hardie, mais les amis et connaisseurs lui font grise mine, même nombre de ses partisans habituels ne peuvent qu'écarter les bras par perplexité».
(A. Benois, «Lettres sur l'art. Impressions moscovites». *Retch,* 17 février 1911. Cité par Kostenevich, Semionova, 1993, p. 20)
Du même coup, Stschoukine renonce à l'achat d'un grand Puvis de Chavannes, retenu chez Bernheim-Jeune. Il l'échange contre *Jeune fille aux tulipes...* et une soulte.

24 novembre
Carte à Olga Merson, de Madrid : *«Je quitte Madrid où j'ai vu au Musée des tableaux de premier ordre. Je vais à Cordoue puis à Séville».*

1er décembre
Parution d'un texte passablement fielleux et xénophobe sur Matisse «Le Prince des Fauves», par Roland Dorgelès.
*«M. Matisse a un visage grave d'*Herr Professor*, M. Matisse est un cher maitre. M. Matisse a des disciples, M. Matisse est le chef d'une école où communient dans son admiration des Wurtembergeois, des Moraves, des Lithuaniens et des Esclavons.* [...]
A la dernière exposition qu'il fit, dix tableaux seulement étaient à vendre sur soixante-deux qu'il exposait. Aucun peintre n'en pourrait dire autant. Les produits de M. Matisse se vendent des prix foux, des musées allemands lui achètent ses toiles et les hôtels qu'il décora ne se comptent plus. [...]
M. Henri Matisse accueille les louanges les plus déraisonnables avec la gravité d'un derviche. La sévérité est son masque ordinaire et les promeneurs qui le voient, chaque matin, passer à cheval dans les allées du Bois, sont persuadés que ce jeune

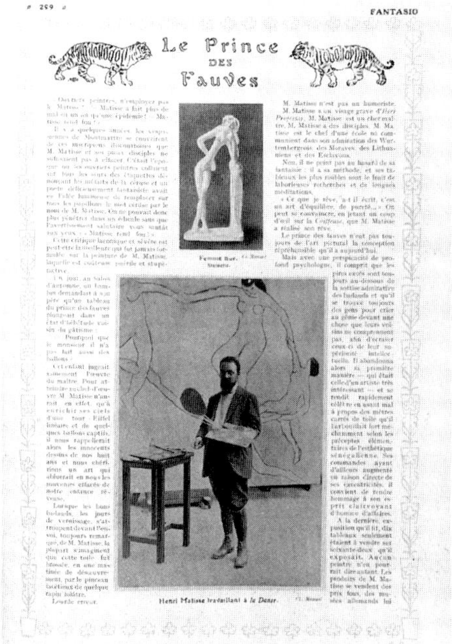
FANTASIO

Le Prince des Fauves

homme à la barbe soucieuse et aux bésicles austères est un attaché militaire allemand. [...] (*Fantasio*, n° 105, 1er décembre 1910, 5e année, pp. 299-300)

3 décembre (?)
Carte postale à Camoin, de Séville : *«Je me chauffe le ventre au soleil»*. Parution d'un article de Roger Fry dans *The Nation* insistant sur le contraste du *«tempérament véhément et singulier»* de Picasso avec celui d'un Matisse *«presque trop purement et entièrement artiste»*.

17 décembre
La danse et *La musique* arrivent à Moscou. Stschoukine les installe le long de l'escalier conduisant du hall d'entrée au premier étage, les panneaux sont disposés en équerre, *La danse* sur un premier palier, et *La musique* sur un mur à angle droit, dans la partie de l'escalier conduisant vers le deuxième palier. (Voir Kostenevich, Semionova, 1993, p. 21)

vers la mi-décembre
Stschoukine, en regardant la photographie des *Joueurs de cartes* de Cézanne (aujourd'hui à la Barnes Foundation) pense que Matisse lui aussi pourrait peindre *«un tableau de composition avec des figures en habits. Peut-être le portrait de votre famille ?»*. (Archives Matisse, Paris. Cité par Kostenevich, Semionova, 1993, p. 168)

20 décembre
Stschoukine écrit à Matisse pour accuser réception des deux panneaux :
«Vos panneaux sont arrivés et placés. L'effet n'est pas mauvais. Malheureusement, le soir, à la lumière électrique, le bleu change beaucoup. Il devient presque sombre, presque noir. Mais en somme, je trouve les panneaux intéressants et j'espère de les aimer un jour. J'ai pleine confiance en vous. Le public est contre vous, mais l'avenir est à vous». (Archives Matisse, Paris. Cité par Kostenevich, Semionova, 1993, p. 168)

C'est en 1910 que Georges Duthuit fait la connaissance de Matisse : il visite l'atelier d'Issy avec Matthew Prichard et Camille Schuwer.
Pierre Reverdy, qui arrive à Paris fin 1910, fait la connaissance de Matisse peu après.

1911

5 janvier
Stschoukine écrit à Matisse : *«Je relis votre lettre et je regarde avec grand intérêt votre croquis du tableau de famille. Le sentiment est noble et je vous prie de me faire ce tableau»*. (Archives Matisse, Paris. Cité par Kostenevich, Semionova, 1993, p. 169)

9 janvier
Il écrit à Jean Biette, de Séville : *«Une quinzaine après mon séjour en Espagne j'ai été pris d'insomnies presque complètes* [...]
Ça a duré jusqu'il y a à peine 8 jours. Maintenant ça va. Malgré les fatigues causées par cet énervement j'ai continué à travailler [...]
J'ai fait 2 toiles d'environ 40 mais comme je ne pouvais emmagasiner Séville dans ma tête, j'ai fait deux natures mortes qui sont je crois intéressantes. Ma fatigue venait de l'effort dernier que j'ai fait pour terminer ces deux grands panneaux et les terminer consciemment. Vous savez que je les avais depuis 2 ans dans la boule, et comme ils étaient commandés il fallait les finir. Alors j'ai dû soulever ciel et terre pour arriver à leur donner leur expression définitive. [...] *Maintenant je suis décidé à rejeter l'importance un peu trop grande qu'on m'a donnée et que peut-être je me suis laissé donner et à continuer ma route sans entraves»*. (Archives Matisse, Paris)

17 janvier
Sur le chemin du retour vers Paris, visite Tolède où il voit des Greco (carte postale à Leo Stein). Vend assez rapidement après son retour les deux *Natures mortes* de Séville à Stschoukine (elles lui parviennent fin février, début mars, d'après une lettre de Stschoukine à Matisse datée du 26 mars).
Matisse travaille à Issy, il y reste jusqu'au mois de mai. Il achète une toile de Bonnard *La soirée au salon* (1907) chez Bernheim-Jeune (1 200 francs).

26 mars
Une lettre de Stschoukine à Matisse mentionne ce qui pourrait être le projet des Intérieurs : *«Pour les grands panneaux décoratifs, je suis très intéressé si vous avez déjà une idée»*. (Archives Matisse, Paris. Cité par Kostenevich, Semionova, 1993, p. 170)

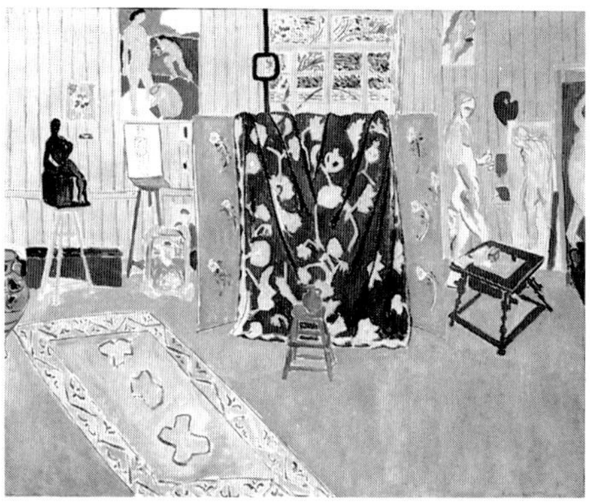

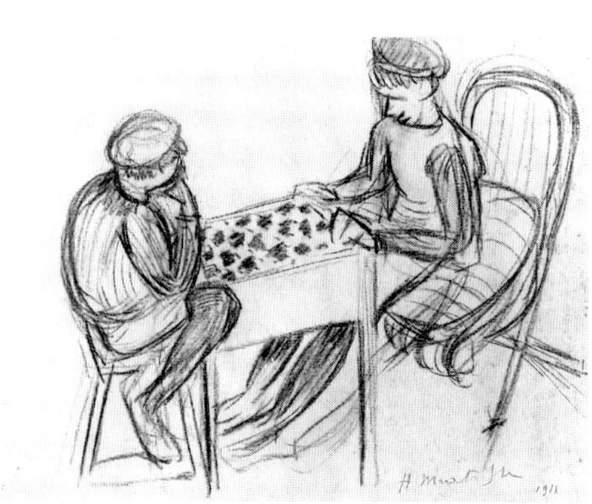

Fantasio, 1er décembre 1910

L'atelier rose, 1911
Huile sur toile
Musée des Beaux-Arts Pouchkine, Moscou

Les joueurs de dame, 1911
(Étude pour *La famille du peintre*)
Fusain
Musée Matisse, Le Cateau-Cambrésis

21 avril–13 juin
Paris, Salon des Indépendants. Matisse expose *Madame Matisse au châle de Manille* (sous le titre *L'Espagnole*), *Joaquina* (sous le titre *Gitane*). Après le vernissage, il remplace le *Châle de Manille* par *L'Atelier rose*, toile peinte au printemps, «*encore tout humide, et dont les visiteurs du Dimanche ont essuyé la peinture toute fraîche*», témoigne Roger Allard, dans *La Rue* du 5 mai 1911. Les critiques soulignent «*l'assagissement du fauve Matisse*», qui «*rentre ses griffes et ses crocs*» (*Fantasio* du 1er mai). Le scandale vient maintenant des «*cubistes, école Picasso-Braque, des déments, des farceurs*» selon Louis Vauxcelles dans *l'Aéro* du 23 avril 1911.

1er mai
Publication dans *The Fortnightly Review* (Londres) de la conférence de Roger Fry sur les post-impressionnistes.

20 mai
Matisse écrit à Bussy : «*J'ai vu M. Duncan Grant avec plaisir*».

22 mai
Vente au profit du monument pour Cézanne d'une œuvre de Matisse *La pose de nu* (vendu auparavant 1 450 francs à Bernheim-Jeune).
Roger Fry écrit à Simon Bussy : «*Quant à Matisse, nous en discuterons à fond l'un de ces jours, car je suis maintenant devenu complètement matissiste. J'étais très méfiant au début de notre exposition, mais après avoir étudié toutes ses peintures, je suis tout à fait convaincu de son génie*». (*Letters of Roger Fry*, éditées par Denis Sutton, Londres, Chatto and Windus, 1972)

26 mai
Carte postale à Michael Stein avec un croquis de *La famille du peintre*.

26 juin–13 juillet
Paris, galerie Bernheim-Jeune, «L'eau». 2 toiles de Matisse sont exposées : *Les citrons* et *Marine*.

juin–juillet
Matisse travaille à Issy-les-Moulineaux.

fin août ou début septembre
Les Matisse partent à Collioure et y restent au moins jusqu'au 13 octobre. Ma-

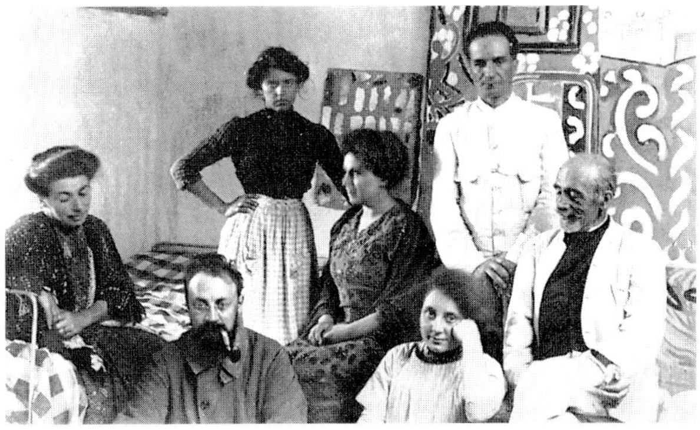

Collioure, septembre 1911
Au premier plan, assis de gauche à droite : Amélie Matisse, Henri Matisse, Olga Merson (de profil), Marguerite, M. Parayre
On distingue derrière *Intérieur aux aubergines*, en cours
Archives Matisse, Paris

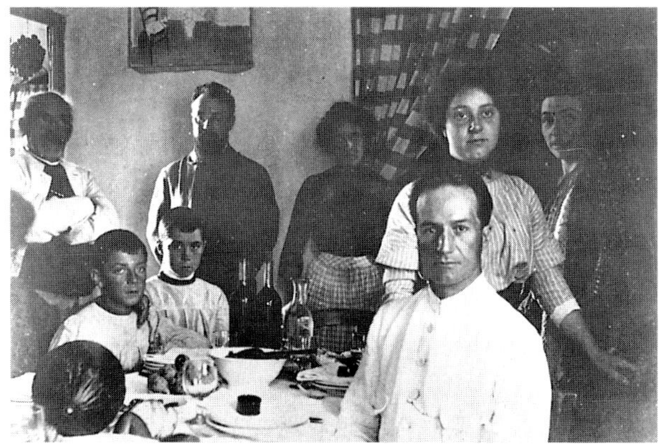

Collioure, septembre 1911
Au premier plan, assis à gauche : Pierre et Jean
Debout, derrière : M. Parayre, Henri Matisse, Marguerite et Amélie Matisse

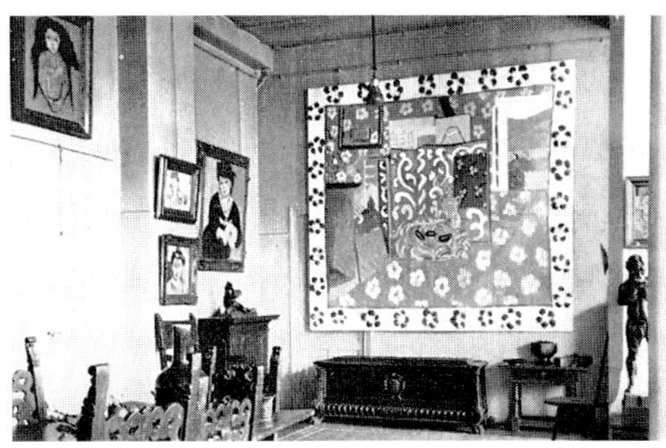

Chez Sarah et Michael Stein, rue d'Assas, après 1911
Au mur : *Intérieur aux aubergines*

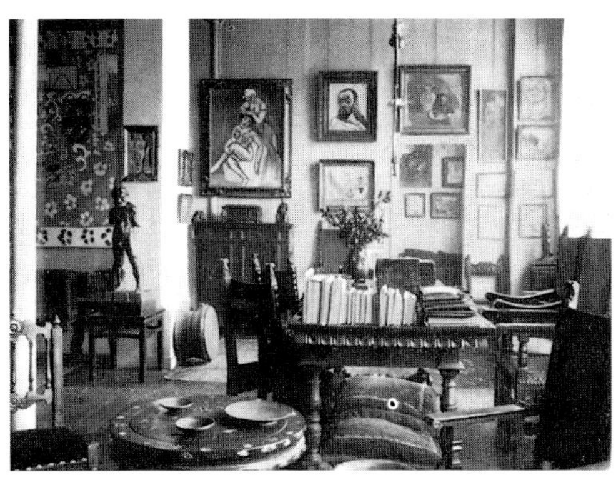

Chez Sarah et Michael Stein, rue d'Assas, après 1911
Au mur, une partie de leur collection Matisse

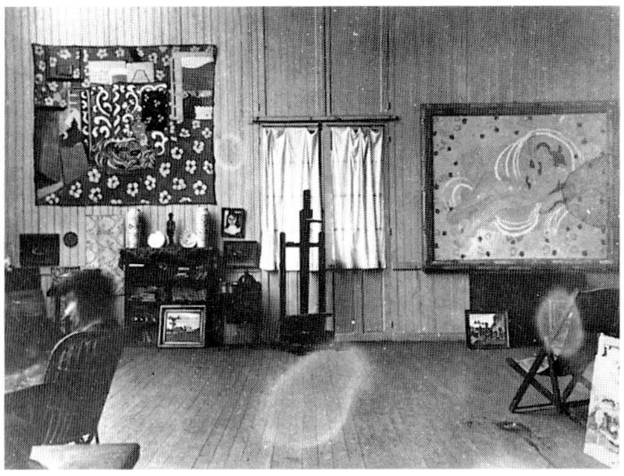

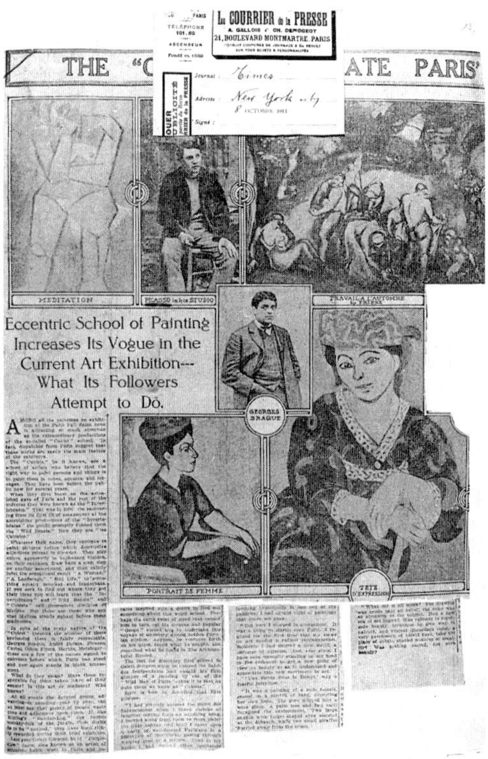
Le COURRIER de la PRESSE
21, BOULEVARD MONTMARTRE PARIS
Journal : Times
Adresse : New York city
8 octobre 1911

THE "C… ATE PARIS'

MEDITATION — PICASSO in his STUDIO — TRAVAIL A L'AUTOMNE — GEORGES BRAQUE — PORTRAIT DE FEMME — TETE D'EXPRESSION

Eccentric School of Painting Increases Its Vogue in the Current Art Exhibition— What Its Followers Attempt to Do.

L'atelier d'Issy-les-Moulineaux, après 1911 ?
Au mur à gauche : *Intérieur aux aubergines*, dépourvu de sa bordure, et *Grand nu* (détruit)
Archives Matisse, Paris

The New York Times, 8 octobre 1911

tisse peint des paysages, ainsi que le portrait d'Olga Merson (?) (elle séjourne en leur compagnie) et *Intérieur aux aubergines.*
Braque – à Céret depuis la mi-août – lui rend visite et l'écrit à Kahnweiler (le 20 ou le 27 septembre) : *«je suis allé à Collioure, c'est très joli et si j'avais le temps, je voudrais bien y faire quelques paysages. A peine arrivé je suis tombé sur Matisse qui m'a montré ses dernières toiles».* (Archives Kahnweiler-Leiris, Paris).
Hans Purrmann est lui aussi à Collioure. D'après son témoignage sur cet été 1911, recueilli par Alfred Barr le 1er juillet 1951 : *«Il peignait très peu d'après nature. Je me souviens d'une vue au-dessus d'un arbre et la ligne de l'océan, tout en bleu, une peinture que je vis plus tard en Allemagne. En même temps il peignait dans son atelier une grande peinture décorative avec une petite table sur laquelle étaient posées des aubergines».* (Archives Barr, New York, MOMA Library)

3 septembre
Stschoukine écrit à Matisse : *«Pour rien au monde je ne veux pas déranger votre élan. Votre art m'est tellement cher. Vos tableaux me font une grande joie. Chaque jour je les regarde et je les aime tous. Je suis sûr qu'aussi à Collioure vous ferez des belles choses».* (Archives Matisse, Paris. Cité par Kostenevich, Semionova, 1993, p. 170)

19 septembre
Matisse écrit à Morosoff de Collioure : *«Je pense à vos paysages depuis que je suis à Collioure et je crains bien ne pas pouvoir les faire cet été. Plutôt je pense y travailler en Sicile où je pense passer l'hiver. Vous verrez au Salon d'Automne un paysage qui vous était destiné et qui n'est resté qu'à l'état d'esquisse* [Vue de Collioure]. *Je suis très pris en ce moment par un travail décoratif important* [Intérieur aux aubergines]. *Je pense que vous voudrez bien ne pas m'en vouloir si vous n'avez pas vos paysages pour le Salon d'Automne puisque je vous ai prévenu lors de votre commande de la date incertaine de leur confection».* (Archives Morosoff. Cité dans le catalogue de l'exposition *Matisse*, Moscou, Musée Pouchkine, 1969, p. 129)

1er octobre–8 novembre
Paris, Salon d'Automne. Matisse expose *Paysage (esquisse décorative)* [c'est *Vue de Collioure*] et *Nature morte (esquisse décorative)* [c'est *Nature morte aux aubergines*]. Apollinaire signale, dans *L'Intransigeant* du 12 octobre, qu'*«un portrait très ressemblant d'Henri Matisse par Mme Meerson donne à cet ensemble* [la salle des épigones du fauvisme] *la signification d'un hommage au chef des couleurs puissantes et suaves».*
Olga Merson, de nationalité russe, était l'élève de Matisse depuis 1908. Le portrait que Matisse a fait d'elle date soit du séjour à Collioure, soit du printemps précédent.

8 octobre
Le *New York Times* republie (à propos du Salon d'Automne) de larges extraits de l'article de Burgess.

16 octobre
Dans le *Mercure de France,* Apollinaire associe publiquement pour la première fois le nom de Matisse à l'invention du mot «cubisme», qu'il aurait prononcé en 1908, devant un tableau de Picasso. (Il s'agissait, on le sait, en réalité de l'envoi de Braque, refusé par le jury du Salon d'Automne 1908, dont Matisse faisait partie).

automne
Ernst Goldschmitt vient interviewer Matisse dans son atelier. Matisse lui parle de *L'atelier rouge*, en cours, et lui fait visiter son jardin, source d'inspiration :
«Voici mon jardin. Après Collioure, c'est ici que j'aime le plus être. Cette plate-bande n'est-elle pas plus belle que le plus beau tapis persan ancien, remarquez les couleurs, à quel point l'une se distingue de l'autre et pourtant comme elles se mélangent. Regardez ici, comment, par estompage, un bleu très profond passe à cette couleur claire et audacieuse, plus légère et aussi lumineuse que le ciel même et pourtant si intense et précise dans sa force». [...] *D'ailleurs mes tableaux, comparés aux couleurs d'ici, ne sont pas beaucoup mieux que des reproductions. L'intensité de ces couleurs – cette matière, sont inatteignables. Parfois je fais en sorte de tenir les fleurs directement à côté de mes tableaux – comme toutes mes couleurs deviennent pauvres et sourdes ! Comment transposer*

ce blanc odorant et léger dans les tableaux ! Ce n'est au fond pas du tout blanc, ce n'est pas du tout, au fond, une couleur bien définie que l'on puisse peindre» (Ernst Goldschmidt, «Strejtog i Kunsten, Henry Matisse», *Politiken,* 24 novembre 1911)

19 octobre
Stschoukine et Matisse partent pour Moscou via Saint-Pétersbourg (L'Ermitage est fermé, Matisse ne le visitera pas).

23 octobre
Arrivée à Moscou. Descendu chez Stschoukine, Matisse commence naturellement par visiter sa collection, puis celle de Morosoff. Dès le deuxième jour, il voit des icônes chez Ilya Ostroukhov, et en reçoit une forte impression : *«Il a déclaré* [...] *qu'il les place maintenant au-dessus de Fra Beato».* Ostroukhov établit le programme du séjour de Matisse, incluant la visite des principaux monuments de l'art russe ancien, cathédrales, monastères, à Moscou même ou dans les environs. Son «programme» comprend aussi une partie musicale importante : opéra (*Sadko* de Rimsky-Korsakov au Bolchoï), concert des «chanteurs synodaux», etc. Enfin Matisse est invité partout : soirées mondaines, mais aussi débat à la Société d'esthétique libre, Théâtre d'art, cabaret de la Chauve-Souris...

«C'est chic la vie à Moscou, on fait la noce du matin au soir. C'est la vie – la grande vie ; avec çà la ville a du caractère et les tableaux primitifs sont tout à fait beaux et un peu fauves même», écrit Matisse à Manguin (cité par Schneider, Paris, 1984, p. 309).
Plus sérieusement, il déclare au journal *Rousskié viédomosti* le 27 octobre : *«Je connais l'art religieux de plusieurs pays, mais nulle part je n'ai vu une telle révélation du sentiment mystique, parfois même de l'effroi religieux. Vos églises sont admirables, majestueusement grandioses. C'est à la fois monumental et plein de style. Le Kremlin, certains coins de Moscou, les vestiges de l'art ancien sont d'une beauté rare... Les icônes, quant à elles, sont un échantillon des plus intéressants de la peinture primitive... Je n'ai vu nulle part une telle richesse, une telle pureté des couleurs, une telle spontanéité de la représentation. C'est le meilleur patrimoine de Moscou. Il faut venir ici pour s'instruire, car c'est chez les primitifs qu'il convient de chercher l'inspiration».* (cité par Kostenevich, Semionova, 1993, pp. 25-26)
Matisse rencontre aussi de nombreux journalistes. Le dossier passionnant rassemblé par Albert Kostenevich et Natalia Semionova dans leur ouvrage *Matisse en Russie* (auquel nous avons emprunté les éléments de ce compte rendu sommaire), recense 10 longs articles parus entre le 25 octobre et le 18 novembre 1911. Plusieurs sont en fait de véritables interviews. Il accorde ainsi un entretien à B.P. Lopatine-Chouïski, pour *Protiv Tetchenia* du 5 novembre :
«[...] *Les couleurs, leur compréhension, la simplicité sont autant d'atouts des primitifs. Le peintre moderne doit conférer à ceci son sens de la mesure pour créer une grande œuvre d'art.*
– Avez-vous remarqué nos monuments ?
– Je me souviens de la statue d'Alexandre II au Kremlin. Mais c'est trop rigide, trop tronqué. Et peu en harmonie avec le paysage environnant.
Le palais du Kremlin est également désagréable, il manque d'élégance. Quant à son intérieur, il est trop décoré, il y a beaucoup trop d'or. Cela blesse les yeux.
– Et l'église du Christ Sauveur ?
– C'est beau. Le style byzantin en impose par sa monumentalité.
– Mais là, justement, c'est un exemple où ce style a été défiguré.
– Vraiment ? Peut-être bien. Je l'ai vue le soir. Elle faisait une belle tache juteuse. Peut-être ne l'ai-je pas bien regardée.
– Et le style Empire moscovite ?
– Ce sont de beaux édifices, pleins de goût et de recherche. Toutefois, le style Empire est plus rigoureux en France. Quant aux édifices récents, modernes, ils m'ont fait mauvaise impression. C'est de la vraie barbarie, que le contraste avec l'art du vieux Moscou ne fait que souligner. Le modernisme, comme c'est souvent le cas, commet ici une erreur grossière : on croit que plus c'est grand, plus c'est beau. Bref, c'est l'histoire de la tour Eiffel qui se répète.
Moscou est intéressant comme une anticipation de l'Asie. Tant dans la peinture ancienne que dans la ville même, il y a une grande part d'Orient. Au pont de Zamoskvoretchié, par clair de lune, c'est un vrai paysage chinois avec les silhouettes

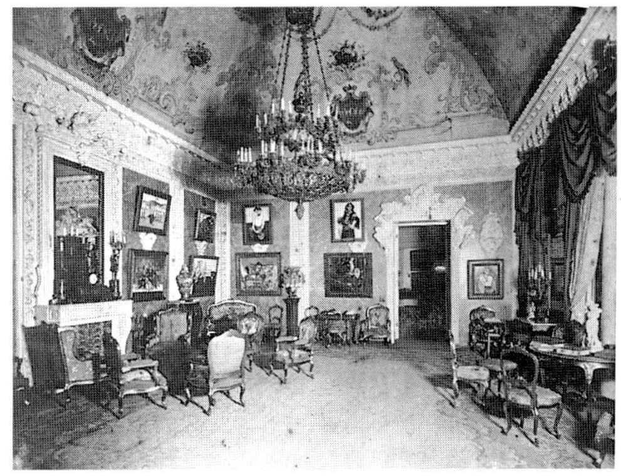

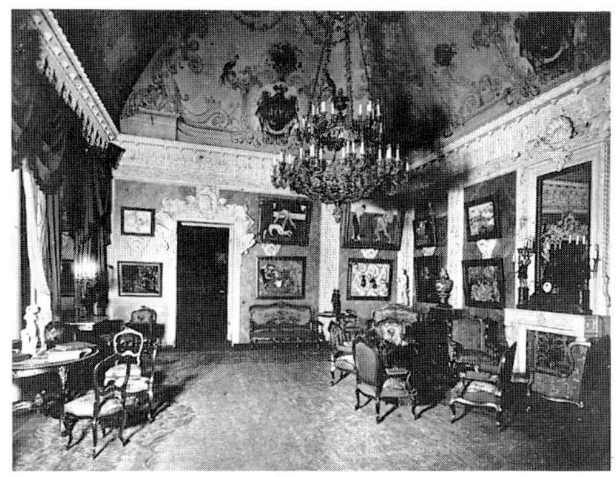

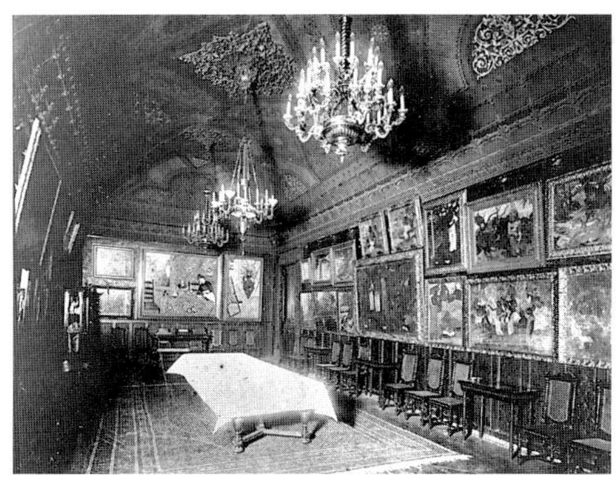

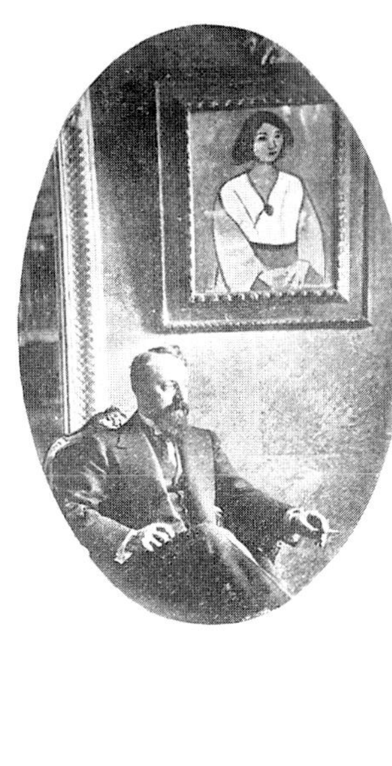

Le «Salon rose» de Stschoukine

Le «Salon rose» de Stschoukine

La salle à manger de Stschoukine

Henri Matisse à Moscou, chez Stschoukine, décembre 1911 (au mur *Dame en vert* 1909)
Archives Matisse, Paris

fantasques des tours qui se détachent sur le fond du ciel bleu sombre.
– Quelle impression rapportez-vous de la galerie Trétiakov ?
– La peinture russe est d'une grande richesse. Les icônes m'ont fait une énorme impression.
– Et Sérov ? Vroubel ?
– Je ne connaissais pratiquement pas la peinture russe. Vous comprendrez qu'il me soit malaisé de citer des noms.» (Traduit et présenté dans Kostenevich, Semionova, 1993, pp. 52-53)

Cependant, la conséquence la plus importante du séjour de Matisse à Moscou fut le regroupement et le réaccrochage de ses œuvres par lui-même dans le «salon rose» du palais Troubetskoy (salon XVIIIe siècle, aux murs généreusement décorés, et au plafond couvert de peintures) : *«Matisse* [...] *a voulu installer ses œuvres dans le beau salon rose du XVIIIe siècle où les Cézanne et Degas avaient si belle allure auparavant. Bien que ses toiles soient trop grandes pour trouver place entre les médaillons moulés, Matisse sans se gêner le moins du monde, les a fait accrocher carrément sur ces médaillons, tandis que sous le plafond les cadres recouvrent la corniche sculptée. Il est vrai que certaines natures mortes, en tant qu'objets – faïences bleues ou autres, en tons roses et verts – s'accordent fort bien avec les divans roses ; certains tableaux répètent presque littéralement les tons de l'étoffe».* (Lettre de Véra Chamchina à Boris Ternovetz, 5 février 1912. Cité par Kostenevich, Semionova, 1993, p. 34)
A la différence du reste de la collection Stschoukine, installée dans «un désordre idéal», sans cohérence ni logique spéciale, le voisinage des tableaux n'étant dicté que par l'arbitraire du goût personnel de Stschoukine, le salon rose se distinguait immédiatement. Selon le célèbre critique Yacov Tugendhold : *«On ignore même ce qui est ici "favorisé" : Matisse par la salle ou la salle par Matisse. L'impression générale en est cependant que tout ici – le papier peint, le tapis, le plafond et les tableaux – est l'œuvre de Matisse, le résultat de sa mise en scène décorative.* [...]
Peut-être n'est-il pas possible de philosopher dans le salon rose de Stschoukine mais on ne saurait non plus s'y abandonner aux états d'âme tchekhoviens. Ce carillon de couleurs si sonore qui monte des murs, ces dissonances de couleurs torrides en majeur, profondes et glacées, pourpres et bleues, chassent toute apathie, projettent une chaleur langoureuse, un froid vivifiant, agissent comme un gaz de gaieté et, en fin de compte, suggèrent la plénitude de la vie. Là, sans faire un pas, on voyage à travers les pôles et les tropiques du sentiment...». («La Collection française de S.I. Shukine», *Apollon*, n° 1-2, 1914, pp. 24-25. Cité par Kostenevich, Semionova, 1993, p. 36)
Cette réussite est d'autant plus importante, que le salon rose de Stschoukine est ouvert chaque dimanche au public, public d'artistes et d'intellectuels en particulier et cela jusqu'en 1918.

10 novembre
Matisse quitte Moscou pour Paris.

1912

janvier
Moscou, «Valet de carreau», 3 dessins de Matisse.

15 janvier
Stschoukine répond à une lettre récente de Matisse qui évoque une nouvelle grande toile de 220 × 180 cm. Il doit s'agir de *L'atelier rouge* (dont Matisse lui communiquera une esquisse le 1er février).

27 janvier
Part pour le Maroc, avec Mme Matisse, via Marseille (sur le paquebot s.s. Ridjani). Amélie Matisse demeurera à Tanger jusqu'à la mi-mars, Henri Matisse jusqu'à la mi-avril.

29 janvier
Arrivée à Tanger. Loge à l'Hôtel Villa de France, chambre 35 (trois vues différentes sur Tanger). Matisse peint des paysages pour la commande de Morosoff (*Les Acanthes, Les Pervenches, jardin marocain*?), des natures mortes (*Corbeille d'oranges*) et des figures.

fin janvier
Arrivée du peintre James Wilson Morrice, qui loge dans le même hôtel, et avec lequel se renoue une amitié.

14 février
Stschoukine répond à une lettre de Matisse du 1er février. Il affirme préférer maintenant les tableaux avec figures, *«principalement le portrait de votre famille».*

1er mars
Lettre à Camoin : *«Après avoir vu pleuvoir pendant quinze jours et autant de nuits, nous jouissons* [du] *beau temps et de la végétation qui est tout à fait luxuriante. Je me suis mis au travail, et je ne suis pas trop mécontent, quoique ce soit bien difficile ; la lumière est tellement douce, c'est tout autre chose que la Méditerranée».* (Archives Camoin. Cité par Giraudy, 1971, p. 14)

13 mars
Stschoukine écrit à Matisse, lui demande de lui réserver *«un souvenir de Tanger»* (ce sera peut-être *Amido*) : *«Peut-être que vous ferez à Tanger un tableau avec des personnages ?».*

14 mars–6 avril
New York, galerie 291, «Henri Matisse», première exposition des sculptures de Matisse en Amérique avec 6 bronzes, 5 plâtres, 1 terre cuite et 12 dessins, choix réalisé par Matisse et Steichen. Les réactions des critiques sont violemment défavorables (contrairement à l'exposition de dessins de 1910) et aucune œuvre ne sera vendue.
«Quelques-unes d'entre elles semblent, à tout le moins, les œuvres d'un fou, et il est difficile de ne pas s'exaspérer devant ces insupportables parodies de la forme humaine. On nous propose là, sans rire, des statues émaciées représentant des femmes. Je me désole à l'idée qu'il se trouve par hasard des hommes capables de les considérer autrement qu'avec un sentiment d'affreuse répulsion, et leur importance échappe à ceux qui ne sont pas contaminés par le virus du post-impressionnisme. Il est même incroyable que des hommes sensés puissent avoir la moindre raison de les justifier. Pourtant, un homme aussi avisé que Roger Fry, attaché ces derniers temps au Metropolitan Museum of Art, prend au sérieux ce même Matisse, et l'a écrit noir sur blanc en signant de son nom». (Arthur Hueber, *New York Globe*)
Matisse n'expose pas aux Indépendants, et Apollinaire déclare : *«La tendance Ma-*

tisse n'est plus représentée que par un très petit nombre de peintres». (*L'Intransigeant,* 19 mars)

16 mars
Carte postale à Gertrude Stein, de Tanger : *«La peinture est toujours un choix très difficile pour moi. Il y a toujours lutte. Est-ce naturel ? Oui mais pourquoi avoir tant de mal. C'est si doux quand ça vient seul».*

27–28 mars
Voyage à Tétouan.

1er avril
Matisse écrit à sa famille : il a envoyé une lettre à Stschoukine comportant 3 croquis, une nature morte (*Corbeille d'oranges* ?) et 2 paysages, un bleu (*Paysage vu d'une fenêtre* ou *Les Acanthes*) et *Les Pervenches.* Il ajoute que la propriétaire de l'hôtel va pouvoir lui procurer un atelier où la jeune fille arabe (Zorah ?) pourra venir poser sans être vue.

6 avril
Matisse écrit à sa famille qu'un jeune groom de l'hôtel Villa Valentina pourrait poser pour lui (Amido ?).

7 avril–fin juin
Leipzig, «Leipziger Jahresausstellung 1912». Matisse expose 2 toiles ayant pour titre *Femme nue* (appartenant à Bernheim-Jeune).

14 avril
Matisse quitte Tanger pour Marseille, puis Paris.

15 avril
Dans *Je sais tout,* publication d'un article de Jacques des Gaschons intitulé «La peinture d'après-demain (?)», et comportant (outre un important entretien avec Kahnweiler) la reproduction d'un détail de *La musique* (alors que Matisse n'est pas cité une seule fois dans le texte).

30 avril
La galerie Bernheim-Jeune vend *Rue de Tanger* à Sembat (800 francs).

24 mai
Lettre de Mathan à Girieud, rapportant des propos de Sembat : *«Au jury du Salon d'Automne j'ai rencontré Sembat qui m'a dit textuellement : "Vous connaissiez mes dispositions à l'égard du "Salon de Mai". Je vous avais donné mon adhésion enthousiaste, depuis j'ai su que Matisse en avait été exclu et je n'ai pu répondre à l'aimable lettre de M. de Magallon (à ce moment Matisse revenait du Maroc)." Ici c'est moi qui reprends. Je trouve que vous auriez pu inviter Matisse. Tu sais mieux que personne les réserves que je fais sur son caractère, mais il représente tout de même un des plus beaux côtés de la peinture moderne. Puy m'a dit avoir protesté lui aussi».* (Archives Girieud)

25 mai–30 septembre
Cologne, «Sonderbund Internationale Kunstausstellung». Matisse y est représenté par 5 toiles : *Marguerite* (il s'agit de la toile offerte à Picasso, voir *infra*), *Intérieur* (au Dr. Heinz Braume, Munich), *Rue à Arcueil* (à Bernhard Koehler, Berlin), *Cyclamen, Jeunes filles.*

juin
Une toile de Matisse présentée à la Triennale (salle du Jeu de Paume), selon Apollinaire (*L'Intransigeant,* 30 juin).

11 juin
Bonnard achète chez Bernheim-Jeune, *Intérieur d'atelier, Collioure* (1911, 73 × 60 cm) 1 000 francs (toile achetée à Matisse par les Bernheim le 30 avril 1912).

12 juin
Picasso écrit de Céret à Kahnweiler. Il se rappelle (avec une certaine amertume) une visite ancienne de Matisse et Leo Stein à son atelier : *«Et l'exposition de Cologne ? J'ai reçu ce matin La voce. Vous me dites que le tableau genre Stschoukine vous l'aimez beaucoup. Je me rappelle quand j'étais en train de le faire un jour sont venus Matisse et Stein et ils ont rigolé carrément devant moi. Stein me dit (je lui disais quelque chose pour tâcher de lui expliquer) mais c'est la quatrième dimension et se mettant à rire à ce moment là. Çà pour la histoire et à rapporter à Kramar».* (Archives Kahnweiler-Leiris, Paris)
S'agissait-il des *Demoiselles d'Avignon,* 1907 ? (hypothèse de Hélène Seckel et Judith Cousins) ou bien de *Nature morte au crâne,* 1908 (hypothèse de Pierre Daix) ?

mi-juillet
Stschoukine séjourne à Paris. Il voit et re-

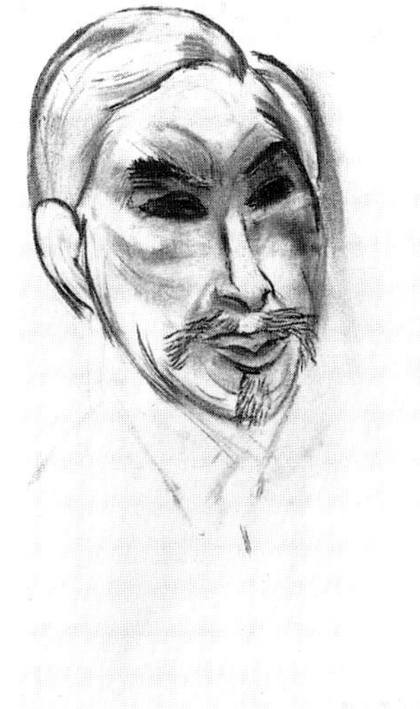

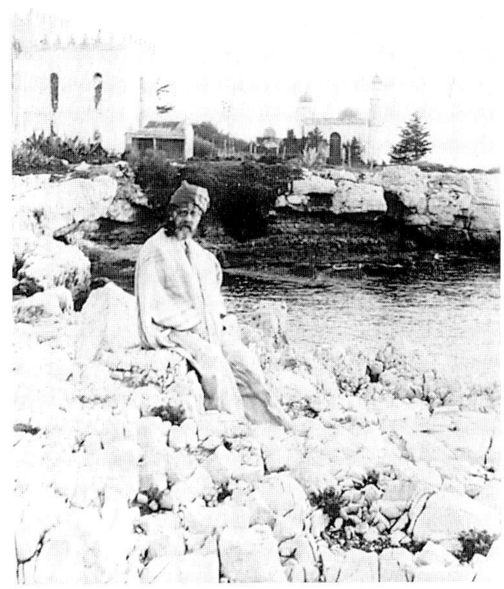

Portrait de Stschoukine, 1912
Fusain sur papier
Collection particulière

A Tanger, 1912. Matisse en turban
Archives Matisse, Paris

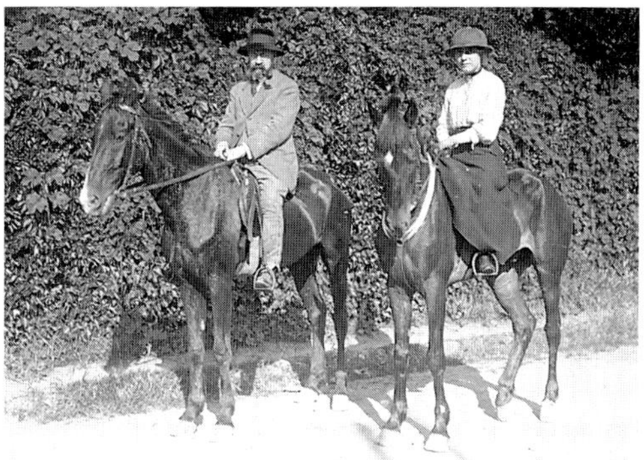

Matisse et sa fille, vers 1912 ?
Archives Matisse, Paris

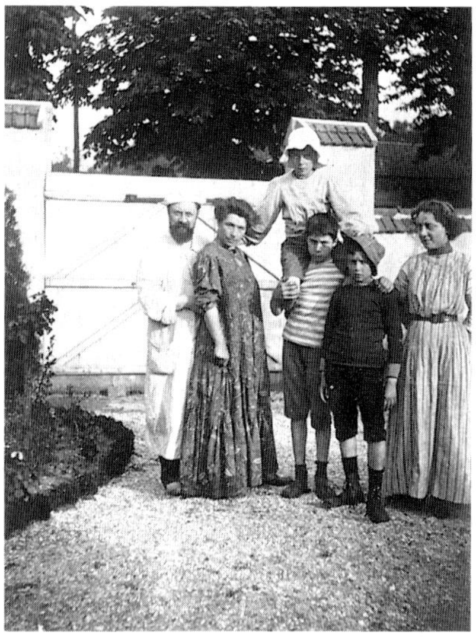

Issy-les-Moulineaux, vers 1912, Matisse, sa femme, Pierre sur les épaules de Jean, un ami des enfants, Marguerite
Archives Matisse, Paris

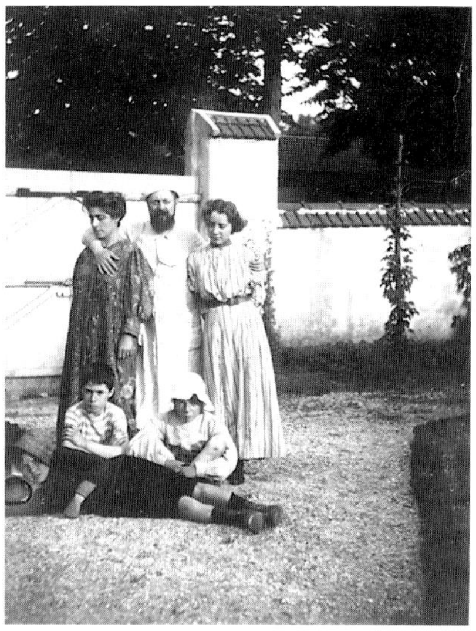

Issy-les-Moulineaux, vers 1912,
Matisse et sa famille
Archives Matisse, Paris

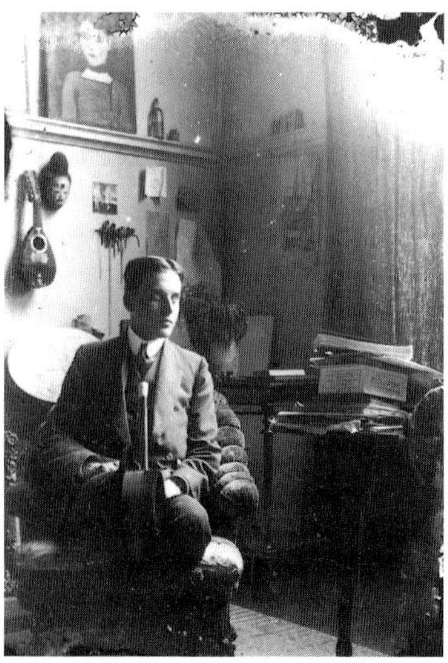

Dans l'atelier de Picasso, le portrait de Marguerite échangé avec Matisse (hiver 1911-1912)
Photo Pablo Picasso, Archives Musée Picasso, Paris

tient quatre tableaux. Pour sa salle à manger : *La conversation* (le 6 août, il priera Matisse de *«faire un beau cadre pour votre grand tableau bleu»)*, et pour son salon rose : *Amido le marocain, Les poissons rouges* et *Les capucines à «La danse»*.

printemps–été
Matisse travaille à Issy. Il reçoit en juin la visite de Clara Mac Chesney (son article sera publié l'année suivante) et d'Ernst Goldschmitt (ce deuxième entretien sera publié dans *Politiken* le 5 janvier 1913).

juin–octobre
Exposition de miniatures persanes au Musée des arts décoratifs.

7–31 juillet
Zurich, Kunsthaus, «Moderner Bund». Matisse expose 4 toiles *Composition, Nu, Jeune fille en bleu, Marguerite.*

15 juillet
Picasso écrit à Kahnweiler, de Sorgues : *«Pourquoi les tipes du Sonderbund ont reproduit mon tableaux celui de Haviland avant au lieu de un autre mieux et plus récent et dans le catalogue ont aurait pu mettre dans le tableau de Matisse (Marguerite) appartenant à Monsieur Picasso et mon tableau du Sacré Cœur je voudrais savoir que ont-ils fait de lui ?»* (Cité dans l'orthographe «originale» de Picasso, Archives Kahnweiler-Leiris, Paris)

18 juillet
Une lettre de Matisse à Camoin mentionne une récente visite à Marquet (à Rouen ?).

22 août
Stschoukine écrit à Matisse : *«J'ai reçu hier votre lettre du 17 août et je consens même avec plaisir que vous exposiez au Salon d'Automne le tableau des Capucines à la danse. Mais je vous prie d'envoyer les deux autres tableaux (le Maroquain et les poissons d'or) à Moscou à grande vitesse. Je pense beaucoup à votre tableau bleu (avec 2 personnes), je le trouve comme une émaille byzantine, tellement riche et profond de couleur. C'est un des plus beaux tableaux qui reste maintenant dans ma mémoire»*. (Archives Matisse, Paris. Cité par Kostenevich, Semionova, 1993, p. 172)

Curt Glaser qui possède l'autre version de *Capucines à «La danse»* autorise aussi Matisse (le 21 août) à exposer son tableau au Salon d'Automne...

août
Parution d'un numéro spécial de *Camera Work*, consacré à Matisse et Picasso. Pour chacun d'eux Gertrude Stein a écrit un «word-portrait», dont l'éditorial annonce : *«Ces articles entretiennent avec la critique actuelle une relation exactement analogue à celle qui existe entre l'œuvre des hommes dont ils parlent et la peinture ou la sculpture de l'école ancienne».*
Chacun d'eux bénéficie aussi de 7 reproductions (pour Matisse, 6 peintures et une sculpture).

18 septembre
Renouvellement du contrat avec Bernheim-Jeune, pour 3 ans. Les dispositions et les prix sont identiques à ceux stipulés par le premier contrat.

29 septembre
Matisse écrit à Morosoff : *«Je suis tout confus en vous écrivant que je n'ai pu faire vos 2 paysages ; qu'ils ne seront pas au salon par conséquent comme je vous l'avais écrit ; mais que je pars demain au Maroc où je compte les peindre».* (Archives Morosoff, Moscou)

30 septembre
Départ pour Tanger.

8 octobre
Arrivée à Tanger. Il y demeurera jusqu'à la mi-février 1913 et travaille pour Morosoff (les deux toiles composant avec *Fenêtre à Tanger* le «triptyque marocain») et pour Stschoukine.

1er octobre–8 novembre
Paris, Salon d'Automne. 2 toiles : *Capucines à «La danse»* (à M. le Dr. G.) et *Intérieur* (il s'agit de *Coin d'atelier*) à M.S. de Moscou. Steichen écrit à ce propos à Stieglitz : *«Il a au Salon d'Automne de cette année une chose formidable, mais juste un peu "à l'esbroufe". Il paraît qu'il devient riche – il vend tout. La plupart de ses éditions de sculptures se sont vendues et il a des commandes pour trois ou quatre ans».* (Archives Stieglitz, Yale University)

octobre
Munich, Hans Goltz, «Neue Kunst».
2 toiles de Matisse : *Port de Collioure, Paysage de colline.*

10 octobre
Dans *L'Intermédiaire des chercheurs et des curieux,* Apollinaire attribue à nouveau à Matisse la paternité du mot cubisme. *«Le nom de Cubisme que porte cette nouvelle école lui fut donné en dérision par Henri Matisse qui venait de voir un tableau représentant des maisons dont l'apparence cubique le frappa vivement».*

5 octobre–31 décembre
Londres, Grafton Galleries, «Second post-impressionist Exhibition», organisée par Roger Fry et Robert Dell. Matisse y est très largement représenté : 19 peintures, 8 sculptures, des dessins, des gravures.

Nous donnons ci-après la liste détaillée des œuvres (dont une partie ira ensuite à New York, Chicago et Boston pour l'*Armory Show*) :

n° 1 Le dos plâtre [*Dos I*, 1909]
n° 7 L'enfant au cheval (prêté par M. Alphonse Kann)
n° 9 La pose du nu (prêté par MM. Bernheim-Jeune et Cie)
n° 22 Les capucines [*Capucines à «La danse II»* ?]
n° 23 Joaquina (prêté par MM. Bernheim-Jeune et Cie)
n° 24 Nu au bord de la mer
n° 25 Nature morte (citrons)
n° 26 La coiffeuse (prêté par M. Michael Stein) [*La coiffure*]
n° 27 Cyclamens [*Cyclamen pourpre*]
n° 28 Conversation (prêté par M. Serguei Stschoukine)
n° 29 Les poissons rouges [*Poissons rouges sur fond brun*] (prêté par MM. Bernheim-Jeune et Cie)
n° 30 Portrait de Marguerite
n° 31 Portrait au madras rouge (prêté par M. Michael Stein)
n° 32 Le luxe [*Le luxe II*]
n° 33 Les aubergines [*Nature morte aux aubergines*] (prêté par MM. Bernheim-Jeune et Cie)
n° 34 Coucous sur le tapis bleu et rose (prêté par MM. Bernheim-Jeune et Cie)

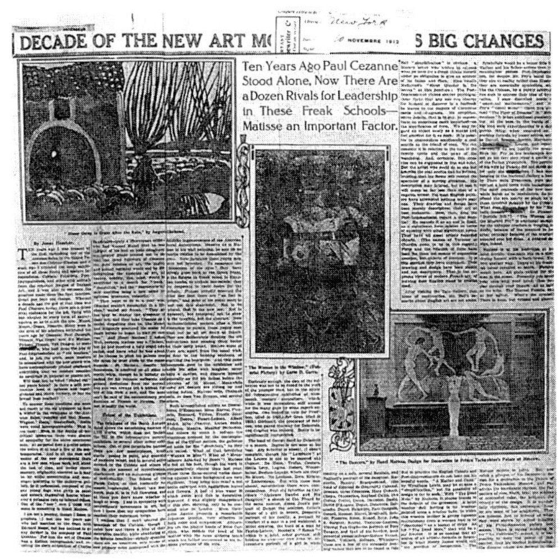
DECADE OF THE NEW ART M[...] S BIG CHANGES

Ten Years Ago Paul Cezanne Stood Alone, Now There Are a Dozen Rivals for Leadership in These Freak Schools—Matisse an Important Factor.

The New York Times, 10 novembre 1912
(à propos de «Second Post Impressionnism Exhibition» à Londres)

n° 35 Le panneau rouge [*L'atelier rouge*]
n° 36 Jeune marin [*Jeune marin II*]
n° 37 Les poissons rouges [*Poissons rouges et sculpture*] (prêté par Mme M.)

Une seule des œuvres mentionnées dans la rubrique dessins, aquarelles et gravures (n° 177 à 191) porte un titre. C'est le n° 185 (*La danse*, esquisse pour une décoration dans le palais du prince Stschoukine à Moscou). Il s'agit en fait de la peinture *La danse I*. Les sculptures exposées, outre le *Dos I*, sont *L'araignée*, plâtre *[La serpentine]*, *Buste de femme*, bronze, *Femme accroupie*, bronze, *Buste de femme*, plâtre, premier état, *Buste de femme*, plâtre, deuxième état, et *Buste de femme*, plâtre, troisième état [il s'agit des trois *Têtes de Jeannette*] ainsi que *Jaguar dévorant un tigre*, plâtre, d'après Barye.

La presse anglaise, américaine et française (très abondante) souligne la double polarisation Matisse-Picasso (l'article du *Times* de Londres, daté du 4 octobre 1912, porte le titre «A Post-Impressionnist Exhibition, Matisse and Picasso») mais Matisse remporte indiscutablement le plus grand succès de scandale (notamment à cause des *Têtes de Jeannette*, qui provoquent des commentaires véhéments, et de *La danse I* reproduite dans l'article publié par le *New York Times* du 10 novembre 1912).

16 octobre
Matisse écrit à sa femme qu'il a conservé un paysage pour Morosoff (*Porte de la Casbah ?* ou *Fenêtre à Tanger ?*) ainsi qu'«une mauresque» pour Stschoukine.

fin octobre
Matisse écrit de Tanger à Camoin, et l'entretient de son travail en cours.
«[...] *J'ai commencé par faire une mauresque sur une terrasse pour faire pendant au petit marocain de l'an dernier ; mais beaucoup de vent et modèle agaçant m'ont contrarié. Aussi quand j'ai cru avoir conclu, j'ai rentré ma toile chez moi et je n'ai pas osé la retourner depuis par crainte de mécontentement. C'est une toile décorative que je dois faire et je pense qu'elle le sera, mais j'aurai voulu davantage. Ensuite deux paysages qui commencent à devenir sérieux, jusqu'ici ils n'étaient que badinage agréable – je suis venu pour faire la mauresque et les 2 paysages ; le travail en plus sera le bienvenu. Mais comme le mauvais temps est sur le point de venir, je me demande si je ne ferais pas mieux de remonter vers des régions moins venteuses, moins pluvieuses – comme Collioure, Barcelone ou la Corse*». (Archives Camoin. Cité par Giraudy, 1971, p. 13)

vers le 8–12 novembre
Matisse écrit à sa famille, incluant 3 croquis (ce sont 3 peintures représentant des mauresques). L'une est destinée à Stschoukine (*Zorah debout*), une autre à Bernheim-Jeune (*La mulâtresse Fatmah*), une petite à Sembat (*La petite mulâtresse*). Il indique aussi qu'il va travailler avec un jeune marocain du Rif. Il travaille chaque après-midi.

21 novembre
Matisse écrit à sa famille qu'il a commencé un tableau de la même taille que *Les Poissons rouges* de Stschoukine (*Arums* ? ou *Arums, iris et mimosa* ?) et un portrait de Rifain.

6 décembre
Matisse écrit à Walter Pach, et lui confirme le prêt (et la valeur d'assurance) de certaines peintures figurant à l'exposition de Londres pour l'*Armory Show*, la grande exposition que Pach est en train de mettre sur pied (*Les capucines* à assurer 4 000 francs, *Nature morte (les citrons)* à assurer 4 000 francs, *Portrait de Marguerite* à assurer 5 000 francs, *Le Luxe [II]* à assurer 5 000 francs, *Panneau rouge* à assurer 15 000 francs, *Jeune marin* à assurer 5 000 francs, *Les poissons* à assurer 8 000 francs). Il semble que presque toutes ces toiles lui appartiennent encore, puisqu'il indique plus loin : «*Je vais écrire à M. Fénéon pour l'inviter à prêter le plus de toiles qu'il pourra. Je crois que la présente lettre est suffisante comme autorisation – près de la Grafton Galleries*». (Walter Pach Papers, Archives of American Art, Smithsonian Institution)

1913

10 janvier
Stschoukine écrit à Matisse : «*M. Morosoff est toujours très influencé par d'autres artistes, qui ne comprennent pas votre dernière évolution. Il voulait faire décorer par vous une chambre et maintenant sous l'influence de ces messieurs, il a acheté un grand panneau de Bonnard pour la chambre en question*». (Archives Matisse, Paris. Cité par Kostenevich, Semionova, 1993, p. 173)

janvier–février
Vienne, galerie Miethke, «Die neue kunst», une toile de Matisse : *Paysage du Midi*. Catalogue préfacé par Adolphe Basler.

16 janvier
Dans *The Globe* (New York), article annonçant l'*Armory Show* et reproduisant une sculpture de Matisse (*Tête au collier*).

fin janvier
Début des pluies à Tanger. Matisse peint en intérieur.

13 février
Il écrit à Vollard, de Tanger, au sujet d'un achat ancien : «... *Il est toujours entendu que je vous donnerai un tableau pour les aquarelles de Cézanne et dans le cas où il ne vous plairait pas je vous le paierai en argent. Excusez moi de ne pas avoir réglé cette dette depuis si longtemps je n'ai pu le faire...*». (voir *supra*, septembre 1909) (The Getty Center for History of Art and Humanities, Ms 421 (2, 4) fol. 74)

mi–février
Revient en France avec Mme Matisse, (Camoin reste à Tanger). Il séjourne brièvement à Menton (où se trouve sa mère) et à Ajaccio.

17 février–15 mars
New York, Armory of the 69th Regiment, «International Exhibition of Modern Art». Matisse est représenté par 17 œuvres (sur 1 600 en tout) : 13 peintures, 3 dessins, 1 sculpture. Une version réduite de l'exposition va circuler à Chicago, The Art Institute (24 mars-15 avril) puis à Boston, Copley Hall (28 avril-18 mai). Le choix des œuvres de Matisse (réalisé par lui-même et Walter Pach, voir plus haut) sera le même dans les 3 versions de l'exposition. Les réactions sont très violentes, tout particulièrement à l'égard de Matisse, dont le *Nu bleu : souvenir de Biskra* est brûlé en effigie à Chicago.
«[...] *Les manifestations plus perverties de la manière de Matisse, que l'on trouve*

dans ses nus bulbeux, ses décorations schématiques inconsistantes et ses natures mortes d'une stupidité éhontée, ne feront que confirmer une première impression fondée sur les œuvres relativement normales. [...] *Tout trahit une brusquerie et une violence étudiées. C'est un art foncièrement épileptique. Il est peut-être sincère, mais sa sincérité ne compte pour rien sauf qu'il est dommage de voir un dessinateur vraiment doué organiser une tempête dans un verre d'eau».* (Frank Jewett Mather, «Old and New Art», *The Nation,* 6 mars 1913. Cité par Flam, 1986, p. 362)

début mars
Travaille à Issy.

9 mars
Publication de l'interview réalisée par Clara Mac Chesney (en juin 1912) dans *The New York Times.* Paru pendant l'*Armory Show,* cet article tente d'équilibrer la description d'un «homme normal» et celle d'un artiste extrême, incompréhensible. En voici quelques extraits: *«Sa maison: l'habituelle villa française, ou maison de campagne à un étage, entourée d'un grand jardin tout simple enfermé derrière de hauts murs selon la coutume. Un coup de sonnette au portail fit venir le jardinier, qui me conduisit dans l'atelier bâti sur le côté, au milieu d'arbres précédés par des plates-bandes de fleurs flamboyantes. L'atelier, une construction carrée de bonnes dimensions, était peint en blanc, à l'intérieur et à l'extérieur, et il avait des fenêtres immenses (à la fois sur le toit et sur la façade latérale), produisant ainsi une impression de plein air et de grande chaleur. C'était un lieu de travail fort vaste et simple, où les murs et les chevalets étaient couverts de ses grandes toiles éclatantes et extraordinaires. M. Matisse lui-même me surprit beaucoup, car je ne découvris pas un excentrique à cheveux longs et tout débraillé, comme je l'avais imaginé, mais un monsieur blond, fringant et robuste, qui avait même l'air plus allemand que français, et dont la cordialité sans façon me mit tout de suite à l'aise. Deux chiens étaient couchés à nos pieds et, quand je me rappelle cette heure, mon principal souvenir est celui d'une lumière éblouissante, d'une chaleur étouffante engendrées surtout par*

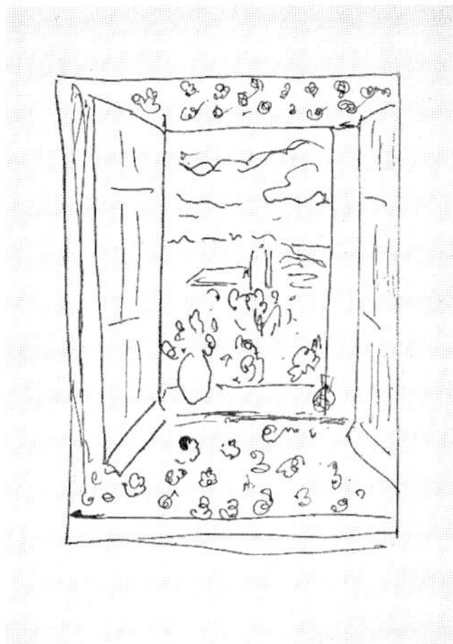

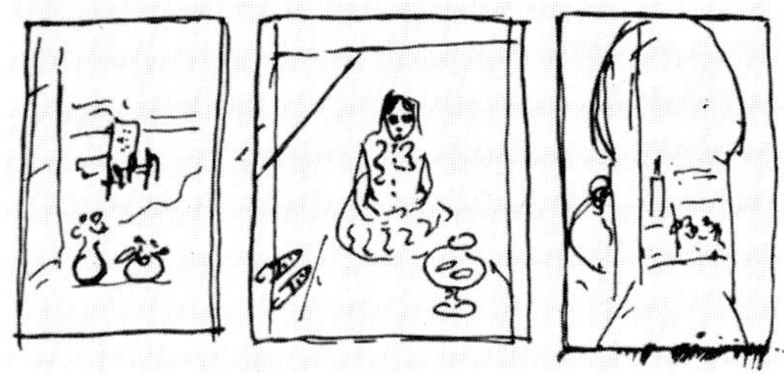

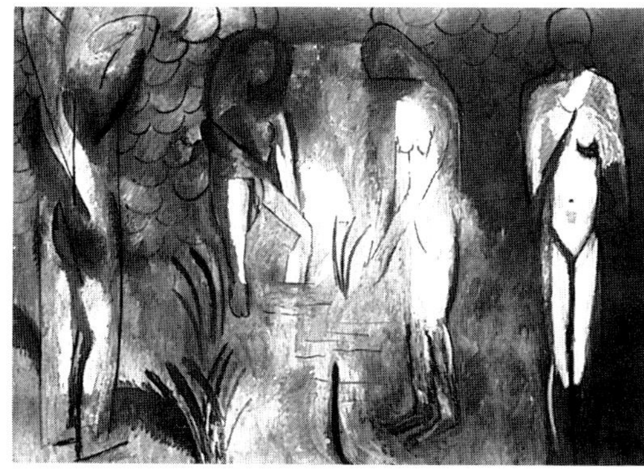

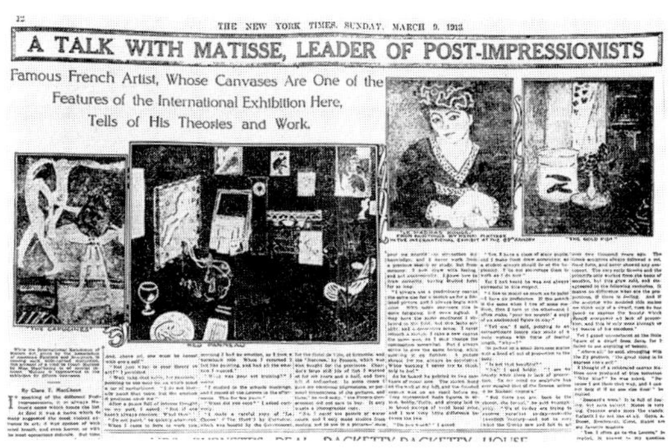
THE NEW YORK TIMES, SUNDAY, MARCH 9, 1913
A TALK WITH MATISSE, LEADER OF POST-IMPRESSIONISTS
Famous French Artist, Whose Canvases Are One of the Features of the International Exhibition Here, Tells of His Theories and Work.

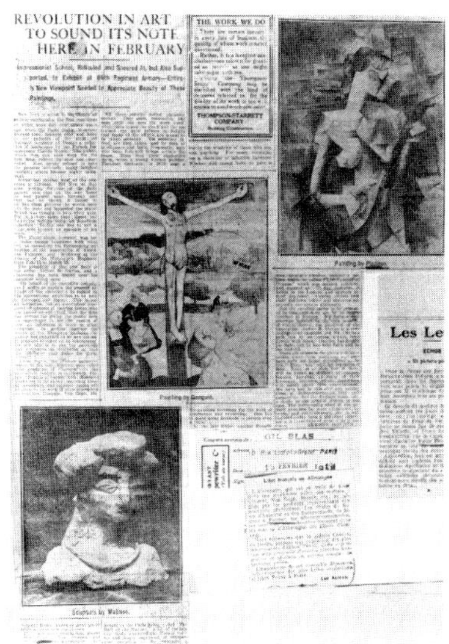
REVOLUTION IN ART TO SOUND ITS NOTE HERE IN FEBRUARY

Vue de la fenêtre, *Tanger,* 1912
Plume et encre sur papier
Collection particulière

The New York Times, 9 mars 1913

Croquis de Matisse indiquant la mise en place du «Triptyque marocain» (dans une lettre à Morosoff, 19 avril 1913)

Femmes à la rivière, en cours

The Globe, New York, 16 janvier 1913

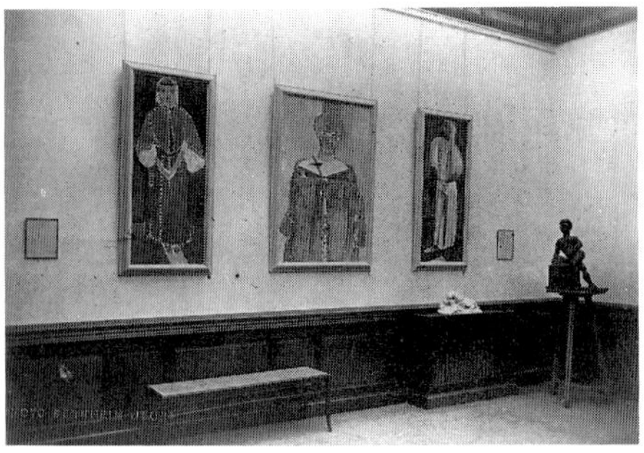

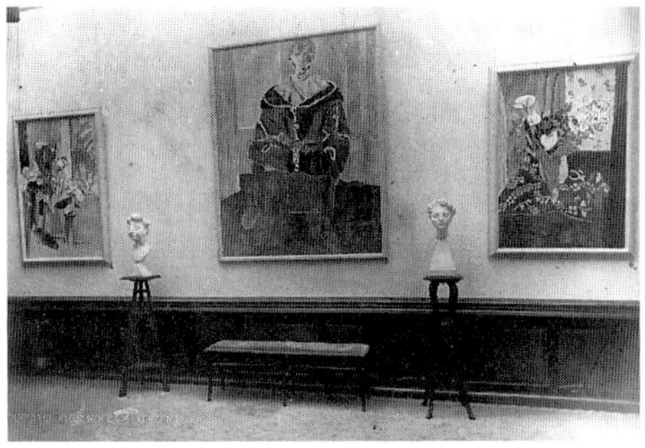

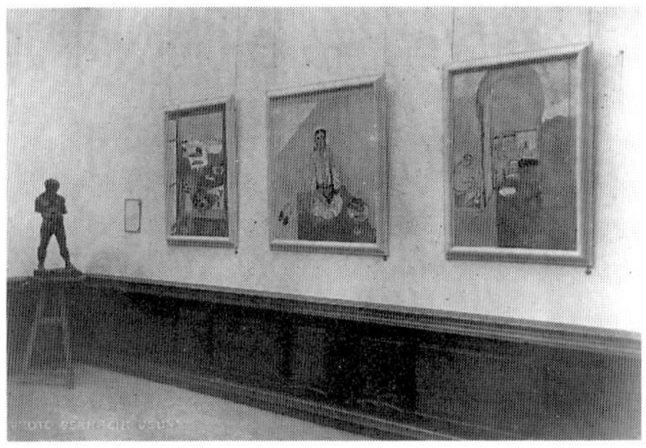

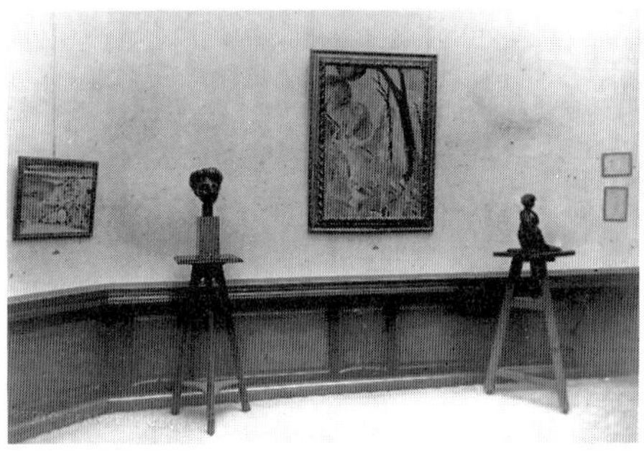

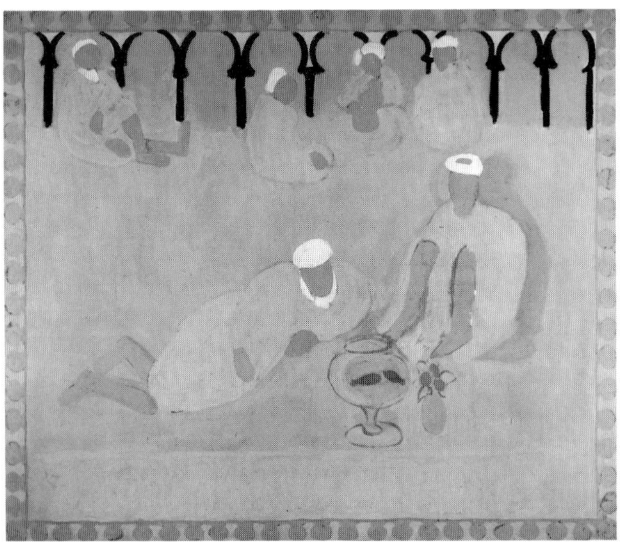

les immenses fenêtres vitrées et les portes ouvertes laissant apercevoir les fleurs dehors, aussi claires et brillantes que les murs à l'intérieur, et un homme en chemise blanche chassant les mouches qui bourdonnaient autour de nous pendant que je lui posais des questions. [...] *Sa palette, posée à proximité, était de grande taille, et les couleurs vives y formaient un tel fouillis désordonné que l'on pouvait discerner une étroite similitude avec certains de ses tableaux.*
"Je ne fais jamais beaucoup de mélanges, dit-il. J'utilise de petits pinceaux et jamais plus de douze couleurs.
– Du noir ?
– Oui, pour rabattre le bleu. [...]
Oh, dites bien aux Américains que je suis un homme normal, que je suis un mari et un père attentionné, que j'ai trois enfants charmants, que je vais au théâtre, monte à cheval, que j'ai une maison confortable, un beau jardin que j'adore, des fleurs, etc., exactement comme tout le monde".
Comme pour confirmer ce portrait de lui-même, il me fit visiter le salon de sa maison parfaitement normale, me montra une copie normale qu'il avait faite au Louvre, me dit au revoir et m'invita à revenir le voir à la façon d'un monsieur tout à fait normal.» (Clara Mac Chesney, «A Talk with Matisse, Leader of Post-Impressionists», *New York Times*, 9 mars 1913)

14–19 avril
Paris, galerie Bernheim-Jeune, «Exposition Henri-Matisse. Tableaux du Maroc et sculpture». 14 peintures, des dessins et des sculptures sont exposés. La plupart appartiennent déjà à Stschoukine et à Morosoff. Trois tableaux seulement sont à vendre (*Le Rifain assis, Café marocain, La mulâtresse Fatmah*). Marcel Sembat publie dans *Les Cahiers d'aujourd'hui* (numéro d'avril) un long article de mise au point, tout à la fois réplique aux critiques adressées à Matisse et commentaire de l'exposition chez Bernheim. Il développe en particulier sa réaction devant le *Café maure* (non présent dans notre exposition), et cite abondamment Matisse : *«Vous rappelez-vous la grande toile du* Café Maure ? *Je vous la recommande. Tout Matisse y est ! Si on regarde bien on l'y voit tout entier. Mais il faut regarder de près, comme Ruskin regardait la chapelle des Espagnols.*

L'exposition *Henri Matisse. Tableaux du Maroc et sculpture*, galerie Bernheim-Jeune (avril 1913)
Photos Bernheim-Jeune, Paris

Le café marocain, 1912-1913
Détrempe sur toile
Musée des Beaux-Arts Pouchkine, Moscou

Ces personnages étendus, tous de même nuance grise, d'un gris si reposé, et dont les visages sont figurés par un ovale d'ocre jaune, sachez qu'ils n'ont pas toujours été peints ainsi. Tenez ! en haut, le bonhomme de gauche, il a été rouge ! L'autre, à côté, a été bleu ; l'autre a été jaune. Leurs visages ont eu des traits, des yeux, une bouche. Celui d'en haut fumait une pipe. En examinant le bas du tableau on découvre la trace d'une ancienne rangée de babouches qui, devant ce café, était très éloquente.
Pourquoi les babouches, la pipe, les traits de visages, les couleurs variées des burnous, pourquoi tout cela a-t-il fondu ? Parce que, pour Matisse, se parfaire, c'est simplifier ! parce que, consciemment ou non, de parti-pris ou malgré lui, chaque fois qu'il a cherché le mieux il a marché dans le sens du simple. Un psychologue ne s'y trompera pas : Matisse va d'instinct du concret vers l'abstrait, vers le général. Je le lui fais remarquer. "C'est,me dit-il, que je vais vers mon sentiment ; vers l'extase". [...]
"Et puis", continue Matisse, "j'y trouve le calme".
Le calme. Combien de fois, et depuis combien d'années m'a-t-il répété cela ! C'est le calme qu'il veut goûter ! C'est du calme qu'il a besoin ! C'est le calme qu'il veut donner ! Il l'écrivait déjà en 1908 dans l'étude que j'ai rappelée tout à l'heure ! Il me le répétait devant La danse, *devant* La musique, *ces grandes œuvres qui firent tant brailler ! "Ce que je rêve, c'est un art d'équilibre, de pureté, de tranquillité, sans sujet inquiétant ni préoccupant ; qui soit pour tout travailleur cérébral, pour l'homme d'affaires aussi bien que pour l'artiste des lettres, un lénifiant, un calmant...".*
En cet effort vers la zone supérieure de grande paix, le métier garde ses droits. Goutons-le devant ce tableau du Café Maure : *"... J'ai mon bol de poissons et ma fleur rose. C'est ce qui m'avait frappé ces grands diables qui restent des heures, contemplatifs, devant une fleur et des poissons rouges. Eh bien ! si je les fais rouges, ce vermillon va rendre ma fleur violette ! Alors ? je la veux rose, ma fleur ! autrement elle n'est plus ! Au lieu que mes poissons, ils pourraient être jaunes, cela ne me fait rien ; ils seront jaunes !* [...]*"*
Et c'est vrai qu'à mesure que vous le regardez, ce tableau du Café Maure, *il vous verse paisiblement un calme sentiment de contemplation rêveuse. Une multitude d'oiseaux chantaient doucement, en des cages suspendues au plafond ; Matisse s'est gardé de peindre ces cages : mais un peu de la douceur de ces chants d'oiseaux a passé dans son tableau.*
Je vous disais tout-à-l'heure que dès ses premières œuvres Matisse atteignait dans chaque toile à un ensemble sentimental. *Il est resté, vous le voyez, fidèle à lui-même ; mais vous voyez aussi qu'à mesure qu'il se développe et se possède mieux, les caractères essentiels qu'il dégage de la nature deviennent de plus en plus abstraits.* [...]»

17 avril
Apollinaire publie dans *L'Intransigeant* une critique plus superficielle et distante : *«Henri Matisse a rapporté du Maroc un petit nombre de toiles et de dessins qui ne sont exposés que pour quelques jours. Chez le grand coloriste qu'est Henri Matisse, la couleur a une valeur symbolique déterminée par la sensibilité de l'artiste. Le dessin, qui est ici purement instinctif, s'exprime avec la sensualité la plus délicate et la plus raffinée qui soit aujourd'hui.* Le café turc, *la* Porte de la Casbah *sont parmi les rares ouvrages supportables inspirés par l'Afrique du Nord».*

avril–mai
Budapest, Möveszhaz. Matisse expose un *Paysage* (3 000 kr).

19 avril
Matisse écrit à Morosoff au sujet de l'envoi prochain du «triptyque» marocain :
«Les trois tableaux en question sont exposés chez Bernheim jusqu'aujourd'hui. Ils ont eu un grand succès et je pense bien que vous serez satisfait quoique vous ayez attendu si longtemps. Je pense aussi que Madame Morozoff sera contente. [...] *J'ai cédé aux sollicitations de mes amis et aussi à la nécessité de montrer mes toiles avant de les envoyer à Moscou, en promettant qu'elles seraient exposées à Berlin 8 jours en passant pour aller à Moscou – ainsi que celles de M. Stschoukine.* [...]
J'espère que ces 3 toiles vous donneront envie de venir voir dans mon atelier si vous venez à Paris cet été deux grandes toiles de deux mètres sur 1,70 environ qui représentent un grand Riffain et un café arabe. Je pourrais vous en envoyer des photographies si elles vous intéressaient [...]» (Archives Morosoff, Moscou)

avril–mai
Berlin, «Secession». Matisse y est représenté par 4 peintures (dont *La danse I*).

1er–15 mai
Paris, «Salon de Mai». Matisse y voit des tableaux de Cézanne.

1er–10 mai
Avant leur livraison à Moscou, les tableaux marocains appartenant à Stschoukine et à Morosoff sont présentés à Berlin, Kunstsalon Fritz Gurlitt (voir lettre à Morosoff du 19 avril). Contrairement à celle de Paris, l'exposition de Berlin ne suscite aucun écho dans la presse.

mai
Alvin Langdon Coburn vient visiter l'atelier et photographie Matisse devant certaines œuvres en cours : *Les femmes à la rivière* et *Dos II*.

25 mai
Matisse envoie à Morosoff un exemplaire des *Cahiers d'aujourd'hui*, dans lequel *«il y a sous la signature de Marcel Sembat le meilleur article qu'on ait fait sur moi».* (Archives Morosoff, Moscou)

printemps–été
Matisse travaille à Issy.

22 juillet
Picasso est à Paris, boulevard de Clichy, malade. Matisse lui rend souvent visite. Ce jour de juillet, il a apporté des fleurs et passé l'après-midi avec Picasso et Eva (lettre d'Eva à Gertrude Stein).

fin août–début septembre
Matisse fait de l'équitation avec Picasso (il monte à cheval, seul ou en famille, depuis plusieurs années) : *«Nous cavalons ensemble, ce qui étonne beaucoup de monde»*, mentionne-t-il à Gertrude Stein et à Camoin le 6 septembre : *«Ici nous sommes au calme, mon travail m'y retient ainsi que ma cavalerie».*

15 septembre
Matisse écrit à Camoin, d'Issy ?
«J'espère que tu es toujours à Cassis et que ma lettre te parviendra si tu en es

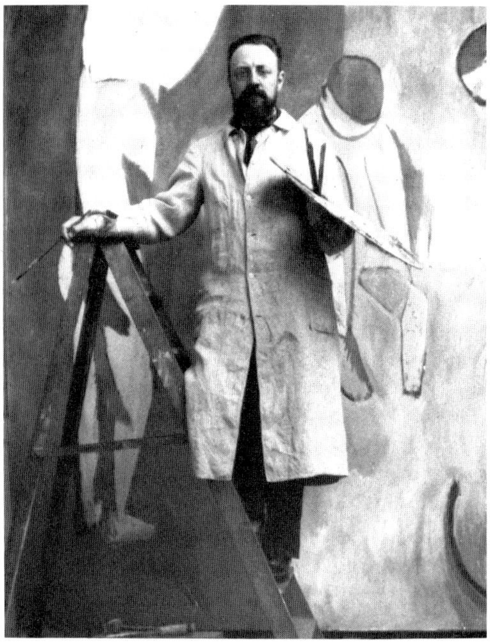

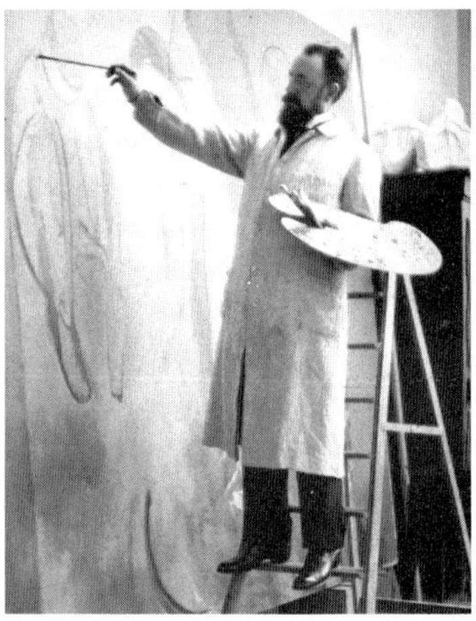

Dans l'atelier d'Issy-les-Moulineaux, mai 1913
Archives Matisse, Paris
Photos Alvin Langdon Coburn

parti ; que tu es au travail et tranquille. Méfie-toi du sentiment.
Depuis longtemps je veux t'écrire, mais je suis préoccupé par mon travail et je n'arrive pas à faire ta lettre. Quand j'ai un moment les idées ne me viennent pas, tu connais cette maladie. En ce moment je suis fatigué et j'aurais besoin de chasser de mon esprit toute préoccupation. J'ai travaillé pourtant à peu de chose cet été, mais j'ai poussé mon grand tableau des Baigneuses, le Portrait de ma Femme, ainsi que mon Bas-Relief. Quand à mon grand tableau de Tanger, je ne l'ai pas commencé, la dimension de la toile que j'ai clouée ne concorde pas avec la représentation que je me fais du sujet.
Je pense avoir tout de même fait un pas et c'est dur toujours. Sais-tu que j'ai vendu le Café marocain à Stchoukine. Le tableau doit même être arrivé à Moscou. Quand reviens-tu ? Je commence à trouver le temps un peu long sans les amis. Il se pourrait que j'aille à Collioure vers octobre ou novembre». (Archives Camoin. Cité par Giraudy 1971, p. 16)

septembre
Matisse conclut l'achat (engagé dès la fin de 1911) de la maison et du terrain d'Issy-les-Moulineaux.

août–septembre
Munich, Hans Goltz, «II. Gesamtausstellung». 2 toiles de Matisse (*Collioure en août*, *Nu*), 1 sculpture (*Femme debout*), dessins.

6 septembre
Dans *La Vie*, un article de Walter Pach fait le point sur l'*Armory Show* (qui a alors reçu plus de 300 000 visiteurs et suscité «3 000 colonnes de journaux») :
«A New York, la ville la mieux préparée à recevoir et à comprendre cette manifestation, son installation dans un manège fut des plus heureuses. Sous un jour de cristal, que ménageait le toit tout en verre, et tamisé par des rideaux légers, se suivaient dix huit salles – leur forme octogonale empêchaient ces coins désavantageux qu'on remarque généralement. Les divisions de la grande pièce par des murs de 2 mètres et demi étaient marquées par des sapins verts aux entrées et par des lauriers en haut. Des balcons tout autour – couverts de même feuillage - entouraient la salle.

[...] *C'était autour de Matisse et des cubistes que les grandes discussions s'engageaient. Celui-là était représenté par une douzaine de peintures, des dessins et une sculpture. Il faut avouer que la majorité persistait à ne pas excuser ce qu'elle considérait comme des contorsions voulues. Même à l'exposition de Boston où l'on avait accroché des dessins d'Ingres à côté d'un grand bas-relief de Matisse, beaucoup voyaient plutôt dans cette disposition une critique de l'artiste moderne que la continuité du sens de la beauté dans des formes très évoluées. Parfois les discussions prenaient presque la véhémence qu'on se rappelle avoir animé les expositions de Matisse à Paris. Toutefois on remarque bien plus la volonté d'apprendre que le désir de se moquer».* (Walter Pach, «L'art aux États-Unis», *La Vie*, Paris, 6 septembre 1913)

10 octobre
Stschoukine a reçu de nombreux visiteurs et en fait part à Matisse :
«Cela fait deux semaines que je suis rentré à Moscou et pendant ce temps j'ai eu le plaisir de recevoir une visite de Mr Osthaus, fondateur du Musée de Hagen, puis celle de beaucoup de directeurs de musées (Dr Peter Tessen de Berlin, Dr H. von Trenkmold de Francfort, Dr Hampe de Nuremberg, Dr Polaczek de Strasbourg, Dr Sauerman de Flensbourg, Dr Stettiner de Hambourg, Dr Back de Darmstadt, Max Sauerlandt de Halle et Jens Thiis de Christiania). Tous ces messieurs ont regardé vos tableaux avec la plus grande attention et chacun vous a qualifié de grand maître ("ein grosser Meister"). Mr Osthaus est venu deux fois (une fois au déjeuner, l'autre au dîner). J'ai remarqué que vos toiles ont fait sur lui une profonde impression. Je lui ai parlé de votre nature morte bleue que vous avez fait pour lui, que je trouve admirable, et quel grand développement je constate dans vos derniers travaux (Café arabe, Nature morte bleue, Fatma de M. Morosoff). Jens Thiis, directeur du musée des Beaux Arts de Christiania (en Norvège), a passé deux jours chez moi, principalement pour étudier vos tableaux (le deuxième jour, il est resté de 10 h du matin à 6 h du soir). Il est si captivé qu'il espère acheter un tableau pour son musée.
Les autres messieurs ont aussi demandé où on peut acheter vos tableaux et j'ai

répondu que chez Bernheim à Paris ou directement à vous. Mr Osthaus va vous écrire sur ses impressions à propos de vos toiles.
Le Café arabe est arrivé en bon état et je l'ai placé dans ma chambre (dressing room). C'est un tableau que maintenant j'aime plus que les autres et je le regarde au moins une heure chaque jour».
(L'original en français de cette lettre est perdu. Reproduite en anglais par A. Barr, elle est traduite en français et citée par Kostenevich, Semionova, 1993, pp. 174-175).
Nul besoin de souligner l'impact et la célébrité internationale grandissante du «Salon rose» consacré aux œuvres de Matisse.

12 octobre–15 janvier 1914
Londres, Doré Galleries, «Post-Impressionist and Futurists». 2 peintures de Matisse (*Place des Lices à St-Tropez* et *Joaquina*) et 5 lithographies.

novembre
Berlin, Kunstsalon Fritz Gurlitt, «Kollectionen», 12 peintures de Matisse (dont 3 prêtées par Oskar et Greta Moll), des dessins et des lithographies.

7 novembre
Matthew Stewart Prichard écrit à Mabel Warren, une amie américaine qui a posé la veille pour Matisse, une lettre décrivant précisément le processus de travail de Matisse, quand il s'agissait d'un portrait. Nous la citons entièrement :
«Chère madame Warren,
L'immensité de l'effort nécessaire pour la création est démontrée par cette brève histoire des petits dessins de vous que Matisse a réalisés hier. Il ne s'agissait pas de transcrire une perception, chose dont nous savons tous, comme l'a dit Matisse, qu'ellle est relativement simple. Il s'était fixé une autre tâche, celle de déchiffrer les profondeurs de la personnalité et de mettre en place grâce à un dessin au crayon (la moins souple de toutes les techniques) un canal par où un certain flux de sentiments serait amené à s'écouler dans d'autres personnes. Il devait s'emparer du cours de la vie même et nous en transmettre le flot.
Pour mener à bien ce genre d'entreprise, il faut un homme capable de contempler le réel – d'y voir clair –, doté, par sa camaraderie harmonieuse avec la matière, d'un savoir-faire qui lui permette de communiquer à d'autres ses conceptions spirituelles. Cela n'est possible que lorsqu'il peut susciter la coopération du sujet, une personne au tempérament assez libre pour renvoyer sous les feux de son projecteur des reflets révélateurs d'elle-même. C'est possible, disait hier Matisse, avec très peu de modèles.
"Pendant quelque temps, j'ai pensé que c'était trop difficile, et que je devrais y renoncer. Sa volonté allait constamment d'avant en arrière, cédant et se dérobant, s'ouvrant et se refermant. Mon premier dessin n'a rien donné, mais quand, après avoir hésité, son être a accepté de se livrer, j'ai pu travailler. La physionomie n'avait pas changé, sinon dans la lumière de son regard, mais il y avait une vibration constante (Matisse l'a indiquée par une rotation rapide de la main sur le poignet), c'était comme un lac ondoyant, comme le soleil sur l'eau, il n'y avait absolument aucune prise ni aucun endroit par où je pouvais apparemment commencer."
Écoutez un moment comment il s'est préparé. Quand il vous a vue pour la première fois, Matisse a eu envie de faire un dessin de vous, et quand il a appris lundi que vous acceptiez, à partir de là et jusqu'au moment où il a terminé ce travail jeudi, il n'a plus pensé à rien d'autre, il s'est consacré à ce projet et s'est purifié pour lui exactement comme l'aurait fait un artisan oriental.
Quel soulagement il a dû éprouver quand, après le troisième dessin, il a pu poser son crayon et dire : "Je crois que c'est fini ; oui, c'est fini, je ne peux rien faire de plus". Sa mission était accomplie et la corde de son arc distendue. "Je ne pourrais pas le faire tous les jours, a-t-il dit plus tard, c'était comme un voyage en avion. J'ai passé deux heures dans la tension la plus intense."
Vous avez regardé le dessin et remarqué que c'était le portrait de votre père. "Est-ce que c'est étrange ? a-t-il demandé. Personne n'est plus surpris que moi par le résultat, car je ne peux jamais savoir ce qu'une œuvre va me révéler". Il regardait continuellement le dessin et répétait sans cesse : "Je suis content, je suis content". Il a poursuivi : "C'est comme ça que je vous ai vue au début, il y a de la vitalité là-dedans, quelque chose qu'aucune photographie ne peut rendre, il y a un mouvement dans les yeux ; c'est très difficile d'obtenir cet effet dans un dessin". Il s'est tourné vers moi et il a dit : "Il y a une grande sensibilité dans le regard et cette impression d'hésitation vis-à-vis des autres, quelque chose de l'ordre de l'autodéfense, qui est caractéristique des natures sensibles. On sent la grande bonté et compassion qu'elle possède également. On sent aussi la conviction et l'exaltation. Le dessin révèle aussi la nature d'une aristocrate, aristocratique dans un tout autre sens que cet homme (il a pris un dessin du Rifain*), son aristocratie à lui est celle d'un sauvage, la sienne est celle de l'Europe".*
Plus tard dans la journée, parlant du dessin avec ravissement, il s'est exclamé : "C'était un miracle. Elle coule comme un flot. C'est une vraie flamme, elle tient par un fil, rien n'indique par où on peut la saisir. Malgré tout, le dessin concrétise parfaitement ma vision d'elle."
Chère madame Warren, en vous faisant dessiner, vous avez mobilisé chez Matisse une force qui n'était pas en lui auparavant, et contribué à la marche en avant de la vie, car j'ai la conviction qu'un tel acte de création constitue un enrichissement impérissable pour la conscience.
Bien affectueusement à vous,
M.S Prichard» (Archives du Museum of Modern Art, New York)

15 novembre
18e livraison des *Soirées de Paris* (sous la direction désormais d'Apollinaire) consacrée principalement aux constructions de Picasso.

15 novembre–5 janvier 1914
Paris, Salon d'Automne. Matisse expose une seule œuvre *Portrait* (c'est le *Portrait de Madame Matisse*, terminé le 4 novembre, après plus de 100 séances de pose). Il suscite l'admiration de quelques très jeunes hommes, les futurs surréalistes (André Breton entre autres, alors âgé de 17 ans). Apollinaire, dans le numéro 18 (15 novembre 1913) des *Soirées de Paris* lui consacre un long texte.

(fin) novembre
Matisse écrit à Camoin, d'Issy-les-Moulineaux :
«Toute la semaine dernière le ciel était gris et lourd et c'était à vous dégoûter de la vie. Je n'avais pas travaillé depuis au moins deux semaines et pour ne pas tomber dans le noir, je m'y suis mis hier

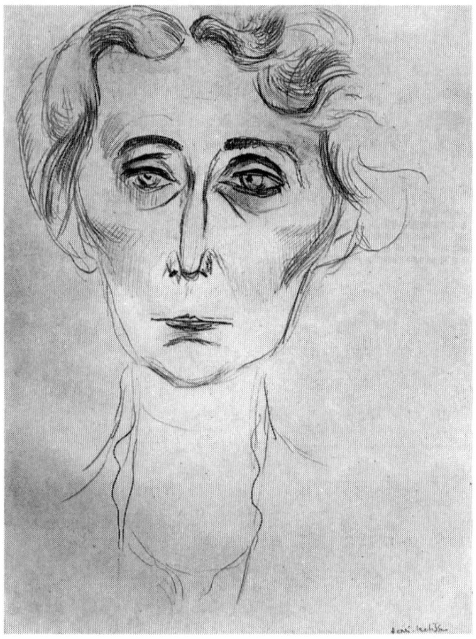

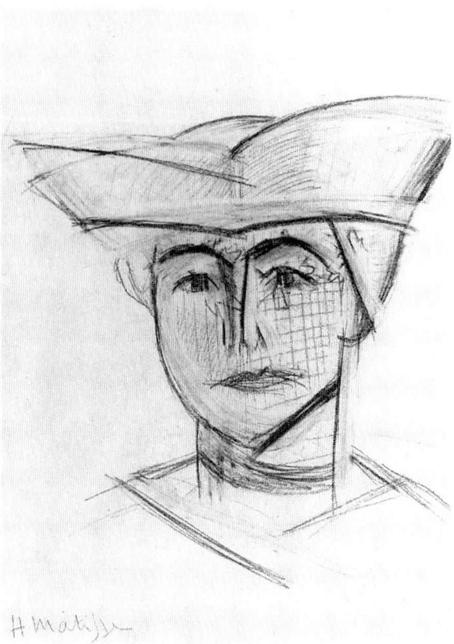

dimanche. J'ai pris un modèle et je fais un nu. Aujourd'hui matin, 2e séance et commencement des soucis.
J'espère ne pas mener cette chose trop longtemps, d'abord parce que j'attends ma mère que je dois conduire à Menton. Tu vas donc me voir bientôt, et ensuite parce que je ne compte pas passer l'hiver ici. Comme je l'avais cru tout d'abord.
Je t'étonnerais probablement, si je te disais que j'ai tiré des plans pour passer quelques mois à Paris, en sous-louant un atelier à Montparnasse, estimant que j'avais à faire pour le moment un travail de concentration et que le voyage, le changement de climat et l'excitation des nouvelles choses, dont le pittoresque nous touche d'abord avant tout, me mènerait à la dispersion, que l'excitation de Paris me suffisait pour le moment. Mais la tristesse du ciel a agi à l'inverse de ma raison et le court séjour que je vais faire dans le Midi, va me décider certainement à partir. Je m'étends longuement sur mon cas. Pardon. J'ai vu le Salon d'Automne et je n'y ai trouvé pas grand-chose de neuf. Les cubistes ont été dispersés, de sorte qu'ils passent assez inaperçus. [...]
La vérité est que la Peinture est une chose bien décevante. Par hasard mon tableau (le portrait de ma femme) a un certain succès parmi les avancés. Mais il ne me satisfait guère, il est le commencement d'un effort bien pénible». [...] (Archives Camoin. Cité par Giraudy, 1971, p. 15)

Matisse a en effet renoncé à retourner à Tanger, comme il en avait eu primitivement l'intention. Il travaille avec un nouveau modèle (Loulou ?), aussi sur de nombreuses gravures, et cherche donc un atelier à Paris.

novembre–décembre
Plusieurs correspondances avec Alfred Flechtheim mentionnent le prêt à Düsseldorf du *Panneau rouge* (c'est-à-dire *L'atelier rouge*), «en communication», en vue d'un achat éventuel par un musée allemand. (Archives Matisse, Paris)

Dans les ouvrages généraux sur la peinture, commence à apparaître le nom de Matisse. Ainsi Tristan Leclere (en fait Tristan Klingsor), dans *La Peinture* (Paris, Éditions Sansot & Cie, 1913, p. 26) lui consacre-t-il quelques lignes :

«Henri Matisse élargit le point en larges taches, puis étendit à tout son objet l'unité de couleur. Dans certaines natures mortes légèrement brossées, il a fait preuve des dons les plus certains. En s'efforçant de soutenir ces taches par des arabesques, il est arrivé parfois à des déformations singulières et le souci de l'éclat aidant, il en vint à appuyer les tons purs les uns contre les autres, ne laissant plus le moindre rôle aux neutres, et produisant ainsi des effets tout à fait bouchés, difficiles à supporter pour l'œil non prévenu».

1914

3 janvier
Dans *Gil Blas*, mention d'une exposition à Düsseldorf (galerie Flechtheim) avec envoi de Matisse. C'est selon toute vraisemblance *L'atelier rouge*.

10 janvier
Robert Rey publie dans *L'Opinion* le récit d'une visite récente à l'atelier et à la maison de Matisse à Issy.
Il y voit *Baigneuses à la rivière* (en cours), le *Rifain assis* et trois états de *Tête de Jeannette* (en plâtre) :
«Charles Bourgeat, le graveur, m'avait dit : "Matisse nous attendra dimanche matin".
J'avais hâte de voir le roi des sauvages, dont l'envoi, lors du dernier Salon d'automne, avait ému d'un frisson qui dure encore la troupe hardie des novateurs.
Le train, à travers la banlieue ouatée de neige nous emportait donc, en cette matinée dominicale, vers Clamart où le grand Indépendant travaille avec ferveur. J'allais à ce rendez-vous comme vers une initiation : dans quelques instants, je tiendrais enfin le mot de ces énigmes que sont les tableaux et les statues de Matisse, le sens de ces portraits acéphales, de ces figures monstrueusement scoliotiques, de ces coloris hallucinants, devant lesquels j'avais vu tant de "bourgeois" se tordre et tant d'esthètes s'absorber.
Bientôt, nous sonnions à sa porte : un grand jardin carré, une large maison confortable et, au seuil, un moulage d'après l'antique, auquel la neige avait mis comme un chapel et un collet de

Portrait de Mabel Warren, 1913
Crayon sur papier
Museum of Fine Arts, Boston

Portrait de Mme Matisse, vers 1914 ?
Crayon
Musée Matisse, Nice

cygne ; dès le vestibule, on est en pleine sauvagerie : les Redon, les Gauguin, les Cézanne et les fétiches africains vous entourent et semblent vous suivre jusqu'en le cabinet clair et long où Matisse nous reçut. Matisse !... On se le figurerait assez volontiers hirsute et poilu à l'instar des purs Idéalistes de la Commune, ou bien encore, glabre, hermétique et quelque peu verdâtre. Comme on se fait des idées ! Matisse est tout sourire, il possède essentiellement ce qu'on est convenu d'appeler une physionomie ouverte. Le teint haut, la barbe un peu rousse, il est vrai, mais fort disciplinée, et de gros yeux dont le regard s'évade par-dessus un lorgnon bon enfant.Il est un de ces artistes autour desquels on se bat sans trève et sans mesure, les uns le proclamant le plus génial des contemporains et les autres le Prince des fumistes. [...]

– "Enfin, M. Matisse, vers quelle perfection tendez-vous ? Comment définir le but esthétique vers lequel s'efforcent vos tentatives ?

– Venez à l'atelier !"

Et nous voici, tout au fond du jardin, dans un atelier immense, où des toiles, les unes peintes, les autres semblables à de verticaux murs de neige, se dressent en silence. Là, c'est dans les tons brumeux, rehaussés de reflets bleux, une scène étrange où se devinent de grands personnages ébauchés à larges traits sombres. Ici, gigantesque et plan, un Marocain, vert, ardent, aux chairs ocre et laque, au front taché de rayons pourpre ; sur une chaise, un nu, charmant et souple dans son irréelle simplicité : et puis des maquettes, des épreuves en plâtre – divers états – d'un buste où la manière de Matisse va s'épanouir sous nos yeux, à la façon de ces fleurs japonaises qu'une goutte d'eau fait éclore ; voici le premier état : c'est une figure de femme ; le travail est rapide, mais la notation détaillée et savante. Maintenant l'artiste va s'attacher à resserrer sa maquette, simplifiant le détail, le fondant en un ensemble "impressif" comme on ose parfois dire.

Ce n'est pas encore assez : un troisième état surgit : les cheveux ne sont plus représentés que par des masses abruptes, le profil s'aminicit, s'étire, le piédouche le prolonge sans démarcation. Mais, comme en ces poèmes de Maeterlinck où, parmi l'unité nébuleuse et inquiétante du discours, pointe un mot concret et défini, de même, en ce buste imprécis, la cloque d'une paupière, le bourrelet d'une lèvre, saille parfois en clarté. C'est tout au moins fort curieux. [...]

Mais ce qui défend le haussement d'épaule devant cet art de Matisse, qui, depuis dix ans bientôt, scandalise et attire, c'est qu'un travail assidu, le labor improbus *des Anciens, préside à ces productions.*

Enfantines, ingénues et de premier jet, ces toiles ?

Que non pas ! Les plus ahurissantes, les plus imbues de bébéïsme apparent, ont été vingt fois refaites, démolies et rebâties en toute conscience, en toute confiance. Les plus impromptus croquis représentent, en fait, des heures et des jours d'effort.

Pourquoi – direz-vous – cet effort et cette déformation tendent-ils toujours vers le plus laid ? Hélas, nous touchons là, précisément le point le moins propre à la discussion. Nous voyons "vilain" ce que Matisse voit suave, ce qu'il a le droit de voir exquis. Ne tenait-il pas pour rayonnant de fraîcheur et printanier ce buste au nez de tapir où je ne découvrais qu'inquiétude et vie obtuse ? Lequel de nous ou de lui tient le vrai ? Aucun, assurément, et reprocher à tel artiste de faire laid est d'un dogmatisme simpliste et quelque peu coupable. [...]

Ce n'est donc pas sans violenter un peu son impression première qu'on peut tout au moins aborder l'art de Matisse ; et tandis que nous parlions au hasard, dans la pièce longue et claire, j'observais au long des murs et sur la cheminée ces statuettes en bois, du centre-africain, dont Matisse a réuni plusieurs types superbes, ces têtes ardemment stylisées, à l'expression intense d'ingénuité, d'attention ou de duplicité, ces déformations savantes, le sens caricatural et profond d'un front trop bombé, d'une paupière lourde, d'une pommette aigüe ; et je croyais saisir la source véritable où s'inspire cet "auteur difficile" [...]». (Robert Rey, «Une heure chez Matisse», *L'Opinion*, 10 janvier 1914)

26 janvier

Matisse, réinstallé au 19 quai Saint-Michel, écrit à Simon Bussy :

«Cher Ami,

Nous n'irons pas à Tanger cet hiver. Nous le passerons au quai St-Michel où nous avons pris l'appartement placé immédiatement sous mon ancien atelier. C'est un grand plaisir pour nous d'avoir de nouvelles sensations dans un milieu familier. J'y travaille et ne regrette pas de ne pas avoir quitté Paris [...]». (Archives Bussy. Bibliothèque de la conservation du Musée du Louvre, Paris)

29 janvier

Dans *Le Journal des débats* paraît un article de Gaston Migeon intitulé «Impressions d'art en Russie» (troisième partie. Les 2 premières avaient paru les 10 et 26 janvier) relatant sa visite aux collections Morosoff et Stschoukine (entre autres). Il ne mentionne aucun des Matisse de Morosoff, mais s'étend en revanche sur ceux de Stschoukine : à son tour, et à sa manière, il décrit le salon rose :

«La demeure de M. Ivan Tchoukine est d'un tout autre aspect. C'est une vaste construction quelconque au fond d'une cour, dont l'architecture ne laisse aucunement supposer la décoration rococo intérieure des salons du dix-huitième siècle. Et c'est dans ce milieu suranné que dans la cage de l'escalier vous accueillent deux grandes toiles de Matisse où de grands pantins nus de couleur brique, maintenant mal leurs rondes en équilibre sur des sphères vertes, roulent à travers des espaces bleu cobalt, en glorifiant la Musique et la Poésie, tels des zakouskis fortement épicés vous préparent au repas sérieux de mets variés. [...]

La visite n'est pas terminée : dans un grand salon qu'un italien en délire décora à la fin du dix-huitième siècle pour un comte Troubetskoi d'un plafond peint d'énormes rinceaux portant des perroquets et de bouquets reliés par des guirlandes, sur des panneaux encadrés de lourdes pâtisseries, qui s'exagèrent encore en dessus de portes du rococo le plus comique et le plus fou, - Henri Matisse a trouvé là le milieu le plus adéquat aux vingt et un tableaux, figures et natures mortes dont on souhaiterait que plus de sagesse, de goût et d'harmonie parviennent à atténuer la folle exubérance de l'ultramontain : un monsieur en pyjama bleu clair rayé, cause non sans raideur, avec une dame en noir uniformément cirage, sur un fond de bleu Guimet. De grandes natures mortes de fruits ou de fleurs, à deux ou trois tons francs d'images d'Épinal, versent sur des tapis que ne peuvent retenir des tables au pla-

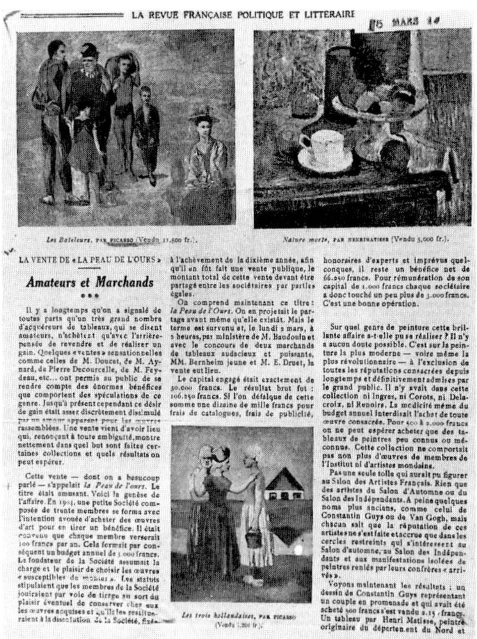

LA REVUE FRANÇAISE POLITIQUE ET LITTERAIRE 15 MARS 14

Les Bateleurs, PAR PICASSO (Vendu 11.500 fr.).

Nature morte, PAR HENRI MATISSE (Vendu 5.000 fr.).

LA VENTE DE « LA PEAU DE L'OURS »

Amateurs et Marchands

Il y a longtemps qu'on a signalé de toutes parts qu'un très grand nombre d'acquéreurs de tableaux, qui se disent amateurs, n'achètent qu'avec l'arrière-pensée de revendre et de réaliser un gain. Quelques « ventes » sensationnelles comme celles de M. Doucet, de M. Aynard, de Pierre Decourcelle, de M. Feydeau, etc... ont permis au public de se rendre compte des énormes bénéfices que comportent des spéculations de ce genre. Jusqu'à présent cependant ce désir de gain était assez discrètement dissimulé par un amour apparent pour les œuvres rassemblées. Une vente vient d'avoir lieu qui, renonçant à toute ambiguïté, montre nettement dans quel but sont faites certaines collections et quels résultats on peut espérer.

Cette vente — dont on a beaucoup parlé — s'appelait *la Peau de l'ours*. Le titre était amusant. Voici la genèse de l'affaire. En 1904, une petite Société composée de trente membres se forma avec l'intention avouée d'acheter des œuvres d'art pour en tirer un bénéfice. Il était convenu que chaque membre verserait 100 francs par an. Cela formait par conséquent un budget annuel de 3.000 francs. Le fondateur de la Société assumait la charge et le plaisir de choisir les œuvres « susceptibles de monter ». Les statuts stipulaient que les membres de la Société jouiraient par voie de tirage au sort du plaisir éventuel de conserver chez eux les œuvres acquises et qu'ils les restitueraient à la dissolution de la Société, fixée à l'achèvement de la dixième année, afin qu'il en fût fait une vente publique, le montant total de cette vente devant être partagé entre les sociétaires par parties égales.

On comprend maintenant ce titre : *la Peau de l'Ours*. On en projetait le partage avant même qu'elle existât. Mais le terme est survenu et, le lundi 2 mars, à 2 heures, par ministère de M. Baudouin et avec le concours de deux marchands de tableaux audacieux et puissants, MM. Bernheim jeune et M. E. Druet, la vente eut lieu.

Le capital engagé était exactement de 30.000 francs. Le résultat brut fut : 106.250 francs. Si l'on défalque de cette somme une dizaine de mille francs pour frais de catalogues, frais de publicité, honoraires d'experts et imprévus quelconques, il reste un bénéfice net de 66.250 francs. Pour rémunération de son capital de 1.000 francs chaque sociétaire a donc touché un peu plus de 3.000 francs. C'est une bonne opération.

Les trois hollandaises, PAR PICASSO (Vendu 1.200 fr.).

Sur quel genre de peinture cette brillante affaire a-t-elle pu se réaliser ? Il n'y a aucun doute possible. C'est sur la peinture la plus moderne — voire même la plus révolutionnaire — à l'exclusion de toutes les réputations consacrées depuis longtemps et définitivement admises par le grand public. Il n'y avait dans cette collection ni Ingres, ni Corots, ni Delacroix, ni Renoirs. La médicité même du budget annuel interdisait l'achat de toute œuvre consacrée. Pour 500 à 2.000 francs on ne peut espérer acheter que des tableaux de peintres peu connus ou méconnus. Cette collection ne comportait pas non plus d'œuvres de membres de l'Institut ni d'artistes mondains.

Pas une seule toile qui aurait pu figurer au Salon des Artistes Français. Rien que des artistes du Salon d'Automne ou du Salon des Indépendants. A peine quelques noms plus anciens, comme celui de Constantin Guys ou de Van Gogh, mais chacun sait que la réputation de ces artistes ne s'est faite et accrue que dans les cercles restreints qui s'intéressent au Salon d'automne, au Salon des Indépendants et aux manifestations isolées de peintres reniés par leurs confrères « arrivés ».

Voyons maintenant les résultats : un dessin de Constantin Guys représentant un couple en promenade et qui avait été acheté 500 francs s'est vendu 2.150 francs. Un tableau par Henri Matisse, peintre originaire du département du Nord et

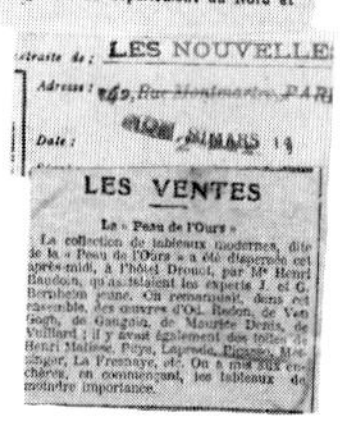

Extrait de : LES NOUVELLES

Adresse : 149, Rue Montmartre, PARIS

Date : 2 MARS 14

LES VENTES

La « Peau de l'Ours »

La collection de tableaux modernes, dite de la « Peau de l'Ours » a été dispersée cet après-midi, à l'hôtel Drouot, par Me Henri Baudoin, qu'assistaient les experts J. et G. Bernheim jeune. On remarquait, dans cet ensemble, des œuvres d'Od. Redon, de Van Gogh, de Gauguin, de Maurice Denis, de Vuillard ; il y avait également des toiles de Henri Matisse, Puys, Laprade, Picasso, Metzinger, La Fresnaye, etc. On a mis aux enchères, en commençant, les tableaux de moindre importance.

La Revue française, 15 mars 1914

teau vertical, et tout glisse vers vous de la plus affolante manière [...]».

29 janvier
Le Bulletin (n° 1), édité par la galerie Bernheim-Jeune, mentionne la présence à Rome, dans l'exposition de la Secession, des œuvres de la collection de Leo Stein, présentées par MM. Bernheim-Jeune. : *«On verra à Rome des toiles de Cézanne, Renoir, d'Henri Matisse* [il s'agit de *La musique : esquisse*], *de Vallotton, de Picasso. Elles ne reviendront pas en France. Abandonnant la rue de Fleurus, M. Léon Stein s'établira dès le printemps prochain aux environs de Florence».*

1er février
Dans *The Sun* (New York), on annonce en effet le départ de Leo Stein pour Settignano, et la division de la collection visible jusqu'alors rue de Fleurus. A cette occasion, lui-même et son frère Michael ont été interviewés par le correspondant du *Sun :*
«Leo Stein, confirmant le bruit d'un prochain démantèlement de la collection, a déclaré au correspondant du Sun :
"Notre collection a rempli sa fonction en tant que telle et, me semble-t-il, elle a maintenant parfaitement le droit de se retirer de la scène publique pour devenir une affaire strictement privée. J'emporterai la mienne à Florence. Ma sœur Gertrude prendra la sienne dans un appartement qu'elle a loué au-dessus des jardins du Palais-Royal, tandis que mon frère Allan [Michael] *restera à Paris avec ses vingt-cinq Matisse. On a dit que j'avais décidé de léguer ma collection au musée des Offices, mais c'est faux. Je n'ai pas encore étudié la question de son transfert avant ou après ma mort".*
M. Stein a avoué n'avoir aucune sympathie pour ce que l'on appelle le mouvement cubiste, mais refusé de dire pourquoi, ajoutant : "J'aurais beau expliquer mes objections, le grand public serait dans l'impossibilité de les comprendre correctement". [...]
Allan Stein [Michael], *dont la collection d'œuvres de Matisse n'est surpassée que par celle de Stschoukine, le grand collectionneur russe, a expliqué au correspondant du* Sun *pourquoi il y était si attaché : "C'est agréable de vivre en compagnie de tableaux de Matisse. Mon ami Stschoukine a fait construire une pièce tout spécialement pour un tableau de Matisse représentant une scène dans un café maure. Dans la pièce, il n'y a rien d'autre que le tableau, un divan et quelques tentures. Stschoukine dit que, lorsqu'il rentre chez lui avec ses soucis et sa fatigue, il s'assoit un petit moment en face du tableau et très vite sa lassitude disparaît. Son cerveau s'éclaircit et il se laisse entièrement gagner par un sentiment de douce chaleur et de calme sous l'effet du tableau".»* (Leo et Allan Stein, entretien avec l'envoyé spécial du *Sun* à Paris)

2 mars
Paris, vente de la collection de La Peau de l'Ours à l'Hôtel Drouot. Elle a suscité de très nombreux commentaires, à cause des prix atteints par certains tableaux mais surtout parce que *«c'était la première fois que l'on voyait en vente publique un ensemble aussi complet d'œuvres modernes, des œuvres tout à fait d'avant-garde, et dont les auteurs appartiennent ou appartenaient il y a très peu d'années à ces "fous" dont les foules vont rire au Salon des Indépendants».* (*Comœdia*, 3 mars 1914)
Le même article détaille les Matisse présentés dans la vente, et leurs prix :
Les œufs, 2 400 francs ; *Nature morte*, 5 000 francs ; *Étude de femme*, 900 francs ; *Un moulin*, 150 francs, *L'hôpital d'Ajaccio*, 720 francs ; *La mer en Corse*, 950 francs ; *Les feuillages au bord de l'eau*, 2 000 francs ; *L'atelier sous les toits*, 1 850 francs ; *Un effet de neige en lisière d'un bois*, 650 francs.

3 mars
La vente de La Peau de l'Ours suscite des réactions xénophobes comme en témoignent les lignes agressives parues dans *Paris-Midi* : *«Or, une nouvelle preuve de cette ingérence allemande est éclatante. C'est cette vente, dite de* La Peau de l'Ours, *qui vient d'avoir lieu à grand fracas. Des "gros prix" y ont été atteints par des œuvres grotesques ou informes d'indésirables étrangers et ce sont des Allemands qui, comme nous n'avons cessé de le prédire et pour cause, depuis 15 jours, ont payé ou poussé jusqu'à ces prix.»* (Delcourt, «Avant l'invasion», *Paris-Midi*, 3 mars 1914)

7 mars
A propos de l'ouverture du Salon des Indépendants, *L'Opinion* signale des ab-

sences remarquées : *«Mais au fait, où sont donc Derain, Braque, Picasso, Vlaminck, Matisse, Marie Laurencin, et Camoin, et Maurice Denis... Hautains et lointains, ils se tiennent en leurs burgs d'ivoire, les ingrats, ou plus simplement chez leurs managers : Kahnweiler, Vildrac, Rosenberg, Bernheim, Druet...».*

22 mars
Gil Blas mentionne l'ouverture la veille d'une exposition de dessins au Cercle Carré, 23 rue Louis le Grand, à laquelle participe Matisse.

24 mars
Matthew Prichard écrit à Isabella Gardner qu'il vient de voir deux peintures récentes de Matisse *«Je lui ai dit que l'une d'elles deviendrait une œuvre classique, en ce sens qu'elle est typique d'une nouvelle formule»* (Cité par Flam, p. 380, voir note 8). Il se réfère sans doute aux deux versions de *Notre-Dame.*

printemps
Rencontre Carlo Carrà et Ardengo Soffici, ainsi que Severini.

14 mai
Le Bulletin (n° 7), édité par Bernheim-Jeune, mentionne : *«à Bruxelles pour le Salon Triennal le gouvernement belge a mis des salles lumineuses à la disposition de M. Octave Maus. D'Henri Matisse* La joie de vivre *(1906-1907)»* (voir *infra* au 26 novembre)

15 mai
Parution du numéro 24 des *Soirées de Paris* principalement consacré à Matisse. Il contient 7 reproductions : Aragon et Breton se réfèreront souvent aux choix d'Apollinaire. Breton conservera sur lui pendant la guerre certaines des reproductions découpées.
Un entrefilet (d'Apollinaire) commentait d'ailleurs le même jour dans *Paris-Journal* le choix de «La glace sans tain, *la belle toile qui appartient au Musée de Hagen en Westphalie,* La femme assise, Les poissons rouges, *etc.*».

16 mai
Paris, Hôtel Drouot, vente de la collection Herbert Kullmann. Y figure une toile de Matisse, l'*Ilyssus du Parthénon,* 1912.

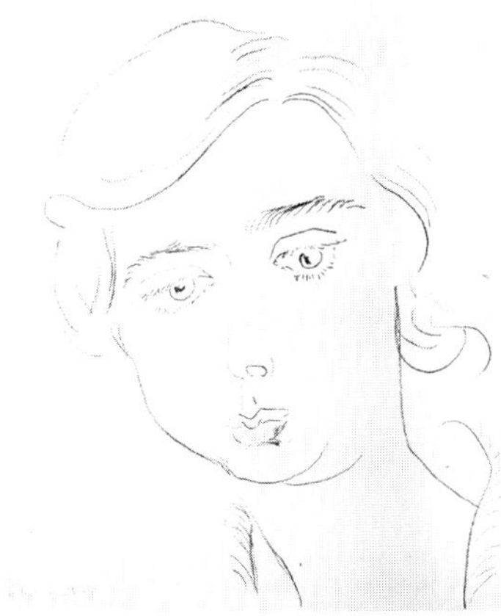

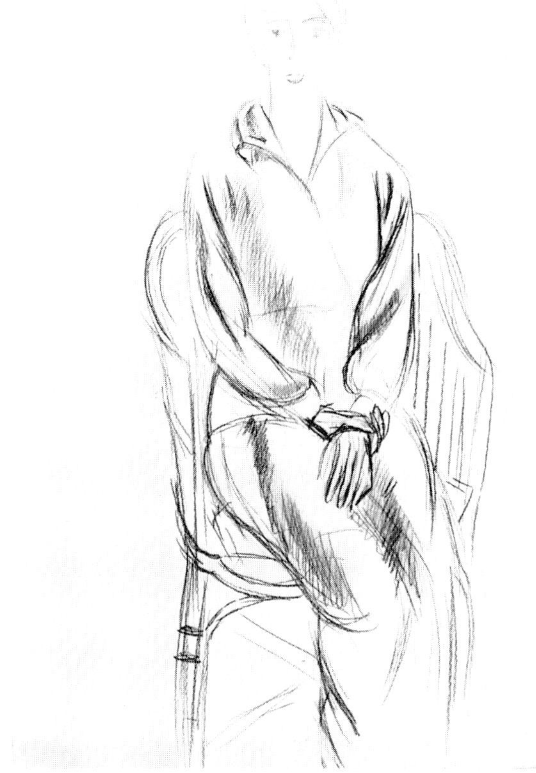

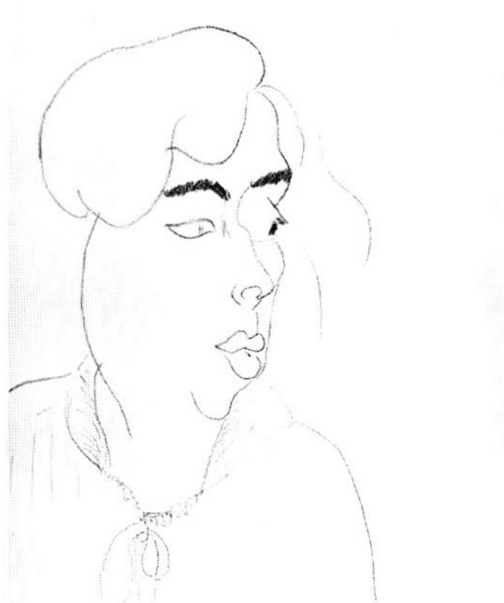

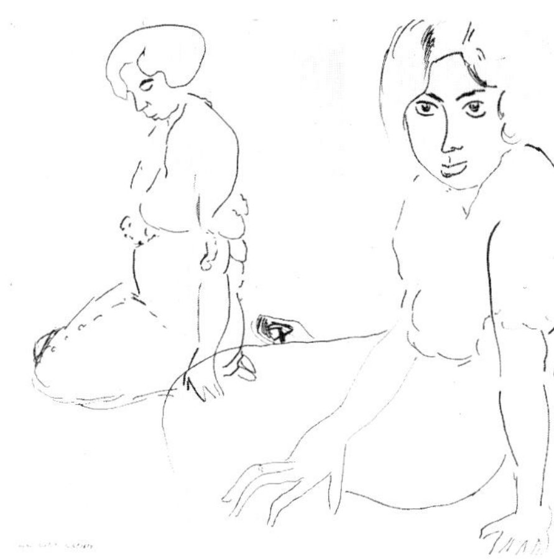

Étude pour Yvonne Landsberg, 1914
Crayon
Collection particulière

Étude pour Yvonne Landsberg, 1914
Crayon
Collection particulière

Étude pour Yvonne Landsberg, 1914
Fusain
Collection particulière

Études pour Yvonne Landsberg, juillet 1914
Plume
Collection particulière

22 mai
«Matisse vient d'acheter un violon romain de très grande valeur», signale un autre entrefilet (dans *Paris-Journal*).

27 mai
Matisse assiste à la première du *Coq d'or*, musique de Rimsky-Korsakov, décors de Gontcharova, monté par les Ballets russes. Apollinaire qui repère dans ces décors un mélange de Matisse, Picasso, Picabia, Gleizes, note (toujours dans *Paris-Journal*) : *«on reconnaissait au hasard M. Henri Matisse qui saluait certains décors comme on salue une connaissance»*. De fait, Matisse racontera à Monroe Wheeler, en mars 1950, que les décors du *Coq d'or* s'inspiraient beaucoup de son *Harmonie rouge*... (Archives Barr, New York, MOMA Library)

fin du printemps
Jusqu'à la mi-juillet, Matisse travaille au portrait d'Yvonne Landsberg, précédé ou accompagné de multiples dessins. Les Landsberg ont été présentés à Matisse par Matthew Prichard. Ils commandent un portrait de leur fille Yvonne (âgée de 20 ans et très timide). Il ne s'agissait à l'origine que d'un portrait dessiné (comme celui de Mabel Warren, quelques mois plus tôt). Mais Matisse se décide à réaliser aussi un portrait peint – sans obligation d'achat.
Une petite presse installée au 19 quai Saint-Michel lui permet de pratiquer activement la gravure.

7 juin
Une exposition de dessins d'enfant à la galerie Malpel inspire un petit article à Apollinaire (dans *Paris-Journal*). *«Je me souviens du temps où Matisse montrait les dessins de ses enfants, et il y en avait parfois d'étonnants. Matisse s'y intéressait beaucoup. "Toutefois, disait-il, je ne crois pas qu'il faut faire grand cas des dessins d'enfant, parce qu'ils ne savent pas ce qu'ils font"»*.
A noter que Kahnweiler s'est souvenu aussi (en 1946) de propos de ce genre : *«je me souviens de Matisse, autour de 1907, disant à ses enfants qui barbouillaient comme tant d'autres, des bouts de papier agréables : "vous ne ferez jamais rien tant que vous ne vous serez pas rendus maîtres des objets"»*. (D.H. Kahnweiler, *Juan Gris, sa vie, son œuvre, ses écrits*, Paris, Gallimard, 1946, p. 170)

8–16 juin
Paris, galerie Bernheim-Jeune, «Le paysage du midi». 2 toiles de Matisse : *Paysage de Corse* et *Nu au paysage ensoleillé* (1911).

juillet
Berlin, Kunstsalon Fritz Gurlitt, «Henri Matisse, Sammlung des Herrn Michel Stein in Paris». Y figurent 19 toiles de Matisse (1897 à 1909) prêtées par Michael et Sarah Stein. Il est possible que Matisse lui-même ait engagé ses amis à prêter à Berlin l'essentiel de leur collection. Cette décision devait avoir des conséquences fâcheuses, puisque l'ensemble des œuvres s'est trouvé bloqué en Allemagne, après la déclaration de guerre.

été
Munich, Hans Goltz, «Neue Kunst». 3 toiles de Matisse : *Les aubergines, l'Ilyssus du Parthénon* et *Nu à l'écharpe blanche*.

mi–juillet
Visite de Stschoukine à Paris. Il retient sans doute plusieurs toiles récentes : *La femme au tabouret ?, Le bocal de poissons rouges ?, La branche de lilas ?*

2 août
Déclaration de guerre. Picasso accompagne Braque et Derain à la gare d'Avignon.

3 août
Lorsque éclate la guerre, Matisse est à Paris. Il tentera, sans succès, de s'engager et sera maintenu dans le service auxiliaire.

25 août
Dernière lettre reçue de Stschoukine. (Matisse recevra encore un télégramme, en novembre, autorisant la présence dans une exposition prévue à New York d'un tableau qui pourrait être *Bocal de poissons rouges ? Femme au tabouret ? «Content exposer New York, amitiés. Stschoukine»*. (21 novembre 1914, Archives Pierre Matisse)

début septembre
Matisse quitte Paris avec sa femme et Marquet en direction de Collioure via Nantes, Bordeaux, Toulouse (où se trouvent ses enfants).

10 septembre
Il arrive à Collioure.

11 septembre
Gris (à Collioure depuis le 28 juin) écrit à Kahnweiler : *«Matisse est arrivé hier ici. Il m'a dit qu'Apollinaire et Galanis s'étaient engagés et qu'on n'avait craint que Derain ne fût blessé car sa femme n'avait pas de nouvelles»*. (Archives Kahnweiler-Leiris, Paris)
Matisse et Marquet restent à Collioure jusqu'à la fin d'octobre.

septembre–octobre
Gris écrit à Kahnweiler : *«Je vois souvent Matisse. Nous parlons de peinture avec acharnement tandis que Marquet écoute en traînant ses pieds»*. (Archives Kahnweiler-Leiris, Paris)

mi–octobre
Avec Marquet, Gris et Terrus, rend visite à Manolo à Céret.

vers le 23 octobre
Retourne à Paris pour un court séjour.

30 octobre
Gris écrit à Kahnweiler à propos des efforts tentés par Matisse pour lui venir en aide, et pour réunir quelques amateurs : *«Matisse qui, parti pour Paris pour quelques jours a obtenu de Gertrude et de Brenner que, à tous deux, me donnent 125 F par mois. Malgré que cela soit peu pour nous deux, nous partirons à Paris aussitôt le retour de Matisse ici.»* (Archives Kahnweiler-Leiris, Paris)
(Il semble que Matisse ne soit pas redescendu à Collioure comme prévu. Sa famille le rejoint à Paris vers le 15 novembre).

octobre
Michael Stein donne des nouvelles de Matisse à Walter Pach :
«Rien, assurément, n'aurait pu me surprendre davantage que votre lettre de Paris, et je ne saisis pas bien non plus le but de votre voyage. Pour quelle sorte d'exposition rassemblez-vous des choses ? Je n'ai rien reçu de Matisse depuis environ trois semaines. Il était sans nouvelles de son frère, qui habite près de Saint-Quentin. Il m'écrivait que la maison d'Issy-les-Moulineaux était occupée par des officiers français. [...] *Si vous entrez en contact avec lui, faites-lui bien com-*

prendre qu'il doit désormais chercher des débouchés pour son art en Amérique, pour un certain temps, et qu'il aurait intérêt à envoyer tout ce qui se trouve à Issy, surtout les œuvres anciennes et de petit format, les dessins en noir et blanc, etc., sans mettre les prix trop haut, car c'est le bon moment pour faire en sorte que les Américains commencent à posséder des Matisse. Il ont lu des textes à son sujet, ils ont parlé de lui, et vu des expositions jusqu'à plus soif. Il serait grand temps qu'il prenne place parmi les classiques consacrés et qu'il soit acheté à profusion.» (Walter Pach Papers, Archives of American Art, New York)

octobre–novembre

Matisse écrit à Camoin : *«J'ai passé aussi le conseil de réforme et j'ai été maintenu dans l'auxiliaire. Joveneau est pris – Mathan a un frère prisonnier et un autre de mort – je n'ai pas de nouvelles de mes parents ni de mon frère. Les Allemands ne veulent plus transmettre les nouvelles, même par la Suisse. Druet a mis sa boîte à la disposition du Comité de secours aux Belges – Marquet et moi avons fini par nous remettre au travail – Je fais un tableau, c'est mon tableau des* Poissons rouges *que je refais avec un personnage qui a la palette à la main et qui observe (harmonie brun-rouge). Marquet continue son tableau de poissons de l'année dernière. Je fais beaucoup d'eaux-fortes. Que veux-tu, on ne peut rester toute la journée à attendre les communiqués».* (Archives Camoin. Cité par Giraudy, 1971, p. 19)

novembre–décembre

Matisse est à Paris (la maison d'Issy est en partie occupée par un «cercle» d'officiers français – jusqu'à fin 1914). Il grave beaucoup. Travaille à *Poissons rouges et palette* et à une série de portraits de Marguerite notamment *Tête blanche et rose*. Il prend des leçons de violon avec Armand Parent (leçons payées en dessins, semble-t-il).Il voit à plusieurs reprises Walter Pach (qui repartira pour l'Amérique le 18 novembre).

26 novembre

Félix Fénéon envoie à Gertrude Stein un état des tableaux *«mis en dépôt par Leo Stein dans nos bureaux»* en 1914. De Matisse sont mentionnées les œuvres suivantes :

«La Joie de Vivre, *de Matisse, est à la Section d'Art décoratif français, au Salon Triennal de Bruxelles où il a été envoyé avec l'assentiment de L. D. Stein ; nous n'avons pu en avoir de nouvelles ;*
Margot *et le* Paysage de Collioure, *de Matisse, que nous lui avons achetés, ont été payés par nous à Michel Stein selon les instructions de Leo D. Stein ;*
La musique, *de Matisse, retour de la Secession de Rome, est entreposée dans notre maison de Lausanne (Paul Vallotton, directeur).* [...]
C'est tout. Et tout va bien, sauf en ce qui concerne les rapports de la Joie de Vivre *et des allemands».*

Entre autres conséquences dramatiques, la guerre représente aussi pour Matisse la coupure avec ses collectionneurs russes. La collection Stschoukine reste cependant en place jusqu'en 1918. En revanche, les toiles appartenant à Morosoff seront d'abord rangées dans un entrepôt blindé.

Dans *Cubistes, futuristes, passéistes*, paru en 1914 à la librairie Ollendorff, Georges Coquiot consacre quelques lignes à Matisse :

«Avec les dons les plus instinctifs et les plus incontestables, je le répète, M. Henri-Matisse était déjà bien trop raisonneur et bien trop ergoteur pour s'en tenir aux formules qui avaient constitué son succès. S'inquiéter toujours ; chercher encore ; faire autre chose ; expliquer la peinture comme on explique une science ; la transformer en équations algébriques ; philosopher à perte de vue ; s'influencer soi-même tout en influençant les autres ; jouer avec son originalité, la tourner et la retourner sens dessus dessous ; dérouter les amateurs, les marchands ; ahurir les critiques d'art ; à propos de peinture citer Kant, Spinoza, Nietzsche, Maudsley, Chevreul et les Mages ; pêcher des raisons de peindre dans l'occultisme, dans la magie ; jongler avec tout un vocabulaire de mots, mêler les plans, les volumes, la profondeur, l'émotion dynamique et la situation politique de l'Europe ; se demander chaque matin pourquoi la terre tourne et le soleil luit ; compliquer la peinture de façon qu'elle devienne incompréhensible, déconcertante, loufoque ; prendre des recettes aux nègres, aux Canaques, aux Fujiens ; dès qu'on a trouvé quelque chose n'y plus tenir ; se jeter dans de nouveaux

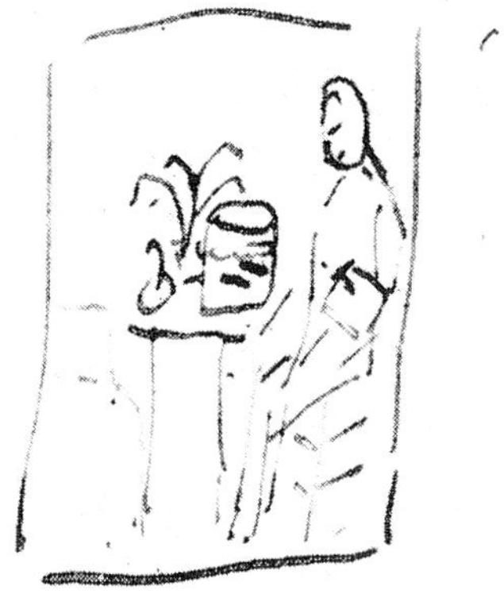

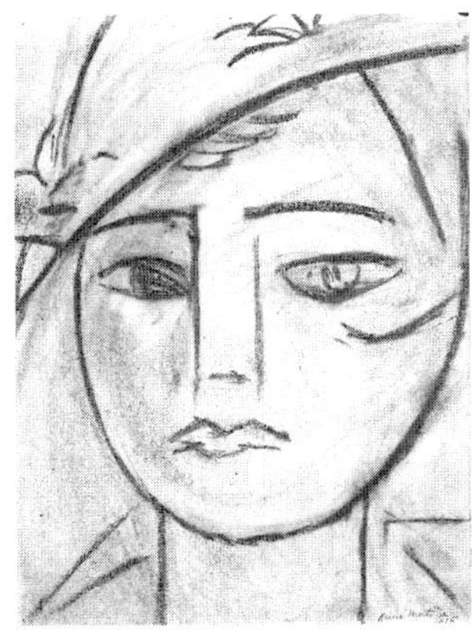

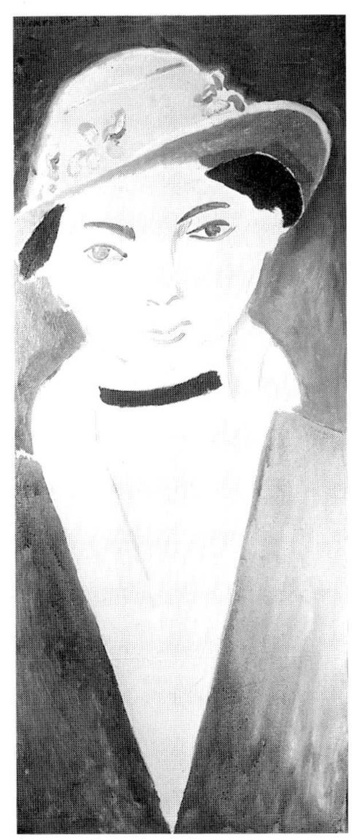

Croquis pour *Poissons rouges et palette*, 1914
(dans une carte postale à Camoin, octobre 1914)
Archives Camoin

Étude pour le chapeau de cuir, 1915
Fusain sur papier
Collection particulière

Jeune femme au chapeau de cuir, 1915
Huile sur toile
Collection particulière, en dépôt au Musée de Fukishima

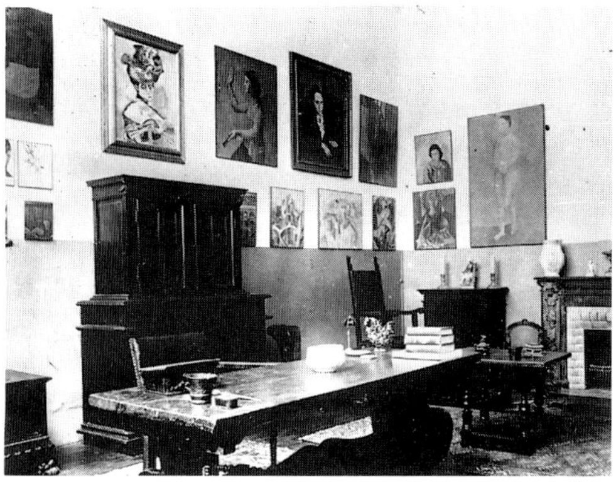

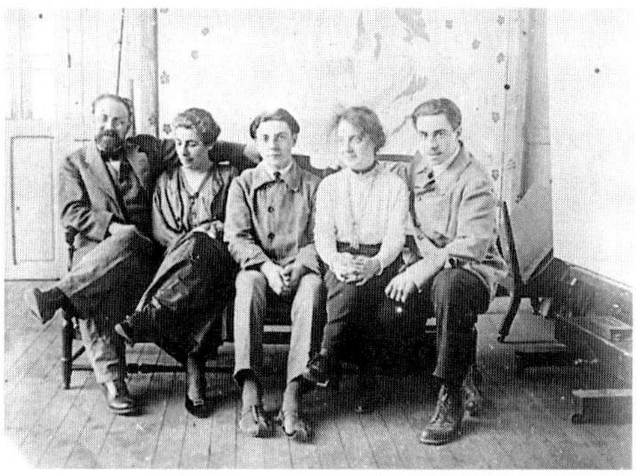

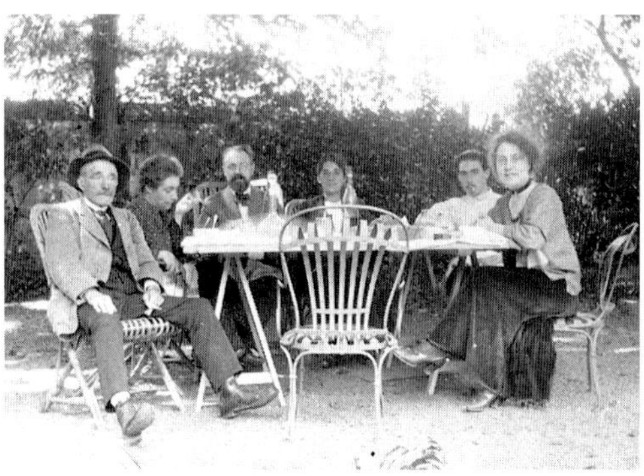

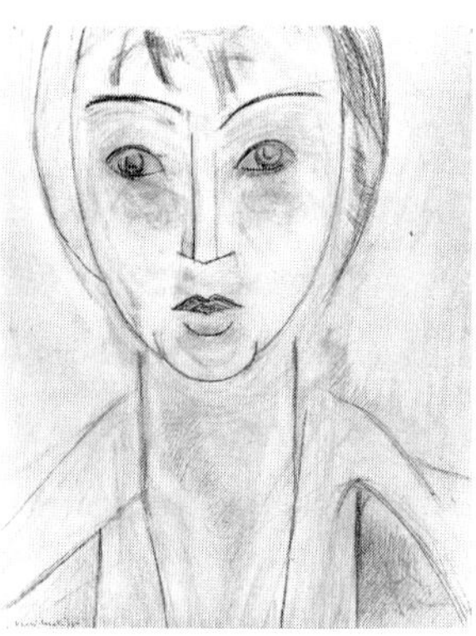

L'atelier de la rue de Fleurus, hiver 1914-1915, après le départ de Leo Stein
(Yale Collection of American Literature)

Dans l'atelier, à Issy-les-Moulineaux, vers 1915 ?
De gauche à droite : Henri Matisse, Amélie, Pierre, Marguerite, Jean
(derrière eux, *Grand nu* maintenant détruit)
Archives Matisse, Paris

Dans le jardin d'Issy-les-Moulineaux, vers 1915 ?
De gauche à droite : M. Parayre, Amélie, Henri Matisse, Pierre, Jean, Marguerite
Archives Matisse, Paris

Portrait de Josette Gris, 1915
Mine de plomb
Collection particulière

théorèmes, dans d'autres postulats ; être fustigé par le démon de la perversité ; – et regarder, avec un demi-sourire, les gens ! Ouf ! Voilà, à coup sûr, tout cela, l'ensemble des préoccupations de M. Henri-Matisse.» (pp. 115-117)

1915

20 janvier–27 février
New York, Montross Gallery, «Henri Matisse Exhibition», importante exposition organisée par Walter Pach, lors de son séjour à Paris à l'automne précédent. Elle comporte 14 peintures, 50 gravures et dessins et 11 sculptures. Le catalogue reproduit (en couleurs) *Bocal de poissons rouges.*

7 juin
Matisse écrit à Jacques Doucet une lettre qui jette une lumière intéressante sur son activité (intensive) de graveur à cette époque :
«Je m'efforce de me rendre utile aux prisonniers civils de mon pays, quatre cents emmenés en captivité en Allemagne à Halselberg, où ils meurent de faim, rien ne pouvant leur parvenir de leur malheureuse ville envahie. Cette ville où un certain nombre de maisons de nouveautés du Sentier ont leur fabrique, est Bohain-en-Vermondois (Aisne). Toutes les semaines je leur envoie cent kilos de pain ou de biscuit par l'intermédiaire de la Société des prisonniers de guerre ; cinq envois sont déjà partis, et pour pouvoir les continuer je vends à leur profit exclusif des gravures – monotype ou eaux fortes. Connaissant votre cœur, ainsi que l'intérêt que vous avez bien voulu déjà prendre à mon travail, je me permettrai de vous envoyer, si vous le voulez bien, un carton de gravures nouvelles qui pour le moins vous intéresseront, les monotypes étant tout à fait nouveaux». (Bibliothèque littéraire Jacques Doucet, Paris)
Un article de Clément Janin – chargé du Cabinet de gravures de Jacques Doucet – «Les estampes et la guerre» dans la très conservatrice *Gazette des Beaux-Arts* (n° 692, juillet-septembre 1917, p. 382) confirme l'importance de cette activité de Matisse.

15–30 juillet
Séjour au Picquey, près d'Arcachon, dans un paysage *«tout à fait d'estampe japonaise»* écrit-il à Marquet.

été
Matisse demeure à Issy jusqu'à la fin de novembre. Il travaille principalement une ambitieuse interprétation de *La desserte* de David de Heem (il vient de racheter sa copie de jeunesse, d'après la même œuvre, exécutée en 1896).

14 septembre
Le précédent contrat avec la galerie Bernheim-Jeune expire à cette date. Matisse et Bernheim-Jeune décident de le proroger un an (jusqu'au 14 septembre 1916).

17 octobre
Première lettre (datée) conservée de Léonce Rosenberg à Matisse : il s'intéresse à sa toile *Poissons rouges et palette* (qui n'entre pas dans la convention avec Bernheim-Jeune, puisqu'elle dépasse le format 50 Fig., soit 116 × 89 cm). (Archives Matisse, Paris)

mi–novembre
Vente de *La desserte (d'après David de Heem)* à Léonce Rosenberg.

20 novembre
Matisse écrit à Walter Pach au sujet de deux nouvelles expositions que celui-ci organise à New York, l'une chez Bourgeois (monotypes et une ou deux (?) peintures de petites dimensions), l'autre à la Montross Gallery (5 dessins).
Il parle aussi d'une collection complète de ses récentes gravures (49 en tout) qu'il destine à un amateur. Il mentionne enfin *«le grand tableau de 2,20 × 1,80»* qu'il vient de finir (après plusieurs mois de travail) et de vendre, c'est *La desserte (d'après David de Heem).*
Terminant sa lettre le 29 novembre, il annonce son départ pour Marseille, pour une quinzaine de jours : *«Je pars seulement avec mon violon, je reprendrai la peinture à mon retour».* (Walter Pach Papers, Archives of American Art, New York)

22 novembre
Lettre à Camoin, avec un croquis des *Marocains* qu'il vient de commencer :
«Dans la peinture, il y a une petite nou-

velle. Madame Bongard, la sœur de Poiret, qui a été couturière rue de Penthièvre et y a fait de mauvaises affaires, a rempli son hôtel de peintures et va en vendre. Peintures prêtées de droite et de gauche. Krichewsky lui a donné une peinture de moi et une de Marquet, elle est venue me demander un dessin, c'est une femme intelligente, mais peut-être pas très posée». (Archives Camoin. Cité par Giraudy, 1971, p. 18)

6 décembre
Matisse écrit (de Marseille) à Camoin et note l'animation de Marseille : *«Il est vrai que c'était si beau, après la tristesse de la vie ralentie de Paris ! A peine peut-on y circuler tellement elle est encombrée de militaires de toutes races, depuis les Anglais, Marocains, Sénégalais jusqu'à des Maories de la Nouvelle Zélande que les Anglais ont fait venir pour faire la guerre. Pauvres gens !».* (Archives Camoin. Cité par Giraudy, 1971, p. 19)

mi–décembre
De retour à Issy, Matisse indique à Marquet qu'il a dessiné *«le tableau du Maroc»* sur une toile de 2,80 × 1,80, et que ce tableau *«l'aidera à supporter l'hiver qui vraiment n'est pas gai».* La lumière est triste et terne. Il vient de lire *Au-dessus de la mêlée* de Romain Rolland.

Est-ce en 1915 (ou bien en 1916) que se situe l'anecdote rapportée non sans malveillance par André Salmon dans *Der Querschnitt*, n° 2-3, fin mai 1921 : «[...] *en pleine guerre un illustre andalou et un poète en permission visitent un marchand en uniforme, lequel les introduit en son arrière-galerie, ce no man's land des marchands. Exhibition d'un Matisse. Le marchand : "hein ! est-ce assez décoratif !" L'Andalou au Poète : "Et nous qui avons tant fait pour que ce ne soit plus jamais décoratif !"».*

1916

19 janvier
Matisse écrit à Camoin, mentionne son travail en cours sur *Les Marocains :*
«[...] *Je suis bien en retard pour t'écrire, excuse-moi, j'ai la tête toute bouleversée depuis un mois avec un tableau du Maroc que je travaille en ce moment (2,80 m × 1,80 m), c'est la terrasse du petit "café de la Casbah" que tu connais bien.*
J'espère m'en sortir, mais que de peines. Je ne suis pas dans les tranchées, mais je m'en fais tout de même. [...]
Je compte y retourner [à Marseille] *dans un mois ou deux. J'ai commencé à l'Estaque un dessin d'arbres penchés, des pins, que je voudrais finir. Ces arbres, tu les connais peut-être, sont au bord de l'autre côté de la route, dans la montée qui va au restaurant de la falaise».* (Archives Camoin. Cité par Giraudy, 1971, p. 19)

février
Matisse est à Paris. Il y reste (ainsi qu'à Issy) la majeure partie de l'année.

22 février
Fénéon envoie à Matisse un état des œuvres se trouvant encore chez Bernheim-Jeune et que Matisse souhaite reprendre : 24 estampes, 6 bronzes, 2 plâtres et 7 toiles : *Marguerite* (de retour de la Secession de Rome), un grand dessin à l'huile, *Yvonne Landsberg* (?), *Les lilas à la pipe* (mentionné comme appartenant à S. Stschoukine), *Femme assise sur un escabeau, Le Rifain assis, Figure d'homme nu, Les poissons rouges* (à S. Stschoukine). (Archives Matisse, Paris)

fin février
Longue lettre à Derain. Matisse commence par lui parler de la santé de Marguerite, qui l'inquiète, puis il continue en ces termes :
«Vous voyez qu'à l'arrière tout n'est pas drôle. Ajoutez notre beau métier de peintre toujours fuyant – qui n'est beau qu'en rêve. Le manque de nouvelles de ma famille et cette angoisse qui vient de l'attente continuelle dans laquelle on vit, le peu qu'on sait, tout ce qu'on nous cache. [...]
Avez-vous lu ce bouquin [La Science et l'hypothèse de Poincaré] ? *Il y a des hypothèses d'une audace vertigineuse celle de la loi par exemple sur la destruction de la matière. Le mouvement n'existe que par la destruction et la reconstitution de la matière. Il est vrai que Poincaré dit que la preuve n'en est pas encore complète, c'est de Langevin cette hypothèse. Je vous l'enverrai si vous ne le connaissez pas. Nous n'avons pas eu le plaisir de voir*

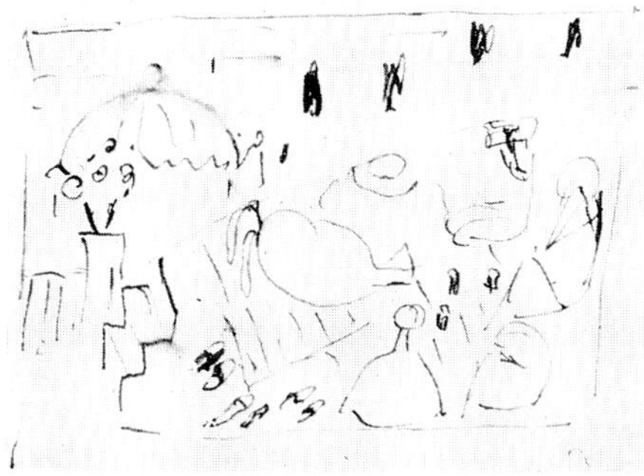

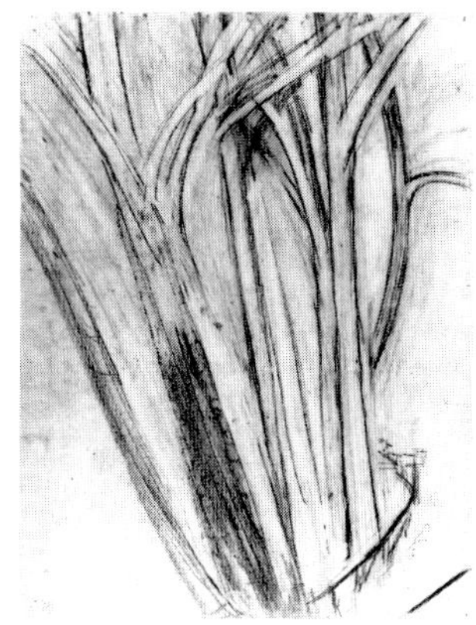

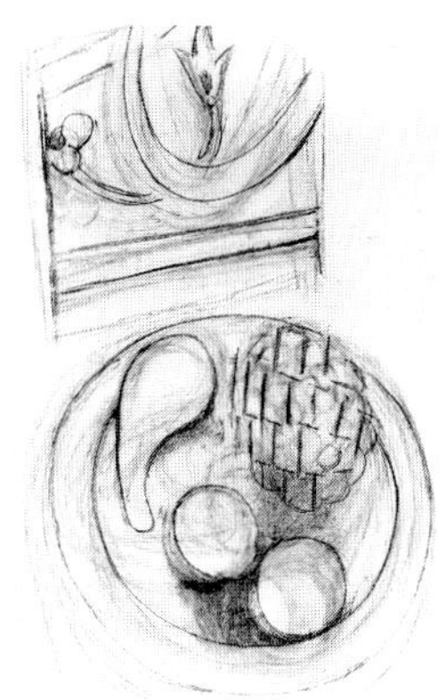

Croquis pour *Les Marocains*, 1915
(dans une lettre à Camoin, 22 novembre 1915)

Études d'arbres à l'Estaque, 1915
Fusain sur papier
Musée national d'art moderne, Paris

Nature morte à la céramique persane, 1915
Mine de plomb
Collection particulière

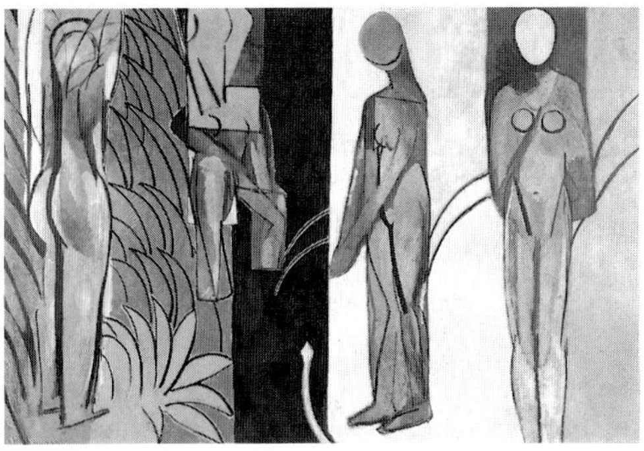

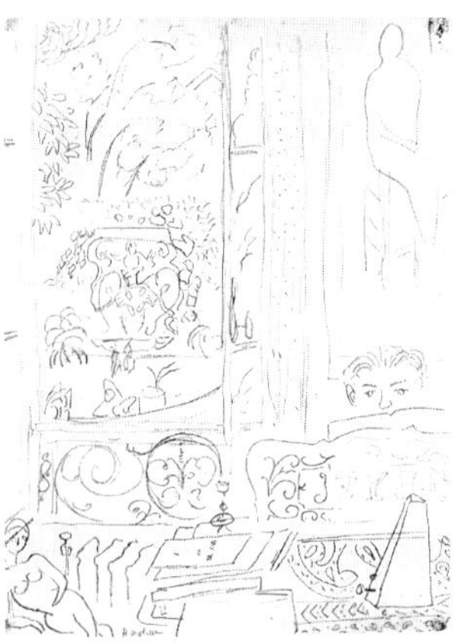

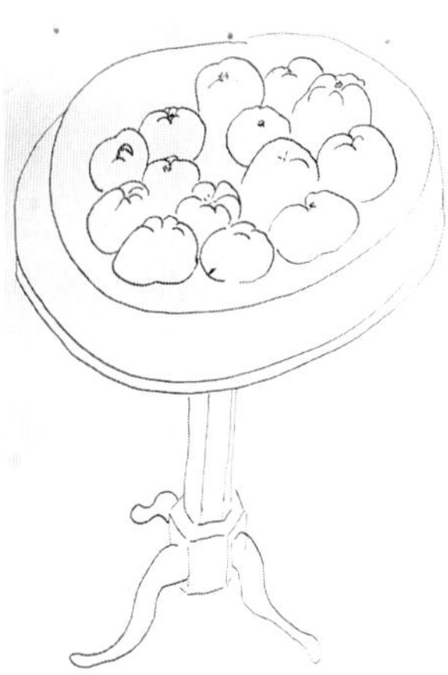

Femmes à la rivière, 1916
Huile sur toile
The Art Institute of Chicago

Étude pour *La leçon de piano*, 1916
Crayon
Collection particulière

Étude pour *Les pommes*, 1916
Plume
Collection particulière

souvent votre femme. Pourquoi. Je dis plaisir car chaque fois que nous l'avons vue, sa visite nous a été agréable.
Ma femme est en ce moment à Collioure où elle déménage notre maison que nous laissons tout à fait.
Dans le monde de la peinture je ne sais pas grand-chose, je ne suis pas sorti depuis longtemps. J'ai vendu à Rosenberg mon tableau d'après David de Heem. Madame Derain était venue nous voir le jour où je l'ai livré, et je n'ai même pas pu lui dire le nom de l'acheteur car il m'avait prié de n'en pas parler. J'ai vu chez lui un nouveau Picasso un arlequin, d'une manière nouvelle, sans collages et rien que de la peinture, peut-être le connaissez-vous ?» (Archives Taillade, Chambourcy)

2 mars–15 avril
Paris, «Triennale», au Jeu de Paume. Matisse est représenté par deux dessins (*«suis très mal placé»* note-t-il). (Archives Matisse, Paris)

19 avril
Matisse se rend chez Léonce Rosenberg avec Mme Bongard et M. Koeller.

25 avril
Léonce Rosenberg confirme à Matisse l'achat de *«votre dernier tableau* Terrasse au Maroc». (Archives Matisse, Paris)

28 avril
Matisse écrit à Walter Pach : il est heureux que son tableau *Yvonne Landsberg* exposé à la Montross Gallery y ait été acheté par M. Arensberg (à un prix d'ailleurs *«extrêmement réduit»*). Il mentionne aussi un disque de chants maori *«d'un caractère langoureux et caressant, un peu comparables à des miaulements de jeunes chats»*, qu'il voudrait retrouver pour compléter sa collection de chants typiques. (Walter Pach Papers, Archives of American Art, New York)

printemps
Deux peintres danois (Axel Salto et Jerichau) lui rendent visite et voient *Les Baigneuses à la rivière* en cours, ainsi que *Les Marocains* terminé. Voici le compte rendu de cette visite d'atelier, tel qu'il sera publié par Salto dans *Klingen*, en avril 1918 : «[...] *La peinture ci-contre de Matisse "Le Maroc"* [en réalité : *Les Marocains*], *est de 1,80 × 2,80 mètres. Elle est peinte en 1916 ou plutôt était en cours d'être peinte en 1916 quand, en compagnie de Jerichau, je rendais visite au peintre célèbre dans sa maison de campagne à Clamart en dehors de Paris. Nous avions eu très envie de voir ce fabuleux jardin abondamment fleuri dont on parlait tant. La rumeur disait vrai. En plus, Matisse lui-même complètait, en veste blanche de coutil et chapeau de paille, ce tableau d'été rayonnant ; il discutait de la technique d'arrosage du jardin avec son jardinier, debout, ce petit homme à la barbe rousse avec les lunettes chinoises, dans un halo de soleil et de fleurs colorées comme l'arc en ciel. Venant du jardin dans la maison, on demeurait ébloui, il fallait attendre que la vue s'ajuste à la pénombre de la pièce. Dans le salon un bureau avec des sculptures nègres, une armée de divinités domestiques. La jeune fille de la famille, peintre elle-même , nous les montrait avec la voix baissée d'émerveillement. Aux murs étaient suspendues des bottes de fruits du Midi, inspirant, avec leur couleur sombre, leur éclat dur et leur odeur aromatique, un sentiment indéfini d'Orient, une notion qui pour moi demeure désormais indissolublement liée aux peintures marocaines de Matisse.* [...]
Pour aller à l'atelier, un hangar de bois au fond du jardin, on suivait d'étroites allées entre des massifs de fleurs montant jusqu'aux épaules. Matisse y peignait, depuis sept ans, un tableau énorme représentant une série de figures, l'une à côté de l'autre, dans des champs séparés ; en même temps il travaillait à des reliefs de dos d'homme immenses et à des intérieurs surnaturels [...]».
Matisse peint aussi une série de natures mortes.

17 mai–15 juin
Philadelphie, Mc Clees Galleries, «Advanced Modern Art». Matisse y expose *Le chapeau de cuir* et *Fruits*.

28 mai
Un mot sur Matisse, en post-scriptum d'une lettre d'Erik Satie à Valentine Cross (Satie s'occupe alors d'organiser, chez Germaine Bongard, sœur de Paul Poiret, une soirée de musique «Granados-Satie» en l'honneur de Matisse, Picasso et d'autres) : *«Très chic, Matisse. Il m'admire et me l'a dit. Comme il est poli !»*. (Archives de la Fondation Erik Satie, Paris)

1er juin
Matisse écrit à Léonce Rosenberg :
«Cher ami, malgré tout le plaisir que j'ai eu à recevoir de vos nouvelles je ne vous ai pas encore répondu, j'ai beaucoup travaillé ces temps derniers [...] *Où êtes-vous en ce moment ? Je n'ai pas vu ces jours-ci de camarade qui ait pu me le dire.*
J'espère que vous êtes toujours intéressé par les opérations auxquelles vous assistez, et que vous supportez facilement les mauvais moments. Derain qui est revenu hier m'a montré un état d'esprit tellement merveilleux, tellement grand, que je garderai toujours malgré les risques le regret de n'avoir pas vu tout ce bouleversement. Comme la mentalité de l'arrière doit paraître mesquine à ceux qui reviennent.
J'ai comme je vous le disais beaucoup travaillé. J'ai terminé une toile dont le croquis est derrière [il s'agit de *La fenêtre* (1916). [...] *J'ai repris aussi un grand tableau de 5 m représentant une baignade de femmes. Autre événement, le tableau que j'ai donné pour le Secours des Aveugles a été acheté par Kelekian, une toile représentant une gargoulette espagnole en verre dans laquelle trempe une branche de lierre par Alphonse Kann. C'est un sujet de tableau qui me plaît beaucoup.* [...] *J'ai une branche de lierre qui est en train de se contourner d'une harmonieuse façon.*
La nature morte aux oranges que vous m'avez demandé de vous réserver est terminée.
Voilà l'important de ma vie, je ne puis pas dire qu'elle n'est pas remplie de lutte mais ce n'est pas la vraie. C'est avec un respect tout à fait spécial que je pense aux poilus qui s'excusent en disant nous y sommes bien forcés.
Cette guerre aura eu des compensations ; quelle gravité elle aura donné à la vie, même à ceux qui n'y auront pas participé [...] *Les peintres et moi en particulier ne sont guère habiles à traduire leurs sentiments par la plume, ensuite un homme de l'arrière est bien misérable».*
Cette lettre est citée dans Barr, 1951, pp. 181-182. Elle lui avait été communiquée (sous la forme d'une photographie) par Sam Salz comme étant adressée à Hans Purrmann. Mais elle ne comportait pas la mention du destinataire. Purrmann lui-même, avec qui Barr fut en correspondance, au moment de la préparation et de la parution de sa grande monographie, ne réagit pas. Plus tard, Erhard Göpel, préparant une biographie de Purrmann, commença à mettre en doute le fait que cette lettre ait bien été adressée à Purrmann : ce dernier ne se souvenait pas d'avoir jamais réservé une «nature morte aux oranges». Nous avons pu établir que cette lettre est en fait l'un des éléments de l'active correspondance entretenue par Léonce Rosenberg avec Matisse, qui lui a vendu plusieurs toiles importantes (au moins trois : *Nature morte d'après David de Heem, Poissons rouges et palette, les Marocains*). Léonce Rosenberg allait et venait entre le front et ses occupations parisiennes de marchand. Il était d'ailleurs assez invraisemblable que Matisse entretînt un correspondant allemand (même un ami proche) des «opérations» en cours, et des angoisses d'un «homme de l'arrière». Si Purrmann possédait bien à l'époque un tableau de *Poissons rouges et sculpture,* 1912 (actuellement au MOMA), Léonce Rosenberg, lui, avait acheté vers décembre 1915 *Poissons rouges et palette,* hiver 1914-1915 (qu'il allait revendre quelques années plus tard à Jacques Doucet, par l'intermédiaire de Paul Guillaume, sur les conseils d'André Breton). *Poissons rouges et palette* (aujourd'hui également au MOMA), a effectivement les mêmes dimensions que *La fenêtre,* printemps 1916, décrit par Matisse.

On peut noter, à ce point, que l'année 1916 voit une nette reprise des activités artistiques. Ainsi, dans le salon de couture de Mme Germaine Bongard, 5 rue de Penthièvre, ont eu lieu trois expositions (entre décembre 1915 et juillet 1916) organisées par elle, avec l'aide d'Ozenfant.

Un autre lieu à signaler est le vaste atelier du 6 rue Huyghens où Émile Lejeune organise concerts, expositions et lectures, et où sont présentées les remarquables manifestations organisées par l'Association Lyre et Palette.

20 mai
Jacques Lipchitz écrit à Léonce Rosenberg : *«Il y a quelques jours, j'ai eu la visite improviste de toute une bande : Picasso, Matisse, Rivera, Ortiz et Brener et alors ils ont vu la sculpture que vous venez de me prendre* [un assemblage de bois, verre et cuivre]. *Matisse s'est inté-*

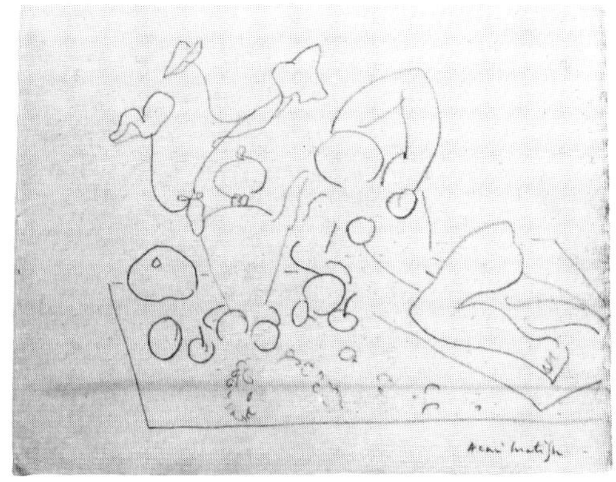

Étude pour *Sculpture et vase de lierre,*
1916-1917
Crayon
Collection particulière

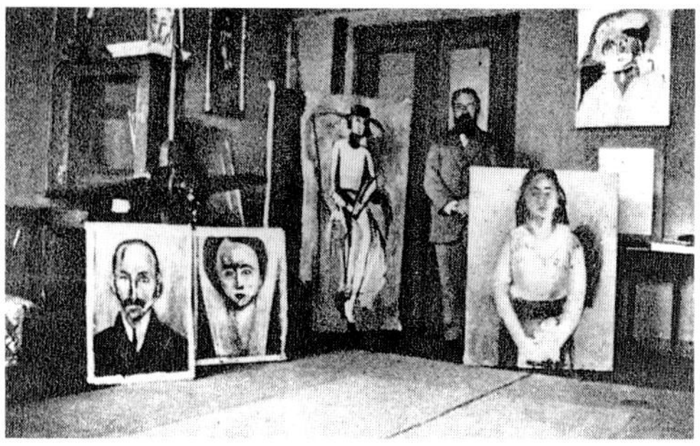

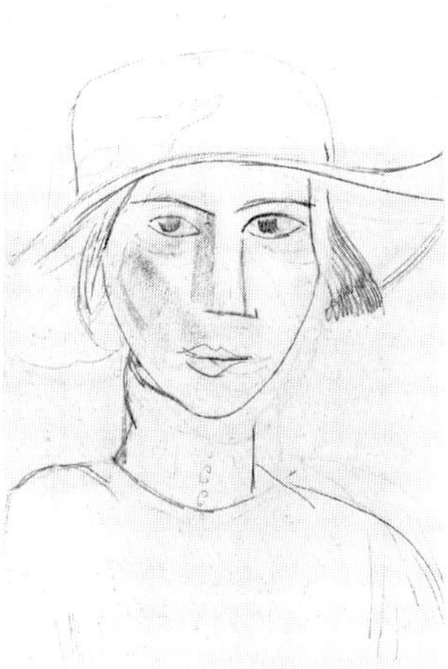

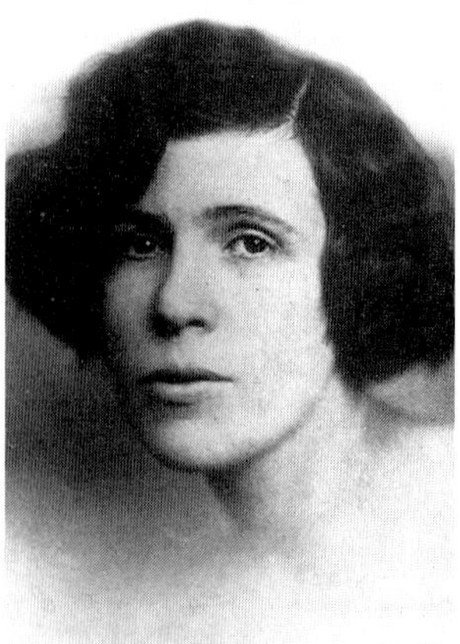

Matisse dans son atelier, quai Saint-Michel, fin 1916
De gauche à droite : *Portrait de Michael Stein, Portrait de Sarah Stein Portrait de Greta Prozor* (en cours), *L'Italienne* (en cours)
Au mur : *Le chapeau corbeille (Marguerite)*

Étude pour *Portrait de Greta Prozor*, 1916
Crayon
Musée national d'art moderne, Paris

Greta Prozor
Photographie
Collection particulière

ressé beaucoup de ce que je fais, au point même (selon Rivera) d'ennuyer Picasso». (Documentation du MNAM, Paris)

2 juin
Gris écrit à Léonce Rosenberg. Il mentionne les expositions organisées par Mme Bongard (et en désapprouve la confusion) : *«Il n'y a pas de catalogue chez Madame Bongard. Voici les noms de ceux qui y exposent : Kisling, Moricand, Lothe, Friesz, Ozenfant, Ortiz, Derain, Picasso, Matisse, Severini, Moreau, Vlaminck, Lewitzka».* (Documentation du MNAM, Paris)

13 juin
Ouverture d'une exposition de groupe à la galerie des Indépendants.

15 juin
Gris écrit à Léonce Rosenberg, toujours au sujet de ces expositions organisées par les «couturiers» : *«J'ai moi-même montré à Picasso mon étonnement pour sa nouvelle manière de se faire voir. Il m'a répondu que pendant la guerre il n'a rien refusé à aucune manifestation d'art français de peur d'être mal vu. Pour lui, comme pour Matisse étant donné leur célébrité la raison est assez plausible. Refuser ici leur concours ayant vendu tant de tableaux à l'étranger ça paraîtrait drôle».* (Documentation du MNAM, Paris)

19–30 juin
Paris, galerie Bernheim-Jeune, «Exposition de peintures série C». 3 toiles de Matisse : *Tête blanche et rose, Poissons rouges sur fond brun* et *Les citrons.*

début juillet
Roger Fry, avec Diego Rivera et d'autres amis, rend visite à Matisse et voit son travail récent. (Rivera est alors sous contrat avec Rosenberg, et fréquente un cercle d'amis communs).

3 juillet
Roger Fry écrit à Pamela Fry : *«Nous sommes tous allés passer l'après-midi chez Matisse et avons vu ses nouvelles choses, que j'ai beaucoup aimées».* Le même jour, il raconte à Vanessa Bell : *«Les nouveaux Matisse sont magnifiques, plus solides et plus concentrés que jamais. Picasso un peu dérouté pour le moment, mais faisant néanmoins des choses splendides».* (*Letters of Roger Fry,* édité par Denys Sutton, Londres, Chatto and Windus, 1972)

16–31 juillet
Paris, Salon d'Antin (chez Paul Poiret). Première exposition publique des *Demoiselles d'Avignon* de Picasso. Matisse est représenté par 2 peintures (*Marocaine* et *Nature morte*) et des dessins, dans cette exposition organisée par André Salmon.

22 juillet
Roger Bissière écrit dans *L'Opinion,* sous la rubrique «Beaux Arts et Curiosité» (pp. 95-96) un article sur «La logique et les expositions» : *«J'avais ici, à plusieurs reprises, déploré le manque de cohésion qui caractérisait la plupart des expositions d'art moderne.* [...] *Aussi convient-il de louer sans réserve M. André Salmon qui vient enfin d'organiser une exposition d'art français vraiment cohérente et dont le sens général apparaît nettement».*

15 août
Léonce Rosenberg demande à Matisse de lui réserver les *Baigneuses* [*Femmes à la rivière*].

20 août
Gris écrit à Léonce Rosenberg : *«Je suis allé chez Matisse et j'ai vu un très beau tableau, le Guéridon dans le jardin. C'est solide et sensible et beaucoup plus humain que d'autres choses qu'il a fait».* (Documentation du MNAM, Paris)

été
Brefs voyages à Marseille et Nice. Matisse travaille à *La leçon de piano.*

automne
A Paris, Matisse peint une série de portraits (*Michael Stein, Sarah Stein, Greta Prozor,* puis *L'Italienne,* première toile d'après son nouveau modèle Lorette – qui posera pour plus d'une cinquantaine d'œuvres jusqu'à la fin de 1917) et deux *Ateliers.*
Lorette avait été recommandée à Matisse par Georgette Agutte-Sembat, peintre elle-même. Elle commence à poser fin novembre 1916.

29 octobre–29 novembre
Winterhur, «Exposition d'art français». Matisse y expose trois œuvres (l'exposi-

tion sera ensuite présentée à la Kunsthalle de Bâle du 10 janvier au 4 février 1917).

6 novembre
Matisse écrit à Walter Pach : *«les Stein sont sur le point de partir en Amérique»* [Il s'agit de Michael et Sarah]. Il ajoute : *«A Paris, les affaires vont très bien – et les marchands vont bientôt manquer de peintures. Les suisses et les norvégiens achètent beaucoup – mais la guerre est très longue»*.

18 novembre–10 décembre
Oslo, Kunstnerforbundet, «Den Franske Utstilling», importante exposition organisée par Walther Halvorsen. Catalogue préfacé par Cocteau, Apollinaire et André Salmon, qui opère à cette occasion un revirement en faveur de Matisse : *«J'ai beaucoup combattu naguère Henri Matisse dont l'œuvre m'avait donné tant de joie. Il y eut une heure où, avant la révolution organique du cubisme, due au sévère et frémissant Picasso, grand entre tous, je vis en Matisse un maître dangereux. Je suis heureux de l'occasion qui m'est offerte de m'expliquer si complètement à son sujet, hors de mon pays et devant les artistes de mon pays»*.
5 toiles de Matisse dont 4 à vendre (*La bouteille de Schiedame,* 1 400 kr ; *Les poissons rouges,* 8 000 kr ; *Le jeune marin,* 6 000 kr ; *Joaquina (Espagne),* 2 500 kr et *Portrait de Marquet,* à Marquet), 10 dessins (dont 3 paysages des Landes) et 10 eaux-fortes figuraient dans cette exposition. A noter que Mlle Marguerite Matisse exposait également (4 toiles et 6 dessins).

19 novembre–5 décembre
Paris, Salle Huyghens, exposition «Lyre et Palette».

28 novembre
Achète un tableau de Courbet à Bernheim-Jeune (*Grotte de la Loue*).

14 décembre
Matisse écrit une longue lettre à Walter Pach. Il lui parle de sa conception du cadre (à propos d'un conseil pour le *Portrait d'Yvonne Landsberg,* appartenant maintenant à M. Arensberg) : «[...] *Je vous dirais que je suis très opposé aux cadres, et surtout aux gros cadres qui entourent les tableaux d'une couleur jaune qui arrête toute leur expansion. Les tableaux modernes n'ont pas besoin de cadre ; tout au plus ils supportent une bordure»*.
Dans la même lettre Matisse lui communique les photographies et la description de 12 tableaux de maîtres, qu'il lui propose pour des amateurs américains. (Walter Pach Papers, Archives of American Art, New York)

31 décembre
Matisse participe au banquet organisé pour Apollinaire.

1917

Matisse passe la majeure partie de l'année à Issy-les-Moulineaux et à Paris, jusqu'au mois d'octobre. L'hiver 1916-1917 a été particulièrement sombre, aussi à cause du froid et des problèmes d'approvisionnement en charbon. Dans une lettre à Rosenberg, Gris décrit ces files de femmes grelottantes attendant aux portes des «Bois charbons».

3 janvier
A compter de cette date, la collection Tetzen-Lund s'ouvre au public tous les lundis après-midi.

5 janvier
Achète un tableau de Courbet, *Paysage de neige,* à la galerie Barbazanges.

14 janvier
Matisse figure parmi les organisateurs du banquet (dîner) offert à Georges Braque (blessé en mai 1915), dans l'atelier de Marie Vassiliev, 21 avenue du Maine. Les autres organisateurs figurant sur le billet d'invitation étaient : Apollinaire, Gris, Max Jacob, Metzinger, Reverdy, Paul Dermée, Halvorsen, Picasso et Marie Vassiliev elle-même.

18 janvier
A la salle Huyghens, l'actrice Greta Prozor (épouse de Walther Halvorsen) lit des poèmes de Reverdy.

20 février
Achète aux Bernheim-Jeune, *Demoiselle au bord de la Seine* de Courbet (il paiera ce tableau en plusieurs fois, le solde est versé le 14 novembre).

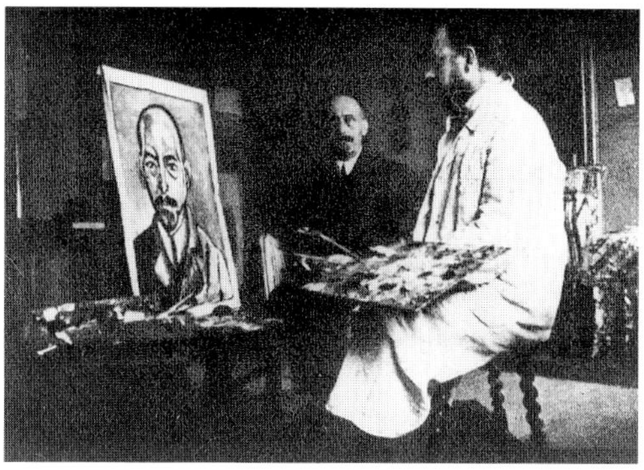

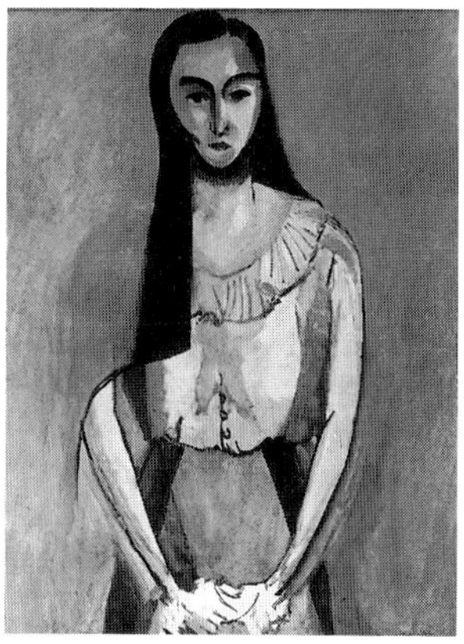

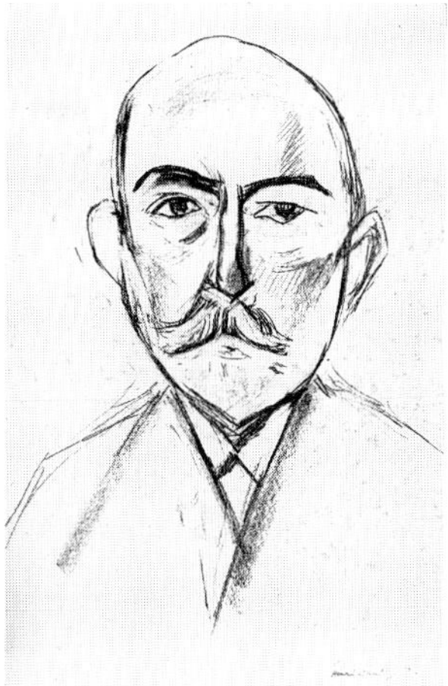

Matisse peignant *Portrait de Michael Stein,* 1916

L'Italienne, 1916
Huile sur toile
Solomon R. Guggenheim Museum, New York

Étude pour *Auguste Pellerin I,* 1916
Fusain
Collection particulière

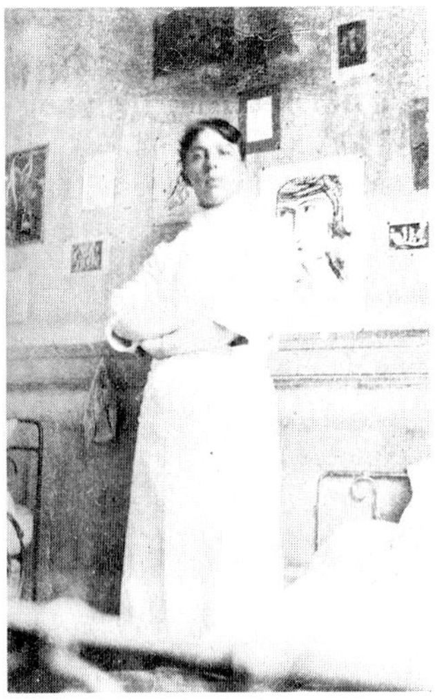

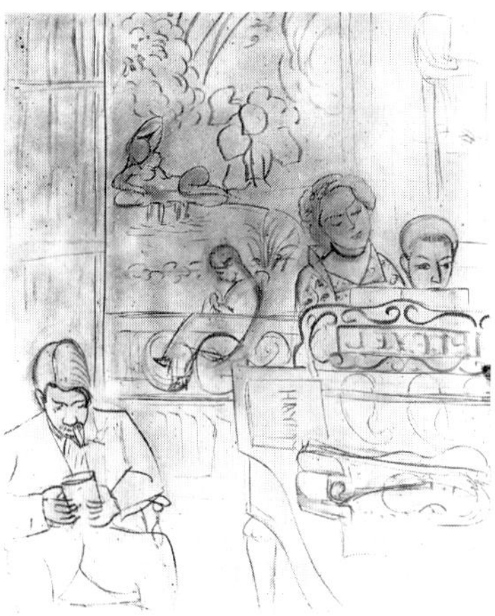

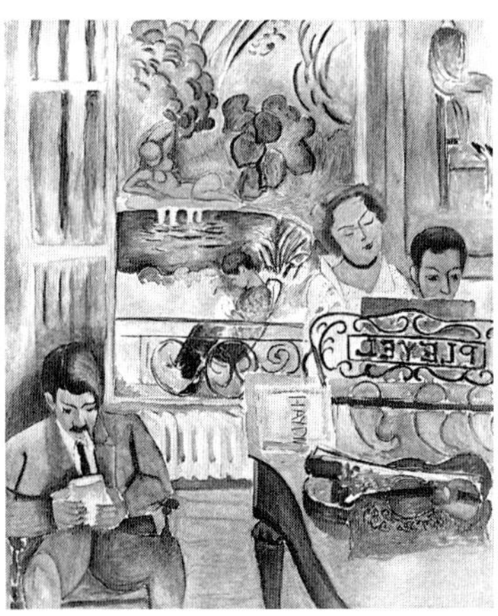

28 février

Un entrefilet de Louise Faure-Février (conservé par Kahnweiler) évoque «La vie de Paris» et l'activité de Mme Bongard. On y fait allusion à l'intérêt manifesté par Matisse pour la mode :

«Demain, Mme Bongard inaugure une nouvelle exposition de dessins, cette fois. On y pourra admirer les œuvres de Matisse, de Picasso, de Derain, d'André Lhote, de Metzinger, de Marcel Lenoir, de Kisling et Laboureur, du regretté Charles de Fontenay, du sergent La Fresnaye et du sapeur Fernand Léger qui peint, dans les tranchées, sous les obus et qui – détail ingénieux et touchant – manquant de couleurs les remplaça sur sa toile par des petits bouts de papier. A la guerre, comme à la guerre !

Et les peintres eux-mêmes, près de cette femme de goût, intelligente, s'intéressent plus vivement au costume de la femme. Le peintre Matisse y découvre mille beautés. Il s'extasie devant les plis lumineux d'une jupe et conseille de compléter l'architecture harmonieuse de la robe par un col d'une forme inédite qui fait merveille. L'idée est née, on l'exécute aussitôt. Et un petit chef-d'œuvre apparaît [...]».

printemps (?)

Matisse travaille à Issy à une seconde version de *La leçon de piano*. Il en fait part à Camoin :

«Excuse-moi, je suis tellement occupé qu'il ne me reste souvent après mon travail, que la force de penser aux amis et non celle de leur écrire. J'ai beaucoup travaillé ces temps-ci. Je viens de faire une grande toile de plus de 2 m sur 2 m, et celle qui était dans mon salon avec "Pierre au piano" – que j'ai reprise sur une autre toile en y joignant son frère, sa sœur et sa mère. Je viens de faire aussi une toile de fleurs de 80 ainsi que beaucoup d'autres toiles de moindre importance – j'ai pu voyager aux environs, grâce à une petite auto que j'ai achetée et qui me permet de me transporter facilement avec tout mon fourniment dans les bois [...] *Jean Matisse, mon aîné, est parti au régiment à Dijon...».* (Archives Camoin. Cité par Giraudy, 1971, p. 20)

avril–juin

Paris, galerie de Goupil, «Exposition d'un groupe d'artistes indépendants». Matisse expose *Intérieur d'atelier*. Le catalogue reproduit un dessin du Maroc.

4 avril

Fry écrit à Roger Vildrac : *«J'ai besoin* [pour le *Burlington Magazine*] *d'un article sur les choses les plus récentes de Matisse avec des photographies :*
1) de son grand tableau du Maroc, chez lui
2) du portrait acheté par Kevockian».
(Letters of Roger Fry, op. cit.)

mai

Matisse a terminé le second portrait d'Auguste Pellerin. Il se rend avec Marquet chez Monet à Giverny.

1er–11 mai

Paris, galerie Bernheim-Jeune, «Exposition de peintures série D». 2 toiles de Matisse : *L'Italienne* et *Les deux sœurs.*

18 mai

Première de *Parade* au Châtelet. Matisse y assiste sans doute.

20 mai

Gris donne ses impressions détaillées sur *Parade* à Léonce Rosenberg (il dédicace à cette époque, une nature morte peinte en Touraine à Matisse).

29 mai

Derain est en permission à Paris.

mai–juin

Parution dans *Mercure de France* (pp. 451-468) d'un article de Severini intitulé «La peinture d'avant-garde» reprenant une conférence prononcée le 11 février à «Lyre et Palette» et comportant quelques notations sur Matisse :

«L'œuvre d'art ne peut pas être uniquement le réflexe immédiat d'une sensation reçue du monde extérieur sans quelque chose de plus complexe et plus organisé. Car dans l'art plastique d'aujourd'hui, tout en faisant la part d'un côté inconscient, on ne doit laisser aucun rôle au hasard de l'improvisation ; d'un côté à l'autre le tableau doit être "composé", "voulu" et techniquement parfait. Je trouve virtuellement juste cette expression de Courbet qui m'a été dite par Matisse "on doit pouvoir recommencer un chef-d'œuvre au moins une fois, pour être bien sûr qu'on n'a pas été le jouet de ses nerfs et du hasard".

André Breton à l'hôpital du Val-de-Grâce en 1917
Sur le mur, sont fixées des reproductions, notamment *Capucines à La danse II*
Archives Breton, Paris

La leçon de musique (1917) en cours
Photo Fonds Marc Vaux Documentation du Musée national d'art moderne, Paris

La leçon de musique, 1917
Huile sur toile
The Barnes Foundation, Merion

Cette question de la composition et architecture du tableau est une chose très complexe, car nous ne procédons pas uniquement par "déformation" mais par "déformation et reconstruction". L'exemple qui va suivre explique j'espère la raison d'être artistique de ce procédé et l'indispensable intervention de la volonté dans la création : Matisse me montrait un jour une maquette qu'il avait faire "d'après nature" dans une rue de Tanger. En premier plan un mur peint en bleu. Ce bleu influençait tout le reste et Matisse lui a donné le maximum d'importance qu'il était possible de lui donner en gardant la construction objective du paysage. Malgré cela il a dû s'avouer qu'il n'a pas rendu la centième partie de l'"intensité" de ce bleu, c'est-à-dire de l'"intensité sensorielle" produite en lui par ce bleu. Il a atteint dans une autre toile (Les Marocains) *ce degré d'intensité mais ici l'architecture réelle du paysage a disparu pour laisser la place à une architecture volontaire et cependant sensorielle. Il me disait que s'il avait dû se décharger de cette sensation de bleu qui dominait toutes les autres, il aurait dû peindre en bleu ainsi qu'un badigeonneur tout le panneau, mais par cette action réflexe n'ayant d'importance qu'au moment de la sensation il n'aurait pas atteint l'œuvre d'art. S'il était si simple de faire une œuvre d'art, dans une civilisation comme la nôtre, tout le monde ou presque ayant une certaine sensibilité, il y aurait un grand nombre d'artistes, tandis qu'il y a simplement beaucoup de dilettantes».*

14–23 juin
Paris, galerie Bernheim-Jeune, «Exposition de peinture moderne». 1 toile de Matisse *Le turban blanc.*

juin–juillet
Matisse visite Chenonceaux avec Marquet et Jacqueline Marval. Il peint des paysages, près de l'Étang de Trivaux, non loin d'Issy.

13 août
Achète à Mme de Taste (héritière de la sœur de Courbet), *La blonde endormie.* Le 17 août, il lui achète une *Marine.*

19 octobre
Il signe son troisième contrat (de trois ans) avec Bernheim-Jeune. Il semble qu'il n'y ait pas eu de traité (écrit) entre le 14 septembre 1916 et octobre 1917. Les relations de travail avec Léonce Rosenberg (qui n'ont d'ailleurs porté que sur quelques toiles de dimensions supérieures à celles définies par la convention avec Bernheim-Jeune) ont-elles pu susciter cette «absence» toute relative ? Elles sont en tout cas interrompues à cette date. Ce troisième contrat prend la forme d'une lettre de Matisse, confirmant *«l'entente»* qui vient d'être conclue. Les conditions sont très différentes : des prix largement revus à la hausse (de 800 francs pour le format 4 Fig. à 6 000 francs pour le format 80 Fig.) et surtout Matisse ne s'engage que sur la moitié de sa production picturale – hors commandes directes, qui peuvent porter désormais sur «décorations, portraits, tableaux de chevalet».

fin octobre–début novembre
Matisse part pour le midi, d'abord à Marseille où, installé à l'Hôtel Beauvau, il voit surtout Marquet et George Besson.

15 décembre
Dans L'*Éventail,* mention d'une exposition chez Paul Guillaume : *«M. Paul Guillaume, en sa galerie de la rue du faubourg St Honoré, ouverte aux artistes d'avant garde, nous invite avec courtoisie à contempler d'admirables portraits signés Matisse où le grand peintre, ennemi des redites, se révèle maître dans tableaux variés. Cette diversité d'ailleurs n'est qu'apparente. Toute œuvre de Matisse est comme marquée d'un chiffre».*

15 décembre
Stschoukine fait vendre l'esquisse aquarellée de *L'atelier rose.* Vente en faveur des victimes de la guerre, 500 roubles.

16 décembre
Matisse écrit à son vieil ami André Rouveyre : «[...] *Je travaille tous les matins et après-midi – avec une petite boîte à pouce – dans le Vieux Port dont les quais sont bien curieux en ce moment. On y rencontre une foule de soldats de toutes nationalités, qui traînent plus ou moins abrutis autour de diseuses de bonne aventure, de camelots de toutes sortes aux boniments extraordinaires».* (Bibliothèque littéraire Jacques Doucet, Paris)

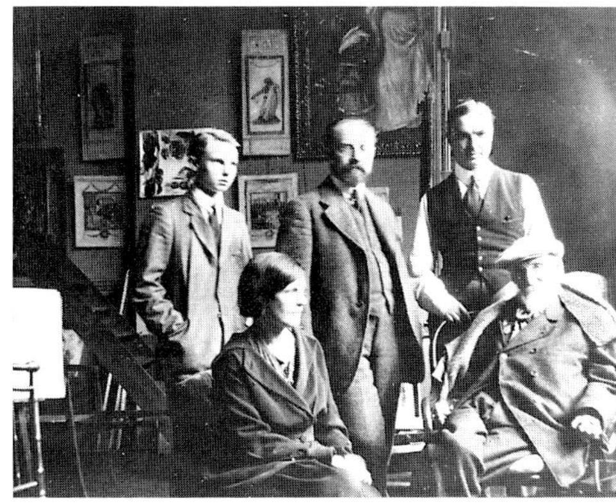

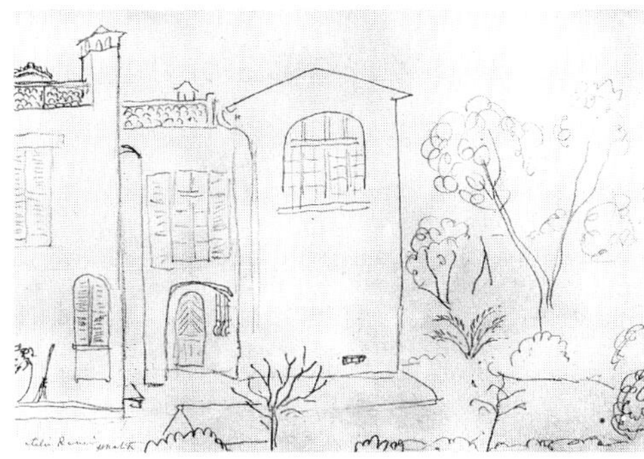

Chez Renoir, à Cagnes, fin 1917 ou 1918
Debout, de gauche à droite : Claude Renoir, Henri Matisse, Pierre Renoir
Assis : Greta Prozor et Auguste Renoir

L'atelier de Renoir, à Cagnes, 1918
Crayon
Collection particulière

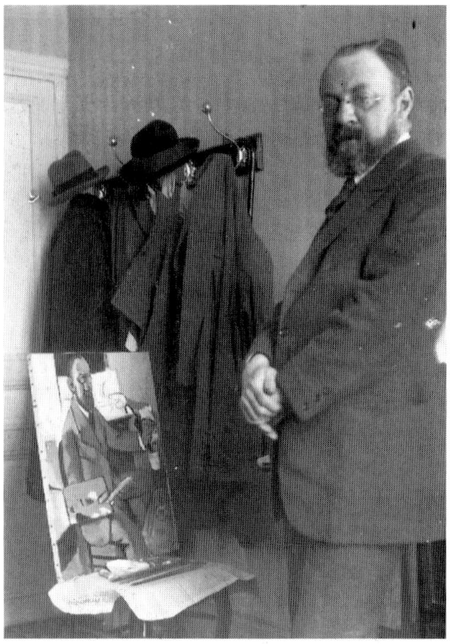

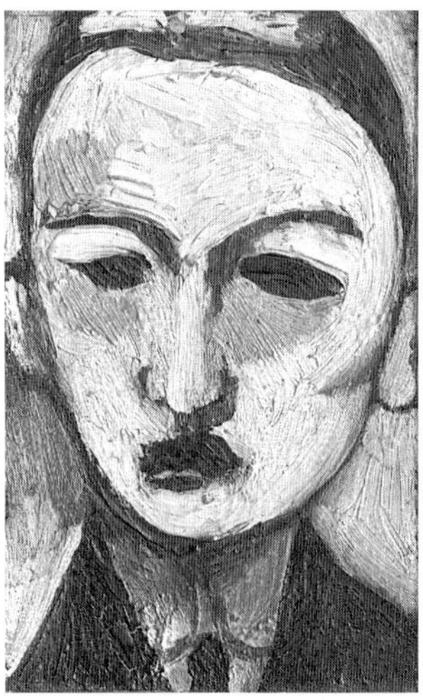

18 décembre
Il a peint le portrait de George Besson, et va voir son fils Jean, stationné à Istres *«en pleine Crau»*. (Il raconte cette visite à Rouveyre le 23 décembre).

vers le 25 décembre
Matisse arrive à Nice. Il habite l'Hôtel Beau Rivage, 107 quai du Midi.

31 décembre
Il rend visite à Renoir, avec Besson, à Cagnes-sur-Mer.

1918

janvier
Matisse peint à l'Hôtel Beau Rivage : *Autoportrait, Ma chambre, Intérieur au violon.*

18 janvier–fin février
Oslo, «Den Franske Utstilling», grande exposition d'art français (150 œuvres de Corot à Matisse). 11 peintures et 6 études, 5 dessins et 5 monotypes de Matisse. Le catalogue comporte un texte de lui sur Renoir et Cézanne :
«L'œuvre de Renoir, après celle de Cézanne, dont la grande influence s'est tout d'abord manifestée chez les artistes, nous sauve de l'abstraction pure en ce qu'elle a de desséchant. Les règles qu'on peut essayer de déduire en considérant l'œuvre de ces deux maîtres paraissent plus difficiles à découvrir chez Renoir, qui a dissimulé davantage ses efforts. Tandis que la tension continuelle de l'esprit de Cézanne, son manque de confiance en lui-même, ont pu l'empêcher de se livrer à nous entièrement tout en montrant avec évidence ses corrections, desquelles on a déduit facilement (trop facilement) des règles d'une précision mathématique. [...]»

23 janvier–15 février
Paris, galerie Paul Guillaume, importante exposition Matisse-Picasso. 12 toiles de Matisse y sont présentées (1. *Intérieur d'atelier*, 2. *Portrait de deux femmes*, 3. *Paysage du Maroc*, 4. *La coupe aux oranges*, 5. *Portrait de femme*, 6. *Tête de femme*, 7. *Le jardinier*, 8. *Femme lisant*, 9. *La femme au divan*, 10. *L'Algérienne*, 11. *La femme à la chaise*, 12. *La belle bédouine*) et plusieurs aquarelles et dessins. Apollinaire a rédigé deux textes pour le catalogue, l'un sur Picasso, l'autre sur Matisse. Dans ce dernier figure la célèbre formule :
«Si l'on devait comparer l'œuvre de Henri Matisse à quelque chose, il faudrait choisir l'orange. Comme elle, l'œuvre de Henri Matisse est un fruit de lumière éclatante.
Avec une entière bonne foi et un pur souci de se connaître et de se réaliser, ce peintre n'a cessé de suivre son instinct. Il lui laisse le soin de choisir entre les émotions, de juger et de limiter la fantaisie et celui de scruter profondément la lumière, rien que la lumière...»
L'exposition suscite de nombreuses réactions dans la presse. Celle de Bissière (dans *Paris-Midi*) est particulièrement sévère :
«Avouerai-je que l'exposition m'a déçu et avec moi beaucoup de gens, qui eurent jadis un grand respect pour les qualités de M. Matisse et pour ses belles et hautes recherches. M. Matisse n'est plus en effet, m'a-t-il semblé, que l'ombre de lui-même, les travaux qu'il expose actuellement sentent le procédé, on les devine faits sans joie, selon une formule apprise par cœur. C'est à peine si parfois quelques rapports de tons étrangement justes, quelques détails de dessin, rappellent les vastes synthèses que nous aimâmes.
[...]
En somme, il apparaît que MM. Matisse et Picasso ne sortiront pas grandis de cette exhibition. Ils ont eu indiscutablement une influence très grande sur cette génération, mais la manifestation de la galerie Paul Guillaume ne laisse pas prévoir qu'elle durera. La jeunesse, en effet, n'a rien à apprendre dans cette salle, où tout n'est qu'abstraction, froideur et formule. Cela sent la nécropole, et l'on a l'impression que MM. Matisse et Picasso se sont engagés dans une impasse dont ils ne sortiront que difficilement. [...] *Nous désirons aujourd'hui un art d'ordre plus général et plus humain ; MM. Matisse et Picasso devraient s'en apercevoir s'ils veulent représenter leur époque et résister à l'oubli.»*

Alors que Chinet (dans l'*Éventail* du 15 mars 1918) est plus admiratif :
«[...] *Je ne pense pas que l'on trouve réunies dans cette exposition les œuvres les plus caractéristiques de ces peintres. Elle n'en est pas moins d'un réel intérêt. Matisse, beau peintre lucide, sans cesse an-*

Matisse à Nice, fin 1917 ou début 1918 (posant à côté de son *Autoportrait*)
Photographie George Besson

Portrait de George Besson II, 1918
Huile sur toile
Musée des Beaux Arts, Besançon
Donation Besson

goissé par des problèmes nouveaux et le désir de réalisations plus pures. Il dessine au trait noir avec une apparente gaucherie qui lui vient de la sensibilité unique dont il est doué, et à laquelle humblement il cède. Puis il lie son dessin noir par de larges surfaces claires, à peine couvertes d'une couleur mince. L'ensemble est lumineux».

Quant à Louis Vauxcelles, il est presque dithyrambique. Son texte apparaît d'ailleurs comme l'un des plus lucides écrits à l'époque :

«Et Matisse ! Son primitivisme à lui est plus spontané, plus direct. Ah l'étrange et profond peintre, le plus doué, le plus sensible de tous. Prodigieux mélange d'émotion et d'intellectualité. Abstrait, jusqu'à concevoir et tenter le "noumène du tableau", acharné à la poursuite de la "peinture pure", à la poursuite de l'absolu – et dans le même temps d'une sensibilité frémissante devant la nature, dont il transpose, reconstruit, épure, articule les éléments. Abstracteur, et sensuel. La couleur de Matisse brille, a-t-on pu dire, d'une splendeur intellectuelle. Son trait, concentré, qui déforme, tel celui des gothiques, des hindous, des décorateurs orientaux, apparaît d'une autorité, d'une certitude magnifiques. Le caractère de ses portraits est inoubliable. Matisse aura rendu à ses cadets d'inappréciables services,les délivrant d'habitudes néfastes, élargissant leur compréhension du dessin, inventant des arabesques et des rapports inconnus avant lui.

Je dois me borner à des indications sommaires faute de place. Allez voir cette double et passionnante exposition.»

(Louis Vauxcelles, «Matisse et Picasso», dans *Le Pays.* Comme l'article de Bissière cité plus haut, nous le citons d'après les coupures recueillies par Kahnweiler, conservées dans les Archives Kahnweiler-Leiris, et ne comportant pas – à cette date où Kahnweiler était loin de Paris – de mention précise de date)

fin janvier

Matisse rend à nouveau visite à Renoir. Il lui apporte les premières toiles peintes à Nice «premiers intérieurs tricolores de sa chambre d'hôtel : rouge du tapis, blanc des grands rideaux de tulle, bleu de la mer ou d'une boîte à violon entrouverte» selon George Besson, qui rapporte en ces termes cette visite d'atelier :

«Matisse apporta ses premières œuvres à Cagnes au début de 1918. C'étaient le paysage des pins du Château avec la baie des Anges, son portrait à peine achevé, une Fenêtre ouverte qui devait exciter Renoir par sa stabilité, l'harmonie d'ensemble sans détails superflus, par "l'état de condensation des sensations" qui fait le tableau : "Quelle volonté de vigueur, quelle expression exacte et profonde de la chambre d'hôtel à Nice ! Votre bleu de mer devrait venir en avant et il est à sa place ! De même la barre noire d'où tombent les rideaux... Ça me fiche en colère !" Et Renoir disait ensuite en riant et en essayant de passer un pinceau imaginaire sous sa jambe : "Je croyais que Matisse travaillait comme çà... C'est faux. Il se donne beaucoup de mal ce garçon..."»

Le même George Besson poursuit en décrivant le rythme de travail qui s'instaure au cours de cette première saison niçoise :

«Le lendemain de son installation à l'Hôtel Beau-Rivage, Matisse devait avoir déjà réglé sa vie austère et laborieuse : le déjeuner frugal, ses exercices de violon dans une lointaine salle de bains pour ne pas troubler ses voisins d'étage, les séances de peinture et de dessin après-midi et matin, la diversion d'une heure de sculpture à l'école des Arts Décoratifs devant un moulage de "La Nuit" de Michel-Ange, le temps consacré aux relations niçoises, aux visites des camarades de la côte et des Parisiens de passage : le peintre Simon Bussy, perché à Cabbé-Roquebrune et son ami André Gide, Rouveyre installé à Vence, Bonnard à l'hôtel de l'Ilette d'Antibes, etc., puis Jules Romains». (George Besson, «Arrivée de Matisse à Nice», *Le Point*, n° 21, juillet 1939, pp. 135-138)

février–mars

Matisse loue en effet un atelier dans la maison voisine de l'Hôtel Beau Rivage (au 105 quai des États Unis). Il y peint la *Baie de Nice, Le violoniste devant la fenêtre.*

début mars

Mme Matisse séjourne brièvement à Nice, va voir son fils Jean à Istres.

mi–mars

Marquet vient passer huit jours avec Matisse. Ils retournent probablement ensemble chez Renoir.

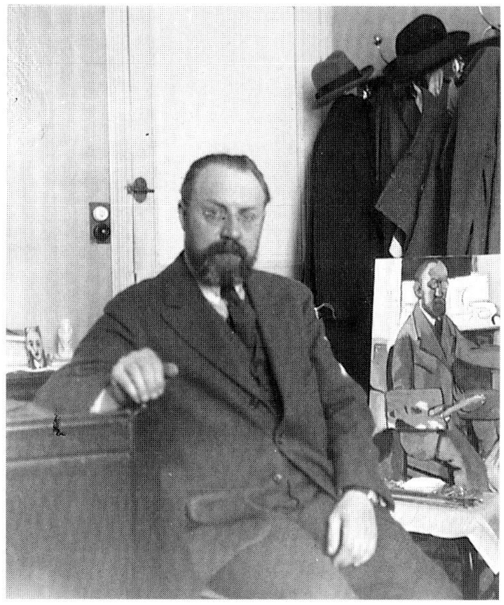

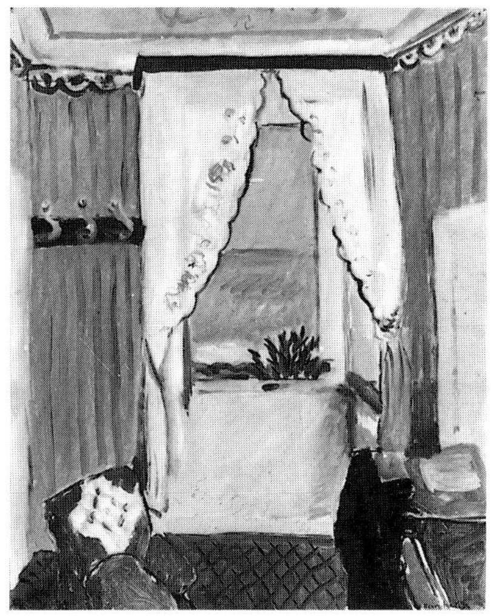

Matisse à Nice, fin 1917 ou début 1918 (posant à côté de son *Autoportrait*)
Photographie George Besson

Ma chambre au Beau Rivage, fin 1917 ou début 1918
Huile sur toile
Philadelphia Museum of Art,
The E.A. Gallatin Collection

3 avril

Pierre et Marguerite le rejoignent à Nice, rapportant de Paris un certain nombre de tableaux. *«C'est une bonne précaution»* écrit Matisse, car *«les gothas et le gros canon»* s'intensifient à Paris... (Marguerite repart le 19 avril. Pierre reste en compagnie de son père jusqu'au début juillet).

10 avril

Matisse écrit à Camoin :

«Moi, je suis accroché ici par des paysages au col de Villefranche, au-dessus de la gare de Riquier près du tunnel, et je ne compte pas retourner avant d'en avoir sorti quelque chose de bon, j'espère. En attendant, la pluie depuis 8 jours et la mer démontée. Pendant ce temps, les arbres sont en fleurs, et elles n'attendront pas pour tomber que j'aie pu les travailler après la pluie. Un coup de soleil les abattra. En attendant, je peins des fleurs dans mon atelier, appartement que j'ai loué pour 3 mois, quai du Midi. Je travaille aussi à l'École des Arts Décoratifs dirigée par Audra, un ancien de chez Moreau. Je dessine "La Nuit" et je la modèle, j'étudie avec le "Laurent de Médicis" de Michel-Ange : j'espère de mettre en moi la conception claire et complexe de la construction de Michel-Ange [...]

Là je travaille énormément toute la journée, et avec ardeur, je sais qu'il n'y a que çà, de bon et de sûr. Je ne puis faire de politique, comme hélas, presque tout le monde en fait, aussi pour compenser il faut les toiles fermes et sensibles. Métier de forçat que nous avons, sans les certitudes qui font dormir tranquille. Il faut chaque jour avoir peiné toute la journée pour accepter l'irresponsabilité qui met la conscience en repos». (Archives Camoin. Cité par Giraudy, 1971, p. 21)

Matisse peint plusieurs portraits de Marguerite (en manteau écossais de chez Germaine Bongard) sur le balcon de son atelier, 105 quai des États-Unis.

11 avril

Matisse voit à nouveau Renoir, à Nice.

2 mai

Matisse écrit à Camoin :

«Le contour donne le grand style (alors qu'en procédant par demi-teinte on est plus près de la vérité, mais moins grand). Ne trouves-tu pas que c'est voir les choses un peu par l'extérieur, et qu'on peut faire du contour et un semblant de grand style, et de la demi-teinte et du vrai grand style ? Quel a été le style le plus grand, de Gauguin ou de Corot ? Je crois que le style vient de l'ordre et de l'élévation d'esprit de l'artiste, peut-être la conséquence de l'ordre. Mais s'il est le résultat d'un parti pris, il ne donne pas plus que la demi-teinte. Ceci dit sans prétentions. Comment as-tu trouvé mes petits paysages de chez Bernheim ? Et Fénéon en paraissait-il content ? Ces petites choses sont des délassements, des détentes. J'ai essayé, tu as dû le voir, de jouer avec les terres je n'emploie plus le cadmium et le vermillon qu'accidentellement». (Archives Camoin. Cité par Giraudy, 1971, p. 21)

4 mai

Matisse voit Renoir à nouveau. Il lui montre certaines des peintures apportées de Paris, notamment *Lorette sur fond noir, robe verte*. Il rapporte aussitôt à sa femme la réaction de Renoir : *«Il a trouvé de la franchise, ça l'a vraiment impressionné que mes œuvres portent si bien de loin».* (Archives Matisse, Paris)

vers le 9 mai

L'Hôtel Beau Rivage est réquisitionné. Matisse s'installe (avec Pierre resté à Nice) à la Villa des Alliés.

9 mai

Matisse écrit à Laurens : *«Faites-vous toujours des sculptures avec colorations ? J'ai vu ici Archipenko qui travaille toujours en sculptures colorées»* (Matisse et Laurens étaient en relation, depuis l'année précédente au moins). (Archives Laurens, Paris)

23 mai

Matisse écrit à Camoin :

«Je compte rester jusqu'au 15 juin, peut-être plus, mais la chaleur est telle que j'en suis un peu effrayé. J'ai travaillé tous ces temps en plein soleil de 10 h à midi et je m'en trouvais crevé pour la journée. Je vais changer mes heures – dès demain je commence à 6 heures et demi ou 7 heures. Je pense avoir une bonne heure, peut-être 2, de travail. Les oliviers sont si beaux à cette heure – le plein midi est superbe mais effrayant. Je trouve que Cézanne l'a bien rendu dans ses rapports, heureusement pas dans son éclat qui est insoutenable. J'ai fait tout à l'heure une sieste sous un olivier et ce que je voyais était d'une couleur et d'une douceur de rapport attendrissante. Il semble que c'est un paradis qu'on n'a pas le droit d'analyser et pourtant on est peintre, N. de D. Ah ! c'est un beau pays Nice ! Quelle lumière tendre et mœlleuse malgré son éclat. Je ne sais pourquoi je la rapproche souvent de celle de la Touraine (il faut peut-être deux r). Celle de la Touraine est un peu plus dorée, celle-ci est argentée. Même que les objets qu'elle touche sont très colorés comme les verts, par exemple. Je me suis cassé souvent la gueule. Je promène, après avoir écrit cette déclaration, les yeux autour de la chambre où sont accrochées une partie de mes croûtes, et tout de même je crois y avoir touché quelquefois, mais ce n'est pas certain». (Archives Camoin. Cité par Giraudy, 1971, p. 22)

début juillet (?)

Matisse retourne à Paris. Les alertes sont quotidiennes. Une bombe est tombée près de la maison d'Issy, une autre, tombée quai des Tournelles, a cassé tous les carreaux de l'atelier de Marquet, 19 quai Saint-Michel.

9 juillet

Matisse et sa famille se replient à Maintenon.

16 juillet

Matisse est de retour à Paris.

août

Stschoukine et son fils quittent la Russie. Matisse accompagne à Cherbourg son fils Pierre, incorporé (ce dernier sera dès le mois suivant immobilisé par la grippe espagnole).

novembre ou décembre

Matisse retourne à Nice. Il habite l'Hôtel de la Méditerranée, 25 promenade des Anglais, jusqu'à la mi-juin 1919.

5 novembre

Décret de nationalisation de la collection Stschoukine.

19 décembre

Décret de nationalisation de la collection Morosoff.

Claude Laugier
Isabelle Monod Fontaine

Catalogue des œuvres

1 **Nature morte au purro I**
Saint-Tropez, été 1904

Huile sur toile
59 × 72,4 cm
Signé en bas à droite :
Henri Matisse
The Phillips Family Collection

Historique :
Galerie Druet, Paris.
Collection Gustave Fayet, Paris, 4 octobre 1906 → décembre 1908.
Galerie Bernheim-Jeune, Paris, 18 → 29 décembre 1908 (vendu 2 500 francs).
Collection Alphonse Kann, Paris et Saint-Germain-en-Laye, 1908.
Collection Jean Laroche, Paris.
Vente Paris, Hôtel Drouot, *Tableaux modernes provenant de la villa «Sauge pourprée» à Deauville* [Collection Jean Laroche], 8 décembre 1928, n° 59, repr. (vendu 55 000 francs).
Galerie Bignou, Paris.
Collection M. et Mme Kessler, Londres, au moins depuis 1931.
Collection Mme Kessler, Londres, jusqu'en 1958.
Collection Lazarus Phillips, par l'intermédiaire de la Lefevre Gallery, Londres, 1958.

Expositions :
1906-1 Paris, galerie Druet, l'un des n°s 45 à 55 ?
1910-1 Paris, galerie Bernheim-Jeune, n° 34 (sous le titre *Nature morte*).

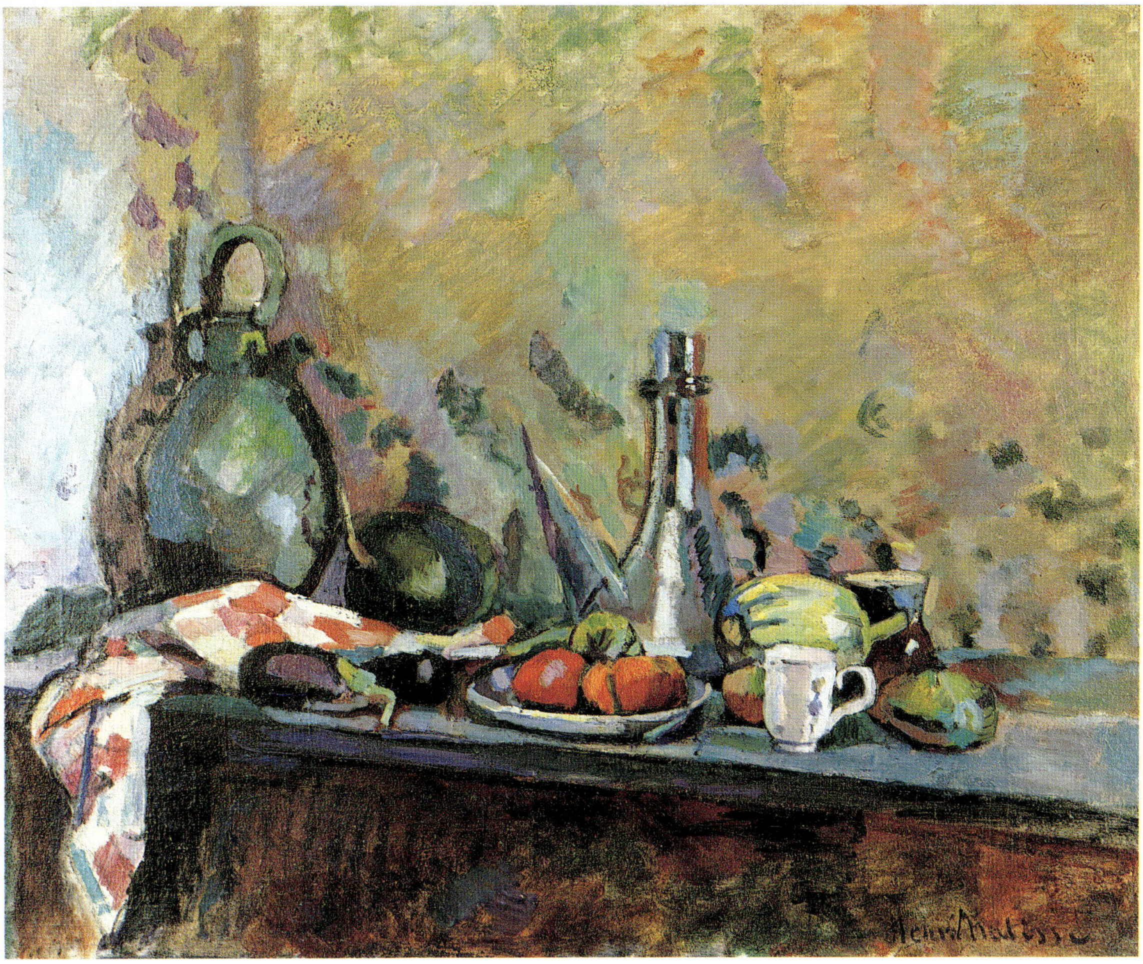

2 Le goûter
(Le golfe de Saint-Tropez)
Saint-Tropez, été 1904

Huile sur toile
65 × 50,5 cm
Signé en bas à gauche :
Henri-Matisse
Kunstsammlung Nordrhein-Westfalen, Düsseldorf

Historique :
Collection Marcel Bernheim, Paris.
Galerie Bernheim-Jeune, Paris, 21 avril → 13 septembre 1926.
Galerie Vallotton, Lausanne.
Collection Contigny Trust, Wheaton (Illinois) ?
Colonel Robert R. Mc Cormick.
The Robert Mc Cormick Charitable Trust, Chicago (en dépôt à l'Art Institute of Chicago, 1974 → 1986).
Vente New York, Sotheby, *Impressionist and Modern Paintings and Sculpture, Part I,* 13 mai 1986, n° 28, repr.
Galerie Jan Krugier, Genève, 1986.
Achat du Kunstsammlung Nordrhein-Westfalen, Düsseldorf, 1986.

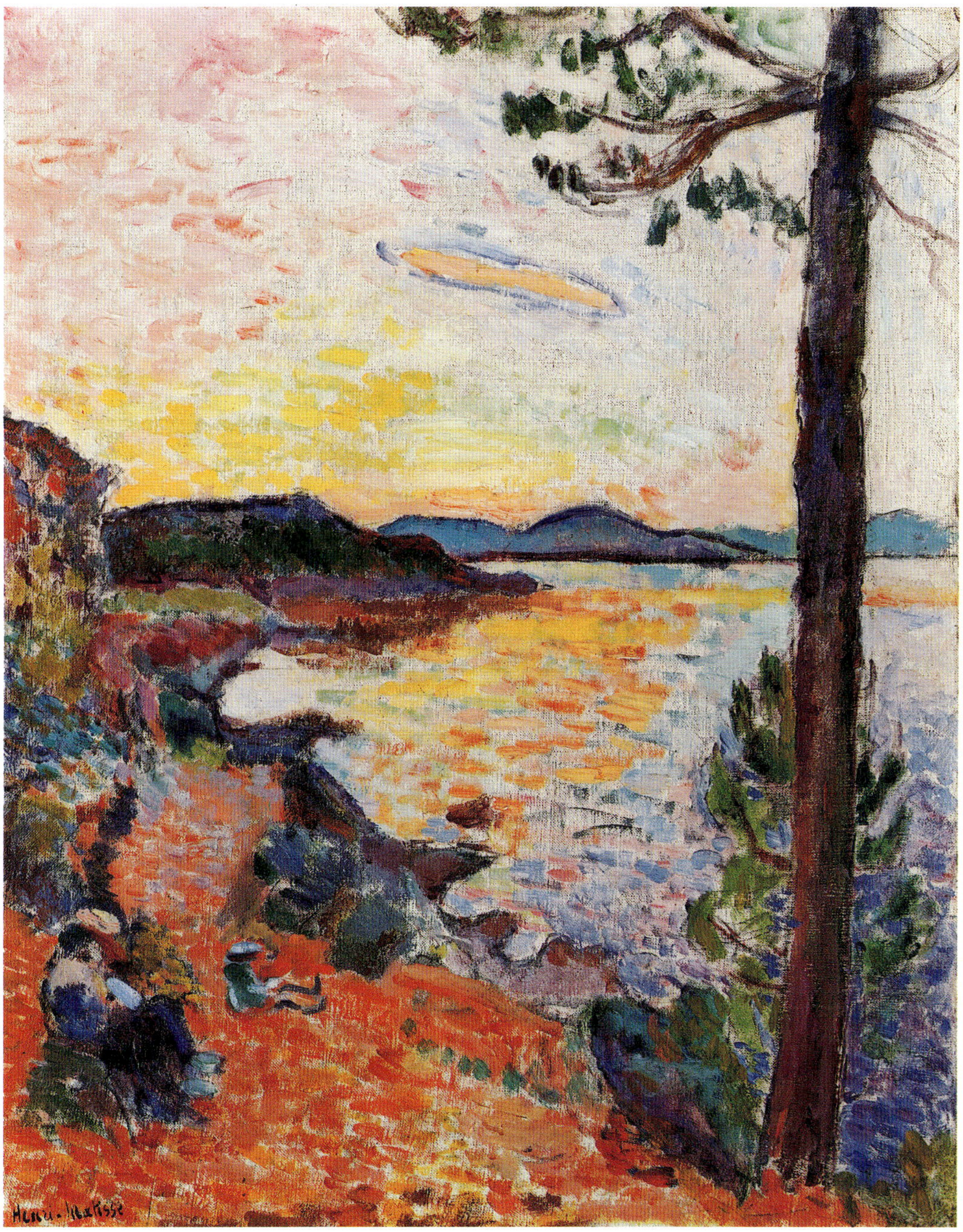

3 Étude pour «Le goûter»
Saint-Tropez, été 1904

Aquarelle
14,5 × 10,5 cm
Signé en bas à gauche : *HM*
Collection particulière

Historique :
Collection Paul Signac,
Saint-Tropez.
Collection particulière, Paris.

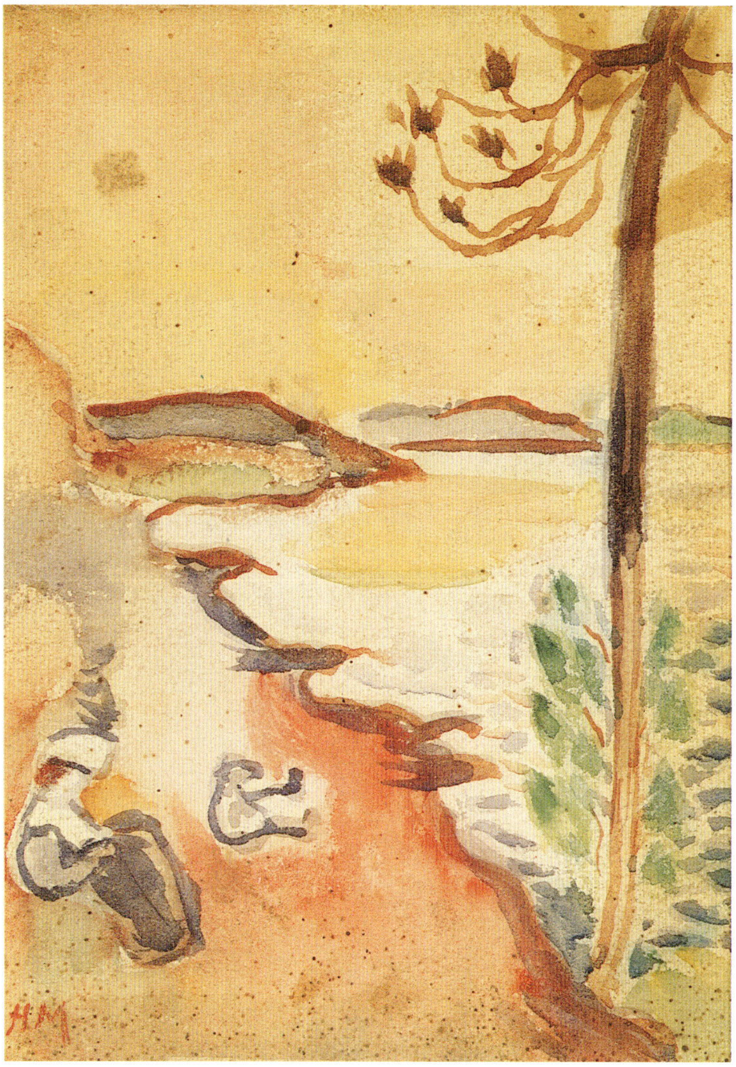

4 Paysage, soleil couchant
(Étude pour «Le goûter»)
Saint-Tropez, été 1904

Aquarelle
23,1 × 15,8 cm
Signé en bas à droite : *HM*
Collection particulière

Historique :
Atelier de l'artiste.
Collection particulière.

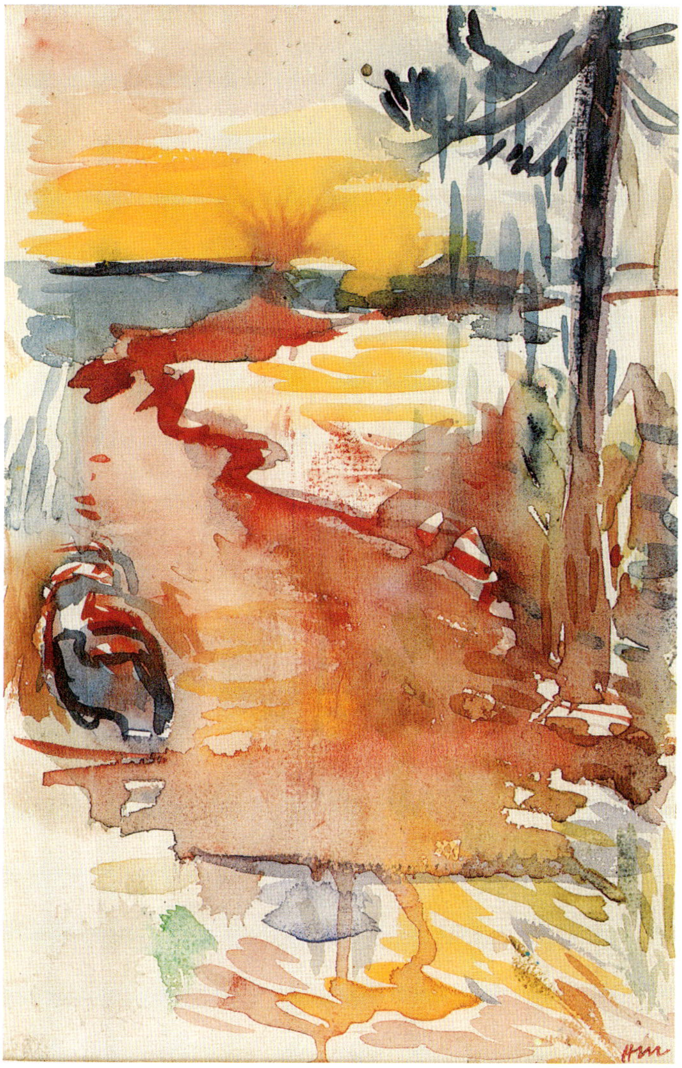

5 **Étude pour «Luxe, calme et volupté»**
Saint-Tropez, été 1904

Huile sur toile
32,2 × 40,5 cm
Signé en bas à droite :
Henri Matisse
Collection Mrs John Hay Whitney

Historique :
Collection André Saint, Paris.
Vente Paris, Hôtel Drouot,
Collection d'un amateur [André Saint], 27 février 1932, n° 84, repr.
Sidney Janis Gallery, New York.
Acheté par M. et Mme John Hay Whitney, New York, 16 avril 1951.

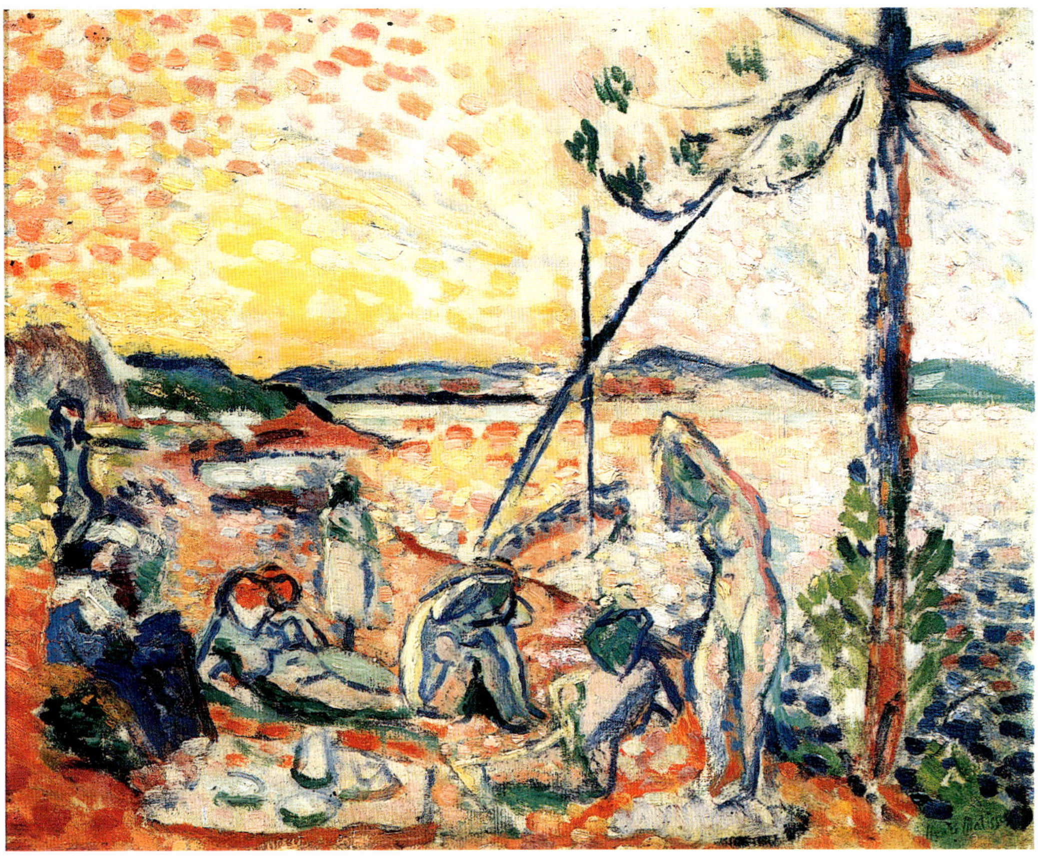

6 Luxe, calme et volupté
Paris, quai Saint-Michel,
automne-hiver 1904

Huile sur toile
98,5 × 118,5 cm
Signé en bas à droite :
Henri-Matisse
Musée d'Orsay, Paris

Historique :
Collection Paul Signac,
Saint-Tropez, septembre 1905
(acheté 500 francs) → 1935.
Collection Ginette Cachin-Signac,
Saint-Tropez et Paris.
Collection particulière.
Dation à l'État, 1982.
Musée national d'art moderne,
Paris, 1982 → 1985.
Dépôt au Musée d'Orsay, Paris,
mars 1985.

Exposition :
1905-1 Paris, Salon des
Indépendants, n° 2771.

Bibliographie :
Vauxcelles 1905, *Gil Blas,* 23 mars.
Girieud 1905, *Le Soir,* 11 avril.
Morice 1905, *Mercure de France,*
15 avril.
Denis 1905, *L'Ermitage,* 15 mai.
Apollinaire 1907, *La Phalange,*
repr.
Sembat 1920, p. 6.
Sembat 1920, *Genius,* p. 192.

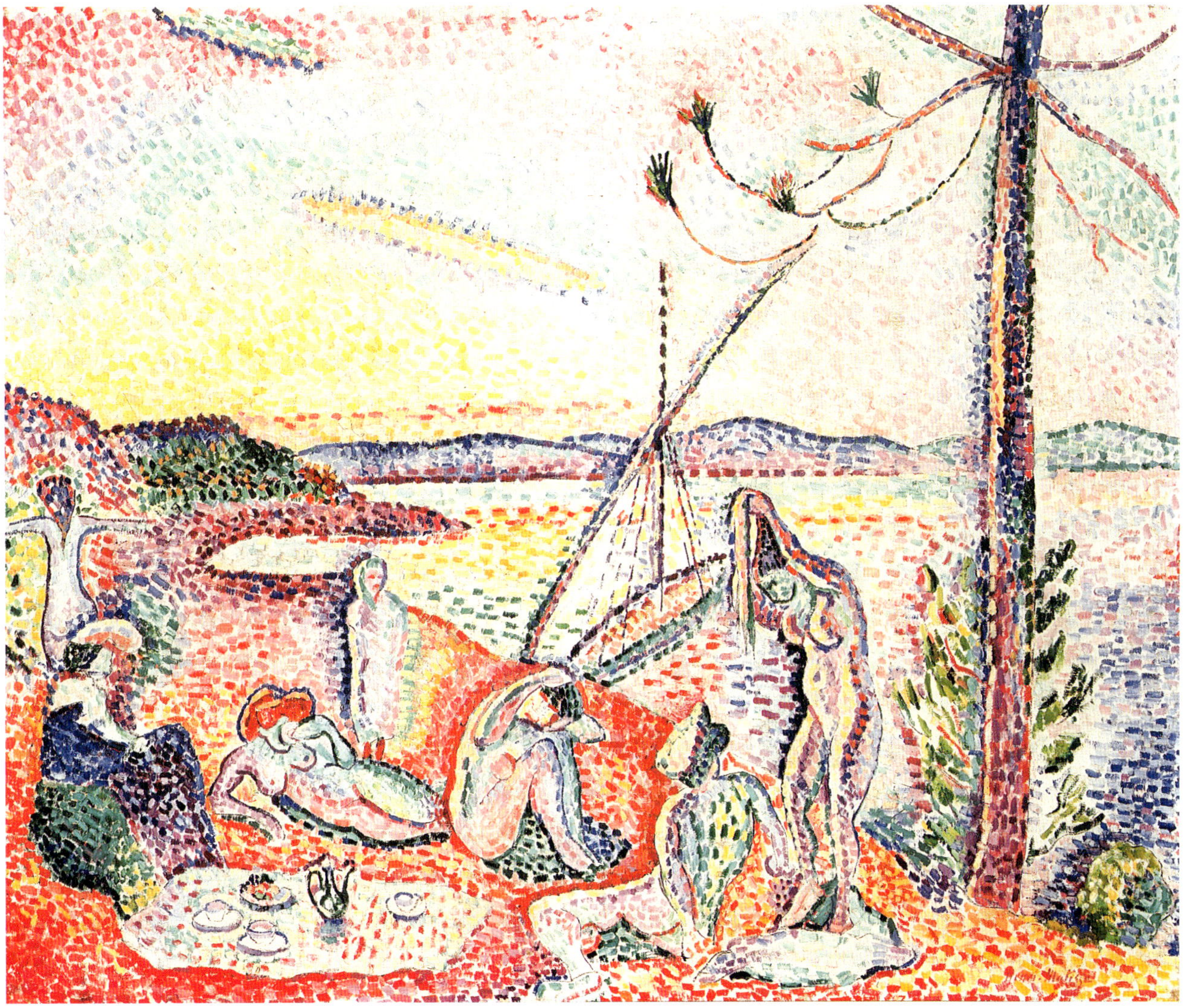

7 **Nature morte au purro II**
Saint-Tropez, été 1904 ?

Huile sur toile
27,3 × 35,6 cm
Signé en bas à gauche :
Henri Matisse
Collection Mrs John Hay Whitney

Historique :
Galerie Druet, Paris ?
Collection de la «Peau de l'Ours», Paris, 1913 → 1914.
Vente Paris, Hôtel Drouot, *Collection de la «Peau de l'Ours»,* 2 mars 1914, n° 39 (sous le titre *Nature morte à la serviette*).
Collection André Level, Paris, 1914 → 1927.
Vente Paris, Hôtel Drouot, *Tableaux modernes (collection L.)* [Collection André Level], 3 mars 1927, n° 104, repr. sous le titre *La desserte* (vendu 12 000 francs).
Sidney Janis Gallery, New York.
Acheté par M. et Mme John Hay Whitney, 17 novembre 1950.

Expositions :
1906-1 Paris, galerie Druet, l'un des nos 45 à 55 ?
1914 Paris, Hôtel Drouot, n° 39.

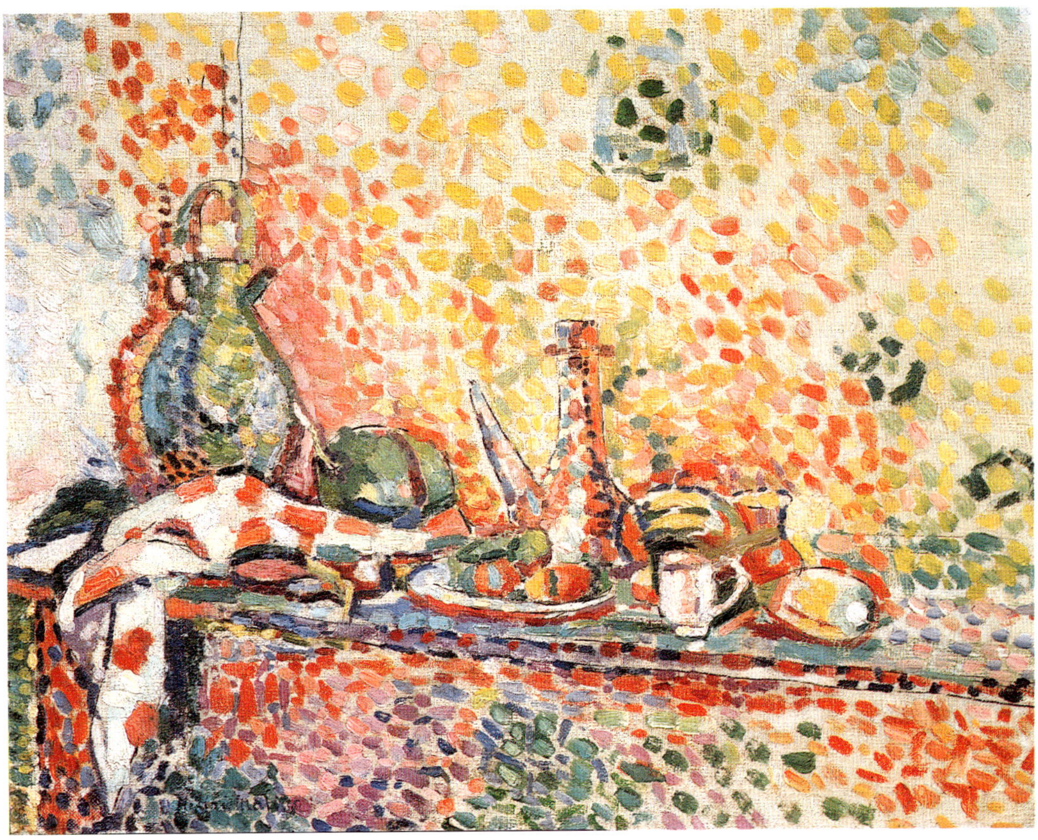

8 Notre-Dame
Paris, quai Saint-Michel, automne 1904 - printemps 1905

Huile sur toile
45 × 55 cm
Signé en bas à gauche :
Henri Matisse
Moderna Museet, Stockholm

Historique :
Collection particulière, Paris.
Vente Paris, Hôtel Drouot, *Collection Mme X,* 12 mars 1928, n° 84, repr. (vendu 18 105 francs).
Collection Terrisse, Paris, 1928.
Galerie Bernheim-Jeune, Paris, 1er décembre 1928 → 20 avril 1936 (vendu 10 200 francs).
Svensk-Franska Konstgalleriet, Stockholm ?
Collection Axel et Nora Lundgren.
Legs de Nora Lundgren au Moderna Museet, Stockholm, 1977.

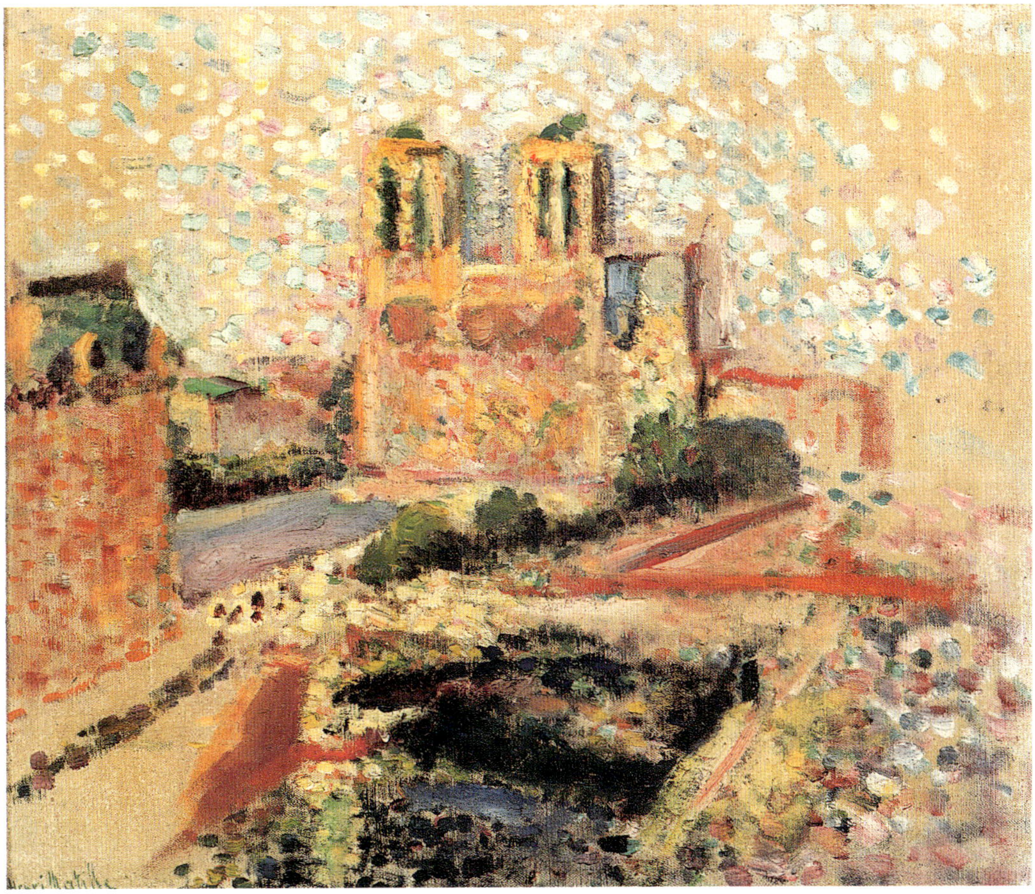

9 **Tulipes perroquets II**

Paris, quai Saint-Michel,
printemps 1905

Huile sur bois
46 × 55 cm
Signé en bas à droite : *H. Matisse*
Collection particulière,
Liechtenstein

Historique :
Galerie Druet, Paris, 1906.
Collection Florent Schmidt, Paris, 1906.
Collection M.-J. Desjardins.
Collection Chester Dale, New York, 1928.
Vente New York, [Palmer Collection and Other Collections], 1944, n° 66.
Collection William Schab, New York.
Collection Margaret Blum, Ascona, 1969 → 1991.
Galerie Ernst Beyeler, Bâle.
Collection particulière, Liechtenstein, juin 1991.

Expositions :
1905 Paris, juin, exposition collective.
1906-1 Paris, galerie Druet, n° 44 (sous le titre *Fleurs,* appartenant à M. Fl. Schmidt).

Bibliographie :
Vauxcelles 1905-2, *Gil Blas,* 14 juin.

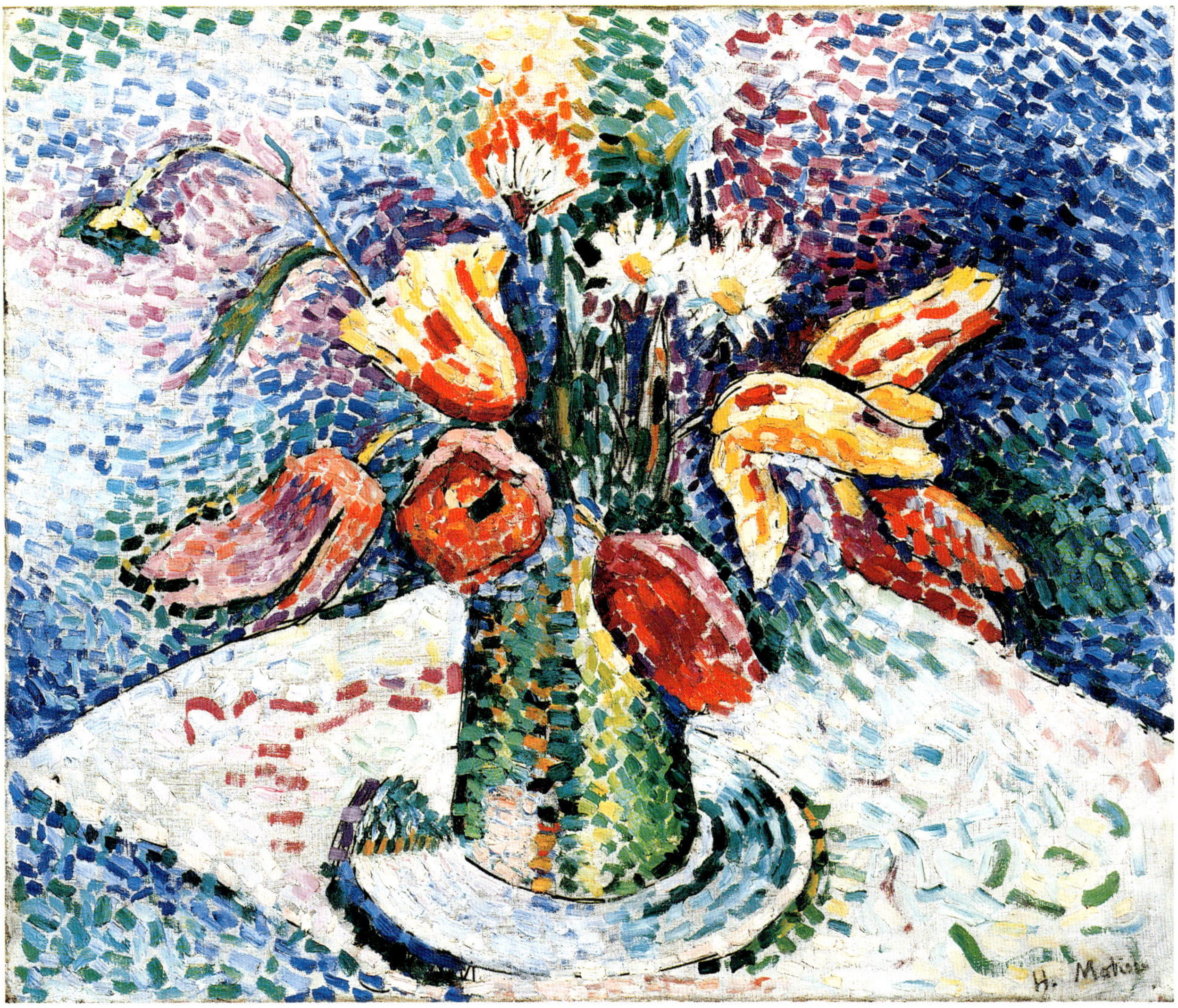

10 Notre-Dame
Paris, quai Saint-Michel,
printemps 1904
ou printemps 1905

Huile sur toile
22,4 × 32,5 cm
Signé en bas à gauche :
Henri Matisse
Collection particulière

Historique :
Collection Paul Signac,
Saint-Tropez.
Collection particulière, Paris.

Exposition :
1906-1 Paris, galerie Druet, n° 31
(sous le titre *Notre-Dame, terrain rouge*).

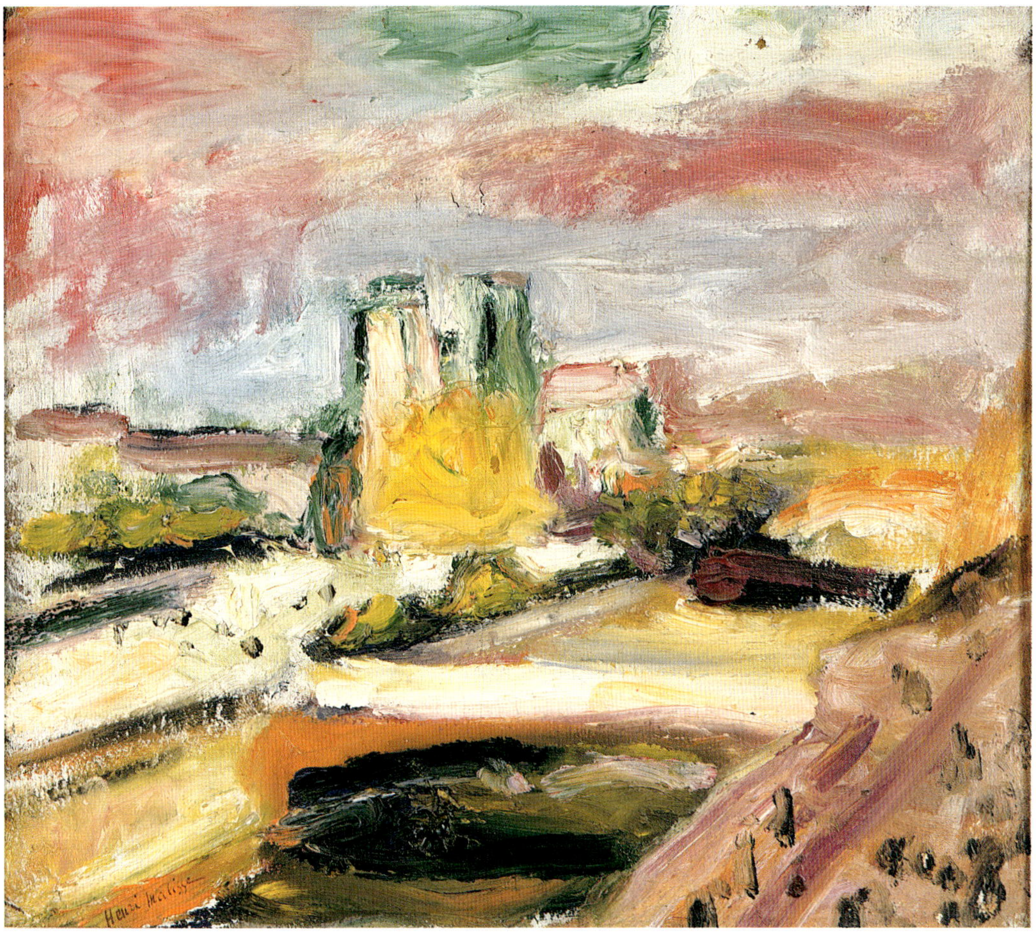

11 Vue de Collioure, l'église

Collioure, été 1905

Huile sur toile
33 × 41,2 cm
Signé en bas à droite : *H.M.*
The Estate of Kate Rodina Steichen

Historique :
Collection Edward Steichen (don de l'artiste vers 1908).
Collection Kate Rodina Steichen, 1962.
The Museum of Modern Art, New York, vers 1974 → vers 1980.
Succession Kate Rodina Steichen.
Vente New York, Sotheby's, *Impressionist and Modern Paintings, Drawings and Sculpture, Part. 1,* 7 mai 1991, n° 21, repr. (non vendu).

Exposition :
1906-1 Paris, galerie Druet, n° 38 (sous le titre *Vue de Collioure, l'église*) ?

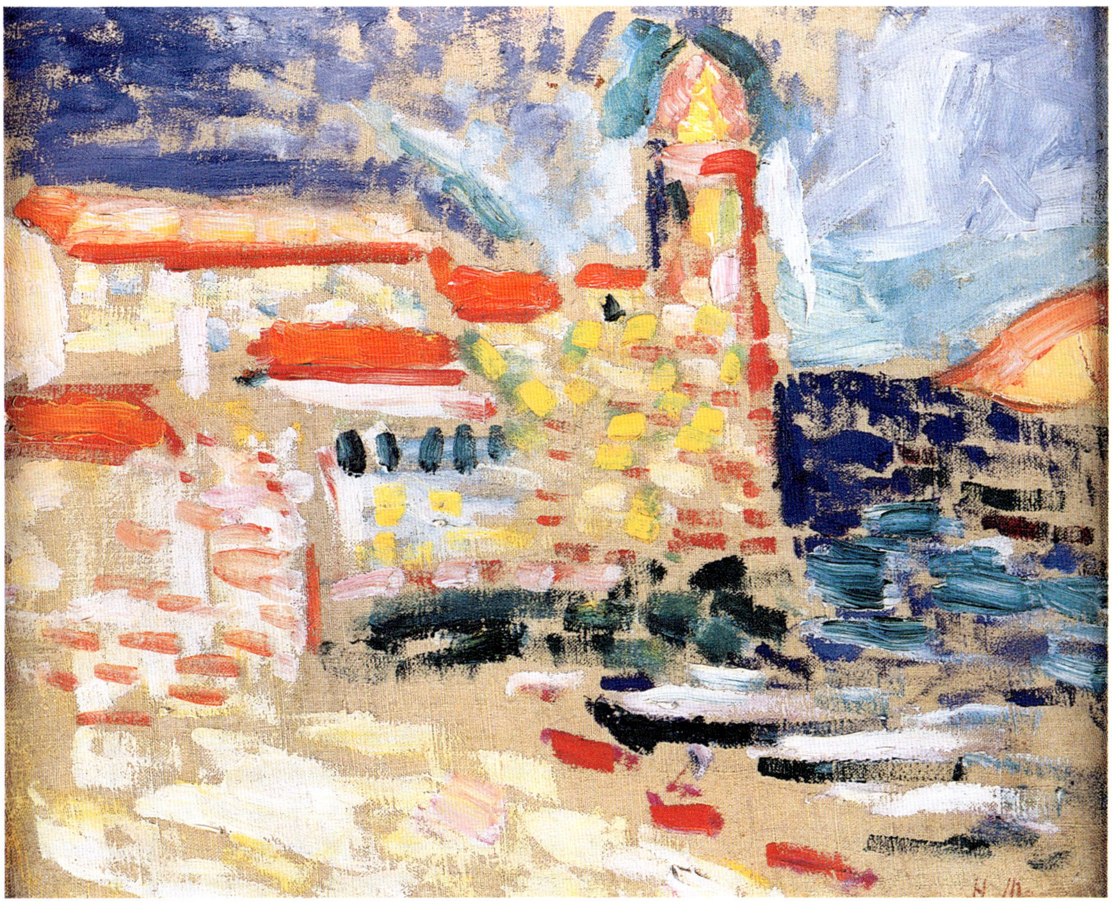

12 Marine. Bord de mer
(Marine)
Collioure, été 1905

Huile sur carton monté sur bois
24,5 × 32,4 cm
Signé en bas à droite :
Henri Matisse
San Francisco Museum of Modern Art. Bequest of Mildred B. Bliss

Historique :
Galerie Druet, Paris.
Collection Michael et Sarah Stein, Paris, 26 septembre 1908 ou 12 janvier 1909.
Collection M. et Mme Robert Woods Bliss, Washington.
Collection Mildred B. Bliss.
Legs de Mildred B. Bliss au San Franciso Museum of Art, septembre 1969.

Expositions :
1906-1 Paris, galerie Druet, n° 36 ou 37 ?
1910-1 Paris, galerie Bernheim-Jeune, n° 38 ou 39 ? (sous le titre *Marine*).

Bibliographie :
Sembat 1920, pp. 6-7.

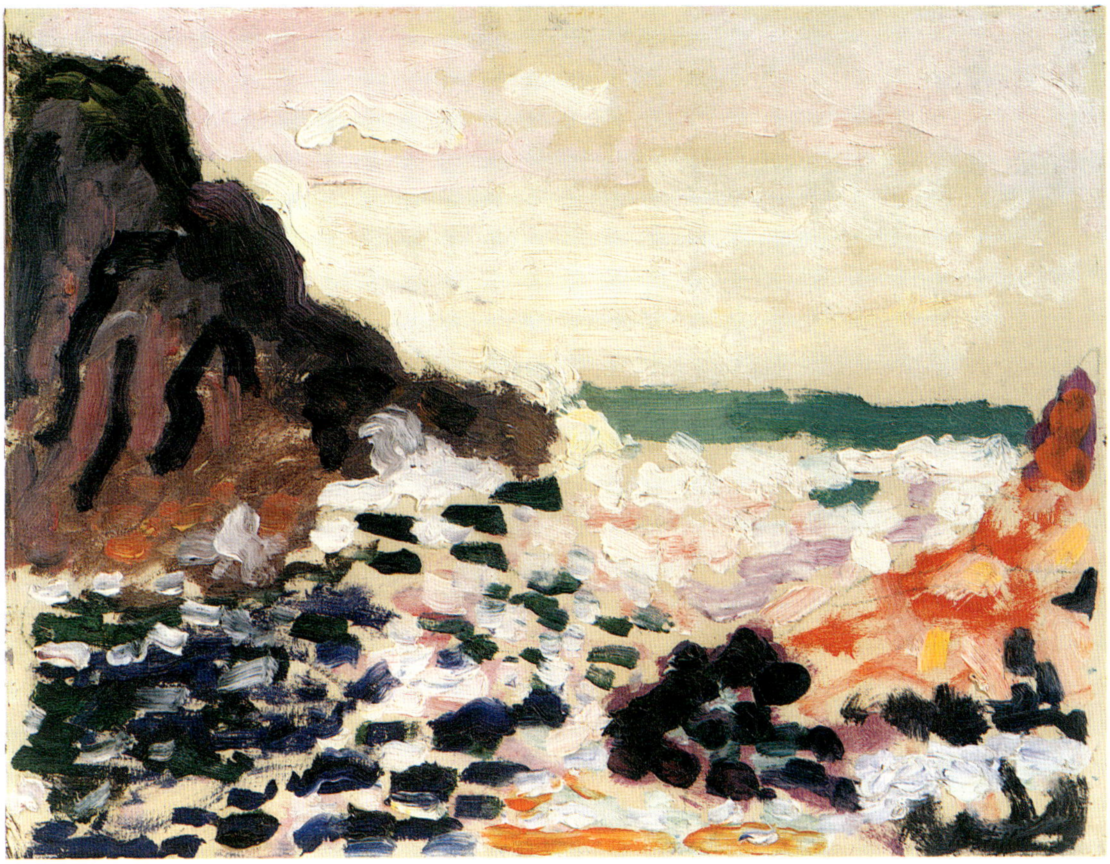

13 **La Moulade**

(La Côte, Collioure)

Collioure, été 1905

Huile sur toile
24,2 × 32,3 cm
Signé en bas à gauche :
Henri-Matisse
Collection particulière, Courtesy
Barbara Divver Fine Art

Historique :
Galerie Bernheim-Jeune, Paris, 1er mars 1907 → 25 novembre 1910 (vendu 500 francs).
Collection Alphonse Kann, Paris et Saint-Germain-en-Laye.
Galerie Bernheim-Jeune, Paris, 15 décembre 1925 → 22 novembre 1927 (vendu 19 800 francs).
Percy Moore Turner, Londres, 22 décembre 1927.
Collection Sydney Burney, Londres.
Collection Rex de C. Nan Kivell, Londres, 1968 → 1977.
Galerie Beyeler, Bâle, 1977 → 1978.
Knœdler Gallery, New York, 1978.
Harold Diamond, New York, mai 1979.
Heinz Berggruen, 1986.
Acquavella Galleries, New York.
Barbara Divver Fine Art, New York.

Expositions :
1910-1 Paris, galerie Bernheim-Jeune, n° 47 (sous le titre *Marine de Collioure*) ?
1911-2 Paris, galerie Bernheim-Jeune, n° 28.

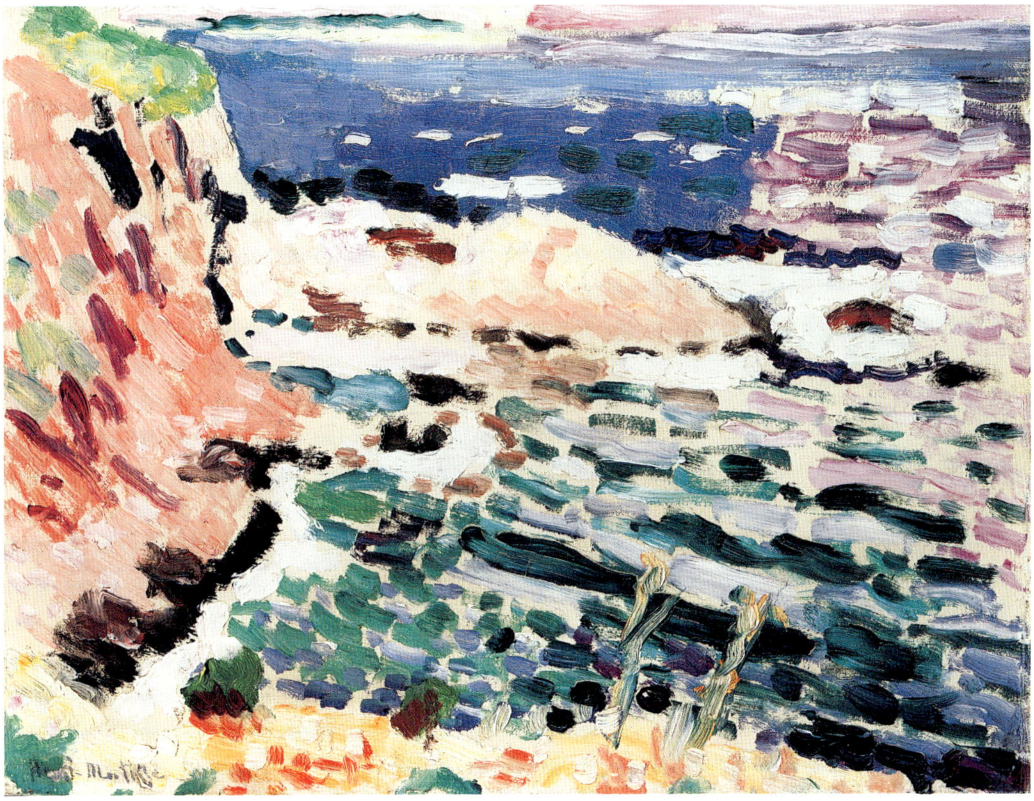

14 Marine. La Moulade

(Marine)

Collioure, été 1905

Huile sur carton monté sur bois
26,1 × 33,7 cm
Signé en bas à gauche :
Henri Matisse
San Francisco Museum of Modern Art. Bequest of Mildred B. Bliss

Historique :
Galerie Druet, Paris.
Collection Michael et Sarah Stein, Paris, 26 novembre 1908 ou 12 janvier 1909.
Collection M. et Mme Robert Woods Bliss, Washington.
Collection Mildred B. Bliss.
Legs Mildred B. Bliss au San Francisco Museum of Art, septembre 1969.

Expositions :
1906-1 Paris, galerie Druet, n° 36 ou 37 ?
1910-1 Paris, galerie Bernheim-Jeune, n° 38 ou 39 (sous le titre *Marine*) ?

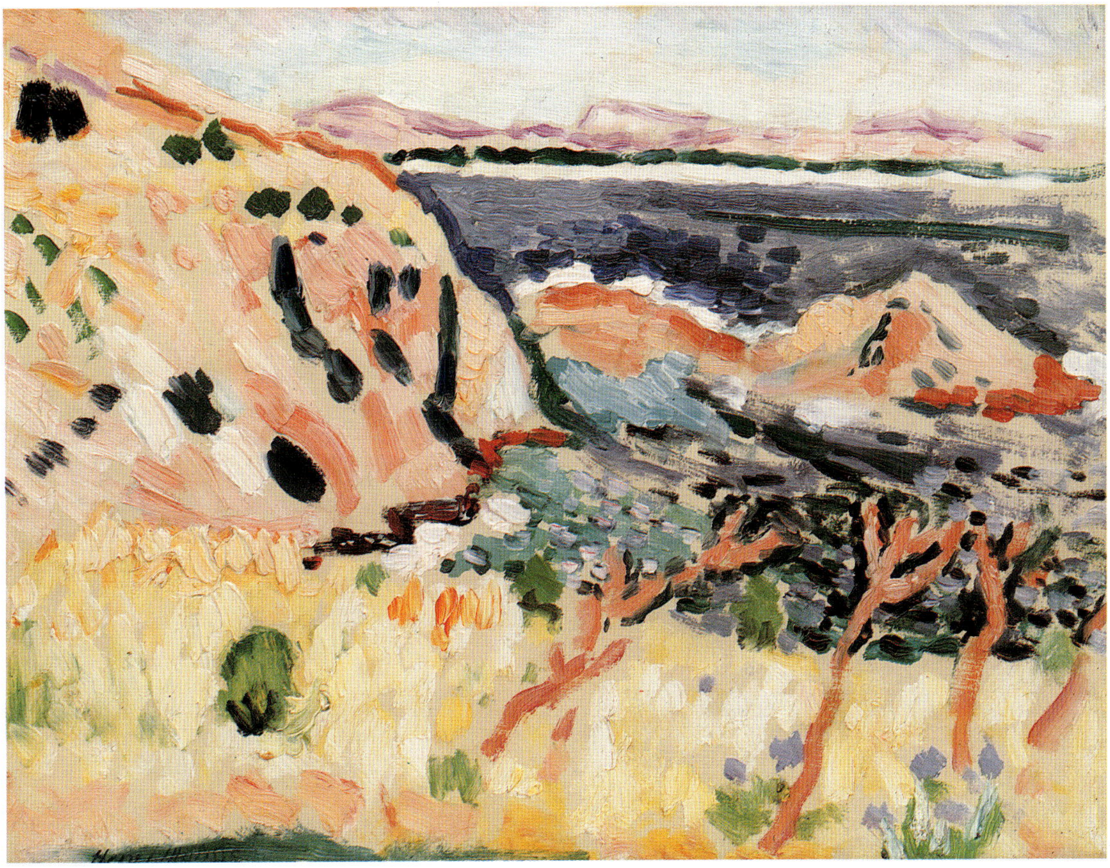

15 La Moulade
Collioure, été 1905

Huile sur toile
28,2 × 35,5 cm
Signé en bas à gauche :
Henri-Matisse
Collection particulière

Historique :
Collection Charles Vignier, Paris.
Vente Paris, Hôtel Drouot, *Tableaux modernes [...] composant la collection de Monsieur Ch. V...*, 21 mai 1931, nº 26 (sous le titre *Bords de la Méditerranée*).
Collection Pierre Matisse, New York.
Collection Mme Marcel Duchamp.

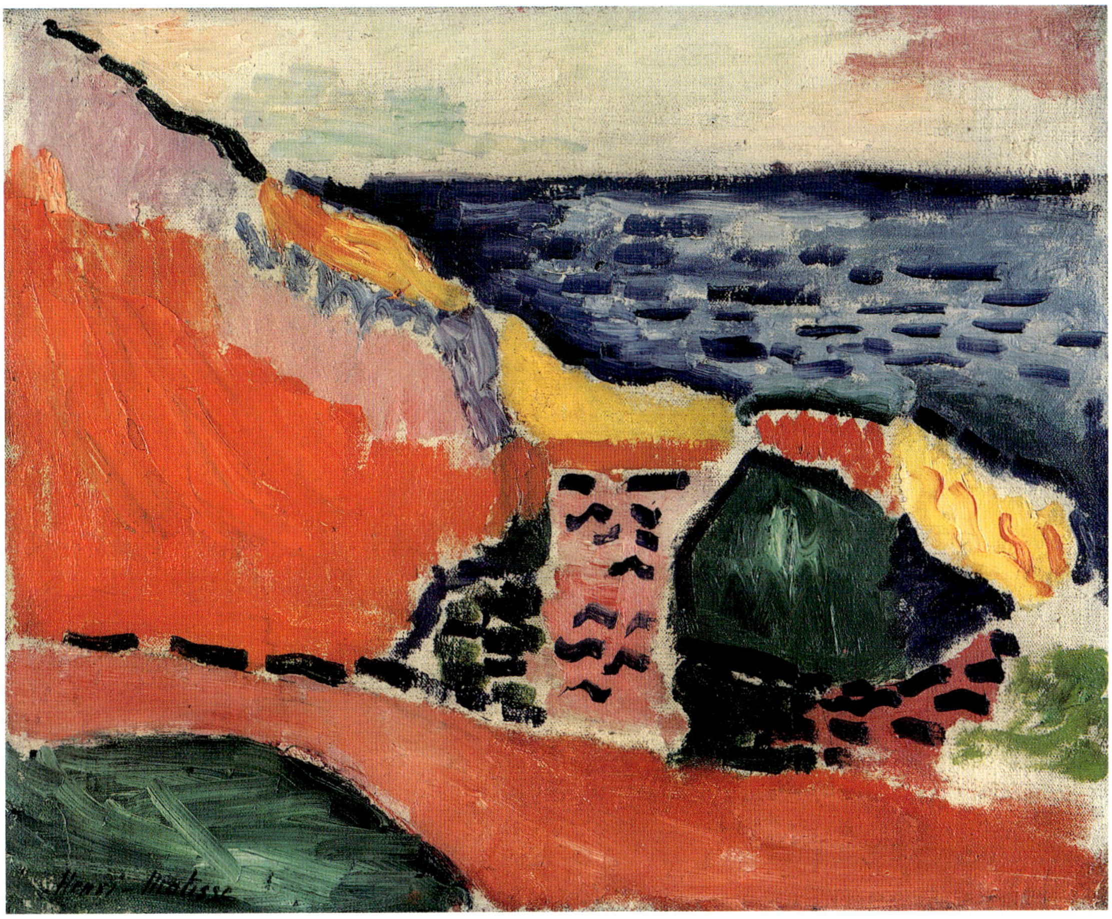

16 La plage rouge

Collioure, été 1905

Huile sur toile
33 × 41 cm
Signé en bas à gauche :
Henri Matisse
Fondation Fridart

Historique :
Galerie Druet, Paris.
Collection particulière, Paris.
Vente Paris, Hôtel Drouot, *Tableaux modernes [...] composant la collection de Monsieur D...,* 3 avril 1925, n° 38, repr. (vendu 4 500 francs).
Collection Dupuis ?
Galerie Bernheim-Jeune, Paris, avril → novembre 1925.
Galerie Paul Rosenberg, New York, 1er décembre 1925 (acheté 14 000 francs).
Pierre Matisse Gallery, New York.
Collection Wright S. Ludington, Santa Barbara, 1er août 1944 → 1992 (acheté 3 000 $).
Vente New York, Sotheby's, *Impressionist and Modern Paintings, Drawings and Sculpture, Part I,* 10 novembre 1992, n° 23, repr.

Expositions :
1906-1 Paris, galerie Druet, n° 39.
1906 Le Havre, Cercle de l'art moderne.

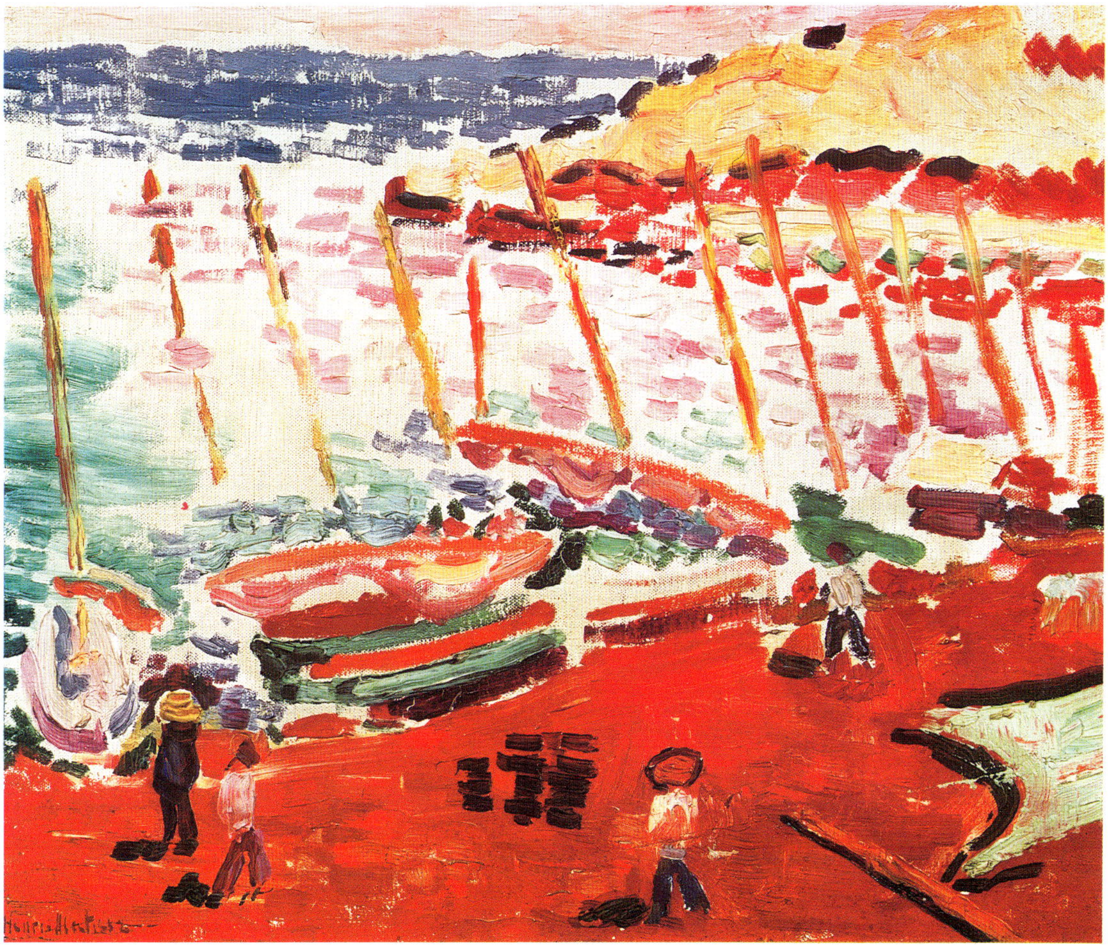

17 La Japonaise au bord de l'eau

Collioure, été 1905

Huile et crayon sur toile
35,2 × 28,2 cm
Signé en bas à gauche :
Henri-Matisse
The Museum of Modern Art,
New York. Purchase and Partial
Anonymous Gift

Historique :
Galerie Druet, Paris, 1906 → 1908.
Collection Michael et Sarah Stein,
Paris, mai 1908 → 1938.
Collection Sarah Stein, 1938
→ 1953 ?
Collection Mme Philip
N. Lilienthal, Burlingame (Ca),
1953 ? → 1983.
Achat du Museum of Modern Art,
New York, avec l'aide d'un don
anonyme, 1983.

Expositions :
1905-2 Paris, Salon d'Automne,
n° 714 (sous le titre *Jeune femme
en robe japonaise au bord de
l'eau*).
1906-1 Paris, galerie Druet, n° 6.
1910-1 Paris, galerie Bernheim-
Jeune, n° 27.

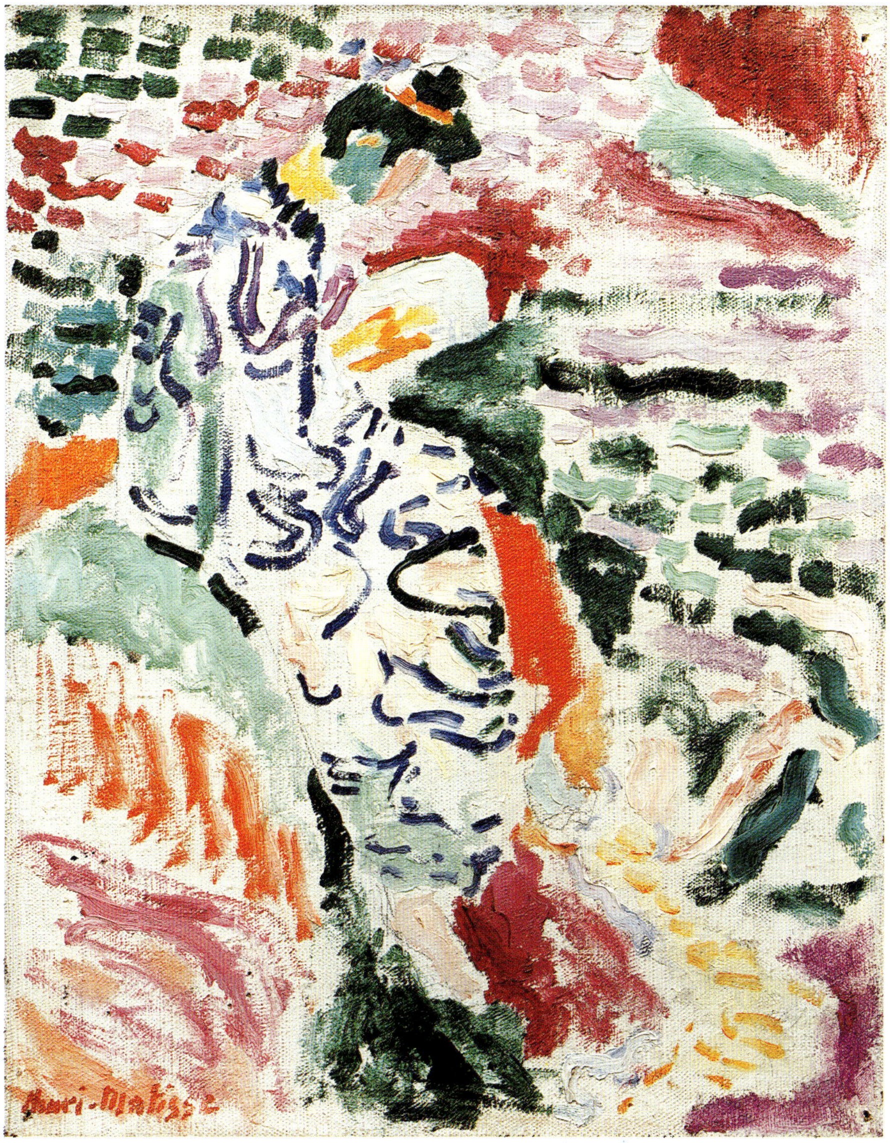
Henri-Matisse

18 **Paysage de Collioure**

(Étude pour «Le bonheur de vivre»)

Collioure, été 1905

Huile sur toile
46 × 55 cm
Signé en bas à gauche :
Henri Matisse
Statens Museum for Kunst,
Collection J. Rump, Copenhague

Historique :
Galerie Druet, Paris.
Collection Michael et Sarah Stein, Paris, 1906.
Collection Christian Tetzen-Lund, Copenhague, 1920 → 1925.
Vente Copenhague, *Franske og Skandinaviske Billeder tilhørende Tetzen-Lunds Samlinger,* 18-19 mai 1925, n° 88a.
Ny Carlsberg Fondet, Copenhague (en dépôt à la Ny Carlsberg Glyptotek).
Collection Johannes Rump, Copenhague (acquis par échange ainsi que *Autoportrait* (cat. n° 38), *Les oignons roses* (cat. n° 44) et *Compotier au casse-noisettes* (cat. n° 130) contre un tableau de Cross, *Amandiers en fleurs,* un de Pissarro, *Le Louvre, brume de mars,* un pastel de Rousseau, un pastel de Sisley et un dessin de Delacroix), 1927.
Don de Johannes Rump au Statens Museum for Kunst, Copenhague, 1928.

Voir note de l'historique du n° 21

Expositions :
1906-1 Paris, galerie Druet, n° 13.
1910-1 Paris, galerie Bernheim-Jeune, n° 31 (sous le titre *Étude pour «Le bonheur de vivre»*) ou n° 30 (sous le titre *Esquisse pour «Le bonheur de vivre»*).
1914 Berlin, Kunstsalon Fritz Gurlitt, n° 5 (sous le titre *Südliche Landschaft*).

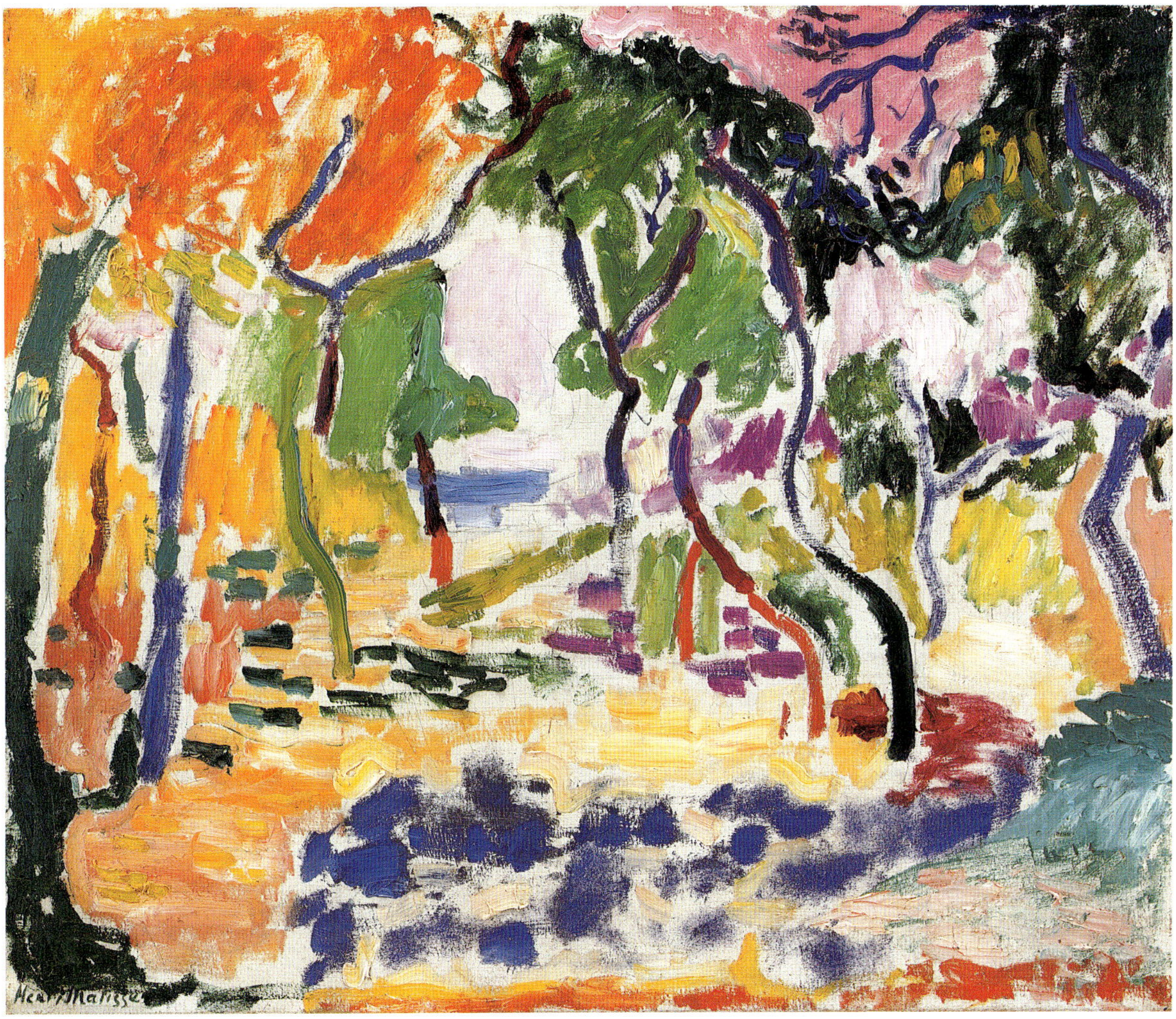
Henri Matisse

19 La fenêtre ouverte

Collioure, été 1905

Huile sur toile
55,2 × 46 cm
Signé en bas à droite :
Henri-Matisse
Collection Mrs John Hay Whitney

Historique :
Galerie Druet, Paris.
Collection van de Velde, Le Havre, 26 mars 1906.
Collection Gal Réquin, Paris, vers 1915 → 1918 ?
Carstairs Gallery, New York.
Sidney Janis Gallery, New York.
Collection M. et Mme John Hay Whitney, 6 août 1952.

Expositions :
1905-2 Paris, Salon d'Automne, n° 715.
1906-1 Paris, galerie Druet, n° 41.
1906 Le Havre, Cercle de l'art moderne.

Bibliographie :
Vauxcelles 1905, *Gil Blas,* 17 octobre.
L'Illustration 1905, 4 novembre, repr. p. 295.
Denis 1905, *L'Ermitage,* 15 novembre.
Gide 1905, *Gazette des Beaux-Arts,* 1er décembre.
L'Intransigeant 1905.

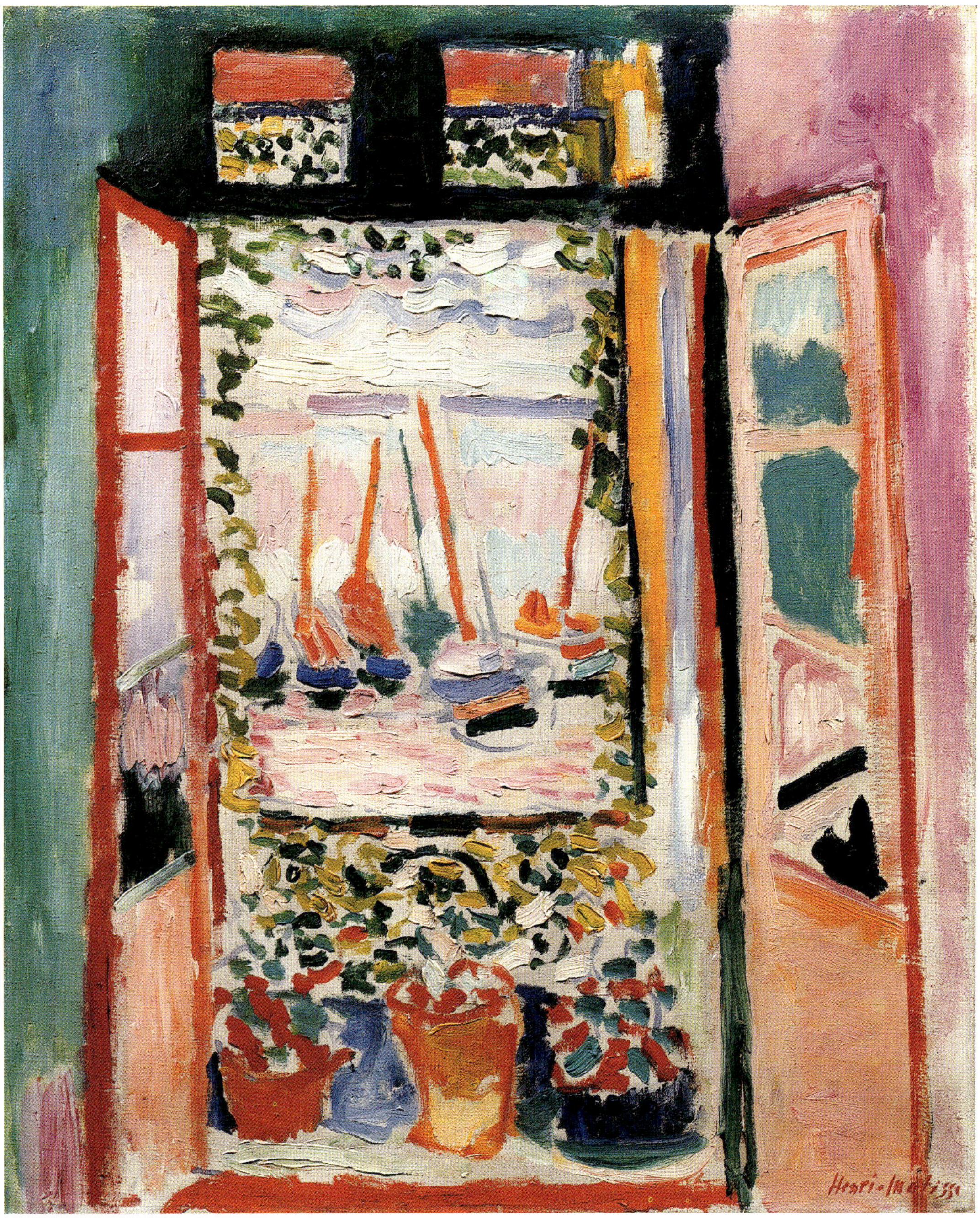
Henri-Matisse

20 Intérieur à Collioure, la sieste

Collioure, été 1905 ou été 1906

Huile sur toile
59 × 72 cm
Signé et daté en bas à droite :
Henri Matisse 05
Collection particulière, Suisse

Historique :
Galerie Druet, Paris.
Collection Delfant.
Galerie Siegfried Rosengart, Lucerne.
Collection Bernhard Mayer, Zurich, en 1931.
Collection particulière, Ascona.

Exposition :
1912 Cologne, Sonderbund, n° 260 ?

Si la petite fille au balcon est bien Marguerite Matisse, celle-ci n'ayant pas séjourné à Collioure durant l'été 1905, il conviendrait de dater la toile de 1906.

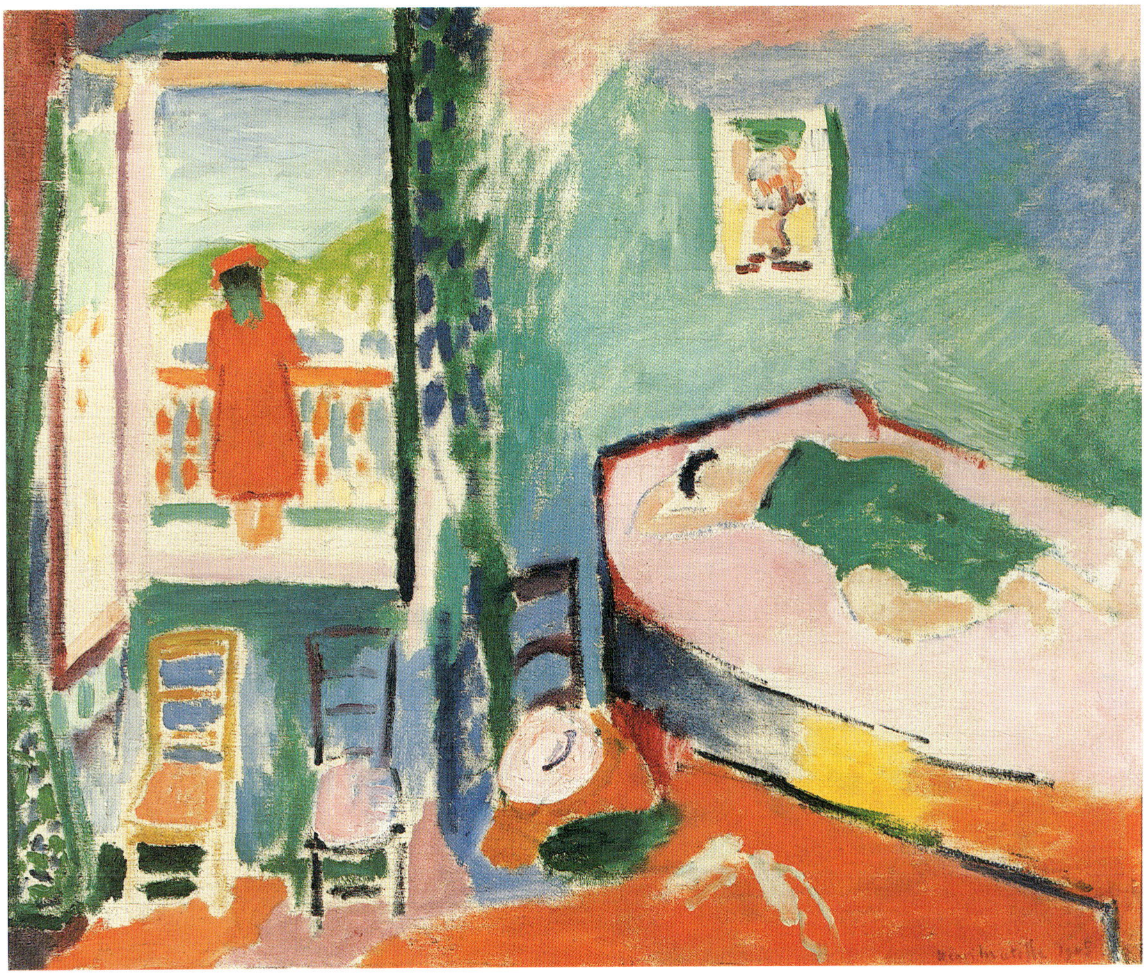

21 André Derain
Collioure, été 1905

Huile sur toile
39,5 × 29 cm
Signé en bas à droite : *HM.*
Sur le châssis : *MATISSE*
Tate Gallery, Londres. Purchased with assistance from the Knapping Fund, the National Art-Collections Fund and the Contemporary Art Society and private subscribers, 1954

Historique :
Galerie Druet, Paris.
Collection Michael et Sarah Stein, Paris, 31 octobre 1908*.
Collection Christian Tetzen-Lund, Copenhague, 1920 → 1927.
Vente, Copenhague, *Franske og Skandinaviske Billeder tilhørende Tetzen-Lunds Samlinger,* 18-19 mai 1925 (sous le titre *Buste d'un Maroquin*), non vendu.
Galerie Pierre Loeb, Paris, décembre 1927 → juillet 1928.
Collection W. Rees Jeffreys, Wivelsfield Green (Sussex), 1928 (acheté 31 500 francs) → 1954.
Vente Londres, Christie's, [Collection Jeffreys], 26 novembre 1954, n° 113.
Achat de la Tate Gallery, 1954.

* Le sort des toiles de Matisse de la collection Michael et Sarah Stein ayant figuré à l'exposition de 1914 à Berlin, au Kunstsalon Fritz Gurlitt, demeure incertain à partir de la déclaration de guerre, et plus encore à partir de l'entrée en guerre des États-Unis. Une confiscation de ces toiles par le gouvernement allemand est une hypothèse. Les intrigues de certains intermédiaires allemands, en particulier de Fritz Gurlitt, autour de ces tableaux, les efforts de Hans Purrmann pour les faire restituer à leurs propriétaires, les négociations menées par Christian Tetzen-Lund et Trygve Sagen pour en faire l'acquisition (négociations qui semblent bien avoir commencé dès avant la guerre), sont autant de questions qui restent à élucider.

Expositions :
1910-1 Paris, galerie Bernheim-Jeune, n° 28 (sous le titre *Portrait*).
1914 Berlin, Kunstsalon Fritz Gurlitt, n° 7 (sous le titre *Männer Bildnis*) ?

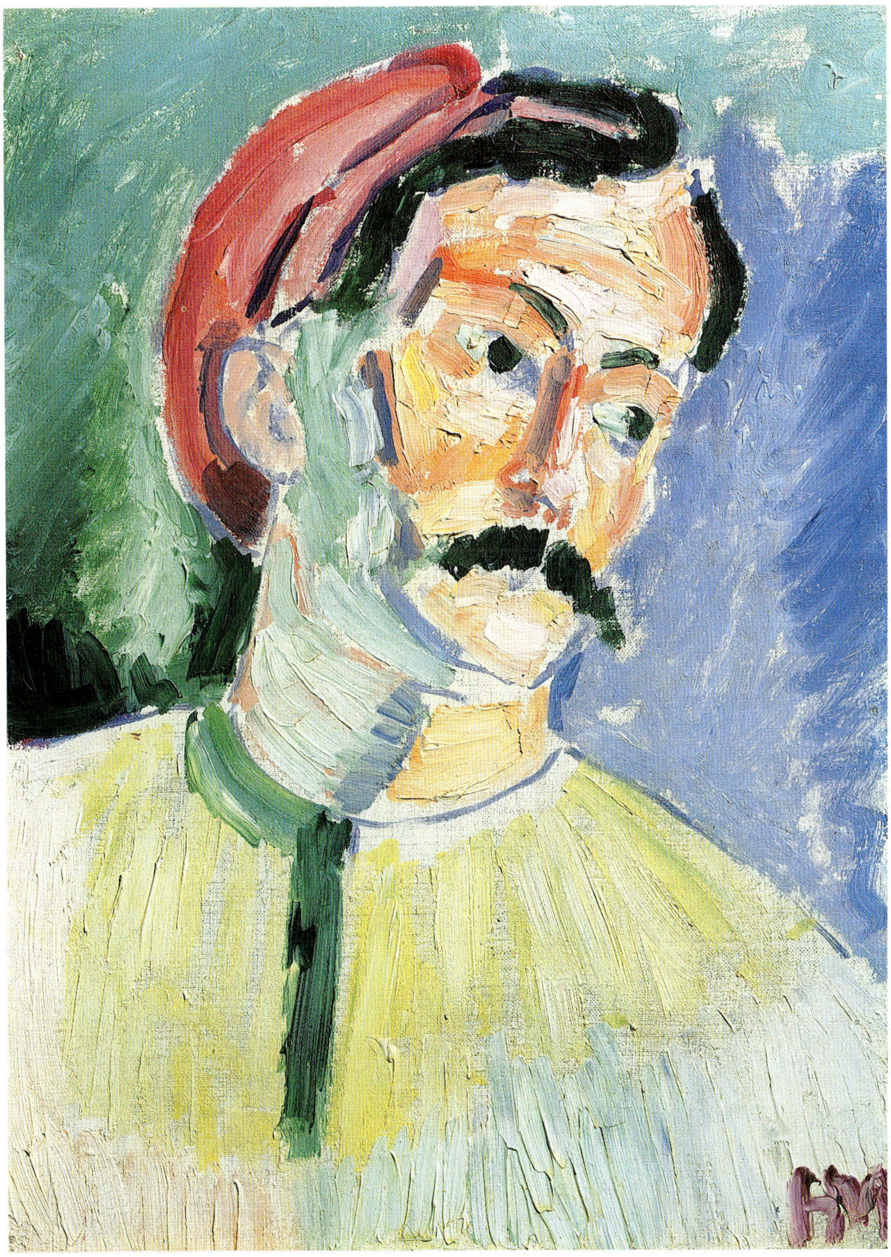

22 Les toits de Collioure

(Vue de Collioure)

Paris, automne 1905, ou, Collioure 1906

Huile sur toile
59,5 × 73 cm
Signé en bas à gauche : *H. Matisse*
Musée de l'Ermitage, Saint-Pétersbourg

Historique :
Galerie Bernheim-Jeune, Paris, 15 février 1908 → 9 janvier 1909 (vendu 1 000 francs).
Collection Serguei Stschoukine, 9 janvier 1909 → 1918*.
Premier Musée de la peinture occidentale moderne, Moscou, 1919 → 1922.
Musée d'État d'art moderne occidental, Moscou, avril 1922 → 1948**.
Musée de l'Ermitage, Léningrad, 1948***.

* La collection Stschoukine a été nationalisée par décret le 5 novembre 1918, et la collection Morosoff le 19 décembre de la même année.
** Année du décret de liquidation de ce musée (les tableaux de la collection Stschoukine furent transférés en 1928 à l'ancien hôtel Morosoff, puis évacués à Novossibirsk avec ceux de la collection Morosoff, lors de la Deuxième Guerre mondiale ; ils ont été mis en caisse de 1945 à 1948).
*** Les tableaux de Matisse restèrent pratiquement invisibles jusqu'en 1955 et ne furent exposés en permanence qu'à partir de 1965 environ. Nous empruntons ces éléments à Natalia Semionova, «Histoire d'une rencontre» (Kostenevitch, Semionova, 1993, pp. 44-45). Izerghina (*Henri Matisse - Peintures et sculptures dans les musées soviétiques,* Léningrad, 1978) donne des indications parfois différentes, que nous avons reportées dans les notices des tableaux, chaque fois que cela était possible.

Expositions :
1906-1 Paris, galerie Druet, n° 36 (sous le titre *Vue de Collioure [matin]*).
1909 → 1918 : visible au palais Troubetskoy, résidence de Serguei Stschoukine à Moscou ouverte au public le dimanche.

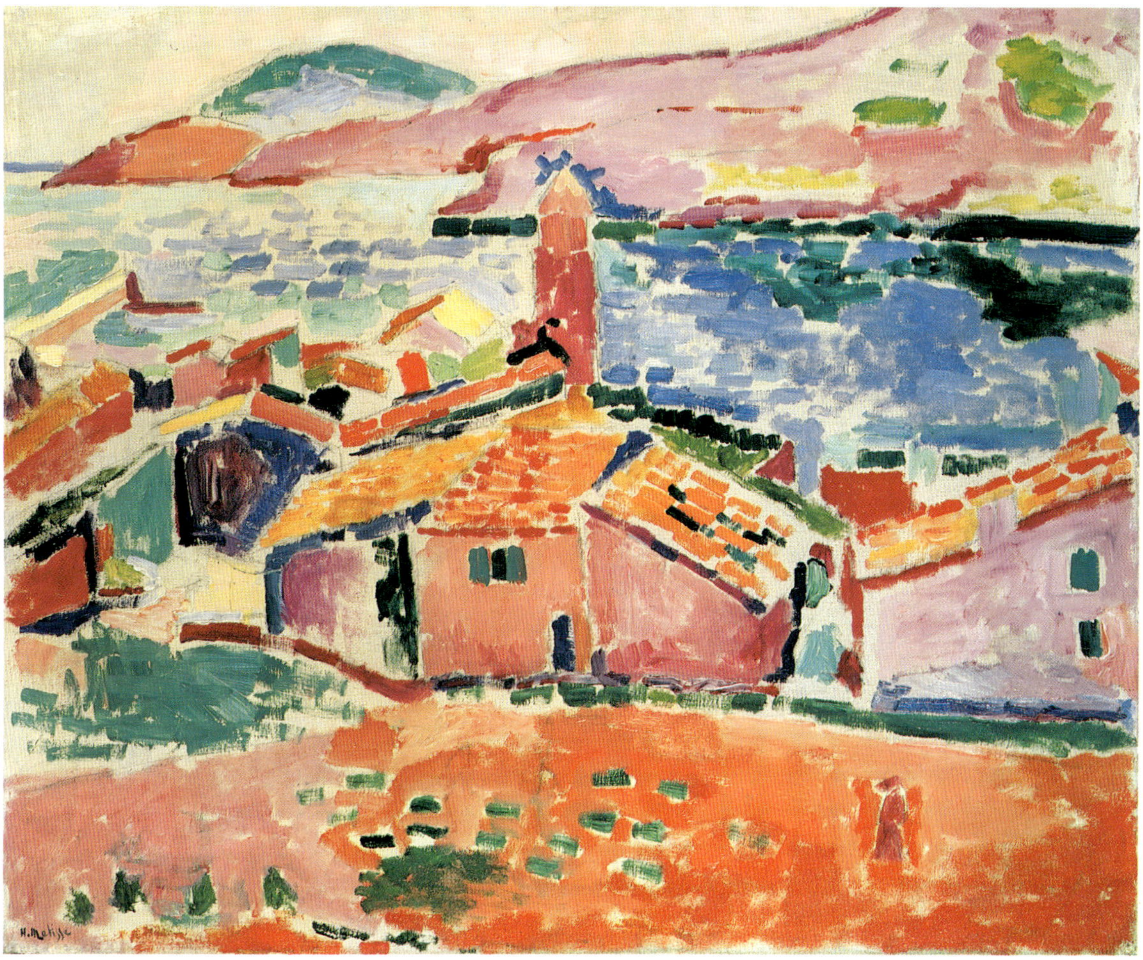

23 **Le port d'Abaill**

(Le port d'Avall)

Collioure et Paris, été - automne 1905

Huile sur toile
60 × 148 cm
Non signé, non daté
Collection particulière

Historique ;
Atelier de l'artiste, 1905 → 1954.
Collection Jean Matisse, Pontoise, 1954 → 1979.

Exposition :
1906-1 Paris, galerie Druet, n° 40 (sous le titre *Vue de Collioure, le port d'Abailles*) ?

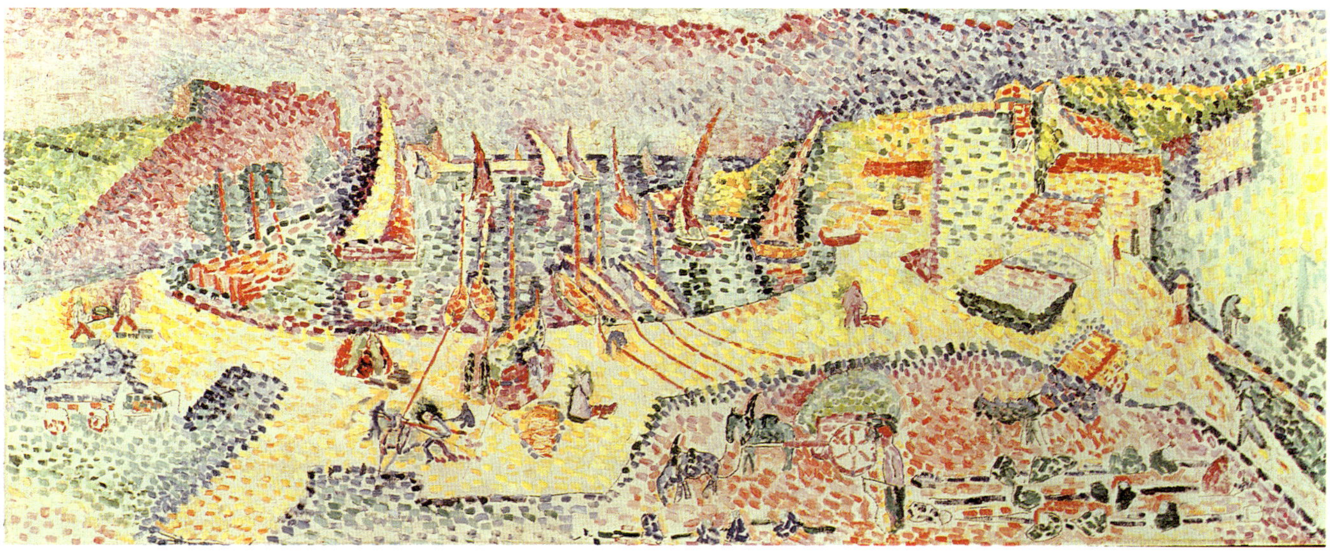

24 **Nature morte, vaisselle à table**

(Nature morte en camaïeu)

Paris, quai Saint-Michel, printemps 1904, retravaillé en 1905 ?

Huile sur toile
73 × 92 cm
Signé en bas à gauche :
Henri-Matisse
Musée de l'Ermitage, Saint-Pétersbourg

Historique :
Galerie Druet, Paris, 1906 → 1908.
Collection Serguei Stschoukine, Moscou, 1908 → 1918.
Premier Musée de la peinture occidentale moderne, Moscou, 1919 → 1922.
Musée d'État d'art moderne occidental, Moscou, avril 1922 → 1948.
Musée de l'Ermitage, Léningrad, 1948 (1934 selon Izerghina).

Voir note de l'historique du n° 22

Expositions :
1904 Paris, galerie Vollard, n° 16 (sous le titre *Intérieur au camaïeu bleu*).
1905 Paris, Salon des Indépendants, n° 2772 (sous le titre *Nature morte au camaïeu*).
1906-1 Paris, galerie Druet, n° 46 (sous le titre *Intérieur au camaïeu bleu*).
1908 → 1918 : visible au palais Troubetskoy, résidence de Serguei Stschoukine à Moscou ouverte au public le dimanche.

Les avis diffèrent quant à la date à attribuer à ce tableau. Certains historiens retiennent celle de 1900-1902. Nous penchons, avec Albert Kostenevitch, pour une date plus tardive, étant entendu que ce tableau a été peint sur une toile plus ancienne qui pourrait bien avoir été commencée en 1900 ou 1902.

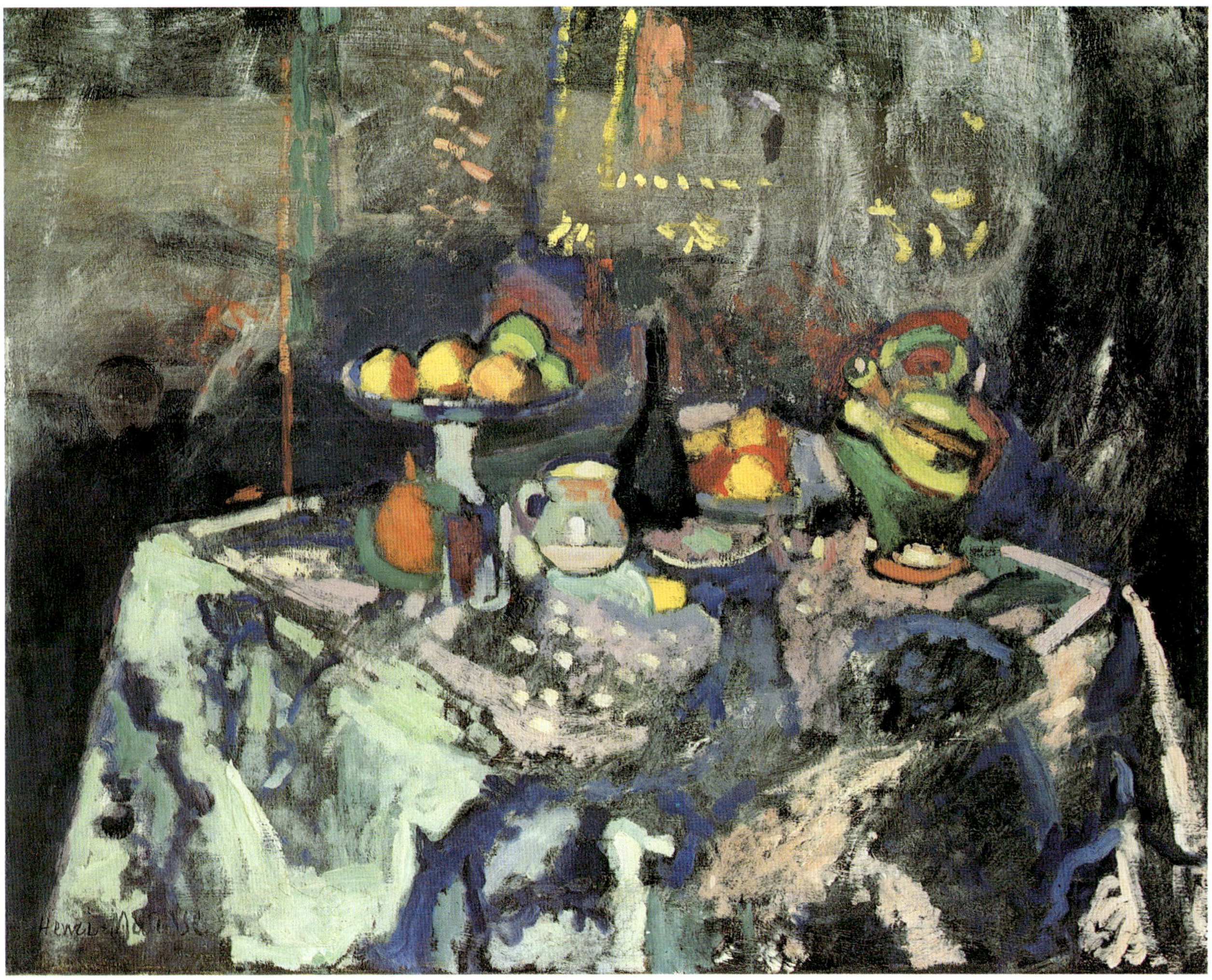

25 L'idole

Paris, quai Saint-Michel,
hiver 1905-1906

Huile sur toile
73 × 60 cm
Signé en haut à gauche :
Henri Matisse
Collection particulière

Historique :
Galerie Druet, Paris, 1906.
Collection Robert Ellissen, Paris, 19 mars 1906 (acheté 800 francs le premier jour de l'exposition) → au moins jusqu'en 1956.
Collection André Weill, Paris.
Collection M. et Mme Jacques Koerfer, Berne et Ascona.
Collection particulière, 1992.

Expositions :
1906-1 Paris, galerie Druet, n° 1.
1910-1 Paris, galerie Bernheim-Jeune, n° 46.

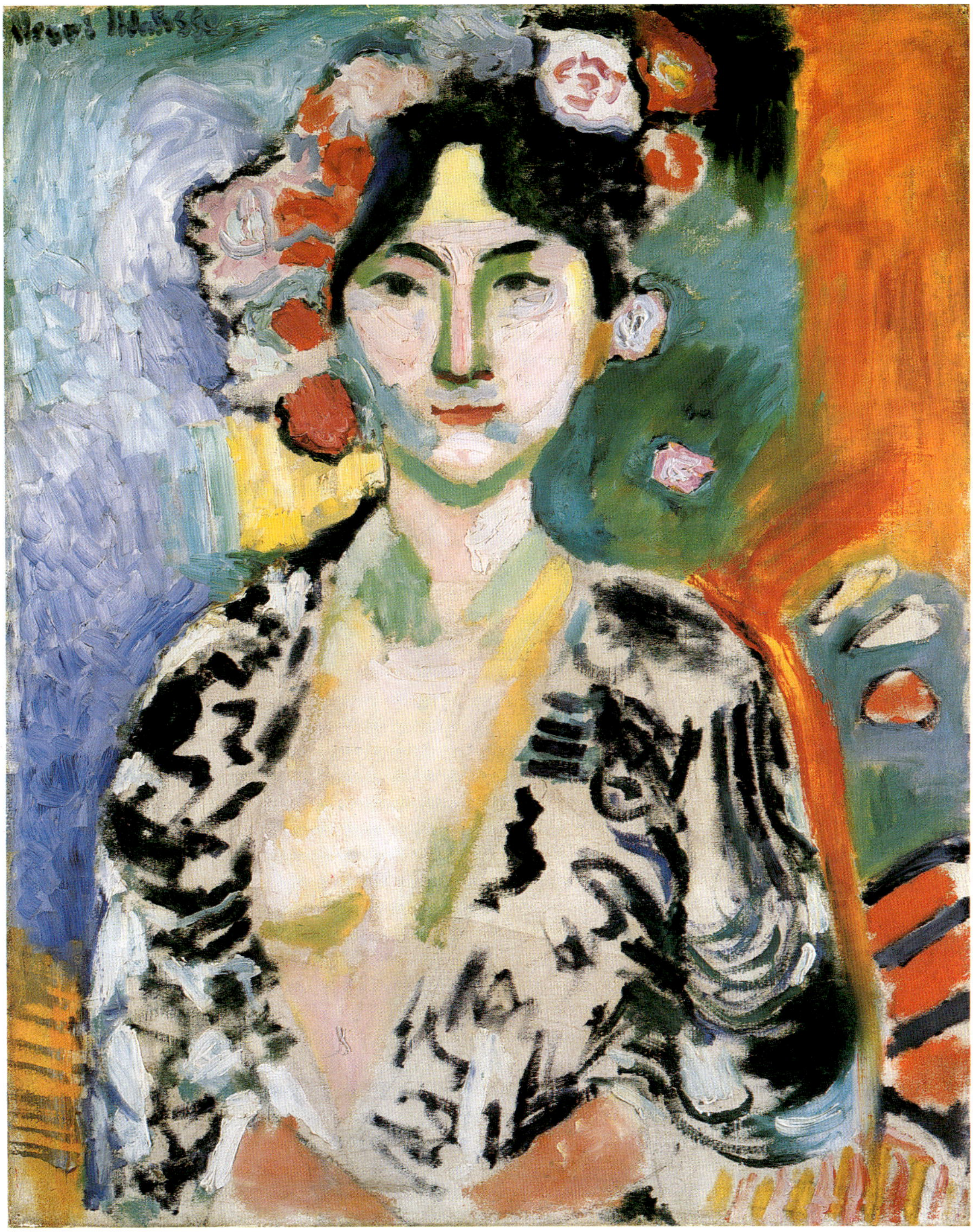
Henri Matisse

26 **Intérieur à la fillette**

(La lecture)

Paris, quai Saint-Michel,
automne - hiver 1905

Huile sur toile
72,7 × 59,4 cm
Signé en bas à gauche :
Henri-Matisse
Collection particulière

Historique :
Galerie Druet, Paris.
Collection Félix Fénéon, Paris, 1906 ? → 1941.
Vente Paris, Hôtel Drouot, *Collection Félix Fénéon,* 4 décembre 1941, n° 64, repr. (vendu 175 000 francs).
Frank Perls, Beverly Hills.
Collection M. et Mme William Goetz, Beverly Hills, au moins depuis 1952 → 1970.
Vente Londres, Sotheby and Co, *Sixteen Paintings from the Collection of Mr. and Mrs William Goetz of Beverly Hills, California,* 14 octobre 1970, n° 10, repr. p. 24.

Exposition :
1906-1 Paris, galerie Druet, n° 4.

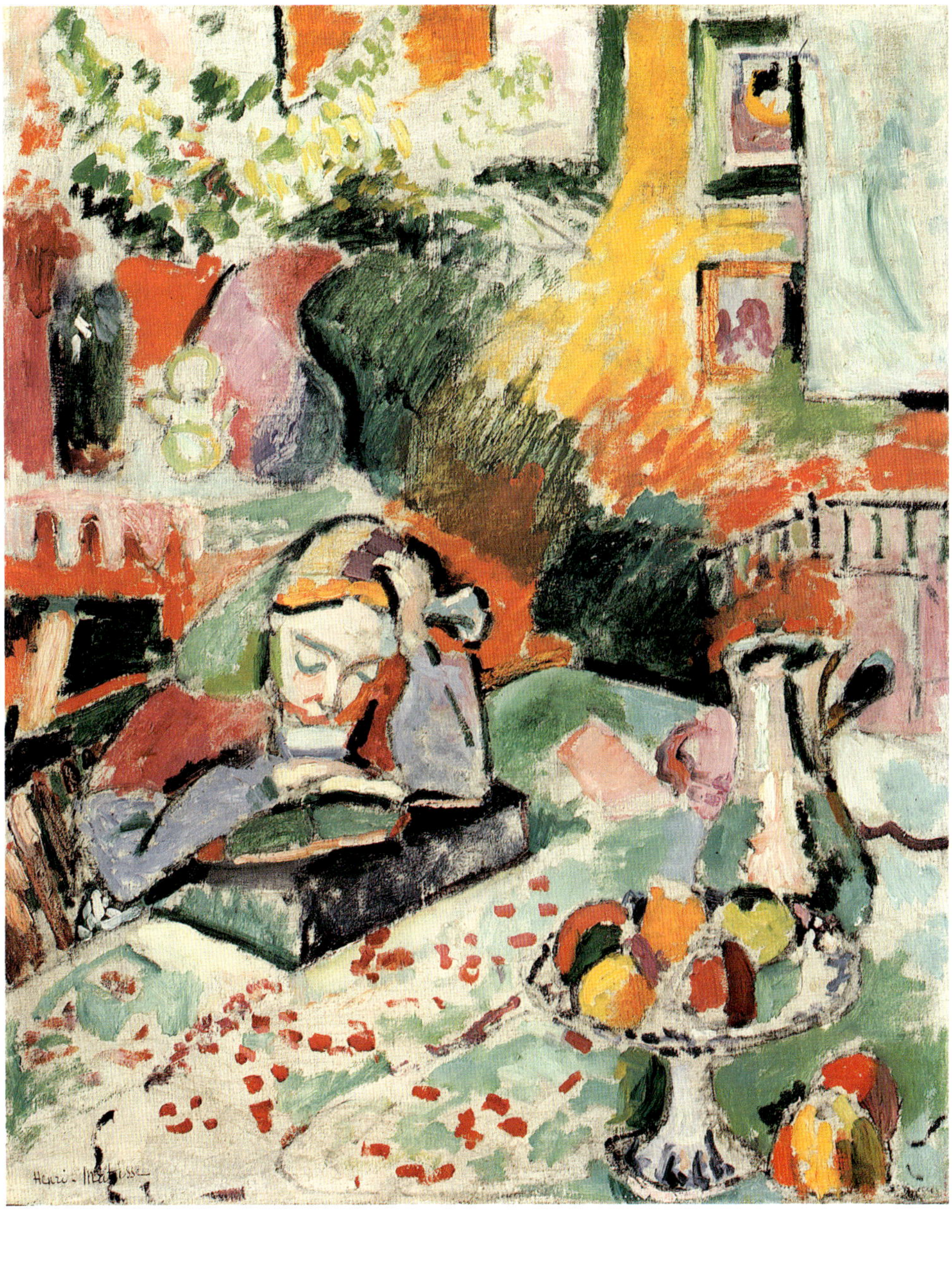

27 La gitane

(Buste de femme)

Paris, début 1906

Huile sur toile
55 × 46 cm
Signé en bas à gauche :
Henri-Matisse
Musée de l'Annonciade,
Saint-Tropez

Historique :
Galerie Druet, Paris, 1906.
Collection Michael et Sarah Stein, Paris, au moins depuis 1910.
Collection Georges Bernheim, Paris.
Galerie Bernheim-Jeune, Paris, 17 octobre 1928.
Collection Georges Grammont, Paris, vers 1936 → 1955.
Legs Grammont à l'État pour le Musée de l'Annonciade, Saint-Tropez, 1955.

Voir note de l'historique du n° 21

Expositions :
1906-1 Paris, galerie Druet, n° 2.
1910-1 Paris, galerie Bernheim-Jeune, n° 37.
1914 Berlin, Kunstsalon Fritz Gurlitt, n° 9.

Tableau peint dans l'atelier de Manguin.

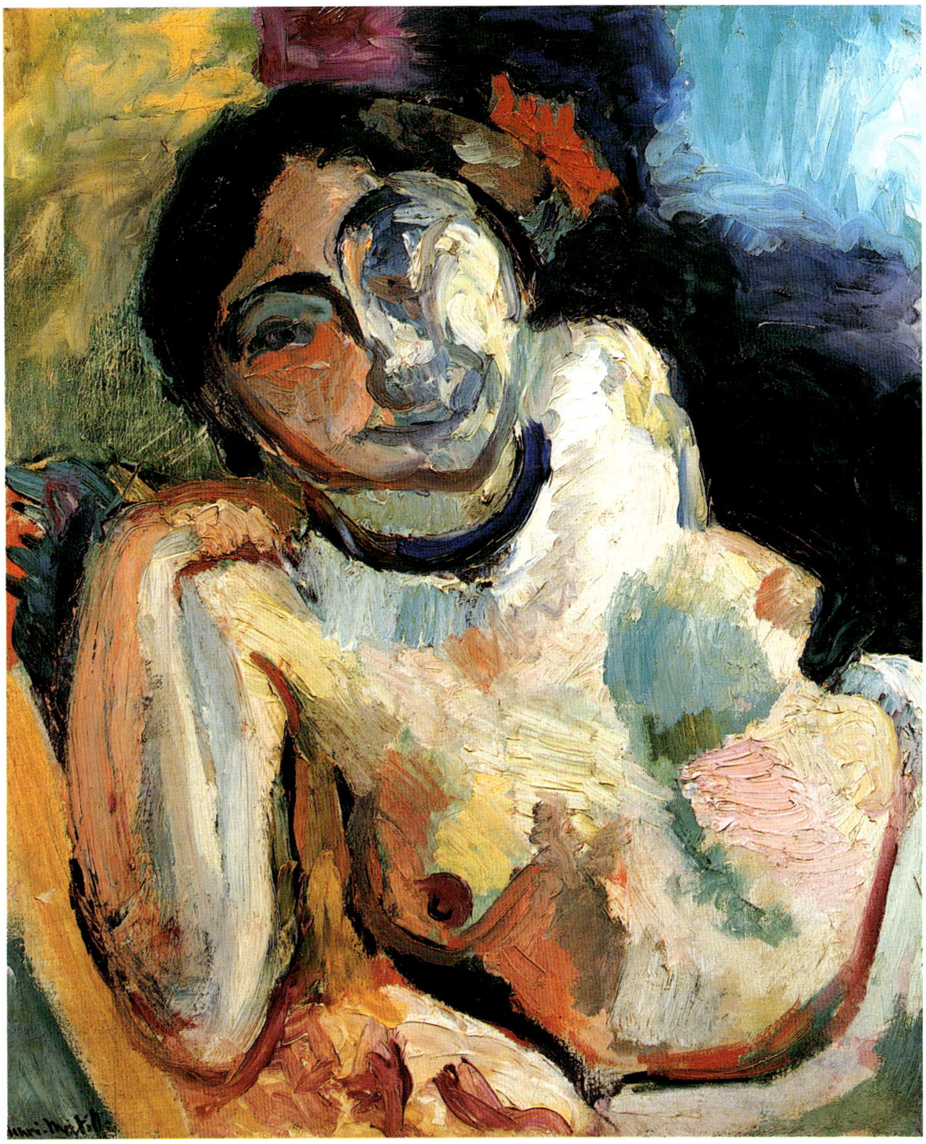

28 **Nature morte**
Collioure, été 1905
ou été 1906

Huile sur carton monté sur bois
17 × 24,8 cm
Signé en haut à droite :
Henri-Matisse
National Gallery of Art,
Washington. Ailsa Mellon Bruce
Collection

Historique :
Collection Captain Edward
Molyneux, Paris.
Martin Fabiani, Paris.
Collection Ailsa Mellon Bruce,
Washington, 1955 → 1970.
Don à la National Gallery of Art,
Washington, 1970.

Exposition :
1906, Troyes, Société artistique de
l'Aube.

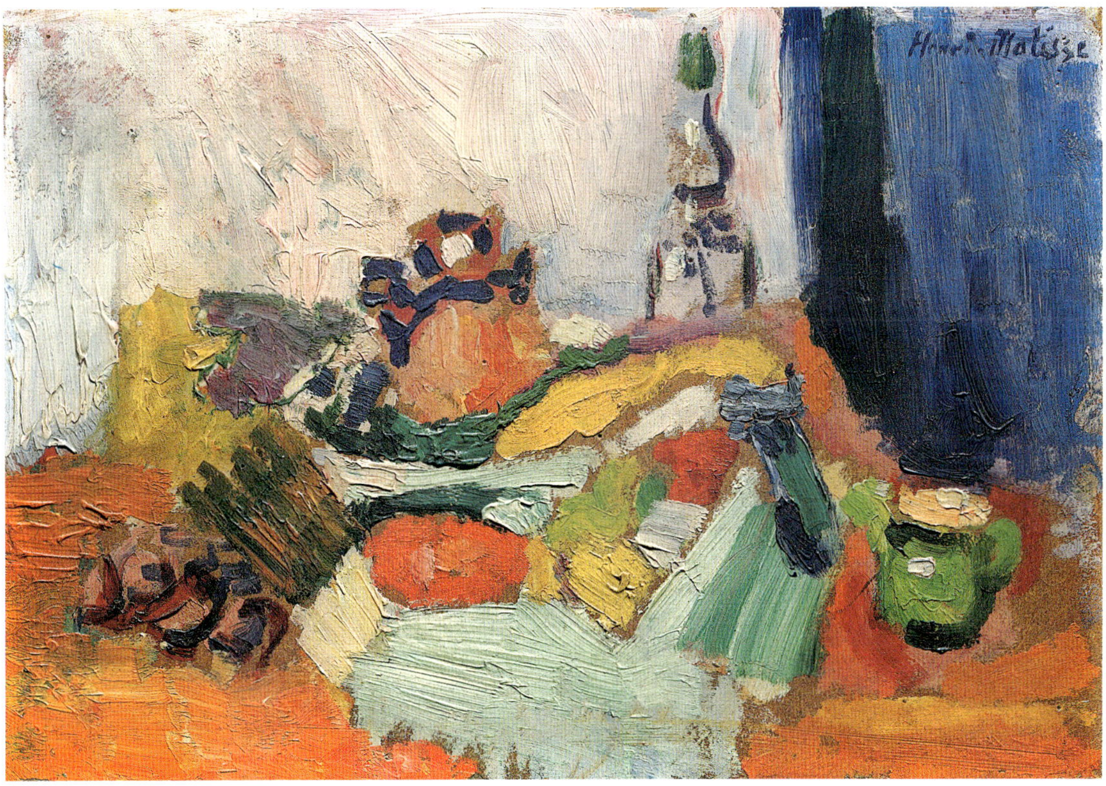

29 **Les concombres**
Collioure, été 1905
ou été 1906

Huile sur toile
38 × 46 cm
Signé en bas à gauche :
Henri-Matisse
The Jacques and Natasha Gelman Collection

Historique :
Galerie Bernheim-Jeune, Paris.
Collection particulière (Heinz Braun ? Oskar Moll ?), Breslau.
Collection Carl Hamilton.
Vente New York, Rains Auction Room, *Important Examples of Modern Paintings, Sculpture, Watercolors, Drawings,* 6 avril 1934, n° 64, repr. p. 29 (sous le titre *Still Life*).
Collection Josef von Sternberg, Allemagne puis Los Angeles.
Vente New York, Parke Bernet Galleries, *Josef von Sternberg Collection of Modern Paintings, Drawings [...] Sculptures,* 22 novembre 1949, n° 87, repr. (sous le titre *Les concombres*).
M. et Mme Max Miller, États-Unis, 1949.
Mme Geoffroy Bennett, New York.
Vente Londres, Sotheby and Co, *Impressionist and Modern Paintings and Sculpture,* 15 avril 1970, n° 49, repr. (vendu 56 500 £).
Collection Mme Marlow, San Diego, 1970.
Vente Londres, Sotheby, *Important Impressionist and Modern Paintings,* 27 juin 1977, n° 26, repr. (vendu 150 000 £).
Acheté par Jacques et Natasha Gelman en 1977.

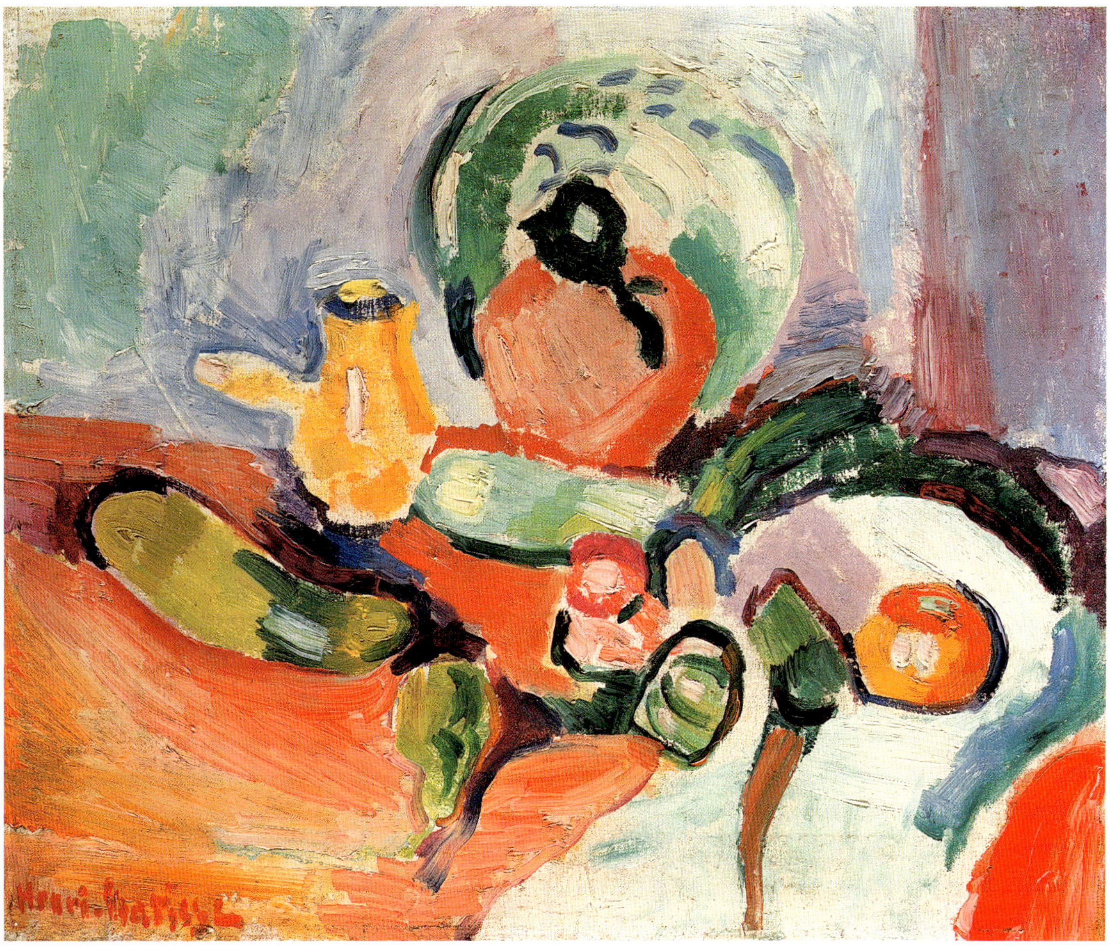

30 Nu dans la forêt
(Nu assis dans le bois)
Collioure, été 1906

Huile sur bois
40,5 × 32,5 cm
Signé en bas à droite :
Henri-Matisse
The Brooklyn Museum. Gift of
George F. Of

Historique :
Galerie Druet, Paris.
Acheté par Michael et Sarah Stein
pour George F. Of, 21 juin 1907.
Collection George F. Of,
New York, 1907 → 1951.
Don de George F. Of au Brooklyn
Museum, 1952.

Expositions :
1908 New York, Gallery 291 ?
1913 New York, *Armory Show,*
n° 1065 / Chicago, n° 250 / Boston,
n° 131 (sous le titre *Study*).

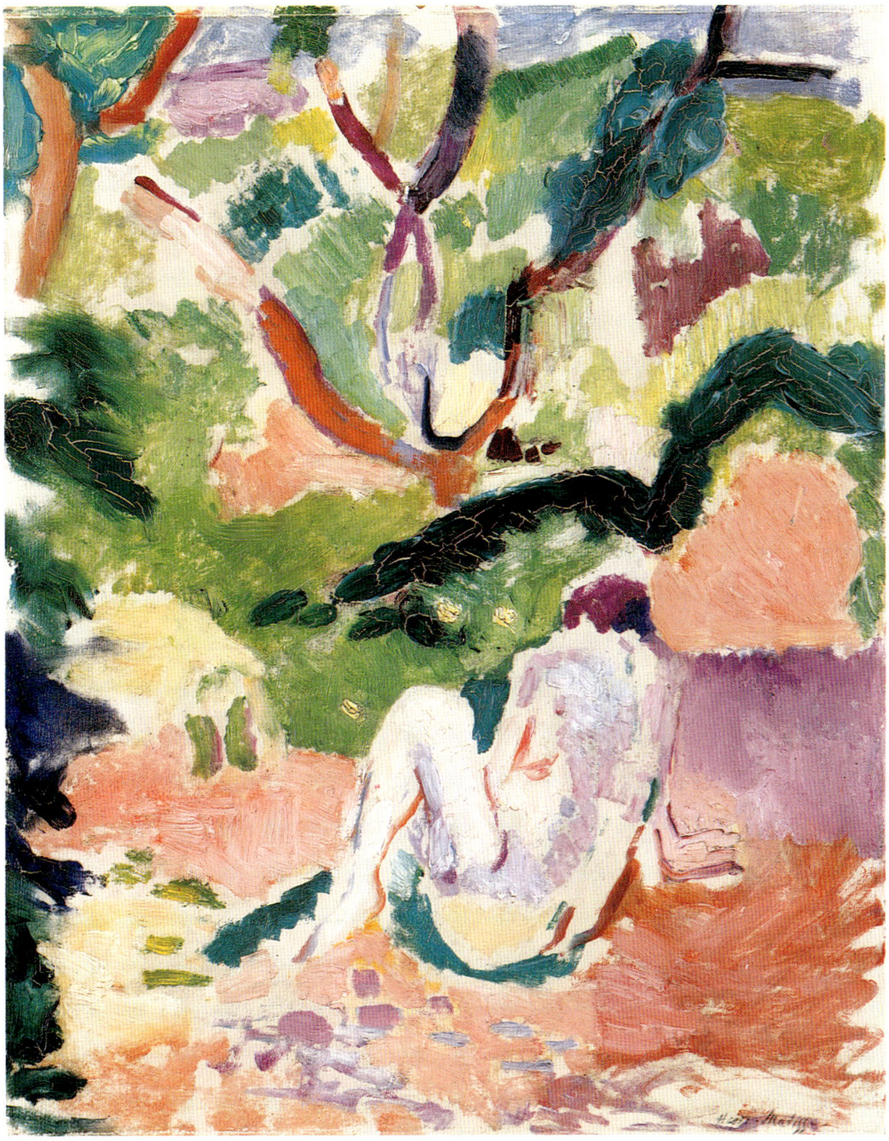

31 Pastorale

(Nymphes et faune)

Collioure, été 1906

Huile sur toile
45,7 × 55,2 cm
Signé en bas à droite :
Henri-Matisse
Musée d'art moderne de la Ville de Paris

Historique :
Atelier de l'artiste.
Galerie Bernheim-Jeune, Paris, en 1931.
Collection Docteur Maurice Girardin, Paris, 1940 (?) → décembre 1951.
Legs Girardin à la Ville de Paris, 1953.
Musée du Petit Palais, Paris, 1953 → 1961.
Musée d'art moderne de la Ville de Paris, 1961.

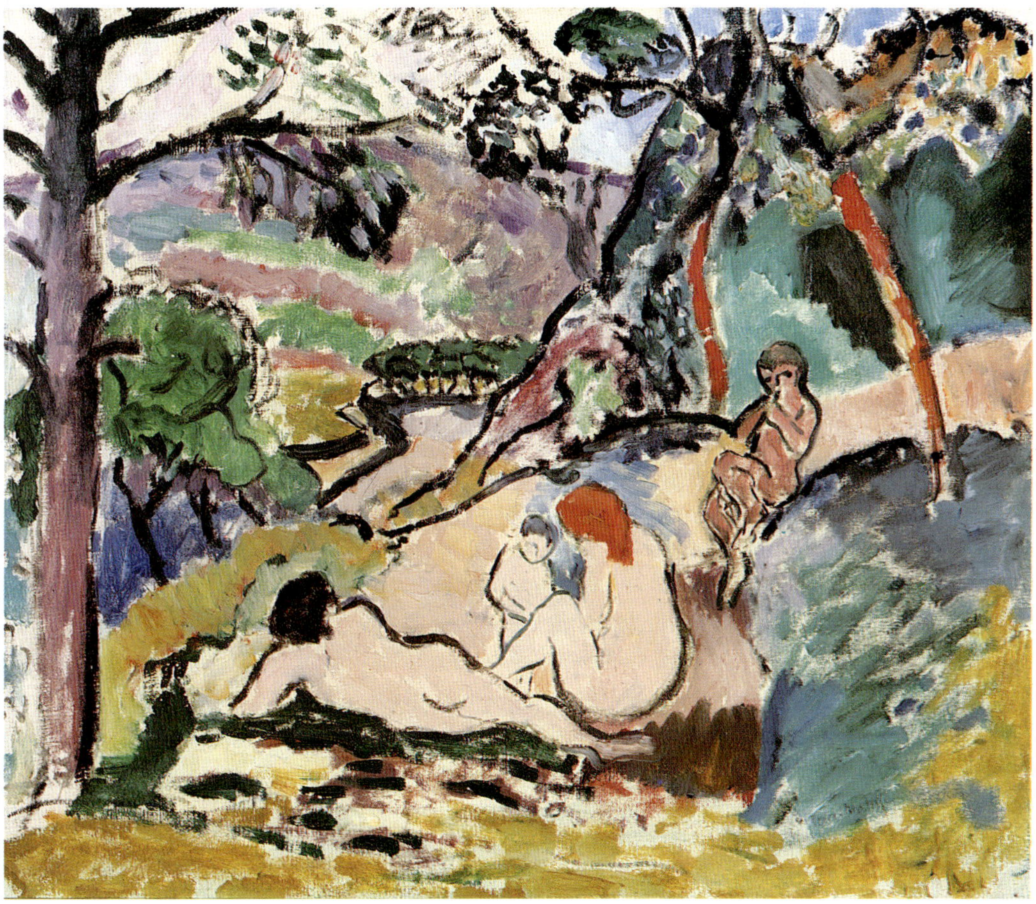

32 **Marguerite**

(Margot)

Collioure, été 1906

Huile sur bois
31,8 × 24,1 cm
Signé en haut à gauche :
Henri-Matisse
Nathan and Marion Smooke Collection

Historique :
Atelier de l'artiste.
Galerie Justin K. Thannhauser.
Collection Joseph Müller, Soleure, 1931.
Collection particulière, Genève.
Galerie Beyeler, Bâle.
M. Knœdler and Co, New York.
Collection M. et Mme Nathan Smooke, Los Angeles, 1978.

Exposition :
1910-1 Paris, galerie Bernheim-Jeune, n° 40 (sous le titre *Petit portrait, Marguerite,* app. à M. H. M.).

Bibliographie :
Faure, Romains, Vildrac, Werth 1920, repr. pl. 5.

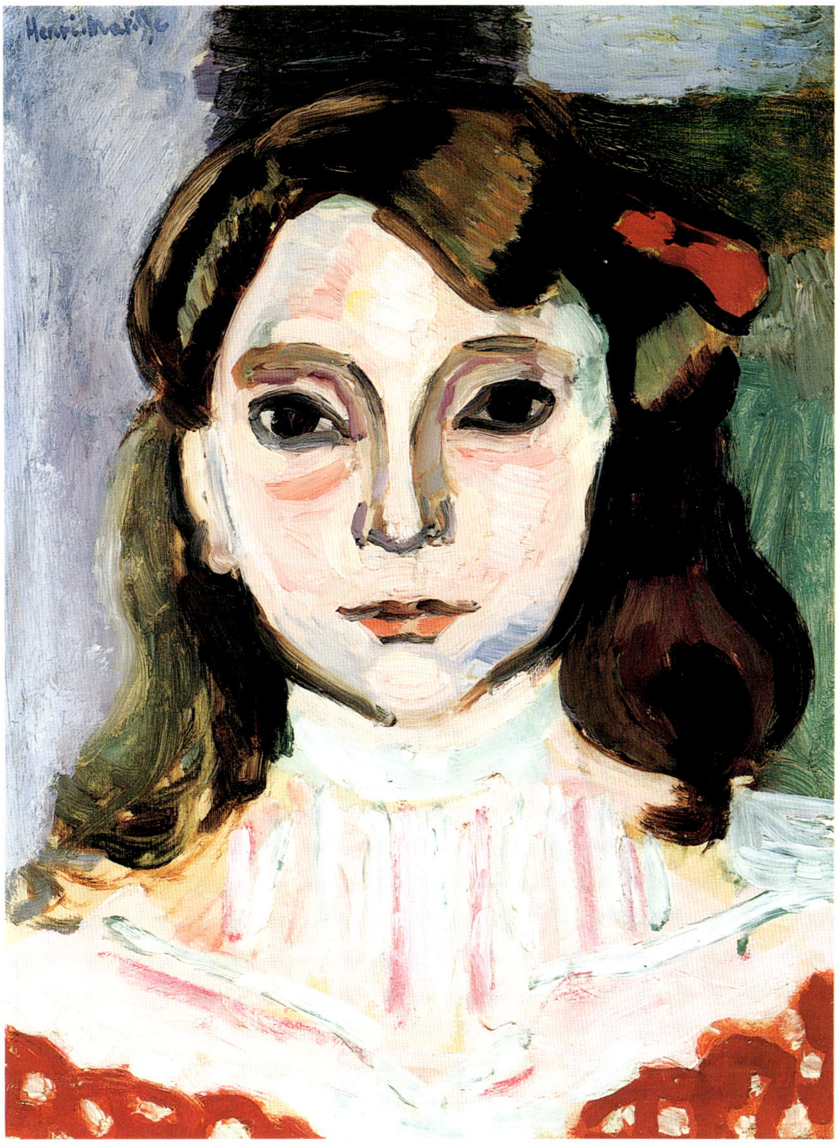
Henri Matisse

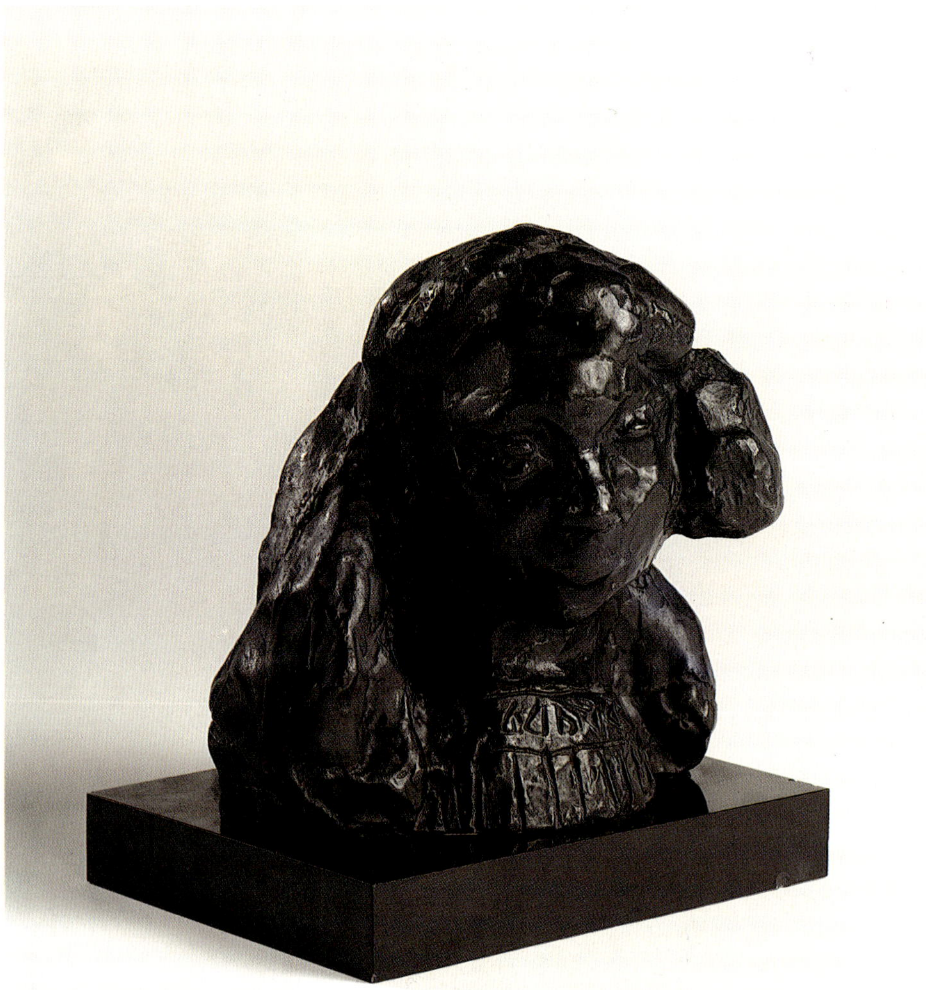

33 Tête de fillette, Marguerite
Collioure, été 1906

Bronze
20 × 18 × 14,5 cm
Musée national d'art moderne,
Centre Georges Pompidou, Paris

Historique :
Atelier de l'artiste.
Collection Pierre Matisse,
New York.
Dation à l'État, 1991.
Dépôt au Musée de Grenoble,
1993.

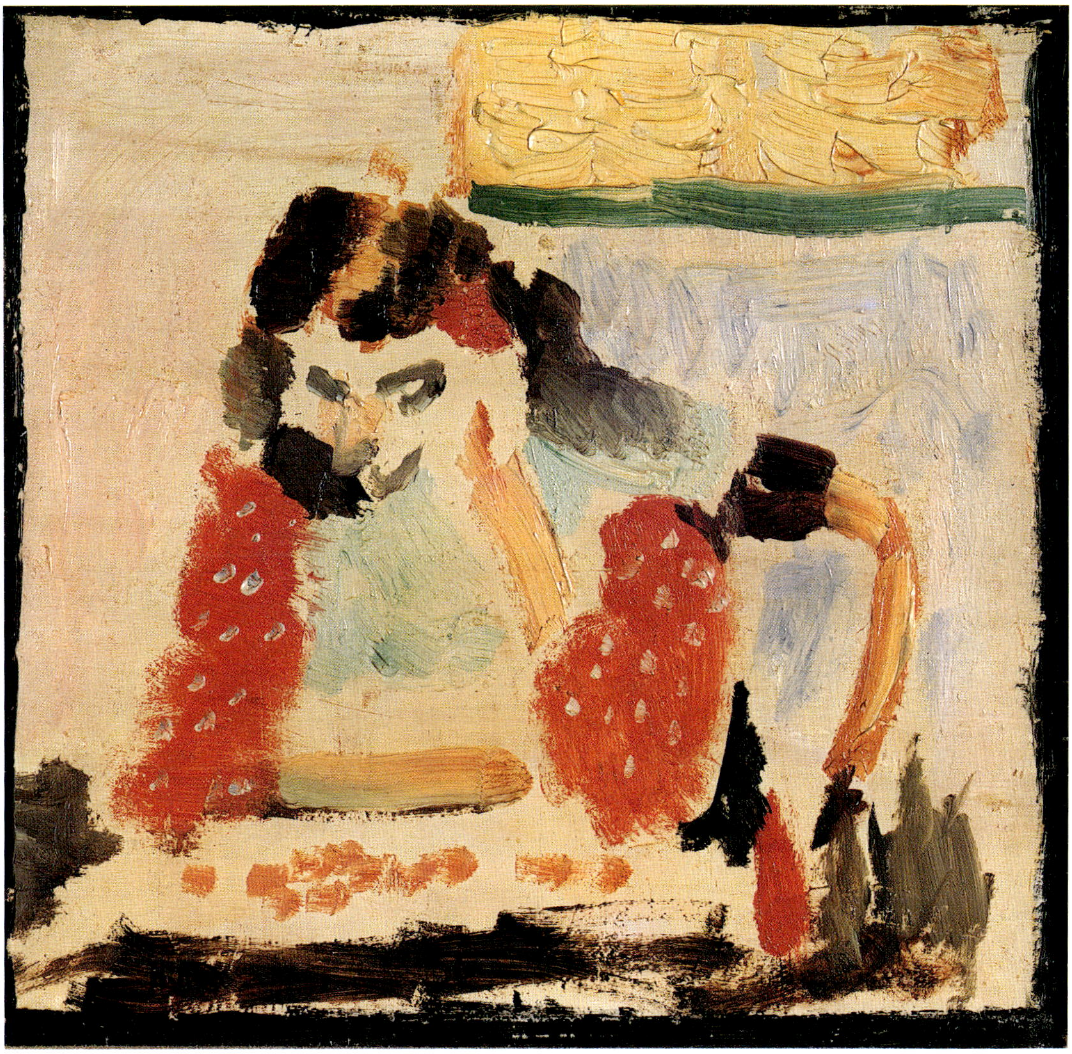

34 Étude pour «Marguerite lisant»
Collioure, été 1906

Huile sur bois
14 × 14,5 cm
Non signé, non daté
Collection particulière

Historique :
Collection Michael et Sarah Stein, Paris (don de l'artiste ?), vers 1906 → 1938.
Collection Sarah Stein, 1938 → 1953.
Collection Broyton Wilbur, Burlingame.
Earl Stendhal, Los Angeles.
Collection Pierre Matisse, New York.

35 **Marguerite lisant**

(La liseuse)

Collioure, été 1906

Huile sur toile
64 × 80 cm
Signé en bas à gauche :
Henri-Matisse
Musée de Grenoble.
Legs Agutte-Sembat

Historique :
Galerie Druet, Paris, 2 → 4 octobre 1906 (acheté au Salon d'Automne).
Collection Gustave Fayet, Paris, 4 octobre 1906 → janvier 1908.
Galerie Bernheim-Jeune, Paris, 27 janvier → 6 février 1908 (vendu 800 francs).
Collection Marcel Sembat, Paris, 1908 → 1922.
Legs Agutte-Sembat au Musée de peinture et de sculpture, Grenoble, 1923.

Expositions :
1906-2 Paris, Salon d'Automne, n° 1171.
1910-1, Paris, galerie Bernheim-Jeune, n° 41 (sous le titre *Portrait, Marguerite,* app. à M. M. S. A.).

Bibliographie :
Vauxcelles 1906, supplément *Gil Blas,* 5 octobre.
Morice 1906, *Mercure de France,* novembre, p. 42.
Jamot 1906, *La Chronique des arts et de la curiosité,* 24 novembre.
Matisse 1908, *La Grande Revue,* 25 décembre, repr. p. 731.
Mercereau 1909, *La Toison d'or,* n° 6, repr. p. 8.
Matejcek 1911, *Volné Směry,* repr., p. 149.
Faure, Romains, Vildrac, Werth 1920, repr. pl. 4.

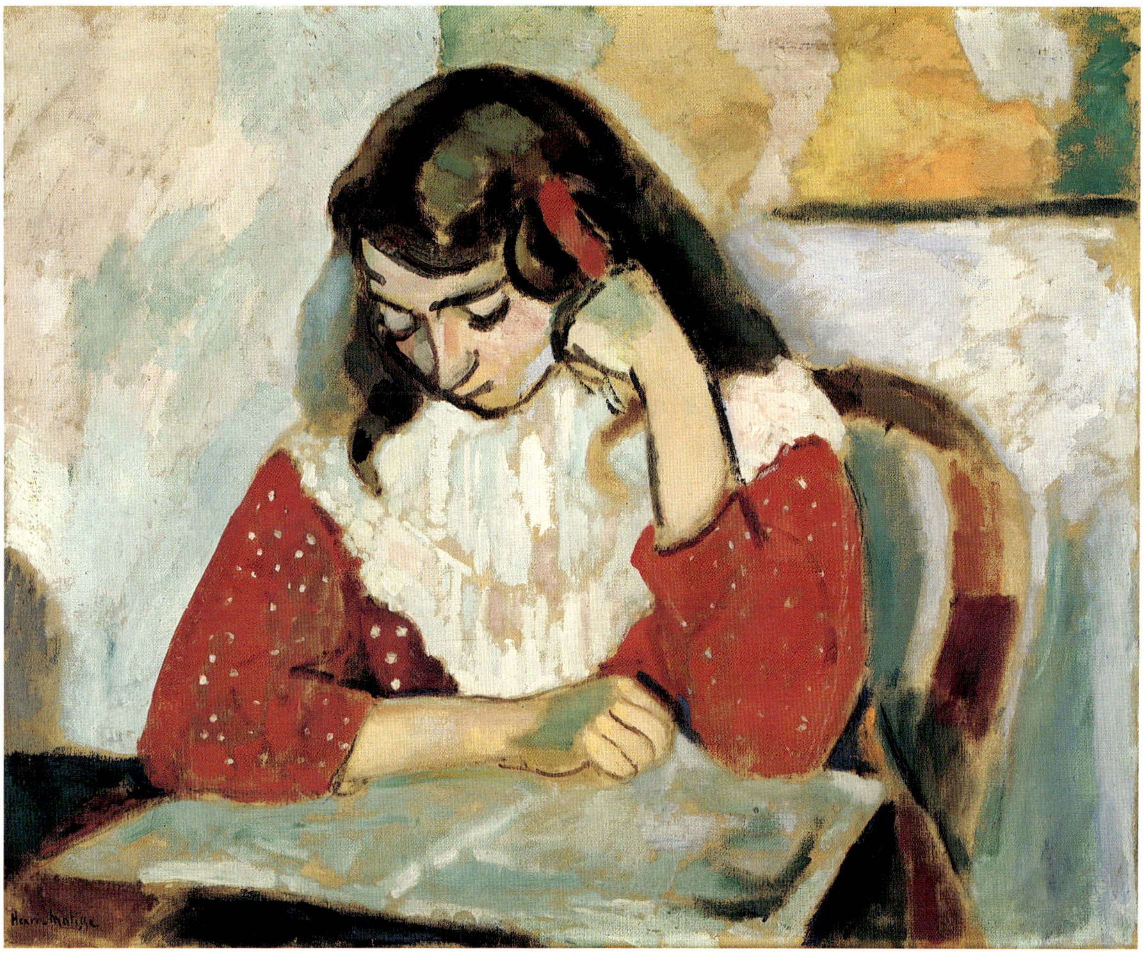

36 Vaisselle et fruits sur un tapis rouge et noir
Collioure, été 1906

Huile sur toile
61 × 73 cm
Signé en bas à gauche :
Henri Matisse
Musée de l'Ermitage, Saint-Pétersbourg

Historique :
Galerie Druet, Paris.
Collection Gustave Fayet, Paris, 4 octobre 1906 → mars 1907.
Collection Aghion, 11 mars 1907 → mai 1908.
Galerie Druet, Paris, 5 mai 1908.
Collection Serguei Stschoukine, Moscou, 4 juin 1908 → 1918.
Premier Musée de la peinture occidentale moderne, Moscou, 1919 → 1922.
Musée d'État d'art moderne occidental, Moscou, avril 1922 → 1948.
Musée de l'Ermitage, Léningrad, 1948.

Voir note de l'historique du n° 22

Expositions :
1906 Paris, Salon d'Automne, n° 1172 (sous le titre *Nature morte, tapis rouge*).
1908 → 1918 : visible au palais Troubetskoy, résidence de Serguei Stschoukine à Moscou ouverte au public le dimanche.

Bibliographie :
Catalogue Stschoukine 1913, n° 106.
Tugendhold 1914, *Apollon*, n° 1-2, p. 42.

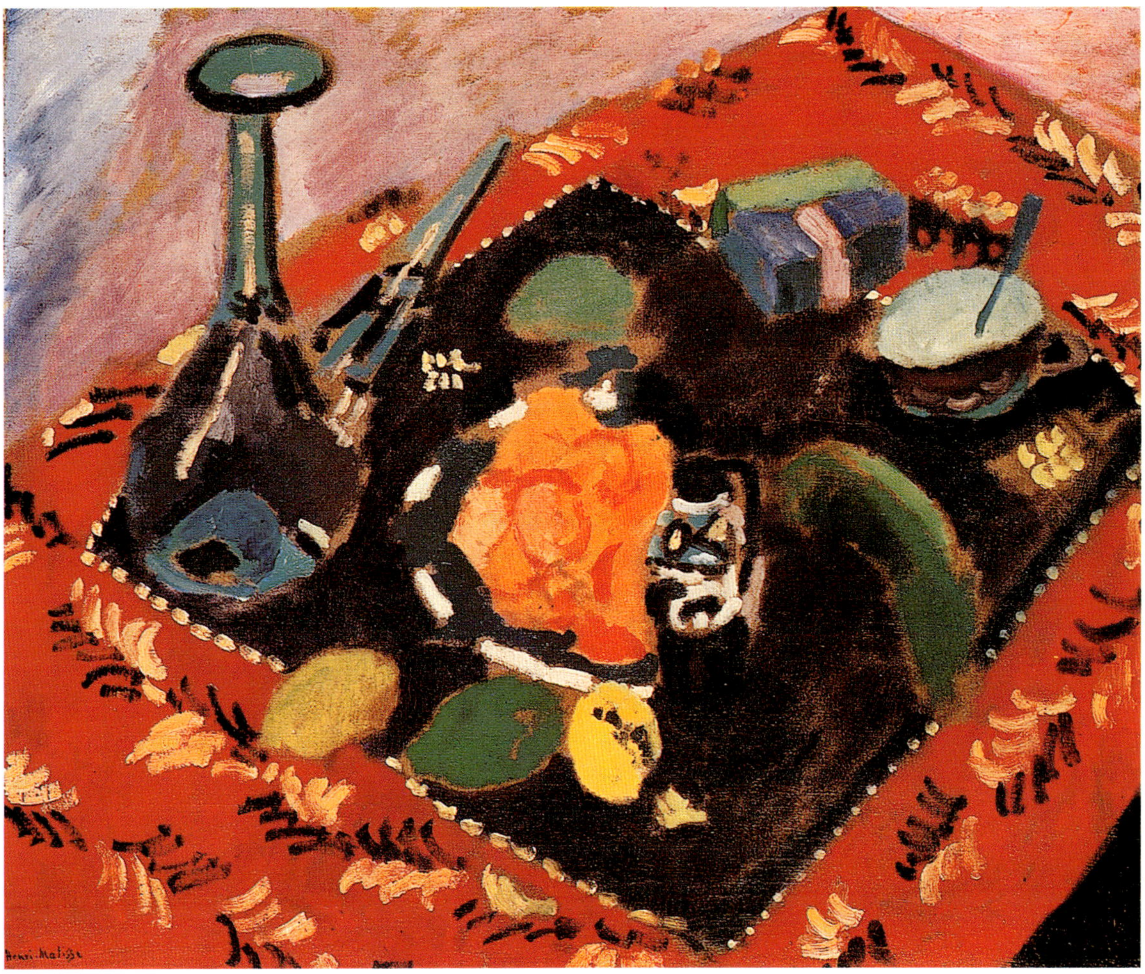

37 **Les tapis rouges**

(Nature morte au tapis rouge)

Collioure, été 1906

Huile sur toile
89 × 116,5 cm
Signé en bas à droite :
Henri-Matisse
Musée de Grenoble.
Legs Agutte-Sembat

Historique :
Galerie Druet, Paris, 2 → 4 octobre 1906.
Collection Gustave Fayet, Paris, octobre 1906 → 1907.
Galerie Bernheim-Jeune, Paris, 1er mars 1907 → 17 février 1908.
Collection Marcel Sembat, Paris, février 1908 → 1922.
Legs Agutte-Sembat au Musée de peinture et de sculpture, Grenoble, 1923.

Exposition :
1910-1 Paris, galerie Bernheim-Jeune, nº 49 (sous le titre *Les tapis,* app. à M. M. S. A.).

Bibliographie :
Vauxcelles 1906, supplément *Gil Blas,* 5 octobre.
Fontainas 1906, *L'Art moderne,* 21 octobre.
Denis 1906, *L'Ermitage,* 15 décembre.
Faure, Romains, Vildrac, Werth 1920, repr. pl. 3.
Sembat 1920, pp. 7-8.
Sembat 1920, *Genius,* p. 192.

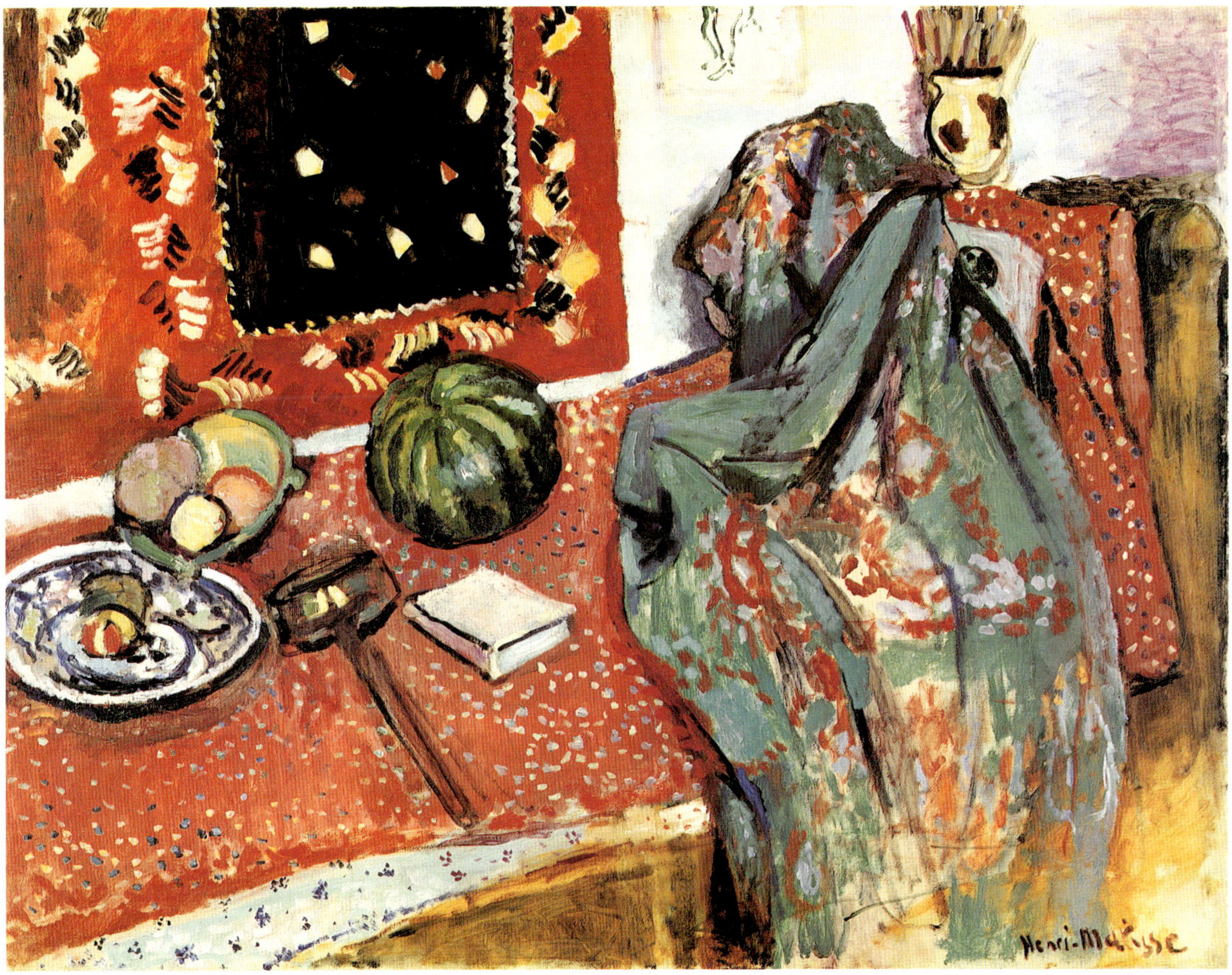
Henri-Matisse

38 **Autoportrait**

(Portrait de l'artiste)

Collioure, automne 1906

Huile sur toile
55 × 46 cm
Signé en bas à gauche :
Henri-Matisse
Statens Museum for Kunst,
Collection J. Rump, Copenhague

Historique :
Collection Michael et Sarah Stein, Paris, 1906.
Collection Christian Tetzen-Lund, Copenhague, 1920 → 1924.
Ny Carlsberg Fondet, Copenhague (acheté 50 000 kr.) ; en dépôt à la Ny Carlsberg Glyptotek, octobre 1924 → 1926.
Collection Johannes Rump, Copenhague (acquis par échange, voir note de l'historique du n° 18), 1927.
Don au Statens Museum for Kunst, Copenhague, 1928.

Voir note de l'historique du n° 21

Expositions :
1907-3 Paris, galerie Bernheim-Jeune, n° 64 (sous le titre *Son portrait*).
1914 Berlin, Kunstsalon Fritz Gurlitt, n° 13, repr.

Bibliographie :
Apollinaire 1907, *La Phalange*, repr.
Hind 1911, pp. 80-81.
Hind 1913, pp. 40, 41, 45-47.
Pach 1914, *The Century Magazine*, avril, pp. 192-193, repr.
Petersen 1920, *Politiken*, 2 octobre.
Sembat 1920, repr. p. 23 (sous le titre *Portrait du peintre*, appartenant à MM. Tetzen-Lund et Trygve Sagen).
Klingen III, Copenhague, 1920, n° 8, repr.
Levy 1920, *Genius*, repr. p. 186.

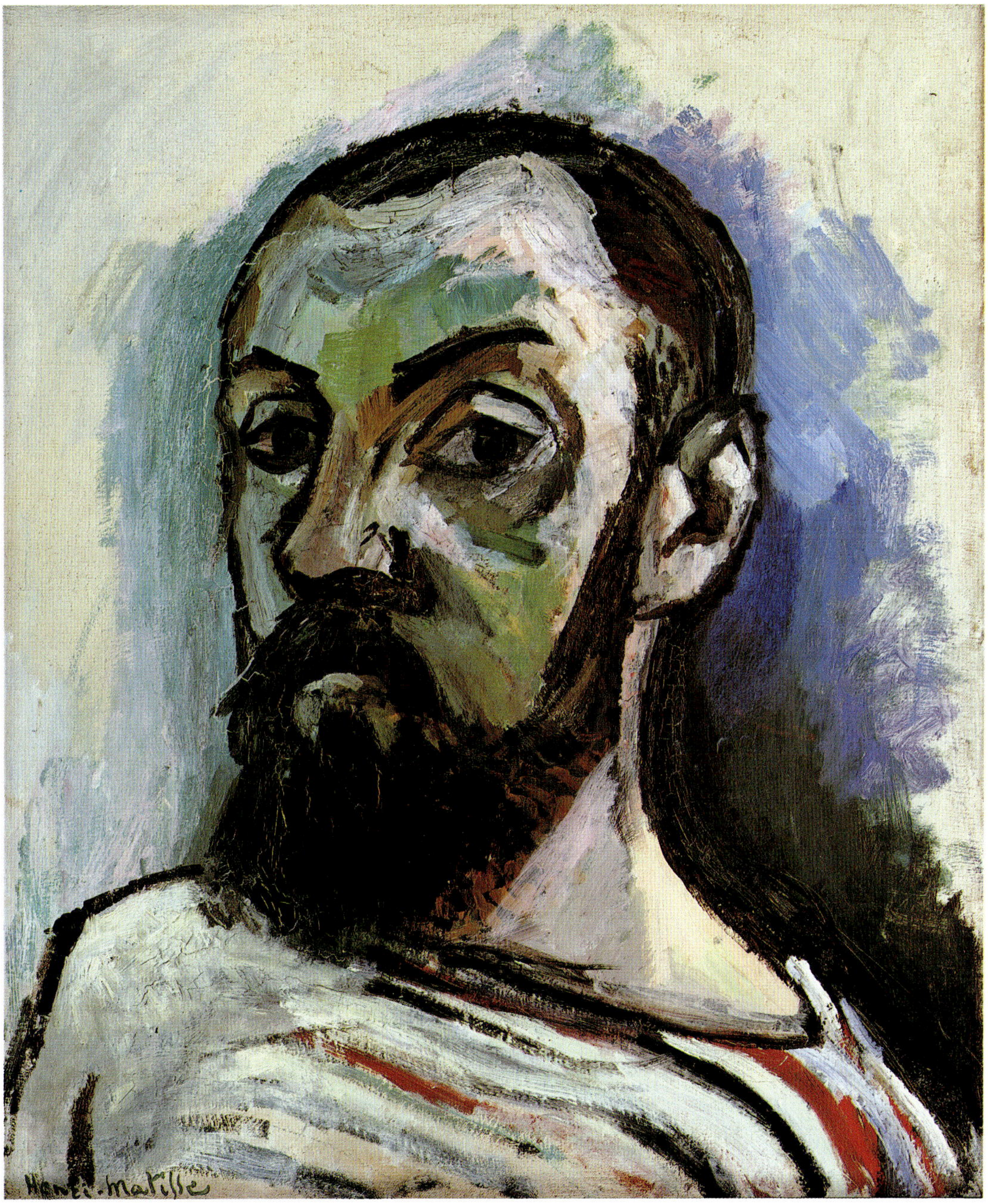
Henri-Matisse

39 La vie
Paris ou Collioure, 1906

Bronze
23,2 × 10,2 × 7,6 cm
Signé à l'arrière : *Henri Matisse,*
et à droite : *10*
Collection particulière

Historique :
Atelier de l'artiste.
Collection particulière.

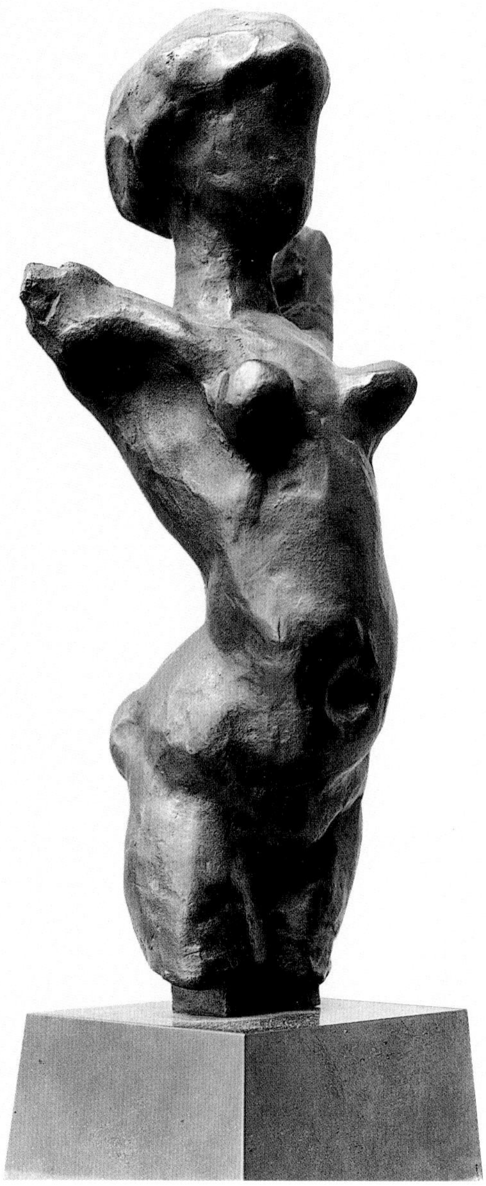

51 Deux négresses
Collioure, été 1907

Bronze
49,5 × 28 × 20 cm
Signé sur la terrasse, à l'avant :
Henri Matisse 2
Musée national d'art moderne,
Centre Georges Pompidou, Paris

Historique :
Atelier de l'artiste.
Collection Pierre Matisse,
New York.
Dation à l'État, 1991.

Exposition :
1908 Paris, Salon d'Automne,
n° 922 (sous le titre *Groupe de deux jeunes filles*).

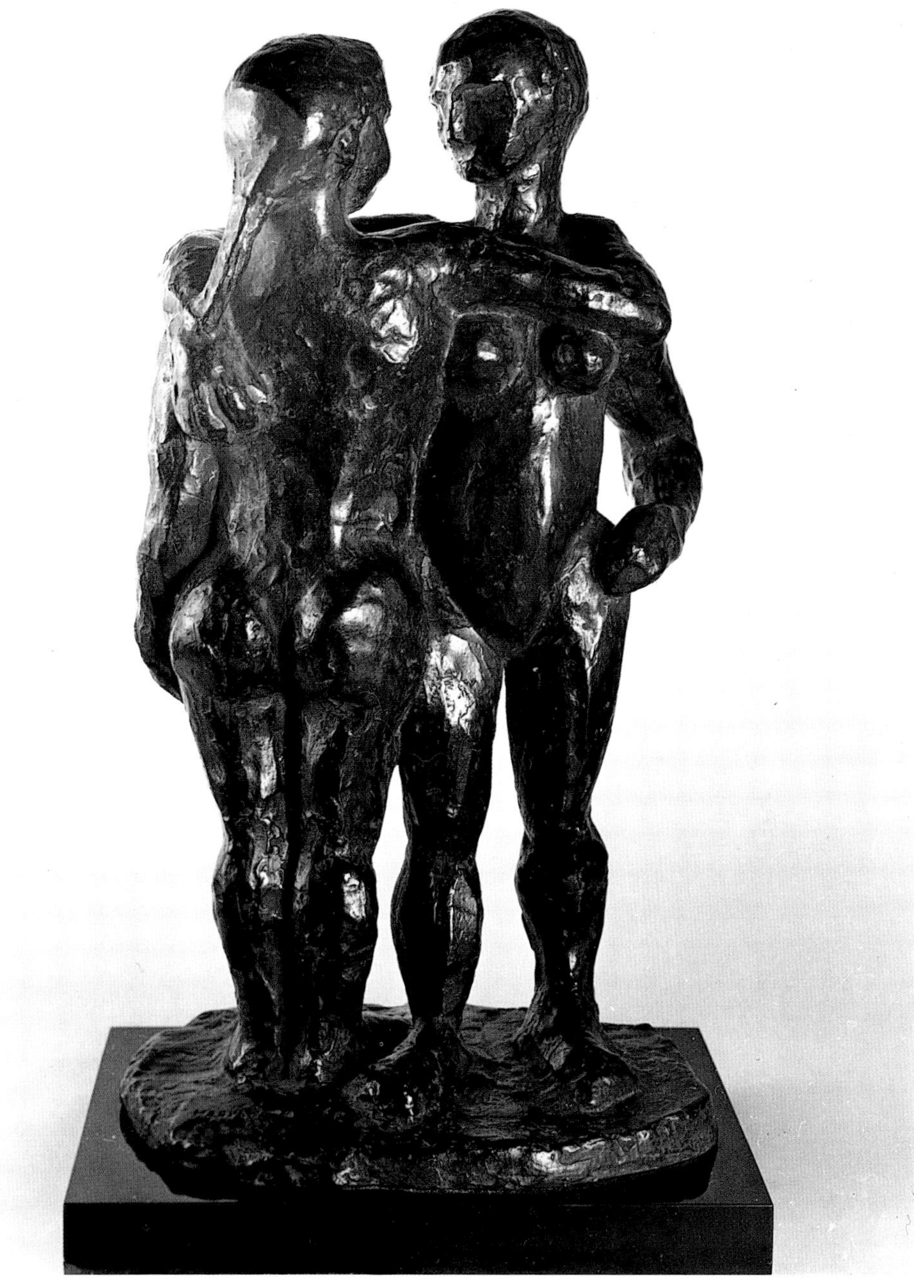

40 Nu au tub
Collioure, hiver 1906-1907

Huile sur toile
55 × 46 cm
Signé en bas à droite : *H. Matisse*
Collection particulière

Historique :
Atelier de l'artiste.
Collection particulière.

Peint vraisemblablement d'après un motif de la revue *Mes modèles.*

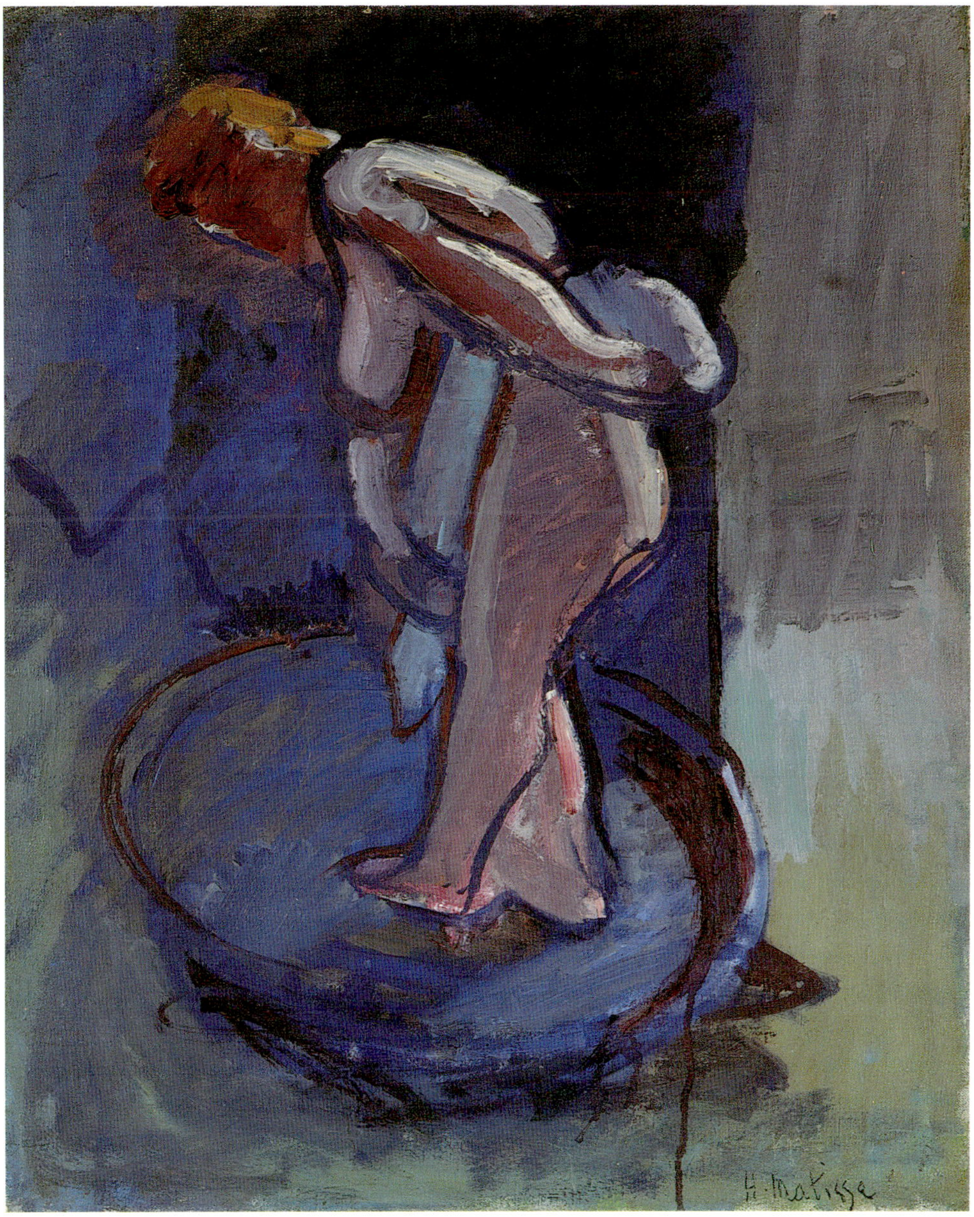
H. Matisse

41 **Nu debout**

(Une baigneuse)
(Nu au linge)
Collioure, novembre
1906-1907

Huile sur toile
92 × 65 cm
Signé et daté en bas à gauche :
Henri-Matisse 1907
Tate Gallery, Londres

Historique :
Atelier de l'artiste.
Collection Dikran Khan Kelekian, Paris.
Galerie Bernheim-Jeune, Paris, 25 novembre 1916 → 1919.
Collection Marius de Zayas, New York, 2 juin 1919.
Galerie Ferargil, New York.
Collection Arthur B. Davies, New York.
Vente New York, American Art Association, *The Arthur B. Davies Art Collection,* 16-17 avril 1929, n° 433, repr. (sous le titre *Une baigneuse*).
Knœdler Gallery, New York.
Collection Quincy A. Shaw McKean, Pride's Crossing (Mass.).
Valentine Gallery, New York.
Collection Mme Carlos Martins, Rio de Janeiro, 1950.
Galerie Beyeler, Bâle.
Collection G. David Thompson, Pittsburgh.
Galerie Beyeler, Bâle, 1959 → 1960.
Achat de la Tate Gallery, Londres, 1960.

Bibliographie :
Desvallières [dans Matisse 1908], *La Grande Revue,* 25 décembre, p. 732, repr. p. 734.
Mercereau 1909, *La Toison d'or,* n° 6, p. II, repr. p. 10.

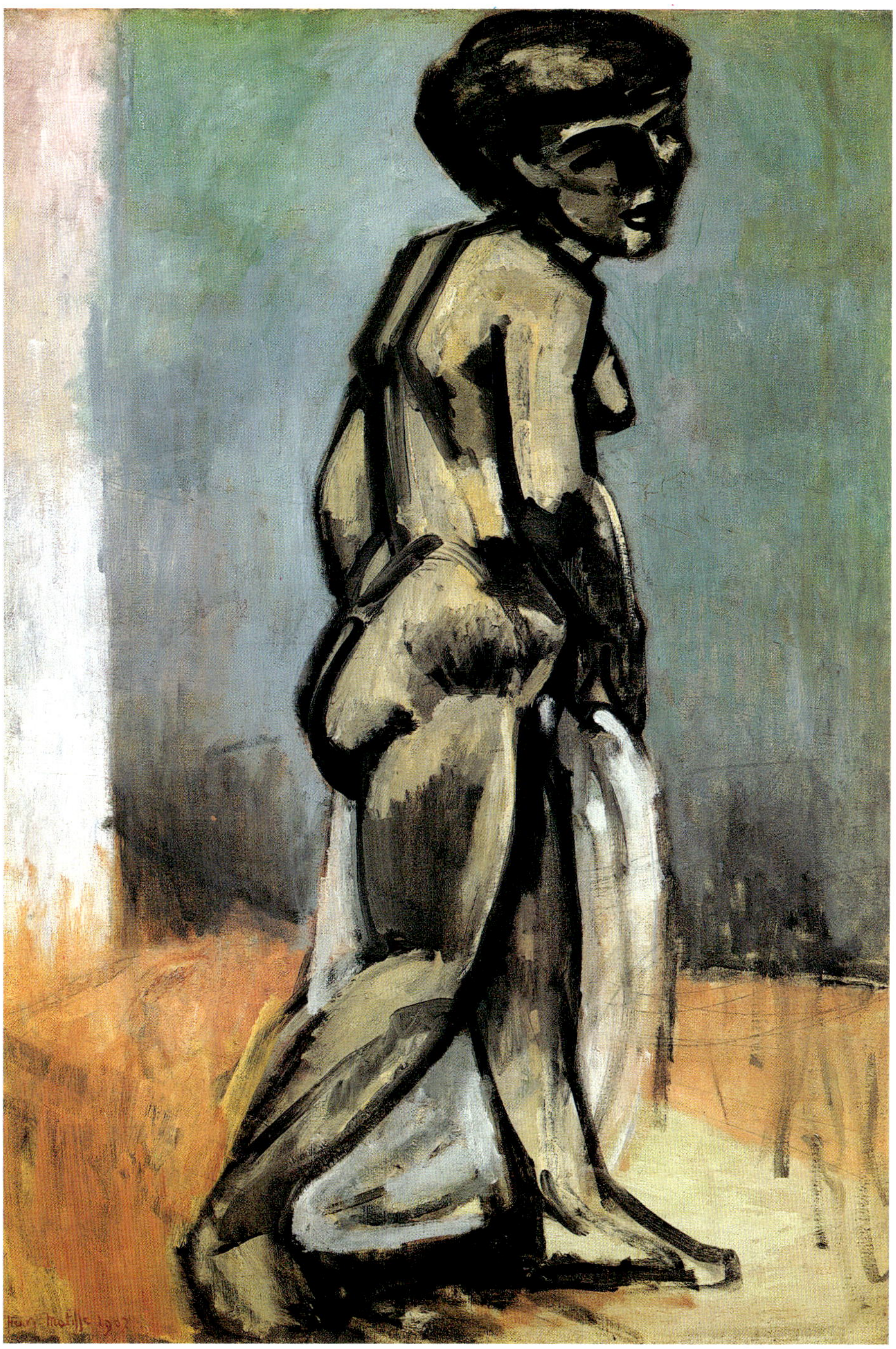

42 Nu bleu : souvenir de Biskra

(Nu bleu)

Collioure, début 1907

Huile sur toile
92 × 142,5 cm
Signé en bas à droite :
Henri-Matisse
The Baltimore Museum of Art.
The Cone Collection, Formed by Dr Claribel Cone and Miss Etta Cone of Baltimore

Historique :
Collection Leo Stein, Paris, 1907 → 1913.
Collection Alphonse Kann, Paris et Saint-Germain-en-Laye ?
Collection Georges de Zayas, Paris.
Marius de Zayas Gallery, New York, 1920.
Collection John Quinn, New York, décembre 1920 (acheté 4 500 $) → 1924.
Succession John Quinn, 1924 → 1926.
Vente Paris, Hôtel Drouot, *Tableaux modernes provenant de la collection John Quinn,* 28 octobre 1926, n° 61, repr. (sous le titre *Femme nue couchée*).
Dr. Claribel Cone et Etta Cone, Baltimore, octobre 1926 (acheté par Claribel Cone 120 760 francs, par l'intermédiaire de Michael Stein) → 1929.
Collection Etta Cone, Baltimore, septembre 1929 → août 1949.
Legs de Etta Cone au Baltimore Museum of Art, 1950.

Expositions :
1907-1 Paris, Salon des Indépendants, n° 5247 (sous le titre *Tableau n° III*).
1908, Berlin, Paul Cassirer.
1913 New York, *Armory Show,* n° 411 (sous le titre *La femme bleu*) [sic] / Chicago, n° 248 (sous le titre *The Blue Woman*) / Boston, n° 129.
1920 New York, Marius de Zayas Gallery.

Bibliographie :
Vauxcelles 1907, *Gil Blas,* 20 mars.
Kahn 1907, *L'Aurore.*
Malpel 1907-1, *Le Télégramme.*
Matejcek 1911, *Volné Směry,* repr., p. 128.
Camera Work 1912, repr. pl. 1.
New York Tribune, 17 février 1913, repr. p. 7 (photo d'accrochage).
Mather 1913, *The Independent,* 6 mars, pp. 504, 509, 512.
Cox 1913, *New York Sunday Times,* 16 mars.
Chicago Daily News, 24 mars 1913, p. 4.
Cortissoz 1913, *The Century Magazine,* n° 6, avril, p. 812.
Philpot 1913, *Boston Globe,* 28 avril, p. 8.
W.H.D. 1913, *Boston Evening Transcript,* 28 avril, p. 12.
Street 1913, *Everybody's Magazine,* juin, pp. 818-819.
Mather 1913, *The Nation.*
Eddy 1914, p. 157.
Lhote 1919, *N.R.F.,* 1er juillet.
Sembat 1920, repr. p. 35 (sous le titre *L'odalisque,* collection Alphonse Kann, Paris).
Mc Bride 1920, *New York Herald,* 12 décembre, p. 2.

Le titre actuel (sous la forme *Le nu bleu : souvenir de Biskra*) n'est apparu qu'à partir de l'exposition *Henri Matisse* de 1931 à Paris, galerie Georges Petit.

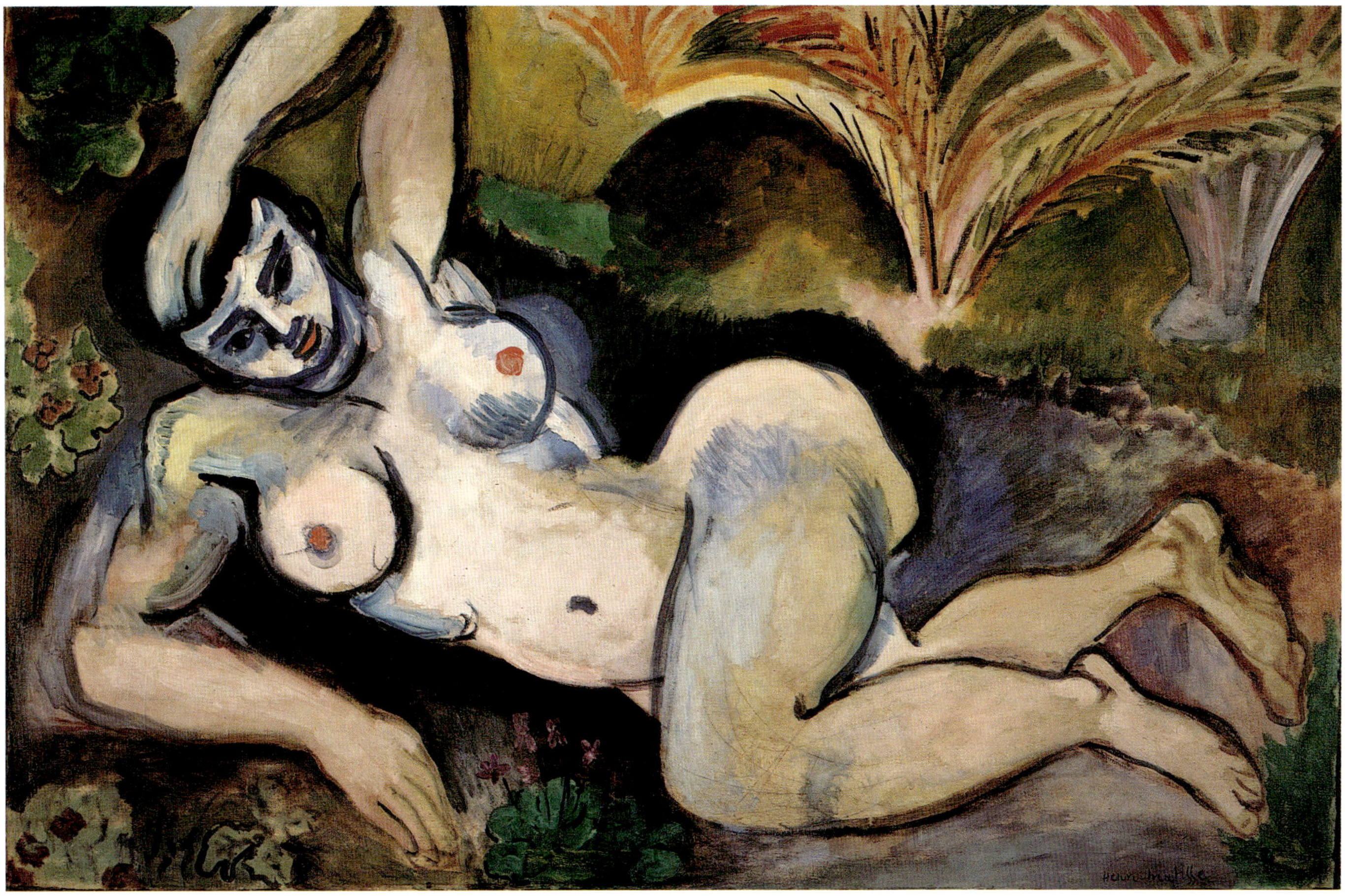

43 **Nu couché**
(Aurore)
(Femme nue couchée)
Collioure, hiver 1906-1907

Bronze
35 × 50 × 27,5 cm
Signé : *Henri Matisse 1/10*
Fondeur : Bingen-Costenoble, Paris
Musée national d'art moderne, Centre Georges Pompidou, Paris

Historique :
Collection Alphonse Kann, Paris et Saint-Germain-en-Laye.
Don des héririers d'Alphonse Kann, 1949.

Expositions :
1910 Londres, Grafton Galleries, n° 15 (sous le titre *Femme couchée*).
1913-1 Paris, galerie Bernheim-Jeune, n° 20 ? (sous le titre *Figure couchée*).

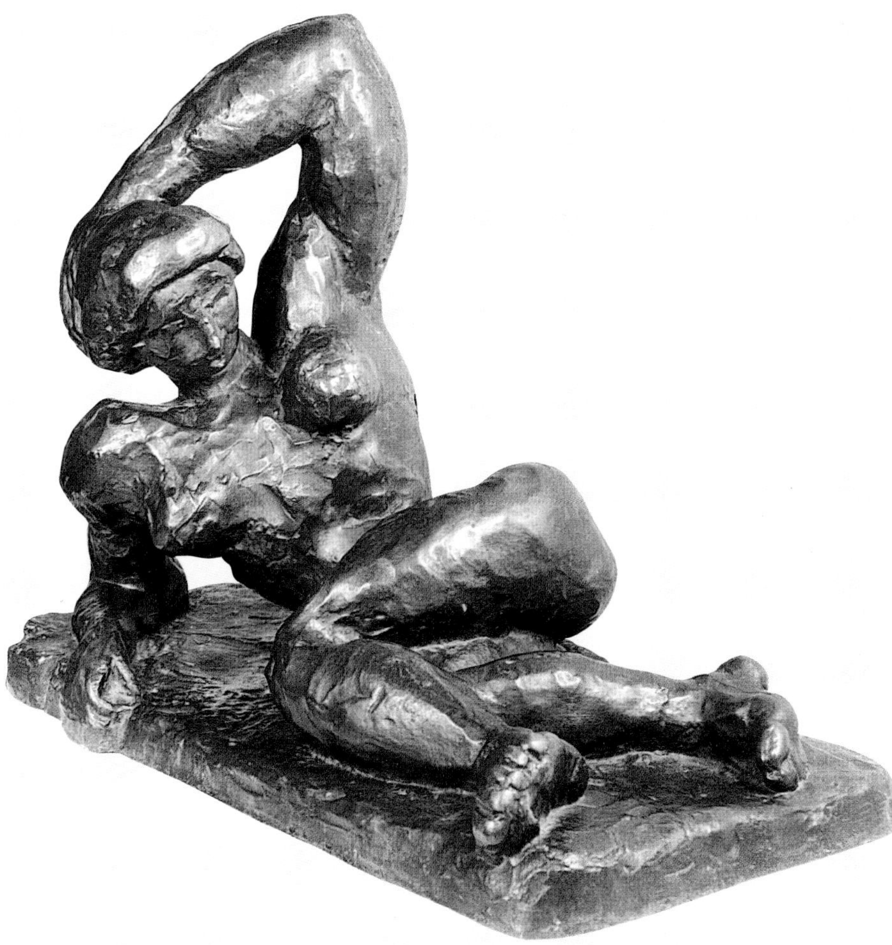

44 **Les oignons roses**
Collioure, hiver 1906-1907

Huile sur toile
46 × 55 cm
Signé en bas à gauche :
Henri-Matisse
Statens Museum for Kunst,
Collection J. Rump, Copenhague,

Historique :
Collection Michael et Sarah Stein, Paris, 1907.
Acquis par le peintre E.R. Weiss lors de la vente aux enchères fictive organisée par Fritz Gurlitt.
Remis après la guerre à Michael et Sarah Stein par Hans Purrmann.
Collection Christian Tetzen-Lund, Copenhague, 1920 → 1924.
Ny Carlsberg Fondet, Copenhague, 1924 → 1927 (en dépôt à la Ny Carlsberg Glyptotek).
Collection Johannes Rump, Copenhague (acquis par échange, voir note de l'historique du n° 18), 1927.
Don au Statens Museum for Kunst, Copenhague, 1928.

Voir note de l'historique du n° 21

Expositions :
1908 Paris, Salon d'Automne, n° 903 (sous le titre *Nature morte aux oignons roses*).
1914 Berlin, Kunstsalon Fritz Gurlitt, n° 14 (sous le titre *Die Zwiebeln*).

Bibliographie :
Jean-Aubry 1908, *L'Art moderne,* 1er novembre, p. 346.
Klingen III, Copenhague, 1920, n° 2, repr.

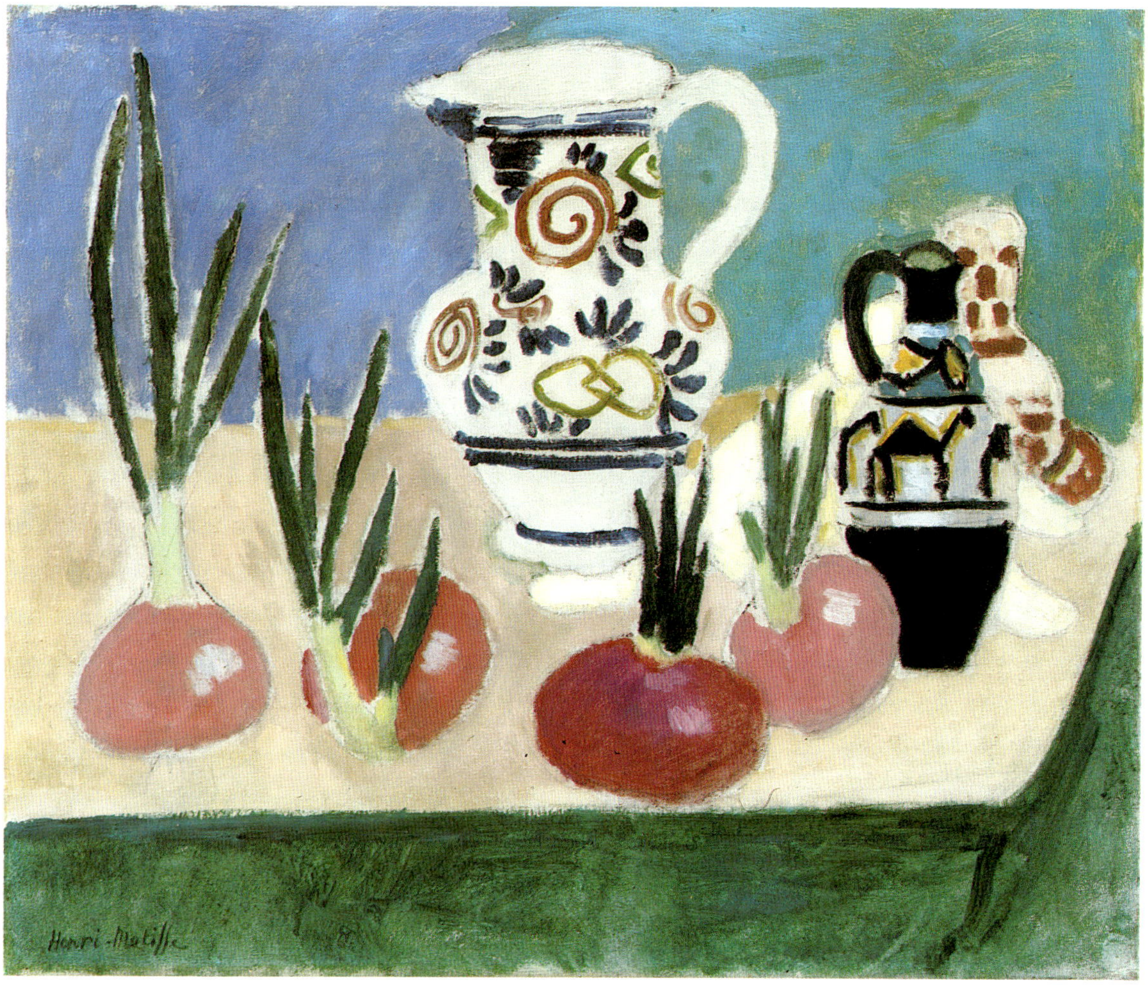
Henri-Matisse

45 **Le jeune marin I**
Collioure, hiver 1906-1907
ou printemps 1907

Huile sur toile
100 × 78,5 cm
Signé en bas à gauche :
Henri-Matisse
Collection particulière

Historique :
Collection Michael et Sarah Stein, Paris, 1907.
Collection Trygve Sagen, Norvège, vers 1919 → vers 1927.
Collection Peter Krag, vers 1927.
Collection Mme Sigri Welhaven, Oslo.
Vente Londres, Christie's, *Impressionist and Modern Paintings and Sculpture,* 3 juillet 1979, n° 99, repr. (vendu 720 000 £).

Voir note de l'historique du n° 21

Expositions :
1908 Paris, Salon d'Automne, n° 902.
1914 Berlin, Kunstsalon Fritz Gurlitt, n° 12, repr. (daté 1907, sous le titre *Bildnis eines seemanes*).
1916 Oslo, n° 31 (à vendre 6 000 kr.).

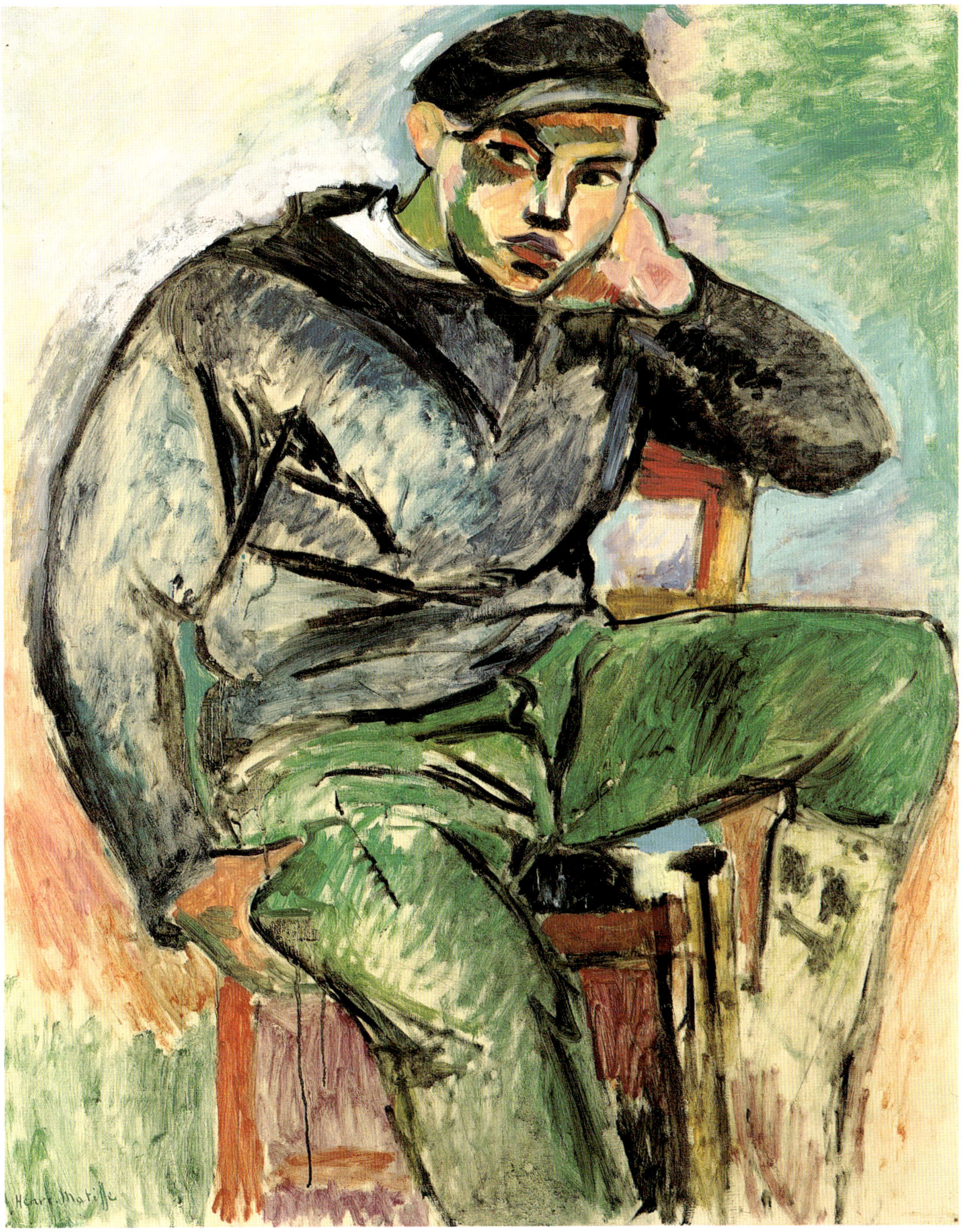
Henri-Matisse

45 bis **Le jeune marin II**
Collioure, hiver 1906-1907
ou printemps 1907

Huile sur toile
100 × 81 cm
Signé et daté en bas à gauche :
Henri-Matisse 1906
The Jacques and Natasha Gelman Collection

Historique :
Atelier de l'artiste.
Galerie Bernheim-Jeune, Paris, 9 octobre 1913 → 1922.
Leopold Zborowski, Paris, 1922.
J. B. Neumann, New York.
Collection Hans Seligmann, Bâle, vers 1923 → 1952.
Pierre Matisse Gallery, New York, 1952.
Collection M. et Mme Leigh B. Block, Chicago, avril 1952 → 1969.
Marlborough Gallery, New York, 1969.
Collection Jacques et Natasha Gelman, Mexico, 1969.

Expositions :
1909-1910 Odessa puis Kiev, Saint-Pétersbourg et Riga [Salon de la première Exposition internationale], n° 396.
1912 Londres, Grafton Galleries, n° 36 (sous le titre *Jeune marin*).
1913 New York, *Armory Show,* n° 405 / Chicago, n° 241 / Boston, n° 122.
1915 New York, Montross Gallery, n° 63.
1920 Barcelone, galerie Dalmau, n° 51, repr.

Bibliographie :
Sembat 1920, repr. p. 31 (daté 1907).

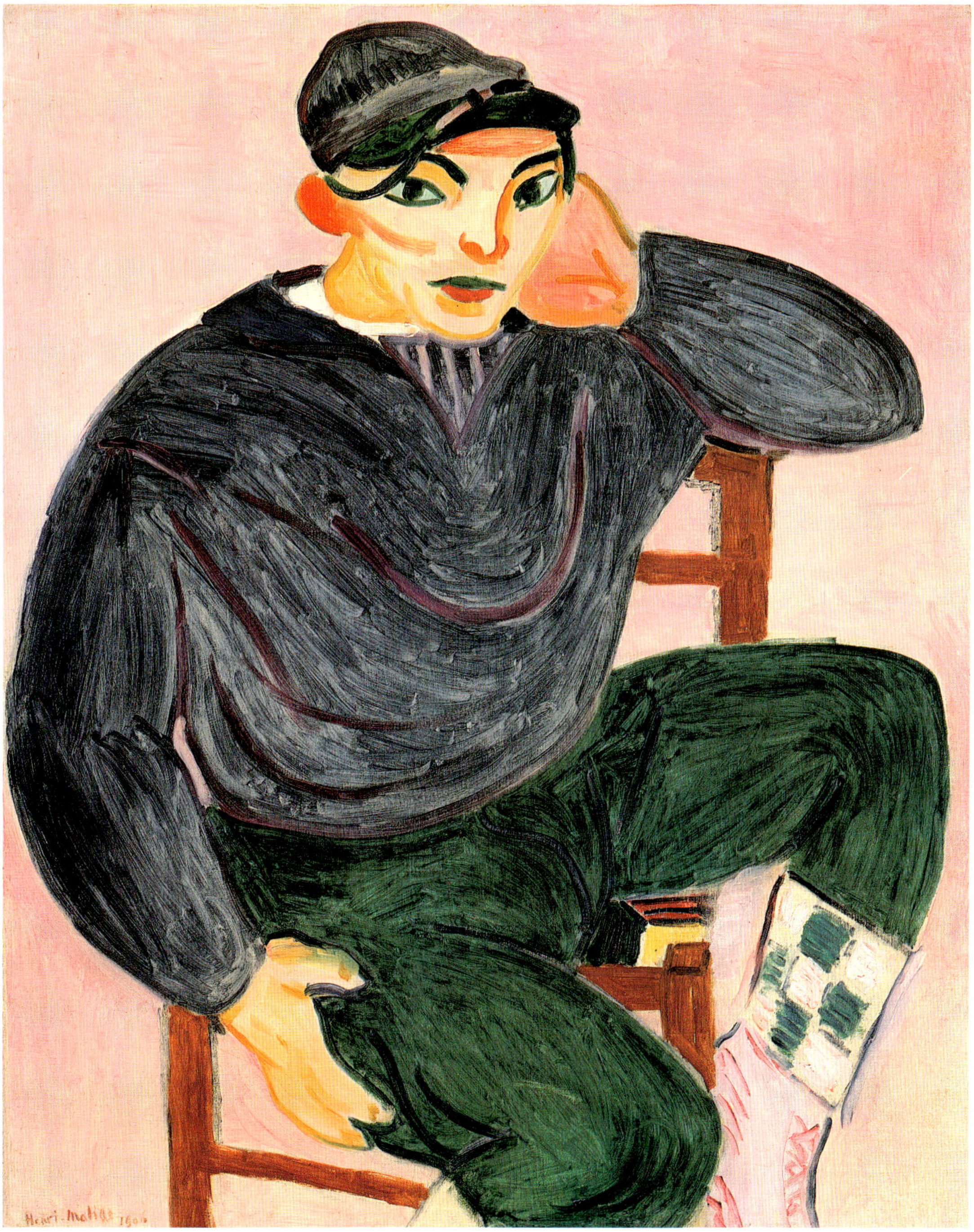
Henri-Matisse 1906

46 Portrait de Marguerite
Collioure, hiver 1906-1907

Huile sur toile
65 × 54 cm
Non signé, non daté. Inscription en haut à gauche : *MARGUERITE*
Musée Picasso, Paris

Historique :
Collection Pablo Picasso, 1907 → 1973 (échangé avec Matisse contre *Vase, bol et citron,* été 1907, Daix 1979, n° 66 ; galerie Beyeler, Bâle, en 1992).
Donation de Jacqueline Picasso et Paul Picasso à l'État, 1973.
Musée du Louvre, Paris, 1973 → 1984.
Musée Picasso, Paris, 1984.

Expositions :
1910-1 Paris, galerie Bernheim-Jeune, repr. p. 4.
1912 Cologne, Sonderbund.

Bibliographie :
Arp 1913, repr. (sous le titre *Bildnis*).

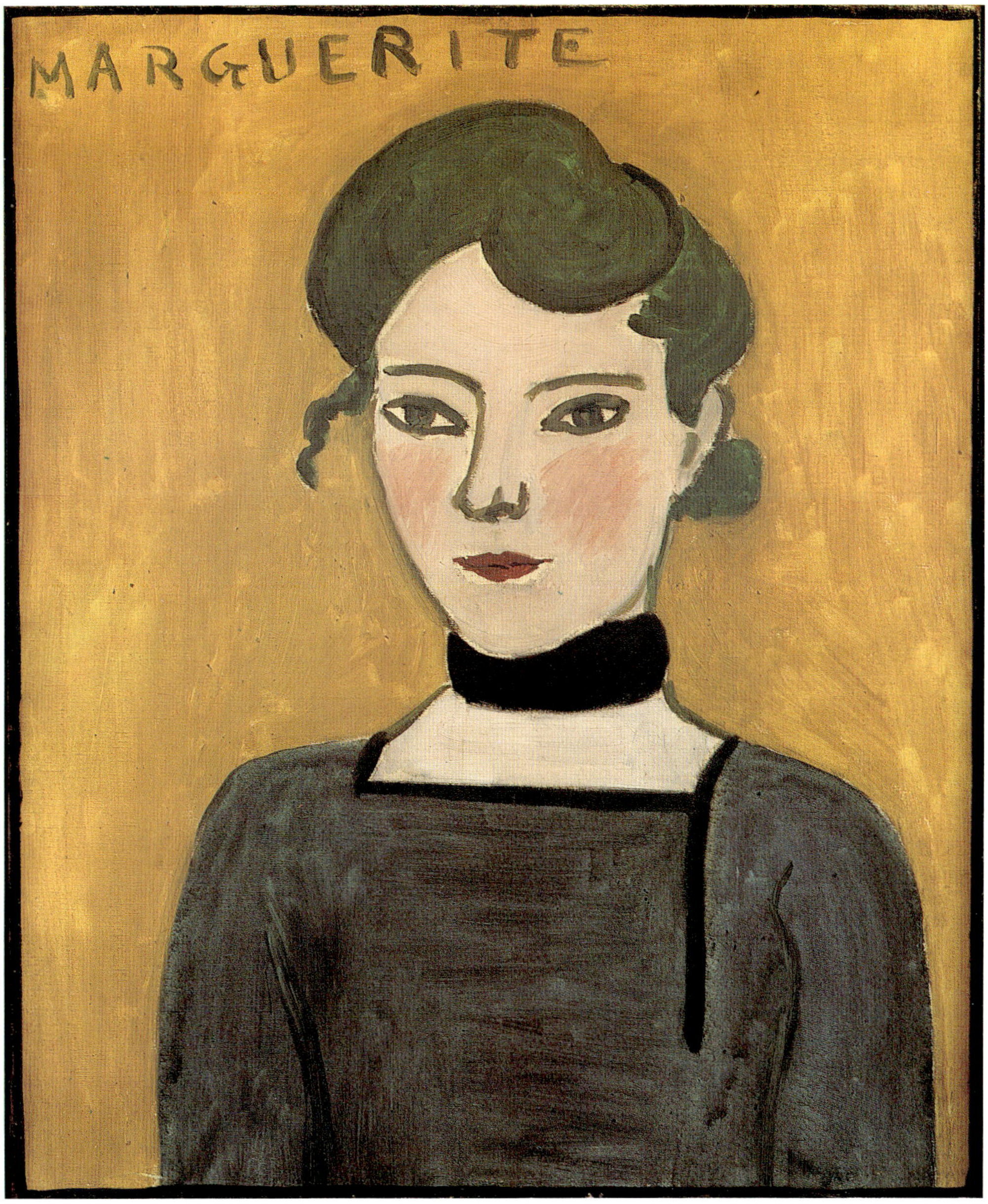
MARGUERITE

47 Portrait de Marguerite
Collioure, hiver 1906-1907
ou printemps 1907

Huile sur toile
56 × 46 cm
Signé en bas à gauche :
Henri-Matisse
Collection particulière

Historique :
Galerie Druet, Paris ?
Jos Hessel ?
Collection Dr. Soubies, Paris, vers 1926.
Vente Paris, Hôtel Drouot, *Collection du Docteur Soubies,* 14 juin 1928, n° 62, repr. p. 62 (sous le titre *Femme à la cravate,* vendu 15 000 francs).
Collection S., Paris.
Vente Paris, Hôtel Drouot, *Succession de Monsieur S...,* 24 novembre 1932, n° 55 (sous le titre *Femme à la cravate*).
Valentine Gallery, New York.
Collection Walter P. Chrysler, Jr.
Vente New York, Parke Bernet Galleries, *French and other Modern Paintings [...] from the Collection of Walter P. Chrysler, Jr.,* 22 mars 1945, n° 93, repr. (sous le titre *Tête de femme*).
Collection Pierre Matisse, New York.

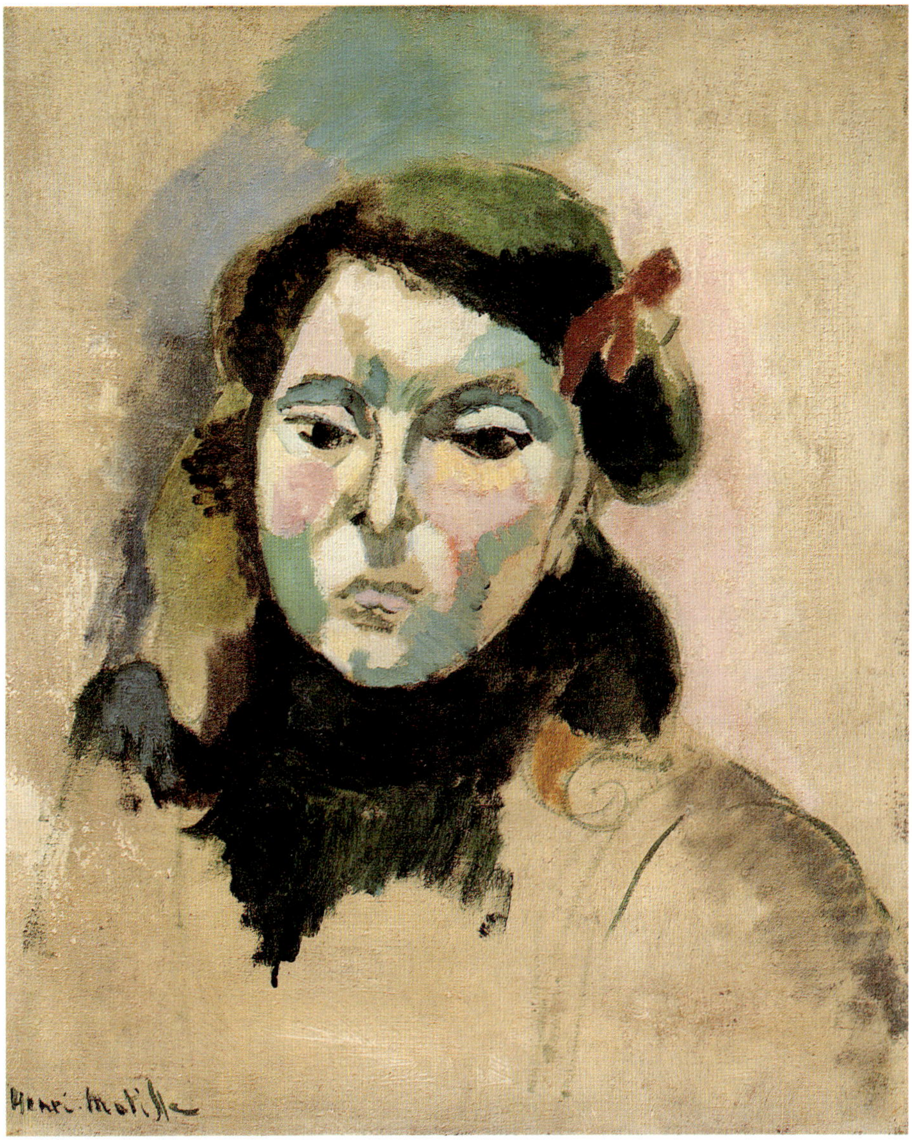
Henri-Matisse

48 **Nature morte aux asphodèles**
Collioure, été 1907

Huile sur toile
114 × 87 cm
Signé en haut à droite :
Henri-Matisse
Museum Folkwang, Essen

Historique :
Collection Karl-Ernst Osthaus, Hagen, 21 octobre 1907 (acheté 1 550 francs par l'intermédiaire de Félix Fénéon et de la galerie Bernheim-Jeune) pour le Folkwang Museum, Hagen, jusqu'en 1921*.
Folkwang Museum, Essen, octobre 1922.

* Karl Ernst Osthaus meurt en 1921. En juin 1922, une association de citoyens d'Essen réunis sous le nom de Folkwang Museum Verein, Essen, achète la collection du Folkwang Museum de Hagen, qui est transférée à Essen en octobre 1922, où elle sera dès lors exposée.

Expositions :
1907 Hagen, Folkwang Museum.
1910-1 Paris, galerie Bernheim-Jeune, repr. p. 2 (mais n'apparaît pas dans la liste des œuvres exposées).

Bibliographie :
Folkwang Museum, Hagen, 1912, n° 151.
Die Rheinlande 1913, repr. p. 173.
Waldmann 1914, *Kunst und Kunstler,* repr. p. 260.
Das Kunstblatt 1919, repr. p. 220.
Servaes 1920, *Der Cicerone,* repr. p. 106.

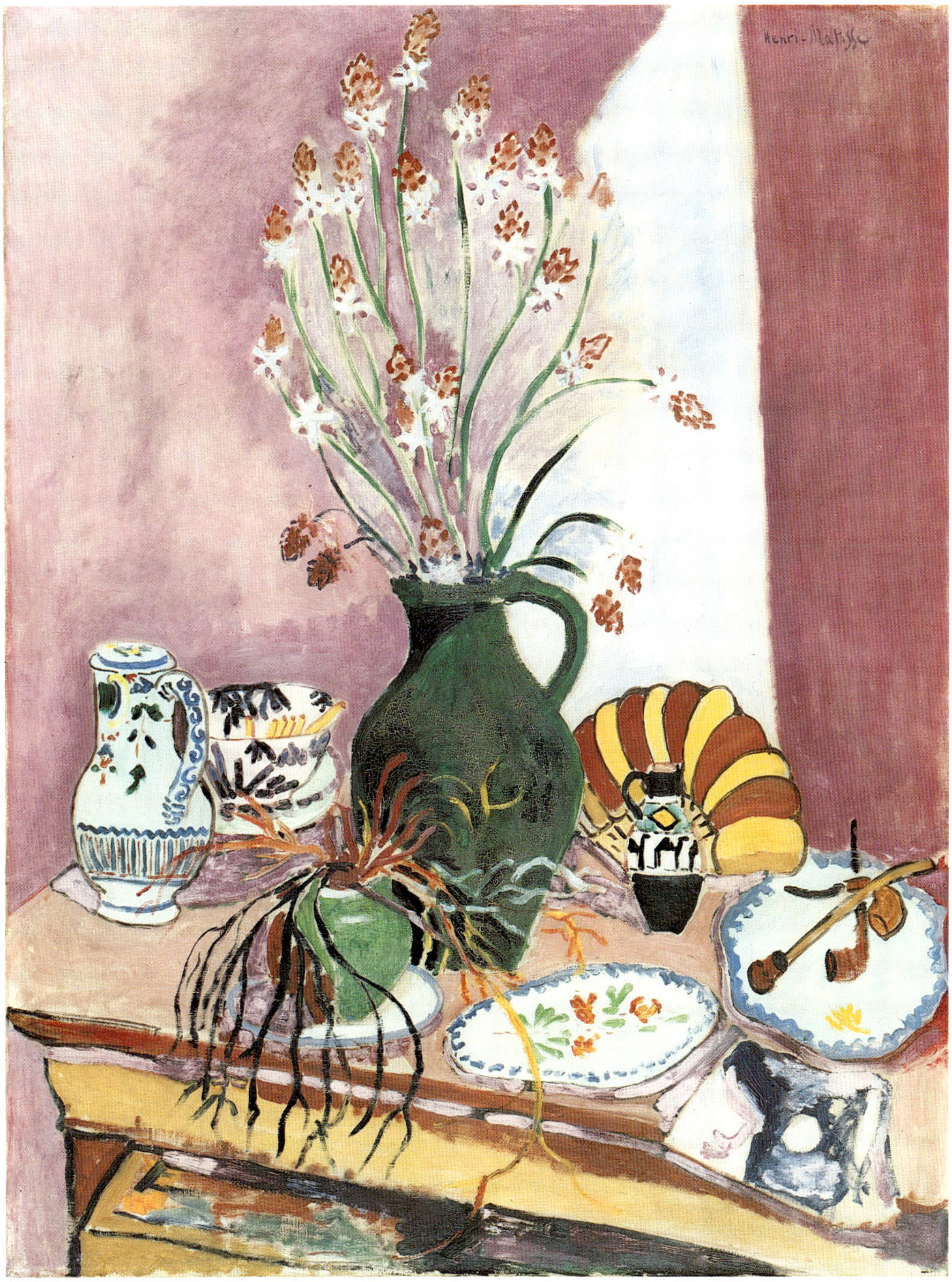
Henri-Matisse

49 **La berge**

Collioure, printemps-été 1907

Huile sur toile
73 × 60,5 cm
Signé en bas à droite :
Henri-Matisse
Öffentlische Kunstsammlung
Kunstmuseum, Bâle

Historique :
Galerie Bernheim-Jeune, Paris, 18 juin 1907 → 6 février 1908 (vendu 864 francs).
Collection Karl Ernst Osthaus, Hagen, février 1908 pour le Folkwang Museum, Hagen, jusqu'en 1921.
Folkwang Museum, Essen, octobre 1922 → 1937.
Confisqué par le gouvernement allemand en 1937.
Vente Lucerne, galerie Fischer, *Gemälde und Plastiken moderner Meister aus deutschen Museen,* 30 juin 1939, n° 96, repr. (sous le titre *Flusslandschaft,* vendu 5 100 francs suisses).
Collection Max Müller, Ascona, 1939 → 1952.
Galerie Beyeler, Bâle.
Achat du Kunstmuseum, Bâle, en 1953.

Voir note de l'historique du n° 48

Bibliographie :
Folkwang Museum, Hagen, 1912, n° 150.

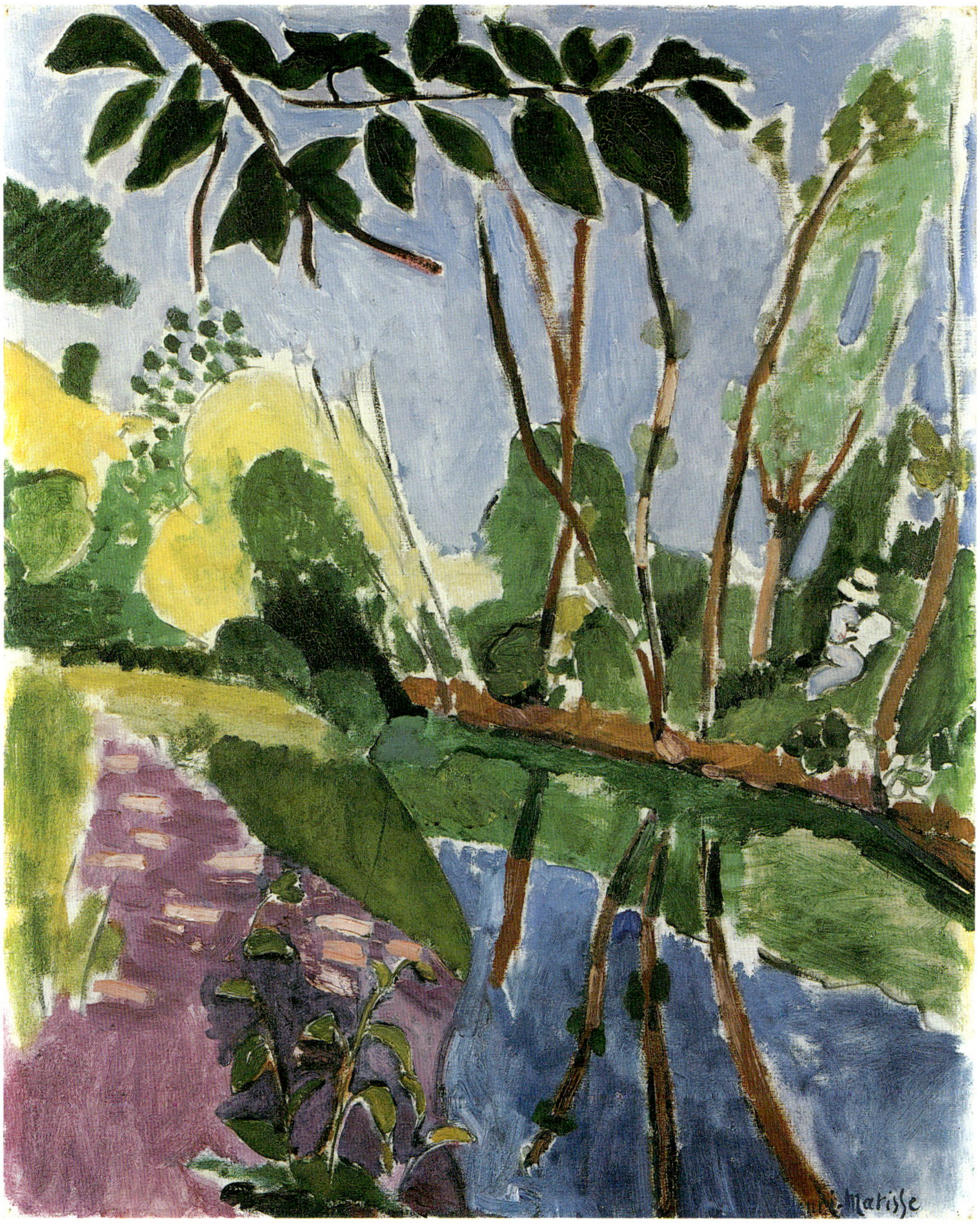
Matisse

50 Vue de Collioure

(Le vitrail)
(Collioure à travers les arbres)
Collioure, été 1907 ou Paris, 1907-1908

Huile sur toile
92 × 65,5 cm
Signé en bas à droite :
Henri Matisse
The Jacques and Natasha Gelman Collection

Historique :
Collection Michael et Sarah Stein, Paris.
Collection Marie Cuttoli, Paris.
Collection Helena Rubinstein, Paris et New York.
Vente New York, Parke Bernet Galleries, *The Helena Rubinstein Collection, Modern Paintings and Sculpture, Part I,* 20 avril 1966, n° 48, repr. (vendu 42 000 $).
E. V. Thaw & Co, New York, 1966.
Acheté par Jacques et Natasha Gelman, en 1967.

Voir note de l'historique du n° 21

Expositions :
1910-1 Paris, galerie Bernheim-Jeune ?, n° 43 ? (sous le titre *Paysage de Collioure,* à M. L. [Leo] D. [Daniel] S. [Stein]).
1914 Berlin, Kunstsalon Fritz Gurlitt, n° 16 (sous le titre *Collioure Zwischen Baumen*).

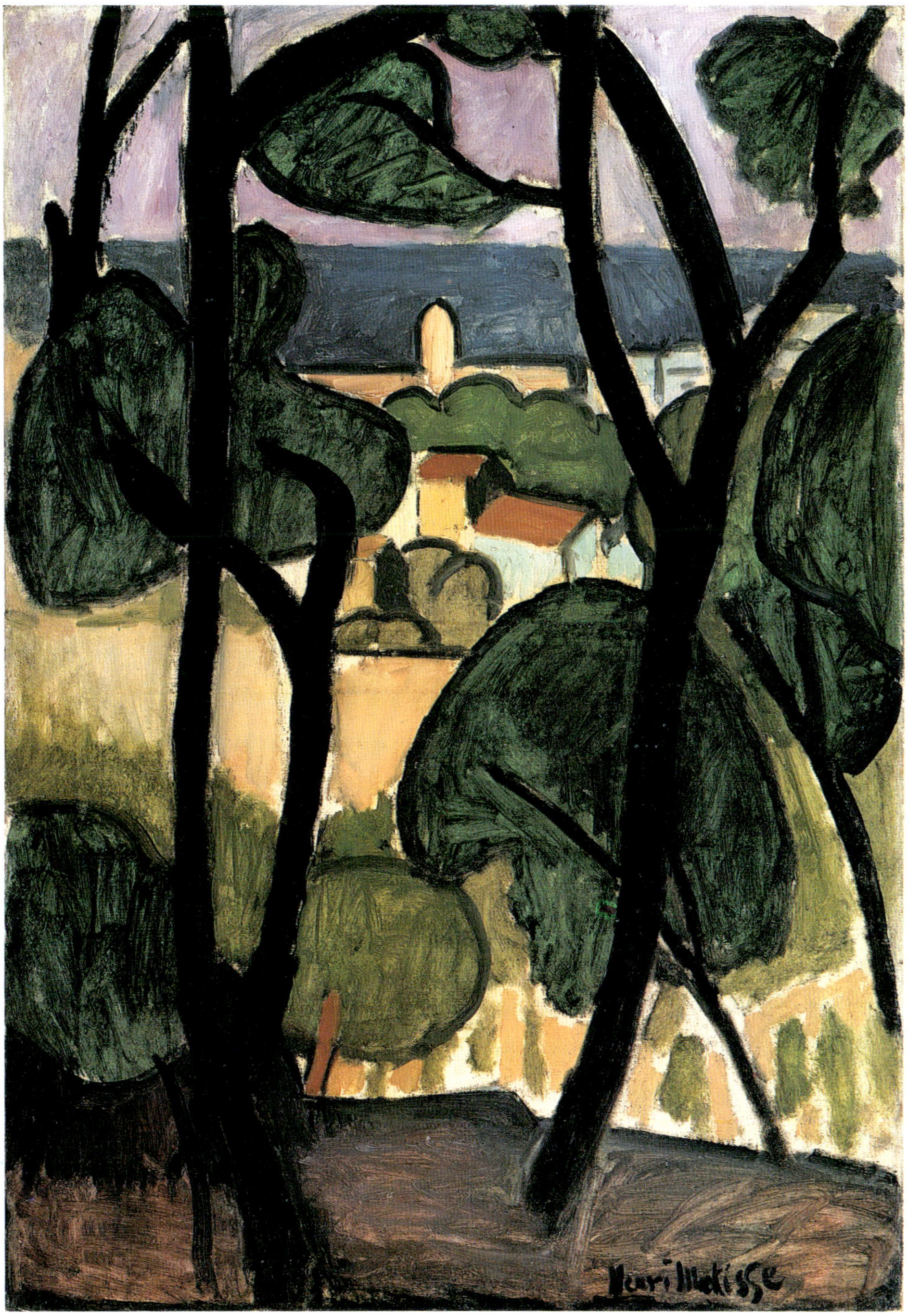
Henri Matisse

52 La musique : esquisse
Collioure, printemps-été 1907

Huile sur toile
73,4 × 60,8 cm
Signé en bas à gauche :
Henri Matisse
The Museum of Modern Art, New York. Gift of A. Conger Goodyear in honor of Alfred H. Barr, Jr.

Historique :
Collection Leo Stein et Gertrude Stein, Paris, fin 1907 → 1914 ?
Collection Marius de Zayas, New York.
Collection John Quinn, New York, 21 avril 1920 (acheté 1 100 $) → 1924.
Succession John Quinn, 1924 → 1926.
Collection A. Conger Goodyear, Buffalo et New York, janvier 1926 (acheté 1 800 $) → 1962.
Don au Museum of Modern Art, New York, 1962.

Expositions :
1907-1 Salon d'Automne, n° 757 bis (sous le titre *La musique [esquisse]*).
1910-1 Paris, galerie Bernheim-Jeune, repr. p. 8 (mais n'apparaît pas dans la liste des œuvres exposées).
1914, Rome, Secessione, section française, n° 3 (sous le titre *La musica*).
1919 New York, Marius de Zayas, n° 20, repr.
1920 New York, Marius de Zayas.

Bibliographie :
Arp 1913, repr. pl. 5 (sous le titre *Studie zur Musik*).

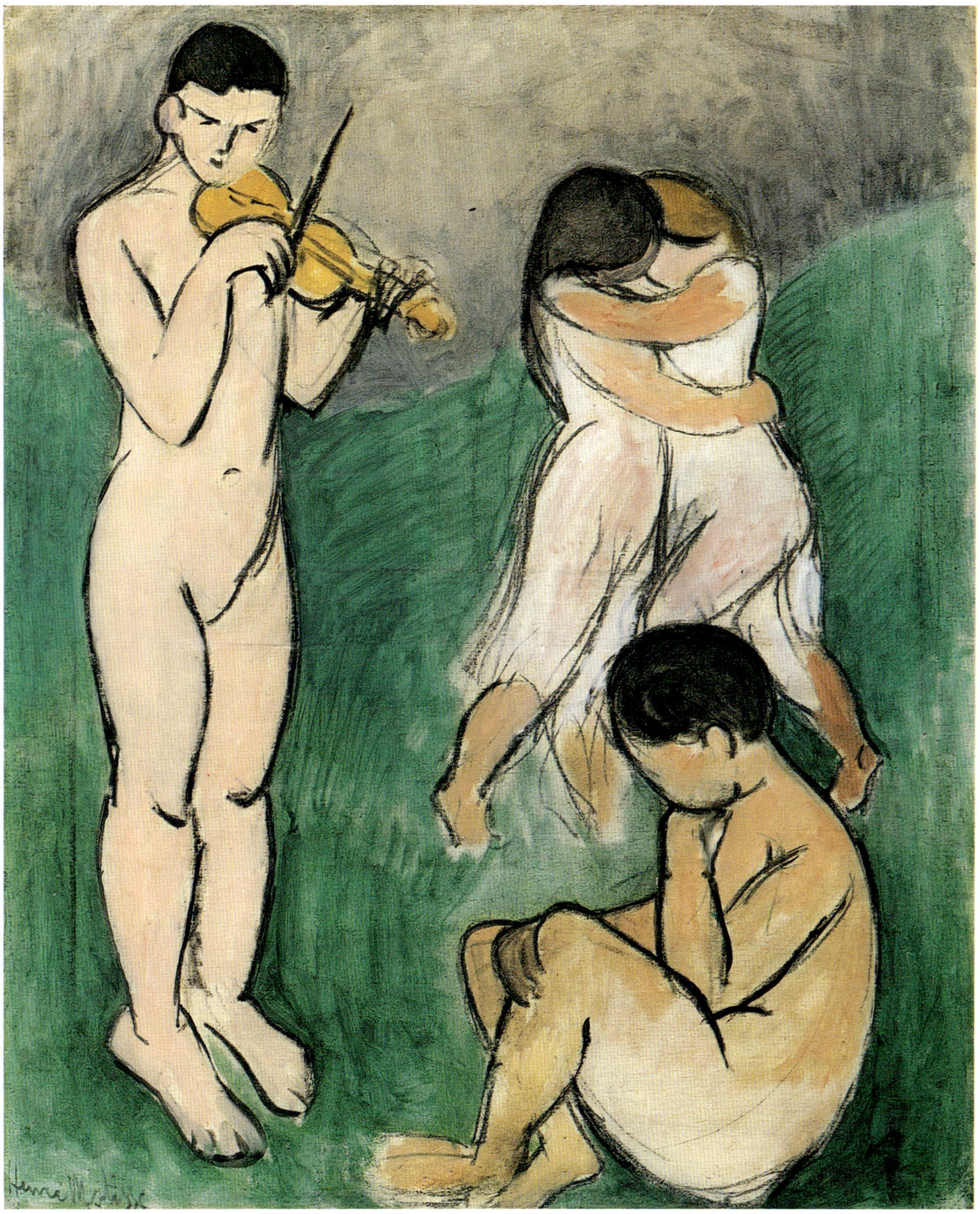

53 Le luxe I

(Le luxe, esquisse)
(Luxe)
(Le luxe, décoration)
Collioure, été 1907

Huile sur toile
210 × 138 cm
Signé en bas à gauche : *H.M.*
Musée national d'art moderne, Centre Georges Pompidou, Paris

Historique :
Atelier de l'artiste.
Prêt à Michael et Sarah Stein, 1908 → 1911 ?
Achat des Musées nationaux à l'artiste, 1945.

Exposition :
1907-1 Paris, Salon d'Automne, n° 758 (sous le titre *Le luxe, esquisse*).

Bibliographie :
Vauxcelles 1907, *Gil Blas,* 30 septembre.
Desvallières 1907, *La Grande Revue,* 1er octobre, p. 741.
Thiébault-Sisson 1907, *Le Petit Temps,* 1er octobre, p. 1.
Vallotton 1907, *La Grande Revue,* 25 octobre, p. 920.
Jean-Aubry 1907, *L'Art moderne,* n° 43, 27 octobre.
Apollinaire 1907, *La Phalange,* 15 décembre, repr.
Malpel 1907-2, *Le Télégramme.*
Hind 1911, pp. 45-46.

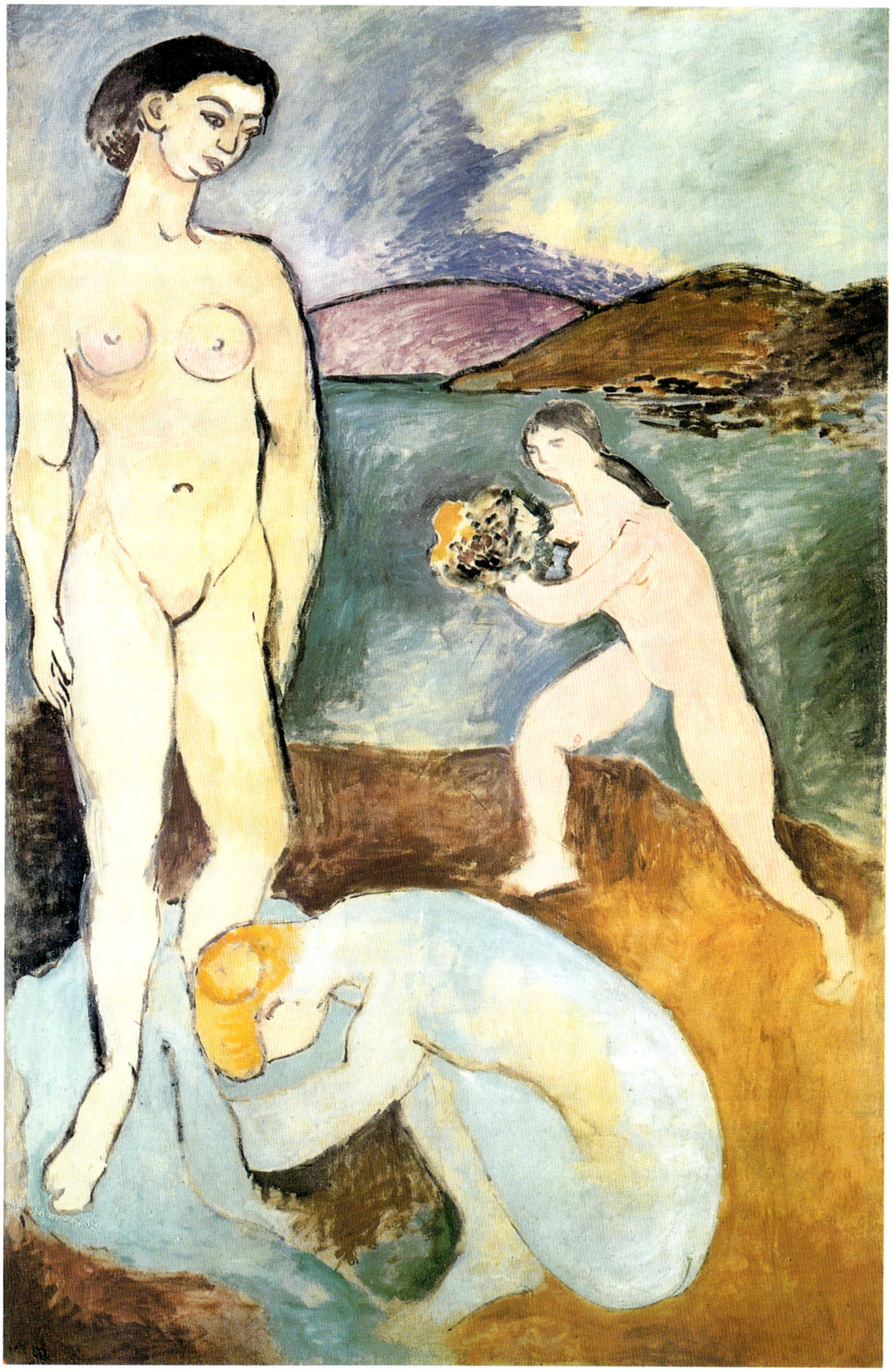

54 **Nu noir et or**

Paris, Couvent des oiseaux ou Couvent du Sacré Cœur, début 1908

Huile sur toile
100 × 65 cm
Signé en bas à droite :
Henri-Matisse
Musée de l'Ermitage, Saint-Pétersbourg

Historique :
Galerie Bernheim-Jeune, Paris, 12 février → 1er mai 1908 (vendu 1 000 francs).
Collection Serguei Stschoukine, Moscou, 1er mai 1908 → 1918.
Premier Musée de la peinture occidentale moderne, Moscou, 1919 → 1922.
Musée d'État d'art moderne occidental, Moscou, avril 1922 → 1948.
Musée de l'Ermitage, Léningrad, 1948.

Voir note de l'historique du n° 22

Exposition :
1908 → 1918 : visible au palais Troubetskoy, résidence de Serguei Stschoukine à Moscou ouverte au public le dimanche.

Bibliographie :
Matisse 1908, *La Grande Revue,* 25 décembre, repr. p. 743.
Mercereau 1909, *La Toison d'or,* n° 6, p. IV, repr. p. 10.
Sembat 1920, repr. p. 19 (sous le titre *L'Italienne nue*).

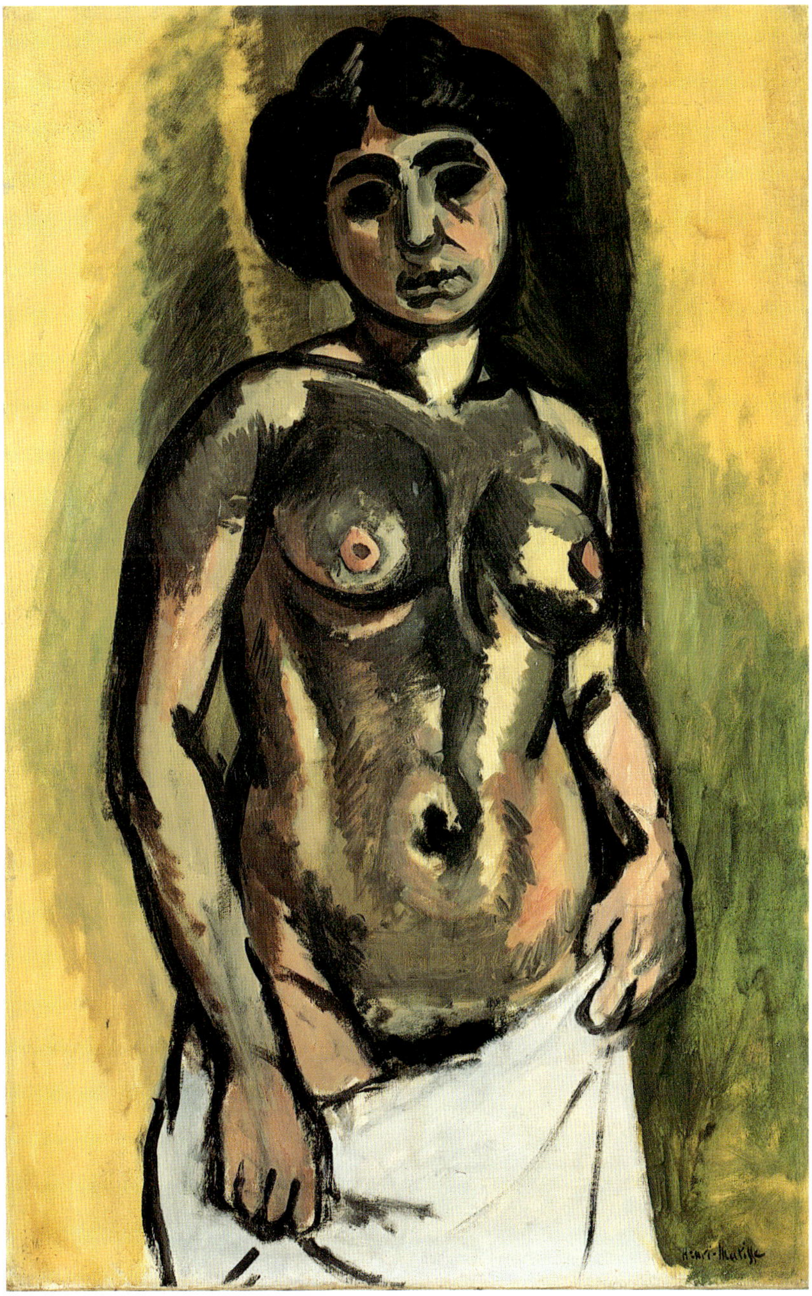
Henri-Matisse

55 Sculpture et vase persan

(Nature morte, bronze à l'œillet)
(Bronze aux œillets)

Paris, Couvent du Sacré
Cœur, printemps 1908

Huile sur toile
60,5 × 73,5 cm
Signé et daté en bas à droite :
Henri Matisse 08
Nasjonalgalleriet, Oslo

Historique :
Galerie Bernheim-Jeune, Paris, 7 juillet → 1er octobre 1908 (vendu 1 000 francs).
Collection Michael et Sarah Stein, Paris, 1er octobre 1908.
Collection Christian Tetzen-Lund, Copenhague, 1920 → 1934.
Vente Tetzen-Lund, Copenhague, *Franske og Skandinaviske Billeder tilhørende Tetzen-Lunds Samlinger,* 18-19 mai 1925, nº 84 (non vendu).
Vente Copenhague, Winkel & Magnussen, *Chr. Tetzen-Lund's Samling,* 1934, nº 11, repr.
Achat des Amis du Musée pour la Nasjonalgalleriet, Oslo, 1934.

Voir note de l'historique du nº 21

Expositions :
1908 Paris, Salon d'Automne, nº 896 (sous le titre *Nature morte, bronze à l'œillet*).
1910-1 Paris, galerie Bernheim-Jeune, nº 55 (sous le titre *Le bronze*).
1914 Berlin, Kunstsalon Fritz Gurlitt, nº 18 (sous le titre *Stilleben mit Bronze*).
1918 Christiania (Oslo), nº 44, repr. (sous le titre *Nature morte*).

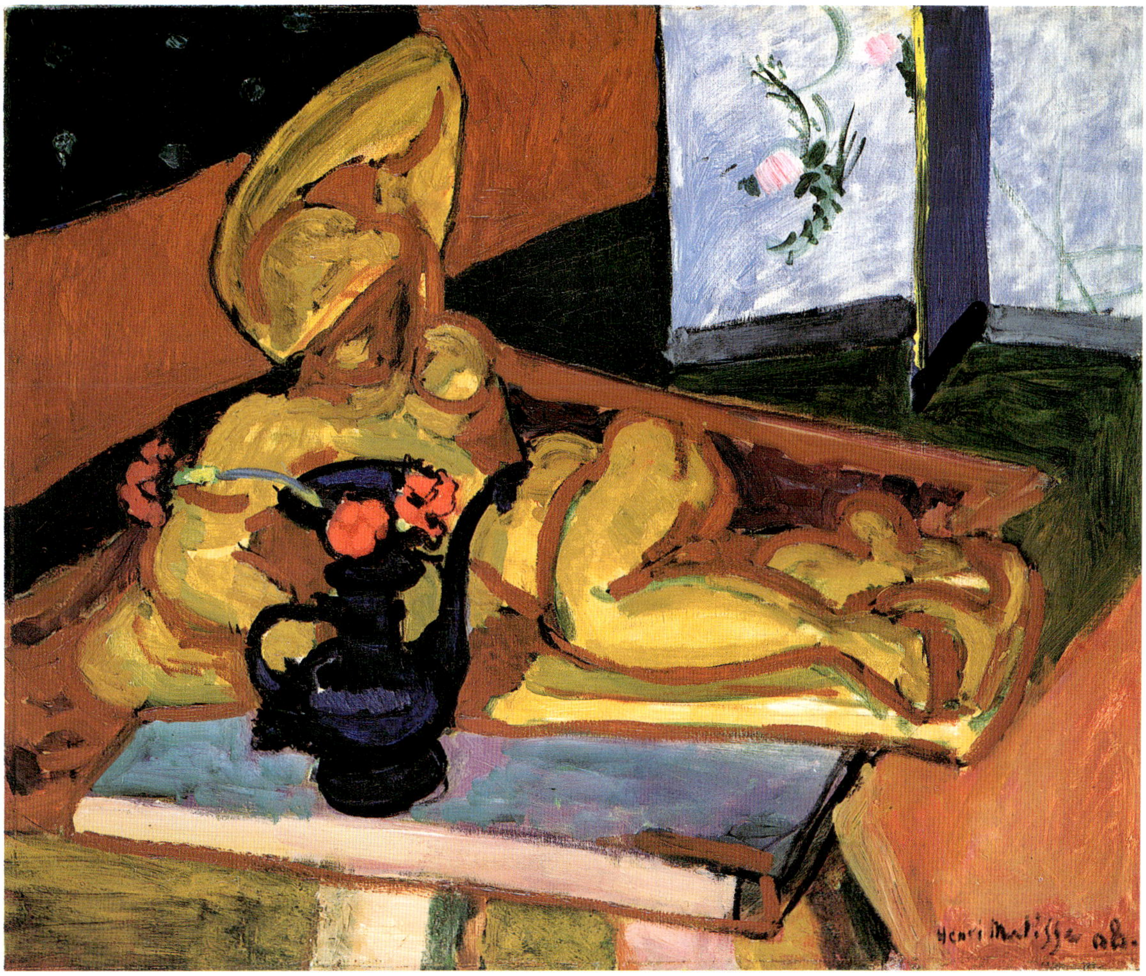

56 **Baigneuses à la tortue**

(Trois femmes au bord de la mer)

Paris, Couvent des oiseaux, ou Couvent du Sacré Cœur, février 1908

Huile sur toile
179,1 × 220,3 cm
Signé et daté en bas à droite :
Henri-Matisse 08
The Saint Louis Art Museum. Gift of Mr. et Mrs Joseph Pulitzer, Jr.

Historique :
Collection Karl Ernst Osthaus, Hagen, décembre 1908 pour le Folkwang Museum, Hagen, jusqu'en 1921.
Folkwang Museum, Essen, octobre 1922 → 1937.
Confisqué par le gouvernement allemand en 1937.
Vente Lucerne, galerie Fischer, *Gemalde und Plastiken Moderner Meister aus Deutschen Museen,* 30 juin 1939, n° 93, repr. (sous le titre *Drei Frauen*).
Collection Joseph Pulitzer, Jr., Saint Louis, 1939 → décembre 1964 (acheté par l'intermédiaire de Pierre Matisse pour 9 100 francs suisses).
Prêté au City Art Museum de Saint Louis de mai 1947 à décembre 1964.
Don de M. et Mme Joseph Pulitzer au Saint Louis Art Museum, 1964.

Voir note de l'historique du n° 48

Bibliographie :
Niemeyer 1911, pp. 84-89, repr. p. 89 (sous le titre *Mädchen am Strande*).
Camera Work 1912, repr. pl. 3.
Museum Folkwang, Hagen, 1912, n° 152 (sous le titre *Drei Frauen am Meer*).
Wright 1915, pp. 226, 234-235, repr. p. 226 (sous le titre *Baigneuses*).

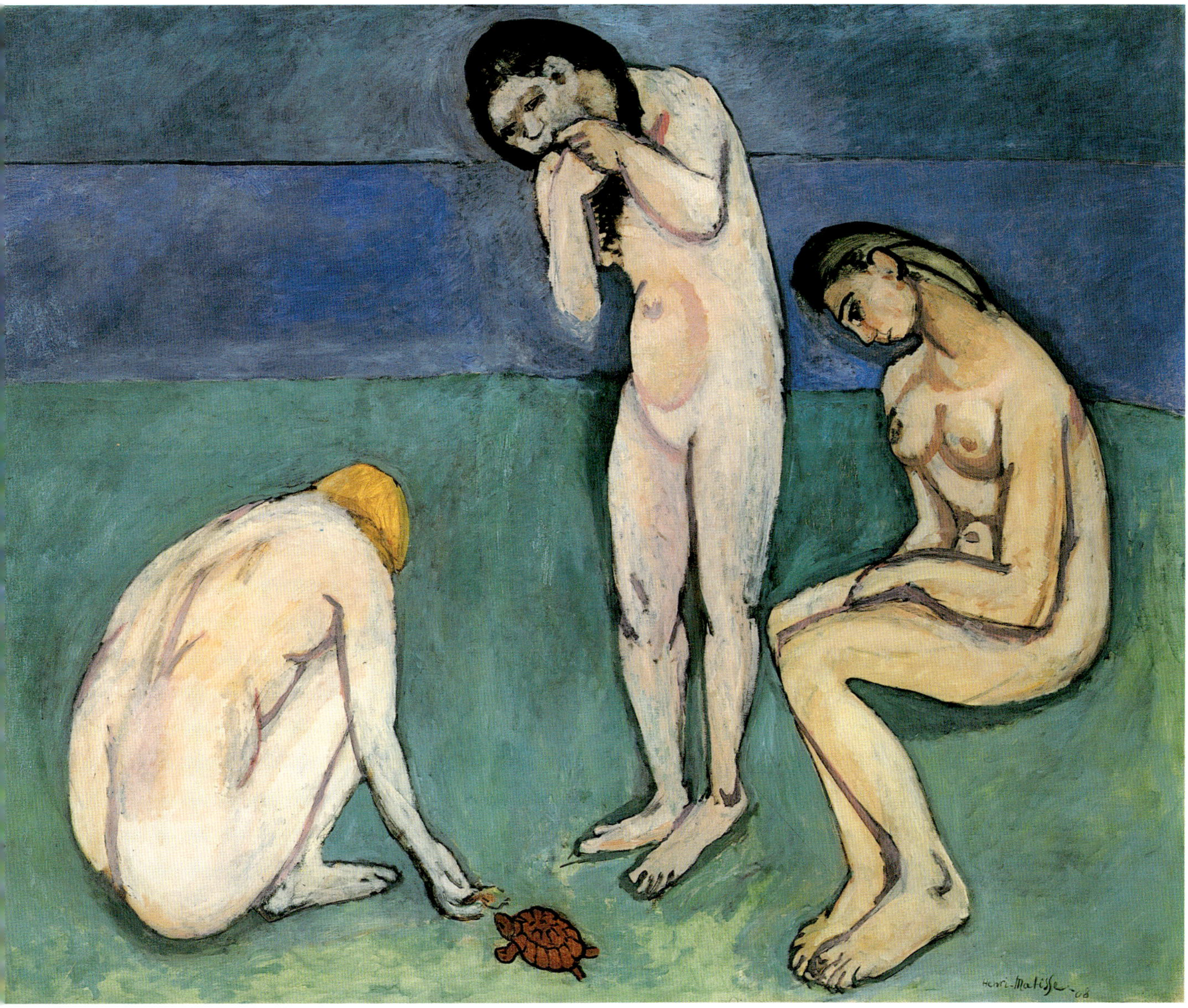

57 Les joueurs de boule
Paris, Couvent du Sacré Cœur, printemps 1908

Huile sur toile
113,5 × 145 cm
Signé et daté en bas à gauche : *H.M-08*
Musée de l'Ermitage, Saint-Pétersbourg

Historique :
Collection Serguei Stschoukine, Moscou, juillet 1908 → 1918.
Premier Musée de la peinture occidentale moderne, Moscou, 1919 → 1922.
Musée d'État d'art moderne occidental, Moscou, avril 1922 → 1948.
Musée de l'Ermitage, Léningrad, 1948.

Voir note de l'historique du n° 22

Exposition :
1908 → 1918 : visible au palais Troubetskoy, résidence de Serguei Stschoukine à Moscou ouverte au public le dimanche.

Bibliographie :
Matisse 1908, *La Grande Revue,* 25 décembre, repr. p. 745.
Mercereau 1909, *La Toison d'or,* n° 6, p. XI, repr. p. 7 (sous le titre *Jeu à la balle*).
Catalogue Stschoukine 1913, n° 109.
Tugendhold 1914, *Apollon,* n° 1-2, p. 42, repr. p. 62.

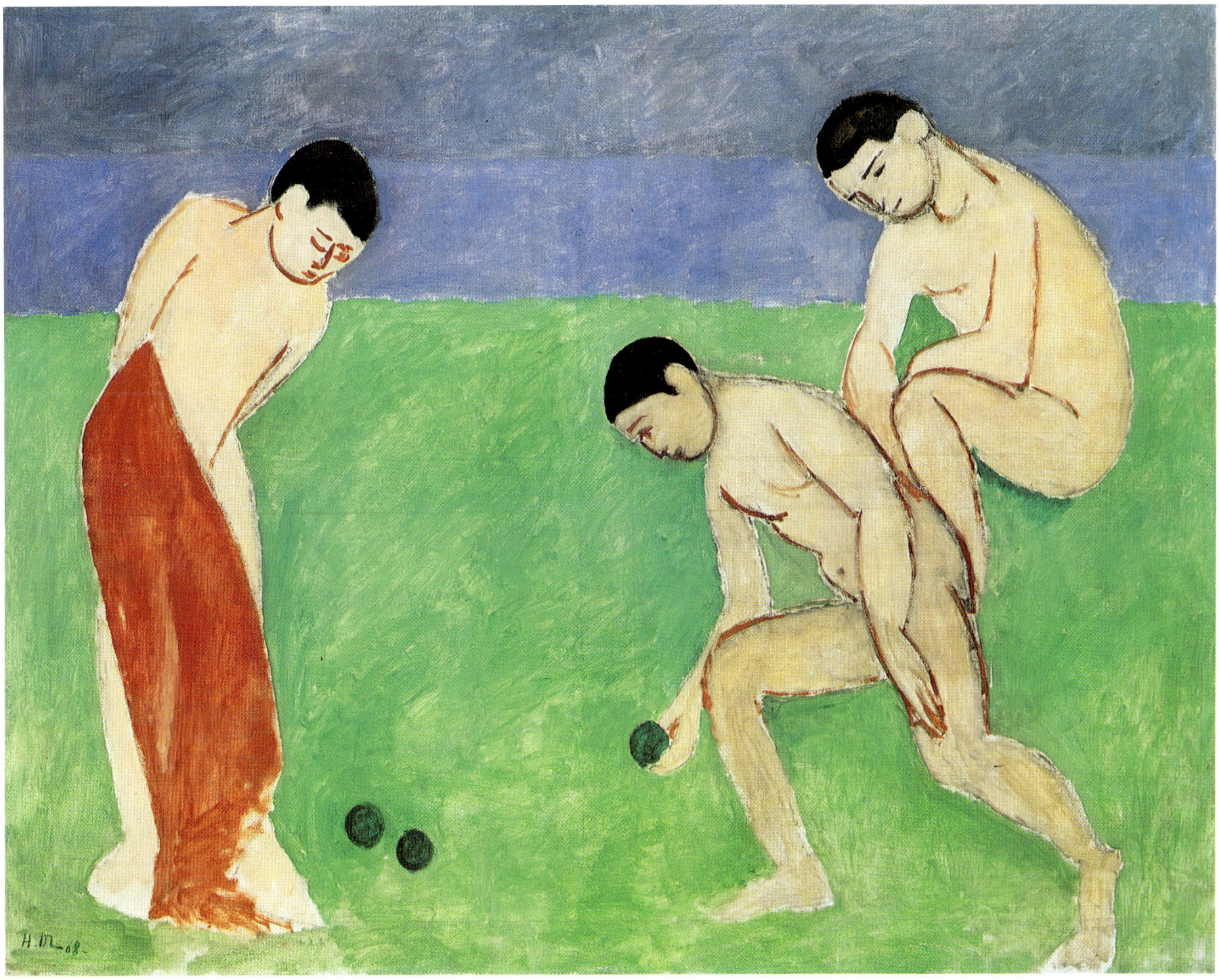
H.M. 08

58 Figure décorative
Paris, Couvent du Sacré
Cœur, printemps-été 1908

Bronze
71,5 × 30 × 40 cm
Monogrammé sur la terrasse,
au dos : *HM 10*
Courtesy Thomas Gibson Fine Art
Ltd, Londres

Expositions :
1908 Paris, Salon d'Automne,
n° 919 (sous le titre *Femme assise*).
1913-1 Paris, galerie Bernheim-
Jeune, n° 13 (sous le titre *Figure
assise et accoudée*).

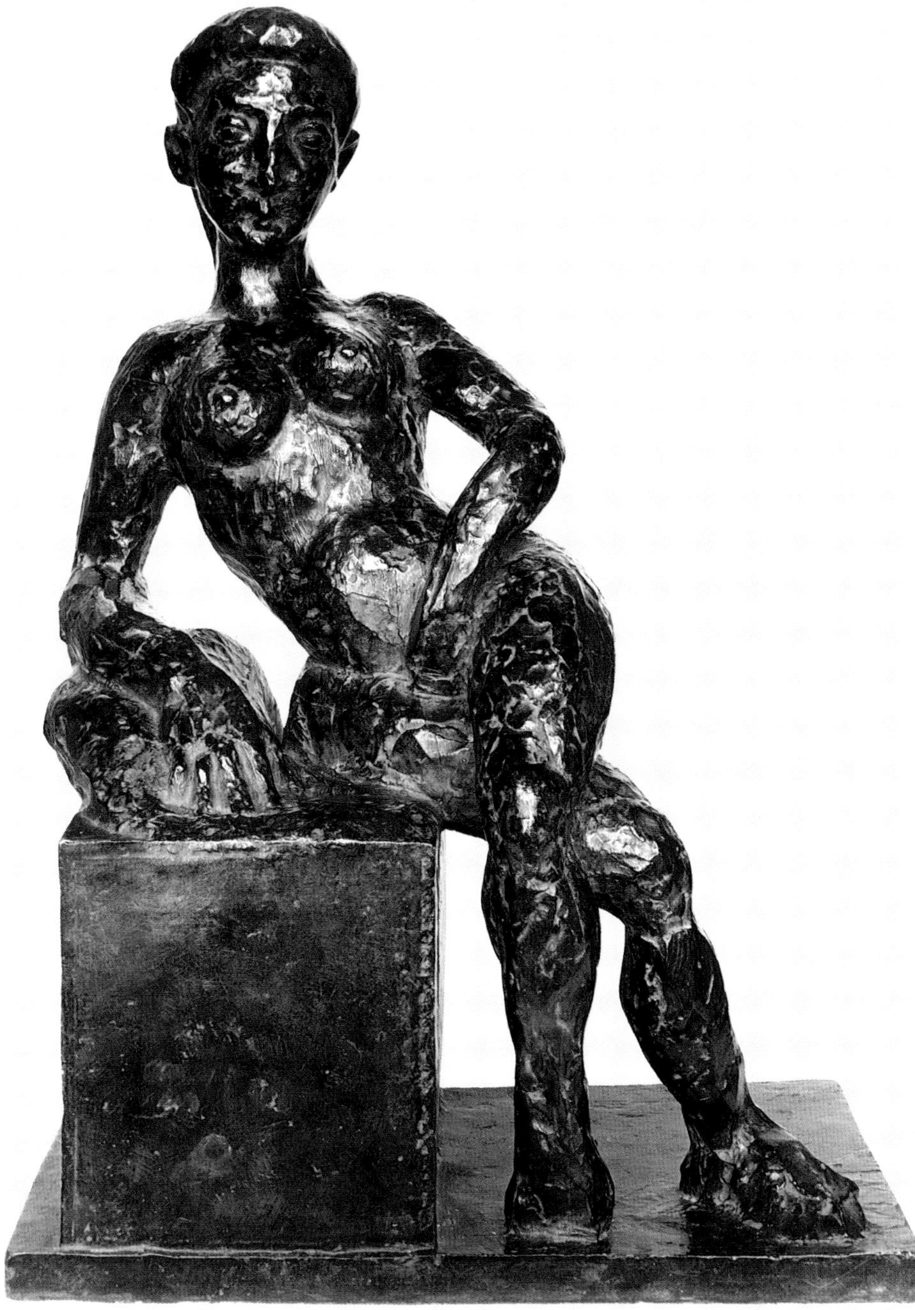

59 **Portrait de Greta Moll**

Paris, Couvent du Sacré Cœur, printemps-été 1908

Huile sur toile
93 × 73 cm
Signé et daté en bas à gauche :
Henri Matisse 1908
The Trustees of The National Gallery, Londres

Historique :
Collection Oskar et Margarete Moll, Breslau puis Berlin, 1908 → 1945.
Knœdler Gallery, New York.
Collection Mme Kenneth Dale-Owen, Houston (Texas).
Collection particulière.
Lefevre Gallery, Londres, en 1978.
Achat de la National Gallery, Londres, en 1979.

Expositions :
1908 Paris, Salon d'Automne, n° 899 (sous le titre *Portrait de Mme M...*).
1908 Berlin, galerie Paul Cassirer.

Bibliographie :
Matisse 1908, *La Grande Revue,* 25 décembre, repr. p. 740.
Mercereau 1909, *La Toison d'or,* n° 6, repr. p. 3 (sous le titre *Portrait*).

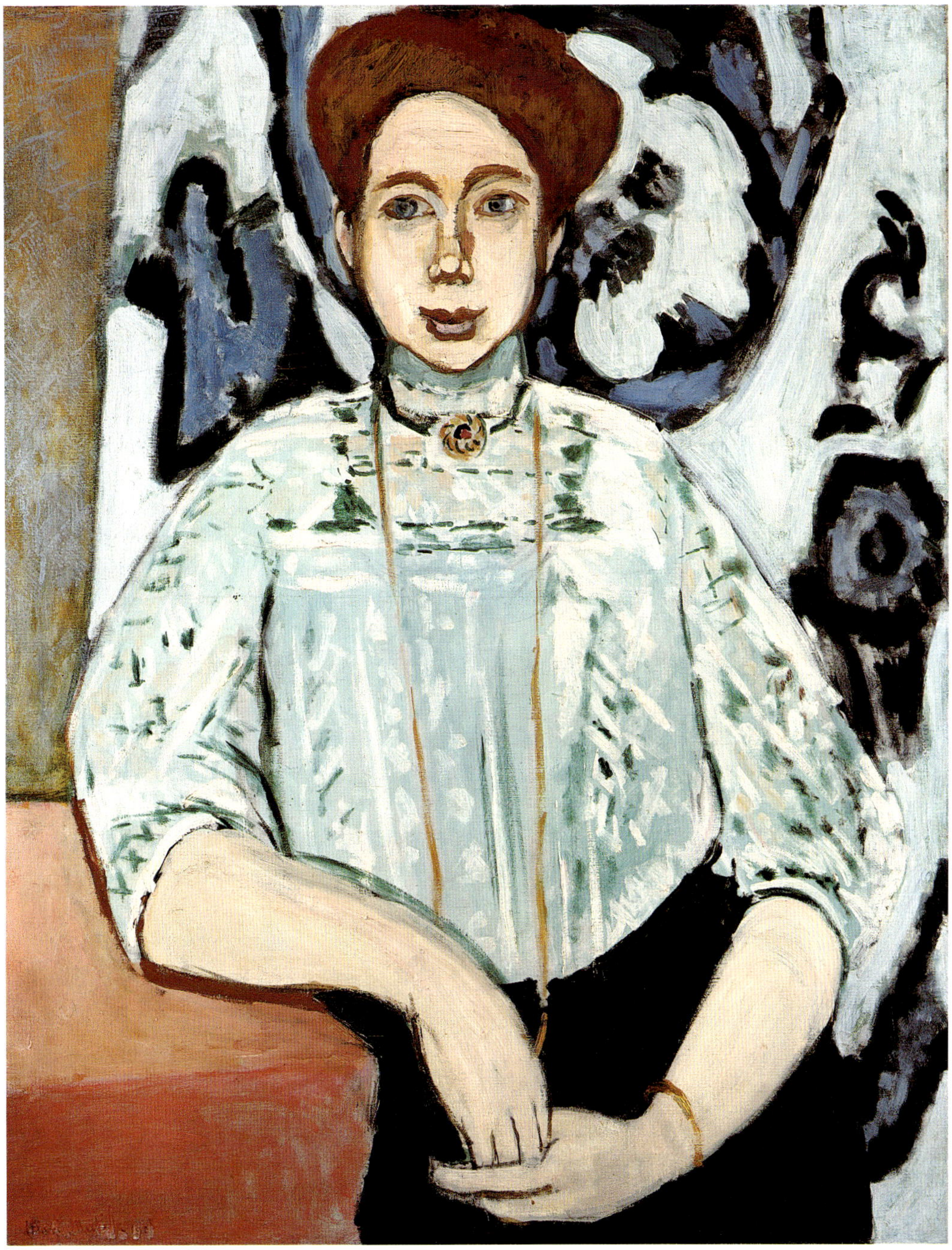

60 La desserte rouge

(Harmonie rouge)
(La chambre rouge)
Paris, Couvent du Sacré Cœur, printemps-été 1908

Huile sur toile
180 × 220 cm
Signé et daté en bas à gauche : *Henri-Matisse 1908.*
Musée de l'Ermitage, Saint-Pétersbourg

Historique :
Collection Serguei Stschoukine, été 1908 → 1918.
Premier Musée de la peinture occidentale moderne, Moscou, 1919 → 1922.
Musée d'État d'art moderne occidental, Moscou, avril 1922 → 1948.
Musée de l'Ermitage, Léningrad, 1948.

Voir note de l'historique du n° 22

Expositions :
1908 Paris, Salon d'Automne, n° 898, (sous le titre *Panneau décoratif pour salle à manger*).
1908 Berlin, galerie Paul Cassirer.
1908 → 1918 : visible au palais Troubetskoy, résidence de Serguei Stschoukine à Moscou ouverte au public le dimanche.

Bibliographie :
Thiébault-Sisson 1908, *Le Petit Temps,* 30 septembre.
Vauxcelles 1908, *Gil Blas,* 30 septembre.
Jean-Aubry 1908, *L'Art moderne,* 1er novembre, pp. 345-346.
Morice 1908, *Mercure de France,* 1er novembre, pp. 161-162.
Malpel 1909-1, *Le Télégramme.*
Mercereau 1909, *La Toison d'or,* n° 6, p. XI, repr. p. 6 (sous le titre *Nature morte*).
Catalogue Stschoukine 1913, n° 95.
Tugendhold 1914, *Apollon,* n° 1-2, pp. 24, 27 et 41, repr. p. 60.
Sembat 1920, repr. p. 33 (sous le titre *La desserte*).

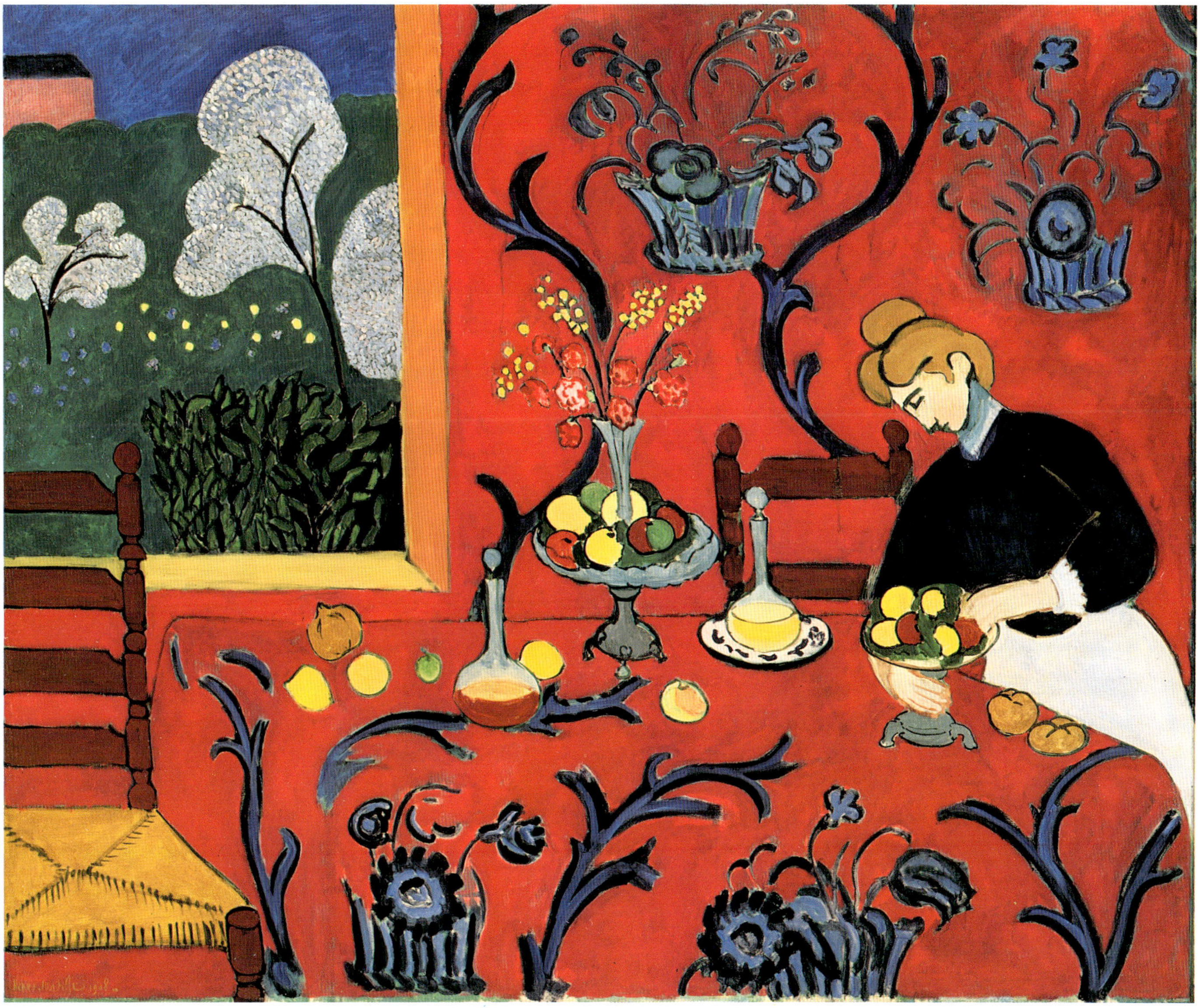

61 Nature morte, camaïeu bleu

(La nappe bleue)

Paris, Couvent du Sacré Cœur, fin 1908 - janvier 1909

Huile sur toile
88 × 118 cm
Signé et daté en bas à gauche :
Henri-Matisse 09-
Musée de l'Ermitage,
Saint-Pétersbourg

Historique :
Collection Serguei Stschoukine, Moscou, février 1909 → 1918.
Premier Musée de la peinture occidentale moderne, Moscou, 1919 → 1922.
Musée d'État d'art moderne occidental, Moscou, 1922 → 1948.
Musée de l'Ermitage, Léningrad, 1948 (1931 selon Izerghina).

Voir note de l'historique du n° 22

Exposition :
1909 → 1918 : visible au palais Troubetskoy, résidence de Serguei Stschoukine à Moscou ouverte au public le dimanche.

Bibliographie :
Catalogue Stschoukine 1913, n° 114.
Tugendhold 1914, *Apollon,* n° 1-2, p. 42.

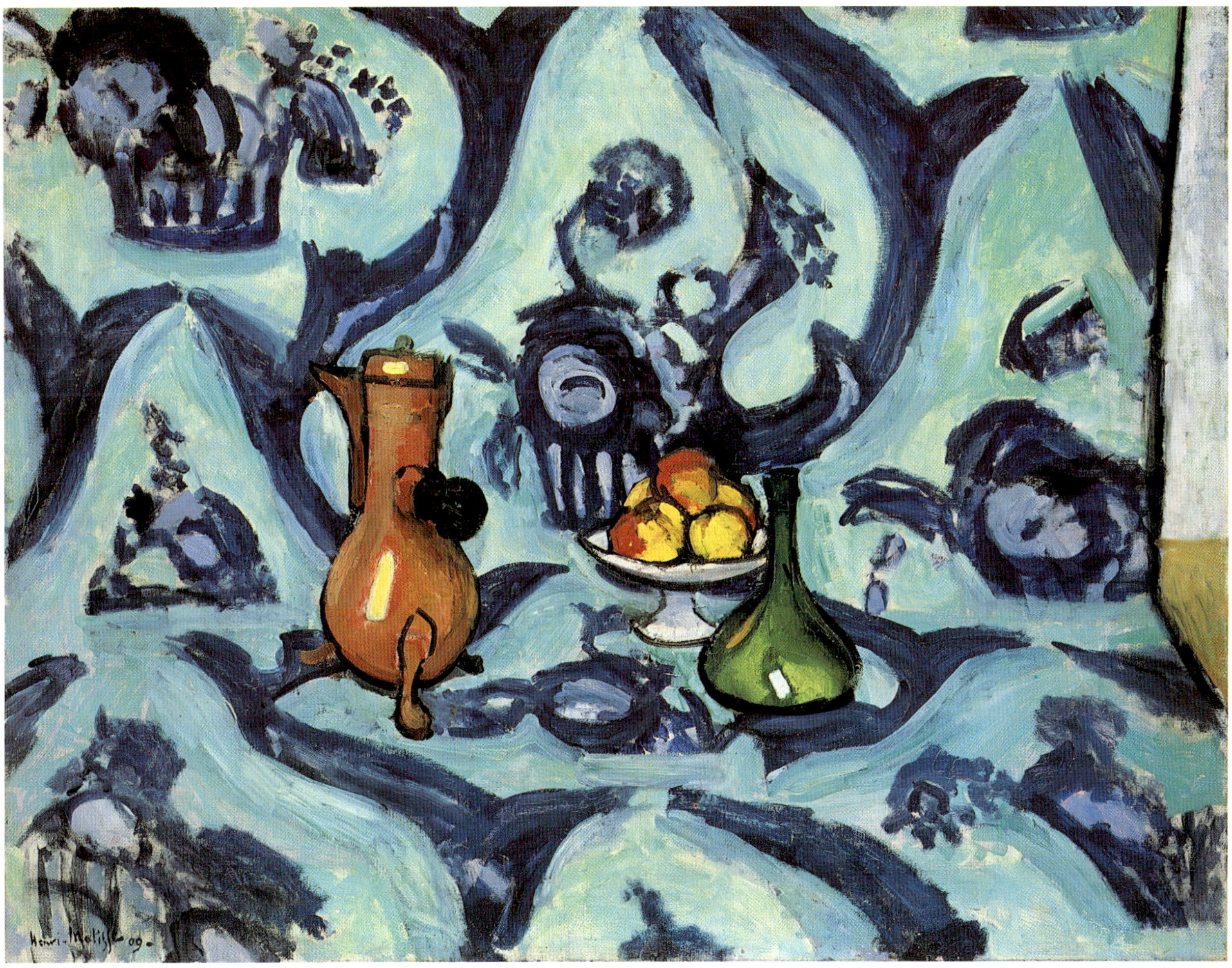
Henri-Matisse 09

62 Nature morte en rouge de Venise

(Statuette et vase sur un tapis oriental)

Paris, Couvent du Sacré Cœur, été automne 1908

Huile sur toile
80 × 105 cm
Signé et daté en bas à gauche : *Henri-Matisse 1908*
Musée des Beaux-Arts Pouchkine, Moscou

Historique :
Collection Serguei Stschoukine, Moscou, automne 1908 → 1918.
Premier Musée de la peinture occidentale moderne, Moscou, 1919 → 1922.
Musée d'État d'art moderne occidental, Moscou, avril 1922 → 1948.
Musée des Beaux-Arts Pouchkine, Moscou, 1948.

Voir note de l'historique n° 22

Expositions :
1908 Paris, Salon d'Automne, n° 897 (sous le titre *Nature morte au tapis d'Orient*).
1908 Berlin, galerie Paul Cassirer.
1908 → 1918 : visible au palais Troubetskoy, résidence de Serguei Stschoukine à Moscou ouverte au public le dimanche.

Bibliographie :
Mercereau 1909, *La Toison d'or,* n° 6, repr. p. 5 (sous le titre *Nature morte*).
Camera Work 1912, repr.
Catalogue Stschoukine 1913, n° 101.
Tugendhold 1914, *Apollon,* n° 1-2, p. 42, repr. pp. 56-57.

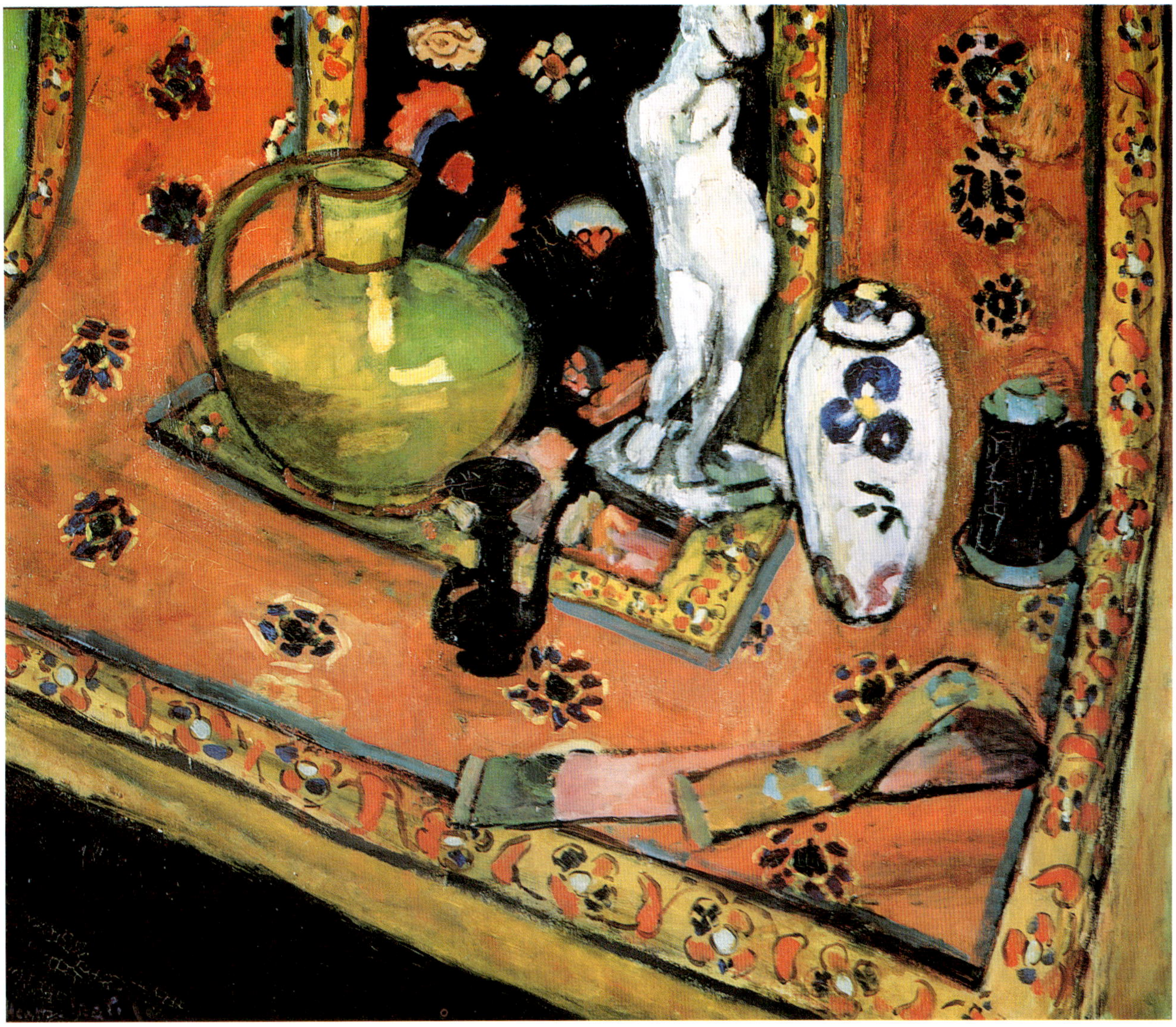

63 **La nymphe et le satyre**

(Le faune surprenant une nymphe)

Paris, Couvent du Sacré Cœur, fin 1908

Huile sur toile
89 × 117 cm
Signé et daté en bas à droite :
Henri-Matisse 09-
Musée de l'Ermitage,
Saint-Pétersbourg

Historique :
Galerie Bernheim-Jeune, Paris, 11 → 12 janvier 1909 (vendu 3 000 francs).
Collection Serguei Stschoukine, Moscou, 12 janvier 1909 → 1918.
Premier Musée de la peinture occidentale moderne, Moscou, 1919 → 1922.
Musée d'État d'art moderne occidental, Moscou, 1922 → 1948.
Musée de l'Ermitage, Léningrad, 1948.

Voir note de l'historique du n° 22

Exposition :
1909 → 1918 : visible au palais Troubetskoy, résidence de Serguei Stschoukine à Moscou ouverte au public le dimanche.

Bibliographie :
Mercereau 1909, *La Toison d'or,* n° 6, repr. p. 14.
Catalogue Stschoukine 1913, n° 112.
Tugendhold 1914, *Apollon,* n° 1-2, p. 42.

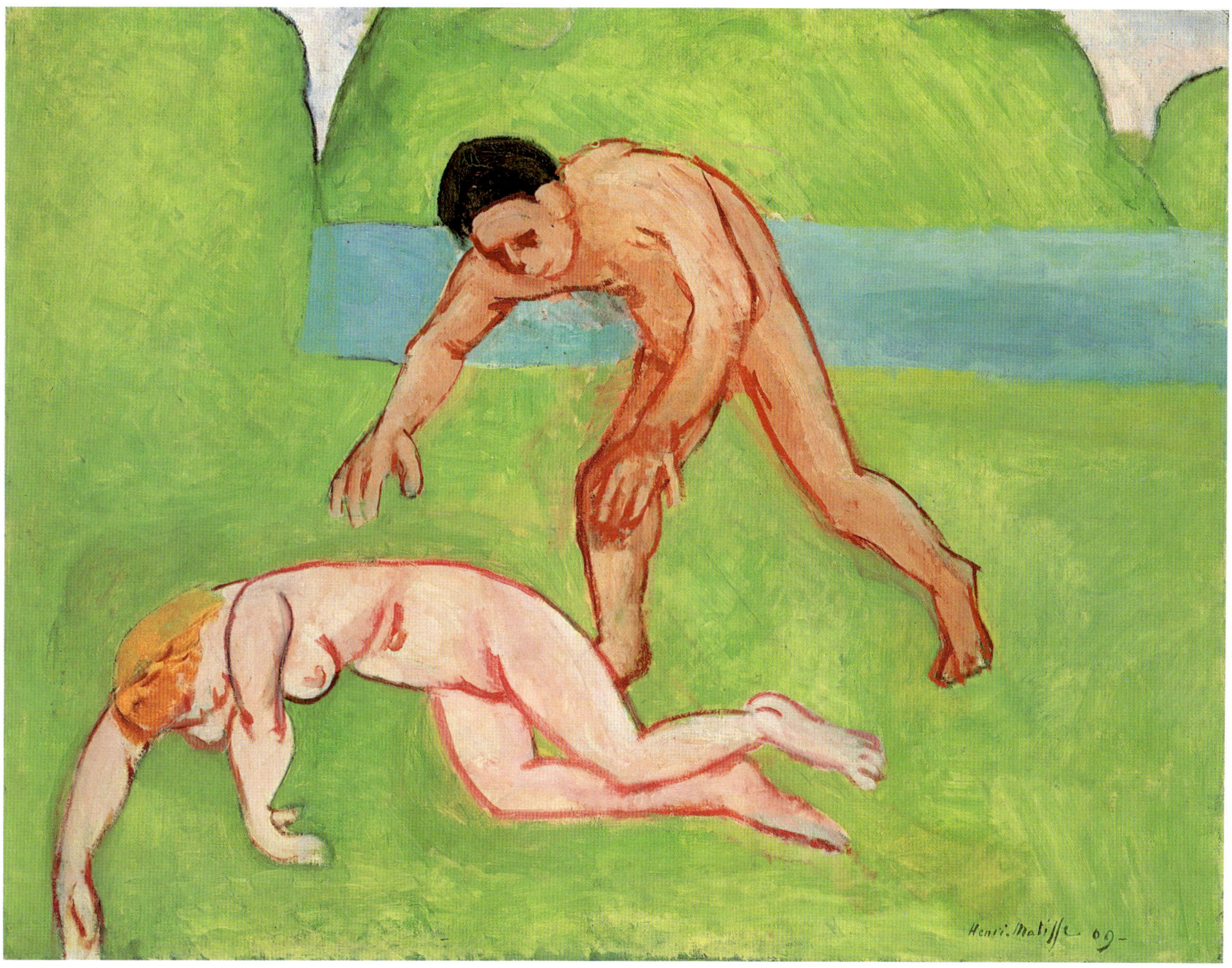
Henri. Matisse 09-

64 **La danse I**

(Esquisse de panneau décoratif)
Paris, Couvent du Sacré Cœur, début 1909

Huile sur toile
259,7 × 390,1 cm
Non signé, non daté
The Museum of Modern Art, New York. Gift of Nelson A. Rockefeller in honor of Alfred Barr H., Jr

Historique :
Atelier de l'artiste.
Pierre Matisse Gallery, New York, 1936 → 1939 ?
Collection Walter P. Chrysler, Jr, 1939.
Collection Nelson A. Rockefeller, après 1960 → 1963.
Don de Nelson A. Rockefeller au Museum of Modern Art, New York, 1963.

Expositions :
1912 Londres, Grafton Galleries, nº 185 (sous le titre *Les danseuses. Design for a Decoration in Prince Tschoukine's Palace at Moscow*).
1913 Berlin, Secession, nº 129, repr.

Bibliographie :
Mercereau 1909, *La Toison d'or,* nº 6, p. IV, repr. p. 13.
Gil Blas, 4 octobre 1912.
The Times, 4 octobre 1912.
Konody 1912, *The Daily Mail,* 5 octobre.
Konody 1912, *The Observer,* 6 octobre.
Il Corriere della Serra, 8 novembre 1912.
Fry 1912, *The Nation,* 9 novembre, p. 250.
Huneker 1912, *The New York Sun,* novembre.
Glaser 1913, *Die Kunst für alle,* 15 juillet, repr. p. 457.

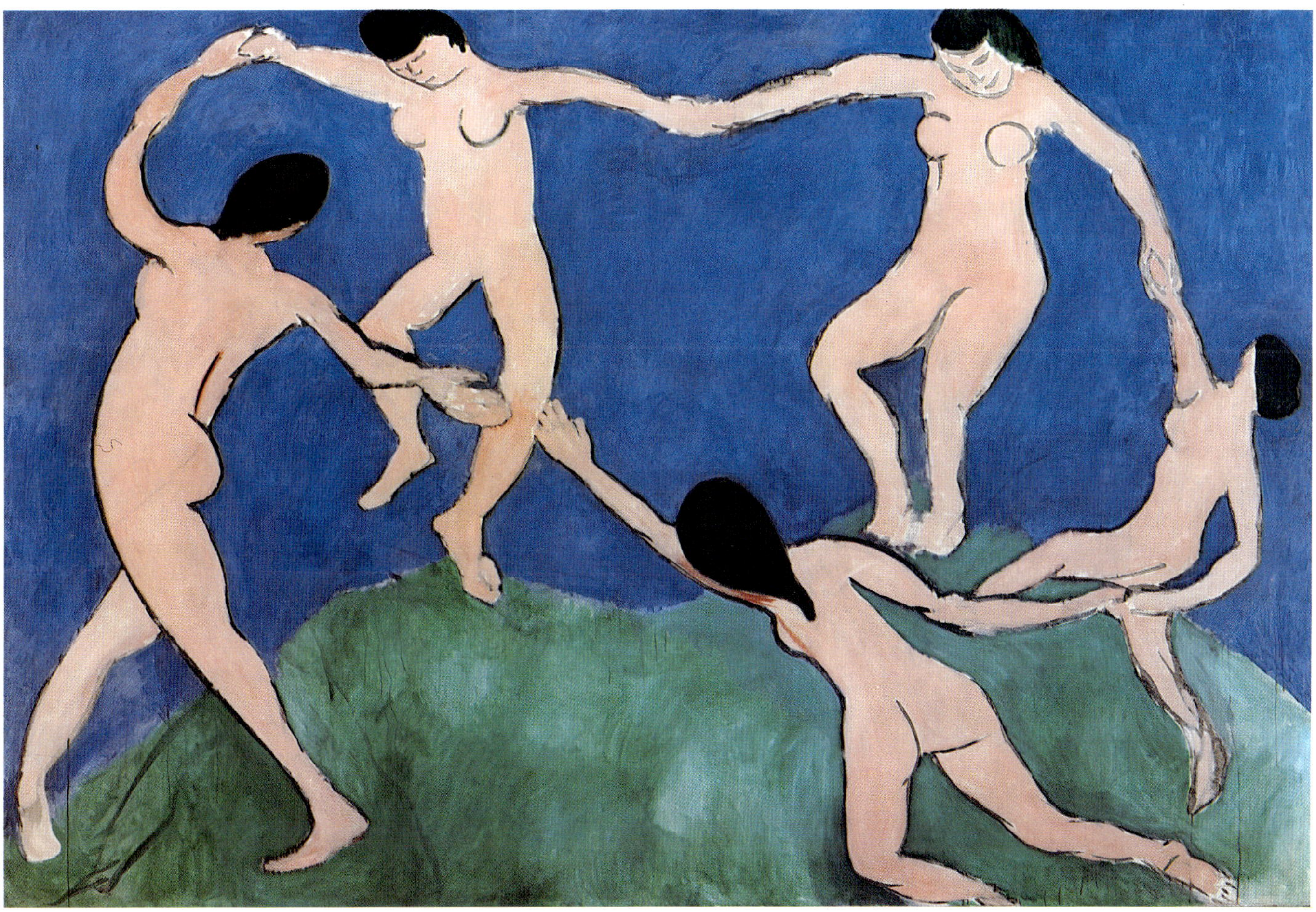

65 L'Espagnole au tambourin

Paris, Couvent du Sacré
Cœur, début 1909

Huile sur toile
92 × 73 cm
Signé et daté en bas à gauche :
Henri-Matisse/1909
Musée des Beaux-Arts Pouchkine,
Moscou

Historique :
Galerie Bernheim-Jeune, Paris,
17 → 24 mars 1909.
Collection Serguei Stschoukine,
Moscou, 24 mars 1909 → 1918
(acheté 5 000 francs).
Premier Musée de la peinture
occidentale moderne, Moscou,
1919 → 1922.
Musée d'État d'art moderne
occidental, Moscou, 1922 → 1948.
Musée des Beaux-Arts Pouchkine,
Moscou, 1948.

Voir note de l'historique du n° 22

Expositions :
1909 Paris, Salon des
Indépendants, n° 1100 (sous le
titre *L'Espagnole*).
1909 → 1918 : visible au palais
Troubetskoy, résidence de Serguei
Stschoukine à Moscou ouverte au
public le dimanche.

Bibliographie :
Mercereau 1909, *La Toison d'or,*
n° 6, p. III, repr. p. 14.
Catalogue Stschoukine 1913,
n° 102.
Tugendhold 1914, *Apollon,* n° 1-2,
p. 42.
Faure, Romains, Vildrac, Werth
1920, repr. pl. 8.

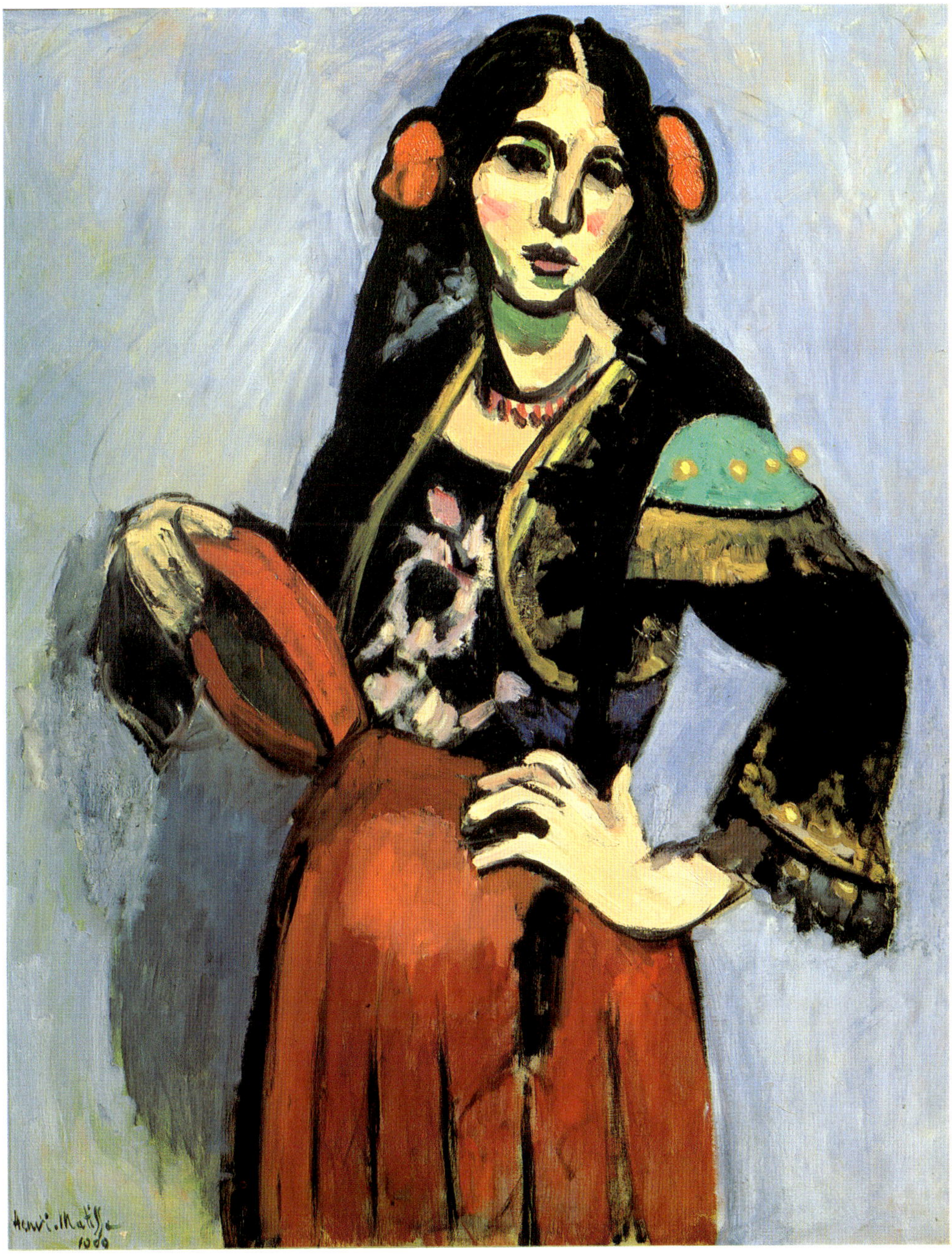

66 La fille aux yeux verts

(La femme aux yeux verts)
(Jeune fille aux yeux verts)
Paris, Couvent du Sacré Cœur, automne 1908

Huile sur toile
66 × 50,8 cm
Signé en bas à droite :
Henri-Matisse
San Francisco Museum of Modern Art. Bequest of Harriet Lane Levy

Historique :
Collection Bernheim-Jeune, Paris, 22-23 novembre 1908.
Acheté par Michael Stein pour Harriet Lane Levy, 4 février 1909.
Collection Harriet Lane Levy, San Francisco, 1909 → 1950.
Legs de Harriet Lane Levy au San Francisco Museum of Art, septembre 1950.

Expositions :
1909 Paris, Salon des Indépendants, n° 1099 (sous le titre *La femme aux yeux verts*).
1910-1 Paris, galerie Bernheim-Jeune, n° 60.
1910 Londres, Grafton Galleries, n° 111.

Bibliographie :
Malpel 1909-2, *Le Télégramme.*
Konody 1910, *The Observer,* 13 novembre.
Illustrated London News, 26 novembre 1910, repr.
Fry 1910, *The Nation,* 3 décembre, p. 403.
Holmes 1911, pp. 15-16.
Fry 1911, *Fortnightly Review,* 1er mai, pp. 865-866.
Salmon 1912, pp. 18-20.
Hind 1913, p. 61.

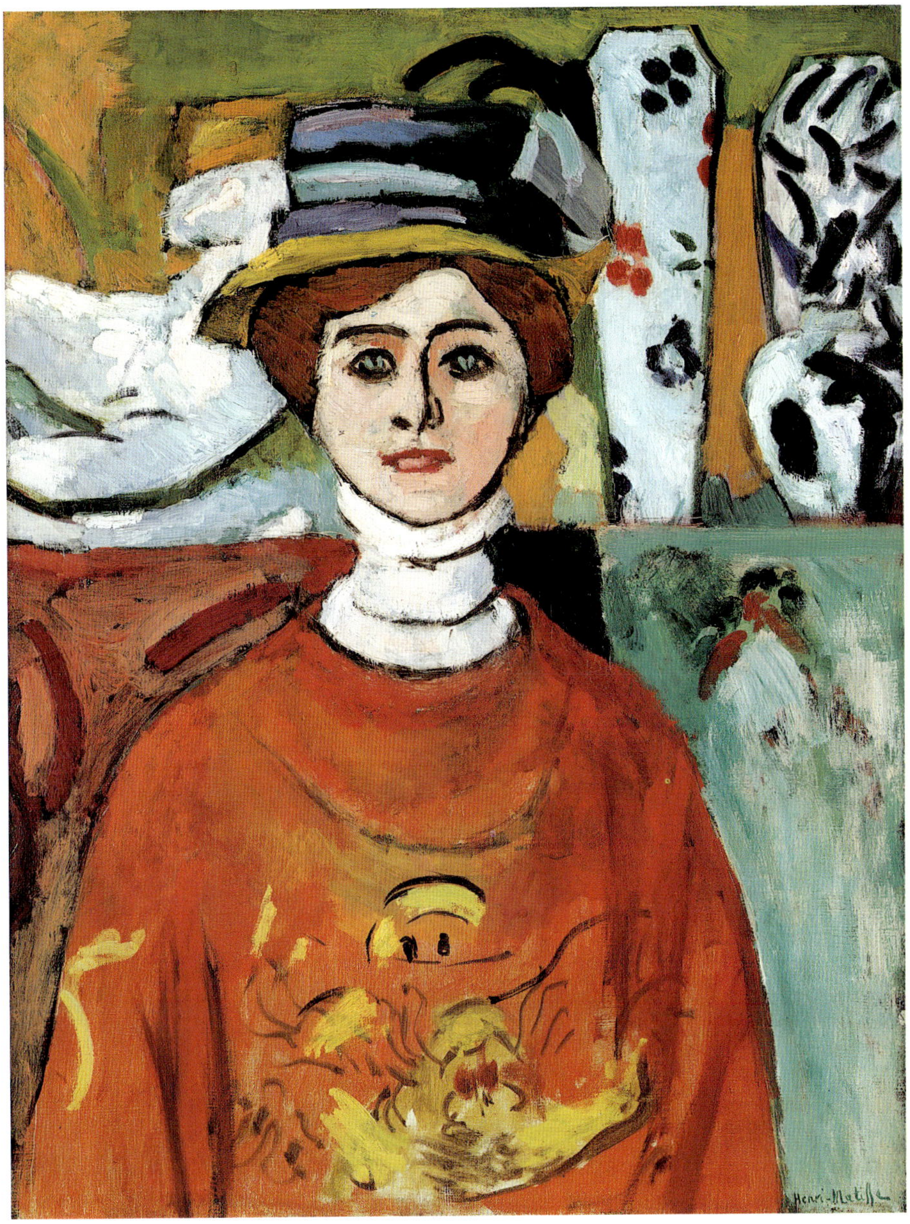
Henri-Matisse

67 L'Algérienne

Paris, Couvent du Sacré Cœur, printemps 1909

Huile sur toile
81 × 65 cm
Signé et daté en bas à droite :
Henri-Matisse 09
Musée national d'art moderne, Centre Georges Pompidou, Paris

Historique :
Galerie Bernheim-Jeune, Paris (acheté le 2 juin 1909, revendu le jour même 3 000 francs).
Collection Guy de Cholet, Paris, 2 juin 1909 → 1916.
Don manuel de la comtesse Vitali-Cholet (en exécution du legs du vicomte Guy de Cholet) à la Société des Amis du Luxembourg pour le Musée du Luxembourg, 1916.
Musée des arts décoratifs, Paris, vers 1923 → 1949.
Dépôt au Musée national d'art moderne, Paris, 1949.

Expositions :
1910-1 Paris, galerie Bernheim-Jeune, n° 59.
1918 Paris, galerie Paul Guillaume, n° 10.

Bibliographie :
Salmon 1910, *Paris-Journal,* 15 février.
Hind 1913, pp. 58-59.

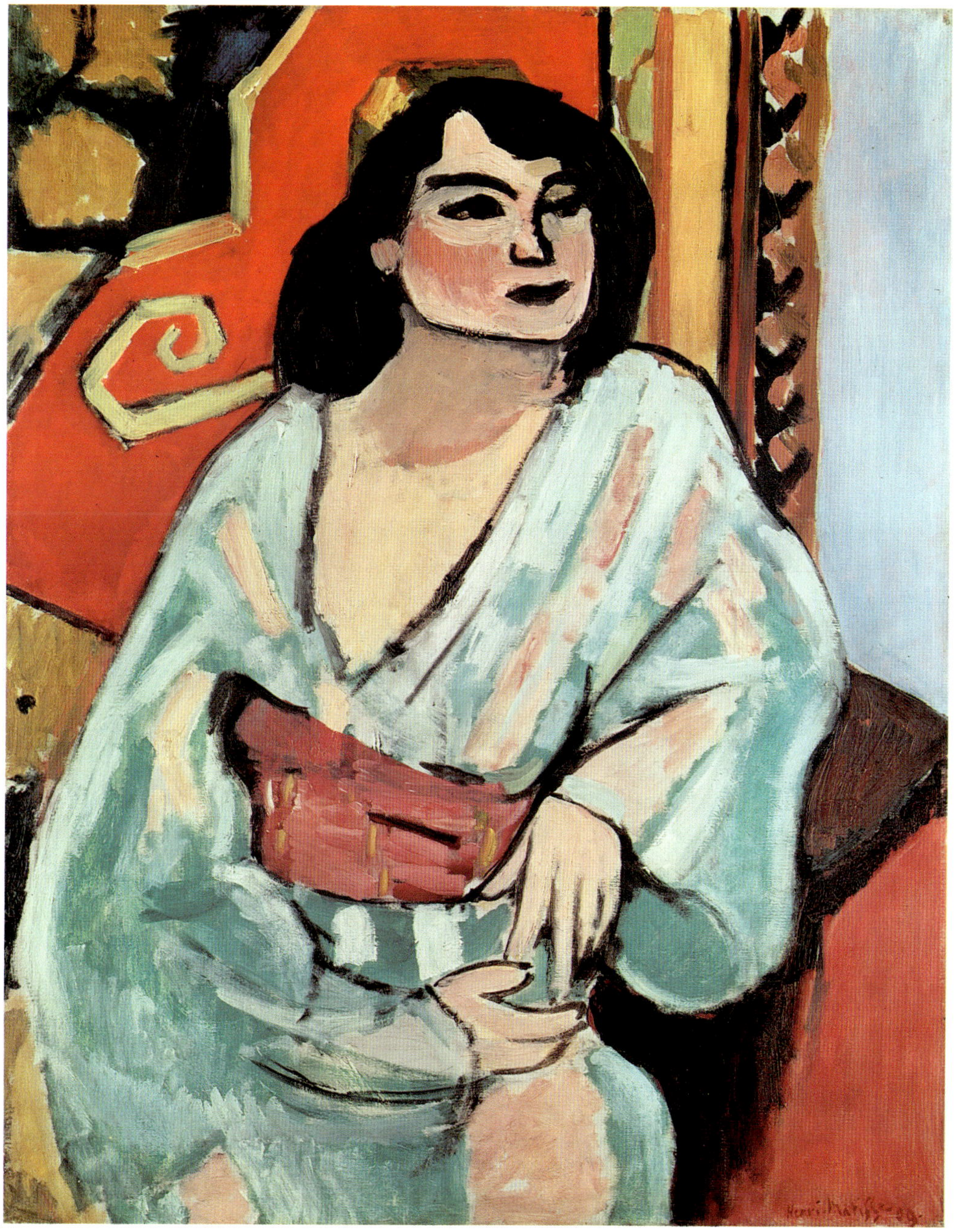

68 **La dame en vert**
(Femme à l'œillet)
(Dame en vert à l'œillet rouge)
Cavalière, été 1909

Huile sur toile
65 × 54 cm
Signé en bas à gauche :
Henri Matisse
Musée de l'Ermitage,
Saint-Pétersbourg

Historique :
Galerie Bernheim-Jeune, Paris, 22 septembre → 11 octobre 1909 (vendu 2 500 francs).
Collection Serguei Stschoukine, Moscou, 1909 → 1918.
Premier Musée de la peinture occidentale moderne, Moscou, 1919 → 1922.
Musée d'État d'art moderne occidental, Moscou, 1922 → 1948.
Musée de l'Ermitage, Léningrad, 1948 (1930 selon Izerghina).

Voir note de l'historique du n° 22

Exposition :
1909 → 1918 : visible au palais Troubetskoy, résidence de Serguei Stschoukine à Moscou ouverte au public le dimanche.

Bibliographie :
Catalogue Stschoukine 1913, n° 100.
Tugendhold 1914, *Apollon,* n° 1-2, p. 41.

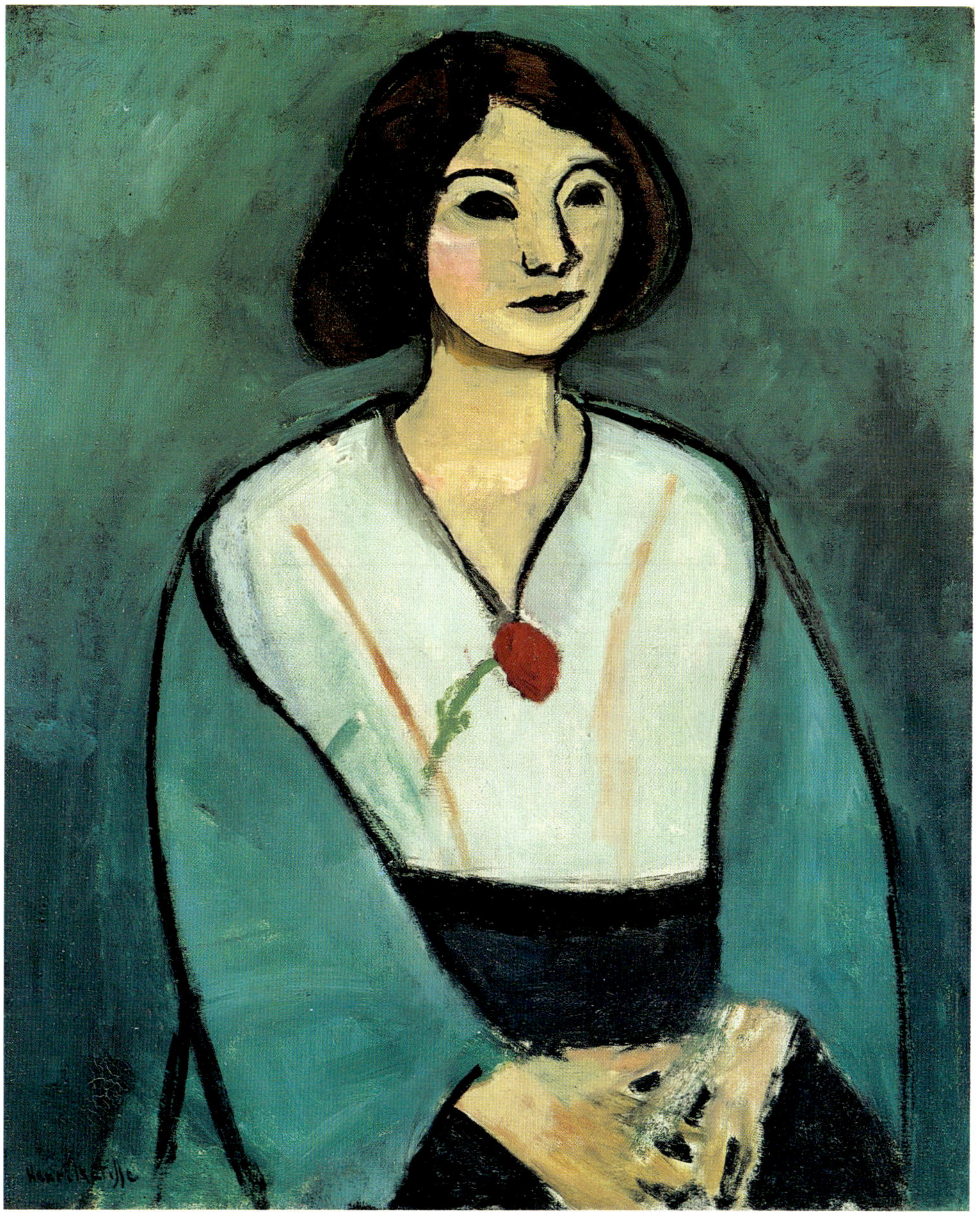

69 Portrait de Pierre Matisse

Cavalière, été 1909

Huile sur toile
40,6 × 33 cm
Non signé, non daté
Collection particulière

Historique :
Atelier de l'artiste.
Collection Pierre Matisse, New York.

Exposition :
1910-1 Paris, galerie Bernheim-Jeune, n° 62 (sous le titre *Pierre, portrait*).

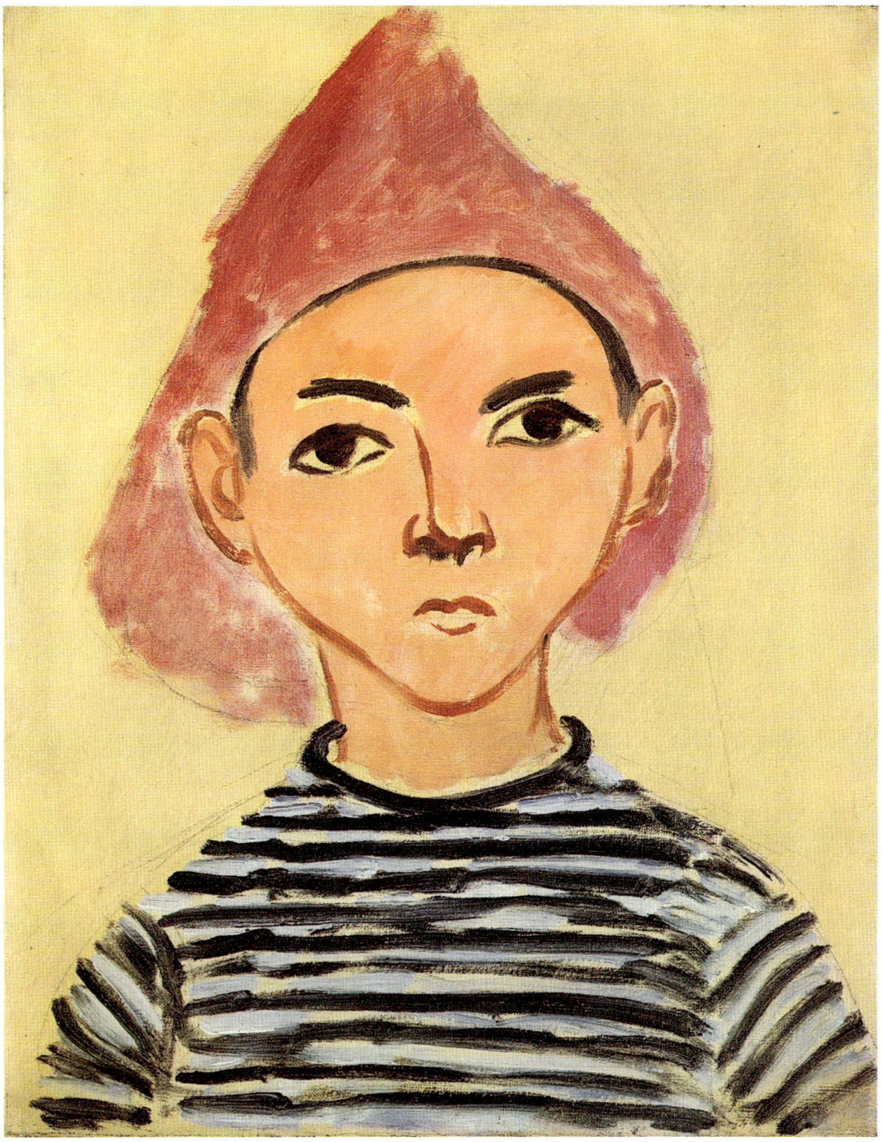

70 Nu rose

(Nu assis)

Cavalière, été 1909

Huile sur toile
33 × 40 cm
Signé en bas à gauche : *H. Matisse*
Musée de Grenoble.
Legs Agutte-Sembat

Historique :
Acheté par Marcel Sembat à l'artiste, 2 novembre 1909 (600 francs).
Legs Agutte-Sembat au Musée de peinture et de sculpture, Grenoble, 1923.

Exposition :
1910-1 Paris, galerie Bernheim-Jeune, n° 63 (sous le titre *Nu,* app. à M. M. S. A.).

Bibliographie :
Sembat 1913, *Les Cahiers d'aujourd'hui,* pp. 190-191.

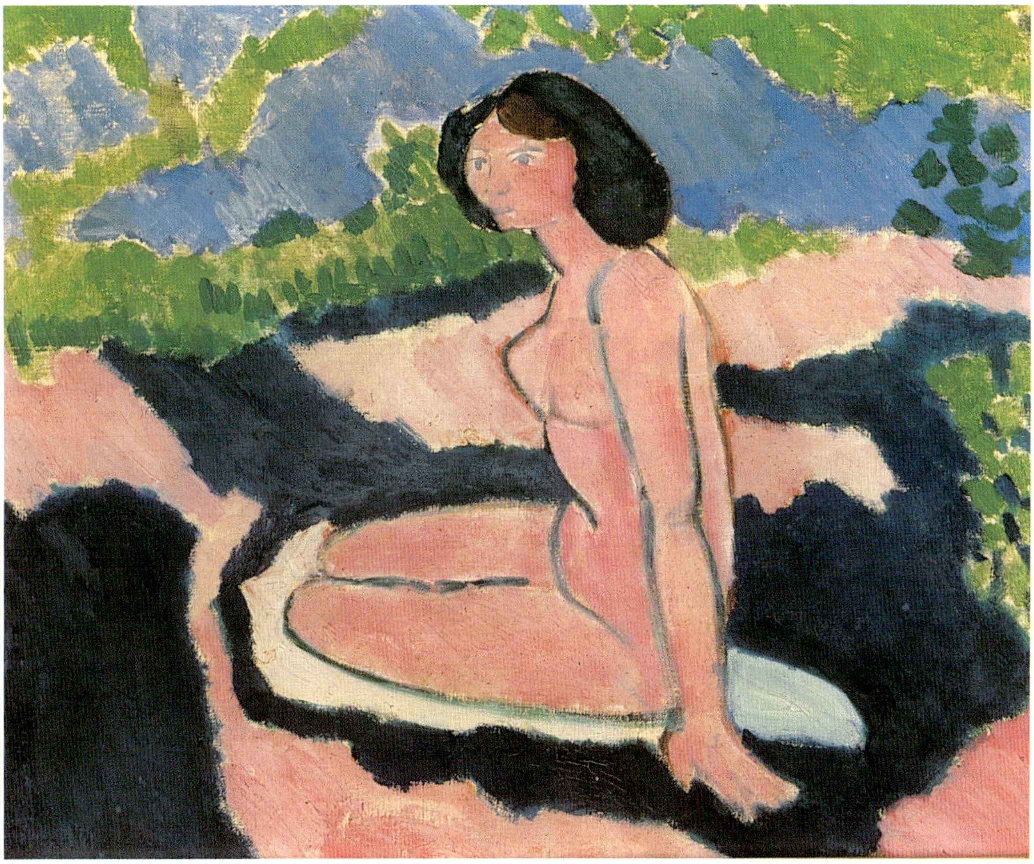

71 La baigneuse
Cavalière, été 1909

Huile sur toile
92,7 × 74 cm
Signé en bas à droite :
Henri-Matisse
The Museum of Modern Art, New York. Gift of Abby Aldrich Rockefeller

Historique :
Collection Paul Guillaume, Paris.
Collection Georges Benard, Paris.
Vente Paris, Hôtel Drouot, *Collection G.B... première vente,* 9 juin 1933, n° 63, repr. (sous le titre *Jeune fille sortant du bain*), vendu 10 100 francs.
Galerie Étienne Bignou, Paris et New York.
Collection Abby Aldrich Rockefeller, New York.
Don au Museum of Modern Art, décembre 1935.

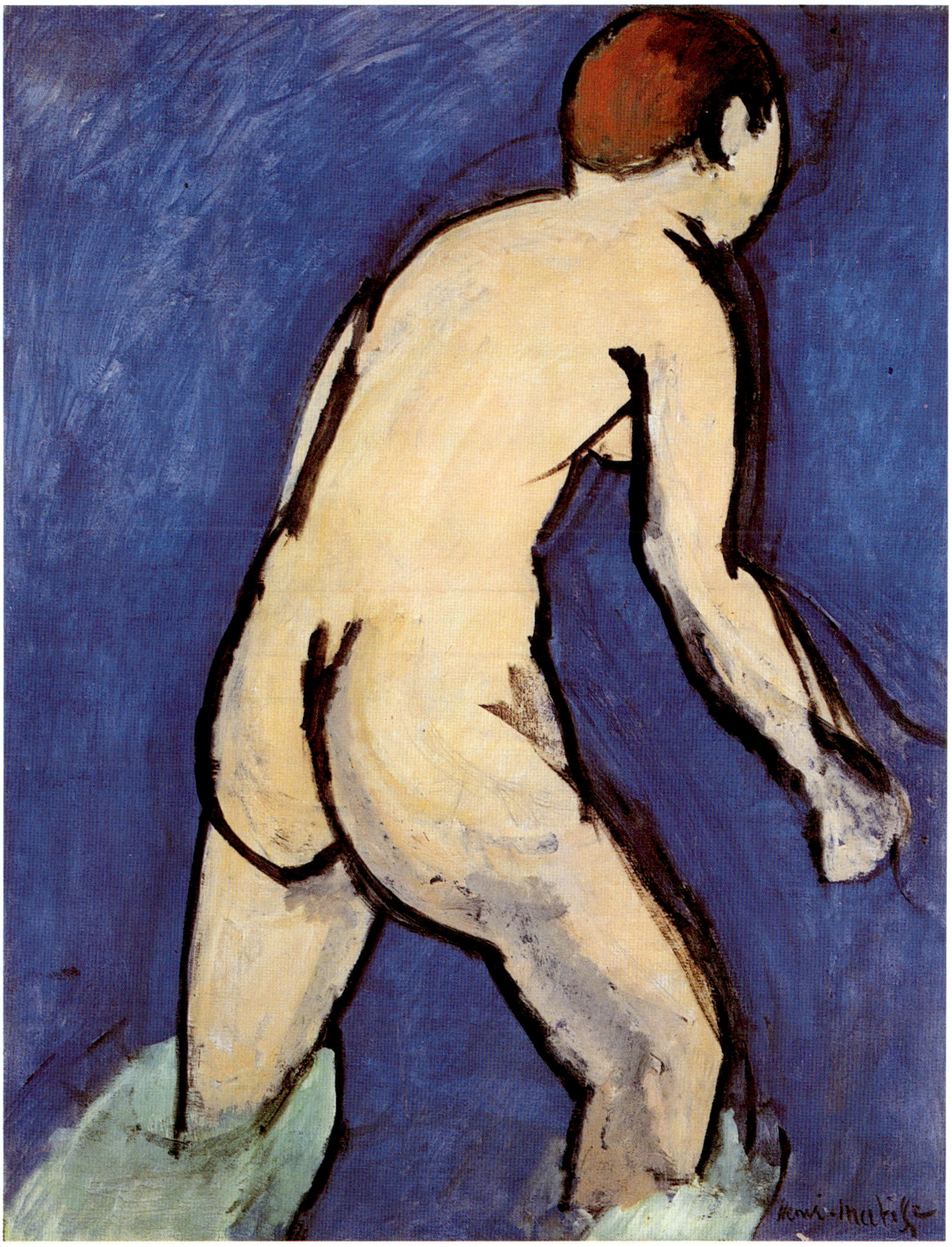
Henri-Matisse

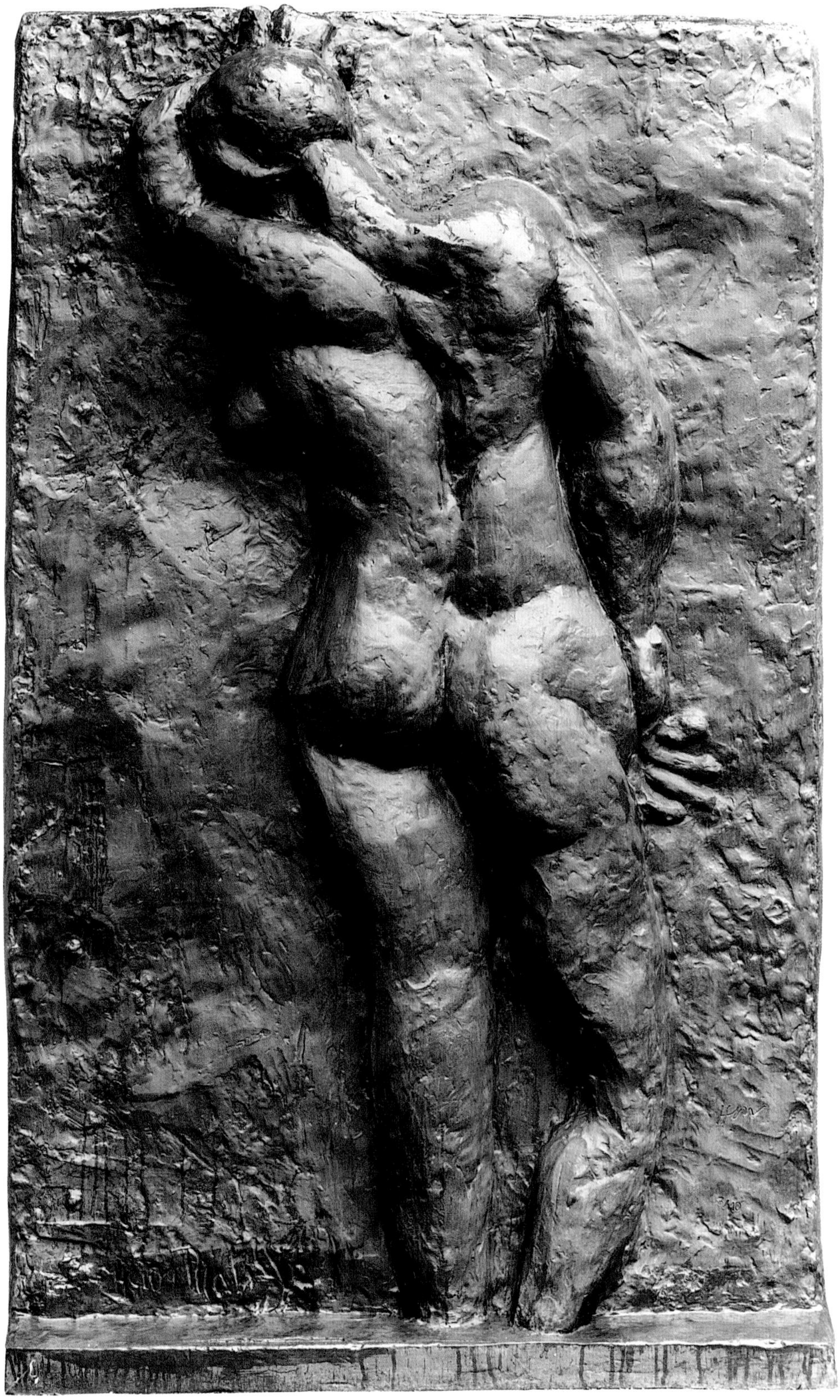

72 Nu de dos, premier état
(Dos I)
Paris, Couvent du Sacré Cœur et Issy-les-Moulineaux, 1908-1909

Bronze
190 × 116 × 13 cm
Signé et daté en bas à gauche : *Henri Matisse* et *Hm 1/10 1909*
Fondeur : Valsuani
Musée national d'art moderne, Centre Georges Pompidou, Paris

Historique :
Achat de l'État, 1964.
Attribué au Musée national d'art moderne en 1970.

Exposition :
1913 New York, *Armory Show*, nº 635 (sous le titre *Le dos*, plâtre).

4 La serpentine
Issy-les-Moulineaux,
automne 1909

Bronze
56 × 28 × 19 cm
Signé en bas à droite :
Henri Matisse HM 4/10
Collection particulière

Historique :
Atelier de l'artiste.
Collection particulière.

Expositions :
1912 New York, Photo Secession Gallery, n° 7 (sous le titre *Serpentine,* plâtre).
1912 Londres, Grafton Galleries (sous le titre *L'araignée,* plâtre).
1913-1 Paris, galerie Bernheim-Jeune, n° 14 ? (sous le titre *Jeune fille debout ;* un exemplaire, en bronze, figure en tout cas sur une photo d'accrochage).

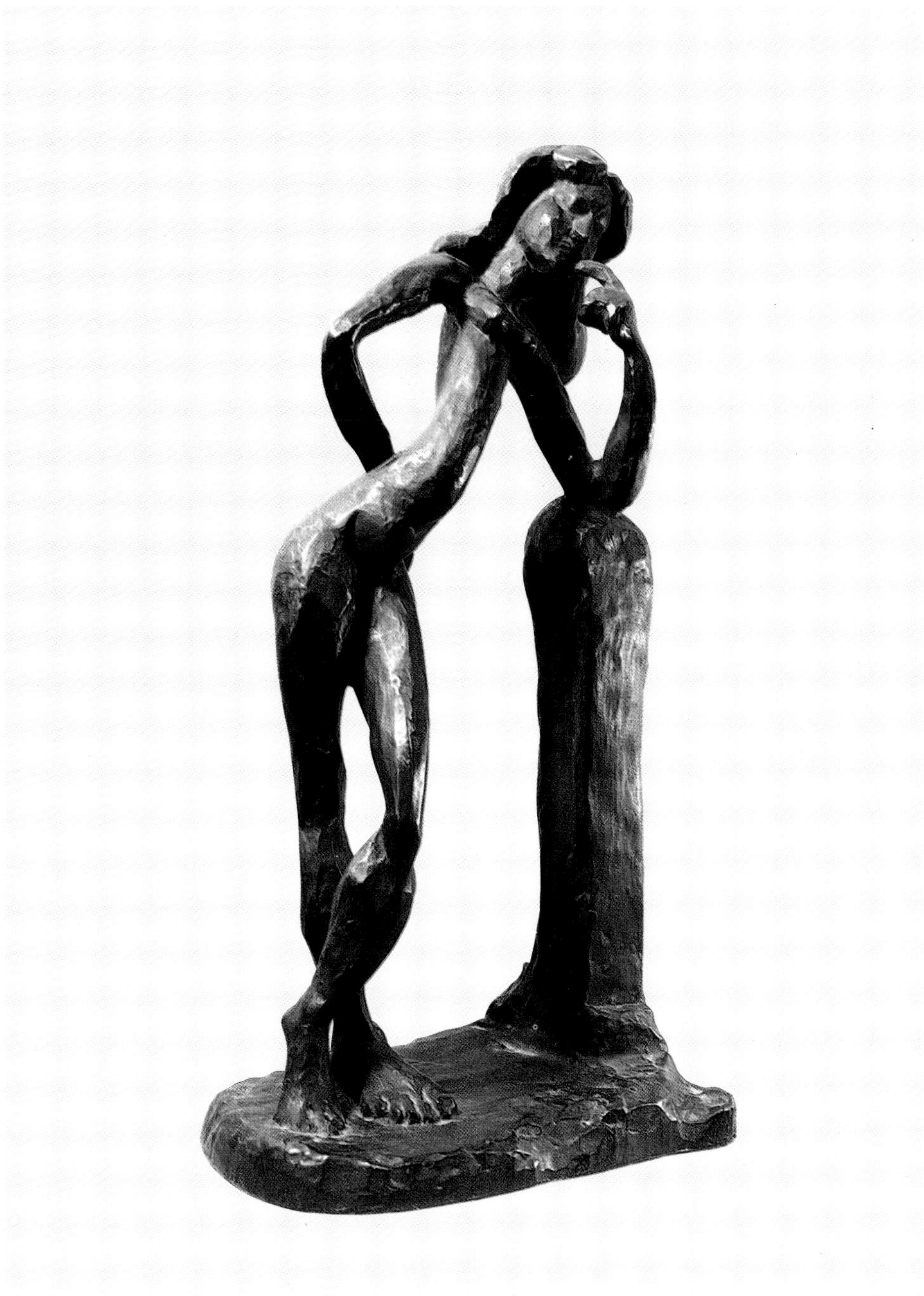

73 Nature morte à «La danse»

(Fruits, fleurs, panneau «La danse»)

Issy-les-Moulineaux, automne-hiver 1909

Huile sur toile
89 × 116 cm
Signé et daté en bas à droite : *Henri-Matisse/1909*
Musée de l'Ermitage, Saint-Pétersbourg

Historique :
Collection Ivan Morosoff, Moscou, début 1910 → 1918 (acheté 5 000 francs à l'artiste).
Deuxième Musée de la peinture occidentale moderne, Moscou, 1919 → 1922.
Musée d'État d'art moderne occidental, Moscou, 1922 → 1948.
Musée de L'Ermitage, Léningrad, 1948.

Voir note de l'historique du n° 22

Expositions :
Selon Semionova (*op. cit.*, p. 18), Morosoff n'ouvrit jamais sa collection au public. Cependant, dans un entretien avec Félix Fénéon paru dans *Le Bulletin de la vie artistique* du 15 mai 1920 (p. 327), Ivan Morosoff affirme : «Aux temps tsaristes, je laissais libre accès aux curieux le dimanche matin, et moyennant des formalités point trop tyranniques, les artistes et les critiques pouvaient venir chez moi les autres jours, sauf le lundi».

Bibliographie :
Makovski 1912, *Apollon*, n° 3-4, p. 22.

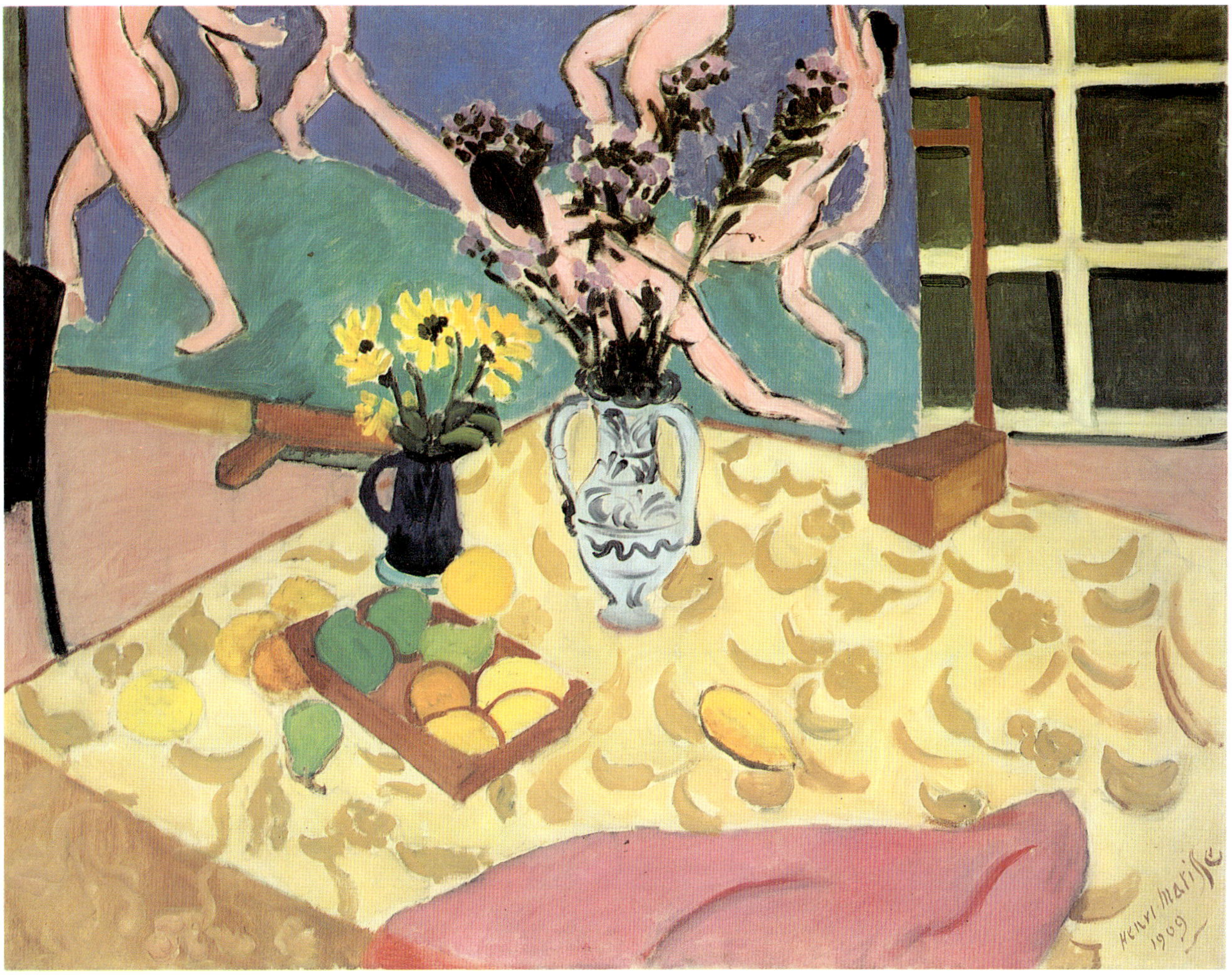
Henri Matisse
1909

75 **Jeune fille aux tulipes**

(Jeanne Vaderin)

Issy-les-Moulineaux, début 1910

Huile sur toile
92 × 73,5 cm
Signé et daté en bas à gauche :
Henri-Matisse 10
Musée de l'Ermitage,
Saint-Pétersbourg

Historique :
Galerie Bernheim-Jeune, Paris.
Collection Gaston et Josse Bernheim, Paris, 8 novembre 1910.
Collection Serguei Stschoukine, Moscou, fin novembre 1910 → 1918 (échangé contre le panneau *Les muses* de Puvis de Chavannes).
Premier Musée de la peinture occidentale moderne, Moscou, 1919 → 1922.
Musée d'État d'art moderne occidental, Moscou, 1922 → 1948.
Musée de l'Ermitage, Léningrad, 1948.

Voir note de l'historique du n° 22

Expositions :
1910-3 Paris, Salon des Indépendants, n° 544.
1910 → 1918 : visible au palais Troubetskoy, résidence de Serguei Stschoukine à Moscou ouverte au public le dimanche.

Bibliographie :
Salmon 1910, *Paris-Journal,* 15 février.
Apollinaire 1910, *L'Intransigeant,* 18 mars.
Vauxcelles 1910, *Gil Blas,* 18 mars.
Catalogue Stschoukine, 1913, n° 104.
Tugendhold 1914, *Apollon,* n° 1-2, p. 42.

Jeanne Vaderin posa également pour les sculptures *Jeannette I* et *Jeannette II* (n°s 76 et 77)

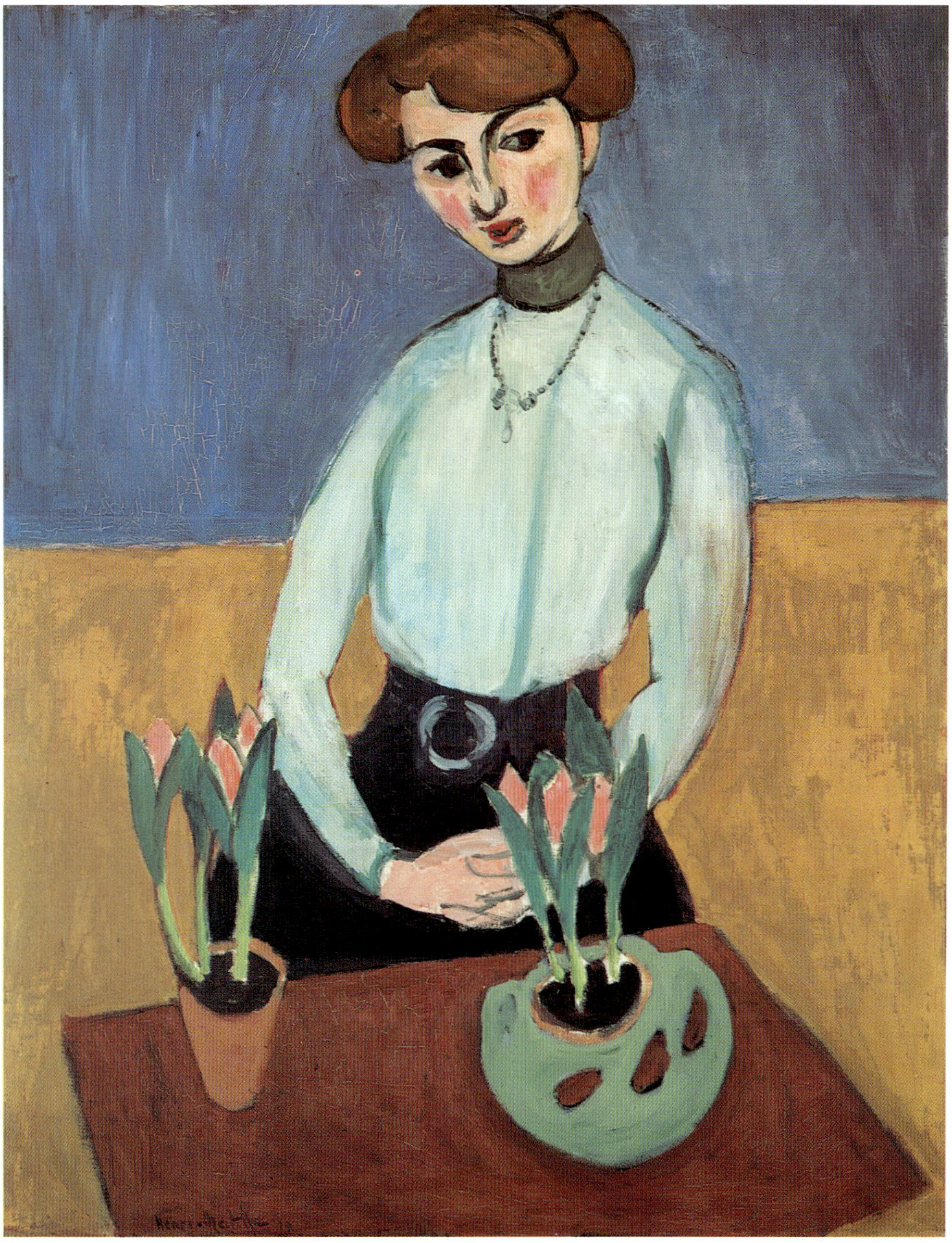

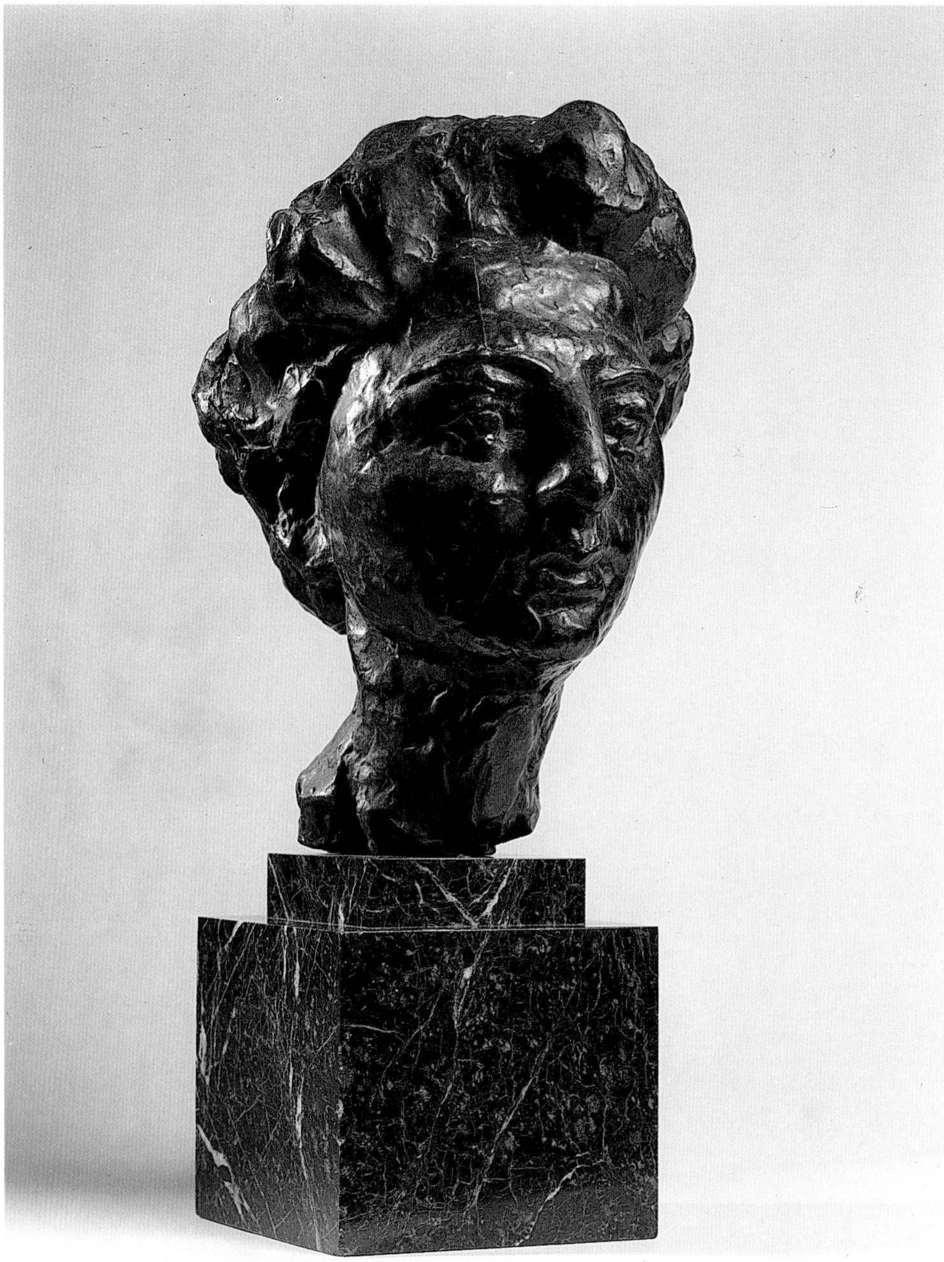

76 Jeannette I
Issy-les-Moulineaux,
début 1910

Bronze
50 × 22,5 × 26,5 cm
Monogrammé à l'arrière :
2/10 HM
Musée national d'art moderne,
Centre Georges Pompidou, Paris

Historique :
Atelier de l'artiste.
Collection Pierre Matisse,
New York.
Dation à l'État, 1991.

Expositions :
1912 New York, Photo-Secession Gallery, n° 9 (sous le titre *State of the Portrait of a Young Girl,* plâtre).
1912 Londres, Grafton Galleries (sous le titre *Buste de femme, premier état,* plâtre).
1913-1 Paris, galerie Bernheim-Jeune, n° 16 (sous le titre *Buste de femme, 1er état,* plâtre).

77 Jeannette II
Issy-les-Moulineaux,
début 1910

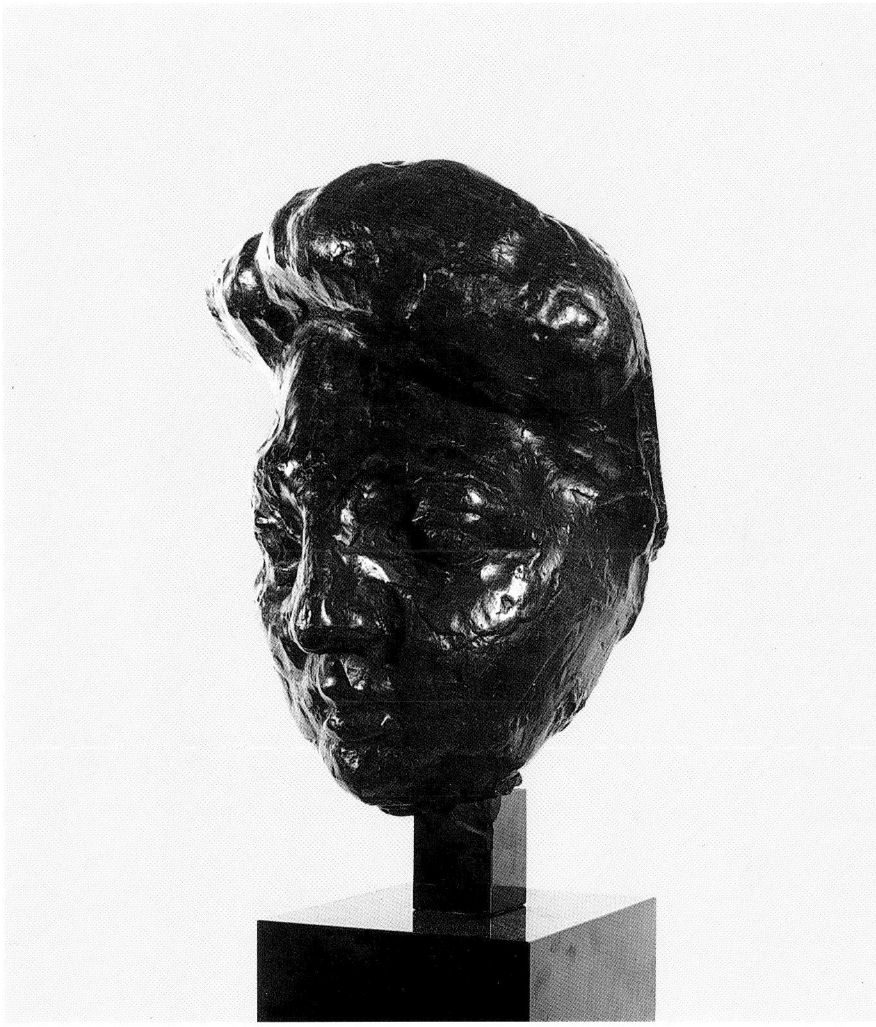

Bronze
33 × 25,4 × 27,9 cm
Monogrammé en bas à droite :
HM 3/10
Collection particulière

Historique :
Atelier de l'artiste.
Collection particulière.

Expositions :
1912 New York, Photo Secession Gallery, n° 10 (sous le titre *State of the Portrait of a Young Girl,* plâtre).
1912 Londres, Grafton Galleries (sous le titre *Buste de femme, deuxième état,* plâtre).
1913-1 Paris, galerie Bernheim-Jeune, n° 17 (sous le titre *Buste de femme, 2ème état ;* une photographie d'accrochage montre qu'il s'agit du bronze).

78 Marguerite au chat noir
(Jeune fille au chat)
Issy-les-Moulineaux, début 1910

Huile sur toile
94 × 64 cm
Signé et daté en bas à droite :
Henri-Matisse 1910
Collection particulière

Historique :
Atelier de l'artiste.
Collection particulière, Paris.

Expositions :
1912 Londres, Grafton Galleries, nº 30 (sous le titre *Portrait de Marguerite*).
1913 New York, *Armory Show,* nº 408 / Chicago, nº 245 / Boston, nº 126.

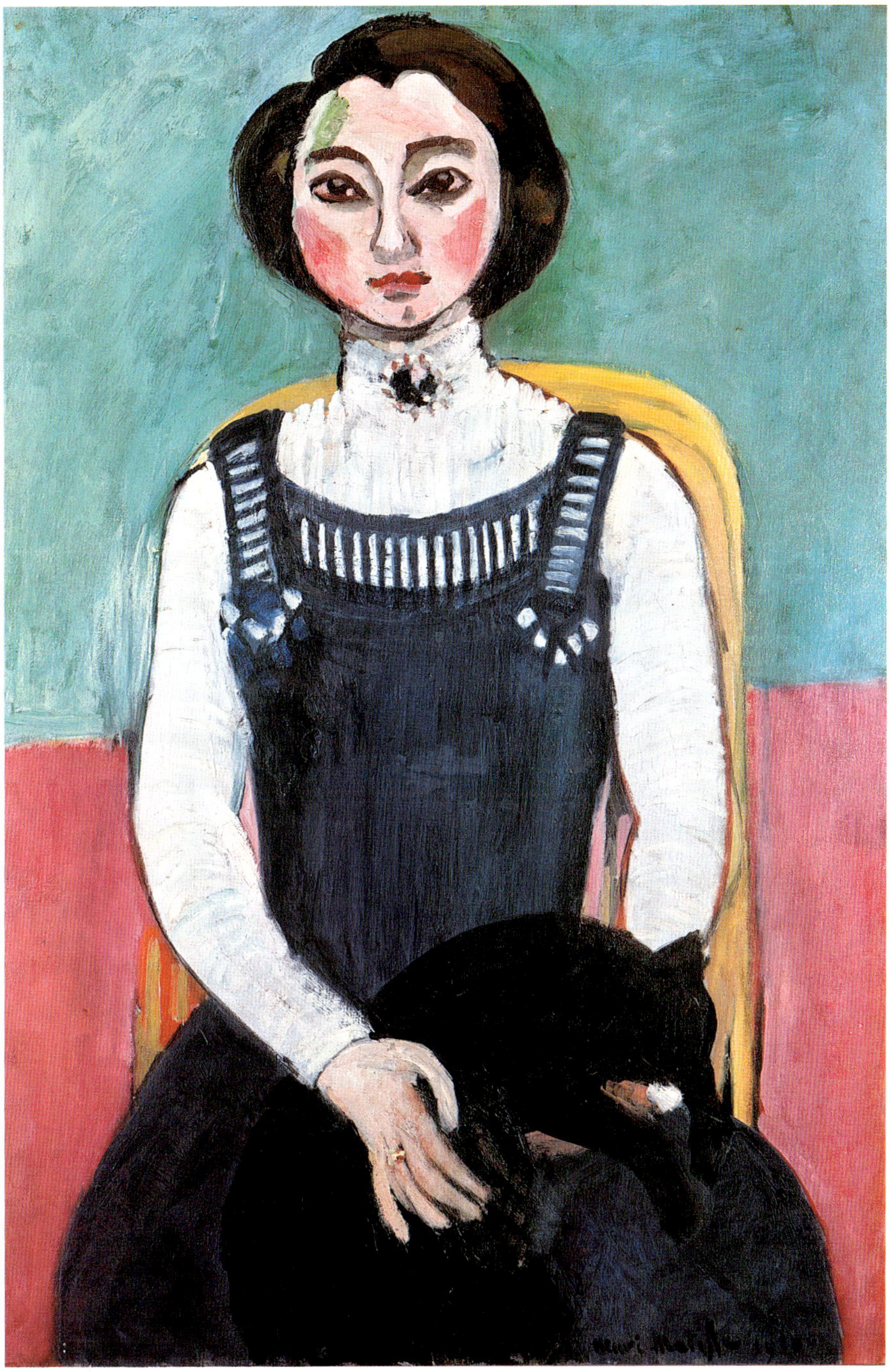

79 Nature morte au pot d'étain

(Statuette rose, pot d'étain sur commode rouge)
(Nature morte au pot d'étain et statuette rose)
Issy-les-Moulineaux, 1910

Huile sur toile
90 × 117 cm
Signé et daté en bas à droite :
Henri-Matisse 10.
Musée de l'Ermitage,
Saint-Pétersbourg

Historique :
Collection Serguei Stschoukine, Moscou, jusqu'en 1918.
Premier Musée de la peinture occidentale moderne, Moscou, 1919 → 1922.
Musée d'État d'art moderne occidental, Moscou, 1922 → 1948.
Musée de l'Ermitage, Léningrad, 1948 (1930 selon Izerghina).

Voir note de l'historique du n° 22

Exposition :
1910 → 1918 : visible au palais Troubetskoy, résidence de Serguei Stschoukine à Moscou ouverte au public le dimanche.

Bibliographie :
Catalogue Stschoukine 1913, n° 105.
Tugendhold 1914, *Apollon,* n° 1-2, p. 42.

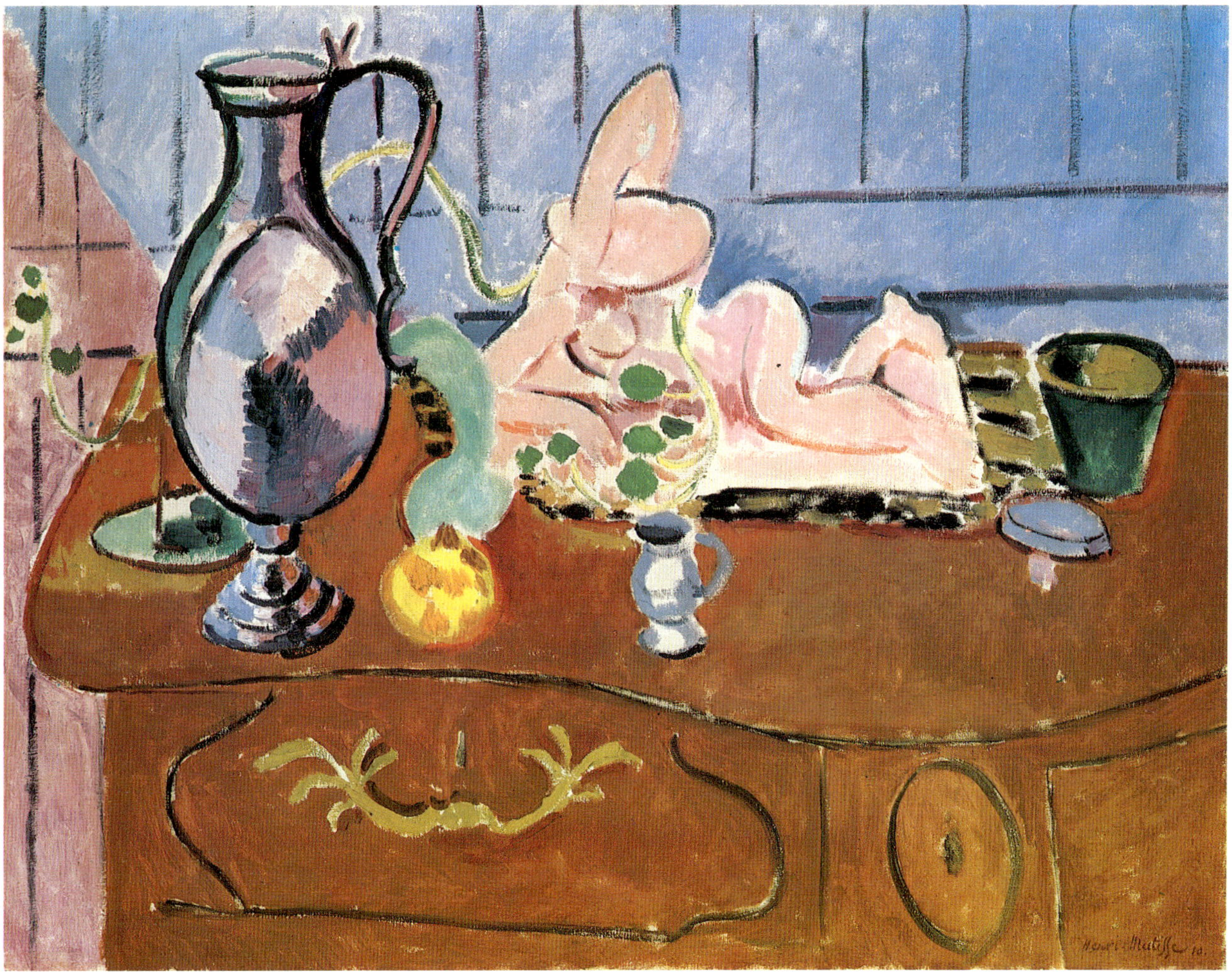
Henri-Matisse 10.

80 La danse II

(La danse, panneau décoratif)
Issy-les-Moulineaux,
fin 1909 - été 1910

Huile sur toile
260 × 391 cm
Signé et daté en bas à droite :
HENRI-MATISSE 1910.
Musée de l'Ermitage,
Saint-Pétersbourg

Historique :
Commande de Serguei Stschoukine à l'artiste, mars 1909.
Collection Serguei Stschoukine, Moscou, 1910 → 1918 (arrivé à Moscou le 17 décembre 1910).
Premier Musée de la peinture occidentale moderne, Moscou, 1919 → 1922.
Musée d'État d'art moderne occidental, Moscou, 1922 → 1948.
Musée de l'Ermitage, Léningrad, 1948.

Voir note de l'historique du n° 22

Expositions :
1910-2 Paris, Salon d'Automne, n° 536.
1910 → 1918 : visible au palais Troubetskoy, résidence de Stschoukine à Moscou ouverte au public le dimanche.

Bibliographie :

Estienne 1909, *Les Nouvelles,* 12 avril.
Rude 1910, *Gil Blas,* 30 septembre.
Apollinaire 1910, *L'Intransigeant,* 1er octobre.
Fontainas, *L'Art moderne,* 15 octobre 1910, pp. 329-330.
Fry 1910, *The Nation,* 29 octobre, p. 194.
Apollinaire 1910, *Poésie,* automne.
L'Art et les artistes 1910, n° 68, novembre, p. 80.
Morice 1910, *Mercure de France,* novembre, p. 88.
Bidou 1910, *Gazette des Beaux-Arts,* novembre, p. 370.
Mourey 1910, *Paris-Journal,* 13 novembre.
Skrotski 1910, *Odesskii listok,* 20 novembre.
Dorgelès 1910, *Fantasio,* 1er décembre, p. 300.
Tugendhold 1910, *Apollon,* n° 1-2, pp. 30-31.
Caffin 1911, pp. 214-216.
Benois 1911, *Retch,* 17 février.
Chevliakov 1911, *Rannieie Outro,* 26 octobre.
Jivoie Slovo 1911, n° 35, 31 octobre.
Kandinsky 1912, *Der Blaue Reiter,* p. 98, repr. p. 38.
Sembat 1913, *Les Cahiers d'aujourd'hui,* avril, pp. 192-193.
Catalogue Stschoukine 1913, n° 98.
Hind 1913, pp. 49-51.
Migeon 1914, *Le Journal des débats,* 29 janvier.
Eddy 1914, pp. 43-44, repr.
Tugendhold 1914, *Apollon,* n° 1-2, pp. 27, 41.
Faure, Romains, Vildrac, Werth 1920, repr. pl. 10.
Sembat 1920, p. 9.

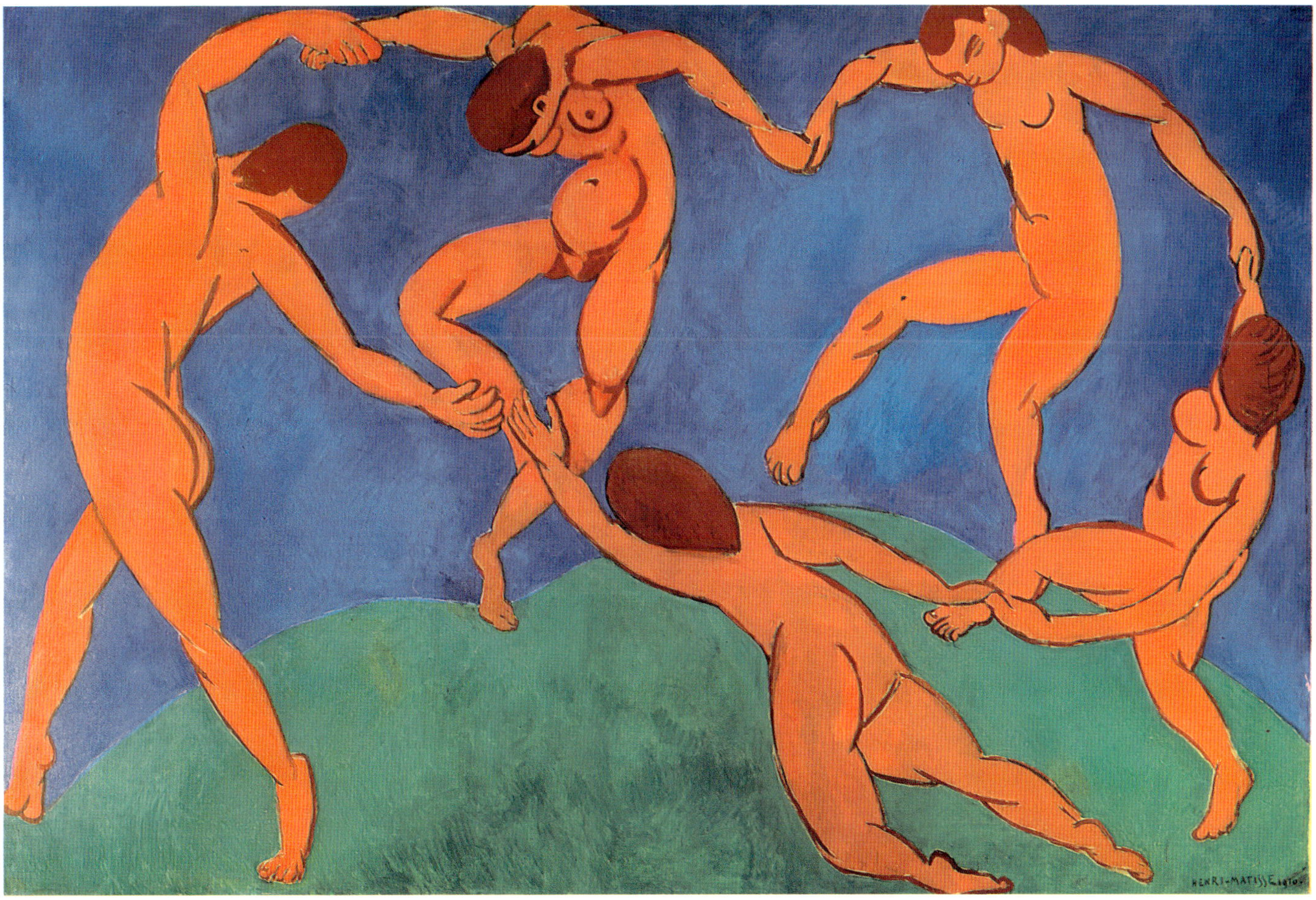

81 **Nature morte, Séville I**

(Nature morte de Séville,
le canapé)

Séville, hiver 1910-1911

Huile sur toile
90 × 117 cm
Signé en bas à droite :
Henri-Matisse
Musée de l'Ermitage,
Saint-Pétersbourg

Historique :
Commande de Serguei Stschoukine à l'artiste, novembre 1910.
Collection Serguei Stschoukine, Moscou, février 1911 → 1918.
Premier Musée de la peinture occidentale moderne, Moscou, 1919 → 1922.
Musée d'État d'art moderne occidental, Moscou, 1922 → 1948.
Musée de l'Ermitage, Léningrad, 1948 (1931 selon Izerghina).

Voir note de l'historique du n° 22

Exposition :
1911 → 1918 : visible au palais Troubetskoy, résidence de Serguei Stschoukine à Moscou ouverte au public le dimanche.

Bibliographie :
Catalogue Stschoukine 1913, n° 109.
Migeon 1914, *Le Journal des débats,* 29 janvier.
Tugendhold 1914, *Apollon,* n° 1-2, p. 42.

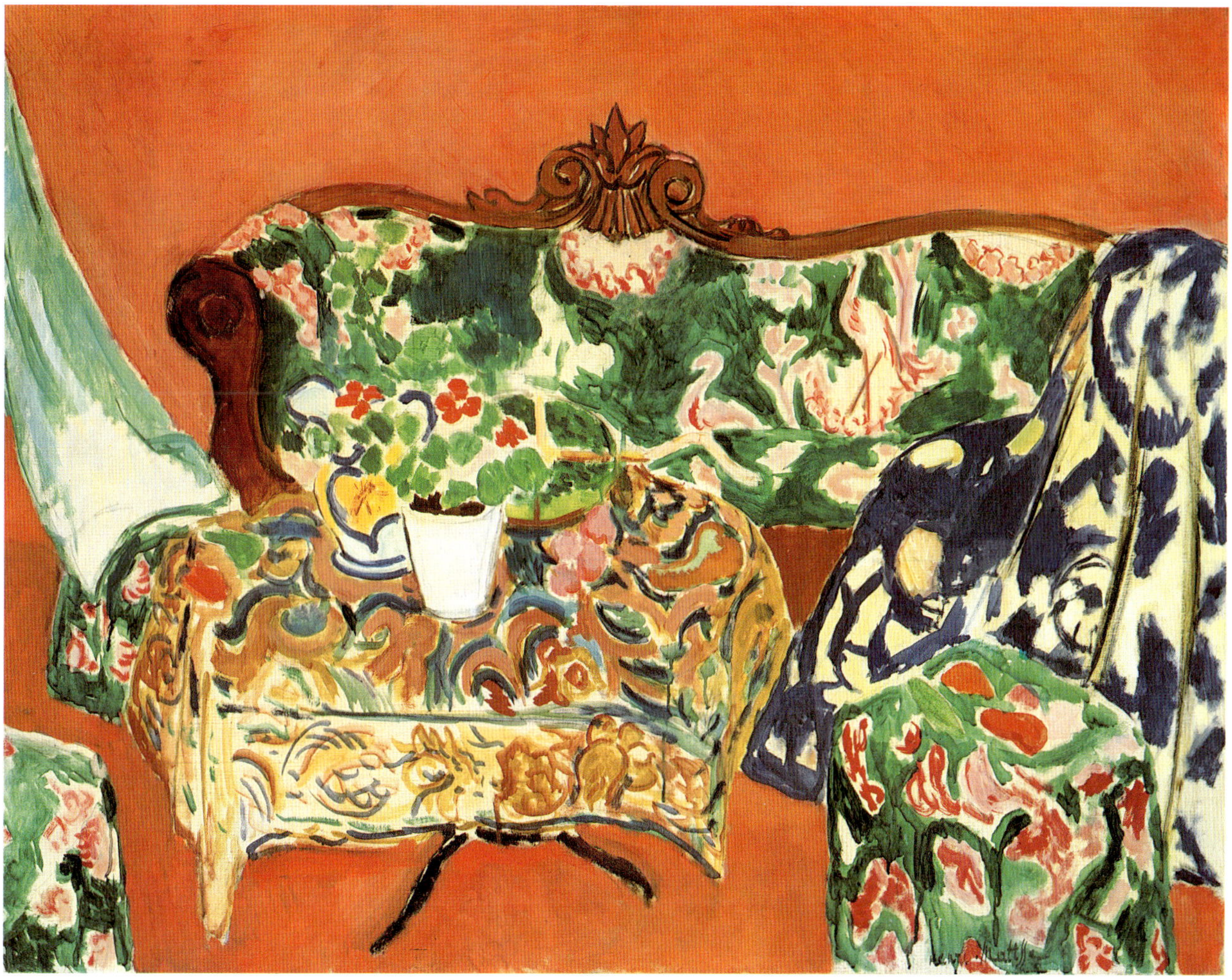

82 **Nature morte, Séville II**

(Séville, intérieur II)
(Nature morte d'Espagne)
Séville, hiver 1910-1911

Huile sur toile
89 × 116 cm
Signé en bas à droite :
Henri-Matisse
Musée de l'Ermitage,
Saint-Pétersbourg

Historique :
Commande de Serguei Stschoukine à l'artiste, novembre 1910.
Collection Serguei Stschoukine, Moscou, février 1911 → 1918.
Premier Musée de la peinture occidentale moderne, Moscou, 1919 → 1922.
Musée d'État d'art moderne occidental, Moscou, 1922 → 1948.
Musée de l'Ermitage, Léningrad, 1948.

Voir note de l'historique du n° 22

Exposition :
1911 → 1918 : visible au palais Troubetskoy, résidence de Serguei Stschoukine à Moscou ouverte au public le dimanche.

Bibliographie :
Catalogue Stschoukine, 1913, n° 116.
Migeon 1914, *Le Journal des débats,* 29 janvier.
Tugendhold 1914, *Apollon,* n° 1-2, p. 42.

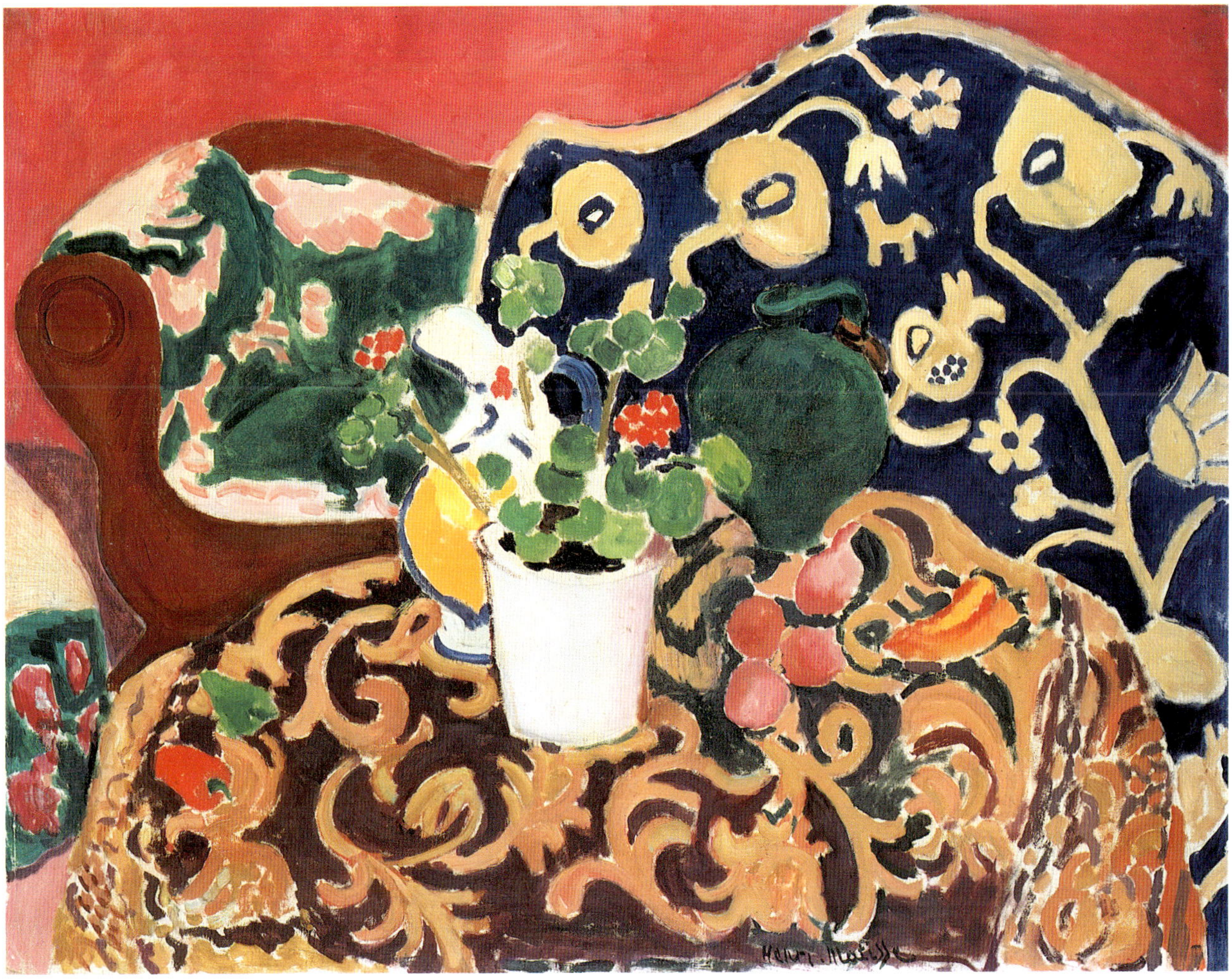

83 **Madame Matisse au châle de Manille**

(L'Espagnole)

Issy-les-Moulineaux, avril 1911

Huile sur toile
118 × 75,5 cm
Signé et daté en bas à gauche :
Henri Matisse 1911
Fondation de la famille Rudolf Staechelin, Bâle

Historique :
Collection Bernheim de Villers, Paris et Monte-Carlo, 1911 → au moins jusqu'en 1931.
Collection Raphaël Gérard, Paris.
Collection Albert Skira, Genève, après 1931 → 1943.
Galerie Siegfried Rosengart, Lucerne, mars 1943.
Collection Rudolf Staechelin, Bâle, 30 mars 1943.

Exposition :
1911-1 Paris, Salon des Indépendants, n° 6740 (sous le titre *L'Espagnole*). Matisse a remplacé ce tableau par *L'atelier rose* peu de temps après l'ouverture.

Bibliographie :
Apollinaire 1911, *L'Intransigeant,* 20 avril.
Janneau 1911, *Gil Blas,* 20 avril.
Lecomte 1911, *Le Matin,* 20 avril.
Apollinaire 1911, *L'Intransigeant,* 21 avril.
Frappier 1911, *La République,* 22 avril.
Lyon Républicain 1911, 22 avril.
The Times, 24 avril 1911.
Salmon 1911, *Paris-Journal,* 25 avril.
Allard 1911, *La Rue,* 5 mai.
Puy 1911, *La Grande Revue,* 10 juin.
La Vie artistique 1911.
L'Art moderne et quelques aspects de l'art d'autrefois 1919, t. II, p. 9, repr. pl. 87 (sous le titre *L'Espagnole*).

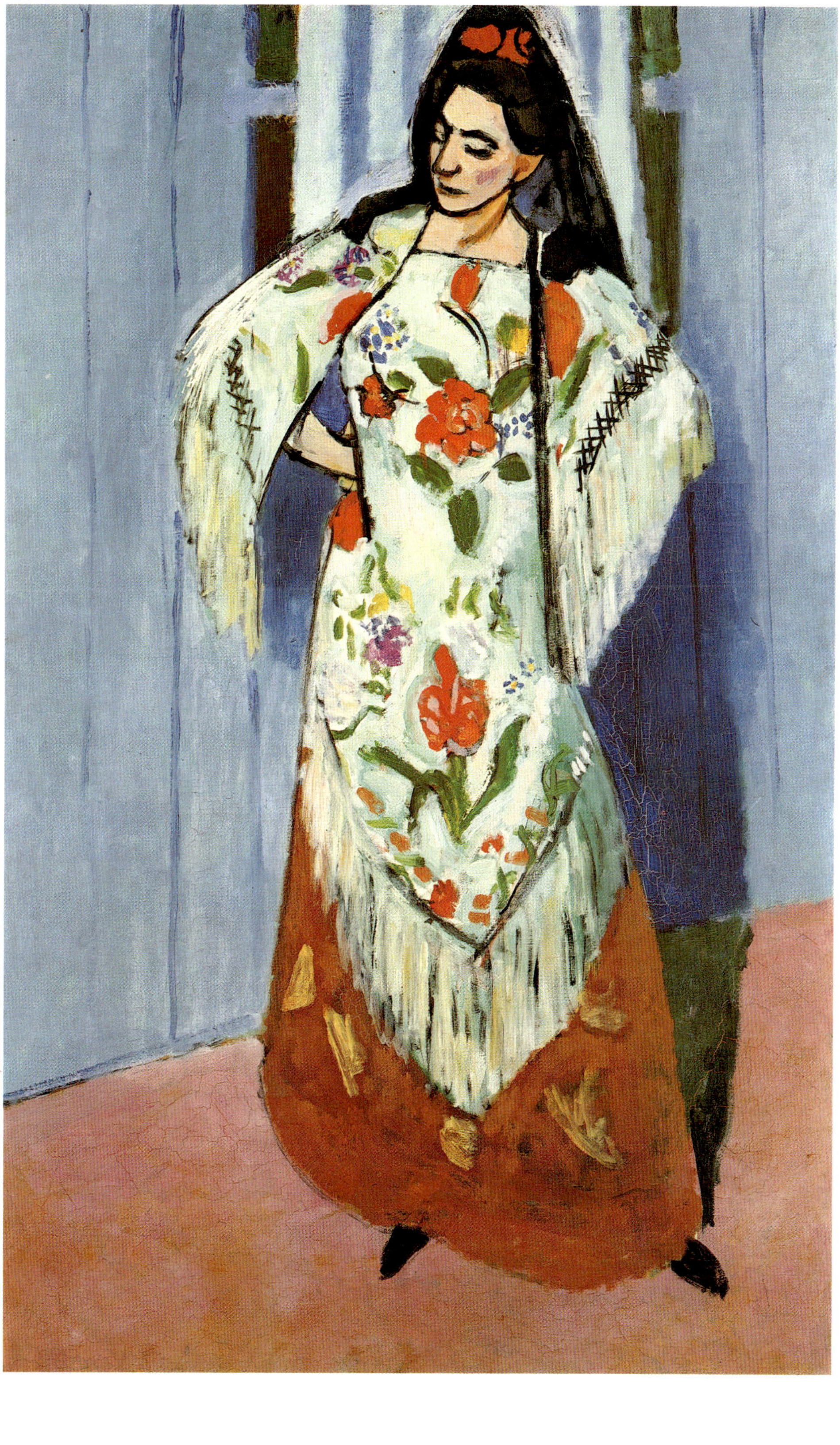

84 Cyclamen pourpre

Issy-les-Moulineaux, début 1911 (et printemps 1912 ?)

Huile sur toile
73 × 60 cm
Signé en bas à gauche :
Henri-Matisse
Collection particulière, New York

Historique :
Galerie Bernheim-Jeune, Paris, 3 mars 1911 → 4 mars 1915 (vendu 4 500 francs).
Montross Gallery, New York, 1915.
Collection John Quinn, New York, 1915 → 1924 (acheté 2 200 $).
Succession John Quinn, 1924 → 1926.
Joseph Brummer, New York ?
Collection M. et Mme Francis L. Blewer, New York, 1926 → 1974.
Acquavella Galleries, New York, 1974 → octobre 1975.
Collection particulière, Washington.

Expositions :
1912 Cologne, Sonderbund, n° 262 (sous le titre *Zyklamen*).
1912 Londres, Grafton Galleries, n° 27 (sous le titre *Cyclamens*).
1913-1 Berlin, Berliner Secession, n° 200.
1914 Rome, Secessione, section française n° 1 (sous le titre *Il vaso di ciclamini sul tavolo bleu*).
1915 New York, Montross Gallery, n° 51 (sous le titre *The Cyclamen*).

Bibliographie :
The Standard 1912, 7 octobre.
New York Evening Post 1915, 23 janvier, p. 9.
American Art News 1915, 23 janvier, p. 2.

La nature morte qui figure au mur de *L'atelier rouge,* 1911 (cat. n° 94) est une deuxième version du même sujet. Une note au dos d'une photographie de cette dernière, dans les Archives Matisse, indique : «peinte après le cyclamen pourpre, plus légèrement, rapidement, dans des tons plus clairs». Par ailleurs, on ne saurait exclure que Matisse ait retravaillé à plusieurs reprises le *Cyclamen pourpre* exposé ici.

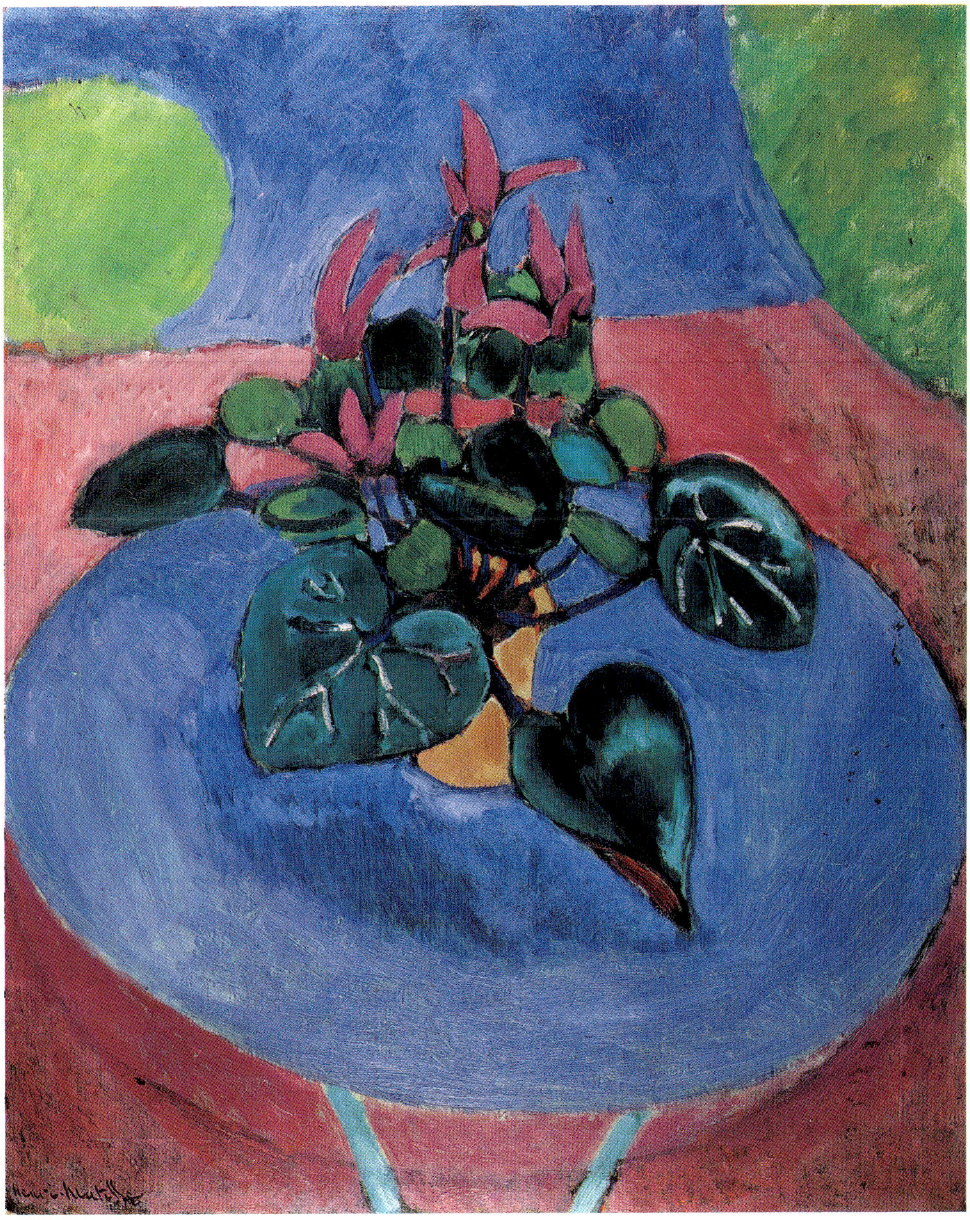

85 La famille du peintre

(Portrait de la famille du peintre)
Issy-les-Moulineaux,
printemps 1911

Huile sur toile
143 × 194 cm
Signé et daté au verso de la barre médiane du cadre :
Henri Matisse 1911
Musée de l'Ermitage,
Saint-Pétersbourg

Historique :
Commande de Serguei Stschoukine à l'artiste, décembre 1910.
Collection Serguei Stschoukine, février 1912 → 1918.
Premier Musée de la peinture occidentale moderne, Moscou, 1919 → 1922.
Musée d'État d'art moderne occidental, Moscou, 1922 → 1948.
Musée de l'Ermitage, Léningrad, 1948.

Voir note de l'historique du n° 22

Exposition :
1912 → 1918 : visible au palais Troubetskoy, résidence de Serguei Stschoukine à Moscou ouverte au public le dimanche.

Bibliographie :
Catalogue Stschoukine 1913, n° 96.
Tugendhold 1914, *Apollon,* n° 1-2, pp. 24, 26, 41, repr. p. 57.

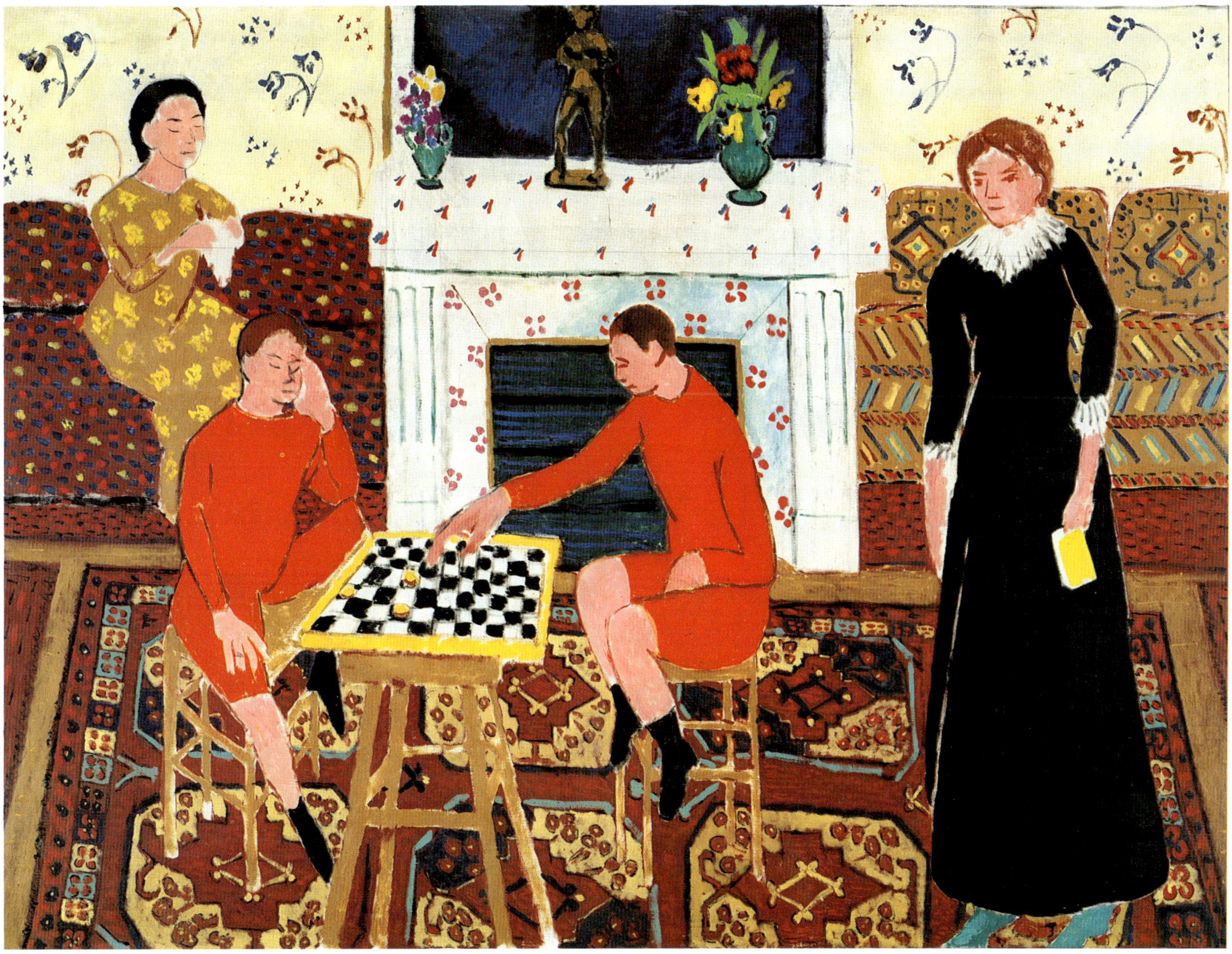

86 **Portrait d'Olga Merson**

Issy-les-Moulineaux,
printemps-été 1911, ou
Collioure, septembre 1911

Huile sur toile
100,3 × 81,3 cm
Signé en bas à droite :
Henri-Matisse
The Museum of Fine Arts,
Houston. Museum Purchase with
Funds provided by the Agnes
Cullen Arnold Endowment Fund

Historique :
Collection Olga Merson ?
Collection particulière, vers 1938.
Pierre Matisse Gallery, New York,
vers 1938 → 1939.
Collection Walter P. Chrysler, Jr.,
1939 → 1950.
Vente New York, Parke Bernet,
Modern Paintings from the
Collection of Walter P. Chrysler, Jr.
(2nd Part), 16 février 1950, n° 62
(sous le titre *Femme en vert*
(Olga), 1910, vendu 5 500 $).
Collection Mme Bernard J. Reis,
New York, 1951 → 1978.
Achat du Museum of Fine Arts de
Houston, 1978.

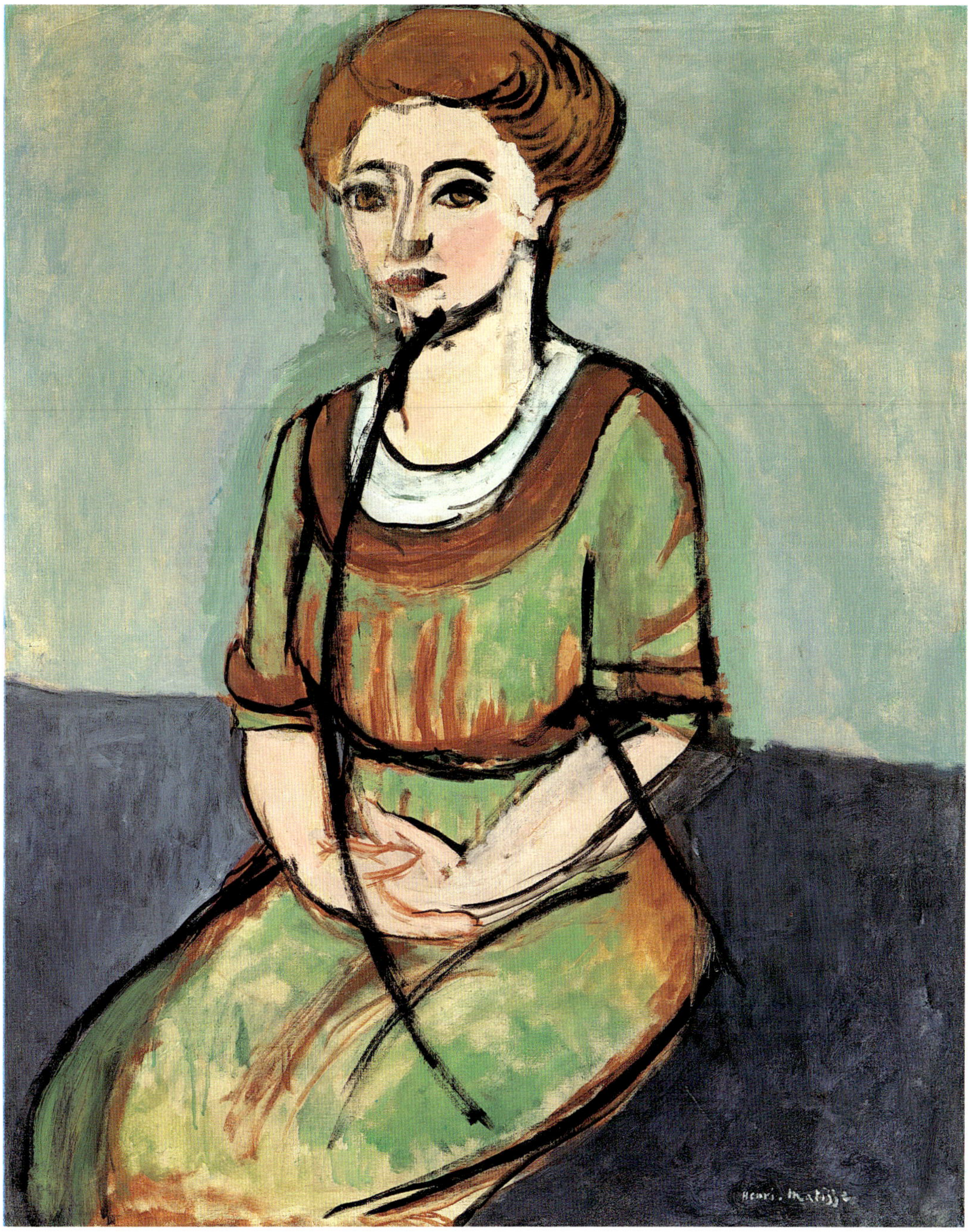
Henri. Matisse

87 Grand nu accroupi (Olga)
Collioure ou
Issy-les-Moulineaux, 1911

Bronze
42,5 × 24,5 × 33 cm
Monogrammé sur la terrasse,
à l'arrière : *HM*
Collection particulière

Historique :
Atelier de l'artiste.
Collection particulière.

Exposition :
1913-1 Paris, galerie Bernheim-Jeune, n° 15 ? (sous le titre *Figure accroupie*).

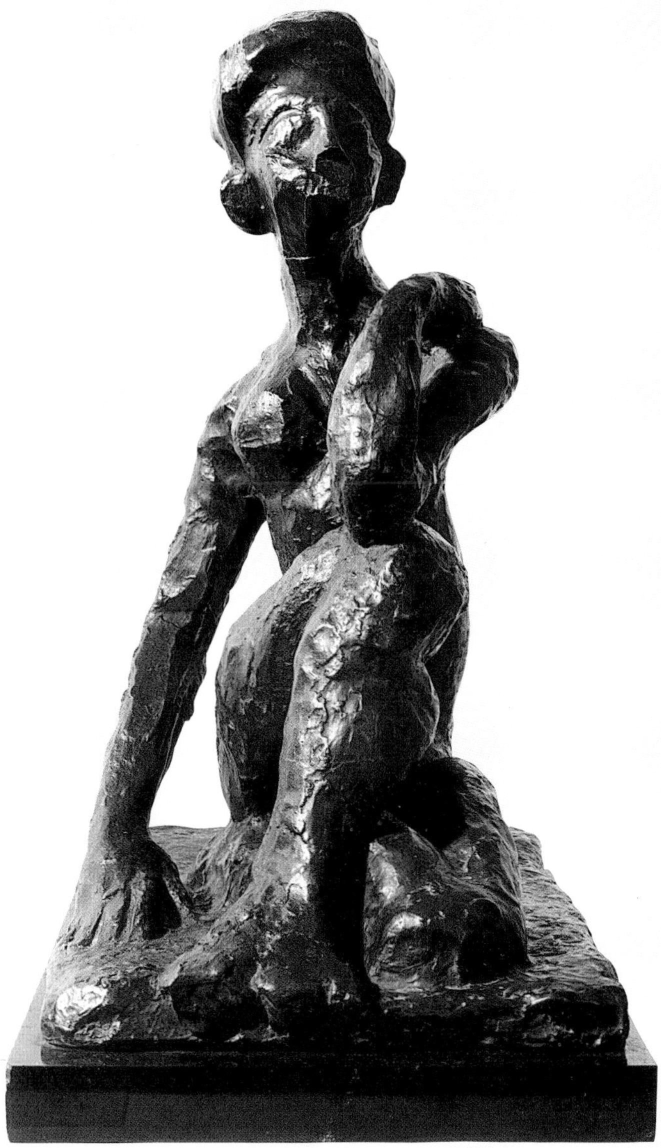

88 Vue de Collioure et la mer
Collioure, septembre 1911

Huile sur toile
61 × 49,6
Signé en bas à gauche :
Henri-Matisse
The Museum of Modern Art,
New York. Nelson A. Rockefeller
Bequest

Historique :
Collection Michael et Sarah Stein, Paris.
Galerie Alfred Flechtheim ?
Galerie Thannhauser.
Alex Reid & Lefevre, Londres, 1946.
Kraushaar Galleries, New York.
Collection Nelson A. Rockefeller.
Legs de Nelson A. Rockefeller au Museum of Modern Art, New York, 1979.

Voir note de l'historique du n° 21

Expositions :
1912 Munich, galerie Hans Goltz, n° 100, repr. (sous le titre *Die Brücke van Collioure*).
1914 Cologne, Deutsche Werkbund, repr., p. 15 (sous le titre *Die Brücke in Collioure*). (L'ensemble des œuvres de cette exposition est présenté comme un prêt de la galerie Flechtheim).
1914 Berlin, Kunstsalon Fritz Gurlitt, repr., mais n'apparaît pas dans la liste des œuvres exposées. Par ailleurs, la présence de ce tableau à Berlin semble incompatible avec sa présentation à Cologne de mai à octobre. Il est possible que la photographie de notre tableau ait été utilisée par erreur dans différents catalogues d'expositions allemandes pour désigner une autre version, très proche, du même paysage, qui pourrait être celle reproduite dans Elderfield 1978, p. 196, fig. 57.

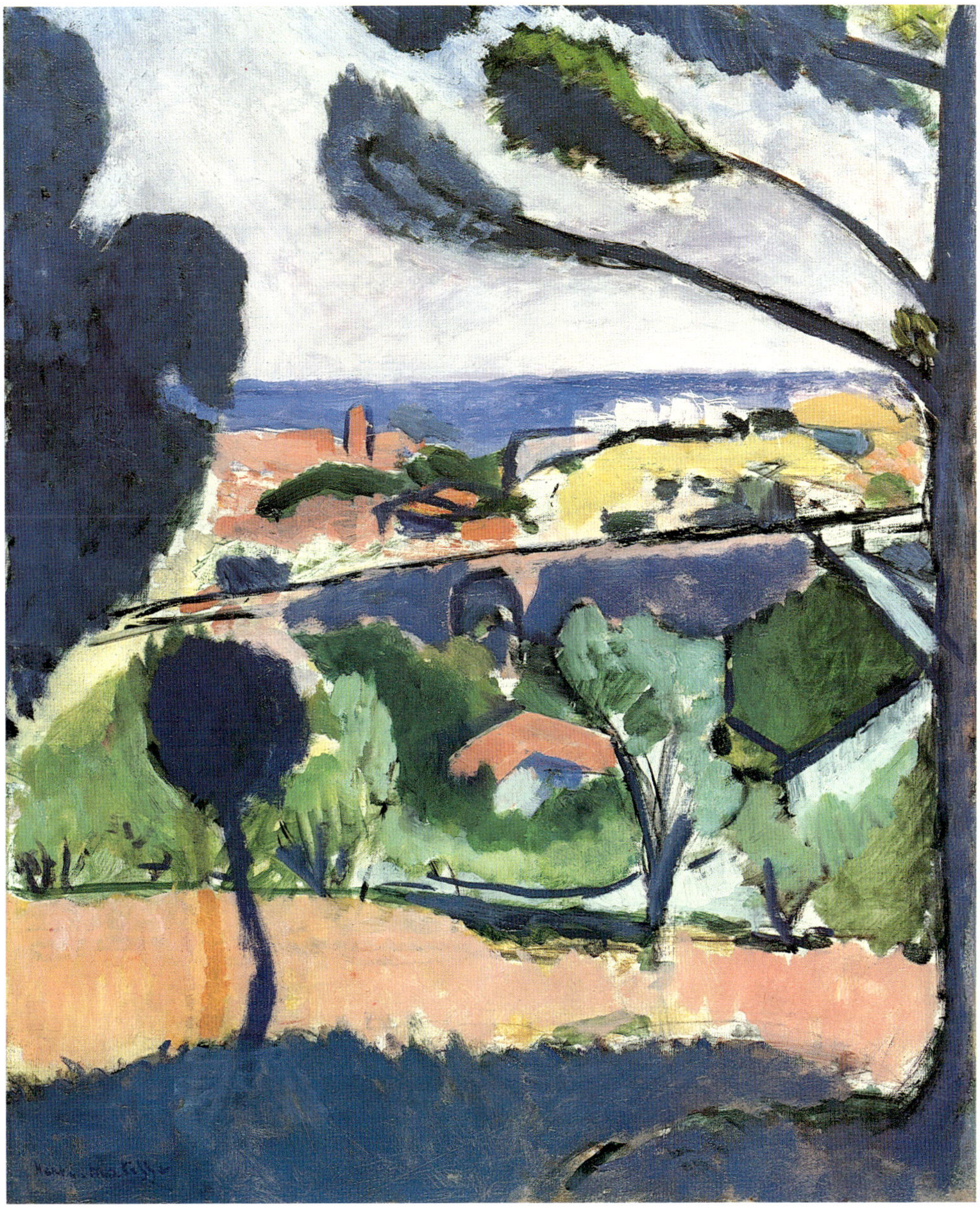

89 **Nature morte aux aubergines**

(Camaïeu et aubergines)

Collioure, septembre 1911

Huile sur toile
116,2 × 89,2 cm
Signé en bas à gauche :
Henri-Matisse
Mrs Bertram Smith Collection.
Promised Gift to The Museum of Modern Art

Historique :
Galerie Bernheim-Jeune, Paris, 6 décembre 1911 → au moins jusqu'en décembre 1912.
Collection Oskar et Margarete Moll ?
Collection Dr Alfred Gold, Berlin, encore en 1931.
Collection Justin K. Thannhauser, Berlin, puis New York.
Vente New York, Parke Bernet Galleries, *Modern and other French Paintings [...] Property of J.K. Thannhauser New York,* 12 avil 1945, n° 108, repr. (sous le titre *Les aubergines*).
Collection M. et Mme Pierre Matisse, New York.
Collection Mme Marcel Duchamp.
Collection M. et Mme Bertram Smith, New York, 1966.

Expositions :
1911-3 Paris, Salon d'Automne, n° 679 (sous le titre *Nature morte, esquisse décorative*).
1912 Londres, Grafton Galleries, n° 33 (sous le titre *Les aubergines*).

Bibliographie :
Salmon 1911, *Paris-Journal,* 30 septembre.
Vauxcelles 1911, *Gil Blas,* 30 septembre.
Apollinaire 1911, *L'Intransigeant,* 12 octobre.
Jean-Aubry 1911, *L'Art moderne,* 22 octobre.
Gil Blas 1912, 4 octobre.
The Standard 1912, 7 octobre.

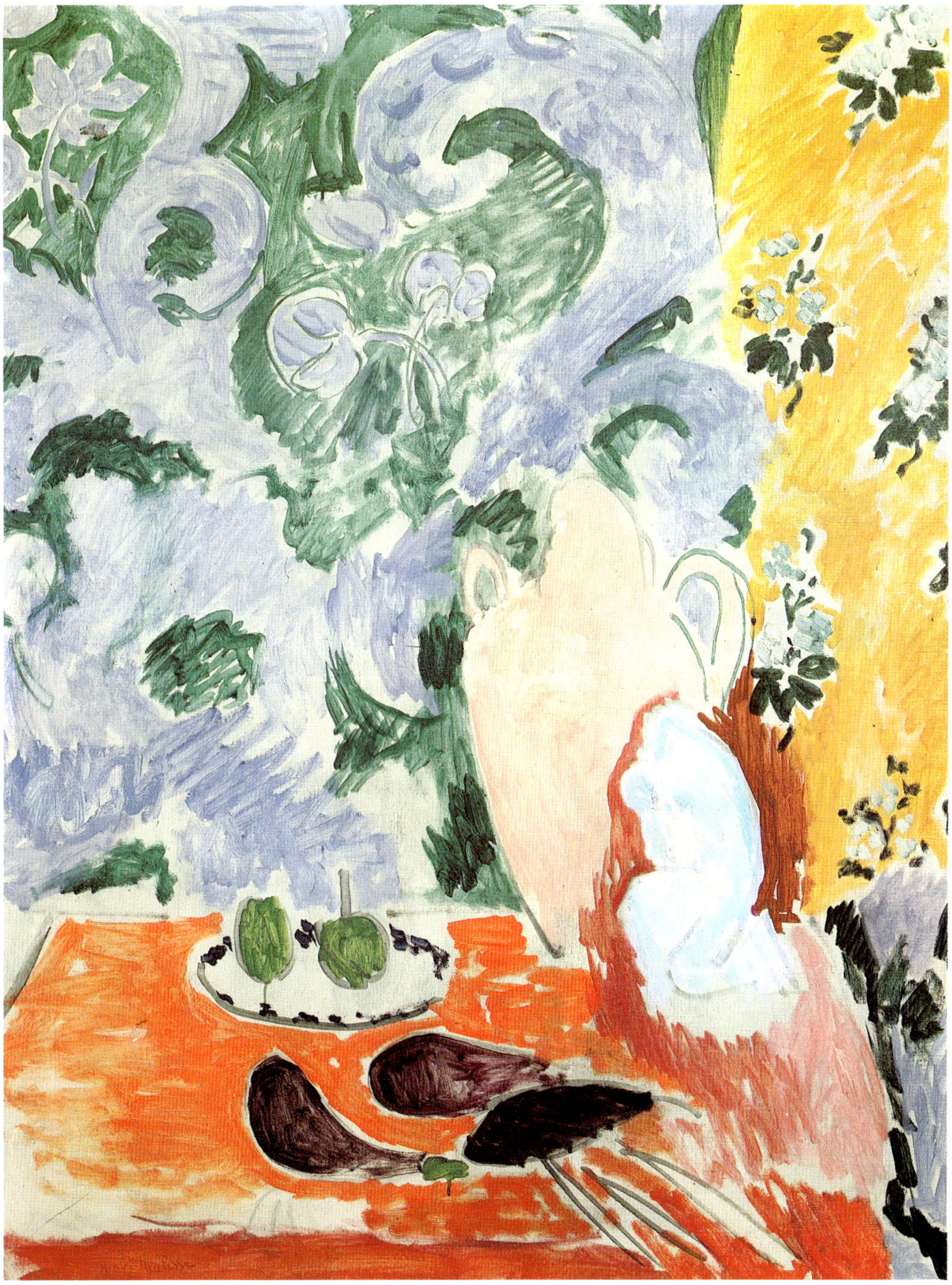

90 **Intérieur aux aubergines**

Collioure, septembre 1911
(puis Issy-les-Moulineaux,
automne ?)

Détrempe à la colle sur toile
212 × 246 cm
Signé en bas à droite :
Henri Matisse (seule la deuxième moitié de la signature est encore visible)
Musée de Grenoble

Historique :
Collection Michael et Sarah Stein, Paris, 1911 → 1917 ?
Racheté par l'artiste, vers 1917.
Don de Mme Matisse et Mlle Marguerite Matisse au Musée de peinture et de sculpture, Grenoble, juin 1922.

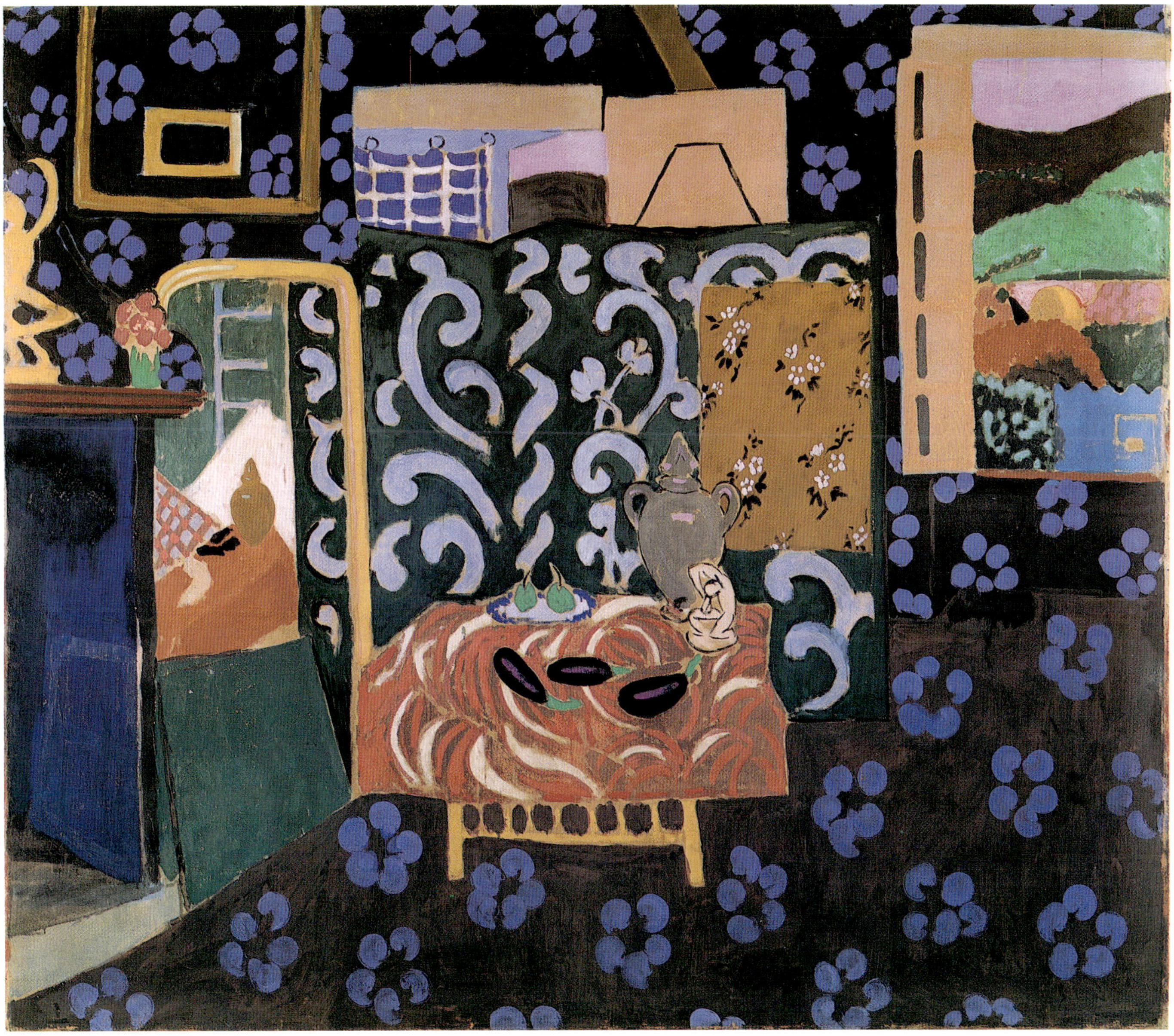

91 Intérieur aux aubergines
Paris, automne 1911

Aquarelle sur papier
21 × 23,5 cm
Signé en bas à droite :
Henri-Matisse
Collection particulière. Courtesy of Lumley Cazalet Ltd, Londres

Historique :
Atelier de l'artiste.
Collection particulière.

Cette aquarelle, probablement exécutée après la peinture du musée de Grenoble, est le seul témoignage qui nous reste – de la main du peintre – de la composition complète d'*Intérieur aux aubergines* avec son faux cadre aujourd'hui disparu.

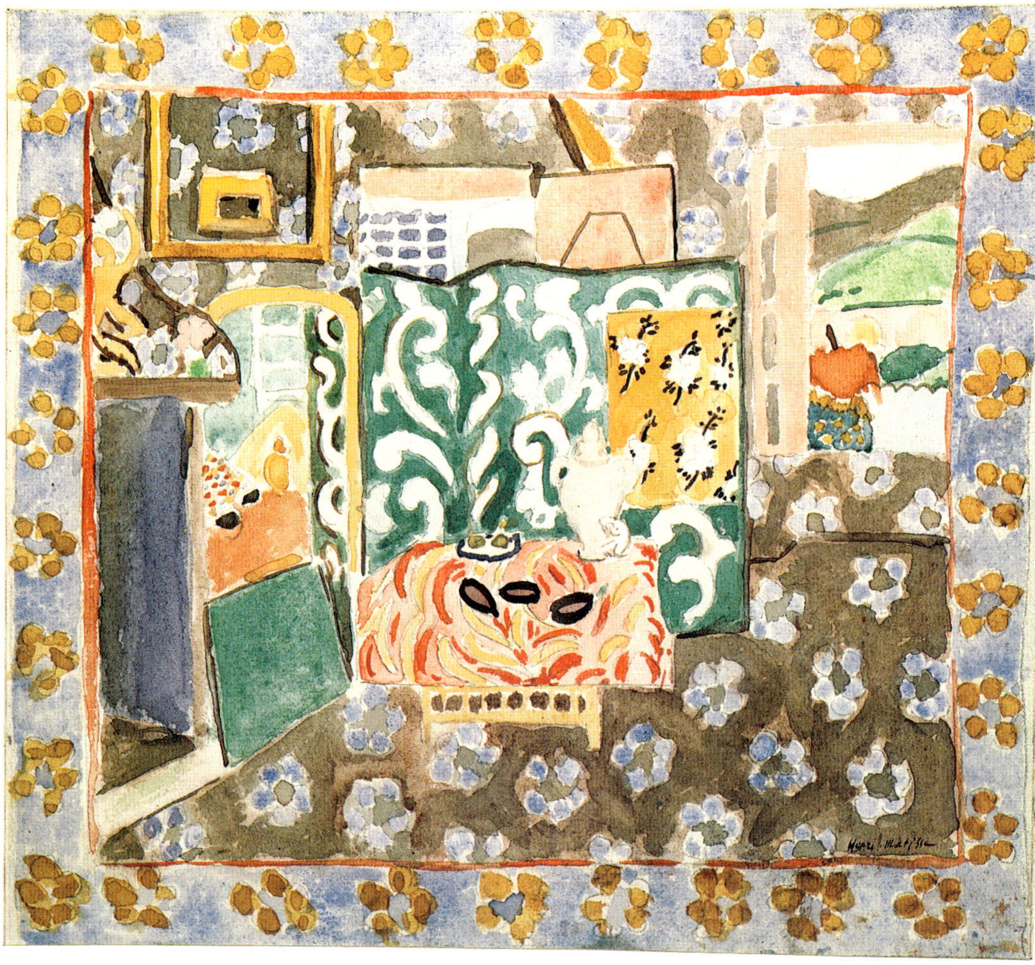

92 Jeannette III
Issy-les Moulineaux,
1910-1911

Bronze
60,3 × 26 × 28 cm
Monogrammé en bas du socle, à droite : *HM n° 6*
Collection particulière

Historique :
Atelier de l'artiste.
Collection particulière.

Expositions :
1912 New York, Photo Secession Gallery, n° 11 (sous le titre *State of the Portrait of a Young Girl,* plâtre).
1912 Londres, Grafton Galleries (sous le titre *Buste de femme, troisième état,* plâtre).
1913-1 Paris, galerie Bernheim-Jeune, n° 18 (sous le titre *Buste de femme, 3e état,* plâtre).

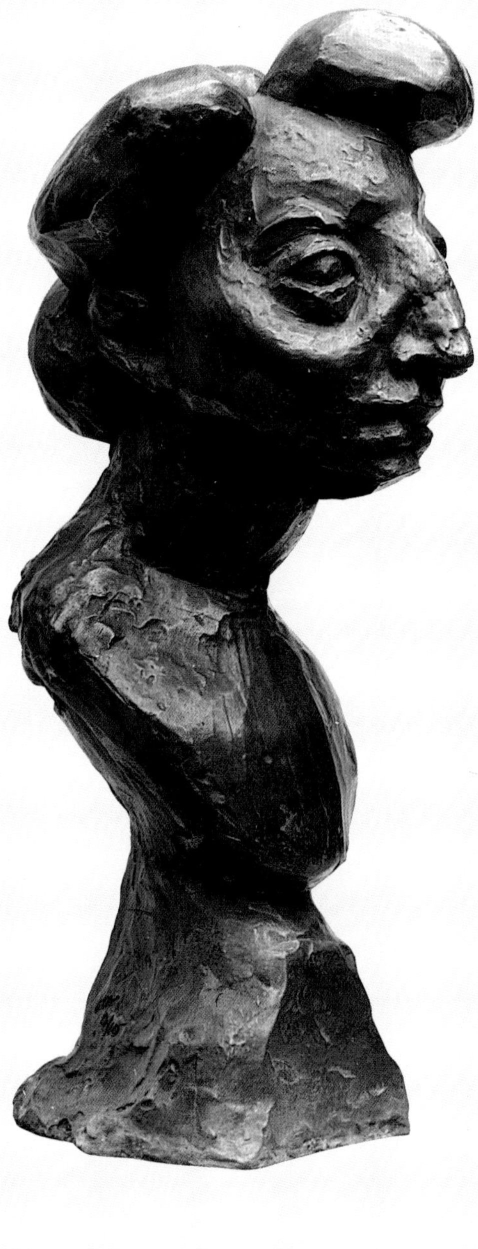

3 Jeannette IV
Issy-les-Moulineaux,
1910-1911

Bronze
61,5 × 22 × 28 cm
Monogrammé à l'arrière,
à gauche : *0/10 HM*
Musée national d'art moderne,
Centre Georges Pompidou, Paris

Historique :
Atelier de l'artiste.
Collection Pierre Matisse,
New York.
Dation à l'État, 1991.

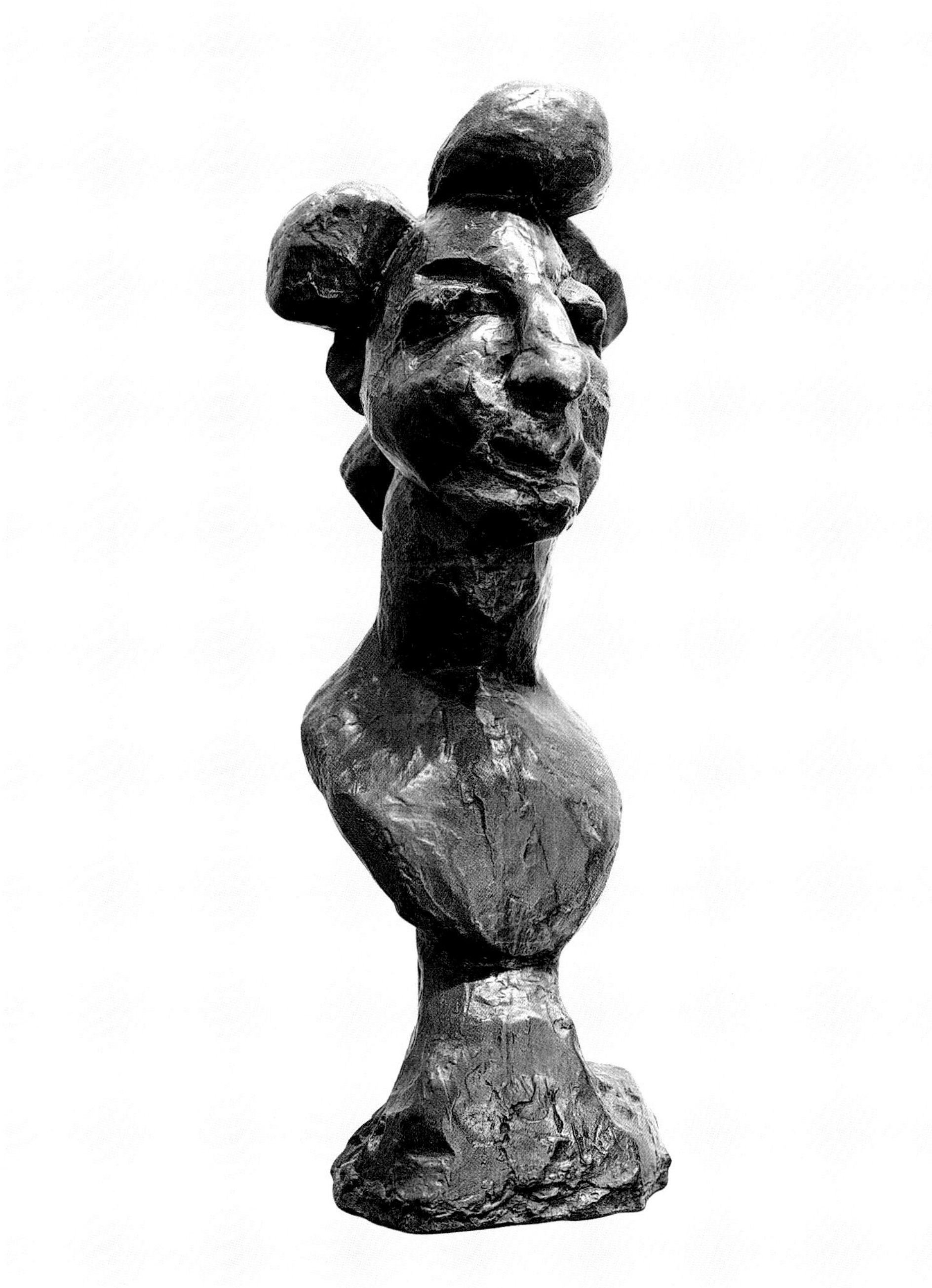

94 L'atelier rouge

(Le panneau rouge)

Issy-les-Moulineaux,
automne 1911

Huile sur toile
181 × 219,1 cm
Signé en bas à gauche :
Henri-Matisse
The Museum of Modern Art, New York. Mrs Simon Guggenheim Fund

Historique :
Atelier de l'artiste, 1911 → 1926 (figure à l'exposition «Trente ans d'art indépendant», Paris, Salon des Indépendants, février-mars 1926, n° 1186, catalogué avec d'autres tableaux qui appartenaient encore à l'artiste à cette époque).
Collection David Tennant, Londres, pour le Gargoyle Club, 1926 ; au Gargoyle Club jusqu'en 1941 ; en dépôt à la Redfern Gallery (Londres) par l'intermédiaire de laquelle le tableau sera vendu à Georges Keller, probablement après la guerre.
Georges Keller, New York.
Bignou Gallery, New York, 1948.
Achat du Museum of Modern Art, New York, 1949.

Expositions :
1912 Londres, Grafton Galleries, n° 35 (sous le titre *Le panneau rouge*).
1913 New York, *Armory Show*, n° 406 (sous le titre *Panneau rouge*) / Chicago, n° 242 / Boston, n° 123.
1914 Düsseldorf, galerie Flechtheim ?

Bibliographie :
Goldschmidt 1911, *Politiken*, 24 novembre.
Sée 1912, *Gil Blas*, 4 octobre.
The Standard 1912, 7 octobre.
Brinton 1913.
Mac Chesney 1913, *The New York Times*, 9 mars, repr. (sous le titre *Red panneau*).
Sembat 1920, repr. p. 47 (sous le titre *L'atelier*).

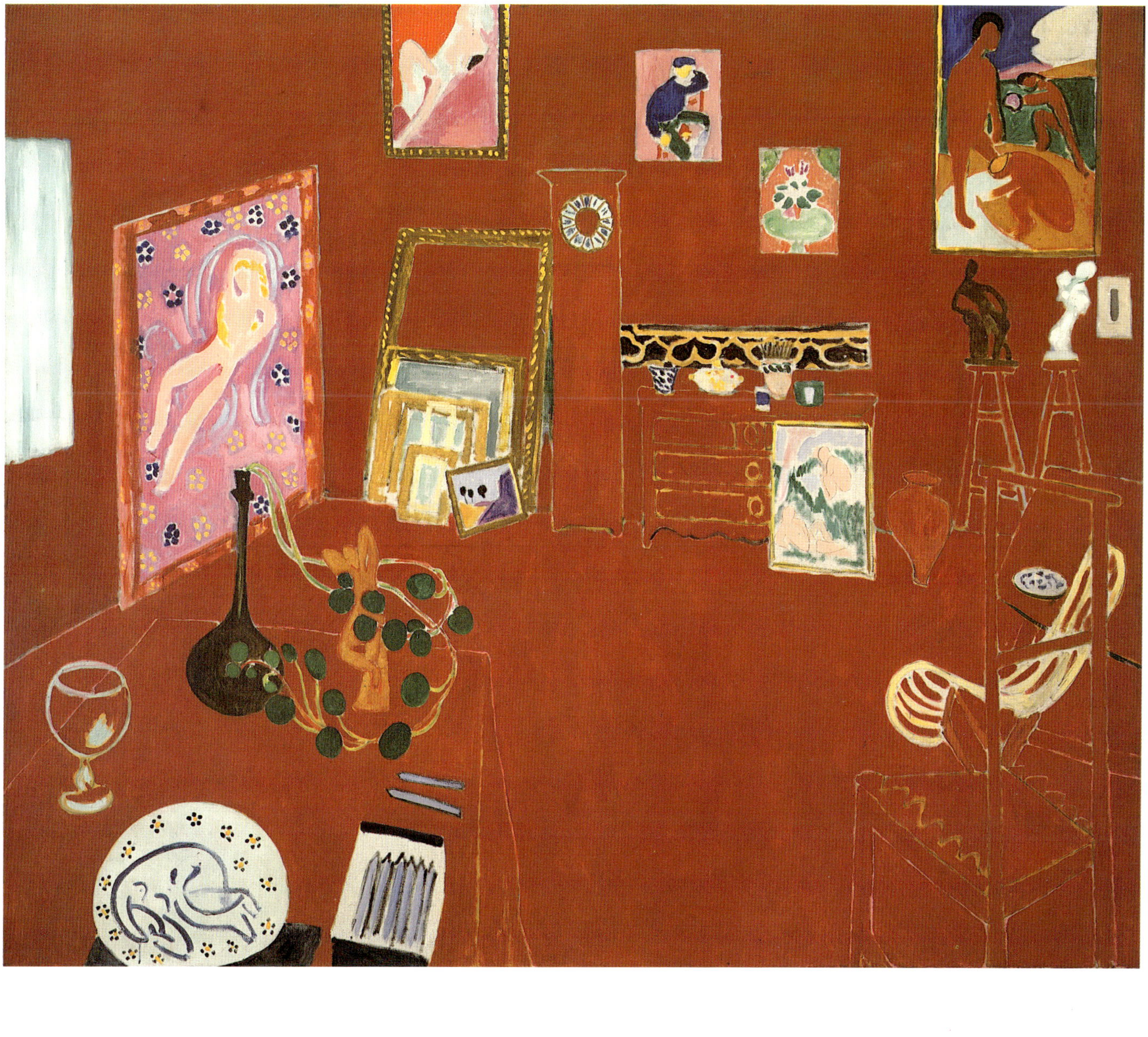

95 La conversation

Issy-les-Moulineaux,
été 1909 - début été 1912

Huile sur toile
177 × 217 cm
Non signé, non daté
Musée de l'Ermitage,
Saint-Pétersbourg

Historique :
Collection Serguei Stschoukine, Moscou, janvier 1913 → 1918 (acheté 10 000 francs).
Premier Musée de la peinture occidentale moderne, Moscou, 1919 → 1922.
Musée d'État d'art moderne occidental, Moscou, 1922 → 1948.
Musée de l'Ermitage, Léningrad, 1948 (1930 selon Izerghina).

Voir note de l'historique du n° 22

Expositions :
1912 Londres, Grafton Galleries, n° 28 (sous le titre *Conversation*).
1913 → 1918 : visible au palais Troubetskoy, résidence de Serguei Stschoukine à Moscou ouverte au public le dimanche.

Bibliographie :
Gil Blas 1912, 4 octobre.
The Morning Advertiser 1912, 4 octobre.
Fry 1912, *The Nation,* 9 novembre, pp. 250-251.
Catalogue Stschoukine, 1913, n° 122.
Migeon 1914, *Le Journal des débats,* 29 janvier.
Tugendhold 1914, *Apollon,* n° 1-2, pp. 27, 42.

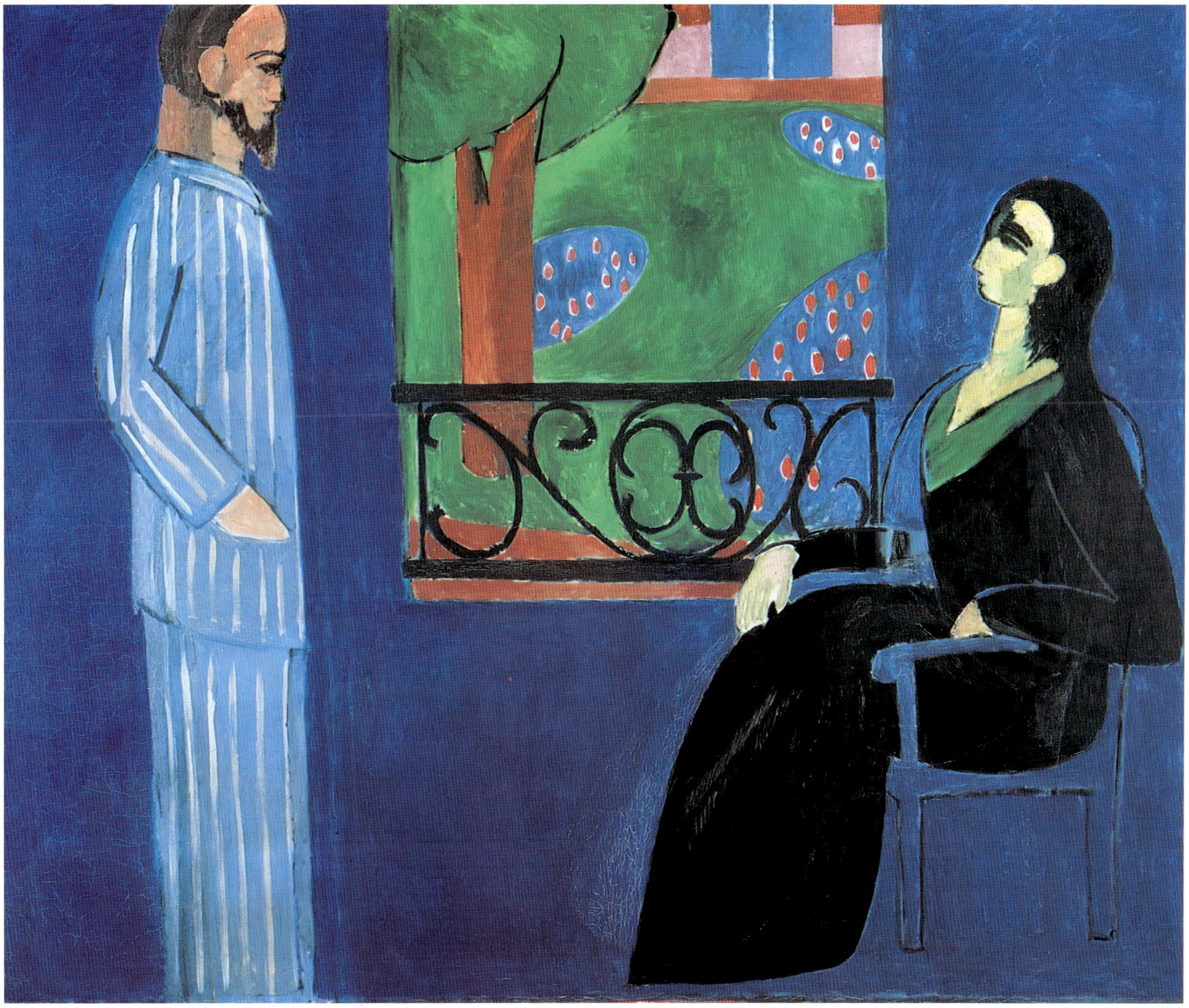

96 **Les acanthes**
(Sous-bois au Maroc)
(Paysage marocain)
Tanger, parc de la villa Brooks, mars-avril 1912

Huile sur toile
115 × 80 cm
Signé en bas à gauche :
Henri-Matisse
Moderna Museet, Stockholm

Historique :
Galerie Bernheim-Jeune, Paris, 20 décembre 1913 → 4 mars 1914 (vendu 5 000 francs avec 2 œuvres de Van Dongen).
Léonce Rosenberg, Paris, 4 mars 1914.
Walther Halvorsen, Paris, décembre 1916.
Don de Walther Halvorsen au Nationalmuseum, Stockholm, 1917.

Exposition :
1918 Christiania (Oslo), n° 45 (sous le titre *Paysage du Maroc*).

Bibliographie :
Sembat 1913, *Les Cahiers d'aujourd'hui,* avril, p. 194.
Sembat 1920, pp. 9-10.

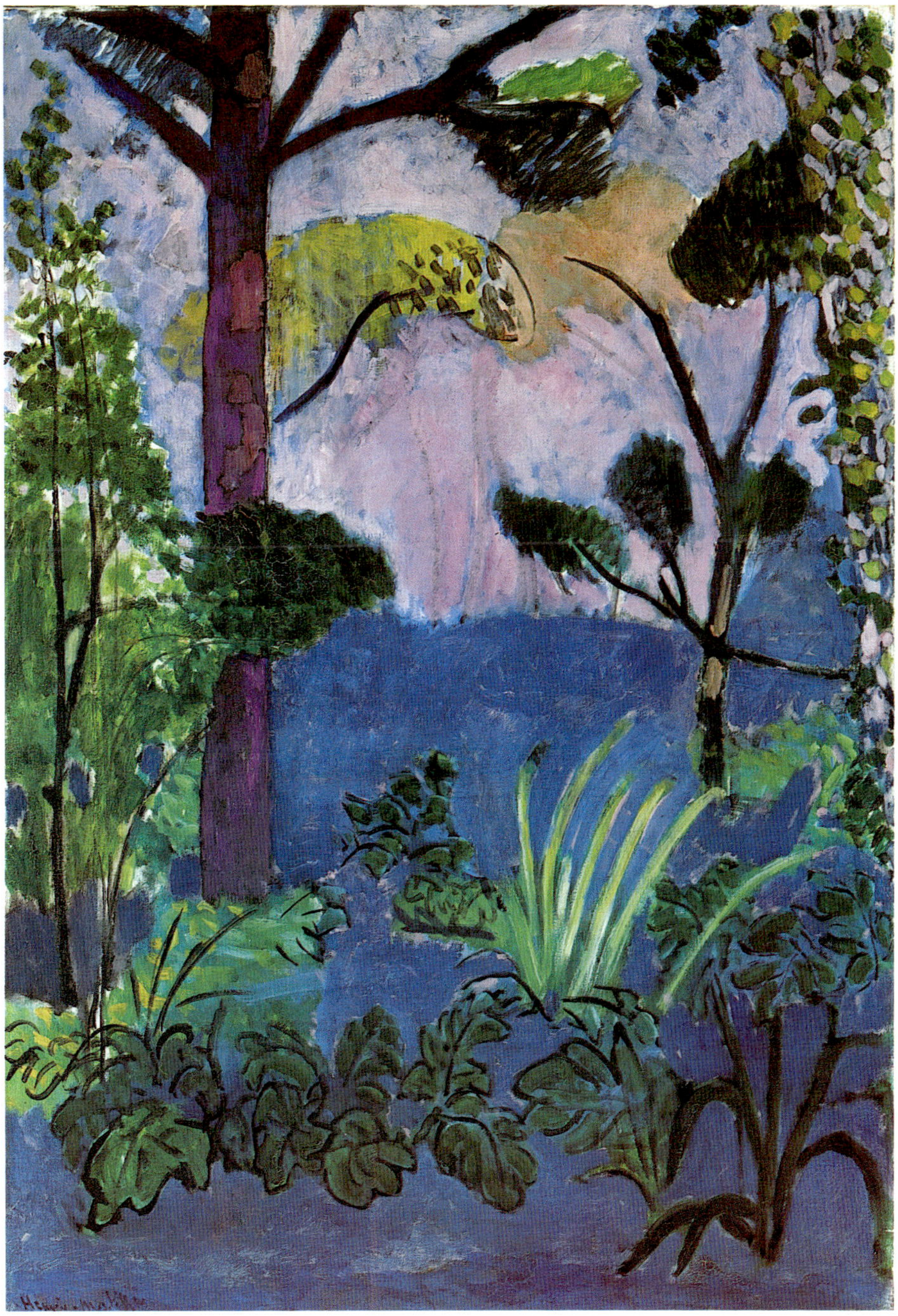

97 Les pervenches, jardin marocain
Tanger, parc de la villa
Brooks, mars-avril 1912

Huile, crayon et fusain sur toile
116,8 × 82,5 cm
Signé et daté en bas à gauche :
Henri-Matisse-1912.
The Museum of Modern Art,
New York. Gift of Florene M.
Schoenborn

Historique :
Galerie Bernheim-Jeune, Paris,
27 avril → 1er mai 1912 (acheté
1 750 francs).
Collection Alphonse Kann, Paris et
Saint-Germain-en-Laye, 1912
(acheté 3 000 francs).
Paul Guillaume, Paris ?
Valentine Dudensing Gallery,
New York, vers 1942.
Collection Joseph Pulitzer,
Saint Louis, 1942 → 1948.
Fine Arts Associated, New York,
1948.
M. Knœdler & Company,
New York et Fine Arts Associated,
New York, juin 1948 → 1951.
Collection Florene et Samuel A.
Marx, Chicago, octobre 1951.
Don de Florene May Schoenborn
au Museum of Modern Art,
New York, 1985.

Exposition :
1913-1 Paris, galerie Bernheim-
Jeune (hors catalogue).

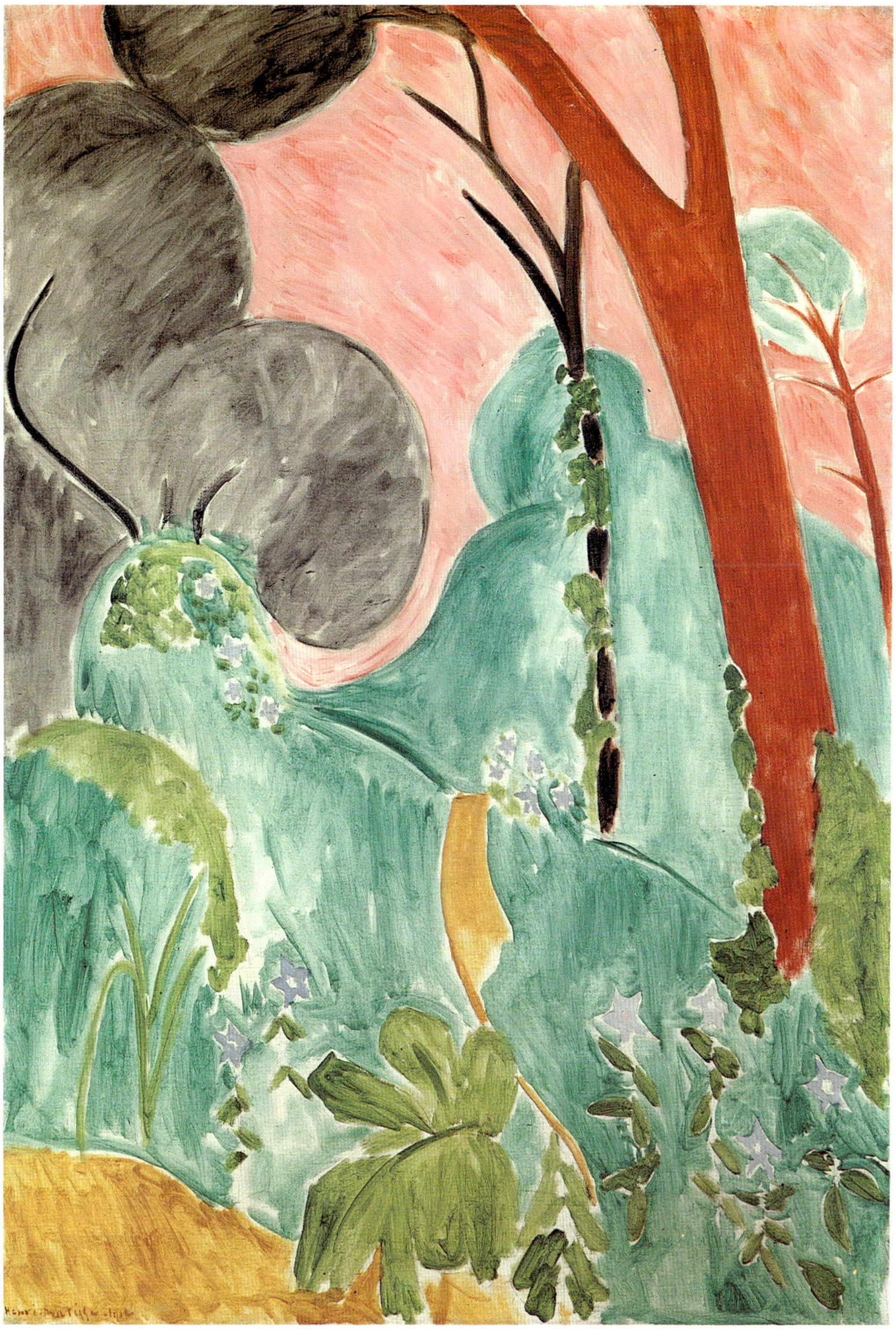

98 **La palme**
(Matin de mars près de Tanger)
Tanger, parc de la villa
Brooks, mars-avril 1912

Huile sur toile
116 × 81 cm
Signé en bas à droite :
Henri Matisse
National Gallery of Art,
Washington. Chester Dale Fund

Historique :
Galerie Bernheim-Jeune, Paris,
30 avril → 15 juin 1912 (vendu
2 750 francs).
Curt Glaser, 15 juin 1912.
Collection Oskar et Margarete
Moll, Breslau, vers 1913 → 1930.
Justin K. Thannhauser, Berlin, vers
1932.
Valentine Gallery, New York.
Weyhe Galleries, New York, après
1940.
Collection M. et Mme Alfred Barr,
New York, 1948.
Xavier Fourcade Gallery,
New York, vers 1977.
National Gallery of Art,
Washington, 1978.

Exposition :
1913-3 Berlin, Kunstsalon Fritz
Gurlitt, n° 60.

Bibliographie :
Sembat 1920, p. 10.

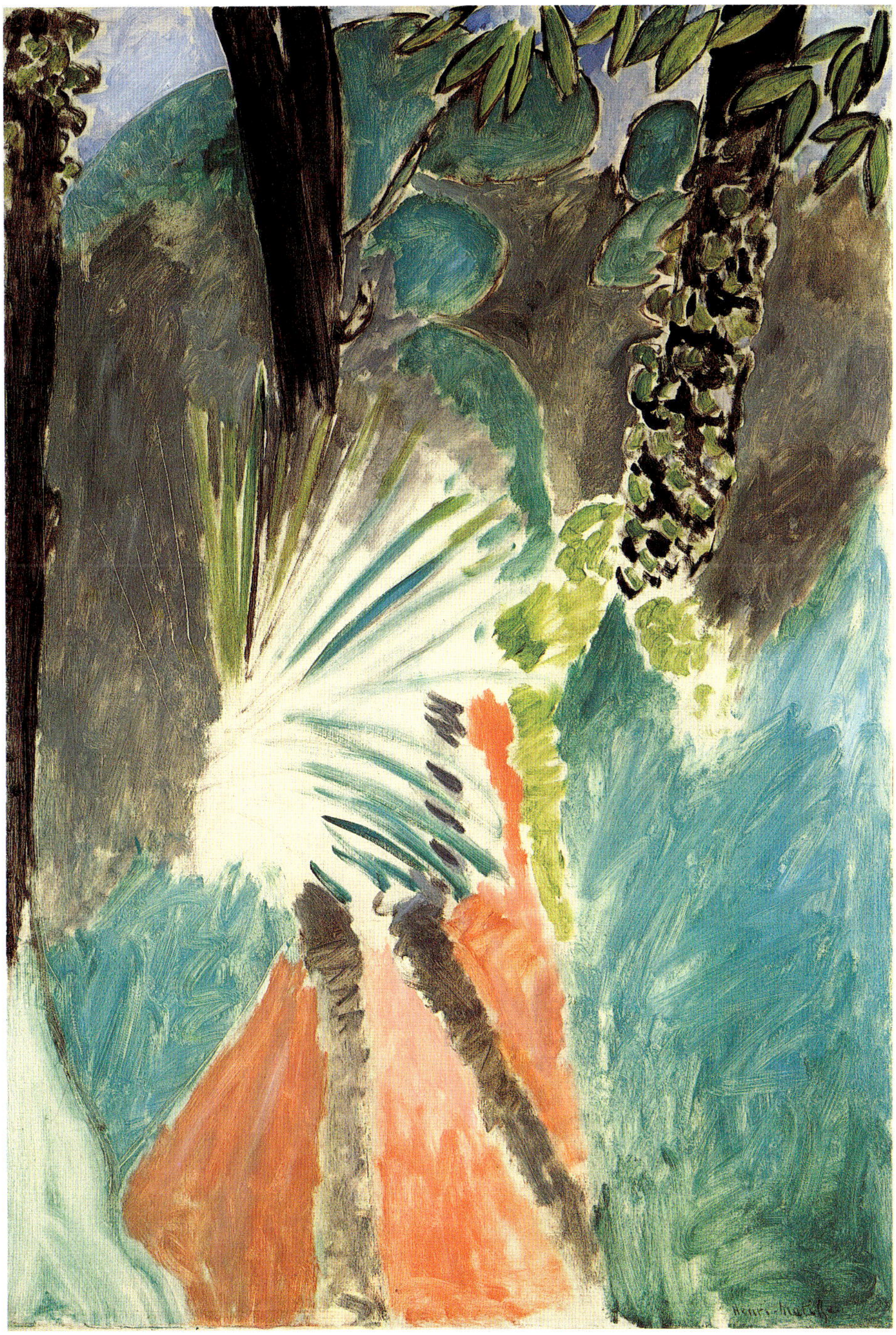

99 Corbeille d'oranges

(Nature morte aux oranges)

Tanger, début 1912

Huile sur toile
94 × 83 cm
Signé en bas à gauche :
Henri Matisse
Musée Picasso, Paris

Historique :
Galerie Bernheim-Jeune, Paris, 30 avril → 28 mai 1912.
Collection Carl et Thea Sternheim, Berlin, mai 1912 → jusqu'en 1937 au moins.
Ambroise Vollard, Paris (?).
Martin Fabiani, Paris.
Collection Pablo Picasso, 1940 (acquis par échange, peut-être contre *Paysage de Gosol,* été 1906 [Daix, *Catalogue raisonné de l'œuvre de Picasso 1900-1906,* vol. I, n° XV-48]) → 1973.
Donation de Jacqueline Picasso et Paul Picasso à l'État, 1973.
Musée du Louvre, Paris, 1973 → 1984.
Musée Picasso, Paris, 1984.

Expositions :
1913-1 Paris, galerie Bernheim-Jeune (hors catalogue).
1913-3 Berlin, Kunstsalon Fritz Gurlitt, n° 59 (sous le titre *Stilleben mit Apfeln*) ?

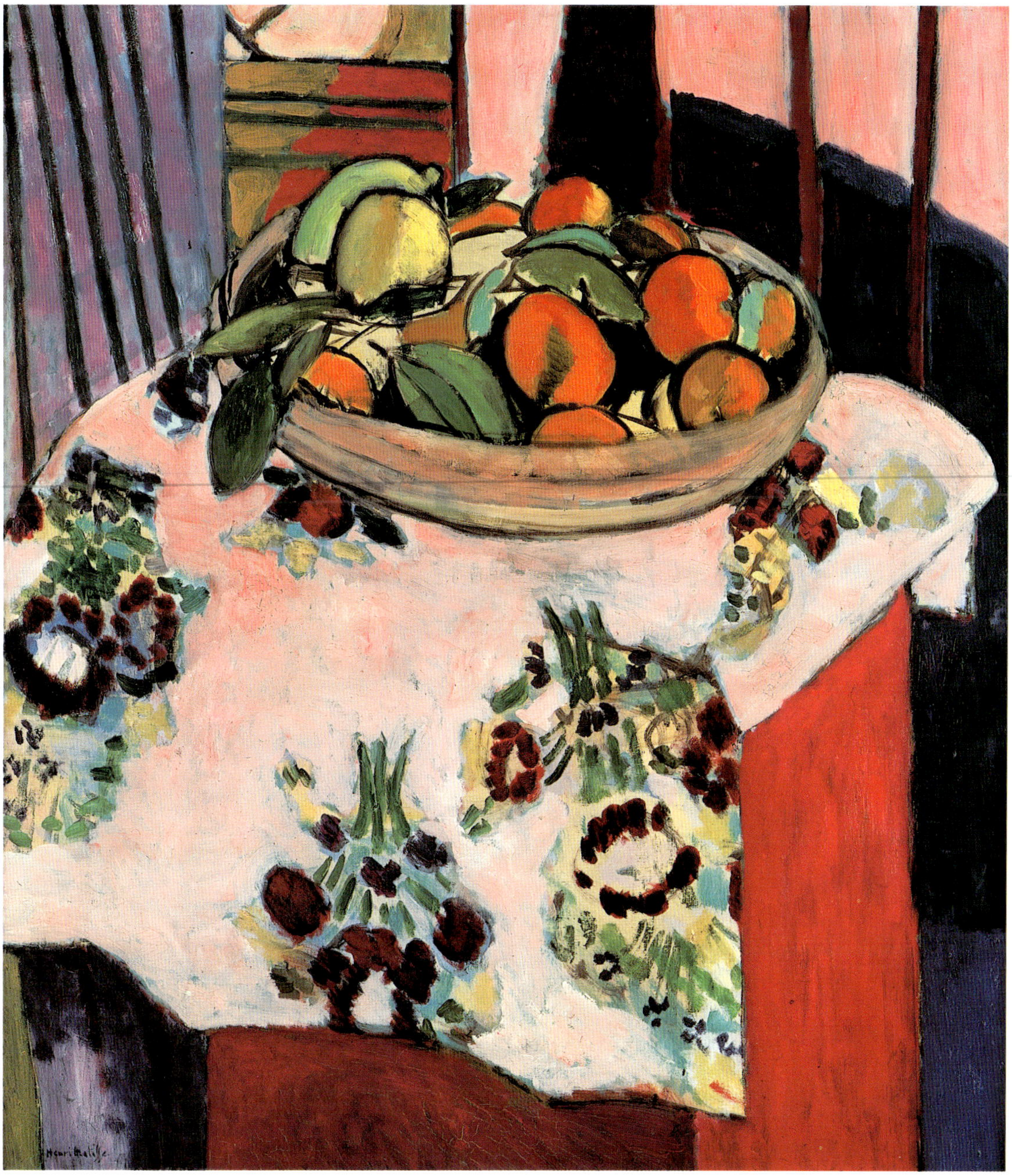

100 Les poissons rouges

(Poissons rouges sur fond brun)

Issy-les-Moulineaux,
printemps-été 1912

Huile sur toile
82 × 93,5 cm
Signé en bas à gauche :
Henri-Matisse
Statens Museum for Kunst,
Collection J. Rump, Copenhague

Historique :
Galerie Bernheim-Jeune, Paris,
24 mai 1912 (acheté 1 553 francs)
→ 1er mai 1917.
Walther Halvorsen, 12 mai 1917
(acheté 6 300 francs).
Collection Christian Tetzen-Lund,
Copenhague, 1917 → 1925.
Vente Copenhague, *Franske og Skandinaviske Billeder tilhørende Tetzen-Lund's Samlinger,*
18-19 mai 1925, n° 91.
Collection Johannes Rump,
Copenhague, 1925 → 1928.
Don de Johannes Rump au Statens Museum for Kunst, Copenhague,
1928.

Expositions :
1912 Londres, Grafton Galleries,
n° 29.
1916-2 Paris, galerie Bernheim-Jeune, n° 48.
1916 Oslo, n° 30.
1917 → 1924 : la collection Tetzen-Lund était ouverte au public le lundi après-midi d'octobre à avril.

Bibliographie :
Gil Blas 1912, 4 octobre.

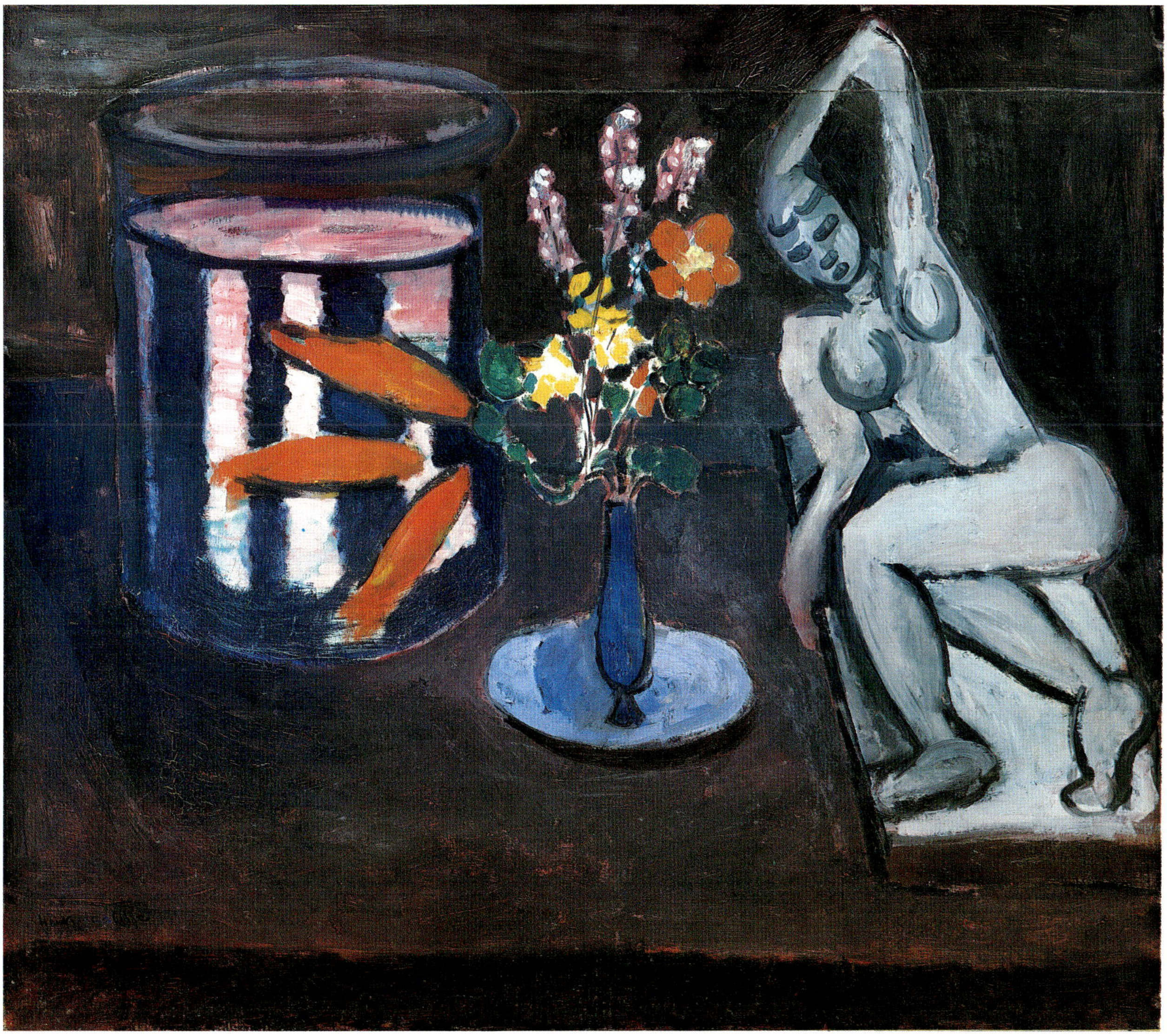

101 **Poissons rouges et sculpture**
Issy-les-Moulineaux,
printemps-été 1912

Huile sur toile
116,2 × 100,5 cm
Signé en bas à gauche :
Henri Matisse
The Museum of Modern Art, New York. Gift of Mr. et Mrs John Hay Whitney

Historique :
Collection Hugo Perls, Berlin, 1914 → 1916.
Collection Hans Purrmann, 1916 → 1942.
Galerie Feilchenfeldt, Zurich, vers 1942.
Galerie Paul Rosenberg, New York, mars → novembre 1947.
Collection M. et Mme John Hay Whitney, New York, 1947/1948 → 1955.
Don de M. et Mme John Hay Whitney au Museum of Modern Art, New York, 1955.

Expositions :
1912 Londres, Grafton Galleries, n° 37 (sous le titre *Les poissons,* prêté par Mme M.).
1913 New York, *Armory Show,* n° 404 (sous le titre *Les poissons*) / Chicago, n° 240 (sous le titre *Gold fish*) / Boston, n° 121.

Bibliographie :
The Times 1912, 4 octobre.
Mac Chesney 1913, *The New York Times,* 9 mars, repr. (sous le titre *The Gold Fish*).

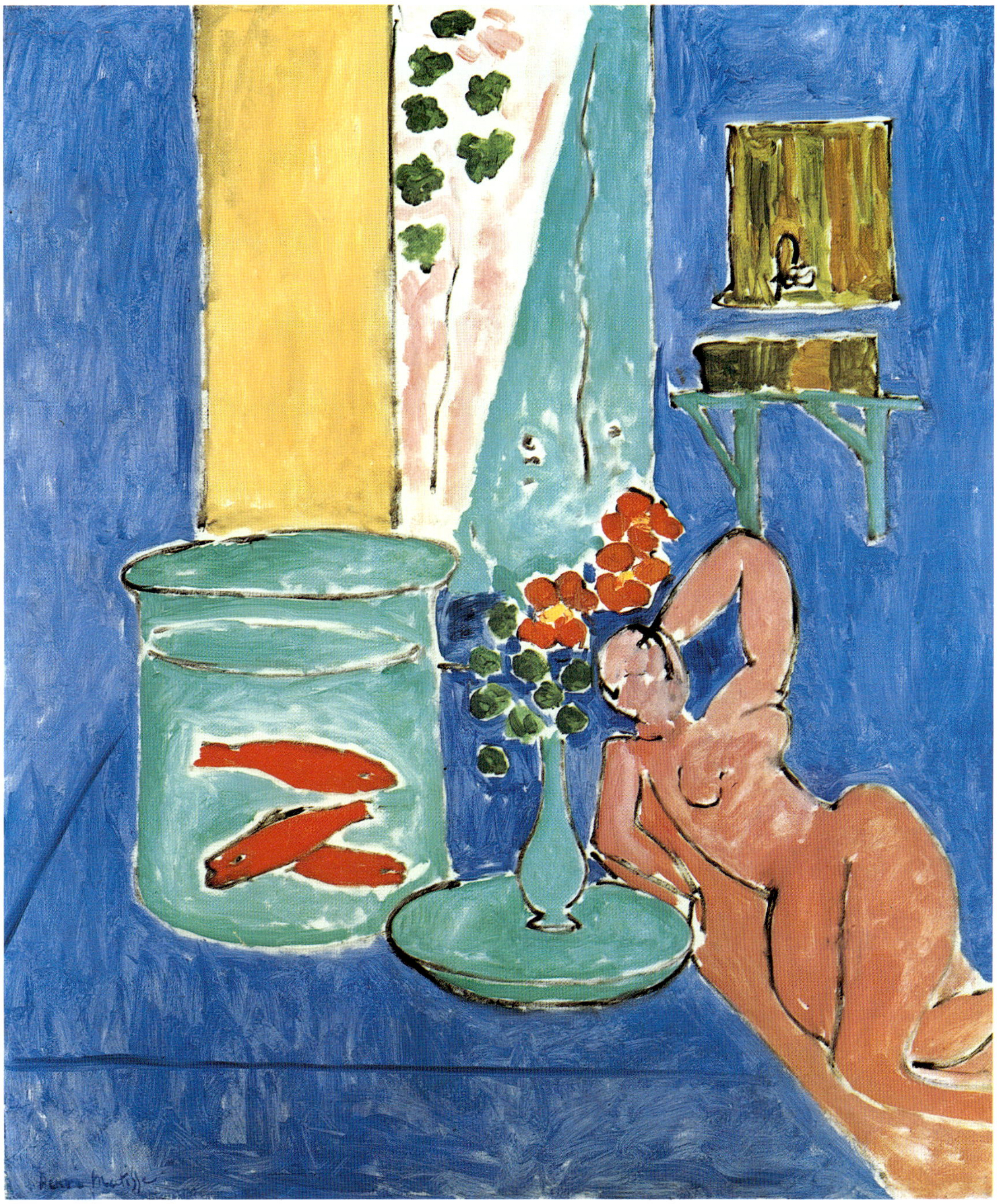

102 Les poissons rouges

Issy-les-Moulineaux,
printemps - début été 1912

Huile sur toile
147 × 98 cm
Non signé, non daté
Musée des Beaux-Arts Pouchkine, Moscou

Historique :
Collection Serguei Stschoukine, Moscou, vers août 1912 → 1918.
Premier Musée de la peinture occidentale moderne, Moscou, 1919 → 1922.
Musée d'État d'art moderne occidental, Moscou, 1922 → 1948.
Musée des Beaux-Arts Pouchkine, Moscou, 1948.

Voir note de l'historique du n° 22

Exposition :
1912 → 1918 : visible au palais Troubetskoy, résidence de Serguei Stschoukine à Moscou ouverte au public le dimanche.

Bibliographie :
Catalogue Stschoukine 1913, n° 115.
Tugendhold 1914, *Apollon,* n° 1-2, p. 42.
Sembat 1920, repr. p. 43 (sous le titre *Poissons rouges*).

Peint dans la serre du jardin d'Issy-les-Moulineaux, ce tableau est d'ailleurs reproduit dans *Chroniques du jour,* n° 9, avril 1931, sous le titre *La serre.*

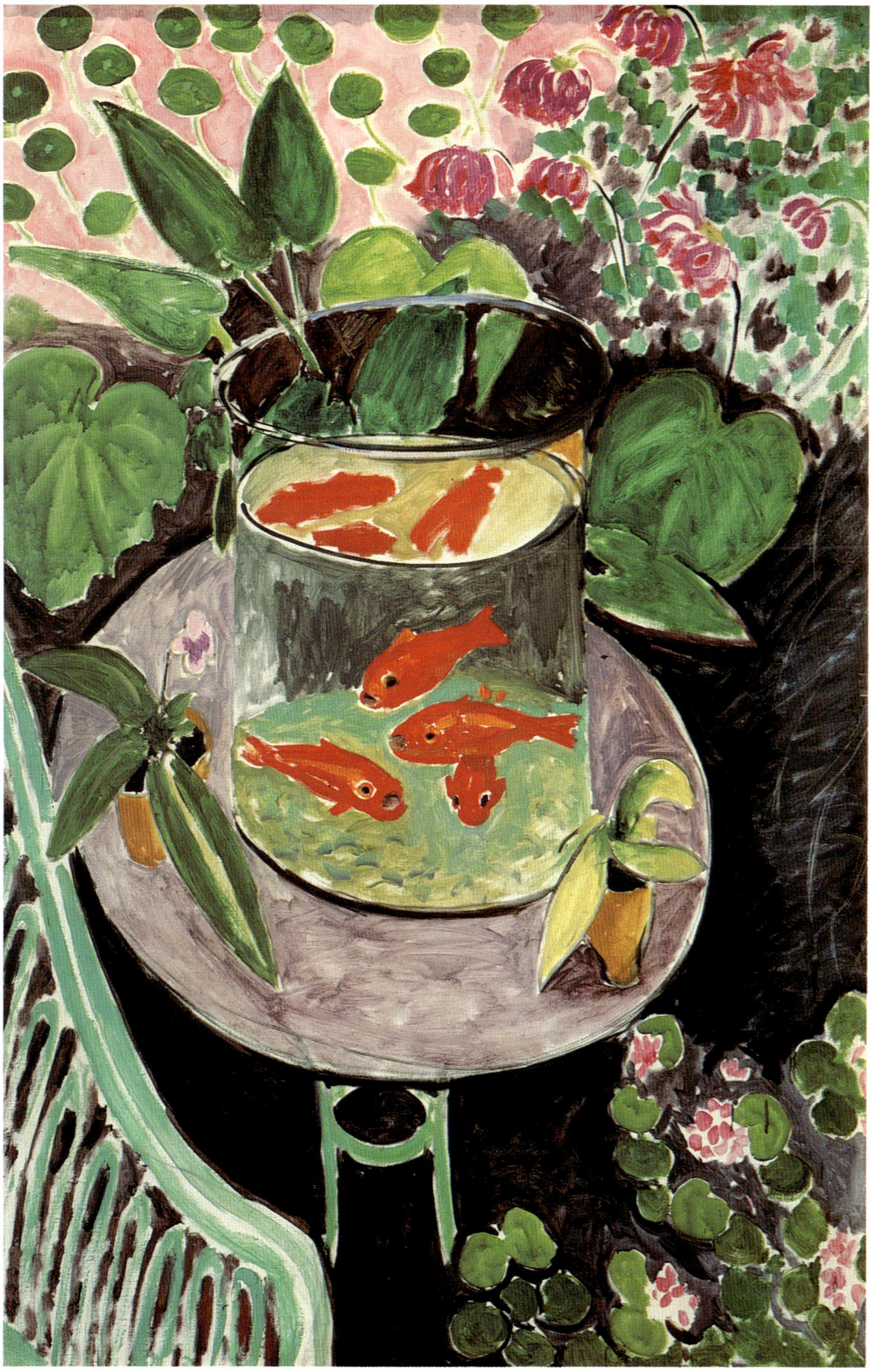

103 **Capucines à «La danse» I**

Issy-les-Moulineaux,
printemps - début été 1912

Huile sur toile
192 × 115 cm
Signé en bas à droite :
Henri-Matisse
The Metropolitan Museum of Art, New York. Bequest of Scofield Thayer, 1982

Historique :
Curt Glaser, 1912.
Collection Hugo Kolker, Breslau (acheté 8 300 francs par son gendre Curt Glaser, 1912).
Collection Oskar et Margarete Moll, au moins depuis 1920.
Collection The Dial (Scofield Thayer), 1922 (acquis par l'intermédiaire de la galerie Flechtheim, Berlin).
Dépôt au Worcester Art Museum (Mass.).
Legs au Metropolitan Museum of Art, New York, entré au musée en 1984.

Exposition :
1912 Paris, Salon d'Automne, n° 769 (app. à M. le Dr G.).

Bibliographie :
Vauxcelles 1912, *Gil Blas,* 30 septembre.
Jean-Aubry 1912, *L'Art moderne,* 13 octobre, p. 320.
Kahn 1912, *Mercure de France,* octobre, p. 881.
Huneker 1912, *The New York Sun,* novembre.
Mac Chesney 1913, *The New York Times,* 9 mars, repr. (sous le titre *The Capucines*).
Braune 1920, *Genius,* pp. 197-198, repr. coul. (sous le titre *Intérieur*).

On a longtemps débattu de l'ordre dans lequel ont été peintes les deux versions de *Capucines à «La danse».* Nous adoptons l'ordre retenu par John Elderfield pour l'exposition «Henri Matisse : A Retrospective» du Museum of Modern Art de New York, en 1992 (John Elderfield lui-même s'appuyant sur un passage de l'entretien de Clara Mac Chesney avec Matisse en 1912).

Par ailleurs, les recherches menées dans les Archives Matisse permettent d'établir les faits suivants :
1) Matisse a demandé aussi bien à Serguei Stschoukine (réponse de celui-ci par lettre du 22 août 1912) qu'à Curt Glaser (réponse de ce dernier par lettre du 21 août) l'autorisation d'exposer, au Salon d'Automne de 1912, leurs versions respectives de *Capucines à «La danse».*
2) c'est bien la version appartenant à Curt Glaser (aujourd'hui au Metropolitan Museum of Art) qui a figuré au Salon d'Automne. Le beau-père de Curt Glaser, Hugo Kolker, accuse réception de son tableau à Matisse par lettre du 18 novembre 1912, soit après la fermeture du Salon d'Automne.
3) par contre, c'est la version appartenant à Serguei Stschoukine (aujourd'hui au Musée Pouchkine) qui a voyagé aux expositions de Londres, puis de New York, Chicago et Boston (et ce en dépit du fait que c'est celle de Curt Glaser qui est reproduite dans Mac Chesney 1913, article publié à l'occasion de l'*Armory Show*). Le tableau n'est d'ailleurs arrivé chez Stschoukine qu'en octobre 1913 (*cf.* lettre d'accusé de réception de Stschoukine à Matisse du 17 octobre 1913).

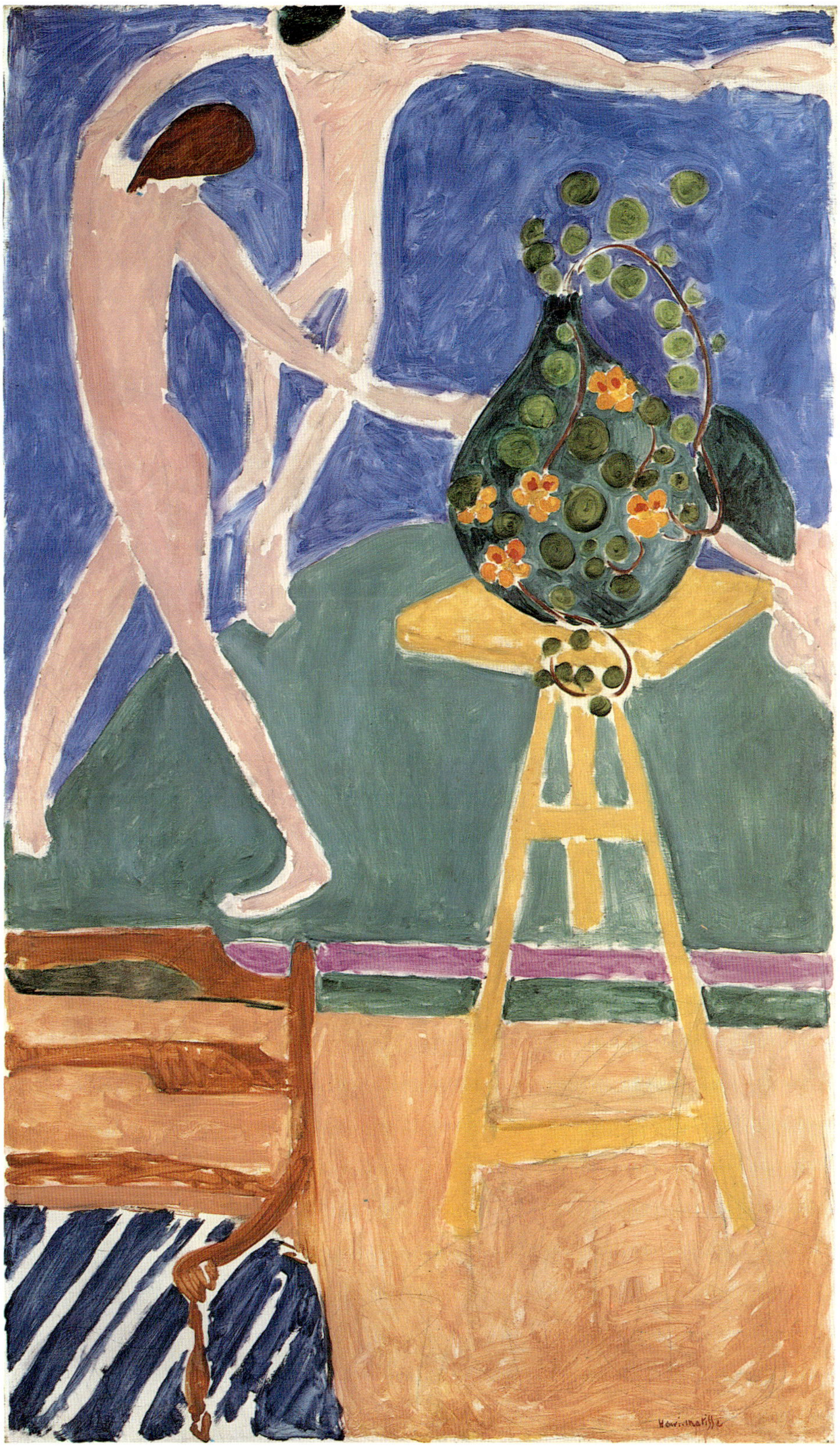

104 Capucines à «La danse» II
Issy-les-Moulineaux,
printemps - début été 1912

Huile sur toile
193 × 114 cm
Signé en bas à droite :
Henri-Matisse
Musée des Beaux-Arts Pouchkine, Moscou

Historique :
Collection Serguei Stschoukine, Moscou, 1912 → 1918.
Premier Musée de la peinture occidentale moderne, Moscou, 1919 → 1922.
Musée d'État d'art moderne occidental, Moscou, 1922 → 1948.
Musée des Beaux-Arts Pouchkine, Moscou, 1948.

Voir note de l'historique du n° 22

Expositions :
1912 Londres, Grafton Galleries, n° 22 (sous le titre *Les capucins*).
1913 New York, *Armory Show,* n° 409 (sous le titre *Les capucines*) / Chicago, n° 246 (sous le titre *Nasturtiums*) / Boston, n° 127.
1913 → 1918 : visible au palais Troubetskoy, résidence de Serguei Stschoukine à Moscou ouverte au public le dimanche.

Bibliographie :
Hind 1912, *The Daily Chronicle,* 5 octobre.
Catalogue Stschoukine 1913, n° 121.
Mac Chesney 1913, *The New York Times,* 9 mars.
Tugendhold 1914, *Apollon,* n° 1-2, p. 42.
Faure, Romains, Vildrac, Werth 1920, repr. pl. 11 (sous le titre *Les capucines*).

Voir note du n° 103

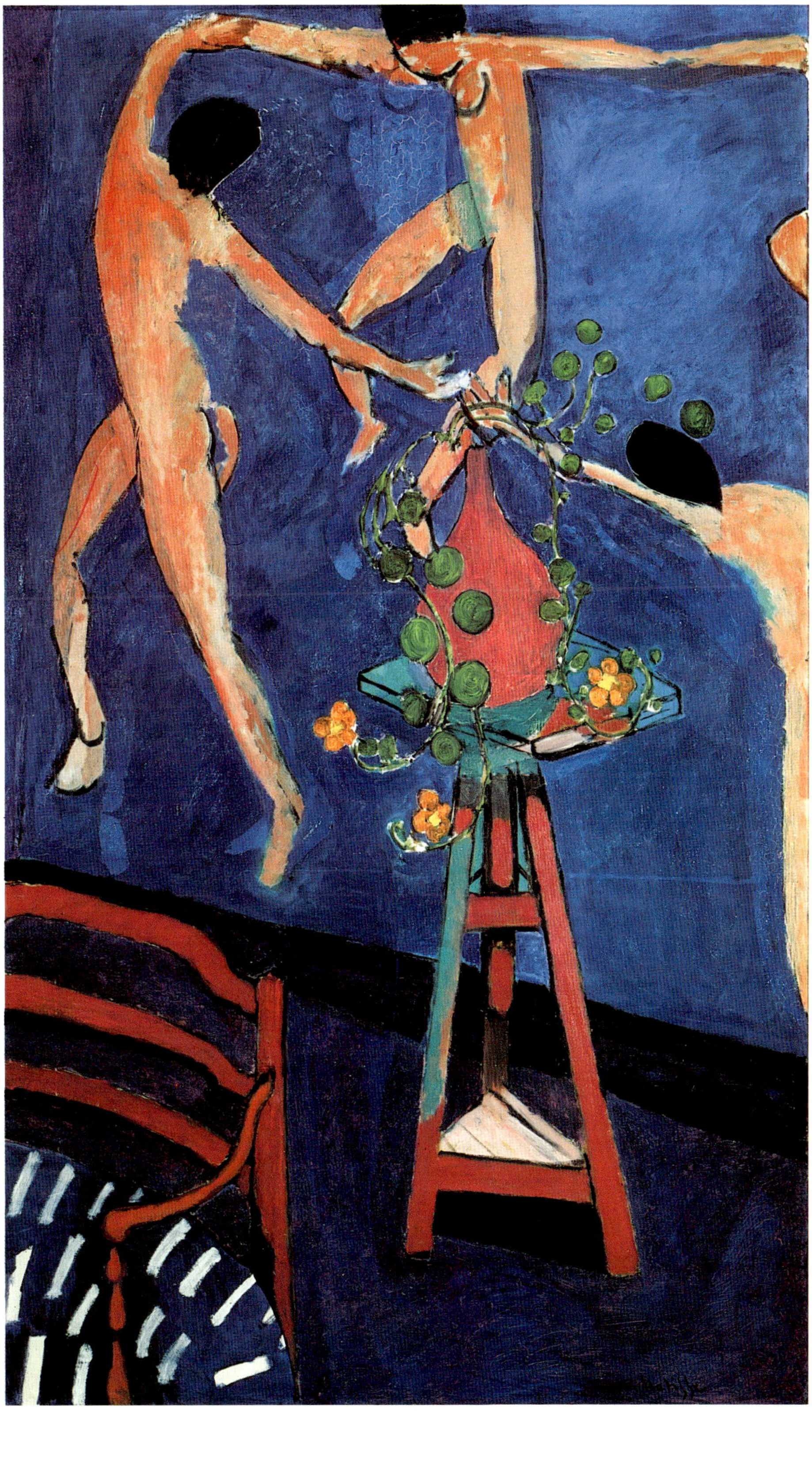

105 Coin d'atelier
Issy-les-Moulineaux,
printemps-été 1912

Huile sur toile
191,5 × 114 cm
Non signé, non daté
Musée des Beaux-Arts Pouchkine, Moscou

Historique :
Collection Serguei Stschoukine, Moscou, 1912 → 1918.
Premier Musée de la peinture occidentale moderne, Moscou, 1918 → 1922.
Musée d'État d'art moderne occidental, Moscou, 1922 → 1948.
Musée des Beaux-Arts Pouchkine, Moscou, 1948.

Voir note de l'historique du n° 22

Expositions :
1912 Paris, Salon d'Automne, n° 770 (sous le titre *Intérieur*) ?
1912 → 1918 : visible au palais Troubetskoy, résidence de Serguei Stschoukine à Moscou ouverte au public le dimanche.

Bibliographie :
Vauxcelles 1912, *Gil blas,* 30 septembre.
Jean-Aubry 1912, *L'Art moderne,* 13 octobre, p. 320.
Kahn 1912, *Mercure de France,* p. 881.
Catalogue Stschoukine, 1913, n° 123.
Tugendhold 1914, *Apollon,* n° 1-2, p. 42.

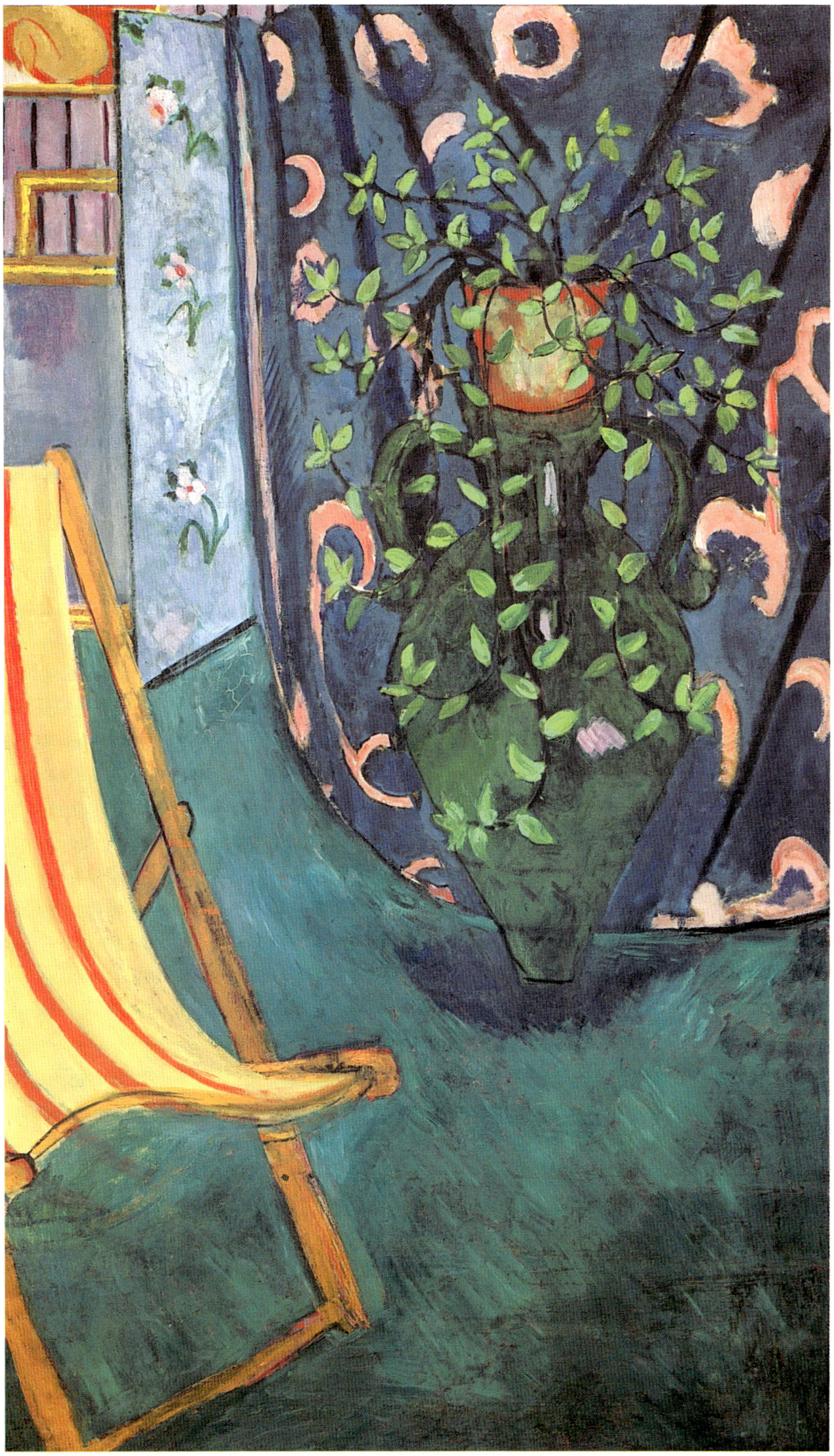

106 Zorah debout
Tanger, fin 1912

Huile sur toile
146 × 61 cm
Non signé, non daté
Musée de l'Ermitage,
Saint-Pétersbourg

Historique :
Collection Serguei Stschoukine, Moscou, 1913 → 1918.
Premier Musée de la peinture occidentale moderne, Moscou, 1919 → 1922.
Musée d'État d'art moderne occidental, Moscou, 1922 → 1948.
Musée des Beaux-Arts Pouchkine, Moscou, 1948 → 1968.
Musée de l'Ermitage, Léningrad, 1968.

Voir note de l'historique du n° 22

Expositions :
1913-1 Paris, galerie-Bernheim-Jeune, n° 9 (sous le titre *Zorah*).
1913 → 1918 : visible au palais Troubetskoy, résidence de Serguei Stschoukine à Moscou ouverte au public le dimanche.

Bibliographie :
Catalogue Stschoukine 1913, n° 127.
Tugendhold 1914, *Apollon*, n° 1-2, p. 42.

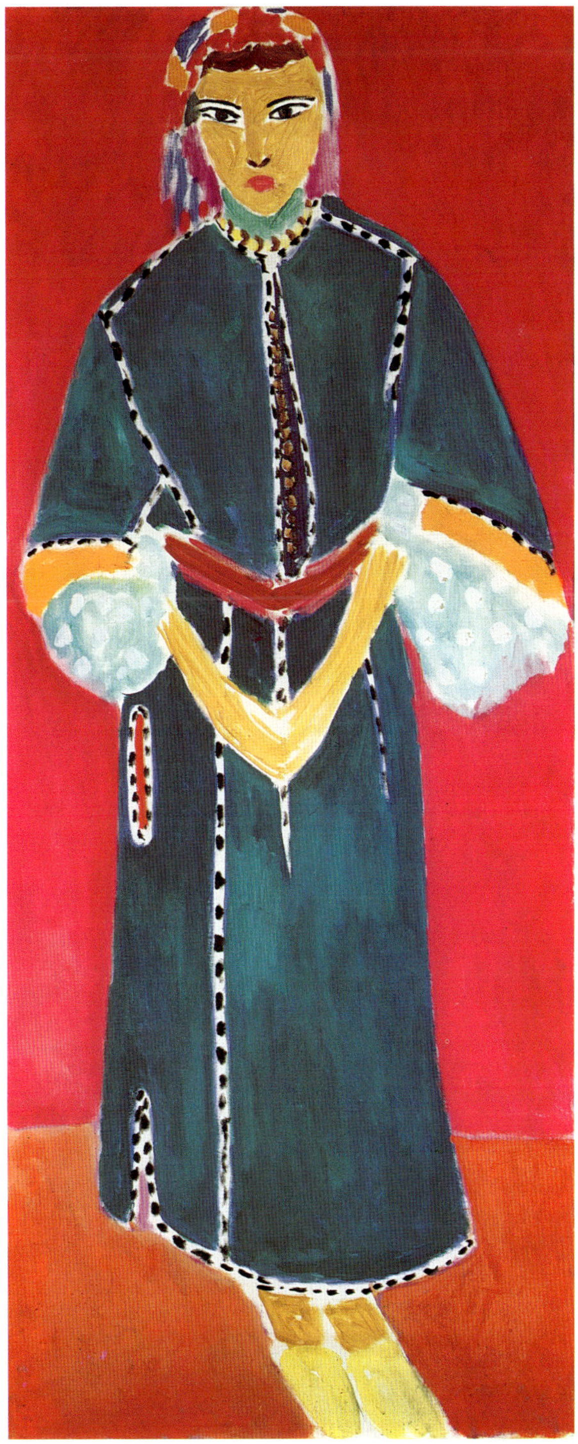

107 **Le Rifain debout**
(Marocain en vert debout)
(Marocain du Riff)
Tanger, fin 1912

Huile sur toile
145 × 96,5 cm
Non signé, non daté. Au verso, sur une étiquette : *M. Henri Matisse Hôtel de France Tanger*
Musée de l'Ermitage, Saint-Pétersbourg

Historique :
Collection Serguei Stschoukine, Moscou, 1913 → 1918.
Premier Musée de la peinture occidentale moderne, Moscou, 1919 → 1922.
Musée d'État d'art moderne occidental, Moscou, 1922 → 1948.
Musée de l'Ermitage, Léningrad, 1948.

Voir note de l'historique du n° 22

Expositions :
1913-1 Paris, galerie Bernheim-Jeune, n° 5.
1913-2 Berlin, Kunstsalon Fritz Gurlitt ?
1913 → 1918 : visible au palais Troubetskoy, résidence de Serguei Stschoukine à Moscou ouverte au public le dimanche.

Bibliographie :
Catalogue Stschoukine 1913, n° 216.
Sembat 1913, *Les Cahiers d'aujourd'hui*, avril, p. 194.
Tugendhold 1914, *Apollon*, n° 1-2, p. 42.
Sembat 1920, p. 10, repr. p. 51.

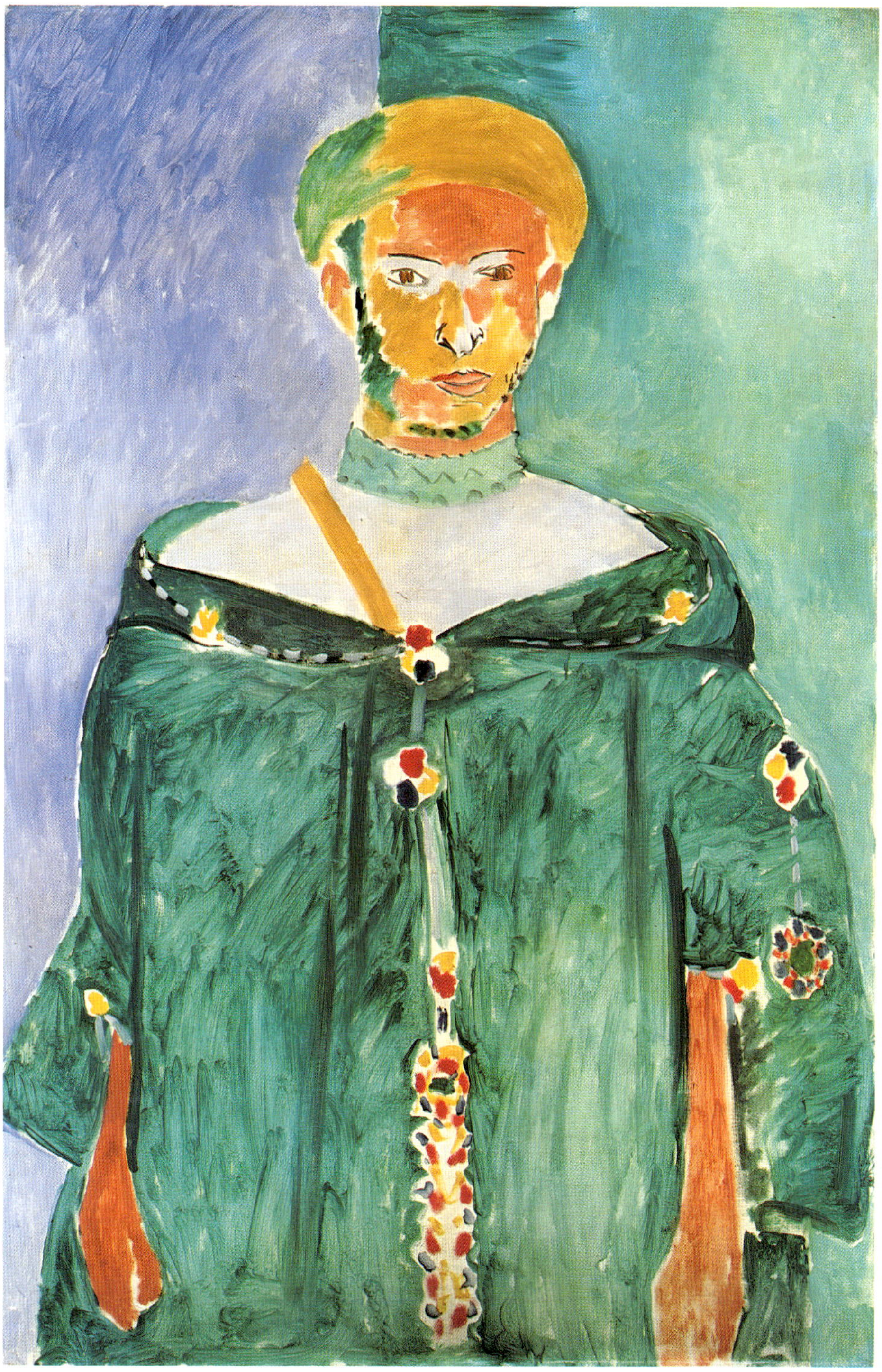

108 Fenêtre à Tanger

(Paysage vu d'une fenêtre)

Tanger, printemps 1912

Huile sur toile
115 × 80 cm
Non signé, non daté
Musée des Beaux-Arts Pouchkine, Moscou

Historique :
Collection Ivan Morosoff, Moscou, avril 1913 (acheté à l'artiste 8 000 francs) → 1918.
Deuxième Musée de la peinture occidentale moderne, Moscou, 1919 → 1922.
Musée d'État d'art moderne occidental, Moscou, 1922 → 1948.
Musée des Beaux-Arts Pouchkine, Moscou, 1948.

Voir note de l'historique du n° 22

Expositions :
1913-1 Paris, galerie Bernheim-Jeune, n° 6.
1913-2 Berlin, Kunstsalon Fritz Gurlitt.
Voir note de la rubrique «expositions» du n° 73

Bibliographie :
Sembat 1913, *Les Cahiers d'aujourd'hui,* avril, p. 194.
Faure, Romains, Vildrac, Werth 1920, repr. pl. 13 (sous le titre *La fenêtre à Tanger*).
Purrmann 1920, p. 198.
Sembat 1920, repr. p. 49.
Levy 1920, *Genius,* repr. p. 189.

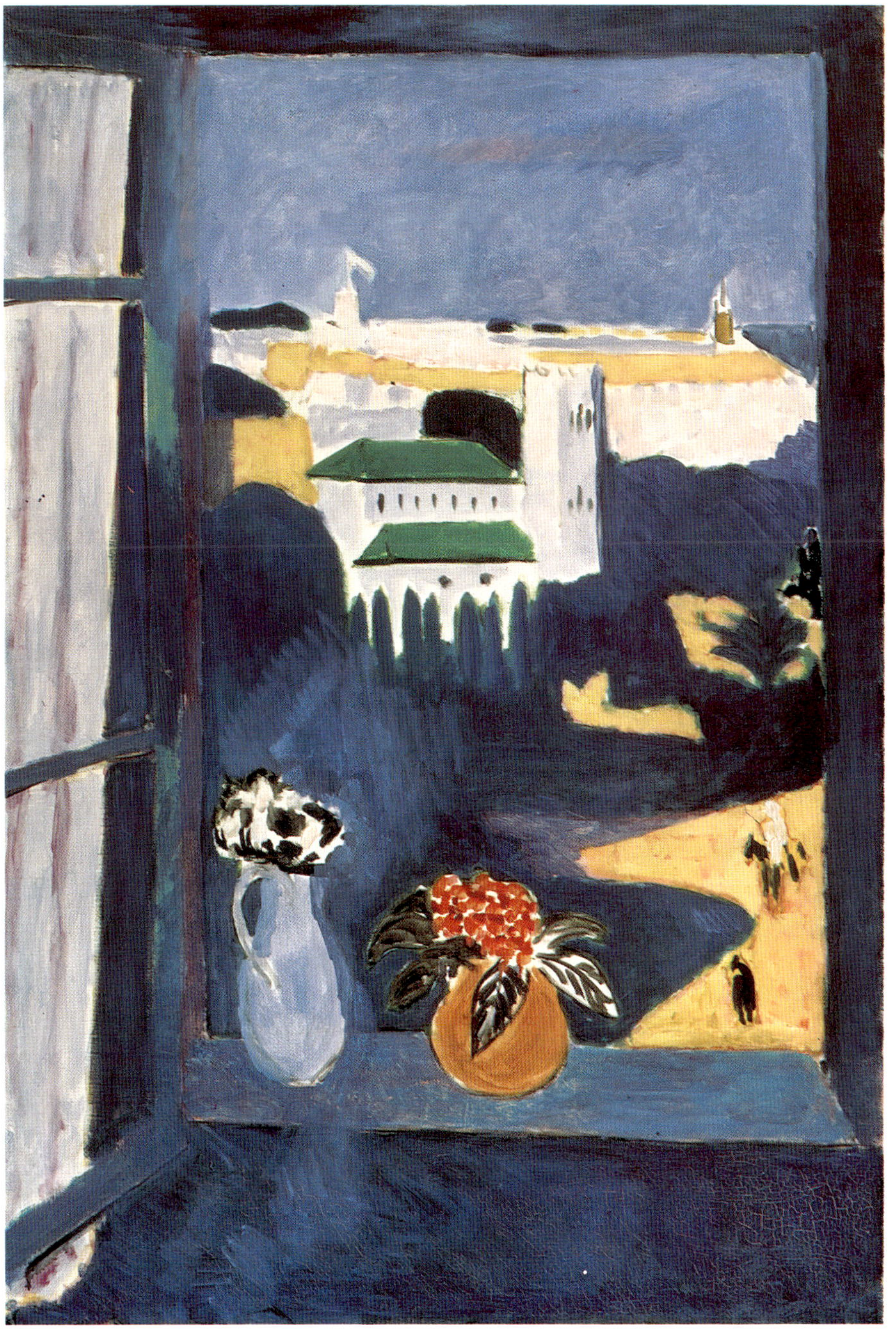

109 Zorah sur la terrasse
(Sur la terrasse)
Tanger, hiver 1912-1913

Huile sur toile
116 × 80 cm
Non signé, non daté
Musée des Beaux-Arts Pouchkine, Moscou

Historique :
Collection Ivan Morosoff, Moscou, juin 1913 (acheté à l'artiste 8 000 francs) → 1918.
Deuxième Musée de la peinture occidentale moderne, Moscou, 1919 → 1922.
Musée d'État d'art moderne occidental, Moscou, 1922 → 1948.
Musée des Beaux-Arts Pouchkine, Moscou, 1948.

Voir note de l'historique du n° 22

Expositions :
1913-1 Paris, galerie Bernheim-Jeune, n° 7.
1913-2 Berlin, Kunstsalon Fritz Gurlitt.
Voir note de la rubrique «expositions» du n° 73

Bibliographie :
Sembat 1913, *Les Cahiers d'aujourd'hui,* avril, p. 194.

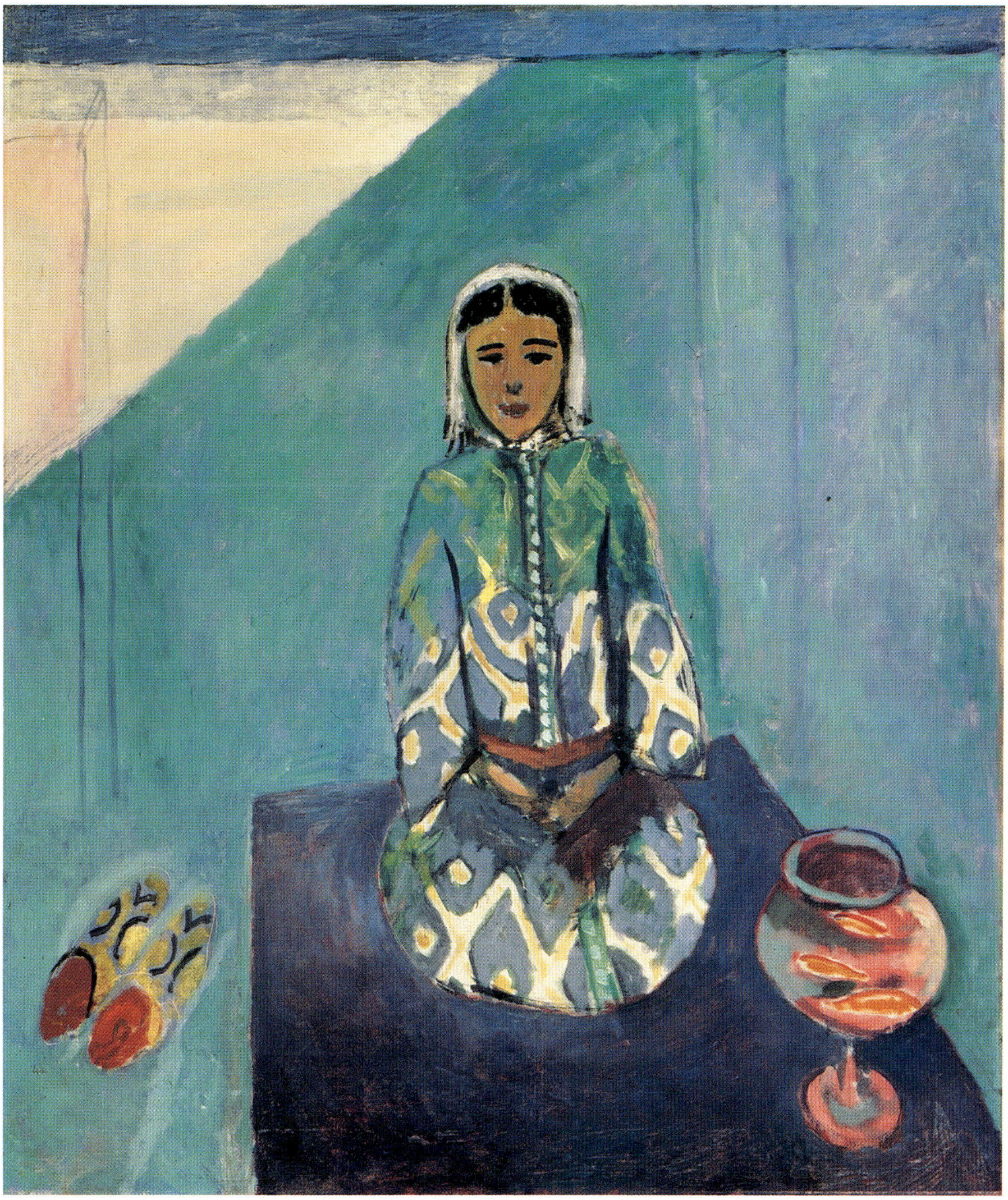

110 Porte de la casbah

Tanger, hiver 1912-1913

Huile sur toile
116× 80 cm
Non signé, non daté
Musée des Beaux-Arts Pouchkine, Moscou

Historique :
Collection Ivan Morosoff, Moscou, juin 1913 (acheté à l'artiste 8 000 francs) → 1918.
Deuxième Musée de la peinture occidentale moderne, Moscou, 1919 → 1922.
Musée d'État d'art moderne occidental, Moscou, 1922 → 1948.
Musée de l'Ermitage, Léningrad, 1948 → 1962.
Musée des Beaux-Arts Pouchkine, Moscou, 1962.

Voir note de l'historique du nº 22

Expositions :
1913-1 Paris, galerie Bernheim-Jeune, nº 8.
1913-2 Berlin, Kunstsalon Fritz Gurlitt.
Voir note de la rubrique «expositions» du nº 73

Bibliographie :
Apollinaire 1913, *L'Intransigeant,* 17 avril.

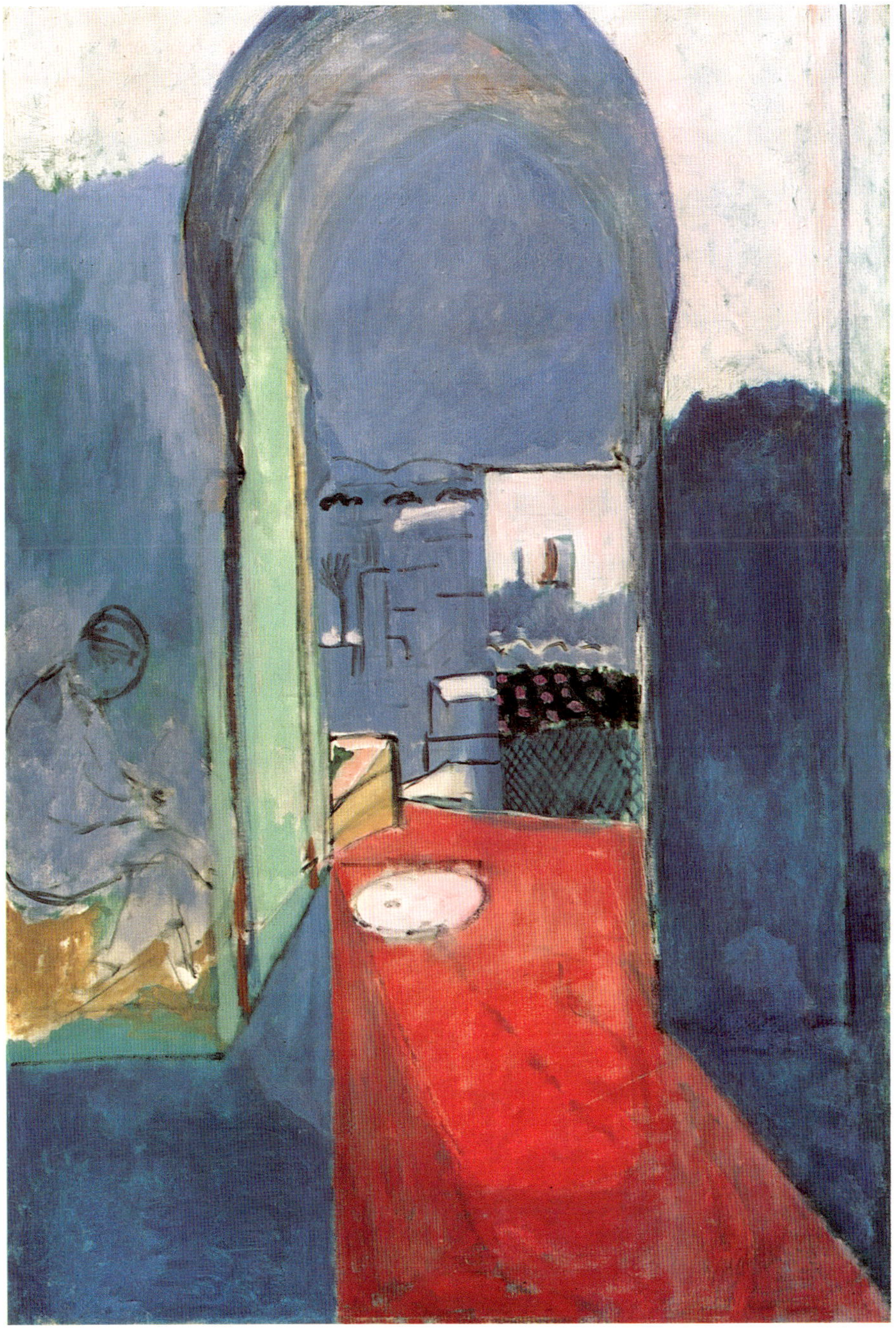

111 **Arums, iris et mimosas**
Tanger, début 1913

Huile sur toile
145,5 × 98 cm
Signé et daté en bas à gauche :
Henri-Matisse. Tanger 1913
Musée des Beaux-Arts Pouchkine, Moscou

Historique :
Collection Serguei Stschoukine, Moscou, 1913 ? → 1918.
Premier Musée de la peinture occidentale moderne, Moscou, 1919 → 1922.
Musée d'État d'art moderne occidental, Moscou, 1922 → 1948.
Musée des Beaux-Arts Pouchkine, Moscou, 1948.

Voir note de l'historique du n° 22

Expositions :
1913-1 Paris, galerie Bernheim-Jeune, n° 10.
1913-2 Berlin, Kunstsalon Fritz Gurlitt.
1913 → 1918 : visible au palais Troubetskoy, résidence de Serguei Stschoukine ouverte au public le dimanche.

Bibliographie :
Catalogue Stschoukine 1913, n° 125.
Kunstchronik 1913, n° 33, p. 482.
Tugendhold 1914, *Apollon,* n° 1-2, p. 42.

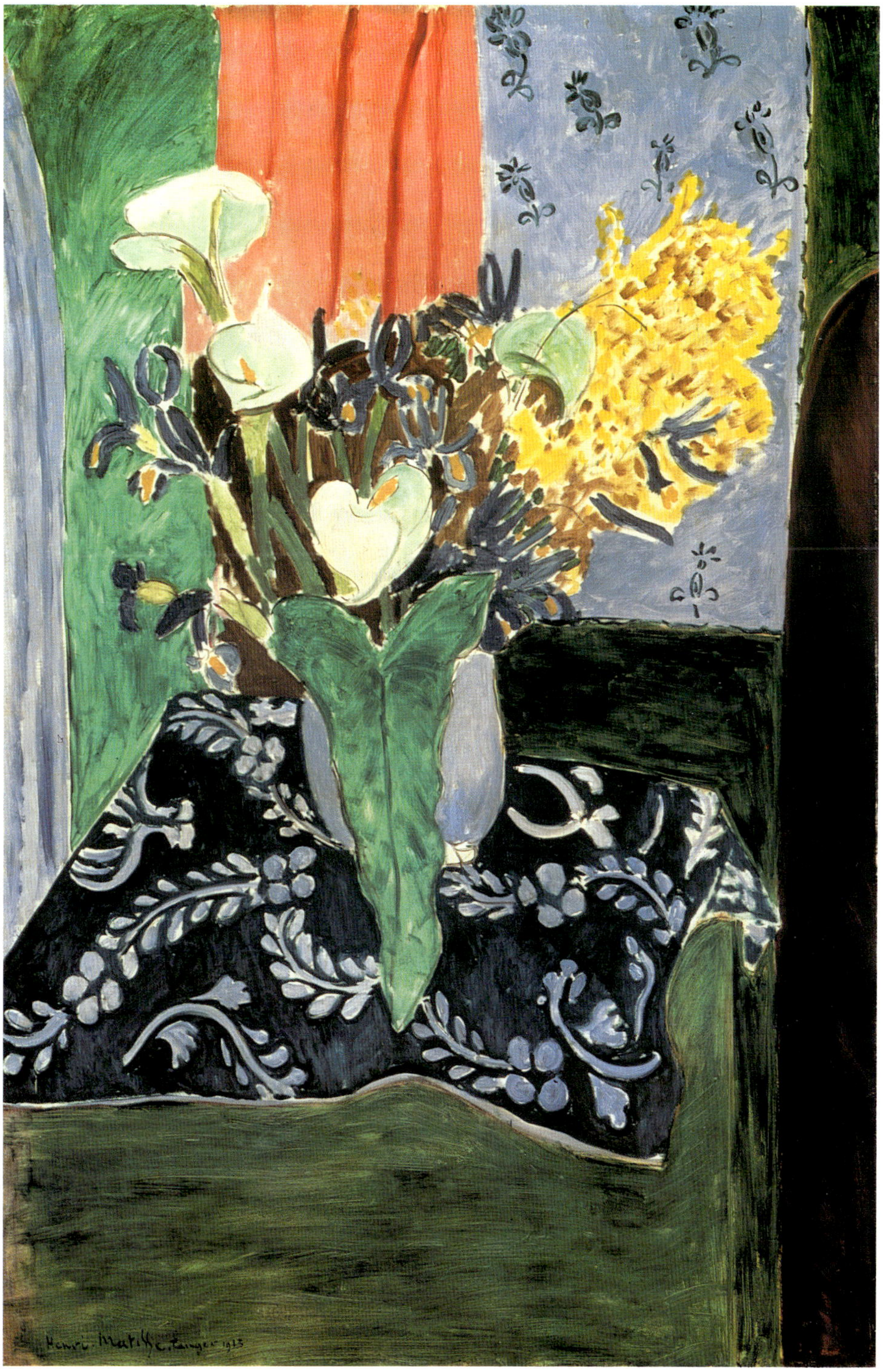

112 **Fleurs et céramique**
Issy-les-Moulineaux,
printemps-automne 1913

Huile sur toile
93,5 × 82,5 cm
Signé en bas à droite :
Henri-Matisse
Städtische Galerie im Städelschen Kunstinstitut, Francfort

Historique :
Galerie Bernheim-Jeune, Paris, 27 novembre 1913 → 1917.
Georg Caspari ?
Collection Robert von Hirsch, Francfort, 1917 (acheté à Munich ?).
Donné au Städtische Galerie im Städel, Francfort, 1917, sur les conseils du directeur Georg Swarzenski.
Städtische Galerie im Städel, Francfort, 1917 → 1937.
Confisqué par le gouvernement allemand, 1937.
Vente Lucerne, galerie Fischer, *Gemälde und Plastiken moderner Meister aus deutschen Museen,* 30 juin 1939, n° 94, repr. (sous le titre *Stilleben*), vendu 8 000 francs suisses.
Collection M. et Mme Le Ray W. Berdeau, Palm Beach, 1939 → vers 1954 ?
Collection Arnold Kirkeby.
Vente New York, Parke Bernet Galleries, *Masterpieces of the Impressionists and Post-Impressionists from the Arnold Kirkeby Collection,* 19 novembre 1958, n° 21, repr.
Marc Miczne, Rio de Janeiro et Sidney Janis Gallery, New York.
Galerie Ernst Beyeler, Bâle, 1959.
Collection G. David Thompson, 1959 → 1962.
Rachat du Städelsches Kunstinstitut, Francfort, 1962.

Exposition :
1917 Francfort, Kunstverein.

Bibliographie :
Müller-Wulkow 1917, *Das Kunstblatt,* repr. p. 241.

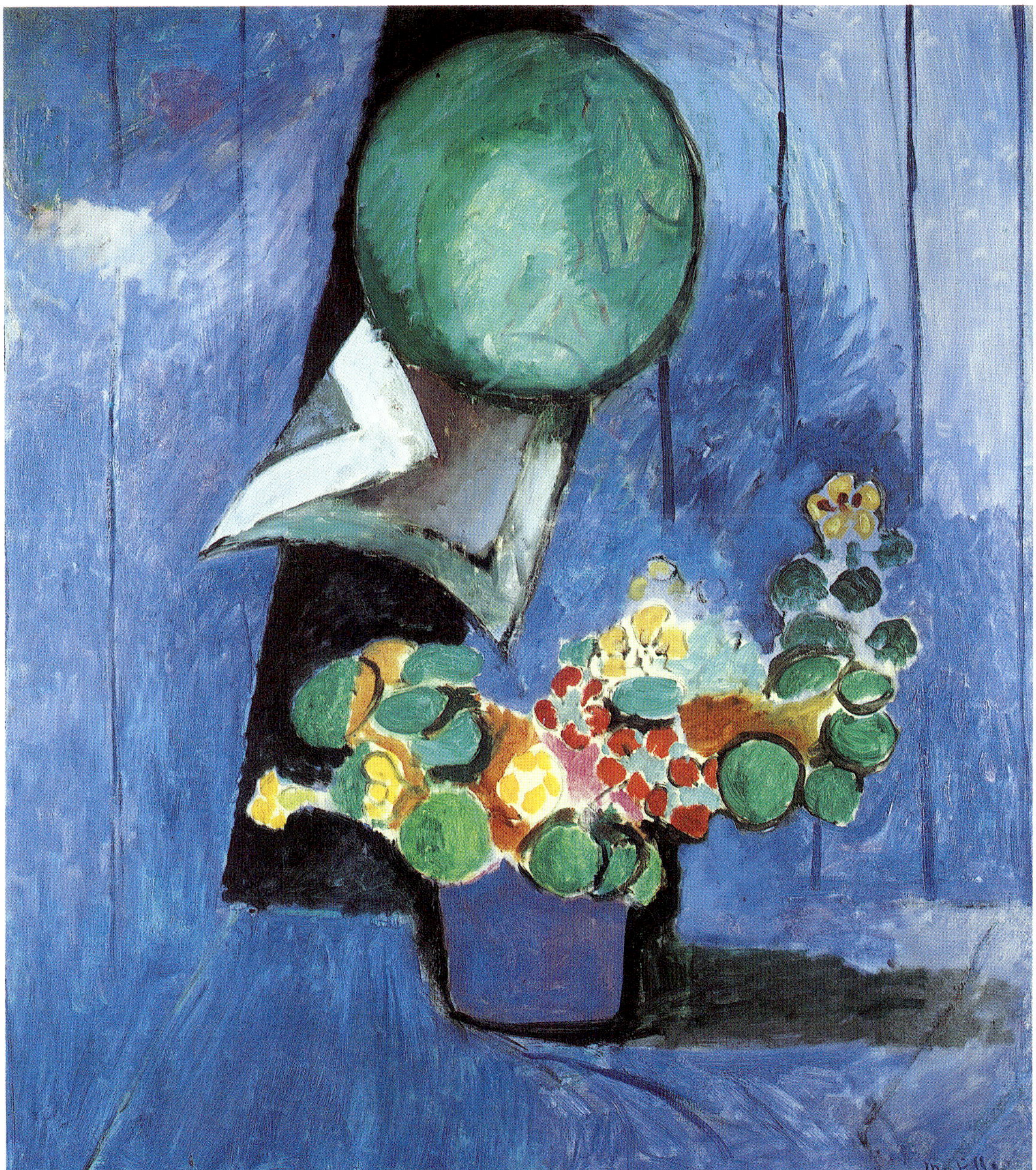

113 **La fenêtre bleue**

(La glace sans tain)

Issy-les-Moulineaux,
été 1913

Huile sur toile
130,8 × 90,5 cm
Signé en bas à gauche :
Henri-Matisse
The Museum of Modern Art, New York. Abby Aldrich Rockefeller Fund

Historique :
Collection Karl Ernst Osthaus, Hagen, octobre ou décembre 1913 (acheté à l'artiste 3 000 francs) pour le Folkwang Museum, Hagen, jusqu'en 1921.
Folkwang Museum, Essen, octobre 1922 → 1937.
Confisqué par le gouvernement allemand, 1937.
Vente par négociation privée du Luftministerium de Gœring en 1938, par l'intermédiaire de Curt Valentin (Buchholz Gallery).
Achat du Museum of Modern Art, New York, à la Buchholz Gallery, avril 1939.

Voir note de l'historique du n° 48

Bibliographie :
Apollinaire 1914, *Paris-Journal,* 15 mai.
Les Soirées de Paris 1914, 15 mai, repr. p. 253 (sous le titre *La glace sans tain*).
Wright 1915, pp. 231-232.
Salmon 1920, p. 110.

La toile avait été commandée par Jacques Doucet qui la refusa, la trouvant trop difficile.

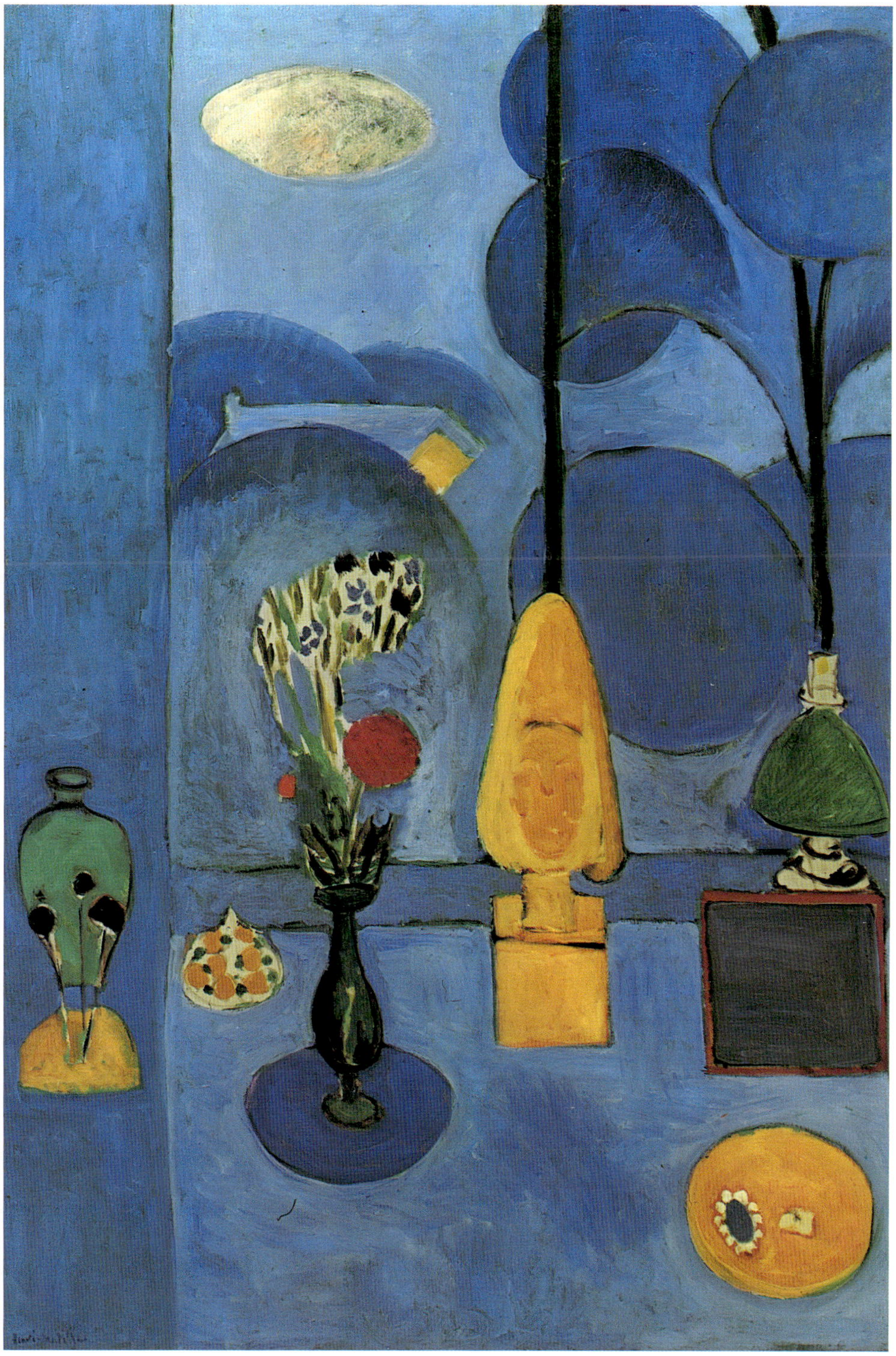

115 Portrait de Madame Matisse

Issy-les-Moulineaux,
été - début automne 1913

Huile sur toile
145 × 97 cm
Signé en bas à droite :
Henri Matisse
Musée de l'Ermitage,
Saint-Pétersbourg

Historique :
Collection Serguei Stschoukine, Moscou, mars 1914 → 1918 (dernière œuvre de Matisse achetée par Stschoukine [6 000 francs]).
Premier Musée de la peinture occidentale moderne, Moscou, 1919 → 1922.
Musée d'État d'art moderne occidental, Moscou, 1922 → 1948.
Musée de l'Ermitage, Léningrad, 1948.

Voir note de l'historique du n° 22

Expositions :
1913-2 Paris, Salon d'Automne, n° 1469 (sous le titre *Portrait*).
1914 → 1918 : visible au palais Troubetskoy, résidence de Serguei Stschoukine à Moscou ouverte au public le dimanche.

Bibliographie :
Apollinaire 1913, *L'Intransigeant,* 17 avril.
Apollinaire 1913, *L'Intransigeant,* 14 novembre.
Apollinaire 1913, *Les Soirées de Paris,* 15 novembre, repr. p. 19.
Jean-Aubry 1913, *L'Art moderne,* 7 décembre.
Vauxcelles 1913, *Gil Blas,* 7 décembre.
Coquiot 1914, repr.
Fargue 1914, *N.R.F.,* 1er janvier, p. 167.
Tugendhold 1914, *Apollon,* n° 1-2, p. 42.
Sillart 1914, *Apollon,* p. 51.
Faure, Romains, Vildrac, Werth 1920, repr. pl. 15 (sous le titre *Portrait de la femme du peintre*).
Sembat 1920, pp. 10-11, repr. p. 53 (sous le titre *La femme du peintre*).
Soffici 1920, repr. p. 191 (sous le titre *Ritratto di Signora*).

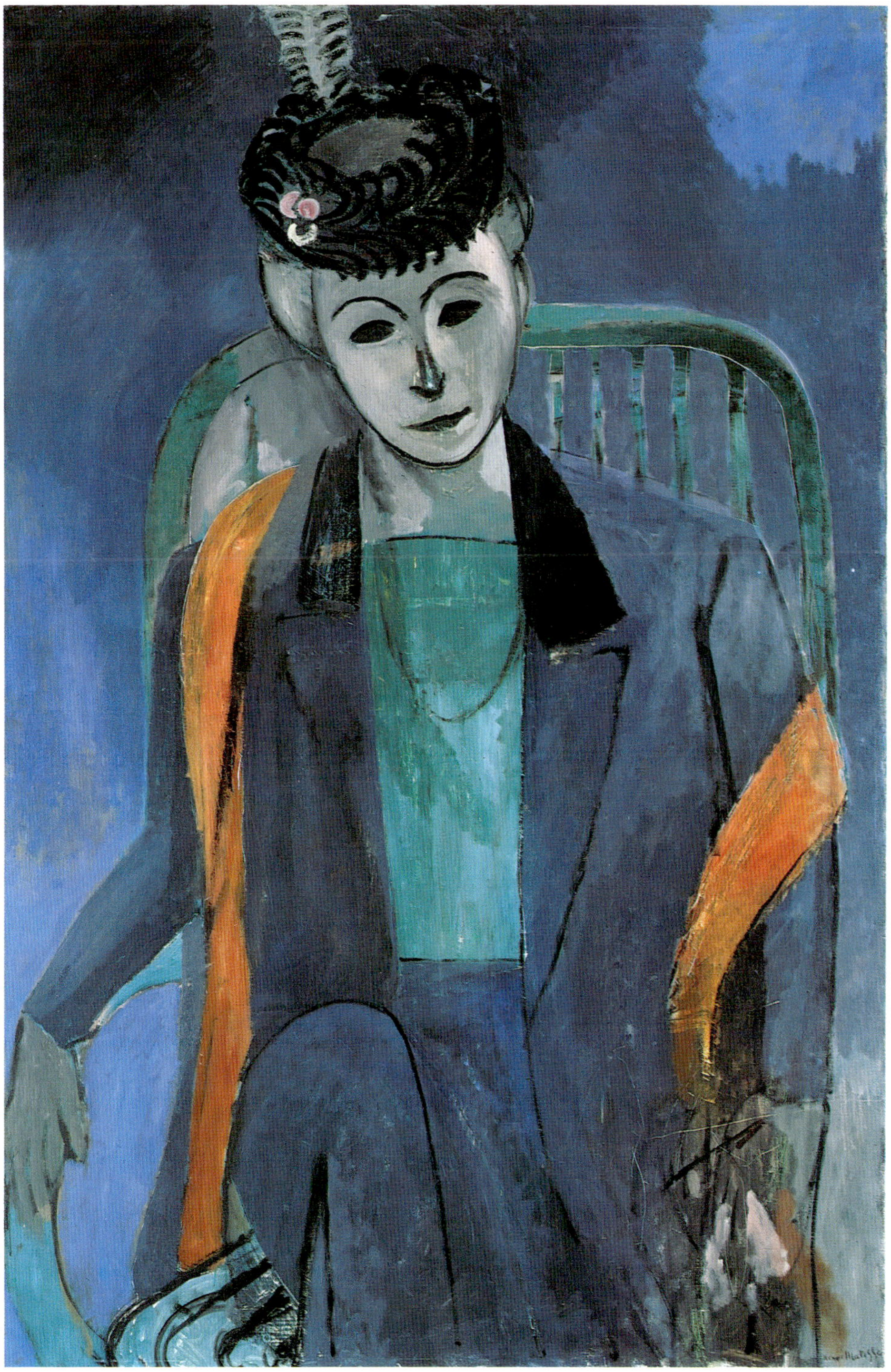

116 Branche de lilas
Paris, quai Saint-Michel,
printemps 1914

Huile sur toile
146 × 97 cm
Signé et daté en bas à droite :
Henri-Matisse 14
Collection particulière

Historique :
Atelier de l'artiste, 1914 → 1954 (retenu par Serguei Stschoukine, mais ne lui est jamais parvenu à cause de la guerre).
Collection particulière.

Exposition :
1915 New York, Montross Gallery, nº 61 (sous le titre *The Bouquet of Lilacs*).
A été exposé en 1926, à la galerie Paul Guillaume, en même temps que *La leçon de piano* (nº 134) et *Femmes à la rivière* (The Art Institute of Chicago) ; à cette occasion, Paul Guillaume tenta en vain d'acheter *Branche de Lilas* à Matisse.

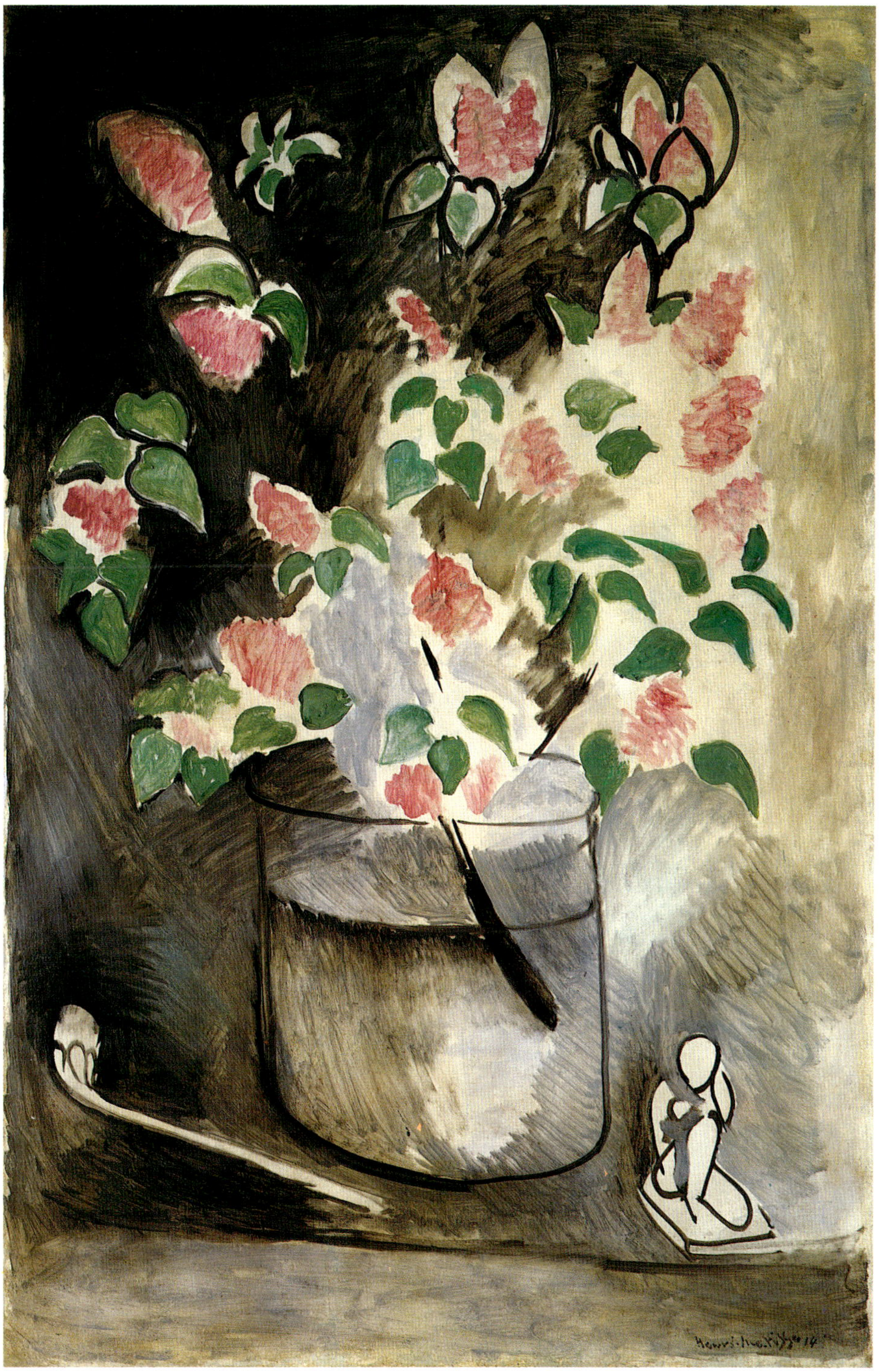

117 Femme au tabouret (Germaine Raynal)

Issy-les-Moulineaux, 1913
ou Paris, quai Saint-Michel,
début 1914

Huile sur toile
147 × 95,5 cm
Signé en bas à gauche :
Henri-Matisse
The Museum of Modern Art,
New York. Gift of Florene M.
Schoenborn and Samuel A. Marx

Historique :
Atelier de l'artiste, 1914 → 1954 (retenu par Serguei Stschoukine, mais ne lui est jamais parvenu à cause de la guerre).
Succession de l'artiste, 1954 → 1958.
Collection Florene et Samuel A. Marx, mars 1958 (par l'intermédiaire de Heinz Berggruen).
Don de Florene May Schoenborn et de Samuel A. Marx au Museum of Modern Art, New York, 1964.

Expositions :
1915 New York, Montross Gallery, n° 59, repr. (sous le titre *Femme assise*).
1918 Paris, galerie Paul Guillaume, n° 11 (sous le titre *Femme à la chaise*) ?

Bibliographie :
Apollinaire 1914, *Paris-Journal*, 15 mai.
Les Soirées de Paris 1914, 15 mai, repr. p. 263 (sous le titre *La femme assise*).

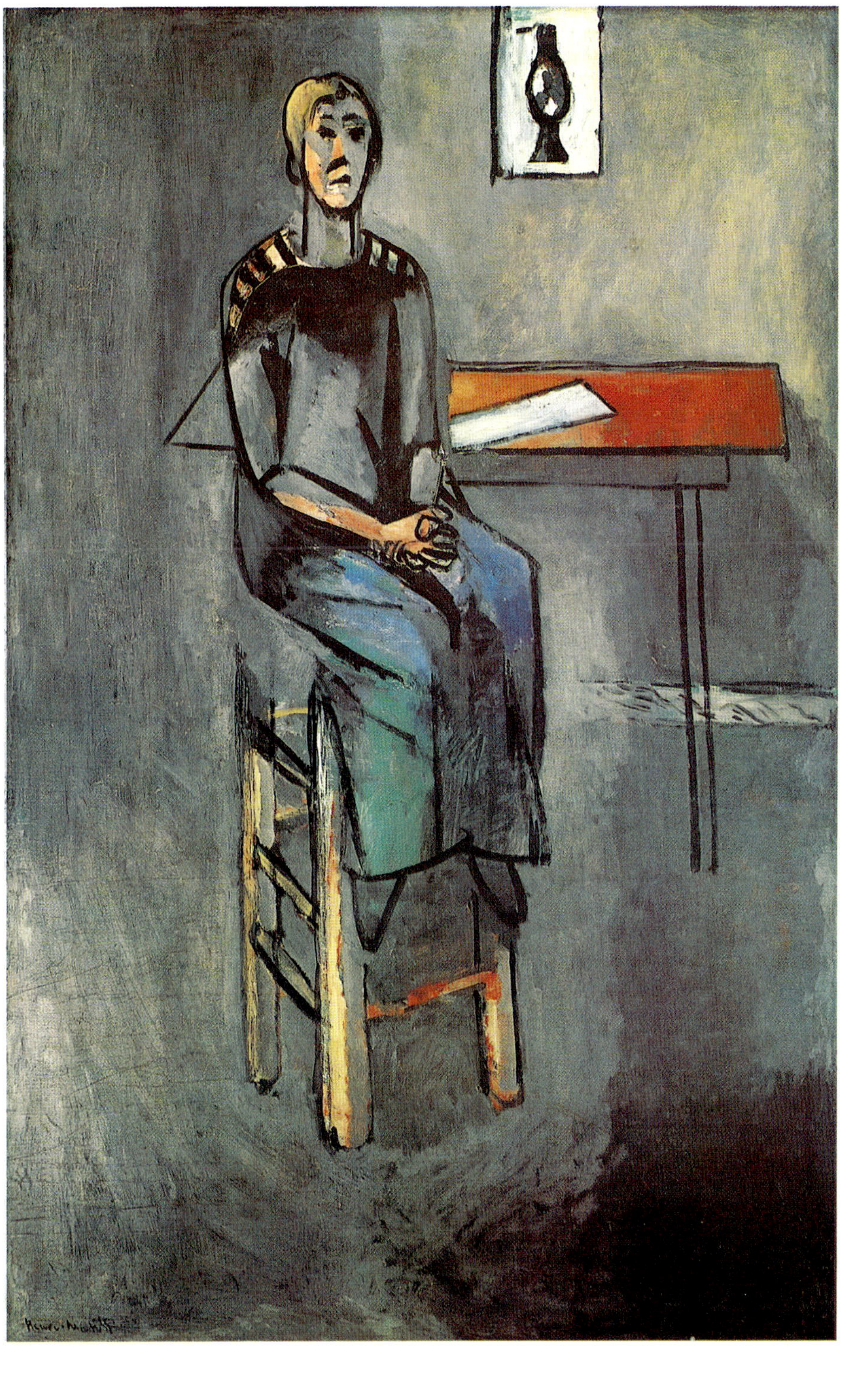

118 **Intérieur, bocal de poissons rouges**

(Les poissons)
(Le bocal aux poissons rouges)
Paris, quai Saint-Michel,
printemps 1914

Huile sur toile
147 × 97 cm
Signé en bas à gauche :
Henri-Matisse
Musée national d'art moderne,
Centre Georges Pompidou, Paris

Historique :
Atelier de l'artiste (retenu par Serguei Stschoukine, mais ne lui est jamais parvenu à cause de la guerre).
Galerie Paul Rosenberg, Paris.
Collection Napoléon Gourgaud, Paris puis New York, vers 1918 → 1965.
Legs de la baronne Gourgaud aux Musées nationaux, 1965.

Expositions :
1915 New York, Montross Gallery, n° 60, repr. coul. (sous le titre *Gold Fish ;* c'est à notre connaissance le deuxième tableau de Matisse à avoir fait l'objet d'une reproduction en couleurs, le premier étant *Le guitariste* qui figure dans *La Toison d'or,* 1909, n° 6).
1916 Paris, Salle du Jeu de Paume, n° 87.
1916 Oslo, n° 30 ?
1919 Copenhague, n° 41, repr.

Bibliographie :
Apollinaire 1914, *Paris-Journal,* 15 mai.
Les Soirées de Paris 1914, 15 mai, repr. p. 264.
Kahn 1916, *Mercure de France,* mars, pp. 321-322.
Faure, Romains, Vildrac, Werth 1920, repr. pl. 16 (sous le titre *Les poissons rouges*).
Schwab 1920, repr. p. 195.

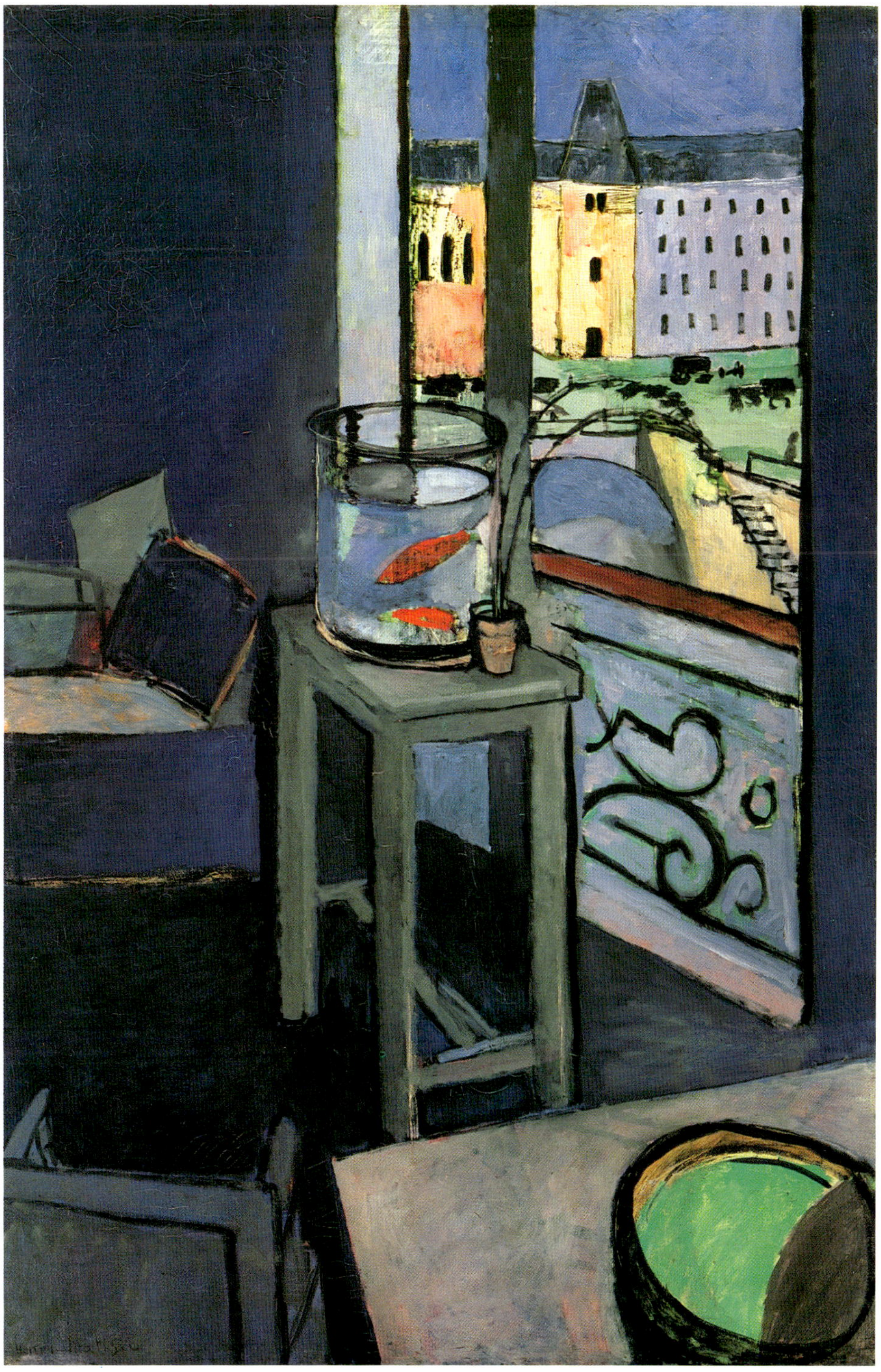

119 Vue de Notre-Dame
Paris, quai Saint-Michel, printemps 1914

Huile sur toile
147,3 × 94,3 cm
Signé en bas à gauche : *H. Matisse*
The Museum of Modern Art, New York. Acquired through the Lillie P. Bliss Bequest, and the Henry Ittleson, A. Conger Goodyear, Mr. and Mrs Robert Sinclair Funds, and the Anna Erickson Levene Bequest given in memory of her husband, Dr. Phoebus Aaron Theodor Levene

Historique :
Atelier de l'artiste, 1914 → 1954.
Succession de l'artiste, 1954 → 1958.
Collection Pierre Matisse, New York, 1958 → 1975.
Achat du Museum of Modern Art, New York, 1975.

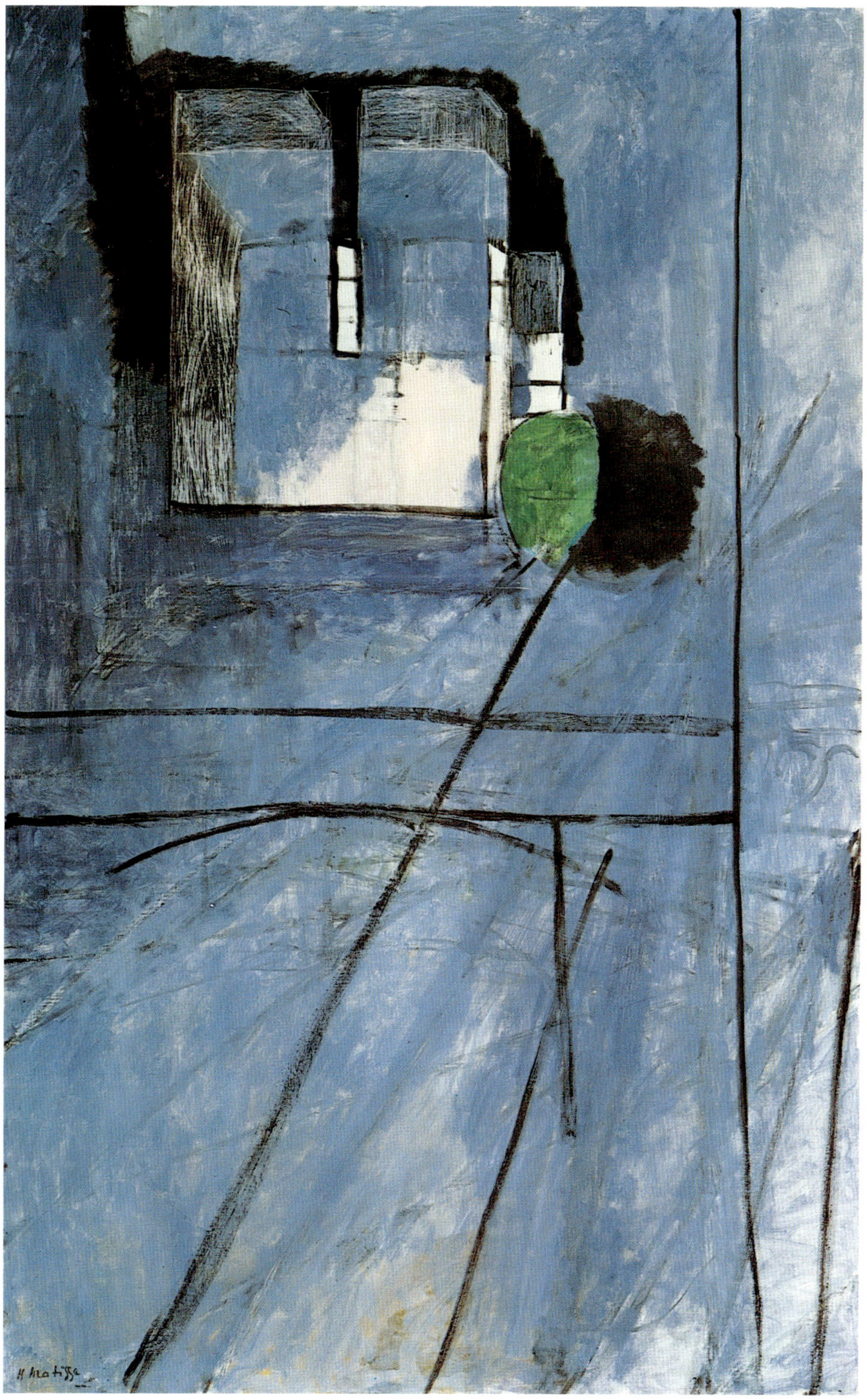
H Matisse

120 Portrait de Mademoiselle Yvonne Landsberg
Paris, quai Saint-Michel,
printemps - début été 1914

Huile sur toile
147,3 × 97,8 cm
Signé et daté en bas à gauche :
Henri-Matisse 1914
Philadelphia Museum of Art.
The Louise and Walter Arensberg
Collection

Historique :
Montross Gallery, New York.
Collection Louise et Walter
Arensberg (acquis par
l'intermédiaire de Walter Pach),
1916 → 1950.
Don de Louise et Walter
Arensberg au Philadelphia
Museum of Art, 1950.

Exposition :
1915 New York, Montross Gallery,
n° 62, repr. (sous le titre *Portrait*).

Bibliographie :
American Art News 1915,
23 janvier.
Mc Bride 1920, p. 61.

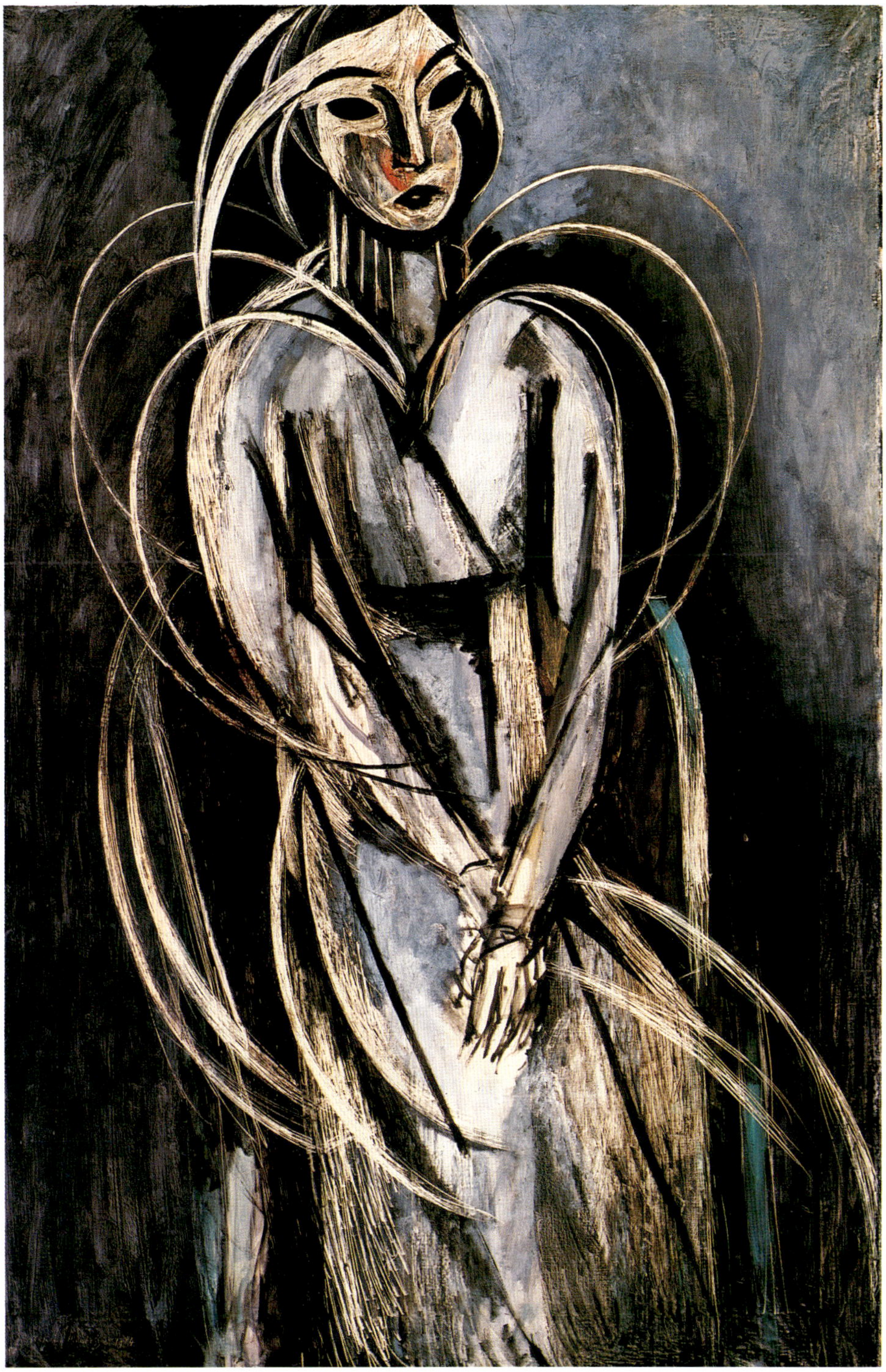

121 Porte-fenêtre à Collioure
Collioure,
septembre-octobre 1914

Huile sur toile
118,5 × 89 cm
Non signé, non daté
Musée national d'art moderne,
Centre Georges Pompidou, Paris

Historique :
Atelier de l'artiste.
Collection Marguerite Duthuit, Paris.
Acquis par dation, Musée national d'art moderne, Centre Georges Pompidou, Paris, 1983.

Exposition :
Ce tableau n'a jamais été exposé avant 1966.

Évoquant ce tableau dans une lettre à sa femme, fin 1914, Matisse lui donne pour titre *Le balcon ouvert* (Archives Matisse, Paris)

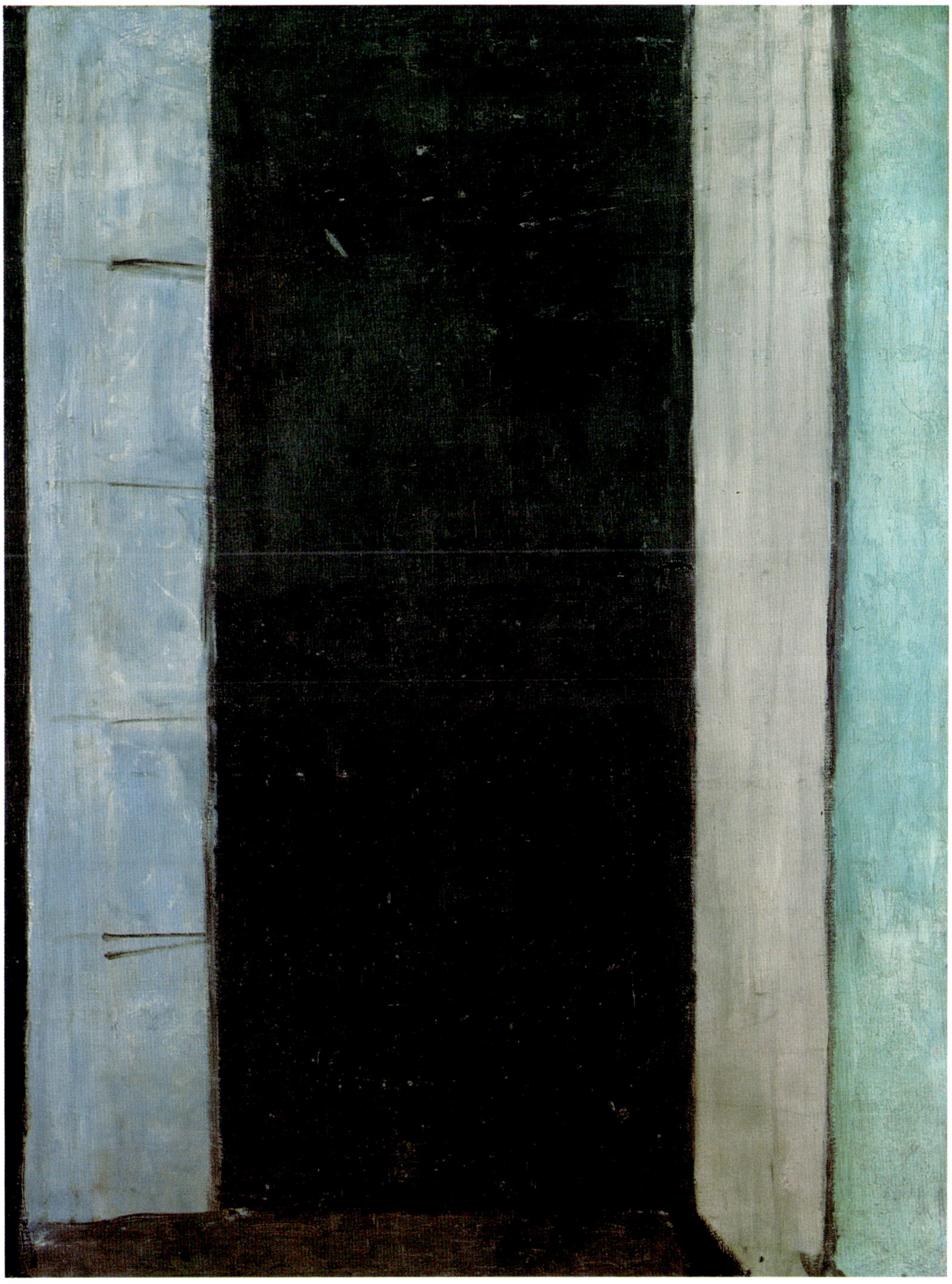

122 **Tête blanche et rose**
(Tête rose et bleue)
Paris, quai Saint-Michel,
automne 1914

Huile sur toile
75 × 47 cm
Signé en bas à droite :
Henri/Matisse
Musée national d'art moderne,
Centre Georges Pompidou, Paris

Historique :
Galerie-Bernheim-Jeune, Paris,
21 décembre 1915 → 1919
(Alphonse Kann en 1915, puis la
marquise Casato en 1917,
envisagèrent d'acheter ce
tableau).
Repris par l'artiste, 1919 → 1954.
Collection Jean Matisse, Pontoise.
Musée national d'art moderne,
Paris, achat du Centre Georges
Pompidou, 1976.

Expositions :
1914 Rome, Secessione, section
française, n° 4 (sous le titre
Ritratto) ?
1916-2 Paris, galerie Bernheim-
Jeune, n° 47.

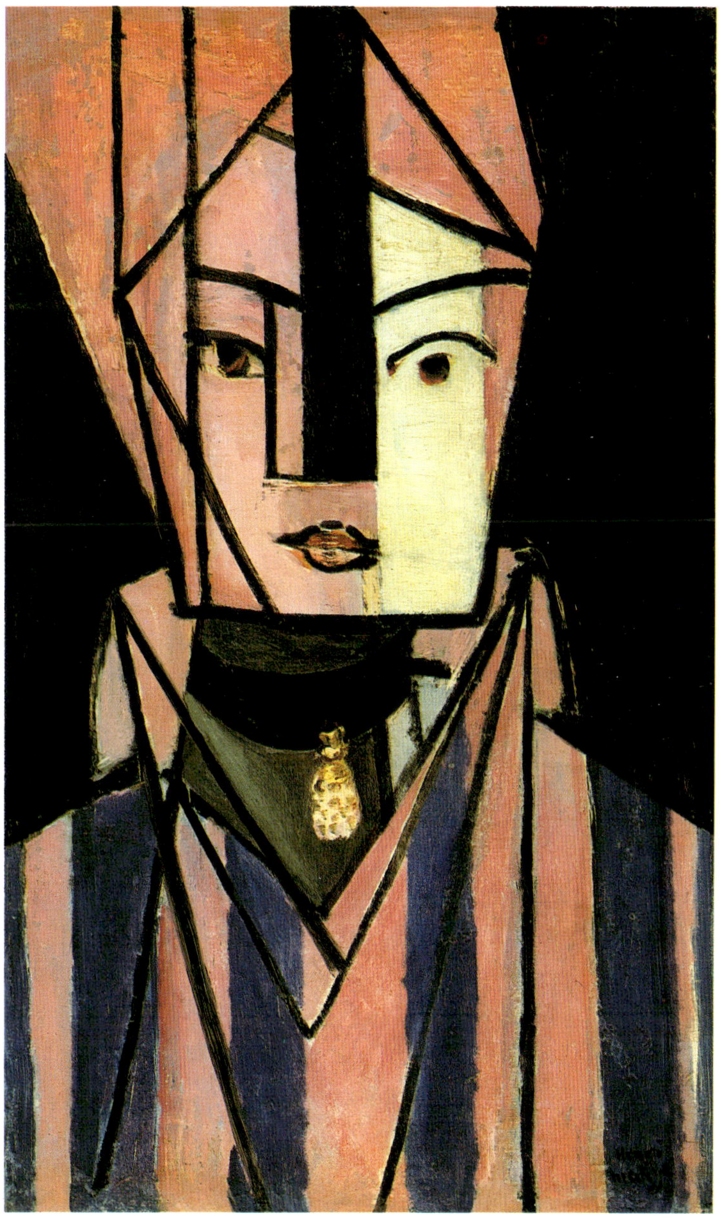

123 Poissons rouges et palette
Paris, quai Saint-Michel,
hiver 1914-1915

Huile sur toile
146,5 × 112,4 cm
Signé en bas à droite :
Henri-Matisse
The Museum of Modern Art,
New York. Gift of Florene M.
Schoenborn and Samuel A. Marx

Historique :
Galerie Bernheim-Jeune, Paris,
25 → 26 mai 1915 (vendu
6 000 francs)
Léonce Rosenberg, Paris, 1915.
Collection Jacques Doucet, Paris
(acquis par l'intermédiaire de Paul
Guillaume, sur les conseils
d'André Breton), fin 1923 → 1929.
Collection Mme Jacques Doucet,
1929 → 1939.
Cesar M. de Hauke (pour Jacques
Seligmann and Company),
New York, prêté au Museum of
Modern Art, New York, 1939
→ 1947.
Pierre Matisse Gallery, New York,
1948.
Collection Florene et Samuel
A. Marx, Chicago, 15 novembre
1948 → 1964.
Don de Florene May Schoenborn
et de Samuel A. Marx au Museum
of Modern Art, New York, 1964.

Bibliographie :
Salmon 1920, pp. 228-229.

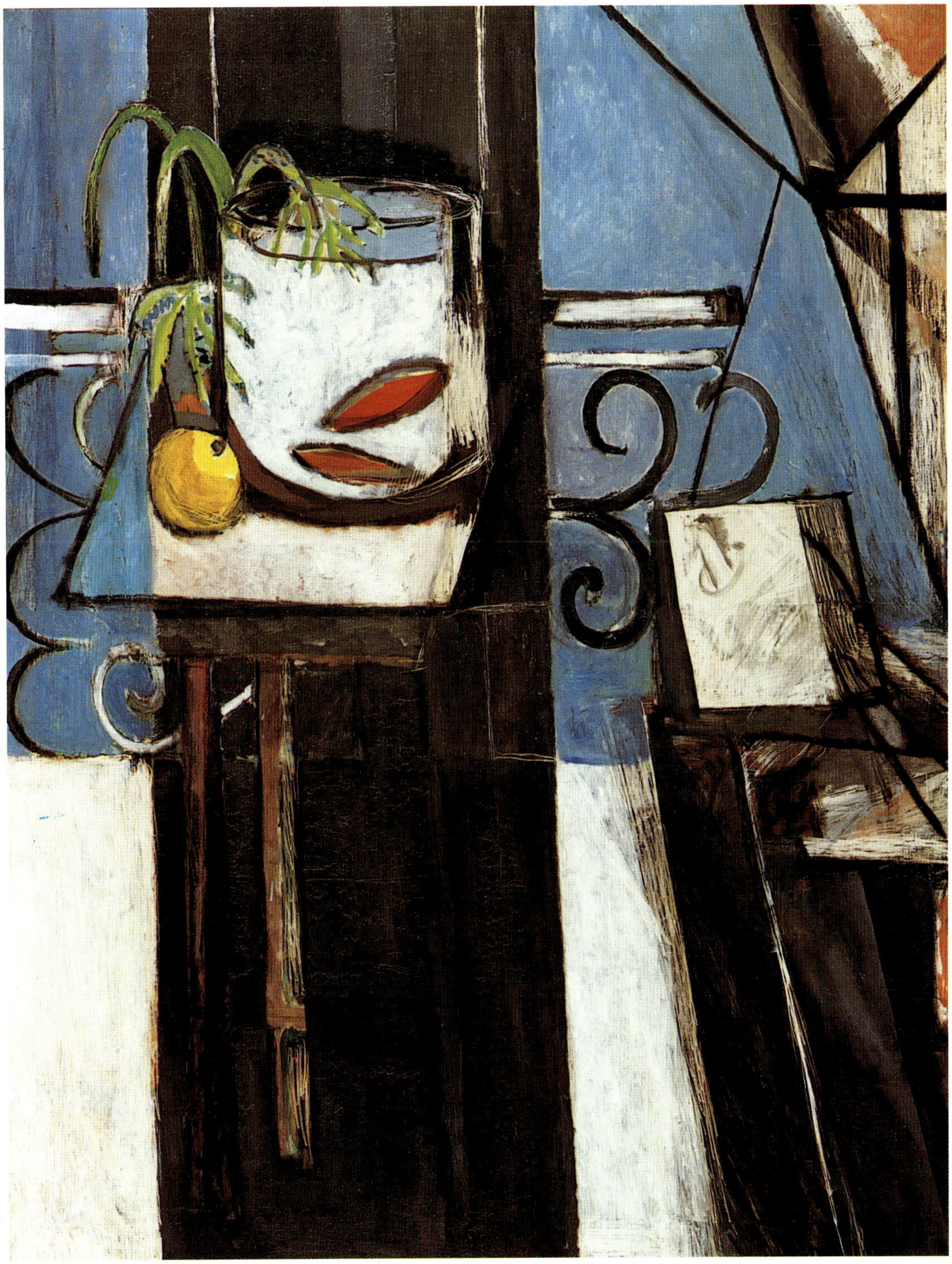

124 Le rideau jaune
(La fenêtre)
Issy-les-Moulineaux,
janvier 1915

Huile sur toile
146 × 97 cm
Signé en bas à droite :
Henri-Matisse
Collection Stephen Hahn,
New York

Historique :
Collection Alphonse Kann, Paris et Saint-Germain-en-Laye.
Collection particulière, Paris.
Collection Ferdinand Graindorge, Liège, au moins depuis 1951.
Collection Marcel Mabille, Bruxelles, au moins depuis 1956 → 1979/1980.
Acheté par Stephen Hahn en 1979 ou 1980.

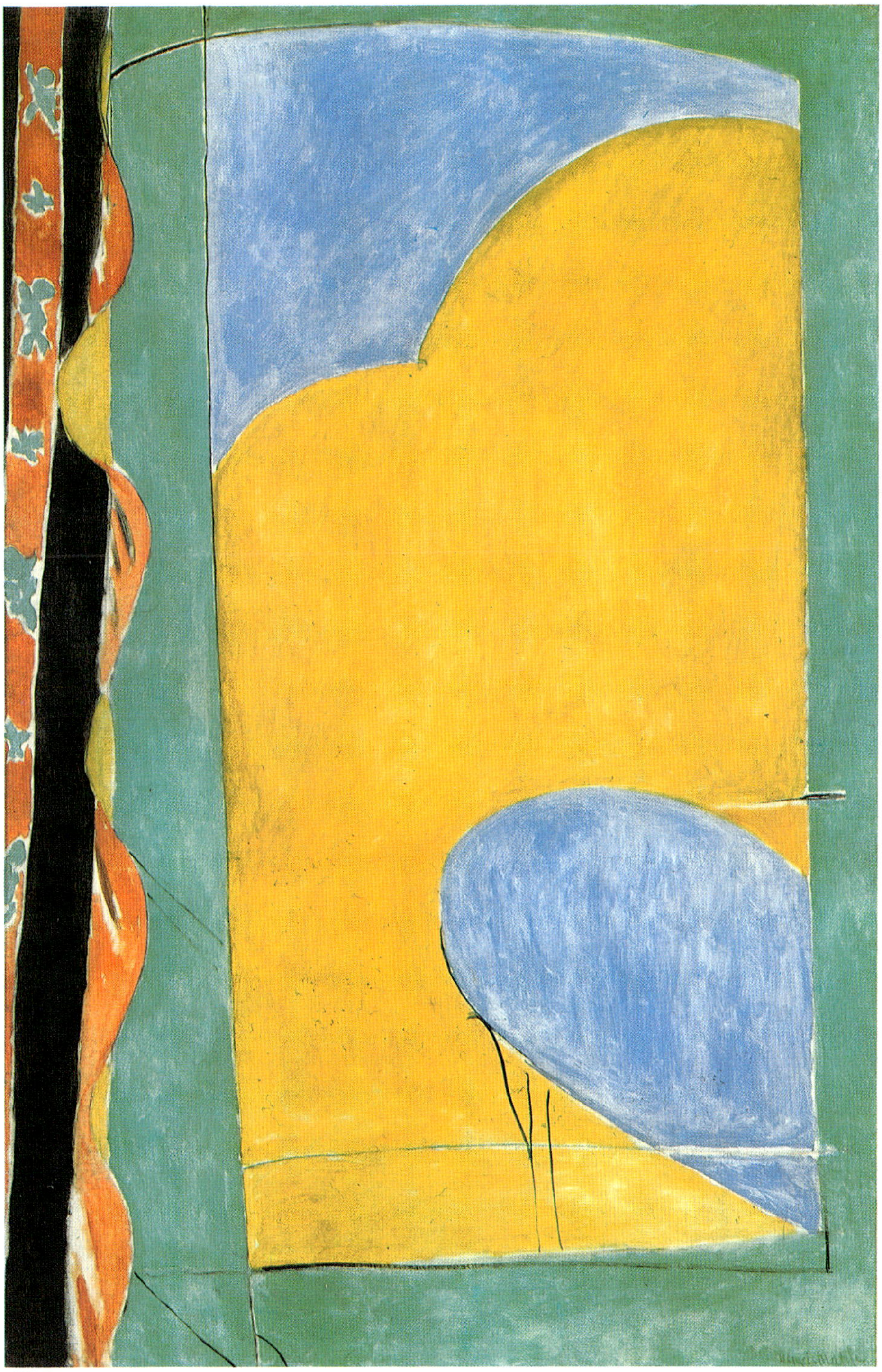

125 Nature morte d'après «La desserte» de David de Heem

Issy-les-Moulineaux,
été-automne 1915

Huile sur toile
180,9 × 220,8 cm
Signé en bas à droite :
Henri-Matisse
The Museum of Modern Art,
New York. Gift of Florene M.
Schoenborn and Samuel A. Marx

Historique :
Léonce Rosenberg, Paris,
10 novembre 1915.
Racheté par l'artiste, 1916 ?
Georges Bernheim, Paris.
Collection John Quinn, New York,
octobre 1923 → 1924.
Succesion John Quinn, 1924
→ 1926.
Brummer Gallery, New York.
Collection Mme John Alden
Carpenter, Chicago, 1926.
Jérôme Stanborough ?
Collection Florene et Samuel
A. Marx, Chicago, 1948.
Don de Florene May Schoenborn
et de Samuel A. Marx au Museum
of Modern Art, New York, 1964.

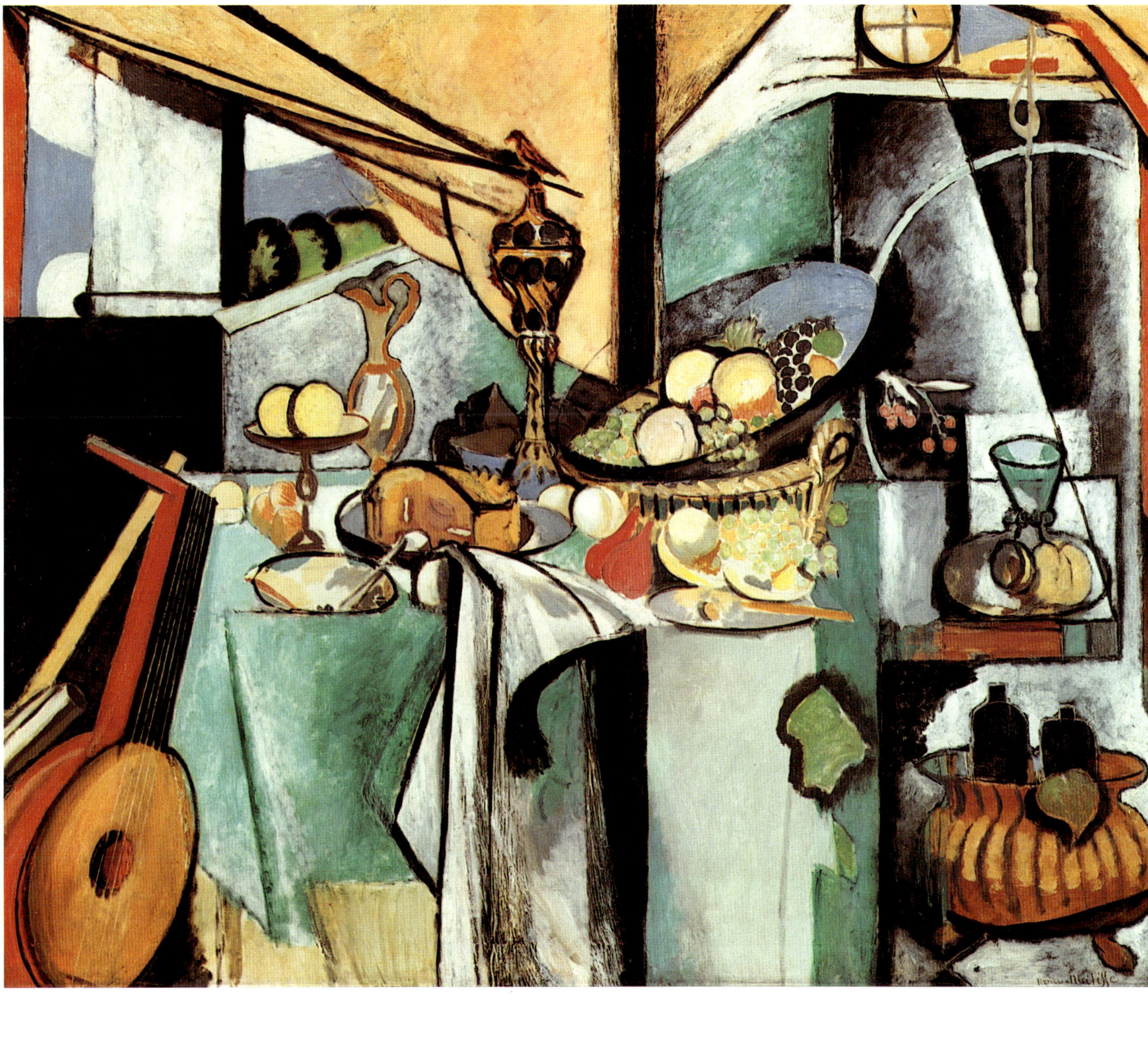

126 **Les coloquintes**
Issy-les-Moulineaux,
fin 1915 - été 1916

Huile sur toile
65,1 × 80,9 cm
Signé et daté en bas à gauche :
Henri-Matisse 1916
The Museum of Modern Art,
New York. Mrs Simon
Guggenheim Fund

Historique :
Galerie Bernheim-Jeune, Paris,
26 février → 17 mars 1917 (vendu
4 500 francs).
Léonce Rosenberg, Paris, 17 mars
1917.
Collection Léonide Massine,
au moins depuis 1931.
Marie Harriman Gallery,
New York.
Collection Mme John
D. Rockefeller Jr, New York.
The Museum of Modern Art,
New York, mars 1935.

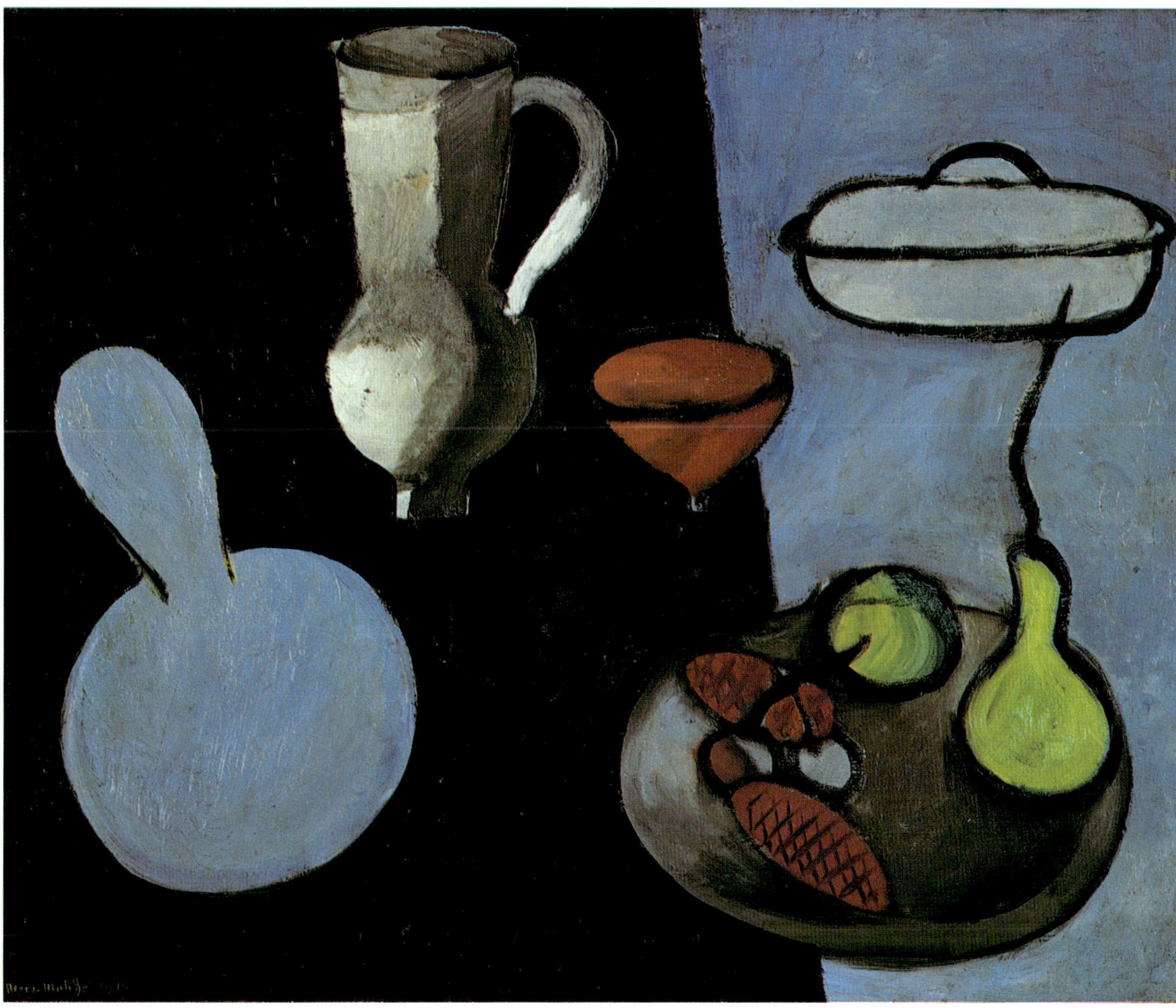

127 La fenêtre

(Intérieur aux myosotis)
Issy-les-Moulineaux,
printemps 1916

Huile sur toile
146 × 116,8 cm
Signé en haut à gauche :
Henri-Matisse.
Inscription au dos de la toile :
H. Matisse, Issy (Seine)
The Detroit Institute of Arts.
City of Detroit Purchase

Historique :
Collection Dikran Khan Kélékian, 1916 → 1922.
Vente New York, The American Art Association, *The Notable Private Collection of Modern French Pictures [...] belonging to the widely known antiquarian Dikran Khan Kélékian of Paris and New York,* 30-31 janvier 1922, n° 100, repr. Le catalogue de la vente précise que l'on peut lire au dos sur le châssis : *Intérieur (les myosotis).*
Acheté par W.R. Valentiner pour le Detroit Institute of Arts (2 500 $), janvier 1922.

Exposition :
1916-2 Paris, galerie Bernheim-Jeune.

Bibliographie :
Soffici 1920, repr. p. 193.

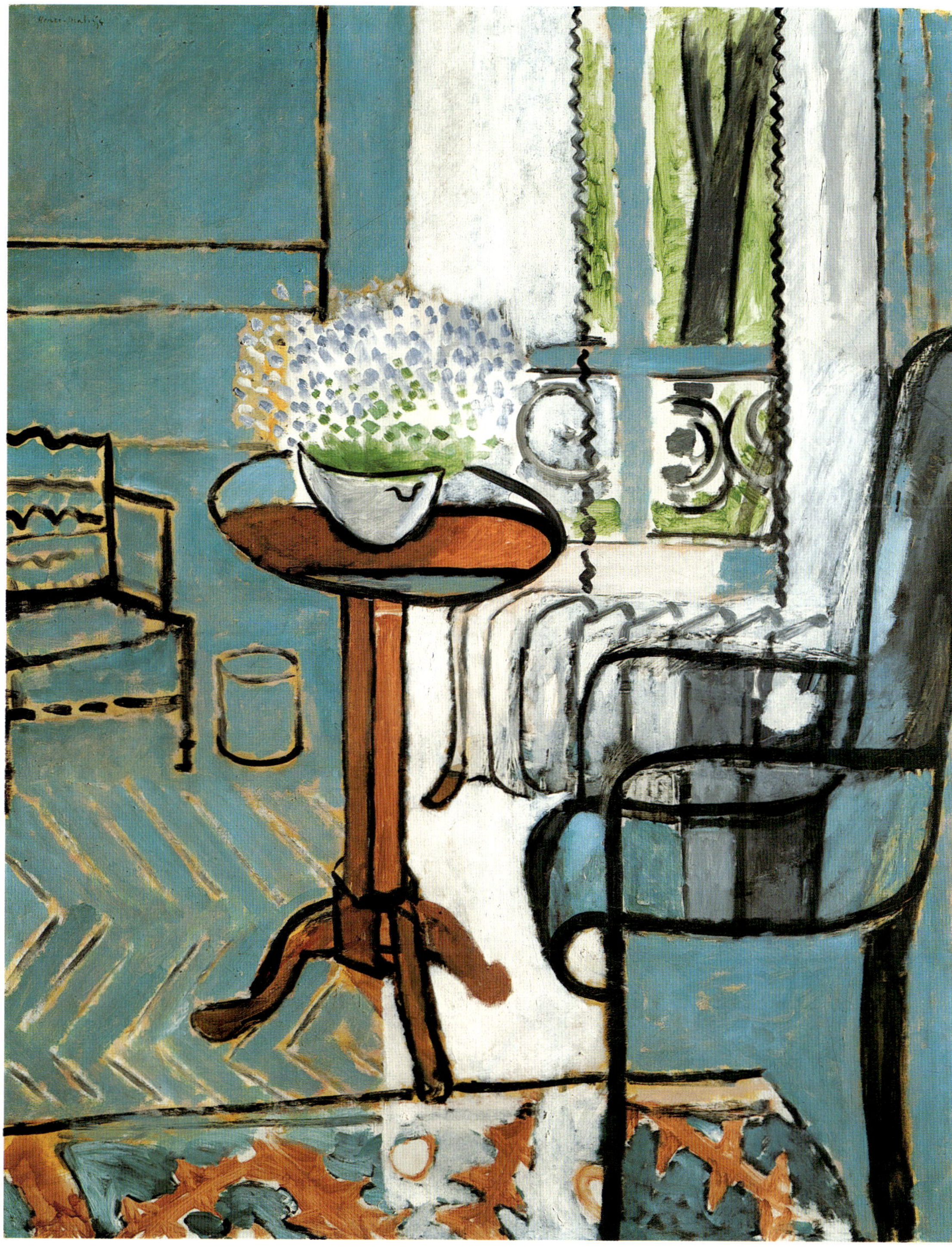

128 La coupe d'oranges
Paris, quai Saint-Michel,
printemps 1916

Huile sur toile
54 × 65 cm
Signé en bas à droite :
Henri-Matisse
Collection particulière

Historique :
D'abord réservé par Léonce Rosenberg, puis acheté par la galerie Bernheim-Jeune, Paris, 24 août → 10 novembre 1916.
Walther Halvorsen, 10 novembre 1916 (acheté 3 200 francs).
Collection Ellissen.
Vente Londres, Sotheby and Co, *Impressionist and Modern Paintings, Drawings and Sculpture,* 24 avril 1963, n° 23, repr. (vendu 12 000 £).
Robert Fraser Gallery, Londres ?
Collection particulière.

Exposition :
1918 Paris, galerie Paul Guillaume, n° 4.

Bibliographie :
Apollinaire 1918 (préface du catalogue de l'exposition chez Paul Guillaume).

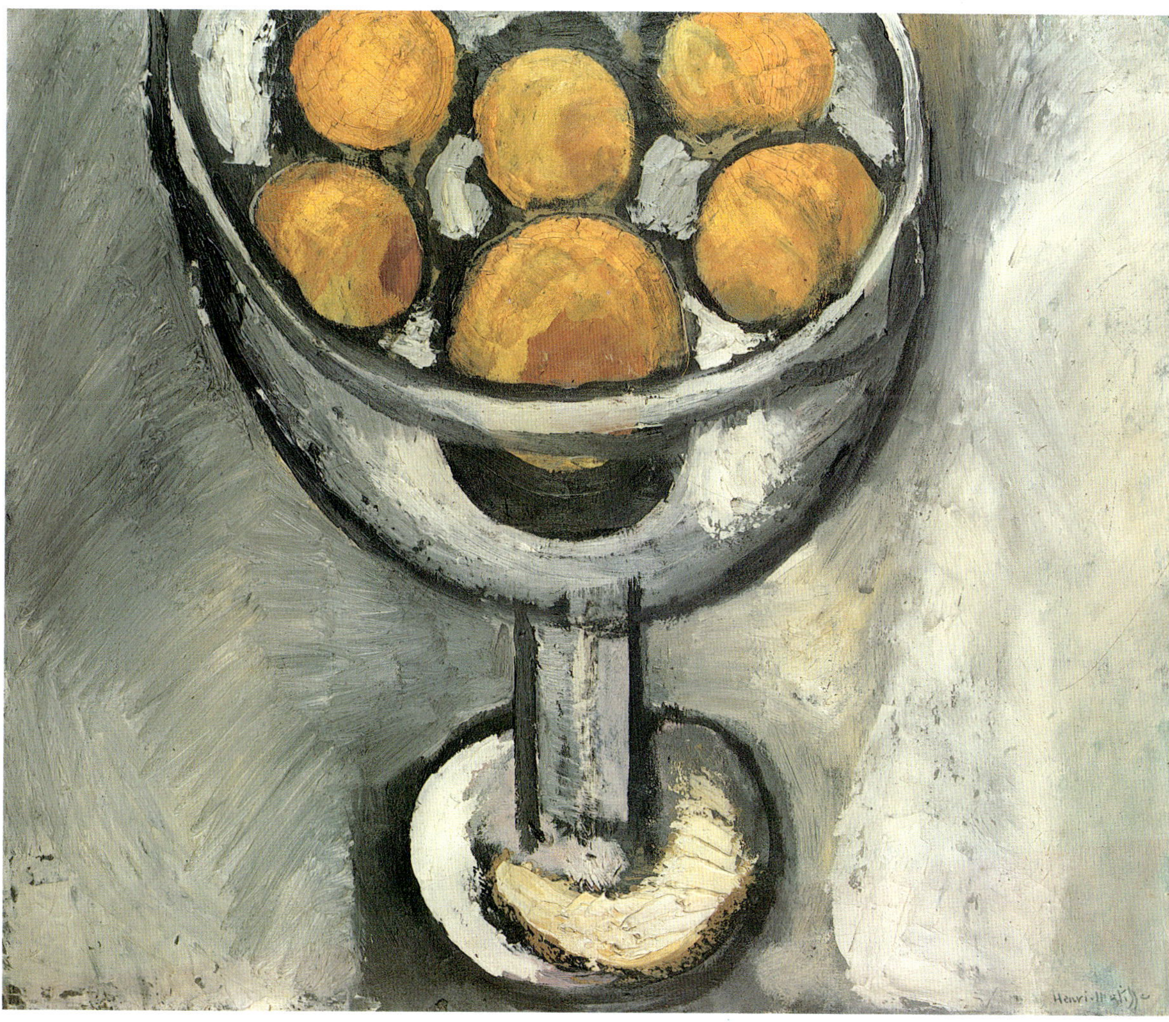

129 Les pommes
Issy-les-Moulineaux,
été-automne 1916

Huile sur toile
116,9 × 88,9 cm
Signé en bas à droite :
Henri-Matisse
The Art Institute of Chicago.
Gift of Florene M. Schoenborn
and Samuel A. Marx

Historique :
Galerie Bernheim-Jeune, Paris, 13 novembre 1916 → 15 janvier 1917.
Collection Henry Bernstein, 15 janvier (acheté 8 200 francs) → décembre 1917.
Racheté par la galerie Bernheim-Jeune, Paris, 13 décembre 1917.
Marius de Zayas, New York, 21 mai 1919.
Collection John Quinn, New York, 1919 (acheté 3 200 $) → 1924.
Succession John Quinn, 1924 → 1927.
Vente New York, The American Art Association, *The John Quinn Collection : Paintings and Sculpture of the Moderns,* 9-11 février 1927, n° 126, repr.
Valentine Dudensing Gallery, 12 février 1927 (acheté 1 225 $) → 1931.
Pierre Matisse Gallery, New York, vers 1931 → au moins jusqu'en 1936.
Collection Samuel A. Marx, Chicago, 1940 → 1948.
Don de Florene May Schoenborn et de Samuel A. Marx à l'Art Institute of Chicago, 1948.

Expositions :
1919 New York, Marius de Zayas Gallery, n° 21.
1920 New York, Waldorf Astoria, n° 508.
1920 New York, Marius de Zayas Gallery.

Bibliographie :
Gregg 1919, *New York Herald,* 23 novembre, sec. 3, p. 10.
Mc Bride 1919, *New York Sun,* 23 novembre, sec. 7, p. 12.
Mc Bride 1920, *New York Herald,* 12 décembre, sec. 3, p. 4.

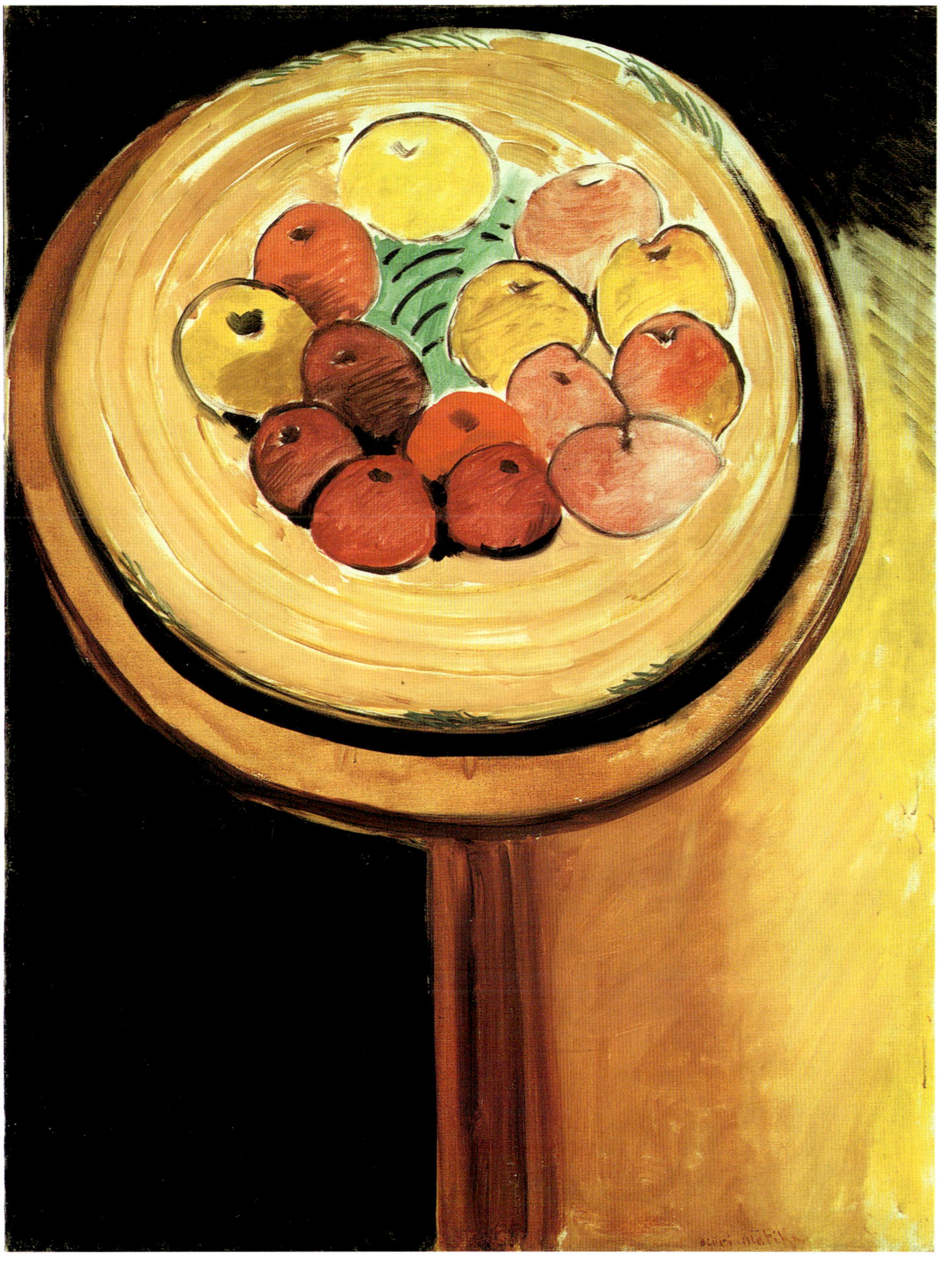

130 **Compotier au casse-noisettes**

Paris, quai Saint-Michel,
automne 1916

Huile sur toile
61 × 49,5 cm
Signé en bas à gauche :
Henri-Matisse
Statens Museum for Kunst,
Collection J. Rump, Copenhague

Historique :
Walther Halvorsen, novembre 1916.
Collection Christian Tetzen-Lund, Copenhague, 1916 ou 1917 → 1924.
Achat de la Ny Carlsberg Fondet, Copenhague, octobre 1924 (en dépôt à la Ny Carlsberg Glyptotek).
Collection Johannes Rump, Copenhague (acquis par échange, voir note de l'historique du n° 18), 1927.
Don de Johannes Rump au Statens Museum for Kunst, Copenhague, 1928.

Exposition :
1917 → 1924 : la collection de Tetzen-Lund était ouverte au public le lundi après-midi d'octobre à avril.

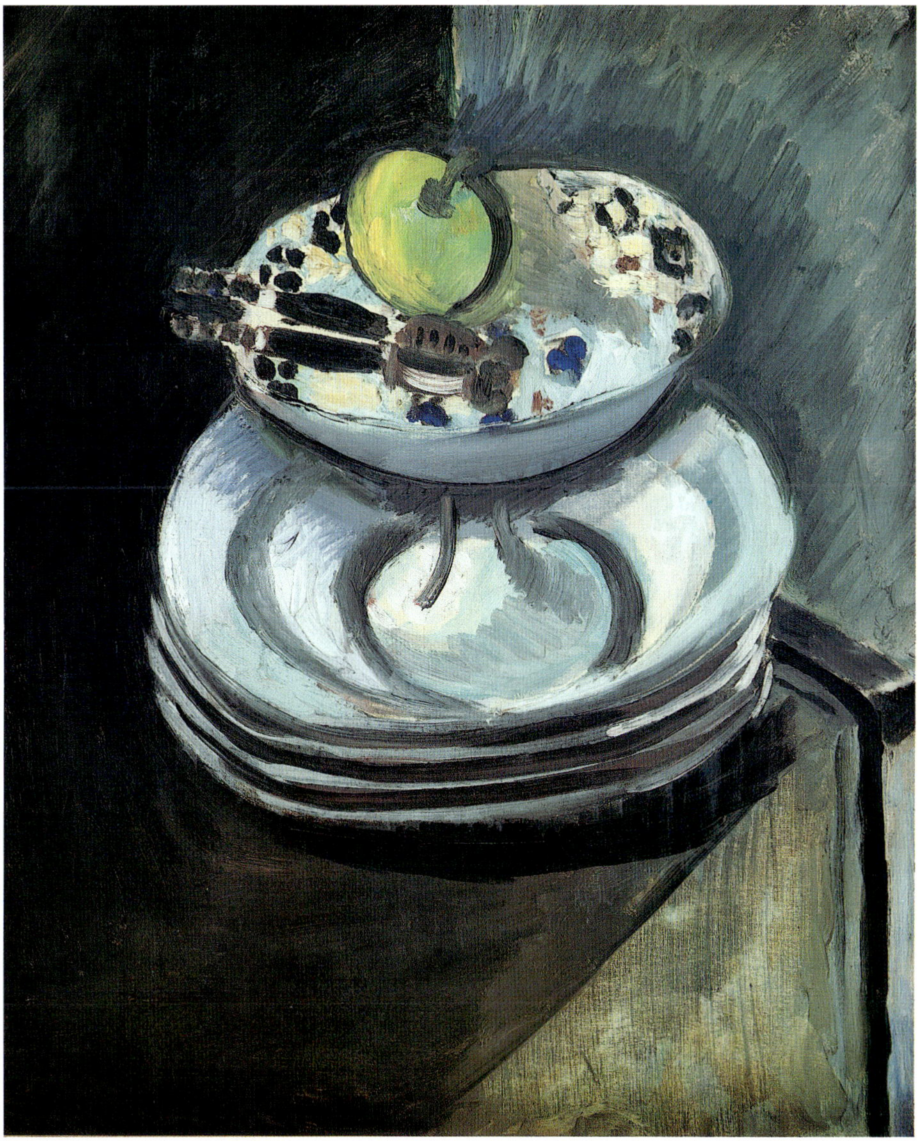

131 Sculpture et vase de lierre
Issy-les-Moulineaux,
été 1916 - printemps 1917

Huile sur toile
73 × 92 cm
Signé en bas à gauche :
Henri-Matisse
Tikanojan Taidekoti, Vaasa

Historique :
Walther Halvorsen, 1er mai 1917 (acheté 6 300 francs) → 1918.
Collection Gösta Stenman, Helsinki, 1918 → 1920.
Collection Frithjof Tikanoja, Vaasa, 1920 → 1951.
Don de Frithjof Tikanoja à la ville de Vaasa (Finlande), 1951.

Expositions :
1918 Christiania (Oslo), n° 44 ?
1918 Helsinki.
1918 Stockholm.

Bibliographie :
Samling Gösta Stenman 1918, p. 4.

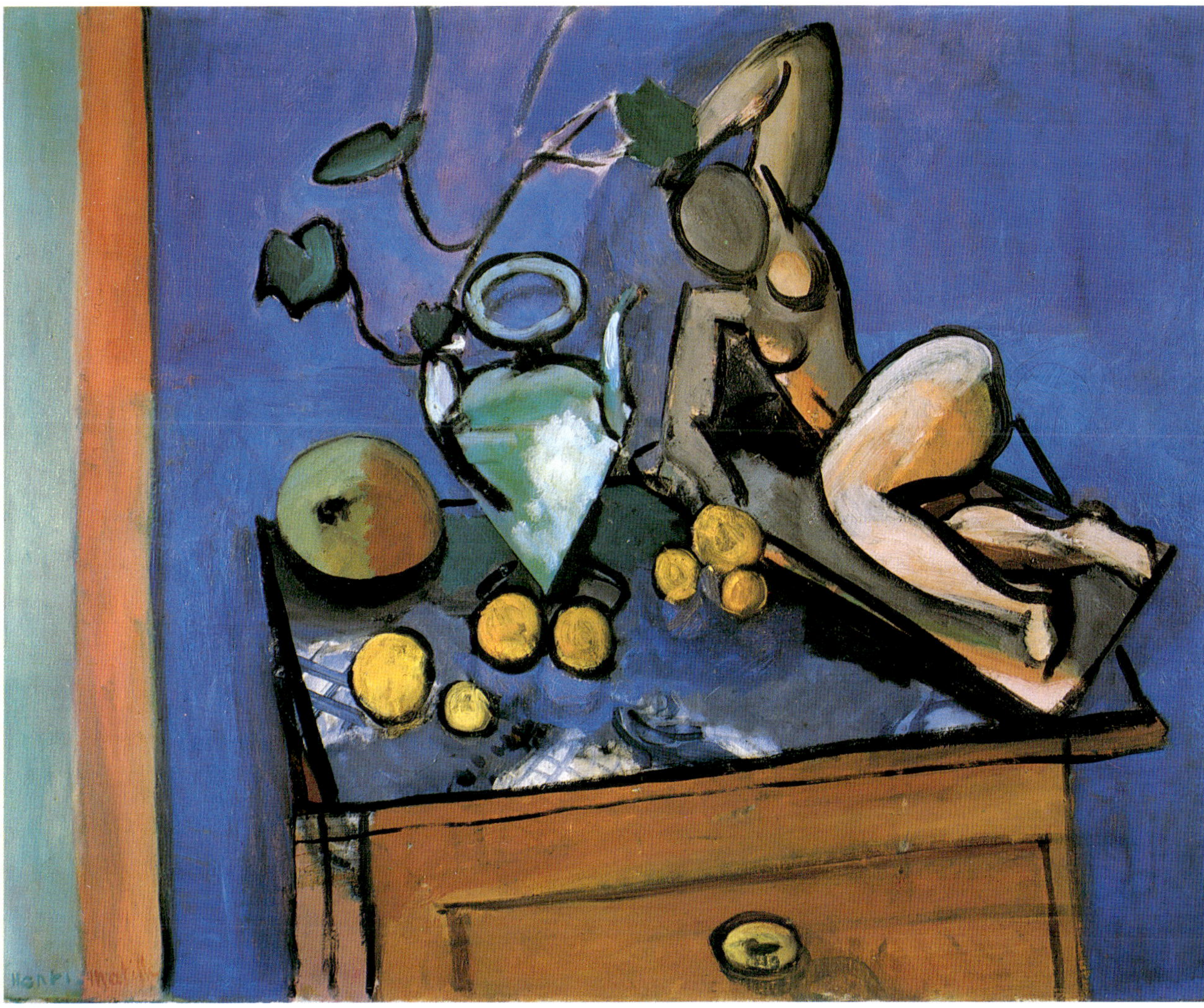

132 Jeannette V
Issy-les-Moulineaux, 1916

Bronze
56 × 19 × 27 cm
Monogrammé à gauche : *HM 9/10*
Collection particulière

Historique :
Atelier de l'artiste.
Collection particulière.

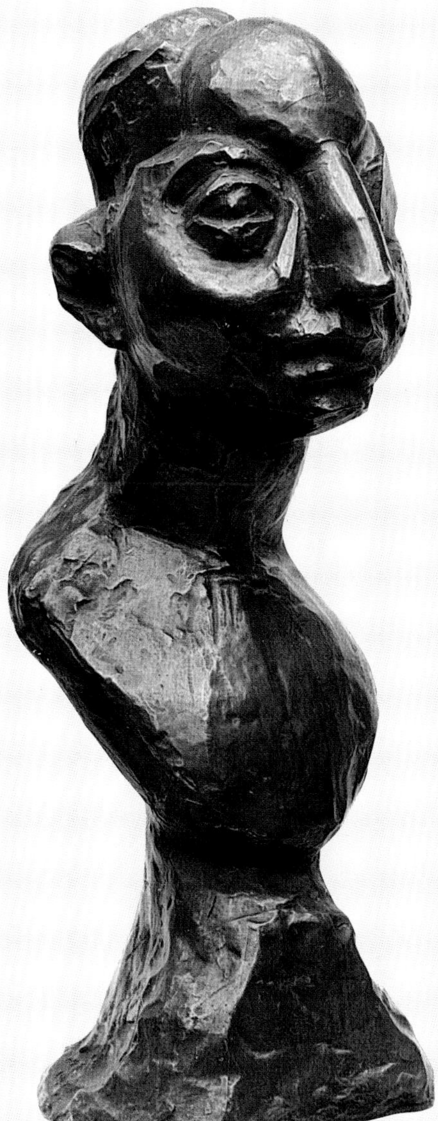

114 Nu de dos, deuxième état
(Dos II)
Issy-les-Moulineaux, printemps-automne 1913

Bronze
188 × 116 × 14 cm
Signé en bas à gauche :
Henri Matisse, et en bas à droite :
HM 3/10
Fondeur : Georges Rudier
Musée national d'art moderne, Centre Georges Pompidou, Paris

Historique :
Atelier de l'artiste.
Attribué en Musée national d'art moderne en 1970.

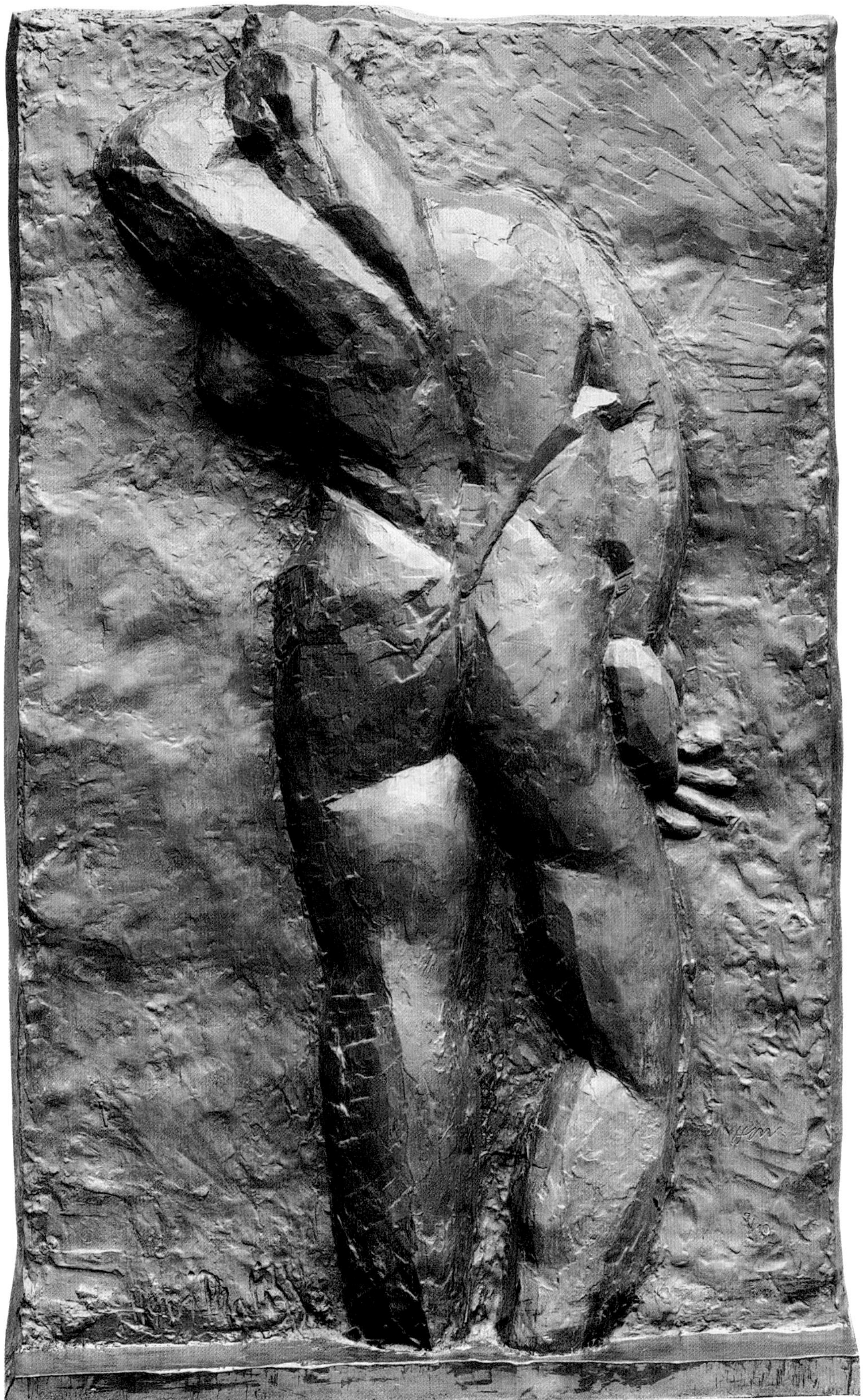

33 Nu de dos, troisième état
(Dos III)
Issy-les-Moulineaux, été 1916

Bronze
190 × 114 × 16 cm
Signé en bas à gauche :
Henri Matisse, et en bas à droite :
Hm 7/10
Fondeur : Georges Rudier
Musée national d'art moderne, Centre Georges Pompidou, Paris

Historique :
Achat de l'État en 1964.
Attribué au Musée national d'art moderne en 1970.

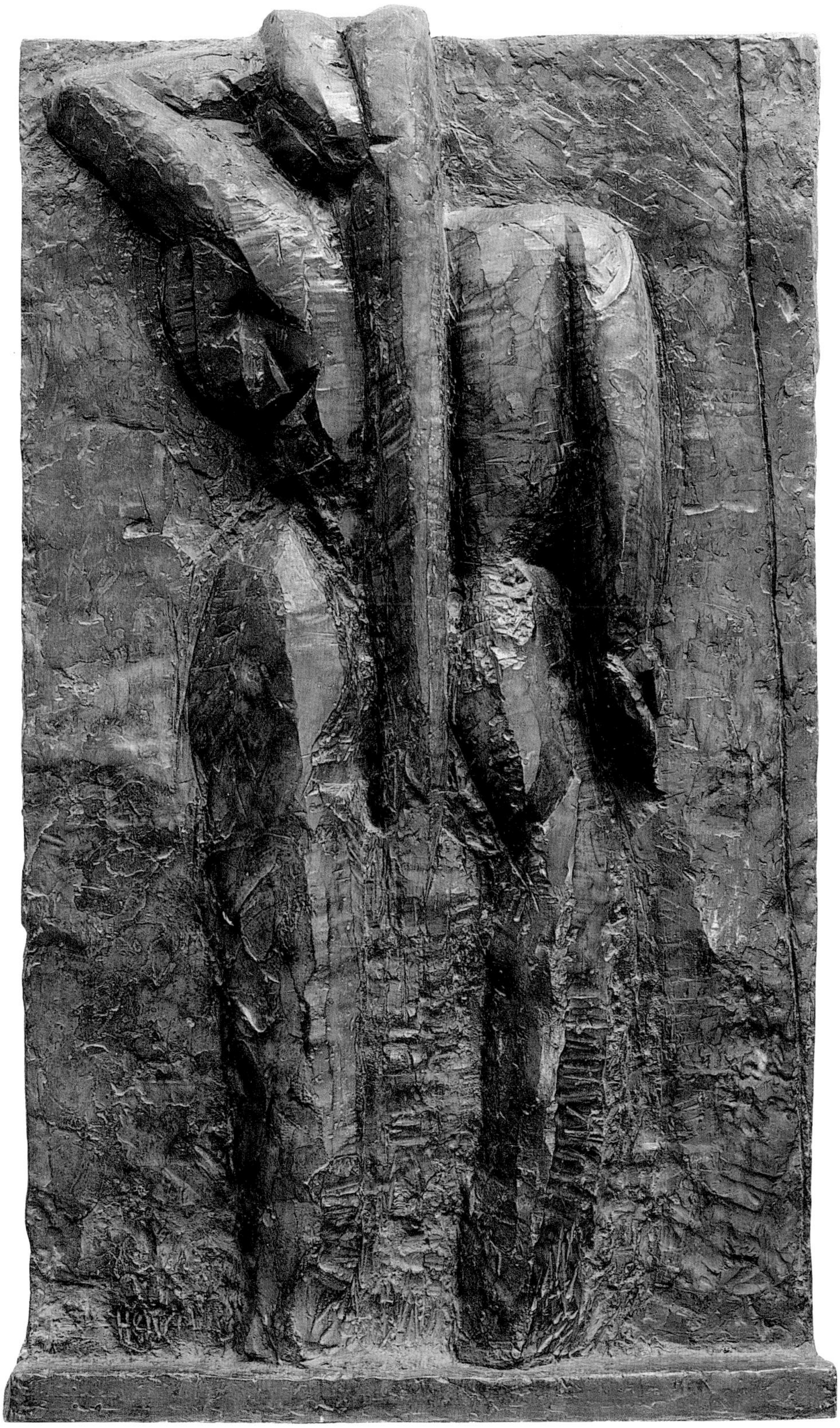

134 **La leçon de piano**
Issy-les-Moulineaux,
été 1916

Huile sur toile
245,1 × 212,7 cm
Signé en bas à gauche :
Henri Matisse
The Museum of Modern Art,
New York. Mrs Simon
Guggenheim Fund

Historique :
Atelier de l'artiste, 1916 → vers 1925.
Collection Paul Guillaume, Paris, septembre 1926 → 1934.
Collection Mme Paul Guillaume, 1934 → vers 1940.
Valentine Gallery, New York, 1941.
Collection Walter P. Chrysler, Jr., New York.
Achat du Museum of Modern Art, New York, 1946.

Exposition :
Ce tableau a été exposé pour la première fois en octobre 1926, à la galerie Paul Guillaume.

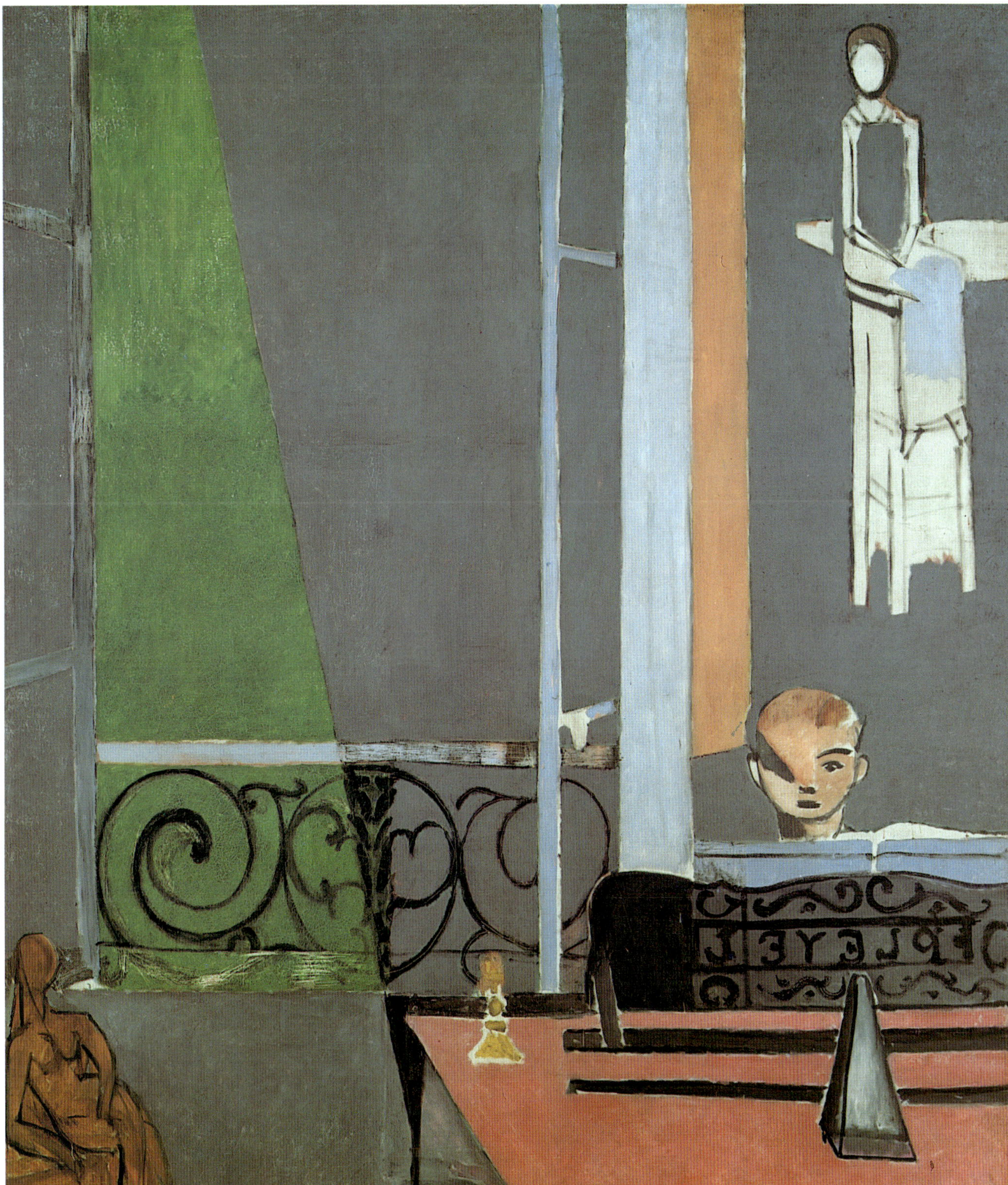
Henri Matisse

135 Les Marocains

Issy-les-Moulineaux,
novembre 1915 - septembre 1916

Huile sur toile
181,3 × 279,4 cm
Signé en bas à droite :
Henri-Matisse
The Museum of Modern Art, New York. Gift of Mr. et Mrs Samuel A. Marx

Historique :
Léonce Rosenberg, Paris, février 1917 → avril 1918.
Racheté par l'artiste, 2 avril 1918.
Atelier de l'artiste, 1918 → 1952 (en prêt au Musée national d'art moderne, Paris, 6 septembre 1948 → juin 1949).
Collection Samuel A. Marx, Chicago, 1952 → 1955.
Don de M. et Mme Samuel A. Marx au Museum of Modern Art, New York, 1955.

Exposition :
Ce tableau a été exposé pour la première fois en novembre-décembre 1931, à la rétrospective «Henri Matisse» du Museum of Modern Art.

Bibliographie :
Severini 1917, *Mercure de France,* mai-juin, pp. 456-457.
Salto 1918, *Klingen,* avril, repr.

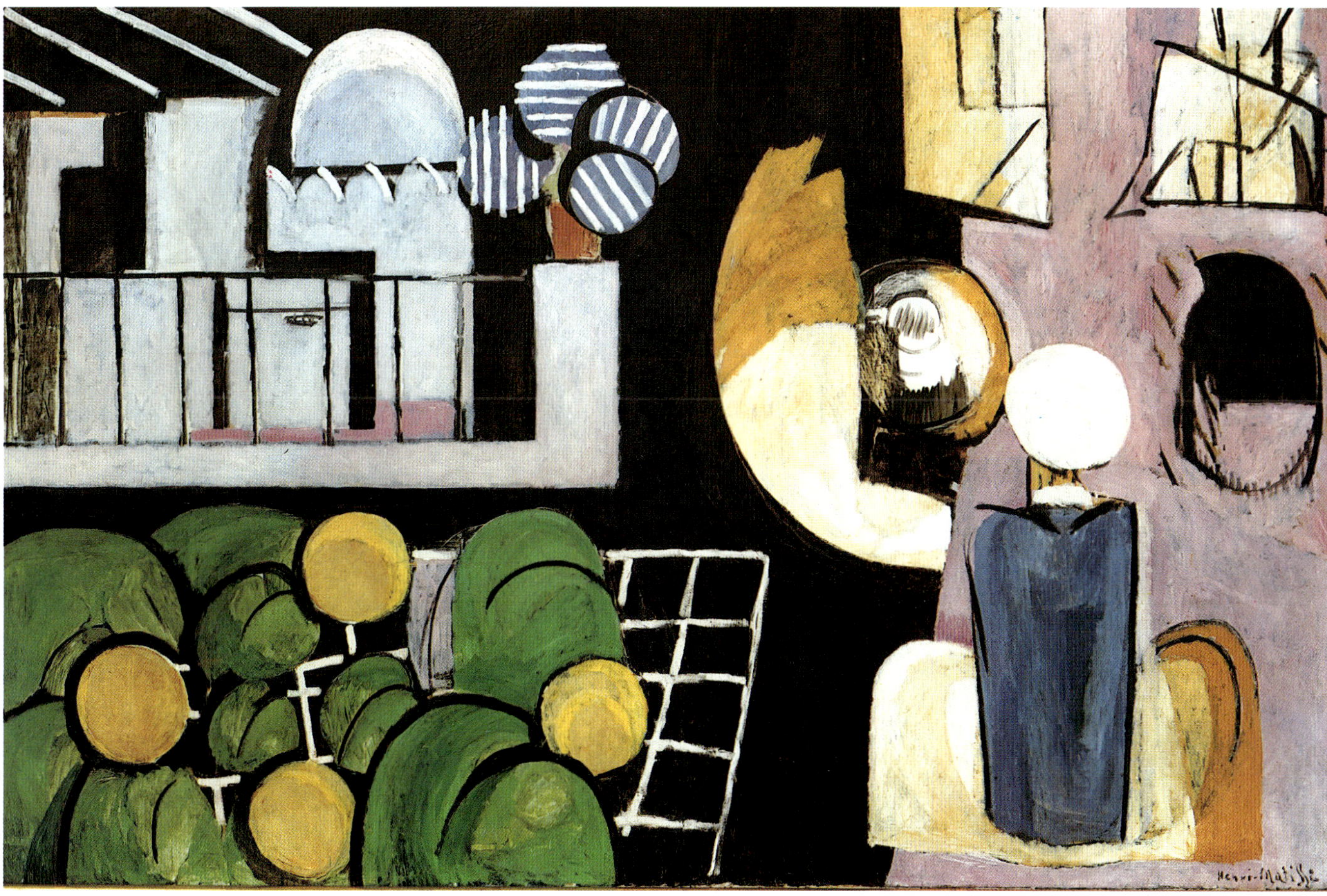
Henri-Matisse

136 La table de marbre rose
(Le guéridon)
Issy-les-Moulineaux,
été 1916

Huile sur toile
146 × 97 cm
Signé en bas à droite :
Henri Matisse
The Museum of Modern Art,
New York. Mrs Simon
Guggenheim Fund

Historique :
Collection Alphonse Kann, Paris.
Collection Hélène Bokanowski,
Paris, jusqu'en juin 1956.
Galerie Beyeler, Bâle, juin
→ décembre 1956.
Achat du Museum of Modern Art,
New York, décembre 1956.

La date de 1916 que nous proposons de retenir pour le tableau, en accord avec les Archives Matisse, est confirmée par une lettre de Juan Gris à Léonce Rosenberg du 20 août 1916.

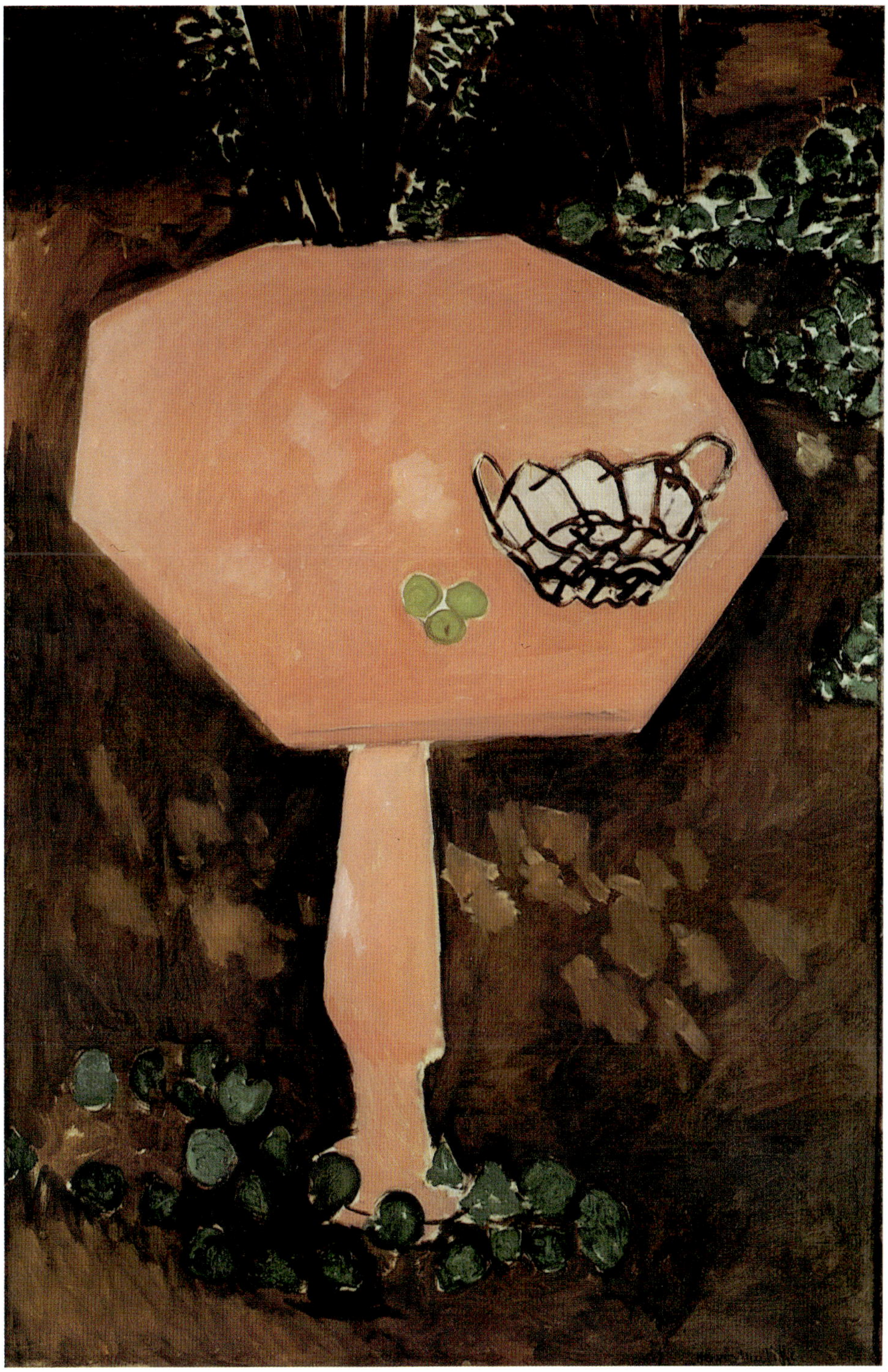

137 Portrait de Marguerite au ruban de velours noir
1916

Huile sur bois
18 × 17 cm
Signé en bas à droite : *H. Matisse*
Collection particulière

Historique :
Atelier de l'artiste.
Collection particulière.

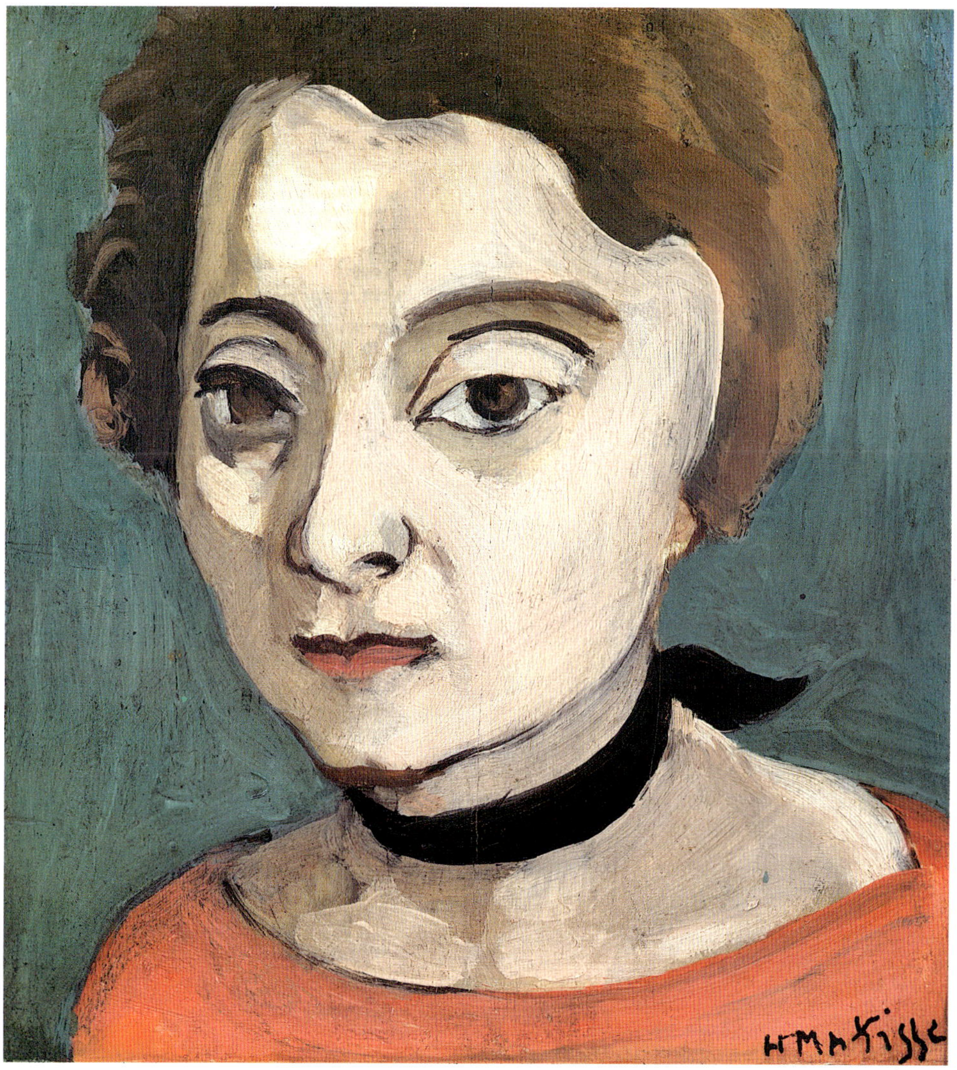
HMatisse

138 **Portrait de Michael Stein**

Paris, quai Saint-Michel,
automne 1916

Huile sur toile
67,3 × 50,4 cm
Signé et daté en bas à gauche :
Henri-Matisse 1916.
San Francisco Museum of Modern Art. Sarah and Michael Stein Memorial Collection. Gift of Nathan Cummings

Historique :
Collection Michael et Sarah Stein, Paris, 1916 → 1935 puis Palo Alto (Ca), 1935 → 1938.
Collection Sarah Stein, Palo Alto, 1938 → septembre 1953.
Collection Nathan Cummings, Chicago, février 1954 → janvier 1955.
Don de Nathan Cummings au San Francisco Museum of Art, janvier 1955.

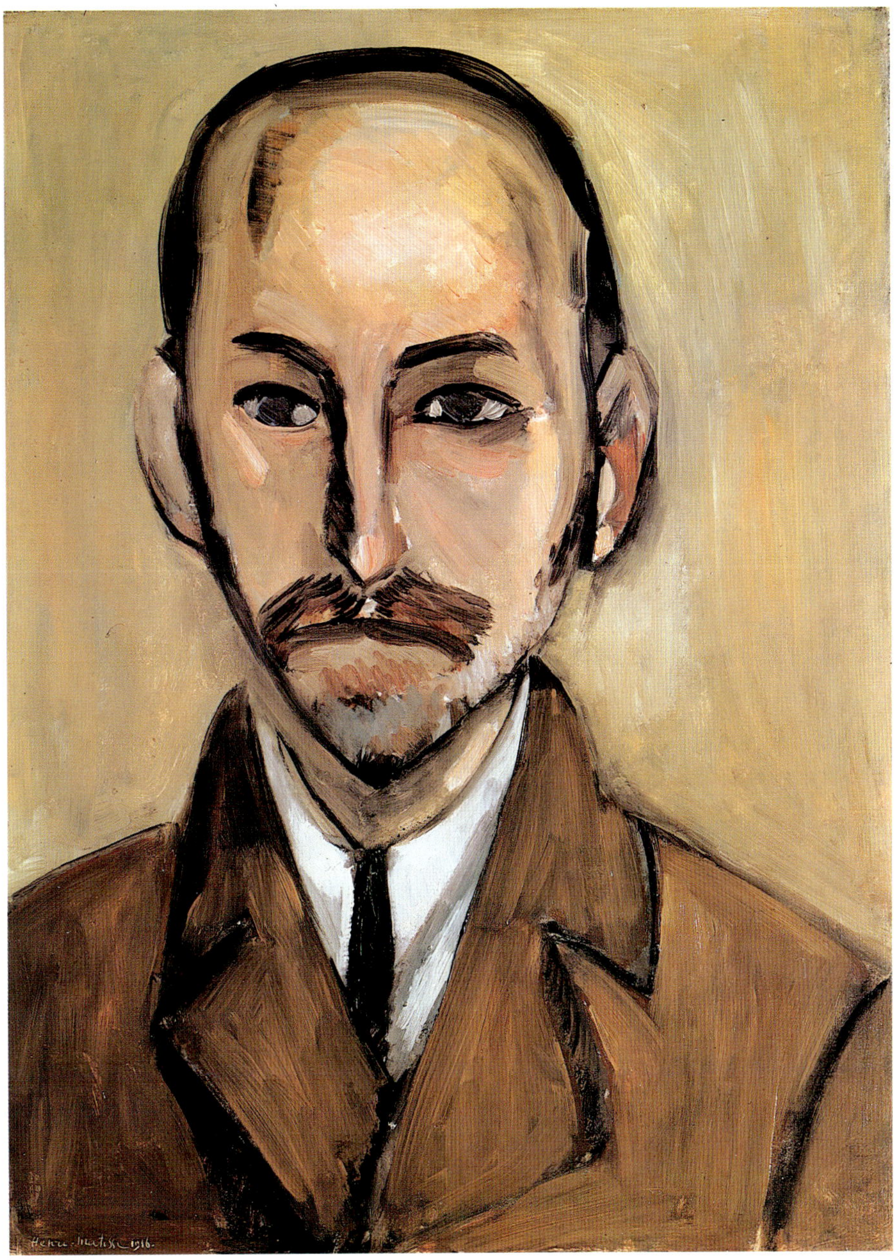

139 Portrait de Sarah Stein
Paris, quai Saint-Michel,
automne 1916

Huile sur toile
72,4 × 56,5 cm
Signé et daté en bas à droite :
Henri-Matisse 1916.
San Francisco Museum of Modern Art. Sarah and Michael Stein Memorial Collection. Gift of Elise S. Haas

Historique :
Collection Michael et Sarah Stein, Paris, 1916 → 1935, puis Palo Alto (Ca), 1935 → 1938.
Collection Sarah Stein, Palo Alto, 1938 → septembre 1953.
Collection M. et Mme Walter A. Haas, 1954 → 1955.
Don de Mme Walter Haas au San Francisco Museum of Art, janvier 1955.

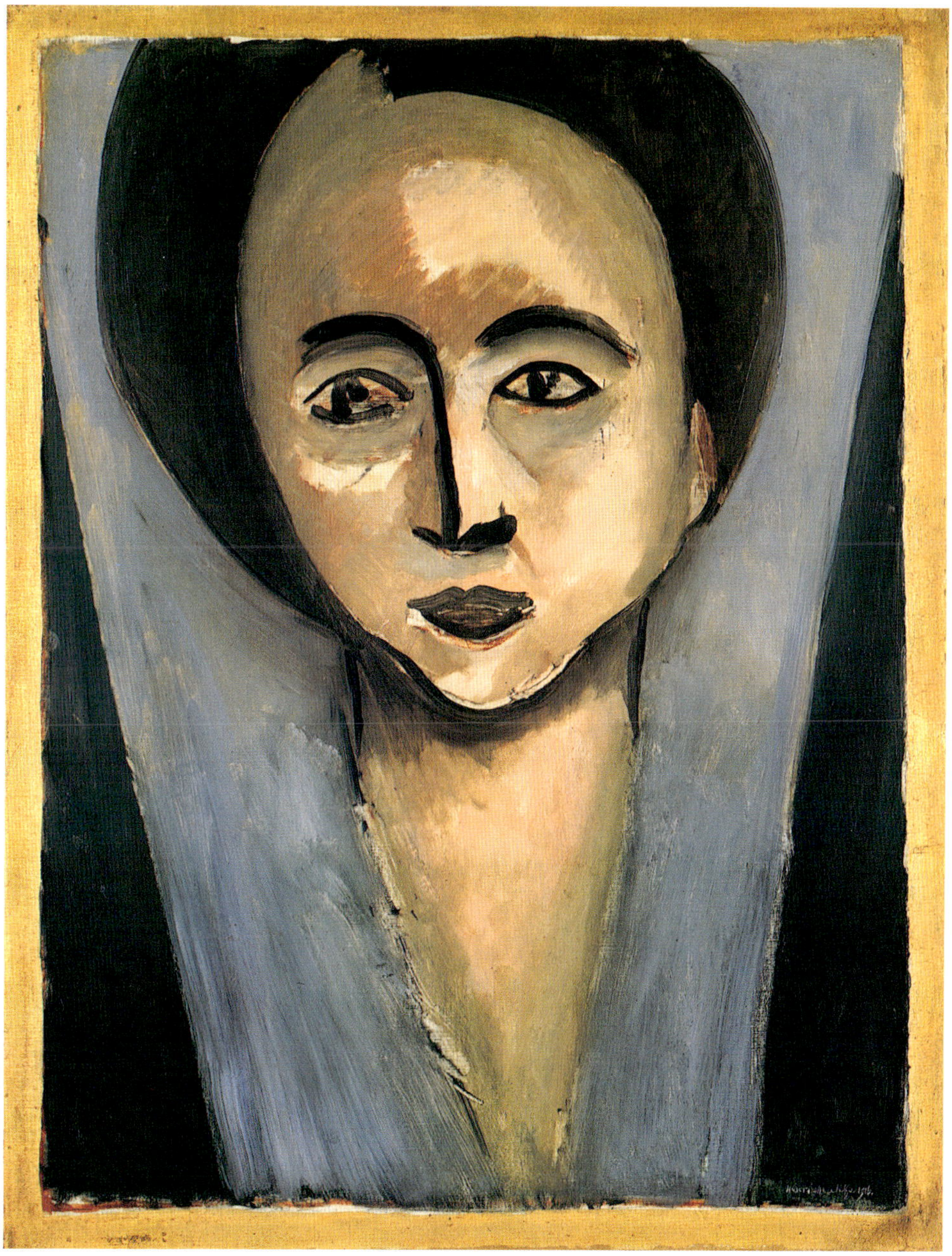

140 Portrait de Greta Prozor
Paris, quai Saint-Michel,
fin 1916

Huile sur toile
146 × 96 cm
Non signé, non daté
Musée national d'art moderne,
Centre Georges Pompidou, Paris

Historique :
Atelier de l'artiste, 1916 → 1954.
Collection Pierre Matisse,
New York.
Don de la Fondation Scaler avec le
concours d'un donateur anonyme
au Musée national d'art moderne,
Paris, 1982.

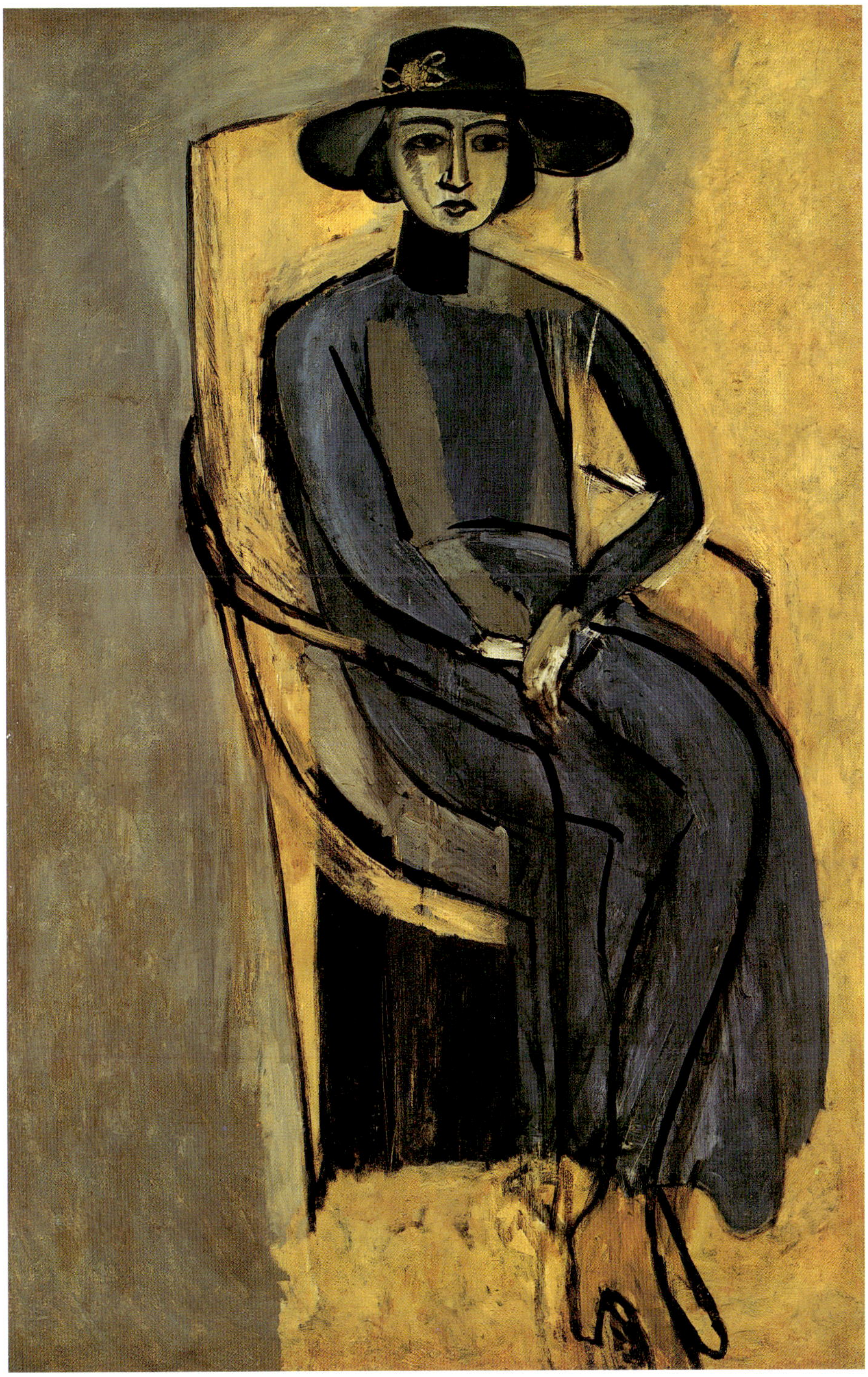

141 Auguste Pellerin I
Paris, 1916

Huile sur toile
92,3 × 78,5 cm
Signé en bas à droite :
Henri-Matisse
Collection particulière

Historique :
Collection Auguste Pellerin, Paris, 1916 → 1929.
Collection particulière.

Ce portrait fut commandé à Matisse par le Conseil d'administration de la société appartenant à Auguste Pellerin, dans l'intention de le lui offrir. Le tableau dont la partie inférieure figure au mur derrière le visage d'Auguste Pellerin dans les deux portraits du grand collectionneur, est une peinture de Renoir intitulée *Portrait de Rapha,* 1871 (Daulte, *Auguste Renoir. Catalogue raisonné de l'œuvre peint,* Lausanne, 1971, t. I, n° 66).

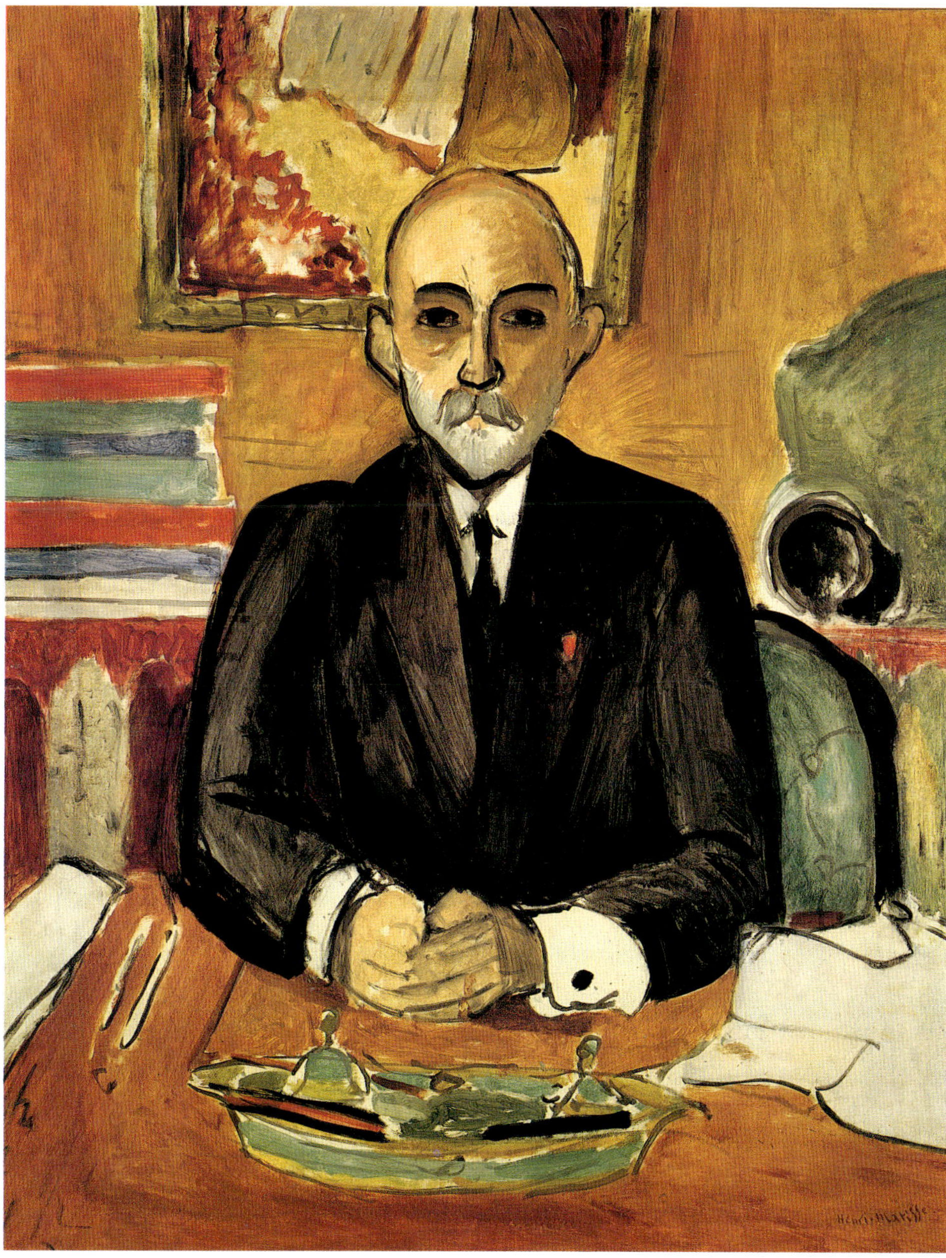

142 **Auguste Pellerin II**
Paris, fin 1916
ou début 1917

Huile sur toile
150,2 × 96,2 cm
Signé et daté en bas à gauche :
Henri-Matisse mai 1917
Musée national d'art moderne,
Centre Georges Pompidou, Paris

Historique :
Collection Auguste Pellerin, Paris,
1917 → 1929.
Collection particulière, Paris.
Acquis par dation, Musée national
d'art moderne, Centre Georges
Pompidou, Paris, 1982.

Voir note de l'historique du n° 141

Bibliographie :
Coquiot 1920, repr. p. 114 (sous le titre *Portrait d'Auguste Pellerin*).
Faure, Romains, Vildrac, Werth 1920, repr. pl. 20 (sous le titre *Portrait de M. A. P.*).

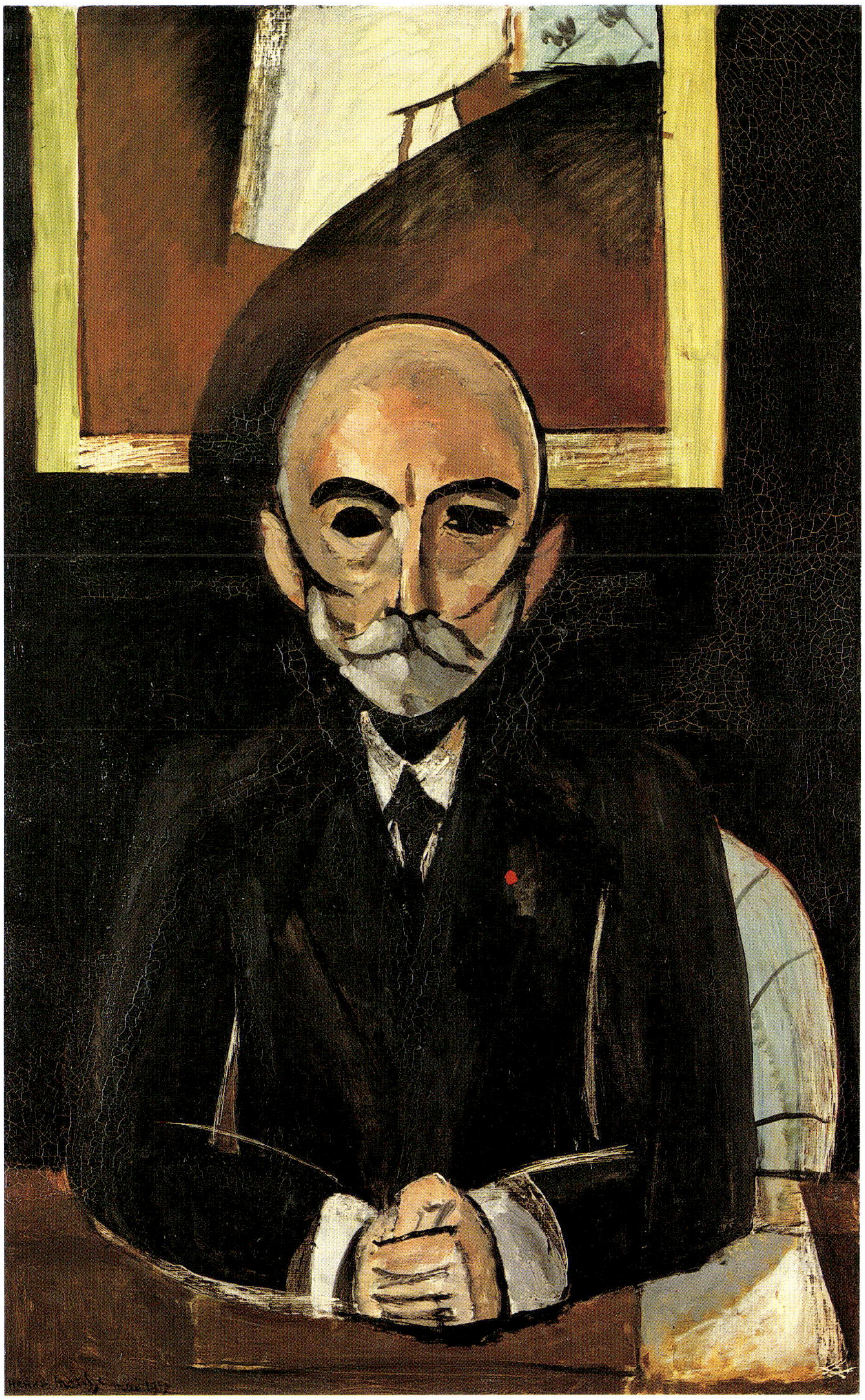

143 Le peintre dans son atelier

(Le peintre et son modèle)
(L'atelier, quai Saint-Michel)
Paris, quai Saint-Michel,
fin 1916 - début 1917

Huile sur toile
146,5 × 97 cm
Non signé, non daté
Musée national d'art moderne,
Centre Georges Pompidou, Paris

Historique :
Atelier de l'artiste.
Achat des Musées nationaux,
1945.

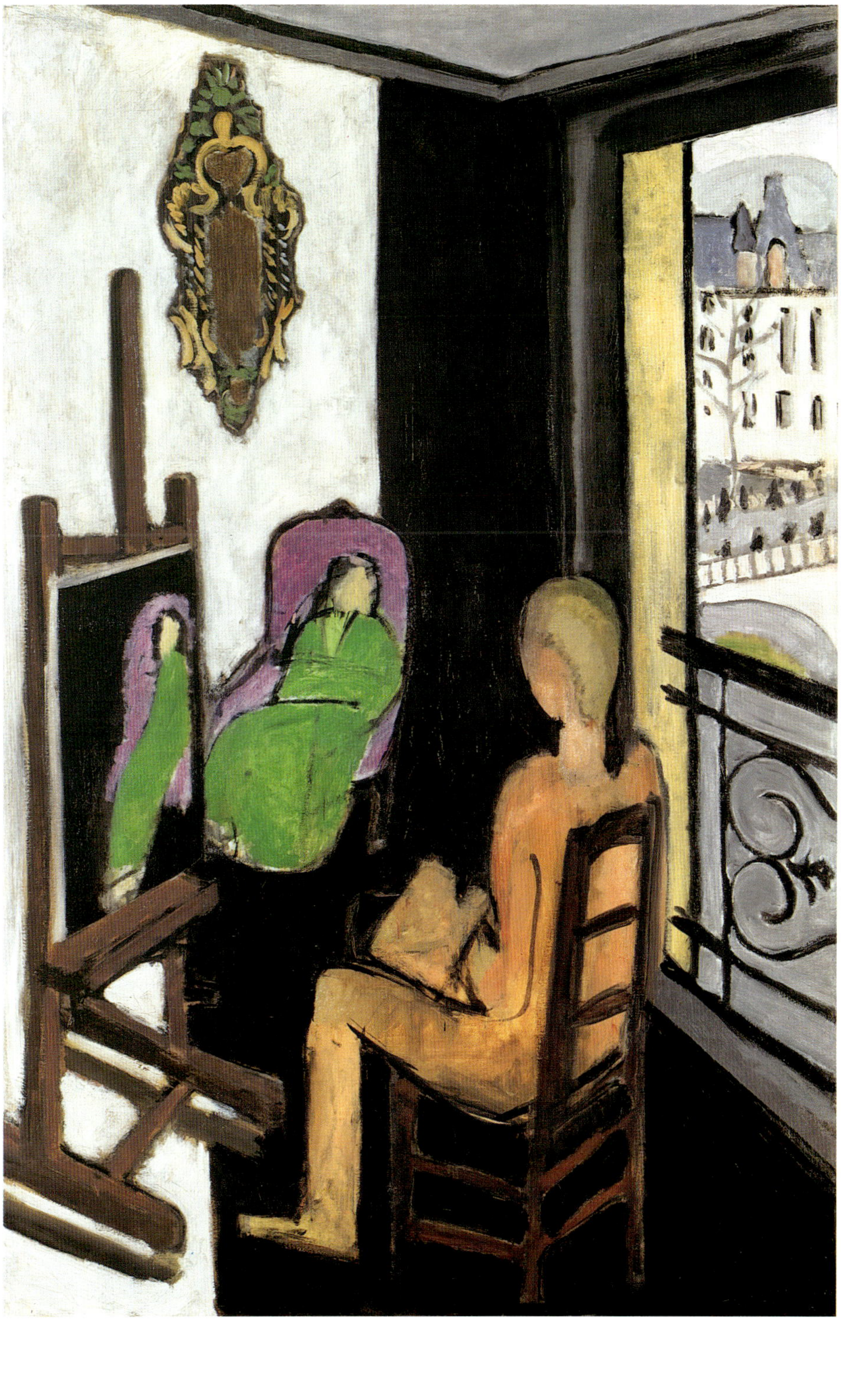

144 Lorette sur fond noir, robe verte
Paris, quai Saint-Michel, fin 1916 - début 1917

Huile sur toile
73 × 55 cm
Signé et daté en bas à droite :
H-Matisse 16
The Jacques and Natasha Gelman Collection

Historique :
Atelier de l'artiste, 1916 → 1954.
Collection Pierre Matisse, New York.
Collection Jacques et Natasha Gelman, 1969.

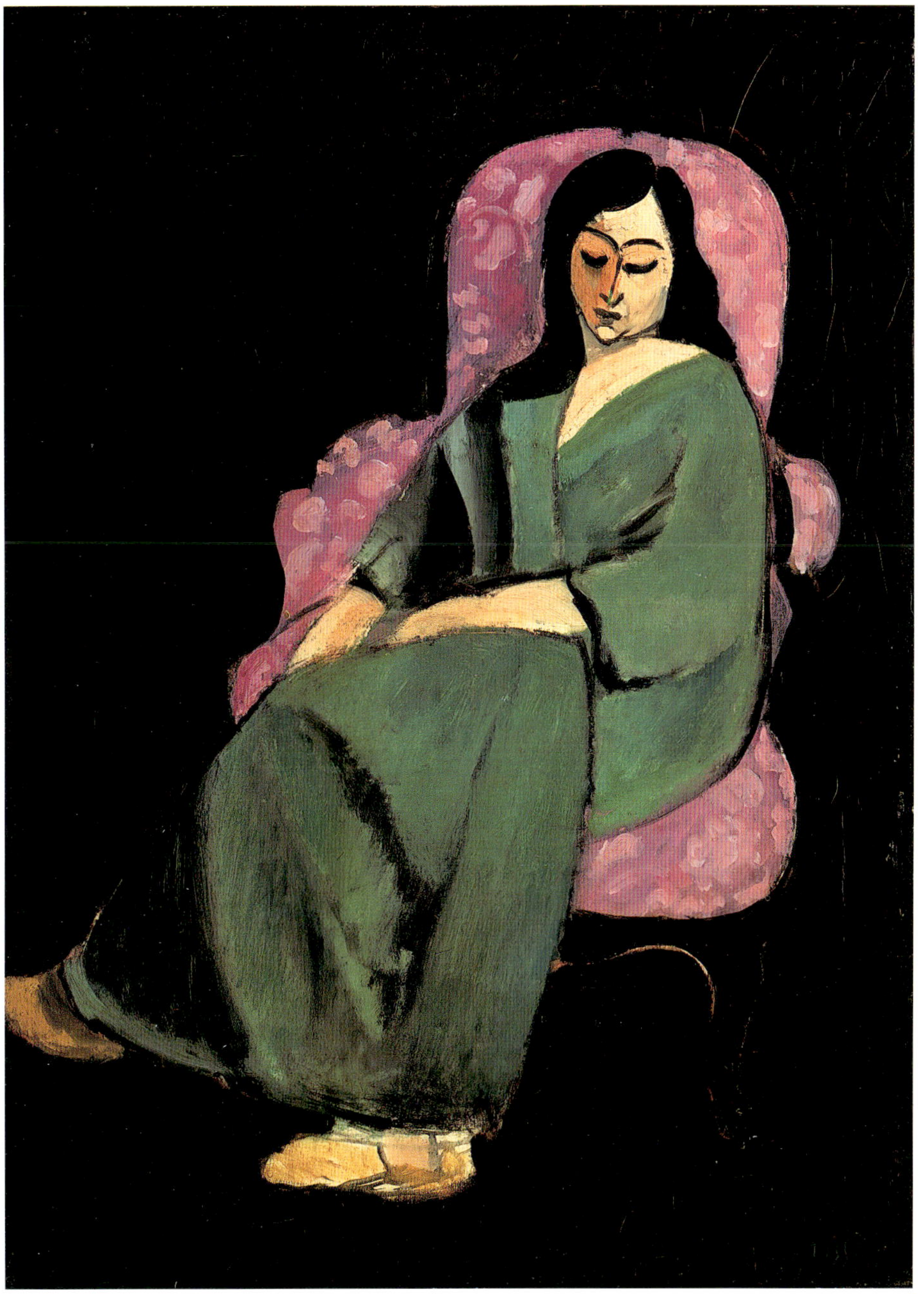

145 L'atelier du quai Saint-Michel
Paris, quai Saint-Michel,
fin 1916 - printemps 1917

Huile sur toile
147,9 × 116,8 cm
Non signé, non daté
The Phillips Collection,
Washington D.C.

Historique :
Walther Halvorsen, juillet 1918 → 1920.
Collection H. C. Coleman (Herbert Kullmann), Manchester, 1920 → 1931.
Collection David Tennant pour le Gargoyle Club, Londres, février 1931 ; au Gargoyle Club jusqu'en 1939.
Collection Kenneth Clark, Londres, 1939 (acquis par l'intermédiaire de Douglas Cooper).
Pierre Matisse Gallery, New York, 1940.
Acheté par Duncan Phillips pour la Phillips Memorial Gallery, Washington, 13 novembre 1940.

Expositions :
1918 Paris, galerie Paul Guillaume, n° 1 (sous le titre *Intérieur d'atelier*).
1919 Londres, Leicester Galleries, n° 15 (sous le titre *Intérieur*).

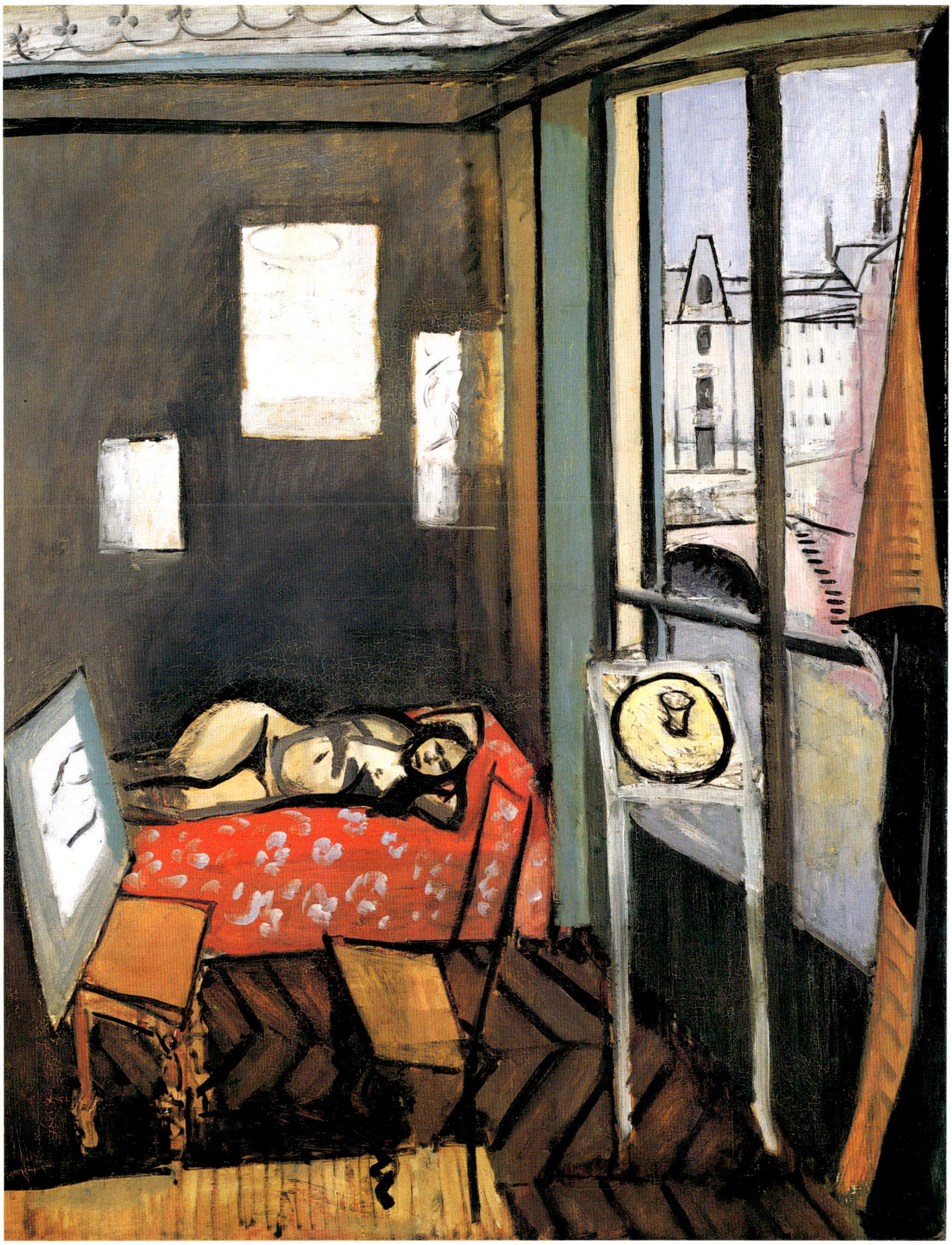

146 Lorette allongée sur fond rouge

(Nu sur fond rouge)
(Nu endormi)
Paris, quai Saint-Michel, fin 1916 - printemps 1917

Huile sur toile
95 × 196 cm
Non signé, non daté
Collection particulière

Historique :
Pierre Matisse Gallery, New York.
Collection particulière, États-Unis.
Acquavella Galleries, New York.
Acheté en 1979 par son propriétaire actuel.

Bibliographie :
Faure, Romains, Vildrac, Werth 1920, repr. pl. 21 (sous le titre *Nu*).

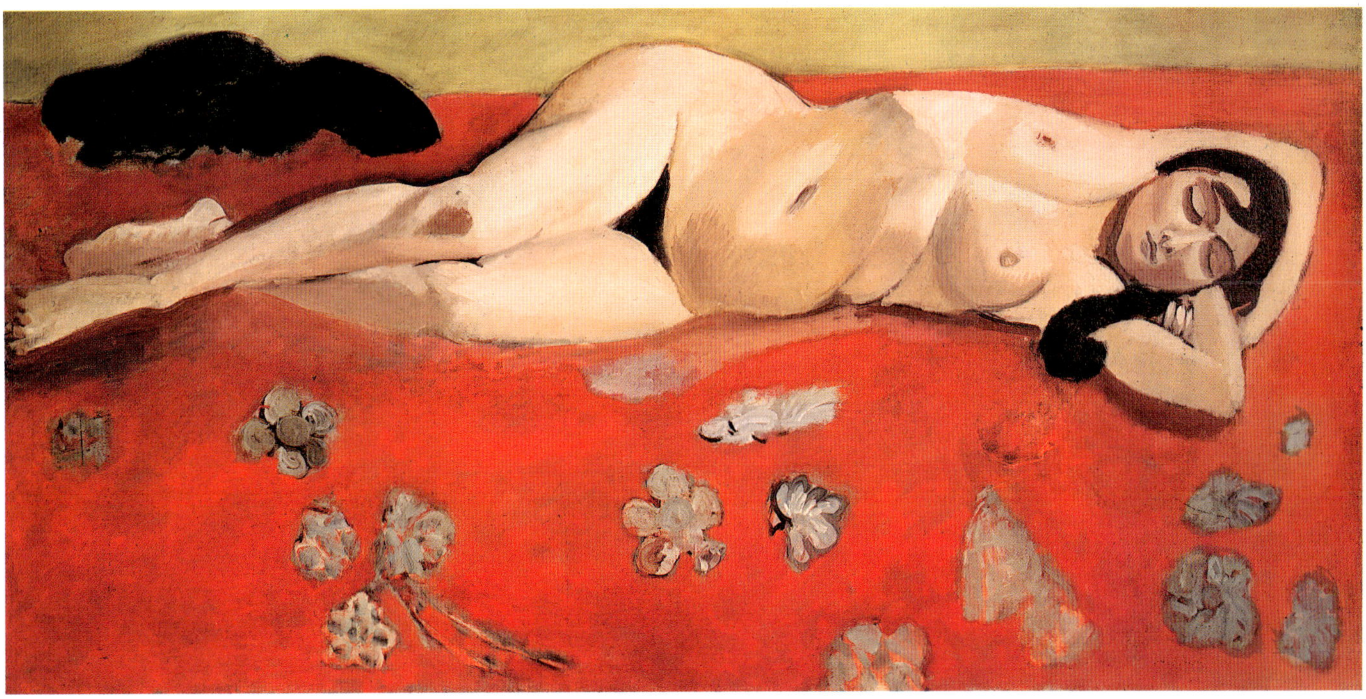

147 Lorette assise, bergère rose

Paris, quai Saint-Michel,
printemps - été 1917

Huile sur toile
100 × 73 cm
Signé en bas à droite :
Henri-Matisse
Collection particulière

Historique :
Galerie Bernheim-Jeune, Paris, 10 décembre 1917 → 1919.
Galerie Bernheim-Jeune et Cie, Lausanne [Paul Vallotton], début 1919.
Galerie Bernheim-Jeune et Cie , Zurich [G. Tanner], juillet 1919.
Collection Arthur et Hedy Hahnloser, Winterthur, fin 1919 → 1952.
Collection particulière.

Expositions :
1919-1 Paris, galerie Bernheim-Jeune, n° 8 (*La femme en vert au fauteuil rose*).
1919 Zurich, galerie Bernheim-Jeune et Cie, n° 31 (sous le titre *Femme en vert au fauteuil rouge*).

Bibliographie :
Sembat 1920, repr. p. 29 (sous le titre *La fille du peintre*).

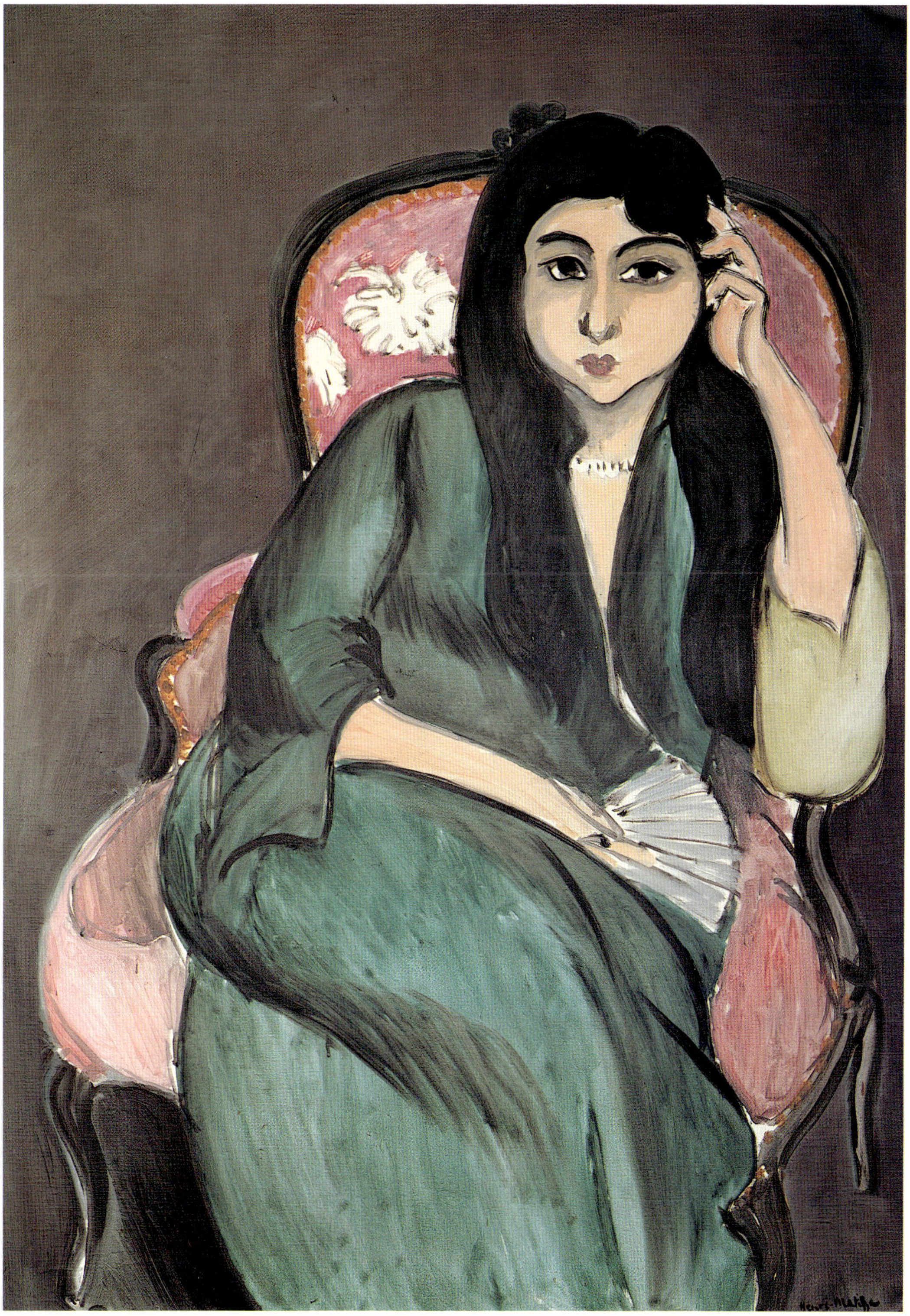

148 **Arbre près de l'étang de Trivaux**

(Le grand chêne)

Issy-les-Moulineaux,
printemps - été 1917

Huile sur toile
93 × 74 cm
Signé en bas à droite :
Henri-Matisse. Au dos : *L'étang de Trivaux*
Tate Gallery, Londres. Bequest of C. Frank Stoop

Historique :
Paul Guillaume, Paris, 1917 → 1918.
Galerie Vildrac, Paris, 1918 → 1919.
Leicester Galleries, Londres, 1919 → 1926.
Collection C. Frank Stoop, Londres, 1926 → 1933.
Légué par C. Frank Stoop à la Tate Gallery, 1933.

Exposition :
1919 Londres, Leicester Galleries, n° 37 (sous le titre *L'étang de Trivaux*).

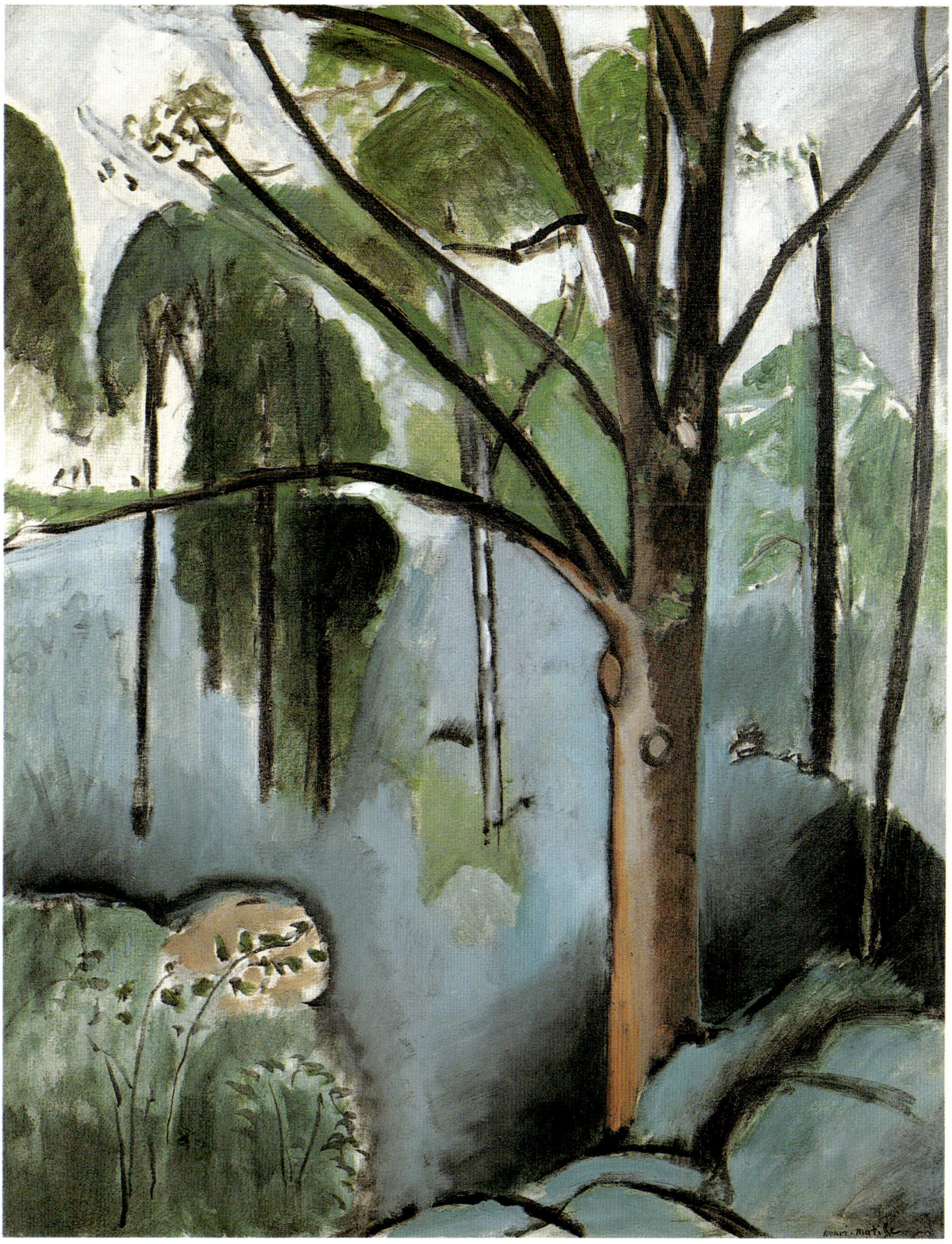

149 Le coup de soleil dans l'allée de Trivaux
Issy-les-Moulineaux,
été 1917

Huile sur toile
92 × 73 cm
Signé en bas au milieu : *H. Matisse*
Collection particulière

Historique :
Atelier de l'artiste, 1917 → 1954.
Collection particulière.

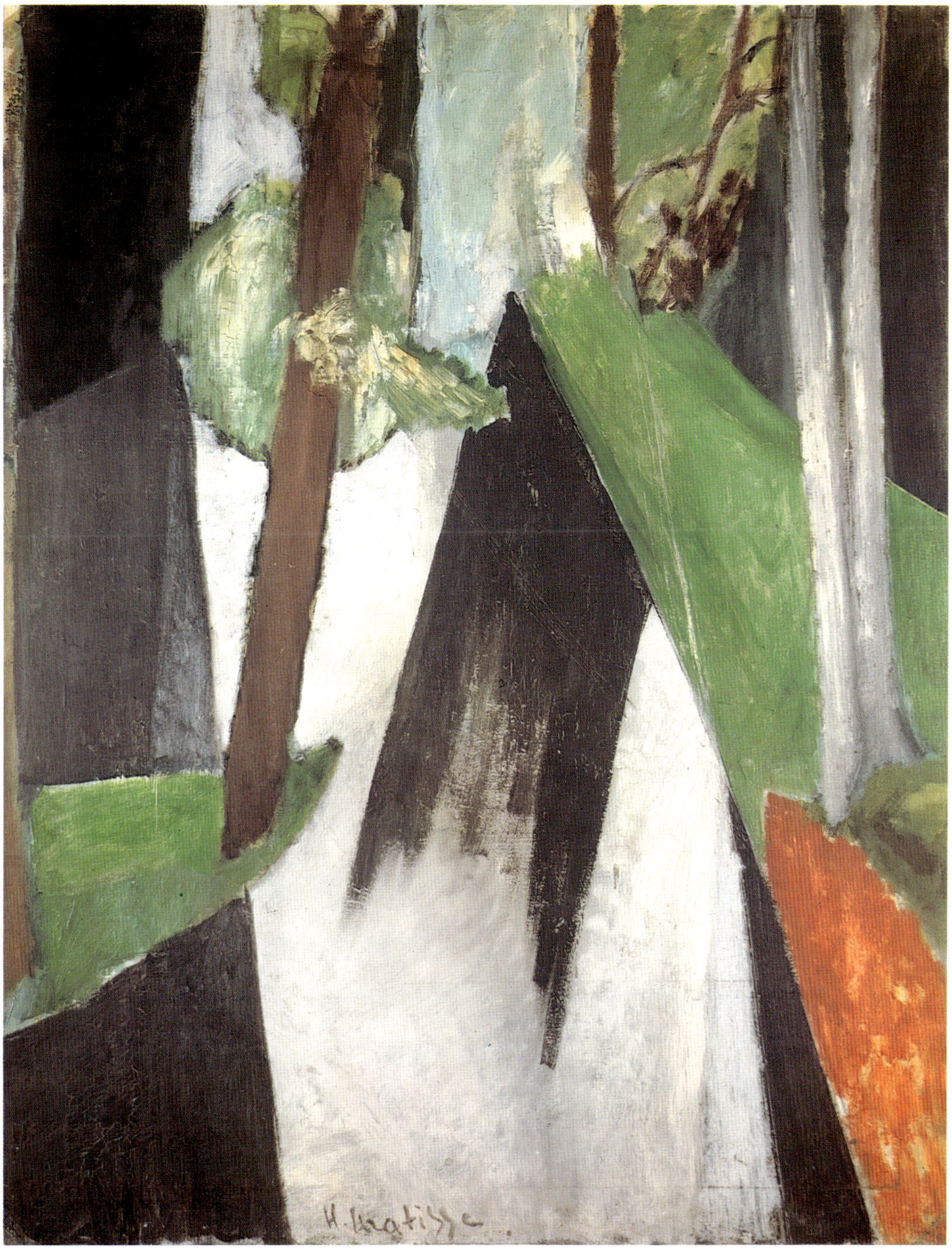
H. Matisse

150 Autoportrait
Nice, Hôtel Beau-Rivage,
janvier 1918

Huile sur toile
65 × 54 cm
Signé en bas à droite :
Henri-Matisse
Musée Matisse, Le Cateau-Cambrésis

Historique :
Atelier de l'artiste, 1918 → 1954.
Collection Jean Matisse, Pontoise.
Collection particulière.
Don au Musée Matisse, Le Cateau-Cambrésis, 1978.

Bibliographie :
Faure, Romains, Vildrac, Werth 1920, repr. pl. 27 (sous le titre *Portrait du peintre*).

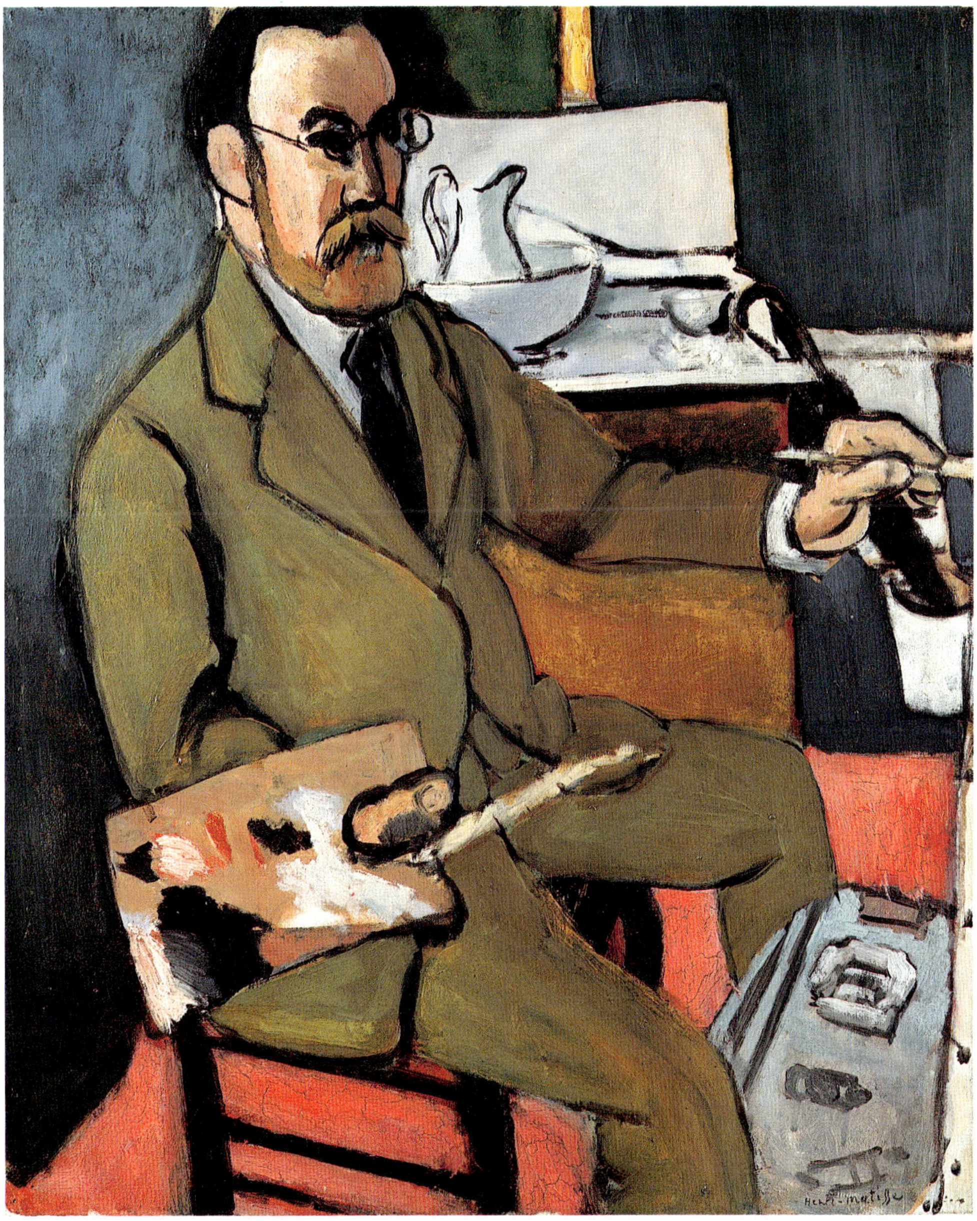

151 **Le thé**

(Le thé dans le jardin)
(Le thé au jardin)
Issy-les-Moulineaux,
été 1919

Huile sur toile
140 × 213,8 cm
Signé en bas à gauche :
Henri-Matisse
Los Angeles County Museum of Art. Bequest of David L. Loew in memory of his father Marcus Loew

Historique :
Collection Josse et Gaston Bernheim, Paris, 12 décembre 1919.
Galerie Bernheim-Jeune, Paris, 18 mai → 30 juillet 1920.
Collection Paul Ebstein, Paris, 30 juillet 1920 → 1925.
Collection Michaël et Sarah Stein, Paris puis Palo Alto (Ca), août 1925 → 1938.
Collection Sarah Stein, Palo Alto, 1938 → 1951.
Earl Stendahl Gallery, Los Angeles, 1951 → 1954.
Collection David L. Loew, Beverly Hills, novembre 1954 → 1973.
Légué par David L. Loew au Los Angeles County Museum of Art, 1973.

Expositions :
1919-2 Paris, Salon d'Automne, n° 895 (sous le titre *Jardin [Le thé]*), où il faut noter qu'il est donné comme appartenant à «Mme P. E.».
1920 Paris, galerie Bernheim-Jeune, n° 18.
1920 Venise, Biennale, pavillon français, n° 48.

Bibliographie :
Comœdia illustré 1919, 5 décembre.

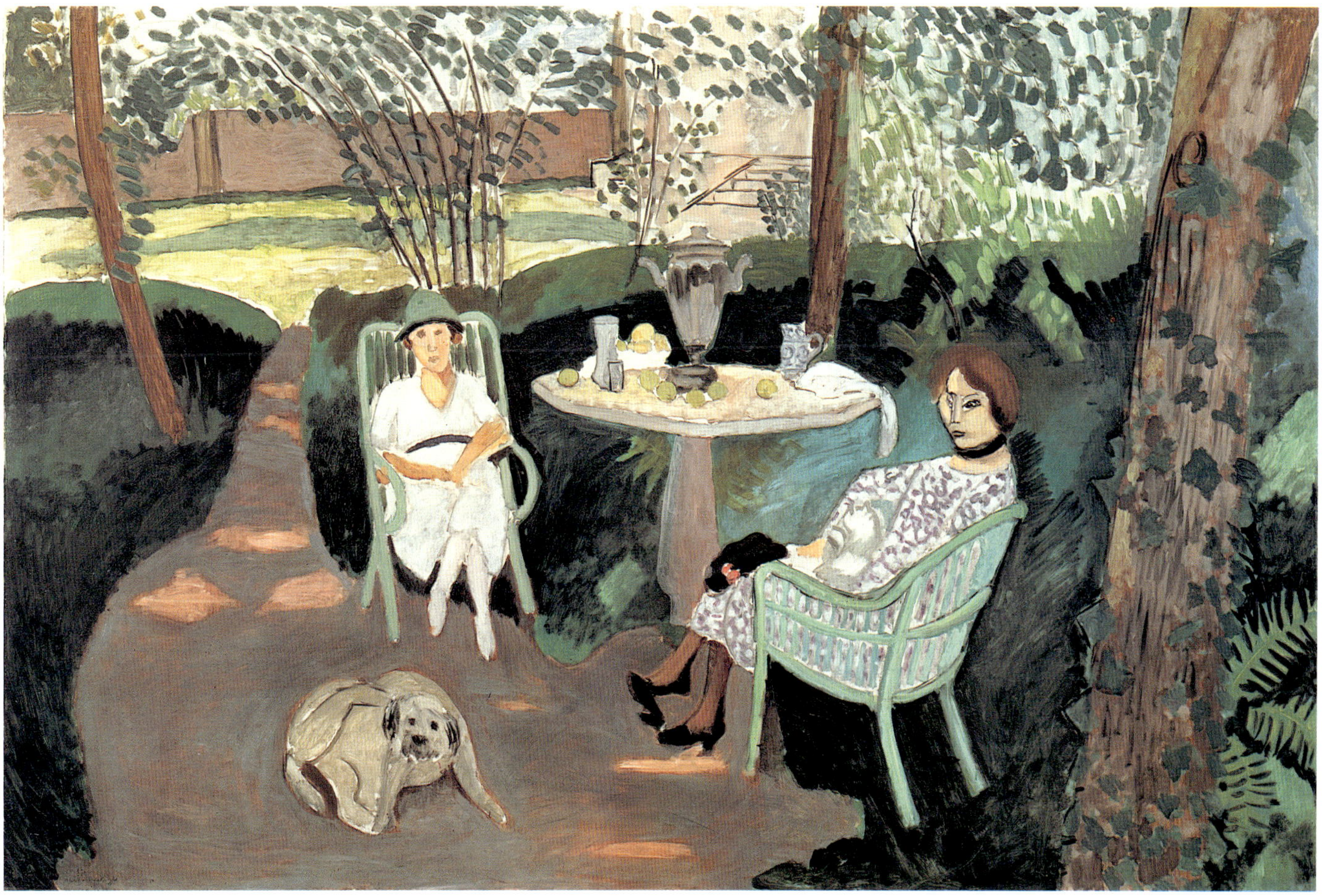

Anthologie

Dominique Fourcade
Eric de Chassey

2 Le goûter, été 1904

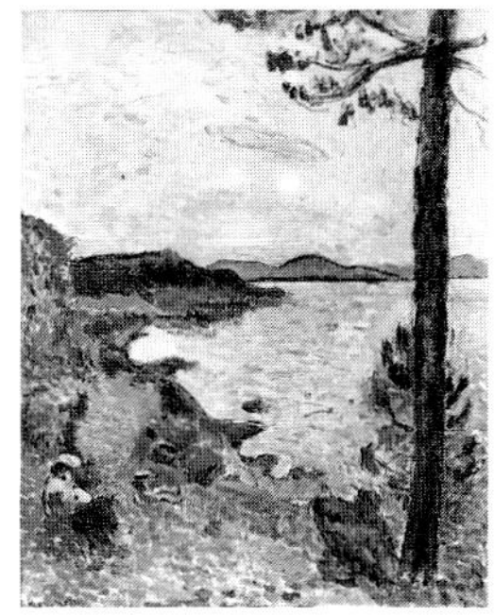

Matisse à Henri Manguin, de Saint-Tropez, début septembre 1904

En somme depuis que je suis ici, je n'ai qu'une toile de 15 faite au coucher du soleil qui me satisfasse un peu et encore je ne me figure pas que c'est moi qui l'ai faite puisque je l'ai menée en une dizaine de séances. Il me semble que c'est par hasard que j'ai eu le résultat, je crois que la peinture me rendra fou aussi je vais tâcher d'en sortir le plus possible.

Archives J.-P. Manguin

On lira également Herbert 1990, pp. 154-162, 167

5 Étude pour «Luxe, calme et volupté», été 1904

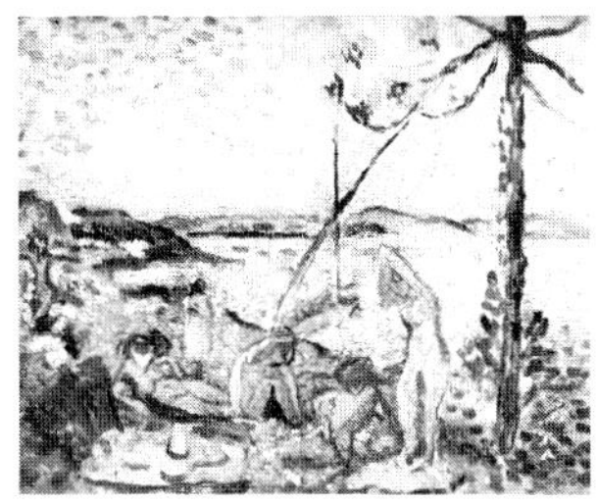

Paul Signac 1935

Matisse, devant le motif, trace le contour de ses pieds sur le sol, comme le fait le modèle à l'atelier, pour retrouver sa place exactement. Il a en mains un fil à plomb, pour étudier le moindre changement de rythme des verticales. Il regarde longuement l'eucalyptus fleuri et verdoyant, aux branches multiples, qu'il a devant lui. Puis il cherche patiemment sur sa palette la couleur qui remplira les contours arrêtés d'après les formes découvertes. Et de cet arbre chevelu, supprimant branches et feuillage, il fait un cylindre nu, ne ressemblant en rien à ce que la nature lui offrait. Mais lorsqu'on revoit l'œuvre plus tard, loin de la précise réalité, elle manifeste une grandeur insoupçonnée.

«Le sujet en peinture et la signification du tableau». Repris dans *D'Eugène Delacroix au néo-impressionnisme*, édition établie par Françoise Cachin, Paris, Hermann, 1978, p. 187

On lira également Barr 1951, p. 60; Diehl 1954, p. 28; Elderfield 1978, pp. 37-39

6 Luxe, calme et volupté, automne-hiver 1904

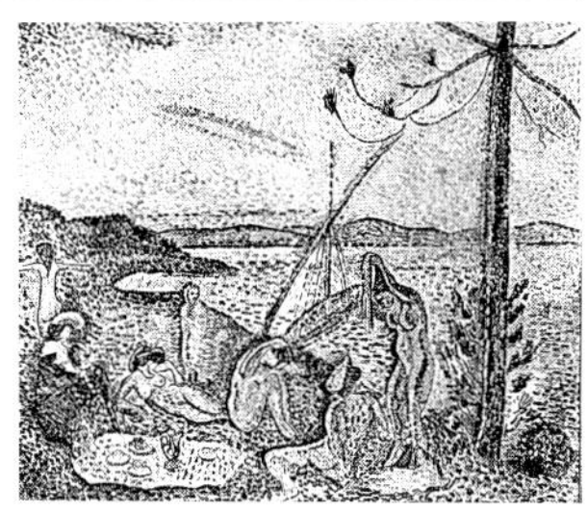

Louis Vauxcelles 1905

Ce jeune peintre – encore un dissident de l'atelier Moreau qui est monté librement jusqu'aux cimes de Cézanne – prend qu'il le veuille ou non posture de chef d'école. M. Matisse expose d'abord des natures mortes; fruits et cristalleries qui valent sa *Desserte* au Salon d'Automne; un petit paysage méridional de la construction la plus synthétique; la terrasse de Paul Signac à Saint-Tropez (une des plus belles toiles des Indépendants); puis il se dédouble et se révèle brusquement néo-impressionniste en sa grande toile intitulée *Ordre, luxe et volupté.* Non! Je ne vois pas les ombres heureuses du ballet d'Orphée déambuler en ce paysage d'une luminosité chaotique où tout danse sans que nuages, figures, sol ou collines soient à leur place et à leur plan. Pourquoi cette incursion chez les théoriciens du «point»? Vous avez trop de magnifiques dons où se dosent et s'équilibrent la sensation intuitive et la volonté pour vous égarer en des recherches sincères, je le sais, mais hostiles à votre vraie nature.

«Le Salon des Indépendants», *Gil Blas*, 23 mars 1905

Maxime Girieud 1905

Je ne sais si Henri Matisse a pensé à donner une leçon aux néo-impressionnistes en leur montrant qu'un vrai coloriste pouvait faire tout de suite aussi bien qu'eux. En tout cas, il y a réussi. Et c'est ainsi que la plupart prendront la chose. Dans sa paraphrase du vers de Baudelaire *«luxe, calme et volupté»*, je vois bien qu'il a voulu rendre une impression d'exotisme luxuriant et de richesse nonchalante, mais je ne saisis pas la nécessité d'accomoder pour cela des nus de Cézanne au procédé exagéré du contraste et de la division impitoyable des tons. A quoi bon aller s'embarrasser de formules scientifiques quand on est naturellement un délicieux coloriste? Certes on s'étonne de ne pas voir enfin

Henri Matisse, avec tant de savoir, réussir à imprimer une marque définitive aux choses qu'il touche.

«Au Salon des Indépendants», *Le Soir*, 11 avril 1905

Charles Morice 1905

Le groupe des pointillistes et confettistes ne se réduit pas ; bien au contraire il lui vient de nouvelles adhésions, certaines qui comptent, celle par exemple de M. Henri Matisse, d'autres qui ne valent pas l'honneur d'être nommées et devraient inquiéter les chefs de la grandissante école. [...] En somme, M. Matisse a été mal inspiré d'apporter au groupe – qui déjà en abondait – son talent. Avait-il voulu prouver qu'on pouvait tout de suite et sans autre initiation, pour peu qu'on le voulût, passer maître en ce genre ? Les autres tableaux du même artiste font regretter le temps qu'il a gaspillé dans cette pochade aux confettis.

«Le XXIe Salon des Indépendants», *Mercure de France*, 15 avril 1905, pp. 542-543

Maurice Denis 1905

Matisse, au contraire, parce qu'il voulut composer, eut l'heur d'intriguer le public blasé de 1905, que Rousseau ne fait plus rire. Il ne sera pas découragé par cette première expérience ; mais elle l'avertira des dangers de l'abstraction. *Luxe, calme et volupté* est le schéma d'une théorie. C'est dans la réalité qu'il développera le mieux ses dons, très rares, de peintre. Il retrouvera, dans la tradition française, le sentiment du possible.

«La réaction nationaliste», *L'Ermitage*, 15 mai 1905. Repris dans Denis 1920, pp. 196-197

Paul Signac à Matisse, 18 juin 1905

Je pense souvent à votre tableau et je l'aime de plus en plus. On reproche à notre touche de n'être pas «expressive» mais n'exprime-t-elle pas ce que nous voulons, pureté, contraste, dégradé, aussi bien que la touche de Delacroix et de Monet exprime ce qu'ils recherchent : mouvement.

Archives Matisse, Paris

Matisse à Paul Signac, 14 juillet 1905 (de Collioure)

Avez-vous trouvé, dans mon tableau des *Baigneuses*, un accord parfait entre le caractère du dessin et le caractère de la peinture ? Selon moi ils me paraissent totalement différents l'un et l'autre et même absolument contradictoires. L'un, le dessin, dépend de la plastique linéaire ou sculpturale et l'autre, la peinture, dépend de la plastique colorée. Résultat : la peinture, surtout divisée, détruit le dessin qui tire toute son éloquence du contour. [...] Souvenez-vous du carton du tableau et de la toile, et vous constaterez, si vous ne l'avez déjà fait, leur discordance de plastique. Pour colorer le carton, il suffisait de remplir ses compartiments par des teintes plates, à la Puvis par exemple. [...] Vous devez travailler comme un cheval, vous, car vous avez trouvé l'équilibre parfait, ou tout au moins suffisant, entre votre dessin et votre couleur. Moi, ici, il me semble que je ne fais pas grand-chose, car mon travail se compose de croquis et d'aquarelles qui pourront me servir à Paris. [...] Vous seriez tout à fait gentil en me copiant dans *L'Occident* les deux paragraphes de Cézanne dans lesquels il est parlé des deux plastiques.

Cité d'après Monod-Fontaine 1989, pp. 28-29

Paul Signac à Matisse, non daté (fin août ou début septembre 1905)

Deux mots en hâte, car voici «l'automne» n'est-ce pas. Je pense que votre tableau des Indépendants ferait bien sur un des panneaux de notre salle à manger, que je viens de faire agrandir. Donc voulez-vous, ou pouvez-vous, soit

1°) me le vendre..., à quel prix ?
2°) me le changer contre de la mienne peinture.
3°) me le céder contre un peu d'or et de la mienne peinture (n'est-ce pas là la meilleure combinaison ?).

Archives Matisse, Paris

Paul Signac à Matisse, fin août ou début septembre 1905

Entendu, joyeusement, et voici le fafiot de 500 F : quant à la peinture vous choisirez au gré de vos désirs, aquarelles ou huile.

Dès le reçu de cette lettre, déclouez votre toile, roulez-la – protégez le rouleau avec les trois petits côtés du châssis démonté et une quatrième petite planchette – amarrez le tout – mettez un papier goudronné autour – ficelez – *cachetez* et envoyez-moi le tout en colis postal 10 kilos *recommandé* valeur 500 F en gare de Tropez. Faites un autre postal 3 kilos des deux grands montants du châssis. S'il fallait faire une caisse cela dépasserait 10 kilos – et la caisse et le prix grande vitesse coûteraient au moins 50 francs !

J'adresse toujours ainsi mes toiles, sans danger. [...] Je vous prie de faire cela tout de suite ; car je suis en train d'installer la salle à manger où je vais accrocher votre œuvre. Sitôt qu'elle sera en place je vous dirai l'effet produit...

Archives Matisse, Paris

Matisse à Paul Signac, 14 septembre 1905

Laissez moi vous dire combien je suis flatté que mon travail ait pu vous plaire au point que vous désiriez en avoir une aussi grande surface sous vos yeux et combien je suis heureux que vous ayez choisi cette toile.

Archives Signac

Paul Signac à Matisse, non daté (avant le 20 septembre 1905)

La toile est arrivée en bon état : seules quelques longues craquelures dans le blanc de zinc par suite du roulement. Mais la voici maintenant tranquille pour longtemps.

Elle fait très bien dans l'atelier. Mardi je la présenterai dans la salle à manger avec celles de Cross et de Valtat. Et je vous dirai l'effet produit.

Avez-vous quelque idée pour l'encadrement, je voudrais qu'elle paraisse encastrée dans le mur, pas penchée, une simple moulure la reliant au plan du fond.

Archives Matisse, Paris

Matisse à Simon Bussy, 19 septembre 1905 (du 19 quai Saint-Michel)

A part ça tout va bien – surtout ces jours-ci car je viens de vendre un tableau assez important qui était exposé au Salon des Indépendants et que j'avais baptisé *«... Luxe, calme et volupté»*. Baudelaire, l'invitation au voyage je crois, à moins que ça ne soit la pièce qui précède ou celle qui suit. C'était aussi du petit point ; ce qui fait que c'est Signac qui l'a acheté ; ça se comprend.

Bibliothèque du Musée du Louvre, Paris

Matisse à Paul Signac, 28 septembre 1905

Je suis très content que mon tableau continue à vous plaire, et je voudrais le savoir en place pour être certain qu'il ne se démentira point. Il est vrai que j'aurai un voisinage sympathique, mais solide, et la bonne tenue de mon tableau dans ce milieu sera pour moi une grand satisfaction.

Je prévoyais que mon tableau serait encastré (ou le paraîtrait) dans le mur et bordé d'une moulure. C'est la meilleure façon de le présenter, et je vois votre pièce, ainsi décorée, d'un très bel effet, à moins que mon tableau ne la dépare. La couleur de la moulure, dont le modèle que vous m'indiquiez paraît réussi, je la vois blanche, ou blanc gris très pâle. Quant à la dimension du cadre de Cross et de Valtat, croyez-vous qu'il ne serait pas prudent d'essayer avec des bandes de papier blanc l'effet des deux combinaisons que vous me présentez ? Je ne vois pas très bien d'avance ce que ça peut donner.

Archives Signac. Cité dans Schneider 1984

Paul Signac à Matisse, non daté (après le 28 septembre 1905)

C'est en place et cela fait fort bien. Vous créez sur le panneau placé à contre-jour entre les deux fenêtres des lumineuses et rutilantes harmonies. Et quels déjeuners, et quels dîners maintenant entre toutes ces peintures. Le cadre en est très beau, bois de platane, veiné à merveille, et d'une belle tenue avec le fond vert sombre, qui fait encore valoir la somptuosité de vos rouges. Quand viendrez-vous voir cela ?

Archives Matisse, Paris

Henri-Edmond Cross à Charles Angrand, 24 novembre 1905

Dites-moi donc à l'occasion ce que vous pensez des tableaux de Matisse au S. d'Automne. Son tableau des Indépendants m'avait beaucoup plu et je l'aimais davantage encore lorsque je le revis récemment chez Signac où il est accroché. Naïvement s'y étale une préoccupation d'harmonies de lignes et de teintes obtenues (avec plus ou moins de bonheur) par le mélange optique ; et cette toile musicale, pour ainsi dire, se peut regarder longuement. Ses lettres montrent une inquiétude constante et vive. Il me dit que ses toiles provoquent le rire du public. Comme il est intelligent et très peintre, je serais heureux d'en savoir davantage sur ses dernières productions, et je m'en rapporte si volontiers à votre jugement, cher ami !

Archives Angrand. Cité dans Bock 1981, p. 82

Marcel Sembat 1920

Il y eut une période dans la vie de Matisse où il se chauffait au même soleil que Signac. A proprement dire il ne fut jamais le véritable impressionniste. On ne pouvait déjà plus, en ces années-là, à cause de Cézanne. Mais je sais l'endroit où, à Saint-Tropez, il travaillait près des pins de Signac ! Et dans la délicieuse et accueillante demeure de la Hune, est accroché dans la salle à manger de Signac, le beau tableau *Luxe, calme et volupté,* que nous avons fêté au Salon des Indépendants. Cette toile éblouissante marque l'époque où Matisse, sérieux et concentré, se cherchait par les voies ensoleillées de l'école pointilliste.

Sembat 1920, p. 6

Matisse à Tériade 1929

J'ai présenté mon premier tableau fait selon ces principes à Signac et à Cross. Ce dernier, constatant que j'arrivais à avoir des contrastes aussi forts que les dominantes, me confia : «C'est bien, mais vous ne resterez pas là-dedans». En effet.

Le Néo-impressionnisme, ou plutôt cette partie qu'on appela le Divisionnisme, fut la première mise en ordre des moyens de l'Impressionnisme, mais une mise en ordre purement physique. [...] Le morcellement de la couleur y amena le morcellement de la forme, du contour. Résultat : une surface sautillante. Il n'y a qu'une sensation rétinienne mais qui détruit la tranquillité de la surface et du contour. Les objets ne se différencient que par la luminosité qu'on leur donne. [...] Je ne suis pas resté dans cette voie et je peignis par aplats en cherchant la qualité du tableau par un accord de toutes les couleurs plates. J'ai essayé de remplacer le «vibrato» par un accord plus expressif, plus direct, un accord dont la simplicité et la sincérité m'auraient procuré des surfaces plus tranquilles.

Le Fauvisme secoua la tyrannie du Divisionnisme. On ne peut pas vivre dans un ménage trop bien fait, un ménage de tantes de province. Alors, on part dans la brousse...

Tériade, «Visite à Matisse», *L'Intransigeant,* 14 et 22 janvier 1929. Repris dans E.P.A pp. 93-94

Raoul Dufy 1930

Devant ce tableau j'ai compris toutes les nouvelles raisons de peindre et le réalisme impressionniste perdit pour moi son charme à la contemplation du miracle de l'imagination introduite dans le dessin et la couleur, j'ai compris tout de suite la nouvelle mécanique picturale.

Cité par Berr de Turique, *Dufy,* Paris, 1930, p. 81

Georges Duthuit, 1956

Trois années ont passé depuis les *Nus bleus.* Matisse se cherche à travers le pointillisme, et cette fois délibérément, une expression de la lumière. Comme toujours, avec ce procédé, qu'il n'applique pas d'ailleurs avec le soin et la méthode qu'y eut mis Seurat, malgré la chaleur corrosive, presque souterraine, émanée de la toile, cette composition se ternit. On y verra donc une tentative avortée pour adapter les rayons du spectre solaire à nos activités terrestres : les baigneuses elles-mêmes nous semblent picotées par la nuée des étincelles versicolores, le titre du tableau en devient dérisoire. Même s'il nous semble qu'il y ait là moins de luminosité authentique que dans le *Nu bleu,* il nous semble que c'est à ce tournant que le peintre nous révèle avec quelle ardeur il poursuit sa quête de la lumière. On songe à Van Gogh espérant atteindre au grand jour par la contemplation du soleil.

Note inédite. Publiée avec l'aimable autorisation de Claude Duthuit

Louis Aragon, «Apologie du Luxe», 1946, repris dans Aragon 1971, tome 1, p. 282 ; Barr 1951, p. 60 ; Jedlicka 1961, pp. 18-20 ; Guichard-Meili 1967, pp. 45-46 ; Jacobus 1972, p. 106 ; Gowing 1979, p. 49 ; Bock 1981, p. 71 ; Schneider 1984, pp. 197-198, 251-252 ; Flam 1986, pp. 116-120 ; Monod-Fontaine 1989, pp. 26-29 ; Bois 1990, pp. 14-17 ; Whitfield 1991, pp. 49-52 ; Herbert 1992, pp. 115-120, 132-133 ; Elderfield 1992, pp. 33-37

8 Notre-Dame, automne 1904-printemps 1905

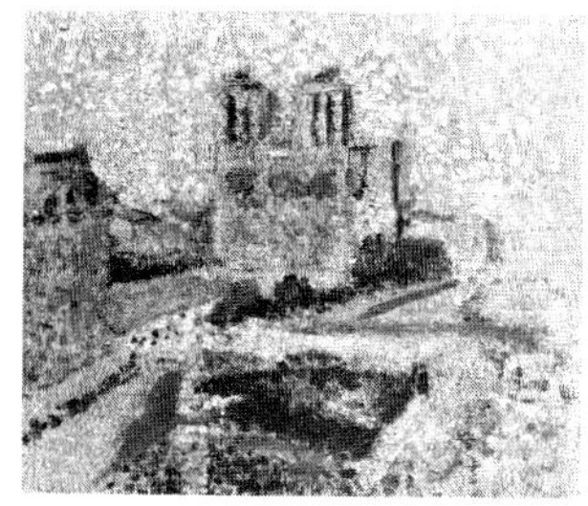

Christian Zervos, 1931

Matisse se mit à peindre quelques tableaux pointillistes [dont *Notre-Dame*]. Mais ces tableaux sont incontestablement différents de ceux de Cross et de Signac. Ceux-ci ont réalisé des toiles lumineuses à l'aide de couleurs complémentaires, mais leurs tons restent neutres malgré leur apparence éclatante ; les points colorés de Matisse sont au contraire haut de tons et en même temps ils ont une extraordinaire richesse d'émaux. [...] Ainsi Matisse réalisait beaucoup mieux que les néo-impressionnistes eux-mêmes la peinture-mosaïque, au moins telle qu'elle nous apparaît dans certains chefs d'œuvres byzantins.

Zervos 1931, p. 16

Georges Duthuit 1949

On trouvera que la *Notre-Dame,* quoique d'une architecture beaucoup plus étoffée, se tire assez péniblement de son bain d'acide sulfurique. Perception pure, dans le sens inférieur du mot, alors que la mémoire se relâche presque totalement, aussi proche que possible de la matière non informée ? Le peintre, sous prétexte de visiter l'obscurité des profondeurs, va-t-il prendre part à des quadrilles de neutrons et d'électrons. [...]

Duthuit 1949, p. 180

9 Tulipes perroquets II, printemps 1905

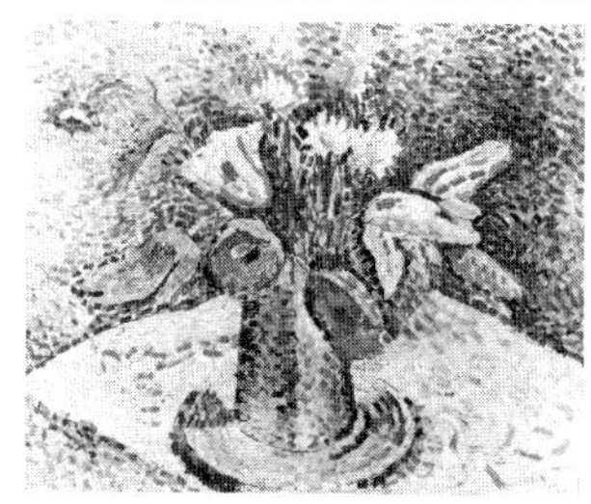

Louis Vauxcelles 1905

Je n'avais pas cru, je l'avoue, que Monsieur Matisse, de qui j'ai cru devoir critiquer avec une amicale vivacité la récente incursion chez les néo-impressionnistes, pût, grâce à l'exclusif procédé du point, obtenir d'aussi beaux effets de lumière, de volume, et de vibration. Ses tulipes d'or et de pourpre sont éclatantes.

Gil Blas, 14 juin 1905

Louis Vauxcelles à Matisse, 27 juin 1905

Je vous envoie par ce même courrier le numéro de *Gil Blas* où j'ai dit quelques mots de votre bouquet de fleurs. Je suis tout heureux de faire publiquement mon mea culpa. C'est d'une luminosité, d'une vibration éblouissante. Mais obtiendrez-vous les mêmes effets avec des figures ? Je l'espère.

Archives Matisse, Paris

11 Vue de Collioure, l'église, été 1905

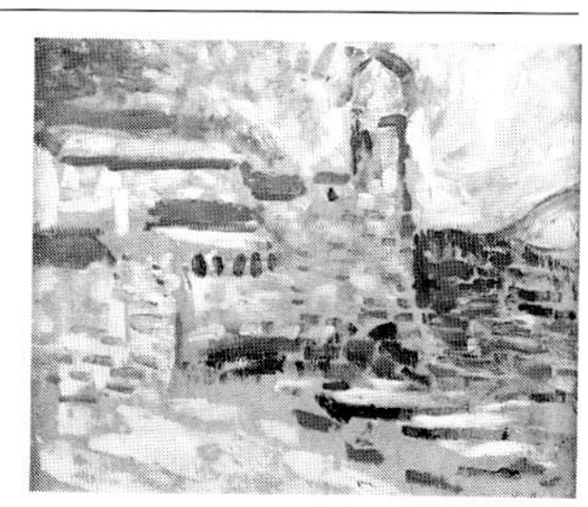

Elderfield 1978, pp. 41-42 ; Herbert 1992, pp. 89-92

12 Marine. Bord de mer, été 1905

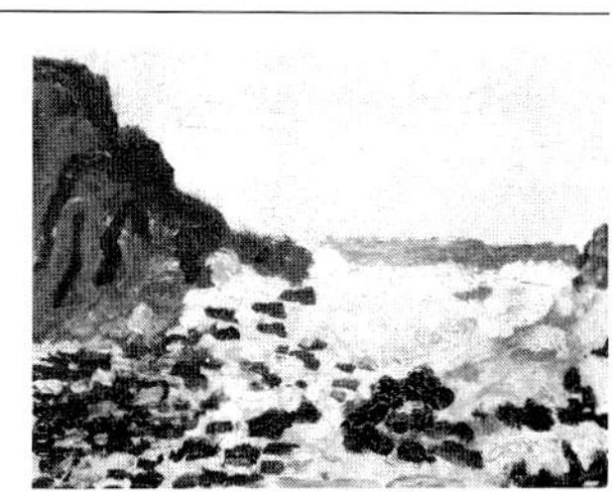

Marcel Sembat 1920

Vous êtes bien heureux si vous avez vu chez Druet la centaine de petits morceaux, grands comme la main, qu'il rapporta du Midi et lui céda en vrac ! et pas cher, allez ! [...] Ces petites études du Midi étaient d'une exacte et véridique violence. Pas pointillées du tout! Mais ces contrastes heurtés et créateurs dont nous avons parlé. Il y avait, entre autre, une anse, près de Cassis, où le vert du flot à l'horizon donnait pleine valeur aux bleus sombres et aux blancs écumeux de cette mer serrée entre les falaises, et qu'on voyait bouger, entrechoquant ses lames courtes au grand soleil. Les Stein en avaient acheté beaucoup, de ces petites toiles de chez Druet. Où est-ce maintenant? Bah! dispersé hors de France! Presque tous les Matisse de cette époque ont filé à l'étranger. Peu de gens chez nous osaient l'admirer.

Sembat 1920, pp. 6-7

On lira également Schneider 1984, p. 215

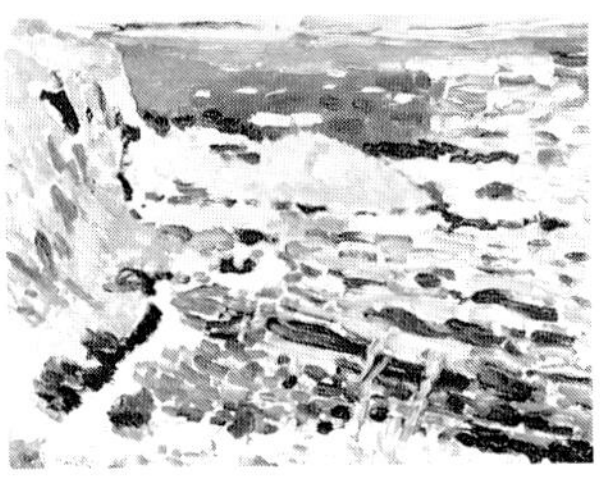

13 La Moulade, été 1905

Flam 1986, p. 123

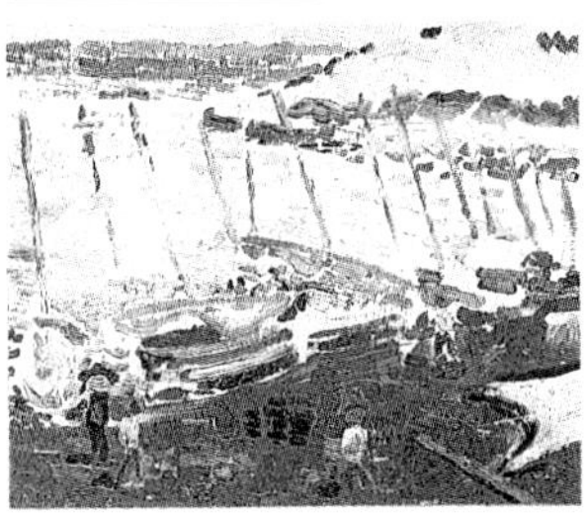

16 La plage rouge, été 1905

Pierre Girieud 1906

Je regardais ses toiles avec un amateur auprès de qui je les défendais, lorsque Matisse vint se mêler à notre entretien et devant une plage rouge il dit: «Vous vous étonnez sans doute de voir une plage de cette couleur, en réalité elle était de sable jaune, je me rendis compte que je l'avais peinte avec du rouge, le lendemain j'essayais avec du jaune. Ca n'allait plus du tout, c'est pourquoi j'ai remis du rouge.»

Girieud, *Journal*. Archives Girieud

Carl Einstein 1926

On ne fait pas grand chose en élargissant la touche ou en renforçant la couleur; cela dépend uniquement du choix du tube de couleur et de la taille du pinceau. Ce qui compte beaucoup plus, c'est l'intégration des conceptions spatiales du mouvement, car elle témoigne de l'activité optique. Il faut s'acquitter visuellement dans le tableau de la part d'énergie non-visuelle qui est encore sertie dans cette conception du mouvement, dans cette expérience des profondeurs et c'est ce qui génère cette tension à tous les niveaux des tableaux. Matisse traite le motif comme un reflet passif et l'insère dans un schéma de couleur et d'arabesque. Nous connaissons ce formalisme de l'esquisse qui ne va guère au-delà de l'idée décorative mais l'enlumine avec goût. La représentation de l'espace n'a de valeur que dans la mesure où elle représente pleinement les forces décisives de l'âme. La question qui se pose n'est donc pas de savoir si l'arrangement est fait avec goût, ce qui compte, c'est de poser l'équation d'un volume dont on a expérimenté le mouvement. Matisse schématise ou simplifie certaines parties des expériences visuelles, il présente un agencement facile à superviser, comme une affiche. Van Gogh avait encore suffisamment de souffle et d'enthousiasme pour conserver à son expérience son dynamisme vital dans l'agencement décoratif de la couleur. Matisse calme trop vite sa sensibilité paisible, [..]

«Henri Matisse», *Die Kunst des 20. Jahrhunderts*, Berlin, Im Propyläen-Verlag, 1926. Traduit par Colette Laplace

Christian Zervos 1938

A la fin de l'année 1904, dans *Les barques* [...], Matisse substitue aux points lumineux du divisionnisme ces coulées minces et allongées qui, par la suite, s'affirmeront davantage. En même temps, il peint aussi par aplats qu'il avait déjà utilisés en 1899. Mais ici ce procédé devient plus complexe et aboutit à des effets extraordinaires. C'est dans un accord de toutes les couleurs plates que Matisse cherche la qualité du tableau.

Zervos 1938, p. 116

Hans Purrmann 1946

Matisse, comme il me le disait un jour, a acquis sa qualité de palette en trouvant le courage détendre le point de la technique néo-impressionniste à de larges surfaces de couleurs.

«Uber Henri Matisse», *Werk*, juin 1946

Margarete Moll 1956

Matisse parlait de sa façon de peindre : « [...] Je peux à l'aide de l'œil rassembler de grandes surfaces en une unité, c'est pour cela que je travaille par surfaces. Dès que je pose une couleur sur ma toile, l'aspect de l'ensemble change pour moi, et mon esprit continue à travailler de sorte que l'image naît avec chaque nouvelle couleur. J'ai traversé la période du pointillisme et mon expérience m'a appris que je dois simplifier ce que je veux dire par les surfaces plus grandes et arriver ainsi à un calme plus intense. »

«Erinnerungen an Henri Matisse», *Neue Deutsche Heft*, février 1956

17 La Japonaise au bord de l'eau, été 1905

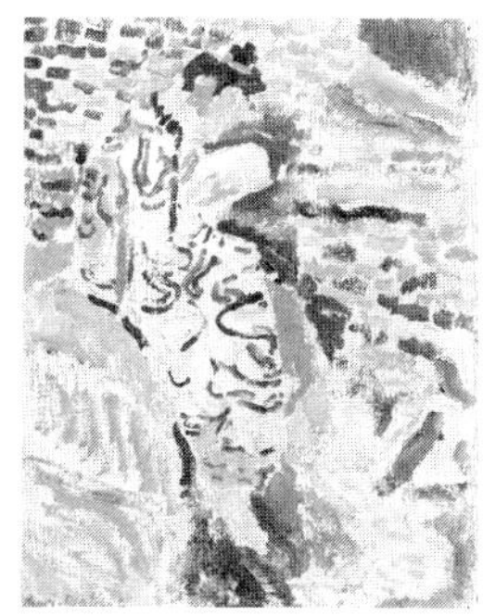

Inez Haynes Irwin 18 avril 1908

Nous allons ensuite chez les Stein [Michael et Sarah] qui ont un grand atelier dans une espèce d'église, une grande pièce pleine de meubles noirs massifs ; des estampes japonaises et objets d'art magnifiques – et les tableaux, surtout des Matisse. [...] Cinq ou six. [...] m'ont déconcertée. Quelques-uns, que j'avais pris pour des paysages, étaient en réalité des figures. D'autres, que j'avais pris pour des figures, étaient en réalité des paysages. Il y en a d'autres dont je n'ai jamais pu savoir ce que c'était.

Haynes Irwin, *Journal* du 25 mars au 5 mai 1908, Arthur and Elisabeth Schlesinger Library of the History of Women, Radcliffe College, Cambridge (Mas.)

On lira également Clay 1975, p. 38 ; Bock 1981, p. 85 ; Flam 1986, pp. 127-128

18 Paysage de Collioure, été 1905

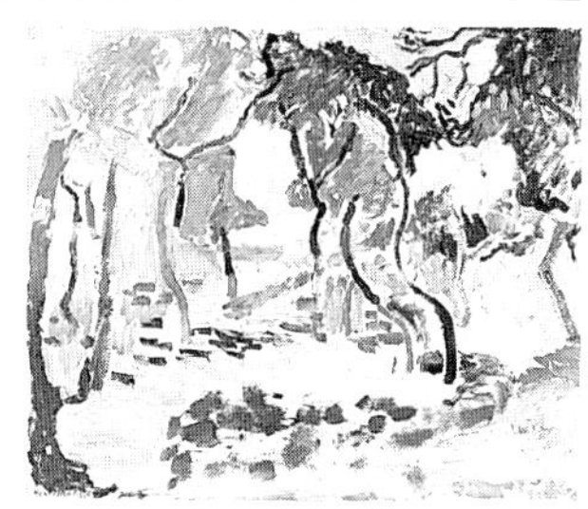

Barr 1951, p. 71 ; Flam 1986, pp. 151-152

19 La fenêtre ouverte, été 1905

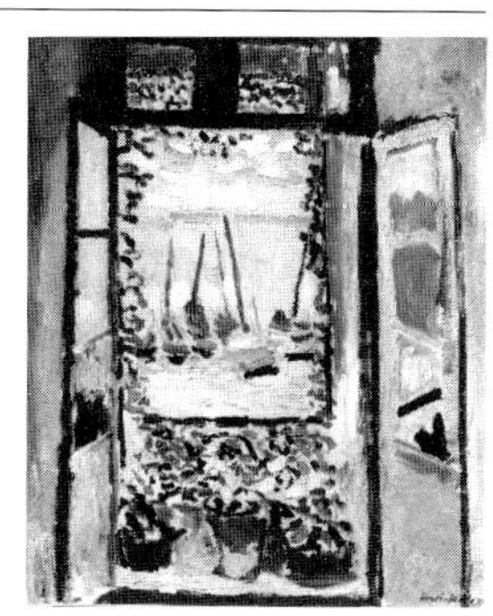

Louis Vauxcelles 1905

Salle VII – Salle archiclaire, des oseurs, des outranciers, de qui il faut déchiffrer les intentions, en laissant aux malins et aux sots le droits de rire, critique trop aisée. Et c'est tout un lot d'indépendants, Marquet et compagnie, groupe que se tient aussi fraternellement serré que, dans la précédente génération, Vuillard et ses amis.

Abordons, sans tarder, M. Matisse. Il a du courage, car son envoi – il le sait de reste – aura le sort d'une vierge chrétienne livrée aux fauves du cirque. M. Matisse est l'un des plus robustement doués des peintres d'aujourd'hui, il aurait pu obtenir de faciles bravos : il préfère s'enfoncer, errer en des recherches passionnées, demander au pointillisme plus de vibration, de luminosité. Mais le souci de la forme souffre.

[...] Au centre de la salle, un torse d'enfant, et un petit buste en marbre, d'Albert Marque, qui modèle avec une science délicate. La candeur de ces bustes surprend au milieu de l'orgie des tons purs : Donatello chez les fauves... »

«Le Salon d'Automne», supplément à *Gil Blas* du 17 octobre 1905

auteur non identifié 1905

On est moins ému, quand on passe dans la salle voisine où sont groupés la plupart des irréductibles : M. Matisse avec ses perspectives-toboggan ; M. Vlaminck avec ses inexorables indigos.

Petit caporal, 20 octobre 1905

Maurice Denis 1905

C'est l'école de Matisse qui paraît la plus vivante, la plus nouvelle et la plus discutée. Dès l'entrée de la salle qui lui est consacrée, à l'aspect de paysage, de figures d'étude ou de simples schémas, tous violemment colorés, on s'apprête à scruter les intentions, à connaître les théories ; on se sent en plein dans le domaine de l'abstraction. Sans doute, comme dans les plus ardentes divagations de Van Gogh, quelque chose subsiste de l'émotion initiale de nature. Mais ce qu'on trouve surtout en particulier chez Matisse, c'est de l'artificiel ; non pas de l'artificiel littéraire, comme serait une recherche d'expression idéaliste ; ni de l'artificiel décoratif, comme en ont imaginé les tapissiers turcs et persans ; non, c'est quelque chose de plus abstrait encore ; c'est la peinture en dehors de toute contingence, la peinture en soi, l'acte pur de peindre. Toutes les qualités du tableau autres que celles du contraste des tons et des lignes, tout ce que la raison du peintre n'a pas déterminé, tout ce qui vient de notre instinct et de la nature, enfin toutes les qualités de représentation et de sensibilité sont exclues de l'œuvre d'art. C'est proprement la recherche de l'absolu. Et cependant, étrange contradiction, cet absolu est limité par ce qu'il y a au monde de plus relatif : l'émotion individuelle.

Que Matisse me pardonne si je ne comprends pas. Je sais la finesse de son œil, les dons de sa sensibilité, et je crois bien ne pas me tromper si je cherche à l'origine de chacune de ses notations, même sommaires, une émotion de nature.

Or, ce que vous faites, Matisse, c'est de la *dialectique* : vous partez de l'individuel et du multiple : et par la *définition*, comme disaient les néo-platoniciens, c'est-à-dire par l'abstraction et la généralisation, vous arrivez à des idées, à des noumènes de tableaux. Vous n'êtes satisfait que lorsque tous les éléments de votre œuvre vous sont intelligibles. Il faut que rien ne reste de conditionné ou d'accidentel dans votre univers : vous le dépouillez de tout ce qui ne coïncide pas avec les possibilités d'expression que la raison vous fournit. Comme si vous pouviez, dans le domaine de votre art, échapper à l'ensemble des nécessités qui limitent partout notre expérience ! [...] Au temps de Van Gogh, bien des recherches du même genre aboutirent à des résultats identiques.

Ah ! Matisse ! Maudissons les cuistres qui nous ont appris à distinger, dans notre langage pictural, la prose et la poésie. [...] C'est le matérialisme de nos professeurs qui nous a conduits, par réaction, à chercher la beauté hors de la Nature, la Nature par la Science, et l'art dans les théories. Ah ! tout de même, Matisse, soyons objectifs !

«De Gauguin, de Whistler et de l'excès des théories», *L'Ermitage*, 15 novembre 1905. Repris dans Denis 1920, pp. 207-210

M. Nicolle 1905

Nous arrivons ainsi à la salle la plus stupéfiante de ce Salon fertile, cependant, en étonnements. Ici, toute description, tout compte rendu, comme toute critique, deviennent également impossibles, ce qui nous est représenté n'ayant – à part les matériaux employés – aucun rapport avec la peinture ; des bariolages informes ; du bleu, du rouge, du jaune, du vert, des taches de coloration crue juxtaposées au petit bonheur ; les jeux barbares et naïfs d'un enfant qui s'exerce avec la boîte à couleurs dont on lui fit don pour ses étrennes. Contentons-nous de citer les noms de ces exécutants dont l'art – du moins pour le vulgaire dont nous sommes – semble ne pouvoir procéder que de la démence ou de la plaisanterie. MM. Camoin, Derain, A. Marquet, P. Girieud, Manguin, Henri Matisse [...], Jean Puy, Maurice de Vlaminck, P. Laprade et Mlle Jelka Rosen.

Journal de Rouen, 20 novembre 1905

André Gide 1905

Pour plus de commodité, je veux admettre que M. Henri Matisse ait les plus beaux dons naturels. Le fait est qu'il nous avait donné précédemment des toiles pleines de sève et de la plus heureuse vigueur... Les toiles qu'il présente aujourd'hui ont l'aspect d'exposés de théorèmes. Je suis resté longtemps dans cette salle. J'écoutais les gens qui passaient, et lorsque j'entendais crier devant Matisse : «C'est de la folie !», j'avais envie de répliquer : «Mais non, Monsieur ; tout au contraire. C'est un produit de théories.» – Tout s'y peut déduire, expliquer ; l'intuition n'y a que faire. Sans doute, quand M. Matisse peint le front de cette femme couleur pomme et ce tronc d'arbre rouge franc, il peut nous dire : «C'est parce que...» Oui, raisonnable cette peinture, et raisonneuse même plutôt. Combien loin de la lyrique outrance d'un Van Gogh ! Et dans les coulisses j'entends : «*Il faut* que tous les tons soient outrés.» – «L'ennemi de toute peinture est le gris.» – «Que l'artiste ne craigne jamais de dépasser la mesure.» M. Matisse, vous vous l'êtes laissé dire... [phrases du journal de Delacroix, citées par M. Signac]

Et je comprends de reste comment, en voyant «les autres» se donner l'apparence du style par l'emploi des liaisons, des termes morts et trouver, pour leur timidité, dans les transitions l'excuse et le soutien de leurs prétendues hardiesses, ne pas lâcher la ligne, le contour, de même ne pas quitter une teinte, l'étayer, et, pour l'exprimer dans l'ombre, l'assombrir – je comprends comment vous vous êtes poussé à bout.

Gazette des Beaux-Arts, 1er décembre 1905, pp. 483-485

Henri-Edmond Cross à Charles Angrand, 31 janvier 1906

Signac, Théo que j'ai interrogés me parlent des peintures de Matisse dans le même sens que vous. Tant pis ! car je le crois doué comme peintre et le sais intelligent. Cela me laisse espérer qu'il se trouvera un jour. L'incompréhensible pour le moment, c'est qu'il est convaincu que depuis un an il a beaucoup progressé et se connaît plus intimement.

Archives Angrand. Cité dans Bock 1981, p. 84

Hans Purrmann 1946

Il était donc tout à fait normal et prévisible qu'un art d'une autre nature fût en gestation : il fit son apparition pour moi au Salon d'Automne [de 1905], il bouscula le goût des Français et les contraignit à le reconnaître comme tel. [...] Les œuvres d'un groupe de jeunes peintres, dans une salle où ils exposaient pour la première fois, et d'où parvenaient, à l'occasion, des éclats de rire et des cris de rage : c'était un groupe de peintre que Vauxcelles baptisa immédiatement «les Fauves», surnom qui leur resta.

Les amis qui me firent visiter le Salon, s'attendaient à ce que ces tableaux fissent sur moi le même effet d'amusement irrité, et ils se montrèrent surpris de voir que ceux-ci, par leur nature nouvelle et sauvage, pouvaient me captiver. Ce fut le cas avant tout de deux toiles : une petite, qui représentait une fenêtre ouverte sur la mer à Collioure, et une autre, plus grande, représentant une femme avec un chapeau, tenant sur sa poitrine un éventail ouvert. Peintes en larges touches, sans faire intervenir l'impression de la technique néo-impressionniste, avec, comme sorties naturellement des tubes, des pâtes auxquelles cependant ne s'attachait plus l'apparence de la matière et qui conféraient à l'ensemble du tableau une lumineuse douceur colorée. A côté de couleurs sombres, profondes et audacieuses, des blancs vifs, mais le tout soumis aux lois d'un dessin expressif qui rééquilibrait, selon des lignes des plus tranchantes, tous les volumes avec sûreté et harmonie. Ces tableaux semblaient certes ressortir à un ordre, mais en aucune manière à une théorie immédiatement visible. C'était là les premières toiles d'Henri Matisse que je vis.

«Uber Henri Matisse», *Werk*, juin 1946

Barr 1951, p. 72 ; Escholier 1956, pp. 59-60 ; Leymarie 1959, p. 81 ; Gottlieb 1964, pp. 393-423 ; Jacobus 1972, p. 110 ; Elderfield 1976, pp. 51-52 ; Schneider 1984, p. 220 ; Flam 1986, pp. 132-134 ; Whitfield 1991, pp. 79-81

20 Intérieur à Collioure, la sieste, été 1905 ou été 1906

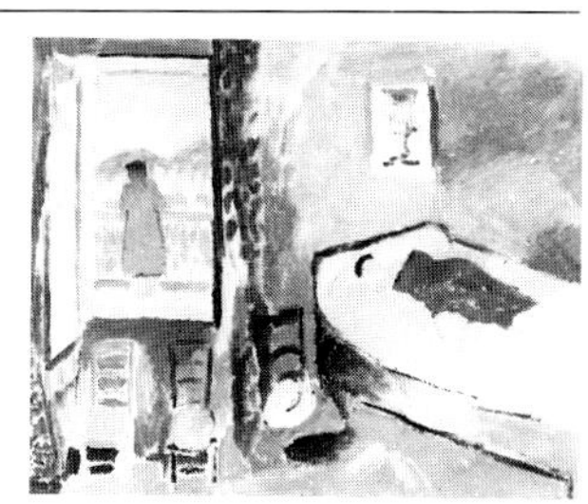

André Derain, après 1920

La couleur idée
et non la couleur œil
et non la couleur teinte.

Gabrielle Salomon, «André Derain, Notes sur la peinture», *Cahiers du Musée national d'art moderne*, 1980, no 5, p. 352

Intérieur à Collioure, la sieste,
été 1905 ou été 1906

André Derain, 13 mai 1949

Et encore ce n'est pas ça la couleur, la vraie couleur elle est discrète, on ne la voit pas. Lui ce n'est pas des couleurs, c'est des teintes, on l'appelait le teinturier. On ne pouvait pas avoir une conversation avec lui ; il ne parlait bien que de peinture, et encore, il n'en sortait plus de ses théories et il finissait généralement par dire : «Il faut s'exprimer», ça faisait bien rigoler Appolinaire.

Recueilli par Denise Lévy et publié dans Pierre Lévy, *Des artistes et un collectionneur*, Paris, Flammarion, 1976, p. 75

On lira également Aragon 1971, tome 1, pp. 138-139 ; Gowing 1979, p. 63 ; Bock 1981, p. 92 ; Flam 1986, pp. 136-138

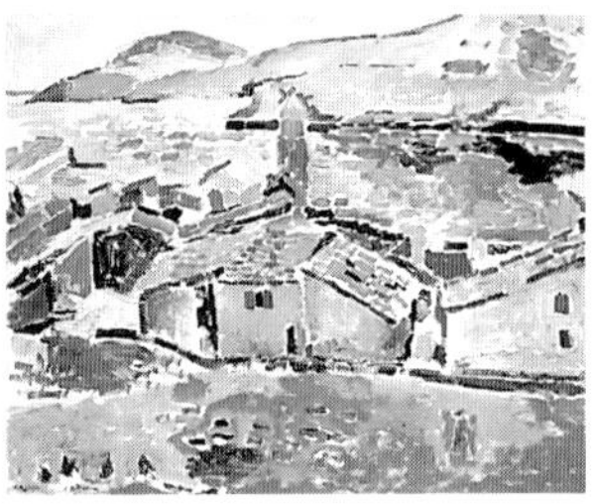

22 Les toits de Collioure, automne 1905 ou 1906

Izerghina 1978, p. 126 ; Gowing 1979, p. 52 ; Kostenevitch, dans Kostenevitch, Semionova 1993, pp. 72-76

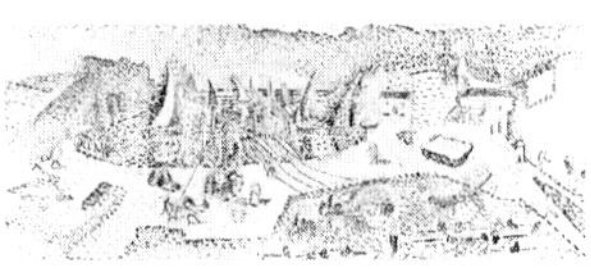

23 Le port d'Abaill, été-automne 1905

Matisse à Simon Bussy, 19 septembre 1905 (du 19 quai Saint-Michel)

Je suis en ce moment attelé à un tableau de 1,50 m sur 40 cm représentant le port de Collioure (Pyr. orientales), où je viens de séjourner 4 mois. J'ai obtenu un sursis du Salon d'Automne et je dois me dépêcher pour arriver à temps ; comme je fais des petits points, c'est assez long, surtout qu'ils ne sont pas toujours réussis du premier coup.

Bibliothèque du Musée du Louvre, Paris

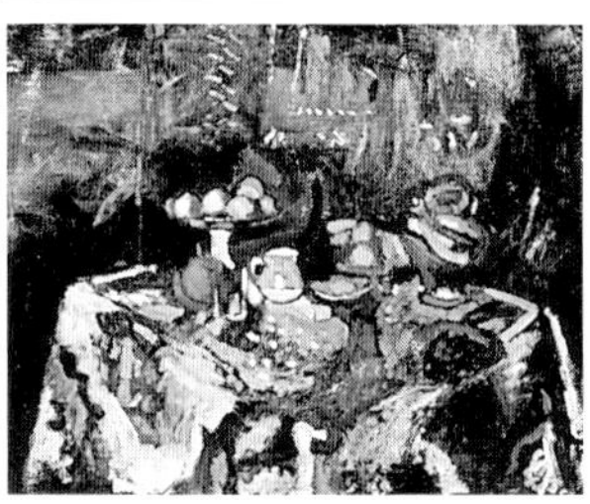

24 Nature morte, vaisselle à table, printemps 1904 (retravaillé en 1905 ?)

Izerghina 1978, pp. 132-133 ; Kostenevitch, dans Kostenevitch, Semionova 1993, pp. 77-78

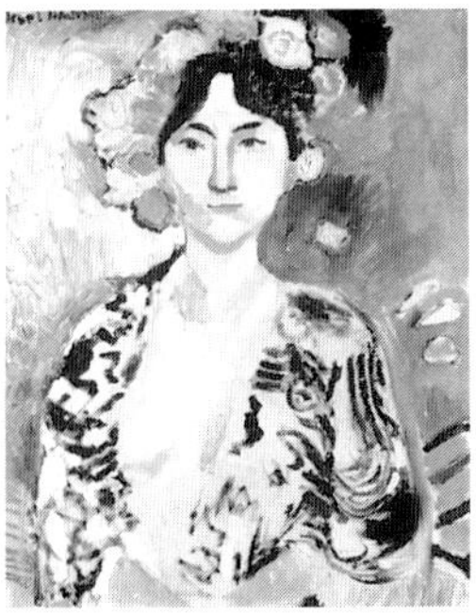

25 L'idole, hiver 1905-1906

André Derain 3 février 1951

Il fait ses toiles comme une partie d'échecs : le fond est un tapis d'Orient avec du rouge et du bleu ; le bras est près du rouge, je le fais vert, la bouche orange. Et puis le lendemain il s'aperçoit que les cheveux doivent être oranges, alors il fait la bouche violette, etc. Je connais ça, c'est moi qui l'ai inventé, mais j'ai trouvé ça trop bête après.

Recueilli par Denise Lévy, «Propos d'André Derain», publié dans Pierre Lévy, *Des artistes et un collectionneur*, Paris, Flammarion, 1976, p. 78

On lira également Barnes 1933, p. 209

26 Intérieur à la fillette, automne-hiver 1905

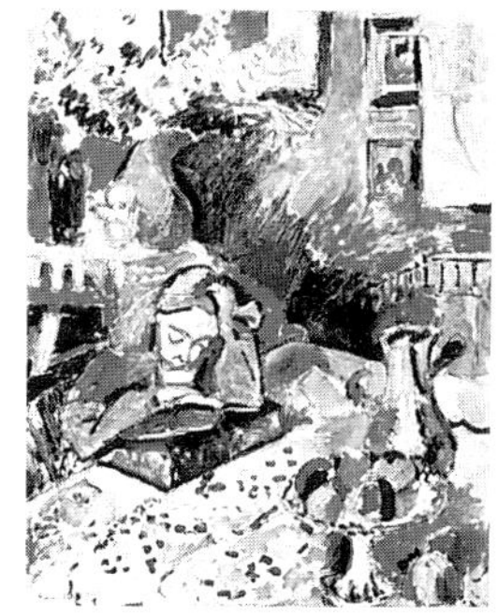

Georges Duthuit 1949

«Ses terrasses et ses montagnes sont en l'air». Tout est en l'air et rétabli dans l'air; penchée sur la table qui bascule et lévite, la jeune fille, toute absorbée par son livre, opère le rétablissement le plus considérable. Elle entraîne avec elle le reste du mobilier. Ou est-ce le mobilier qui l'emporte? Non, ensemble on est parti, ensemble on arrive. Mais nous discernons mieux comment la petite liseuse remonte à contre-courant le temps qui fuit, échappe à l'instant de l'impression initiale durant lequel se conjuguèrent, pour étonner le peintre, gerbe, corsage et chevelure. Tout cela grimpe dans un afflux temporel, presque une trombe, où se manifestent, liées entre elles d'attaches que rien ne peut briser, les enclaves du spectacle naturel. Expérience du temps continu : la toile offre, en chacune de ses parties, une énergie de puissance égale à celle de toutes les autres si on la considère en elle-même, et qui n'en appartient pas moins à une totalité. Cette totalité, non pas inférée par le tableau mais constituée par lui, demeure fluctuante, offerte, ouverte... ces trois adjectifs par mesure de précaution et qui ne tendent qu'à affaiblir, diluer, ce mot «totalité» ; jusqu'à plus ample informé, en son énormité, il échappe à ma prise.

Duthuit 1949, pp. 28, 33

On lira également Elderfield 1978, pp. 44-46 ; Bock 1981, pp. 97-98 ; Schneider 1984, pp. 203-204 ; Flam 1986, p. 185 ; Elderfield 1992, p. 56

27 La gitane, début 1906

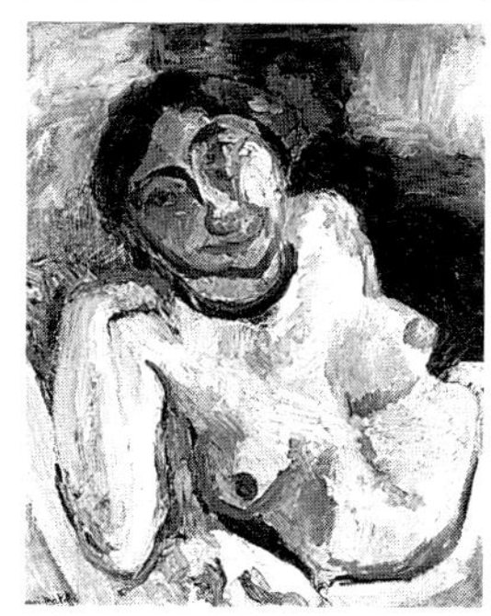

Lassaigne 1959, p. 59 ; Müller 1967, pp. 47-48 ; Bock 1981, p. 98 ; Whitfield 1991, p. 174

28 Nature morte, été 1905 ou été 1906

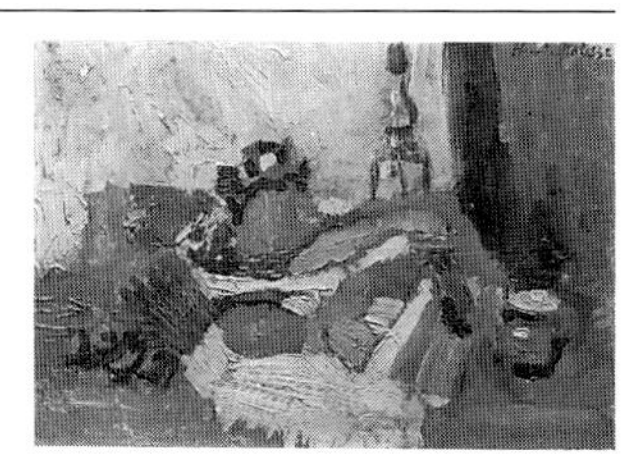

Rewald 1952 ; Walker 1974, pp. 200-201 ; Fabiani 1976, pp. 152-153

30 Nu dans la forêt, été 1906

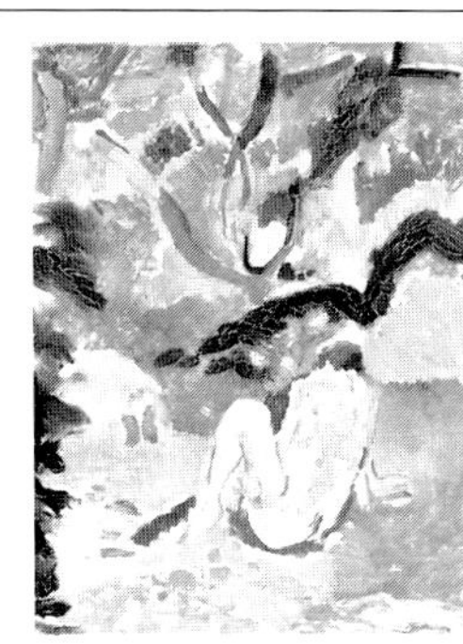

Matisse à Henri Manguin, vers juillet 1906 (de Collioure)

Pour le nu je vais tous les matins à 6 heures dans les bois de la montagne avec ma femme qui pose tranquillement. Nous y sommes allés une dizaine de fois, nous n'avons jamais été dérangés. Mais il y a une heure de marche et il faut en revenir à 10 ou 11 heures du matin par la forte chaleur c'est assez dur.

Archives J.-P. Manguin

On lira également Flam 1986, p. 166 ; Freeman 1990, pp. 26-29

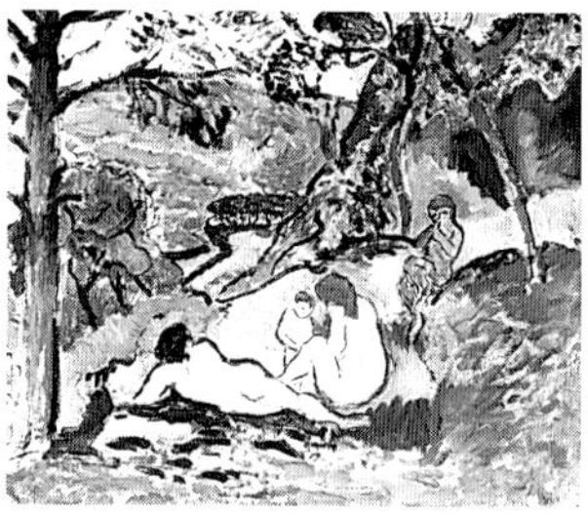

31 Pastorale, été 1906

Dans une lettre ouverte à un exposant qui semble bien être Matisse, Gustave Kahn évoque un paysage montré au Salon d'Automne et que nous n'avons pu identifier, mais dont certaines caractéristiques ne sont pas étrangères à *Pastorale*:

Gustave Kahn 1906

Monsieur, j'ai vu votre envoi au Salon d'Automne; ce paysage qu'on vous a reçu a indigné deux marchands de tableaux, un jouvenceau, l'excellent Badin et l'ombre de M. Henri Rochefort. Un arbre résolument rouge s'y pare de feuilles nettement bleues, et la route est blanc papier sauf qu'en un coin, les jeux du soleil y figurent une manière de damier ou de peau de panthère; c'est indécis, ce coin, mais justement les jeux de soleil et les reflets n'ont point de fixité ni de densité.

Je n'ai pas ri devant votre paysage, parce que je ne vois pas du tout en quoi un paysage peut faire rire, et je ne me suis pas indigné, ignorant comment un paysage peut susciter une indignation. D'ailleurs, votre aspect de nature, je l'ai vu, il y a longtemps, un jour de soleil et de poussière, vers midi, sur la route de Toulon à Hyères. Ç'a été comme cela parmi les choses pendant deux minutes, et ma mémoire a gardé cet effet de soleil exaspéré et magnifique; vous l'avez rencontré aussi, j'en suis charmé; on aime bien être deux à avoir vu une chose singulière. [...]

Et parce que vous avez peint un effet rare, cher Monsieur, on vous traite de sauvage. On a tort. Vous avez dû remarquer et non sans amertume que des écrivains qui vous eussent défendu l'an dernier, vous lâchent un peu cette année. [...] Mais que voulez-vous? On a fait contre eux une rude campagne. [...]

Moi, cher Monsieur, je ne crois pas que votre toile soit un chef-d'œuvre; mais ce qui m'intéresse c'est ce que vous trouverez en persévérant dans votre effort de luministe. Je ne sais si vous êtes blond ou brun; en tout cas nos cheveux n'ont plus la même couleur, car je grisonne, et je commence à être un vieux témoin; [...] Je pourrais vous dévider des écheveaux de souvenir, en évoquer de proches et de lointains, et toujours je vous parlerais de nouveautés honnies et bafouées.

Je ne vous dirai pas que cela doit vous empêcher de continuer dans votre voie; bien au contraire, persévérez; affirmez votre volonté d'art neuf; et si vous vous êtes trompé, votre effort sera plus glorieux que celui des lèche-palettes qui obtiennent les commandes et les portraits des belles madames; votre place sera aussi considérable dans les musées de l'avenir, [...] si vous réussissez, je veux dire, si vous arrivez au bout de votre effort sans défaillance, si vous ne succombez pas sous la misère ou l'accident, si vous ne vous torturez pas de n'être pas compris, vous ferez figurer dans les manuels d'art cette épithète de contorsionniste, qu'on vous octroie avec une libérale jovialité. Travaillez dans votre voie. [...] Travaillez ferme et n'écoutez ni le blâme, ni les louanges; vous avez une conscience, servez-vous en et pigez à la nature ses minutes rares. Au revoir, aux Indépendants.

«Lettre à un exposant du Salon d'Automne», *La Phalange*, 15 octobre 1906, pp. 368-371

On lira également Flam 1986, pp. 166-167; Herbert 1992, pp. 113-116

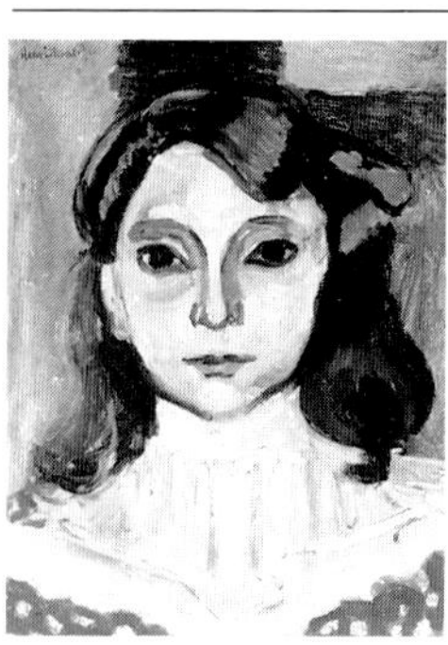

32 Marguerite, été 1906

Flam 1986, p. 185; Eliel 1987, p. 83

35 Marguerite lisant, été 1906

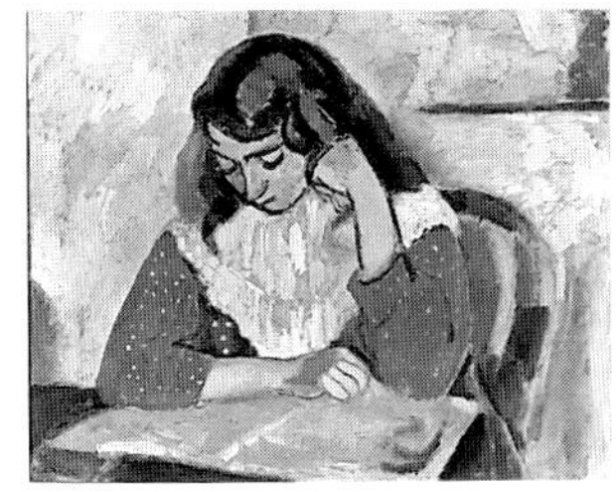

Charles Morice 1906

M. Henry Matisse [sic] est le type de ces chercheurs toujours insatisfaits. On se souvient de sa grande toile de ce printemps, *Le bonheur de vivre.* C'est inquiétant ; un vaste schéma coloré de figures théoriques. Cet automne, il se montre plus calme ; ses *Natures mortes,* ses *Fleurs,* sa *Liseuse,* semblent indiquer un retour aux harmonies riches et sûres qu'il cherchait il y a deux ans ; et certains de ses admirateurs se déclarent tranquillisés. Cette imprévue sagesse m'intrigue plus qu'elle ne me rassure ; ce n'est pas là qu'on attendait ce rêveur de fortes synthèses décoratives.

«La quatrième exposition du Salon d'Automne», *Mercure de France,* novembre 1906, p. 42

Paul Jamot 1906

Les *Fleurs* et la *Femme lisant* de M. H. Matisse témoignent en faveur d'un rare coloriste, qu'on apprécie davantage quand il consent, comme ici, à être intelligible.

«Petites expositions», *La Chronique des arts et de la curiosité,* n° 36, 24 novembre 1906

Louis Gillet 1938

Matisse inaugure sa manière «fauve». Dès lors s'accumulent les scandales, les œuvres incendiaires, pareilles aux renards à la queue de fagots enflammés, lachés par le héros biblique dans les récoltes des Philistins : les figures éclaboussées de bleus, de roses et de verts, tatouées de taches multicolores qui effaraient le bourgeois au Salon des Indépendants, comme si elles portaient sur le visage une palette mal lavée, un torchon à essuyer les brosses, et qu'excitaient tour à tour le ricanement ou les hauts cris. On est étonné de revoir au bout de trente ans ces œuvres provocantes, comme le *Portrait de Marguerite* (1906), et de les trouver si charmantes, toutes proches des dernières figures de Corot.

Essais sur l'art français, Paris, Flammarion, 1938, pp. 145-146

On lira également Barnes 1933, p. 182 ; Diehl 1954, p. 48 ; Lassaigne 1959, p. 59 ; Fourcade 1975, p. 12 ; Flam 1986, p. 149

36 Vaisselle et fruits sur un tapis rouge et noir, été 1906

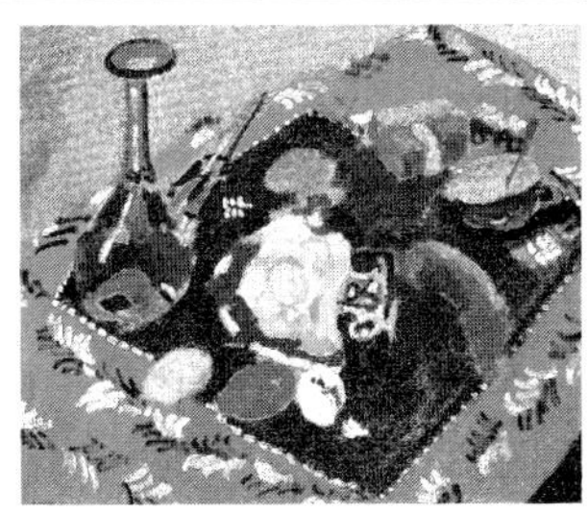

Louis Vauxcelles 1906

M. Matisse. Eh bien ! il s'est ressaisi, et son voyage au pays des Ilotes ne lui a pas nui. Il revint au profond et laineux chatoiement de ses toiles d'il y a quatre ans. Plus d'abstraction, plus de peinture «en soi», dans l'absolu, de «tableaux-noumènes». Un petit paysage bleu et rouge nous remémore son Saint-Tropez de 1904. Le portrait de fillette est très fort. Et la grande nature morte, en dépit de certains points malaisés à admettre, est d'une harmonie somptueuse. On ne saurait mieux voir et mieux rendre la tache des objets. Ce qui me choque encore, c'est le mépris des lois de la perspective, l'indifférence quant aux volumes (un citron, ce n'est pas *plat,* Matisse !). Je note pour la première fois l'entrée du brun – un brun avec une terre verte, ou avec un vert anglais – dans les tableaux de M. Matisse. Il faut avoir les prodigieuses qualités de M. Matisse pour risquer cela, qui serait boueux et bitumeux chez vingt autres.

«Le Salon d'Automne», supplément de *Gil Blas,* 5 octobre 1906, p. 1

André Fontainas 1906

L'intérêt vivant et fervent du Salon se porte surtout sur un groupe de nouveaux venus, au nombre desquels, depuis quelques années déjà, M. Henri Matisse se distingue. Outranciers, violents, au delà de toute nécessité, tout d'abord tels ils se présentent. Mais à côté, voici l'exposition de Gauguin : que ne disait-on, aussi, de lui, il y a quinze ans peut-être ? A peine si sa violence était contestée par ses plus fermes défenseurs. [...] Souvenons-nous en, et, avant de reprocher à des novateurs leur violence, tâchons de les voir et de les mieux comprendre.

Des taches ardentes de couleurs contrastées ou heurtées selon des rythmes insaisissables, des traits prolongés, suspendus, tourbillonnant, s'affrontent, se prolongent, ou tout à coup s'arrêtent. Point de dessin visible, point de ligne visible, de contour suivi ; des taches, ici et là, comme jetées au hasard, confusément. Voilà l'impression première ; arrêtons-nous et regardons. Il est bien certain que, après un temps, toute cette violence nous apparaîtra apaisée, les tons s'établissent et s'équilibrent ; les masses s'affirment, les modèles prennent vie. Peut-être y a-t-il moins d'expression directe, immédiate et balancée que dans l'art antérieur ; je ne vois pas écrit le conflit éternel des lumières et de l'ombre, il se suggère, il s'impose par la forte façon d'en marquer seul les rehauts éclatants. Ce qui n'est point contestable, c'est la maîtrise savante de M. Matisse, c'est la grâce chaude et lumineuse des figures peintes par M. Manguin ; c'est le mouvement tour à tour tumultueux et la sérénité des paysages de MM. Derain, Marquet, Camoin et de Vlaminck.

En tout cas, il y a recherche désintéressée, passionnée et neuve, ce qui donne aux expositions jeunes leur attrait, leur physionomie, leur intérêt. Où aboutiront ces tendances qui balbutient peut-être encore. D'entre ces artistes enthousiastes, curieux et batailleurs, quel maître un jour verrons-nous se lever ?

«Le Salon d'Automne», *L'Art moderne*, n° 42, 21 octobre 1906, p. 332

Petit Dauphinois octobre 1906

Il y a vraiment dans ce Salon des choses qui sont un défi au bon sens et à la raison. Je ne crois pas être autrement «vieux jeu» et «pompier». Je suis prêt à admettre toutes les audaces et toutes les nouveautés, du moment qu'elles sont sincères, pour peu que l'art les légitime ; mais il n'est vraiment pas possible que des gens comme Matisse, Derain, Vlaminck et beaucoup d'autres ne soient pas des pince-sans-rire admirables, s'offrant notre tête pour notre plus grande joie, ou des déments caractérisés. Il y a là des paysages et des figures qu'un enfant de six ans signerait. Il y en a qu'il se refuserait à reconnaître comme pouvant sortir de sa main, car – je n'exagère rien – il y a de telles toiles dont il est absolument impossible de dire ce qu'elles représentent. Je vous défie d'y voir quelque chose, dans ces traits incohérents, dans ces taches de couleur juxtaposées au hasard. Est-ce de l'art, cela ? Ou bien une mystification et le Salon a-t-il, à sa galerie d'attractions, voulu ajouter la surprise d'une grosse farce ?

Maurice Denis 1906

Mais le plus significatif, c'est-à-coup sûr l'exposition des «Matisse» que montre cette année le Salon d'Automne entre les noirs Courbet et la salle vraiment vénitienne de Gauguin. Les «Matisse» – il est bien entendu que Matisse lui-même et quelques-uns de ses disciples, comme Friesz, sont doués d'une remarquable sensibilité – rivalisent d'éclat et s'efforçent de créer de la lumière. Ce qu'ils nous restituent du soleil, c'est le trouble rétinien, le frisson optique, la pénible sensation d'éblouissement, le vertige que donne en plein midi d'été un mur blanc ou une esplanade. Leur esthétique permet qu'ils tentent de nous aveugler. Ils ne reculent devant aucune crudité d'éclairage et, pour le rendre, devant aucune cruauté de couleur. [...] Tous les caprices de l'intervention individuelle se donnent désormais libre cours. Il semble que cette anarchie se manifeste avec d'autant plus de variété que le dogmatique néo-impressionniste était plus précis et plus ordonné. [...] Ce grand effort aboutit à la réaction d'empirisme et d'agnosticisme que nous constatons aujourd'hui. L'erreur des uns et des autres, notre erreur à tous, ç'a été de chercher avant tout la lumière.

«Le Soleil», *L'Ermitage*, 15 décembre 1906. Repris dans Denis 1920, pp. 220-221

On lira également Izerghina 1978, pp. 129-130 ; Kostenevitch, dans Kostenevitch, Semionova 1993, pp. 78-79

37 Les tapis rouges, été 1906

Marcel Sembat 1920

A ce moment s'ouvrait pour Matisse une haute et belle période de production. Les amis entre eux l'appellent parfois l'époque de Collioure parce qu'il y a beaucoup travaillé. Mais ce n'est qu'un point de repère. Il vaut mieux la désigner par quelques grandes œuvres, comme un *Portrait de Marguerite* à sa table de travail en train d'étudier, ou bien les *Tapis*. Il y a deux tableaux ainsi nommés: *Les tapis bleus [Nature morte bleue*, Barnes Foundation] qui sont l'un des joyaux de la collection Stein et *Les tapis rouges* qui sont accrochés au-dessus de mon lit en attendant qu'ils aillent au Luxembourg. Dans toutes les toiles de cette période éclate le joyeux triomphe de la couleur. Des bleus captivants comme dans les *Tapis* des Stein, des rouges puissants qu'exaltent des noirs et des jaunes. Et dans le portrait de Marguerite quelle lumière de Velasquez! Sur le dos de la main, un vert audacieux! Et quelle simplicité forte des traits de la figure!

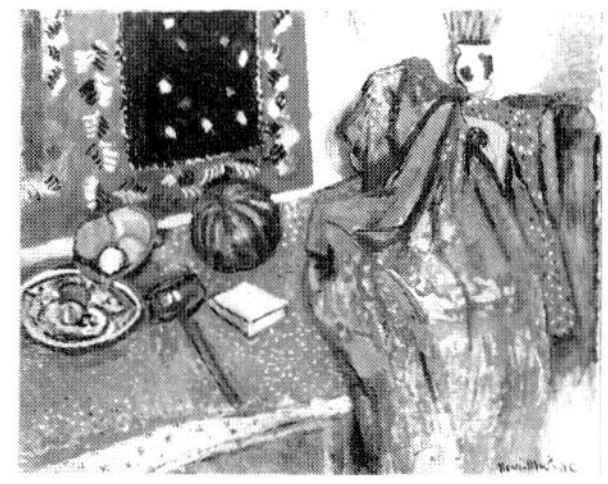

Sembat 1920, pp. 7-8

Albert Barnes et Violette de Mazia 1933

Parfois un noir ou une autre couleur sombre est introduite [...] dans la composition colorée pour insister sur un point ou pour augmenter la bizarrerie: cette couleur sombre, inintéressante en elle-même, est une manière facile de s'assurer d'un effet qui, s'il avait été obtenu par des éléments ayant leur propre force, serait pour le coup justifié.

Barnes 1933, pp. 71-72

Barr 1951, p. 92; Lassaigne 1959, p. 60; Leymarie 1959, p. 91; Guichard-Meili 1967, pp. 134-135; Fourcade 1975, p. 14; Schneider 1984, pp. 345-347; Schneider 1990, p. 18

38 Autoportrait, automne 1906

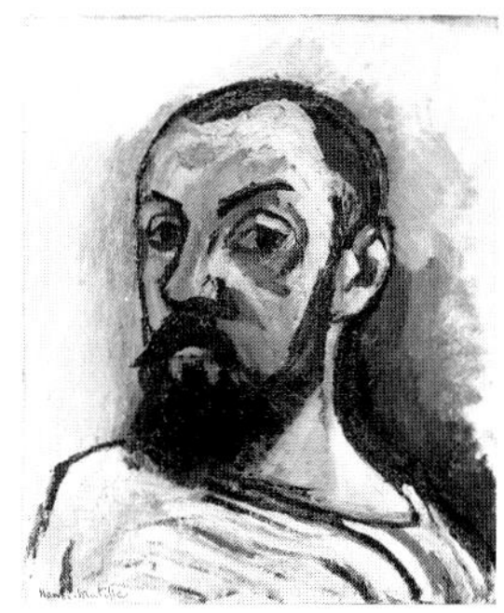

C. Lewis Hind 1911

Il [Matisse] peint apparemment comme un enfant aurait pu peindre à l'aube de l'art, voyant seulement ce qu'il y a d'élémentaire dans la forme et la couleur [...] et formulant sa propre version avec une ferveur enfantine. [...]. Cette *Tête* de lui-même, dont la couleur semble à première vue avoir été obtenue par les traînées arbitraires sur la toile du doigt d'un enfant, a pour moi une qualité radioactive - celle de ne s'éteindre jamais.

The Consolations of a Critic, Londres, Adam & Charles Black, pp. 80-81

C. Lewis Hind 1913

Regardant l'autoportrait de Matisse, une dame s'exclama: «C'est ce que je fais quand j'essaie de peindre.» Cette remarque plairait à Matisse. Un ami, après avoir regardé l'une de ses toiles, lui dit: «Mais votre petit garçon aurait pu faire ça». Matisse répondit gravement: «C'est mon but de voir comme mon fils voit».

The Post-Impressionists, Londres, Methuen & Co., pp. 40-41

C. Lewis Hind 1913

A Paris, j'eu l'occasion de boire la coupe de Matisse jusqu'à la lie. L'orgie fut rendue possible par [...] une visite [...] à Monsieur et Madame Michael Stein, californiens, qui possèdent rue Madame une collection d'œuvres de Matisse inégalée à Paris pour l'ampleur et le nombre. [...] Le vaste atelier était rempli de visiteurs. On entendait les gloussements et les protestations habituelles, le dédain et le dégoût habituels. Ici et là certains étaient à moitié convaincus et un tout petit nombre complètement convaincu. Ma première sensation fut de consternation, presque d'horreur. Ce groupe de nus peints d'une couleur plate, comme celle d'un peintre en bâtiment: l'un vert, l'autre rose, le dernier jaune [*Le luxe I*]! Cet avorton féminin si grotesquement nu! Ces vives zébrures de peinture prétendant représenter une figure émergeant du feuillage au soleil! Cette tête barrée d'une traînée criarde d'ombre verte [*La raie verte*]! Cet abominable bronze!

Voilà ce que je me disais. Une heure passa. Je n'avais pas envie de partir. [...] Je réalisais que Matisse peint ses sensations, jamais une simple imitation des objets; qu'il suivait son tempérament, jamais les modes contemporaines. [...] Je ne ressentais pas la «tranquillité» dont parlait Mme Stein, mais je sentais une excitation et une stimulation. Ici et là, tandis que j'attendais et regardais, une excentricité semblait sortir du mur et dire: «Je suis vivante. Je suis mouvement. Je suis rythme. J'existe.» La tête de son autoportrait –

barbue, broyant du noir, tendue, d'une couleur férocement élémentaire – semblait lorsque je la fixais ne plus être un portrait, mais un aspect de l'homme, Matisse le sérieux, presque un reclus, indifférent à l'opinion, dont le but est d'approcher la toile vierge comme si l'art n'avait pas de passé, comme s'il était le premier artiste à commencer un tableau. Jamais il ne théorise, ni avant ni pendant qu'il peint. [...] Et pourtant, je ne suis pas un Matissiste ; mais je suis très intéressé. Et certaines de ses productions me hantent, ne me quittent plus, et je pourrais faire des kilomètres à pied pour voir un Matisse. Il me trouble, il me trouble vraiment cet étrange Matisse, avec sa soif d'expression, sa sympathie pour les artistes primitifs et les décorateurs orientaux, sa force plastique et ses couleurs abstraites, l'élongation ou l'atténuation de la figure qu'il adapte à ses compositions architecturales ou décoratives.

The Post-Impressionists, Londres, Methuen & Co., pp. 45-47

Walter Pach 1914

La remarquable faculté de Matisse à utiliser les formes et les couleurs dans un but purement esthétique est visible dans cette toile. Pour ceux que l'homme intéresse, c'est un portrait ; pour ceux que l'art intéresse, c'est un œuvre d'art. [...] L'œuvre d'art ayant pour mission de rendre l'émotion particulière qui a semblé importante à celui qui l'a produite, lui demander n'importe quelle sensation parmi les milliers qu'elle aurait pu produire n'a plus aucun sens. Lorsque Matisse [...] a livré entièrement l'idée qui avait causé son enthousiasme, c'est plutôt une marque de bonne éducation chez lui que de s'empêcher de la délayer avec des choses qui ont eu de l'importance pour lui, mais qu'il considère sans intérêt pour les autres.

«The Point of View of the Moderns», *The Century Magazine*, avril 1914, pp. 192-193. Repris dans Karpel 1972

Carl V Petersen 1920

Si l'on essayait de suivre dans la collection de M. Tetzen-Lund l'évolution de Matisse, on ne pourrait pas [...] ne pas voir que sa tentative principale, consciente ou inconsciente, a été celle qui vient juste d'être évoquée avec le nom de l'école qu'on lui attribue [Expressionnisme], c'est-à-dire qu'il concentre son impression dans la forme la plus simple et la plus ferme possible, pour donner une *Expression* intensifiée de son expérience du phénomène, sans tenir compte devant celui-ci des modifications qu'il a dû opérer dans la réalité de ce phénomène.

Malheureusement, les dates ne sont pas le fort des Français, et ni les dates qu'on a données à M. Tetzen-Lund, ni celles qu'on trouve sous les illustrations du petit livre sur Henri-Matisse de Marcel Sembat récemment paru (où sont reproduits plusieurs des tableaux Stein) ne sont tout à fait fiables. [...]

Dans les années 1904-1906, où s'inscrivent justement tant de tableaux de la collection Stein, on trouve une recherche encore plus violente de l'efficacité des moyens et de possibilités pour convertir l'impression en expression – cette agitation et cette tension qui frappèrent si fortement M. Hind dans la collection Stein, et où on ne retrouve pas facilement, il est vrai, *le calme* dont Matisse lui-même a parlé, ni *the tranquillity* comme l'a traduit Mrs Stein. Mais précisément, derrière cette forte effervescence artistique (qui donne un si grand intérêt aux tableaux de Matisse des collections Stein), plus intellectuellement peut-être, on arrive à connaître ses véritables fins en étudiant ses expérimentations de couleurs et de lignes.

«Henri Matisse – Den Steinske Samling hos Tetzen-Lund», *Politiken*, Copenhague, 2 octobre 1920

Dagbladet 1924

Une stupeur justifiée a régné dans les cercles de connaisseurs lorsqu'on a appris par les journaux danois que la Glyptoteket de Copenhague avait acheté quatre tableaux de Matisse provenant de la collection du négociant en gros Tetzen-Lund pour 65 000 couronnes danoises. Ces tableaux furent achetés par Tetzen-lund dans la collection Stein, quand les prix de Matisse étaient, comme nous l'avons dit, peu élevés. De ces quatre tableaux, deux seulement sont importants. Le meilleur, un autoportrait de Matisse, serait estimé chez un marchand de tableaux parisien à 30 000 francs français tout au plus. Pour l'autre, une «nature morte», on pourrait demander 20 000 francs. Le troisième et le quatrième sont moins importants et ont beaucoup moins de valeur. En tout cas, la

Glyptoteket a payé pour ces tableaux environ trois fois ce qu'ils vaudraient sur le marché international de Paris.

«Hvad er et Maleri av Matisse vaerdt?», *Dagbladet*, Oslo, 6 décembre 1924

Courthion 1942, p. 81; Swane 1944, pp. 60-61; Barr 1951, p. 94; Diehl 1954, p. 46; Jedlicka 1961, pp. 23-24; Gowing 1979, p. 42; Flam 1986, pp. 183-184; Pleynet 1988, p. 85

41 Nu debout, novembre 1906-1907

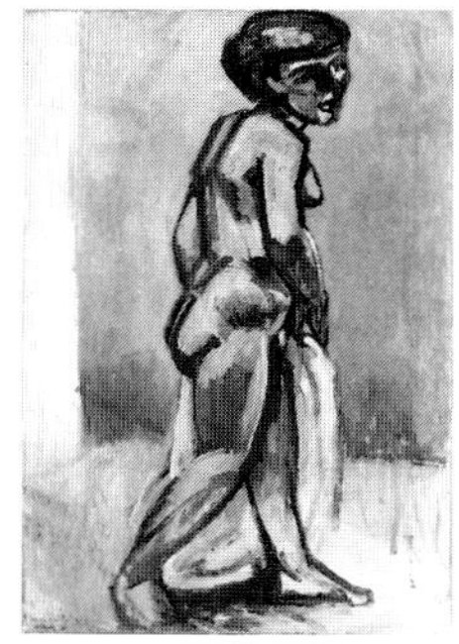

Georges Desvallières 1908

Comme nos ancêtres, les ouvriers romans, déforment leurs figures par le besoin d'un certain équilibre à trouver entre l'architecture et les personnages qui doivent y être inscrits, Matisse tient compte du rectangle formé par son papier quand il y dessine.

Si par exemple, dans la page 734 [où se trouve reproduit *Nu debout*], le dessin n'est pas exact selon l'idée que l'on peut se faire d'une femme dans cette attitude, l'œuvre n'en sera cependant pas mensongère, car la grosseur de la tête est bien ce qu'elle doit être pour le volume du pied et la gracilité du buste, ces diverses parties du corps étant étudiées en elles-mêmes pour que les blancs laissés entre les bords du papier et le trait noir forment une ornementation expressive. En un mot, l'architecture que Matisse a construite avec ces fragments disproportionnés est une architecture solide dont toutes les proportions sont justes, quoique la figure qu'elle représente ne donne pas l'impression de la nature telle qu'on la voit couramment.

Introduction à Henri Matisse, «Notes d'un peintre», *La Grande Revue*, 25 décembre 1908, pp. 731-732

On lira également Barr 1951, p. 95; Jacobus 1972, p. 114; Gowing 1979, p. 73

42 Nu bleu: souvenir de Biskra, début 1907

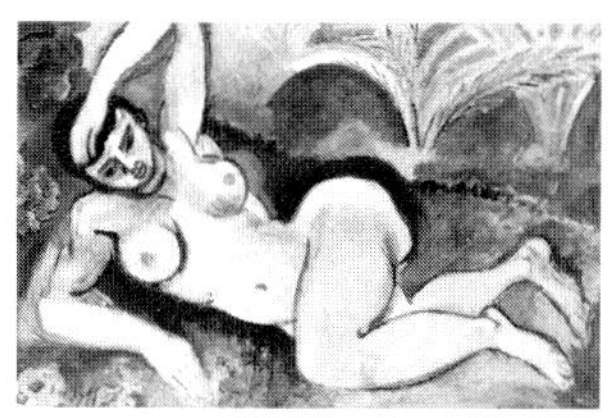

Louis Vauxcelles 1907

Une chapelle s'est constituée où officient deux prêtres impérieux MM. Derain et Matisse. Le dogme consiste en un schématisme vacillant proscrivant au nom de je ne sais quelle abstraction picturale modelé et volumes. Cette religion nouvelle ne me séduit guère. J'admets ne pas comprendre. Une horrible femme nue est couchée étendue dans l'herbe d'un bleu opaque sous des palmiers. Ce ballet artistique tendant vers l'abstraction m'échappe totalement.

Gil Blas, 20 mars 1907

Gustave Kahn 1907

M. Matisse fera crier par un nu très hardi. Il a eu l'idée de la défendre par d'excellents dessins, d'une santé et d'une précision remarquables. Évidemment il est en route vers quelque chose, il y va muni de très belles qualités.

L'Aurore

Charles Malpel 1907

Pour ce qui est de M. Matisse, il nous apparaît cette fois comme un «roublard» qui sait se faire de la réclame et des amis. Nous le savons très fort et ce n'est pas son actuelle «fantaisie» qui nous fera changer d'avis.

«Le Salon des Indépendants», *Le Télégramme*, printemps 1907. Repris dans Malpel 1910, p. 45

Inez Haynes Irwin 18 avril 1908

Les tableaux qui sont ici [chez Gertrude et Leo Stein]:
La femme nue à la hanche hypertrophiée que, d'après les Stein, l'on a accusée d'être déformée lorsqu'elle a été exposée – une chose horrible.

Haynes Irwin, *Journal* du 25 mars au 5 mai 1908, manuscrit conservé à la Arthur and Elisabeth Schlesinger Library of the History of Women, Radcliffe College, Cambridge

Gelett Burgess 1910

A peine étais-je entré au Salon des Indépendants que j'entendis des éclats de rire venant d'une aile voisine. Je courus de salle en salle [...] jusqu'à ce que je tombe sur un attroupement de Parisiens bien habillés au paroxysme de la joie, regardant un tableau, les yeux pleins de larmes. [...] Je m'arrêtai de surprise. C'était là un spectacle à surprendre même Paris. Je réalisai pour la première fois que ma vision de l'art avait besoin d'être radicalement reconstruite. Soudain, j'étais entré dans un nouveau monde, un univers de laideur.

[...] Que pouvait bien signifier tout cela ? Le dessin était plus rudimentaire que tout ce qu'on peut imaginer ; la couleur aussi atroce que le sujet. Une nouvelle ère artistique avait-elle commencé ? La laideur devait-elle vaincre la beauté ; la technique laisser la place à la naïveté ; et des couleurs vibrantes et discordantes, un véritable patchwork de tons hideux, remplacer les nuances subtiles et étudiées ? N'y avait-il rien de sacré, même pas la beauté ?

C'est Matisse qui fit le premier pas au pays inexploré de la laideur.

«The Wild Men of Paris», *The Architectural Record*, mai 1910

Gertrude Stein 1912

[...] Certains ont dit de lui, que dès que l'on croyait en lui on ne croyait plus en personne d'autre. Certains ont assurément dit cela de lui.

Assurément très clairement il exprimait quelque chose. Certains ont dit qu'il n'exprimait rien de façon claire. Certains ont affirmé qu'il exprimait quelque chose de façon très claire et certains d'entre ceux-là disaient qu'il aurait été quelqu'un de plus grand s'il n'avait pas été quelqu'un exprimant de façon si claire ce qu'il exprimait. Certains ont dit qu'il n'exprimait pas de façon claire ce qu'il exprimait et certains d'entre ceux-là disaient que la grandeur du débat qui n'était pas expression claire faisait de lui quelqu'un d'absolument grand.

Certains ont dit de lui qu'il exprimait avec grandeur quelque chose qui résistait. Certains ont dit de lui qu'il n'exprimait pas avec grandeur quelque chose qui faisait résistance.

Assurément il était clair qu'il exprimait quelque chose, assurément un jour ou l'autre on en arriverait à savoir ça de lui. Vraiment beaucoup finirent par le savoir de lui que de façon claire il exprimait ce qu'il exprimait. C'était quelqu'un de grand. N'importe qui pouvait finir par savoir ça de lui. Vraiment beaucoup finirent par savoir ça de lui. Certains qui finirent par savoir ça de lui, qu'il était quelqu'un de grand, que clairement il exprimait quelque chose, en vinrent dès lors à être sûrs qu'il n'exprimait pas avec grandeur quelque chose qui opposait résistance. Assurément il exprimait quelque chose qui résistait. N'importe qui pouvait être sûr qu'il exprimait quelque chose qui résistait. Certains affirmaient qu'il exprimait avec grandeur cette chose. Tout le monde pouvait en venir à la certitude qu'il était un grand homme. N'importe qui pouvait en venir à être sûr que clairement il exprimait quelque chose. [...]

«Henri Matisse», *Camera Work*, août 1912. Traduit par Marie-Claire Pasquier

Frank Jewett Mather 1913

On peut reconnaitre que la plus grande partie de l'art récent a été horriblement ennuyeux, sans pour autant penser que la vivacité de Matisse soit le remède à cet ennui. [...] [Ces peintres s'écrient] : «nos formes et nos couleurs ne sont pas celles de la nature mais celles de nos propres émotions». De telles vues relèvent soit d'une lamentable illusion soit du plus simple charlatanisme. Toutes les expériences de la vie sont liées. On ne peut pas entièrement oblitérer sa mémoire. Psychologiquement, une telle émotion dans le vide n'existe pas. Donc le post-impressionniste est forcé de la simuler. Ce qu'il fait réellement, c'est simplement chercher la part la plus cachée, la plus étrange, la plus improbable de son expérience de la nature, et la rendre avec une vulgarité et une véhémence qu'il veut nous faire prendre pour de la spontanéité. [...] Et c'est en cela que réside la tromperie de ce mouvement tout entier – à supposer qu'il soit vraiment sincère. Dans la recherche désespérée de nouveauté, des thèmes qui auraient pu jouer un rôle mineur en littérature sont promus à un rôle majeur en peinture. Une description littérale d'un nu contourné et semblable à un crapaud de Matisse n'offenserait peut-être pas trop l'esprit ; sa représentation peinte offense vraiment le regard.

«Newest Tendencies in Art», *The Nation*, 6 mars 1913, pp. 504, 509, 512. Repris dans Bernard Karpel, Ed. The Armory Show, New York, Arno Press, 1972

Kenyon Cox 1913

Jusqu'à Matisse, les révolutionnaires, du moins je le crois, étaient en général assez sincères. Ils payaient leur foi de leur vie ; ils n'en retiraient pas d'argent ; ils se suicidaient ou mouraient dans des maisons de fous.

Mais avec Matisse, avec l'œuvre tardive de Rodin, et surtout, avec les Cubistes et les Futuristes, ce n'est plus de fanatisme sincère qu'il s'agit. Ces hommes se sont emparés de la machine moderne de la publicité, et gagnent de l'argent avec la folie.

[...] Beaucoup de ses tableaux [de Matisse] sont des dessins de mauvais garçons élevés à la gloire des murs d'une galerie.

Je me suis toujours fait le champoin du nu. Cela ne m'effarouche pas ; mais je trouve que les compositions de certains de ces hommes font montre d'une indécence voulue qui est absolument choquante.

[...] J'ai la conviction, cependant, que Matisse pratique en fait l'ironie et n'a pas les yeux dans la poche. [...]

[Quant aux critiques], ils s'imaginent que Matisse et ses disciples ont redécouvert la ligne parce qu'il n'y a évidemment rien d'autre dans leurs œuvres. Ils oublient que ce qui est vraiment grand et difficile, c'est que le dessin soit beau et expressif sans être faux, et que la beauté abstraite d'une figure ne gagne rien à ce que ses articulations soient tordues et encore moins à ce qu'elles n'existent même pas : la figure ressemble alors à quelque chose entre un bloc de bois et une méduse.

«The New Art : On Cubism and Futurism», *New York Sunday Times*, 16 mars 1913. Repris dans Frederick James Gregg, *For and Against*, Association of American Painters and Sculptors, New York, 1913, pp. 35-36, 39

Royal Cortissoz 1913

Il y a des gens assez stupides pour que, si vous dites, «je suis un bison», ils vous laissent passer. C'est à cela que je pensais tandis que j'allais à la chasse aux lignes et au rythme de Matisse, et je m'émerveillais de ces critiques qui l'avaient, pour ainsi dire, laissé passer. Il est je crois acquis que cet artiste a appris à dessiner. Mais quelles que soient ses capacités, elles sont submergées dans les contorsions de ses figures difformes. [...] Si Matisse était le demi-dieu que l'on dit, il y aurait au moins des traces d'un caractère olympien dans ses puérilités *gauches* [en français dans le texte].

«The Post-Impressionist Illusion», *The Century Magazine*, vol. 85, n° 6, avril 1913, p. 812. Repris dans Karpel, 1972

Julian Street 1913

«Oh, il faut que vous voyez les tableaux de Matisse», me dit Rose [Rose Madder, qui fait visiter l'exposition au critique]. «Certains d'entre nous le considèrent comme le maître des modernistes».

Nous passâmes dans la salle suivante dont l'un des murs grouillait véritablement d'œuvres de Matisse. Il y avait de grandes toiles, dans des tons presque plats, sans aucune ombre [...] Dans certaines d'entre elles les figures humaines étaient «simplifiées» jusqu'à [l'extrême].

«Ne ressentez-vous pas leur force ?» me demanda Rose.

Ce n'était pas le cas, alors je demandais évasivement : «Que veut dire celle-ci ? Celle avec l'homme nu se tordant sur le sol, avec des feux d'artifices derrière lui. Il semble si peu à l'aise. Peut-être qu'il a été touché par un bâton de fusée ?»

«Ce n'est pas un homme», corrigea Rose. «C'est une femme ; et ce ne sont pas des feux d'artifice, ce sont des palmiers.»

«Oh, je vois. Mais pourquoi est-elle peinte en bleue ?»

La voix de Rose était pleine d'impatience quand elle me répondit : «Qu'est-ce que cela peut faire pour autant que Matisse obtient l'effet désiré. [...] Il peint comme un enfant aurait peint à l'aurore de l'art, voyant seulement l'essentiel des formes et des couleurs. Il vous faut considérer ces tableaux comme les productions d'un prisonnier révolté.»

«Bien», dis-je, «je suis fatigué. Je crois que je vais m'en aller. Merci beaucoup, Rose, de m'avoir aidé à comprendre».

«Why I Became a Cubist», *Everybody's Magazine*, juin 1913, pp. 818-819. Repris dans Bernard Karpel, Ed. The Armory Show, New York, Arno Press, 1972

Frank Jewett Mather 1913

Sans aucun doute, Matisse est plus excitant qu'un George de Forest Brush ; mais cela ne veut pas dire que Matisse soit un meilleur artiste. Une suffragette lançant du vitriol est également plus excitante qu'une dame de la bonne société. [...] Matisse est un dessinateur original et puissant [...] Mais ses idées picturales, peut être innées on l'accordera, sont soit triviales, soit monstrueuses, soit tout à fait insuffisantes. [...] Les expressions plus perverses de l'art de Matisse telles qu'elles s'expriment dans des nus bulbeux, une décoration vide et schématique, et une nature morte effrontément inepte, ne font que renforcer une première impression fondée sur les œuvres relativement normales. Sur la laideur de ses surfaces, je dois insister au risque de me répéter. Tout y parle d'une brusquerie et d'une violence étudiées. C'est un art essentiellement épileptique. Peut-être sincère, mais sa sincérité ne compte pour rien, sauf qu'il est dommage de trouver un dessinateur réellement talentueux occupé à organiser des tempêtes dans un verre d'eau.

«Old and New Art», *The Nation*, 1913. Repris dans Frederick James Gregg, *For and Against*, Association of American Painters and Sculptors, New York, 1913, pp. 57-58

Arthur Jerome Eddy 1914

Il y avait de nombreuses toiles très laides dans l'exposition [de l'*Armory Show*] ; certaines étaient intéressantes par leur technique, d'autres n'avaient aucune excuse – *simplement laides.* [...] La laideur est souvent présente dans l'œuvre de Matisse, mêlée à une technique souvent extraordinaire. C'est quelqu'un à étudier, mais pas quelqu'un à imiter. [...] Et puis aussi, il ne faut jamais oublier que le *raffinement* est un élément essentiel de tout *grand* art. [...] Cependant, même le laid, le grotesque, le hideux ont leur utilité. Tout art peut devenir si précieux, si complaisant, si surfait que le choc de la laideur est nécessaire pour lui redonner la vie.

Après Bougereau, Matisse était inévitable.

Cubists and Post-Impressionists, Chicago, A.C Mc Clurg, p. 157

André Lhote 1919

Si M. Matisse a eu chez M. Bernheim [lors de son exposition de 1919] le succès total que jusqu'ici le public lui avait refusé, ce n'est pas que les tableaux qu'il y exposa dénonçassent, mieux que ses tableaux antérieurs, une maîtrise complète. *La toilette* ou le *Nu n° 3 [Nu bleu]* étaient de très belles œuvres, plus ambitieuses que celles qui triomphent aujourd'hui ; leur impopularité vint de ce qu'elles indiquaient chez l'artiste une certaine volonté de dominer son impression première, alors que ses œuvres récentes nous le montrent s'abandonnant sans réserves à ses sensations familières. C'est cette apparente nonchalance qu'aime le public, qui y voit le reflet et comme le pendant de sa paresse à réfléchir et à juger.

«Une exposition Matisse», *N.R.F*, 1er juillet 1919. Repris dans *La peinture, le cœur et l'esprit*, Paris, Denoël, 1933, pp. 32-33

William Carlos Williams 1921

Sur l'herbe française, dans cette pièce de la 5e Avenue, est étendue cette femme qui n'avait jamais vu mon pauvre pays. La poussière et le bruit de Paris étaient tombés de son corps en même temps que sa robe et ses dessous et ses chaussures et ses bas qu'elle avait juste retirés pour s'allonger au soleil. Ainsi reposait-elle au soleil de l'attention tranquille de l'homme. Les yeux de l'homme et le soleil avaient fait se lever le jour sur elle. Elle se donnait aux deux et il n'y avait rien à dire. Il n'y a rien à dire au soleil en plein midi. Un bouquet violet devant son ventre indiquait que c'était le printemps. On pouvait entendre siffler une locomotive derrière la colline. Il n'y avait rien à dire. Son corps n'était ni classique ni rien de ce qu'on aurait pu supposer. Elle était étendue là et la courbe de son torse et de ses cuisses se refermait sur l'herbe et les violettes.

Alors il la peignit. Le soleil était entré dans sa tête avec la couleur d'une pluie de feuilles de palmier flamboyantes. Ils avaient marché pendant à peu près une heure après avoir quitté le train. Ils avaient chaud. Elle avait choisi l'endroit où se reposer et il l'avait peinte se reposant, avec un certain intérêt pour l'endroit qu'elle avait choisi.

Ç'avait été un jour agréable. – Quelles femmes plaisantes sont les nôtres ! Quand elles ont porté des vêtements et les ont enlevés, c'est comme si elles s'étaient acquitté d'un devoir. Elles retournent au soleil avec un geste d'accomplissement. – Ici, elle reposait, à cet endroit, toute différente de Diane ou d'Aphrodite mais montrant mieux que celles-ci l'importance qu'elle accordait au lieu où elle se trouvait. Elle se reposait et il la peignit.

C'était le début de l'été. Aussi vide fût son esprit d'intérêt pour quoi que ce soit d'autre que l'abondance de son savoir, dans lequel son simple corps à elle entrait comme dans l'œil du soleil même, ainsi il la peignit. Et elle vint en Amérique.

Jamais dans mon pays il n'est arrivé que quelqu'un voit une femme nue puis la peigne comme s'il n'ait rien su d'autre que sa nudité. Aucune femme dans mon pays n'est nue, sauf pendant la nuit.

Dans le soleil français, sur l'herbe française dans une pièce de la 5e Avenue, une jeune fille française est étendue et sourit au soleil sans nous voir.

«A Matisse», *Contact*, 1921. Repris dans Flam. 1988, p. 56-57

Barnes 1933, pp. 65, 86, 132 ; Mc Bride 1951 ; Barr 1951, pp. 94-95 ; Lassaigne 1959, p. 48 ; Aragon 1971, tome I, p. 64 ; Gowing 1979, p. 75 ; Schneider 1984, pp. 349, 380 ; Richardson 1985, pp. 112-115 ;Flam 1986, pp. 192-195 ; Rubin 1988, pp. 368-369 ; Pleynet 1988, pp. 119-120 ; Elderfield 1990, p. 190 ; Whitfield 1991, pp. 184-185 ; Elderfield 1992, pp. 30-32, 57 ; Herbert 1992, pp. 146-161

44 Les oignons roses, hiver 1906-1907

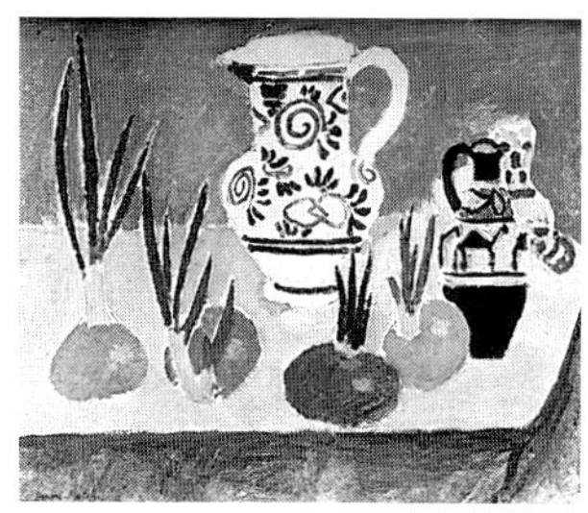

Georges Jean-Aubry 1908

Mais peut-être ce qui dans toute son exposition affirme le mieux ce que sa vision comporte de clarté, de limpidité, c'est une petite nature morte, un pot et des oignons ; la fluidité de sa matière y atteint son plus haut degré.

«Le Salon d'Automne», *L'Art moderne*, 1er novembre 1908, p. 346

Hans Purrmann 1946

A Berlin, où j'étais retourné entre temps, Orlik me téléphona un jour pour me dire qu'il avait vu chez E.R. Weiss un tableau de Matisse, que celui-ci venait d'acheter aux enchères. En effet, sa femme, Renée Sintenis, avait remarqué, en lisant le journal, le nom de Matisse écrit en petits caractères dans une annonce de vente à l'encan [au Kunstsalon Fritz Gurlitt]. [...] L'honnête E.R. Weiss mit à ma disposition le tableau qu'il avait acquis régulièrement. Je me sentis pourtant malheureux de le lui avoir enlevé, quand j'appris que les Stein, dans un mouvement de panique, les avaient tous vendus secrètement depuis lontemps au Norvégien Tetzen-Lund.

«Uber Henri Matisse», *Werk*, juin 1946

On lira également Barr 1951, p. 77 ; Flam 1986, pp. 178-179

45 Le jeune marin I, hiver 1906-1907 ou printemps 1907

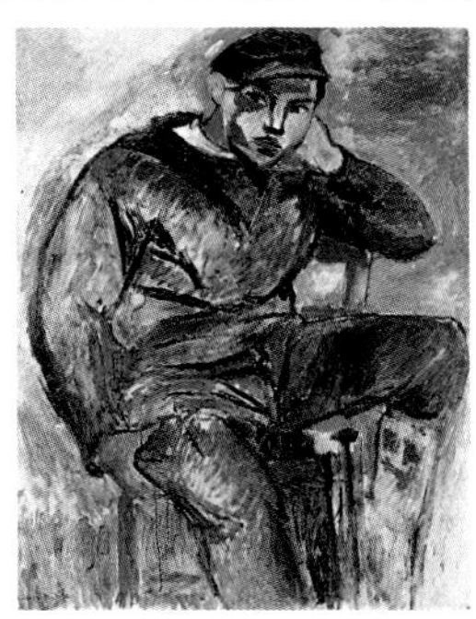

Barnes 1933, p. 132 ; Swane 1944, pp. 60-61 ; Stein 1947, p. 192 ; Barr 1951, p. 93 ; Schneider 1984, p. 281 ; Flam 1986, p. 175

45 bis Le jeune marin II, hiver 1906-1907 ou printemps 1907

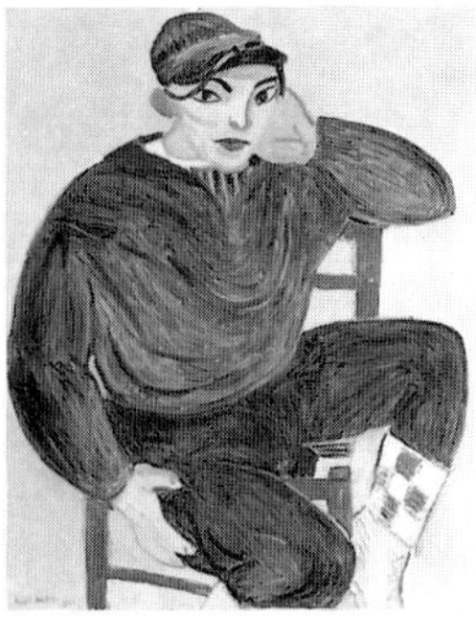

Leo Stein 1947

Un été, il rapporta de la campagne une étude d'un jeune pêcheur, et aussi une copie libre de celle-ci avec des déformations extrêmes. Au début, il prétendit que c'était l'œuvre du postier de Collioure, mais il finit par admettre que c'était une de ses propres expérimentations. C'était la première chose qu'il faisait avec des déformations forcées. Il rapportait aussi quelques paysages de couleurs vives, qui m'attirèrent tout de suite si fortement que je les voulais tous ; mais je pus en avoir deux seulement, parce que les autres étaient déjà réservés. Dans ces paysages, pour la première fois, je notai qu'au bout d'un petit moment, les rythmes essentiels devenaient plats. Cependant, malgré cela, ses œuvres m'ont toujours intéressé, et j'ai toujours voulu voir ce qu'il a fait par la suite. On pouvait être certain qu'il continuait convenablement.

Appreciation : Painting, Poetry and Prose, New York, Crown, 1947, p. 192

Barr 1951, p. 94 ; Diehl 1954, p. 50 ; Gowing 1979, p. 59 ; Schneider 1984, p. 281 ; Flam 1986, pp. 175, 178 ; Schneider 1989, p. 25, 29-30

46 Portrait de Marguerite, hiver 1906-1907

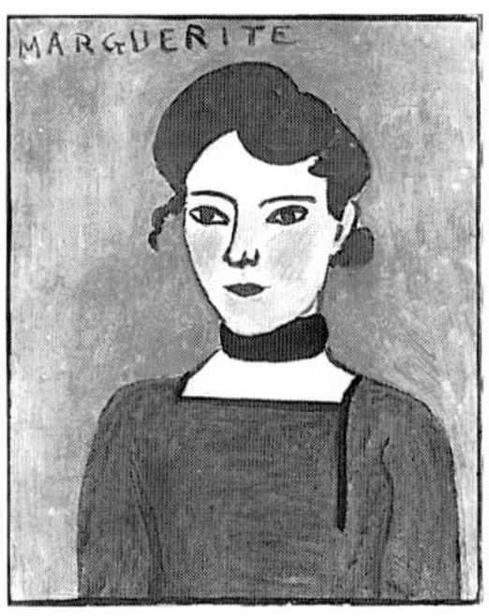

Hans Arp 1913

Parmi les artistes qui mènent l'art à son apogée, Henri Matisse occupe sans doute la position la plus haute. Tout le long chemin qui conduit à lui semble en sa personne devenu léger et lumineux. Les valeurs du passé péniblement acquises ressuscitent en lui en une évidence naturelle. Avec l'assurance d'un dandy, il dispose de sa richesse – et s'en sert pourtant avec la dévotion et la foi d'un enfant. Seule sa grande alacrité a pu souder ces éléments de natures tellement contradictoires, où résident ses liens avec le passé et l'avenir, en une si parfaite unité. C'est elle qui donne son caractère puissant à son style, c'est elle aussi qui le rend sans limites et l'empêche de se fixer.

Neue Französische Malerei, Leipzig, Verlag der Weissen Bücher, 1913

Gertrude Stein 1933

Matisse et Picasso, qui avaient alors été présentés l'un à l'autre par l'entremise de Gertrude Stein et de son frère, devinrent amis mais ils étaient ennemis. Maintenant ils ne sont plus ni amis ni ennemis. A cette époque, ils étaient les deux à la fois.

Ils échangèrent des tableaux, comme c'était l'habitude à cette époque. Chaque peintre choisit celui de l'autre qui était censé l'intéresser le plus. Matisse et Picasso choisirent chacun le tableau de l'autre qui était indubitablement le moins intéressant que chacun d'eux ait jamais fait. Plus tard chacun l'utilisa comme exemple, le tableau qu'ils avaient choisi, des faiblesses de l'autre. Très évidemment dans les deux tableaux choisis les fortes qualités de chaque peintre n'étaient pas très évidentes.

The Autobiography of Alice B. Toklas, New York, Harcourt, Brace and Co., 1933, p. 79

Georges Duthuit 1949

Il y a, inné chez Matisse, un certain sens du cérémonial qui l'a poussé à revenir [aux] pratiques religieuses et vers les ordonnances hiératiques, cela avant qu'il ne se fût approché de peintures byzantines ou byzantinisantes, des fresques coptes par exemple. L'une d'elles, à Baouit si je m'en souviens, ressemble beaucoup malgré sa gaucherie paysanne à un portrait comme celui de *Marguerite* – très évolué, lui. « A bas le portrait de Marguerite », criaient les camarades de Picasso dans les rues de Montmartre, à la période héroïque du té, de l'équerre, des collages et du grand sentiment. La pauvre Marguerite n'était guère cubique, c'est vrai, mais elle recélait bien quelque sentiment, disons le sentiment de l'effet plastique, de la force directe des signes, de leur portée immédiate à long rayon de croisière sur ceux qu'ils devaient atteindre et influencer, non ? En tout cas, la paix est faite et on laisse Marguerite tranquille : le fauvisme a gagné sa partie.

Duthuit 1949, pp. 216-217

André Salmon 1955

Comme Matisse voulait qu'on le tînt pour un grand artiste rien que sensible à une sorte de sensualité filtrée, hors de la vie telle qu'elle nous apparaissait, et, en outre, imperméable, je ne dirai pas à l'humour, mais à la belle humeur, on lui a fait des blagues. Des blagues à distance respectueuse. Matisse fit présent à Picasso, qui l'inquiétait tellement, d'un portrait de sa fille Marguerite ; une de ses moins bonnes toiles. En avait-il conscience et est-ce pour cela qu'il en faisait cadeau ? Tout aussitôt nous nous sommes rendus au bazar de la rue des Abbesses où, pauvres mais ne reculant devant aucun sacrifice à la joie, nous fîmes emplette d'un Tir Euréka. Et dans l'atelier les flèches à ventouse de faire merveille sur le tableau, sans l'endommager, je dois le dire. «Pan ! dans l'œil à Marguerite !» «En plein sur la joue !». On s'amusait bien. et davantage quand on apprit que Matisse déjà classé grand homme menait une discrète enquête pour savoir quelle main ou quelles mains écrivaient sur les murs et palissades de Montmartre : «Matisse rend fou !...», «Matisse est plus dangereux que l'alcool...», «Matisse a fait plus de mal que la guerre !...» ceci quand nous n'avions de la guerre que l'idée à s'en faire d'après la chronique de 1870.

Souvenirs sans fin (première époque : 1903-1908), Paris, Gallimard, 1955, pp. 187-188

Pablo Picasso 1962

Je pensais alors que c'était un tableau clé et je le pense encore.

Propos de Pablo Picasso en 1962, cités dans *Paris Match*, 9 juin 1973

Françoise Gilot 1991

Ce qui frappe, dans cette œuvre, c'est la simplicité quasi enfantine de la composition, traitée avec quelques tons plats, et la façon presque naïve dont le prénom, Marguerite, est inscrit à l'horizontale, dans la partie supérieure gauche de la toile. Une telle spontanéité fascinait Picasso, qui admirait le courage qu'il avait fallu au maître du Fauvisme pour s'exprimer avec une telle candeur. Bien des années plus tard, il regrettait encore d'avoir laissé ses amis se moquer de cette œuvre alors qu'il savait ce qu'elle manifestait d'essentiel.

Matisse et Picasso, Paris, Robert Laffont, 1991, pp. 69-70

On lira également Barr 1951, p. 94 ; Aragon 1971, tome II, pp. 67-69 ; Oppler 1976, pp. 151-153 ; Gilot 1991, p. 35 ; Labrusse 1992, pp. 82-83

48 Nature morte aux asphodèles, été 1907

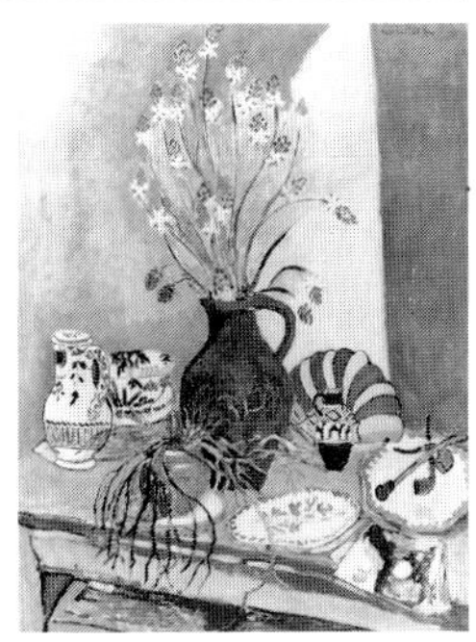

Gottfried Benn 1941

Bouquets – cependant les feuilles manquent,
Cruches – cependant larges comme des urnes,
– Asphodèles,
à Proserpine vouées –

«Henri Matisse : Asphodèles», poème envoyé par Benn à son ami F.W. Oelze, repris dans *Gedichte*, p. 217

Georges Duthuit 1956

Ce tableau nous surprend, à cause de son exubérance ; alors que nous associons habituellement Matisse à une sensualité prolongée – étant difficile de voir aucun sentiment répandu dans son œuvre (sauf peut-être la peur de cet excès). Il y a une qualité religieuse, mais presque malgré le peintre. Il possède la rigueur formelle sans la prétention.

Note inédite, retraduite de l'anglais. Publiée avec l'aimable autorisation de Claude Duthuit

On lira également Barr 1951, p. 93 ; Flam 1986, pp. 201-202

50 Vue de Collioure, été 1907 ou 1907-1908

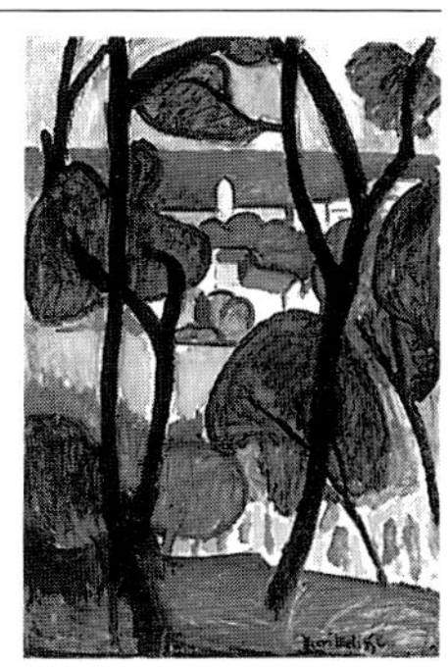

Schneider 1989, p. 28

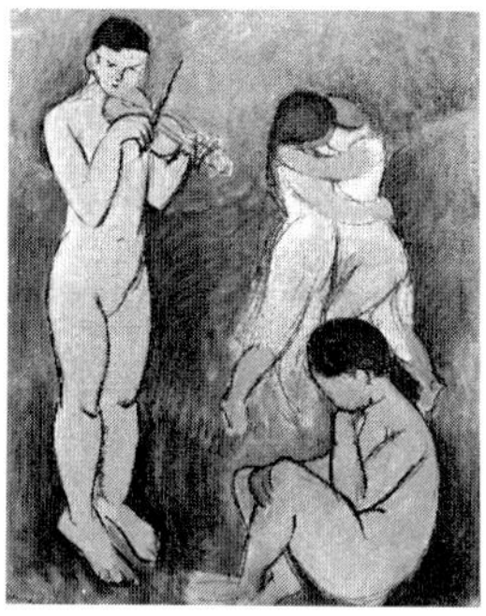

52 La musique : esquisse, printemps-été 1907

Barr 1951, p. 78 ; Elderfield 1978, pp. 52-54 ; Flam 1986, pp. 203-204

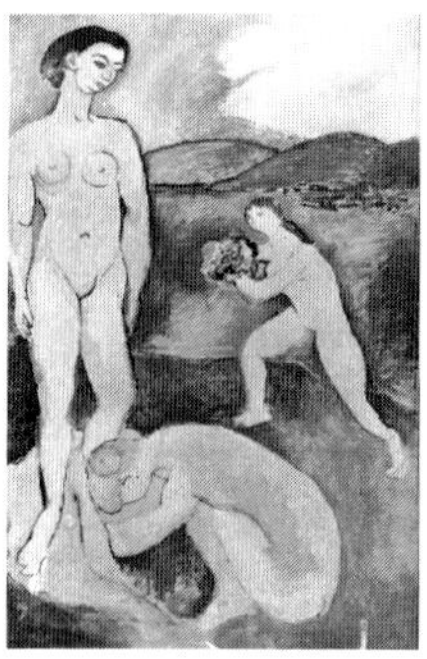

53 Le luxe I, été 1907

Louis Vauxcelles 1907

Les fauves [...] entrons dans leur antre et tâchons de ne point nous laisser dévorer. Abordons l'œuvre déroutante de Matisse. Il ne s'agit point ici de ricaner, comme les Béotiens ; je ne rirai jamais d'un artiste dont les efforts, même orientés vers le faux et l'erreur, sont sincères. Mais, me souvenant des toiles que Matisse et Friesz (qui le suit en aveugle) ont peintes autrefois, je vais une fois encore, au risque de les peiner, leur crier casse-cou.

Hé ! parbleu, je sens bien les mérites décoratifs que déploie Matisse dans son abasourdissant panneau de nus, voire dans son effigie de femme quasi caricaturale. [...]

[Mais] pourquoi ce mépris haineux de La forme ? Vous professez que la peinture, dont la fin serait d'enclore des volumes rythmés dans un cadre, doit s'écarter résolument de l'objet. Non, mille fois non ; tous les maîtres de Greco à Manet, de Poussin à Cézanne et Van Gogh, vos patrons, ont voulu représenter l'objet. Dépouiller la peinture de ses éléments vitaux, pour la réduire à une abstraction, c'est faire œuvre de théoricien, de symboliste, de tout ce qu'on voudra, mais de peintre, non pas. Quand ce vrai peintre sortira-t-il de l'impasse où il piétine depuis trois ans ?

«Le Salon d'automne», *Gil Blas,* 30 septembre 1907, p. 3

François Thiébaut-Sisson 1907

Le Salon d'Automne, une fois de plus, s'est ouvert. Jamais on ne l'a vu si accueillant, si modeste d'ailleurs et d'intentions si peu provocantes. Ces révolutionnaires à tout crin se sont rangés. A force de tâtonner, de guetter du pied la terre ferme, quelques-uns ont trouvé le sol agréable et s'y sont résolument engagés.

Ils ont su de tout temps ce qu'ils voulaient ; ils ont ignoré longtemps quel langage il s'agissait pour eux d'employer, sous quelle forme leur idée personnelle s'exprimerait, quels accents il convenait de lui donner.

Ils le savent.

L'un après l'autre, nous avons vu émerger les mieux doués. [...] Tel Manguin, dont le labeur, enfin, porte fruit ; tel encore ce Matisse dont la production, toute incohérente qu'elle soit, dénote une âme ardente d'artiste et devant lequel on s'inclinera très bas, quelque jour, s'il arrive à se guérir de cette maladie de l'inachevé qui est un des traits distinctifs de son tempérament et qui caractérise avec lui tant de ses contemporains.

«Le Salon d'Automne», *Petit Temps,* n° 2418, 1er octobre 1907, p. 1

Georges Desvallières 1907

A côté [de M. Sert], ce sera M. Matisse, attiré surtout, lui, par certains coins plus mystérieux, moins explorés de l'art ; raisonneur convaincu, artiste attentif à l'expression que portent en eux les tons et les formes mais que son raisonnement amène parfois à des combinaisons déconcertantes si l'on sait mal le pourquoi de certaines déformations et de certaines insuffisances d'exécution.

«Au Salon d'Automne», *La Grande Revue,* 1er octobre 1907, p. 741

Félix Vallotton 1907

Non loin de là, M. Matisse exhibe un grand panneau *Le Luxe,* qui déchaîne passablement de discussions ; je dis passablement, parce qu'il m'a paru tout de même – est-ce habitude ou désintérêt – que le temps des invectives était passé. Des gens disent : Voilà *le Matisse,* regardent et s'en vont, d'autres méditent, et le pli de leur front semble déceler que ça ne va pas tout seul, d'autres encore ont l'air en proie aux tremblements d'un enthousiasme qui a du mal à s'extérioriser. Évidemment, le sens exact de cette œuvre, hermétique disent les uns, limpide comme le cristal, assurent d'autres, n'a rien d'absolu et chacun y peut puiser des arguments propres à soutenir les opinions les plus contraires.

La toile représente, se détachant sur un fond marin de verts, de bruns et de bleux violacés, trois femmes ; une grande, debout de face, dominant la seconde accroupie de profil à ses pieds, et, dans le lointain, la troisième, écartelée dans un mouvement de galop suspendu ; tout cela sans grandes relations de formes ni de volumes. C'est dessiné au trait, de ce trait hypnotique et chevrotant adopté par M. Matisse comme le seul sans doute qui puisse inscrire sans trahison les errements de sa sensibilité ; le coloriage est agréable bien que plat, et les rapports heureux encore qu'assez élémentaires. Cela cause une impression bizarre ; de loin on est attiré, car ces ondes de couleur sans représentation définie font sur le mur un joli jeu, on s'approche, et sitôt le charme s'évapore, de là le dépit. Suivant l'humeur, le temps, ou l'ami qui vous accompagne on développe celui de ces sentiments qui paraît le plus propice ou facile à défendre, et l'on s'en va, devisant, jusqu'à ce que quelque chose d'autre vous accroche par de plus solides affirmations ; l'intérêt se déclenche alors, mécaniquement ; on lâche les «devenirs» et les subtilités s'évanouissent, car le besoin de certitude est inhérent à l'espèce, et la certitude en art n'est que dans l'exprimé.

Je me suis un peu étendu sur ce cas-là, car il est représentatif et semble devoir faire école. Nul ne prend plus son art au sérieux que M. Matisse, et nul ne lui voit des fins plus hautes, il est avant tout probe ouvrier ; cela vaut qu'on lui fasse quelque crédit.

«Au Salon d'Automne», *La Grande Revue*, 25 octobre 1907

Georges Jean-Aubry 1907

Devant M. Matisse, il faut se taire et attendre. Il est le point le plus inquiétant de la jeune peinture, il est le centre des aspirations, des espoirs et des déceptions. Mais cependant pourra-t-on dans cinquante années s'autoriser du dessin presque caricatural de sa grande toile de cette année ? Certes il est toujours le coloriste prodigieux de sûreté, de délicatesse et de puissance que nous savons, mais vers quels aboutissants ces formes ?

Henri Matisse n'a pas lassé notre patience. Les dons et l'influence dont il dispose indiquent ce qu'on doit en attendre. Atteindra-t-il au point où nous le souhaitons ? [Saura-t-il] se dégager de la peinture par principes pour retrouver sont tempérament ? [...] [Les «Fauves»] en sont tous là à l'heure actuelle [...] Ils ont presque tous contrecarré leurs instincts et la naturelle indolence humaine ; c'est le douloureux et nécessaire moyen de revenir à soi [...] Si la route est dure et décevante, et s'il en est qui n'atteindront pas la Terre promise, du moins c'est la seule route des courageux et des forts, c'est la route qu'ont suivie les maîtres et qui sans fin mène du passé à l'avenir la longue théorie de ceux qui aiment trop la vie et l'art pour se contenter de ce que leur premier aspect leur propose et pour ne pas tenter d'arracher un aveu de plus à leur inépuisable mystère.

«La peinture au Salon d'Automne», *L'Art moderne*, n° 43, 27 octobre 1907

Michel Puy 1907

Ces cinq toiles sont-elles vraiment des esquisses comme l'indique le catalogue ? On préfèrerait qu'il en fût ainsi, que Matisse renonçât à mettre dans un tableau des formes qui ne valent qu'à titre d'indication [...] Si dans *Le Luxe* il avait consenti à enlever à ses figures une apparence de croquis, il en aurait fait une œuvre pleine de grandeur.

«Les Fauves», *La Phalange*, 15 novembre 1907. Repris dans *L'effort des peintres modernes*, Paris, 1933, p. 65

Louis Rouart 1907

Que dire de M. Matisse ? Selon les uns ce serait un savant qui, pour couvrir ses toiles de peinture aurait recours aux mathématiques... D'autres le considèrent comme un esprit maniaque et borné poussant jusqu'à l'absurde des idées fausses. Les plus clairvoyants ne voient en lui qu'une nature médiocre et banale que le désir d'être original tourmente. Il n'est guère pris au sérieux que par deux ou trois juifs de San Francisco et par quelques marchands qui estiment que les œuvres d'art [...] n'ont pas besoin d'avoir plus de valeur réelle que des actions.

«Réflexions sur le Salon d'Automne, suivies d'une courte promenade au dit Salon», *L'Occident*, novembre 1907, pp. 236-237

Charles Malpel 1907

Nous avons naguère cherché querelle à M. Henri Matisse à propos de son exposition des «Indépendants».

Il convient que nous fassions amende honorable. Son grand panneau central [*Le Luxe I*], qui est (l'auteur prit soin de le dire) une «esquisse», atteste les plus séduisantes et les plus fermes qualités de décorateur. Il est grandiose de lignes et de couleur. [...] Quant à ses paysages, ils sont d'une sereine beauté, fermes et amples, grâce à de magistrales et saisissantes simplifications.

«Le Salon d'Automne à Paris», *Le Télélgramme*, automne 1907, Toulouse. Repris dans Malpel 1910, pp. 154-155

Inez Haynes Irwin, le 18 avril 1908

Les tableaux dont je me souviens [lors de ma visite chez Michael et Sarah Stein] : [...] – les trois personnages, un debout, un accroupi par terre, un portant des fleurs au fond, tous nus. C'est celui qui a eu un grand succès à une exposition d'automne. Frank [Gelett Burgess] a trouvé le personnage du milieu plein de vie et pas «imprégné du modèle» contrairement à un nu aux contours nets placé debout à côté et laissant tomber une chemise.

Haynes Irwin, *Journal* du 25 mars au 5 mai 1908, manuscrit conservé à la Arthur and Elisabeth Schlesinger Library of the History of Women, Radcliffe College, Cambridge

Wilheim Uhde 1928

Mais tandis qu'ici un homme [Picasso] s'efforçait de créer la vie, la passion purement cérébrale d'Henri Matisse s'appliquait à modeler à plat une surface, ce dont lui fournissait prétexte le vague aspect d'objets qui, humainement, lui étaient indifférents. L'autre continuait Cézanne, celui-ci Renoir; mais un Renoir chez qui la sensualité était remplacée par l'intelligence et le goût. Cette intelligence se posait, en présence d'une surface exactement délimitée, des problèmes scientifiques quant à la couleur, la ligne, la composition. [...] Le rose et le vert clair d'Henri Matisse sont un geste sage et de bon goût. [...] Ces tableaux [...] souvent de format trop grand, trop prétentieux, mais si légers à la main, étaient, parmi toutes les possibilités artistiques, aux antipodes de celles de Picasso [...] L'amour de Picasso avait une autre portée que l'intelligence d'Henri-Matisse!

Picasso et la tradition française, Paris, Éditions des Quatre Chemins, 1928, pp. 21-22, 24, 25

Georges Duthuit 1949

De sa longue familiarité avec l'objet et par toute espèce d'assortissements il a tiré bien autre chose que l'objet singulier dans l'éternité, hallucination des classiques, ou dans l'instant, mirage des impressionnistes. Ce qu'il se propose de nous offrir, c'est un objet émancipé de toute fixation et de toute mesure et source perpétuelle d'énergie, un objet réel ou qui donne une impression telle de réalité que parfois, en rencontrant ses figures, il nous semble qu'elles vont marcher, parler, ou bien que ce bureau et nous-mêmes nous avons été projetés dans un séjour d'harmonie où vibrent à l'unisson, encore dans cette vie où nous sommes engagés et qu'il nous faut bien vivre, mais aussi autre part, on ne sait où et à jamais réconciliés, bureau, plage, écrivain au bureau et, sur la plage, trois femmes dévêtues. Cette expérience me paraît irréfutable parce que d'autres que moi l'ont faite. La grande toile *Le Luxe,* aujourd'hui au Musée d'Art Moderne, se trouvait jadis dans un appartement dont j'avais disposition, au fond de l'antichambre et séparée de ma chaise par une porte vitrée. Et ce fut soudain comme si le paysage m'apparaissait pour la première fois; un instant ravi, je n'avais pas plus envie d'écrire que les femmes de se baigner, également ailleurs, avec le plancher, le mobilier, les fenêtres, avec moi, transportés.

Duthuit 1949, p. 224

Barr 1951, p. 96; Jedlicka 1961, pp. 25-26; Guichard-Meili 1967, p. 60; Müller 1967, pp. 46-47; Taillandier 1970, pp. 88-89; Jacobus 1972, p. 116; Gowing 1979, p. 68; Flam 1986, pp. 207-216; Monod-Fontaine 1989, pp. 32-35; Elderfield 1992, p. 58

55 Sculpture et vase persan, printemps 1908

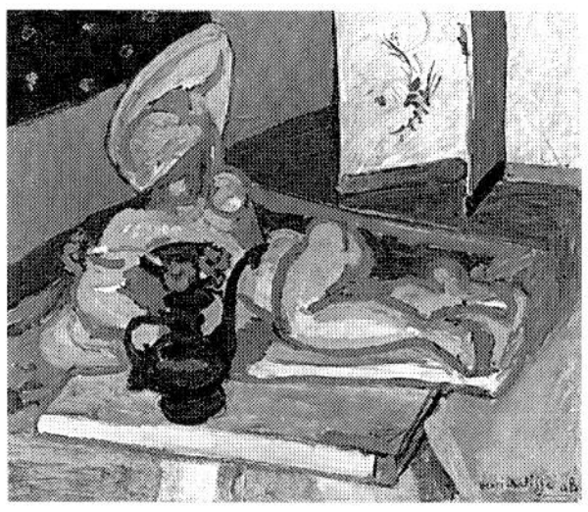

Barr 1951, p. 124; Schneider 1984, p. 395; Flam 1986, p. 236

56 Baigneuses à la tortue, février 1908

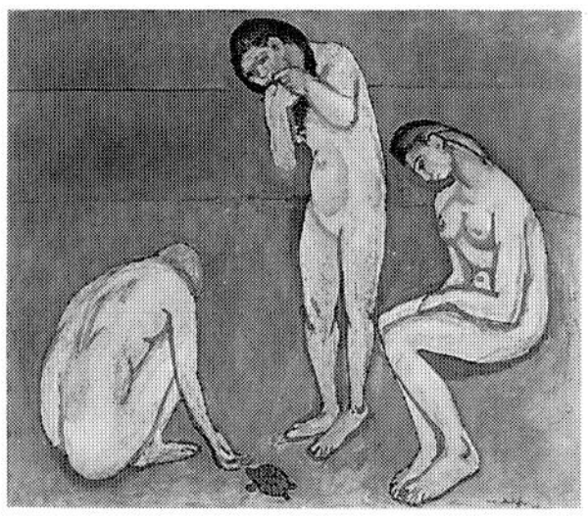

Serguei Stschoukine à Henri Matisse, 2 juin 1908

Je pense toujours à votre admirable «Mer» [*Baigneuses à la tortue*], je vois toujours devant moi ce tableau. Je sens cette fraîcheur, cette grandeur de l'océan, et ce sentiment de tristesse et de mélancolie. Je serais très heureux d'avoir quelque chose dans la même note.

Archives Matisse, Paris. Lettre citée dans Kostenevitch, Semionova 1993, p. 161

Oskar Niemeyer 1911

L'œuvre majeure prêtée à l'occasion de cette exposition par le Folkwangmuseum de Hagen démontre parfaitement les intentions de cet art. La peinture y offre les ultimes valeurs élémentaires du paysage comme quantités de couleur. Le vert pur comme symbole de la terre, le bleu soutenu comme idée de la couleur de la mer, un bleu-gris profond, doux, comme formule de l'air: ces symboles de surface sont placés, grands et clairs, l'un après l'autre, limités horizontalement, et la relation des rubans parallèles fixée par leurs quantités de couleur rappelle le nombre d'or; c'est-à-dire que le ruban le plus haut correspond à celui du centre et que les deux autres rubans du haut, les zones lointaines et proches, donc la terre verte, répètent cette même relation. Or ce schématisme formel est associé à la vie subtile des couleurs de ces surfaces. Les symboles cosmiques des trois zones de couleur, bien que simplifiés jusqu'au parallélisme de couleurs homogènes, respirent fort sensiblement la vie mystérieuse de la couleur, s'enfoncent dans l'impénétrable de l'abîme optique que chaque couleur pure représente. Imbue de la couleur absolue et de la vie suprême de la structure, munie de l'activité sensible du pinceau, avec un soupçon de lumière et d'ombre, l'œuvre tient sa force optique de cet art mathématique. Aucun aspect purement décoratif ou plat. La grande leçon de Cézanne est parfaitement comprise et maintenue.

[...] Les formes organiques sont uniquement représentées par les ultimes valeurs élémentaires, en surfaces de couleur rose-blond. Toutefois, c'est la douce plénitude de la couleur qui donne la puissance d'existence presque cubique à ces étranges silhouettes, ce que l'exemple de Cézanne a pu rendre possible. L'allusion de la forme des contours rouge-brun, fluides, suggère l'essence de la forme plastique, la sensation d'énergie organique. Les formes se créent au sens large par les angles et par l'interprétation de la masse colorée. Les rythmes formels de la réalité sont rendus dans leur ultime fonction mathématique: debout, assis, accroupi. Les trois corps nus donnent les attitudes corporelles de base. Toute l'énergie artistique se concentre pour réaliser l'équilibre total des différentes zones importantes de la surface, en penchant l'ensemble des figures vers la tache de couleur qu'est la tortue sur le sol. La vérité mathématique de la réalité est ainsi construite par un schéma abstrait de l'existence et de l'action, et ceci par la relation immuable de la composition selon les distances, selon les masses de la vision et selon les rapports des lignes entre elles.

C'est la pure métaphysique de la peinture qui agit dans cette réduction des apparences à l'ultime substance, dans la consolidation des rythmes de l'existence vers une simplicité géométrique. Il s'agit de problèmes allemands, mais traités en l'occurrence par l'art français dans le sens d'une sensualité picturale certaine et d'une véritable culture optique.

[...] La vitalité picturale que le style actuel donne à Matisse rend beaux ces personnages quasi grotesques, cette image étrange, irréelle de l'être humain. Il n'y a pas de mot pour désigner la force décorative que les courbes équilibrées et nettes de ces corps peuvent avoir, ni pour qualifier leur harmonie modérée avec les trois niveaux de couleur du fond. De l'existence muette de ces trois personnages, inondés de lumière et grands devant le lointain sombre et lourd, qui ne se touchent ni ne se croisent, isolés et cependant liés par le souffle d'un trait commun élémentaire, émane la mélancolie et la solitude du rythme de voiles silencieuses sur la mer au large.

Oscar Niemeyer, «Henri Matisse - Der Architektonische Rythmus», *Sonderbund 1910 Denskschrift*

Willard Huntington Wright 1915

Bien que l'apport le plus important de Matisse à l'art moderne, après le fait d'avoir conduit la forme au plus près de l'abstraction, soit l'harmonisation des couleurs, ses plus belles toiles sont celles où la forme domine, comme le jeu de balles [*Joueurs de boules*], La Musique-Esquisse et les Baigneuses [*Baigneuses à la tortue*]. Dans ces tableaux cependant, il y a une absence totale de rythme au sens où Renoir l'entendait ; mais ils montrent une capacité parfaite des formes à occuper un espace donné, une harmonie du sujet avec son cadre, une suite éclatante d'espaces inhabituels aux proportions magnifiques ainsi qu'un sens étonnant de la forme bi-dimensionnelle.

[...] Le plus grand mérite de Matisse est d'avoir donné à la peinture son impulsion finale vers l'abstraction. Mais ses toiles, quoiqu'étant esthétiquement justes, ne sont pas esthétiquement satisfaisantes, parce que, dans sa composition, il n'a jamais pénétré plus loin que la surface. Et même en surface, il n'a jamais atteint une plus grande aisance que celle que lui permettaient parallélismes et oppositions simples, quoiqu'il n'y ait jamais eu d'artiste qui ait mieux su adapter son expression à la forme et à la taille de sa toile.

Modern Painting : Its Tendency and Meaning, 1915, 2ᵉ édition, New York, Dood Mead & Co, 1927, pp. 234-235

Meyer Schapiro 1932

Dans la grande toile représentant trois femmes sur la plage, qu'il faut regarder à une distance considérable [pour l'apprécier], le fond consiste en trois larges bandes intenses [...] dont nous n'avons pas les coordonnées spatiales. Les figures sont soigneusement peintes dans le but de suggérer leur pesanteur et leur substance sculpturale. Nous avons l'habitude dans l'art ancien de cette inconséquence de la composition plastique qui ne laisse aucun espace libre. Le fond n'est pas à strictement parler un fond ou un écran de couleur – étant donné qu'aucune ligne du sol n'est indiquée et que les figures se tiennent assises ou debout à l'intérieur d'un même aplat de couleur, sans être supportées par un sol – c'est un espace indéfini, vibrant et coloré, comme un ciel nocturne, sans axe de référence évident. C'est l'espace de certaines peintures byzantines et médiévales, dans lesquelles on trouve parfois des figures [...] qui ne se tiennent pas sur un sol, ce qui, dans le contexte religieux qui est le leur, suggère opportunément un champ infini, sans rappeler directement la nature. Cependant les bandes du fond sont différentes de l'art médiéval par l'irrégularité de chacune des couleurs. Le bleu est un bleu changeant, comme celui des ciels impressionnistes ; la couleur du fond immatériel change près des contours des figures, formant une sorte d'ombre malgré l'absence de soleil [...] et les bandes semblent avoir été brisées à l'endroit où elles rencontrent les figures. Lorsque l'artiste a coloré ses figures, il a appliqué vigoureusement et en quantité, sur les différentes parties des corps, des teintes locales de bleu, de vert, de gris et de jaune – teintes que les peintres du XIXᵉ siècle avaient développées dans leurs études réalistes de la chair des nus [...]. Ici les contours sont simplifiés comme dans l'art antérieur, mais la couleur conserve, même si elle n'a plus beaucoup de rapport avec la nature, les modalités de la couleur humaine [...]. Cette combinaison est typique de Matisse, comme il devrait plus ou moins en être pour tout peintre de notre époque.

Schapiro 1932, p. 32

Clement Greenberg 1953

Matisse a toujours étant hanté par le motif vénitien de nus dans la nature. Ce tableau fut exécuté alors que l'artiste s'efforçait de sortit du fauvisme «classique» et doit autant à Cézanne (qui avait son propre rêve de nus dans un paysage) qu'à Gauguin. Le problème était ici d'intégrer les figures à un fond à la fois vaste et plat. Aussi la question de l'espace

« négatif » ou vide entre les contours et les bords de la toile devenait-elle cruciale ; je ne suis pas sûr qu'elle ait été résolue. (Cette difficulté fait sans cesse retour dans l'art de Matisse, comme dans une bonne partie de la peinture abstraite). L'artiste essaie de « mêler » les figures au fond en utilisant le procédé employé par Cézanne qui consiste à border l'extérieur des contours d'une épaisse ombre bleue avant de les faire vibrer vers l'arrière, dans le sens de la profondeur. Malgré tout, les figures restent trop raides. Cependant la toile dans son ensemble possède une vigueur et une ampleur monumentales qui compensent en partie ses manques d'unité. On notera de quelle façon les teintes du fond complètent subtilement celles du premier plan, et comment les nuances de tons chauds à l'intérieur de ces tons froids les aident à avancer et à enclore les figures. On verra également dans *Les demoiselles à la rivière* comment Matisse a pu traiter un thème similaire d'une manière radicalement différente.

Henri Matisse, New York, Abrams Pocket Series, 1953

Margarete Moll 1956

On attachait déjà une signification précise à ce nom, « Les Fauves », lorsque Matisse décida de reposer la question de l'art et d'attaquer les problèmes par un autre côté : la forme était venue s'ajouter en contrepoids à la couleur. [C'est vers 1907-1908] que Matisse se mit à appliquer les « formes fortes » [...]. Il était pleinement conscient de la gravité d'un tel franchissement : en conservant sa manière de peindre alors connue de tous il allait progressivement vendre ses œuvres. Mais ce pas crucial, ce changement devait se discuter et être soigneusement pesé avec sa femme et ses amis. En dépit de l'opposition et des réticences que rencontraient ses intentions nouvelles, il s'y décida quand même. Ses amis n'étaient pas disposés à le suivre sur cette nouvelle voie. Mais Matisse cherchait une réalisation nouvelle et allait parvenir à ses fins. Encore de nos jours nous discernons presque parfaitement l'année de ce tournant décisif, et plus encore quand on fait la comparaison avec les autres peintres qui n'ont pas quitté leur champ habituel.

« Erinnerungen an Henri Matisse », *Neue Deutsche Heft*, février 1956

Georges Duthuit 1956

Première impression, une grande force se déploie là, une résistance que l'on pourrait comparer, en effet, à la coquille de la tortue, mais vidée, sans beauté, comme d'une chambre laissée à l'abandon, où l'on a laissé les objets obéir au hasard, bien que dissimulés sous une couche de sobre poussière. Les lignes, fibreuses, se tendent comme un muscle. Voilà trois femmes absorbées par la curiosité qui les tourne vers l'animal. Que cette curiosité, cette tension aillent croissant, l'artiste nous le montre, et ce dessin, comme la griffe nerveuse posée par lui, son empreinte sur l'infinitude de l'air marin tout alentour. Revenons à ce tableau après l'avoir un instant quitté. Nous le trouvons vivifiant. Contre le développement de cette marine, eau et plage, c'est, qui s'impose obstinément, emphatique, la présence de la tortue, pareille au bruit du caillou sur le pavé ; les femmes se trouvent presque aussi bien enracinées au sol. Un mot prononcé sans qu'on ait l'air d'y donner d'importance, ni musicalité.

Note inédite. Publiée avec l'aimable autorisation de Claude Duthuit

Barr 1951, p. 132 ; Myers 1951, p. 72 ; Chetham 1968, pp. 9-28 ; Gowing 1979 pp. 93-94 ; Flam 1986, pp. 226-229 ; Rousseau 1991, pp. 80-85 ; Elderfield 1992, pp. 58-60

57 Les joueurs de boule, printemps 1908

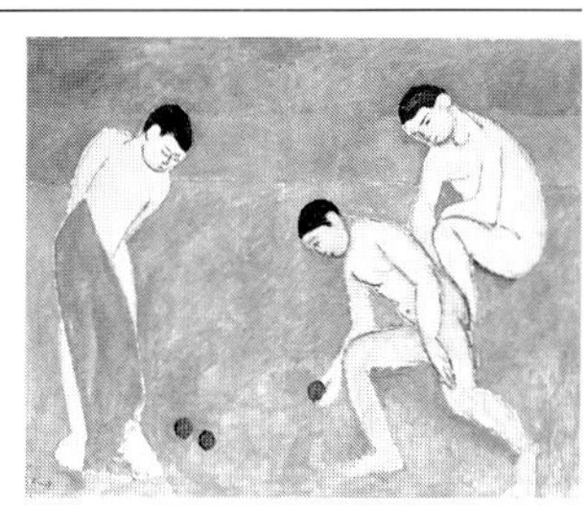

Serguei Stschoukine à Matisse, télégramme du 30 juin 1908

Reçu photographie baigneurs [*Les joueurs de boule*] – trouve tableau très intéressant – prière envoyer Moscou grande vitesse – assurez 1500.

Archives Matisse, Paris. Cité dans Kostenevitch, Semionova 1993, p. 162

Les joueurs de boule,
printemps 1908

Serguei Stschoukine à Matisse, fin juillet 1908

Hier j'ai reçu votre tableau *Les baigneurs* et je suis très content, je vous remercie beaucoup. J'aime beaucoup la fraîcheur et la noblesse de votre œuvre.

Archives Matisse, Paris. Cité dans Kostenevitch, Semionova 1993, p. 162

Lassaigne 1959, pp. 49-51 ; Clay 1975, p. 196 ; Izerghina 1978, p. 140 ; Schneider 1984, pp. 280-281 ; Kostenevitch, dans Kostenevitch-Semionova, 1993, pp. 85-86

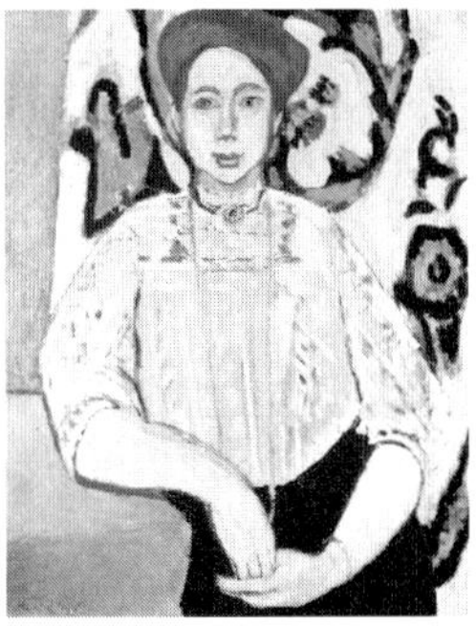

59 Portrait de Greta Moll, printemps-été 1908

Hans Purrmann 1946

Le rapport de Matisse aux vieux maîtres était vivant d'une manière suprêmement singulière. Un jour il peignait le portrait d'une dame allemande. Lors des séances, il voulait tout savoir : comme elle se jugeait elle-même, quelle forme de tête, quelle attitude des yeux, quelles couleurs, quels vêtements ou quelle mode elle pensait lui aller le mieux. Le tableau était arrivé à la perfection de son premier état ; il parvint dans un second état, moins assuré – processus qui se produit presque régulièrement chez chaque peintre. Avant que le portrait n'arrive à son troisième état, l'état définitif, dont il affirmait souvent que rares étaient les peintres qui l'atteignent, il alla au Louvre pour y chercher auprès des vieux maîtres conseil et courage, et trouva un portrait de femme de Véronèse représentant une personne blonde en habit blanc, à la petite tête, mais aux formes plantureuses et à la peau rose clair, tout cela tout à fait comme chez son modèle. Après avoir bien étudié le tableau, il se dépêcha de rentrer à son atelier et recommença à peindre, cette fois de mémoire, et comme possédé ; il unifia son tableau en une unité parfaitement expressive, déposa les pinceaux et personne, pas même la pauvre commanditaire déçue qui repensait mélancoliquement à la première version, tellement plus aimable et fidèle à son visage, personne, dis-je, ne put lui faire changer d'avis.

«Uber Henri Matisse», *Werk*, juin 1946

Greta Moll à Alfred H. Barr, 20 avril 1951

[...] Pour le portrait, je posai pendant dix séances de trois heures chacune. Lorsque je vins pour la onzième fois, il était fini. Au début, nous essayâmes pas mal d'arrangements : avec la blouse blanche et le grand tissu au motif bleu sur blanc, *«ça prend une grandeur merveilleuse»* m'assura-t-il. Il me dit ensuite qu'il plaçait le chevalet de telle sorte que je ne pusse pas le voir, parce qu'il voulait me montrer la toile seulement à la fin. C'est un des rares tableaux qu'il ait peint à la cire [sic]. Quoique je ne pusse pas voir la toile, je regardai sa palette et comme je savais ce qu'il était en train de peindre, je trouvai très intéressant de voir comment, à chaque fois qu'il altérait une couleur, il se sentait obligé de changer l'ensemble. La blouse qui finit par être verdâtre a été à un certain moment blanc lavande. Même la jupe noire fut jaune ou verte...

Je vis le tableau après la dixième séance et l'aimai beaucoup. Je ne saurais dire si il est plus ressemblant que la toile de Corinth, mais en dépit de la longueur du travail, il semblait avoir été peint fraîchement et avec aisance. Mais c'est seulement après qu'il reçut sa vigueur et sa forme finales. Matisse n'était pas satisfait. Pour se consoler et pour recevoir quelque nouvelle inspiration, il se rendit au Louvre et nous eûmes quelques jours de repos. Là, il trouva le portait de Véronèse (il ne contient pas de blouse blanche, ce n'est pas vrai). Mais la femme avait ses bras devant elle dans la même position que la mienne, quoique ses bras fussent plutôt forts et ronds. Il les prit pour mon portrait et eu donc comme d'habitude à changer le tableau tout entier. *«Ça prend une splendeur inouïe»*. Matisse était désormais satisfait en nous demanda de venir voir le nouveau tableau. Plus tard je n'y fis plus attention, mais au début, les gros bras et les sourcils touffus qu'il m'avait faits me dérangèrent. Nous prîmes la toile...

Lettre citée dans Barr 1951, p. 129

Margarete Moll 1956

A cette époque Matisse commença à faire mon portrait. Nous avions reçu une photo du tableau que Lovis Corinth avait peint de moi. Lorsque Matisse vit cette photo, il dit : «Mais ce n'est pas Madame Moll telle que je la vois. Elle a un air de jeunesse plus prononcé, j'aimerais bien tenter moi-même son portrait !» – Cette idée nous touchait beaucoup. Nous avons parlé du prix : 1 000 francs était une somme très élevée pour nous, environ 800 marks-or. «Si jamais le tableau ne vous plaît pas, je le garderai – mais je tiens à le faire.»

[...] J'allais donc passer trois heures tous les jours à l'atelier de Matisse et négligeais mon propre travail. Il ne fallait pas que je regarde la toile, mais j'observais attentivement son pinceau et la palette tandis qu'il mélangeait les couleurs, et j'arrivais ainsi à me plonger dans sa logique. Je savais ce qui allait devoir se peindre. Par précaution il enlevait de la toile chaque couleur qu'il voulait changer ; Ainsi le tableau sera «superbement peint», dit-il. Et mon chemisier blanc était tantôt vert et tantôt violet.

Après la dixième séance il me dit de ne plus venir. Je pus encore jeter un regard sur le tableau – il me plaisait beaucoup. Matisse voulut donc interrompre et aller au Louvre.

Quand je vins pour la prochaine séance, le tableau était achevé sans que j'eusse posé à nouveau. En tout il l'avait terminé en onze étapes. Lorsque nous vîmes pour la première fois le tableau achevé, nous fûmes assez déçus. Toute ressemblance avait à mon avis disparu, et Matisse avoua qu'au Louvre une peinture de Véronèse l'avait tellement impressionné qu'il avait tenté de rendre la même «grandeur» dans mon portrait.

Nous acquîmes le tableau et l'aimions de plus en plus. Nous vécûmes avec jusqu'après la deuxième guerre mondiale, puis le perdîmes. C'est une des œuvres de Matisse les plus belles et les plus importantes. André Salmon, le critique d'art, était fort enthousiaste. Il a écrit : «Je pourrais tuer l'homme qui le possède pour l'avoir à moi». Pendant que Matisse fît mon portrait le grand tableau qu'Osthaus avait racheté [*Baigneuses à la tortue*] se trouvait dans mon dos.

«Erinnerungen an Henri Matisse», *Neue Deutsche Heft*, février 1956

On lira également Barr 1951, pp. 129-130 ; Flam 1986, pp. 226-227

60 La desserte rouge, printemps-été 1908

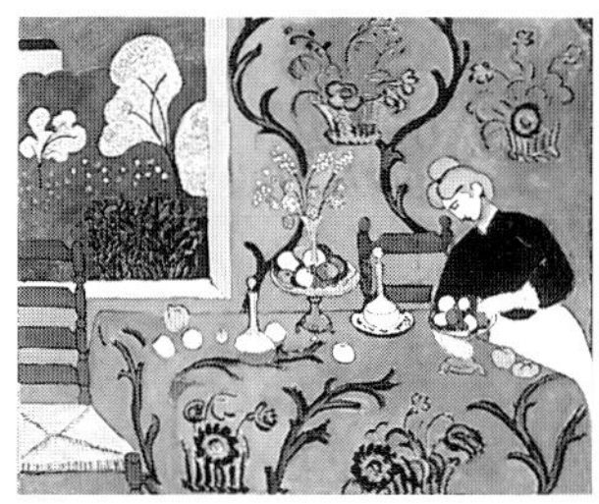

Matisse à Serguei Stschoukine, 6 août 1908

J'ai considéré la G.N.M. comme terminée il y a un mois et je l'ai exposée sur le mur de mon atelier pour pouvoir la juger à mon aise. C'est à ce moment que Druet la photographia. Ensuite elle me parut insuffisamment décorative et je n'ai pu faire autrement que la reprendre, ce dont je me réjouis aujourd'hui. Car ceux même qui la trouvaient tout à fait belle tout d'abord la trouvent beaucoup plus belle. Moi-même suis très satisfait du schéma.

Brouillon de lettre, Archives Matisse, Paris. Cité dans Kostenevitch, Semionova, 1993, p. 92

Quelqu'un qui avait vu ce tableau au moment où il était encore dans une harmonie bleue, dit en le voyant transformé en harmonie rouge : «C'est une autre peinture» ; Après le départ du visiteur, Matisse dit : «Il n'y comprend rien. Ce n'est pas un autre tableau. Je cherche des forces et un équilibre de forces».

Cité par Pierre Schneider, catalogue de l'exposition *Henri Matisse, exposition du centenaire*, Paris, Grand Palais, 1970, p. 74

Louis Vauxcelles, 1908

Salle XVI. M. Henri Matisse et M. Vallotton se font vis-à-vis. On ne saurait concevoir contraste plus complet. Les deux extrêmes... C'est, révérence parler, une conversation de David avec Cézanne. M. Matisse. Son nom, depuis quelques années, était devenu le symbole de «rigolade bourgeoise». Les snobs du Tout-Paris béotien, accouraient au Grand-Palais ou aux Serres de la Ville, s'esclaffer devant les Matisse. Et je concède que ce coloriste puissamment doué manifestait, depuis déjà deux ou trois ans, des signes inquiétants de déséquilibre. Il cherchait, bondissait, s'égarait. Le hématisme canaque de quelques-uns de ses camarades le hantait. Mais le voici enfin, malgré certain portrait de garçonnet, et la grande décoration centrale que je n'apprécie guère, en pleine et belle possession de ses moyens.

Sa *Desserte* [*Nature morte bleue* de la Barnes Foundation] est superbe. La chaleur des harmonies bleu-noir combinées aux accents rougeoyants et safran des pommes et des citrons nous émeut, à l'égal d'un beau Cézanne. L'autre nature morte est un somptueux tapis de Turkestan.

«Le Salon d'Automne», *Gil Blas*, 30 septembre 1908

François Thiébault-Sisson 1908

Un des protagonistes du nu, en même temps que René Piot et Valtat, est cet Henri Matisse dont les indéchiffrables esquisses, pendant plusieurs années ont jeté les foules dans le délire. Quelques échevelés que me parurent ces travaux, où l'artiste, avec une inquiétante frénésie, se cherchait, je n'ai pas désespéré de son avenir. Il me semblait impossible qu'un homme capable de fixer le rythme des formes en dessins aussi expressifs, aussi caractérisés, aussi justes, n'arrivât pas un jour, en peinture, à se créer avec une lucidité parfaite sa formule. Il ne me semble pas aujourd'hui que j'ai eu tort.

Les informes esquisses dont on s'est tant gaussé, et qui n'étaient, tout compte fait, que des recherches dont Matisse jalonnait sa route, ont abouti à des réalisations pleines de sève [...], panneaux décoratifs, natures mortes, essais plus ou moins avancés de sculpture [...] Armé de dons exceptionnels, il les exerce aujourd'hui en virtuose, mais sur un programme qui n'est pas encore nettement défini. Faisons lui crédit de quelques mois, de quelques années, et attendons, pour porter un jugement sur son compte, que sa période de convalescence soit achevée.

«Le Salon d'Automne», *Petit Temps*, 30 septembre 1908, pp. 1-2

Georges Jean-Aubry 1908

Voici l'autre face de ce Salon, celle qui regarde l'avenir: elle est la raison d'être de cette organisation, il convient donc d'aller sans transition des rétrospectives aux plus hardies introspections. Vénérer le passé, c'est bien, mais scruter l'avenir, c'est au moins aussi bien sinon mieux. [...]

J'irai donc d'abord à Henri Matisse, dont l'exposition cette année s'affirme importante par la qualité autant que par la quantité. J'avouerai même que le sentiment triomphant qui s'en dégage n'est pas ce qui me séduit le plus: on y sent comme un dessein de s'affirmer sans hésitation, c'est – si l'on peut dire – une peinture de championnat. Loin de moi la pensée de dénier à Henri Matisse les fortes qualités de conscience qui lui valurent dans le même temps la sympathie et le respect de certains; et la haine souriante de nombre de philistins ou critiques d'art. Mais il me semble que cette exposition marque comme un arrêt, comme une satisfaction d'être là et comme un secret désir d'y rester. M. Henri Matisse va-t-il s'arrêter en chemin? Il a prouvé des dons surprenants de coloriste, auprès desquels les plus fastueux impressionnistes même ne manquent point de pâlir. Regardez plutôt cette grande composition, sorte de symphonie en laque et outremer, une femme dans un coin de la toile, une table, des citrons, une fenêtre ouverte et l'arabesque du tapis, et c'est là de quoi faire chanter avec certitude les sonorités les plus délicatement franches, avec une vibration singulière et vraiment insoupçonnée avant lui.

Cependant, lorsqu'alors on s'arrête et qu'on examine cette toile au delà du charme du coloriste qui s'en dégage, on découvre que le sens de la composition n'y égale point celui des tons: tout y est, somme toute, assez plat, et la composition s'accuse en maint endroit dénuée de liens.

[...] Dangereuse épreuve, en vérité, pour un artiste qui se soucie encore de se renouveler et de se définir, que cet aveu d'un art qui semble affirmer sans hésitations. Devons-nous abandonner l'espoir de voir M. Matisse nous donner la grande composition que ses recherches de rythme nous laissait présager, et devons-nous le considérer seulement comme un beau peintre de morceaux pleins de saveur, comme un esprit qui a su engager la peinture dans une voie attachante et belle, mais qui semble ralentir son pas au moment où le sentier vient retrouver par un mouvement naturel la grande voie de la composition picturale?

«Le Salon d'Automne; II. Les Jeunes», *L'Art moderne*, n° 44, 1er novembre 1908, pp. 345-346

Charles Morice 1908

M. Henri Matisse, de qui l'exposition est, de toutes les manières, très importante, continue à inquiéter ses adversaires sans rassurer ses amis. On ne s'explique pas l'espèce d'exaspération tranquille d'où semblent procéder ses déformations, sinon par un besoin d'échapper aux fausses règles, et d'éviter le succès en un temps où l'art est en marge de la vie ; mais il est peut-être d'autres issues...

J'ai – comme lui-même, pourrais-je dire, dans le choix de ses directions – beaucoup hésité dans mes appréciations de cet artiste aux audaces sûrement raisonnées et voulues, mais déconcertantes. La science et le calcul sont plus sensibles que l'instinct, chez M. Matisse. On ne peut pourtant nier qu'il n'ait, peintre, des dons de rare coloriste, et sculpteur, le sens du modelé. Avec sympathie je cherche la signification des exagérations des formes, des brusques ruptures de lignes au prix de quoi il nous fait payer la joie de son coloris puissant et fastueux et le charme de certains morceaux de sculpture – ah ! le dos d'une des petites figurines de femmes, dans la vitrine ! – je cherche... et, directement, je ne me vante pas de trouver. Mais qu'un ami, tandis que j'étudie le *Panneau décoratif pour salle à manger*, en me touchant l'épaule m'oblige à me retourner : au delà de l'ami, je vois soudain la considérable toile de M. Vallotton, *Europe*, et aussitôt je reviens à M. Matisse, irrésistiblement. Avec quelle éloquence dialoguent ces deux œuvres, ces deux esthétiques ! Et, la composition de cette salle, que voilà de la bonne critique d'art ! On n'est pas pleinement juste, à se maintenir dans l'absolu. Des excès s'expliquent par leurs contraires. La possibilité de M. Vallotton implique la nécessité de M. Matisse. Non que j'ignore les mérites du premier, sa science, sa sincérité ; mais ils sont dénaturés par leur emploi, qui conclut au négatif. D'autre part, je ne voudrais pas m'exagérer la personnalité de M. Matisse. La méthode de cet esprit, pourtant systématique, manque de netteté. Le dessinateur et le coloriste, séparés, sont très intéressants ; dans leur union l'un des deux succombe, et c'est le dessinateur, le constructeur : ou comment expliquer que l'alphabet des tons, chez ce peintre, soit si harmonieusement explicite, et que son alphabet des lignes soit si obscur ? Je crois voir en M. Henri-Matisse, de qui la loyauté artistique n'est pas contestable, l'expression, aiguë jusqu'au tragique, du tourment moderne. Comme tous ses émules il a senti la nécessité de réagir contre les traditions, anciennes ou d'hier, en retournant aux principes. Mais, esprit raisonneur et critique, il a cherché les principes moins dans la nature qu'en lui-même et dans la mathématique de son art. Il s'interdit toute spontanéité et tient strictement en bride sa fantaisie. De là peut-être la sécheresse et la violence qui nous attristent dans ses meilleurs morceaux. On sent chez lui une perpétuelle tension, une exacerbation nerveuse, qui ne lui est, toutefois, pas naturelle, croirais-je, mais qui signale l'état maladif d'un esprit surmené de recherche et d'ambition. Rien de plus noble et, sans doute, rien de plus douloureux.

«Art Moderne», *Mercure de France*, novembre 1908, pp. 161-162

Matisse 1908

Si, sur une toile, je disperse des sensations de bleu, de vert, de rouge, à mesure que j'ajoute des touches, chacune de celles que j'ai posées antérieurement perd de son importance. [...] Il faut que les signes divers que j'emploie soient équilibrés de telle sorte qu'ils ne se détruisent pas les uns les autres. Pour cela, je dois mettre de l'ordre dans mes idées : la relation entre les tons s'établira de telle sorte qu'elle les soutiendra au lieu de les abattre. Une nouvelle combinaison de couleurs succédera à la première et donnera la totalité de ma représentation. Je suis obligé de transposer, et c'est pour cela qu'on se figure que mon tableau a totalement changé lorsque, après des modifications successives, le rouge y a remplacé le vert comme dominante. Il ne m'est pas possible de copier servilement la nature, que je suis forcé d'interpréter et de soumettre à l'esprit du tableau. Tous mes rapports de tons trouvés, il doit en résulter un accord de couleurs vivant, une harmonie analogue à celle d'une composition musicale.

«Notes d'un peintre», *La Grande Revue*, t. 52, 25 décembre 1908. Repris dans E.P.A., pp. 46-47

Charles Malpel 1909

D'aucuns, à l'heure actuelle, semblent désireux de devenir, eux-aussi, des décorateurs lyriques. Tels sont MM. Matisse, Dongen, Rouault et Vlaminck (mais ces deux derniers à un degré moindre). En eux, de par les œuvres qu'ils exposent en ce Salon, on sent une volonté ardente de dépasser l'humanité, de schématiser lumineusement la somptueuse beauté du monde supérieur et de procurer les sensations rares du rêve chatoyant et grandiose.

«Le Salon d'Automne à Paris», *Le Télégramme*, Toulouse, janvier 1909. Repris dans Malpel 1910, p. 218

Amédée Ozenfant 1925

L'avant dernier libérateur.

Un peintre ne peut tout inventer ; il n'a pas tout à inventer ; l'important est de comprendre les moyens nécessaires à la transmission de ce que l'on a à dire. Matisse sentit que le lyrisme avait encore des brancards : il sut faire le pas nécessaire que personne avant lui n'avait osé. [...] Matisse a su regarder la nature [...] comme un phénomène optique, comme une expérience dont on retient l'utile. [...] Il prend des libertés avec la forme, la couleur, que jamais on ne se permit avant lui. Il fut un grand libérateur. Au Salon des Indépendants de 1908 [sic], il fit véritablement un éclat. Son art éblouissant convainquit et son influence fut considérable. On entrevit le moment où le cubisme deviendrait possible, nous libérant de la dernière contrainte, celle du sujet même, qui, chez Matisse, n'est déjà plus qu'une trace. [...] Avec Matisse est acquis le droit pour le lyrisme de prendre toutes les libertés nécessaires.

Braque et Picasso vont venir, qui couperont le dernier fil à la patte de l'art. Mais sans Matisse, on peut admettre que le cubisme n'aurait pu être ce qu'il a été.

«Recherches», *L'Esprit nouveau*, n° 22, 1925

André Levinson 1930

Le Matisse que nous montrent les planches [du *Henri-Matisse* de Florent Fels] *n'est pas* le Matisse [...] des «certitudes radieuses» [...] c'est un *autre* Matisse, peut-être bien celui qui récolte, non, certes, celui qui a ensemencé l'art moderne. [...] C'est entre 1906 et 1913 que se place la période décisive où s'accomplit et culmine la vocation *historique* de l'artiste. [...] [Or en France aujourd'hui] l'essentiel de son art, ce qui est sa substance et sa clef, se trouve systématiquement sacrifié à la production récente [...] Qu'avait-il donc accompli d'inouï dans cette belle et impavide maturité de la quarantaine [...] pour avoir si prodigieusement étonné les hommes de son temps ? Bravant une tradition, continue depuis le quattrocento, il entreprit d'appliquer au *tableau de chevalet,* sans en briser le cadre, les principes de la peinture *décorative* [...] Dans la *Chambre rouge* [...] la table, la femme à cette table, la nature morte sur la table, le paysage vu par la fenêtre ouverte, tout forme une composition plane et linéaire qui orne et divise un parallélogramme. Seules, quelques lignes obliques et l'arbre et la maison vus à distance, interviennent pour indiquer la profondeur, cependant que le «patron» ornemental du papier peint, gris sur fond vermeil, court et se reproduit comme sur une paroi verticale. Ainsi traité, le tableau ne devient-il pas lui-même une *frise* qui pourrait être prolongée au delà du cadre ? Non point, car il est centré, équilibré, compris dans une unité, isolé [...] Il [Matisse] pousse jusqu'à ses dernières conséquences ce «retour à a carte à jouer» que (d'après un mot de Daumier) préparaient la technique et la vision d'Edouard Manet.

«Les soixante ans d'Henri Matisse», *L'Art vivant,* 1er janvier 1930, pp. 24-27

Ossip Mandelstam 1933

En revanche, je n'ai pas supporté Matisse, peintre du luxe. Du pigment rouge de ses toiles flue un sifflement de soude. Il ignore la joie des fruits juteux. Sa brosse puissante ne guérit pas la vue, mais lui communique une force de taureau qui injecte les yeux de sang. [...] Caprice de pacha d'un maître parisien !

Voyage en Arménie, e.o. 1933. Traduit par André de Bouchet, Paris, Mercure de France, 1986, pp. 66-67

Max Weber 1951

De temps en temps, nous avions le plaisir de rencontrer des amis célèbres de Matisse. Un après-midi, Odilon Redon, que Matisse admirait beaucoup, vint le voir. Il y avait une grande toile sur le chevalet, mais elle était cachée au regard. Au cours de la conversation, Matisse la retourna. C'était *La Desserte,* et il nous expliqua comment et pourquoi il avait permuté la couleur du fond et celle des objets. M. Redon sembla content et tout à fait d'accord avec Matisse sur le changement que ce dernier avait fait.

Transcription d'une conférence prononcée au Museum of Modern Art de New York le 22 octobre 1951. Cité dans Flam 1988, pp. 102-103

Zervos 1931, p. 25 ; Stein 1934, p. 42 ; Barr 1951, pp. 124-125 ; Diehl 1954, p. 52 ; Trapp 1955, p. 52 ; Clair 1970, pp. 68-69 ; Taillandier 1970, pp. 88-90 ; Aragon 1971, tome 1, p. 276 ; Jacobus 1972, p. 120 ; Izerghina 1978, pp. 138-139 ; Schneider 1984, pp. 316-322, 396-397 ; Flam 1986, pp. 227-232 ; Elderfield 1992, pp. 24-26 ; Kostenevitch, dans Kostenevitch, Semionova 1993, pp. 89-93

61 Nature morte, camaïeu bleu, fin 1908-janvier 1909

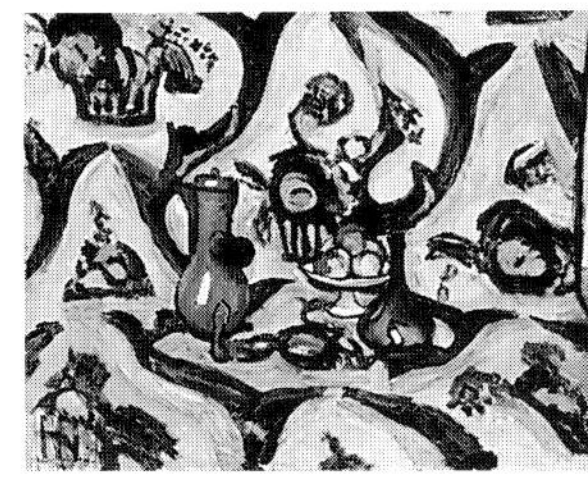

Barr 1951, p. 226 ; Lassaigne 1959, pp. 61-62, 66 ; Aragon 1971, tome 1, p. 91 ; Clay 1975, p. 190 ; Izerghina 1978, p. 146 ; Schneider 1984, p. 396 ; Flam 1986, p. 252 ; Kostenevitch, dans Kostenevtich, Semionova 1993, p. 95

63 La nymphe et le satyre, fin 1908

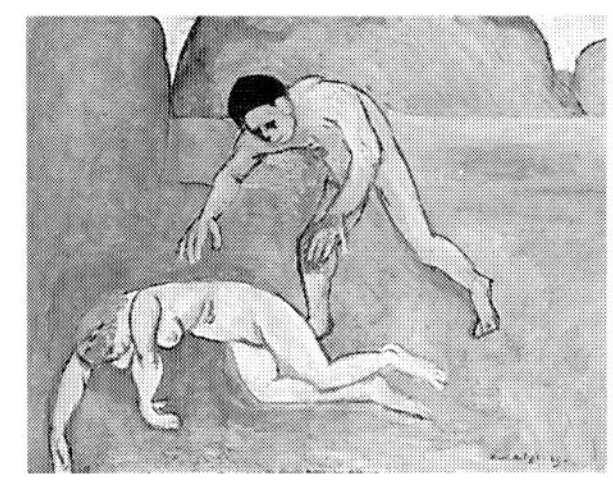

Barr 1951, p. 132 ; Izerghina 1978, pp. 141-142 ; Gowing 1979, p. 94 ; Flam 1986, pp. 246-248 ; Kostenevitch, dans Kostenevitch, Semionova 1993, pp. 86, 89

64 La danse I, début 1909

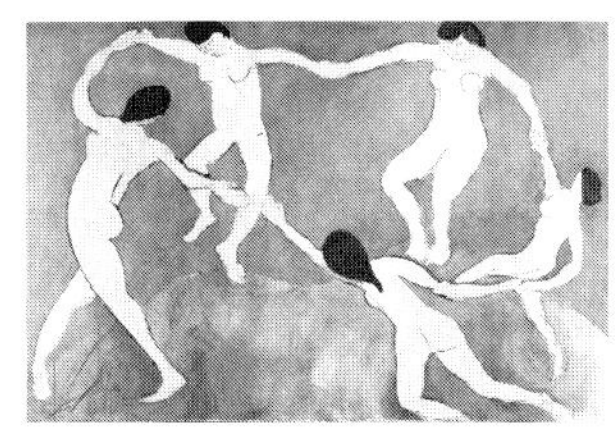

Hans Purrmann à Alfred Barr, 3 mars 1951

Pour autant que je sache, l'étude pour *La danse* fut peinte Boulevard des Invalides à une vitesse surprenante, en un ou deux jours je crois.

Cité dans Elderfield 1978, p. 55

Matthew Stewart Prichard à Isabella Stewart Gardner, jour de Pâques 1909

Je suppose qu'à son tour Matisse passera de mode, mais malgré une technique horriblement désordonnée, il semble être le plus grand des modernes. Étant à la fois peintre et sculpteur il a de meilleures bases que la plupart, et son art est fondé sur un fantastique talent de dessinateur. J'ai vu une photographie de sa dernière composition, une ronde de danseuses, ou plutôt une ronde exprimant le rythme de femmes en train de danser, étant donné que leur existence est seulement suggérée par de légers symboles féminins sur fond bleu et plus sombre [...]

Lettre reprise dans Flam 1988, p. 119

The Times 1912

Dans un tableau, la plupart des gens cherchent la beauté seulement dans les objets représentés, dont ils espèrent qu'ils leur rappelleront de beaux objets de la réalité. Ils n'ont aucune idée de la beauté créée, et non imitée, dans une œuvre d'art, et créée par un effort expressif. Ils trouveront donc sans doute l'étude pour une décoration titrée «Les danseuses» tout simplement hideuse ; et, à vrai dire, les individus en train de danser ne peuvent rappeler à personne de belles femmes de la réalité. Ici, l'inhumanité particulière de Matisse est très évidente. Il ne s'intéresse pas aux danseuses comme à des femmes. Il s'intéresse au rythme qu'elles produisent ensemble. Mais ici encore, il ne leur impose pas ce rythme afin de faire un joli tableau, pas plus qu'il n'a utilisé un rythme trouvé [second-hand] dans d'autres œuvres d'art. Il l'a arraché, tel quel, aux figures elles-mêmes. C'est ce qu'il veut nous dire à leur propos : et il y insiste sans tenir aucun compte de tous les faits qu'on attend qu'il livre. Ainsi ne définit-il pas ses figures comme on l'attendrait. Les lignes rythmiques soulignent plus qu'elles ne définissent. Elles expriment le mouvement plus que la substance, et ce qui existe de substance n'est là que pour rendre visible le mouvement. Mais comme on attend que ces lignes rythmiques définissent, elles déconcertent. Elles semblent mentir sur la forme, alors qu'elles disent la vérité du mouvement.

On peut dire, si l'on veut, que Matisse cherche à atteindre un but impossible pour son art, qu'il essaie de transformer la peinture en musique. Mais on ne doit pas pour autant se mettre en rage et l'accuser d'incompétence ou de perversité délibérée, ni d'amour brutal pour la laideur. Il n'est pas incompétent, mais un artiste de grands talents, de quelque manière qu'il en use. Il n'est pas non plus, croyons-nous, délibérément pervers, mais plutôt très intense et simple dans son intérêt pour certains aspects de la réalité. Et cet intérêt, par une certaine inhumanité, a mené son art bien loin de la compréhension des hommes ordinaires. Mais, à ce qu'il nous semble, il n'y a aucune brutalité cynique dans son inhumanité. Il ne semble pas haïr les êtres humains, ni vouloir les dégrader ; encore moins a-t-il la volonté de nous choquer. Mais il y a un curieux ascétisme dans son détachement complet de tout intérêt humain. Il semble considérer les êtres humains, et tout ce qu'il peut associer à son plaisir et à son usage, comme s'il était lui même un extra-terrestre, regardant tout avec un intérêt intense, à lui seul, vide de toute association.

Il ne fait pas de doute que l'art de Rembrandt [...] est plus riche par son contenu [...] mais il n'y a pas à choisir entre Matisse et Rembrandt, pas plus qu'entre Shakespeare et Shelley. L'Académique enragé met son pistolet sur votre tempe et s'écrie : «Matisse ou Michel Ange – il faut choisir». [...] Mais il serait impossible de comprendre ou d'apprécier [Matisse] sans aucune connaissance et plaisir de l'art du passé [...] Il n'y a pas d'ignorance dans ses formes simplifiées à l'extrême, mais une connaissance si familière qu'il ne se soucie pas de la montrer. Et il n'y pas une pure incompétence dans ses échecs, mais l'impétuosité d'un artiste qui expérimente sans crainte des conséquences.

«A Post-Impressionist Exhibition : Matisse and Picasso», *The Times*, Londres, 4 octobre 1912

P.G. Konody 1912

Lors de la première et inoubliable exposition Post-impressioniste aux Grafton Galleries, on faisait de Manet le point de départ du nouveau mouvement [...] Deux ans seulement ont passé et, voici que c'est Cézanne qu'on élève au rang de classique – c'est presqu'un peintre académique, lorsqu'on le compare aux excès indescriptibles des *fauves* à la mode.

Henri Matisse et Pablo Picasso sont les héros du moment. [...] Matisse, le roi des *fumistes* en art, pourrait au moins se racheter par le sens presque inégalé de la couleur décorative et vive. Mais l'usage qu'il fait de ce don rare est déplorable. C'est seulement de temps en temps qu'il s'élève jusqu'à la vraie grandeur artistique, comme dans la grande composition décorative «Les Danseuses», avec le rythme inimitable de leur ligne riche de significations.

«The Comic Cubists : Laughable Pictures at the Grafton Galleries», *The Daily Mail*, Londres, 5 octobre 1912

Roger Fry, 1912

Dans sa peinture, tout autant que dans sa sculpture, on trouve l'idée d'une équivalence obtenue par l'amplification. Afin que chaque forme ait sa pleine signification dans l'ensemble, puisse jouer son rôle dans l'équilibre de toutes les formes, elle doit être aussi ample et aussi simple que possible. C'est parce qu'il a suivi ce projet avec une telle ardeur que ses compositions ont une force singulière et irrésistible. Cela est particulièrement visible dans la grande décoration «La Danse» où le rythme est si persuasif et si intense à la fois que les silhouettes qui passent devant cette toile semblent devenir une partie du tout rythmique. Le rythme s'échappe du tableau et s'impose à ce ce qui l'entoure. Matisse l'a lui-même noté, et à plusieurs reprises, dans des compositions postérieures, des morceaux de «La Danse» sont intégrés au fond ; le motif des objets réels et celui des figures peintes se fondant en une nouvelle synthèse.

Matisse est essentiellement un peintre réaliste : c'est-à-dire que son dessin n'est pas le résultat d'une invention, mais vient presque toujours d'un objet précis qu'il a vu. D'une certaine façon, il essaie toujours de rendre ses œuvres semblables aux objets observés, mais dans un sens non-littéral. Ce qu'il fait, c'est mener à son terme le plus explicite l'effet des objets sur sa sensibilité.

«The Grafton Gallery : An Apologia», *The Nation*, Londres, 9 novembre 1912, p. 250

James Huneker 1912

On peut voir le meilleur de Matisse – et le plus terrible également [à l'exposition de la Grafton Gallery]. Un nu est assis sur une chaise en train de se sécher avec une serviette de bain. Degas, même dans ses moments les plus saugrenus, n'en a jamais autant montré. Rien n'est caché ici. C'est du petit lait pour l'homme de la rue. D'abord vous vous mettez la main devant les yeux ; puis vous regardez entre vos doigts. [...] C'est l'Éternel Féminin, et dans son aspect le plus laid. Quel est ce symbole ? Aucun, il n'y a que volumes et plans.

Matisse fait du modelage en peinture. Soudain vous apercevez ses Danseuses [*La Danse I*] [...] et vous admirez le rythme de bacchanale, la combinaison plate de rose, noir et bleu, l'arrangement de couleurs contrastées, l'audace et la vigueur du dessin. Qu'elle est merveilleusement pleine de rythme, cette arabesque! [...] *La Coiffeuse* [*La Coiffure*] comporte un fort modelé: vraiment, il est impossible de nier la puissance de ce peintre, de déprécier sa forte personnalité. Ses dessins [...] révèlent son rythme créateur et si, comme on l'a dit, le génie est avant tout affaire d'énergie, alors Henri Matisse est un génie. Mais, hélas, votre œil tombe sur cette grotesque «conversation» [*La conversation*] et vous murmurez: «Non, pas une affaire d'énergie, une affaire de pyjamas».

«Decade of the New Art Moves Toward Big Changes», *The New York Sun*, novembre 1912

Thomas Craven 1934

Matisse se meut dans une mortelle uniformité. Il permet à l'ornement – un motif traditionnel et abstrait – de modifier et dévitaliser le sujet. [...] Son art, du coup, est stationnaire, il n'a ni rythme, ni mouvement – seulement de la couleur et de l'équilibre. Le moment où il s'est le plus approché de la forme animée, on le trouvera dans ces grands fœtus disgracieux, qui, saisis dans les attitudes de la danse, semblent au moins posséder les propriétés de l'élasticité, à défaut de la force motrice. Matisse, je le répète , serait très utile pour l'illustration de livres ou la création de tissus. Ses motifs ne devraient pas être placés dans des cadres – on devrait les imprimer sur des étoffes et les vendre au mètre.

Modern Art, New York, Simon & Schuster, 1934, p. 174

Henry McBride 1941

On a traité Henri Matisse de «voyou»! Voilà une idée amusante et assez neuve! L'œuvre qui a sans aucun doute provoqué cette remarque est la grande étude pour *La Danse* [...] mieux exposée à Richmond que partout où j'ai eu l'occasion de la voir. Elle est en l'air, domaine auquel elle appartient, avec beaucoup d'espace autour d'elle, et l'aisance et l'assurance primitives des personnages en train de danser sont des plus impressionnantes.

«Modern Art in Richmond», *The New York Sun*, 25 janvier 1941. Repris dans McBride 1975, p. 376

Barr 1951, p. 136; Leymarie 1970, p. 26; Neff 1975, pp. 39-48; Elderfield 1978, pp. 54-58; Flam 1986, pp. 254-255; Pleynet 1988, p. 127

66 La fille aux yeux verts, automne 1908

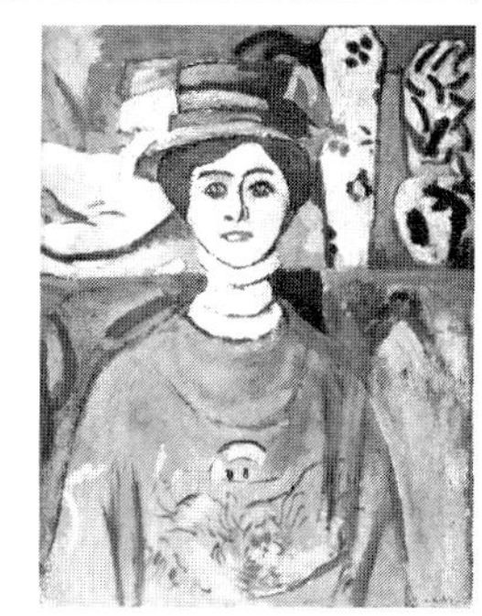

Guillaume Apollinaire 1909

Henri Matisse semble s'assagir et les toiles qu'il a envoyées portent la marque d'une hésitation. Il a perfectionné sa facture et il se pourrait bien que ce fût aux dépens de sa personnalité. Néanmoins il faut regarder ces deux toiles avec respect, à cause de la sincérité qui a dirigé le peintre.

Compte rendu du Salon des Indépendants de 1909, première publication dans *Œuvres en prose*, Paris, Gallimard, La Pléiade, 1991, t. II, p. 114

Louis Vauxcelles 1909

La sensibilité d'un Matisse émeut, nul n'est plus peintre que celui-là. Ses erreurs, même ses écarts ne laissent jamais indifférent. A son paysage, moins robustement construit, je préfère sa figure, d'un éclat somptueux.

«Le Salon des Indépendants», *Gil Blas*, 25 mars 1909

Alain-Fournier à André Lhote, 29 mars 1909

Les Matisse – un portrait et un paysage – sont le succès de ce Salon, et sont d'une virtuosité de coloris délicieuse. J'y voudrais plus de profondeur, plus de largeur - plus de dessin et de dessein. Cela fait rager Jacques [Rivière]. Et puis l'incohérence de ses recherches m'ennuie. Comment concilier le *Tableau n° III* de 1907 [*Nu bleu, souvenir de Biskra*], le *Luxe*, ses modelages du Salon d'Automne et ceci. J'attends le grand tableau où tout cela se fondra et alors je ne renâclerai pas sur mon véritable plaisir à regarder ceci.

Lettre reprise dans André Lhote, Alain-Fournier, Jacques Rivière, *Le peintre, le cœur et l'esprit: Correspondance inédite (1907-1924)*, Bordeaux, William Blake & Co, 1986, t. 1, pp. 125-126

Charles Malpel 1909

Auprès de lui [Van Dongen], les puissantes et sensibles réalisations de Henri Matisse paraissent parfois un peu menues.

«Le Salon des Indépendants», *Le Télégramme*, printemps 1909. Repris dans Malpel 1910, p. 230

Roger Fry 1910

Henri Matisse, n'est, comme je l'ai dit, pas très bien représenté. Tel que je le comprends, c'est un artiste assez semblable à Manet, doué d'un sens exceptionnel du beau – beauté du rythme, de l'harmonie des couleurs, du pur dessin ; mais manquant peut-être en même temps de tempérament, sans réaction très forte ou très personnelle à la vie, presque trop exclusivement et entièrement un artiste. La *Femme aux yeux verts* me paraît plus convaincante et plus assurée chaque fois que je la vois. A mes yeux, elle semble singulièrement parfaite dans son dessin. Elle est à la fois originale et tout à fait réussie par sa nouveauté, sa franchise, et la hardiesse de ses harmonies colorées.

«Art. : the Post-Impressionist - II», *The Nation*, Londres, 3 décembre 1910, p. 403

C. J. Holmes 1910

M. Henri Matisse est l'énigme de l'exposition, même pour les artistes et les critiques [...] On peut admettre que certains de ses dessins sont respectables [...] Quant aux peintures, la *Femme aux yeux verts* est de manière évidente plus importante à bien des égards que les petits paysages. Elle possède une intelligence distincte, même si sa devise pourrait être *adhaesavit pavimento.* Une telle performance, si l'on suppose que c'est simplement une expérience de simplification, ne saurait empêcher la possibilité d'un bon travail dans un style moins limité. Mais si jamais M. Matisse considérait cette toile et ses paysages comme le sommet de son art, au lieu d'un recul momentané *pour mieux sauter,* ce qui serait incroyable, on perdrait son temps à parler de lui. [...] Il n'y a qu'à comparer cette *Femme aux yeux verts* avec un portrait de Hans Holbein [...] pour se rendre compte que l'application du même terme de chef-d'œuvre à ces deux tableaux est tout simplement ridicule. Le Matisse peut bien dépasser le Holbein comme le ferait une affiche criarde, par l'efficacité vulgaire de son aspect ; pour tout ce qui fait la valeur de l'art [...] la toile de Holbein est immensément plus grande».

Notes on the Post-Impressionist Painters : Grafton Galleries, 1910-1911, Londres, Philip Lee Warner, 1910, pp. 15-16

Roger Fry 1911

Bien des avantages résultent de ce que l'art accepte ainsi la ligne et la couleur [linear design and pure color] comme principaux moyens d'expression. La ligne elle-même, ses qualités manuscrites, sa communication immédiate du geste, la ligne est incroyablement mise en valeur, et je ne crois pas qu'il soit possible de nier que ces artistes pratiquent un style d'écriture particulièrement vigoureux et expressif. C'est de ce point de vue qu'on peut le mieux approcher l'œuvre curieusement abstraite et imperturbable de Matisse. Avec son tableau *Femme aux yeux verts* nous en avons un bon exemple. Regardée comme pure et simple représentation, la figure semble presque ridicule, mais le rythme de la composition linéaire me semble tout à fait satisfaisant ; et le fait que l'artiste ne se préoccupe ni des lumières ni des ombres, lui a permis de construire une harmonie de couleurs d'une splendeur et d'une intensité assez extraordinaire, il n'y a pas dans cette toile un seul coup de pinceau dans lequel la couleur soit indéterminée, neutre, ou simplement utilisée comme transition entre deux tons.

«Post-Impressionism» (conférence donnée à la Grafton Gallery pour la clôture de l'exposition du même nom), *The Fortnightly Review*, Londres, vol. 89, 1er mai 1911, pp. 865-866

André Salmon 1912

Henri-Matisse, qui voulait la plus grande lumière, en répudiant l'éclairage, ne découvre que la couleur et c'est elle qui l'asservit. De cette époque datent [...] les paysages à Collioure, la célèbre *Femme aux yeux verts,* et ces nus d'un dessin arbitraire, volontaires toujours, mais qui, seuls dans son œuvre, témoignent d'un logique effort vers le style. D'étape en étape, Henri-Matisse se dément : c'est le plus incohérent des artistes modernes.

Ses vrais dons sont des dons d'adresse, de souplesse, d'assimilation prompte, de science courte, mais vite acquise, des dons féminins. Plus il acquiert de facilité, plus la couleur l'emporte sur le dessin avec lequel il arrive à ne plus compter. Son dessin est sommaire, réduit aux trouvailles dernières absorbant l'essentiel, et, de plus, les figures sont la multiplication de trois ou quatre personnages [...] inlassablement répétés.

On a beaucoup vanté le goût d'Henri-Matisse. Il n'est pas niable, mais d'une qualité secondaire. C'est le goût d'une modiste, son amour de la couleur vaut un amour du chiffon.

[...] Ce peintre, qui est, malgré tout, quelque chose d'assez semblable à un grand peintre (ainsi de grands poètes ne sont point de purs poètes) est désormais un isolé.

La jeune peinture, Paris, Société des Trente, 1912, pp. 18-20

C.-Lewis Hind 1913

Je vais être direct. Si le comité directeur de la Grafton Gallery m'avait dit «Choisissez un tableau!», j'aurais dit, «Donnez-moi la *Fille aux yeux verts* de Matisse». Matisse n'a pas peur. Il est absolument le post-impressionniste du moment présent. Les autres ont des scrupules de conscience. [...] Mais Matisse va toujours plus loin tout seul, toujours audacieux dans sa sincérité, un Danton par l'audace. Il a du courage et du cran. Oui, je choisirais la *Fille aux yeux verts,* au risque de me faire enfermer dans une maison de fous.

The Post-Impressionists, Londres, Methuen & Co., 1913, p. 61

On lira également Barr 1951, p. 130; Holland 1985, p. 32

67 L'Algérienne, printemps 1909

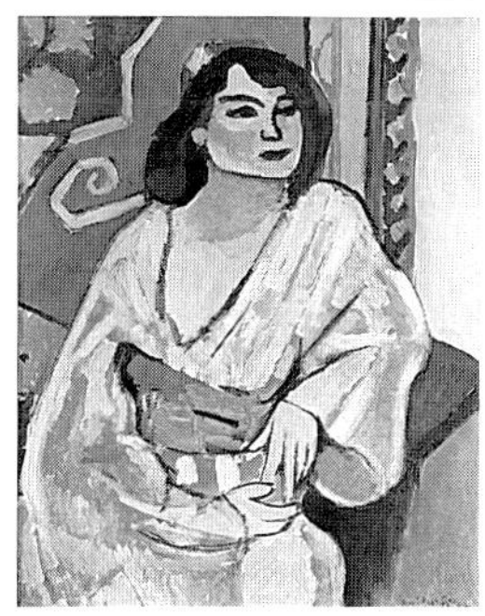

André Salmon 1910

Nous sommes en présence de l'art d'un artiste qui, avec soixante toiles, assume un labeur de quinze années. Pas à pas, nous pouvons suivre ce qu'on peut appeler son évolution, saluer au passage les primitives audaces que certains crurent libératrices; mais cette exposition vient bien tôt ou bien tard, s'il nous est si malaisé de démêler vers quelles fins furent accomplis tant d'efforts, hélas! incohérents.

S'il s'agissait d'un inconnu peut être des toiles comme les *Portraits de Marguerite, L'enfant au cheval, La femme aux yeux verts* et le *Nu à l'écharpe blanche* nous causeraient-elles une joyeuse surprise. Mais Henri-Matisse est un maître, j'entends par là que des jeunes gens, dont quelques-uns venus de fort loin prendre la leçon du goût français, se proclament ses disciples, et sans doute doit-on regretter de ne voir ici que des études, quelquefois puissantes, mais plus agressives que significatives. Cette anarchie, ce mépris de la construction, le truc toujours renouvelé substitué à la pure ordonnance, n'aboutissent à aucune réalisation.

[...] Viennent ensuite les *Paysages de Collioure, L'Algérienne, La femme aux yeux verts* et ces *Nus* d'un dessin volontaire, arbitraires toujours, mais qui seuls dans son œuvre témoignent d'un effort vers le style. D'étape en étape, Henri Matisse se dément: c'est le plus incohérent des artistes modernes. [...]

«Henri Matisse», *Paris-Journal*, 15 février 1910

Jacques Rivière à André Lhote, 20 février 1910

Matisse – vous aller m'accuser d'être réactionnaire. Mais vraiment il a eu tort de venir si vite après Cézanne. Je vois Matisse tout encombré de conscience, hésitant entre tout ce qu'il pourrait *aussi bien* faire, et ne se déterminant à ceci ou à cela qu'en vertu de contingences. Une couleur admirable, la plus belle de cette génération certainement. Mais à quoi employée? Il fait tantôt une chose, tantôt une autre. Et il ne met en chacune que juste ce qu'il a trouvé pour qu'elle ne ressemble pas aux autres. Quelles précautions pour ne pas se répéter! Je trouve cela inquiétant. J'essaierai de dire le plus de bien que je pourrai [de l'*Exposition Henri-Matisse* chez Bernheim-Jeune en février 1910, dont parle également Salmon dans le texte qui précède et dont Rivière parlera dans le texte qui suit]. Mais cela ne pourra pas aller sans restrictions. Pardonnez-moi.

André Lhote, Alain Fournier, Jacques Rivière, *La peinture, le cœur et l'esprit: Correspondance inédite (1907-1924)*, Bordeaux, William Blake and Co, pp. 61-62

Jacques Rivière 1910

Lucide tourment de trop comprendre. Un beau peintre, savant et sensible, se trouve paralysé par sa clairvoyance. Tout de suite il aperçoit ce qu'il va faire et comment il le fera : l'œuvre est devant ses yeux, présente et parfaite. C'est pourquoi il évite de la réaliser ; sa conception est d'abord si claire qu'il lui semble, en prenant ses pinceaux, qu'il va se répéter, et le tableau qu'il peint s'applique à différer de celui qu'il imaginait. [...] Matisse veut imiter cette ignorance merveilleuse, que sa trop nette conscience lui refuse ; il espère la créer en lui artificiellement, en s'écartant de ce que lui impose sa nécessité intime, en choisissant une voie qui ne soit point celle qu'éclaire d'abord la perspicacité de sa vision. Mais, par ce geste de volontaire aveuglement, il échappe en même temps à sa spontanéité ; il n'est plus poussé par rien, et l'on est gêné de ne sentir en ses toiles la dictée d'aucune obligation.

La gratuité de cette peinture se décèle à son caractère *abstrait.* Matisse peint *à part* des choses ; non pas sans les regarder, mais en se retirant d'elles à quelques pas. Il recueille la sensation qu'elles lui donnent, l'emporte et, s'étant éloigné, la déplie soigneusement ; elle est ample toujours, car il sait voir et le monde est pour lui le déroulement d'une étoffe épaisse et chargée. [...] Puis, lentement, avec une complaisance protectrice, il recompose des images toutes dépouillées et subtilisées, toutes abstraites, bien qu'y tressaille encore parfois quelque lambeau de la sensation primitive. [...] La couleur de Matisse brille d'une splendeur intellectuelle. Elle a l'éclat muet de ces éblouissements qui naissent soudain dans l'esprit. Elle n'est pas dense comme les choses ; elle ne pèse pas ; mais elle recouvre la toile de sa minceur mate, elle répand en une fine couche sa nette et violente richesse. Elle est immobile comme la pensée dont elle imite le fixe éclair. [...] Le meilleur témoignage de son origine artificielle, c'est sa rareté sans faiblesse ; elle ne cesse jamais d'être *incomparable* et Matisse préfère laisser des blancs plutôt que de les combler sans trouvailles. [...]

Ainsi le tableau s'imite lui-même en se multipliant au-dedans. Mais ses détails les plus particuliers toujours dérivent du schéme initial et ils en gardent le caractère abstrait. [...]

Même quand son dessin est beau, il ne suffit pas à rendre belle la toile ; en effet jamais à sa qualité les qualités de la couleur ne s'unissent. Matisse semble vouloir n'employer que séparément sa couleur et son dessin : il refuse de les concilier en un tableau complet ; pas une fois il n'a réalisé une œuvre pleine. – C'est qu'il ne veut peindre que les aboutissements ; [...] il attend, pour intervenir, jusqu'au dernier moment, celui de la divergence ; il faut, avant qu'il pose la première touche, que tout le passé d'abord ait été sous-entendu. [...]

«Une exposition de Henri Matisse», *Nouvelle Revue Française*, 16 avril 1910. Repris dans Jacques Rivière, *Études*, Paris, Éditions de la Nouvelle Revue Française, 1911, pp. 42-46)

Lewis Hind 1913

Un jour, j'achetai une grande photographie d'une toile récente de Matisse [*L'Algérienne*], et le soir je la montrais à quelques amis et leur dis : «Regardez-la s'il vous plaît pendant un moment, et, ayant combattu votre répugnance, qui vient simplement de ce qu'elle ne ressemble à rien de ce à quoi vous êtes accoutumés, dites-moi s'il vous plaît si vous pouvez trouver quoi que ce soit à dire en sa faveur». Ils regardèrent, firent une grimace et je dis : «Les raisons qui font que vous ne l'aimez pas sont évidentes. Vous trouvez que le modèle est d'un genre que l'on doit réprouver, et pourtant elle a été faite par Dieu ; le dessin de l'épaule à gauche est déformé, les mains le sont aussi, et pourtant celles-ci ont le véritable aspect de mains, n'est-ce pas ? Et il n'y a pas de modelé, et tout est sacrifié au rythme des lignes du corps et à la sensualité boudeuse de la surface. Eh bien ?»

Soudain l'un dit : «C'est une décoration, ce n'est pas seulement une grosse tache sur le mur». Puis un autre, ses mots sortant avec difficulté : «Cela a de la vie – cela vit !»

Voilà ce que les opposants au Post-Impressionisme doivent affronter. On nous offre désormais les débuts d'un art qui donne aux choses ce qui dure en elles, l'âme, que celle-ci soit bonne ou mauvaise. [...] Matisse donne la sensation d'une femme qu'on ne peut aimer. Son œuvre [...] fait appel à l'imagination.

The Post-Impressionnists, Londres, Methuen and Co., 1913, pp. 58-59

Max Raphael 1917

Je me suis souvent demandé dans quelle mesure l'artiste a déjà une conception achevée de cette forme qui incarne le mouvement créatif premier lorsqu'il se met au travail et dans quelle mesure cette première conception est identique à la forme ultime de l'œuvre. Lorsqu'il commence à peindre, Matisse a sans aucun doute une conception d'ensemble, une réalité conceptuelle plastique, mais celle-ci se modifie constamment, même dans ses principaux contenus tels que couleur de la surface, des figures, groupement des figures, etc. Il semble que Matisse ne perçoive que dans et par le travail toute la portée de ce mouvement créatif premier et qu'il ne trouve que dans la création les motifs et la composition générale du tableau qui expriment de la façon la plus adéquate cet état affectif initial.

De ce fait la durée de la création acquiert elle-même une nouvelle signification. [...] A l'inverse [du peintre impressionniste], la création de Matisse est entièrement axée sur la concentration, sur la capacité de retenir le plus longtemps possible une impression, une atmosphère, afin de pouvoir déployer à partir d'un germe toute une charmille, d'arriver à partir d'un vécu expérimental à la perfection de la manifestation. La souplesse de la créativité de l'artiste n'est plus fonction de sa capacité à passer d'un objet à l'autre, à répondre à chaque stimulation par des moyens d'expression, elle se mesure au contraire à cette croissance constante à l'intérieur de sa propre expérience, à cette capacité de dépasser toujours le niveau auquel on est arrivé, de supprimer soi-même tel ou tel élément de valeur, si l'expérience l'exige. Que de fois ai-je vu Matisse dépasser résolument le niveau auquel il venait de parvenir, enfouir sous la peinture des valeurs dont un autre aurait nourri une abondante production pendant dix ans. Je me suis souvent demandé si Matisse ne cachait pas derrière cette force infatigable par laquelle il cherchait toujours à acquérir une distance vis-à-vis de lui-même et à se surpasser constamment, quelque faiblesse, l'absence de conception des limites organiques, le manque de distance par rapport à l'état de l'âme.

«Das Erlebnis Matisse», *Das Kunstblatt,* 1917, n° 5. Traduit par Colette Laplace

On lira également Aragon 1971, tome 2, pp. 93, 98, 110 ; Flam 1986, p. 258 ; Monod-Fontaine 1989, p. 36

68 La dame en vert, été 1909

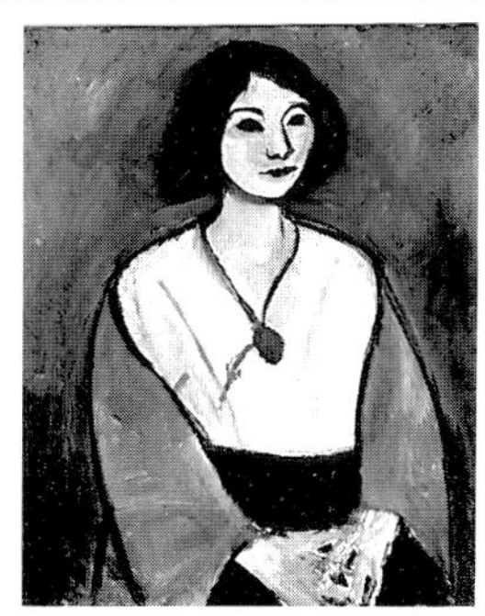

Izerghina 1978, p. 145 ; Flam 1986, p. 262 ; Kostenevitch, dans Kostenevitch, Semionova 1993, pp. 95-96

69 Portrait de Pierre Matisse, été 1909

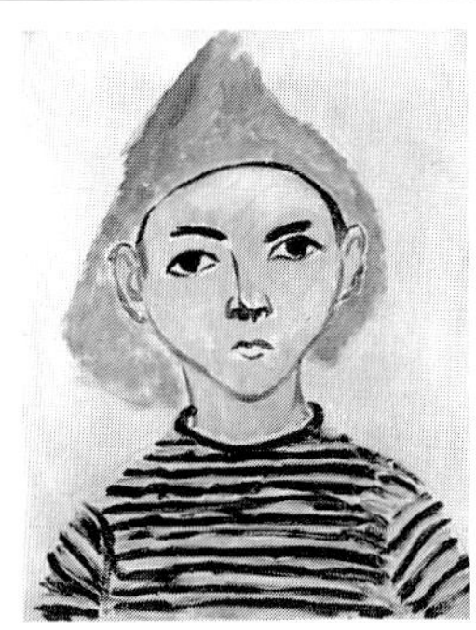

Diehl 1954, p. 46 ; Gowing 1979, p. 102

70 Nu rose, été 1909

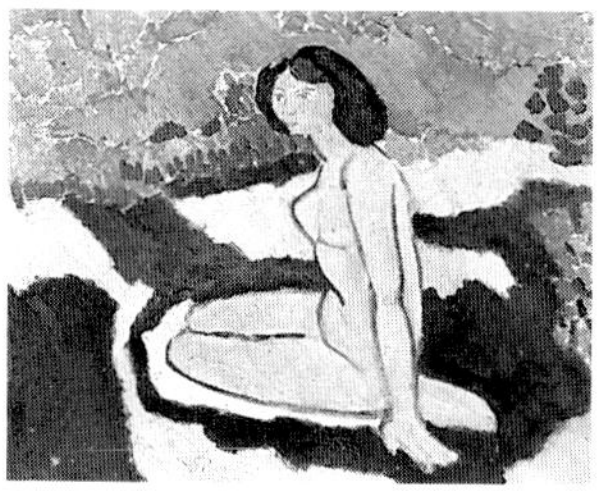

Marcel Sembat

Samedi chez Matisse à Clamart; il a travaillé admirablement cet été; nous lui avons pris un petit tableau merveilleux (la femme assise sur le sable ensoleillé à Cavalière).

Journal inédit. Cité dans Fourcade 1975, p. 15

Marcel Sembat 1913

Un jour, Matisse revenait du midi, après un été à Cavalière. Nous l'étions venus voir, ma femme et moi, et après le déjeuner, avec la complicité de Madame Matisse, nous avions commencé à fureter dans les cartons. Tout à coup nous poussons un cri. Nous étions tombés sur une petite toile étrange, une chose empoignante, inouïe, neuve à effarer: elle effarait presque son auteur même.

Sur un sol rose cru, flambant parmi des ombres d'un bleu profond, évoquant des Chine ou des Japon, une figure de femme était assise, violacée. Nous regardions, ébahis, éblouis, tous les quatre, et le maître paraissait aussi peu familier que nous avec sa création; et peu à peu son vrai caractère nous apparaissait: l'impossibilité d'isoler du regard une parcelle de cette toile, la figure par exemple, ou les ombres, ou les verdures claires du haut; la nécessité de recevoir d'un seul coup dans les yeux et dans l'âme, le choc total de l'ensemble. Cette œuvre était au plus haut degré, indissoluble et *synthétique.* «Je n'ai pas voulu faire une femme, vous voyez» dit Matisse, «J'ai voulu rendre mon impression totale du midi».

De toutes les œuvres de Matisse c'est cette petite toile qui m'est le plus chèrement précieuse parce que, si j'ose me servir d'un mot que j'ai souvent employé en parlant à Matisse lui-même, «C'est un œuf!» Dans cet œuf-là il y avait en germe toute une volée de nouvelles œuvres, et notamment les grandes œuvres décoratives, *La danse, La musique.*

«Henri Matisse», *Les Cahiers d'aujourd'hui*, avril 1913, pp. 190-191

Georges Duthuit 1956

La femme [...] nous fait penser à une plante, dressée parmi d'autres: celles de l'intérieur, sur le papier du mur, celles poussées au dehors. L'expression du visage n'a pas été oubliée mais elle nous apparaît comme voilée, le peintre en ayant été détourné sans doute par des préoccupations d'ordre plastique (ou d'atmosphère). Expression dont on s'attend à ce qu'elle se trouve nécessairement inscrite là par les lignes qui prolongent celles du corps et forment le contour de la tête aussi bien que celles du visage. Dans certains de ses tableaux, le modèle vivant (la femme), plutôt que de se singulariser, semble participer aux joies et aux orages de la nature. Ainsi en va-t-il parfois de l'homme. Il joue de la flûte ou du violon tout en se tenant prêt à affronter les menaces de la vie [*La musique,* 1910]. Il s'affirme surtout dans ses rapports avec le monde, sans que nous puissions concevoir qu'il jouisse d'une pensée bien à lui. Il est évident que l'espace, la lumière, la couleur sont les conditions indispensables pour lui ouvrir son chemin et pour qu'il y suive tout son itinéraire, où que ce chemin doive mener.

Signalons ces portraits d'hommes ou de femmes où se trouve puissamment marquée l'empreinte de la personnalité. C'est ainsi que, dans celui de Mlle Landsberg, un rayonnement se fait jour, presque fantomatique, grâce aux lignes lumineuses qui émanent de sa personne.

Note inédite. Publiée avec l'aimable autorisation de Claude Duthuit

On lira également Diehl 1954, p. 49; Fourcade 1975, p. 16; Gowing 1979, p. 99; Flam 1986, pp. 259-260

71 La baigneuse, été 1909

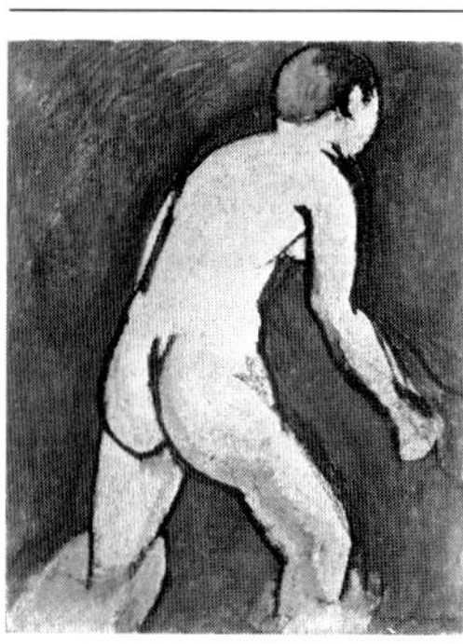

Elderfield 1978, pp. 59-60; Flam 1986, p. 261

73 Nature morte à «La danse», automne-hiver 1909

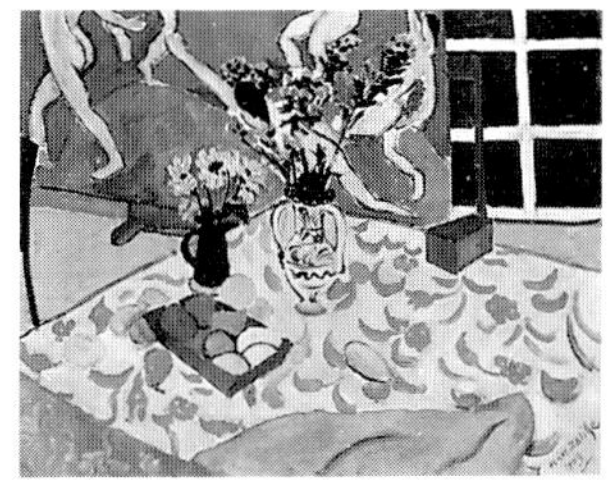

Barr 1951, p. 127 ; Izerghina 1978, p. 147 ; Schneider 1984, pp. 34-35, 268 ; Flam 1986, pp. 271-272 ; Kostenevitch, dans Kostenevitch, Semionova 1993, p. 103

75 Jeune fille aux tulipes, début 1910

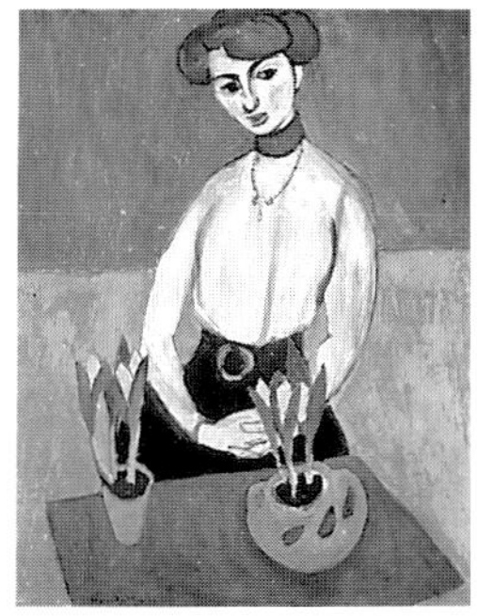

Guillaume Apollinaire 1910

Parlons d'abord d'Henri Matisse, un des peintres les plus décriés du moment. N'a-t-on pas vu récemment la presse toute entière (y compris ce journal) le combattre avec une rare violence ? Nul n'est prophète en son pays et tandis que l'acclamant l'étranger acclame la France, celle-ci se prépare à lapider l'un des artistes les plus séduisants de la plastique contemporaine. Je suis heureux que l'occasion me soit offerte de louer encore une fois l'intégrité de cet art. Matisse est un des rares artistes qui se soient complètement dégagé de l'impressionnisme. Il s'efforce non pas d'imiter la nature mais d'exprimer ce qu'il voit et ce qu'il sent par la matière même du tableau, ainsi qu'un poète se sert des mots du dictionnaire pour exprimer la même nature et les mêmes sentiments.

Il possède avec cela un talent véritable et son unique tableau exposé au milieu d'œuvres où l'influence des impressionnistes se fait encore sentir ressort bien davantage. C'est là une œuvre d'art authentique...

«Prenez garde à la peinture ! Le salon des artistes indépendants», *L'Intransigeant*, 18 mars 1910

Barr 1951, p. 131 ; Izerghina 1978, p. 156 ; Schneider 1984, p. 393 ; Flam 1986, p. 275 ; Kostenevitch, dans Kostenevitch, Semionova 1993, pp. 97-99

78 Marguerite au chat noir, début 1910

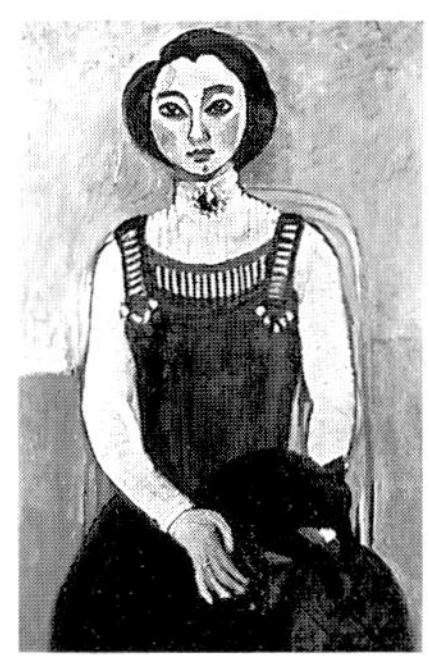

Georges Duthuit 1956

A l'instar du mosaïste byzantin, Matisse a su se plier aux considérations de vision globale ; il entre, comme d'instinct, après avoir longuement observé et pénétré l'objet qu'il doit rendre, dans le jeu des compensations qui lui permet de retrouver, avec sa verdeur et en sa vérité, cette première vision. C'est ainsi qu'il enchaîne ses portraits à une tradition ignorée, voire méprisée des classiques, et qui pourrait avoir pris naissance au Fayoum, dans les deux premiers siècles de notre ère. Certains d'entre eux s'apparente (et l'un *Marguerite*, de très près) aux fresques du monastère de Baouit, en Égypte ; d'autres nous mènent dans les parages des grandes effigies de Ravenne, déjà pressenties par Van Gogh. Par quelle voie ? Par voie d'affinités, sans plus. Matisse, lorsqu'il déclarait rechercher avant tout le caractère général et «pour ainsi dire religieux» des êtres, le caractère d'un visage dessiné qui «ne dépend pas de ses diverses proportions, mais d'une lumière spirituelle», n'avait pas à songer à Byzance pour se rapprocher d'elle.

Matisse – Période fauve, Paris, Fernand Hazan, 1956

On lira également Barnes 1933, pp. 81, 118, 180 ; Barr 1951, p. 131 ; Gowing 1979, p. 88

80 La danse II, fin 1909-été 1910

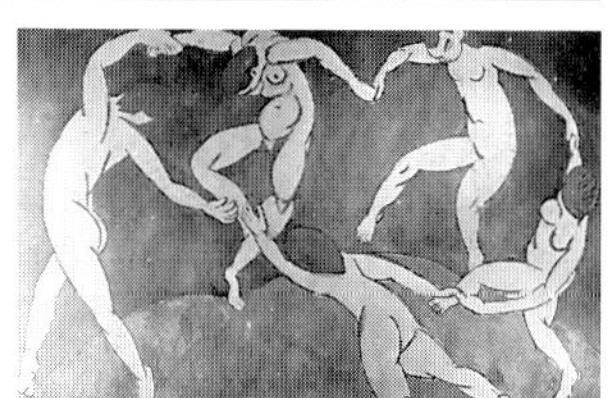

Serguei Stschoukine à Matisse, 21 février 1909

Je pense beaucoup au grand tableau. Peut-être vous pouvez envoyer un croquis en couleurs. Il me semble qu'il sera très beau ! et que je dois le prendre. En tout cas, j'ai confiance en vous et je suis sûr que le grand tableau sera une belle décoration pour mon escalier.

Archives Matisse, Paris. Cité dans Kostenevitch, Semionova 1993, p. 163

Serguei Stschoukine à Matisse, 16 mars 1909

J'ai reçu vos deux lettres du 11 et 12 mars avec les esquisses des grands tableaux. Elles sont très belles et très nobles de couleur et de ligne... Mais hélas! je ne peux pas maintenant mettre *le nu* sur mon escalier. Après la mort d'un de mes parents, je pris dans ma maison trois jeunes filles (de 8 et de 10 ans) et chez nous en Russie (nous sommes un peu en Orient), on ne peut pas montrer le nu devant les jeunes filles. Trouvez la même ronde, mais avec des jeunes filles en robe. La même chose avec la composition n° 2. L'escalier a deux murs pour les panneaux. Nous sommes en Russie comme en Italie au 17e siècle, où le nu était banni. Si je n'avais pas les fillettes dans ma maison, j'aurais risqué de braver l'opinion publique, mais maintenant je suis obligé de me soumettre aux habitudes russes. Peut-être trouverez-vous le moyen de faire la même danse avec des filles en robe? [...] J'espère que vous trouverez le moyen de décorer mon escalier avec deux grands panneaux (de 4 mètres) mais sans le nu. Une ou deux petites figures nues [à la rigueur?] pouvant être admises.

Archives Matisse. Paris. Cité dans Kostenevitch, Semionova 1993, p. 163

Serguei Stschoukine à Matisse, 27 mars 1909

Pour mon escalier il me faut seulement deux panneaux décoratifs. Seulement comme sujet je voudrais éviter le nu. De cette manière vous pouvez les faire [...] Mais j'ai à vous faire une autre proposition. Votre croquis *La danse* me plaît énormément. Elle est d'un mouvement si noble. Pouvez-vous faire un tableau de cette étude de la grandeur de «La chambre rouge» [*La desserte, harmonie rouge*] ou de «La Mer» [*Baigneuses à la tortue*]? Je consens de payer le même prix de 15 000 (quinze) frs que vous avez fixé pour la grande toile de 4 ou 5 mètres.

Archives Matisse, Paris. Cité dans Kostenevitch, Semionova 1993, p. 164

Serguei Stschoukine à Matisse, 28 mars 1909 (par télégramme)

Reçu votre lettre trouve panneau [esquisse à l'aquarelle pour *La danse*] là – annule toutes réserves faites dans mes lettres – vous prie me donner la priorité pour deux panneaux sur escalier – télégraphiez si acceptez commande ferme panneau *La danse* pour quinze mille – pour deuxième panneau prie faire comme sujet la musique – écrivez prix deuxième panneau.

Archives Matisse, Paris. Cité dans Kostenevitch, Semionova 1993, p. 164

Serguei Stschoukine à Matisse, 31 mars 1909

Je trouve votre panneau *La danse* d'une telle noblesse que je pris la résolution de braver notre opinion bourgeoise et de mettre sur mon escalier un sujet avec LE NU. En même temps, il me faudra un deuxième panneau, dont le sujet serait très bien *La musique.* J'étais très content d'avoir votre réponse: accepte commande ferme panneau *La danse* quinze mille et panneau *La musique* douze mille prix confidentiel. Je vous remercie beaucoup et j'espère d'avoir bientôt une esquisse du deuxième panneau. Dans ma.maison on fait beaucoup de la musique (Bach, Beethoven, Mozart). Le panneau *La musique* doit un peu indiquer le caractère de la maison. J'ai pleine confiance en vous et je suis sûr que *La musique* sera aussi réussie comme *La danse.* Je vous prie de me donner des nouvelles de vos travaux. [...] Maintenant vous avez ma commande définitive pour les deux panneaux.

Archives Matisse, Paris. Cité dans Kostenevitch, Semionova 1993, p. 164

Matisse à Estienne, avril 1909

Ici, Matisse parle comme Puvis de Chavannes; pour lui, la peinture est appel au recueillement, à la sérénité, elle doit être reposante. Cette impression doit être obtenue par le plus petit nombre de moyens possible; trois couleurs pour un vaste panneau de danse: l'azur du ciel, le rose des corps, le vert de la colline sur laquelle dansent les muses.

Et comment compose-t-il? Je crois l'avoir compris par l'exemple qu'il m'a donné: «J'ai à décorer un escalier. Il a trois étages. J'imagine le visiteur qui vient du dehors. Le premier étage s'offre à lui. Il faut obtenir un effort, donner un sentiment d'allègement.

Mon premier panneau représente la danse, cette ronde envolée au-dessus de la colline. Au deuxième étage on est dans l'intérieur de la maison : dans son esprit et son silence je vois une scène de musique avec des personnages attentifs ; enfin au troisième étage c'est le plein calme et je peins une scène de repos : des gens étendus sur l'herbe, devisent ou rêvent. J'obtiendrai cela par les moyens les plus simples et les moins nombreux, ceux qui permettent pertinemment au peintre d'exprimer sa vision intérieure».

«Des tendances de la peinture moderne», *Les Nouvelles*, 12 avril 1909. Repris dans E.P.A. pp. 62-63

Serguei Stschoukine à Matisse, 30 mai 1909

Ici à Moscou tout est très calme. Mr Morosoff a donné à Mr Denis une nouvelle commande de 6 panneaux vu le grand succès de sa première décoration. J'espère que quand on verra vos décorations, on changera un peu cette gamme des cris d'admiration qu'on entend maintenant. Maintenant, on parle comme d'un chef-d'œuvre. On rit un peu de moi, mais je réponds toujours «rira bien qui rira le dernier». J'ai toujours confiance en vous et j'espère que vous trouverez pour la musique une composition digne de vous.

Archives Matisse, Paris. Cité dans Kostenevitch, Semionova 1993, p. 165

Serguei Stschoukine à Matisse, 20 août 1909 (ou 1910?)

Mes décorations *La danse* et *La musique* m'intéressent beaucoup. Je suis sûr que ce sera une grande victoire. J'espère être à Paris pour le Salon d'Automne.

Archives Matisse. Cité dans Kostenevitch, Semionova 1993, p. 166

Alexandre Benois 1910

Le bruit a récemment couru que la décoration de l'escalier d'un mécène moscovite a été commandée à Matisse. Personnellement, je ne tirerai peut-être pas un grand plaisir de cette fresque car je suis porté vers d'autres systèmes et d'autres goûts en peinture, mais je crois néanmoins que, dans l'histoire de l'art, cette œuvre de Matisse peut servir de point de départ à tout un mouvement qui, avec le temps, deviendra quelque chose de beau et de grandiose.

«Khoudo jestvennyé pisma, Salon i chkola Baksta», *Retch*, 1er mai 1910. Cité par Semionova dans Kostenevitch, Semionova 1993, p. 17

Matisse à Stschoukine, été 1910 (brouillon de lettre)

Comme je vous l'avais promis, je vous envoie la photographie du panneau de *La musique* en cours d'exécution. Il est dommage que vous ne puissiez voir l'accord de couleurs qui est très plein et certainement sera à votre goût. J'ai laissé il y a quelques jours ce panneau pour attaquer *La danse* et déjà je suis certain de faire beaucoup [mieux?] que l'esquisse. Après ce panneau je reprendrai sûrement *La musique* [...]. Je pense que vous serez tout à fait satisfait.

Archives Matisse, Paris. Cité dans Kostenevitch, Semionova 1993, p. 108

Léopold Rude 1910

Salle I – Grande salle, salle ovale, salle bien connue où les expositions successives s'appliquent à accrocher ce qu'elles ont de plus sensationnel pour surprendre le visiteur dès l'entrée. Ah! je vous jure que le Salon d'Automne y a réussi. Et si l'expression n'était pas réservée à une grosse affaire théâtrale qui passionne Paris depuis deux jours, je dirais bien volontiers que cette salle est la salle des Polichinelles.

Je ne trouve pas d'épithète plus typique pour définir ce pauvre M. Henri Matisse qui, raisonnablement, ne peut avoir d'influence que sur les Finlandaises hystériques ou des Norvégiens dont le timbre est très fêlé. Je sais, comme vous, que ce maître de la peinture déséquilibrée a ouvert atelier, qu'il y attire les populations du Nord, qu'il fait école et qu'il exploite à son grand avantage pas mal de fous. Mais quel regret et quelle tristesse de voir en plein Paris, dans la salle centrale d'un palais officiel, les élucubrations de ce Monsieur, pendues au mur, avec un petit numéro pour renvoyer au catalogue. C'est tout de même excessif et l'on songe avec peine que M. Sala ne crève que ses propres tableaux ; il y aurait là de l'ouvrage très intéressant pour lui.

Mais il faut voir aussi comme M. Matisse est entouré! [...] Le moins qu'on en puisse dire est que toutes les maisons d'aliénés possèdent des toiles pareilles, et dame, l'aliénation mentale est une excuse... C'est trop triste. Passons.

«Le Salon d'Automne», *Gil Blas*, 30 septembre 1910

Charles Morice 1910

M. Henri Matisse et M. Vallotton, dans des formules bien différentes, font avec un égal succès la caricature de la peinture décorative.

Paris-Journal, 30 septembre 1910

Guillaume Apollinaire 1910

En fait de peintures, le Salon d'Automne ne nous réserve cette année que peu de surprises. Les deux panneaux décoratifs de M. Henri Matisse sont d'un effet puissant. La richesse de la couleur, la sobre perfection du dessin sont cette fois indéniables et l'on peut croire que le public français ne boudera plus un des peintres les plus significatifs de ce temps.

«Vernissage d'Automne», *L'Intransigeant*, 1er octobre 1910

Guillaume Apollinaire 1910

Henri Matisse, qui déconcerte tant de regards mal éduqués, est un peintre extrêmement séduisant. La couleur très rare et très belle, voilà ce qu'il trouve plus souvent qu'aucun autre peintre, et la puissance décorative de ses ouvrages ne peut être niée à moins d'une insigne mauvaise foi. Les deux panneaux qu'il exposait cette année sont ce que, pour ma part, je préfère dans l'œuvre de cet artiste, que je suis le seul – je ne dis pas cela sans quelque coquetterie – à avoir toujours défendu. L'œuvre la plus considérable de ce Salon, ce sont les peintures décoratives inspirées à M. Maurice Denis par le *Décaméron*. Maurice Denis est un grand artiste servi par une forte culture. L'esprit religieux qui l'anime donne à ses productions une grande pureté.

«Le Salon d'Automne», *Poésie*, automne 1910

Camille Schuwer à Matthew Stewart Prichard, 13 octobre 1910 (lettre transmise à Matisse par Prichard)

[...] Je suis allé au Salon d'Automne – une première fois – car il y avait récitation de poèmes de mes amis, et je n'ai pu consacrer que vingt minutes (?) à la peinture... à la peinture de Matisse seulement.

[...] Pour la toile «Musique», l'arrangement décoratif dont nous avions admiré l'intention à l'atelier de Matisse, est réalisé parfaitement. Les trois personnages, assis les uns au-dessus des autres, dans une belle pente calme, comme au long d'un talus, suggèrent immédiatement et sans effort pour l'esprit l'élévation et la pureté des sons musicaux. Mais le personnage de gauche, celui qui tient le violon, et qui est debout, n'est plus tout à fait le même que celui des dessins primitifs. Il est vu plus de face, je crois, et me semble moins bienvenu. Quant à la couleur, le rouge spécial employé par Matisse, me déconcerte un peu. Mais j'attribue sincèrement l'irritabilité de ma rétine à la violence de l'éclairage.

La «Danse» est une nouvelle traduction de ce sujet cher à Matisse. La danse est descendue du ciel sur la terre. En touchant le sol les danseurs ont retrouvé leur poids, leurs muscles et leur force. Ce qui se perd en exquisité se retrouve en grandeur. Ce qui était délassement devient furie ; on sent là le rythme de la terre, païen, dyonisiaque. Voilà une danse qui aurait plu à Zarathoustra.

Archives Matisse, Paris

André Fontainas 1910

Où est-il ? – Tout de suite murmure-t-on, dès qu'on entre ; on cherche, on scrute, et l'on devine. Qui donc ? Lui, celui dont tous s'occupent et s'inquiètent : assurément Matisse, le plus illustre des *fauves*, Henri Matisse. «C'est de lui, cela ? – C'est de lui.» Et l'on voit apparaître sur fonds verts unis et monotones une guirlande de silhouettes tout juste humaines, dont la forme et l'attitude, indiquées d'ailleurs par une arabesque prompte, juste et savante, ne se précisent d'aucun détail, ne sont relevées d'aucun modelé. Le schéma d'une intention. Des qualités qui ont fait le charme du peintre aucune ne semble subsister. On se souvient de paysages mystérieux d'ombres douces et bougeantes, de natures mortes et de fleurs dont l'éclat séduisait. A présent, à force de vouloir simplifier les accidents, on les annule au point que toute détermination est impossible : où sommes-nous ? qu'est-ce ? Point d'expression, point de regards, point de vie ! Une image de papier peint, imprécise, flottante, en dépit de tant de science, ou plutôt volontairement établie à l'aide de tant de science, – mais nul charme, et pas de grandeur : c'est bien la plus terrible des tares. Retrouverons-nous un jour, aussi hardi sans doute et non plus, comme nous pensons, fourvoyé par l'abus des thèmes, qui décidément en art ne comptent jamais, le beau peintre délicat que nous aimâmes?

«Le Salon d'Automne», *L'Art moderne*, 15 octobre 1910

Valentin Serov à Ivan Morosoff, 20 octobre 1910

Je suis allé hier au Salon, j'y ai beaucoup aimé un Français, Chabaud. [...] Quant à Matisse, il ne me plaît pas: c'est du toc, et les gamins sont tout bonnement une saleté.

Cité dans Kostenevitch, Semionova 1993, p. 117

Matisse à Jean Biette, 26 octobre 1910

Mes deux panneaux sont au Salon j'en suis content. Mais les copains sont furieux et les journaux que de rage ils montrent. Heureusement je n'ai lu les coupures qu'avant hier parce que je devais les montrer à Stschoukine – comme ça m'a paru loin! J'espère que cette indifférence est réelle. [...] Je n'ai eu qu'un défenseur, mais comme il m'inspire du dégoût, j'aurais mieux aimé un ennemi. C'est Apollinaire...

Archives Matisse, Paris

Roger Fry 1910

En peinture, [ce Salon d'Automne] est un Salon des décorateurs. Matisse a envoyé deux grands panneaux, *Musique* et *Danse*, exécutés pour une maison à Moscou. Les figures sont d'une couleur rouge brillant, le sol uniformément vert et le ciel d'un bleu dur et opaque. Non seulement les couleurs sont absolument sans modelé, posées en espèce d'étalages de pigments parfaitement plats, mais la chose est d'une qualité absolument sans beauté propre: elle n'a rien d'insaisissable, aucun jeu, aucune nuance d'infini. Que Matisse soit un coloriste, il l'a prouvé encore et encore dans ses natures mortes, mais je ne puis trouver d'explication satisfaisante à la brutalité extrême du registre qu'il a choisi ici. Ce qui demeure réellement, en dépit de tout cela, est sa maîtrise d'un rythme linéaire tout à fait original qui ressort admirablement de l'anneau des danseurs et donne dignité grave et beauté à la figure debout dans *La musique*.

M. Maurice Denis expose une série de peintures murales pour une pièce. Si M. Matisse s'égare du côté de l'extravagance et de l'inintelligibilité, M. Denis, pour une fois, semble s'être un peu trop compromis avec le besoin d'élégance dix-huitième siècle que la clientèle mondaine veut généralement voir satisfait.

«The Autumn Salon», *The Nation*, 29 octobre 1910

Charles Morice 1910

M. Vallotton nous offre donc la caricature de l'École. C'est la caricature de la rébellion contre l'École qu'on peut voir chez M. Henri Matisse. Son genre est plus gai; il est aussi plus dangereux. L'excitation au «sabotage» rencontre, par le temps qui court, plus de sympathie que l'invitation à l'obéissance. Par bonheur, cette excitation se produit sous des espèces si parfaitement, si évidemment absurdes, la gageure contre le bon sens est si excessive que cela devient tout à fait rassurant. Longtemps M. Matisse a mis au service des théories les plus folles une sorte de sagesse. [...]. Plus rien de tel, dans les deux panneaux, qu'il ose qualifier de «décoratifs», et qu'il intitule *La danse* et *La musique*. Ce n'est même pas fou. Ce n'est vraiment plus rien d'appréciable, plus rien à propos de quoi on puisse parler ni de la Peinture, ni de la Musique non plus, ni de la Danse. Cinq hommes nus qui prétendent jouer de divers instruments, cinq femmes nues, dont les membres courent les uns après les autres dans un chahut furieux, et trois couleurs, par larges bandes, du bleu, du vert, du rouge, et c'est tout; ce n'est rien.

«Art Moderne – Le Salon d'Automne», *Mercure de France*, n° 321, 1er novembre 1910, pp. 155-156

Yakov Tugendhold 1910

Les œuvres de Matisse, deux immenses panneaux – *La musique* et *La danse* – réalisés pour S.I. Chtchoukine et qui étaient à la fois le clou et l'épouvantail du Salon, sont celles qui enfoncent le plus profondément leurs racines dans le passé. Délibérément grossières par leur dessin et criardes par leurs couleurs, elles peuvent ne pas plaire, mais il est pour le moins impossible de s'en débarrasser par un «ce n'est rien» comme le fait le critique réputé C. Morice. La peinture de Matisse n'est pas une bulle de savon; c'est un phénomène complexe qui a ses propres lois. Matisse est un grand talent, quoique dédoublé ; par une moitié de son être il appartient à notre réalité nerveuse, américaine, tandis que son autre moitié rêve au monumentalisme naïf de l'ère primitive, à l'harmonie perdue de l'âme. D'où cette descente volontaire dans les vallées de la préhistoire ; d'où cet *ensemble* décoratif, ces rudes silhouettes, cette couleur brique du corps empruntée aux vases archaïques en argile cuite. [...] Mais en transposant ces taches primitives des vases sur un panneau moderne, Matisse «américanise» les couleurs, convertit le panneau en une affiche tapageuse, visible à une demi-verste, oubliant que la peinture murale a ses propres *traditions*. Le modeste Puvis de Chavannes se souvenait d'elles ; Matisse ne veut pas et n'a d'ailleurs pas le temps de les appréhender. Voilà une autre caractéristique de notre temps, cette rupture entre le talent et le matériau, ce mélange des styles que ne connaissaient pas les époques passées.

«Osenny salon», *Apollon*, 1910, n° 12, pp. 30-31. Cité dans Kostenevitch, Semionova 1993, p. 117

Serguei Stschoukine à Matisse, 10 novembre 1910 (par télégramme)

Réfléchi pendant la route [qui ramène Stschoukine de Paris à Moscou ?] – résolu de prendre vos panneaux – prie envoyer *Danse* et *Musique* grande vitesse – amitiés.

Archives Matisse. Paris. Cité dans Kostenevitch, Semionova 1993, p. 166

Serguei Stschoukine à Matisse, 11 novembre 1910 (de Moscou)

Pendant la route (deux jours et deux nuits), j'ai réfléchi beaucoup et j'ai honte de ma faiblesse et de mon manque de courage. Il ne faut pas abandonner le champ de bataille sans essayer la lutte. Pour cette raison, je suis résolu d'exposer vos panneaux. On criera, on rira, mais comme d'après ma conviction votre chemin est juste, peut-être le temps sera mon allié et à la fin j'aurai la victoire.

Archives Matisse. Paris. Cité dans Kostenevitch, Semionova 1993, pp. 166-167

Gabriel Mourey 1910

Qu'on se rassure ! La leçon dont je veux parler et qui se dégage de la dernière exposition du Salon d'Automne n'est point celle que pourrait comporter le lamentable, formidable four de Matisse et de ses caudataires mais de celle que nous a donnée la venue à Paris des artistes décorateurs de Munich.

«La leçon du Salon d'Automne», *Paris-Journal*, 13 novembre 1910

P. Skrotski 1910

Devant [les panneaux de Matisse], les explosions d'indignation et de fureur, les railleries sont incessantes. En effet, le coloris venimeux donne l'effet d'une cacophonie démoniaque, le dessin simplifié au point de disparaître presque et les formes étonnamment hideuses expriment l'idée du peintre de façon téméraire et impérative. Le monde créé par Matisse dans ces panneaux d'une naïveté cannibalesque est, je l'avoue, franchement désagréable. [...] Ces panneaux, selon moi incontestablement ratés, témoignent une fois de plus de l'inégalité du travail de Matisse [...]

«Iz Parija», *Odesskii listok*, n° 267, 20 novembre 1910. Cité dans Kostenevitch, Semionova 1993, p. 19

Matthew Stewart Prichard à Isabella Stewart Gardner, 22 novembre 1910

Matisse a exposé au Salon d'Automne deux grandes compositions, *La danse* et *La musique* avec des figures grandeur nature et en trois couleurs saturées, vert, bleu et rouge, le rouge pas tout à fait pur, peut-être, et il s'est attiré une tempête d'insultes, pas seulement de la part des journaux mais aussi de ses collègues artistes. Je ne les ai vues qu'avant qu'elles soient tout à fait finies, mais mon compagnon d'armes m'a écrit pour me dire qu'elles étaient extraordinairement belles.

Cité dans Flam 1988, p. 127

F. M. 1910

[Au Salon d'Automne], l'impression dominante est celle d'un apaisement. On ne reconnaît plus les outrances de jadis et de naguère. Ou, si on les retrouve, elles causent à l'esprit ce désappointement particulier que procure la répétition d'une chose que l'on croyait d'abord surprenante et qui n'apparaît plus que banale. On s'est habitué aux *fauves* aussi facilement, aussi rapidement qu'on s'était habitué aux académiques. Recette pour recette, l'une vaut bien l'autre ; mais ni l'une, ni l'autre ne remplacent le tempérament, la sincérité, le goût, le travail consciencieux, l'amour de la nature, [...] Une constatation assez pénible à faire – et à laquelle cependant il fallait bien depuis longtemps s'attendre – c'est que l'apaisement dont je parle n'a rien de ce tranquille mûrissement en sérénité qui suit les enthousiasmes d'une jeunesse en pleine sève. Sauf quelques honorables et précieuses exceptions, il révèle l'essoufflement, la fatigue. Des tempéraments débiles ont voulu faire les gestes de la force. Ils apparaissent d'autant plus débiles, une fois leur emphase dépensée. Des yeux myopes ont voulu nous faire croire qu'ils percevaient des rapports plus rares que les yeux normaux. Ils en ont créé d'artificiels.

«Le Salon d'Automne», *L'Art et les artistes*, n° 68, novembre 1910, p. 80

Auteur non identifié, 1910

Au fond de la salle, deux grands tableaux de M. Henri Matisse. Cette fois, la simplification est portée à ses extrêmes limites. Des figures teintées à plat, rouge écrevisse, sur un champ mi-partie vert et bleu. Le dessin n'est pas moins synthétique : chaque personnage, non modelé, est entouré d'un trait sommaire, ligne calme dans le panneau de gauche qui figure la Musique, arabesque en inflexion et en clés de sol dans le panneau de droite qui représente la Danse.

«Le Salon d'Automne», *Gazette des Beaux-Arts*, novembre 1910

Roland Dorgelès 1910

[...] M. Henri Matisse accueille les louanges les plus déraisonnables avec la gravité d'un derviche. [...] Nous ne tenons nullement rancune à M. Matisse de peindre à la manière des décorateurs malgaches, puisque le métier est bon ; mais une chose nous navre, c'est de penser que certains étrangers crédules peuvent juger l'art français d'après ces stupéfiantes productions. S'il se trouve au monde un Tchèque ou un Rouméliote assez décrépit pour croire que *La musique* et *La danse* sont le dernier mot de notre art, M. Matisse est un bien grand coupable. Il est vrai que certaines gens comparent sans rire M. Matisse à Puvis de Chavannes, il peut bien s'en trouver d'autres pour prendre les toiles du prince des fauves pour autant de chefs d'œuvre. [...] M. Matisse peint comme un nègre en parlant comme un mage.

«Le prince des Fauves», *Fantasio*, n° 105, 1er décembre 1910

Ilya Ostrooukhov à Anna Botkina, 5 décembre 1910

Nous allons demain chez Stschoukine pour assister à un concert Beethoven fort intéressant. Ses panneaux de Matisse sont arrivés hier : horreur ! Serguei Ivanovitch est du même avis, il m'a dit hier, chez nous, que leur galerie pouvait ne pas les recevoir après sa mort.

Cité dans Kostenevitch, Semionova 1993, p. 21

Serguei Stschoukine à Matisse, 20 décembre 1910

Vos panneaux sont arrivés et placés. L'effet n'est pas mauvais. Malheureusement, le soir, à la lumière électrique, le bleu change beaucoup. Il devient presque sombre, presque noir. Mais en somme, je trouve les panneaux intéressants et j'espère de les aimer un jour. J'ai pleine confiance en vous. Le public est contre vous, mais l'avenir est à vous [...]
P.S. Je suis maltraité à cause de vous. On dit que je fais tort à a Russie et à la jeunesse russe en achetant vos tableaux. Mais un jour j'espère de vaincre, mais il faudrait quelques années de lutte.

Archives Matisse, Paris. Cité dans Kostenevitch, Semionova 1993, p. 168

Serguei Stschoukine à Matisse, 23 décembre 1910

Vous voyez, cher Monsieur, que j'ai pleine confiance en vous et je suis sûr de votre victoire. [...] Je commence à regarder avec plaisir votre panneau *La danse ;* pour *La musique* ça viendra. Au printemps je veux changer la couleur du mur et du tapis (d'après le cadre).

Archives Matisse, Paris. Cité dans Kostenevitch, Semionova 1993, p. 169

Matisse à Jean Biette, 9 janvier 1911

[...] J'ai été pris d'insomnies presque complètes [...]. Ma fatigue venait de l'effort dernier que j'ai fait pour terminer ces deux grands panneaux et les terminer consciemment. Vous savez que je les avais depuis 2 ans dans la boule, et comme ils étaient commandés il fallait les finir. Alors j'ai dû soulever ciel et terre pour arriver à leur donner leur expression définitive. [...]

Je ne me sens pas disposé à faire de nouveaux tableaux pour expliquer les précédents, je ne l'ai jamais fait, mais à faire des toiles pour fixer mes émotions du moment. Je trouve donc mon indépendance attaquée et je ne crois pas pouvoir travailler fructueusement dans la plus entière liberté. [...] Maintenant je suis décidé à rejeter l'importance un peu trop grande qu'on m'a donnée et que peut-être je me suis laissé donner et à continuer ma route sans entrave.

Archives Matisse, Paris

Alexandre Benois 1911

Que ne dut pas endurer cet homme pour ses «lubies» ? Pendant des années il avait passé pour un fou [...]. Cependant, plus que des piqûres d'autrui, S. Stschoukine eut à souffrir de ses propres doutes et déceptions... Chacun de ses achats était pour lui un exploit s'accompagnant d'hésitations douloureuses... C'était avec une sorte de méthode ascétique qu'il s'instruisait grâce à ses acquis, puisant en lui-même la force de briser les obstacles qui se dressaient entre lui et la vision du monde propre aux maîtres l'ayant intéressé. Peut-être lui arriva-t-il de se tromper, mais aujourd'hui il est vainqueur sur toute la ligne. [...] Son dernier exploit a été l'acquisition de deux panneaux décoratifs de Matisse qui, l'automne dernier, avaient scandalisé tout Paris... Cet exploit a été source de grandes souffrances pour Stschoukine. Il était sur le point de renoncer à son achat mais, rentré à Moscou, il fut pris d'une telle nostalgie pour ces tableaux qu'il se hâta de les faire expédier. A présent, il ne regrette plus sa décision hardie, mais les amis et connaisseurs lui font grise mine, même nombre de ses partisans habituels ne peuvent qu'écarter les bras avec perplexité.

«Khoudo jestvennyé pisma. Moskovskié vpetchatlénia», *Retch*, 4-7 février 1911. Cité dans Kostenevitch, Semionova 1993, pp. 19-20

Serguei Stschoukine à I. Jilkine, 1911

Il faut vivre avec un tableau pour le comprendre. Au moins un an. Il m'arrive souvent de ne pas admettre un peintre durant des années. Mais un beau jour, les yeux s'ouvrent. Il faut s'y faire. Très souvent, le tableau ne plaît pas d'emblée, rebute même. Mais un ou deux mois passent, on se souvient de lui malgré soi, on va le regarder encore et encore. Et il se révèle. On le comprend et on l'aime. [...]

«Venez! Venez!» s'exclama-t-il en courant à travers plusieurs pièces. Il ouvrit la porte de l'escalier intérieur et, reculant au fond d'une pièce plongée dans la pénombre : «Regardez! Regardez d'ici depuis l'obscurité!» Nous contemplions les panneaux de Matisse surplombant l'escalier. [...] «Eh bien, regardez!» disait-il, le visage inspiré. «Quelles couleurs! L'escalier est éclairé par ce panneau, ne voyez-vous pas?»

I. Jilkine, «V. Moskvié», *Zolotoie Rouno*, 22 septembre 1911. Cité par Semionova, dans Kostenevitch, Semionova 1993, p. 22

M. V. Chevliakov 1911

J'ai descendu l'escalier du paisible hôtel Stschoukine. Devant moi, sur le mur, flamboyaient les couleurs de la fresque géante de Matisse. Des garçons nus étaient emportés par le fougueux tourbillon de la danse, et dans cette ardeur insensée j'ai senti l'élan grandiose d'une âme austère et croyante.

«Chez Matisse», *Rannieie Outro*, n° 246, 26 octobre 1911. Cité dans Kostenevitch, Semionova 1993, pp. 47-48

Un critique anonyme, 1911

Matisse est presque un peintre académique, quoique sans respect de l'ossature, et cela, sans doute, parce qu'elle est absente des vases étrusques, des silhouettes étrusques dont il reproduit volontiers les formes et les mouvements (*Le repos*, *Les joueurs de boules* et surtout *La danse*, ces jeunes filles rouge vermillon qui, sur un fond bleu, volent au-dessus de la colline), Matisse a également subi la forte influence des vitraux peints, avec leurs verts éclatants, leurs rouges écarlates et leurs bleus d'azur traversés par les lignes noires des résilles de plomb. Matisse est un peintre extrêmement réceptif. [...]

«Henri Matisse», *Jivoie Slovo*, n° 35, 31 octobre 1911. Cité dans Kostenevitch, Semionova 1993, p. 51

Boris Ternovets vers 1911

Je suis allé aujourd'hui chez Stschoukine. [...] Ce qui nous a le plus frappé, le plus séduit et passionné, c'est l'accord final et solennel : la nouvelle fresque de Matisse, *La danse.* J'en étais littéralement enivré. [...] Impossible de rendre par des mots combien cette composition est achevée, cohérente et close ; pas un seul instant, les membres tordus, déboîtés, ne heurtent le regard tellement tout est nécessaire, imprégné d'une logique intime et profonde. [...] C'est ce que Matisse a fait de meilleur, peut-être même ce que le XXe siècle a pour l'instant donné de mieux. Ce n'est pas de la peinture (car il n'y a pas de forme), pas un tableau, mais un nouveau genre d'art décoratif et monumental, un genre mille fois plus fort et bouleversant. Je n'avais jamais ressenti de façon aussi vive l'action sublimante de l'art [...].

Boris Ternovets, *Pisma, Dnevniki, Stati*, Moscou, Sovietski Khoudojnik, 1977. Cité dans Kostenevitch, Semionova 1993, p. 23

Note de Matisse, sans date

La danse de Moscou est conçue immédiatement par l'unité de rythme. Dans cette composition mon premier et principal élément de construction était le rythme, le deuxième, une grande surface d'un bleu soutenu (allusion au ciel de la Méditerranée au mois d'août), le troisième un tertre vert (le vert des pins méditerranéens, portant sur le ciel bleu). Avec ces données, mes personnages nus ne pouvaient être que vermillon pour obtenir un accord lumineux. A Moscou, j'ai été très intéressé de revoir cette toile après en avoir été séparé. Au contraire de ce que je pensais en l'exécutant, que seule la proportion des surfaces colorées, indépendamment de la matière, donnerait l'expression totale de l'œuvre, j'ai vu alors que ma matière avait sa nécessité et qu'elle ajoutait beaucoup à la richesse de la peinture par le jeu de brosse qui laisse transpercer la lumière de la toile blanche, et fait de ces aplats des surfaces vivantes ; une espèce de moire chatoyante.

Cité dans E.P.A., p. 149

Charles Caffin 1911

Pendant l'été de 1910, je me trouvais à son atelier de la campagne [Issy-les-Moulineaux] en train de travailler à deux grandes décorations, *La danse* et *La musique*, pour une maison privée en Russie. Chaque composition comprenait un groupe de nus sur un sommet herbeux, en partie sur fond de ciel. Celui-ci était bleu ; l'herbe un vert vif et les figures vermillon ; quant aux pigments ils étaient sortis purs des tubes, exceptés certains mélanges de blanc pour rendre la variété des tons.

Le choix de ce schéma coloré avait peut-être été suggéré par la fréquence avec laquelle il revient dans les tableaux russes, où le paysage est assez souvent animé par une grange rouge. L'utilisation du vermillon pour les figures produit sur la rétine un choc momentané, mais la raison suggère que cela revient en fait à pousser de quelques degrés la convention décorative de Puvis, qui rendait la chair dans un ton à peine plus clair que le sol d'un brun rougeâtre. l'effet, cependant, dans la toile de Matisse, est barbare, et s'associe à l'expression primitive, élémentaire, pour ainsi dire rudimentaire, de l'ensemble. Les rythmes de ces figures dansantes sont ceux de l'instinct et de la nature. Matisse a expliqué que l'inspiration lui en est venue en regardant les soldats et les «ouvriers» dansant avec leurs amoureuses au Moulin des Galettes [sic] ; et il ajouté que le ballet classique l'intéressait mais était trop artificiel – en fait, trop «organisé». Il cherche l'impression naturelle et ensuite l'organise pour lui-même. Et dans le cas de *La danse*, l'organisation et la simplification ont été conçues pour produire l'expression d'un abandon purement physique des formes, elles-mêmes robustes, à l'intoxication des sens. [...] *La danse* est d'un sentiment animal comparé à la subtilité d'expression de *La musique.* Ceci laisse penser que l'imagination de Matisse a une nette propension à n'être que physique ; que les qualités plus fines lui font défaut. Et même, d'un point de vue physique, il est «gourmand» plutôt que «gourmet». Dans sa technique il ne montre rien du sens français de l'artisanat ; ses surfaces et ses contours sont aussi mal dégrossis que ceux des statues africaines qu'il possède.

C'est probablement en grande partie intentionnel, c'est un bon moyen d'empêcher l'œil de s'arrêter sur l'extérieur, et de mener l'imagination jusqu'au mouvement intérieur des formes. Cependant, si c'est le cas, la volonté ici n'est qu'une partie de la sophistication qui semble être le ver dans le fruit de l'art de Matisse. [...] Il est cependant dans la force de l'âge ; et pourrait bien abandonner le rôle de protestataire et de théoricien et suivre implicitement et naturellement la voix de son instinct ; non pas l'instinct qu'il a essayé de rendre semblable à celui d'un tailleur de bois primitif, mais le sien.

The Story of French Painting, New York, The Century and Co., 1911, pp. 214-215

Wassily Kandinsky 1912

Les deux tableaux d'Henri Matisse montrent comment la composition «rythmique» *(La danse)* possède une autre vie intérieure et donc une autre résonance que la composition où les parties du tableau se juxtaposent d'une manière apparemment arythmique *(La musique)*. Cette comparaison prouve on ne peut mieux que le salut ne réside que dans un schéma clair, dans une rythmique claire.

«Uber die Formfrage», *Der Blaue Reiter*, Munich, Piper und CO. Verlag, 1912. Traduction française de P. Sers et C. Heim (*L'Almanach du Blaue Reiter*, Paris, Klincksiek, 1981, p. 234)

Marcel Sembat 1913

Je vous disais tout à l'heure que dès ses premières œuvres Matisse atteignait dans chaque toile à un *ensemble sentimental*. Il est resté, vous le voyez, fidèle à lui-même ; mais vous voyez aussi qu'à mesure qu'il se développe et se possède mieux, les caractères essentiels qu'il dégage de la nature deviennent de plus en plus abstraits.

Apercevez-vous, maintenant, sa grandiose poursuite ? Exprimer *L'Abstrait affectif*, peindre l'éternel, extraire la quintessence sentimentale ! Tenez ! la *Danse* qui fit hurler par ses magnifiques audaces de dessin, la *Danse* s'imposait à tous par l'essor endiablé du mouvement qui l'emportait ! Après la *Musique*, il regretta que la *Danse* ne fût pas plus sublimée, plus reposée, plus noblement calme ! Et je connais un fusain de la *Danse* telle qu'il la voit maintenant, où le mouvement est d'une solennelle ampleur [ce fusain appartient aujourd'hui au Musée de Grenoble].

«Henri Matisse», *Les Cahiers d'aujourd'hui*, n° 4, avril 1913

C. Lewis Hind 1913

L'on m'avait dit que la Salon d'Automne incluait des œuvres de Matisse. Cela faisait, je l'admets, toute l'excitation de ma visite. [...] Je trouvais les deux panneaux décoratifs de Matisse avec la plus grande facilité [...] devant moi, crevant les yeux sur une large portion du grand mur de la première salle, se trouvaient les deux derniers «sédatifs» de Matisse, étonnants, déconcertants, terriblement laids selon les critères conventionnels – des Matisse typiques.

L'un s'appelle *La danse*, l'autre *La musique*. Les deux sont peints en aplat, sans modelé, et composés de trois couleurs, rouge pur, vert pur et bleu pur. Tous les personnages sont nus. Dans *La danse*, cinq, comment dirais-je, hommes des cavernes, dansent avec sauvagerie une ronde fantastique, d'une façon grotesque, main dans la main au sommet d'une colline, un extraordinaire rythme de mouvement qu'on peut comparer à l'ordre désordonné d'une danse de Grieg. [...] De l'élémentalisme pur ! Le genre de tableaux qu'un homme des cavernes aurait pu peindre s'il avait trouvé un rocher assez grand et assez lisse pour le maculer de ses traînées d'ocres. Je contemplai la chose, clignai des yeux, tremblai, contemplai encore, et dis : «Abominable ! grâce au ciel je suis enfin guéri de Matisse». Mais je n'étais pas guéri.

The Post Impressionnists, Londres, Metthuen and Co., 1913, pp. 50-51

Serguei Stschoukine à Matisse, 25 juillet 1914

Je suis arrivé à Moscou hier et j'ai regardé avec grand plaisir vos tableaux. Même pour vos nus mes idées commencent à changer. Je pense qu'un jour je préfèrerai vos nus à tous vos autres sujets. Les lignes sont si belles et en même temps si chastes.

Archives Matisse, Paris. Cité dans Kostenevitch, Semionova 1993, pp. 176-177

Arthur Jerome Eddy 1914

[Matisse] est décrit, par ceux qui le connaissent, comme un peintre d'une gravité et d'une sincérité presque bourgeoises, prenant sa personne et son travail au sérieux. En même temps, beaucoup de ses toiles donnent le sentiment d'avoir été exécutées dans un esprit de pure et simple audace. Bien sûr, certaines de ses figures en mouvement possèdent un rythme, un swing délicieux, délicieux par la simplicité élémentaire du dessin et la couleur apparemment – mais apparemment seulement – naïve.

Et cependant, même avec ces toiles on a souvent un sentiment de déception, d'insatisfaction – «avec tant de talent, pourquoi n'a-t-il pas fait mieux?» est la question que l'on se pose.

Cubists and Post-Impressionism, Chicago, A.C. McClurg and Co., 1914, pp. 43-44

Max Raphael 1917

Mais pour Matisse, il n'y a pas de forme picturale antérieure à tout contenu comme chez les académiciens. L'ordre et l'harmonie dans son tableau sont nés dans le mouvement même qui a donné forme au sentiment originel, nés de l'intellect dans ce qu'il a d'affectif, ce qui est fondamentalement différent de cet entendement calculateur et raisonneur que lui prêtent si souvent ses détracteurs. Lorsque la forme picturale et les objets qu'elle contient semblent être indépendants de la nature extérieure, ils restent néanmoins liés à la loi qui est inhérente au contenu affectif du premier mouvement et qui a contraint Matisse à cette représentation des corps, à ce traitement des surfaces. Matisse a reconnu lui-même que cela représentait une limitation, il racontait qu'il avait voulu représenter les corps de *La danse* de façon plus fidèle à la nature, mais qu'il avait anéanti ainsi toute force d'expression. Face à ce tragique du créateur, il est presque indigne d'un critique de dire que Matisse ne savait pas dessiner.

«Das Erlebnis Matisse», *Das Kunstblatt*, 1917, n° 5, p. 154. Traduit par Colette Laplace

Marcel Sembat 1920

Une ronde endiablée fait tourner sur un fond bleu des mouvements roses. A gauche, une grande figure entraîne toute la chaîne! Quelle ivresse! Quelle bacchante! Cette arabesque souveraine, cette courbe empoignante qui va de la tête tournée jusqu'à la hanche saillante et descend le long de la jambe tendue, incarne pour moi le dithyrambe orgiaque où Nietzsche résuma l'enthousiasme de la jeune Hellade. A peine achevée, Matisse la jugea trop matériellement passionnée, trop dionysiaque, trop agitée: il dessina pour lui-même *La danse* véritable qu'il apercevait maintenant, après avoir peint l'autre, et porté par elle, et comme hissé et haussé sur son œuvre. Un fusain nous montre une danse ample, solennelle et calme.

Henri Matisse, Paris, Éditions de la N.R.F., 1920

Heinz Braune 1920

En 1910 Henri Matisse peignit deux grandes compositions, *Danse* et *Musique*. [...], tâche qui stimula beaucoup son imagination et encouragea les forces de l'artiste. De nouvelles lois rythmiques semblaient l'avoir gagné. Sa sensibilité à la forme et à la ligne en mouvement, ainsi qu'à la couleur, avait considérablement crû. Après maintes modifications, l'œuvre fut enfin achevée. J'ai assisté à plusieurs reprises à sa lutte difficile, ininterrompue, menée sous une suprême tension. Dans la deuxième version de *La danse*, il se débarrassa de tous les résidus du processus d'évolution, et cet effort immense se transforma ensuite en une période de parfaite détente, où le succès de la lutte qui avait précédé porta ses fruits en l'espèce d'une sérénité apparemment sans peine.

«Zu einem Gemälde von Henri Matiss», *Genius*, 1920

Julius Meier-Graefe 1924

[...] Pour Matisse la réalité est un «faute-de-mieux». La réalité s'évanouit en une surface improvisée. [...] Le bi-dimensionnel mène au papier peint. A quoi d'autre pourrait-il mener? Mais cela ne met pas un point final à la discussion. Papier peint n'est plus une injure. [...] Rien n'est moins «bon marché» que Matisse. Le papier peint est privé de son caractère utilitaire. On ne pourrait le coller au mur comme les tableaux de Maurice Denis et consorts. La trame arachnéenne n'est pas empesée de l'étroitesse d'esprit des ornementeurs prolétaires. Le papier peint devient un système, une forme du discours, l'idée fixe d'un artiste de la famille de Flaubert. Le papier peint, c'est le bi-dimensionnel auquel Manet a sacrifié le modelage et grâce auquel il a assouvi son exigence de contemporanéité, l'ultime extrait de la sensibilité moderne des grandes villes, une forme pour des gens qui ne vivent qu'avec leurs nerfs. Il est impensable d'escompter de cette ronde sur papier peint des effets dramatiques. Le style interdit tout mouvement héroïque.

Tout événement serait un manque de tact. On n'a plus besoin d'émotion psychique pour s'élever aux cimes de l'art. L'art n'est plus un état d'exception mais la norme. C'est pourquoi il faut le priver de son âme, sans que cela mène pour autant à une décérébration, bien au contraire. [...] Je ne suis là que pour être consommé, dit le tableau de Matisse. [...] Si vous avez les organes appropriés, vous retirerez de mon papier peint tout ce que les autres doivent s'arracher de l'âme: vérité, simplicité, poésie, vie, oui, même la vie. [...]

Il nous faut extraire de la beauté de la tradition un ordre supérieur, trouver dans tous les Dieux, grands ou petits, doux ou sauvages, Orphée, celui qui ne fait que donner sans rien exiger. [...] Les grandes compositions de Matisse comme *La danse* avaient uniquement une fonction de représentation et ont tiré un style de la vacuité. Il y a renoncé depuis longtemps. Il n'y a pas le moindre idéalisme dans ce renoncement librement consenti, et ce renoncement s'accomplit avec une dignité si parfaite que la négation ne laisse pas subsister de scrupules tangibles.

Entwicklungs-Geschichte der Modernen Kunst, Munich, R. Piper und Co. Verlag, tome 3, 1924, pp. 623-625. Traduit par Colette Laplace

Carl Einstein 1926

Au lieu de se borner à une description peureuse à l'aide de couleurs fortes et pures, il fallait, selon Matisse, utiliser librement les couleurs en les accordant selon les lois bien connues de la complémentarité. C'est comme ça que l'on arriverait à faire le grand tableau – qui ne serait peut-être qu'une gigantesque affiche. En 1910 Matisse avait achevé *La danse.* [...] Mais tout cela reste décoratif. Le regard glisse comme sur une surface huilée, sans que rien l'incite à mieux percevoir l'espace. Les personnages, qui se découpent en motifs, ne s'associent pas aux surfaces pour créer un volume. Il y a certes généralisation des formes et des couleurs mais la simplification signale l'indigence des moyens et un raccourci hâtif. L'*abbreviatur* impressionniste laisse un effet décoratif. On a procédé à des éliminations sans rien créer. On atteint à une stylisation (succédané du style) qui dépend de la grâce du motif généralisé. [...] Il n'y a pas harmonie entre lignes et couleurs car elles ne s'inscrivent pas dans une représentation cohérente et globale de l'espace. Matisse ne dépasse pas ici l'impressionnisme. Il bride un contour un peu schématique et le regard a vite fait le tour de ces décorations didactiques dont la clarté spirituellement académique se nourrit de négativité et d'omission, pour n'être qu'un art primitif mal compris. [...]

Die Kunst des 20. Jahrhunderts, Berlin, Im Propyläen-Verlag, 1926. Traduit par Colette Laplace

Henry McBride 1930

Je n'ai jamais pu partager l'enthousiasme que certains connaisseurs ont manifesté pour les très discutés panneaux de *La danse* et *La musique* [...], bien que j'aie eu l'avantage d'entendre les explications éloquentes de l'artiste sur la genèse de ces œuvres. *La danse* se trouvait dans l'atelier au moment de ma visite [...] à l'artiste en compagnie de M. Fry et de M. Burrgouhs. A mon avis, ces bacchantes ne sont pas «endiablées», comme le pense Marcel Sembat, mais par trop cérébrales et sèches. Si elles dansent sur une musique, je n'ai pas entendu celle-ci.

Matisse, New York, Alfred A. Knopf, 1930, p. 21

Matisse à Alexander Romm, 19 janvier 1934

Le panneau de Moscou procède encore des exigences du tableau (c'est-à-dire d'un ouvrage pouvant aller n'importe où), ce qui s'explique puisque je n'avais pu imaginer ces panneaux en place. [...].

Cité dans E.P.A., p. 145

Matisse à Alexander Romm, octobre 1934

Quant à la transparence des couleurs, c'est aussi une sorte d'instinct qui vous guide la main. Lorsque j'ai entrepris *La danse* et *La musique* de Moscou – j'étais décidé à mettre des couleurs en surface et sans nuances. Je savais que mon accord musical était représenté par un vert et un bleu (représentant le rapport des pins verts sur le ciel bleu de la Côte d'Azur) et, pour compléter, un ton pour les chairs des figures. Ce qui me paraissait essentiel était la quantité en surface des couleurs. Il me semblait que ces couleurs appliquées par n'importe quel procédé tels que fresque, gouache, aquarelle, étoffe de couleur donneraient l'esprit de ma composition. J'ai été très étonné, lorsque je vis les décorations à Moscou, que j'avais en appliquant mes couleurs fait un petit jeu de pinceau en variant l'épaisseur de la couleur de sorte que le blanc de la toile jouait plus ou moins en transparence et jetait un moiré soyeux assez précieux.

Cité dans E.P.A., p. 149

Alexander Romm 1937

Dans l'art bourgeois de cette époque, une lutte silencieuse avait lieu qui opposait les conceptions artistiques des formalistes et ceux qui souscrivaient à un art des idées. [...] La position de Matisse était encore plus formaliste [que celle des néo-impressionnistes]. Afin de souligner la valeur formelle de ses tableaux, non seulement il donnait moins d'importance au sujet mais même il diminuait l'élément de représentation – ce qui faisait le lien avec la nature – et pendant une dizaine d'années il tendit de plus en plus à s'éloigner du réalisme et à progresser vers une très grande abstraction. On peut retracer spécifiquement la manière dont Matisse transforme un thème en une peinture «purement coloriste», pratiquement sans sujet, non figurative. En 1907-1910 [...] il devint vivement intéressé par le thème de la «Bacchanale». Dans sa toile *La joie de vivre* il peignit une ronde comme détail mineur de fond. Plus tard, ce détail allait devenir une toile indépendante, *La danse*, et là le traitement était déjà plus abstrait. [..]

On ne peut accepter le regard hédoniste de Matisse, son rejet des idées, son refus de toute réalisation picturale profonde et de toute représentation adéquate de la réalité. Mais les éléments positifs de sa peinture – la couleur puissante et intense, le traitement audacieux et dynamique de la forme, la maîtrise des lois du rythme décoratif – peuvent et doivent trouver une expression correspondante dans l'art soviétique qui se trouve confronté au problème de la peinture monumentale et ne peut donc ignorer l'héritage de Matisse.

Henri Matisse, Moscou, Isogiz, 1937 (retraduit de l'édition en langue anglaise), pp. 11-12, 70

Leo Stein 1947

Un jour, Matisse travaillait à un tableau qui mesurait plus de deux mètres sur quatre. Celui-ci était accroché haut sur le mur, dans la même position que celle qu'il allait avoir dans un palais de Moscou. Nous étions assis en dessous, Matisse et moi, en train de discuter, tandis que l'esprit du peintre était en partie occupé par son tableau. A plusieurs reprises, il monta sur son échelle et cingla sa toile avec de gros pinceaux, y faisant de grands changements. Une fois, après une longue pause et une méditation silencieuse, il monta sur son échelle et transforma une ligne sur le cou d'une figure, pour aplatir un tout petit peu une ligne d'une dizaine de centimètres de long. Quand il redescendit, je lui dis: «J'ai compris tout ce que vous avez fait jusque-là, mais je ne vois pas la raison d'être de ce dernier changement».

Il répondit: «Cela ne me surprend pas, parce que j'ai décidé de changer complètement l'orientation des figures.»

Appréciation: Painting, Poetry and Prose. New York, Crown, 1947, p. 122

Matisse à Georges Charbonnier, août 1950

J'aime beaucoup la danse. La danse est une chose extraordinaire: vie et rythme. Il m'est facile de vivre avec la danse. Lorsqu'il m'a fallu composer une *Danse* pour Moscou, j'ai longuement été au Moulin de la Galette le dimanche après-midi. Et j'ai regardé danser. J'ai regardé constamment la farandole. [...] En rentrant chez moi, j'ai composé ma *Danse* sur une surface de quatre mètres, en chantant le même air que j'avais entendu au Moulin de la Galette, si bien que toute la composition, tous les danseurs sont d'accord et dansent le même rythme. [...] Elle était en moi cette danse. Je n'ai pas eu besoin de me chauffer: j'ai marché sur des éléments vivants.

Georges Charbonnier, *Le monologue du peintre*, Paris, Julliard, 1960

Rutter 1926, pp. 77-78; Zervos 1931, p. 26; Caffin 1932, pp. 498, 503; Courthion 1942, p. 127; Zadkine 1949; Barr 1951, pp. 132-138; Diehl 1954, p. 55; Lassaigne 1959, p. 54; Jedlicka 1961, pp. 28-29; Duthuit 1961, pp. 183-184; Argan 1970, p. 314; Leymarie 1970, p. 26; Taillandier 1970, pp. 86-88; Aragon 1971, tome 1, pp. 153-156, et tome 2, p. 249; Jacobus 1972, p. 122; Neff 1975, pp. 39-48; Izerghina 1978, pp. 149-151; Gowing 1979, pp. 97-98; Schneider 1984, pp. 267, 277-284; Flam 1986, p. 283; Pleynet 1988, p. 126; Semionova, dans Kostenevitch, Semionova 1993, pp. 17-22; Kostenevitch, dans Kostenevitch, Semionova 1993, pp. 103, 106-118

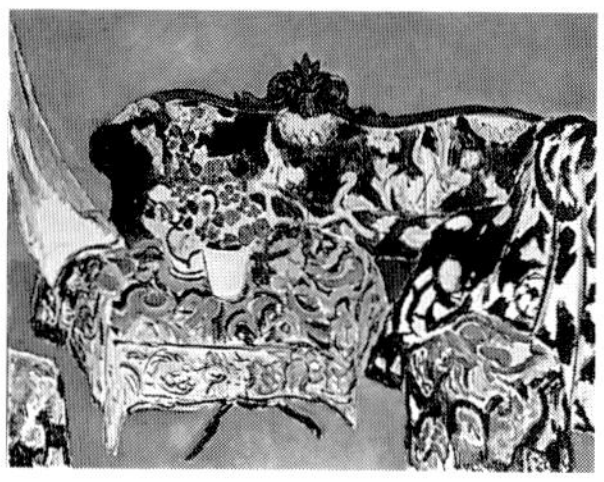

81 Nature morte, Séville I, hiver 1910-1911

Serguei Stschoukine à Matisse, 14 novembre 1910

[...] Je suis de plus en plus convaincu que votre chemin est juste. Depuis trois semaines que j'ai quitté Paris, je me rappelle nettement seulement de vos tableaux, qui restent comme gravés dans la mémoire. Les autres choses sont oubliées. Je vous prie maintenant de me faire deux natures mortes de la grandeur de celle de Munich [*Nature morte au géranium*] et à peu près de même caractère. Je vous prie de fixer le prix à 5 000 francs chaque tableau. En même temps, je vous prie de me donner la priorité sur d'autres commandes. J'aurai avec les deux grands panneaux [*La danse* et *La musique*] à supporter une grande lutte, alors les deux natures mortes doivent m'aider pour vous faire accepter. [...] Les tableaux dans ce genre sont plus faciles à comprendre. Alors je vous prie de me vendre les deux premières natures mortes que vous ferez après votre retour en France. En tout cas, donnez-moi une le plus tôt possible. Je veux prouver que vous avez non seulement la force, mais aussi la grâce.

Archives Matisse, Paris. Cité dans Kostenevitch, Semionova 1993, pp. 167-168

Matisse à Jean Biette, 9 janvier 1911 (de Séville)

[...] Malgré ces fatigues causées par cet énervement j'ai continué à travailler [...]. J'ai fait deux toiles d'environ 40 ; mais comme je ne pouvais emmagasiner Séville dans ma tête, j'ai fait deux natures mortes qui sont je crois intéressantes.

Archives Matisse, Paris

Serguei Stschoukine à Matisse, 26 mars 1911

Vos deux natures mortes de Séville sont arrivées depuis quatre semaines. Je les trouve admirables et je vous suis très reconnaissant. J'aime énormément votre bleu et vert avec le rose foncé.

Archives Matisse, Paris. Cité dans Kostenevitch, Semionova 1993, p. 170

On lira également Barr 1951, p. 151 ; Izerghina 1978, pp. 157-158 ; Schneider 1984, p. 396 ; Flam 1986, p. 296

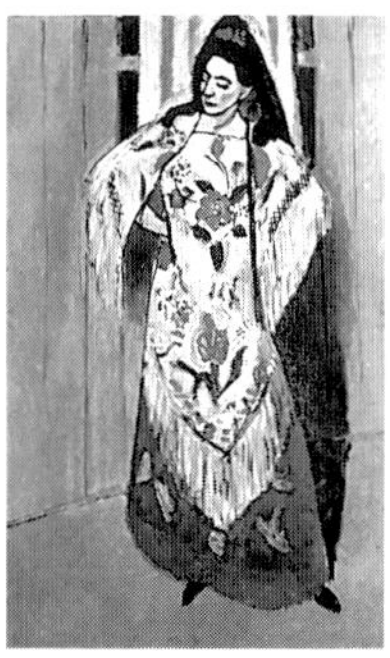

83 Madame Matisse au châle de Manille, avril 1911

Georges Lecomte 1911

C'est avec joie que nous saluons le premier indice du retour de M. Henri Matisse à la santé. Enfin ! après une trop longue promenade dans la géométrie et l'abstraction – qui fit hausser les épaules aux gens de goût – le voilà qui semble revenir à l'humble et savoureuse peinture ! Si la tête de son *Andalouse* est encore enlaidie de déformations fâcheuses, si le mouvement de ses bras et les lignes de son corps ne sont pas encore suffisamment dessinés, si la robe n'est pas assez peinte, le châle sévillan, avec son semis de fleurs éclatantes est un superbe morceau. Puisse M. Henri Matisse se contente désormais de n'être qu'un très bon peintre !

«Le Salon des Indépendants», *Le Matin*, 20 avril 1911

Guillaume Apollinaire 1911

[Les Fauves du temps jadis] se sont groupés dans la salle 27, très loin de leurs jeunes rivaux. Il y a quelque coquetterie de leur part à se vieillir ainsi. Jamais le talent d'Henri Matisse n'a été plus jeune. Voici quatre ans que je m'efforce de défendre ce beau peintre. Il avait contre lui presque tous les écrivains d'art. Et voyez comme on s'habitue à tout. Matisse n'a pas changé. Il est plus audacieux encore dans le coloris que jamais. Son dessin a la même personnalité que les années précédentes. Et cette année, les yeux des critiques accueillent, sans en être éblouis, cette *Andalouse* si expressive et si harmonieusement peinte qu'il nous montre.

«Le Salon des Indépendants», *L'Intransigeant*, 21 avril 1911

The Times 1911

M. Matisse, le chef des Post-Impressionnistes, est avant tout intéressé par le rythme. En conséquence, dans ses tableaux, il réduit tout au rythme. Ce n'est [pourtant] pas un imbécile ou un charlatan, mais un dessinateur accompli. Sa toile représentant une femme exposée ici, plus aisément compréhensible que la majeure partie de son œuvre, est un pur exercice de rythme. Les couleurs en sont vives, mais c'est afin d'en accentuer le rythme. Il simplifie peut-être de manière excessive, mais il ne se dérobe pas. Il dessine avec chaque coup de pinceau, et si l'on regarde son tableau, on s'aperçoit que, malgré la rudesse et la férocité apparente d'exécution, il ne s'y cache aucune violence. Cela a la cohérence de la vie ; quant à celle du dessin, elle prouve que celui-ci a été trouvé dans la réalité et non pas inventé arbitrairement. Le défaut de M. Matisse, nous semble-t-il, est de ne voir souvent rien d'autre dans la réalité que le rythme, de ne pas y découvrir ces associations émotionnelles qui, dans les plus grandes œuvres d'art, sont exprimées rythmiquement, comme dans un poème lyrique. De même que certains poèmes s'adressent trop exclusivement à l'oreille, sa peinture s'adresse trop exclusivement à l'œil. Elle ne possède pas la subtilité et la complexité de l'art qui devient rythmique à cause de l'accentuation passionnée de ce qui touche l'esprit de l'artiste. En fait, elle est trop purement artistique et manque de sujet.

«Independent Artists in Paris», *The Times*, 24 avril 1911

La Vie artistique 1911

Salle XXVII. Henri Matisse expose une *Espagnole* qui rappelle sa meilleure veine, antérieure aux fantaisies délirantes que le prince des Fauves asséna à des admirateurs ébahis qui admettaient sans comprendre. Matisse est redevenu le constructeur nerveux et le coloriste chatoyant que nous avons jadis apprécié.

«Le Salon des Indépendants», *La Vie artistique*, [avril] 1911

La Palette [André Salmon] 1911

Il s'est produit, dans la journée de dimanche, au Salon des Indépendants, un incident qui, s'il n'a pas encore été porté à la connaissance publique, n'a point, cependant passé inaperçu.

M. Henri Matisse n'avait envoyé au Salon de cette année qu'une œuvre, *L'Espagnole*, que la commission de placement donna à la salle, et dont nous fîmes la critique. Au matin du vernissage, M. Henri Matisse apportait une toile beaucoup plus grande, *Intérieur [L'atelier rose]*, et dont aucun écrivain d'art ne put parler, les compte-rendus du Salon paraissant le même jour.

Or, avant-hier, M. Henri Matisse a procédé à l'enlèvement de *L'Espagnole* laissant en belle place son *Intérieur*. Quelques exposants s'étonnent des facilités accordés au prince des Fauves ; ils nous disaient [...] que le célèbre artiste en prenait un peu à son aise. Cependant, un taxi emportait loin du quai d'Orsay, Matisse enlevant une Espagnole. Beau sujet pour le Salon de 1912

«Courrier des ateliers», *Paris-Journal*, 25 avril 1911, p. 4

Henri de Régnier 1919

L'ESPAGNOLE.

Elle est debout en son grand châle à fleurs qui pend / à longs plis et, poings aux hanches, elle se campe, / Mais la mantille en vain lui caresse la tempe, / Sa face est rude et l'œil n'a rien de provoquant ;

Qu'importe le péché, si le cœur se repend ? / Le cierge est sur l'autel et l'huile dans la lampe ! / Ses pieds menus sont faits pour que l'amour y rampe / Et seule la Madone écrase le serpent.

Matisse a peint cette Espagnole, et derrière elle / Toute l'Espagne ardente et grave et rituelle / S'évoque en son orgueil et son entêtement,

Et l'on croit, jeu qui plaît au palais comme au bouge, / Entendre s'exhaler le sourd mugissement / De quelque taureau noir qui saigne au sable rouge.

L'Art moderne, [œuvres de la collection privée de MM. J. et G. Bernheim-Jeune], Paris, Bernheim-Jeune éditeurs, 1919

Madame Matisse au châle de Manille,
avril 1911

Albert Barnes et Violette de Mazia 1933

Certains procédés employés par Matisse ont aussi tendance à avoir un effet spécieux parce que le but est atteint par des méthodes faciles et évidentes alors qu'il aurait dû être le résultat d'une perspicacité plastique plus imaginative. [C'est le cas avec] l'introduction, dans une partie de la toile, d'un objet matériel qui suggère par association directe la qualité de l'effet global [comme lorsque] un châle espagnol est utilisé comme enseigne d'une composition dont le caractère général est déjà espagnol.

Barnes 1933, p. 208

On lira également Barr 1951, p. 131 ; Flam 1986, pp. 296, 300

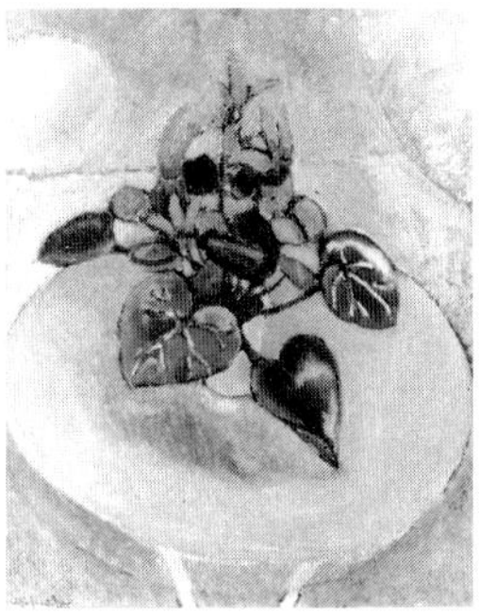

84 Cyclamen pourpre, début 1911 (et printemps 1912 ?)

Flam 1986, p. 337

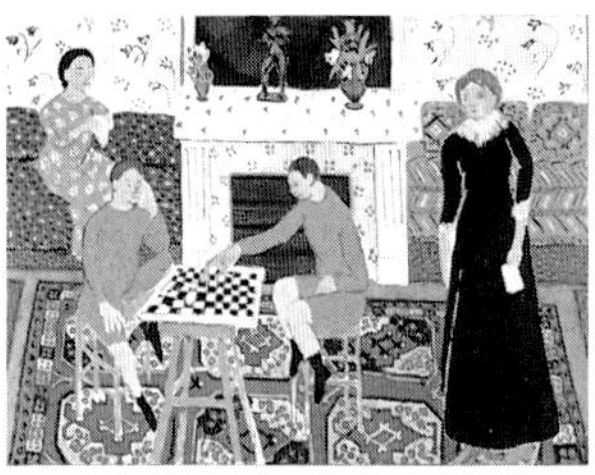

85 La famille du peintre, printemps 1911

Serguei Stschoukine à Matisse, sans date (mi-décembre 1910 ?)

J'ai apporté la photographie « Les joueurs de cartes » de Cézanne (un grand tableau chez Vollard). En le regardant, j'ai pensé peut-être un jour vous ferez aussi un tableau de composition avec des figures en habits. Peut-être le portrait de votre famille (Madame Matisse et vos trois enfants). Que pensez-vous ? Je serai si content d'avoir de vous des tableaux de composition. Je vous prie de m'écrire quelques mots à ce sujet.

Archives Matisse, Paris. Cité dans Kostenevitch, Semionova 1993, p. 168

Serguei Stschoukine à Matisse, 23 décembre 1910

[...] Pour le tableau de famille, je veux l'avoir aussi, car je trouve la composition très belle. Vous voyez, cher Monsieur, que j'ai pleine confiance en vous et je suis sûr de votre victoire. [...] Je relis votre lettre et je regarde avec grand intérêt votre croquis du tableau de famille. Le sentiment est noble et je vous prie de me faire ce tableau. Encore une fois je vous désire bonne santé et bon courage. La victoire est à vous !

Archives Matisse, Paris. Cité dans Kostenevitch, Semionova 1993, p. 169

Matisse à Michael Stein, deux cartes postales du 26 mai 1911 (avec croquis)

Le tableau représente le salon avec la cheminée au milieu et les deux divans de chaque côté – à gauche une femme coud – sur le tapis du milieu Pierre et Jean jouent aux dames et à droite Marguerite est debout tenant un livre broché jaune à la main, elle est en robe noire avec col blanc et manchettes blanches – c'est beau de couleur et généreux – Vous remarquerez que sur le mur j'ai mis des fleurs comme sur le papier du tapissier – j'espère l'avoir encore pour septembre quand vous viendrez.

Il est en bonne voie. Mais comme il n'est pas terminé ça ne veut rien dire. Ça n'est pas logique que je ne sois pas certains de le réussir. Ce tout ou rien est bien fatiguant.

Cité dans Barr 1951, pp. 152-153

Serguei Stschoukine à Matisse, 1er février 1912

J'ai reçu hier votre lettre de Tanger du 1er février et aussi l'aquarelle pour le grand tableau rouge [*L'atelier rouge*]. Il doit être intéressant, mais je préfère maintenant vos tableaux avec des figures, principalement le portrait de votre famille. Ce tableau a ici un succès énorme, on le trouve la plus belle pièce que j'ai de vous.

Archives Matisse, Paris. Cité dans Kostenevitch, Semionova 1993, p. 171

Georges Duthuit 1949

En tout cas, notre changeur change d'espace. C'est que dans sa toile il vient de s'en apercevoir, le temps imprime aux objets une succion impitoyable et que l'espace dévulgarisé y fourmille d'exigences. Rien qu'à amarrer quatre personnages de la famille à la dérive dans une cambuse cossue qui recèle des pouvoirs de limpidité et d'expansion inépuisables (*La famille,* par exemple au Musée de Moscou), l'artiste conduit qui l'accompagne au bord du renversement, de la culbute, de la conversion, du vertige. Les clairs soupçons éprouvés par ce peintre si prudent, si rangé pourtant qu'on l'appelait «le Docteur», le faisaient trembler. Pendant les quelques années où il a pu tolérer cette vision, Matisse passait des nuits sans dormir, des nuits d'affolement, de panique. [...]

Duthuit 1949, p. 221

Barr 1951, p. 152; Lassaigne 1959, pp. 67-69; Aragon 1971, tome 1, p. 133; Jacobus 1972, p. 130; Bois 1974, p. 446; Golding 1978, pp. 11-12; Izerghina 1978, pp. 159-160; Schneider 1984, pp. 170-172, 322; Flam 1986, pp. 305-306; Elderfield 1992, p. 63; Kostenevitch, dans Kostenevitch, Semionova 1993, pp. 123-127

86 Portrait d'Olga Merson, printemps-été 1911 ou septembre 1911

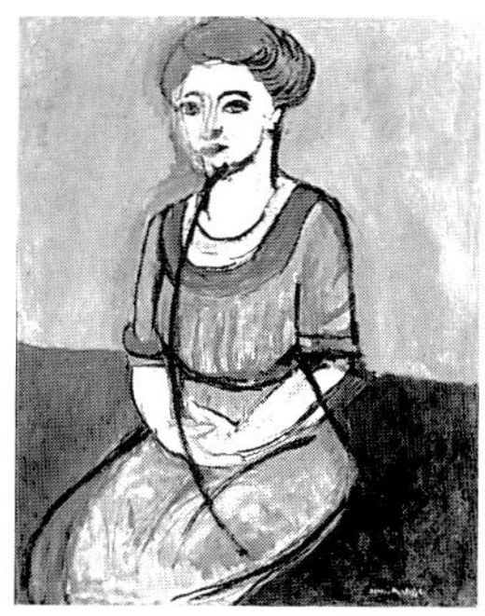

Barr 1951, p. 131; Toklas 1963, p. 38; Flam 1986, pp. 248, 314-315

89 Nature morte aux aubergines, septembre 1911

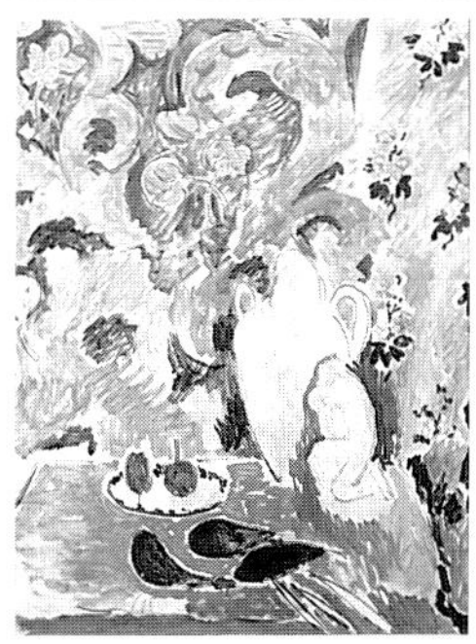

Louis Vauxcelles 1911

Deux Matisse. Soyons francs, il n'y a presque rien là dedans. Ce sont des préparations à l'essence, ébauchées en un quart d'heure. Quand on a été Matisse, on ne produit pas ce lamentable exemple. Si cela continue, Matisse nous donnera bientôt la toile blanche.

«Le Salon d'Automne», *Gil Blas,* 30 septembre 1911

André Salmon 1911

Henri Matisse se moque, mais on se moquera de lui. Sur ses deux toiles: *Paysage, Nature morte,* il n'y a rien ou presque rien. Peut-être convient-il de lui en témoigner quelque reconnaissance.

Paris-Journal, 30 septembre 1911

Guillaume Apollinaire 1911

Salle 4 et 5. *La Méditerranée,* en trois panneaux décoratifs, de Bonnard, est un savoureux ragoût de couleurs, moins belles cependant que celles d'Henri Matisse qui a su lorsqu'il l'a voulu peindre plus formellement. Bonnard et Matisse nous offrent dans leurs tableaux une absence complète de formes. C'est le contraire même du cubisme.

«Le Salon d'Automne», *L'Intransigeant,* 12 octobre 1911

Jacques Rivière à André Lhote, 21 octobre 1911

Du reste du Salon je n'ai rien à dire, excepté de Friez [...] de Girieux [...] et d'une surface de 10 cm^2 de Matisse sur laquelle il y a de beaux tons.

Lette reprise dans Lhote, Alain-Fournier, Rivière, *La peinture, le cœur et l'esprit. Correspondance inédite (1907-1924), op. cit.,* p. 135

Nature morte aux aubergines,
septembre 1911

Georges Jean-Aubry 1911

Il faut pourtant parler d'Henri Matisse parce qu'en dépit du plaisir singulier que prend ce peintre à désappointer ceux qui goûtent le plus ses qualités, il n'est pas de ceux qu'on puisse passer sous silence. En face de ses esquisses informes, de cet art si sommaire qu'on se demande si c'est de l'art, on détourne la tête ; et l'ayant détournée, on s'aperçoit que ce diable d'homme a une palette sans égale, que nul ne possède cette audace et cette fraîcheur, que ce peintre du Nord a dans sa couleur un degré de charme étonnant. Mais tout de même, Henri Matisse, où sont les natures-mortes d'antan, les *Plages rouges* et les *Fenêtres ?* Quand nous redonnerez-vous des raisons de confondre vos adversaires et ne leur donnerez-vous plus des armes contre vous ?

«Le Salon d'Automne. IIIe article», *L'Art moderne*, n° 43, 22 octobre

On lira également Elderfield 1978, pp. 82-84

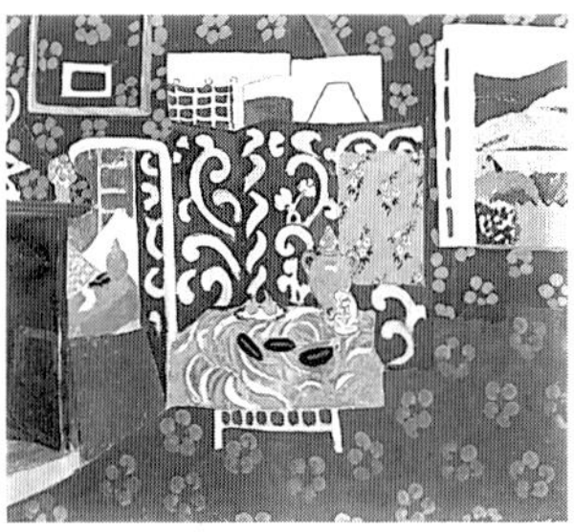

90 Intérieur aux aubergines, septembre-automne 1911

Matisse à Ivan Morosoff, 19 septembre 1911 (de Collioure)

Vous verrez au Salon d'Automne un paysage qui vous était destiné et qui n'est resté qu'à l'état d'esquisse [*Vue de Collioure,* 1911 coll. Donald B. Marron]. Je suis très pris en ce moment par un travail décoratif important. Je pense que vous voudrez bien ne pas m'en vouloir si vous n'avez pas vos paysages...

Archives du Musée Pouchkine. Cité dans Kostenevitch, Semionova 1993, p. 181

Marcel Sembat, 30 octobre 1911

Déjeuné avec Matisse, été à Clamart voir ses grands panneaux à la colle qu'il va d'ailleurs complètement modifier.

«Journal». Cité par Hélène Vincent, *La collection Agutte Sembat du Musée de Grenoble*, 1975, p. 46

Michael Stein à Claribel Cone, 5 janvier 1912

[Nous venons d'acquérir] une très grande décoration nouvelle, d'environ 8 pieds sur 10, qui nous a obligés à réorganiser entièrement les pièces de l'appartement.

Cité dans Barr 1951, p. 143

Maurice Feuillet 1923

Sur une toile de dimensions énormes, trois aubergines voltigent – nous n'inventons rien ! – le long d'un tapis rose près de deux petites poires vertes.

Le Figaro artistique, n° 8, 8 novembre 1923, p. 3

Robert Rey 1931

J'allais donc voir Henri Matisse dans sa thébaïde d'Issy-les-Moulineaux [...] Matisse m'avait conduit dans un atelier clair et d'ailleurs glacial. Il y avait là des natures mortes, des vues d'intérieur ; on n'avait pas l'impression d'être *devant* une nature morte, *devant* un intérieur, mais *dans* une nature morte, *dans* un intérieur. Je ne connais pas d'autres peintures dans les temps actuels ayant autant que celle de Matisse le pouvoir de se refermer sans effort sur vous, comme des bras ; de vous envelopper de sa tiédeur comme une robe de chambre ; de vous enduire d'un froid acidulé, comme une douche ; d'obtenir votre adhésion au fait d'être compotier, banane, pot de fleur et tout ce que vous voudrez, pourvu qu'il l'ai peint.

Tout est dans la poésie (je ne dis pas la littérature). Il y en avait une réserve énorme dans Matisse [...] *Les aubergines et le paravent* sont comme le résultat d'une incantation qui aurait réussi au delà de toute espérance. Et je ne crois pas que Matisse ait jamais fait plus fort dans sa carrière de provocateur d'apparitions. Il restera toujours, c'est entendu, l'ornemaniste sans pareil dont les arrangements colorés font que la rétine éprouve, dès qu'il veut, une petite pâmoison. Mais retrouvera-t-il jamais cet extraordinaire affranchissement de toutes les coutumes, grâce auquel, pendant une bonne quinzaine d'années, il s'est promené, comme un elfe à poil roux, à travers l'immatériel des êtres? Ça c'est une autre question.

«Souvenirs d'un étudiant», *Chroniques du jour*, avril 1931, pp. 4-5

Jean Matisse 1975

[La toile reproduit] l'atelier, qui était au premier étage de la maison. La porte qui ouvre derrière le paravent donne sur un escalier extérieur – d'où le fait que par cette porte ouverte (rabattue à l'intérieur de la pièce) on peut voir la continuation de la montagne et du ciel que l'on voyait déjà par la fenêtre.

La vue par la fenêtre: ce qu'on pourrait prendre pour une palissage (bleue crénelée) est le mur d'une maison appartenant aux propriétaires de celle qu'habitait Matisse. Le toit descend en pente de l'autre côté [et l'on voit] le rebord des tuiles romaines.

Le talus rose et le pont: la ligne de chemin de fer.

Entretien avec Dominique Fourcade, janvier 1975

Duthuit 1936, p. 119; Gillet 1938, pp. 147-148; Barr 1951, pp. 152-153; Trapp 1955, p. 33; Leymarie 1959-2, pp. 110-112; Lassaigne 1959, pp. 66-67; Jacobus 1972, p. 132; Fourcade 1974, pp. 467-489; Fourcade 1975, p. 18, n. 32, p. 38; Schneider 1984, pp. 35, 83, 173-174, 405; Flam 1986, pp. 306-315; Rubin 1992, pp. 153-155

94 L'atelier rouge, automne 1911

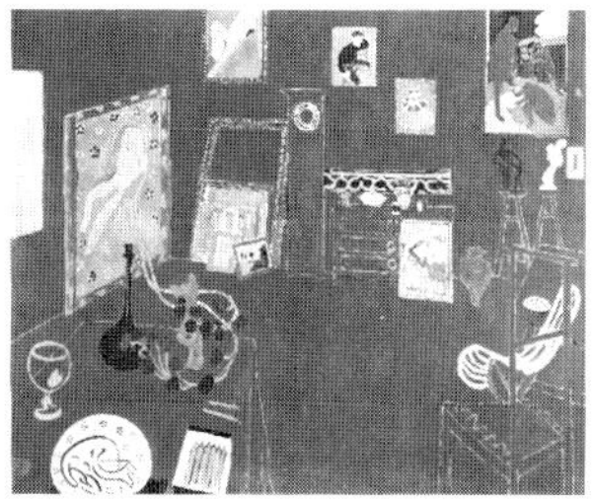

Ernst Goldschmidt printemps-été 1912

«Vous cherchez le mur rouge», m'a dit Matisse comme je regardais les objets représentés dans le tableau et les comparais avec ce que je pouvais voir dans l'atelier, «ce mur n'existe pas du tout! Comme vous pouvez le voir ici, j'ai peint les mêmes meubles contre un mur d'atelier d'une couleur purement bleu gris, ce sont des esquisses, des études si vous voulez; comme tableaux ils ne me satisfont pas. Quand j'ai eu trouvé la couleur rouge, j'ai mis ces études dans un coin, et elles y resteront. D'où je tiens la couleur rouge - ma foi, je l'ignore. Tout à l'heure nous ferons une promenade dans le jardin, et tout vous semblera alors peut-être plus simple. Je trouve que toutes ces choses, fleurs, meubles, la commode, ne deviennent ce qu'ils sont pour moi que quand je les regarde ensemble avec la couleur rouge. Pourquoi il en est ainsi, je ne le sais pas, et, cette question que vous me posez, je serais tout aussi justifié à vous la poser moi-même».

«Stretjog i Kunsten – Henri Matisse», *Politiken*, 5 janvier 1913. Repris dans Fourcade 1976, p. 92

R.R.M. Sée 1912

Henry [sic] Matisse est bien représenté. Je n'aime pas Matisse et ne l'aimerai jamais – cela ne lui enlève rien de son talent – mais je ne pourrai jamais m'empêcher de regretter tout ce que sa peinture a de factice.

Du moins les Londoniens vont-ils pouvoir l'admirer (?) à fond: il n'y pas moins, en effet, de dix-neuf tableaux à l'huile, deux aquarelles et onze dessins. Parmi les plus importants de ses envois j'ai remarqué [...] Le *Nu sur fond rouge*, le *Panneau rouge* [*L'atelier rouge*], les *Poissons rouges*, encore des *Poissons rouges*, le marchand de couleur rouge doit faire fortune avec le terrible *«Barbe Rouge»*. On s'arrêtera beaucoup devant la *Danse*, la *Conversation*, le *Luxe*.

Personnellement j'aime vraiment mieux ses natures mortes. *Coucous sur tapis bleu* et les *Aubergines*.

«Les Arts: L'exposition Post-Impressionniste à la Grafton Gallery de Londres», *Gil Blas*, 4 octobre 1912

John Pope-Hennesy 1991

Au début des années 30, je me suis familiarisé avec les idées de [Matthew Stewart] Prichard grâce à ses séminaires sur l'esthétique que celui-ci tenait le matin, parmi les verres brisés, dans une boîte de nuit qui s'appelait le Gargoyle Club, devant *L'atelier rouge* de Matisse. Une pointe sèche de Prichard par Matisse me toise encore aujourd'hui au mur de mon bureau.

Learning to look – My life in art, New York, Doubleday, 1991, p. 274

Michael Luke 1991

Dans son autobiographie, [Anthony] Powell décrit [ce déjeuner au Gargoyle Club] comme ayant eu lieu «sous le grand tableau de Matisse qui était au mur de la salle à manger, conférant au club un air de culture avancée». Cette acquisition récente était l'une des deux peintures que David Tennant avait achetées à Matisse à Paris. Celle à laquelle faisait allusion Powell, *L'atelier rouge,* un grand tableau d'approximativement 6 pieds sur 7 reconnu comme l'une des inventions les plus originales et les plus audacieuses de Matisse, et décrite par le peintre lui-même comme l'une de ses peintures «tout ou rien», est maintenant au Museum of Modern Art à New York. Quant à l'autre, maintenant à la Phillips Collection à Washington, *L'atelier quai Saint-Michel,* sa volupté sublimée attirait et retenait l'attention quand on descendait l'escalier principal du club. [...]

David Sylvester, le critique d'art, m'a fait remarquer quel stupéfiant accomplissement c'était pour quelqu'un [comme David Tennant] de si jeune et à ce point peu formé aux questions de l'art, d'avoir acheté deux des œuvres les plus importantes du XXe siècle. Bien évidemment ceci n'aurait pu se produire sans l'influence de [Matthew Stewart] Prichard. Car c'était lui qui, avant la guerre, avait introduit Georges Duthuit, devenu l'ami et le guide de David, dans le cercle de Matisse.

Pouvoir accrocher au mur du Gargoyle Club des peintures dont il avait lieu de penser qu'elles impressionneraient et épateraient les membres, était une idée qui plaisait à David Tennant. [...] Son choix, il le sentait bien, avait été à la fois courageux et sûr. [...]

Était-ce la qualité de son œil qui le conduisit à acheter ces deux œuvres majeures, ou la chose advint-elle par pur accident ? Comme il ne répéta jamais ce coup d'audace, la question demeure ouverte. [...] Quand le Gargoyle réouvrit il y avait un changement d'importance, à savoir l'absence du grand Matisse, *L'atelier rouge,* du mur de la salle de danse d'en bas. [...] *L'atelier rouge* avait en fait quitté la salle de danse dès le début du blitz ; David l'avait prudemment enlevé et entreposé dans le sous-sol de la Redfern Gallery. Peut-être du fait d'une sorte de désenchantement rampant, ce même désenchantement qu'il avait exprimé à Ivan lors de la première fermeture du club, ou bien parce que le tableau avait tout simplement cessé de lui plaire, il donna alors pour instruction à la Redfern Gallery de le mettre en vente.

David Tennant and the Gargoyle Years, Londres, Weidenfeld and Nicholson, 1991, pp. 50-51, 145-146

Patrick Heron 1978

L'illustration la plus claire de l'insularité forcée de notre culture picturale en Angleterre entre 1940 et 1945 se trouve dans le fait qu'une des toiles les plus grandes et les plus importantes de Matisse, *L'atelier rouge* [...] se soit cachée, presqu'à l'insu de tout le monde, dans une boîte de nuit de Soho pendant vingt-huit ans. Elle refit surface pour la première fois en 1943, à la Redfern Gallery de Londres, dont les directeurs l'exposèrent continuellement, dans leur sous-sol, pendant presque dix mois [...] Pendant cette période d'exposition continue (j'avait vingt-trois ans à l'époque), je ne cessai de me rendre à la Redfern Gallery, simplement pour absorber, jusqu'au moindre détail, les révélations de ce chef-d'œuvre. Ce fut donc, dirais-je, de très loin la toile qui a eu le plus d'influence sur toute ma carrière. Vous apprendrez avec horreur, cependant, que lorsqu'elle disparut soudainement en 1944, aucune collection officielle britannique ne s'était renseignée sur cette toile [...] Ce fut un distingué collectionneur américain qui l'acquit.

The Colour of Colour, Austin, College of Fine Arts University of Texas, 1978, p. 49

Clement Greenberg 1948

L'atelier rouge, une toile de très grandes dimensions, est certainement la toile la plus importante de cette exposition [à la galerie Bignou de New York], mais c'est un bien fragile premier pas vers la grande peinture décorative et dramatique à laquelle Matisse parviendra d'une façon plus saisissante plusieurs années après, sous l'influence du cubisme – notamment dans l'importante *Leçon de piano* du Museum of Modern Art.

«Art», *The Nation,* 21 février 1948. Repris dans *The Collected Essays and Criticism,* volume 2, John O'Brian, ed., Chicago, Chicago University Press, 1986, p. 209

Clement Greenberg 1953

Cette toile est la plus abstraite des trois grandes vues d'atelier que l'artiste peignit en 1911. [...] C'est peut-être la peinture de chevalet la plus plane [flattest] qui ait jamais existé jusqu'alors. La couleur terre de Sienne du sol et des murs étalée uniformément maintient le tableau tout entier en un unique plan frontal, la profondeur étant tracée par un diagramme de lignes de fuite et pratiquement pas représentée autrement. La tension entre l'illusion schématique qui possède un éclat étonnant et la surface physique chaude et intense du tableau crée le sujet, le drame de celui-ci. Le procédé consistant à joindre le haut et le bas, le fond et le premier plan, par une étendue de couleur en aplat, qui parfois ne couvre que partiellement le tableau, sera utilisé à nouveau par Matisse dans ses toiles les plus ambitieuses et les plus réussies, particulièrement en 1915-1916, et en 1947-1948.

Le pigment n'est pas sur la surface du tableau mais est absorbé par celui-ci de telle sorte que la surface peinte n'est rien d'autre que le tissu de la toile. Comme toujours chez Matisse, la surface peinte n'est pas une fin en soi et en général, aussi bien l'impasto que le film translucide sont évités si l'artiste peut obtenir ce qu'il veut par des moyens plus purement picturaux.

Matisse, New York, Abrams Pocket Books, 1953

Dore Asthon 1983

Évoquant l'œuvre de Mark Rothko à la fin des années 1940, Dore Ashton écrit: «Des années après, Rothko en appelait à sa femme comme témoin, racontant comment il avait passé des heures et des heures devant *L'atelier rouge* à partir du moment où ce dernier avait été accroché de façon permanente en 1949 [au Museum of Modern Art de New York]. Il avait toujours pensé depuis que c'était une toile d'une importance cruciale pour lui.

About Rothko, New York et Oxford, New York University Press, 1983, p. 113

Carl Andre à Jean-Claude Lebensztejn, 1975

La sculpture de Matisse n'est bonne que lorsqu'elle est représentée dans un tableau, comme dans *L'atelier rouge*.

Cité dans Lebensztejn 1975, p. 75

Roy Lichtenstein à Jean-Claude Lebensztejn, 1975

Il y a quelques années, j'ai commencé plusieurs toiles où mes propres peintures étaient représentées, d'une manière similaire à celle des ateliers de Matisse [par exemple, *Artist's Studio-Look Mickey!* de 1973]. Quand je reproduis l'une de mes propres peintures dans ma peinture, c'est différent de lorsque Matisse fait la même chose, parce que, même si dans les deux œuvres la toile représentée est assimilée par le tableau entier, elle l'est beaucoup plus chez Matisse. Je voulais que mes peintures se lisent comme des toiles individuelles à l'intérieur de l'œuvre, et qu'il en naisse une certaine confusion [...] que la peinture-d'une-peinture ressemble exactement à l'original [...] Voilà une grosse différence je crois, même si Matisse a dû être un peu intéressé par la même chose parce que ses toiles étaient relativement effrontées pour son époque. Cela vient du fait que si on regarde ses toiles aujourd'hui, elles semblent très hardies et énergiques et brillantes, mais elles ne semblent pas tout à fait aussi ... elles ne semblent pas grossières [crass], ce qu'elles paraissaient probablement quand elles ont été peintes. [...] Quoique nous tendions à penser que Matisse à toutes les qualités imaginables, picturales [painterly] et européennes, il essayait probablement de produire une œuvre aussi succincte, aussi directe et sans précautions que possible. A son époque, on a dû le considérer comme un coloriste.

Cité dans Lebensztejn 1975, p. 68

Brice Marden à Jean-Claude Lebensztejn, 1975

L'atelier rouge me semble de plus en plus petit. C'est l'une de ces toiles que l'on regarde en se disant: «Ah, *maintenant* je comprends» et en fait on ne comprend rien, on se souvient de tout ce qu'on a lu dessus. Des choses comme «couleur plane, plans construisant l'espace en se repoussant...» Et alors! je déteste cette couleur, elle est vraiment trop moche [...] Elle est trop morte.

Cité dans Lebensztejn 1975, p. 73

Frank Stella à Jean-Claude Lebensztejn, 1975

De façon évidente, Matisse s'intéressait à la couleur. Mais la couleur était toujours de la peinture, et je crois qu'il avait un sentiment très sûr de la qualité de la peinture et du pigment. Il avait aussi un sentiment très sûr de la surface – la toile sans peinture dessus – et savait ce qui arrive lorsqu'on met de la peinture sur cette surface. Il n'a jamais tué une surface par la peinture. Et je crois que le sentiment qu'il avait [...] était celui de deux surfaces plutôt que d'une seule. Il y a la surface de la chose elle-même [...] le support; et il y a la peau, la réalité matérielle du pigment. Ces deux surfaces doivent travailler ensemble [...] Un exemple classique est *L'atelier rouge* où la ligne est pratiquement formée par le support que l'on voit à travers le rouge qui l'entoure.

[...] J'ai presque l'impression qu'il obtient trois sortes de surfaces: la surface un peu en avant de pigment assez peu dilué; le pigment très dilué, effacé ou désépaissi; et la surface du support lui-même. Avec ces trois surfaces, il se donne une grande profondeur, une grande zone dans laquelle travailler. C'est l'une des raisons pour lesquelles il pouvait peindre des tableaux réalistes aussi plats. Il n'avait pas à se soucier de la planéité de son tableau parce que la surface en était toujours ouverte et procédait par étalements.

Cité dans Lebensztejn 1975, p. 74

Robert Motherwell 1977

Le titre de ce tableau [*Phoenician Red Studio*, 1977] n'est pas arbitraire, mais au contraire, inhabituellement spécifique. «L'atelier rouge» est bien entendu une référence au chef-d'œuvre de Matisse, avec l'implication hésitante que dans les années soixante-dix, si Matisse avait vécu, il aurait lui aussi simplifié son image.

Cité dans H.H Arnasson, *Robert Motherwell*, New York, Harry N. Abrams, 1977-1982, p. 203

Vincent Bioulès 1979

Dans *L'atelier rouge* ce sera la couleur, cet ocre rouge répandu uniformément sur toute la surface qui aura pour but de nous introduire dans l'atmosphère studieuse et contemplative de l'atelier. [...] L'unité prodigieuse [...] est poursuivie par la mise en œuvre d'un unique moyen de persuasion: la couleur ou l'arabesque et les lacis dont elle nous emprisonne, rendant le spectateur incapable d'échapper à son envoûtement. Matisse l'a-t-il voulu? Au bas du mur de *L'atelier rouge* un petit tableau posé en diagonale [...] joue avec une sorte d'humour le rôle d'un rétroviseur reflétant dans l'espace poétique de l'atelier l'espace du relatif du particulier où se trouvent posés les pieds du spectateur.

«Les Matisse "américains"», *Art Press*, n° 30, 1979, p. 19

Barr 1951, p. 163; Diehl 1954, p. 61; Duthuit 1956; Leymarie 1959, p. 66; Forge 1968, p. 17; Aragon 1971, tome II, p. 250; Jacobus 1972, p. 126; Jacobus 1972-2, pp. 30-34; Bois 1974, pp. 458-459; Elderfield 1978, pp. 86-89; Schneider 1984, pp. 173, 341-345; Flam 1986, pp. 318-322

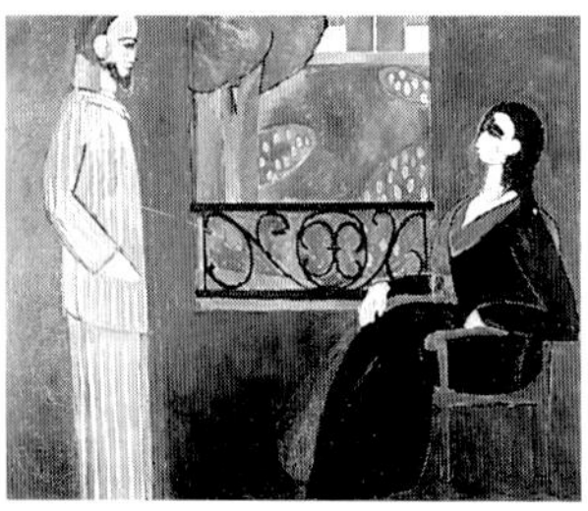

95 La conversation, été 1909-début été 1912

Serguei Stschoukine à Matisse, 22 août 1912

Je pense beaucoup à votre tableau bleu (avec 2 personnes), je le trouve comme une émaille byzantine, tellement riche et profond de couleur. C'est un des plus beaux tableaux qui reste maintenant dans ma mémoire.

Cité dans Barr. 1951, p. 555

The Morning Advertiser, 1912

On peut se faire une bonne idée de l'art de Matisse à partir de la variété des œuvres qu'il expose. [...] Sa *Joaquina*, portrait d'une Japonaise ou d'une Chinoise, permet d'entrevoir ce que Matisse pourrait réussir, s'il ne s'était pas voué à ce que les plaidoyers en sa faveur appellent «l'équivalence, non pas la ressemblance». [...] Son *Nu sur la plage* offre une composition dans laquelle on chercherait en vain le nu, la femme et la plage. Mais pour le renoncement systématique à toute technique, et l'adieu à la ressemblance humaine, on dirigera le visiteur vers l'énorme tableau de ce maître, la *Conversation*.

«The Post-Impressionists: An Interesting Exhibition», *The Morning Advertiser*, 4 octobre 1912

Roger Fry 1912

L'art de Matisse est singulièrement distant, singulièrement en retrait par rapport aux problèmes de son temps et aux passions de la vie. Dans sa *Danse* même, il n'y a rien de dyonisiaque, plutôt un équilibre parfait de mouvement. Dans sa *Conversation*, il n'y a aucune tension dramatique. Cet événement ordinaire est vu dans une généralisation épique. Il devient placide, monumental et pondéré, tel une antique sculpture assyrienne. A première vue, il est grotesque. Cela vient de notre habitude invétérée de retraduire les images dans le langage de la vie réelle au lieu de les regarder simplement et passivement. Lorsque nous regardons l'art ancien, nous avons appris cette attention passive parce qu'il nous est difficile de le traduire ; nous en savons trop peu sur la vie réelle qui a donné naissance à l'image. Il faut une certaine familiarité avec *La conversation* avant de faire cela, mais une fois que c'est fait, l'étrangeté imposante du dessin, la justesse parfaite des relations, deviennent apparentes, et à la fin, on incline à trouver comme Matisse que son art produit une ambiance qui est celle de la sérénité et du repos.

«The Grafton Gallery : An Apologia», *The Nation*, Londres, 9 novembre 1912, pp. 250-251

Gaston Migeon 1914

La visite [du palais Stschoukine] n'est pas terminée : dans un grand salon qu'un Italien en délire décora à la fin du dix-huitième siècle pour un comte Troubetskoi d'un plafond peint d'énormes rinceaux portant des perroquets et de bouquets reliés par des guirlandes sur des panneaux encadrés de lourdes pâtisseries, qui s'exagèrent encore en dessus de portes du rococo le plus comique et le plus fou – Henri Matisse a trouvé là le milieu le plus adéquat aux vingt-et-un tableaux, figures et natures mortes dont on souhaiterait que plus de sagesse, de goût et d'harmonie parviennent à atténuer l'exubérance de l'ultramontain : un monsieur en pyjama bleu clair rayé, cause non sans raideur, avec une dame en noir uniformément cirage, sur un fond de bleu Guimet.

«Impressions d'art en Russie», *Le Journal des débats*, 29 janvier 1914

Barr 1951, p. 126 ; Schneider 1975, pp. 76-82 ; Golding 1978, p. 8 ; Izerghina 1978, p. 148 ; Gowing 1979, pp. 79-80 ; Kostenevitch 1981, pp. 7-8 ; Schneider 1984, pp. 14-24 ; Flam 1986, pp. 248-252 ; Kostenevitch, dans Kostenevitch, Semionova 1993, pp. 118-123

96 Les acanthes, mars-avril 1912

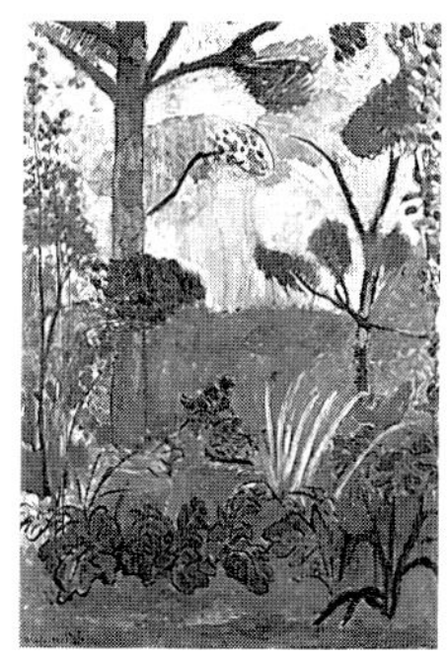

Marcel Sembat 1920

Matisse s'en fut au Maroc. Il y portait son besoin de calme et d'ensembles décoratifs. Mais au lieu de les satisfaire dans les seules compositions abstraites, il leur trouvait en Afrique un aliment nouveau. Ceux qui ont vu rue Richepanse, chez Bernheim, l'exposition des toiles marocaines s'en souviendront toujours. Il y avait là un *Café maure* avec de longs corps étendus autour d'un bocal de poissons rouges où visiblement il a symbolisé ses nostalgies du calme ! et l'immense guerrier vert, si fièrement se carrant [*Rifain assis* de la Barnes Foundation], est l'une des figures les plus significatives qui soient sorties de son pinceau. Mais les jardins surtout étaient révélateurs. Je connais un de ces jardins, trois fois refait, et chaque fois haussé vers la décoration, vers la simplicité abstraite. La première fois que je l'ai vu, les arbres et les herbes du sol m'empoignaient par leur vie originale ; puis le sol s'est fondu en un ton uniforme, les herbes sont devenues une guirlande monumentale de liane, les arbres se sont changés en arbres du Paradis terrestre, et tout l'ensemble nous verse aujourd'hui le repos idéal.

Henri Matisse, Paris, Éditions de la N.R.F., 1920, pp. 9-10.

On lira également Barr 1951, p. 155 ; Lassaigne 1959, pp. 77-78 ; Flam 1986, pp. 327, 331 ; Elderfield 1990, p. 195 ; Coyle 1990, p. 56

97 Les pervenches, jardin marocain, mars-avril 1912

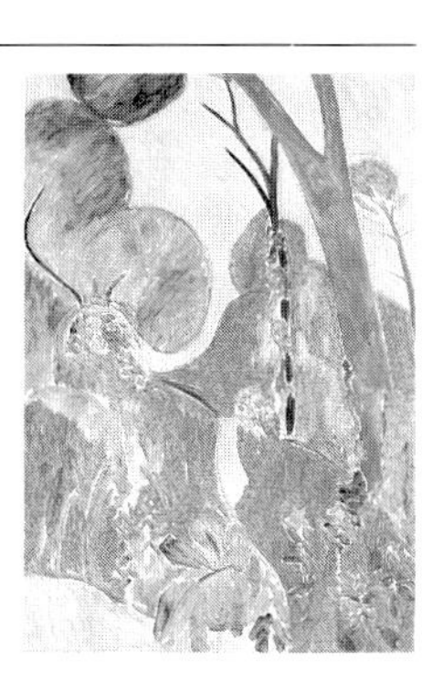

Barr 1951, p. 156 ; Jacobus 1972, p. 134 ; Schneider 1984, pp. 462-463 ; Coyle 1990, p. 58

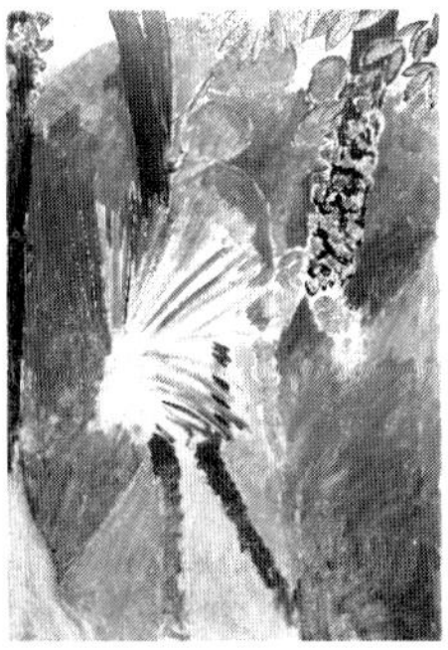

98 La palme, mars-avril 1912

Elderfield 1990, p. 214; Coyle 1990, p. 60.

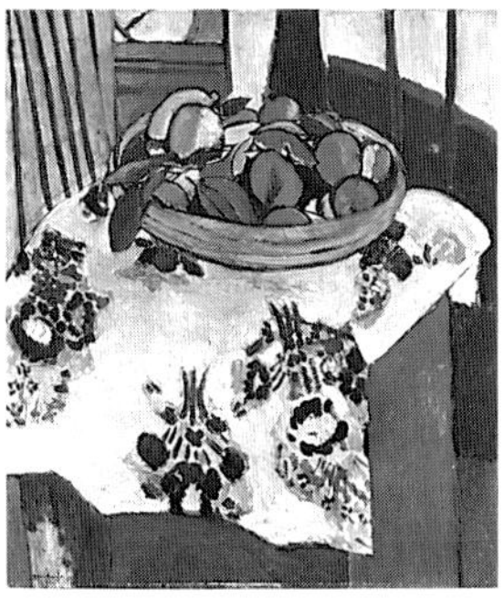

99 Corbeille d'oranges, début 1912

Matisse à Michael Stein, printemps 1912

C'est une toile d'un mètre sur un mètre – des oranges dans une corbeille avec quelques feuilles vertes aux oranges. Elle repose sur une table couverte d'une soie blanche avec gros bouquets de fleurs violettes bleues [et] jaunes et vertes. La toile est presque terminée.

Lettre accompagnée d'un croquis reproduite dans *Russell* 1969, p. 70

Martin Fabiani 1976

Picasso appréciait aussi la peinture de ses confrères. [...] Il vit un jour chez moi un Matisse d'une taille imposante, qui représentait des oranges sur une nappe blanche. «Je te l'achète», me proposa-t-il. – «Je préfère l'échanger contre une de tes toiles». Il accepta le marché, et nous nous rendîmes dans son appartement. Mon choix se fixa sur une grande toile de l'époque rose, qui représentait des petites maisons au pied d'une montagne. [*Paysage de Gozol*, été 1906?]

Quand j'étais marchand de tableaux, Paris, Julliard, 1976, p. 127

Françoise Gilot, mai 1943

Après le hall d'entrée, nous traversâmes une pièce encombrée de bibelots où des gens attendaient, puis nous pénétrâmes dans un immense atelier rempli de sculptures de toutes tailles, des bronzes, excepté *L'Homme au mouton*, encore en plâtre. A cause de la défense passive, la plupart des fenêtres étaient aveuglées; il faisait relativement sombre et on se serait cru dans l'antre d'un sorcier. Toutefois, la *Nature morte aux oranges* de Matisse, placée bien en évidence, m'éblouit.

Je constatai avec étonnement qu'avec ses couleurs fortes et ses contours sombres, la corbeille de fruits, au centre du tableau, semblait appartenir encore à la nature; c'était l'audace du rose, du magenta et de l'outremer de la nappe qui plaçait cette œuvre au royaume de la poésie intangible. La rencontre du vert, des cadmium, des divers fuschia, la vigueur du rouge plus foncé et du bleu intense créaient une gamme ascendante, une exultation.

Sabartès n'apprécia guère que j'ose exprimer mon admiration pour Matisse dans l'atelier même de Picasso, mais, homme de devoir, il nous escorta jusqu'à l'étage. Picasso se tenait là, debout, entouré d'amis. Oublieuse de la vénération de rigueur à l'approche du maître espagnol, je réitérai mon admiration pour *Nature morte aux oranges* de Matisse. Picasso fut très amusé, je pense, par cet élan sincère qui, pour une fois, ne lui était pas destiné, et lorsque j'ajoutai que seul un artiste de son calibre pouvait se permettre de placer un tel chef-d'œuvre parmi ses propres œuvres, au centre même de son atelier, il fut comblé.

Matisse et Picasso, Paris, Robert Laffont, 1991, pp. 15-16.

Brassaï, juin 1944

[Le 16 juin 1944, on vient proposer à Picasso d'acheter une toile du Greco:]
Il demande alors à Marcel de placer la nature morte aux oranges et aux bananes de Matisse à côté du Greco. Il regarde, il compare les deux tableaux. Picasso: «Décidément, je préfère mon Matisse! Le sujet ne m'importe guère. Je les juge en tant que morceaux de peinture.

Ce Matisse est tout de même autre chose que ce Greco!» Sabartès, qui est à côté de moi, me dit: «Je ne partage point l'engouement de Picasso pour ce Matisse. Comment peut-il le trouver beau? Matisse m'horripile...»

Conversations avec Picasso, Paris, Gallimard, 1964, p. 175

Matisse à Pierre Matisse, février 1945

Picasso a acheté une nature morte importante de Tanger qui a appartenu à Madame Sternheim. Il en est très fier et avec ses propres œuvres au Salon d'Automne, il a exposé d'autorité cette nature morte.

Cité par Pierre Schneider, catalogue de l'exposition *Henri Matisse, exposition du centenaire,* Paris, 1970, p. 80

Charles Sterling 1952

Tout au long de sa carrière Matisse a traité la nature morte et elle reflète ses recherches successives. La tendance à s'exprimer par une couleur intense y alterne avec la recherche de l'ordonnance de la surface peinte. Il semble que ses natures mortes les plus significatives appartiennent à cette dernière catégorie d'œuvres. Matisse y montre un équivalent des trouvailles cubistes en transposant la nature dans l'ordre de la peinture pure et en assurant ainsi à l'image des choses inanimées une signification nouvelle. Ce peintre est le plus lui-même lorsqu'il règle, avec une aisance et une sûreté souvent admirables, sa sensation aiguë de la forme et de la couleur.

Ainsi, sa *Nappe rose aux oranges,* une de ses natures mortes les plus parfaites, rapproche les uns des autres les tons les plus dangereusement parents, pourpres et carmins, roses et mauves. Pourtant chacune de ces couleurs est amenée à son rayonnement le plus pur, et leur juxtaposition aboutit à une harmonie aussi fraîche que somptueuse. C'est un des chefs-d'œuvre du chromatisme moderne, comparable pour la rareté et la richesse du ton, aux harmonies de Véronèse, mais dépassant en audace toutes les gammes connues de la peinture ancienne. Les oranges prennent au milieu des rougeoiements la tranquille ampleur de quelque fruit fabuleux, les fleurs de la nappe flamboient ou s'estompent comme celles des céramiques persanes. Sérénité faite de plénitude vibrante – Matisse y réalise complètement son aspiration difficile et si française vers un art ardent et pourtant calme.

La nature morte de l'Antiquité à nos jours, Paris, Pierre Tisné, 1952, p. 100

Charles Sterling 1952

A la fin de l'exposition [*La nature morte de l'Antiquité à nos jours,* Paris, Orangerie des Tuileries, 1952], il y avait des Matisse, il y avait quatre natures mortes de Picasso, mais la plus belle nature morte de Matisse, qui est maintenant au Musée Picasso, appartenait à Picasso et on m'a prévenu qu'il était très difficile de lui faire prêter un tableau. J'ai téléphoné chez lui, parlé avec son secrétaire, qui m'a laissé un moment au téléphone, puis qui m'a dit: «Oui, il serait d'accord, mais il faudrait qu'il puisse voir l'exposition avant l'ouverture pour décider si l'exposition lui convient». Je dis: «Bien sûr.» [Picasso] s'est précipité immédiatement vers des tableaux espagnols qui étaient dans la première salle et qu'il a reconnus tout de suite. Il y avait un Zurbarán, il y avait un Van der Hamen. Il a regardé ces tableaux, il a couru à la fin de l'exposition, il est revenu, il a dit: «D'accord». Et c'est comme ça que j'ai pu avoir cette magnifique nature morte.

Entretien avec Michel Laclotte, juillet-août 1989, catalogue de l'exposition *Hommage à Charles Sterling, Des Primitifs à Matisse,* Paris, Musée du Louvre, 1992, pp. 93- 95.

André Malraux 1974

A droite, quelques grands tableaux visibles. L'un des plus beaux Matisse, la *Nature morte aux oranges.* Je l'ai vu dans l'atelier des Grands Augustins, entre une *Impasse* onirique et architecturale de Balthus, et *Le Parc Montsouris* du Douanier. «Oui, Pablo la gardait avec lui. Nous la regardions. Elle change tout le temps.» En effet, les bandes verticales rouges du fond et de l'étoffe, le saumon pâle de l'étoffe aux fleurs violettes et le rose de la fenêtre, le gris de la coupe et le jaune du citron dialoguent inépuisablement. [...] «Matisse», dit Jacqueline, «aimait beaucoup sa nature morte. Il a voulu la reprendre au marchand. Elle était vendue. Quand il a appris que c'était Pablo qui l'avait achetée, il a pleuré».

La tête d'obsidienne, Paris, Gallimard, 1974, pp. 14-15

Barnes 1933, pp. 37, 106, 209; Lhote 1942, p. 75; Barr 1951, p. 159; Wight 1966, p. 29; Malraux 1974, p. 250; Beguin 1978, p. 54; Elderfield 1990, p. 200; Coyle 1990, p. 54; Gilot 1991, pp. 35-36

100 Les poissons rouges, printemps-été 1912

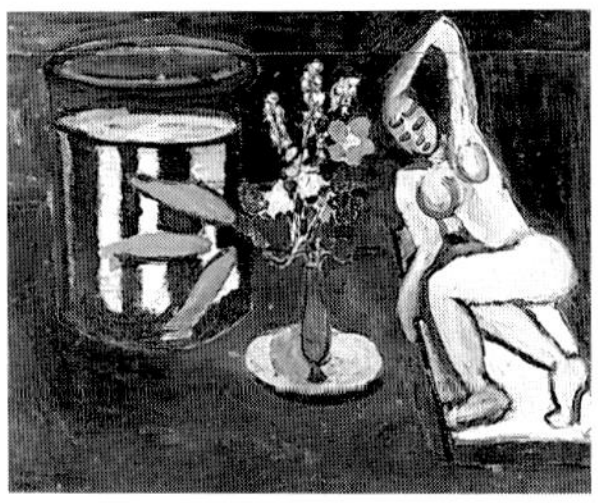

Christian Zervos 1931

Dans la toile «poissons rouges avec statue de terre rose» [*Les poissons rouges*] qui représente dans l'œuvre de Matisse un moment parfait, la forme artistique a si profondément pénétré et pétri la matière, tous les éléments sont si complètement fondus ensemble que forme et facture ne font plus qu'un, sont indiscernables l'un de l'autre. Les accords de tons sont si parfaits que tous les éléments semblent adhérer les uns aux autres dans une fusion intime et totale ; le tableau atteint à un ordre de perfection et de beauté que seule la musique aurait pu réaliser aussi pleinement. Là, compte seule l'harmonie des couleurs qui brûlent comme des gemmes.

Henri Matisse, Paris, Cahiers d'Art, 1931, p. 25

Swane 1944, p. 62 ; Barr 1951, pp. 128-129 ; Reff 1976, pp. 109-115 ; Linker 1980, pp. 65-73 ; Flam 1986, pp. 342-343

101 Poissons rouges et sculpture, printemps-été 1912

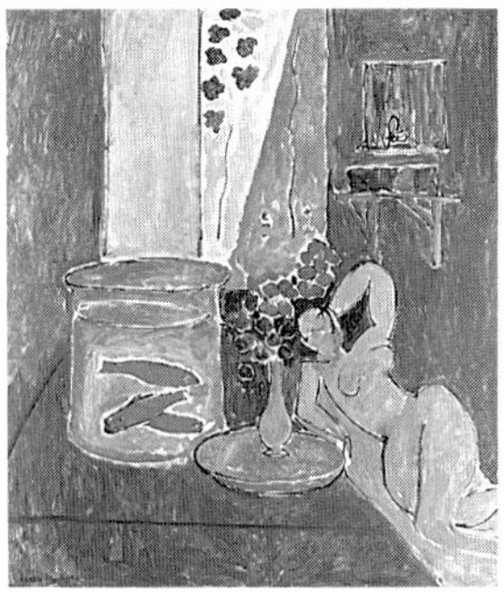

Guillaume Apollinaire 1911

Salle 13. [...] J'aime moins la petite fille regardant les poissons rouges par Marguerite Delorme. On nous a montré beaucoup de poissons rouges cette année dans les expositions de peinture ! [...]

Salle 22. [...] Voici des déliquescences verdâtres de M. P. Marcel-Béronneau et encore des poissons rouges. Ils sont de M. Fernand Toussaint. On dit que le cyprin est à la mode à cause des expositions chinoises de cette année. [...]

Salle 40. [...] Voici un fort beau paysage de Nozal et encore des poissons rouges d'Euler. Décidément, c'est une obsession !

«Le Salon», *L'intransigeant*, 3 et 4 mai 1911. Repris dans Apollinaire, *Œuvres en prose complètes*, Paris, Gallimard, Bibliothèque de la Pléiade, 1991, tome II, pp. 339, 341, 342

The Times 1912

Prenons les poissons rouges. Ici le nu est traité comme un simple accessoire, et l'artiste joue des tours avec lui qui déconcertent l'œil et semblent une ignorance crasse ou de la perversité. On ne s'indignerait pas de ces tours s'ils s'opéraient sur une nature morte, et pour Matisse ce nu est simplement une nature morte. Il ne s'y intéresse pas assez pour nous l'expliquer. Il est bien plus intéressé par les poissons rouges dans leur bocal et par les capucines dans leur vase vert. L'ensemble du tableau attire l'œil comme un morceau de couleur brillant et nouveau, une fois seulement que l'esprit a pu oublier son indignation devant la manière dont le nu est traité. La couleur cependant tire sa particulière vigueur de l'intensité de l'intérêt de l'artiste pour ce qu'il représente. Ce n'est pas seulement une invention colorée abstraite, ce qui est toujours dénué de sens et assommant dans un tableau ; c'est la couleur qui exprime juste ce que l'artiste veut dire sur tout ce qu'il peint. Les poissons rouges sont de simples masses de couleur, mais en même temps, ils palpitent dans l'eau ; et c'est leur mouvement qui donne sens à leur couleur. Le vase qui porte les capucines semble être parfaitement plat ; et sa couleur a la valeur et la force que peut seul donner cette planéité. Mais son contour le fait paraître nager dans la lumière et possède une beauté abstraite qui lui est propre. Vraiment, la qualité picturale de cette toile est magnifique en chacun de ses points ; et l'on retrouve cette beauté dans bien d'autres toiles une fois qu'on a dépassé l'étrangeté de la méthode de représentation.

«A Post-Impressionist Exhibition : Matisse and Picasso», *The Times*, Londres, 4 octobre 1912

Meyer Schapiro 1932

Dans *Poissons rouges et sculpture* Matisse a projeté tous les objets, qu'ils soient couchés ou debout, sur un même plan vertical. Le sol et le fond sont fondus en une seule surface indifférenciée. La sculpture d'un nu orange repose sur un petit tapis orange. Afin d'unir les objets qui se dressent ou qui sont suspendus, il a amené le bocal vert au contact d'un plat vert et d'une fenêtre verte, de telle sorte que ces trois objets, bien que disposés successivement en profondeur, forment une seule aire de connections, comme s'ils existaient sur le même plan. Cette sorte de fusion est caractéristique de la peinture impressionniste. [...] La distorsion inhabituelle de ce tableau est une formule du rendu réaliste, qui s'oppose à la distinction arbitraire et archaïque de substances séparées par des couleurs séparées.

Mais ce qui vient plus remarquablement de la vision impressionniste (véritablement moderne) dans cet assemblage décoratif d'objets sans significations, apparemment indépendants de la réalité, est la pratique de cette interception des extrémités qui elle-même suggère un espace en avant du tableau et une segmentation accidentelle du champ représenté en particulier. Même si le bleu est uniforme et qu'il n'y a aucune distinction entre les plans par un jeu d'ombres, Matisse n'en a pas moins dessiné plusieurs lignes de délimitation à l'intérieur du champ bleu, telles la diagonale à gauche ou l'horizontale en bas, qui sont coupées par le cadre avant leur jonction, et impliquent donc un espace supplémentaire en avant de la toile. Le nu, lui aussi, est coupé aux jambes ; et par une intelligente division de la fenêtre en deux zones triangulaires, dont aucune n'a de sommet, il indique ici aussi que le champ a été coupé par le cadre. Ainsi, dans des compositions abstraites nous sommes reconduits à la nature dans la mesure où les objets, dans l'état réduit et abstrait qui est le leur, sont vus suivant une perception commune et accidentelle.

«Matisse and Impressionism», *Androcles*, n° 1, février 1932, p. 28

Albert Barnes et Violette de Mazia 1933

Le thème de cette toile, la légèreté et la luminosité, naît de l'interaction entre des couleurs vives, délicates, légères, un espace diminué, une lumière accentuée et un dessin simplifié.Le thème principal est renforcé par des variations sur un thème secondaire : le support laissé nu.

[...] Un dessin simplifié, un espace restreint, et une exécution généralement légère donnent à cette toile la qualité légère et délicate de la cretonne.

Barnes 1933, pp. 164, 260.

Jean Lipman 1934

La période «fauve» (entre 1905 et 1913) est la première partie significative de la carrière de Matisse ; c'est la phase «tendue» [tight] de son art, celle où l'on trouve l'expressionnisme centré au plus haut degré sur une seule et même sensation, où la couleur a la plus grande importance. A cette époque, chaque toile est conçue comme l'expression d'une sensation colorée *unique*, et toutes les autres couleurs lui sont subordonnées, elles sont parfois même dénaturées, afin d'intensifier le fait coloré central, pour le transmettre au spectateur avec toute la force de la perception de l'artiste. [...] Dans la composition intitulée *Poissons rouges et sculpture*, de la collection Purrmann de Berlin, le fait coloré central exprimé est le brillant vermillon des poissons. Toute autre couleur lui est subordonnée de telle sorte qu'elle oriente [le regard], comme par une série de cercles concentriques, sur les poissons rouges. Les couleurs subordonnées agissent presque comme des bandes séparées, chacune à son tour jouant un rôle d'intensification de la masse colorée suivante, avant de s'atténuer. Lorsque la couleur la plus proche des poissons – l'émeraude – a rempli sa fonction, elle semble également s'atténuer, laissant les poissons dans une brillante isolation. La composition colorée de cette toile semble ainsi avoir un effet centripède.

«Matisse Paintings in the Stephen C. Clark Collection», *Art in America*, vol. 22, octobre 1934, p. 139

Barr 1951, pp. 164-166 ; Reff 1976, pp. 109-115 ; Elderfield 1978, pp. 84-86 ; Linker 1980, pp. 65-73 ; Schneider 1984, p. 424 ; Flam 1986, p. 343 ; Elderfield 1990, p. 207

102 Les poissons rouges, printemps-début été 1912

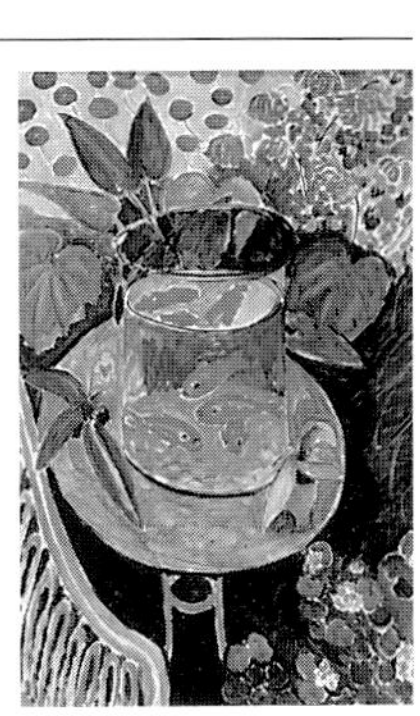

Reff 1976, pp. 109-115 ; Izerghina 1978, pp. 161-162 ; Linker 1980, pp. 65-73 ; Schneider 1984, pp. 350-352, 419-420 ; Kostenevitch, dans Kostenevitch, Semionova 1993, pp. 135, 137.

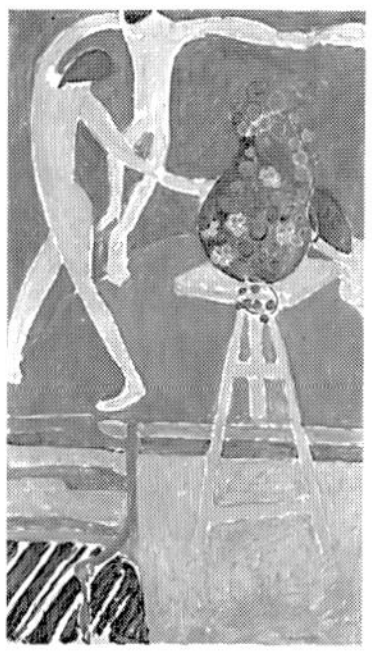

103 Capucines à «La Danse» I, printemps-début été 1912

Charles Camoin à Matisse, automne 1912

Nous voici de retour à Paris. Marquet et moi avons revu ce Salon d'Automne qui revient tous les ans. C'est pas comme la Vertu ! Tu y as envoyé deux très belles toiles, où l'on retrouve d'anciennes qualités de matière et plus de plénitude, ce qui ajoute bien au plaisir !

Giraudy 1971, p. 13

Louis Vauxcelles 1912

Matisse est une énigme. Je ne puis le suivre en ses bonds échevelés ; ses pantins rouge plombé sur fond bleu cruel hallucinent le visiteur ; j'avoue retrouver dans sa violente nature-morte un souvenir des dons de coloriste que j'aimais autrefois.

«Le Salon d'Automne», *Gil Blas*, 30 septembre 1912

Georges Jean-Aubry 1912

N'insistons pas sur les envois de Matisse, de plus en plus décevants. Cela devient un problème de saisir comment on peut à ce point oublier des dons splendides et toute une sensibilité merveilleuse qui nous donnèrent autrefois des pages fortes et subtiles : Matisse se débat au milieu d'une hantise d'originalité pour elle-même, du moins tout le fait croire, et pour ceux qui l'on goûté, et qui gardent encore le souvenir de ses œuvres d'il y a sept ou huit ans, c'est un spectacle attristant.

«Le Salon d'Automne (deuxième article)», *L'Art moderne*, n° 41, 13 octobre 1912, p. 320

Gustave Kahn 1912

Passons aux contemporains. *Les Capucines à la Danse* d'Henri Matisse m'échappent et je le regrette. *Son Intérieur* [*Coin d'atelier*] est de la plus intéressante harmonie. La logique régente, dit-on, ces deux toiles d'une façon absolue ; j'y verrais plutôt le plus ingénieux des caprices colorés et des jeux d'accords.

«Art [Le Salon d'Automne]», *Mercure de France*, octobre 1912, p. 881

James Huneker 1912

Henri Matisse est l'un de ces «hommes nouveaux» dont je crois qu'ils arriveront à quelque chose [...] Malgré sa fumisterie [en français dans le texte], tout le monde admet qu'il présente un certain intérêt, quoiqu'on l'attaque violemment pour ses débordements volcaniques et ses déviations de la normale. Mais on ne peut jamais confondre chez lui une figure humaine et une vache, ce qui n'est pas le cas dans les productions extraordinaires de Picasso ou Picabia. [Au Salon d'Automne] Matisse n'est pas au mieux de sa forme, même si ses œuvres sont comparativement plus claires que l'an passé. Ces trois nus couleur flamme en train de danser sur un fond bleu sont pleins de rythme. Ils mettent en relief un vase rouge entouré de feuilles et de fleurs de capucine. Un seau d'eau bleue dans lequel nagent des poissons rouges est décoratif. Cependant, j'ai été quelque peu déçu par une exposition aussi mince, avant d'être réconforté un peu plus tard à Londres [à l'exposition *The Post-Impressionists*].»

«Decade of the New Art Moves Toward Big Changes», *The New York Sun*, novembre 1912

Matisse à Clara MacChesney, printemps-été 1912

«Pour une étude préliminaire, j'utilise toujours une toile de la même taille que celle destinée au tableau définitif, et je commence toujours avec la couleur. Dans le cas des grandes toiles c'est plus fatigant, mais plus logique. J'aurai peut-être le même sentiment que celui que j'avais obtenu dans le premier, mais celui-ci manquera de solidité et de sens décoratif. Je ne retouche jamais une étude ; je prends une nouvelle toile de même taille, comme il m'arrive de changer un peu la composition. Mais je m'efforce toujours de rendre le même sentiment tout en allant plus loin. Une toile devrait toujours, selon moi, être décorative. Quand je travaille j'essaie de ne jamais penser, seulement de sentir.»

Tandis qu'il parlait, il me montra deux toiles de même taille. L'étude était sur le mur à ma gauche, et le tableau fini était sur un chevalet devant moi. Ils représentaient des nus en action, audacieux et simplement peints en larges aplats de vive couleur locale, et je ne vis que très peu de différences entre les deux.

«A Talk with Matisse», *The New York Times Magazine*, 9 mars 1913

Heinz Braune 1920

Le tableau [...] de la collection Oskar Moll à Breslau [...] prouve déjà, par sa composition figurative – un mélange de nature morte et d'intérieur – la liberté que Matisse avait acquise. Ce tableau d'une étonnante simplicité [...] représente un coin de l'atelier de l'artiste [dont les] éléments ne semblent pas réunis sous le rapport de l'espace, mais uniquement sous celui de la surface, de la décoration.

Celui qui souhaite toujours l'explication des composants figuratifs d'un tableau ressentira probablement une certaine insatisfaction. On peut se demander comment interpréter la position du trépied dans cette situation, et l'idée s'impose que la partie centrale de celui-ci représente le troisième pied raccourci. Matisse n'y a pas cherché la clarté figurative ; il ne tenait qu'à la clarté rythmique de l'ensemble de la composition. Ainsi le troisième pied du trépied reste-t-il invisible, et il faut l'imaginer caché par les deux autres ; ainsi Matisse traduit-il l'ombre que jette le bas du tableau *La Danse* par un vert qui répète le ton du gazon, ceci pour ne pas affaiblir la simplicité et la pureté de l'harmonie des couleurs ; de cette manière il fait allusion au cadre même en traçant un ruban horizontal violet qui part de l'accoudoir et traverse tout le tableau.

Que les connaisseurs de l'art de Matisse m'excusent de donner ces explications ! Il serait plus intéressant de découvrir la manière dont l'artiste a intégré la composition *Danse* dans son nouveau tableau. Il paraît naturel que les mouvements des personnages ne se trouvent plus dans une idée constructive mais décorative. Les détails du grand tableau ont disparu, les contours sont simplifiés, les dessins internes n'y sont plus. Comme les bras et les mains s'enchaînent dans le tableau du collectionneur russe ! Tout ceci bien entendu est maintenant subordonné à la nouvelle idée. Mais les transformations sont bien plus décisives : pour créer l'harmonie des rapports entre la ligne et la couleur des personnages avec ceux de l'ensemble du tableau, la chaise et le trépied, le vase et le sol, l'artiste a rapproché le premier et le deuxième personnages en haut ; quant aux deux autres, qui n'apparaissent qu'en partie sur notre peinture, ils ont été éloignés. Il est évident que le rythme du tableau demandait de tels changements, et l'on peut admirer la façon dont Matisse réussit, après le découpage très hardi de la *Danse*, si concise, à obtenir une nouvelle et pure harmonie. «L'art doit être comme un fauteuil confortable dans lequel se reposer», dit Matisse. Et de fait la sérénité si facile et la clarté décorative de ce tableau, l'ancrage de tous les composants paraissent indissociables et tout à fait naturels, instaurant l'harmonie totale et faisant émerger une légèreté stimulante et reposante, tandis que la grâce d'une pièce curieuse qui sert essentiellement à régaler notre regard, nous fortifie et nous remplit de félicité.

«Zu einem Gemälde von Henri Matisse», *Genius*, 1920

Meyer Schapiro 1932

Le point de vue typiquement impressionniste, qui est en fait celui de l'instantané [...] qui représente la relation la moins formelle du spectateur à l'objet, est présent dans certaines des compositions les plus abstraites de Matisse. Dans *Capucines à «La danse»* [...] qui semble au premier abord être une décoration régie par ses propres lois [self contained] à laquelle les concepts de momentané et d'accidentel ne peuvent s'appliquer, les éléments constitutifs du tableau se révèlent après analyse être des fragments furtifs [...]. La danse n'est qu'un segment d'un mouvement plus ample. Nous saisissons les figures au moment où elles tournent à un coin de la pièce qui n'est qu'une petite partie de l'espace entier de la danse. En bas à gauche est peint un bout de chaise, elle aussi coupée par le cadre, mais d'une façon telle qu'un espace dérobé et non représenté est impliqué entre la chaise et le morceau visible du sol qui est le plus proche de nous. Non seulement cette toile n'est pas limitée en tant que surface décorative et plane, mais l'espace du premier plan n'est pas non plus fermé et fixe la position du spectateur – pour un instant – pratiquement à l'intérieur de la composition. Par ce moyen, une composition décorative est soustraite à la vision ordinaire. On peut concevoir un tel point de vue chez un peintre aussi franchement réaliste que Degas ; mais dans une composition abstraite de Matisse, cela dénote une vision impressionniste sous-jacente, aussi altérée soit-elle par un motif [pattern]. Mais ce motif n'est pas distinct du point de vue, avec lequel il partage l'irrégularité et la vivacité du mouvement. La décoration acquiert l'individualité particulière d'une présence dans l'espace, vivante, changeante, rencontrée fugitivement. Elle permet une subtile qualité illustrative, car la danse, qui est le thème principal du tableau, est rendue selon le point de vue et le caractère matériel de l'ensemble de la composition. Avec la même justesse, Matisse n'a pas dessiné les contours des figures. Ceux-ci sont des surfaces immatérielles, non colorées, en réserve entre les plans de couleur chair et le fond. Le rythme de la danse est infernal et difficile à fixer. Il est affecté par le jeu des zones corporelles amorphes dans l'angle et des zones du fond qui se découpe entre les figures.

«Matisse and Impressionism», *Androcles*, New York, n° 1, février 1932, pp. 27-28

On lira également Barr 1951, p. 156; Flam 1986, pp. 345-346; Elderfield 1990, p. 207

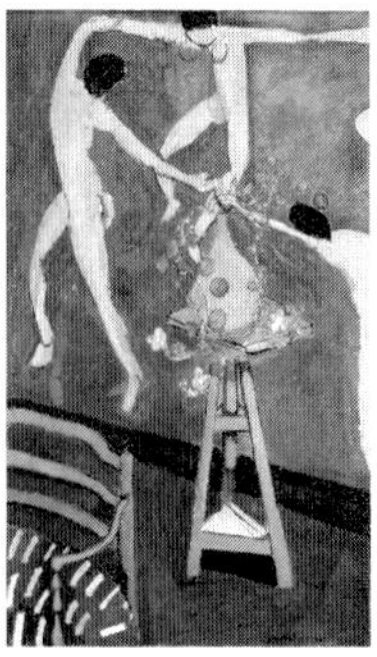

104 Capucines à «La Danse» II, printemps-début été 1912

C. Lewis Hind 1912

L'appareil d'un photographe visait un tableau de Matisse. L'appareil était calme [sic], mais le visage du photographe s'ornait d'un grand sourire. Il surprit mon regard; son attitude m'invitait à éclater de rire en sa compagnie. Je refusai. J'étais aussi grave qu'une statue de Joseph Gill. Pourtant, j'étais ravi. Matisse me ravit et me stimule. [...] Matisse est un peintre sérieux. Faisons lui la grâce de le traiter sérieusement, d'essayer de le comprendre. [...] Peu à peu, j'ai succombé aux sortilèges de Matisse – sa couleur et son sens du rythme. Car il ensorcelle vraiment, si l'on sait oublier ses préjugés et effacer de son esprit cette ineptie qui voudrait qu'une nouvelle façon de regarder les choses, et une nouvelle manière de peindre, soient une «insulte pour l'intelligence [...].

Pour ce nouveau mouvement, le but est de traverser les apparences et d'arriver à la vraie signification, aux profondeurs spirituelles [spiritual indwelling]. Parce qu'il est bien plus confortable de [...] prétendre que seules existent les apparences, beaucoup de gens tendront à prendre le parti de cet homme qui me braillait dans les oreilles, à la Grafton Gallery: «Tout ça n'est que foutaises». Je le conduisis au bout de la galerie centrale, tournai sa tête obstinée vers l'endroit où, isolé sur le mur, était accroché le panneau décoratif de Matisse «Capucines» [*Capucines à La danse*] – des nus, des fleurs et la fraîcheur de couleurs pures – et lui dis: «Maintenant, oubliez tous vos préjugés, et reconnaissez que c'est beau!». Il me répondit «Non!».

Une fois encore, je tournai sa tête obstinée vers la dernière galerie, celle où «Les Danseuses» [*La Danse I*] remplit le mur. [...] «Reconnaissez, lui dis-je, que cette décoration rythmée, semblable à la musique, vous rend heureux, vous remonte le moral.»

«Cette chose me rendre heureux!», s'écria-t-il. «Ça me déprime. C'est hideux!».

Je me détournai. C'est stupide de vouloir convaincre les gens. [...]

Et pourtant [au contraire de Picasso qui reste un expérimentateur], Matisse a abouti. Cet artiste solitaire, sérieux, cette personnalité inhumaine qui, dans son art, utilise femmes, poissons rouges et fleurs comme si c'étaient des morceaux de tissu, cet homme qui a rejeté toutes les traditions et qui peint comme s'il n'existait rien d'autre au monde que lui seul et l'effet, sur son moi tranquille et impressionnable, de ce que voient ses yeux [...] – cet homme a abouti. [...] Il libère nos regards et désormais nous pouvons voir une nouvelle sorte de beauté qui, pour qui saura l'attendre, sortira majestueusement de ses compositions comme une musique, et qui, comme la musique, reposa les hommes accablés.

«Ideals of Post Impressionism: Matisse Who Discards All Tradition: Joyous Work», *The Daily Chronicle*, Londres, 5 octobre 1912

MacChesney 1913; Izerghina 1978, pp. 168-169; Flam 1986, pp. 345-346; Elderfield 1990, pp. 203-207, 222; Kostenevitch, dans Kostenevitch, Semionova 1993, p. 133-135

105 Coin d'atelier, printemps-été 1912

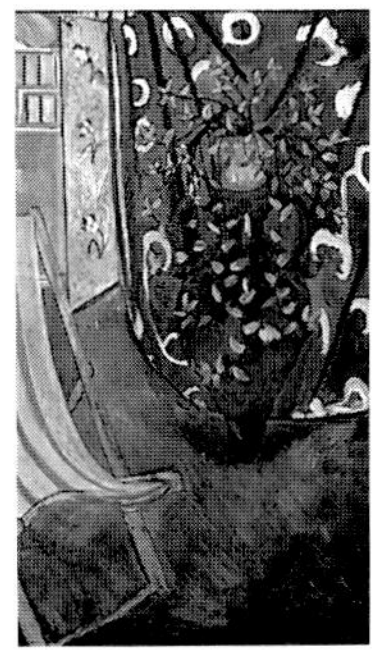

Kahn 1912 ; Vauxcelles 1912 ; Jean-Aubry 1912 ; Flam 1986, pp. 345-347

106 Zorah debout, fin 1912

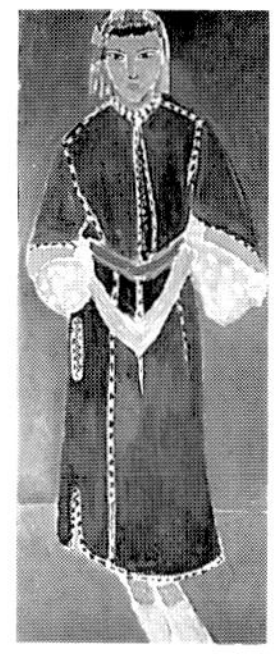

Guichard-Meili 1967, p. 80 ; Izerghina 1978, p. 166 ; Schneider 1990, pp. 26-27 ; Coyle 1990, p. 78 ; Elderfield 1990, p. 209 ; Kostenevitch, dans Kostenevitch, Semionova 1993, pp. 140-141

107 Le Rifain debout, fin 1912

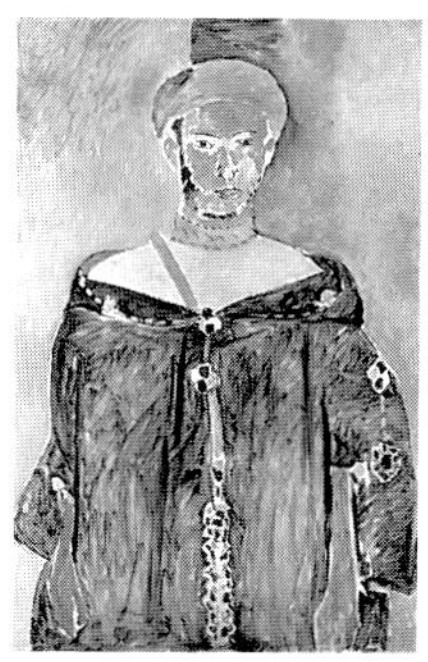

Marcel Sembat 1913

Il n'y a pas que le Café Maure à l'exposition ! Je vous ai arrêté devant celui-là parce qu'il est révélateur, mais vos yeux ont bien su découvrir cette petite merveille, la *vue de Tanger* avec ses fleurs, ses masses bleues et le toit vert de l'église anglaise, et la fuite rose de l'enceinte ! Et que dites-vous de la femme assise sur un tapis bleu, au coin d'une terrasse ?

Et le Rifain ! est-il beau, le grand diable de Rifain, avec sa face anguleuse et sa carrure féroce !

Pouvez-vous regarder ce splendide barbare sans songer aux guerriers d'autrefois ? Les Maures de la *Chanson de Roland* avaient cette farouche mine !

Dans ce Rifain, d'ailleurs, aussi bien que dans la femme assise sur la terrasse, et dans la femme debout une main dans sa ceinture, vous reconnaîtrez ce même effort pour dégager les caractères dominateurs, les sentiments essentiels, les grands traits affectifs ; et les exprimer harmonieusement, en leur subordonnant tout le reste, et en sacrifiant ce qui les choquerait.

Effort, ai-je dit ? Oui, effort spontané de l'artiste qui cherche à se satisfaire, qui suit sa voie, la voie où l'invite l'appel secret et irrésistible de son génie. Effort mais non procédé ! Démarche d'un instinct qui s'est enfin élevé jusqu'à la conscience de soi, mais dont la poussée demeure celle d'un instinct, car l'analyse consciente ne survient qu'après !

« Vous savez, je m'explique *ensuite* pourquoi je fais ainsi, mais *d'abord*, quand je fais, c'est en bloc que je reçois la nécessité ! »

La phrase est incorrecte, gauche, obscure et il serait aisé de l'arranger. Telle quelle je la trouve lumineuse et n'y veux rien ajouter.

« Henri Matisse », *Les Cahiers d'aujourd'hui*, n° 4, avril 1913, p. 194

Izerghina 1978, p. 175 ; Gowing 1979, p. 121 ; Coyle 1990, p. 82 ; Benjamin 1990, p. 163 ; Kostenevitch, dans Kostenevitch, Semionova 1993, p. 150

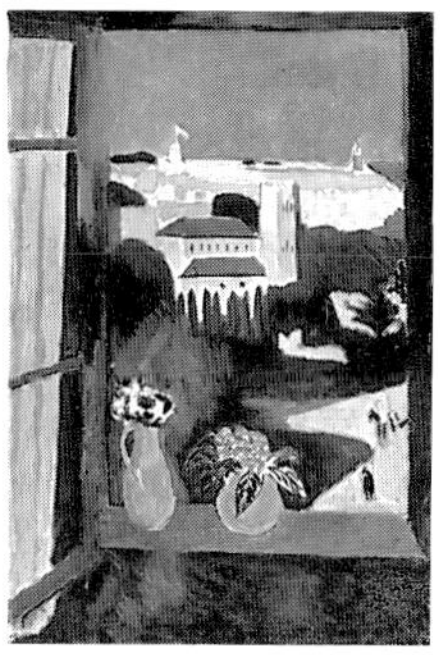

108 Fenêtre à Tanger, printemps 1912

Matisse à Ivan Morosoff, 19 avril 1913 (d'Issy-les-Moulineaux)
Les trois tableaux en question [*Fenêtre à Tanger, Zorah sur la terrasse* et *Porte de la Casbah*] sont exposés chez Bernheim jusqu'aujourd'hui. Ils ont eu un grand succès et je pense bien que vous en serez satisfait quoique vous ayez attendu si longtemps. Je pense aussi que Madame Morosoff sera contente. Les trois tableaux ont été combinés pour être placés ensemble et dans un sens donné – c'est-à-dire que la vue de la fenêtre vient à gauche, la porte de la Casbah à droite, et la terrasse au milieu comme ce croquis vous le représente. Les cadres ont été destinés pour les tableaux et sont gris – ils sont peints à la colle.

Archives du Musée Pouchkine. Cité par Béatrice Kernan et Laura Coyle, «Correspondance concernant les commandes de Stschoukine et Morosoff», *Matisse au Maroc*, Paris, Adam Biro, 1990, p. 250

Izerghina 1978, pp. 171-172 ; Flam 1986, pp. 325-326 ; Coyle 1990, pp. 70, 255-257 ; Kostenevitch, dans Kostenevitch, Semionova 1993, p. 137

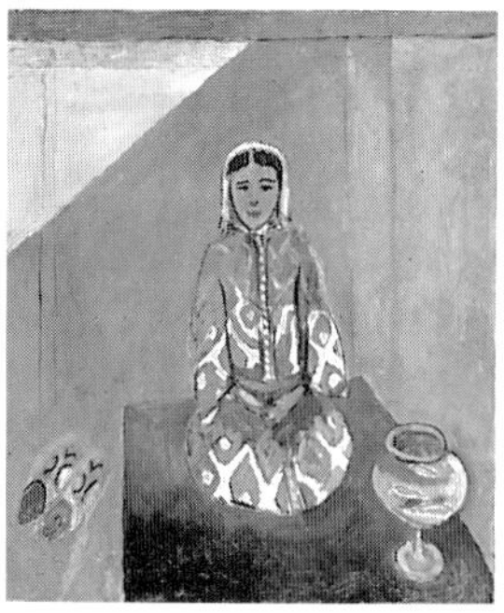

109 Zorah sur la terrasse, hiver 1912-1913

Matisse à Charles Camoin, automne 1912
J'ai commencé par faire une mauresque sur une terrasse, pour faire pendant au petit Marocain de l'an dernier, mais beaucoup de vent et modèle agaçant m'ont contrarié.

Aussi quand j'ai cru avoir conclu, j'ai rentré ma toile chez moi, et je n'ai pas osé la retourner depuis par crainte de mécontentement. C'est une toile décorative que je dois faire et je pense qu'elle le sera, mais j'aurais voulu davantage. Ensuite deux paysages qui commencent à devenir sérieux, jusqu'ici ils n'étaient que badinage agréable – je suis venu pour faire la mauresque et les 2 paysages [à la demande de Morosoff] : le travail en plus sera le bienvenu.

Giraudy 1971, p. 13

Cassou 1947, pp. 6-7 ; Barr 1951, p. 159 ; Lassaigne 1959, p. 78 ; Jacobus 1972, p. 136 ; Izerghina 1978, p. 173 ; Schneider 1984, pp. 464-466 ; Flam 1986, pp. 349-350 ; Elderfield 1990, pp. 215-216 ; Coyle 1990, pp. 72, 250, 255-257 ; Kostenevitch, dans Kostenevitch, Semionova 1993, pp. 141, 143

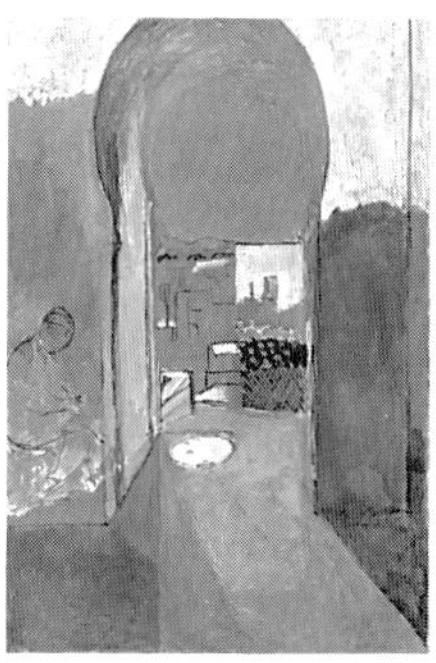

110 Porte de la Casbah, hiver 1912-1913

Guillaume Apollinaire 1913
Henri Matisse a rapporté du Maroc un petit nombre de toiles et de dessins qui ne sont exposés que pour quelques jours. Chez le grand coloriste qu'est Henri Matisse, la couleur a une valeur symbolique déterminée par la sensibilité de l'artiste. Le dessin, qui est ici purement instinctif, s'exprime avec la sensualité la plus délicate et la plus raffinée qui soit aujourd'hui. *Le café turc, la Porte de la Casbah* sont parmi les rares ouvrages supportables inspirés par l'Afrique du Nord.

L'Intransigeant, 17 avril 1913

Jacobus 1972, p. 138 ; Izerghina 1978, p. 174, Coyle 1990, p. 250, 255-257 ; Kostenevtich, dans Kostenevitch, Semionova 1993, pp. 141, 143, 145

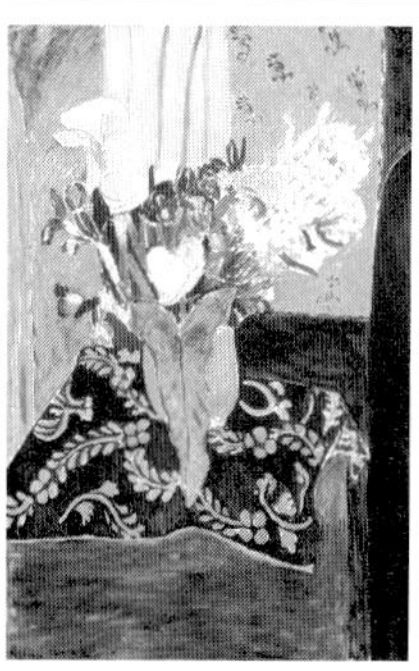

111 Arums, iris et mimosas, début 1913

Kunstchronik 1913
Ces tableaux illustrent magistralement les méthodes de composition de Matisse : la dissection et la simplification de segments choisis en champs lumineux de couleurs pures, qui refusent les ombres noirâtres ou brunâtres et le modelé ; à la façon des mosaïques

antiques elles adhèrent vigoureusement à la réalité, qui a été complètement transfigurée par la touche, les aplats. De même, cette merveilleuse nature morte de lis, d'iris et de mimosas placée entre des rideaux de couleurs différentes, un peu apprêtées, mais choisies avec délicatesse, [est] une œuvre d'une extraordinaire qualité.

Kunstchronik, n° 33, 1913, p. 482. Cité par Laura Coyle, dans Coyle 1990, p. 88

On lira également Izerghina 1978, p. 177 ; Schneider 1990, pp. 27-28 ; Coyle 1990, p. 88

112 Fleurs et céramique, printemps-automne 1913

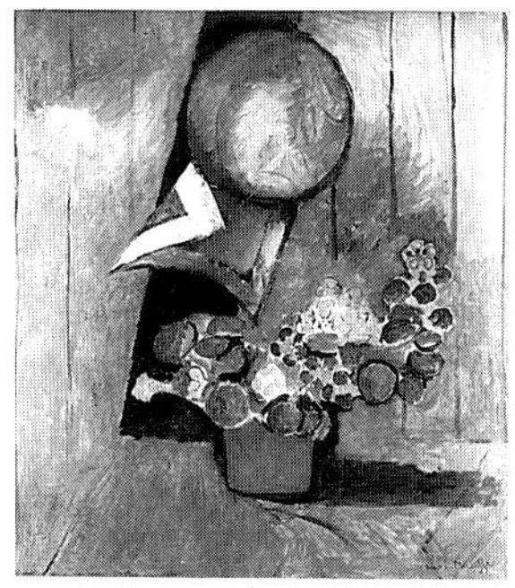

Gowing 1979, p. 114 ; Flam 1986, pp. 364-365 ; Mann 1992, pp. 75-78, 92

113 La fenêtre bleue, été 1913

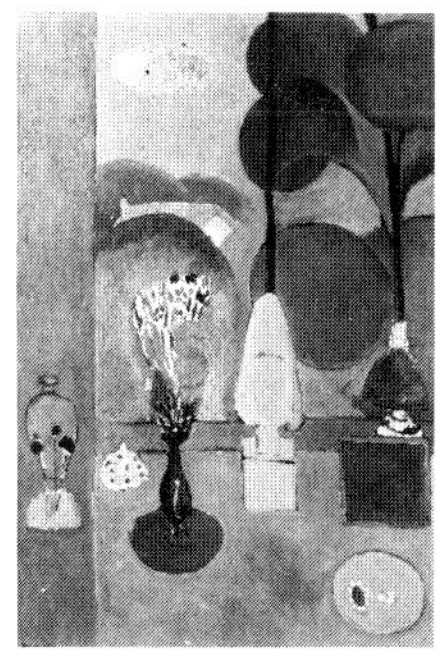

Matisse à Alfred Barr, vers 1950

Ce tableau a été peint pour le couturier Jacques Doucet qui l'a refusé car trop avancé pour lui.

Réponse à un questionnaire (Barr Papers, Museum of Modern Art Archives)

Hans Purrmann à Alfred Barr, 20 septembre 1950

Osthaus [qui acheta *La fenêtre bleue* à l'automne 1913] n'était pas tout à fait convaincu de la beauté du tableau comme il me le dit plus tard alors que nous discutions des toiles de Matisse qu'il possédait.

Barr Papers, Museum of Modern Art Archives

Willard Huntington Wright 1915

Ce sont les Persans, cependant, bien plus que la sculpture nègre, qui ont influencé Matisse. Il trouva chez ces artistes une leçon pratique pour l'application de ses certitudes – une leçon qui incarnait la division tonale et l'improvisation formelle de Goya en même temps que la couleur décorative de Gauguin. Par ailleurs, il en apprit une méthode plus directe pour produire des images, une méthode à la fois plus délicate et plus sensiblement féminine. Après avoir regardé [...] une toile comme *La glace sans tain* [*La fenêtre bleue*] [...] on se rend compte de la très grande influence que les peintres charmants et délicats de l'ancienne Perse ont eue sur lui. [...] Mais sa supériorité réside dans [...] la grande diversité qu'il a montrée dans la répartition des composantes du tableau. [...] Matisse fit sienne, à ses propres fins, la distribution formelle caractéristique de l'art persan – laquelle préside aux arrangements dans ce qu'ils ont de plus plat ; et, en y joignant des méthodes modernes plus libres, il conféra à son art une signification esthétique de beaucoup plus grande ampleur. Ces moyens modernes sont le développement de sa conception de la couleur dans sa capacité à produire l'émotion.

Modern Painting : Its Tendency and Meaning, New York, Dodd Mead and Compagny, 1915, pp. 230-231

André Salmon 1920

Le cubisme, alors qu'on me prouverait qu'il doit périr, m'apparaîtrait encore comme la nécessaire révolte contre un art amorphe dont Matisse fut, au-dessus de tous les Fauves, le plus puissant et le plus agréable représentant.

L'Art vivant, Paris, Éditions Grès, 1920, p. 110

Alexander Romm 1937

Dans certains tableaux des années 1911-1914, l'extrême ornementation fondée sur des rythmes de zones colorées se transforme en son contraire – en une peinture amorphe. Ses toiles deviennent aussi monotones que celles des néo-impressionnistes qu'il critiquait, à la différence près que les points et les lignes sont remplacés par une composition de larges zones de couleur. L'image elle-même disparaît, noyée dans la couleur décorative. En continuant cette tendance, Matisse est au seuil de son secret désir, qu'il a souvent approché mais qu'il n'a j'amais eu le courage de mener à son terme – il est au bord de la peinture pure et abstraite. [...]

Comme nous connaissons déjà le point de vue idéologique de Matisse, nous ne sommes pas surpris de voir qu'il atteignit le sommet de l'abstraction durant les années de guerre. A une époque où certains artistes rejoignaient le camp du nationalisme chauvin, tandis que d'autres protestaient activement contre la guerre [...] Matisse se retirait en lui-même, et s'éloignait le plus possible des dures réalités.

Henri-Matisse, Moscou, Isogiz, 1937 (retraduit de l'édition en langue anglaise), pp. 54-56

Breton-Soupault 1919 ; Eluard 1933 ; Barr 1951, p. 166 ; Leymarie 1970, p. 26 ; Elderfield 1978, pp. 90-92 ; Gowing 1979, p. 116 ; Schneider 1984, pp. 404, 450 ; Flam 1986, pp. 362-364

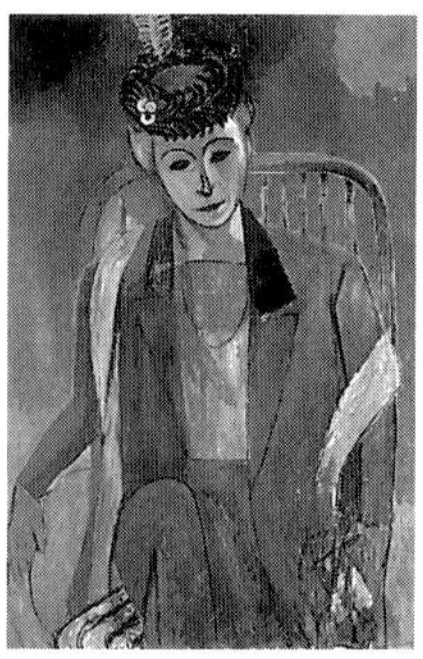

115 Portrait de Madame Matisse, été-début automne 1913

Matisse à Charles Camoin, novembre 1913

La vérité est que la peinture est une chose bien décevante. Par hasard mon tableau (le portrait de ma femme) a un certain succès parmi les avancés. Mais il ne me satisfait guère, il est le commencement d'un effort bien pénible.

Giraudy 1971, p. 15

Louis Vauxcelles 1913

Matisse-le-terrible : une ébauche de portrait de femme, bien peu vivante. Échantillonnage de jolis tons, naturellement, puisque nous sommes devant un Matisse, mais que de schématisme facile ! Et quelle prestesse à esquiver les solutions ! Sortir d'un noir un ton sensible, ce n'est tout de même pas résoudre un problème.

«Le Salon d'Automne», *Gil Blas,* supplément du 7 novembre 1913

Guillaume Apollinaire 1913

On a beaucoup admiré la toile de Bonnard qui vuillardise agréablement, combien je lui préfère la toile d'Henri Matisse qui se trouve dans la même salle. Ce portrait de femme est ce que la peinture a produit de plus voluptueux depuis bien longtemps. La sensibilité du coloris y est extrême et les qualités extérieures de cette peinture intérieure sont si intenses et si particulières qu'on comprend que l'artiste occupe aujourd'hui une situation à part hors de la peinture de son époque et qu'il ne puisse faire école. S'il y a un chef-d'œuvre au Salon d'Automne, il est là et point ailleurs.

«M. Bérard inaugure le Salon d'Automne», *L'Intransigeant,* 14 novembre 1913

Guillaume Apollinaire 1913

Le portrait de femme d'Henri Matisse est la meilleure chose du Salon, plus que faible, de cette année. C'est, à mon sens, avec la *Femme au chapeau,* de la collection Stein, le chef-d'œuvre de l'artiste. Jamais, je crois, on n'avait donné tant de vie à la couleur. L'art intérieur qu'est l'art d'aujourd'hui, après avoir affecté une austérité qu'on n'avait pas vue dans les arts depuis la réforme de David ne dédaigne plus de paraître agréable et l'orphisme de quelques peintres est une sainte et admirable ivresse de la couleur. Henri Matisse a toujours eu une conception hédonique de l'art, mais en même temps il a porté très haut l'enseignement de Gauguin. Il n'est pas resté esclave de la vraisemblance et autant que personne il a compris la nécessité proclamée par le solitaire océanien d'une double déformation objective et subjective. Son grand mérite et la caractéristique de sa personnalité c'est qu'il n'y a dans son œuvre, outre le symbolisme des couleurs, aucune trace de mysticisme. Cette santé morale s'allie chez lui à un merveilleux instinct qu'il a su respecter. Son art est tout sensibilité. Ce peintre a toujours été voluptueux. Toutefois, dans ses œuvres anciennes, on était pris avant tout par l'éloquence des teintes, par le choix raffiné des formes. La figure qu'il expose, chargée de volupté et de charme, inaugure pour ainsi dire une nouvelle époque de l'art matissien et peut-être même de l'art contemporain d'où la volupté avait presque entièrement disparu, puisqu'on ne la retrouvait plus guère que dans les magnifiques et charnelles peintures du vieux Renoir.

«Salon d'Automne», *Les Soirées de Paris*, 15 novembre 1913

André Salmon 1913

Matisse, dont la participation était incertaine, a apporté, au dernier moment, un portrait de femme. C'est une œuvre qui peut satisfaire ceux qu'il satisfait le moins souvent. Exempte de ses défauts ordinaires, ou presque, elle résume les plus belles qualités de cet artiste qui fut un maître si dangereux. Sans doute le visage humain cause-t-il une horreur insurmontable à Matisse qui j'amais n'en a interprété un seul. Cette fois encore, sa femme en bleu est masquée d'un masque de bois enduit de chaux et c'est encore une figure de cauchemar, un cauchemar assez harmonieux.

«Le Salon», *Montjoie !*, I, n° 11-12, novembre-décembre 1913, p. 4

Georges Jean-Aubry 1913

De Matisse, je ne dirai rien ; où cela va-t-il, d'où cela part-il ? On ne sait. Je m'obstine à regretter un Matisse que je connais et que j'aime d'autrefois, malgré celui-ci.

«Le Salon d'Automne. II. Peinture-Sculpture», *L'Art moderne*, n° 49, 7 décembre 1913

Léon-Paul Fargue 1914

Matisse – Cette dame a eu des malheurs. Elle a même été la maîtresse d'un grand peintre. Mais elle a conservé des restes d'élégance. Elle a été pianiste dans des casinos, et on a donné des soirées à son bénéfice. Elle a sollicité dans quelques antichambres. Maintenant, elle est à peu près tranquille. Elle va à la musique du kiosque. A la suite de l'ablation d'un cartilage, elle sent du nez.

«Au Salon d'Automne», *N.R.F.*, 1er janvier 1914, p. 167

Marcel Sembat 1920

Quand Matisse rentre à Paris [revenant du Maroc], il y trouve le cubisme en plein essor. Cette «réaction désormais fameuse contre les excès de la peinture fauve» comme dit Roger Allard, faisait bouillonner toutes les cervelles de peintres, et mettait en révolution tous les ateliers. [...] Il y eut un moment où la moindre tolérance à l'égard des cubistes vous disqualifiait.

Matisse a le cœur trop haut et l'intelligence trop ouverte pour se joindre aux cortèges d'insulteurs. Il regarda les toiles cubistes avec une sympathie qu'il ne cacha pas. Il aima leur effort, les accueillit, les écouta. Picasso et lui sont d'anciens amis. [...] Matisse allait-il, séduit, adopter les moyens de Picasso ? On l'espéra, je crois, dans quelques milieux cubistes, c'était le connaître mal. On criait : «Il est pris ! il est à nous !» Hé non ! Matisse n'est qu'à lui-même ! Aujourd'hui tout le monde est fixé !

Henri Matisse, Paris Éditions de la N.R.F., 1920, pp. 10-11

Walter Pach 1924

Nous savons que les modernes sont grands quand ils nous donnent la même joie que celle que nous retirons des œuvres de l'art ancien, et celles-ci, à leur tour, sont en partie expliquées par les œuvres de notre temps. [...] Ne retrouvons-nous pas la même intention lorsque nous abordons la sculpture grecque après un portrait de Matisse, par exemple le superbe portrait de Mme Matisse, datant de 1913 ? Les lignes qui glissent et s'arrêtent, les vides et les projections qui alternent, le sens de la proportion et de l'harmonie dans les deux œuvres, tout cela est gouverné par la même justesse ; dans les deux cas, un cerveau a transformé un sentiment dérivé du contact avec la nature en une entité nouvelle : une œuvre d'art. [...] L'œuvre [*Portrait de Mme Matisse*] marque sans doute un sommet dans la volonté tôt affirmée de Matisse de se concentrer sur les éléments du tableau qui donnent à sa composition sa plus grande pureté, et à sa caractérisation sa plus forte intensité. Les œuvres suivantes du peintre enrichissent son art, tout en le laissant libre – comme au moment de ce portrait – de tout détail qui n'ait aucun lien avec son contenu esthétique et expressif.

The Masters of Modern Art, New York, B.W. Huebsch, 1924, pp. 67-68

Vanderpyl 1931

Je me souviens, comme si c'était hier, du succès obtenu par M. Henri Matisse avec le portrait de Mme H. M...., au Salon d'Automne, le dernier d'avant-guerre : «C'est plus fort que de la peinture chinoise», me confia un confrère en extase.

Oui, oui, Matisse a su, de façon stupéfiante, tirer partie de toutes les leçons que le proche et l'extrême Orient nous ont données. [...] Or, l'art asiatique se révèle avant tout précieux de quelque côté qu'on l'observe. [...] C'est le point faible du système Matisse, où, en définitive, on a cru pouvoir remplacer, par un exotisme lourd d'âge et d'éclat, vaste comme la moitié du monde, le manque d'imagination et de lyrisme.

Peintres de mon époque, Paris, Librairie Stock, 1931, pp. 125-126

Alexander Romm 1937

Dans *Portrait de Mme Matisse,* le visage est un masque mort, complètement schématique, tandis que ce sont la robe et la chaise qui sont accentuées.

Ces créations des années 1910 ne peuvent être appelées portraits que dans un sens très convenu. Les lignes du visage sont extrêmement généralisées, elles ne montrent pas le caractère individuel du modèle, mais par trop l'état subjectif de l'artiste. Le traitement apparemment vivant de ces visages et de ces personnages ne doit pas nous tromper – Matisse donne encore plus de vitalité à ses natures mortes. [...] Matisse n'essaie pas de nous présenter des visages caractéristiques, intéressants ; il essaie moins encore de montrer les aspects sociaux du modèle. [...] Il doit remplir son paradis décoratif avec des êtres abstraits qui n'appellent aucune association sociale ou psychologique, et se satisfait donc d'un schéma prédéterminé qu'il emploie toujours de la même façon.

Henri Matisse, Moscou, Isogiz, 1937 (retraduit de l'édition en langue anglaise), pp. 58-59

André Breton 1952

Quelle revue assez indépendante se décidera à ouvrir une enquête dans les milieux les plus sensibles de la jeunesse pour apprendre d'elle [...] quelles sont les cinq à dix œuvres plastiques d'aujourd'hui qui exercent sur chacun de ceux que l'on consulte la plus grande attraction ? [...] Toujours est-il que si j'avais eu moi-même à y répondre au temps où, venant de m'ouvrir et de m'initier à la peinture contemporaine, elle était pour moi l'objet d'une interrogation palpitante, je n'aurais guère balancé dans mon choix. J'ajoute que, par la suite, j'ai pu constater que ce choix anticipait sur la reconnaissance d'un nombre assez étendu de valeurs. Quelques-unes des œuvres que j'aurais désignées alors ? Je les nommerai dans l'ordre où elles me sont apparues : *Le Portrait* (de sa femme) par Matisse, exposé au Salon d'Automne de 1913, dont – bien que je ne l'aie jamais revu depuis – je ne saurais oublier la couronne de plumes noires, la mince fourrure fauve et la blouse émeraude (les cheveux n'étaient-ils pas café au lait ?). Voilà pour moi un parfait exemple de l'œuvre événement.

«C'est à vous de parler, jeune voyant des choses», 1952, *Perspective cavalière,* Paris, Gallimard, 1970, pp. 15-16

Barr 1951, p. 183 ; Aragon 1971, tome I, pp. 21-23, 302 ; Jacobus 1972, p. 140 ; Marden 1975, p. 73 ; Izerghina 1978, p. 180 ; Gowing 1979, p. 124 ; Flam 1986, pp. 371-372 ; Elderfield 1992, p. 66 ; Kostenevitch, dans Kostenevitch, Semionova 1993, pp. 156-157

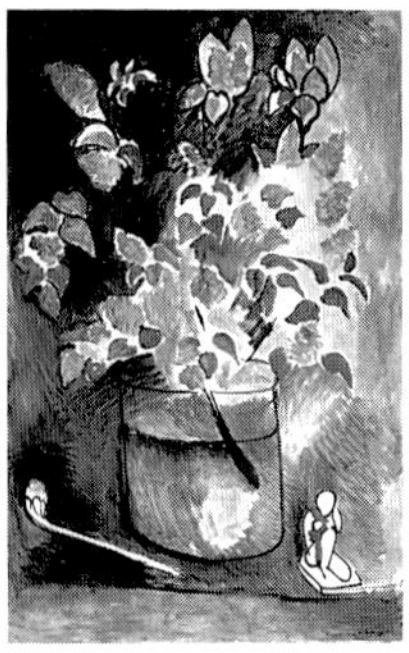

116 Branche de lilas, printemps 1914

Schneider 1984, p. 350 ; Duthuit 1993

117 Femme au tabouret (Germaine Raynal), 1913 ou début 1914

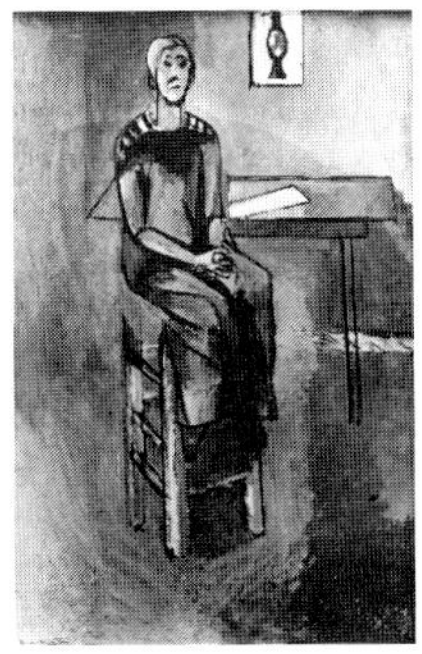

Albert Barnes et Violette de Mazia 1933

Dans les natures mortes de Cézanne, un ou plusieurs objets sont souvent placés au-dessus d'une table ou d'une assiette, comme suspendus en l'air, sans support. [...] Matisse utilise également cet effet de lévitation, mais pour des raisons différentes, comme par exemple, lorsque l'effet dramatique d'un contraste spatial dépend d'une grande zone d'espace inoccupé que l'artiste traite subtilement et accentue par un intervalle entre la chaise et la figure qui s'y assied, sans être supportée par elle. [...] Le cubisme trouve un écho dans le dessin simplifié et difforme, l'accentuation des motifs anguleux, et dans une panoplie de couleurs sombres et sans éclat arrangées par plans. [...] Dans un système de couleurs grises relativement monochrome, un ensemble de profondes lignes noires unissent en certains endroits, et séparent abruptement dans d'autres, les diverses parties constructives des contrastes spatiaux dramatiques qui caractérisent la composition.

Barnes 1933, pp. 53, 72, 134

On lira également Cortissoz 1931 ; Barr 1951, p. 184 ; Elderfield 1978, pp. 92-94 ; Gowing 1979, p. 130 ; Flam 1986, p. 376

118 Intérieur, bocal de poissons rouges, printemps 1914

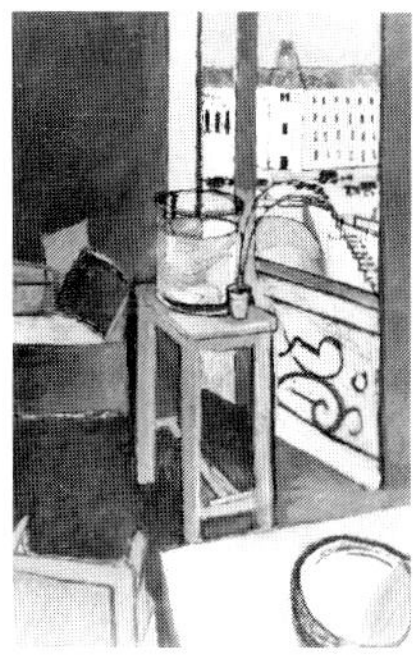

Gustave Kahn 1916

Henri Matisse expose de puissants dessins et montre à nouveau une toile vue aux derniers Salons, harmonie parfaite de bleus et de vert ; par la fenêtre ouverte un fond de décor de rue simplifié étonnament, une petite table, une coupe profonde et des cyprins ; l'impression d'unité et de douceur est parfaite. Chaque fois qu'on a l'occasion de voir un tableau d'Henri-Matisse, il apparaît plus logique, plus profond et plus beau.

«Art», *Mercure de France*, mars 1916, pp. 321-322

Henry McBride 1930

J'ai une extrême affection [...] pour un groupe de toiles considérables dans lesquelles les lignes compositionnelles sont si fortement indiquées que l'on pourrait les prendre pour l'essentiel de ces toiles – mais ceux qui pensent comme moi «qu'en Matisse il y a toujours le peintre» ne se satisferont guère d'une telle conception. Au contraire, les lignes épaisses sont «peintes» et sont équilibrées par des masses colorées quelle que soit la simplicité avec laquelle elles sont indiquées. L'œuvre la plus mémorable de ce groupe qu'on ait pu voir à New York, est une grande toile représentant des poissons rouges, exposée à la galerie Montross et depuis retournée à Paris. [...] Elle est surperbe.

Matisse, New York, Alfred A. Knopf, 1930, p. 20

Henry McBride 1931

L'Intérieur aux poissons rouges actuellement dans la collection de la baronne Napoléon Gourgaud de Paris occupe la place d'honneur dans la grande galerie [du Museum of Modern Art de New York] et est extrêmement belle. Elle avait été montrée il y a bien des années à la galerie Montross et avait été sincèrement admirée par une demi douzaine de personnes. Elle sera maintenant admirée sincèrement par des milliers.

«The Museum of Modern Art Gives a Matisse Exhibition», *The New York Sun*, 7 novembre 1931

Riichiro Kawashima 1933

Récemment, j'ai été très attiré par les œuvres réalisées par Matisse en 1915, parce que celles-ci semblent remplies d'un sens du contemporain. A cette époque l'artiste occupait un atelier au 19 quai Saint-Michel [...] Dans cet atelier, il peignait des nus à côté de poissons rouges.

Il est surprenant de voir l'expression efficace et hardie [...] de ces nus et poissons rouges. A cette époque, Matisse semblait expérimenter diverses techniques de couleur, telles qu'utiliser la peinture en la faisant ressembler à une poudre, ou la mélanger avec du vernis pour la rendre brillante, ou enfin rendre les ombres à l'intérieur en noir ou en cobalt. Il semblait chercher une manière de donner aux zones éclairées par le soleil une certaine chaleur grâce à l'utilisation de couleurs vives mélangées à du rouge, ce qui avait pour résultat un contraste de zones sombres et lumineuses. L'effet est magnifique et naturel. Pour résumer, Matisse semblait également essayer de se concentrer sur ce qui était important pour lui au détriment de ce qui n'était pas essentiel.

Matisse, Tokyo, Atelier-Sha, 1933. Traduit d'après le texte anglais donné dans Flam 1988, p. 293

Jean Lipman 1934

Dans la deuxième période, celle où Matisse tendit vers la peinture abstraite (vers 1913-1917), on trouve la phase de transition entre un style «tendu» [tight] et un style plus diffus. Subsistent l'utilisation arbitraire de la couleur, la distorsion créative, pour intensifier l'expression du fait coloré central. Il n'y a toujours aucune hésitation à employer des couleurs discordantes pour obtenir cette centralisation. Mais [...] dans l'*Intérieur aux poissons rouges* (1914) de la collection Gourgaud à Paris, on voit un changement intéressant. Toutes les masses de couleur sont conçues pour rendre centraux les poissons rouges brillants. Mais la construction de la couleur ne suit plus une direction magnétique vers les poissons. Les couleurs s'approchent l'une de l'autre selon des angles variés, et avancent plutôt indirectement vers les poissons centraux. [...] Il y a une centralisation, mais obtenue plus indirectement, avec plus d'étalement sur la surface de la toile, que cela n'était le cas dans *Poissons rouges et sculpture*. Aussi y-a-t-il plus d'insistance sur des intensités secondaires, plus d'arrêts sur le chemin qui mène à l'intensité centrale, et donc une plus grande diffusion de l'intérêt sur l'ensemble de la toile. [...] Dans la phase suivante, celle de l'atelier niçois (1917-1925), le dernier pas est franchi. [...] Il n'y a plus aucune centralisation de la sensation colorée ; ce qui est recherché, c'est plutôt la répartition sur toute la surface du tableau d'une série de sensations qui ont été éprouvées comme des motifs mélodieux.

«Matisse Paintings in the Stephen C. Clark Collection», *Art in America*, vol. 22, octobre 1934, pp. 139-140

Alfred Barr à la baronne Napoléon Gourgaud, 4 décembre 1952

Puis-je exprimer l'espoir que le merveilleux Matisse *Interior with Goldfish*, puisse rejoindre un jour la collection du Musée [le Museum of Modern Art à New York]. Vraiment, je voudrais vous demander de me faire savoir si vous seriez disposée à le vendre, car j'ai en tête un ou deux acheteurs qui pourraient éventuellement le léguer au Musée. J'espère que ce tableau n'est pas inévitablement destiné au Louvre.

Cité dans Monod-Fontaine 1989, p. 40

On lira également Barr 1951, p. 185 ; Schneider 1984, p. 424 ; Flam 1986, pp. 376-380 ; Monod-Fontaine 1989, pp. 38-40

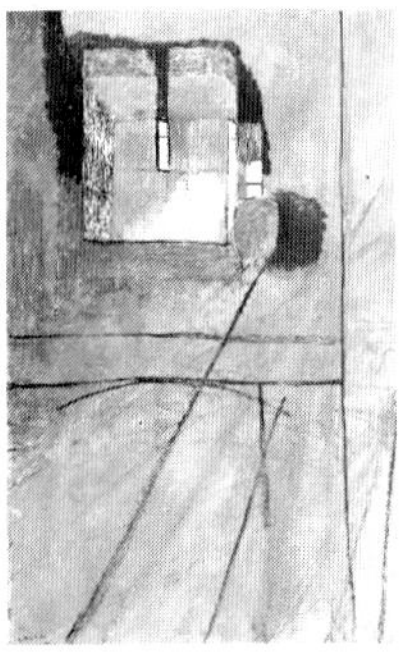

119 Vue de Notre-Dame, printemps 1914

Marcel Sembat 10 février 1914

Hier matin en m'habillant pour partir, mon G. [Georgette Agutte] me parle de Matisse – s'il exposait son Pont Notre-Dame [*Vue de Notre-Dame* aujourd'hui au Kunstmuseum Solothurn, Dübi-Müller Stiftung ?] qui est très beau, *tout le monde* comprendrait et admirerait. S'il exposait l'autre tableau, vue de sa fenêtre, de guingois [*Vue de Notre-Dame* du Museum of Modern Art ?], personne ne comprendrait tout de suite. Cela étonnerait, on se tairait ; on ferait la moue. Pourtant pour nous c'est le plus beau des deux, le plus génial – celui où Matisse est le plus personnel.

«Journal». Cité par Hélène Vincent, *La collection Agutte-Sembat du Musée de Grenoble*, mémoire de maîtrise d'histoire de l'art

Clay 1975, p. 199 ; Marden 1975, pp. 72-73 ; Elderfield 1978, pp. 94-96 ; Siegel 1980, pp. 158-161 ; Schneider 1984, p. 320 ; Flam 1986, p. 380

120 Portrait de Mademoiselle Yvonne Landsberg, printemps-début été 1914

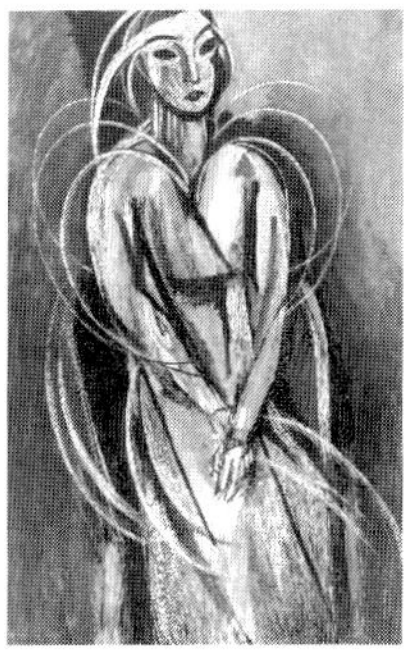

Matthew Stewart Prichard à Frances Burton-Smith, 7 juin 1914

Un grand portrait n'indique pas à notre intelligence les traits du sujet; ceci est la fonction du miroir ou de la photographie; un grand portrait lance notre imagination à une certaine vitesse sur une pente émotionnelle, où notre créativité doit s'exercer afin d'atteindre quelque chose que l'artiste n'a pas réalisé ni *prévu* mais seulement *pressenti*. Je veux dire par là la tendance émotionnelle du modèle. Le grand portrait est dynamique. Il nous parle, si nous acceptons de créer. Il donne naissance en nous aux tendances du caractère et de la volonté de la personne, à l'attitude de la personne face à l'action, c'est-à-dire tout ce qui compte comme disposition morale, tout ce qui a de la valeur comme force spirituelle dans le monde des choses, des phénomènes. Le portrait achève de se constituer dans notre expérience vécue, sous la direction de l'œuvre de l'artiste. [...] Par contraste avec un portrait de Rembrandt je crois qu'une réponse seulement intellectuelle à une composition de Matisse, le simple reflet de ses termes, la conscience de ses lignes et couleurs, ne me procurent rien qui corresponde à l'expérience. Je suis conscient de formes sans signification, sans contrepartie dans le monde solide. Un tel tableau n'offre clairement rien à mon intelligence, à moins d'être une caricature des formes naturelles.

Considérée spatialement, la présentation est négligeable. Pour obéir aux intentions du tableau, je dois écouter son annonciation, pour ainsi dire, comme si c'était un ange. Je dois me soumettre au «diagramme moteur» que sa forme produit dans mon cerveau. Cela me fait plonger dans la pure mémoire, dans mon moi le plus profond peut-être. Le tableau m'oblige à faire un grand et long effort. Ma réponse est le mouvement de ma volonté [...] qui constitue mon acte de création. C'est un véritable processus d'incarnation, qui peut demander des mois pour se réaliser. Sous l'influence de ma perception, je vis des expériences qui me grandissent; je multiplie mes ressources spirituelles. L'artiste m'a conduit à devenir moi aussi un artiste. [...] Matisse me libère au sens le plus large et m'impose seulement des conditions légères. Rembrandt me libérait, c'est vrai, mais seulement dans la mesure où j'acceptais de lui donner ma liberté.

Cité dans le catalogue de l'exposition *Henri Matisse Exhibition*, New York, Montross Gallery, 1915

Matthew Stewart Prichard à Frances Burton Smith, 8 juillet 1914

Il y a deux questions différentes – la nature abstraite de l'art et la possibilité de le reconnaître. Voici ce que m'écrit un ami du portrait que Matisse est en train de peindre: *«Nous avons vu le portrait – il est presque fini – de plus en plus beau – bien au-dessus maintenant de l'humanité du monde, boudhique, byzantin, égyptien, on ne saurait dire, mais en tout cas on peut le rapprocher de ces grandes traditions sans sacrilège. Maintenant il ne ressemble plus à aucune des œuvres précédentes. Matisse dit lui-même que c'est un peu énorme et que son tableau le choque un peu lui-même, qu'il se sent mal à l'aise et un peu surpris. Il me fait l'effet d'un épervier qui aurait couvé un aigle. Il sent en lui quelque chose de plus grand que lui, un démon de Socrate, l'ennemi».* [...] Tout le monde n'a pas accepté Wagner à la première écoute, et aujourd'hui il est banal. Il y eut même des gens honnêtes pour penser que Whistler était un original et un révolutionnaire. Un peu de patience et vous réagirez à Matisse avec autant de facilité que ceux qui l'acceptent déjà.

Cité dans le catalogue de l'exposition *Henri Matisse Exhibition*, New York, Montross Gallery, 1915.
Communiqué par Jack Flam ainsi que la lettre précédente

Matthew Stewart Prichard à Isabella Stewart Gardner, 12 juillet 1914

Matisse vient juste de terminer un superbe portrait de jeune fille... Des amis l'ont vu dans un état plus avancé que celui où il était lorsque j'ai quitté Paris, et un état plus avancé cela veut dire un résultat complètement nouveau. On croit que le tableau est fini et la fois suivante on le trouve complètement nouveau. Rien n'est plus pareil, sauf le sentiment – la composition, la couleur, le dessin, tout est nouveau. Lorsqu'il crée, il travaille avec la rapidité de l'éclair de la façon suivante: il commence par quelque chose de ressemblant puis s'en éloigne de plus en plus vers l'évocation, et à la fin, il revient un peu à la ressemblance. Et chaque étape est convaincante.

Cité par Karen E. Haas, «Henri Matisse: "A Magnificent Draughtsman"», *Fenway Court*, Boston, 1985, p. 46

Matisse à Walter Pach, 28 avril 1916

Je suis heureux d'avoir été distingué par votre ami Mr. Arensberg et je compte sur sa discrétion la plus grande pour le prix qui est extrêmement réduit. Vous êtes si dévoué que j'ai tenu à vous être agréable. C'est un tableau dont le prix avait déjà été réduit à cause du temps de guerre.

Walter Pach Papers, Archives of American Art

Matisse à Walter Pach, 14 décembre 1916

Du cadre du portrait de Mr. Arensberg, je vous dirai que je suis très opposé aux cadres, et surtout aux gros cadres qui entourent les tableaux d'une couleur jaune qui arrêtent toute leur expansion. Les tableaux modernes n'ont pas besoin de cadres; tout au plus ils supportent une bordure. Je vois très bien le portrait dont il s'agit sur un mur blanc mat avec une simple baguette dorée – faisant comme un filet de 3 cm de largeur autour du tableau – mais sans en rien cacher – une baguette de bois bien rabotée et dorée proprement clouée autour du châssis. Je suis heureux que Mr. Arensberg soit toujours content de son tableau.

Walter Pach Papers, Archives of American Art

Henry McBride 1920

Un de mes amis – homme des plus raisonnables et des plus éduqués – admet que les Arensberg sont des gens délicieux, mais la folie furieuse est pour lui la seule explication à la collection d'œuvres d'art qui orne les murs de leur salon [... et notamment au...] grand panneau peint par Matisse représentant une femme assise sur un tabouret dont la plupart des courbes du corps sont continuées indéfiniment jusqu'aux confins de la toile – un véritable mystère qui fit un effet très pénible sur le public lorsque le tableau fut exposé à la galerie Montross.

«The Walter Arensbergs». *The Dial,* juillet 1920. Repris dans *The Flow of Art,* Daniel Catton Rich ed., New York, Atheneum Publishers, 1975, p. 156

Matisse à Alfred Barr, 22 juin 1951

Les lignes dans le portrait de Mlle Landsberg dont vous me parlez dans votre lettre sont des lignes de construction que j'ai mises autour de la figure de façon à lui donner plus d'ampleur dans l'espace. Excusez ce mot si court.

Cité dans Barr 1951, p. 541

Georges Duthuit, s.d., vers 1956

Yvonne Landsberg était une fille au visage très expressif qu'on trouvait laide – Des yeux énormes qui remplissaient tout le visage, yeux veloutés d'Israélite de l'Orient – Le bas du visage était fuyant – Absence de menton – Matisse aimait son modèle – Elle était timide et refoulée mais en même temps intelligente et parlait avec le peintre pendant les séances – Matisse était inquiet – Les Landsberg devaient rentrer au Brésil et il avait peur de ne pas avoir fini son portrait à temps – Il ne se séparait plus de sa toile – le matin Mlle Landsberg venait poser – l'après-midi Matisse travaillait seul sur le tableau – Il avait même installé un sommier dans l'atelier et y couchait – Il voulait dès son réveil, avoir son travail devant lui.

Cité dans Labrusse 1992, p. 84

John Richardson à Michael Luke, s.d.

Bertie Landsberg [le frère d'Yvonne], comme David Tennant, était une sorte de gentleman esthète. Je pense qu'il y avait parmi les disciples de Prichard une tendance à parler de la mise en valeur de la vie; en même temps ils étaient plutôt sophistiqués et las du monde. David devait l'être moins que les autres, étant le plus jeune de ce cercle. [...] La famille [Landsberg] devait avoir une certaine fortune. Au moins, suffisamment pour commander à Matisse ce grand portrait d'Yvonne. La chose fut certainement inspirée et organisée par Prichard. [...]

Michael Luke, *David Tennant and the Gargoyle Years,* Londres, Weidenfeld and Nicholson, 1991, pp. 37-38

Barr 1951, pp. 184-185; Lassaigne 1959, p. 86; Pleynet 1971, pp. 64-66; Gowing 1979, pp. 126-127; Naumann 1980, pp. 6-10; Schneider 1984, pp. 326, 412-413; Flam 1986, pp. 386-393

121 Porte-fenêtre à Collioure, septembre-octobre 1914

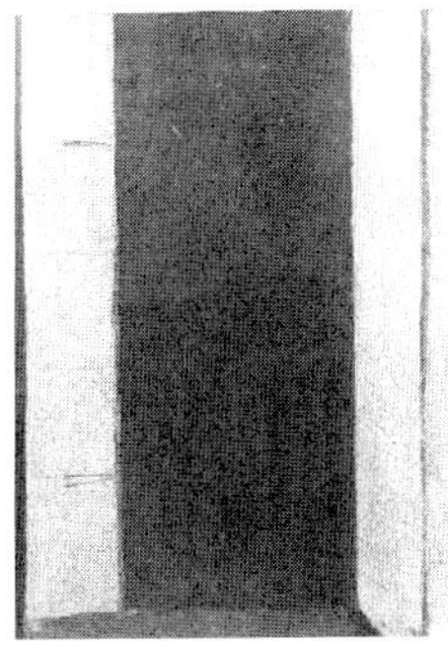

Russell 1969, pp. 118-120; Aragon 1971, tome I, pp. 299, 303; Bois 1974, pp. 446-447; Clay 1975, p. 202; Laude 1978, pp. 55-73; Schneider 1984, p. 454; Monod-Fontaine 1984, pp. 18-24; Flam 1986, p. 394; Monod-Fontaine 1989, pp. 42-45

122 Tête blanche et rose, automne 1914

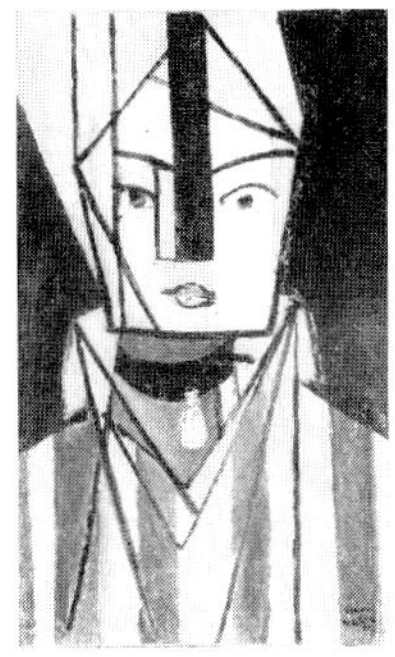

Barr 1951, p. 188; Monod-Fontaine 1989, pp. 46-49

123 Poissons rouges et palette, hiver 1914-1915

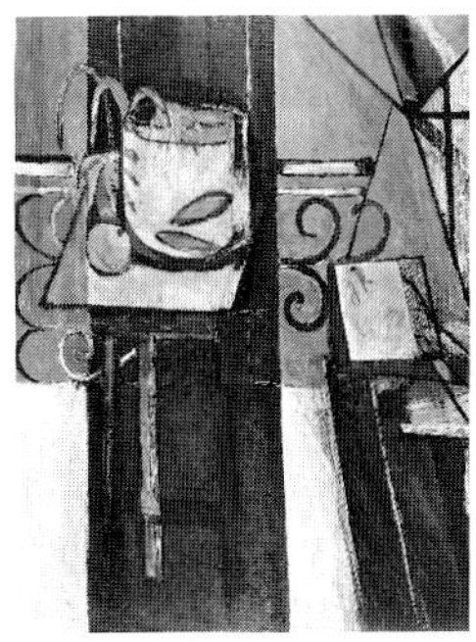

Matisse à Charles Camoin, automne 1914

Marquet et moi avons fini par nous remettre au travail – Je fais un tableau, c'est mon tableau des Poissons rouges que je refais avec un personnage qui a la palette à la main et qui observe (harmonie brun-rouge). [...] Je fais beaucoup d'eaux-fortes. Que veux-tu on ne peut rester toute la journée à attendre les communiqués.

Giraudy 1971, p. 19

André Salmon 1920

Je me souviens qu'à mon retour des lignes où s'élaborait sur un plan infernal... la Société des Nations, un avisé marchand de tableaux [Léonce Rosenberg] voulant me faire honneur tint à me régaler de ce dont, apparemment, le destin dernier m'avait le plus strictement privé: un peu de beauté lucide. [...] X... [Picasso] était présent. C'est un redoutable témoin. [...]. Le bon marchand nous présente [...] un Henri-Matisse d'une grande beauté. [...] De l'attachante toile de Matisse, intitulée, je crois les *Poissons rouges,* ce titre en tout cas est un rappel suffisant pour les initiés, le bon marchand eut le soin jaloux, pervers, presque criminel, de dire exactement, tout ce qui ne convenait point.

Ayant épuisé toutes les fleurs de sa rhétorique artistique et commerciale, il s'écria enfin: «– Est-ce assez décoratif!»... Or, tandis qu'il replongeait la toile dans le mystère ténébreux du cagibi, tandis qu'il remballait sa marchandise, ce marchand, X..., le redoutable X..., me coulait à l'oreille: «– Et nous qui avons pris tant de peine pour que la peinture ne soit jamais décorative!».

L'Art vivant, Paris Éditions Crès, 1920, pp. 228-229

André Breton à Jacques Doucet, 6 novembre 1923

Nous arrivons donc à ce fameux «Bocal de poissons» pour lequel vous savez, Monsieur, toute ma faiblesse. Depuis la guerre sans doute, je n'ai vu figurer dans une exposition une œuvre picturale de cette importance. Je crois qu'il y a va du *génie* de Matisse alors que partout ailleurs il n'y va que de son talent qui est immense. La «Femme sans yeux» ne nous parle malgré tout que de ce talent. J'ai examiné ce tableau vingt fois : c'est vraiment tout à la fois d'une liberté, d'une intelligence, d'un goût et d'une audace inouïs. Déformation, pénétration intense de la vie de l'auteur dans chaque objet, magie des couleurs, tout y est. C'est sans doute une des trois ou quatre plus grandes œuvres modernes et c'est une admirable démonstration. Je suis persuadé que nulle part Matisse n'a tant mis de lui que dans ce tableau et que tout ce que nous verrons de lui, d'ancien ou de récent, sera pour nous le faire regretter. C'est vraiment quelque chose d'irremplaçable.

Cité par François Chapon, *Mystère et splendeurs de Jacques Doucet, 1853-1929,* Paris, J.-C. Lattès, 1984, p. 293

Jacques Doucet à André Suarès, 9 mars 1924

Les Allemands sont en masse en France achetant tout ce qui peut s'acheter. J'ai été très sollicité, mais je reste ferme sur mes positions. C'est trop bête de laisser tout partir. Au contraire, il y avait deux ou trois choses un peu scandaleuses – trop avancées pour eux comme le coup du Douanier Rousseau l'année dernière. Je les ai achetées, dans deux ans j'aurai eu raison. Un grand Picasso, *Les Demoiselles d'Avignon,* un grand Matisse un bocal de poissons rouges et de Seurat l'esquisse du Cirque. Avec cela je suis paré et je peux attendre ils ne les auront pas en Amérique.

Cité par Judith Cousins et Hélène Seckel, «Éléments pour une chronologie de l'histoire des *Demoiselles d'Avignon*», catalogue de l'exposition *Les Demoiselles d'Avignon,* Paris, Musée Picasso, 1988, vol. 2, p. 587

Clement Greenberg 1953

Cette toile, la dernière d'une série de six toiles «aux poissons rouges» est certainement l'un des sommets de l'œuvre de l'artiste. Alfred Barr a affirmé que les triangles qui se chevauchent dans le coin supérieur droit étaient «indécis», et ils semblent en effet insuffisamment justifiés par rapport au reste du tableau, qui tire son caractère abstrait d'une simplification et d'une condensation, non pas d'une libre invention. L'ensemble cependant exige cette «faute». Tout comme il exige l'aspect brouillé de la couleur et du plan situé juste au-dessous (il ne serait pas mauvais cependant que la toile soit nettoyée). La structure principale s'impose par sa clarté, économe et monumentale à la fois. Chaque ligne, rendue exactement droite ou parfaitement courbe, donne sa pleine force à la composition de la surface.

La large bande noire/grise qui unit le haut et le bas du tableau (comme dans les *Demoiselles à la rivière*) ne couvre ici qu'une partie de la toile. A l'intérieur on *lit,* plutôt qu'on *sent,* comme le remarque M. Barr, l'espace occupé par la table. Comme dans le cubisme, chaque plan ou presque est ambigu et semble tantôt avancer tantôt reculer : ainsi le coin transparent du plateau de table laisse-t-il le fond venir en avant, vers la surface réelle de la toile, tandis que sa couleur bleue le fait reculer – en partie parce que c'est un bleu très froid, une couleur de plein air [et non d'intérieur, ce qui est peint ici].

Henri Matisse, New York, Abrams Pocket Books, pl. 13

Georges Duthuit 1956

Ce Poisson d'or ne témoigne d'aucune austérité. Nous n'en dirions pas autant de la *Leçon de piano ;* sa composition, où les plans n'ont guère d'autre rapport que leur commune raideur, nous paraît même un peu forcée dans ce sens. Elle doit avant tout son unité à la couleur tandis que, dans l'autre toile, le rectange du mur et une partie du parquet au-dessous semblent se prolonger, à la droite du tableau, en un brisement de parallélogrammes et de triangles. A cette structure angulaire de caractère disruptif, s'oppose, en sa continuité, une force souple : la calligraphie du balcon. Inexplicable jeu de triangles qui pourrait bien être un jeu de lumière. Et presqu'inexplicable motif pour qui n'a pas vu l'artiste peindre son tableau, car c'est lui-même qu'il a peint, la palette au pouce, bris de lumière qui pourrait tout aussi bien être un rideau. Le bois, tel qu'il est représenté, interprété plutôt dans cette peinture, a l'air poreux, dans une atmosphère humide, comme celle d'un bateau. Cette humidité, ce silence, nous font paraître plus brillant le rouge des poissons d'or. Ils n'occupent qu'une petite place dans le tableau, mais elle est complémentaire de la totalité de leurs environs.

Note inédite. Publiée avec l'aimable autorisation de Claude Duthuit

Barr 1951, p. 168 ; Salmon 1955, p. 176 ; Aragon 1971, tome I, pp. 96, 302 ; Jacobus 1972, p. 144 ; Elderfield 1978, pp. 100-102 ; Flam 1986, p. 402

124 Le rideau jaune, janvier 1915

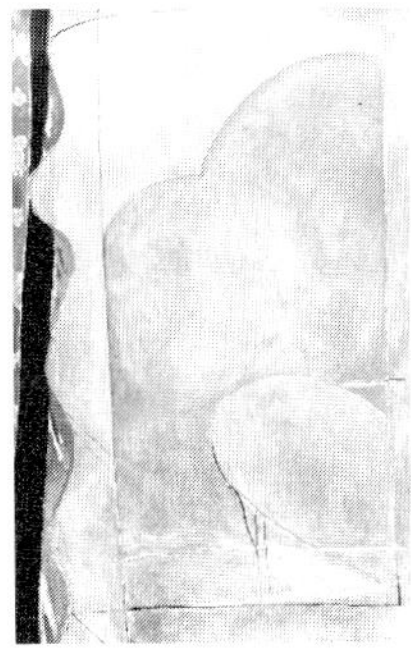

Jacobus 1972, p. 142; Clay 1975, p. 200; Gowing 1979, p. 121; Flam 1986, pp. 405-407

125 Nature morte d'après «La desserte» de David de Heem, été-automne 1915

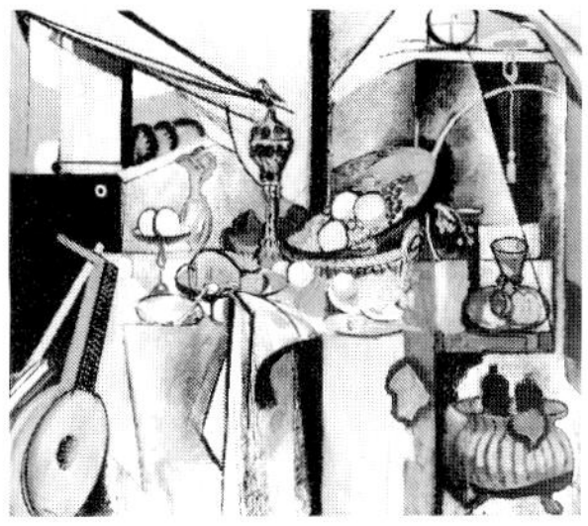

Matisse à Walter Pach, 20 novembre 1915

Je dis donc que la marche naturelle me paraît être une tension énergique vers un progrès à effectuer, pendant laquelle surtout compte ce qu'on désire, et ensuite une détente de la volonté pendant laquelle on revient un peu en arrière apparemment seulement et pendant laquelle on montre ce qu'on est au fond – et ce qu'on a acquis – et pendant cette période l'œuvre est toute de sensibilité. [...]

La guerre est toujours sur nous, mais n'étant pas appelé encore je crois remplir mon devoir de civil en travaillant le plus possible. Je viens de terminer un tableau important de 2.20 × 1.80 – et je viens de le vendre – heureusement.

Walter Pach Papers, Archives of American Art

Matisse à Charles Camoin, 22 novembre 1915 (Issy-les-Moulineaux)

Mon tableau d'après D. de Heem est fini et ... vendu à Paris (je ne puis encore dire le nom de l'amateur) [Léonce Rosenberg]; il est en ce moment placé sur ma cheminée, devant la glace, et il fait très bon effet. [...]. J'ai eu hier la visite de Mme S. [Gertrude Stein? Georgette Agutte-Sembat?]. Elle m'a bien arrangé mon tableau, elle me l'a mis en pièces et morceaux avec autorité. Je l'ai suivie autant que j'ai pu, mais je me suis aperçu après son départ que mon tableau était vraiment très bien. Je n'ai plus vu que les qualités.

Giraudy 1971, p. 18

Matisse à André Derain, automne 1915

J'ai vendu à Rosenberg mon tableau d'après David de Heem. Madame Derain était venue nous voir, le jour où je l'ai livré, et je n'ai même pas pu lui dire le nom de l'acheteur, car il m'avait prié de n'en pas parler. J'ai vu chez lui un nouveau Picasso, un Arlequin d'une manière nouvelle, sans collage, rien qu'en peinture. Peut-être le connaissez vous?

Cité dans Escholier 1956

Walter Pach 1924

D'autres artistes avaient essayé d'accentuer certains éléments du tableau et d'en effacer graduellement les moins nécessaires, quelques années avant que Matisse peigne cette très grande œuvre, très complète. La grande force de cette toile cependant, à la fois grâce à ses qualités esthétiques et grâce à la clarté de traitement de l'idée qui a présidé à sa réalisation, en fait un exemple particulièrement précieux de l'évolution vers un art basé sur la forme considérée par l'esprit.

The Masters of Modern Art, New York, B.W. Huebsch, 1924

Charles Sterling 1952

Rien ne dévoile mieux la manière dont Matisse regarde les objets – et avec lui l'art le plus vivant de notre temps – qu'une transposition qu'il a faite d'une nature morte du XVIIe siècle. Dans sa jeunesse, vers 1894, il fit une copie du *Dessert* de De Heem au Louvre. Une vingtaine d'années plus tard, vers 1915-1917, à l'aide de cette copie, il entreprit une libre interprétation de l'œuvre du maître ancien. Le tableau de De Heem est très grand, il a plus de deux mètres de long. Matisse a fait le sien plus grand encore. Comparez les deux compositions, Matisse néglige l'accablante richesse de son modèle, il n'en laisse que les motifs les plus frappants. Il ramasse les proportions, supprime les rideaux, laisse entrer un flot de lumière. De tous les objets, de leurs formes, de leurs contours il fait une construction claire, aérée, animée de lignes dynamiques, consolidée par elles et par un axe vertical qui n'existe pas chez De Heem. La couleur composée de verts, de gris et d'ocres, relevés de noirs purs, achève de mettre dans son tableau de l'air et de la gaieté. On a l'impression qu'il a installé le buffet de De Heem sur le pont ensoleillé d'un yacht, en pleine Méditerranée. Mais quelle est la qualité exacte des objets sous ce flot de lumière, propre à Matisse, qui met toutes les formes sur un même plan, celui de la surface peinte. [...] Comparons les pommes et les poires de Matisse, uniformément jaunes ou rouges, à celles, modelées, caressées, du maître hollandais. Sont-elles moins convaincantes dans leur qualité de fruits ? Enferment-elles moins de santé, moins d'arôme, moins de joie ? Certes non. Du moins aux yeux rompus à l'optique moderne et à ses résonances spirituelles. Mais on a eu le temps de s'y mettre, depuis un demi siècle. De Heem est convaincant lorsqu'il décrit la pomme telle que nous pouvons la voir de près et la toucher ; il nous invite à rapprocher de son fruit peint le même fruit réel. L'artiste moderne n'évoque que l'idée de la pomme, la quintessence de sa forme et de sa couleur, et les associations d'idée qui peuvent s'y attacher ; comme s'il nous proposait de confronter son image avec notre souvenir de ce fruit [...]. S'il nous subjugue, nous le suivons, nous voyons ce qu'il voit.

La nature morte de l'Antiquité à nos jours, Pierre Tisné, 1952, pp. 100-101

On lira également Barr 1951, p. 171 ; Elderfield 1978, pp. 105-107 ; Flam 1986, pp. 404-405

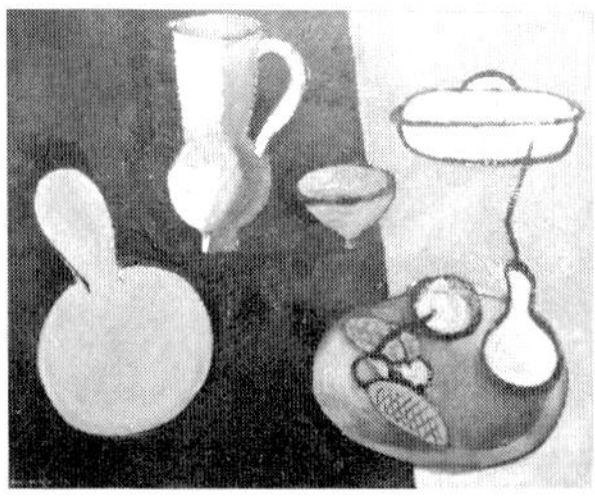

126 Les coloquintes, fin 1915-été 1916

Matisse à Alfred Barr, vers 1950

Œuvre exécutée à Issy-les-Moulineaux d'après nature = composition d'objets ne se touchant pas mais participant de la même intimité – vendu par moi à la collection du danseur russe Massine – dans cette œuvre j'ai commencé à me servir du noir pris comme couleur de lumière et non comme une couleur d'ombre.

Réponse à un questionnaire (Barr Papers, Museum of Modern Art Archives)

Christian Zervos 1931

[Dans *Les coloquintes*] au lieu de grouper les objets et de les disposer sur le mode classique, Matisse réussit au contraire à les disperser et à les séparer. D'autres peintres ont essayé récemment de procéder de la même manière, mais ils ont échoué là où Matisse avait splendidement réussi. C'est qu'en réalité dans l'œuvre de Matisse la dispersion matérielle apparente des objets est compensée par les accords des couleurs qui constituent une profonde harmonie où ils se rejoignent. Les effets se marient et les qualités colorées réagissent intimement les unes sur les autres : les rapports harmonieux se multiplient à l'infini.

«Notes sur la formation et le développement de l'œuvre d'Henri-Matisse», *Henri Matisse*, Paris, Cahiers d'Art, 1931, p. 29

On lira également Barr 1951, p. 190 ; Elderfield 1978, pp. 112-113 ; Schneider 1984, p. 367

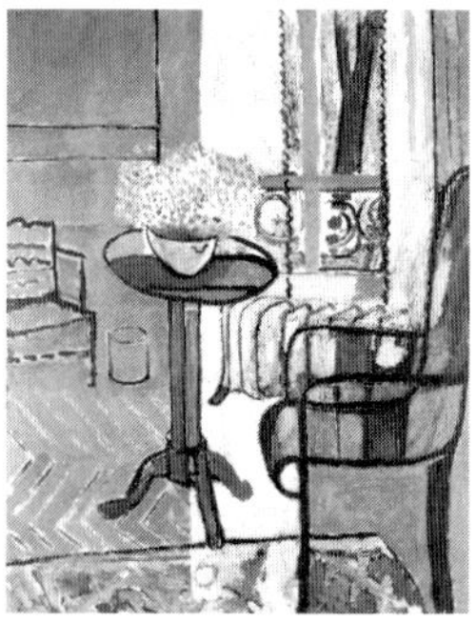

127 La fenêtre, printemps 1916

Matisse à Léonce Rosenberg, 1er juin 1916 (d'Issy-les-Moulineaux)

[...] Derain qui est revenu hier [du front] m'a montré un état d'esprit tellement merveilleux, tellement grand que je garderai toujours malgré les risques le regret de n'avoir pas vu tout ce bouleversement. Comme la mentalité de l'arrière doit paraître mesquine à ceux qui reviennent.

J'ai comme je vous le disais beaucoup travaillé. J'ai terminé une toile dont le croquis est derrière. Par la fenêtre du salon on aperçoit le jardin vert et un tronc d'arbre noir – sur une table corbeille de myosotis – un fauteuil de jardin – un tapis ... rouge. Le tableau est vert blanc avec quelques accents bleus pour les myosotis et rouges pour le zigzag du tapis et la table est rouge – ce tableau est aussi grand que celui des poissons rouges que vous avez [*Poissons rouges et palette*, 1914, Museum of Modern Art]. J'ai repris aussi un grand tableau de 5m représentant une baignade de femmes [*Demoiselles à la rivière*]. [...]

Voilà l'important de ma vie. Je ne puis pas dire qu'elle n'est pas remplie de lutte mais ce n'est pas la vraie. C'est avec un respect tout à fait spécial que je pense aux poilus qui s'excusent en disant nous y sommes bien forcés.

Cette guerre aura eu des compensations. Quelle gravité elle aura donné à la vie même à ceux qui n'y auront pas participé. [...]

Les peintres et moi en particulier ne sont point habiles à traduire leurs sentiments par la plume, ensuite un homme de l'arrière se sent bien misérable. [...]

Lettre partiellement publiée en anglais dans Barr 1951, pp. 181-182, où elle est donnée par erreur comme étant destinée à Hans Purrmann. Une photographie du texte original se trouve dans les Barr Papers, Museum of Modern Art Archives

Georges Duthuit 1956

Présenté entre deux œuvres de tournure abstraites [à l'exposition rétrospective du Musée national d'art moderne de 1956], ce tableau nous semble participer à la même tendance. Qu'a-t-il donc à signifier, se demande-t-on, sinon une atmosphère ensoleillée? Il n'en est rien pourtant. Les objets sont bien là, cette table, cette masse de verdure, mais ils deviennent des ombres dans la profusion et l'intensité de cette lumière. [...] La logique et, moins encore la mécanique n'interviennent dans l'exécution de ce paysage qui nous fait assister à l'évolution naturelle de courbes issues d'un rythme centrifuge. Le contraste entre intérieur et extérieur a pour indicatif la note sombre du rideau. Plutôt que les choses par elle révélées, c'est la lumière elle-même qui est chose révélée. Mais, encore une fois, si les objets se trouvent voilés par cette inondation de clarté, ils ne perdent nullement leur identité, pas plus que le rideau qui se déclare dans l'ombre, sur la droite, d'une marge très étroite.

L'influence du fauvisme matissien a-t-elle abouti à ce résultat que les objets deviennent clandestins? (Simple allusion à quelques comestibles connus, disait Fénéon). Les voilà, en effet, entièrement soumis à la lumière, alors que la tendance cubiste aurait voulu qu'ils se déguisassent en théorèmes géométriques, en algèbre rythmique ou revêtent les masques de formules psychiques (le surréalisme et son horreur des objets qu'il ne laisse réapparaître qu'en combinaison organique).

Note inédite. Publiée avec l'aimable autorisation de Claude Duthuit

On lira également Barr 1951, pp. 182, 190; Greenberg 1973; Gowing 1979, pp. 135-136; Flam 1986, p. 422

128 La coupe d'oranges, printemps 1916

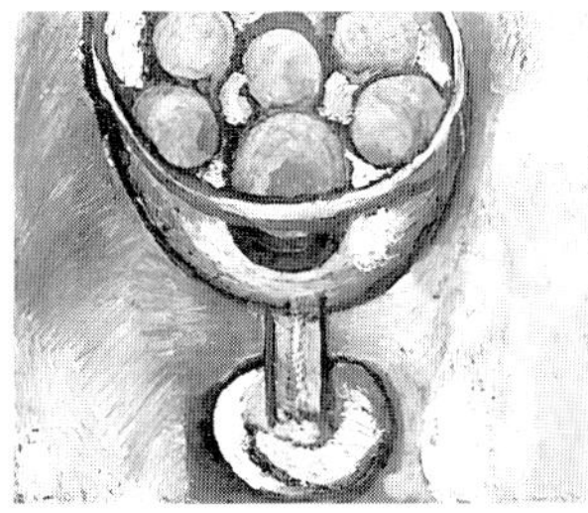

Matisse à Léonce Rosenberg, 1er juin 1916

[...] La nature morte aux oranges que vous m'avez demandée de vous réserver est terminée [...]

Cité en anglais dans Barr-1951, p. 181

Guillaume Apollinaire 1918

Tout tableau, tout dessin d'Henri Matisse possède une vertu qu'on ne peut toujours définir, mais qui est une force véritable. Et c'est la force de l'artiste de ne point la contrarier, de la laisser agir. Si l'on devait comparer l'œuvre d'Henri Matisse à quelque chose, il faudrait choisir l'orange. Comme elle, l'œuvre d'Henri Matisse est un fruit de lumière éclatante.

Avec une entière bonne foi et un pur souci de se connaître et de se réaliser, ce peintre n'a cessé de suivre son instinct. Il lui laisse le soin de choisir entre les émotions, de juger et de limiter la fantaisie et celui de scruter profondément la lumière, rien que la lumière.

A vue d'œil, son art s'est dépouillé et malgré sa simplicité toujours plus grande, il n'a pas manqué de devenir plus somptueux. Ce n'est pas l'habileté qui rend ainsi cet art plus simple et l'œuvre plus lisible. Mais, la beauté de la lumière se confondant chaque jour davantange avec la vertu de l'instinct auquel l'artiste se fie entièrement, tout ce qui contrariait cette union disparaît comme il arrive aux souvenirs de se fondre dans les brouillards du passé.

«Henri Matisse», préface au catalogue de l'exposition *Œuvres de Matisse et de Picasso,* Paris, galerie Paul Guillaume, 1918

On lira également Barr 1951, p. 189 ; Schneider 1984, pp. 302, 303 ; Flam 1986, p. 423

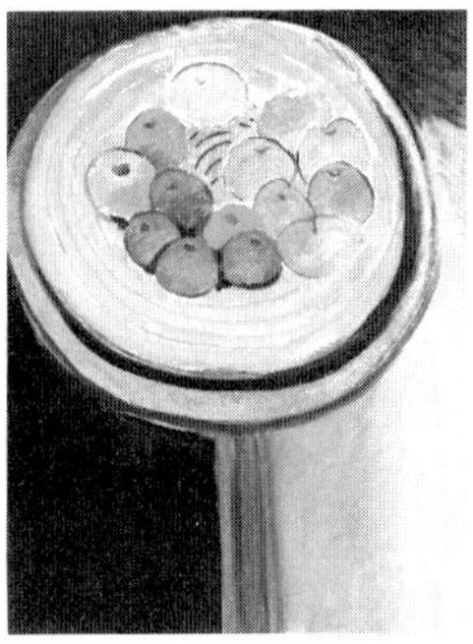

129 Les pommes, été-automne 1916

C. Lewis Hind 1921

A l'exposition de la Société des Indépendants à New York [...je rencontrai...] M. Pach, le trésorier de la société [...] «Voici notre Matisse» me dit-il gaiement. «N'est-il pas beau ? En voici un autre en face.»

Je me retournai et m'écriai de plaisir, car il y avait là une nature morte, remplie à ras bord de la couleur la plus délicieuse, si franche et joyeuse qu'elle justifiait l'opinion de M. Berenson lorsque celui-ci affirme que Matisse est l'un des plus grands coloristes au monde. Elle est amusante en même temps, très amusante. Matisse a traité une coupe de pommes comme si c'était un chapeau ou un manteau ; il l'a suspendu à une patère au mur. Et cela semble assez naturel [...] suintant de soleil et de fertilité, si joliment coloré. Les pommes brillent sur un fond noir d'où elles se détachent, se mêlant dans le coin droit dans un embrasement de rouge et d'or.

Art and I, New York, John Lane Company, 1921, pp. 157-158

On lira également Lippard 1965, p. 12

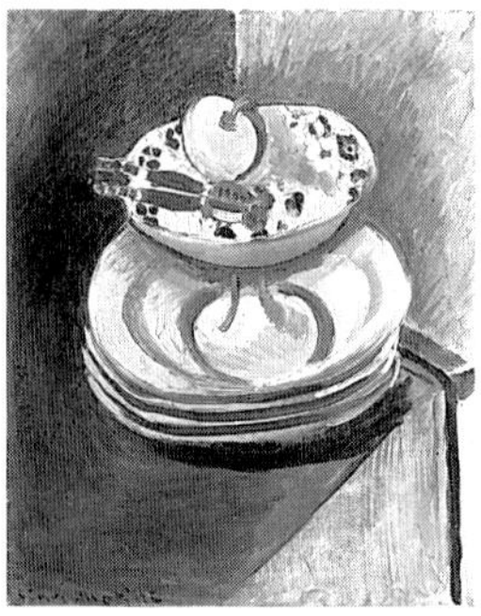

130 Compotier au casse-noisettes, automne 1916

Schneider 1984, p. 363

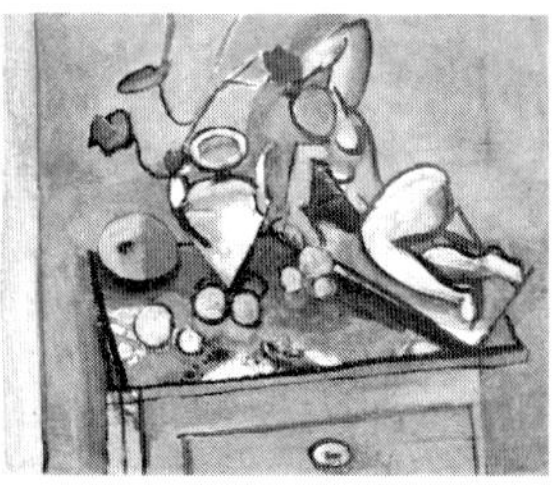

131 Sculpture et vase de lierre, été 1916-printemps 1917

Matisse à Léonce Rosenberg, 1er juin 1916 (d'Issy-les-Moulineaux)

[...] Autre événement [...] une toile représentant une gargoulette espagnole en verre dans laquelle trempe une branche de lierre [a été achetée] par Alphonse Kann [aujourd'hui dans la collection Gustav Zumsteg]. C'est un sujet de tableau qui me plaît beaucoup. [...] J'ai une branche de lierre qui est en train de se contourner d'harmonieuse façon. [Outre le tableau conservé à Vaasa, Matisse peindra avec la même gargoulette *Nature morte au lierre,* collection George Besson, aujourd'hui au Musée des Beaux-Arts de Besançon].

Publié en anglais dans Barr 1951, p. 181

On lira également Flam 1986, p. 422

134 La leçon de piano, été 1916

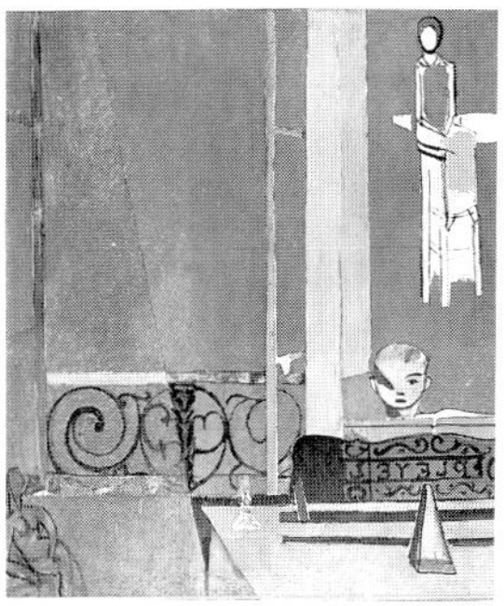

Matisse à Charles Camoin, 1916

J'ai beaucoup travaillé ces temps-ci. Je viens de faire une grande toile de plus de 2 m sur 2 m, et celle qui était dans mon salon avec Pierre au piano [*La leçon de piano*] – que j'ai reprise sur une autre toile en y joignant son frère, sa sœur et sa mère [*La leçon de musique*, Barnes Foundation]. Je viens aussi de faire une toile de fleurs de 80 ainsi que beaucoup d'autres toiles de moindre importance – j'ai pu voyager aux environs, grâce à une petite auto que j'ai achetée et qui me permet de me transporter facilement avec tout mon fourniment dans les bois. J'espère pouvoir te montrer tout cela à ta première permission.

Giraudy 1971, p. 20

Matisse à Alfred Barr, 20 avril 1945

Question de Barr: «Vous-êtes-vous servi d'un modèle ou d'un sujet particulier?». Réponse de Matisse: «Comme toujours travaillé d'après nature».

Barr Papers, Museum of Modern Art

Paul Guillaume à Matisse, 29 octobre 1926

... *La leçon de piano* est destinée à figurer dans ma collection personnelle, car la maison à laquelle je songe sera trouvée ou construite.

Archives Matisse. Paris

Sylvain Bonmariage 1926

Mon vieux camarade Metzinger se rappelle peut-être aussi bien que moi le jour mémorable où Henri Matisse s'attarda pour la première fois devant une toile [cubiste] de Picasso. [...] Henri Matisse se retournant vers Metzinger et moi-même nous dit, cherchant un mot pour définir sa pensée [...]: «Ça, c'est du cubisme ... je veux dire par là un pas immense vers la technique pure». Et Matisse ajouta: «Nous y viendrons tous». [Devant *La leçon de piano* exposée avec *Femmes à la rivière* chez Paul Guillaume à l'automne 1926] nous nous trouvons en présence de technique pure; [... elles...] ont la froideur et la précision synthétique de certaines études de Delacroix. Jamais nous n'avons été plus charmés et plus troublés, car nous nous trouvons ici devant le talent, j'oserai dire le génie du maître, complètement débarrassé de tous les détails anecdotiques, de tous les artifices qui, dans beaucoup de ses œuvres, nous empêchent d'aller droit à lui. [...] M. Paul Guillaume vient de montrer «la ligne droite» à la foule des amateurs. La voici cette foule, en contact avec la peinture pure! Comprendra-t-elle? Je n'en sais rien... Faut-il le souhaiter? C'est dangereux. Car si Lautrec et Seurat [qu'elle n'a pas compris] c'est du G.H. extra-dry, Matisse, c'est un bourgogne!

«Henri Matisse et la peinture pure», *Cahiers d'Art*, n° 9, 1926, pp. 239-240

Gustave Kahn 1926

Deux grandes toiles d'Henri Matisse, *La leçon de piano* et les *Demoiselles à la rivière*, indiquent le point d'évolution actuelle d'un peintre qui est, parmi ceux de ce temps, un des plus sensibles et un des plus variés.

De plus, Henri Matisse sait s'exprimer sans hésitation et met de la carrure à exposer la nouveauté de sa méditation.

Ce qu'il nous montre ici est une des plus audacieuses tentatives de synthèse qu'on ait vues.

Henri Matisse a prouvé par tant de paysages, d'intérieurs et de natures mortes que personne mieux que lui ne saisissait le reflet du reflet, que personne n'orchestrait mieux les harmonies subtiles et, on pourrait dire, impondérables, qu'il a le droit de présenter des abréviations, de résumer et de remplacer l'apparence réelle par la dominante.

[...] L'exécution des deux toiles est extrêmement intéressante, avec de belles trouvailles dans les verts et les gris.

Le Quotidien, automne 1926. Cité dans *Les Arts à Paris*, 1927, p. 22

Le Journal des débats 1926

Matisse, lui, négligeant quelque peu le problème des rapports de formes, s'est retourné vers la couleur. Il lui a fait exprimer des sensations pures dont nul de ses rivaux n'a traduit comme lui les diverses intensités, la plénitude. A ce point de vue, *La leçon de piano* est une leçon pour tous les peintres. Sans qu'il y paraisse, c'est la plus hardie des deux œuvres que l'on propose à notre méditation. La notion de l'espace s'y clarifie. Et l'on doit surtout admirer, en regard de l'effet produit, la simplicité des moyens adoptés. C'est le tour de force «avec le sourire».

Cité dans *Les Arts à Paris*, 1927, p. 22

André Warnod 1926

Paul Guillaume expose dans sa galerie deux toiles de Matisse. Arrivera-t-on à l'exposition de la toile unique? Ces deux tableaux, en tout cas, justifient l'honneur qu'on leur fait. Ce sont deux grandes toiles qui occupent une place dans l'œuvre de Matisse. Elles transportent d'un coup le visiteur aux temps héroïques des Fauves, alors que les gens du dimanche se donnaient rendez-vous au Salon d'Automne, pour rire à gorge déployée. [...] Des œuvres comme *La leçon de piano* et *Les demoiselles à la rivière*, ont fait rire les foules, c'est entendu, mais que d'horizons elles ouvraient à ceux qui ne riaient pas, et qui demeuraient transportés d'enthousiasme devant une révélation aussi éclatante! Matisse alors posait de grands problèmes. La lumière, la couleur, les zones colorées étaient étudiées par lui avec un cœur neuf, des yeux et un cerveau désintéressés. Les deux grands tableaux exposés aujourd'hui n'ont pas été montrés publiquement, Matisse les avait gardés dans son atelier. [...] Depuis, Matisse, abandonnant la lutte, s'est surtout occupé d'organiser le terrain conquis. [...] Il était bon de revoir ses toiles d'avant-guerre, pour mieux comprendre quel rôle il a joué et de quel sommet il approchait à cette époque prodigieuse où l'enthousiasme le plus pur, le plus désintéressé soufflait dans les ateliers.

Comœdia, automne 1926. Cité dans *Les Arts à Paris*, 1927, pp. 19-20

Jacques-Émile Blanche 1931

Dès ses débuts aux Indépendants, [Matisse] attira sur lui l'attention des artistes. Il me souvient plus d'une fois d'avoir considéré avec toute l'attention qu'on m'assurait qu'elles méritaient, des peintures de lui, solides et bravement peintes, mais que je ne reconnaissais pas tout de suite, tant il variait de genre, et dont le caractère «révolutionnaire» m'échappait. C'est pas mal plus tard que son «invention» me frappa. *Les demoiselles à la rivière* et *Au piano*, ces toiles monumentales et consacrées, quand je les aperçus du trottoir, à une exposition chez Paul Guillaume, en 1927, me magnétisèrent des pieds à la tête. Étranges compositions! Ces figures paraîtraient monstrueuses à qui n'est point autant civilisés que nous le sommes [...] La rare et prodigieuse couleur en est un tel ensorcellement que, sans bien savoir ce qui se passe dessous, par dessus et alentour, ni plus raisonner que devant certaines affiches du métro, on admire... Pour se passer de vernis, il faut être aussi sûr de soi qu'Henri-Matisse; mais alors, quelles recherches dans l'exécution, dans la trituration de la pâte, quels subtils expédients à inventer s'il s'agit d'étaler sur une surface vaste – ici beaucoup trop vaste – les couches d'une même couleur et de les rompre, de les plier aux exigences de l'effet, de la lumière, d'un clair-obscur maintenu dans les notes les plus aiguës de la palette. Le rideau, le cadre de la fenêtre [...], la ferronerie du balcon, la dame qui perche sur son mur au-dessus de l'enfant au piano, sont des triomphes de technique qui échappent sans doute autant aux esthéticiens de l'avant-garde, que le maniement du clair-obscur d'antan.

La Troisième République : Les arts plastiques, Paris, Les Éditions de France, 1931, pp. 247-248

Georges Duthuit 1956

L'influence cubiste dans ce tableau met les couleurs en valeur, même si elle les isole dans la rigidité de triangles ou de rectangles. Le vert dans la fenêtre, même vu de loin, est intense, le devenant de plus en plus si l'on s'approche, enclos dans le pâle cadre bleu de la vitre qui est réchauffé par les reflets roses sur le piano. Il est possible que la prédominance des longues lignes verticales, soit aussi influencée par les sons du piano; vibrations qui nous semblent se diriger vers le haut, évoquant la hauteur. Serait-ce que M. [atisse], à une époque où les gratte-ciel avaient encore un charme, était fasciné par le structurel, l'identifiant avec la force, comme certains de ses contemporains (Juan Gris par exemple).

Note inédite. Publiée avec l'aimable autorisation de Claude Duthuit

Cassou 1947, p. 27; Barr 1951, p. 174; Diehl 1954, p. 67; Lassaigne 1959, pp. 86-89; Cassou 1970, p. 7; Itten 1970, p. 967; Aragon 1971, tome II, p. 69; Pleynet 1971, pp. 81-83; Jacobus 1972, p. 150; Fourcade 1974, p. 469; Flam 1975, pp. 83-86; Clay 1975, p. 202; Elderfield 1978, pp. 114-116; Gowing 1979, p. 130; Schneider 1984, p. 328; Flam 1986, pp. 423-453; Pleynet 1988, pp. 142-143; Duthuit 1993

135 Les Marocains, novembre 1915-septembre 1916

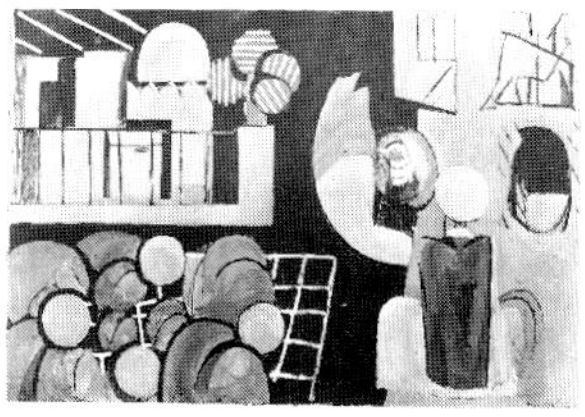

Matisse à Charles Camoin, 15 septembre 1913 (d'Issy-les-Moulineaux)

En ce moment je suis fatigué et j'aurais besoin de chasser de mon esprit toute préoccupation. J'ai travaillé pourtant à peu de chose cet été, mais j'ai poussé mon grand tableau des Baigneuses [*Demoiselles à la rivière*], Le Portrait de ma Femme [*Portrait de Mme Matisse*], ainsi que mon Bas-Relief [*Dos II*]. Quant à mon grand tableau de Tanger, je ne l'ai pas commencé, la dimension de la toile que j'ai clouée ne concorde pas avec la représentation que je me fais du sujet. Je pense avoir tout de même fait un pas et c'est dur toujours.

Giraudy 1971, p. 16

Matisse à Charles Camoin, 22 novembre 1915 (d'Issy-les-Moulineaux)

Je recommence une autre toile de même dimension [que *Nature morte d'après David de Heem*], c'est un souvenir du Maroc, c'est la terrasse du petit café avec les fainéants alanguis devisant vers la fin du jour. On aperçoit le petit marabout blanc du bas, le mauvais croquis [dessiné par Matisse sur la lettre] ne te dira pas grand chose. [Ce] ballot représente un arabe couché de côté sur son burnous, les 2 crochets sont les jambes.

Giraudy 1971, p. 18

Matisse à Charles Camoin, 19 février 1916 (d'Issy-les-Moulineaux)

J'ai la tête toute bouleversée depuis un mois, avec un tableau du Maroc que je travaille en ce moment (2,80 m × 1,80 m), c'est la terrasse du petit café de la Casbah que tu connais bien.

J'espère m'en sortir, mais que de peines. Je ne suis pas dans les tranchées, mais je m'en fais tout de même.

Giraudy 1971, p. 19

Matisse 1946

Mon panneau des *Marocains* ne porte-t-il pas un grand noir aussi lumière que les autres couleurs du tableau?

«Le noir est une couleur», *Derrière le miroir*, n° 1, décembre 1946

Matisse 1952

Mon tableau *Les Marocains* – il m'est difficile de décrire cette peinture avec des mots. Il représente le début de mon expression par la couleur, par les noirs et leurs contrastes. Ce sont des figures de Marocains étendus sur une terrasse, avec des pastèques et des coloquintes.

Cité par Tériade, «Matisse Speaks», *Art News Annual 1952*. Traduit dans E.P.A. 1972, p. 117

Gino Severini 1917

Matisse me montrait un jour une maquette qu'il avait faite «d'après la nature» dans une rue de Tanger. En premier plan, un mur peint en bleu. Le bleu influençait tout le reste et Matisse lui a donné le maximum d'importance qu'il était possible de lui donner en gardant la composition objective du paysage. Malgré cela, il a dû s'avouer qu'il n'a pas rendu la centième partie de «l'intensité» de ce bleu, c'est-à-dire de l'intensité sensorielle produite en lui par ce bleu. Il a atteint dans une autre toile *(Les Marocains)* ce degré d'intensité, mais ici l'architecture réelle du paysage a disparu pour laisser la place à une architecture volontaire et cependant sensorielle.

«La peinture d'avant-garde», *Mercure de France*, mai 1917, p. 456-457

Axel Salto 1918

La peinture [*Les Marocains*] était en cours d'exécution en 1916 quand, en compagnie de Jerichau, je rendis visite au célèbre peintre dans sa maison de campagne à Clamart dans la banlieue de Paris. *Les Marocains* se trouvait sur un chevalet au milieu de la pièce. La conception de la toile reposait sur des «tableaux» d'Afrique du Nord, paysages avec des minarets, scènes de café et de rue, tous peints au plus près de la nature. Le peintre nous faisait voir comment les différentes parties étaient réunies, transformées et travaillées en sorte d'en faire une totalité nouvelle, ayant un effet purement décoratif en même temps que solidement fondé sur des observations et des études d'après nature ; il en résultait un style décoratif et synthétique d'une grande et simple beauté. Les couleurs, dans mon souvenir, étaient le vert, le noir, du bleu clair et du marron clair.

«Henri Matisse», *Klingen*, avril 1918

Roger Fry 1930

Voici, en effet, un [...] trait caractéristique de l'œuvre de Matisse : en dépit de sa méthode qui devrait, semble-t-il, créer la confusion par la violence du paradoxe, l'allusion trop brève, l'incessante équivoque, on peut presque toujours saisir du premier coup d'œil le sens de ses toiles. On ne conserve aucun doute sur la nature des objets ni sur leur place exacte, même quand le tableau est construit sur les juxtapositions les plus étranges. [...] Il y a pourtant un exemple [*Les Marocains*] qui ne justifie pas notre remarque. Sans le secours de la couleur, il est douteux que le spectateur ordinaire puisse distinguer, en bas et à gauche, les Musulmans enturbannés prosternés sur un tapis de prière, mais de telles énigmes sont rares. Matisse a bien trop de sérieux pour se complaire aux sottes mystifications.

Henri-Matisse, Paris, Éditions des Chroniques du jour, 1930, pp. 22-23

Jean Cassou à Matisse, 22 février 1946

Cher Grand Matisse, J'ai vu à la galerie Maeght votre grande toile *Les Marocains* que je ne connaissais, comme tout le monde d'ailleurs, que par ses reproductions et qui fait date dans votre œuvre aussi bien que dans l'histoire de la peinture moderne. Georges Salles est également grand admirateur de cette toile et nous venons d'en parler tous les deux. Vous me voyez venir... Nous pensons, en effet, qu'elle complèterait et enrichirait d'une note singulière l'ensemble que grâce à votre gentille compréhension de nos efforts, le Musée d'Art moderne possèdera de vous. Êtes-vous disposé à la vendre à l'État et quelles seraient vos conditions ? [...]

Archives du Musée national d'art moderne, Paris

Jean Cassou à Matisse, 21 mars 1946

Cher Monsieur Matisse, Il y a eu, en effet, une petite confusion dans mon esprit. Puisque donc il vous est impossible de rien faire cette année pour les *Marocains*, je vous demanderais de tenir compte éventuellement de notre désir d'avoir cette toile au Musée d'Art Moderne. J'espère donc que, le moment venu, il nous sera possible de reprendre notre conversation à ce sujet. [...]

Archives du Musée national d'art moderne, Paris

Frank Stella 1970

Je voudrais combiner l'abandon et la douceur *de La danse I* de Matisse avec la force d'ensemble et la pure inspiration formelle de ses *Marocains*.

Cité par William Rubin, *Frank Stella*, New York, The Museum of Modern Art, 1970, p. 149

Frank Stella à Jean-Claude Lebensztejn, 1975

J'ai été intéressé par l'effet général des toiles de Matisse, leur échelle et leur grande taille, à la fois en réalité et au sens de l'impact qu'ils peuvent avoir. [...] Prenons *Les Marocains*, ce n'est pas une toile si grande que ça, mais elle a un sacré punch, et en ce sens, elle est grande. Le sens de l'architecture, l'échelle de cette toile fait qu'on en retire une impression de grandeur.

Cité dans Lebensztejn 1975, pp. 73-74

Brice Marden à Jean-Claude Lebensztejn, 1975

Je n'ai jamais pu comprendre *Les Marocains*. Je trouve que c'est une peinture terrible. Le niveau d'abstraction y est plutôt simplet. Comme ces pots de fleurs, et ce trou, quand vous descendez dans la medhina, à moins que ce soit autre chose. L'espace ne va pas, la composition dans la structure de la peinture entière ne va pas. Je ne trouve pas que le MoMA ait de vraiment bons Matisse - habituellement j'évite la salle des Matisse.

Cité dans Lebensztejn 1975, p. 72

Barr 1951, p. 173; Diehl 1954, p. 65; Lassaigne 1959, p. 83; Lippard 1965, p. 14; Leymarie 1970, p. 26; Pleynet 1971, p. 84; Jacobus 1972, p. 148; Fourcade 1974, p. 468; Gowing 1979, p. 128; Schneider 1984, pp. 488-489; Flam 1986, pp. 410-414; Elderfield 1990, pp. 218-219; Coyle 1990, p. 96; Elderfield 1992, pp. 65, 68-69

136 La table de marbre rose, été 1916

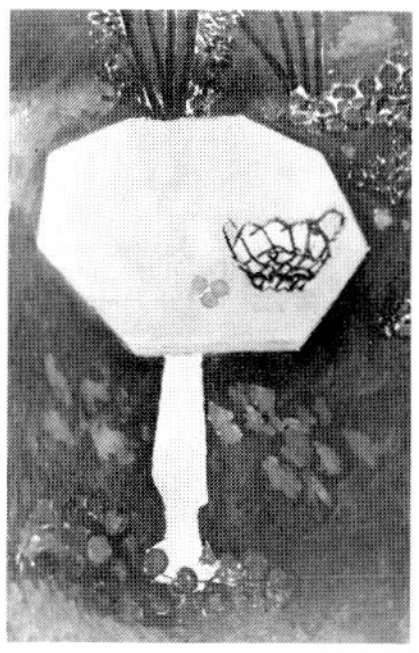

Juan Gris à Léonce Rosenberg, 20 août 1916

Je suis allé chez Matisse et j'ai vu un très beau tableau, le guéridon dans le jardin. C'est solide et sensible et beaucoup plus humain que d'autres choses qu'il a fait.

Archives du Musée national d'art moderne, Paris

On lira également Barnes 1933, p. 139; Greenberg 1973; Elderfield 1978, pp. 116-118; Schneider 1984, p. 399

138 Portrait de Michael Stein, automne 1916

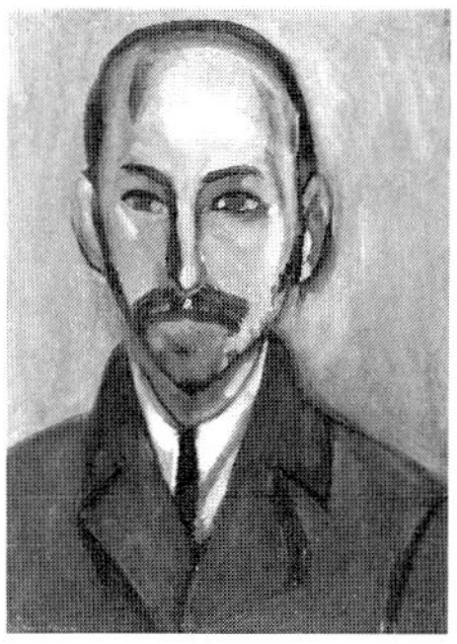

Georges Duthuit 1949

Matisse, on l'a remarqué aussi, parle du «sentiment de l'amour des choses», condition essentielle d'après lui d'une peinture qui serait à la fois cri de sincérité envers soi-même et hymne de louange à la vie. De l'amour des hommes, pas un mot. [...] Or la série des grands portraits de Matisse commence peu après celui de Marquet, encore cézannien quoique bâti de bleus sourds et lourds très personnels. Elle monte et se développe jusqu'à la figure assise de Madame Matisse [1913, Musée de l'Ermitage], avec un passage d'altitude surélevé marqué par la *Femme au chapeau* [1905, San Francisco Museum of Modern Art]. Ensuite la courbe se prolonge en déclinant jusqu'à *Auguste Pellerin* et aux Michel Stein. Et c'est alors que l'homme reçoit son congé définitif. On revient aux têtes à l'ovale creux, à l'œuf, en plus harmonieux, de Chirico.

Duthuit 1949, p. 229

On lira également Barr 1951, p. 189; Holland 1985, pp. 34-35

139 Portrait de Sarah Stein, automne 1916

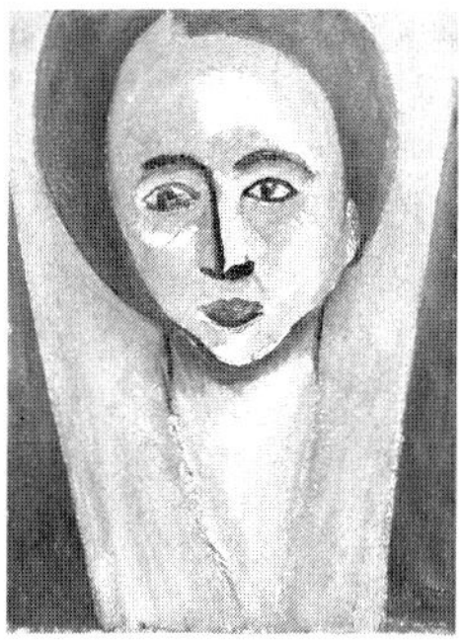

Barr 1951, p. 189; Holland 1985, pp. 34-35; Flam 1986, p. 434

140 Portrait de Greta Prozor, fin 1916

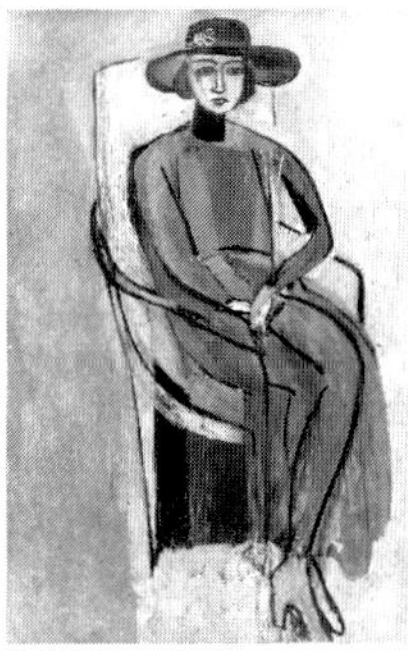

Morris Davidson 1934

La succession de nouveaux arrangements dans les toiles [de Matisse] a établi sans aucun doute son originalité comme compositeur d'harmonies. Alors qu'il est un coloriste prééminent, son œuvre ne nous affecte cependant pas profondément ni ne retient notre attention pendant longtemps. Sa faiblesse est l'envers de ses forces. En d'autres termes, sa peinture est de l'excellente décoration mais trop souvent ce n'est que cela. Dans [le *Portrait de Greta Prozor*] on voit combien il a simplifié la femme et la chaise, et comment il a sélectionné et accentué les lignes qui lui fournissent un rythme décoratif [...]. L'ensemble a été réduit à un sytème de décoration, plaisant pour la vue, mais ne possédant ni la forme ni le caractère d'une femme et d'une chaise. Le point de vue est détaché et impersonnel, et cependant, il est spécifique, particulier, plutôt qu'objectif. C'est une *extraction sélective de lignes décoratives* combinée avec le sens de la couleur de l'artiste.

Understanding Modern Art, New York, Tudor Publishing, 1934, p. 202

On lira également Fourcade 1983, pp. 101-107 ; Flam 1986, p. 436

142 Portrait d'Auguste Pellerin II, fin 1916-début 1917

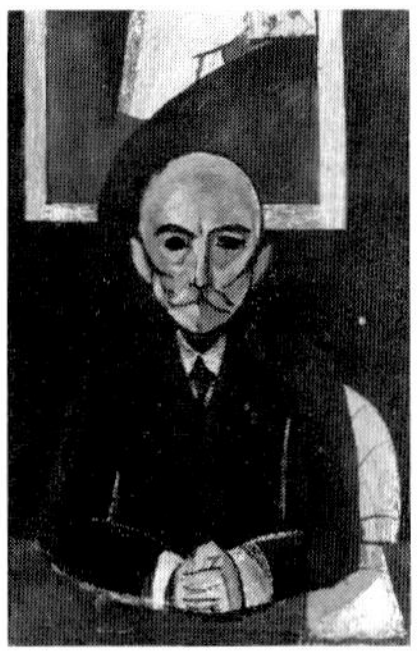

Frank Jewett Mather 1927

[les dessins de Matisse sont réussis mais] C'est là sans doute la limite de la vision et des capacités de Matisse, car ses tableaux sont criards et instables, éclaboussés de couleurs conventionnellement fortes, comme une salade de tomates avec de la mayonnaise, qui sont excitantes sans être véritablement décoratives. Au mieux, son œuvre réussit dans une sorte de caricature pleine d'esprit – *le Jeune Marin, M. Pellerin, le Madras, la Fille aux yeux verts*. Depuis plus de vingt ans, il peint de la sorte, avec une grande variété et souvent de façon amusante, sans jamais réussir une seule œuvre en couleur, ne laissant voir aucun signe de développement ou de maturité. C'est la conséquence de tout lyrisme pur, qu'on ne saurait vieillir avec grâce à partir de celui-ci.

Modern Painting, New York, Henry Holt and Company, 1927, pp. 358-359

On lira également Duthuit 1949, p. 229 ; Flam 1986, p. 437 ; Monod-Fontaine 1989, p. 58

143 Le peintre dans son atelier, fin 1916-début 1917

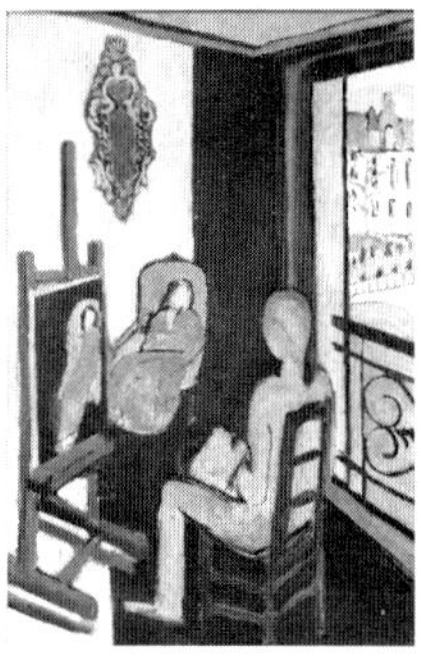

André Derain novembre 1920

Pourquoi, dans ces conditions, ne pas signer le cadre de carton noir qui se découpe sur le mur de chaux ? Le peintre est amené à regarder son modèle à travers une série de cadres rectangulaires semblables, de dimensions et de couleurs différentes. [...] Sans cet artifice, comment pourrait-il peindre le ciel qui s'étend de toutes parts au-dessus de lui ? Le cas de Matisse est assez édifiant : il se peint maintenant derrière ses tableaux, en se plaçant par la pensée derrière lui-même.

Propos rapportés par André Breton dans «Idées d'un peintre», *Les pas perdus, Œuvres complètes*, Paris, Gallimard, La Pléiade, 1990, tome I, p. 249

Albert Barnes et Violette de Mazia 1933

Chez Matisse, tous les emprunts subissent une réorganisation radicale [... ainsi dans ce tableau...] l'accent mis sur les effets de noir et blanc est accompagné d'un dessin épais et d'un accroissement du pigment qui produisent une forme très proche du type orginellement espagnol dont Manet dérivait [...], les quelques larges zones de couleur épaisse font de l'unité pyramidale de l'espace un motif positif et dramatique de contrastes de valeur avec une sensation prononcée de pesanteur.

Barnes 1933, pp. 48, 169

Barr 1951, p. 191 ; Aragon 1971, tome I, p. 302 ; Jacobus 1972, p. 154 ; Gowing 1979, pp. 133, 135 ; Schneider 1984, pp. 437-438 ; Flam 1986, p. 441 ; Monod-Fontaine 1989, p. 52

144 Lorette sur fond noir, robe verte, fin 1916-début 1917

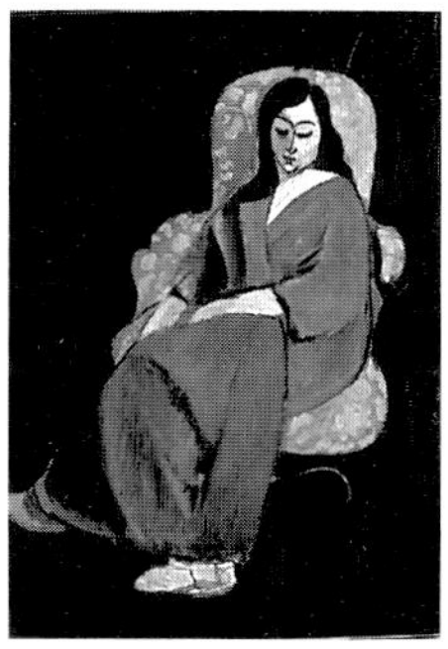

Barr 1951, p. 191 ; Rewald 1989, pp. 143-144 ; Fourcade 1986

145 L'atelier du quai Saint-Michel, fin 1916-printemps 1917

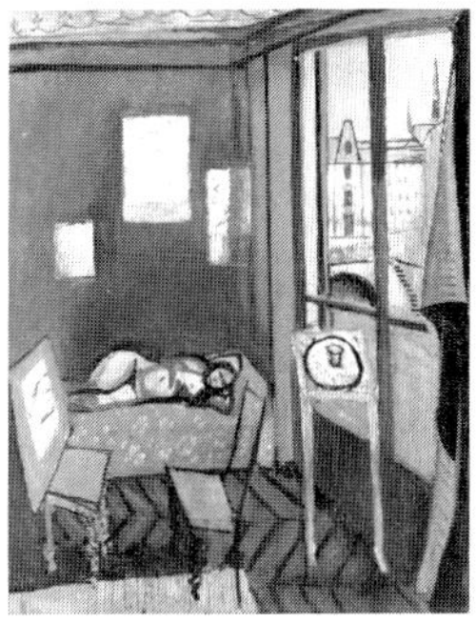

Walther Halvorsen à Matisse, 11 mars 1920 (de Paris)

Mon cher ami, j'ai eu dernièrement à m'occuper beaucoup d'une collection constituée à Manchester par M. Coleman, marchand de coton, qui n'achète que de très belles choses et qui va probablement m'enlever mes meilleurs tableaux.

Le seul tableau parmi les «jeunes» qu'il voudrait serait un tableau de vous. Il s'est fixé avec beaucoup d'empressement sur l'«Intérieur» avec des poissons rouges qui a appartenu à Stschoukine [*Intérieur, bocal de poissons rouges,* Musée national d'art moderne].

J'ai refusé d'abord parce que je voulais le garder pour moi et aussi parce que je n'avais pas de réponse définitive de Stschoukine. Je lui avais donc proposé de lui céder l'«Intérieur avec femme nue» [*L'atelier du quai Saint-Michel*] qui était alors à Rouen en attendant d'être dédouané.

Mais quand le grand tableau arriva je fus très embêté car je le trouvai très supérieur à l'autre. J'avais oublié comment il était, il donne un effet magnifique dans mon salon et je ne peux pas m'en séparer.

Dans le cas où Coleman avec lequel je vais faire une affaire de près d'1/2 million se déciderait, puis-je lui céder le tableau «Intérieur avec poissons rouges» ?

Il me semble maintenant que je ne puis plus être en doute sur le droit que j'ai à disposer de ce tableau comme je l'entends. Voilà 2 ans que la guerre est finie et voilà près de 3 ans que le tableau est payé.

Archives Matisse, Paris

Roger Fry à Vanessa Bell, 14 décembre 1921

De Birkdale, H. Smith me conduisit à Manchester pour voir la collection de Coleman. Tu te souviens que c'était lui qui nous électrisa il y a quelques années en vendant des Cézanne. Il est assez jeune, juif allemand, bien sûr (Kuhlman), pas très riche ; un célibataire avec une maison agréable mais sans chauffage, ce qui m'a presque tué. Il a vendu ses Cézanne dans un accès de panique et le regrette maintenant immensément. Il en a cependant acheté deux depuis ; une superbe *nature morte,* et il a deux beaux Renoir, une stupéfiante neige de Courbet ; un bon Manet et deux mauvais et un Matisse des plus beaux [*L'atelier du quai Saint-Michel*]. C'est un petit homme intelligent, plutôt goujat, [...] mais il a les meilleures choses modernes en Angleterre.

Letters of Roger Fry, edited by Denis Sutton, Londres, Chatto and Windus, 1972, vol. 2, p. 518

Michael Luke 1991

Dans l'une de ces périodes où il se considérait comme au bord de la ruine, David [Tennant] avait laissé ce prédateur de Douglas Cooper lui acheter son autre Matisse, *L'atelier du quai Saint-Michel,* pour une somme dérisoire. Cette panique, ce besoin de se refaire, venaient d'une sorte de remords causé en lui par le souvenir de téméraires extravagances, exacerbés dans le cas présent par les présages de guerre – et il en résultait toujours une initiative peu réaliste sinon totalement impraticable. Cooper fit un profit rapide en revendant le tableau à Kenneth Clark, duquel il passa ensuite au Phillips Museum de Washington.

David Tennant and the Gargoyle Years, Londres, Weidenfeld and Nicholson, 1991, p. 145

Kenneth Clark 1974

Je puis dire en toute sincérité que pas une seule fois je n'ai acheté quelque chose en ayant à l'esprit que la valeur de cette chose irait croissant ; agir ainsi reviendrait à devenir in petto marchand de tableaux. Je n'ai jamais acheté un tableau avec l'idée de le vendre un jour, et, bien que j'aie revendu nombre de tableaux qui me sont passés entre les mains (et que j'en aie donné plus d'une centaine), cela a toujours été parce qu'ils ne cadraient pas dans l'aménagement d'une nouvelle maison, ou parce que j'avais cessé de les aimer. A une exception près je n'en éprouve aucun regret, et je suis simplement désolé d'en avoir tiré de si maigres bénéfices. J'ai découvert progressivement la différence entre un tableau que l'on admire et un tableau avec lequel on peut souhaiter vivre. Le grand tableau de Matisse *L'atelier,* que j'avais acheté au Gargoyle Club, en est un exemple frappant. C'est un chef-d'œuvre, et il a fait l'objet à lui seul de toute une émission de télévision. Mais c'est un tableau des plus dérangeants à avoir chez soi, et je préfère de beaucoup le voir à la Duncan Phillips Gallery. Je suppose que nous achetions des tableaux de ce genre en partie par goût de l'épate...

Another Part of the Wood – a Self Portrait, Londres, John Murray, 1974, p. 194

John Walker 1974

K. [Kenneth Clark] fit de nombreuses acquisitions des plus avisées, et tout aussi bien quelques ventes qui n'avaient pas le sens commun. Parmi ces dernières il y eut l'erreur monumentale consistant à se séparer en 1940 de *L'atelier du quai Saint-Michel* de Matisse, et ce pour la somme dérisoire de quinze cents livres. Le tableau fut acheté par Duncan Phillips et est généralement considéré comme l'un des plus grands chefs-d'œuvre de cette extraordinaire collection. Un marchand m'a dit une fois qu'il n'avait eu dans sa vie que deux sortes de regrets : ce qu'il n'avait pas réussi à acheter, et ce qu'il avait vendu. K. pourrait dire la même chose, mais ce dont il fit bel et bien l'acquisition est réellement impressionnant.

John Walker, *Self-Portrait with Donors,* Boston, Little, Brown and Company, 1974

Richard Diebenkorn 1976

C'est à peu près à cette époque [en 1944, au moment de son service militaire près de Washington], après avoir visité New York et Philadelphie et rencontré [*L'atelier du quai Saint-Michel*] ainsi que d'autres toiles de Matisse que je concluai que la structure picturale d'un tableau pouvait être considérée en dehors de l'objet qui en avait fourni la base.

Cité par Gerald Norkland dans le catalogue de l'exposition *Richard Diebenkorn : Paintings and Drawings, 1943-1980,* Buffalo, Albright-Knox Art Gallery, 1980, p. 25

On lira également Barnes 1933, p. 103 ; Barr 1951, p. 191 ; Gowing 1979, pp. 132-133 ; Flam 1986, pp. 439-441 ; Luke 1991, pp. 50-51

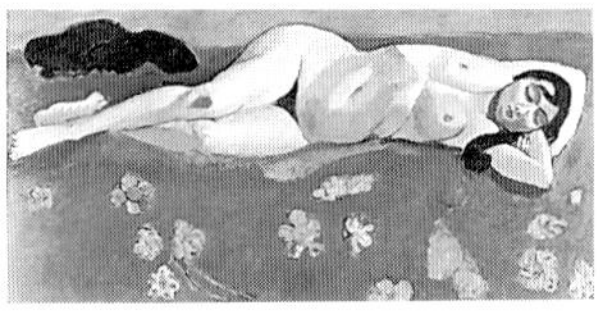

146 Lorette allongée sur fond rouge, fin 1916-printemps 1917

Pleynet 1988, p. 159

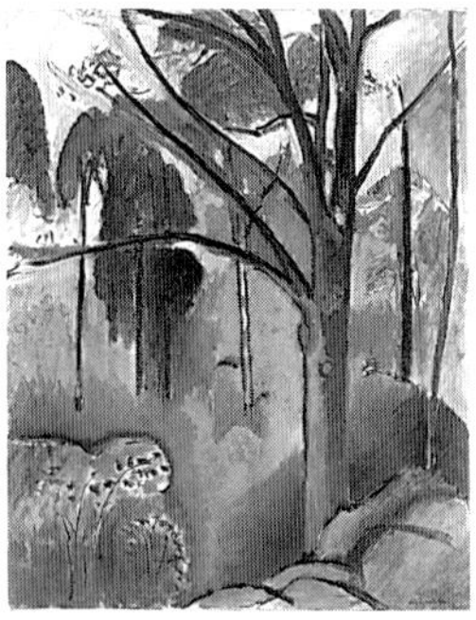

148 Arbre près de l'étang de Trivaux, printemps-été 1917

Barr 1951, p. 194 ; Alley 1981, pp. 496-497

149 Le coup de soleil dans l'allée de Trivaux, été 1917

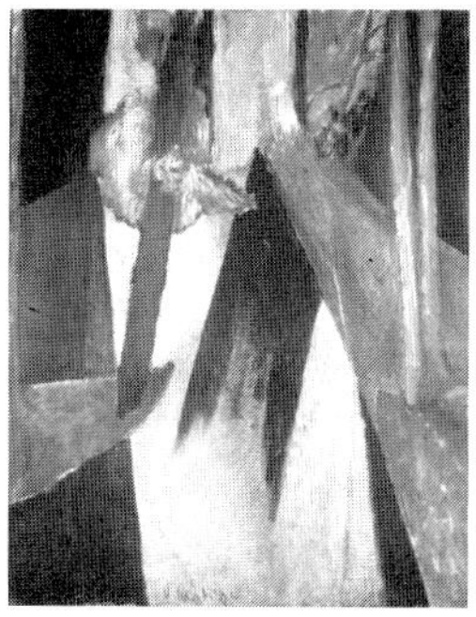

Diehl 1954, p. 65 ; Jacobus 1972, p. 152 ; Gowing 1979, p. 137 ; Schneider 1984, p. 490

150 Autoportrait, janvier 1918

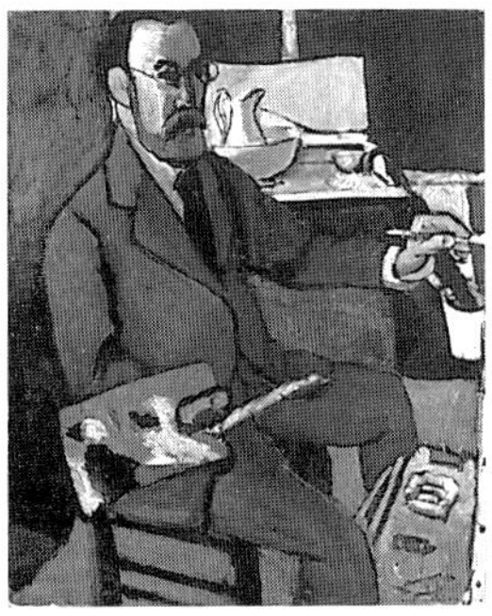

Georges Duthuit 1956

Matisse peint toujours d'après nature. Les meubles, les objets, la disposition de la pièce avec ses portes et ses fenêtres, sont toujours réels. (Ça facilite l'identification de ses œuvres). C'est ainsi qu'il a peint une fois l'intérieur où apparait au fond un broc dans une cuvette sur le lavabo. Mme Duthuit et le modèle ont décidé de débarasser la pièce des objets trop familiers quand le peintre se mettait au travail.

Note inédite. Publiée avec l'aimable autorisation de Claude Duthuit

On lira également Barr 1951, pp. 205 ; Diehl 1954, p. 74 ; Flam 1986, p. 473

151 Le thé, été 1919

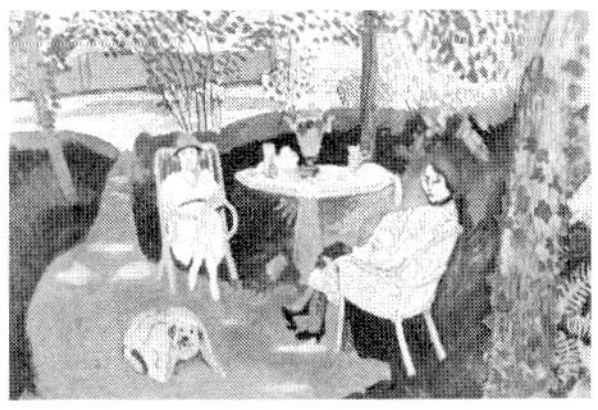

Anonyme, *Comœdia* 1919

Matisse, grand isolé, mate à coups de volonté son instinct : le parti pris tantôt s'affirme avec violence, blesse et force l'admiration *(Le thé au jardin, Portrait à l'ovale) ;* tantôt Matisse enchante simplement.

Comœdia illustré, 5 décembre 1919

Roger Fry 1930

Pour moi, si l'on m'autorise à faire connaître mes préférences, je dirai que je vois dans [*Le thé*] l'une des expressions les plus parfaites du génie de Matisse : les arabesques largement simplifiées, claires sur fond obscur, sombres sur fond clair, s'opposent avec un rare bonheur, tandis que la scène simple et familière se pare d'une ampleur majestueuse sans grandiloquence. (Le fait que ce terme appliqué à Matisse nous paraît choquant est une nouvelle preuve de la simplicité et de la sincérité foncières de son attitude en face de la vie.)

Henri Matisse, Paris, Éditions des Chroniques du jour, 1930, p. 25 de l'édition de 1936

Henry McBride 1930

Il est peu probable que Watteau et Boucher se soient considérés comme des peintres d'histoire, et il est pratiquement assuré qu'une telle idée n'est jamais venue à l'esprit de Matisse [...] cependant quelque chose de spécifiquement français, et de notre époque, émane de chacune de ses toiles. C'est quelque chose de bourgeois, et d'autant plus français pour des yeux modernes que c'est bourgeois. [...] Les scènes de jardin qui possèdent une fraîcheur et une nouveauté qui leur sont tout à fait propres, représentent Mme Matisse et sa fille tranquillement occupées, sous les arbres, à des travaux de couture [sic]. C'est là de la désinvolture pour de bon, si l'on veut, mais l'aisance remarquable de l'artiste à traiter ces thèmes familiers est sans aucun doute pour quelque chose dans sa capacité à surprendre ces rythmes plus élevés et sans âge.

Matisse, New York, Alfred A. Knopff, 1930, pp. 22-23

Richard Diebenkorn vers 1973

Il y a [dans ce tableau] des contradictions incroyables, comme le sérieux de la peinture et son humour... Certaines questions sont difficiles à poser, par exemple pourquoi des parties du tableau sont exécutées rapidement et d'autres soigneusement travaillées ? Il y a peut-être un rapport avec une chose que j'ai toujours sentie au sujet de Matisse. Pour l'expliquer, je peux seulement dire que quelquefois un peintre va jusqu'au bout d'une peinture et il y a comme un défaut ou une faiblesse. On essaie d'y remédier et on s'aperçoit que c'était la clé de l'ensemble, et qu'on a tout détruit. Matisse a appris très tôt une leçon – renoncer à la tentation de cette retouche supplémentaire.

Cité par Jane Livingston, Livingston 1974, p. 54

On lira également Barr 1951, p. 206 ; Greenberg 1973 ; Livingston 1974, pp. 51-54, 56 ; Fourcade 1986, p. 51

Les citations des critiques russes, qui figurent dans cette anthologie, ainsi que dans la chronologie qui se trouve en tête du catalogue, sont empruntées à l'ouvrage d'Albert Kostenevitch et Natalia Semionova, *Matisse en Russie* (Paris, Flammarion, 1993). Nous remercions les Éditions Flammarion de nous avoir autorisés à reprendre ici ces extraits.

Bibliographie

Bibliographie sommaire

Ouvrages généraux :

ALFRED BARR, *Matisse : his Art and his Public*, New York, The Museum of Modern Art, 1951

LAWRENCE GOWING, *Matisse*, Londres, Thames and Hudson, 1979

PIERRE SCHNEIDER, *Tout l'œuvre peint de Matisse – 1904-1928*, Paris, Flammarion, « Les classiques de l'art », 1982

BERNARD NOËL, *Matisse*, Paris, Fernand Hazan, 1983

PIERRE SCHNEIDER, *Matisse*, Paris, Flammarion, 1984. 2e édition mise à jour, 1992

MARCELIN PLEYNET, *Henri Matisse qui êtes-vous ?*, Lyon, La Manufacture, 1988

JOHN ELDERFIELD, *Henri-Matisse : a Retrospective*, New York, The Museum of Modern Art, 1992

JEAN GUICHARD-MEILI, *L'art de Matisse*, Paris, Presses Pocket, 1993

Les écrits et propos de Matisse se trouvent dans les publications suivantes :

HENRI MATISSE, *Écrits et propos sur l'art*, Paris, Hermann, 1972 (édition établie par Dominique Fourcade)

DOMINIQUE FOURCADE, « Autres propos de Henri Matisse », *Macula*, n° 1, 1976

JACK FLAM, *Matisse on Art*, Londres, Phaidon, 1973

Sur la sculpture, on lira :

ALBERT ELSEN, *The Sculpture of Henri Matisse*, New York, Harry N. Abrams Publishers, 1972

ISABELLE MONOD-FONTAINE, *The Sculpture of Henri Matisse*, Londres, Thames and Hudson, 1984

Sur la période 1904-1917 :

La publication majeure est la monographie de Jack Flam, *Matisse, the Man and his Art – 1869-1918*, Ithaca, Cornell University Press, et Londres, Thames and Hudson, 1986

On lira également :

GEORGES DUTHUIT, *Les Fauves*, Genève, Éditions des Trois Collines, 1949

JEAN-CLAUDE LEBENSZTEJN, « Sol », *Scolies*, n° 1 et n° 2, 1971-1972

ELLEN OPPLER, *Fauvism Reexamined*, New York et Londres, Garland Publishing, Inc., 1976

JOHN ELDERFIELD, *The « Wild Beasts » Fauvism and its Affinities*, New York, The Museum of Modern Art, 1976

CATHERINE BOCK, *Henri Matisse and Neo-Impressionism 1898-1908*, Ann Harbor, U.M.I., Research Press, 1981

ROGER BENJAMIN, *Matisse's « Notes of a Painter », Criticism and Concept 1891-1908*, Ann Arbor, U.M.I. Research Press, 1987

JACK COWART, PIERRE SCHNEIDER, *Matisse in Morocco*, Washington, National Gallery of Art, 1990. Édition française, *Matisse au Maroc. Peintures et dessins 1912-1913*, Paris, Adam Biro, 1990

JUDI FREEMAN, *The Fauve Landscape*, Los Angeles, Los Angeles County Museum of Art et New York, Abbeville Press Inc., 1990. Édition française, *Le paysage fauve*, Paris, Éditions Abbeville, 1991

SARAH WHITFIELD, *Fauvism*, Londres, Thames and Hudson, 1991

ALBERT KOSTENEVITCH, NATALIA SEMIONOVA, *Matisse en Russie*, Paris, Flammarion, 1993

JACK FLAM, notices des œuvres de Matisse dans le catalogue de l'exposition *Great French Paintings from the Barnes Foundation : Impressionist, Post-Impressionist, and early Modern*, Washington, National Gallery of Art et New York, A. Knopf, 1993 (à paraître)

Allard 1911
Roger Allard, «Le Salon des Indépendants», 5 mai 1911
Alley 1981
Ronald Alley, catalogue of the *Tate Gallery's Collection of Modern Art other than Works by British Artists*, Londres, Tate Gallery, 1981
***American Art News* 1915**
«Matisse at Montross», *American Art News*, 23 janvier 1915
Apollinaire 1907
Guillaume Apollinaire, «Henri Matisse», *La Phalange*, n° 18, 15 décembre 1907
Apollinaire 1910-1
Guillaume Apollinaire, «Prenez garde à la peinture! Le Salon des artistes indépendants», *L'Intransigeant*, 18 mars 1910
Apollinaire 1910-2
Guillaume Apollinaire, «Vernissage d'automne», *L'Intransigeant*, 1er octobre 1910
Apollinaire 1910-3
Guillaume Apollinaire, «Le Salon d'Automne», *Poésie*, automne 1910
Apollinaire 1911-1
Guillaume Apollinaire, «Les Indépendants», *L'Intransigeant*, 20 avril 1911
Apollinaire 1911-2
Guillaume Apollinaire, «Le Salon des Indépendants», *L'Intransigeant*, 21 avril 1911
Apollinaire 1913-1
Guillaume Apollinaire, «Henri Matisse», *L'Intransigeant*, 17 avril 1913
Apollinaire 1913-2
Guillaume Apollinaire, «M. Bérard inaugure le Salon d'Automne», *L'Intransigeant*, 14 novembre 1913
Apollinaire 1913-3
Guillaume Apollinaire, «Salon d'Automne», *Les Soirées de Paris*, n° 18, 15 novembre 1913
Apollinaire 1914
Guillaume Apollinaire (entrefilet), *Paris-Journal*, 15 mai 1914
Aragon 1971
Louis Aragon, *Henri Matisse, roman*, Paris, Gallimard, 1971
Argan 1970
Giulio Carlo Argan, *L'arte moderna*, Florence, Sansoni, 1970
Arp 1913
Hans Arp, *Neue Französische Malerei*, Leipzig, Verlag der Weissen Bücher, 1913
***L'art et les artistes* 1910**
F.M., «Le Salon d'Automne», *L'Art et les artistes*, n° 68, novembre 1910
***L'art moderne et quelques aspects* 1919**
L'art moderne et quelques aspects de l'art d'autrefois. Poèmes d'Henri de Régnier, 2 vol., Paris, Bernheim-Jeune, 1919
***Les Arts à Paris* 1927**
«La presse devant les tableaux de Matisse», *Les Arts à Paris*, n° 13, juin 1927
Barnes 1933
Albert C. Barnes & Violette de Mazia, *The Art of Henri Matisse*, New York, Scribner, 1933
Barr 1951
Alfred H. Barr, Jr., *Matisse, his Art and his Public*, New York, The Museum of Modern Art, 1951
Béguin 1978
Sylvie Béguin, catalogue de l'exposition *Donation Picasso*, Paris, Musée du Louvre, 1978
Benjamin 1990
Roger Benjamin, «Matisse in Morocco: a Colonizing Esthetic?», *Art in America*, novembre 1990
Benois 1911
Alexandre Benois, «Lettres sur l'art. Impressions moscovites», *Retch*, 17 février 1911
Bidou 1910
Henry Bidou, «Le Salon d'Automne», *Gazette des Beaux-Arts*, novembre 1910
Bock 1981
Catherine C. Bock, *Henri Matisse and Neo-Impressionism 1898-1908*, Ann Arbor, UMI Research Press, 1981
Bock1988
Catherine C. Block, «Henri Matisse's Self-Portraits Presentation and Representation», *Psychoanalytic Perspectives on Art*, Hillsdale et Londres, The Analytic Press, 1988
Bois 1974
Yve-Alain Bois, «Légendes de Matisse», *Critique*, n° 324, mai 1974
Bois 1990
Yve-Alain Bois, «Matisse and Arch-Drawing», *Painting as Model*, Cambridge, MIT Press, 1990
***Boston Evening Transcript* 1913**
W.H.D. ,«Art that Merely Amuses», *Boston Evening Transcript*, 28 avri 1913
Braune 1920
Heinz Braune, «Zu einem Gemälde von Henri Matisse», *Genius*, II, 1920
Breton 1919
André Breton et Philippe Soupault, «*La glace sans tain*», *Littérature*, n° 8, octobre 1919
Burgess 1910
Gelett Burgess, «The Wild Men of Paris», *The Architectural Record*, mai 1910
Caffin 1911
Charles H. Caffin, *The Story of French Painting*, New York, The Century & Co., 1911
Caffin 1932
Charles H. Caffin, *How to Study Pictures*, New York, Londres, D. Appleton-Century Company, 1932
***Camera Work* 1912**
Camera Work, août 1912
Cassou 1947
Jean Cassou, *Matisse*, Paris, Éditions Braun, 1947
Cassou 1970
Jean Cassou, «Le peintre de la justesse», *XXe Siècle*, numéro spécial «Hommage à Matisse», 1970
Catalogue Stschoukine 1913
Catalogue des tableaux de la collection Serguei Stschoukine, Moscou, 1913
Chetham 1968
Charles Chetham, «Henri Matisse's Bathers with a Turtle», *Museum Monographs*, Saint Louis, n° 1, 1968
Chevliakov 1911
Chevliakov, «U Matissa», *Rannieie Outro*, 26 octobre 1911
Clair 1970
Jean Clair, «La tentation de l'Orient», *La Nouvelle Revue Française*, 1er juillet 1970
Clay 1975
Jean Clay, *De l'impressionnisme à l'art moderne*, Paris, Hachette, 1975
***Comœdia* 1919**
«Salon d'Automne», *Comœdia illustré*, 5 décembre 1919
Coquiot 1914
Gustave Coquiot, *Cubistes, futuristes, passéistes*, Paris, Librairie Ollendorff, 1914
Coquiot 1920
Gustave Coquiot, *Les Indépendants*, Paris, 1920
Cortissoz 1913
Royal Cortissoz, «The Post-Impressionist Illusion», *The Century Magazine*, avril 1913
Cortissoz 1931
Royal Cortissoz, «The Ideas and Art of Henri Matisse», *New York Herald Tribune*, 8 novembre 1931
Courthion 1942
Pierre Courthion, *Le visage de Matisse*, Lausanne, Marguerat, 1942
Cox 1913
Kenyon Cox, «The New Art: on Cubism and Futurism», *The New York Sunday Times*, 16 mars 1913
Coyle 1990
Laura Coyle, «Peintures», catalogue de l'exposition *Matisse au Maroc*, Paris, Adam Biro, 1990
Denis 1905-1
Maurice Denis, «La réaction nationaliste», *L'Ermitage*, 15 mai 1905
Denis 1905-2
Maurice Denis, «De Gauguin, de Whistler et de l'excès des théories», *L'Ermitage*, 15 décembre 1905
Denis 1906
Maurice Denis, «Le soleil», *L'Ermitage*, 15 décembre 1906
Denis 1920
Maurice Denis, *Théories 1890-1910*, Paris, Rouart et J. Watelin, 1920
Des Gaschons 1912
Jacques Des Gaschons, «La peinture d'après demain», *Je sais tout*, 15 avril 1912
Desvallières 1907
Georges Desvallières, «Au Salon d'Automne», *La Grande Revue*, 1er octobre 1907
Diehl 1954
Gaston Diehl, *Henri Matisse*, Paris, Pierre Tisné, 1954
Dorgelès 1910
Roland Dorgelès, «Le prince des Fauves», *Fantasio*, 1er décembre 1910
Dorival 1944
Bernard Dorival, *Les étapes de la peinture française contemporaine*, Paris, NRF-Gallimard, 1944
Duthuit 1936
Georges Duthuit, *Mystique chinoise et peinture moderne*, Paris, Éditions des Chroniques du Jour, 1936
Duthuit 1949
Georges Duthuit, *Les Fauves*, Paris, Éditions Albert Skira, 1949
Duthuit 1961
Georges Duthuit, *Une peinture délivrée en lumière dans l'image et l'instant*, Paris, José Corti, 1961
Duthuit 1993
Georges Duthuit, *Écrits sur Matisse*, Paris, E.N.S.B.A., 1993

Eddy 1914
Arthur Jerome Eddy, *Cubists and Post-Impressionism*, Chicago, A.C. Mc Clurg & Co., 1914
Elderfield 1976
John Elderfield, catalogue de l'exposition *Fauvism and its Affinities*, New York, The Museum of Modern Art, 1976
Elderfield 1978
John Elderfield, *Matisse in the Collections of the Museum of Modern Art*, New York, The Museum of Modern Art, 1978
Elderfield 1990
John Elderfield, «Matisse in Morocco: an Interpretative Guide», catalogue de l'exposition *Matisse in Morocco*, Washington, National Gallery of Art, 1990
Elderfield 1992
John Elderfield, «Describing Matisse», catalogue de l'exposition *Henri Matisse: a Retrospective*, New York, The Museum of Modern Art, 1992
Eliel 1987
Carol S. Eliel, *Degas to Picasso: Modern Masters from the Smooke Collection*, Los Angeles County Museum of Modern Art, 1987
Eluard 1933
Paul Eluard, «Le miroir de Baudelaire», *Minotaure*, n° 1, 1er juin 1933
E.P.A. 1972
Henri Matisse, *Écrits et propos sur l'art*. Textes, notes et index établis par Dominique Fourcade, Paris, Hermann, collection «Savoir», 1972
Escholier 1956
Raymond Escholier, *Matisse ce vivant*, Paris, Fayard, 1956
Estienne 1909
Estienne, «Des tendances de la peinture moderne», *Les Nouvelles*, 12 avril 1909
Fabiani 1976
Martin Fabiani, *Quand j'étais marchand de tableaux*, Paris, Julliard, 1976
Fargue 1914
Léon-Paul Fargue, «Au Salon d'Automne», *La Nouvelle Revue Française*, 1er janvier 1914
Faure, Romains, Vildrac, Werth 1920
Élie Faure, Jules Romains, Charles Vildrac, Léon Werth, *Henri Matisse*, Paris, G. Crès, 1920
Flam 1975
Jack Flam, «Matisse in Two Keys», *Art in America*, vol. 3, n° 4, juillet-août 1975
Flam 1986
Jack Flam, *Matisse: the Man and his Art 1896-1918*, Ithaca, Cornell University Press et Londres, Thames and Hudson, 1986
Flam 1988
Jack Flam, *Matisse: a Retrospective*, New York, Hugh Lauter Levin Associates, Inc., 1988
Fontainas 1906
André Fontainas, «Le Salon d'Automne», *L'Art moderne*, n° 42, 21 octobre 1906
Fontainas 1910
André Fontainas, «Le Salon d'Automne», *L'Art moderne*, 15 octobre 1910
Forge 1968
Andrew Forge, Howard Hodgkin, Philip King, «The Relevance of Matisse», *Studio International*, vol. 176, n° 902, juillet-août 1968
Fourcade 1974
Dominique Fourcade, «Rêver à trois aubergines...», *Critique*, n° 324, mai 1974
Fourcade 1975
Dominique Fourcade, *«Matisse au musée de Grenoble»*, Grenoble, Musée de peinture et de sculpture, 1975
Fourcade 1976
Dominique Fourcade, «Autres propos d'Henri Matisse», *Macula*, n° 1, 1976
Fourcade 1983
Dominique Fourcade, «Greta Prozor d'Henri Matisse», *Cahiers du Musée national d'art moderne*, Paris, n° 11, 1983
Fourcade 1986
Dominique Fourcade, «An Uninterrupted Story», catalogue de l'exposition *Henri Matisse: the Early Years in Nice 1916-1930*, Washington, National Gallery of Art, 1986
Frappier 1911
Georges Frappier, «L'exposition des Indépendants», *La République*, 22 avril 1911
Freeman 1990
Judi Freeman, «Surveying the Terrain: the Fauves and the Landscape», catalogue de l'exposition *The Fauve Landscape*, Los Angeles County Museum of Art et New York, Abbeville Press Inc., 1990
Fry 1910-1
Roger Fry, «The Autumn Salon», *The Nation*, 29 octobre 1910
Fry 1910-2
Roger Fry, «The Post-Impressionists II», *The Nation*, 3 décembre 1910
Fry 1911
Roger Fry, «Post-Impressionism», *Fortnightly Review*, vol. 89, 1er mai 1911
Fry 1912
Roger Fry, «The Grafton Gallery, an Apologia», *The Nation*, 9 novembre 1912
***Gazette des Beaux-Arts* 1910**
«Le Salon d'automne», *Gazette des Beaux-Arts*, novembre 1910
Gide 1905
André Gide, «Promenade au Salon d'Automne», *Gazette des Beaux-Arts*, 1er décembre 1905
***Gil Blas* 1912**
«L'Exposition post-impressionniste à la Grafton Gallery de Londres», *Gil Blas*, 4 octobre 1912
Gillet 1938
Louis Gillet, *Essais sur l'art français*, Paris, Flammarion, 1938
Gilot 1991
Françoise Gilot, *Matisse et Picasso*, Paris, Robert Laffont, 1991
Giraudy 1971
«Correspondance Henri Matisse-Charles Camoin». Commentaires de Danièle Giraudy, *Revue de l'Art*, n° 12, 1971
Girieud 1905
Maxime Girieud, «Au salon des Indépendants», *Le Soir*, 11 avril 1905
Golding 1978
John Golding, *Matisse and Cubism*, Glasgow, University of Glasgow Press, 1978
Goldschmidt 1911
Ernst Goldschmidt, «Henri Matisse», *Politiken*, 24 novembre 1911
Gottlieb 1964
Carla Gottlieb, «The Role of the Window in the Art of Matisse», *Journal of Aesthetics*, été 1964
Gowing 1979
Lawrence Gowing, *Henri Matisse*, Londres, Thames and Hudson, 1979
Greenberg 1973
Clement Greenberg, préface au catalogue de l'exposition *Henri Matisse*, New York, Acquavella Galleries, 1973. Repris dans *Art International*, vol. 17, n° 9, 1973
Gregg 1913
Frederick James Gregg, *For and Against*, New York, Association of American Painters and Sculptors, 1913
Gregg 1919
Frederick James Gregg, «From Courbet in one Art Exhibition», *New York Herald*, 23 novembre 1919
Guichard-Meili 1967
Jean Guichard-Meili, *Henri Matisse, son œuvre, son univers*, Paris, Fernand Hazan, 1967
Guilbeaux 1911
Henri Guilbeaux, «Les Indépendants», *Les Hommes du jour*, 29 avril 1911
Herbert 1990
James D. Herbert, «Painters and Tourists», catalogue de l'exposition *The Fauve Landscape*, Los Angeles County Museum of Art et New York, Abbeville Press Inc., 1990
Herbert 1992
James D. Herbert, *Fauve Painting: the Making of Cultural Politics*, New Haven, Yale University Press, 1992
Hind 1911
G. Lewis Hind, *The Consolations of a Critic*, Londres, Adam Charles Block, 1911
Hind 1912
G. Lewis Hind, «Ideals of Post-Impressionism: Matisse who Discards all Tradition, Joyous Work», *The Daily Chronicle*, 5 octobre 1912
Hind 1913
G. Lewis Hind, *The Post-Impressionists*, Londres, Methuen & Co., 1913
Holland 1985
Katherine Church Holland, *San Francisco Museum of Modern Art: the Painting and Sculpture Collection*, New York, Hudson Hills Press, 1985
Holmes 1911
Holmes, *Notes on the Post-Impressionist Painters: Grafton Gallery, 1910-1911*, Londres, Philip Lee Warner, 1911
Huneker 1912
James Huneker, «Decade of the New Art Moves toward Big Changes», *The New York Sun*, novembre 1912
***Illustrated London News* 1910**
«The Manet and the Post-impressionists Exhibition at the Grafton Galleries», *Illustrated London News*, 26 novembre 1910
***L'Illustration* 1905**
L'Illustration, 4 novembre 1905
Itten 1970
Johannes Itten, *L'art de la couleur*, Paris, Dessain et Tolra, 1970
Izerghina 1978
A. Izerghina, *Henri Matisse, peintures et sculptures dans les musées soviétiques*, Léningrad, Éditions d'art Aurora, 1978 et 1990

Jacobus 1972-1
John Jacobus, *Matisse*, New York, Abrams, 1972
Jacobus 1972-2
John Jacobus, «Matisse's Red Studio», *Art News*, vol. 71, n° 5, septembre 1972
Jamot 1906
Paul Jamot, «Petites expositions», *La Chronique des arts et de la curiosité*, 24 novembre 1906
Janneau 1911
Guillaume Janneau, «Les Indépendants», *Gil Blas*, 20 avril 1911
Jean-Aubry 1907
Georges Jean-Aubry, «La peinture au Salon d'Automne», *L'Art moderne*, n° 43, 27 octobre 1907
Jean-Aubry 1908
Georges Jean-Aubry, «Le Salon d'Automne II. Les Jeunes», *L'Art moderne*, 1er novembre 1908
Jean-Aubry 1911
Georges Jean-Aubry, «Le Salon d'Automne: IIe article», *L'Art moderne*, 22 octobre 1911
Jean-Aubry 1912
Georges Jean-Aubry, «Le Salon d'Automne», *L'Art moderne*, n° 41, 13 octobre 1912
Jean-Aubry 1913
Georges Jean-Aubry, «Le Salon d'Automne II, peinture-sculpture», *L'Art moderne*, n° 49, 7 décembre 1913
Jedlicka 1961
Gotthard Jedlicka, *Der Fauvismus*, Zurich, Büchergilde Gutenberg, 1961
***Jivoie Slovo* 1911**
Jivoie Slovo, n° 35, 31 octobre 1911
Kahn 1912
Gustave Kahn, «Art», *Mercure de France*, octobre 1912
Kahn 1916
Gustave Kahn, «Art», *Mercure de France*, mars 1916
Kandinsky 1912
Wassily Kandinsky, «Uber die Forme Frage», *Der Blaue Reiter*, Munich, Piper & Co., 1912. Traduction française dans *L'Almanach du Blaue Reiter*, Paris, Klincksiek, 1981
Karpel 1972
Bernard Karpel, *The Armory Show*, New York, Arno Press, 1972
Konody 1910
P.G. Konody, «Grafton Gallery Exhibition», *The Observer*, 13 novembre 1910
Konody 1912-1
P.G. Konody, «The Comic Cubists: Laughable Pictures at the Grafton Galleries», *The Daily Mail*, 5 octobre 1912
Konody 1912-2
P.G. Konody, «More Post-Impressionism at the Grafton: the Frenchmen», *The Observer*, 6 octobre 1912
Kostenevitch 1981
Albert Kostenevitch, *Henri Matisse*, New York, Abrams et Léningrad, Aurora, 1981
Kostenevitch, Semionova 1993
Albert Kostenevitch, Natalia Semionova, *Matisse en Russie*, Paris, Flammarion, 1993
***Das Kunstblatt* 1919**
«Die Kunst der Lebenden in den Deutschen Museen Hagen, Folkwang Museum», *Das Kunstblatt*, III, 1919
***Kunstchronik* 1913**
Kunstchronik, n° 33, 1913
Labrusse 1992
Rémi Labrusse, «Matisse et Giacometti considérés au regard de l'esthétique byzantine», *Le Supplément*, n° 180, mars 1992
Lassaigne 1959
Jacques Lassaigne, *Matisse*, Lausanne, Albert Skira, 1959
Laude 1978
Jean Laude, «Autour de la Porte-fenêtre à Collioure de Matisse», catalogue de l'exposition *D'un espace à l'autre: la fenêtre*, Saint-Tropez, Musée de l'Annonciade, 1978
Lebensztejn 1975
Jean-Claude Lebensztejn, «Eight Statements», *Art in America*, vol. 63, n° 4, juillet-août 1975
Lecomte 1911
Georges Lecomte, «Le Salon des Indépendants», *Le Matin*, 20 avril 1911
Levy 1920
Rudolf Levy, «Matisse», *Genius*, 1920, II
Leymarie 1959-1
Jean Leymarie, *Le Fauvisme*, Genève, Albert Skira, 1959
Leymarie 1959-2
Jean Leymarie, «Les grandes gouaches découpées de Matisse à la Kunsthalle de Berne», *Quadrum*, VII, 1959
Leymarie 1966
Jean Leymarie, «The Painting of Matisse», catalogue de l'exposition *Henri Matisse: a Retrospective*, Los Angeles, UCLA, 1966
Leymarie 1970
Jean Leymarie, «Les deux horizons d'Henri Matisse», *XXe Siècle*, numéro spécial «Hommage à Henri Matisse», 1970
Lhote 1919
André Lhote, «Une exposition Matisse», *La Nouvelle Revue Française*, 1er juillet 1919
Lhote 1942
André Lhote, *Peinture d'abord*, Paris, Denoël, 1942
Lhote 1986
André Lhote, Alain-Fournier, Jacques Rivière, *La peinture, le cœur et l'esprit: Correspondance inédite (1907-1924)*, Bordeaux, William Blake & Co., 1986
Linker 1980
Kate Linker, «Meditation on a Goldfish Bowl: Autonomy and Analogy in Matisse», *Artforum*, vol. 19, n° 2, octobre 1980
Lippard 1965
Lucy R. Lippard, «Notes», catalogue de l'exposition *The School of Paris: Paintings from the Florene May Schoenborn and Samuel A. Marx Collection*, New York, The Museum of Modern Art, 1965
Livingston 1974
Jean Livingston, «Henri Matisse's Tea», *Los Angeles Art Bulletin*, 1974
***Lyon républicain* 1911**
(Le Salon des Indépendants), *Lyon républicain*, 22 avril 1911
MacChesney 1913
Clara T. MacChesney, «A Talk with Matisse, Leader of Post-Impressionists», *The New York Times*, 9 mars 1913
Makowski 1912
S. Makowski, «Peintres français de la collection Ivan A. Morosoff», *Apollon*, 1912, n° 3-4
Malpel 1907-1
Charles Malpel, «Le Salon des Indépendants», *Le Télégramme*, Toulouse, 1907
Malpel 1907-2
Charles Malpel, «Le Salon d'Automne à Paris», *Le Télégramme*, Toulouse, 1907
Malpel 1909-1
Charles Malpel, «Le Salon d'Automne à Paris», *Le Télégramme*, Toulouse, janvier 1909
Malpel 1909-2
Charles Malpel, «Le Salon des Indépendants», *Le Télégramme*, Toulouse, printemps 1909
Malpel 1910
Charles Malpel, *Notes sur l'art d'aujourd'hui et peut-être de demain*, Toulouse, Privat et Paris, Grasset, 1910, tome II
Malraux 1974
André Malraux, *La tête d'obsidienne*, Paris, Gallimard, 1974
Mann 1991
Stephan Mann, «Erworben 1917 Beschllagnahmt 1937 Zuruckerworben 1962», catalogue de l'exposition *Revision: die Moderne im Städel 1905-1937*, Francfort-sur-le-Main, Städtische in Städelschen Kunstinstitut, 1991
Marden 1975
Brice Marden cité par Jean-Claude Lebensztejn, «Eight Statements», *Art in America*, vol. 63, n° 4, juillet-août 1975
Matejcek 1911-1
Antonin Matejcek, «Henri Matisse: Malirovy Poznamsky», *Volné Směry*, 1911
Matejcek 1911-2
Antonin Matejcek, «Uvod k vystavc neodvislych», *Volné Směry*, 1911
Mather 1913-1
Frank Jewett Mather, «Newest Tendencies in Art», *The Independent*, 6 mars 1913
Mather 1913-2
Frank Jewett Mather, «Old and New Art», *The Nation*, 1913
Matisse 1908
Henri Matisse, «Notes d'un peintre». Présentation de Georges Desvallières, *La Grande Revue*, tome 52, 25 décembre 1908
Matisse (E.P.A.) 1972
Henri Matisse, *Écrits et propos sur l'art*. Textes, notes et index établis par Dominique Fourcade, Paris, Hermann, collection «Savoir», 1972
McBride 1920-1
Henry McBride, *The Dial*, juillet 1920
McBride 1920-2
Henry McBride, «New Matisse on Exhibition», *New York Herald*, 12 décembre 1920
McBride 1951
Henry McBride, «Pictures for a Picture of Gertrude», *Art News*, février 1951. Repris dans *The Flow of Art*, 1975
Mercereau 1909
Alexandre Mercereau, «Henri Matisse et la peinture contemporaine», *La Toison d'or*, 1909, n° 6

Migeon 1914
Gaston Migeon, «Impressions d'art en Russie», *Le Journal des débats*, 29 janvier 1914
Monod-Fontaine 1984
Isabelle Monod-Fontaine, «Matisse Porte-fenêtre à Collioure», *Cahiers du Musée national d'art moderne*, n° 13, juillet 1984
Monod-Fontaine 1989
Isabelle Monod-Fontaine, *Matisse* (collection du musée national d'art moderne), Paris, Éditions du Centre Georges Pompidou, 1989
Morice 1905
Charles Morice, «Le XXIe Salon des Indépendants», *Mercure de France*, 15 avril 1905
Morice 1906
Charles Morice, «La 4e exposition du Salon d'Automne», *Mercure de France*, novembre 1906
Morice 1908
Charles Morice, «Le Salon d'Automne», *Mercure de France*, 1er novembre 1908
Morice 1910
Charles Morice, «Le Salon d'Automne», *Mercure de France*, novembre 1910
***The Morning Advertiser* 1912**
«The Post-Impressionists: the Interesting Exhibition», *The Morning Advertiser*, 4 octobre 1912
Mourey 1910
Gabriel Mourey, «La leçon du Salon d'Automne», *Paris-Journal*, 13 novembre 1910
Müller 1967
Joseph-Émile Müller, *Le fauvisme*, Paris, Fernand Hazan, 1967
Müller-Wulkow 1917
W. Müller-Wulkow, «Die Ausstellung der vereinigung für Neue Kunst in Frankfurt a. Main», *Das Kunstblatt*, 1917
Museum Folkwang Hagen 1912
Museum Folkwang Band I, Moderne Kunst, Plastik, Malerei, Graphik, Hagen, 1912
Myers 1951
Bernard Myers, «Matisse and the Fauves», *American Artist*, vol. 15, n° 10, décembre 1951
Naumann 1980
Francis Naumann, «Walter Conrad Arensberg: Poet, Patron and Participant in the New York Avant Garde», *Philadelphia Museum of Art Bulletin*, vol. 76, n° 328, printemps 1980
Neff 1975
John Hallmark Neff, «Matisse and Decoration: the Schukin Panels», *Art in America*, vol. 63, n° 4, juillet-août 1975
***New York Evening Post* 1915**
«Art Notes», *New York Evening Post*, 23 janvier 1915
***New York Tribune* 1913**
«The "Ism" Exhibition», *New York Tribune*, 17 février 1913
Niemeyer 1911
Wilhelm Niemeyer, *Beobachtungen über Malerei: der Gegenwart Denkschrift der Sonderbundes auf die Ausstellung MCMX.*, Düsseldorf, 1911
Oppler 1976
Ellen C. Oppler, *Fauvism Reexamined*, New York, Garland Publishings, 1976
Pach 1914
Walter Pach, «The Point of View of the Moderns», *The Century Magazine*, avril 1914
Petersen 1920
C.V. Petersen, «Den Steinske Samling hos Tetzen-Lund», *Politiken*, 2 octobre 1920
***Petit journal* 1911**
«Une promenade au Salon des Indépendants», *Petit journal*, 27 avril 1911
Philpot 1913
A.J. Philpot, «Marvels of Modernity in the Name of Art», *Boston Globe*, 28 avril 1913
Pleynet 1971
Marcelin Pleynet, *Le système Matisse: l'enseignement de la peinture*, Paris, Éditions du Seuil, 1971
Pleynet 1988
Marcelin Pleynet, *Henri Matisse qui êtes-vous?*, Lyon, la Manufacture, 1988
Purrmann 1920
Hans Purrmann, «Uber Matisse», *Genius*, II, 1920
Puy 1911
Michel Puy, «Les Salons», *La Grande Revue*, 10 juin 1911
Reff 1976
Theodore Reff, «Matisse: Meditations on a Statuette and Goldfish», *Arts Magazine*, vol. 51, n° 3, novembre 1976
Rewald 1952
John Rewald, préface au catalogue de l'exposition *Fauve Painting from the Molyneux Collection*, New York, The Museum of Modern Art, 1952
Rewald 1989
Sabine Rewald, catalogue de l'exposition *Twentieth Century Modern Masters: the Jacques and Natasha Gelman Collection*, New York, The Metropolitan Museum of Art, 1989
***Die Rheinlande* 1913**
«Das Folkwang Museum», *Die Rheinlande*, n° 23, 1913
Richardson 1985
Brenda Richardson, *Dr. Claribel and Miss Etta: the Cone Collection*, Baltimore, The Baltimore Museum of Art, 1985
Rivière 1910
Jacques Rivière, «Une exposition de Henri Matisse», *La Nouvelle Revue Française*, 1910
Rousseau 1991
Claudia Rousseau, «Une femme s'honore par son silence – Sources et signification de *Baigneuses à la tortue* de Matisse», *Revue de l'Art*, n° 92, 1991
Rubin 1988
William Rubin, «La genèse des Demoiselles d'Avignon», catalogue de l'exposition *Les Demoisellles d'Avignon*, Paris, Musée Picasso, tome II, 1988
Rubin 1992
William Rubin, *Picasso and Braque: a Symposium*, New York, The Museum of Modern Art, 1992
Rude 1910
Leopold Rude, «Le Salon d'Automne», *Gil Blas*, 30 septembre 1910
Russell 1969
John Russell, *The World of Matisse 1869-1954*, New York, Time Life Books, 1969
Rutter 1926
Frank Rutter, *Evolution in Modern Art*, Londres, Harrap, 1926
Salmon 1910
André Salmon, «Henri Matisse», *Paris-Journal*, 15 février 1910
Salmon 1911-1
André Salmon, «Courrier des ateliers», *Paris-Journal*, 25 avril 1911
Salmon 1911-2
André Salmon, *Paris-Journal*, 30 septembre 1911
Salmon 1912
André Salmon, *La jeune peinture*, Paris, Société des Trente, 1912
Salmon 1920
André Salmon, *L'Art vivant*, Paris, Crès, 1920
Salmon 1955
André Salmon, *Souvenirs sans fin (troisième époque 1920-1940)*, Paris, Gallimard, 1955
Salto 1918
Axel Salto, Henri Matisse, *Klingen*, avril 1918
Samling Stenman 1918
«Samling Gosta Stenman», Helsingfors, Frenckelska Tryckeri Aktiebolaget, 1918
Schapiro 1932
Meyer Schapiro, «Matisse and Impressionism», *Androcles*, New York, vol. 1, n° 1, février 1932
Schneider 1975
Pierre Schneider, «The Striped Pajama Icon», *Art in America*, vol. 63, n° 4, juillet-août 1975
Schneider 1984
Pierre Schneider, *Matisse*, Paris, Flammarion, 1984
Schneider 1989
Pierre Schneider, «The Gelmans and the Fauves», catalogue de l'exposition *Twentieth Century Modern Masters: the Jacques and Natasha Gelman Collection*, New York, The Metropolitan Museum of Art, 1989
Schneider 1990
Pierre Schneider, «La charnière marocaine», *Matisse au Maroc*, Paris, Adam Biro, 1990
Schwob 1920
René Schwob, «Henri Matisse», *L'Amour de l'art*, n° 6, octobre 1920
Sée 1912
R.R.M. Sée, «Les arts à l'exposition post impressionniste à la Grafton Gallery de Londres», *Gil Blas*, 4 octobre 1912
Sembat 1913
Marcel Sembat, Henri Matisse, *Les Cahiers d'aujourd'hui*, n° 4, avril 1913
Sembat 1920
Marcel Sembat, *Henri Matisse*, Paris, Éditions de la Nouvelle Revue Française (Les Peintres français nouveaux, 1), 1920
Servaes 1920
Franz Servaes, «Moderne Bilder im Hagener Folkwang Museum», *Der Cicerone*, XII, 1920
Severini 1917
Gino Severini, «La peinture d'avant-garde», *Mercure de France*, mai 1917
Siegel 1980
Jeanne Siegel, «Henri Matisse's View of Notre-Dame», *Arts Magazine*, vol. 54, n° 5, janvier 1980
Sillart 1914
Sillart, «Le Salon d'Automne 1913», *Apollon*, 1914, n° 1-2

Skrotzki 1910
P. Skrotzki, «Iz Parija», *Odesskii listok*, n° 267, 20 novembre 1910

Soffici 1920
Ardengo Soffici, «Matisse», texte de 1920, paru dans *Trenta artisti moderni italiani e stranieri*, Florence, Vallechi, 1950

***Les Soirées de Paris* 1913**
Les Soirées de Paris, n° 19, 15 décembre 1913

***Les Soirées de Paris* 1914**
Les Soirées de Paris, n° 24, 15 mai 1914

Stein 1912
Gertrude Stein, «Henri Matisse», *Camera Work*, n° spécial, août 1912

Stein 1934
Gertrude Stein, *The Autobiography of Alice B. Toklas*, Londres, Bodley Head, 1934. Édition française, *Autobiographie d'Alice B. Toklas*, Paris, Gallimard, 1934

Street 1913
Jukian Street, «Why I Became a Cubist», *Everybody's Magazine*, juin 1913

Swane 1944
Leo Swane, *Henri Matisse*, Stockholm, P.A. Norstedt & Söners Forlag, 1944

Taillandier 1970
Yvon Taillandier, «Matisse et la préhistoire du bonheur», *XXe Siècle*, n° spécial «Hommage à Henri Matisse», 1970

Thiébault-Sisson 1907
François Thiébault-Sisson, «Le Salon d'Automne», *Le Petit Temps*, 1er octobre 1907

Thiébault-Sisson 1908
François Thiébault-Sisson, «Le Salon d'Automne», *Le Petit Temps*, 30 septembre 1908

***The Times* 1911**
«Independent Artists in Paris», *The Times*, 24 avril 1911

***The Times* 1912**
«A Post-Impressionist Exhibition : Matisse and Picasso», *The Times*, 4 octobre 1912

Toklas 1963
Alice B. Toklas, *What is remembered*, New York, Holt Reinhardt & Winston, 1963

Trapp 1955
Frank Anderson Trapp, «Matisse and the Spirit of Art Nouveau», *Yale Literary Magazine*, vol. 23, automne 1955

Tugendhold 1910
Yakov Tugendhold, «Osenny Salon», *Apollon*, 1910, n° 12

Tugendhold 1914
Yakov Tugendhold, «La collection française de Stschoukine», *Apollon*, 1914, n° 1-2

Vallotton 1907
Félix Vallotton, «Au Salon d'Automne», *La Grande Revue*, 25 octobre 1907

Vauxcelles 1905-1
Louis Vauxcelles, «Le Salon des Indépendants», *Gil Blas*, 23 mars 1905

Vauxcelles 1905-2
Louis Vauxcelles (critique d'une exposition collective en juin à Paris), *Gil Blas*, 14 juin 1905

Vauxcelles 1905-3
Louis Vauxcelles, «Le Salon d'Automne», *Gil Blas*, 17 octobre 1905

Vauxcelles 1906
Louis Vauxcelles, «Au Grand Palais, Le Salon d'Automne», Supplément du *Gil Blas*, 5 octobre 1906

Vauxcelles 1907-1
Louis Vauxcelles, «Le Salon des Indépendants», *Gil Blas*, 20 mars 1907

Vauxcelles 1907-2
Louis Vauxcelles, «Le Salon d'Automne», *Gil Blas*, 30 septembre 1907

Vauxcelles 1908
Louis Vauxcelles, «Le Salon d'Automne», *Gil Blas*, 30 septembre 1908

Vauxcelles 1912
Louis Vauxcelles, «Le Salon d'Automne», *Gil Blas*, 30 septembre 1912

Vauxcelles 1913
Louis Vauxcelles, «Le Salon d'Automne», *Gil Blas*, 7 décembre 1913

Waldmann 1914
Emil Waldmann, «Das Folkwang Museum», *Kunst und Kunstler*, n° 12, 1914

Walker 1974
John Walker, *Self-Portrait with Donors*, Boston, Little, Brown & Co., 1974

Whitfield 1991
Sarah Whitfield, *Fauvism*, Londres, Thames and Hudson, 1991

Wight 1966
Frederick S. Wight, «Matisse : Fabric us Flesh», *Art News*, vol. 64, n° 9, janvier 1966

Wright 1915
Willard Huntington Wright, *Modern Painting, its Tendency and Meaning*, New York, Mead, 1915

Zadkine 1949
Ossip Zadkine, «Hommage à Matisse», *L'Age nouveau*, n° 39, juillet 1949

Zervos 1931
Christian Zervos, «Notes sur la formation et le développement de l'œuvre de Henri-Matisse», *Henri Matisse*, Paris, Éditions des Cahiers d'Art, 1931

Zervos 1938
Christian Zervos, *Histoire de l'art moderne*, Paris, Éditions des Cahiers d'Art, 1938

70p

ROY GRAYSON

1984

JOHN HANSARD GALLERY · THE UNIVERSITY · SOUTHAMPTON
THE ORCHARD GALLERY · LONDONDERRY

NOT EVEN A GLIMPSE
OF EITHER BODY NOR
ACCOUTREMENT OF THE
EMBRACE, BUT JUST
THE LINGERING ECHO
OF A WHISPERED CLA-
MOUR, AND A SHADOW
CAST TO FURBISH OUR
CAPRICIOUS FANCY.

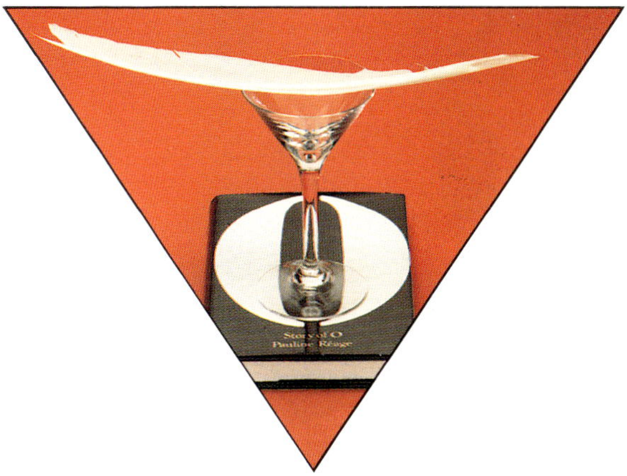
Story of O
Pauline Réage

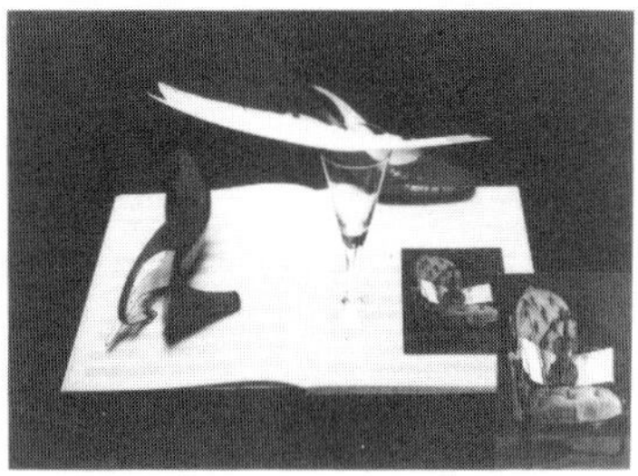

"...,lost in a delirious absence..."

TRANSCRIPTION OF PLEASURE

V O Y A G E

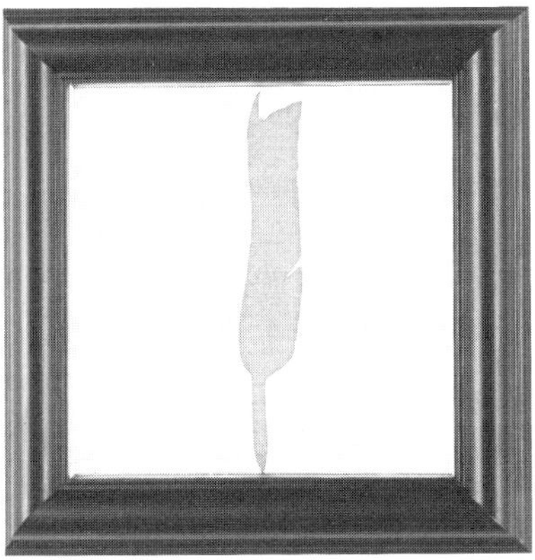

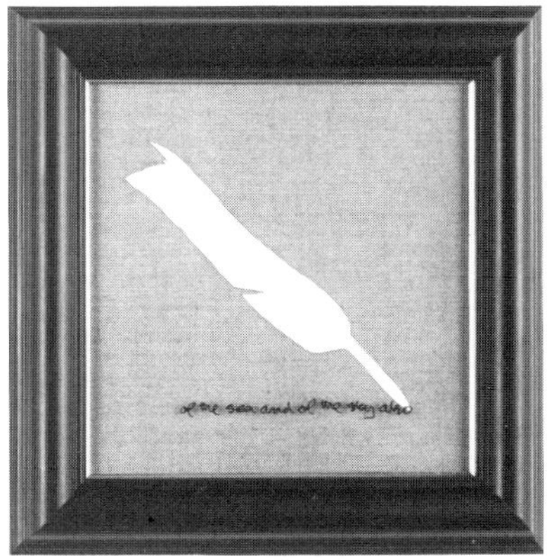

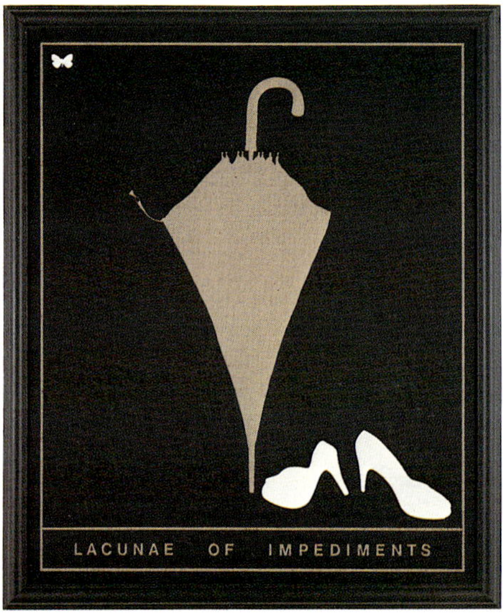
LACUNAE OF IMPEDIMENTS

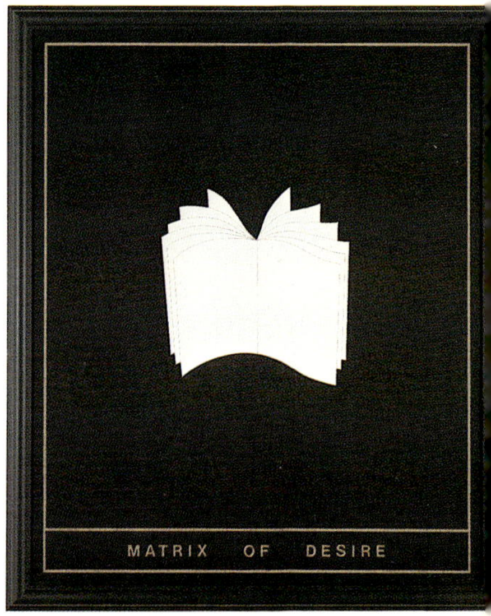
MATRIX OF DESIRE

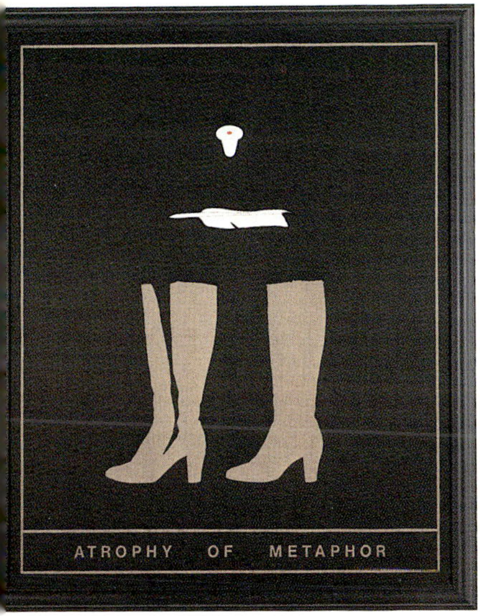

nothing but light and shade . . . and all the rest is *literature.*[1]

IT WAS THE FATE OF GÉRARD DE NERVAL TO SUFFER A RECURRING MADNESS.

BETWEEN THE EARLY SPRING OF 1841 AND THE LATE AUTUMN OF 1854 HE ENDURED SEVERAL INTERNMENTS IN THE ASYLUMS OF DR. BLANCHE AND DR. DUBOIS.

THE ONSET OF THE MADNESS WAS, PERHAPS, FIRST INDICATED BY THE NOW LEGENDARY PROMENADE IN THE PALAIS ROYAL, ON WHICH OCCASION HE WAS OBSERVED EXERCISING A LOBSTER ON A RIBBON (BECAUSE, HE SAID, IT DOES NOT BARK, AND KNOWS THE SECRETS OF THE SEA). THERE WERE TO BE OTHERS, AMONG THEM THE OCCASION IN THE SPRING OF 1853, WHEN HE ANNOUNCED TO HEINE, FOR WHOM HE WAS DOING A PROSE TRANSLATION OF HIS POEMS, THAT HE HAD COME TO RETURN THE MONEY HE HAD BEEN ADVANCED, BECAUSE THE TIMES WERE ACCOMPLISHED, AND THE END OF THE WORLD ANNOUNCED.

FOLLOWING THE PUBLICATION, IN THE "REVUE DE PARIS", OF THE FIRST PART OF "LE RÊVE ET LA VIE", THE NARRATIVE OF HIS OWN MADNESS, ON WHICH HE WAS ENGAGED, AND NOT LONG AFTER HIS RELEASE, FOR THE LAST TIME, MANIFESTLY UNCURED, FROM THE ASYLUM OF DR. BLANCHE, HIS BODY WAS FOUND OUTSIDE A "PENNY-DOSS" IN THE RUE DE LA VIEILLE-LANTERNE.

THUS IT WAS, THAT DURING THE NIGHT OF THE 25TH OF JANUARY 1855, "LE BON GÉRARD" HANGED HIMSELF. THE INSTRUMENT OF THAT FINAL ACT WAS AN APRON STRING, TO WHICH HE HAD REFERRED VARIOUSLY AS "THE GARTER OF THE QUEEN OF SHEBA", AND "THE GIRDLE OF MADAME DE MAINTENON".

LIKE SO MANY DREAMERS OF ILLIMITABLE DREAMS, HE HAD SOUGHT THE REINCARNATION OF HIS FIRST LOVE, ADRIENNE, IN A SUCCESSION OF MUSES, AMONG THEM THE YOUNG ACTRESS JENNY COLON AND THE YOUNG DRUSE SALÉMA, DAUGHTER OF A SHEIK OF LEBANON.

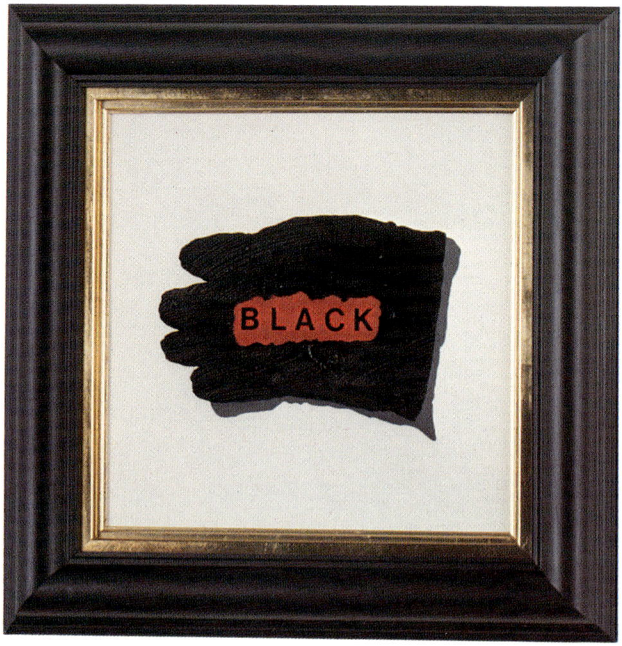

R A

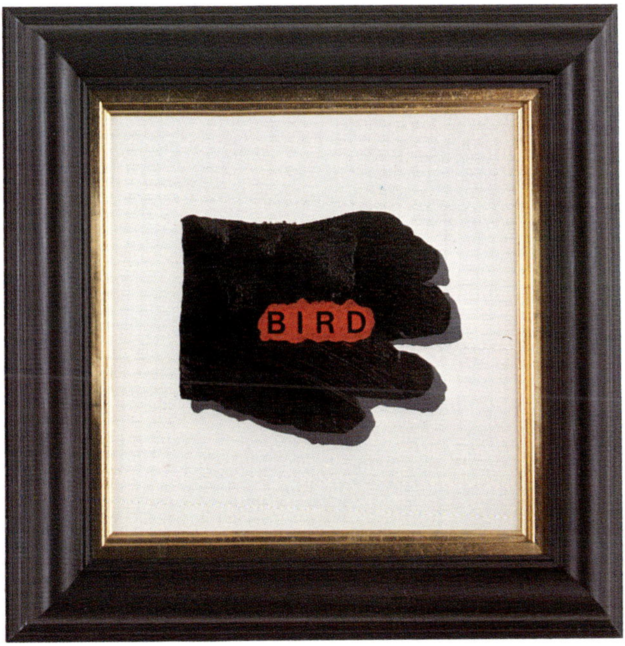

E N

. . . the moribund society . . . though it had been well provided with writers, sculptors, musicians, and architects, all familiar with its tastes and imbued with its beliefs, had failed to produce a genuine painter capable of rendering its dying graces or manifesting the essence of its feverish pleasures. . . . It had had to wait for . . . memories and regrets made . . . poignant by the distressing spectacle of . . . intellectual poverty and base aspirations . . . to rescucitate, not only in . . . historical studies but also in nostalgic work . . . the very soul of the period, and to embody its neurotic charms in this actress, so painfully eager to torment her heart and torture her brain in order to savour to the point of exhaustion the cruel revulsives of love and art.[2]

But his originality lay above all in his ability to communicate deliciously vague confidences in a whisper in the twilight. He alone . . . possessed the secret of hinting at certain strange spiritual aspirations, of whispering certain thoughts, of murmuring certain confessions, so softly, so quietly, so haltingly that the ear that caught them was left hesitating, and passed onto the soul a languor made more pronounced by the vagueness of these words that were guessed at rather than heard.[3]

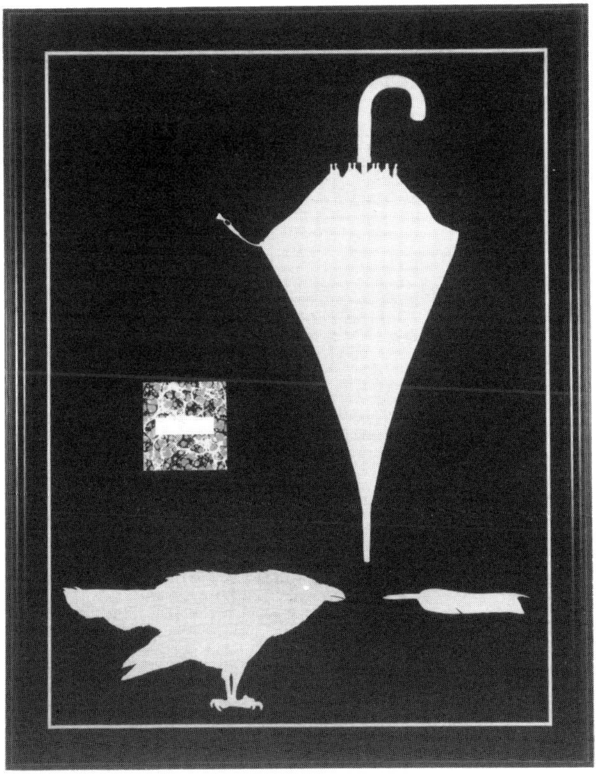

THE NEGRESS AND THE SWAN

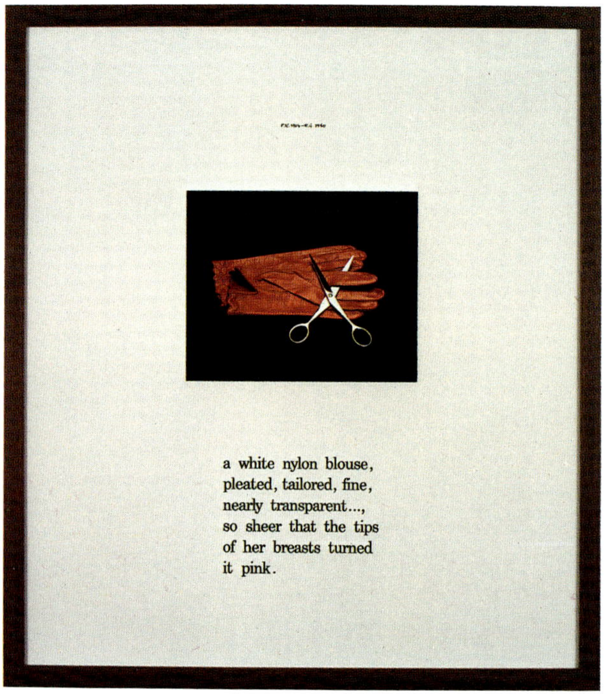
a white nylon blouse,
pleated, tailored, fine,
nearly transparent...,
so sheer that the tips
of her breasts turned
it pink.

RED 'AND...

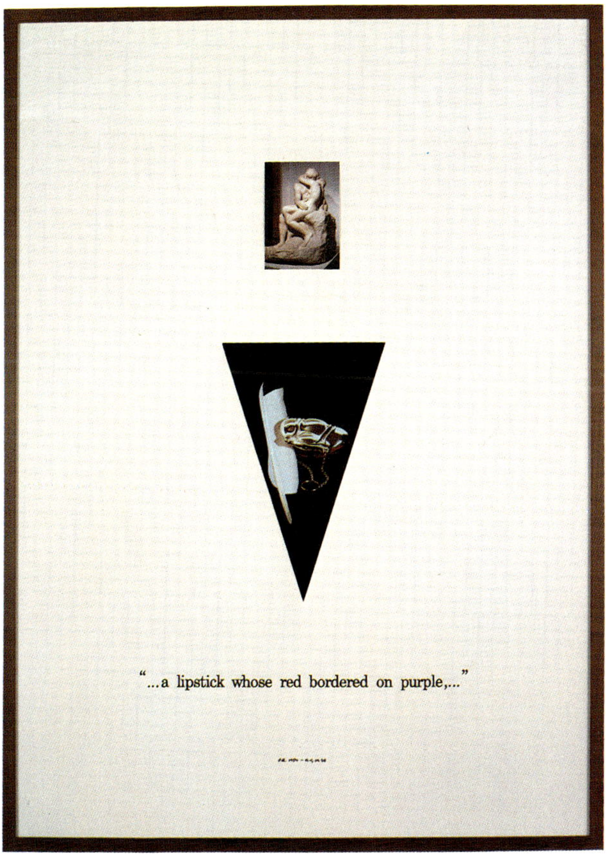

THE EMBRACE *including* THE KISS

1 DREAMS OF LIFE, ECHOES OF A RECURRING MADNESS. 1984
Oil paint on unprimed linen, comprising nine canvases, each measuring 72in. × 60in., and inscribed as follows –

I THE ASYLUM OF DR. BLANCHE, 21.III.1841 – 21.XI.1841

II THE ASYLUM OF DR. DUBOIS, Spring 1853

III THE ASYLUM OF DR. BLANCHE, 8.VIII.1854 – 19.X.1854

IV ADRIENNE

V JENNY COLON

VI SALÉMA

VII PALAIS ROYAL

VIII REVUE DE PARIS

IX RUE DE LA VIEILLE-LANTERNE

IMAGES IN A PASSING DISCOURSE, STILL-LIVES WITH AND WITHOUT POSTCARDS.

2 THE GIFT *also called* INFATUATIONS. 1980
Three panels comprising one cibachrome photograph, two postcards (Adam and Eve, L. Cranach) and text, 85in. × 34¼in.

3 THE DECOY (Red and Black). 1980
Three panels comprising one cibachrome photograph, one postcard (Gabrielle d'Estrées et une de ses soeurs, École de Fontainebleau, painter unknown) and text, also inscribed on glass, 90in. × 40¾in.

4 THE MAGICIAN. 1980
Two panels comprising two cibachrome photographs, one postcard (Venus Anadyoméne, Ingres) and text, 55in. × 33½in.

5 THE ARTIFICER'S LIAISON. 1980
Three panels comprising three cibachrome photographs, two postcards (Napoléon, 1808, Jacques Louis David, and portrait known as Lady Hamilton as Ariadne, painted between 1782 and 1784 when the sitter was Amy Lyon, George Romney) and text, 90in. × 40¾in.

6 THE EMBRACE *including* THE KISS. 1980
One panel comprising one cibachrome photograph, one postcard (The Kiss, Auguste Rodin) and text, 46in. × 33½in.

7 TRANSCRIPTION OF PLEASURE. 1980
One panel comprising one cibachrome photograph, one postcard (Le Violon d'Ingres from Musee Ingres, Montauban) and text, 46in. × 33½in.

8 GEOMETRIES OF DELIGHTS *also called* PANDORA'S BOX. 1980
One panel comprising one cibachrome photograph, one postcard (Eva Prima Pandora, Jean Cousin) and text, 46in. × 33½in.

9 ... OF THREE (GRACES). 1980
One panel comprising one cibachrome photograph, one postcard (Electro Magic, Man Ray) and text, 46in. × 33½in.

10 RED 'AND ... 1980
One panel comprising one cibachrome photograph and text, 37in. × 33in.

11 INCANTATION OF NARCISSUS. 1980
One panel comprising one cibachrome photograph and text, 43½in. × 34in.

12 THE PROPOSITION. 1980
One panel comprising one cibachrome photograph, one postcard (Portrait de fillette, Lucas Cranach L'Ancien) and text, 46½in. × 35in.

13 CAFE O'. 1980
One panel comprising one cibachrome photograph, one postcard (Memories, Fernand Khnopff) and text, 37in. × 33½in.

AGAINST NATURE, PICTURES DEVISED FOR THE COMPOSERS OF OBSCURE POETRY.

14 SINISTER ASPIRATIONS OF POETRY. 1983
Oil on linen with collage (fragment of text from chapter XIV of Against Nature, J. K. Huysmans, Penguin Classics translation) 56¼in. × 44¼in., framed.

15 BIRDS OF A FEATHER. 1983
Oil on linen with collage (fragment of text from chapter XIV of Against Nature, J. K. Huysmans, Penguin Classics translation) 56¼in. × 44¼in., framed.

16 THE NEGRESS AND THE SWAN. 1983
Oil on linen with collage (fragment of text from chapter XIV of Against Nature, J. K. Huysmans, Penguin Classics translation) 56¼in. × 44¼in., framed.

17 FICKLE MISTRESS. 1983
Oil on linen with collage (fragment of text from chapter XIV of Against Nature, J. K. Huysmans, Penguin Classics translation) 56¼in. × 44¼in., framed.

18 THE BLIND POET IN PURSUIT OF THE MUSE OF FASHION. 1983
Oil on linen with collage (fragment of text from chapter XIV of Against Nature, J. K. Huysmans, Penguin Classics translation) two canvases, framed and glazed, each 45in. × 53in.

19 LACUNAE OF IMPEDIMENTS. 1984
Oil on linen, 52¼in. × 44¼in., framed.

20 HABITUDE NOIRE. 1984
Oil on linen, 52¼in. × 44¼in., framed.

21 MATRIX OF DESIRE. 1984
Oil on linen, 52¼in. × 44¼in., framed.

22 ATROPHY OF METAPHOR. 1984
Oil on linen, 52¼in. × 44¼in., framed.

23 TRACES OF FASHION EMBRACING ECHOES OF POETRY. 1983
Oil on linen, inscribed on glass, two canvases, framed and glazed, each 17in. × 17in.

24 VOYAGE, II. 1983
Oil on linen, inscribed on glass, two canvases, framed and glazed, each 17in. × 17in.

25 RAVEN. 1983
Oil on linen, inscribed on glass, two canvases, framed and glazed, each 17in. × 17in.

26 NIGHT BIRDS. 1984
Oil on linen, two canvases, framed and glazed, each 16½in. × 16½in.

27 OF THE SEA AND THE SKY ALSO. 1984
Oil on linen, two canvases, framed and glazed, each 16½in. × 16½in.

28 SECRETS OF THE SEA. 1984
Oil on linen, with bracket and objects, comprising two canvases, lady's crocodile skin shoe, cocktail glass, blue ribbon, plastic lobster and inkwell, approximate size 72in. × 40in. × 12in.

29 COCKTAIL PARTY, I. 1984
Oil on linen with pigment, bracket and objects, comprising two canvases, ribbon and martini glasses, approximate size 72in. × 12in. ×12in.

30 COCKTAIL PARTY, II. 1984
Oil on linen with pigment, brackets and objects, comprising eight canvases, four brackets, four ribbons and eight martini glasses, approximate size 72in. × 84in. × 12in.

NOTES

1 AGAINST NATURE, J. K. Huysmans, Penguin Classics translation.
2 ibid.
3 ibid.

Liste des expositions

1905-1
24 mars-30 avril
Paris, Grandes Serres de la Ville de Paris, *Salon des Indépendants*

1905-2
18 octobre-25 novembre
Paris, Grand Palais,
Salon d'Automne

1906-1
19 mars-7 avril
Paris, galerie Druet, *Henri Matisse*

1906-2
6 octobre-15 novembre
Paris, Grand Palais,
Salon d'Automne

1907-1
20 mars-30 avril
Paris, Serres du Cours la Reine,
Salon des Indépendants

1907-2
1er-22 octobre
Paris, Grand Palais,
Salon d'Automne

1907-3
16 décembre-4 janvier 1908
Paris, galerie Bernheim-Jeune,
Portraits d'hommes

1907
novembre
Hagen, Folkwang Museum
(Natures mortes)

1908
6-25 avril
New York, The Little Galleries of the Photo-Secession, Gallery 291,
Henri Matisse

1908
1er octobre-8 novembre
Paris, Grand Palais,
Salon d'Automne

1908
décembre
Berlin, galerie Paul Cassirer
(Exposition collective)

1909
25 mars-2 mai
Paris, Jardin des Tuileries,
Salon des Indépendants

1909
4 décembre-7 juillet
Odessa, Saint-Pétersbourg, Riga, Kiev, *Salon de la 1re Exposition internationale de tableaux, sculptures, gravures, dessins*

1910-1
14-22 février
Paris, galerie Bernheim-Jeune,
Henri Matisse

1910-2
1er octobre-8 novembre
Paris, Grand Palais,
Salon d'Automne

1910-3
18 mars-1er mai
Paris, Cours la Reine,
Salon des Indépendants

1910
8 novembre-15 janvier
Londres, Grafton Galleries,
Manet and the Post-Impressionist.
Préface de Roger Fry

1911-1
21 avril-13 juin
Paris, Quai d'Orsay,
Salon des Indépendants

1911-2
26 juin-18 juillet
Paris, galerie Bernheim-Jeune,
L'eau

1911-3
1er octobre-8 novembre
Paris, Grand Palais,
Salon d'Automne

1912
25 mai-30 septembre
Cologne, Städtische Ausstellungshalle, *Sonderbund Internationale Kunstausstellung*

1912
octobre
Munich, Hans Goltz, *Erste Gesamt-ausstellung*

1912
5 octobre-31 décembre
Londres, Grafton Galleries
Second Post-Impressionist Exhibition

1912
10 octobre-8 novembre
Paris, Grand Palais,
Salon d'Automne

1913
17 février-15 mars
New York, Armory of the 69th Regiment, *International Exhibition of Modern Art, Armory Show*

1913
24 mars-16 avril
Chicago, The Art Institute,
International Exhibition of Modern Art, Armory Show

1913-1
14-19 avril
Paris, galerie Bernheim-Jeune,
Exposition Henri Matisse, tableaux du Maroc et sculpture

1913
28 avril-18 mai
Boston, Copley Hall, Copley Society of Boston, *Armory Show*

1913-1
printemps?
Berlin, *Berliner Secession*

1913-2
début mai
Berlin, Kunstsalon Fritz Gurlitt,
Henri Matisse (tableaux du Maroc)

1913-3
novembre
Berlin, Kunstsalon Fritz Gurlitt,
Kollektionen : Henri Matisse, Franz Heckendorf, E.L. Kirchner, George Leschnitzer

1913-2
15 novembre-5 janvier
Paris, Grand Palais,
Salon d'Automne

1914
janvier
Düsseldorf, galerie Flechtheim
(Exposition collective)

1914
2 mars
Paris, Hôtel Drouot, *Vente de la collection la «Peau de l'Ours»*

1914
février-juin
Rome, *Seconda esposizione internazionale d'arte «della Secessione»*

1914
mai-octobre
Cologne, Deutscher Werkbund,
Leihgaben der Galerie Flechtheim Düsseldorf

1914
juillet-août
Berlin, Kunstsalon Fritz Gurlitt,
Henri Matisse (Sammlung des Herrn Michel Stein in Paris)

1915
20 janvier-27 février
New York, Montross Gallery,
Henri Matisse

1916
29 octobre-26 novembre
Winterthur, Kunstverein,
Ausstellung Französischer Malerei.
Texte de Théodore Duret

1916-1
1er mars-15 avril
Paris, Salle du Jeu de Paume,
La Triennale (1re)

1916-2
19-30 juin
Paris, galerie Bernheim-Jeune,
Exposition de peinture (série C)

1916
novembre-décembre
Oslo, *Den franske Udstilling i Kunstnerforbundet.* Textes de Cocteau, Apollinaire et André Salmon

1917
Francfort, Kunstverein, *Die Neue Kunst aus Frankfurter Privatbesitz*

1918
23 janvier-15 février
Paris, galerie Paul Guillaume,
Œuvres de Matisse et de Picasso.
Texte de Guillaume Appolinaire

1918
janvier-février
Christiania (Oslo), *Den Franske Udstilling.* Textes de Théodore Duret, Henri Matisse et Walther Halvorsen

1918
Helsinki, *Franska Konstutställningen*

1918
Stockholm, *Exhibition of French Art*

1919
16 janvier-2 février
Copenhague, Danske Kunsthandel, *Udstilling af Fransk Kunst*

1919-1
2-16 mai
Paris, galerie Bernheim-Jeune,
Œuvres récentes d'Henri Matisse

1919
25 juin-20 août
Zurich, galerie Bernheim-Jeune et Cie, *Eröffnungsausstellung*

1919-2
1er novembre-10 décembre
Paris, Grand Palais,
Salon d'Automne

1919
17 novembre-6 décembre
New York, Marius de Zayas,
Exhibition of Paintings by Courbet, Manet, Degas, Renoir, Cézanne, Seurat, Matisse

1919
novembre-décembre
Londres, Leicester Galleries,
Pictures by Henri Matisse and Sculptures by Maillol

1920
1er-11 avril
New York, Waldorf Astoria,
Fourth Annual Exhibition of The Society of Independent Artists

1920
15 avril-31 octobre
Venise, *XII Esposizione internazionale d'arte della Città di Venezia*

1920
15 octobre-6 novembre
Paris, galerie Bernheim-Jeune,
Henri Matisse

1920
26 octobre-15 novembre
Barcelone, galerie Dalmau,
Exposicio d'art francès d'avanguarda

1920
6-25 décembre
New York, Marius de Zayas Gallery, *Paintings by Matisse*

Crédits photographiques

Photo Acquavella Galleries, New York: pp. 175, 428 (en bas)
© ADAGP, Paris, 1993: p. 68 (en haut)
Photo Hélène Adant. Droits réservés. Documentation du Musée national d'art moderne, Paris: p. 66 (en haut)
Archives André Breton, Paris: p. 122 (en haut)
Archives Camoin: pp. 115 (en haut), 117 (en haut)
Archives Matisse, Paris: pp. 19 (à gauche), 72, 84 (en haut), 85, 89, 90, 91 (en haut à gauche et en haut à droite), 92 (à gauche et en haut à droite), 94 (en bas), 97, 98 (en haut), 99 (en bas), 101 (en bas), 102, 116 (au milieu et en bas)
Archives nationales, Paris, photo Adam Rzepka: p. 63 (en haut)
Art Gallery of Ontario, Toronto: p. 79 (en bas)
The Art Institute of Chicago, Chicago: pp. 92 (en bas à droite), 93 (en haut), 118 (en haut), 173, 506 (en haut)
Courtesy ARTnews/ARTnews Associates, photo Hélène Adant: p. 63 (en bas)
Artothek Kunstdia Archiv J. Hinrichs, photo Ursula Edelman, Peissenberg: pp. 341, 493 (en haut)
The Baltimore Museum of Art, Baltimore: pp. 207, 435 (en bas)
The Baltimore Museum of Art, The Cone Archives, Baltimore: pp. 75, 81 (à gauche), 84 (en bas), 97
© The Barnes Foundation, Merion Station (Pensylvannie): pp. 39, 74, 122 (en bas)
Photo Bernheim-Jeune, Paris: p. 106 (en haut)
Photo George Besson: pp. 124, 125 (en haut)
Galerie Beyeler, Bâle: p. 81 (à droite)
Bibliothèque Nationale, Paris: pp. 47 (en bas), 87 (en bas)
The Brooklyn Museum, Brooklyn: pp. 185, 429 (en bas)
Courtesy Lumley Cazalet Ltd., Londres: p. 301
The Cleveland Museum of Art, Cleveland: p. 19 (à droite)
Colorphoto Hans Hinz, Bâle: pp. 285, 474 (en bas)
Photo A.C. Cooper Ldt., Londres: pp. 407, 514 (en haut)
The Detroit Institute of Arts, Detroit: pp. 369, 504 (en bas)
Photo W. Dräyer, Zurich: pp. 165, 427
Courtesy Barbara Divver Fine Art: pp. 151, 424
Documentation photographique du Musée national d'art moderne, Centre Georges Pompidou, Paris, photos Charles Bahier, Jacqueline Hyde, Philippe Migeat: pp. 66 (en bas), 68 (en bas), 73 (en haut et au milieu), 78 (en bas), 80 (au milieu), 87 (au milieu), 91 (en bas à gauche), 117 (au milieu), 120 (au milieu), 122 (au milieu), 137, 190, 201, 209, 229, 257, 266, 272, 303, 351, 357, 359, 380, 381, 395, 399, 401, 419 (en bas), 442 (en bas), 457, 497 (en bas), 501 (en haut et au milieu), 512 (en haut et au milieu)
Documentation photographique de la Réunion des Musées nationaux, Paris: pp. 217, 293, 315, 440 (en bas), 484 (en bas)
Estate of Succession Pierre Matisse: pp. 191, 219, 261, 347, 389, 440, 459 (en bas), 496
Photo Jacques Faujour, Musée national d'art moderne, Paris: pp. 62 (en haut), 65, 69, 132, 133, 145, 155, 424 (en haut)
Photo Flammarion, Paris: p. 68 (en haut)
Fonds Marc Vaux. Documentation du Musée national d'art moderne, Paris: pp. 77 (en haut à gauche), 80 (au milieu), 122 (au milieu)
Courtesy Thomas Gibson Fine Art Ltd, Londres: p. 239
Photo collection Paul Guillaume: p. 200
Jacqueline Hyde, Paris: pp. 203, 371, 505
Courtesy International Museum of Photography at George Eastman House, Rochester et New York, photo Alvin Langdon Coburn: pp. 1, 61, 91 (en bas à gauche), 108
Isabella Stewart Gardner Museum, Boston: p. 31
Photo Mikko Julkunen: pp. 377, 506 (en bas)
Kunstsammlung Nordrhein Westfalen, Düsseldorf: pp. 131, 419 (en haut)
Photo E. Vila Mateu: pp. 179, 429 (2e ill. en partant du haut)
The Metropolitan Museum of Art, New York: pp. 93 (au milieu et en bas), 323, 488
Moderna Museet, Stockholm, photo Per Anders Allsten: pp. 141, 309, 423 (en haut), 483 (en haut)
Musée de Grenoble, Grenoble, photo André Morin: pp. 94 (en haut), 193, 197, 263, 299, 431 (en haut), 433 (en haut), 460 (en haut), 478
Musée Matisse, Le Cateau-Cambrésis, photo Claude Gaspari: pp. 96 (en bas), 415, 515 (au milieu)
Musée Matisse, Nice: pp. 20 (à droite), 36 (à gauche), 64 (en haut), 110 (en bas)
Musée des Beaux-Arts Pouchkine, Moscou. Tous droits réservés: pp. 247, 253, 321, 325, 327, 333, 335, 337, 339, 487, 491 (en haut), 490, 492
© Museum Associates, Los Angeles County Museum of Art, Los Angeles. Tous droits réservés: pp. 417, 515
The Museum of Fine Arts, Houston: pp. 110 (en haut), 291, 477 (en haut)
The Museum of Modern Art, New York: pp. 159, 227, 251, 265, 295, 297, 302, 305, 311, 319, 343, 349, 353, 361, 365, 367, 383, 385, 387, 425 (en haut), 442 (en haut), 453 (en bas), 460 (en bas), 477 (en bas), 479, 483 (en bas), 486 (en bas), 493 (en bas), 497 (en haut), 498, 501 (en bas), 503 (en bas), 504 (en haut), 507, 509, 511 (en haut)
© Nasjonalgalleriet, Oslo, photo J. Lathion: pp. 233, 445 (en haut)
National Gallery of Art, Washington: pp. 181, 313, 429 (3e ill. en partant du haut), 484 (en haut)
Öffenlische Kunstsammlung Kunstmuseum, Bâle: p. 223
Philadelphia Museum of Art, Philadelphie: pp. 125 (en bas), 355, 499
The Phillips Collection, Washington D.C.: pp. 405, 513 (en bas)
The Phillips Family Collection: p. 129
Photothèque des Musées de la Ville de Paris, Paris: pp. 187, 430 (en haut)
Photo Pablo Picasso, Archives Musée Picasso, Paris: p. 102 (en bas)
Photo Eric Pollitzer, New York: pp. 73 (en bas), 135, 139, 163, 425 (en bas)
San Francisco Museum of Modern Art, San Francisco: pp. 36 (à droite), 41 (en haut à droite), 149, 153, 255, 391, 393, 423 (en bas), 455, 511 (au milieu et en bas)
The Saint Louis Art Museum, Saint Louis: pp. 235, 445 (en haut)
© SPADEM, Paris, 1993: p. 81 (à droite)
Solomon R. Guggenheim Museum, New York: p. 121 (au milieu)
Staatsgalerie, Stuttgart: p. 80 (en bas)
Statens Museum for Kunst, Copenhague, photo Hans Petersen: pp. 41 (en haut à gauche), 161, 199, 211, 317, 375, 425 (2e ill. en partant du haut), 433 (en bas), 439 (en haut), 486 (en haut), 506 (au milieu)
Nathan and Marion Smooke Collection: pp. 189, 430 (en bas)
Société du Salon des Indépendants, Paris, photo Jacques Faujour: pp. 62 (en bas), 64 (en bas), 65
Photo Edward Steichen: p. 91 (en haut à droite)
Photo Yoshio Takahashi: pp. 47 (en haut à droite), 49, 106 (en bas), 169, 173, 195, 231, 237, 243, 245, 249, 259, 269, 271, 277, 279, 281, 283, 289, 307, 329, 331, 345, 461 (en bas), 474 (en haut), 428 (en haut et 3e ill. en partant du haut), 447, 449, 453 (en haut et au milieu), 459 (en haut), 461 (en haut et 2e ill. en partant du haut), 461 (en bas), 474 (en haut), 476 (en bas), 482, 491 (au milieu et en bas), 494
Tate Gallery, photo John Webb, Londres: pp. 167, 205, 411, 435 (en haut), 514 (en bas)
Courtesy of The Trustees, The National Gallery, Londres: pp. 241, 448
Photo Walter Varon: pp. 177, 183, 215, 225, 403, 429 (en haut), 440 (en haut), 441 (en bas), 513 (en haut)
Photo Walter Wachter, Liechtenstein: pp. 143, 423 (2e ill. en partant du haut)
Yale Collection of American Literature: p. 116 (en haut)
Droits réservés: pp. 20 (à gauche), 41 (en bas), 47 (en haut à gauche), 67, 71, 77, 78 (en haut), 80 (en haut), 87 (en haut), 96 (en haut), 98 (en bas), 99, 101 (en haut), 103, 105, 112, 113, 115 (au milieu et en bas), 117 (en bas), 118 (au milieu et en bas), 119, 120 (en haut et en bas), 121 (en bas), 123, 147, 157, 171, 213, 267, 273, 275, 287, 363, 379, 397, 409, 413, 423 (3e ill. en partant du haut), 424 (en bas) 428 (2e ill. en partant du haut), 439 (en bas), 461 (3e ill. en partant du haut, 476 (en haut), 503 (en haut), 515 (en haut)

Les sources de certaines illustrations n'ayant pu être identifiées, nous prions leurs éventuels auteurs de nous en excuser

Achevé d'imprimer
sur les presses de l'imprimerie MAME,
à Tours le 18 février 1993

Photocomposition: Diagramme, Paris
Photogravure noire:
Bussière Arts Graphiques, Paris
Photogravure couleur: Arciel, Paris